社会学词典
（第 4 版）

A Dictionary of Sociology
FOURTH EDITION

Edited by John Scott
Previous editions also edited by Gordon Marshall

〔英〕 约翰·斯科特 主编
　　　戈登·马歇尔

陈云松　白中林　等译

© Oxford University Press 1994, 1998, 2005, 2009, 2014

A DICTIONARY OF SOCIOLOGY, FOURTH EDITION was originally published in English in 2014. This translation is published by arrangement with Oxford University Press. The Commercial Press, Ltd. is solely responsible for this translation from the original work and Oxford University Press shall have no liability for any errors, omissions or inaccuracies or ambiguities in such translation or for any losses caused by reliance thereon.

本词典的英文原版出版于2014年。此译本根据商务印书馆与牛津大学出版社的协议出版。商务印书馆对译文负责，牛津大学出版社对译文中的任何错漏、不准确或不明确之处或因依赖译文而造成的损失不承担责任。

参编人员

本词典各版本的编著者(其中一些已不在我们身边)提供了编撰目前版本的原始材料。出版社和编辑对他们所有人的帮助表示感谢,是他们确保了词典的成功。

黛安·巴特尔(Diane Barthel)
泰德·本顿(Ted Benton)
大卫·鲍德威尔(David Bouchier)
约翰·布鲁尔(John Brewer)
乔安·布斯菲菲尔德(Joan Busfifield)
埃蒙·卡拉宾(Eamonn Carrabine)
瑞文·康奈尔(Raewyn Connell)
托尼·科克森(Tony Coxon)
伊恩·克雷布(Ian Craib)
费欧娜·迪瓦恩(Fiona Devine)
朱迪思·安纽(Judith Ennew)
皮特·法西(Pete Fussey)
戴安娜·吉丁斯(Diana Gittins)
米里亚姆·格鲁克斯曼(Miriam Glucksmann)
罗杰·古德曼(Roger Goodman)
朱迪思·格林(Judith Green)
凯瑟琳·哈基姆(Catherine Hakim)
迈克尔·哈洛(Michael Harloe)
约翰·赫杰勒布雷克(Johs Hjellebrekke)
保罗·伊甘斯基(Paul Iganski)
戴维·英格利斯(David Inglis)
乔治·科兰凯维奇(George Kolankiewicz)
大卫·李(David Lee)
玛吉·李(Maggy Lee)

斯蒂娜·里昂（Stina Lyon）
丹尼斯·马斯登（Dennis Marsden）
戈登·马歇尔（Gordon Marshall）
大卫·麦克龙（David McCrone）
玛丽·麦金托什（Mary McIntosh）
格雷厄姆·梅克尔（Graham Meikle）
马克辛·莫利纽克斯（Maxine Molyneux）
莉迪亚·莫里斯（Lydia Morris）
肖恩·尼克森（Sean Nixon）
朱迪思·奥克利（Judith Okely）
艾莉森·皮尔尼克（Alison Pilnick）
卢辛达·普拉特（Lucinda Platt）
肯·普拉莫（Ken Plummer）
尼马尔·普瓦尔（Nirmal Puwar）
凯特·雷诺兹（Kate Reynolds）
大卫·罗斯（David Rose）
塔尼娅·赛义德（Tania Saeed）
科林·萨姆森（Colin Samson）

桑杰·夏尔马（Sanjay Sharma）
艾莉森·斯科特（Alison Scott）
杰奎琳·斯科特（Jacqueline Scott）
约翰·斯科特（John Scott）
苏西·斯科特（Susie Scott）
奈杰尔·索思（Nigel South）
丽兹·斯坦利（Liz Stanley）
罗伯·斯通（Rob Stones）
奥利尔·沙利文（Oriel Sullivan）
蒂齐亚娜·特拉诺瓦（Tiziana Terranova）
布莱恩·特纳（Bryan Turner）
弗兰克·韦伯斯特（Frank Webster）
理查德·威尔逊（Richard Wilson）
安东尼·伍迪威斯（Anthony Woodiwiss）
尼拉·尤瓦尔-戴维斯（Nira Yuval-Davis）

中文翻译、审定人员

主持翻译：

陈云松　白中林

翻译人员（按照姓氏汉语拼音字母排序）：

阿柔娜	白中林	蔡天骥	柴向南	陈　忱	陈福平	陈航英
陈　涛	陈伟杰	陈心想	陈云松	程　诚	程凡玲	邓朋滔
丁　瑜	董　浩	杜　月	范晓光	傅春晖	葛　霆	龚　顺
郭　未	句国栋	贺光烨	洪岩璧	胡安宁	胡　明	黄家亮
计迎春	纪莺莺	焦长权	李春凯	李　丁	李　骏	李凌静
李荣山	李双龙	李　夏	李昕凌	李　雪	李雪豪	李英飞
李忠路	连碧文	梁佳成	梁　樱	林斯澄	林佩儿	刘　柳
刘昱君	骆为祥	卢春天	吕钊进	马　文	马学军	孟庆延
莫太齐	缪　佳	齐　群	齐亚强	邱　月	冉光沛	盛智明
施安南	田　丰	王东美	王　楠	王森浒	王　松	王　琰
尉建文	魏文一	巫锡炜	吴楷文	吴肃然	吴晓阳	徐美丽
许多多	萧思良	许　琪	严　飞	杨双双	杨　宗	於　嘉
张柏杨	张国旺	张亮亮	张巍卓	张钰心	郑　莉	郑　路
周　敏	周穆之	周　羿	朱　斌			

审定人员（按照姓氏汉语拼音字母排序）：

冯仕政　符　平　黄晓春　李凌静　梁玉成　孙飞宇　孙秀林
田　耕　王天夫　吴愈晓　杨　可　杨清媚

中文版序

我非常荣幸看到《牛津社会学词典》的中文译本。这本词典是英语社会学界的标准参考资料，我希望它的译本可以在迅速发展的中国社会学界变得同样重要。在此，我要衷心感谢陈云松教授、白中林博士和他们的团队为此付出的辛勤努力。

社会学发源于世界许多不同的地方，但它在二十世纪的扩展主要集中在北美和西欧。爱弥尔·涂尔干、马克斯·韦伯和塔尔科特·帕森斯的理论在二十世纪的大部分时间里塑造了这门学科的形态，直到二十世纪下半叶更多样的观点涌现，性别、种族和环境等问题得到了关注。正是在这个时候，社会学也变得更国际化。经济和政治权力全球化，以及与之相关的全球南方独立化，意味着世界各地的学者开始接触社会学思想，并为这个学科的发展做出贡献。

中国的社会学家为这股社会学思潮的更新发挥了重要力量，他们不仅产生了新的理论观点，还承担了重要的实证研究工作。中国学者已经成为欧美大学的重要访问学者和长期职员，中国的大学也欢迎外国学者帮助建立真正的全球学科。社会学因跨越国界和政治分歧的大学合作而繁荣。我期待这本词典的翻译能够巩固这种合作，帮助我们建设一个更加美好的世界。

约翰·斯科特
于英国，康沃尔，洛斯特威西尔
2023 年 12 月

中译序

"国无辞书，无文化之可言也！"这是一百零八年前，中国近代第一位辞书编纂家即商务印书馆的《辞源》主编陆尔奎先生在《辞源说略》(《东方杂志》1915 年 12 卷 4 期)一文发出的呼声。于此，足见现代化的辞书对中国百年来的现代化事业有着非常重要的作用。商务印书馆作为中国现代文化出版事业的策源地，也由此开启了蔚为壮观的辞书编纂、编译之路。从字典、词典，到专科、百科辞典，乃至综合辞典在内的辞书共同构筑了商务印书馆的工具书王国。

时至今日，商务印书馆的辞书事业仍然向学科纵深处进发。我们组织汉语世界社会学青年学者翻译的牛津的这本社会学词典，既是商务印书馆工具书海洋之一帆，也希望能为国内社会学学科建设贡献力量。一门成熟的学科，除了该学科的学会、学刊之外，还需要有成熟的学科手册、学科研究指南、学科词典。在中国社会学自主知识体系的建构历程中，我们需要了解西方社会学，借鉴、吸收其学科发展中的优秀成果并加以扬弃。经过比较和论证，我们选定本词典作为翻译引进的首选。一方面，牛津大学在人文社科领域的系列辞书在出版界乃至英语世界享有盛誉，另一方面，该词典在国际社会学界亦具有较好的口碑。

基于上述原因，我们分别与原书主编、牛津大学出版社进行沟通，获得了主编的肯定与牛津社的授权。两位主持翻译者参与正文内容翻译同时,另行承担了正文外的序文、附文等内容的翻译和增补,以及词典的统稿工作。整个翻译、审校、编辑出版工作历时两年有余,感谢所有参与翻译、审定和编辑的人员,我们深知一部工具书由众多学人参与,一方面可以保证翻译的广泛接受性,另一方面也肯定存在或多或少的缺憾。此外,尽管该词典中的词条收录较为全面,但对中国及非西方社会学成果的引介仍然远远不够,一些词条的解释难免带有原编者的个人价值观倾向和西方话语的偏见甚至谬误,需要我国读者加以甄别和留意。在阅读使用过程中,如您发现翻译不妥或者可商榷之处,欢迎发邮件至 c-berlin@163.com 指正。

陈云松　白中林
2023 年 3 月

目　　录

第一版前言 …………………………………………………………… 1
第二版前言 …………………………………………………………… 3
第三版前言 …………………………………………………………… 5
第三版修订版前言 …………………………………………………… 7
第四版前言 …………………………………………………………… 8
有用的网站 …………………………………………………………… 10

词典正文（A—Z） ………………………………………………… 13—1498

词目索引 …………………………………………………………… 1499
主要社会学家姓名索引 …………………………………………… 1542

第一版前言

这本词典是一本全新的汇编,由欧洲顶尖社会学系的杰出社会学家团队编写,主要为这一学科的初学者而设计。

为了简化词典的使用,文中避免使用缩写。定义里某一词汇前的星号(*)表示可以在该标题下找到其他相关资料。有些词条将把读者引向另一个词条,表明它们或是同义词,或是能够与相关术语一起,在其他较长条目中得到最佳解释。通常,带有修饰性形容词的名词可以通过两词中的任意一个来检索,因此,"nuclear family"(核心家庭)也被表述为"family, nuclear"。所有长词条和众多短词条都会提及至少一个参考文献来源,使读者能够独立地探索相关文献。英国和美国的学生都会对这些文献感兴趣,虽然两国的学科历史并不相同,而有些词条会把其中一国的读者引向略微不同的方向。

社会学本身有一个清晰的理论核心,但也存在着无法界定的模糊边界。可以说,这是本学科的主要优点之一,因为它有助于研究真正的跨学科问题,其中包括许多社会问题。因此,社会学家很可能会遇到特定专业,如经济学、心理学和人类学的术语。因此,这本词典也包含了一些主要与这些学科相关的词条,但对学社会学的学生也很有用。

近年来,一些社会学词典收录了越来越多的词条,以介绍本学科当代实践者的生平，尽管它们通常只是出生日期、所属机构和出版物的简短列表。这种做法的理由并不明显，因为这些词典理应为社会学主题的内容和术语提供指南，而不是为社会学家的支持者提供注释清单。此外，为本词典所做的初步研究表明，在实践中，人们不可能在同行里就谁是"当代社会学家的领军人物"达成共识，部分原因是本学科本身的多样性。因此，本词典只在相关个体本身成为社会学主题的情况下才包含他的"姓名"——主要因为他们对学科后来的历史产生了影响。更进一步的标准是，在世的学者被排除在外，于是读者们会发现"马克斯·韦伯"（Weber, Max）和"欧文·戈夫曼"（Goffman, Erving）的词条，而没有"罗伯特·K. 默顿"（Merton, Robert K.）或"约翰·H. 戈德索普"（Goldthorpe, John H.）的词条。可以说，这将一些当代社会学家排除出考虑范围，虽然他们的著作已经成为本学科的研究主题，安东尼·吉登斯、尤尔根·哈贝马斯和皮埃尔·布尔迪厄就是明显的例子。一些读者可能认为，这种做法只有生物上的意义，而没有知识上的意义。然而，在实践中，将任何在世的社会学家纳入研究主题，仅仅是重新引发了不可解决的争议，即在当代人里，谁具有足够的影响力或争议性，足以构成适当的"话题"以包含在词典中。当然，所有这些学者的作品都被置于更广泛的实质性词条之下进行讨论，例如在批判理论（critical theory）词条下讨论哈贝马斯，在失范（anomie）词条下讨论默顿，在社会流动（social mobility）词条下讨论戈德索普。

　　本词典最初开始编撰时，所有编著者都是英国埃塞克斯大学科尔切斯特分校社会学系的工作人员。许多人后来离开了学校，而这完全是巧合。

第二版前言

在这个版本中,我修改并扩展了大部分原始文本。超过150个新词条——包括几篇重要的文章——已经被添加进来。因此,新版本比前一版本增加了大约45 000个单词。

我还纠正了词典使用者提请我注意的一些小错误。因此,我想借此机会感谢许多写信给我或牛津大学出版社的读者,他们常常提出有益的改进建议,有时只是为了表达对成品的赞赏。一位来自印度的记者提议列入一份综合参考书目,但我认为这不及当前在个别词条中引用适当参考文献的做法有用,特别是对学生来说。因此,我在这方面保留了早期版本的形式。在阅读了更多文献之后,我也不赞同已故教授汉斯·艾森克(Hans Eysenck)的观点,他写了一封深思熟虑的信,解释为什么他认为至少有一个词条对人类行为中遗传差异的正面和反面证据给出了不平衡的解释,尽管词典中对"智力"(intelligence)的讨论已经扩展到包含一些关于这个主题的最新(但仍有争议的)文献。

我再次成为这部作品的主要撰稿人,而我在埃塞克斯大学社会学系的几位朋友和以前的同事很好心地为这个新版本写了一些专业性的条目,他们是托尼·科克森、伊恩·克雷布、戴安娜·吉丁斯、凯瑟琳·哈基姆、玛吉·李、肖恩·尼克松和奈杰尔·索思。他们的词条和建议极大地完善了本词典,任何其他的缺陷都应该由我自己负责。

牛津

1997 年

第三版前言

《牛津社会学词典》第三版的编者发生了变化,但我希望它的风格和方式保持不变。在编辑这本词典的过程中,我力图保持戈登·马歇尔创造的强烈而独特的风格,正是这种风格使它成为该领域的主要参考书。我已经检查了词典中的每个词条,对它们进行修改并更新内容,以反映当前的关注点。在此过程中,我删除了一些不太有用的词条,或是将它们的内容合并到词典的其他部分中。一些现有的词条已经被完全重写。在将新词条引入词典中时,我试图增加主题的覆盖面,这些主题自词典初步规划以来已经变得越来越重要。因此,这本词典的篇幅大大增加了。我已经开始引入一些在世的社会学家的传记词条。由于篇幅所限,无法全面介绍当代的理论家和研究人员,所以我只集中介绍那些在词典涵盖的领域中处于中心地位的学者。我希望在今后的版本中能够扩展这方面的内容。

我非常感谢戈登·马歇尔为确保前两版词典的核心词条而进行的大量工作,他的努力使我的工作轻松多了。许多新词条依靠我在埃塞克斯大学的同事而得以完成,我同时感谢其他地方的同事新撰写或更新了词条。除了我自己编写的条目,本词典第三版词条初稿的作者还有埃蒙·卡拉宾、鲍勃·康奈尔(Bob Connell)、托尼·科克森、米里亚姆·格鲁克斯曼、约翰·赫杰勒布雷克、保罗·伊甘斯基、斯蒂娜·里昂、大卫·麦克龙、艾莉森·皮尔尼克、卢辛达·普拉特、肯·普卢默、尼马尔·普瓦尔、大卫·罗斯、苏西·斯科特、桑杰·夏尔马、奈杰尔·索思、丽兹·斯坦利、罗伯·斯通、蒂齐亚娜·特拉诺瓦和弗兰克·韦伯斯特。

约翰·斯科特
埃塞克斯大学
2004 年

第三版修订版前言

　　本词典的新版本包含网上信息来源的互联网链接，可以通过牛津大学出版社的专门网站获得。我重点为互联网上最重要和最权威的进一步信息来源提供链接，这些来源中有一些是通向专业信息提供者的一般链接，且所有互联网来源都需要谨慎对待。我选择这些网站目的是为词典提供最可靠、最公正、最适合的信息。

约翰·斯科特
埃塞克斯大学
2008 年

第四版前言

自20年前第一版出版以来,《牛津社会学词典》的范围和覆盖面不断扩大。刚开始是戈登·马歇尔,然后是我们两人一起,最后是我独自一人承担了更广泛的主题,增加了更多在世的社会学家,并试图改进其风格和可用性。

第三版修订版的一个主要创新是使用了互联网链接,将词典与其在线合作伙伴联系起来,并允许用户直接点击进入精心挑选的可靠网站。本版保留了这一创新。随着越来越多的资料在网上提供,对这些来源的可靠指导比以往任何时候都有用。我已经设法确保链接是最新的,但出版社将感谢任何关于使用这些网站有困难的评论,以便尽快改正这些链接。也请让我们知道您发现的特别有用的网站,还有您认为可以与其他读者分享的链接。

这一版本的一个重大改变是,一些使用较少、技术性很强的词条被缩短或删除,以容纳一些新词条,并扩大对新领域的阐述,比如交叉性(intersectionality)、伊斯兰恐惧症(Islamophobia)、气候变化(climate change)和社交媒体(social media)等条目,以及新的传记词条,包括贝尔·胡克斯(Bell Hooks)、安·奥克利(Ann Oakley)、斯坦利·科恩(Stanley Cohen)和兰德尔·柯林斯(Randall Collins)等学者。我希望您发现这一改变的有用之处。

本词典包含许多交叉引用，它们由文本中的星号（*）标记（在印刷版中出现）和参见"来源的列表"所显示。这些都是寻找资料的重要方法，我们鼓励读者遵循这些方法，就像遵循网页上的在线链接一样：事实上，在线版本确实可以完成这样的操作。如果您真的发现了未来版本应该包含的"缺失"词条，出版社会乐于再次聆听您的任何建议。

这本词典是一本参考书，但我希望您认为它是易读的。愿您从简单的词条浏览和链接探索中得到诸多乐趣和价值。

约翰·斯科特

哥本哈根大学和埃克塞特大学

2014 年

有用的网站

本书是一本与网络相关联的词典。要前往下述网站，请访问本词典的网页http://www.oup.com/uk/reference/resources/sociology，打开参考资料部分的网页链接，然后直接进入相关网站。

Intute

如果你正在回顾社会学某个特定领域的文献，这将是一个非常有用的起点。Intute 是一个集合了所有社会科学学科的在线资源网站，通过这些链接，你可以找到与你感兴趣的领域相关的文章和论文、数据集、书籍、期刊和组织。它是一个存档，不再更新。

British Sociological Association（BSA）

英国社会学会（BSA）是英国主要的社会学家专业协会，旨在为其成员提供信息和服务。如果需要了解社会学的本质以及它与其他社会科学学科的不同之处，那么这个网站值得访问。英国社会学会组织会议和研讨会，将世界各地的社会学家聚集在一起，并出版两种你可能熟悉的重要期刊。学生可以以较低的会费加入该协会，并享受会员的所有待遇。

theory.org

关于当代社会学理论的有趣介绍，由利兹大学的大卫·冈特利特（David Gauntlett）撰写。这是一个非常易达的网站，展示了一些更具创新性的非传统理论的基础知识。

SocioSite

这个网站列出了一些社会学家和他们的主要观点，包括对他们著作原文的摘录。

Social Theory Pages

雷德兰兹大学的吉姆·斯皮卡德（Jim Spickard）创建的非常有用的网页，列举了关于重要思想家的网站链接。它包括经典和当代理论的资源链接，以及其他一些主要网站的链接，比如 SocioSite。

UK Data Service

该网站是由埃塞克斯大学创建的数据档案库，收录了更广泛的来自社会科学研究的定量数据。访问者可以浏览目录，查找每项研究的摘要和方法论的细节，注册用户可以订购原始数据集的副本。网站中还有大量来自重要全国性调查的数据，包括英国犯罪调查和社会态度调查。

该服务还包括 Qualidata 档案，收集和传播来自广泛研究项目的定性数据。访问者可以使用 Qualicat 目录搜索特定主题的数据，或者查找社会学中一些经典研究的数据集。

Social Research Update

另一个关于研究方法文章的在线论文集,由萨里大学社会学系出版和维护。这些文章相对较短,网站也易于浏览。它包含了一些新的和不太传统的方法,例如视觉民族志和基于互联网的研究,以及方法论中的其他实质性问题。

A

ability 能力

一种无论是完成一项脑力或体力任务的能力。社会心理学家通常把能力和天赋区分开来,天赋指获得或学习大量知识的自然能力,能够通过能力倾向测试予以测量(measurement)*。社会学家则有可能区分能力和技能(skill)*,前者相对专门化且特定于某一任务,后者则是指涉一套更广泛的可应用于多种同类任务的习得性技术。

abolitionism 废除主义

本术语最初与以不人道为理由而要求废除奴隶制(slavery)*的呼声有关(即"废奴主义",参见威廉·威尔伯福斯[William Wilberforce, 1759—1833]的观点),最近延伸为关于废除监狱与监禁的论争。后一立场是从北欧犯罪学(criminology)*中发展出来的(参见T. 马蒂森[T. Mathiesen]的《废奴的政治》*The Politics of Abolition*, 1974),但后来在更广泛的范畴中为批判犯罪学(critical criminology)*所采用。废除主义者认为监狱效率低下,其存在的理由站不住脚,且普遍侵犯人权(human rights)*。鉴于仅做改革会使现有制度永久化和合法化,因此废除主义者反对仅仅对其进行改革。废除主义对犯罪(crime)*、违规及纠纷提出了新的回应——如以社区为基础的替代监禁——并认为惩罚和施加痛苦的冲动必须受到质疑。

absolute deprivation 绝对剥夺

参见剥夺(deprivation)*。

absolute mobility 绝对流动

参见社会流动(mobility, social)*。

absolute poverty 绝对贫困

参见贫困(poverty)*。

absolutism(absolutist state) 专制主义(专制国家)

一种强有力的中央集权的国家形式,社会从封建主义(feudalism)*向资本主义(capitalism)*过渡过程中的典型特征,权力集中于君主之手,君主支配着一个中央集权的行政机构。从16世纪的都铎王朝到19世纪的明治天皇治下的日本,这一标签被应用于各类国家(state)*。这一定义并非没有争议:该标签也适用于处于从封建主义向共产主义(communism)*过渡时期的沙皇俄国;而且,除了最松散的定义外,一些人并不认为日本曾是个封建社会。佩里·安德森(Perry Anderson)的《绝对主义国家的系谱》(*Lineages of the Absolute State*, 1974)为此提供了一个有用的概述。

关于专制国家在向资本主义过渡过程中所扮演的角色,也存在着很大的争议。许多历史学家认为专制主义国家为资本主义铺平了道路,有时他们更喜欢"开明专制"这个词。然而,另一些人把这个词局限于在普鲁士和奥地利等国的启蒙理性主义的推广。大多数马克思主义者(至少直到最近)倾向于把专制主义视为资本主义发展的障碍。

争议双方必须解决的问题是历史结果的可变性。例如，在欧洲大陆，专制国家的崛起似乎与西方向资本主义的快速过渡和东方封建统治的强化有关。

对于马克斯·韦伯（Max Weber）*（《经济通史》*General Economic History*, 1919—1920）和更多的非马克思主义学者而言，对专制主义者或"理性国家"（rational state）*所起的进步作用的解释，可以从这些政权为增强其对领土内行动的可预测性所做出的巨大贡献中找到，因为它们使自己的行政机构官僚化，引进法治的要素，垄断合法武力，并利用这种武力将其管辖范围扩大到整个社会。韦伯对专制主义在东欧和西欧产生的不同结果的反应，是将东欧发生的事情描述为一种延迟，而不是倒退，并将其解释为国家在更广泛的社会中缺乏盟友的结果，而这反过来又反映了这些社会更普遍的经济和文化落后。

马克思主义者（如莫里斯·多布［Maurice Dobb］、埃里克·霍布斯鲍姆［Eric Hobsbawm］和佩里·安德森）对这一论点的回应是，它更多是由于非马克思主义者倾向于将分析特权赋予政治领域，而非合理的历史研究。鉴于专制君主及其最强大的支持者始终是封建贵族的代表，因此，马克思主义者认为，需要解释的是西欧（尤其是英格兰和荷兰）那些短命的专制主义政权，而不是东欧那些经久不衰的专制主义政权。他们所提供的解释围绕着一个大胆而有争议的主张，即大多数欧陆国家在16世纪经历了一场旷日持久的经济危机，而英格兰和荷兰则幸免于难。结果，除了这两个社会之外，其他社会的封建贵族都能够镇压或限制他们的资本主义竞争对手。因此，英国和荷兰的资产阶级有可能比他们潜在的竞争对手更早地获得优势，这种优势通过在相对较短的时间内推翻他们的专制君主制而进一步增强。把这个主题所涉及的许多经验性反对意见放在一边，重要的是要注意，它基于对经济领域的分析性特权，可以说没有理由比其支持者所反对的政治领域的特权更为合理。也许对这两种批评最成功的例外是 A. 卢布兰斯卡亚（A. Lublinskaya）的《法国专制主义：1620—1629 关键阶段》（*French Absolutism: The Crucial Phase, 1620-1629*, 1968）。

abstracted empiricism 抽象经验主义

赖特·米尔斯（C. Wright Mills）*在《社会学的想象力》（*The Sociological Imagination*, 1959）一书中创造的术语，指那些将强烈而僵化的经验主义（empiricism）*与科学等同起来，迷恋由调查产生的数值数据和定量研究技术的社会学家的研究。米尔斯认为，在 20 世纪四五十年代，这已经成为美国社会研究的主导风格。它是从理论反思中抽象出来的经验研究。虽然米尔斯认识到经验数据（包括数值数据和统计分析）在社会学研究中的重要性，但他坚持认为，这些数据不足以进行社会学分析。社会学的叙述必须始终具有理论依据。米尔斯认为，调查（survey）*尤其倾向于将数据限制在那些涉及个人及其属性的数据上，因此很难设想社会结构（social structure）*或进行历史比较分析。

对于抽象经验主义的起源，我们可以从下述书籍发现一个引人入胜的历史记载。参见 R. 班尼斯特（R. Bannister）的《社会学与科学主义：有关客观性的美国探寻，1880—1949》（*Sociology and Scientism: The American Quest for Objectivity, 1880-1949*, 1987）。

accommodation 适应

参见同化（assimilation）*。

accounts 描述

参见动机分析（vocabularies of motive）*。

acculturation 涵化

参见同化（assimilation）*。

accumulation 积累

参见资本积累（capital accumulation）*。

acephalous 无头的

用来描述没有中央国家集权的社会的政治制度的术语。例如，传统的非洲世系政治制度（参见J. 米德尔顿［J. Middleton］和D. 泰特［D. Tait］的《没有统治者的部落》*Tribes without Rulers*, 1958）。权力在氏族（clan）*、世系（lineage）*或世系分割的层面上行使。因此，这些"无头的"社会经常也被称为分支社会（segmentary societies）*。

achieved status 自致地位

参见自致地位（status, achieved）*。

achievement 成就

对于社会所定义的任务或目标的成功完成或执行。塔尔科特·帕森斯（Talcott Parsons）*（《社会理论与现代社会》*Social Theory and Modern Society*, 1967）认为，现代社会使用成就指数——考试证书或基于角色的任务的成功——而不是使用先赋性标准来招募、选择和评估个人的特定角色。然而，研究表明，先赋性因素在社会分层（social stratification）*中，尤其是在种族（race）*和性别等因素方面，有持续的影响。在佩内洛普·古克（Penelope Gouk）主编的《成就的源泉》（*Wellsprings of Achievement*, 1995）中，对成就的概念和解释、它与创造力和创新的关系以及它对解释17世纪以来英国和日本经济增长所发挥的作用等方面进行了有趣的跨学科讨论。另见成就动机（achievement motivation）*；优绩主义（meritocracy）*；自致地位（status, achieved）*。

achievement motivation 成就动机

"成就动机"被定义为对表现良好的需求或对成功的争取，并由面对困难的坚持和努力来证明，成就动机被认为是人类的核心动机。心理学家大卫·麦克利兰（David McClelland）在《成就社会》（*The Achieving Society*, 1961）提出了一个有争议的假设，即成就动机与经济增长有关，在20世纪五六十年代的一段时间里，成就动机缺乏被广泛认为是第三世界（Third World）*缺乏经济发展（economic development）*的原因。这一假设引起了某些美国现代化理论家的关注，他们的论点受到了安德烈·冈德·弗兰克（Andre Gunder Frank）（《拉丁美洲：不发达还是革命》*Latin America: Underdevelopment or Revolution*, 1969）等依附（dependency）*理论者的大量批评。参见工作伦理（work ethic）*。

act(action、social act)行动(行动、社会行动)

参见行动理论(action theory)*；意义(meaning)*；塔尔科特·帕森斯(Parsons, Talcott)*；马克斯·韦伯(Weber, Max)*。

actionalism 行动主义

这个术语通常与法国社会学家阿兰·图海纳(Alain Touraine)的名字联系在一起，不要与塔尔科特·帕森斯(Talcott Parsons)*提出的行动参考框架(action frame of reference)*(参见行动理论[action theory]*)混淆。从20世纪60年代开始，图海纳发展了一种全新的理论框架，并在1973年的《社会的自生产》(*Self-Production of Society*)进行了最全面的描述。用他自己的话说，图海纳的目标是"用行动者的社会学代替社会的社会学"。他的目的是克服他认为的在社会学中客观与主观或系统与行动方法之间的错误划分。行动主义把社会行动者置于理论关注的中心，包括结构和历史现象的理论。行动者不仅是社会系统(social system)*的组成部分，而且是这些系统的代理人。群体和集体，如社会阶层，不只是被当作类别，而是被当作社会行动者之间的动态关系集。行动主义的这种动态性就是图海纳所称的历史性(这一术语改编自让-保罗·萨特[Jean-Paul Sartre]*)，指的是社会自我行动的能力，以及历史作为人类活动的性质。社会学家是历史的代理人——而不是中立的观察者——在他或她的社会冲突(social conflict)*中有利害关系。

这使得图海纳提出了"社会学干预"(sociological intervention)*的方法，即社会学家通过直接参与来研究社会变革运动。图海纳认为，行动主义社会学是多元的、充满冲突的，但由于它在社会变迁(social change)*过程中的积极参与而更加合理。

具体地说,行动主义方法试图通过在每一个历史时期确定"历史主体"(集体行动者)来解释社会价值是如何形成的,以及社会变迁是如何完成的,这个"历史主体"有能力通过组织自身成为社会运动(social movements)*来完成革命性的变革。在他早期的研究中,图海纳认为,历史主体通过生产性工作的经验获得必要的自我意识,把表达资本主义(capitalism)*历史主体的关键社会运动视为有组织的劳动。然而,在后来的研究中,他拓宽了他的"生产"概念,并将这一理论推广到其他社会运动中,包括那些由妇女、学生、核抗议者和民族主义者组织的运动。图海纳对社会运动的分析可以在其《声音与眼睛》(The Voice and the Eye, 1978)中找到。

action frame of reference 行动参考框架

参见行动理论(action theory)*。

action research 行动研究

一种研究人员也作为研究变化推动者的研究类型。这一研究方式经常被地方社区或在公司工作的顾问作为改革过程本身的一部分使用。研究对象被邀请加入一个相对快速的"研究—行动—研究—行动"序列的之中。对某一问题的行动研究是一个反复的过程:使用定义宽松的个案研究(case study)*方法;向研究对象或小组负责人提出一种或多种的解决方案;决定采取何种行动方针并予以实施;随后进行进一步调查,以评估结果,并找出未预料到的问题及可能的解决方法;最后,采取进一步的行动来完善和扩展新的政策或活动。随着最初的关注焦点逐渐转移到其他有关领域,这一进程可以无限期地延长。20 世纪 70 年代的英国社区发展计划就是一个有趣的例子。具体参见《考文垂发展规划总结报告》(the Coventry CDP Final Report, 1975)。

action theory(action frame of reference)行动理论(行动参考框架)

这些术语虽不是可以互换的,但紧密相关,并对我们将社会学视为一门科学的方式产生许多影响。例如,将行动与结构并列作为社会学调查的替代出发点,这是很常见的。行动理论是以人类行动为出发点或主要研究对象的理论。行动的一个决定性质是,与行为不同,行动对行动者(actor)*具有主观意义。因此,这些方法关注的是行动的意义(meaning)*及其解释(interpretation)*。社会学为人们的行为、思想和关系提供了一种理性的、连贯的解释。行动理论包括韦伯社会学、现象学社会学(phenomenological sociology)*、符号互动主义(symbolic interactionism)*、常人方法学(ethnomethodology)*、理性选择理论(rational choice theory)*和结构理论(所有这些在本词典中都有词条)。

行动参考框架与塔尔科特·帕森斯(Talcott Parsons)*有关。帕森斯的理论始于对行动的系统分析(systems analysis)*,认为社会行动者是在不同的手段和目的之间进行选择,而这种选择在生理和社会两方面都受到限制。社会对选择最重要的限制是规范(norm)*和价值(value)*。由此,帕森斯建立了一个详尽的社会系统(social system)*模型,他的理论强调规范和价值的决定作用,而不是行动者的选择。帕森斯的批评者们,如约翰·雷克斯(John Rex)*,拒绝了这一观点,但保留了作为他们自己的行动理论基础的基本行动参考框架。参见约翰·雷克斯的《社会学理论的关键问题》(*Key Problems of Sociological Theory*, 1962)。

当代社会学的行动理论提出了三个不同的关注点。第一个关注点是理性(rationality)*的本质和理性行动*(rational action)本身。这源于韦伯的学术成就,并对行动的因果解释(causal explanation)*的可能性提出了疑问。(做某事的原因和加热一块金属导致它膨胀的原因是一样的吗？)行动理论还讨论了是否存在理性的绝对标准,或者社会学的解释在某种意义上是否总是与文化相关的问题。理性选择理论以更实质的方式处理了其中的一些问题。第二个关注点是行动背后那些被视为理所当然的规则和库存知识(stock of knowledge),这是民族志方法论和现象学(phenomenology)*特别追求的主题。第三个关注点是符号互动主义,即行动者之间对意义(meaning)*的学习和协商。许多重要的研究方法(research methods)*,参见艾拉·科恩(Ira Cohen)的《行动与实践理论》(Theories of Action and Praxis),载于布莱恩·特纳(Brian Turner)编的《布莱克威尔社会理论指南》(*The Blackwell Companion to Social Theory*, 2000)。

actor (social actor) 行动者 (社会行动者)

参见行动理论(action theory)*；能动性(agency)*；自我(self)*；主体(subject)*。

adaptation 适应

进化论(evolutionary theory)*中广泛使用的一个术语,用来描述自然选择(natural selection)*过程的结果。生物物种的遗传变异被认为是根据它们在特定环境中促进或抑制生存的能力来选择的。那些允许一个物种生存的变异,是通过允许它们适应特定环境的压力和机会来实现的。许多社会进化论观点也采用了类似的方法,文化创新被视为环境选择的对象和社会群体或许能够适应其物质和社会环境的手段。塔尔科特·帕森斯(Talcott Parsons)*把适应作为任何行动系统的四个功能先决条件(functional prerequisites)*之一,其他的三个条件是目标实现、整合(integration)*和维模,从而形成了所谓的AGIL分析框架。另见功能主义(functionalism)*。

Addams, Jane 简·亚当斯(1860—1935)

亚当斯是一位美国社会学家,对19世纪末20世纪初芝加哥学派(Chicago School)*的形成与发展至关重要。她对社会学领域的许多女性学者产生了巨大影响,例如夏洛特·帕金斯·吉尔曼(Charlotte Perkins Gilman)和爱米莉·格林·巴尔奇(Emily Greene Balch)*,1889年,她在芝加哥赫尔馆(Hull House)建立了一个社会服务点,以支持社会工作(social work)*和社区活动。这在一定程度上受到了伦敦汤恩比馆的启发,但它对女性影响更大,更平等,宗教色彩更少。亚当斯认为,女性面临的主要问题之一是如何处理家庭和社会之间的矛盾需求。她认为,社会服务点是解决这一问题的一种方式。赫尔馆是芝加哥大学重要的社会学中心,同时也吸引了其他社会理论家、马克思主义者、无政府主义者和社会主义者。亚当斯是一位致力于女性和工薪阶层移民的女发言人,一位文化女权主义者,认为女性的价值天生就比男性的价值优越。她认为,通过吸收和融合这些价值,可以建立一个更高效、更和平的社会。尽管1931年她被授予诺贝尔和平奖,但她对和平主义的承诺使她在第一次世界大战期间被社会排斥。参见艾米莉·约翰逊（Emily Johnson）编的《简·亚当斯：百年文选》（*Jane Addams: A Centennial Reader*, 1960）；玛丽·乔·迪更（Mary Jo Deegan）的《简·亚当斯和芝加哥学派》（*Jane Addams and the Men of the Chicago School*, 1989）。

addiction 成瘾

参见饮酒和酗酒（drinking and alcoholism）*；毒品（drugs）*。

administrative theory（classical administrative theory）
行政理论（古典行政理论）

组织理论（organization theory）*的一种早期形式，主要由亨利·法约尔（Henri Fayol, 1841—1925）在《工业管理与一般管理》（*Administration industrielle et générale*, 1916）中提出，该理论主要涉及在复杂的劳动分工（division of labour）*中为协调各种具体任务而建立"最合理的"组织。这本书的英译名 *General and Industrial Management*（1949）表明，法约尔主要关心的是商业管理，尽管他本人明确表示，他的管理理念想要适用于所有正式组织（formal organization）*，诸如政治和宗教事业。将法语的"行政"表述为"管理"，也导致了这种管理方法被称为"古典科学管理学派"，晚近的代表人物包括林达尔·乌尔威克（Lyndall Urwick）、彼得·德鲁克（Peter F. Drucker）。

法约尔将管理的关键功能确定为预测和规划。他认为，最合理和最有效的组织是那些能够"统一、连续、灵活、精确、指挥和控制"地规划执行的组织。行政管理的普遍原则能够从这些目标中提炼出来。这些目标包括等级链的关键元素（权力和责任从首席执行官到车间之间的连续流动）；统一指挥（每个人只有一个与他或她沟通的主管）；规定控制的金字塔（一线主管的职能和下属人数有限，二线主管控制一定数量的一线主管，以此类推，直到首席执行官）；方向一致（从事类似活动的人员必须按照总体规划追求共同的目标）；任务的专门化（允许个人建立特定的专业知识，从而提高生产力）；最后，个人利益服从于组织的整体利益。这个列表并不详尽，但阐明了行政理论的关键命题，即功能上的具体和层级结构提供了保护组织目标的最有效的方法。参见 M. B. 布罗迪（M. B. Brodie）的《法约尔论行政管理》（*Fayol on Administration*, 1967）。

古典行政理论，就像晚近的科学管理（scientific management approach）*一样，建立在这样一个前提之上：组织是毫无疑问的理性的（以及有效的）封闭系统。换句话说，组织被假定有明确和统一的目标，即根据既定蓝图与结构，组织内的个体通常通过遵守相应规则并扮演其期望角色，以实现上述"目标"。此外，为了实现效率最大化，组织只需要考虑和操纵该结构内的变量，而该组织与其环境的互动，以及虽然处于组织外部但对其内部运作有影响的各种因素，都被系统性地忽略了。显然，这两种观点都对社会行动（social action）*采取了一种相当确定的观点，因为每一种观点都假定个人将最大化组织的效率，而不考虑个人福利及集体目标与其特殊目的之间的关系。组织分析理论中的人际关系理论（human relations theory）*之所以由一群五花八门的作者和研究进路构成而被赋予这个统一称谓，恰是由于他们对古典行政理论的一致反对。不过，尽管有这些批评，古典行政理论仍对商业研究和公共管理产生了相当大的影响,它为许多管理者提供了可明确其目标的基本概念。

adolescence 青春期

一个社会心理学(social psychology)*概念,最早由G. 斯坦利·霍尔(G. Stanley Hall)在《青春期》(*Adolescence*, 1904)一书中提出。"青春期"也曾被用来指与成年有关的情感和行为状态。此外,"青春期"还指与青春期相关的生理变化得到社会承认之前的生命周期(life cycle)*以及从童年(childhood)*到成年的地位转变。

通常,在现代工业社会中,年轻人的性成熟时间要早于社会在其他方面承认他们是成年人的时间;并且由于需要接受教育和培训,他们仍然依赖于父母或监护人。因此,青春期被视为情绪波动的高峰期。参见詹姆斯·科尔曼(J. S. Coleman)*的《青春期的本质》(*The Nature of Adolescence*, 1980)。社会学家不认为这仅是一个生物学过程,在此过程中,生理变化也带来了行为变化;社会承认其生理成熟,同时也在其与社会规范(social norm)*及价值(value)*之间进行了建构。这意味着,相对而言,青春期本身亦是一个文化情境。就在不久之前的欧洲,孩子们还常常不得不在他们能干活时就匆匆步入成年,而跳过青春期。

人类学家也描述了许多这样的例子,尤其是在以年龄群(age sets)*为基准的社会中,从童年向成年的转变是突然的,以明确的过渡仪式(rites of passage)*为标志,相对而言也没有所谓的青少年问题。通过对西方工业社会的调查和其他实地考察,研究者对以下观点提出了质疑:青春期通常比其他生命历程(life course)*都面对更多压力，或者大多数青少年都极为叛逆。把青春期看成一个社会问题（social problems）*，更多反映的可能是成人世界对青少年的刻板印象（stereotype）*，以及对青年文化（youth culture）*的道德恐慌（moral panic）*。参见弗兰克·科菲尔德（Frank Coffield）等人的《在边缘成长》（*Growing Up at the Margins*, 1986）。相关文献综述，参见帕迪西亚·诺勒（Patricia Noller）、维克多·卡伦（Victor Callan）的《家庭里的青春期》（*The Adolescent in the Family*, 1991）。

Adorno, Theodor Wiesengrund
西奥多·维森格伦德·阿多诺（1903—1969）

法兰克福社会研究学院的领导人物，二战期间在美国做学术研究，战后回到西德。他的学识渊博，理论复杂，常有晦涩难懂的想法。其著作涉及美学理论、文学与音乐理论、文化批评、社会心理学和哲学。他的一部饱受批评的合著是《权威主义人格》（*The Authoritarian Personality*, 1950），对权威主义的心理根源进行了实证和理论研究，但这项研究受到许多批评。

阿多诺与法兰克福学派（Frankfurt School）*的其他成员一起，对马克思主义（Marxism）*进行了批判性研究，并试图将一种复杂的文化与个人心理概念纳入由卢卡奇（György Lukács）*等人提出的改良马克思主义中。阿多诺的美学与文化批评以及哲学研究主要关注形式而非内容，主张艺术作品或思想体系的形式最清晰地显示了社会及其提供的可能性所强加给我们的限制与矛盾。他尤其将这一观点与音乐和更广泛的文化趋势联系起来，并从中看到高雅艺术与流行文化（popular culture）*、大众文化（mass culture）*以及大众社会(mass society)*发展之间的两极分化(参见R. 威特金[R. Witkin]《阿多诺论音乐》*Ardorno on Music*, 1998；R. 威特金《阿多诺论流行文化》*Ardorno on Popular Culture*, 2002)。据说，他那晦涩的写作风格旨在避免自己的思想被错误地融入现代工业社会。他对现代性(modernity)*的明确观点体现在《最低限度的道德》(*Minima Moralia*, 1951)一书中。该书是一部格言集，在书中阿多诺认为总体性的概念曾经是解放哲学的一部分，但在20世纪它已经被吸收到一个整体化的社会系统(social system)*，即一个真实的或潜在的极权主义(totalitarianism)*体系之中。他的文化批评理论可参见《多棱镜》(*Prisms*, 1955)，及他与马克斯·霍克海默(Max Horkheimer)*合著的《重新审视文化产业》(*The Cultural Industrial Revisited*, 1992)，该书由J. 伯恩斯坦(J. Bernstein)编写。阿多诺自1968年以来有关社会学的入门讲座讲义已在2000年结集出版为《社会学导论》(*Introduction to Sociology*)。另见权威主义人格(authoritarian personality)*；批判理论(critical theory)*。

advocacy research 倡导研究

一种由深切关注如贫困或强奸等特定社会问题(social problems)*的学者们开展的描述性政策研究(policy research)*。这种研究旨在测量社会问题，以提高公众对这些问题的认识，并催生出政策建议及其他行动以改善这些问题。但批评人士认为，倡导研究有时会歪曲其研究方法(research methods)*以夸大所述社会问题之严重性，从而刺激采取公共行动以解决这些问题。参见尼尔·吉尔贝特(Neil Gilbert)

的《倡导研究和社会政策》(Advocacy Research and Social Policy),载于《犯罪与正义:研究评论》(Crime and Justice: A Review of Research, 1997)。

affect(affective、affectivity)情感(易感的、情感性)

一种情绪,在社会学中,这个词的使用通常意味着某种正在或已经实施的、为了满足情绪的行动。"情感性"与"情感中立"是帕森斯(Talcott Parsons)*用于对社会进行分类和分析的一种模式变项(pattern variables)*。情感通常被用来探讨认知与情绪行为取向和社会关系之间的联系。例如,玛丽·杰克曼(Mary R. Jackman)和罗伯特·杰克曼(Robert W. Jackman)在其著作《美国阶级意识》(Class Awareness in the United States, 1983)中讨论了"情感阶级纽带"这一概念,即"主观社会阶层是否包含情感联结的感觉",而不仅仅是名义上的认同问题。另见情感个体主义(affective individualism)*。

affective individualism 情感个体主义

情感个体主义是指伴随着18世纪英格兰人口、工业与资本主义革命而产生的一种新的家庭生活变化倾向。其亦出现于那些已经完成和正在经历现代化转型的国家。情感个体主义一词描述了基于两情相悦而非父母之命的婚姻(marriage)*。

大量学者——如L. 斯通(L. Stone)在《英国的家庭、性与婚姻:1500—1800》(The Family, Sex and Marriage in England, 1500-1800)一书中——指出,18世纪出现了一场家庭规范的革命。在这之前,家庭(甚至核心家庭[nuclear family]*)都深深嵌入一个更为广阔的团体网络中(包括与其他亲属的亲密关系[intimacy]*),因此家庭并非成员寄托情感联结与依赖的主要目标。此外,两性关系也不主要是为了个体愉悦,而更多只是起到了工具作用(生育的必需条件);婚姻亦是如此(结婚不是出于两情相悦,而是出于经济或者政治原因)。工业化(industrialization)*(对于这一过程,不同学者强调了不同的侧面)使这种传统家庭生活规范迅速让位于"亲密的家庭核心化形式"。这一规范的特征在于亲密的情感联结、家庭关系的私密性、基于情感表达而非工具原因的情爱关系和养育行为。这一规范随着资本主义(capitalism)*和工业化的扩展而逐渐散布于全球各地。

情感个体主义理论作为现代社会的产物,也受到强烈的质疑,其中以艾伦·麦克法兰(Alan Macfarlane)在《资本主义文化》(*The Culture of Capitalism*, 1987)中的批评最为激烈,原因在于其假定这一系列变化早在工业化之前就已开始,并且是渐进的而非革命性的。另见家庭社会学(family, sociology of)*。

affine(affinity)姻亲(姻亲关系)

参见亲属关系(kinship)*。

affirmative action 平权措施

参见积极差别待遇(positive discrimination)*。

affluence 丰裕

参见资产阶级化(embourgeoisement)*。

affluent worker 富裕工人

参见资产阶级化(embourgeoisement)*。

aging, sociology of 老龄社会学

生理上的老化在社会和文化维度亦具有重要意义,这些维度影响了我们如何看待那些通常被认为是生物意义上不可避免的变化。年龄还是一种文化范畴,其意义与重要性因时代文化观念不同而各异。直到最近,老龄社会学才真正被标准的社会学教材所接纳。就像性与性别一样,长期以来也被看作一个纯粹的"自然"范畴,或者是留待社会政策(social policy)*解决的"问题"。与之相比,青年文化(youth culture)*则得到了大量社会学研究的重视。

在西方资本主义制度下,"工资-劳动"系统意味着某种固定的从外部生产过程退休的机制,西方学界因此将年迈个体划归为非生产性群体,甚至是一种负担。而在研究优先性上,老年学(gerontology)*因其对老龄化的医学研究模式而颇具影响力。与之相比,英国的社会学研究则通常关注作为孤立者或嵌入国家制度中的老年人。人口变迁——寿命延长、出生率(birth rate)*下降,以及在老龄(65岁以上)人口比例增长——已经激发了针对老年人口消费与政治潜力的道德恐慌(moral panic)*和其他新的研究议题。

针对老年人的刻板印象(stereotype)*以及对老年人同质性的预设越来越受到质疑。阶级(class)*、种族(race)*、性别和文化等因素往往与生物因素分庭抗礼。例如,无论在资本主义国家还是在社会主义国家,高龄对于身处高位的男性而言并不是一种包袱。在大量关于老年人社会关系的文章中,埃塞尔·珊纳(Ethel Shanas)批判了一些

关于老龄化和老年家庭生活的功能主义惯例，这些惯例往往不假思索就被人们所接受。这些惯例通过将老年人排除出劳动力市场（labour market）*和其他具有重要意义的社会角色（social role）*来使年龄歧视（ageism）*合法化。与之相比，珊纳本人的研究似乎表明，老龄化本身是一个剥夺（deprivation）*过程，其导致了一种被称为"结构性依附"的结果。参见埃塞尔·珊纳等的《三个工业化社会中的老人》（Old People in Three Industrialised Societies, 2007）；埃塞尔·珊纳、M. B. 萨斯曼（M. B. Sussman）编的《家庭、科层制与老年人》（Family, Bureaucracy and the Elderly, 1977）。

目前在对老龄社会学的研究兴趣中，学者们不仅关注老年群体的经历、民族志（ethnography）*信息，也在越来越多地注意到不同文化、空间对于"高龄"的特殊建构。参见M. W. 莱利（M. W. Riley）的《论年龄在社会学中的重要性》（On the Significance of Age in Sociology），载于《美国社会学评论》（American Sociological Review, 1987）。

ageism 年龄歧视

一种基于年龄而对特定人群抱有的非理性或具有偏见的歧视性态度。其涉及对个体或者群体的生理、心理特征的刻板印象（stereotype）*，这些印象通常与负面词汇联系起来。此类歧视主要针对老年群体。如今在美国，诸如灰豹（Grey Panthers）等组织逐渐兴起，以抗议针对老年人的歧视（discrimination）*，保护老年人的权益。

age sets（age grades）年龄群（年龄级）

年龄群指代一个年龄段，这一年龄段基于一个社会中所有属于此年龄范围的个体，并按照该年龄范围进一步定义社会地位（social status）*、可扮演的角色以及属于此年龄段的独特行为。从一个年龄级过渡到另外一个年龄级通常被认为是一种集体性、组织性的社会事件，该事件包含了象征社会身份和角色变化的过渡仪式（rites of passage）*。尽管该术语偶尔在现代工业社会的背景下使用，但更多时候该术语被用于描述工业时代之前的社会。前工业社会中没有阶级差异，而主要是基于年龄级的分层系统（将成员分为年轻人、少年以及老人等）。这一系统贯穿于那些将个体组织起来的部落（tribe）*、世系（lineage）*或者氏族（clan）*。

age stratification 年龄分层

与年龄相关且涉及构建年龄群（age sets）*的一个不平等系统。作为一种分层体系，它不同于纯粹的不平等（inequality）*。例如，在西方社会，老人和少年普遍被认为相对能力不足，因此被作为一种独特的身份而被排除在很多社会生活之外。然而，这些人可以各自构成一种彼此联合、互相凝聚的社会圈层。另见年龄歧视（ageism）*。

agency 能动性

这个词通常和结构（structure）*并列，并作为行动的同义词使用。其隐含强调了人类行为本质中未被决定的因素，以此与结构理论的决定论视角相区别。这个概念也可以有更广泛的含义，从而将人们的注意力转移到行动者的心理或者社会心理构成上，并预设了人们实施贯彻特定意志(自愿)的行为能力。

社会学理论通常体现为对能动性和结构两者的不同偏重以及能动性和结构之间的张力。一些新近的理论家试图参与这种争论并超越此种二元对立。法国社会学家皮埃尔·布尔迪厄(Pierre Bourdieu)*是一个很好的例子。他强调了社会生活的客观性(objectivity)*和主观性(subjectivity)*的不可区分,以此挑战了宏观-微观以及结构-能动性之间的二元对立(《实践理论纲要》*Outline of a Theory of Practices*, 1977)。

对这一问题的另外一个讨论来自学者安东尼·吉登斯(Anthony Giddens)*的结构化理论。同样的,美国社会学家杰弗里·亚历山大(Jeffrey C. Alexander)也强调了多维度的社会学研究,以整合两个维度的分析(如其四卷本的《社会学中的理论逻辑》*Theoretical Logic in Sociology*, 1984)。另见行动理论(action theory)*;结构化(structuration)*。

aggregate(collectivity)聚集体(集体)

大量个体的集合可以形成一个具有特定共同目标的团体,但也可以构成一个无组织性的聚集体。例如,观众或者简单的一群人可以因为缺少组织性或者固定的社会联系模式而被称为一个聚合体。这个概念也被更广泛地使用到处理聚合数据(aggregate data)*的研究中。这类研究关注针对更大的小组或者类别(例如一定类型的人、家庭或者公司)的统计量,而个体层次(人、家庭或者公司)的特征通常无法直接获知。另见集体行为(collective behaviour)*;微观数据(microdata)*。

aggregate data 聚合数据

参见聚集体（集体）（aggregate [collectivity]）*。

aggression 侵犯

指敌意的、有伤害性的、暴力的或者极端一意孤行的行为。关于人们为什么会变得有侵犯性这一问题，有不同的彼此竞争的理论。很多理论立足于生物学因素。例如，哲学家托马斯·霍布斯（Thomas Hobbes）*认为，人类天生好斗，只有通过相当程度的才智和努力才能够避免"所有人对所有人的战争"。很多心理学的学派也持有此种假设，认为侵犯只有通过相当全面的教育和社会化（socialization）*过程，并辅以真正意义上的社会控制（social control）*才能够抑制。也就是说，侵犯行为的抑制不能单纯靠社会学习，唯有持续不断对人们的文明行为予以奖赏，并对无法令人接受的侵犯行为予以惩罚才能够达成。

大多数的关于侵犯行为的社会学理论不是立足于生物学意义上的次级结构或者心理学意义上个体的超结构，而是立足于个体与社会环境的彼此关系。也许这方面最流行的理论就是挫折-侵犯假设（理论）。这一理论认为，当有目的的行为被打断的时候，侵犯行为就会出现（参见约翰·多拉德 [J. Dollard] 等人1939年编的《挫折与侵犯》Frustration and Aggression）。例如，小孩子可能会对拿走他们玩具的其他小孩发出侵犯的行为。但是，这一理论被批评无法解释那些挫折引起的非侵犯性后果（在这些环境下，有些孩子只是安静地生闷气）。挫折-侵犯理论也和西格蒙德·弗洛伊德（Sigmund Freud）*联系在一起。西格蒙德·弗洛伊德认为，挫折阻碍了寻求快乐和避免痛苦的行动,因此总会引起侵犯行为。这种侵犯行为或者会针对感知到的负面阻碍来源,或者(如果被抑制的话)会被转移到另一个对象上面。晚期弗洛伊德认为,侵犯行为是个体死亡本能(又被称为塔纳托斯[Thanatos])所致,这种死亡本能和生存本能(被称为利比多[libido]或者爱洛斯[Eros])同时发挥作用。

第三派理论——学习理论(learning theory)*——将暴力看作是成功社会化与社会控制的结果。也就是说,广义的侵犯行为和狭义的暴力行为在它们被期待发生的时候发生。即使不存在挫折,亦是如此。例如,某个亚文化(subculture)*群体的成员可能学习如何与某种被认可的暴力规范保持一致。就像在一些事例中,采用强力手段(如用拳头说话)与男性性别特质联系在一起。同样,战时前线的战士与帮派(gangs)*中的年轻人也会认为暴力是可以被接受的,因为他们被培养接纳此种观点,期待如果自己打得好,就会赢得认可和声望。但如果他们"退缩",则就有可能受到责难。另见差别接触(differential association)*。

agnate(agnation)同族(宗族关系)

在罗马法中,族(*agnati*)是指那些因为共同的祖先而连接在一起的男性和女性,他们因此从属于同一个家庭权威。在社会人类学(social anthropology)*中,该词和父系制联系在一起,但是其中隐含的父权思想已经逐渐淡化。因此,同族是顺着父系而形成的血缘亲属。族群也指仅通过父系进行传递的家族系统。在当代人类学(anthropology)*中,学者们更偏好父系(patrilineal)*一词。

agrarian capitalism 农业资本主义

参见资本主义（capitalism）*。

agrarianism 唯农论

农业社会中，园艺和畜牧活动均被整合进农业系统中。唯农论通常是指将农村生活美好化为家庭生活的完美之地。另见农村社会学（rural sociology）*。

agreement, method of 求同法

参见约翰·斯图尔特·密尔（Mill, John Stuart）*。

agribusiness 农业企业

大规模的资本主义（capitalism）*的农业和食品加工组织和公司（corporation）*（生产化肥、杀虫剂或者机械设备），农业企业与其他高级工业组织相比有很多相似之处。例如，对高科技和大规模生产技术的使用，以及广泛的纵向与横向的加工整合和合作。因此，我们可能会看到一个冷冻食品公司和很多大规模农场签订合同，也会利用电脑来安排高度专业化的产品生产，同时从同一食品公司下属的公司来获取无机化肥和其他原材料。这些公司越来越在全球范围内进行组织和分工。关于美国的农业企业带来的后果，可以参见理查德·梅里尔（Richard Merrill）编写的《激进农业》（*Radical Agriculture*, 1976）和苏珊·乔治（Susan George）的《另一半是如何死亡的》（*How the Other Half Dies*, 1976）。

agriculture, sociology of 农业社会学

参见农村社会学（rural sociology）*。

AIDS 艾滋病

获得性免疫功能综合症是一种复杂的症状综合体,其由于人体免疫缺损病毒(HIV)而具有致死传染性。经过最初三个月的高传染期,艾滋病感染者自身因为对HIV感染的反应而产生HIV抗体。目前大多数针对艾滋病的检测都是基于此抗体展开的。在经过可能数年的无症状期之后,感染者身体中会出现一些罕见病症——尤其是卡肺囊虫肺炎(PCP)和卡波希恶性毒瘤(KS)。艾滋病传播的主要渠道是体液传播,尤其是血液(输血、静脉吸毒以及从母亲直接传给子女)和精液(同性或者异性之间插入性性行为)。联合国艾滋病规划署区分了三种传染模式和区域:亚洲(当下艾滋病传染者的主要增长区域)、非洲大陆(最先发现艾滋病的地区,且主要以异性传播方式为主)和经过工业化(industrialization)*的西方国家(在20世纪80年代就已经认识到艾滋病的传播并对其进行了界定)。在西方,艾滋病过去的传播途径主要是同性性行为和静脉吸毒过程中对注射用针的共享,但是现在艾滋病的传播主要是通过异性性行为。在2010年之前,估计有3900万人感染HIV(其中一半以上是女性,三分之二来自撒哈拉以南的非洲),20年以内会有2000万人死亡。在西方,治疗技术的发展让艾滋病成为一种慢性病而非急性病,但是这些治疗手段在西方之外非常昂贵,并不易获得。

社会学通过种种方式对理解和控制艾滋病做出了贡献。在1982年,对性行为传播网络的研究极大促进了对艾滋病毒的甄别。这些研

究也帮助了国家层面上大规模针对性行为和吸毒行为的研究。同样，这些研究也促进了更具创新性的质性分析，其有助于发现和监控高风险性行为的发生与流行。一些识别和抽样"隐藏人口"（诸如非同性恋[homosexuality]*但与男性发生性行为的男性，或者吸毒行为）的技术也依赖于社会学和人类学的方法。关于冒险行为的理论也逐渐从早期依赖健康信仰模型转而讨论背景与策略因素，以及集体和社区层面的反应。

alienation 异化

广义上讲，这个概念描述了个体彼此之间的疏离，或者个体与特定情境和过程的疏离。异化概念是卡尔·马克思（Karl Marx）*著作的核心。马克思主义者力图探索马克思异化概念背后的哲学、社会学和心理学维度（这些方面在伊斯特万·梅扎罗斯[Istvan Meszaros]1970年出版的《马克思的异化概念》[Marx's Concept of Alienation]一书和约翰·托兰斯[John Torrance]1977年出版的《疏离、异化和剥削》[Estrangement, Alienation and Exploitation]一书中进行了详尽的探讨）。

异化作为一个哲学概念，源自黑格尔（Hegel）*。黑格尔关于历史变迁过程中理念变化及其在知识领域的外在化、客观化和再诠释为马克思的思想提供了革命性的动因。马克思将黑格尔的思想反转并建立了一个唯物主义（materialism）*的版本。他认为，劳动定义了我们的"类存在"，即作为人类的需求、权力和潜能。人们的劳动权力关系外化（externalization）*和客观化为某种物质形态和社会关系。这种劳动的异化使得人们丧失了人类的特性，这个状况唯有共产主义

(communism)*的到来才能够在人类全面发展的基础上得到调整。这意味着将个体完全回归到作为社会人的群体性存在。

关于异化概念的哲学建构贯穿于马克思著作的始终,尽管对于他早期关心的议题如何影响后来的观点这一问题还有很多持续的争论。但是,关于这一概念的社会学讨论更多集中于下述观点:外在性(externality)*和疏离来自那些压制个体的社会结构(social structure)*,这些结构否定了个人本质的人的属性。异化是根植于资本主义(capitalism)*社会和经济体制安排的一种客观状态。所有的生产过程产生了客观化,即,在其中人们生产的产品凝聚着个人创造性的天赋,但是这些产品又和其创造者分割开来。异化是人类本质属性对其类属性的客观化所带来的扭曲状态。在资本主义社会,生产成果属于雇佣者,他们占有了其他人创造的剩余价值(surplus value)*从而造成了异化劳动。马克思指出了这种异化劳动的四个属性:工人与他们区分于动物的作为人类的类本质相分离的异化;由于资本主义将劳动降为可以在市场(market)*上争相交易的商品,因此工人间的关系是异化的;产品由资本家(capitalist)*获取并由此让产品脱离工人的控制,以此造成工人与产品之间的异化;最后是劳动本身的异化,使得劳动成为一种没有意义的、缺乏内在满意度的活动。这些特征的最后一条促成了很多心理学的讨论。这些讨论将异化看成一种主观认定的心理状态,涉及工作过程中的无力感、疏离感和不满。这在大规模、非个人化、科层制的社会组织中尤为如此。

从马克思浩如烟海的关于劳动分工(division of labour)*、私有产权变迁以及阶级(class)*斗争兴起的讨论中抽离出异化的观点是很困难的。用马克思的术语来说,异化是根植于资本主义生产方式的特定社会关系中可以客观确认的状态。但是,很多研究者倾向于忽视这些结构性的因素,转而关心特定的认知与态度特征。根据梅尔文·塞曼(Melvin Seeman)的讨论(1959年发表于《美国社会学评论》[American Sociological Review]的《论异化的含义》[On the Meaning of Alienation]),异化的"心理状态"包括无力感、无意义感、分割感、无规则感和自我疏离感等几个维度。在一个著名的关于工厂工人的研究中,罗伯特·布劳纳(Robert Blauner)试图将这几个维度与特定的工作状态对应起来。他认为,与手工技艺、机器、生产线和连续生产过程结合起来的技术特征和异化之间有一个曲线关系(curvilinear relationship)*。也就是说,"在早期手工工业阶段,异化的程度最小,工人的自由度最大。到了机器大生产阶段,人们的自由度下降,而异化感增强。到了20世纪以生产线为基础展开生产时,异化曲线日渐升高到一个极端状态,即非个体化的工人,他们与自身和更大规模的集体疏离开来,在成段的生产线上随着工作而动,这种活动仅仅就是为了谋生。但是,在自动化工业时代,有一种反向趋势。即自动化(automation)*增强了工人对工作过程、进一步的劳动分工以及大工厂发展过程的控制"(1964年出版《异化与自由》Alienation and Freedom)。此时,对于异化的讨论变成了更为广阔的对工作主观感受或者更具体的工作满意度(work satisfaction)*的分析的一部分。另见工作的主观经验(work, subjective experience of)*。

alliance theory 联姻理论

这一理论与结构人类学家列维-斯特劳斯(Claude Lévi-Strauss)*有关。该理论认为,在亲属系统中,垂直联系的继承和延续(后代)没有基于异群体通婚(connubium)*带来的互利交换的平行联系(联姻)重要。

Allport, Gordon W. 戈登·奥尔波特(1897—1967)

美国著名社会心理学家,1938年任哈佛大学心理学系主任。他最重要的贡献是强调"自我"和"统我"的"人格"(personality)*理论,其中"统我"被定义为"生活中所有我们视为专属于我们的区域"(参见《成为》Becoming, 1955)。他还研究了偏见(prejudice)*作为一种历史和文化以及心理现象的重要性,回顾了个人文档(personal documents)*在社会科学(social science)*中的重要性(如他编的《珍妮的信件》Letters from Jenny, 1965),并且倡导了特殊规律研究法(idiographic method)*。

altercasting 他人角色设定

尤金·A. 韦恩斯坦(Eugene A. Weinstein)和保罗·多伊奇伯格(Paul Deutschberger)在《社会测量》(Sociometry, 1963)中引入的一个概念。其应用于角色理论和拟剧论(dramaturgical)*社会学,描述了将他人置入特定角色的过程。这一概念强调了这样一个事实,即人们作用于他人的方式有特定的模式,这个模式会限制其他人的行动。

alternative movement 修正运动

参见社会运动(social movements)*。

alternative technology 替代技术

参见适用技术(appropriate technologies)*。

Althusser, Louis 路易·阿尔都塞（1918—1990）

作为20世纪最具原创性和影响力的马克思主义社会哲学家之一，路易·阿尔都塞在一系列人文和社会科学学科中引发了巨大但极具争议的马克思主义学术的更新。他最重要的作品，以及他影响力的高峰，跨越了20世纪60年代和20世纪70年代。从政治角度来看，他的计划是对马克思主义（Marxism）*的斯大林主义（Stalinism）*进行分析和批判。阿尔都塞与许多当代斯大林主义的马克思主义批评者截然不同，他拒绝使用纯粹的人道主义道德谴责的修辞（正如他所认为的那样）。相反，他认为如果要有效地在政治上反对斯大林主义，那么对其原因和后果进行"严格科学的"分析就是必要的。

对理解历史的科学方法（scientific method）*的追求将阿尔都塞带到了两个方向：首先，重读马克思主义传统的经典文本；其次，对科学本质的哲学思考，以及如何将其与其他形式的知识或话语（discourse）*区分开来（参见意识形态[ideology]*）。阿尔都塞的科学观是一种雄心勃勃的尝试，旨在将科学视为一种生产知识的社会实践，因此科学也是于其中得以开展的社会历史的一部分。同时，阿尔都塞从马克思主义的唯物主义（materialism）*传统中保留了这样一种坚持，即现实世界先于且独立于我们的历史和社会生产的知识而存在。意识形态也暗示了这种独立存在的现实，但根据阿尔都塞的说法，其与科学所暗示的方式完全不同。在意识形态中，个人"主体"被提供了一种想象或认识他们自己以及他们与所处社会的关系的方式。这种承认或错认的模式主要是为了指导实际行动。就主流意识形态而言，它以倾向于再生产和维护普遍的社会支配系统的方式进行。

阿尔都塞的科学观在他对马克思主义经典著作的重读中得以发挥作用。这一过程中最有争议的结果是他宣称的马克思早期著作（1845年之前）与成熟著作之间的"认识论断裂"。在早期马克思的哲学人文主义中，历史被理解为通过"异化"（alienation）*概念人类渐进地自我实现（self-actualization）*的过程，它作为一种前科学的"理论的意识形态"而被拒绝。只有在马克思与他早期的哲学立场"清算"之后，他的著作中才出现了以一种新的科学的方法来理解人类历史的开端。这种新方法——历史唯物主义（historical materialism）*——并没有完全形成，阿尔都塞和他的助手们采用了一种"症候阅读"的方法，以恢复作为马克思历史科学基础的基本概念结构（问题域 [problematic]*）。在20世纪60年代，阿尔都塞和他亲近的同事们创作了一系列文本（《保卫马克思》[For Marx]、《阅读〈资本论〉》[Reading Capital]、《列宁和哲学》[Lenin and Philosophy]），其中尝试对这些概念进行严格的定义和应用。在某种程度上，这是对已经建立的马克思主义概念的重新加工，如生产力（forces of production）*和生产关系（relations of production）*、生产方式（mode of production）*、意识形态（ideology）*、国家（state）*和社会形态（social formation）*（所有这些都在本词典中单独收录）。

在对既定概念的改造中，阿尔都塞也在解决马克思主义理论中长期存在的漏洞和缺陷。首先，是经济决定论（economic determinism）*（或经济主义[economism]*）的问题。借鉴了马克思和恩格斯自己在文本中的指示，以及当时有影响力的结构主义（structuralism）*思想，阿尔都塞提出了一种将社会整体视为"离心的主导结构"的观点。这意味着社会被视为经济的、意识形态的和政治的实践的有序结合，其中没有一个可以还原为任何其他实践,并且每个实践在塑造整体的过程中都有自己特定的权重("结构性因果关系")。

将历史视为人类在通往共产主义自我实现的道路上所经过的一个线性的生产方式序列的观点已被等同于马克思主义的正统观念。阿尔都塞拒绝这样一种"历史主义意识形态"(historicist ideology)*,并声称在马克思后来的著作中发现了一种反历史主义的历史观,即历史是一个"没有主体的过程"。在阿尔都塞看来,重大的历史转折总是偶然的,总是影响社会秩序(social order)*的多重矛盾的"多元决定或压缩"的特殊结果。因此,"历史总在我们这边"这种准宗教(quasi-religion)*的确信在马克思主义对历史的理解中不应该有任何地位。

阿尔都塞最具争议的立场是他反对"理论的人道主义"的立场:他对主体与社会之间关系的看法。他认为,不仅是把历史视作人类自我实现过程的观点,而且任何作为社会生活来源或基础的自主个人能动性的观念也应被摒弃。个人是社会关系的"承载者",他们的自我意识是"询唤"(或"呼叫")的社会过程的结果,这本身就是主流意识形态的运作方式。阿尔都塞对个体自主性的明显否认引起了很多批评。

阿尔都塞的思想在文学和电影批评、政治社会学(political sociology)*、人类学(anthropology)*、女性主义(feminism)*社会理论、认识论(epistemology)*、文化研究(cultural studies)*和发展社会学(development, sociology of)*等多个领域产生了影响。然而,从1967年开始,阿尔都塞创作了一系列自我批评的著作,其中许多都带有当时激进学生运动的印记。阿尔都塞似乎收回了他早先对科学本质理论的承诺,而将哲学视为一种调解科学与政治的实践。随之而来的是,他对马克思本人的成熟著作中许多内容的科学地位的怀疑加深了。这在泰德·本顿(Ted Benton)的《结构马克思主义的兴衰》(*The Rise and Fall of Structural Marxism*, 1984)中进行了讨论。

正如他的自传所揭示的那样,阿尔都塞在心理上一直不稳定。1980年,一段深度抑郁的时期导致他杀死了他的妻子海伦娜。他生命的最后十年在默默无闻中度过,其中大部分时间在巴黎的一家精神病院。

altruism 利他主义

奥古斯特·孔德(Auguste Comte)*提出的一个概念,指考虑他人利益的行为。该概念与自我主义、自私和个人主义(individualism)*相对。关于利他主义的来源、影响以及其是否可以通过自我主义的动机来简化和解释等问题,有大量的社会心理学(social psychology)*、经济学(economics)*、政治行为学以及社会生物学(sociobiology)*(以及社会学)的文献。关于利他主义的研究也与交换理论、理性选择理论(rational choice theory)*、公共政策制定以及志愿组织相关。相关研究也关注了献血、战争与冲突中的英勇行为、在公共场景下区别于帮助亲友的那些对陌生人的主动帮助行为、市民为了帮助他人而纳税、自愿参与非营利组织,以及慈善捐款等行为。

相关研究似乎已经证实,人们的确有考虑他人利益的行为,例如,为他人的子女甚至非亲属对象做出牺牲以及为公共产品(public goods)*做出贡献。其他社会化动物也会表现出利他行为(例如鸟类在有捕猎者出现时会给同伴警报)。一些研究表明,利他行为中有遗传(heredity)*、基因(gene)*的一面。社会生物学家将选择过程视为人群中形成和维持利他"基因"的关键。此外,家庭与团体内的社会化(socialization)*也会促使人们接纳公益性质的价值观念并产生帮助他人的行为。从事志愿活动的人常常以利他行为来解释他们为什么参与志愿活动(例如希望帮助他人)。但是,以自我为导向的动机往往同时存在,如希望获得工作经验、感受接触社会的乐趣以及对于特定活动的兴趣等。对一些人而言,参与慈善事业可以带来名誉、社团中的权力,以及别人通过工作才能获得的那种自我满足感。同样,对合作性慈善事业的研究认为,慈善捐赠有利于商业活动,因此促使公司参与公共活动的动因具有明显的自利一面而非利他行为。在很多文化中,礼物赠予也被用来提升自身声望或者定义个人的社会地位(social status)*。

经济学家感兴趣的则是在公共产品的提供和使用时的"搭便车"(free rider)*问题。例如,一些人享受到公共电视节目,但是没有通过缴税来负担他或者她那部分的成本。或者那些在某一海域经常性超出其捕鱼限额的国家,它们耗尽一个海域的鱼类储量从而不利于其他国家。社会学家更关心在人际关系中信任与合作的达成,以及在社会两难选择中社会规则与团体认同对个人决策的影响。这些问题经常通过囚徒困境(Prisoner's Dilemma)*的决策过程来研究。其往往得出与针对短期行为的研究不同的结论。

基于囚徒困境的模拟研究发现,从长远看,利他行为和自利行为并不总是彼此互斥的。在1984年出版的《合作的进化》(*Evolution of Cooperation*)一书中,罗伯特·阿克塞尔罗德(R. Axelord)展示了在一个充满自利个体的社会中,合作是如何进化的。实际上,利他行为和个体主义行为在一个公共产品有益于所有成员(包括不直接使用公共产品的人）的人类社会中并不互斥。阿克塞尔罗德尝试了一系列的电脑模拟来衡量囚徒困境中不同策略的效果。而之前此类问题通常通过短时段的实验室实验来完成。与预期相反，一个被称为以牙还牙的最简单的策略最终胜出，其包含了与人为善、报复、原谅和对自己的利益有清楚认识等因素。通过电脑模拟不同的策略，囚徒困境的博弈与传统实验室实验相比可以囊括大量的不同类型的对象，同时博弈时间更长。因此，这些模拟可以趋近长时段的进化过程。

对于相关文献的回顾，可以参见J. A. 皮拉文（J. A. Prillavin）和H. -W. 尚（H. -W. Charng）1990年发表于《社会学年鉴》（*Annual Review of Sociology*）上的《利他主义》（Altruism）。

altruistic suicide 利他主义自杀

参见自杀（suicide）*。

ambivalence 矛盾情感/态度

一个人同时具有相反的情绪或态度。西格蒙德·弗洛伊德（Sigmund Freud）*通常认为该词条是指个体对某一物体或人又爱又恨。社会学的双重意识（dual consciousness）*理论假定社会里的某一从属阶级具有明显不一致的信念或价值（value）*，这导致该阶级对社会中的某些中央机构持矛盾态度。

amnesia, retrograde 逆行性遗忘

参见逆行性遗忘（retrograde amnesia）*。

amoral familism 无关道德的家庭主义

社会行动（social act）*始终以核心家庭（nuclear family）*的经济利益为导向。爱德华·班菲尔德（Edward C. Banfield）对意大利某个南部村庄贫困（poverty）*问题的讨论存在争议（《落后社会的道德基础》The Moral Basis of a Backward Society, 1958），他指出村庄的落后在很大程度上是由于"村民们无法为了共同利益而行动，事实上，甚至无法为了任何超越核心家庭直接物质利益之外的目的而共同行动"。这归咎于"无关道德的家庭主义"文化，这种文化是由于高死亡率、特定的土地保有权条件以及缺乏扩展家庭（extended family）*的制度共同导致的。班菲尔德的观点激起了有关"家庭主义"的性质与"文化"（culture）*在阻碍或促进经济发展（economic development）*中的作用"的广泛讨论。另见发展社会学（development, sociology of）*。

amplification of deviance 越轨的放大

参见越轨放大（deviance amplification）*。

analysis of variance 方差分析

参见因果模型（causal modelling）*；统计变异（variation [statistical]）*。

analytical Marxism 分析马克思主义

这个术语有时适用于一些社会学家和社会理论家的著作，他们在20世纪80年代和20世纪90年代试图通过结合马克思主义（Marxism）*的方法论（methodology）*原则和多种不同的方法来复兴欧洲和北美的马克思主义社会学(Marxist sociology)*。关键人物有埃里克·奥林·赖特(Erik Olin Wright)、乔恩·埃尔斯特(Jon Elster)和约翰·罗默(John Roemer)。这个松散定义的群体中的每个成员在不同时期、程度不一地采用了因果关系解释的实证主义(positivism)*准则(参见原因[cause]*)。赖特的著作有时被蔑称为"多元回归马克思主义",即方法论个人主义和理性选择理论(rational choice theory)*。他们自称为"无胡言乱语的马克思主义",这清楚地表现出他们承诺放弃早期马克思主义在哲学上站不住脚的立场。批评者声称,当马克思主义的原则(如历史主义[historicism]*和经济决定论[economic determinism]*)被抛弃时,马克思主义者没有保留任何明显的马克思主义的特点(因为似乎将所有成员团结在一起的是对概念的澄清)。参见汤姆·梅尔(Tom Mayer)的《分析马克思主义》(*Analytical Marxism*, 1994)中的概述。

analytic induction 分析归纳法

这是弗洛里安·兹纳涅茨基(Florian Znaniecki)*提出的一种定性研究方法。该方法对有限数量的案例进行系统而详尽的观察,从而找出相似之处并进行概括。唐纳德·克雷西(Donald Cressey)在《其他人的钱》(*Other People's Money*, 1953)一书中采用了这种方法,他提出了分析归纳法的各个阶段:定义研究领域,假定一种解释,研究一个案例看其是否符合解释(假设),据此修改假设或定义,核查其他案例。克雷西认为"这种检查案例,重新定义现象和重新构造假设的过程一直持续到建立普遍关系为止"。另见扎根理论(grounded theory)*;归纳(induction)*;符号互动论(symbolic interactionism)*。

anarchism 无政府主义

　　一些哲学家和政治家认为,人类社会在没有政府或权威（authority）*的情况下才能发挥最佳作用,这表明人们的自然状态是在没有政府和权威干预的情况下和谐自由地生活在一起。无政府状态不会导致混乱,而是会导致自发秩序。哲学采用多种形式（解释无政府主义）,这些形式涵盖了从极右到极左的所有政治倾向,前者寻求减少国家（state）*的影响,主张自由市场原则（free-market principle）*,后者认为国家将在真正的共产主义社会消亡。自愿结社和互助的支持者介于两者之间。大卫·米勒（David Miller,1984）和艾伦·里特（Alan Ritter,1980）在他们的书中对无政府主义理论做了很好的概述。

　　近代,由卢梭（Jean-Jacques Rousseau）*提出、颇为浪漫的"我们生而自由,却又无往不在枷锁之中"是无政府主义的早期陈述,而第一个发展出系统的无政府主义理论的人是英国理性主义者威廉·戈德温（William Godwin）。19世纪,皮埃尔·约瑟夫·蒲鲁东（Pierre-Joseph Proudhon）*（部分受戈德温影响）发展了一种为法国工团主义（syndicalism）*提供基础的无政府主义理论,该理论主张建立有序的小单位社会,社会运行不依靠中央政府,取而代之的是根据互惠主义的联邦原则进行组织,或在生产者的自治团体之间进行公平的交换。蒲鲁东的门徒米哈伊尔·巴库宁（Mikhail Bakunin）主张通过暴力摧毁国家政权,并与卡尔·马克思（Karl Marx）*展开争辩。巴库宁也坚持认为社会的重建必须自下而上地通过自由的工会（trade union）*或工人联合会来实现。像蒲鲁东一样,巴库宁认为所有政党（political parties）*都是"专制主义者",因此反对由革命的先锋队代表无产阶级（proletariat）*采取有组织的政治行动。彼得·克鲁泡特金（Peter

Kropotkin)的观察清楚地表明,无政府主义在多大程度上以同样的方式同时挑战"左"右两边的其他政治哲学思想——事实上,在整个文明历史中,两种传统,两种相反的趋势一直存在冲突:罗马传统和世俗传统、帝国传统和联邦传统、专制传统和自由传统(《现代科学与无政府主义》Modern Science and Anarchism, 1912)。克鲁泡特金本身就是无政府主义共产党的拥护者。该党反对集中化大规模生产,赞成将工农业结合在一起形成小型社区,并建立使得每个人充分发展自己潜能的教育制度。这些目标是生产过程中不可或缺的。像大多数无政府主义者一样,他倾向于在他的著作中理想化原始社区。

无政府主义者的影响经常显现在当代关于公社(commune)*和共产主义(communism)*、"直接行动"、工人控制、分权制和联邦制的讨论之中。无政府主义的哲学和实践在许多事件中也发挥着作用(通常是次要作用),例如工会运动、西班牙内战、1956年匈牙利起义、1968年法国五月风暴、甘地式"非暴力不合作"抗议运动以及后来的恐怖主义(terrorism)*。

加拿大无政府主义者默里·布克钦(Murray Bookchin)的著作与社会生态学(social ecology)*有着有趣的联系。从西班牙内战开始经过30多年的政治激进主义,布克钦于20世纪60年代发出激进生态运动中的独特声音。他的理论通常被认为是共产主义无政府主义传统的一部分,他在大约20本书中阐述他的理论,包括《后稀缺无政府主义》(Post Scarcity Anarchism, 1971)、《走向生态社会》(Towards an Ecological Society, 1980)、《城市化的崛起和公民身份的衰落》(The Rise of Urbanization and the Decline of Citizenship, 1984)、《现代危机》(The Modern Crisis,第二版,1987)和《社会生态哲学》(The Philosophy of Social Ecology, 1990)。

尽管少有人认可，许多社会科学（social science）*著作都含有部分无政府主义者思想的元素，比如符号互动论者及其将社会视为自发秩序的观点，托马斯·萨斯（Thomas Szasz）的反精神病学（anti-psychiatry）*，放任主义经济学（laissez-faire economics）*的自由市场（free market）*观点，米歇尔·福柯（Michel Foucault）*对于权力去中心化的反系统压力以及后结构主义（post-structuralism）*和后现代主义（postmodernism）*的理论。

anarchy, epistemological 认识论无序状态

参见方法论多元主义（methodological pluralism）*。

ancestry 世系

参见继嗣群体（descent groups）*。

androgyny 双性化

一个双性化的人是一个具有两性特征的人。一些研究性别问题的社会学家对双性特征很感兴趣，因为它使得"什么是男人或女人"这些理所当然的假设变得有疑问。例如，哈罗德·加芬克尔（Harold Garfinkel）对阿格尼丝（Agnes）的案例研究或米歇尔·福柯（Michel Foucault）*关于变性人埃尔屈利纳·巴尔班（Herculine Barbine）的历史档案。更常见的是，它提供了许多科幻小说的主题内容，例如玛吉·皮尔斯（M. Piercey）的《时间边缘的女人》（Woman at the Edge of Time）。一些女性主义者主张文化或心理（而不是身体上的）双性化是父权制（patriarchy）*的替代。双性化的风格早已在流行文化

(popular culture)*中流行开来,尤其是自20世纪60年代以来,以大卫·鲍伊(David Bowie)、佛莱迪·摩克瑞(Freddie Mercury)、迈克尔·杰克逊(Michael Jackson)和安妮·伦诺克斯(Annie Lennox)等歌手为代表。

animism 泛灵论

参见图腾制度(totemism)*。

Annales School 年鉴学派

一个有影响力的法国史学流派,围绕《经济、社会与文化年鉴》(*Annales: économies, sociétés, civilisations*)杂志,由吕西安·费弗尔(Lucien Febvre)和马克·布洛赫(Marc Bloch)*于1929年在斯特拉斯堡大学成立。年鉴学派试图发展"总体历史"来批判现有的仅提供事件的时间顺序的历史学方法论。他们将注意力从政治历史转向了对长时期社会的宏观历史分析。年鉴学派的人物包括莫里斯·哈尔巴赫斯(Maurice Halbwachs)、安德烈·西格弗里德(Andre Siegfried)、费尔南·布罗代尔(Fernand Braudel)*、埃马纽埃尔·勒华拉杜里(Emmanuel Le Roy Ladurie)和乔治·杜比(Georges Duby)。年鉴学派具有以下特征:跨学科性、关注长历史时段和社会结构(social structure)*。学派的一些成员采用定量研究方法,他们研究地理环境、物质文化和社会之间的相互作用。

年鉴学派早期成员的作品以布洛赫代表,他尝试在《封建社会》(*Feudal Society*, 1961)中对中世纪社会进行全面分析。后期最有影响力的两部作品是布罗代尔对地中海的研究《菲利普二世时期的地中海和地中海世界》(The Mediterranean and the Mediterranean World in the Age of Philip II, 1949)和埃马纽埃尔·勒华拉杜里对14世纪乡村生活的分析(《蒙塔尤》Montaillou, 1975)。年鉴学派影响了历史社会学(historical sociology)*,尤其是伊曼纽尔·沃勒斯坦(Immanuel Wallerstein)的世界体系理论(world-system theory)*(例如他的三卷《现代世界体系》The Modern World-System, 1974、1980、1989)。批评者认为年鉴学派忽略了政治过程。年鉴学派具有跨学科的特点,这一点类似于历史唯物主义(historical materialism)*、马克斯·韦伯(Max Weber)*的历史社会学(《古代文明的农业社会学》The Agrarian Sociology of Ancient Civilisations, 1942)以及诺伯特·埃里亚斯(Norbert Elias)*的构型社会学(figurational sociology)*(《宫廷社会》The Court Society, 1969)。

anomic suicide 失范型自杀

参见失范(anomie)*。

anomie(anomy)失范

社会中规范(norm)*的缺席、崩溃、混乱或冲突。该词零星出现在希腊古典著作中,可能与形容词*anomos*相关联,意思是"没有法律"。因此,它假定了具有与崩溃和灾难相关且更广泛的负面含义。在社会学中,该词最常与爱弥尔·涂尔干(Émile Durkheim)*和罗伯特·默顿(Robert Merton)*的著作相联系。

在涂尔干的著作中,失范在《社会分工论》(The Division of Labour in Society)和《自杀论》(Suicide)中尤为重要。作者在《社会分工论》中认为失范出现在社会从机械团结(mechanical solidarity)*到有机团结(organic solidarity)*的转变过程。通常，劳动分工(division of labour)*的增加通过有机团结带来社会融合(incorporation)*，但是如果经济变化太快而道德规范的增长无法跟上分工和专业化的步伐，那么就会出现异常的或病理性的分工。这是失范的劳动分工。该论点在《自杀论》中得到进一步发展，失范被认为是自杀的四个原因之一。当经济不景气或繁荣导致规范性监管减弱时，有机团结社会就会发生失范式自杀(anomic suicide)*。在这些时候，人们与社会的联系变得不那么紧密，他们的基本欲望可能变得无所限制和混乱。这时失范会导致心理上的混乱和无意义。这个概念经常与马克思(Marx)*的"异化"(alienation)*概念形成对比。

罗伯特·默顿的作品在某种程度上改变了失范的含义。默顿对"反常"作了社会学的解释：关于社会结构(social structure)*和文化价值如何施加一定的压力以使个体遵从，但又产生分离和矛盾使得"反常"成为必然的结果。在他关于"社会结构与失范"的经典文章(《社会理论与社会结构》Social Theory and Social Structure, 1957)中，他讨论了"通往白宫的小木屋"的美国梦，这是一个真正开放的社会，存在巨大的向上流动的机会和经济回报。默顿认为，美国的价值体系创造了几乎全民的为了成功特别是经济成功的奋斗目标，并且详细阐述了一系列社会认可的手段来实现这一目标(特别是通过教育成就和辛勤工作)。然而，只有某些特权群体和阶级可以通过这些手段来获得社会中的经济资源，这给许多穷人造成相对剥夺(relative deprivation)*，然后这些穷人可能产生各种形式的个体反常行为，这为实现成功的预期目的提供了替代手段。换句话说，失范是指手段与目的之间的脱节，真正的遵从者是能够使用合法手段并实现社会认可目的的人。然而，在著名的个人适应型失范模式的类型学（typology）*中，默顿还讨论了创新（保留目的，但拒绝正当的手段，比如盗窃）；撤退主义（retreatism）*（拒绝目的和手段，比如药物滥用）；礼节主义（遵守正当的手段，使之本身成为目的，比如奴隶科层制）；和叛乱（rebellion）*（拒绝手段和目的，并代之以新的，比如政治激进主义）。

默顿的理论因为过多地假定共识和社会融合而受到批评，但它却非常有影响力，尤其是在违法和犯罪理论领域。例如，根据阿尔伯特·科恩（Albert Cohen）的地位挫败（status frustration）*理论（《失足男孩》*Delinquent Boys*, 1956）和 R. 克劳沃德（R. Cloward）与 L. 奥林（L. Ohlin）的差异机会结构理论（《不良行为与机会》*Delinquency and Opportunity*, 1961），违法是社会结构紧张或失范的结果。失范的概念已经应用到其他领域，马歇尔·克林纳德（Marshall B. Clinard）编的《失范与反常行为》（*Anomie and Deviant Behaviour*, 1964），以及最近马可·奥鲁（Marco Orrù）的《失范：历史与意义》（*Anomie: History and Meanings*, 1987）对此进行了重要的讨论。另见亚文化（subculture）*。

anthropology 人类学

参见社会人类学（social anthropology）*。

anthropomorphism 拟人化

把人的特征归结于非人的事物。

anticipatory socialization 预期社会化

与正式的训练相比，预期社会化涉及非正式地采用适宜某些身份的规范或行为，这些身份是个人在乎而尚未达到的，所以预期社会化为人们提供他们尚未承担的角色的经验。例如，孩子可能会通过将父母视为榜样来期待为人父母，而野心家可能会通过模仿他或她的上司的职业行为来期待晋升。

anti-naturalism 反自然主义

参见自然主义（naturalism）*。

antinomianism 唯信仰论

唯信仰论指相信自己的宗教承诺或信仰可以使人们脱离更广泛的社会法律或道德守则（因此称为"反规范"）。在整个基督教（Christianity）*历史上，唯信仰论一直是某些教派（sect）*的特征。最值得注意的是，16世纪和17世纪某些激进的新教教派主义者以这种方式扩展了加尔文主义的先定论，认为那些从内心笃定自己是上帝的选民的人可以获得赎罪，因此摆脱了传统行为的束缚。最近的例子包括19世纪的奥奈达公社和当代的"上帝之子"。唯信仰论通常与非正统的性或婚姻习俗有关，例如群婚制（奥奈达公社）或婚外性行为（上帝之子），后者之所以合理是因为它可以使他人得救。

anti-psychiatry 反精神病学

这是创造于20世纪60年代的一个术语，源于一批强烈批评"精神病学"（psychiatry）*思想和实践的作家。该词条确切地指代哪些人往往会有所变化,这些人在理论和政治诉求上总是有很大差异。经常提到的人物是激进的自由主义者托马斯·萨斯(Thomas Szasz)、左翼存在主义倾向的隆纳·连恩(Ronald Laing)*和他的同事大卫·库珀(David Cooper),以及意大利精神健康改革家佛朗哥·巴萨利亚(Franco Basaglia)。两位研究过精神疾病(mental illness)*的社会学家,欧文·戈夫曼(Erving Goffman)*和托马斯·谢夫(Thomas Scheff)*也属于反精神病学的范畴,米歇尔·福柯(Michel Foucault)*也是。尽管存在立场上的分歧,所有这些作者都认为疯癫和精神疾病是由社会建构的,并强调精神病学是一种社会控制(social control)*的方式,这种社会控制约束和强迫个人,特别是在制度(institution)*的情境下。

萨斯的作品很典型。在《精神疾病的神话》(*The Myth of Mental Illness*, 1961)中,他有力地谴责了疾病语言在人类思想和行为中的应用,并将其视为社会控制的神秘过程。他认为精神疾病(器质性疾病除外)是"生活中的问题",应根据社会规则和角色扮演进行分析。他在随后的许多著作重申了他的观点,呼吁私人的契约精神病学应该代替国家强制。

在美国和英国,社区护理政策的认可很大程度上早于20世纪60年代的反精神病学。但是,在意大利反精神病学对社区护理的改革计划产生了重要影响,改革计划最终导致了1978年的激进立法,该立法在全意大利范围内引入了社区护理(community care)*。

anti-urbanism 反城市主义

一种批评城市这种社会形式的社会科学思潮。这种思潮在工业革命(industrial revolution, the)*之前出现,表现为对城市化(urbanization)*的消极态度以及把农村作为"田园神话"。然而，正如罗伯特·尼斯贝特（Robert Nisbet）所观察到的那样："从19世纪开始，人们厌恶城市，担心它是文化中的破坏力量，并且预言与城市周边环境相关的心理状态。"尽管一些激进分子（特别是卡尔·马克思［Karl Marx］*和弗里德里希·恩格斯［Friedrich Engels］*）将城市化的各个方面视为社会进步，但对自由主义者和保守派来说，城市化（urbanization）*带来了社会控制（social control）*的问题。古典社会学反映了这些担忧，根据尼斯贝特的说法，"城市……构成了与无序、疏远和精神孤立有关的大多数社会学命题的背景，所有这些都是失去社区和成员身份的污名（stigma）*"（《社会学传统》The Sociological Tradition, 1966）。

城市社会中传统社区的崩溃是奥古斯特·孔德（Auguste Comte）*、勒普莱（Frédéric Le Play）和爱弥尔·涂尔干（Émile Durkheim）*作品中的重要主题。具体来说，反城市主义影响了农村社会学（rural sociology）*和城市社会学（urban sociology）*的发展：斐迪南·滕尼斯（Ferdinand Tönnies）*提出的城市是法理社会（Gesellschaftlich）（工具性和协作性）社会关系的首要条件，这一观点发展自齐美尔（George Simmel）*在《大都市与精神生活》（The Metropolis and Mental Life, 1903）的论述。这些观点对芝加哥学派（Chicago School）*的城市社会学家产生了重大影响。雷蒙德·威廉斯（Raymond Williams）在《乡村与城市》（The Country and the City, 1975）一书中表明，传统社区的衰落是文学和历史作品的主题，每一代人都认为自己面对的传统社区崩溃的时刻是独一无二的。

当代社会学在很大程度上反对反城市主义。现在，人们普遍认识到，城市的发展以及城市内部各种形式的社会交往都是现代工业社会兴起的结果。换句话说，城市是"历史、阶级结构和文化的镜子"（R. 格拉斯［R. Glass］*的《城市末日的陈词滥调》*Clichés of Urban Doom*, 1989）。另见社群主义者（communitarian）*；社区研究（community studies）*。

apartheid 种族隔离

参见隔离（segregation）*。

applied sociology 应用社会学

参见政策研究（policy research）*。

appropriate technologies 适用技术

由于当代发展中国家劳动力（labour power）*的过度供给，一些社会学家（和经济学家）认为，在西方社会的技术创新和发展基础上建立的劳动节约型（通常是资本密集型的）的生产方式（mode of production）*不适用于大多数的第三世界（Third World）*国家。相反，劳动力过剩表明应该倾向发展劳动密集型和资本节约型技术，这就是"适用"（有时称为"替代"或"中间"）技术的范例。这种情况经常以中国为例，因为中国生产要素的特殊组合鼓励中国政府修建道路时使用大量配备铁锹的工人，而不是使用少量操作（昂贵的）推土机的工人。劳动密集型技术可以生产各种形式的商品和服务，这些技术可提供充分的就业、自给自足和（可能是间接地）更大的平等。但是，由于资本密集型生产（capital-intensive production）*方式有希望带来更高的净产出并因此带来更高的增长率，尽管带来较少的就业人数，但它们往往受到青睐。另见技术（technology）*。

aptitude 才能

参见能力(ability)*。

Ardrey, Robert 罗伯特·阿德雷(1908—1980)

罗伯特·阿德雷是一系列关于人类和动物本性的畅销书作者。其代表作品有《非洲创世纪》(*African Genesis*, 1961)、《地域法则》(*The Territorial Imperative*, 1966)和《社会契约》(*The Social Contract*, 1970)。20世纪50年代,阿德雷对雷蒙德·达特(R. A. Dart)在肯尼亚发现的原始人化石产生了浓厚的兴趣,他将人类起源于"陆生、食肉、杀人猿的种族"的观点与非人类动物的领土性、支配性及侵略性的证据相结合,以论证人性(human nature)*的本能基础。毫无疑问,阿德雷的作品之所以广受欢迎,与其对20世纪60年代的挑战和冲突保守的政治回应息息相关。这些作品仍然是许多社会学家反对生物还原论(biological reductionism)*的典范。另见社会生物学(sociobiology)*。

aristocracy 贵族

参见上层阶级(upper class)*。

aristocracy of labour 工人贵族

参见工人贵族(labour aristocracy)*。

arithmetic mean 算数平均数

参见集中趋势(测度)(central tendency[measures of])*。

arms control 军事控制

参见裁军（disarmament）*。

Aron, Raymond 雷蒙·阿隆（1905—1983）

阿隆于 1955 至 1968 年，在索邦大学担任社会学教授。他多年来是朝圣山学社（Mont Pelerin Society）*的杰出社员（尽管后来他辞职了）。通过《德国社会学》（*German Sociology*, 1935）一书，阿隆推动了把德国社会学（尤其是滕尼斯［Tönnies］*、齐美尔［Simmel］*和韦伯［Weber］*）引入法国社会科学界。他还撰写了一部有影响力的社会学理论导论性著作（《社会学主要思潮》*Main Currents in Sociological Thought*, 1960 年第一版、1962 年第二版），其中特别强调了阿里克西·德·托克维尔（Alexis de Tocqueville）*的作品。阿隆非常不同意把马克思主义（Marxism）*作为一门社会科学（social science）*，这也部分地解释了为什么他经常成为战后法国社会哲学中占主导地位的马克思主义范式的批评对象。相比之下，韦伯的作品对阿隆的影响更大，这种影响在诸如《工业社会十八讲》（*Eighteen Lectures on Industrial Society*, 1956）等出版物中显而易见。阿隆在 1968 年学生抗议之后的辩论中发挥了重要作用（参见《找不到的革命：剖析一场学生革命》*Elusive Revolution: Anatomy of a Student Revolt*, 1968），并且还广泛地论述了权力、政治精英和政治组织的性质。阿隆对维尔弗雷多·帕累托（Vilfredo Pareto）*关于精英（elite）*的工作特别感兴趣。

阿隆的作品之所以与众不同，是因为他关注社会学家一直忽视的国际关系和战争议题。这种兴趣反映在《国际和平与战争》（*Peace and War*, 1962）和《克劳塞维茨》（*Clausewitz*, 1985）中。

artefacts, statistical and methodological 统计学和方法论假象

统计学假象指的是由数据收集或操纵中的偏差（bias）*而得出的推论。这意味着研究发现并不反映现实世界，而是测量误差（measurement error）*的非预期结果。如果某项特定研究的发现是（至少部分地）由采用的某种特定研究方法（research methods）*导致的结果（参见研究设计[research design]*），而不是对世界的准确表示，该研究发现则有时被称为方法论假象（methodological artefact）*。

asceticism（this-worldly） 禁欲主义（现世）

参见新教伦理（protestant ethic）*。

ascribed status 先赋地位

参见先赋（ascription）*；自致地位（status, achieved）*。

ascription 先赋

在社会分配角色（role）*、地位（status）*，或推定一些据称是自然行为时，不同文化对亲属关系（kinship）*、年龄、性别和族群性（ethnicity）*应该发挥的作用各不相同。这些先天赋予人地位的特征无法由个人的努力所改变，尽管社会运动（social movements）*和国家（state）*试图时不时挑战由任人唯亲、年龄歧视（ageism）*、性别歧视（sexism）*、种族歧视（racialism）*所引起的劣势和成见。另见成就（achievement）*；塔尔科特·帕森斯（Parsons, Talcott）*；自致地位（status, achieved）*。

Asiatic mode of production 亚细亚生产方式

在卡尔·马克思（Karl Marx）*关于人类历史上已知的各种生产方式（mode of production）*的全部概念中，亚细亚生产方式也许是最不发达的，并且是引起了最大争议的一种生产方式。

有时"亚细亚社会"一词来指称除原始共产主义（primitive communism）*和奴隶制（slavery）*以外的所有非西方社会形式，而在其他情况下，它（或更常见的同义词"东方专制主义"[oriental despotism]*）被认为仅适用于日本和中国的案例。这种引用的变化来自概念的变化。马克思和恩格斯（Engels）*特别在早期的著作中强调，由于国家对土地所有权的垄断（monopoly）*、对灌溉系统的控制或纯粹依靠政治和军事力量，国家在这样的社会中起着主导作用。在其他时候（这是他们得以在以后的著作中扩大该词条应用范围的原因），他们认为，土地所有权的公共所有性质使不同村庄的居民彼此隔离，并且因此使他们成为统治国家的牺牲品。

马克思主义者和非马克思主义者对该概念的后续解释随着政治气氛的变化而变化。在两次世界大战之间，受苏联影响的马克思主义者否认"亚细亚生产方式"的观点，他们认为这种观点阻碍苏联在远东和远东地区的政治野心。20世纪50年代的冷战时期，魏特夫（Karl Wittfogel）在他的《东方专制主义》（Oriental Despotism, 1957）中对该概念进行了解释，这表明这个概念在苏联不受欢迎的真正原因是它与斯大林在苏联的统治现实之间的令人不安的相似之处。

20世纪60年代，这个概念引起了西方马克思主义者的兴趣，他们希望这种生产方式可以提供一种不以欧洲为中心的社会发展道路。然而，20世纪70年代，结构主义马克思主义对这种观点提出许多批评，这在很大程度上解释了为何该概念逐渐式微。例如，佩里·安德森（Perry Anderson）在其《绝对主义国家的系谱》（Lineages of the Absolutist State, 1974）中对该概念进行了重大批判，而巴里·欣德斯（Barry Hindess）和保罗·赫斯特（Paul Hirst）在《前资本主义生产方式》（Precapitalist Modes of Production, 1975）中将"亚细亚生产方式"作为（颇具争议的）理论批判的对象。最后，爱德华·萨义德（Edward Said）给了"亚细亚生产方式"致命一击，他提出马克思和恩格斯在系统阐释这一概念时，无意中成为他称之为"东方主义"这一令人不愉快话语的承担者（参见他1979年的同名书籍）。

assimilation 同化

同化，涵化（acculturation）*的同义词，常用于描述外来者，移民（immigration）*或从属群体无区别地融入主流社会的过程。在美国早期的种族关系研究中（例如罗伯特·帕克[Robert Park]*的其他研究），该术语与适应（accommodation）*（即从属群体完全符合主流群体的期望）、竞争（从属群体在融入过程中建立自己的价值）、反对主流、消灭和排斥（从属群体与主流群体不存在任何互动空间）形成对比。同化隐含从属群体实际上开始接受并内化了主流群体的价值（value）*和文化（culture）*。对于同化过程的这种看法部分来自美国主流群体面对国家移民比例不断升高所产生的担忧。学术界关于这一看法的批评主要集中在两点：第一，该看法夸大了主流群体价值的重要性；第二，该看法忽视了从属群体改变主流价值的能力，其可能与主流价值融合相适（熔炉[melting-pot]*文化的形成），也可能彼此相对独立但和谐并存（在具有多元文化[multi-culture]*的社会里）。

associational democracy 会社民主

参见多元主义(pluralism)*。

association coefficients 关联系数

关联系数,是用于描述两个变量(variable)*或特征属性关联程度的数字。它包含两种基本类型,协方差测量和相异度(相似度)测量。统计关联和相关性本身并不意味着两个事件存在因果关系,是否具有因果关系必须通过理论推理和统计模型加以识别。在实践中,统计关联常常被等同于因果联系,因此教科书反复强调"伪相关"的可能存在。确实,关联系数对于因果过程模型中量化值的分配具有参考作用,然而随着我们对因果机制的不断了解,该测量的重要性有所下降。

asymmetrical causal processes 不对称因果过程

不对称因果过程,也称作不可逆或单向的因果过程。该术语表示,如果A开始行动并引起B,这一情况将具有永久性,并无法通过在事件后消除或减少A来实现逆转。比如,将鸡蛋打散再煎炸会产生煎蛋,一旦生鸡蛋变成了煎蛋,从煎蛋到生鸡蛋的过程是无法逆转的。相比物质世界,非对称因果过程在社会世界(social worlds)*中更为普遍,这一过程不但会使得统计推断(statistical inference)*和社会统计(social statistics)*的许多假设无效,也会在政策研究(policy research)*中形成各种特殊问题。参见斯坦利·利伯森(Stanley Lieberson)的《计数》(*Making it Count*, 1985)。

atomism 原子论

原子论是一种哲学立场。该立场认为,世界是由离散的原子元素组成的,从而知识可以简化为最小元素进行观察。例如,个体人可能可以被视为社会结构(social structure)*和社会制度(social institution)*的要素。在严格的原子论中,基本要素不具有因果效应:它们之间的关系是外在且偶然的。但是,社会的原子化视角在一定程度上可以与社会现象的唯意志论(voluntarism)*解释相结合。

attitudes 态度

对于那些相信态度作为一种对人对事的行为倾向、或多或少是外显行为一致性反映的学者,态度可以被定义为一种(对人、处境、制度或社会过程的)取向,这种取向可以反映潜在的价值(value)*或信念。最广为引用的定义是由弥尔顿·洛克奇(Milton Rokeach)在《信念、态度和价值》(*Belief, Attitudes and Values*, 1976)一书中提出的。在文中,洛克奇表示,态度包含两种倾向,它是依物或事而定的相对持久的信念组织,它使人们倾向于以某种优先方式做出响应。

社会心理学家和社会学家在测量态度和观点上,以及识别态度背后那些根深蒂固并较为稳定的价值上投入了大量精力。态度可以直接作为行为的替代性测量,(有时)又可以假定它们可以预测行为。一些社会科学家将态度视为研究中的重要变量,其可以反映个体的关键特征,比如所谓的权威主义人格(authoritarian personality)*。

学者们执着于研究态度,相关研究不可胜计却并非无缘无故。以种族歧视(racialism)*现象为例,歧视事件难以观察到,即便观察到,歧视一类的孤立性事件往往只有说明性,而不具有代表性(representativeness)*。在社会调查（social survey）*中，问卷设计者通常采用两种方式来发掘潜在的歧视现象。一种方法是通过让受访者报告其相关经历或者行为，这种方法的问题在于，有关歧视的情境大多是纯假设性的，对于一些人可能根本不会发生。另一种方法是收集态度数据，用来识别人们对于歧视现象的价值倾向，这种方法的优点在于态度问题几乎适用于每个人。

然而，现实中不少受访者对于社会学家所感兴趣的话题，想法见解往往浅薄。有人会认为有关态度的想法与西方工业社会（industrial society）*的文化紧密相关。在西方工业社会中，公民定期受邀，通过直接或通过投票箱表达对公共问题的看法。可以肯定的是，在西方社会发展起来的态度量表（opinion poll）*与其他文化中起到的作用并不相同。即便对于简单且标准化（standardization）*的工作满意度（job-satisfaction）*问题，如果在西方工业社会之外的范围使用，就会有不同的回应，比如日本。因此，在过去的80年中，关于种族中心主义以及更广泛的跨文化有效性量表的争论一直存在。

最简单的态度测量通常让人们表达同意与否、反对与否。一些较复杂的测量可能会涉及李克特量表（Likert scale）*、瑟斯顿量表、语义微分量表和古特曼量表，这些发展成熟、应用广泛且使用简单的量表。此外，在美国和欧洲，作为工作人员甄选过程的一部分，研究者还开发了各种各样的性格测试、态度和能力量表，供雇主和招聘机构用于商业用途。意见调查中也常常会使用各种类型的态度量表或其简化形式。有关态度的研究涉及对受访者填答行为的研究、社会计量量表研究、知识社会学（knowledge, sociology of）*研究以及对个体动机、偏好、目的的研究，这些研究与个体行为因果性地联系在一起，囊括了几乎整个社会心理学（social psychology）*领域的研究。

社会科学研究中持续时间最长的争议之一是态度与行动之间的关系。核心问题就是，态度会对行为产生什么影响？这场辩论主要是在社会心理学家中进行的，其最终观点是态度只是影响行为的因素之一（见伊塞克·艾泽森［Icek Ajzen］和马丁·菲什拜因［Martin Fishbein］的《理解态度预测社会行为》*Understanding Attitudes and Predicting Social Behavior*, 1980）。但是就态度在行为的影响因素中的位置以及模型中它们与其他变量之间的关系两方面存在着广泛的分歧。在进行文献回顾后，理查德·埃泽（Richard Eiser）在《社会心理学：态度、认知和社会行为》（*Social Psychology: Attitudes, Cognition and Social Behaviour*, 1986）提到，态度具有行为含义，而究竟特定行为是否受态度暗示的问题取决于环境，因此，这是一种经验层面的问题。

就这一争论的主要贡献以及态度研究中其他重要问题的讨论，请参见理查德·埃泽和乔普·冯·德·皮利格特（J. van der Pligt）的《态度与决策》（*Attitudes and Decisions*, 1988）。另见新教伦理（protestant ethic）*。

attitudinal consistency 态度一致性

参见认知一致性（cognitive consistency）*。

attribution theory 归因理论

归因理论指大多数人在试图对所观察到的行为的产生原因进行推断时所使用的规则。通常，人们倾向于将自己的行为归因于处境、形势等因素（社会环境），而将他人的行为归因于人格（personality）*因素。有关这一现象的精彩讨论可参见詹姆斯·克鲁格（James R. Kluegel）和艾略特·史密斯（Eliot R. Smith）的《不平等信念：美国人如何看待是什么和应该是什么》（Beliefs about Inequality: Americans' Views of What is and What Ought to Be, 1986）一书中对贫困和财富归因的有关讨论。

authenticity 原真性

原真性，是存在主义哲学中常见的一个概念。它指一种生活观念，这种生活观念是通过认识到我们自身的人类状况（比如，最重要的一点是，我们终将死去）以及我们对自身选择和行动的全部责任（与之相反的例子则是，声称是社会使我们成为我们自己的）。另见存在社会学（existential sociology）*。

authoritarian（authoritarianism）威权（威权主义）

参见权威主义人格（authoritarian personality）*。

authoritarian personality 权威主义人格

权威主义人格是西奥罗·阿多诺（Theodor Adorno）*和其同事在1950年首次出版的同名书中创造的一个术语，用于描述一种人格类型。这种人格的特征包括，面对权威极端顺从、面对弱者以权威自居。

阿多诺与其同事就反犹太主义、民族中心和法西斯的性格特征进行了大量实证研究。在尝试解释为什么有些人比其他人更容易受到法西斯主义（fascism）*和权威主义信仰体系的影响时，阿多诺通过设计的几个态度量表,揭示了权威主义人格的一系列特质。他构建了(如族群中心主义[ethnocentricism]*、反犹太主义、法西斯主义)量表,在检验这些量表的同时他也发掘出了部分研究兴趣。与2000多名受访者(respondent)*进行访谈后,他们发现种族中心主义与严格遵守传统价值、对群体道德权威的顺从、受罚的意愿、对想象力与脱离实际的想法的反对、对宿命论(fatalism)*的信仰、对歧义的不容忍存在密切关联。通过密集访谈和主题知觉测验,他们从僵化、纪律、外部规则以及对父母要求的屈从几方面识别出了权威主义人格的特征,并用西格蒙德·弗洛伊德(Sigmund Freud)*的术语进行了分析。

在对于偏见(prejudice)*、防御机制(defence mechanisms)*和替罪羊(scapegoat)*现象的研究中,《权威主义人格》(The Authoritarian Personality)属于经典。尽管起初权威主义人格的研究受到了广泛的批评,但如今它已成为日常语言。评论家们指出,阿多诺的研究仅衡量右派的专制主义(absolutism)*行为,而没有考虑左派和右派所具有的更广义的"封闭思想"等。且如所有替代理论一样,权威主义人格倾向于将复杂的历史过程简化为心理需求;并且这一术语的提出是基于尚不完善的量表和缺乏代表性(representativeness)*的样本。有关详细的论述和评论,可参见约翰·玛奇(John Madge)的《科学社会学的起源》(The Origins of Scientific Sociology, 1962)。另见批判理论(critical theory)*。

authoritarian populism 威权民粹主义

参见民粹主义(populism)*。

authoritative power 专制型权力

参见组织范围(organizational reach)*。

authority 权威

参见卡里斯玛(charisma)*；支配(domination)*；合法性(legitimacy)*；权力(power)*。

autobiography 自传

参见生活史(life-history)*。

autocracy 专制

专制，指权力(power)*集中于一个人的政体。因此，该术语使用较少，只是在有关国家结构和政治制度的讨论中有所提及，类似表达包括极权主义(totalitarianism)*、法西斯主义(fascism)*、现实社会主义(real socialism)*和君主制例子。

automation 自动化

从理论上讲，自动化指的是一种无工人的制造系统。实际上，它指的是一系列由单独的计算机控制或机器人机床控制且其中机电链接操作代替了手动传递的系统。有关现代劳动过程的研究表明，在维护、计划、分配和辅助工作上，自动化取代而非只是代替人工和技能。

average(averaging) 平均数(均分)

参见集中趋势(测度)(central tendency[measures of])*。

aversion therapy 厌恶疗法

厌恶疗法是一种基于经典条件反射（classical conditioning）*的疗法，其适用于不良适应行为（例如，饮酒或吸烟）与不愉快的事件（例如电击）相关的治疗。目前，相比其他疗法，厌恶疗法是最受当代社会价值认可的疗法。另见行为主义（behaviourism）*。

avoidance relationships 回避关系

作为一个通用术语，回避关系适用于描述扩展家庭（extended family）*中某些潜在的困难或压力性的（通过婚姻形成的）衍生关系。这种关系在不同的社会中所承受的压力程度不同，其产生可能是由于潜在的（威胁）性关系，或是由于缺乏现任者特定的角色内容。通常，个体通过物理回避避免和减少关系紧张；通过整理关系，以便对正确的行为和精确的要求进行细微调节；或通过"个性化"，使得各方基于自己的善意和个性建立起工作关系。这种关系有多种形式。例如，在非洲加拉，一个男人虽然可以直接称呼他的妻子，但不得提及其岳母的名字，也不能用她用过的杯子喝酒或吃她准备的食物。

当在某些亲戚之间保持尊敬距离的情况发生时，往往还会形成一个与之相反的熟悉关系，通常称为戏谑关系（joking relationships）*。因此，男人可能与妻子的父母有回避关系，而与妻子的兄弟姐妹有戏谑关系。

awareness context 认识语境

认识语境是由巴尼·格拉泽（Barney Glaser）和安瑟伦·施特劳斯（Anselm Strauss）在《临终意识》（*Awareness of Dying*, 1965）中提

出的概念，用于分析"在一种情况下，互动者之间了解彼此身份和在他人眼中自己身份的总和"的分析，并通过该方式理解知识和意识的社会组织。

axiom 公理

公理是一种假设、一种假定、一种普遍接受的原则或不言而喻的真理。大多数社会学理论都建立在一个或多个未被证明的公理上。比如，人类的一切举动都是理性的。再比如，对于马克思主义（Marxism）*，阶级斗争是历史发展的动力。一些社会学家将此类公理信念称为"领域假设"（domain assumption）*或"元理论（metatheory）*信念"。因此，在《社会学的元理论》（*Metatheorizing in Sociology*, 1991）一书中，美国社会学家乔治·里策（George Ritzer）将社会理论本身作为研究的对象，对其进行分类和比较，从而产生了一部追溯社会学范式及其中心假设兴衰成败的社会学史。

B

Bachelard, Gaston 加斯东·巴什拉（1894—1962）

科学哲学之历史面向的法国传统学派奠基人，同时他也关注艺术中创造性思想的特点。就像托马斯·库恩（Thomas Kuhn）*一样，巴什拉反对将科学视为不断积累的知识的普遍观点。他看到科学在其历史中经历了尖锐的断裂，每一个科学实践的新阶段都需要放弃以前的认识论（epistemology）*。一般来说，科学的进步是一场针对由超科学的意识形态（ideology）*所构成的认识论障碍的斗争。这些意识形态包括对科学本身（有时是错误的）的哲学表述。巴什拉的作品对塑造许多年轻一代法国知识分子（intellectuals）*的思想起到了重要作用，其中最著名的是路易·阿尔都塞（Louis Althusser）*和米歇尔·福柯（Michel Foucault）*。另见范式（paradigm）*。

backward-sloping supply curve for labour 后弯劳动供给曲线

这是一个经济概念，它衡量的是劳动者对增加闲暇而不是增加酬劳的偏好。当工资激励被用于提高生产率（productivity）*时，工人的反应是缩短工作时间来挣同样的钱，而不是更努力地工作或做更长时间的工作来挣更多的钱。

马克斯·韦伯（Max Weber）*在《经济通史》（*General Economic History*，1919—1920）中讨论了这一现象，并将它看作是与现代资本主义（capitalism）*理想背道而驰的经济传统主义（economic traditionalism）*的例子。社会学研究为这种传统主义在现代社会中的持续存在提供了各种不同的解释。这可能是由于人们意识到储蓄、投资和社会流动性（social fluidity）*的机会，或者是反映了有关奖励分配的家庭义务或对新的权威模式的不满。如果考虑非货币奖励，后弯供给曲线与个人福利（welfare）*的最大化是一致的，正如在其他情况下的正斜率曲线一样，参见 M. P. 米勒克尔（M. P. Miracle）的文章《对非洲后弯劳动供给曲线的解释》（Interpretation of Backward-Sloping Labour Curves in Africa），载于《经济发展与文化变迁》（Economic Development and Cultural Change，1976）。另见经济人（economic man）*。

Balch, Emily Greene 爱米莉·格林·巴尔奇（1867—1961）

一位美国社会学家，角色概念和在社会学中使用统计技术的先驱。她对欧洲和美国的移民生活进行了重要的比较分析，并建立了女性主义（feminism）*、和平主义和和平仲裁之间的连接。1892年，她与维达·斯卡德尔（Vida Scudder）和海伦娜·达德利（Helena Dudley）在波士顿共同创建了一个社会安置点——丹尼森之家。巴尔奇积极参加了许多妇女工会活动，并且丹尼森之家从一开始就成了女工中心。尽管她在第一次世界大战期间对世界和平的承诺引起了轩然大波并随后遭到了孤立，她在韦尔斯利学院的教授职位也被终止，她在这一领域的工作最终被认可并在1946年获得诺贝尔和平奖。巴尔奇在她重要的研究《法国穷人的公共援助》（Public Assistance of the Poor in France，1893）中结合了统计数据和社会学理论，当时很少有其他社会学家这样做。然而，她最著名的著作是《我们的斯拉夫同胞》（Our Slavic Fellow Citizens，1910）。该书早于芝加哥社会学家 W. I. 托马斯

（W. I. Thomas）*和弗洛里安·兹纳涅茨基（Florian Znaniecki）*广受赞誉的著作《身处欧美的波兰农民》（*The Polish Peasant in Europe and America*, 1918—1920），且在某些方面补充了这一著作。

banks, data 数据银行

参见数据档案（data archive）*。

banks, development 开发银行

参见开发银行（development banks）*。

bar chart 条形图

这是显示定量数据频数分布（frequency distribution）*的图形方式。宽度与类别大小成比例的条块沿水平轴排列，然后调整每个条块的高度，使面积与其类别的相对频率成比例。条形图因此显示一系列不同高度的条块。如第一个图中假设的例子所示，它显示了一家医院在一周中每天的出生人数。

直方图（histogram）*也是一种类似的图表，它在一个连续的尺度上使用数字类别。第二个图是一组参加夏令营的青少年每月花销的直方图。

通常，在研究人员希望一目了然或以简化形式传达频率分布中包含的基本信息时，他们会使用条形图、直方图和其他可视化的数据呈现方式（例如饼状图[pie chart]*）。因此，它们被广泛用于杂志和报纸。另见测量（measurement）*。

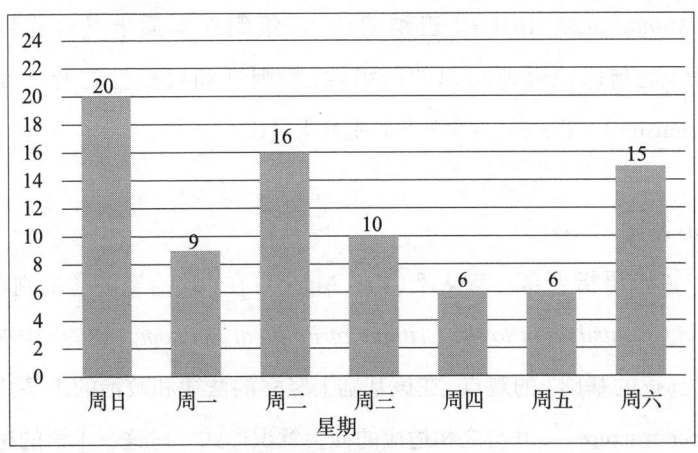

一周中每天出生频数的条形图

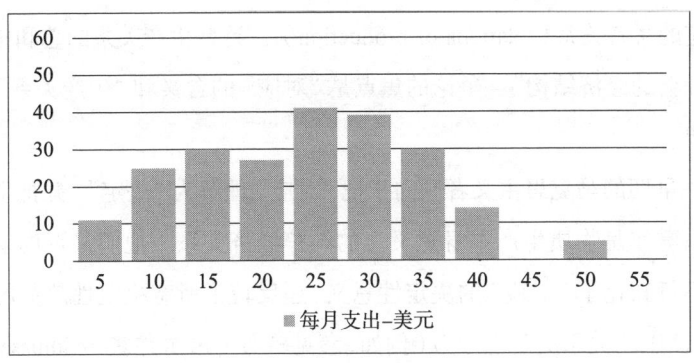

每月支出的柱状图

Barnard, Chester I. 切斯特·I. 巴纳德(1886—1961)

一位美国工厂主和管理人员,研究兴趣领域是对组织的比较研究,著有关于组织运作的经典和有影响力的研究,如《经理人员的职能》(*The Function of the Executive*, 1938)和《组织与管理》(*Organization* *and Management*, 1948)。巴纳德认为,组织在本质上是合作性的系统,这与以往强调组织的等级性、规则性和权威性的行政理论(asministrative theory)*等观点形成鲜明对比。

base 基础

该术语指卡尔·马克思(Karl Marx)*在《政治经济学批判〈序言〉》(*Contribution to the Critique of Political Economy*, 1859)中提出的"真正的基础"的观点,在该基础上竖立的法律和政治的上层建筑(superstructure)*,并与之相适应的社会意识形式。对这一术语的讨论一直围绕着基础的构成和它与上层建筑的关系这两个问题。马克思写道,基础是"与物质生产力(forces of production)*发展的一定阶段相适应的生产关系(relations of production)*。这些生产关系的总和构成了社会的经济结构"。争论的焦点是"对应"的含义和"生产关系"的构成。

早期的马克思主义者倾向于把"对应"理解为"决定",并把生产关系看作是物质生产本身意义上的纯粹经济关系。他们最近的继任者不仅软化了"对应"的决定性意义,还反转了所有决定性趋势的方向,使生产关系决定生产力(例如,参见路易·阿尔都塞[Althusser]*的著作)。此外,他们还在生产关系的性质问题上退后了一步,探讨当经济关系必然涉及(至少)管理权力关系和意识形态(ideology)*关系时,经济关系能否被理解为纯粹的物质生产问题。例如,参见迈克尔·布若威(Michael Buraway)的《生产的政治》(*The Politics of Production*, 1985)。

关于经济基础与上层建筑的关系,前人也倾向于假设前者毫无疑问地决定了后者。后人从马克思和恩格斯的一些澄清性评论中得到启发,强调所谓的上层建筑各方面的相对自主性(relative autonomy)*,以及它们反作用于经济基础的能力。尽管如此,他们仍然坚持这一点,也就是用阿尔都塞的话说,"经济在最后是决定性的"。此外,相似的例子还包括厄尼斯特·拉克劳(Ernesto Laclau)的《马克思主义理论中的政治和意识形态》(*Politics and Ideology in Marxist Theory*, 1977)和鲍勃·雅索普(Bob Jessop)的《资本主义国家》(*The Capitalist State*, 1982)。毫无疑问,该术语已在关于如何——准确地——解释这些命题上引发了无休止的激烈辩论(主要发生在马克思主义者和他们的批评者之间,但在较小的程度上也发生在马克思主义内部)。换句话说,"相对"一词蕴含多少自主权,"最后"是什么(或什么时候)?

在对《卡尔·马克思的历史理论》(*Karl Marx's Theory of History*, 1978)具有争议的辩护中,哲学家G. A. 科恩(G. A. Cohen)认为马克思将经济基础和上层建筑视为功能解释中的因素。虽然对这一观点众说纷纭,但至少可以说,这一观点结束了关于权力和生产关系的解释优先权的辩论,并容纳了关于上层建筑的相对自主性的论点——至少迄今为止还在考虑马克思的真正意涵。另见意识形态(ideology)*;生产方式(mode of production)*;社会形态(social formation)*。

Bauman, Zygmunt 齐格蒙特·鲍曼(1925—2017)

鲍曼,1925年出生于波兰,犹太裔,1939年因纳粹主义的兴起被迫离开家乡。他在苏联接受教育,二战期间与红军一起对抗德国人,因批评政权而被华沙大学开除后,于1968年移居西方。1971年他成为利兹大学社会学教授,现担任利兹大学的名誉教授,并在苏联的共产主义体制崩溃后，同时担任华沙大学的名誉教授。鲍曼是一位多产的作家，在理解当代社会的本质以及从现代性（modernity）*到后现代性的过渡方面，他一直是最有影响力和最有趣的贡献者之一。

在一个充斥激进的多元文化的、复杂的、全球化（globalization）*的世界中，鲍曼倡导对社会科学（social science）*采取一种解释的方法，反对现代主义（modernism）*的判断和立法要求，参见《立法者和阐释者》（Legislator and Interpreters，1987）。他在《现代性与大屠杀》（Modernity and the Holocaust，1989）中对社会工程的现代主义意识形态与追求它的官僚和政治能力的致命性的剖析为他赢得了阿马尔菲奖。在充满诱人的消费主义、快速的技术变革、复杂性、偶然性和模糊性的时代，他认为从不那么狂热的现代性中继承的道德规范不能提供有效的社会规范（norm）*。在诸如《后现代伦理学》（Postmodern Ethics，1993）等著作中，他主张重新发现更深层次的道德冲动，摆脱僵化的道德准则。他在一系列关于认同（identity）*、社区（community）*、消费（consumption）*、恐惧、不平等（inequality）*和文化的书籍中探索了当代现代性的液态性或流动性。

Becker, Howard 霍华德·贝克尔（1928—2023）

贝克尔是标签理论（labelling theory）*和符号互动论（symbolic interactionism）*的主要贡献者。他的早期作品利用了自己作为爵士钢琴家的表演经验，观察了音乐家们遵循的协商秩序（negotiated order）*模式。他对音乐创作和音乐家吸毒行为的观察启发他在《局外人》（Outsiders，1963）中提出越轨的标签理论。他认为不存在与生俱来的越轨的个人或行为,而是"社会群体通过制定规则来创造越轨,以违反规则构成越轨"。这种对身份在互动中形成方式的关注也反映在对医学生和本科生文化的研究中与其他人合著的《白衣男儿》(*Boys in White*, 1961);与布朗什·格尔(Blanche Geer)和埃弗里特·C. 休斯(Everett C. Hughes)合著的《制造成绩》(*Making the Grade*, 1968, 1995年重印并增添新的摘要);以及《艺术界》(*Art worlds*, 1982)的研究中。他在《你知道吗》(*Do You Know?*)(与罗伯特·福克纳[Robert Faulkner]合著, 2009)一书中回到了他对爵士乐手的民族志(ethnography)*研究。贝克尔还在《社会科学学术写作规范与技巧》(*Writing for Social Scientists*, 1986)、《社会学家的窍门》(*Tricks of the Trade*, 1989)和《讲述社会》(*Telling About Society*, 2007)中提供了一些关于学术写作、理论和研究的技巧。

behaviour 行为

参见行为主义(behaviourism)*;社会行为主义(social behaviourism)*。

behaviourism 行为主义

一种心理学(psychology)*的方法,否认(伴随或多或少地坚持)意识与人类行为的理解有任何关联。行为被视为对外部的或内部的可识别和可测量的刺激的可识别和可测量的反应。这种反应可以通过奖励或各种形式的惩罚来改变——这一过程被称为条件反射(conditioning)*。因此,行为主义既是一种在心理学学界中具有巨大的影响力的理论取向,也是一种用于改变被认为是不良行为的实用技术。

作为对当时占主导地位的内省主义(introspectionism)*的回应，行为主义在20世纪初蓬勃发展。内省主义聚焦于通过自我检查来研究意识，而行为主义拒绝了可以领会意识的状态的想法。在第一份行为主义的宣言中(《行为主义》*Behaviourism*, 1913)，约翰·B. 华生(John B. Watson)认为内省(introspection)*是不可靠的，因为自我报告可能是模糊的和主观的，由此获得的数据不能被独立检验。行为主义者把他们的论点建立在逻辑实证主义(logical positivism)*的哲学基础上，提出所有真正能被了解的都是通过感官观察到的。他们坚定地认为可观察的行为是心理学的唯一合法主题，而观察最好通过进行受控实验来实现。实践中，在动物行为特征可以有效地推广到人类身上的假设下，这种实验经常使用动物(参见华生的《婴儿和儿童的心理学关怀》*The Psychological Care of Infant and Child*, 1938)。

行为主义项目可以通过俄国心理学家伊万·巴甫洛夫(Ivan Pavlov)*有影响力的工作进行说明。他因对狗的消化过程的研究，于1904年获得了诺贝尔奖。巴甫洛夫在狗身上进行了多个实验，旨在表明反射可以被学习，或(用行为学术语)"条件反射"。在巴甫洛夫的实验中，动物被暴露在食物的视线或气味中，从而引起唾液分泌。然后，它们被暴露在食物产生的同时伴有铃铛的响声的环境中。这刺激了进一步的唾液分泌。最后，只让狗接触铃铛的响声，即使没有食物存在，也会分泌唾液。巴甫洛夫和其他行为学家把这个实验和类似的实验作为反射可以通过环境刺激来调节的想法的证据。他们的结论是，动物和人类的行为都是按照刺激—反应模式进行的。后来的行为主义者，如美国的B. F. 斯金纳(B. F. Skinner)和英国的汉斯·艾森克(Hans Eysenck)，在他们的著作中都详细阐述了这些前提。参见斯金纳的《关于行为主义》(*About Behaviourism*, 1973)，或艾森克关于精神疾病(mental illness)*或"异常行为"的任何一本书和文章，因为他更倾向称条件反射。斯金纳还在《瓦尔登湖第二》(*Walden Two*, 1948)中概述了行为主义社会乌托邦，描绘了一幅由操作性技术控制的社会画面。

作为行为主义理论的直接应用，厌恶疗法(aversion therapy)*、脱敏疗法和操作性条件疗法是卫生、精神健康和监狱服务中使用的行为主义技术。厌恶疗法涉及使用有害的物理刺激或惩罚来减少不良行为的频率。电击和注射阿扑吗啡已被用于试图使患者厌恶某些反社会行为。脱敏法，特别用于治疗恐惧症，是一种心理疗法，医生通过"焦虑等级"引导患者，目的是让患者对惧怕的对象或事件变得不那么敏感。操作条件反射(operant conditioning)*包括通过奖励和惩罚系统地操纵行为的后果，以改变随后的行为。目前，对所有这些技术的有效性和道德规范都有广泛而激烈的争论。

对于是什么指导人类的行为的问题，行为主义给出了一种极端的环境主义立场。根据行为主义者的观点，所有的行为都是通过一种或另一种关联和条件反射习得的，因此，这种行为可以通过外部(环境)的操纵来遗忘或改变。不出所料，社会学家对该理论持怀疑态度，或者说彻底拒绝该理论，他们将其视为一种僵化的个人主义方法，并认为在不考虑人们如何看待社会世界(social worlds)*的情况下进行社会学研究是非常困难的。例如，乔治·赫伯特·米德(George Herbert Mead)*对行为主义的批评是它只能解释人们在做什么，而不能说明人们在想什么或感受什么。因此，它忽略了人类行为中可能不容易观察到的许多方面。然而，在很长一段时间里，行为主义主导了理论和临床心理学，特别是在斯金纳的影响下，尽管认知心理学（cognitive psychology）*现在似乎正在取代它成为核心正统观念。

尽管如此，行为主义的元素确实出现在社会学中：乔治·霍曼斯（George Homans）的交换理论借鉴了斯金纳的一些工作，而更常见的是，一些社会化理论中隐含着普遍的行为假设。乔治·赫伯特·米德的《心灵、自我和社会》（*Mind, Self and Society*, 1934）是关于意识的研究，但米德经常称自己是社会行为主义者，且符号互动论（symbolic interactionism）*提出了这样的观点，即社会作为一种社会角色（social role）*的结构，调节人们生成可接受的社会行为。然而，必须强调的是，这是对该术语的一种非常宽泛的用法，也是一种非常普遍的行为主义形式。另见新实证主义（neo-positivism）*。

behaviour therapy 行为治疗

一种心理治疗（psychotherapy）*的形式，最初基于行为主义原则，并使用经典和操作性调节（conditioning）*技术。治疗师试图改变维持适应不良行为的条件。然而，行为治疗师最近越来越关注思想和思维过程，这种治疗被称为认知行为治疗。

Benedict, Ruth Fulton 鲁思·富尔顿·本尼迪克特（1887—1948）

作为哥伦比亚大学弗朗兹·博厄斯（Franz Boas）*的学生，本尼迪克特在20世纪20年代初进行了她的第一次实地考察，并对比较研究产生了浓厚的兴趣。后来，她受到心理学理论的影响，并与美国人类学中的文化和人格方法（culture-and-personality approach）*密切相关。她最有名的作品可能是关于美国土著祖尼人的《文化模式》(*Patterns of Culture*, 1934)和关于日本的《菊与刀》(*The Chrysanthemum and the Sword*, 1946)。

benefits, welfare 津贴，福利

参见选择性与普遍性津贴(selective versus universal benefits)*；福利(welfare)*。

Benjamin, Walter 瓦尔特·本雅明(1892—1940)

本雅明作为20世纪30年代与法兰克福学派(Frankfurt School)*批评理论(critical theory)*有关的文学批评家，在70年代才被文学社会学家所采纳。这主要是因为他对文学生产的物质方面的分析(参见 J. 罗伯特[J. Roberts]的《瓦尔特·本雅明》*Walter Benjamin*, 1982)。其中，本雅明最为闻名的是他关于艺术创作和生产的性质的论述和他对大城市中有文化的资产阶级(bourgeoisie)*街头生活的分析。

Bentham, Jeremy 杰里米·边沁(1748—1832)

边沁通常被认为是现代功利主义(utilitarianism)*的创始人，以其法律哲学的著作和社会(特别是刑法)改革项目而闻名。他还是古典犯罪学(classical criminology)*的领军人物，边沁试图改善法律体系，提出了全景监狱(panopticon)*的观点——一种监狱的组织和建筑设计，这有利于对囚犯进行最大限度的监视(surveillance)*和控制(control)*。

Bernstein, Eduard 爱德华·伯恩斯坦(1850—1932)

一位德国社会民主党的主要"修正主义"思想家，他试图从该党

的意识形态（ideology）*中消除马克思主义正统的不合时宜的假设。在哲学上作为新康德主义（neo-Kantianism）*的追随者，他反对实证主义（positivism）*、进化主义（evolutionism）*，以及在正统马克思主义（Marxism）*中发现的残留的黑格尔主义（Hegelianism）*残留。他对作为资本主义社会趋势描述的灭亡论和无产阶级化（proletarianization）*论题，以及作为其基础的非理性、宿命论（fatalism）*和政治悲观主义表示质疑。对伯恩斯坦而言，社会主义（socialism）*不仅代表遥远的目标，也代表道德理想，它在当下所具有的意义远远超过了单纯的鼓舞人心的作用。尽管他的论述"进程是最重要的，最终目标并不重要"经常被误解，但他确实代表了一种应与单纯的改良主义相区别的社会主义渐进主义。参见，彼得·盖伊（P. Gay）的《民主社会主义的困境》（*The Dilemma of Democratic Socialism*, 1952）。另见卡尔·考茨基（Kautsky, Karl）*。

Beveridge Report 贝弗里奇报告

1942年12月，《社会保险及相关服务报告》（*Report on Social Insurance and Allied Services*）出版，这是威廉·贝弗里奇爵士（Sir William Beveridge）所主持的委员会的成果，后来被称为《贝弗里奇报告》。这份报告受到了热烈欢迎，在发布后的几天内以每份两先令的价格售出了635 000份。报告被视为英国福利国家的蓝图，并继续被社会学家和政治家引用为总结战后解决方案和建立英国福利国家的一种方式。但事实上，该报告仅涉及福利国家的一个方面：国家保险应如何发挥作用以覆盖因疾病（illness）*、失业（unemployment）*或年老而非就业的时期，以及通过国家援助为那些没有资源且未被保险条款覆盖的人提供兜底水平的收入的相关问题。虽然报告的主题定义相对狭窄,但贝弗里奇确实对福利国家的其他领域做出了假设,这些假设对报告的愿景和预算都是至关重要的。令人难忘的是,报告谈到需要通过全面的健康和教育供给、连贯的住房(和建设房屋)的政策、防止长期失业的措施以及将报告中旨在解决"匮乏"的问题的规定付诸实施,来击败"疾病""无知""肮脏""闲散"和"匮乏"这五个"巨人"。事实上,报告中关于国家保险和援助以及报告直接范围之外的其他领域(如建立家庭津贴)的支出假设导致政府(尤其是财政部)拒绝承担委员会结论的责任,并明确表示该报告是贝弗里奇的个人贡献。然而,报告的受欢迎程度使得这一立场难以维持。在报告发表后的几年里,人们的确看到了关于教育(1944)、家庭津贴(1945)、新的国家卫生服务(1946)以及国家保险(1946)和国家援助(1948)的立法,以及对凯恩斯主义(Keynesian)*就业管理的初步承诺。

贝弗里奇长期以来一直坚持通过保险制度覆盖就业风险的原则,因为他曾参与了1911年《国家保险法案》(the 1911 National Insurance Act)的制定。然而,在1942年的提案中,他从保险精算制度(人们只能按照他们的缴费比例获得金额)转向风险共担的制度,即所有人都将按统一的费率定额缴费,只要存在需求,就会有定额支付。定额缴款换取定额福利的做法被稍作修改,但基本上仍然是目前养老金和失业与疾病的福利制度的基础。

贝弗里奇的保险计划假设了男性作为养家糊口者和妻子、孩子作为受抚养者而组成的家庭形式。因此,补贴需要预计覆盖收入者的妻子和受抚养的孩子。此外,有工作的妻子可以选择支付较低的费率(随之而来的是养老金年龄段的个人收益较低)。这些安排背后的性别假设受到了批评,因为它对一些妇女的老年收入产生了有害影响。贝弗里奇还因将福利费率设定为低于维持生计的水平而受到批评,这对几代申请者都造成了影响。然而,尽管该报告可能没有贝弗里奇声称的那样非常具有革命性,但它确立了英国社会保障(social security)*的原则并影响了其他国家的制度(institution)*。

对贝弗里奇思想的发展的理解和对报告起源的详细叙述,可以在何塞·哈里斯(José Harris)的《威廉·贝弗里奇传》(*William Beveridge*, 1977)中找到。贝弗里奇对英国和其他国家的贡献的评价可以在约翰·希尔斯、约翰·迪奇和霍华德·格伦纳斯特等的《贝弗里奇和社会保障:一个国际回顾》(*Beveridge and Social Security: An International Retrospective*, 1994)中找到。

bias 偏差

参见采访偏差(interview bias)*;访谈者偏差(interviewer bias)*;无应答(non-response)*;客观性(objective)*;观察者偏差(observer bias)*;偏见(prejudice)*;样本选择偏差(sample selection bias)*;采样误差(sampling error)*。

bilateral descent 双系继嗣

参见继嗣群体(descent groups)*。

bimodal distribution 双峰分布

参见集中趋势(测度)(central tendency [measures of])*。

binomial distribution 二项分布

一个特定事件发生的概率分布(probability distribution)*，该事件要么发生，要么不发生，如赢得一场比赛。二项分布可能是对称的如正态分布(normal distribution)*，但在其他方面是倾斜的。另见分布(统计或频数)(distribution[statistical or frequency])*。

biography 传记

参见生活史(life history)*；个人文档(personal documents)*。

biological analogy 生物学类比

参见有机类比(organic analogy)*。

biological reductionism(biologism) 生物还原论(生物学主义)

一种理论方法，旨在用生物学术语解释所有的社会或文化现象，否认它们具有任何因果自主性。20世纪的生物还原论，在不同程度上，依赖于达尔文的进化论(evolutionary theory)*和自然选择(natural selection)*原则。在人文科学领域，已经试图解释观察到的群体行为的差异——如智力测试(intelligence testing)*的表现、精神疾病(mental illness)*的发病率、代际贫困、男性统治或父权制(patriarchy)*以及犯罪(crime)*倾向等，并声称群体具有不同的生物能力或进化轨迹。社会达尔文主义(Social Darwinism)*、优生学(eugenics)*和社会生物学(sociobiology)*的理论经常涉及生物还原论。另见罗伯特·阿德雷(Ardrey, Robert)*。

bio-medical model 生物医学模式

参见医学模型(medical model)*。

Bion, Wilfred 威尔弗雷德·拜昂(1897—1979)

英国克莱因主义精神分析学家之一(参见梅兰妮·克莱因[Klein, Melanie]*),对他来说,精神分析与其说是处理对感觉的防御,不如说是处理对思想的防御。从社会学的角度来看,他最重要的工作是关于群体过程,特别是群体为了抵制完成任务而形成的无意识的联盟。拜昂称这些联盟为"基本假设组",并列出了依赖关系(等待领导者做一切事情);逃避关系(寻找外部敌人或替罪羊[scapegoat]*来转移注意力),以及配对关系(两个成员形成一种关系,似乎为群体的问题提供了解决方案)。尤其参见他的《团体的经验》(*Experiences in Groups*, 1961)。

bio-psycho-social model 生物–心理–社会模型

参见医学模型(medical model)*。

biotic competition 生物竞争

参见城市生态学(urban ecology)*。

bipartite(bipartisan) 牵涉两党(两党关系)

指影响到两党("两党协议")或分为两个部分。该术语多用于指正式的经济和政治谈判和安排。例如,一些社会科学家指出,两党合作是解释美国第三党(如社会党和人民党)缺乏成功的一个因素,并列举了任何新政党在既定的两党合作中所面临的困难。在这样的体制下,较保守的政党发现将更注重改革的第三党的部分纲领纳入自己的纲领是相对容易的,从而削弱了它们对选民的吸引力。例如,参见维尔纳·桑巴特(W. Sombart)的《为什么美国没有社会主义》(*Why Is There No Socialism in the United States?*, 1906)。

birth cohort 出生队列

参见队列(cohort)*。

birth rate 出生率

一种旨在提供不同人口比较生育率(fertility rate)*的衡量标准,最常用于人口统计(vital statistics)*分析。可以使用不同的计算方法,其复杂程度各不相同。最著名的是"粗出生率",即一年中每1000人中的活产数量。该衡量指标没有考虑人口的年龄结构,而年龄结构会影响到任何一年中能够生育的妇女人数,因此无法产生特别准确的比较。根据年龄和性别差异对该指标进行调整,可以在地理区域或社会群体之间进行有意义的比较。"一般生育率"是指每千名育龄妇女的出生率,计算方法是活产数除以15—44岁的女性人口,再乘以1000。这种更为复杂的出生率衡量标准考虑了年龄结构等因素,但需要更多相关的人口数据。

black economy 黑色经济

指由于一定程度的漏报导致官方统计数据(official statistics)*未完全覆盖的市场经济中的就业(employment)*情况。黑色经济通常与逃税或非法雇佣行为有关。遗憾的是，经济统计往往不够完善，因此，经济上的漏洞或矛盾问题通常是由于数据质量不佳而导致的，而非仅仅由于未报告的黑色经济活动。对黑色经济规模的估计会由于大量的非市场工作和非正式经济（informal economy）*中的边缘工作而被夸大。

Black Report《布莱克报告》

1980 年，健康不平等问题工作组（由道格拉斯·布莱克爵士［Sir Douglas Black］担任主席）向英国政府提交了一份有影响力的报告，该报告综合了迄今为止主要在学术期刊上以零散形式提供的许多证据，并指出英国的卫生服务未能减少健康方面的社会（尤其是阶级）不平等现象。

例如，报告指出，工人阶级（working class）*的男性和女性比管理或专业阶级更容易早逝，出生在工人阶级家庭的儿童比来自中产阶级（middle class）*的儿童面临更高的早逝、患病和受伤的风险。更具争议性的是，尽管随着时间的推移，各种风险比率已大大降低，但在自国家卫生服务首次建立以来的 30 年左右的时间里，健康结果上的阶级差异实际上仍有所增加。报告认为，这与其说是由于医疗系统（healthcare system）*本身的运作的缺陷，或获得医疗设施的机会的限制，不如说是由于社会不平等（social inequality）*而造成的，例如在住房和工作条件、收入分配（income distribution）*以及教育发展机会方面存在的不平等。报告的作者得出的结论是，只有通过在社区卫生、预防医学和基本医疗卫生方面的重大举措，及（更重要的是）社会政策（social policy）*的根本转变来提高工人阶级的生活水平，才能改善和实现健康标准。

尽管报告只引起了媒体的强烈兴趣，但收到报告的保守党政府仍竭力压制。研究结果一经发表（即，皮特·汤森［P. Townsend］和尼克·戴维森［N. Davidson］的《健康不平等》*Inequalities in Health*, 1982）就成为流行病学家、社会学家和公共卫生专家之间长期争论的焦点。一方面，报告激发了对阶级和其他持续存在的社会健康不平等现象的进一步研究，包括将英国与其他地方的工业化社会的比较研究。另一方面，批评者认为，报告倾向于关注死亡率（death rate）*，忽略了死亡率和发病率之间的复杂关系，特别是死亡率的不平等与健康不平等之间可能只有微弱的关系。（例如，精神疾病［mental illness］*很少导致死亡，但与社会阶层有着重要而复杂的关系）。

无论该报告有何缺点，它在促进对健康和疾病社会学的兴趣方面是很重要的，并且很好地说明了社会学家可以通过政策研究（policy research）*的方式为社会政策提供信息。从长远来看，其最大的社会学意义可能在于它成为一种催化剂，促进了对流行病学工作中所涉及的方法论问题的积极讨论，包括使用注册总署（即英国政府的官方机构）的职业分类（occupational classification）*作为社会阶层的衡量标准（一些评论员认为，由于注册总署的一些阶层的异质性，该报告实际上低估了健康方面的阶层差异）；社会流动对健康的影响（工人阶级和穷人的健康状况不佳是否更普遍，因为病人可能会稳步向下流动？）；解释生活方式（吸烟、饮食、休闲活动等）的差异与社会阶层所造成的影响之间复杂的因果关系的困难。

关于《布莱克报告》引发的辩论中出现的一些问题的有益讨论可参见丹尼·瓦格罗（D. Vågerö）和雷蒙德·伊斯利（R. Illsley）的《解释健康不平等：超越布莱克和巴克》（Explaining Health Inequalities:

Beyond Black and Barker）(《欧洲社会学评论》*European Sociological Review*, 1995）。为了衡量这场辩论现在变得多么复杂,可以将最初的报告与最近的研究进行比较,例如梅拉妮·巴特利(M. Bartley)等人的《衡量健康中的不平等》(Measuring Inequalities in Health)(载于《健康与疾病社会学》*Sociology of Health and Illness*, 1996）,该研究从传统的注册总署的等级分类和较新的、更有力的戈德索普阶级体系(Goldthorpe class scheme)*图示两个方面考察了英国的死亡率(death rate)*趋势。

blank-slate or blank-paper hypothesis 白板或白纸假说

参见白板(tabula rasa)*。

Bloch, Marc 马克·布洛赫（1886—1944）

布洛赫是杰出的法国中世纪历史学家和地理学家,年鉴学派(Annales School)*的共同开创者,因此他在历史社会学领域也具有重要影响,例如对伊曼纽尔·沃勒斯坦(Immanuel Wallerstein)世界体系理论(world-systems theory)*的影响。布洛赫喜欢强调总体进路,该进路更侧重社会整体的潜在运动,相对而言特定个体的活动或者具体事件发生的年代反而没那么重要。他的主要作品包括《法国封建史:论其基本特征》(*French Rural History: An Essay on Its Basic Characteristics*, 1931）、《封建社会》(*Feudal Society*, 1939—1940）。依布洛赫所见,他关于历史的比较、科学的方法和他所热衷的尽可能广泛地使用资料,在《历史学家的技艺》(*The Historian's Craft*, 1949）一书中表现得很明确。另见封建主义(feudalism)*。

blockbusting 街区房地产欺诈

格雷戈里·斯奎尔斯（Gregory Squires）把这个词界定为房地产投机者故意将非裔美国人安置到一个全白人居住的街区，引发白人的恐慌进而抛售房屋，由此通过低买和高卖获取利润（《巴尔的摩的街区房地产欺诈》*Blockbusting in Baltimore*，1994）。当白人居民存在种族歧视（racialism）*时，就会发生街区房地产欺诈。在出租方和房地产经纪人卷入关于种族和居住阴谋的情况下，在维持种族隔离（apartheid）*的社区，这种欺诈会因为上述双重住房市场的制度化而得到强化。基于自利的短期经济利益这些原因，房地产经纪人有时会违反这个潜在的惯例，为非裔美国人在至今还排外的白人街区提供住房机会。这个论点让人想起雷克斯（Rex）*和摩尔（Moore）在更早的时候对住房阶级（housing classes）*的描述，其隐含地复活了城市管理主义（urban managerialism）*的视角，它为那些完全从文化与结构的关系来看待城市化（urbanization）*的社会学学者和政策制定者提供了矫正的视角。

blue-collar work 蓝领工作

参见体力与非体力工作的区分（manual versus non-manual distinction）*。

Blumer, Herbert 赫伯特·布鲁默（1900—1986）

布鲁默就读于芝加哥大学，20世纪30年代早期，在乔治·赫伯特·米德（George Herbert Mead）*去世后，布鲁默继任了米德课程的教职。在《人与社会》（*Man and Society*，W. 施密特［W. Schmidt］编，1937）中，他有一篇关于社会心理学（social psychology）*本质的概论文章,该文中他创造了术语——符号互动论(symbolic interactionism)*,因此他真正成为这一传统的创始人。在他成为加利福尼亚大学伯克利分校社会学的首席教授后,他不但影响了好几代的互动论社会学家,而且鼓励在北美一个优秀的社会学系多元发展。他担任过许多重要职务,包括美国社会学协会和社会问题研究会的主席。

他始终认为社会学应该是对群体生活的真实研究。他在《符号互动论》(*Symbolic Interactionism*, 1969)收录的各种论文中概述了这一立场,而在他去世之后公开刊布的《乔治·赫伯特·米德与人类行为》(*George Herbert Mead and Human Conduct*, 2004),亦表达了他对米德的观点。布鲁默不喜欢社会学家未经一手材料验证就对社会现象进行分析的倾向,尤其厌恶抽象、宏大的理论。相反,他提倡一种探索和检视丰富而多样的社会经验的方法,因为这是鲜活的;这种方法会从经验中创建"敏感概念",并且将理论直接根植于经验数据中。进而,通过不断返回到经验证据,来确定这些理论的实用性。由此,人们通常认为布鲁默启发了扎根理论(grounded theory)*。实际上,他对大众媒体、时尚、集体行为(collective behaviour)*、劳资关系(industrial relations)*、种族关系和生活史(life history)*研究都抱有兴趣。在他去世不久,他的作品就被杂志《符号互动》(*Symbolic Interaction*, 1988)编辑出版了。

Boas, Franz 弗朗兹·博厄斯(1858—1942)

弗朗兹·博厄斯这位出生于德国的人类学家,最初研习的是地理学(geography)*,他开创了美国的现代文化人类学(cultural anthropology)*（参见社会人类学[social anthropology]*）。在20世纪的前30年，他和他的学生一起主导了美国人类学。博厄斯依托对本土文本的分析、语言学（linguistics）*和训练本土代表性的研究者记录他们自己的文化（culture）*，革新了田野调查（fieldwork）*方法。他的著作《原始艺术》(Primitive Art, 1927)极大地影响了后来人们对物质文化的探究路径。

使用这些方法，博厄斯制作了大量关于太平洋西北部的美国土著文化的民族志（ethnography）*。他优先考虑实证民族志调查，而非任何探寻文化因果的科学法则。博厄斯是文化相对主义者，他认为文化应该依据其自身的意义框架来理解，而非由外部研究人员根据其自身文化的价值来判断。他揭露并削弱了爱德华·泰勒（Edward Tylor）*和詹姆斯·弗雷泽（James Frazer）*所支持的进化论（evolutionary theory）*中更为不切实际的主张。相反，博厄斯坚持把文化作为整体，作为许多相互关联部分的系统来研究。他后来对心理学（psychology）*的兴趣是文化和人格研究方法（culture and personality approach）*的先驱。他的其他主要作品包括《种族、语言与文化》(Race, Language and Culture, 1940)和《原始人的心智》(The Mind of Primitive Man, 1911)。乔治·斯托克（George Stocking）在《作为方法和伦理的民族精神》(Volksgeist as Method and Ethic, 1996)一书中讨论了博厄斯的许多有益经历和研究方法（research methods）*。

body language 身体语言

这是一个社会心理学（social psychology）*术语，指人们在社会互动(social interaction)*中所采用的手势、面部表情和身体姿势。就像口头和书面语言表达我们的想法、思想和情感一样,我们的身体被认为表达了一系列未明言的(有人说是无意识的[unconscious]*)、通过姿势(gesture)*等诸如此类的方式传达的信息。举止神态学(R. L. 博威斯特[R. L. Birdwhistell])的《举止神态学与语境》Kinesics and Context, 1970)作为该术语的另一说法,有时被用于心理学,既指身体动作(在没有语言的前提下传递信息),也指对这种动作的研究。另见非语言传播(non-verbal communication)*。

body, sociology of the 身体社会学

该研究深受米歇尔·福柯(Michel Foucault)*研究的影响,认为社会学忽视了身体,实践这一点的社会学家是相对较新的将人作为具体的行动者来分析的专门学科而言的,而不仅仅是将人作为有价值和态度的行动者。他们探索依附于身体的不同文化内涵,以及它们被控制、规制和再生产的方式,尤其关注疾病、恶习和性态。布莱恩·S. 特纳(Bryan S. Turner)的《身体与社会》(The Body and Society, 1996)是关于该领域的优秀入门读本。对身体的研究在现代社会研究中已经发展成为一个非常广泛的领域。它包括各种各样的主题,如性治疗、当代舞蹈、健身产业、儿童管理、食物利用,以及男女同性恋的形象。这些看起来显得深奥的主题,通常是与社会理论的核心议题有关,如控制、秩序和意识形态(ideology)*。身体社会学家的研究也越来越多地对疾病和医学社会学(medical sociology)*做出贡献。这种专业的流行范围日渐扩大,在苏·斯科特(Sue Scott)*和大卫·摩根(David

Morgan)编的《身体问题》(*Body Matters*, 1993)一书中,通过一系列主题得到了阐释。另见情感社会学(emotion, sociology of);食品社会学研究(food, sociological studies of);先天与后天之争(nature versus nurture debate)。

bonded labour 受限制的劳工

参见庇护关系(patron-client relationship)*。

bonding 亲和

该术语指的是母亲、孩子及其成长环境之间的相互认同。有时它被用来描述其他亲密关系(intimacy)*的形成。

Booth, Charles 查尔斯·布斯(1840—1916)

布斯是维多利亚时代的商人和社会改革家,他发表了首次大规模的实证调查《伦敦民众的生活和劳动》(*Life and Labour of the People of London*),该调查时间跨度为从1891年到1903年,有17卷之巨。通过对贫困(poverty)*的有效定义,他发现(与他的预期相反)近31%的受访者生活在贫困中。他的工作是英国社会学的第一次大型调查,并影响了随后所有关于贫困的辩论。关于布斯研究的许多有用材料,可以在大卫·英格兰德(David Englander)和罗斯玛丽·欧黛(Rosemary O'Day)编的《重获至宝:英国社会调查,1840—1914》(*Retrieved Riches: Social Investigation in Britain, 1840-1914*, 1995)一书中找到。

Bosanquet, Helen (Helen Dendy)
海伦·鲍桑葵（海伦·丹迪，1860—1926）

她是一个在贫困救济领域行动主义及其观念日益发达时代的重要人物。作为慈善组织协会（Charity Organisation Society, COS）的核心成员，她与该协会的秘书和主力 C. S. 罗赫（C. S. Loch）密切合作。正是通过该协会，她认识了她的丈夫——哲学家和社会活动家伯纳德·鲍桑葵（Bernard Bosanquet）。该协会旨在使慈善事业合理化，并向受助人灌输自助原则。通过社会服务事务的发展，奠定了社会工作（social work）*专业的基础。鲍桑葵在《伦敦社会工作（1869—1912）》（Social Work in London: 1869-1912，1914）一书中，描述了该协会的形成和原则。

1905年，她被任命为皇家济贫法委员会委员，调查日益受到批评的为穷人提供必需品的系统，她为随后的多数报告做出了贡献，并发表了一份摘要，即《1909年济贫法报告》（The Poor Law Report of 1909）。该报告支持将各种公共和自愿资助制度进行综合，这会把连贯一致的标准结合起来，以便对特殊敏感情况下的要求人进行救济（包括对救济可能产生不利影响的道德评价和考虑）。鲍桑葵的其他作品，包括《富与贫》（Rich and Poor，1896）和《家庭》（The Family，1915）。

Bouglé, Celestin Charles Alfred
塞莱斯汀·夏尔·阿尔弗雷德·布格莱（1870—1940）

布格莱作为爱弥尔·涂尔干（Émile Durkheim）*的亲密伙伴，承担了平等主义（egalitarianism）*、民主（democracy）*、社会主义（socialism）*的研究，以及社会价值的一般研究（《价值的演变》The Evolution of Val-

ues, 1922）和对德国社会学的评论。他最重要的著作是对印度种姓制度的研究（《种姓制论集》*Essays on the Caste System*, 1908）。在这项研究中，他指出等级种姓制度的机械团结（mechanical solidarity）*（参见《劳动分工》*Division of Labour*）将人们限制在特定的社会群体中，只给予他们极其有限的行动自由。这对路易·杜蒙（Louis Dumont）后来的作品（《阶序人》*Homo Hierarchicus*, 1966）产生了重大影响。他是无政府主义（anarchism）*的支持者，并编了皮埃尔-约瑟夫·蒲鲁东（Pierre-Joseph Proudhon）*的全集，他认为蒲鲁东提出了重要的社会学思想。

boundary debate 边界争论

参见矛盾的阶级位置（contradictory class location）*。

boundary maintenance 边界维持

诸多社会（或社会系统［social system］*）中维持自身与他人之间区别的方式。许多人认为，通过研究一个社会试图定义其内在的模糊边缘区域的方式（这种界定因此有潜在危险），就有可能更好地理解构成其关键文化价值的因素。

bounded rationality 有限理性

根据与赫伯特·西蒙（Herbert A. Simon）的组织理论（organizational theory）*相关的理性交换假设（参见《有限理性模型》*Models of Bounded Rationality*, 1982），人们追求完全理性的有目的的行为，其能力存在认知限制。行动者的满意策略，并非寻求最优解，而是他们在"两可地带"接受"足够好"的解决方案。

Bourdieu, Pierre 皮埃尔·布尔迪厄（1930—2002）

布尔迪厄是 20 世纪下半叶最具影响力的法国社会学家，他在 30 岁出头时被提名为巴黎的法国社会科学高等研究院的研究主任（教授）。布尔迪厄出生在比利牛斯山贝恩农业地区的一个小集镇，父亲是一名邮差，这个边缘区域很早就在布尔迪厄的所有作品中留下了印记。该地区与阿尔及利亚南部山区卡利比亚有很多共同之处，作为人类学家，他在卡利比亚进行了田野调查（fieldwork）*训练，这些田野工作为《实践理论大纲》(Outline of a Theory of Practice, 1972)和《实践的逻辑》(The Logic of Practice, 1980)等主要理论著作提供了经验基础。

布尔迪厄发展出一种将涂尔干（Durkheim）*的客观主义（objective）*与*现象学（phenomenology）*的主观主义相结合的理论。他通过惯习（habitus）*的概念提出了一种社会化（socialization）*的理念，即强调人们身处不平等的社会结构（social structure）*中获得的技能和看待世界的方式。他认为人类的能力和机会体现在社会、经济和文化的"资本"形式中，这些"资本"内在于他们所处的特定结构"场域"中。

在他的实证研究中，布尔迪厄探索了各种相互关联的社会场域的文化和权力动力学。例如，在《国家精英》(The State Nobility, 1989)中，布尔迪厄分析了法国"大学校"的精英世界，这是法国政府、商业、专业技术和行政部门最高层人员的教育通道。他将复杂的文化、生活风格和地位维度加入到马克思主义（Marxism）*的洞见中，认为支配阶级（class）*的文化资本使其在获取教育机会和证书方面比其他群体拥有主动的优势。《区分》(Distinction, 1979)采用了相同的理论要素来探究消费者的审美品味和阶级地位之间的潜在联系，而《艺术规则》

(*The Rules of Art*, 1992)同样将生产者的主观观点置于他们努力在其中留下自己标记的相关文学或艺术场域的客观、历史环境中。另见文化资本（cultural capital）*；社会资本（social capital）*。

bourgeoisie 布尔乔亚/资产阶级

这是一个起源于 16 世纪的法语术语，指整体城市自由民，与英语词汇市民（burghers）*对应。在国际话语中，特别是在马克思主义者的讨论中，它逐渐与资本家阶级一词互换。现在的用法是指资本主义社会中生产资料（means of production）*的所有者，然而所谓的所有权和控制权的分离，导致一些论者完全拒绝使用这个词。

丹尼尔·贝尔（Daniel Bell）发表了一篇关于家族资本主义衰落的极具影响力的文章（收入其著作《意识形态的终结》*The End of Ideology*, 1960），他认为企业家（entrepreneur）*在公司（corporation）*或企业中作为一种明确的控制力量正在消失，取而代之的是内部管理者。他认为，这场管理革命使资产阶级的概念变得多余。

对此的回应有两方面：一方面，有人认为，实证研究表明，个人所有者的权力并没有下降太多，当然也不像人们声称的那样急剧下降。相反，根据这些研究者的说法，更广泛的持股意味着，尽管个人所有者只拥有个位数的持股比，但通常可能对董事会行使权力的方式（例如在投资决策方面）有非常重要和相当大的影响。此外，正如最近那些对所有权组织网络感兴趣的人所主张的那样，由于相对较小股份的所有权带来的权力，特别是，如果这些股票处于市场导向的大型公司，那么它们的所有者，或通过该公司的控股，或基于所有者自己的账户，可能会行使远远超出其基地公司界限的权力。对于这些论者来说，资产阶级或资本主义阶级的概念仍然很重要。参见贝丝·明茨（Beth Mintz）、迈克尔·施瓦茨（Michael Schwartz）的《美国商业的权力结构》（*The Power Structure of American Business*，1985）；或 J. 斯科特（J. Scott）的《谁统治英国？》（*Who Rules Britain?*，1990）。另见管理革命（managerial revolution）*；中产阶级（middle class）*。

bourgeoisie, petite 小资产阶级

参见小资产阶级（petite bourgeoisie）*。

Bowlby, John E. 约翰·E. 鲍尔比（1907—1990）

一位英国精神分析学家，因其关于婴儿早期与父母分离的研究而闻名于世，他提出生命依恋需求，用来解释婴儿的即时反应和后来成人的行为。虽然女权主义者对他的工作有争议，但其影响了托儿所和医院儿童病房的实践改变。对此，最精辟的总结见其《安全基础》（*A Secure Base*，1988）一书。

bracketing 悬置

参见现象学（phenomenology）*。

Branford, Victor Verasis
维克多·维拉西斯·布兰福德（1863—1930）

布兰福德是英国社会学家，于 1903 年创办了英国社会学会。他出生于北安普顿，但在爱丁堡长大，就读于爱丁堡大学，进而受到帕特里克·格迪斯（Patrick Geddes）*的影响。基于格迪斯在英国建立社

会学项目的鼓舞，布兰福德热情地参加了爱丁堡的暑期班。作为一名会计师和银行家经纪人，他承担了促进格迪斯的综合和全面社会科学愿景的组织角色。除了成立社会学学会之外，他还创办了一份年刊，名为《社会学评论》(Sociological Review)，并主编了一系列书籍。

从1908年到1913年，他积极参与商业活动，在南美洲发展铁路业，并在伦敦和纽约的办公室工作。西贝拉·格尼(Sybella Gurney)是他的第二任妻子，她是合作社和花园城市运动的先驱。社会学会曾多次受到分裂和争吵的影响，而且与伦敦政治经济学院成立的社会学有着不和谐的关系，他重回学会后，扮演了更加积极的角色。格迪斯和布兰福德的社会学观点与霍布豪斯(Hobhouse)*创建的关于这个学科的观点相比越来越边缘化(marginalization)*，该学会到20世纪30年代基本上处于解散状态。

布兰福德出版了一本圣·科隆巴(St Columba)的心理传记，一本基于美国巡回演讲的文集，并与格迪斯合作完成了现代性(modernity)*发展的研究，最著名的是《即将到来的政体》(The Coming Polity, 1917)。他是发展社会学(development, sociology of)*的先驱、精神分析的早期倡导者，并提出了旨在为格迪斯的区域思想提供更广泛框架的系统理论。这个理论借鉴了他的同事约翰·霍布森(John Hobson)*和托斯丹·凡勃伦(Thorstein Veblen)*的观点。布兰福德是唯一一位被授予美国社会学会荣誉会员的英国社会学家。约翰·斯科特(John Scott)和雷·布罗姆利(Ray Bromley)在《展望社会学：维克多·布兰福德、帕特里克·格迪斯和社会重建的追求》(Envisioning Sociology: Victor Branford, Patrick Geddes, and the Quest for Social Reconstruction, 2013)中讨论了他的人生和作品。

Braudel, Fernand 费尔南·布罗代尔（1902—1985）

布罗代尔是法国史年鉴学派（Annales School）*的主要成员，最负盛名的代表作是《菲利普二世时期的地中海和地中海世界》（*The Mediterranean and the Mediterranean World in the Age of Philip* II, 1949），不过相对而言，他的《资本主义和物质生活：1400—1800》（*Capitalism and Material Life, 1400-1800*, 1967）更容易理解。

布罗代尔对新兴资本主义的不朽研究有着浓厚的经济和文化类型学意涵。然而，他的作品的组织原则是区分不同层次的历史时间，每个层次以不同的速度发生变化；最显著的是历史事件叙述、历史经济状况和历史结构的三重区别：事件的历史、经济状况和结构的历史。他认为：历史存在于不同的层次……表面上看，事件的历史会在短期内自行解决；这是一种微观历史。再往后，经济状况的历史遵循着更广泛、更缓慢的节奏。迄今为止，人们主要研究的是它在物质层面、经济周期和周期之间的发展……而且在关键点的"叙述"之上，结构的历史，或长时期的历史，每次需要研究一整个世纪……它沿着流动和静止的边界发挥作用，与所有流动和发展得更快、最终围绕它的历史相比，由于其价值在于长期稳定，它似乎是不变的（《论历史》*On History*, 1980）。最后，这些因素产生了基于环境的"地史学"，包括"重复的行动、经验过程、从远古时代流传下来的旧方法和解决方案在内的物质生活史，如金钱或城乡的分离"。

尽管布罗代尔对世界体系理论（world-systems theory）*产生了重大影响，但他的作品仍受到一些批评，有人认为他在因果关系方面不够精确，还有人批评他隐含的历史唯物主义（historical materialism）*。

bride-price（bride-wealth）彩礼（财礼）

结婚时新郎家族给新娘家族的金钱或物品。虽然有时被视为对出生家庭抚养女儿的补偿性报酬，但在不同文化中，其形式和意义各不相同。在有些文化中，"彩礼"可能会成为新娘的财产，并被视为一种离婚（divorce）*保险。

Buddhism 佛教

一种救世宗教，公元前5世纪由被称为佛陀（意思是"觉者"）的乔达摩-悉达多创建于北印度，具体日期在学术界还有争议。佛陀所释的是普世主义的人文主义宗教，这与北印度城市文化的兴起不无关系。佛教弟子的教义包涵所谓的敬重三宝：佛、法、僧（僧和尼放弃婚姻家庭，完全过如法的生活）。根据这一教义，只要按照道德、冥想和觉悟的方式修行，任何人（无论男女贵贱）都可以脱离无尽的生死轮回。

佛教有两种主要类型流传至今：上座部佛教在缅甸、泰国、老挝、柬埔寨和斯里兰卡可见。这种类型的佛教更保守，其仪式几乎没有且很简单，并主要关注于拜佛。大乘佛教稍晚发展起来，遍布在尼泊尔、中国、蒙古、朝鲜、日本和越南。这类佛教有更精致的仪式，有巴洛克式的圣贤（菩萨）万神殿，有更丰富的经文，有时还存在已婚的神职人员（clergy）*。大乘佛教弟子相信，相比于上座部佛教，大乘佛教提供的修行道路更容易。虽然佛教是一种宗教个人主义形式，但它始终接受精神上的等级制度，其中最引人注目的，是达赖喇嘛统治了许多世纪的大乘佛教神权国家。传教士和移民将这两种佛教带到世界各地。当今世界上，与民族主义（nationalism）*、社会主义（socialism）*、理性主义（rationalism）*甚至社会福利活动相结合的新形式佛教已经崛起。

Bukharin, Nikolai 尼古拉·布哈林（1888—1938）

布尔什维克主要理论家，他认为自己的作品是对社会学（sociology）*的贡献。其早期著作包括《食利者政治经济学》（*Economic Theory of the Leisure Class*, 1914）和《帝国主义和世界经济》（*Imperialism and World Economy*, 1915），后者对列宁（Lenin）*的帝国主义（imperialism）*理论产生了主要影响。俄国革命后，他与人合著了官方支持的《共产主义ABC》（*ABC of Communism*, 1920）；20 世纪 20 年代，他在《历史唯物主义：社会学的研究》（*Historical Materialism: A Study in Sociology*, 1924）中试图把历史唯物主义（historical materialism）*与主流社会学融合在一起，产生一般性理论命题。该书利用当时正在兴起的系统与均衡的思想来重构某些主要的马克思主义（Marxism）*观点。他的政治观点在 20 世纪 20 年代得到约瑟夫·斯大林（Josef Stalin）（参见斯大林主义[Stalinism]*）的支持，但 20 世纪 30 年代他和斯大林产生了冲突，在一次审判后被处决。

bureaucracy 科层制

由形如国家（state）*或正式组织（formal organization）*这样的特定管理体系中的行政官员、程序和任务所构成。马克斯·韦伯（Max Weber）*并没有发明这一术语（该术语于 19 世纪初出现在法国），但一般认为在对该现象的研究上，他做出了最为原创性的贡献。对待这一现象时，早期学者中几乎只有马克斯·韦伯不持贬损态度。

虽然这一概念通常被理解为韦伯关于理性和效率组织的理想类型（ideal type）*之一，包括了职位和人员的具体特性，但实际上远不止这些。只有既将科层制视作更广泛理性化（rationalization）*

过程的后果，又将其视作关联着韦伯对民主（democracy）*和支配（domination）*的研究，才能获得这一概念的完整价值。支配，或者权力的合法化和制度化（institutionalization）*运用，离不开某种行政机构，所以在一个民主政体的领导者与选民之间，需要有一个功能性角色介入。掌权者向他们部署将权力合理化时所阐述的合法化性质，是这种新生组织的依靠。当合法化属于法理型，强调根据理性规则去非人格地行使权力时，科层制就得到了发展。

科层制的特征是：职位的等级制且通过等级层次引导沟通；文档和保密；清晰界定了的权威范围由一般规则所决定并被按章监管；官方活动与私人事务的管理分离。据韦伯所说，科层里的官员由上级任命（而非选举）；享有终身制和高地位；有固定的工资收入和退休金；作为职业且对自己的事业和职位具有忠诚感。

与其他各种支配形式相比，科层制确实具有技术上的优越性，但这并不意味着它在目标达成上最有效率，因为理性和效率的衡量，必须总是与清晰表述的目标相关联。首先，科层制与资本主义市场经济联系在一起，后者需要毫不含糊地且持续地处理公共和私人管理事务。科层制意味着理性，也就意味着可计算性，在进行风险活动时可以把不确定性最小化。这种可计算性也涉及大众民主，即一种在法律面前所有人获得形式上平等的平衡过程，以此任意武断的处理就减少了。

韦伯对合理化过程的悲观看法，在他对完全确立的官僚结构坚不可摧的担忧中得到了明显体现。一旦就位，训练有素的职员就不能被统治者罢黜，后共产主义体制下的东欧的例子鲜明地表明了这一点。专业性官员也和活动绑定在一起，因而寻求活动的持续不断。最后，政客（无论民选还是非民选）必将霸占越来越多的专家官僚位置,成为不合格的"半瓶醋",并利用行政保密来反抗公众的审查和监察。因此,科层的知识,不仅在专家知识意义上是一种权力,而且被掩盖了,以使官员们能躲在惯例和程序之后。这一术语自产生以来就用来意指官员操纵运用权力的每个情景,或者组织结构本身的失灵,这并不让人吃惊。就其目的而言,当人员数量超出了当前工作所需;当责任被推卸或分散于体系内;当规则、形式和文档多到超出必要;当官员死板的执行规定而不考虑他们应该为之服务的目标时(换句话说,对科层制手段的盲从变成了目的本身),科层制就不再有效率。

科层制倾向于培育有学历文凭的专家,韦伯担心,这些专家可能会成为一个自我繁殖的团体。站在马克思一边,韦伯认为,资本主义(capitalism)*和社会主义(socialism)*可以归入更广泛的官僚制化过程;即分别在生产过程、破坏、研究和管理上将工人、士兵、学者和管理人员进行分离。

斯坦尼斯拉夫·安德烈斯(Stanislav Andreski,《韦伯的洞见与错误》*Max Weber's Insights and Errors*, 1984)认为,事实上,"科层制"术语现有四个不同的含义:以韦伯所描述的方式执行管理功能的人员;使这些人纠缠在一起的关系网络;作为团体的他们操纵的权力大小;以及这架管理机器的各种失灵。安德烈斯个人认为,这四种含义应该保留第三个,即,"管理者的权力,超过了任何其他领导群体或权威所有者群体的状况"。在这种意义上,韦伯自己并未活着看到一个完全的科层制——第一个例子是斯大林死后的苏联政府。然而,中华王朝提供了一个前工业时代的类似例子:没有哪个阶层可以挑战官僚阶层,虽然他们的权力受到皇帝及其亲属特权的节制——一种政治支配的不稳定形式,韦伯称之为"家产制"(patrimonialism)*。

无疑,韦伯关于科层制性质的著作不仅为后来出现的组织理论(organization theory)*提供了丰富资源,而且对研究一个日益复杂世界中民主行使权力的条件做出了贡献。尽管概念上有些凌乱,有些地方也存在经验上的问题,但作为对管理机器发展和功能的研究,他对科层制的研究是无与伦比的。尽管多数早期社会学家预见到了走向民主和自由的进步运动,但韦伯看到了越来越强的官僚化趋势,在这一意义上,他的分析已然经受住了时间的检验。然而,他的处理是分散的,也绝不是对这个主题的简单引入。对社会学的学生而言,最好的起点依然是马丁·阿尔布劳(Martin Albrow)的《科层制》(*Bureaucracy*, 1970)。

bureaucratic orientation to work 科层制的工作取向

参见工作的主观体验(work, subjective experience of)*。

bureaucratic socialism 官僚社会主义

参见共产主义(communism)*。

Burgess, Ernest W. 欧内斯特·W. 伯吉斯(1886—1966)

伯吉斯出生于加拿大,自1916年起在芝加哥大学任教,1952年退休。他强调经验研究的价值,是城市研究(与罗伯特·帕克[Robert Park]*一起)、青年犯罪研究(与克利福德·肖[Clifford Shaw]*一起)和家庭生活研究的先驱,对芝加哥学派(Chicago School)*的发展有着重要影响。他最有影响的著作多数都可以在由唐纳德·J. 博格（Donald J. Bogue）编的《欧内斯特·W. 伯吉斯基本著作》(*The Basic Writings of Ernest W. Burgess*, 1974) 里找到。另见同心圆理论（concentric zone theory）*。

business cycle 经济周期

指重复出现的经济周期，包括一段时期高于均值的增长（扩张期），接着是一段时期低于均值的增长（经济衰退），然后是负增长（萧条期）。当代经济学家一般假定，"正常的""典型的""朱格拉"周期持续大概 5 年，但对其原因没有一致的意见。确实，有些人认为波动本身是随机的，而不是有迹可循的。俄裔美国经济学家西蒙·库兹涅茨（Simon Kuznets）也识别出一种更长的，持续大约 15—20 年的经济周期（"库兹涅茨周期"）。所谓的康德拉季耶夫周期（Kondratieff cycles）*（以 20 世纪 20 年代提出这一想法的俄国经济学家康德拉季耶夫 [Nikolai Dimitrievich Kondratiev] 命名）由平均半个世纪左右的繁荣和萧条的"长波"周期构成，其实现主要是由技术和产业发展推动的，比如蒸汽动力的出现。这些周期常常与世界体系（world-system）*中的发展有关。例如，另见克里斯托弗·蔡斯-邓恩（Christopher Chase-Dunn）和彼得·格兰姆斯（Peter Grimes）著《世界体系分析》(World-Systems Analysis)，载于《社会学年鉴》(*Annual Review of Sociology*, 1995)。

Business Improvement Districts（BIDs）商业改良区

一项为改进城市中心环境而动员私人基金的策略。20 世纪 70 年代，商务改进区先后在加拿大和美国建立，现已遍布很多国家。一个地方的商家可以发起投票,以确保市民同意为改善城市环境(公共娱乐场所的重新修整、安全摄像头的安装,等等)而征收一项强制税或商业税。地方机构来收税,但转交给由私人部门运转的董事会,资金被用于城市翻新项目。截至2013年,英国已有180家商业改良区,涵盖了主要购物区(比如,伦敦的牛津街)和许多城市中心。

赞成者认为,对商业改良区的评判应根据其结果,并宣称(这些结果)通常包括一个更干净、更友好和更安全的城市空间,犯罪减少,以及萧条地区的经济复兴。质疑者指出房价更高了,并争辩说,商业改良区是不民主的,会导致某种中产阶级化(gentrification)*,仅仅是赶走和替换了内城穷人。另见同心圆理论(concentric zone theory)*;城市社会学(urban sociology)*。

C

Cambridge scale 剑桥分层量表

参见CAMSIS量表(CAMSIS scale)*。

CAMSIS scale 剑桥社会互动与分层量表

剑桥分层量表发明于20世纪70年代早期,并被重新设计为一种更普遍的形式,即社会互动和分层量表。其相较于戈德索普阶级分类体系(Goldthorpe class scheme)*和NS-SEC(国家统计社会经济分类[National Statistics Socio-Economic Classification]*)所使用的属性分类测量方式,能够对社会不平等(social inequality)*进行持续测量,是一种更好的研究社会分层的方法。

该量表由对不同职业群体的相似性与差异性进行构建,通过择友或群体内部通婚反映了社会成员的典型互动模式。这些通过他们在某职业中的出现频率以及职业在单一维度上取得从1到100的度量分数来测量。起初,这一量表使用多维标度分析法进行构造,现在主要利用对应分析(correspondence analysis)*的方法。该量表已用于社会流动分析,并作为社会分层系统内距离的一般测量法。该量表首次在A. 斯图尔特(A. Stewart)、B. 布莱克本(B. Blackburn)和K. 普兰迪(K. Prandy)的著作《社会分层与职业》(*Social Stratification and Occupations*, 1980)中开发,W. 博泰罗(W. Bottero)和K. 普兰迪的论文《社会互动、距离和分层》(Social Interaction, Distance, and

Stratification）（载于《英国社会学杂志》*British Journal of Sociology*, 2003）中也讨论了其较新的发展。

CAPI（Computer Assisted Personal Interviewing）
计算机辅助个人访谈

参见调查（社会调查）（survey［social survey］）*。

capital 资本

根据现代经济学，资本是生产的四要素之一，其他分别是土地、劳动和组织（企业家才能）。早期政治经济学（political economy）*的伟大发现是，资本不仅仅是一笔钱，它还强调，任何社会财富的增长，都要有生产力（forces of production）*的扩张。因此，构成资本的工具、机器、工厂，以及其他人造物质或设备，都不用于直接消费，而是帮助或者改进生产工作。自亚当·斯密（Adam Smith）*以来，人们习惯于将资本区分为流动资本和固定资本。前者用于购买商品，主要是原材料和劳动力（labour power）*，然后再作为产品销售从中获利。后者，比如机器和工具，无需再流动即可产生利润。

卡尔·马克思（Karl Marx）*认为，资本积累（capital accumulation）*为资本主义生产方式提供了特有动力。这依赖于通过提取剩余价值（surplus value）*来剥削（exploitation）*工人（另见劳动价值论［labour theory of value］*）。在《资本论》（*Capital*, 1867）里，马克思认为，资本积累过程往往导致资本聚集在少数人手里的结果，伴随这一过程发生的则是大量劳动力的无产阶级化（proletarianization）*和贫困化。

主流经济学家和社会学家仍然认为，资本的形成和积累是任何形式的工业化（industrialization）*的必要条件。另外，资本主义（capitalism）*的发展进程在一定程度上不同于马克思的预期，因此，即使对马克思主义者来说，也有必要在各种资本运作之间进行区分，特别是资本所有权和管理控制之间。在近期的社会学著作中，资本概念已经从其经济意义扩展到了人力、文化、社会，以及其他形式的资本。另见公司（corporation）*；文化资本（cultural capital）*；人力资本理论（human-capital theory）*；劳动价值论（labour theory of value）*；管理革命（managerial revolution）*；所有权和控制权（ownership and control）*；社会资本（social capital）*。

capital accumulation 资本积累

在马克思主义（Marxism）*中，资本积累是资本主义（capitalism）*发展的核心动力，指的是资本通过生产、占有和实现剩余价值（surplus value）*而扩张的过程。资本不能在资本主义生产关系（relations of production）*之外来进行理解。在传统经济学里，它也是经济增长（economic growth）*的重要构成部分，指的是国家在固定资产上的净投资，如设备、机器、库存、建筑物、社会间接资本以及海外资产。

capital-intensive production 资本密集型生产

资本-劳动比率——资本（机器、设备和库存）相对于劳动的比例——高的情况下的生产技术。这一术语常被用在发展文献里以表明工业化（industrialization）*过程的性质特征，并研究其对就业相对产出增长的影响。

capitalism 资本主义

一套为了销售、交换和利润,而不是服务于生产者直接需要的雇佣劳动和商品生产制度。前现代时期,资本主义的例子有很多,但资本主义交换通常受到政治和宗教(religion)*的约束。令研究现代性(modernity)*的学者们印象深刻的是,跨越政治和文化边界的资本主义企业(与其相关的货币和市场网络一起)有巨大的且不受规范约束的支配力。资本主义提供了工业化(industrialization)*的主要手段,但并非唯一手段,两者不应混淆。

资本主义的典型特征仍主要来源于卡尔·马克思(Karl Marx)*和马克斯·韦伯(Max Weber)*这些先行者的作品。韦伯视市场交换为资本主义的典型特征。因此,在现代西方,资本主义通常意味着计算理性、通过延迟满足(deferred gratification)*来积累财富,以及经济和社会关系的分离。资本主义的其他必要制度设置包括:私有财产、形式上自由的劳动、原材料的市场网络、劳动生产和广泛的货币体系。另一方面,马克思把生产关系(relations of production)*作为交换关系的关键解释机制。受亚当·斯密(Adam Smith)*的影响,他把商品的内在使用价值(use value)*与在市场(market)*上的交换价值(exchange value)*区别开来。通过购买商品(原材料、机器、劳动力[labour power])并让这些商品相结合,生产出交换价值高于购买这些商品总付出的新商品,资本就创造出来了。劳动力的使用使之成为可能。在资本主义制度下,劳动力自身成了商品。根据马克思的观点,劳动力是被剥削(exploitation)*的:作为工资反映出来的交换价值低于其为资本家(capitalist)*创造的价值。这一差值,即所谓的剩余价值(surplus value)*,为资本家所占有,并添加到存量资本中。这样的循环不断重复,是阶级冲突的基础。马克思把资本主义等同于剥削,是基于这样一个观点:劳动是所有价值的源泉,因此也是利润的源泉。这个观点在主流经济学,甚至许多马克思主义者那里都遭到了异议。

现在资本主义的概念本身几乎没有分析价值,因为其应用的历史范围极为宽泛,难以定义。将维多利亚时代中期和20世纪后期的英国都描述为资本主义,从中可获得的洞见有限。这也同样适用于其广泛的地理和文化范围,因为仅从拥有资本主义生产制度的意义上解释像日本、瑞典和澳大利亚这样不同的现代社会的发展势头,显然也是没有帮助的。通过根据质性或量化因素来具体化资本主义的类型,则可以进行更精准的分析。

质性分类表明,资本可以通过几种不同的方法积累。因此,商业资本主义是一种以获得利润为目的的贸易体系,通常是用非资本主义生产方式生产的商品。农业资本主义(agrarian capitalism)*可以以17世纪和19世纪英国土地绅士的活动为例,他们见证了自给自足的生产体系向为市场而生产经济作物体系的转变。工业资本主义(industrial capitalism)*是资本主义的典型形式。它通过工厂系统(factory system)*的工作过程内部和工作过程之间的复杂劳动分工,设立指定的工作场所和工厂,将传统手工技能去技能化(deskill)*,以及常规化工作任务来进行生产。金融资本主义(finance capitalism)*或者说货币资本主义使资本主义生产过程从属于货币和货币资产的流通,从而从属于货币利润积累。它的前提是有一个高度发达的银行系统、股票市场以及人们通过持股持有财富。

正如托斯丹·凡勃伦（Thorstein Veblen）*所指出的，整个工业复合体以及建筑物和土地，成了投机性盈利与亏损的对象。国家资本主义（state capitalism）*发生在这样的地方，即政府创立或政府领导的企业的某些要素成为启动工业化和资本主义的必要条件。即使在名义上的共产主义（communism）*经济或发展中国家里，国家企业也发现自己受制于国际贸易和金融的压力，或是资本主义生产方式的管理约束。

量化分类的目的是反映资本积累（capital accumulation）*规模和资本经济力量集中度上的巨大差异。小型资本主义是一种资本所有者也是工人的制度，这种体系在名义上是无阶级的。当资本积累使得所有者和雇员之间的区分成为可能，商业资本主义（mercantile capitalism）*就产生了。这一阶段典型的企业家商业阶级由这样一些人构成：他们整个或者实质地拥有并控制（管理）他们的企业。企业资本主义（entrepreneurial capitalism）*或者说垄断资本主义（monopoly capitalism）*，是股权、有限个人责任以及通过银行和金融机构将资本集中到大的、非个人所有的垄断或者寡头控股的自然结果。这与公司（corporation）*的发展和所有者与管理者之间通过股权假定的劳动分工是一致的。

詹姆斯·富尔彻（James Fulcher）的《资本主义》（*Capitalism*, 2004）是最好的短篇导论，而托姆·博托莫尔（Tom Bottomore）的《现代资本主义理论》（*Theories of Modern Capitalism*, 1985）依然是对这一宏大话题良好的导论性概述。当代经验材料和争论可以在约翰·斯科特（John Scott）的《公司经营与资本家阶级》（*Corporate Business* and Capitalist Classes）一书中找到。对于当代国际金融情况富有争议且详细的分析，可参见苏珊·斯特兰奇（Susan Strange）的《赌场资本主义》（Casino Capitalism, 1986）。斯特兰奇的观察表明，资本主义交换的许多社会学模型事实上可能相当具有选择性，主要指的是企业家（entrepreneur）*或者法团工业资本主义，而忽视了与当代货币和商品市场有关系的大量投机活动。另见企业家（entrepreneur）*；劳动价值论（labour theory of value）*。

capitalism, disorganized 无组织的资本主义

参见无组织的资本主义（disorganized capitalism）*。

capitalism, spirit of 资本主义精神

参见新教伦理（protestant ethic thesis）*。

capitalism, state 国家资本主义

参见国家资本主义（state capitalism）*。

capitalist（capitalist class）资本家（资本家阶级）

参见资产阶级（bourgeoisie）*；所有权和控制权（ownership and control）*。

carceral organization 监狱组织

参见监禁（incarceration）*。

career 职业生涯

指职业角色的模式化序列,个人的工作生涯按序列向前推进,这意味着声望在提高的同时,其他回报也在增长,尽管并不排除经历职业和社会向下流动的可能。

职业生涯的社会学概念始于诸如社会学家奥斯瓦尔德·霍尔（Oswald Hall）和埃弗雷特·休斯（Everett Hughes）在20世纪40年代做的职业研究,随后在符号互动论（symbolic interactionism）*传统里得到改进,应用于职业语境之外的领域。因此,霍华德·贝克尔（Howard Becker）*在《局外人》（Outsiders, 1963）中将"职业生涯"这一概念应用于描述"变成大麻吸食者"的不同阶段,在不同阶段中,吸食者学会了吸食技术,学会了感知吸食效果,并且最终学会了享受吸食的过程。

那些对职业生涯的研究,目的是发现那些在行动过程中等着某人的、重复发生的或典型的偶然事件和问题。在客观职业生涯路线和主观职业生涯之间可以做出区分,在前者中,可以预测某人于特定道路变化上面临的反复出现的调节问题（例如,当一个学生,成为医生,加入某宗教团体）;后者或者阐释性行动则是人们在经历这些变化过程中所采取的（行为）。欧文·戈夫曼（Erving Goffman）*在《精神病院》（Asylums, 1961）一书中强调了这一区别,他坚持认为职业生涯概念的价值正在于其两面性:"一面与紧紧固守的内在事物相关,像自我形象（self-image）*和感受到的身份;另一面涉及官方立场、法律上的关系和生活方式,是公众可获取的制度设置的一部分。"通过患病前、成为病人,和治愈后三个阶段,戈夫曼把注意力集中在精神病患者（psychopath）*的道德生涯（moral career）*上。然而,戈夫曼特别关注病人自己体验到的自我(self)*形象的转换。例如,戈夫曼关注到当一些人说病人是"疯子"时,他们是在摒弃早前的身份认同感,而戈夫曼好奇的是这种自我感是如何在到达精神病医院时被削弱和降低的,以及病人是如何开始建构一个新的自我形象和新的身份认同的。

career mobility 职业流动

参见社会流动(mobility, social)*。

cargo cult 船货崇拜

参见千禧年主义(millenarianism)*。

cartel 卡特尔

参见垄断(monopoly)*。

case 个案

指被研究者挑选出来进行观察或分析的任何一个单元。例如,在一项关于80对夫妇家务分工的研究中,每对夫妇都是一个单独的个案。类似地,在抽样问卷调查中,每个回答者或者受访者(respondent)*都是个案。跨国比较分析可能会以国家为个案。

case history 个案史

一种类似医学病例史的社会学方法,通过一个例子或者很多个案来追踪某一现象,以进行比较和纵向分析。被选个案的扩展史可以是个案分析（case-study）*研究项目中的一种，它对某些特征或经历提供了非常详细和实质性的解释。最常见的类型是一个人的生活史（life history）*，一种对前因后果、背景因素、感知和态度的事后解释，这些都与这个人或这类人经历中的某些关键特征有关，比如作为移民（immigration）*、罪犯，或者卡里斯玛型领导。从本质上讲，这些个案史对个人特征的强调胜过对结构因素的强调，对具体过程的强调胜过对一般模式的强调。个案史有时候以群体、组织，或者社区（community）*作为研究单位，因此与个案研究紧密相关。单个个案史常常被用来为进一步研究提出假设。个案史也广泛地应用于精神病学（psychiatry）*、社会工作（social work）*、犯罪学（criminology）*和临床心理学。

case study (case-study method) 个案研究（个案研究方法）

一种研究设计（research design）*，它以某一社会实体（如社区[community]*、社会群体、雇主、事件、生命史[life history]*、家庭、工作团队、角色[role]*或者关系）的单一案例或几个挑选出的例子作为研究对象，并利用多种方法进行研究。选择一个或多个案例进行研究的标准是研究设计及其理论严谨性的关键部分。个案研究包括：对典型的、说明性的或异常的例子的描述性报告，政策研究（policy research）*中良好实践的描述，组织中政策执行后的评估，聚焦于极端或者战略性个案的研究，通过使用认真挑选的对照个案对定义明确的假设（hypothesis）*进行严谨检验，以及自然实验（natural experiment）*研究。收集信息的方法，部分取决于接触研究对象的容易度和研究是否被研究对象所接受。个案研究可以使用任何一种主要的社会学方法。对于所使用的方法、数据的搜集和个案研究结果的报告,并没有标准的格式要求,但是量化方法不如质性方法常见。另见个案史(case history)*;社区研究(community studies)*。

casework 个案工作

最早的,可能也是讨论最为广泛的社会工作方法,由伦敦慈善组织会社(London Charity Organization Society, 1869)的奥克塔维亚·希尔(Octavia Hill)首创,但玛丽·里士满(Mary Richmond)在其著作《社会诊断》(*Social Diagnosis*, 1917)里对此给出了首个系统性说明。尽管个案工作强调的是满足个人需要和解决个人问题,并且与精神分析(psychoanalysis)*有广泛联系,但个案工作有着一系列不同的理论传统。它是社会工作(social work)*的主要方法之一,其他的是小组工作和社区工作。前者指社会工作者参与到面对共同或相似困难的客户小群体的活动和情景中;后者把社会工作者安置在邻里街区,为当地积极分子提供资源,也动员这些积极分子。

cash crop(cash-crop production)经济作物(经济作物生产)

经济作物是一种园艺产品,只在货币市场上销售,而不用于自给自足或物物交换。经济作物生产可能需要单种栽培(生产单一作物供给市场),其结果是,农民需要依赖这种作物的成功以获得足够收入来满足生计所需。

cash nexus 金钱网络

(在资本主义制度[capitalism]*下)所有的人类关系,尤其是生产关系（relations of production）*，都还原为金钱交换关系。该术语在卡尔·马克思（Karl Marx）*的著作中出现得最频繁，现在仍主要为马克思主义者所使用。另见资本（capital）*。

caste 种姓

这一术语基于印度传统中五种"瓦尔纳"群体：婆罗门、刹帝利、吠舍、首陀罗和不可接触的贱民。在每一个瓦尔纳之内都有无数的"阇提"，他们是小的内婚群体，与一个或一组村庄内的特定职业相联系，并提供在一个系统内流动的要素。在这个系统中，出生决定了社会等级。"种姓"一词被用来指代瓦尔纳和阇提，瓦尔纳体系塑造了价值体系，而阇提体系则是瓦尔纳体系的职能组织和实践。为了寻求等级制度内的提升，阇提们可以采用更高等级的瓦尔纳实践，这样的提升发生在瓦尔纳体系内部，而不在体系之间，这一过程被称为"梵化"（sanskritization）*。人们相信，只有通过重生才能在瓦尔纳之间实现流动，而成功的种姓准则或"法"的实践能为个人赢得更多的"业力"，从而能在重生中帮助个人获得更高的地位（status）*。

不同种姓之间和内部主要围绕排污的规则进行分界。这些规则会影响共生性（分享和准备食物）、异族通婚以及任何形式的社会交往。由于食物污染最有可能发生，较高等级的瓦尔纳倾向于素食主义，同时禁酒。也因为这个原因，肉类消费是分级的，在羊肉、猪肉和牛肉之间存在区分。空间隔离是阇提体系的自然结果，体系固有的分割及其相关规则由种姓法院进行监督。种姓制度成功同化了非种姓、非印度教的外来者。自1947年独立以来，印度一直试图打破种姓分化，改善贱民（现在称为达利特）的地位。而事实上，种姓在印度和印度海外社区的社会结构(social structure)*中仍然占有重要地位。

马克斯·韦伯(Max Weber)*试图将这一术语转换成一种基于极端封闭标准的严格等级社会分层(social stratification)*的理想类型(ideal type)*。他将其视为民族身份分层的同义词,并认为它是将身份荣誉分层与商业阶层、市场作对照的统一体的一端。对这一术语最清晰的定义可能是由安德烈·贝特利(André Béteille)提出的,他将种姓描述为一个有名望的小群体,以内婚制(endogamy)*、家产制(patrimonialism)*和特定的生活方式为特征。这样的生活方式有时候包含追求特定职业的传统,通常与等级制度中或多或少存在区分的仪式身份相联系,这种区分基于纯洁与污染的概念(参见《种姓、阶级与权力》*Caste, Class and Power*, 1965)。颇有争议的是,一些社会学家试图将这个术语扩展到对南非种族隔离制度的分析,甚至是对20世纪美国部分地区的种族隔离(apartheid)*制度的分析。克里斯·斯梅奇(Chris Smaje)的《自然等级:种族和种姓的历史社会学》(*Natural Hierarchies: The Historical Sociology of Race and Caste*, 2000)中有对这一观点的优秀概述。另见种族关系的种姓学派(caste school of race relations)*;印度教(Hinduism)*。

caste school of race relations 种族关系的种姓学派

在美国,这一标签被给予那些用种姓(caste)*术语描述白人与黑人之间隔离的作者。这一学派中最著名的作品是W. 劳埃德·沃纳(W. Lloyd Warner)*的《美国的种姓和阶级》(American Caste and Class)(《美国社会学杂志》*American Journal of Sociology*, 1936),约翰·多拉德(John Dollard)的《一个南方城镇的种姓和阶级》

(*Caste and Class in a Southern Town*, 1937)和冈纳·缪达尔(Gunnar Myrdal)*的《美国的困境》(*An American Dilemma*, 1944)。

这种对美国种族关系的解释引发了一场激烈却相当短暂的争论。缪达尔为他的分析辩护，声称"种姓和阶级这两个术语在科学上的重要区别……是……群体之间行动自由的较大差异"。他还对印度的种姓体系比美国白人与黑人之间的关系具有更小的流动性和更少的冲突(正如该学派的批评者倾向于认为的那样)的观点提出了质疑。

对该学派最持久的批评来自奥利弗·C. 考克斯(Oliver C. Cox)*的《种姓、阶级和种族》(*Caste, Class and Race*, 1948)。在书中，作者指出了印度和美国情况的根本区别，前者的种姓划分是一个以不平等原则为基础的连贯体系，而美国的"肤色歧视"实际上与其发生体系内的平等主义(egalitarian)*原则相矛盾。

category 类别

测量(measurement)*过程中的一个关键步骤是根据明确共享的特征将测量结果分组或分类。因此，类别是数据的同质分组。例如，"性别"变量可能有两个类别，男性和女性；变量"社会阶层"可能有三个类别，上层、中层和工人阶层。类别的数目以及将案例或观察结果分配给适当类别的规则取决于所使用的理论。另见编码(coding)*；对应规则(rules of correspondence)*。

catharsis 宣泄

在精神分析学中，这一术语的字面意思是"净化"或"清洗"，它指的是释放情绪，减少潜在的紧张和焦虑。西格蒙德·弗洛伊德

(Sigmund Freud)*最初认为,宣泄可以通过简单的重演来实现,被重演的是导致潜在精神异常的早期痛苦经历。后来他认为,积极的压抑过程抑制了宣泄性的重演。

cathexis 投注

这一术语指精神能量的充入。它与西格蒙德·弗洛伊德(Sigmund Freud)*密切相关,弗洛伊德用它来指代对思想、人或事物上投入性欲冲动。这些"客体灌注"被反投注,即自我在压抑过程压制精神能量。另见精神分析(psychoanalysis)*。

CATI(Computer Assisted Telephone Interviewing) 计算机辅助电话调查

参见调查(社会调查)(survey[social survey])*。

causal modelling 因果模型

这一术语是对现实世界动态的抽象演示,它尝试描述一组变量之间的因果关系和其他关系。最著名的因果模型是路径分析(path analysis)*,它在20世纪60年代被奥蒂斯·达德利·邓肯(Otis Dudley Duncan)等美国社会学家采用。大多数因果模型与定量研究相关。参见H. M. 布莱洛克(H. M. Blalock)的《非实验性研究中的因果推论》(*Causal Inferences in Nonexperimental Research*, 1964)。

因果模型通常基于结构方程(structural equations)*,并使用回归技术进行分析。而理解因果模型原理的更简单的方法是将其视为一种假设,它与一个集合中所有变量对之间关系的存在、符号和影响方向有关。通常，这些关系被映射到图表或流程图中，如下简单的图例所示。

$$X \longrightarrow T \nearrow Y \nwarrow$$

即便研究中只有三个变量，也有可能根据它们之间的关系产生许多不同的模型。因此，构建研究所有不同的可能模型是数据分析和将社会学理论与实证研究联系起来的重要步骤。

因果模型包含了多重因果关系的概念，也就是说，对于任何特定的效果都可能有多个原因。例如，一个人的投票方式可能与社会阶层、年龄、性别、种族等有关。此外，一些独立的解释变量之间可能相互关联。例如，种族和阶层可能是相关的，因此种族对投票的影响既是直接的也是间接的（通过阶层），如下图所示。这个例子也显示了在收集数据之前考虑这些模型的重要性，理论通过这样的方式告诉我们，需要收集哪些数据来测试我们的模型。

因果模型中包含一个残差项或误差项来说明未解释的因变量（dependent variable）*的方差。毕竟除了年龄、性别和阶层之外，还有许多其他社会特征影响着人们的投票方式。还需要注意的是，因果模型假设了一个层级结构——年龄、性别和阶层导致了投票，但投票并不导致年龄、性别和阶层。最后，因果模型并不能证明一个变量是由其他变量的影响造成的，模型所能做的只是指出它是否与数据兼容；而如果兼容的话，根据所使用的模型得出因果效应的显著程度是多少。

赫伯特·阿舍（Herbert Asher）的《因果模型》（*Causal Modelling*，第二版，1990）对因果模型的逻辑和工具进行了简短但高度专业性的介绍。另见多层模型（multi-level models）*；多变量分析（multivariate analysis）*。

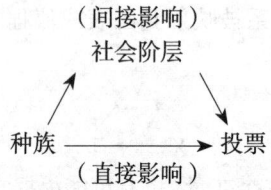

因果模型：显示了假定的种族对投票行为的
直接和间接（通过阶层）的影响

cell（cell entry）单元格（单元格条目）

参见列联表（contingency table）*。

cause（causal explanation）原因（因果解释）

在非专业的语境中，询问某一特定事件发生的原因就是询问是什么使其发生或导致其发生。给出一个因果解释就是回答这些问题，一般通过指明一些先前的事件、条件或状态来完成，如果没有这些，有问题的事件就不会发生。在更专业、更科学或者更哲学的环境中，原因和因果解释的概念一直是实现分析严密性的持续性努力的重点。16世纪和17世纪的科学革命（scientific revolutions）*承认了两种形式的因果关系。常识性的意义被称为"有效因果性"，被视为自然世界中因果关系的唯一形式。许多人，如托马斯·霍布斯（Thomas Hobbes）*，将这一思想扩展到整个人类世界。然而，另一些人认识到，对人类行为的解释可能涉及对它们所指向的目标或目的的解释。这构成了自然科学和精神科学区别的基础。

那些遵循霍布斯精神科学观点的人，倾向于将大卫·休谟（David Hume）*关于有效因果关系的经验主义（empiricism）*观点，视为我们经验中现象的规律性联系，或者"持续性联系"。如果B类事件之前经常出现A类事件,那么我们可以认为A是B的原因。但是,这种将因果关系的解释急剧缩小到感官证据所确立的范围的做法,只会凸显科学主张与其证据基础之间的差距。休谟提出了著名的归纳(induction)*问题,即,我们如何知道在我们的经验中迄今为止的规律性会延续到未来?或者,更普遍地说,我们如何能从有限的证据中做出合理的推论,得出因果律中包含的普遍主张?休谟似乎满足于承认,这样的理性证明是不存在的,而自休谟以来,经验主义哲学在解决这个问题的尝试中屡屡失败。应该指出的是,在归纳问题得不到解决的情况下,经验主义哲学无法为反事实(counterfactual)*、科学预测或科学知识在新技术(new technology)*中的应用提供合理的解释。

但是,经验主义因果观还面临着其他困难,现在通常被称为"覆盖律"的解释(也就是说,要解释的事件被一种将此类事件与另一类事件联系起来的律则所"覆盖")。其中最明显的一点是,事件之间可能会有规律地相互关联,而(从引发或使其发生的意义上来说)其中一个事件不是另一个的起因。这种关联可能是巧合,或者,更有可能的是,它们之间存在一些更复杂的因果关系(例如,它们都被一些迄今尚未发现的共同原因所影响)。一个相关的问题是,即使有证据表明两种现象之间存在直接的因果关系,也可能无法确定哪一种是原因,哪一种是结果。

经验主义因果观的另一个问题是,在我们体验自然的过程中,经常连结实际上是相当不寻常的。例如,春天气温升高时,种子通常会发芽,然而,这件事并不总是发生。经验主义哲学家对这类问题的反应是使解释更为复杂,为了将经常连结表述为普遍规律,可能必须规定若干条件（如充足的水分、日照的变化、种子过去曾暴露在零度以下等等）。在这些条件中，我们将哪一个称为原因，将取决于调查的背景，即那些可能被认为是给定的因素或背景条件。但是，应当指出，在拟定这一单独必要和共同充分条件清单的过程中，将涉及在许多研究领域不适用的实验方法（experimental method）*，包括社会科学（social science）*的大部分领域（许多人会对此有争论）。此处，在经验主义哲学的影响下工作的科学家们设计出了实验的替代品，通常涉及统计关系的分析。

经验主义因果观还面临的困难是，它不能充分代表科学家在寻找解释时做的一大部分重要工作。例如，观察到的控制种子发芽的规律可能只是科学探究种子发芽原因的起点。这项研究将使我们了解种子的内部结构、组织和细胞结构、调节生长激素分泌的遗传机制以及它们对细胞核的生物化学作用。现代科学中大多数伟大的概念创新——万有引力、原子理论、自然选择（natural selection）*、量子力学等等——都包含了对解释可观察到的规律的基本机制的假设。这些替代形式的因果解释已经在现实主义（realism）*中得到了探索。

在人文科学领域，这种经验论的哲学影响一直非常强大，特别是在英国和美国。由于实验方法缺乏普遍实用性，对因果关系的解释往往采取对大规模数据集进行统计分析的形式。虽然数据收集和分析的方法已经变得极为复杂，但可以说，通常涉及的因果关系概念仍然受到经验主义覆盖律模型的普遍限制。然而，这些方法也被一些人批评为不适合社会科学的特定主题。人类的社会行为是有目的，以目的为导向的。解释社会学（interpretive sociology）*和人类学（anthropology）*的各种传统，往往根植于德国的新康德主义

(neo-Kantianism)*，采用这种"目的论"(teleology)*的观点。在其更极端的形式中，解释主义否认因果解释的适用性，倾向于对社会交往采取解释性理解的方法。另见因果模型(causal modelling)*；传统主义(conventionalism)*；因变量(dependent variable)*；自变量(independent variable)*；解释(interpretation)*；现实主义(realism)*；序列分析(sequence analysis)*。

census 普查

指在某个时间点上，在已界定的范围之内，对具体类型的所有情况进行完整和个别的枚举，也指对某一社会实体或事件类型进行100%的统计，这与只包含一部分人口(population)*的抽样调查(sample survey)*形成了对比。普查可以是简单的人数调查，也可以是对群体中每个成员(至少在理论上可以成立)进行更复杂信息的收集。

为了实现这样的全面覆盖，全国普查通常需要强制进行，即规定参与和合作提供所需信息是人们的义务，因此，它是国家政府的专利。全国普查在近代才开始进行(第一次英国普查发生在1801年)。其他尝试进行普查的机构，例如对一个组织的所有成员进行普查，可能会获得高度的合作，但是由于没有任何参与的强制性，不太可能实现全面覆盖，因此会造成某种程度的无应答(non-response)*。

大多数国家每十年进行一次人口和住房普查，并强制参加，以确保总覆盖率和完整的人数统计。然后，必须从预测或抽样调查中推断出两次普查年之间年份的人口数据。有些国家还进行其他的全国普查，例如对就业(employment)*、商业活动或工业产出的普查。除了每隔十年，普查也可以每年或每隔一段时间进行一次，然而后勤和财政显然限制了它的次数。因此，近年来，有些国家在全国普查中应用抽样（sampling）*技术进行了一些试验。这意味着100%的计数仅用于查明所有相关案例，并且只对所有案例中的特定比例进行问卷调查。

central business district（CBD）中心商业区

参见同心圆理论（concentric zone theory）*。

central tendency（measures of）集中趋势（测度）

这是一种统计术语，被用于计算频数分布（frequency distribution）*的典型值。它通常指代一组数据的平均水平，有三种不同的度量值：平均数（average）*、中值（median）*和众数。其中，平均数最广为人知，可以通过将一组测量值中的所有单个值相加，然后将总和除以该组的个体总数来获得。平均数是多数人在谈及"平均水平"时想到的对集中趋势的度量方法。然而，如果一个特定的分布是高度偏斜的（也就是说，在序列的某一端有数个极值），那么计算中位数会更有意义。它是一组数据的中间值，大于50%的个体值，同时小于另50%的个体值。测量集中趋势的第三种方式是计算众数，它被用于描述非数字变量（例如投票意图）中出现最频繁的类别，其使用频率低于平均数和中位数。另见偏度（skewness）*。

centre-periphery model 中心-边缘模型

中心-边缘（或核心-边缘）模型是一种空间隐喻，它描述并尝试解释发达大都市的"中心"与欠发达（underdevelopment）*的"边缘"

之间的结构关系。该模型发生在一个特定国家内,或(更普遍地)适用于描述资本主义社会和发展中社会之间的关系。前一种用法在政治地理学、政治社会学(political sociology)*和劳动力市场(labour market)*研究中很常见,一个有影响力的早期案例是阿尔弗雷德·韦伯(Alfred Weber)*关于工业区位的著作《工业区位理论》(Theory of the Location of Industries, 1909)。

然而,在社会学中,中心-边缘模型最有可能出现在对经济不发达和依赖性的研究中,并且倾向于借鉴马克思主义(Marxism)*的分析传统。在这种环境中使用中心-边缘模型的假设是,世界生产和分配系统是分析的单位。它还假定,欠发达不是一个简单的描述性术语,以指代落后的传统经济,而是一个植根于帝国主义(imperialism)*一般理论的概念。

根据中心-边缘模型,欠发达并不是传统主义(conventionalism)*坚持的结果,它是作为中心资本主义国家中资本主义发展及其在世界范围内持续再生产的必要特征而产生的。这一理论假定资本主义国家有一个核心,其中的经济由市场调节决定,资本有很高的有机构成,工资水平也相对较高。另一方面,在边缘国家中,资本的有机构成较低,工资水平不能满足劳动力再生产的成本。事实上,劳动力再生产的成本可能得到非资本主义经济体的补贴,特别是农村自给性生产。同样地,在边缘经济体中,生产和分配可能主要由非市场调节,例如亲属关系(kinship)*或庇护关系(patron-client relationship)*所决定。

因此,中心-边缘模型表明,全球经济的特征是,各经济中心之间存在一种结构性关系,这些经济中心利用军事、政治和贸易力量,从次级边缘国家获取经济盈余。该现象发生的一个主要原因是核心地区和边缘地区工资水平的不平等(inequality)*,这使得资本主义企业将部分或全部生产放在不发达地区,以获取利润,利润来源于非资本主义部门劳动力再生产的成本,而不是资本主义部门的工资。中心-边缘模式的支持者认为,资本主义通过将企业设在不发达地区来帮助发展传统和落后的社会,该现象掩盖了资本通过牺牲非资本主义经济体(或使其逐渐不发达)来实现发展和繁荣的结构性关系。

中心-边缘模式主要引发了两种讨论。第一个论题与一种生产模式理论有关,该理论根据不同经济形式在生产和分配之间的特征性关系来概念化它们;另一个论题则试图考察不同生产方式(mode of production)*的衔接,从而梳理出中心和边缘地区之间的确切联系。中心-边缘模型也牵涉到各种类型的世界体系理论(world-system)*。参见A. G. 弗兰克(A. G. Frank)的《累积依赖》(*Dependent Accumulation*, 1978)以及S. 阿明(S. Amin)的《不平等的发展》(*Unequal Development*, 1976)。另见经济二元论(economic dualism)*;新殖民主义(neo-colonialism)*。

change(social change)变迁(社会变迁)

这是社会学的核心问题之一。变迁理论认为,历史并不应该被简单地视为一系列单独的事件(正如某些叙事性作品所描绘的那样),而是一个结构化的过程。在这个过程中,可能会沿着一个特定的方向或趋势。

19世纪中叶,社会学分析开始了第一次尝试,它需要解释席卷欧洲的两大变迁浪潮,即工业化(industrialization)*,以及由美国和法国革命唤醒的民主和人权运动浪潮。奥古斯特·孔德(Auguste

Comte)*在他的社会动力学理论中提出,社会是通过一系列可预测的步骤进行变迁的,这些变迁的基础是人类知识的发展。赫伯特·斯宾塞(Herbert Spencer)*提出了一种基于人口增长和结构分化(structural differentiation)*的进化论(evolutionary theory)*。卡尔·马克思(Karl Marx)*则认为,最重大的社会变迁在本质上是革命性的,它由经济阶级之间的霸权斗争所引发。19世纪的社会变迁理论总体趋向于历史主义(historicism)*和乌托邦主义(utopianism)*。

此后,社会变迁理论激增,变得更加复杂,但从未完全超越这些早期的构想。在现代世界中,我们认识到社会从来都不是静止的,社会、政治和文化的变化在不断发生。变迁可以由政府通过立法或行政行动(例如为同工同酬立法或宣战)引起,由社会运动(social movements)*(例如工联主义[syndicalism]*和女性主义[feminism]*)组织的公民引起,也可以由从一个地区到另一个地区的文化传播(例如军事征服、移民和殖民主义[colonialism]*)引起。变迁还会因为技术(例如汽车、抗生素、电视和计算机的发明)或环境因素(例如干旱、饥荒和经济或政治优势的国际转移)的有意或无意的影响而发生。

如今,社会变迁理论包括非常广泛的现象,包括短期和长期、大规模和小规模的变迁,以及从全球社会到家庭的各种变化,东欧和苏联在20世纪90年代初发生的巨大结构和经济变迁只是这个领域的一部分。社会学家还对影响规范(norm)*、价值(value)*、行为、文化意义和社会关系的变迁感兴趣。

社会变迁领域的一个主要理论是功能主义(functionalism)*,它与塔尔科特·帕森斯(Talcott Parsons)*和威尔伯特·E.摩尔(Wilbert E. Moore)密切相关。如果社会被看作是一个复杂的、相互联系的功能模式，那么变迁可以被解释为社会不断寻求均衡的附带现象，例如，大规模失业可能产生福利制度，种族冲突可能产生立法行动。任何特定社会变迁的后果都是无穷无尽、不可预测的，但所有这些都可以理解为对社会有机体内某些不平衡或失调现象的社会调整。

在美国社会学家尼尔·J. 斯梅尔瑟（Neil J. Smelser）的著作中，有功能主义者对变迁的结构性决定因素的系统性阐释。他的著作《工业革命中的社会变迁》（*Social Change in the Industrial Revolution*, 1959）分析了19世纪英国工业化的进程中，棉花产业的增长和组织与家庭结构之间的相互关系。他还以工业和家庭应对变迁动力的方式为角度，解释了社会系统（social system）*的分化。在随后的著作，例如《集体行为理论》（*Theory of Collective Behaviour*, 1963）中，斯梅尔策完善了这个模型，并将其应用于对各类集体行为的研究。对此的优秀总结可以在他的文章《走向社会变迁的一般理论》（*Essays in Sociological Explanation*, 1968）中找到。在近期的著作《社会瘫痪与社会变迁》（*Social Paralysis and Social Change*, 1991）中，他将自己的社会变迁理论应用于对英国工人阶级的教育进行研究。

尽管与功能主义共享重要的基本假设，马克思主义（Marxism）*和冲突论（conflict theory）*传统沿着与它不同的路线进行发展。它们更强调人类通过政治行动积极影响自身命运的能力，并将群体冲突与结构性矛盾联系起来。一般来说，冲突论将社会变迁解释为阶级（class）*、种族（race）*或其他群体之间争夺利益（interests）*，而不是寻求共识的结果。丹尼尔·贝尔（Daniel Bell）的《资本主义文化矛盾》（*Cultural Contradictions of Capitalism*, 1976）给出了一个有趣的冲突视角的例子，他认为现代世界的变迁是由社会现实中三个"领域"之间的紧张关系引起的,这三个领域根据不同的原则运作并朝着不同的目标——技术经济结构(科学、工业和经济),政治制度和文化——前进。贝尔表明,变迁往往是不均衡和局部的。一个例子是所谓的文化滞后(cultural lag)*,即文化的发展与技术、政治或经济的发展不同步。

社会变迁实证研究中的困难并不容易被克服。历史数据总是不完整或有偏见的,对正在发生的变化进行长期研究昂贵且艰难。官方统计数据(official statistics)*、文献资料、重复调查和面板研究(panel study)*都是社会变迁学者必须使用的工具。安东尼·史密斯(Anthony Smith)的《社会变迁的概念》(The Concept of Social Change, 1973)和彼得·什托姆普卡(Piotr Sztompka)的《社会变迁的社会学》(The Sociology of Social Change, 1994)对整个社会变迁领域进行了详尽的论述。

19世纪的变迁与道德进步构成的等式已经不再被广泛接受。变迁可能是倒退的,或是破坏性的,抑或与文化滞后相混淆。社会学家能在多大程度上解释或预测社会变迁,以及社会能因此在多大程度上启动或控制变迁,使它朝着理想的或任意的方向前进,仍然是一个悬而未决的问题。

charisma 卡里斯玛

马克斯·韦伯(Max Weber)*在其著名的权威形式类型学(或"非强制性服从")中,将传统型、卡里斯玛型和法理型的权威形式区分开来。传统型权威的领导者会表达传统理念,或担任在传统上被认可的职位。相比之下,卡里斯玛型权威则打破传统,只依赖于对领导者本人的支持。韦伯将卡里斯玛定义为"个人人格的某种特质,凭借这种特质,他被区别于普通人,并被认为具有超自然的、超人的,或者至少是特别特殊的力量或品质。这些特质是普通人无法接触到的,它们被认为是神圣的(sacred)*起源或典范,在此基础上,有关的个人被视为领导者"(《经济与社会》Economy and Society,1920)。在韦伯看来,之前的大多数社会都以传统型权威结构为特征,而卡里斯玛则会周期性地打破这种结构。在拥有法理型权威的现代社会中,韦伯将卡里斯玛的煽动视为对抗官僚主义僵化的主要力量。因此,卡里斯玛是不寻常的(在日常生活之外的)、自发的(与既定的社会形式形成对比),并创造新的运动和新的结构。卡里斯玛是不稳定和创新的源泉,是推动社会变迁(social change)*的力量。虽然被赋予了实际的人,但卡里斯玛型的领导方式会把神圣的特质传达给旁观者,而追随者则通过认识到他们的职责是为领导者服务来回应。卡里斯玛与现存的社会制度(social institution)*格格不入。正如韦伯所说,"事实上,每一个卡里斯玛型权威都会同意这个命题,'它是这样写的……但是我告诉你们……'"。这个概念在宗教和政治社会学中都被广泛使用,关于"卡里斯玛型领导"的文章(R.本迪克斯[R. Bendix]和G.罗思[G. Roth]合编的《治学与结党》Scholarship and Partisanship,1971)中有对此的案例研究。典型的卡里斯玛型人物包括耶稣基督(Jesus Christ)和阿道夫·希特勒(Adolf Hitler)。虽然这一概念意在强调领导者和追随者关系的某些方面,但它也倾向于指出后者行为中的非理性因素,并因此受到了一些批评。参见R.本迪克斯的《马克斯·韦伯》(Max Weber,1960)。

卡里斯玛现象是暂时的、不稳定的。在短期内,领导者会改变自身的想法,这可能是被"被圣灵打动"的反应;而从长远来看,他/她必然会死去。因此，在新领导者的一生中，卡里斯玛型权威通常被"常规化"，他／她会被一个拥有法理权威的科层制（bureaucracy）*所接替。或者，权威将回归传统型制度化结构，此时卡里斯玛的推动力已经融入其中。参见A. 布里曼（A. Bryman）的《组织中的卡里斯玛与领导权》（Charisma and Leadership in Organizations, 1992）。

chattel slavery 奴役制

参见奴隶制（slavery）*。

Chicago sociology（Chicago School）芝加哥社会学（芝加哥学派）

这是一种在20世纪前40年与芝加哥大学紧密相连的社会学传统，并在这个时期主导着北美社会学。第一个社会学系于1892年由阿尔比恩·斯莫尔（Albion Small）*建立，第一种刊登社会学领域文章的期刊——《美国社会学杂志》（American Journal of Sociology）——于1895年创办，美国社会学协会于1905年成立，第一本教材于1921年由罗伯特·帕克（Robert Park）*和欧内斯特·伯吉斯（Ernest Burgess）*所著、收录在《社会学概论》（Introduction to the Science of Sociology）中，以及一个庞大研究生院和一系列重要研究专著的出现都与之相关。这些事实中的大部分都被编入了关于芝加哥学派的历史文献之中。其中的优秀作品，参见R. E. L. 法里（R. E. L. Faris）的《芝加哥社会学》（Chicago Sociology, 1967）；M. 布鲁默（M. Bulmer）的《芝加哥学派社会学》（The Chicago School of Sociology, 1984）；A. 阿伯特（A. Abbott）的《学系与学科》（Department and Discipline, 1999）。

这一传统深受哲学实用主义（pragmatism）*、对经验的直接观察和对城市社会进程分析的影响。它也最常与这三个主题联系在一起。

首先,也是最广为人知的,芝加哥社会学坚定地致力于直接的田野调查(fieldwork)*和实证研究。与许多早期北美社会学家,尤其是社会达尔文主义者的一些更抽象、更理论化的倾向不同,罗伯特·帕克告诉他的学生们:"去豪华酒店的休息室和小旅馆的门前坐一坐,去黄金海岸的长椅和贫民窟的地铺上坐一坐,去管弦乐厅和滑稽剧的剧场里坐一坐。简而言之,在真正的研究中,得把你的裤子坐脏。"这样的指导不仅启发了大量的如今已成为经典的社会学实证研究,比如弗雷德里克·思拉舍(Frederic Thrasher)的《黑帮》(*The Gang*, 1927)、克利福德·肖(Clifford Shaw)*的《盗匪》(*The Jack Roller*, 1930)、内尔斯·安德森(Nels Anderson)的《流浪汉》(*The Hobo*, 1923)和哈维·佐尔博(Harvey Zorbaugh)的《黄金海岸与贫民窟》(*Gold Coast and the Slum*, 1929),而且也启发了众多的研究方法(research methods)*实验。特别值得注意的是参与式观察(participant observation)*和个案研究(case study)*方法的发展。

然而,仅仅把芝加哥视为定性方法的发源地是错误的,因为那里的社会学家还率先使用了社会调查(social survey)*和基于社区(community)*的统计研究,对社会区域进行了定量绘图,并创建了当地社区的事实手册。简而言之,芝加哥也发展出一种强有力的定量方法传统,尤其与威廉·奥格本(William Ogburn)*有关。芝加哥社会学也不是非理论性的。埃弗里特·C. 休斯(Everett C. Hughes)是芝加哥学派的主要成员,也是20世纪40年代职业社会学的先驱,他将外显理论引入后来的芝加哥社会学。休斯本人也撰写了几篇经典文章,关于工作对个人的主观影响,以及在工作场所追求地位和收入的策略，例如他与海伦·麦吉尔·休斯（Helen McGill Hughes）合著的《男人和他们的工作》（*Men and their Work*, 1958）。

芝加哥社会学的第二个核心主题是它对城市的研究。芝加哥是20世纪初北美发展最快的城市之一，伴随着移民（immigration）*、不良行为（delinquency）*、犯罪（crime）*以及各种社会问题（social problems）*，对这座城市的社会学研究也应运而生。大部分城市社会学（urban sociology）*都起源于这个传统，既通过绘制城市区域的地图（从内城区到外部通勤带，形成一系列以同心圆形式排列的区域）来描述城市，也从理论上解释城市增长和变化的动态。其中的城市生态学与环境决定论切相关，参见环境社会学（environment, sociology of）*。

芝加哥社会学的第三个主题是一种独特的社会心理学（social psychology）*形式，部分来源于与之合作的哲学系，特别是乔治·赫伯特·米德（George Herbert Mead）*的作品。这是一种专注于自我（self）*的创造和组织的传统，后来因为赫伯特·布鲁默（Herbert Blumer）*的作品而被命名为符号互动论（symbolic interactionism）*。另见形式主义（formalism）*；爱德华·富兰克林·弗雷泽（Frazier, Edward Franklin）*；序列分析（sequence analysis）*；城市生态学（urban ecology）*。

child abuse 儿童虐待

在最普遍的意义上说，儿童虐待指的是一个或多个成年人对儿童的虐待或伤害。这种虐待可以是身体的、情感的、性的，或者是三者的结合。它可能是由一个人或多个人、在一个家庭的内部或外部、公开或私下实施的。人们普遍认为，儿童虐待会对受害者造成（通常是）严重的情感和心理伤害，由于施虐者一般强制要求受害者保密，这种伤害有时会被隐藏多年。从广义上讲，它指向不同年龄群体之间的权力（power）*滥用。历史证据清楚地表明，尽管人们对它的定义各不相同，各种形式的儿童虐待已经存在了几个世纪。50年前被认为是严格纪律的行为，在今天却被看作是一种虐待。

将儿童的身体虐待——虐待儿童或"虐婴"——与儿童性侵害区分开来是很有用的。20世纪60年代，虐待婴儿成为人们普遍关注的问题，并成为道德恐慌（moral panic）*的根源。美国社会学家罗斯·S.肯普（R. Kempe）和C.亨利·肯普（C. Kempe）对此进行了讨论（参见《儿童虐待》Child Abuse, 1983），他们认为这是"功能失调"的家庭的表现。后来的调查发现，虐待婴儿以及家庭内部普遍存在的身体暴力与家庭生活的贫困有着密切联系，但也有些人认为中产阶级家庭也存在家庭暴力（demestic violence）*现象，只是更隐蔽而已。1973年英国婴儿玛丽亚·科尔威尔（Maria Colwell）、1984年茉莉·贝克福德（Jasmine Beckford）、2000年维多利亚·克莱佩（Victoria Climbié）和2007年彼得·康纳利（Peter Connelly，简称"婴儿P"）的死亡引起了公众的强烈抗议，并引发了什么是社会工作者对家庭的适当干预的争议性话题，参见社会工作（social work）*。

跟似乎与阶级有关的虐婴不同，有关儿童性侵害的证据表明，它发生在所有的社会阶层。大多数受害者是女孩，也包括一部分男孩；大多数施暴者是男性，也有证据表明，有极少数女性性侵儿童。众所周知，收集有关儿童性侵的可靠数据非常困难，尤其是在大部分专家都认为绝大多数案例从未被报告的情况下。据估计，所有儿童中有10%至90%曾遭受某种形式的性侵害。研究人员面临的一个问题是，"性侵害"没有单一的法律范畴，它包括强奸、鸡奸、与未成年人的非法性交和乱伦（被狭义地定义为父亲与孩子的完整性交）。许多争论集中于到底是什么构成了性侵害，以及是否可以相信儿童说出的真相，特别是在法庭上。

这些问题在1987年英国克利夫兰的一场危机中突显出来，当时的一名儿科医生报告称有200多名儿童遭到性侵害，但当地警方不愿意接受这种可能性，拒绝根据医生提供的证据采取行动。虽然后来判定有些儿童被误诊，但是证据表明大多数儿童确实受到了侵害。然而，当时受到批评的是儿科医生和社会工作者，而不是施暴者。这一事件引发了广泛的公众讨论，话题涉及家庭在养育子女方面的作用、家庭中隐私和权力关系的性质以及儿童与父母之间权利的平衡。有关儿童作为父母的财产、男性暴力和某些权力关系的性本质问题的讨论较少，但是它们也同样重要。参见B. 坎贝尔（B. Campbell）的《私人秘密——儿童性侵害：以克利夫兰为例》（*Unofficial Secrets—Child Sexual Abuse: The Cleveland Case*, 1988）。

关于儿童性侵害有三种主要的理论模式。心理模式主要关注男性犯罪者，认为犯罪者患有人格障碍，却无视受害者和侵害发生的社会背景。相比之下，家庭系统模式将家庭视为一个单一的实体，而不是关注其中的个人或特定家庭成员的经历。发生侵害的家庭被视为"功能失调"，这种观点预设了一个"正常"的家庭，并含蓄地将看起来不正常的家庭标记为病态或异常。女性主义模式将性侵害视为男性支配妇女和儿童的更广泛权力体系的一个方面，与男性暴力密不可分。这种模式承认普遍的不平等，特别是不同年龄群体之间的权力滥用，并以不同形式的干预为前提，但是并没有对少数侵害儿童的妇女提供任何明确的解决方法。

N. 帕顿（N. Parton）的《儿童虐待的政治》（*The Politics of Child Abuse*, 1985）、D. 吉廷斯（D. Gittins）的《问题家庭》（*The Family in Question*, 第二版, 1993）和《问题儿童》（*The Child in Question*, 1997）、S. 斯科特（S. Scott）的《习惯性虐待的政治与经验》（*The Politics and Experience of Ritual Abuse*, 2001）等著作中有关于儿童虐待的详细描述，这些学者将这一现象置于更广泛的社会政治背景之中。

Childe, Vere Gordon 维尔·戈登·柴尔德（1892—1957）

柴尔德生于澳大利亚，曾任爱丁堡大学和伦敦大学教授，是20世纪中叶考古学的代表人物。柴尔德是著名的马克思主义者，强调经济的重要性，尽管如此，他也强调社会和文化而不是文物的重要性。他使得考古学广为人知，尤其是其有关人类史前史的比较记述佳作，例如《人类创造了自身》（*Man Makes Himself*, 1956）。

childhood 童年

"孩子"一词可以用来指称后代，也可以指在社会中没有像成年人那样具有完全经济和法律地位的人。后者正在经历的与其年龄相关的时期称为童年。

童年不只是生物上不成熟的阶段，也意味着不同社会不同历史时期的多重社会建构。法国历史学家菲利浦·阿利埃斯（Phillipe Ariés）（《儿童的世纪》*Centuries of Childhood*, 1962）曾首次指出现代西方童年的独特方式在于它将儿童与成年世界"隔离"，因此童年与玩耍和教育而非工作和经济责任相关。其他学者指出，即使有相反的实证证据，但是童年仍被建构为儿童在政治、智识、性别或经济上是无能的。

这种建构隐含着儿童必须在家庭中被保护（主要是被女性），而这恰恰可以服务于资本主义国家以最低成本达到劳动力（labour power）*的再生产和社会化（socialization）*的需要。儿童也给国家机构提供了借口以干预不规范的家庭，一旦家庭单位不遵守某种规范，国家便对他们进行干预或者解散。

童年社会学的研究显示这个词在西方社会的建构中是非常有力的象征，该术语的含糊性使得它更具有象征性功能。一方面，儿童是父母珍贵的财产；另一方面，他们是社会的耗费和负担（尤其对于女性而言）。20 世纪 80 年代，通过儿童虐待（child abuse）*的"发现"以及联合国《儿童权利公约》的发展，在社会学中出现了一种新的方法来挑战童年期的普遍意象，即强调儿童的权利、优势和能力。

由于各种原因，童年一直是精神分析（psychoanalysis）*、语言学（linguistics）*、教育社会学（education, sociology of）*以及社会化和性别研究的主要分析对象。有关该领域的概述，请参见艾里森·詹姆斯（Allison James）和艾伦·普劳特（Alan Prout）合编的《建构与重构童年》（Constructing and Reconstructing Childhood, 1990）。

Chiliasm 锡利亚主义

基督将在世上统治一千年的学说或信仰。在基督教教会的历史中，有许多信徒教派和教派运动的例子。例如，在中世纪，由波西米亚神父马丁·赫斯卡（Martin Huska）领导的塔博尔派（Taborites）宣告了即将到来的大灾难，随后是基督的降临统治地球的新时代（参见 H. 卡明斯基 [H. Kaminsky] 的《锡利亚主义和胡斯革命》Chiliasm and the Hussite Revolution, 载于《教堂历史》Church History, 1957）。锡利亚主义是千禧年主义(millenarianism)*的一种特殊形式,它们具有许多相同特征。因此,在期待"耶稣再临"的过程中,信徒社区倾向于脱离大的社会秩序(social order)*,不仅在精神上而且在身体上也脱离了社会,他们常常以集体解放的状态生活(就像塔博尔教徒一样)——没有传统的权威、规范或法律约束,回避家庭和住所,将物质财产移交给共同基金。

Christianity 基督教

作为以耶稣基督为创始人的世界宗教,最初是犹太教(Judaism)*在罗马占领期间耶路撒冷兴起的一种社会运动(social movements)*。随着70年耶路撒冷的毁灭,基督教逐渐成为非犹太人的宗教,部分原因是使徒保罗传教并建立了非犹太人的教堂。在罗马,尤其在尼禄统治下,这些基督教团体成为政治镇压的对象。这场迫害导致了殉教和封圣制度的建立。尽管基督教在下层阶级中传开,但它最终赢得了权力阶层的青睐,313年,君士坦丁将其确立为罗马帝国的宗教。因此,卡尔·考茨基(Karl Kautsky)*(《基督教之基础:基督教起源研究》*Foundations of Christianity: A Study of Christian Origins*, 1908)认为,早期的基督教是有限制条件的无产阶级宗教。

基督教以信仰全能和负责创造万物的上帝为基础。尽管人类有罪从恩典中堕落了,但上帝的怜悯使救世主耶稣基督得以赎罪,这使得人的救赎成为可能。因此,基督徒认为,相信基督是上帝的儿子,可以确保永远得救。但是,基督教没有单个组织结构,至11世纪,西方正教与东方正教之间有了明显分歧。罗马主教成为西方基督教的教皇,罗马天主教会通过修道院的教育功能对西方文化产生了重大影响。由于16世纪和17世纪的新教改革,教会发生了较大分歧。因此,当代基督教是一种极为多样化的信仰体系,体现了各种各样的教义,不仅强调信仰,也强调各种善举。伊莱恩·佩吉斯(Elaine Pagels)的著作《诺斯替福音》(The Gnostic Gospels, 1979)引人入胜地描绘了基督教教会的教义和组织的历史沿革。

很多宗教社会学(religion, sociology of)*的问题都与基督教信仰的社会后果有关。马克斯·韦伯(Max Weber)*的新教伦理(protestant ethic)*是最著名的一个例子。关于基督教对西方文明的整体影响,如在促进民主或科学创新方面,以及当代基督教的世俗化(secularization)*上也存在许多争论。另见锡利亚主义(chiliasm)*;教会(church)*;宗教社会学(religion, sociology of)*;教派(sect)*。

chromosomes 染色体

一个生物学术语,指人类细胞中的信息单位。人类和其他复杂动植物的体细胞核含有若干成对的线状结构,称为染色体。染色体携带基因(gene)*,基因是物质遗传的基本单位,以线性顺序排列。来自两个亲本中每个亲本的特定染色体的遗传,确保了遗传物质在后代中的持续重新分配。这是作为物种生物进化因素的遗传变异的基础。

church 教会

教会是围绕着宗教信仰组织而成的任何形式的团体,该词也可用于指代举行宗教活动的建筑,即教堂。有时采取"教堂会众"一词表达更具体的含义。该词指的是有神职人员(clergy)*、圣礼和正式礼拜仪式的、大型的、官僚和等级制的宗教组织。非信徒不一定被鼓励参与,尤其对于礼拜来说。教堂会众围绕一个正统的教义而组织,主张对其管辖下的所有人具有精神上的权威。出生在教会的个人通过婴儿洗礼等仪式成为永久成员。教堂会众适应现存的社会安排,并认为国家(state)*是对社会进行政治控制的必要方面。作为理想类型(ideal type)*的教堂会众或教会通常与教派(sect)*、异教(cult)*和宗派(denomination)*进行对比。

circulation mobility 循环流动

参见社会流动(mobility, social)*。

circulation of elites 精英循环

参见精英(elite)*。

citizenship 公民身份

在政治和法律理论中,公民身份指民族国家或城市的成员的权利与义务。在某些历史语境下,公民是城市的任一成员,城市是对君主或国家的要求有相对豁免权的城市集体。在古典希腊,公民身份仅限于自由人,即通过兵役等途径为城邦做出贡献因而有权参加政治辩论的人。许多人提出,公民身份在民主化中得到扩展,涵盖了对公民的不限性别、年龄、种族的更宽泛定义。在现代国家的语境下,尤其在法国和美国革命期间,公民身份这一概念得到复兴,相较于义务来说逐渐被更多地理解为权利。

在社会学中,近期的公民身份理论来自T. H. 马歇尔(T. H. Marshall)*的启发,他将公民身份定义为共同体的正式成员拥有的身份。公民身份包含三个组成部分：公民的、政治的和社会的。公民的权利是个人自由所必需的，体现在法律制度中。政治的公民权利（civil rights）*通过投票或担任政治职务，保证了在共同体中参与行使政治权力的权利。社会的公民权是获得适当生活标准的权利，体现在现代社会的福利和教育体系中。T. H. 马歇尔理论的重要特征是这一观点，即公民身份的原则与资本主义市场运作之间存在着永久的张力或矛盾。资本主义（capitalism）*不可避免地涉及社会阶级（social class）*之间的不平等（inequality）*，而公民身份则由于全体同样的享有权利，所以涉及资源的重新分配。

T. H. 马歇尔的理论引起了很多争议。批评者指出，它只是对英国经验的描述，不是对公民身份的比较分析；它对公民身份不可避免的扩展具有进化论（evolutionary theory）*和目的论（teleology）*的视角，并且未考察破坏公民身份的社会过程；它未处理公民身份方面的性别差异；它未处理其他类型的公民身份，例如经济的公民身份；公民身份扩展的原因尚不清晰。一些社会学家认为，如果 T. H. 马歇尔对原始理论做出改进，则可以应对这些批评。M. 布鲁默（M. Bulmer）与 A. M. 里斯（A. M. Rees）编著的《当今的公民身份：T. H. 马歇尔的当代意义》（Citizenship Today: The Contemporary Relevance of T. H. Marshall, 1996）收录的论文反映了这一持续的讨论。

在不同社会中，公民身份的传统有很大差异。积极的公民身份，以通过社会斗争获得权利为基础，与国家向下交予的消极公民身份有很大差异。（见 R. 本迪克斯［R. Bendix］的《国家建设与公民身份》Nation-Building and Citizenship, 1964）。对于如何理解公民概念中公共和私人领域的结构，也有非常不同的理论取向。对塔尔科特·帕森斯(Talcott Parsons)*而言,公民身份的增长是社会现代化的一种衡量标准,因为其基础是普遍主义和成就的价值。这些不同的理论传统主要来源于两种相反的公民身份观:或是被视为资产阶级自由主义的一个方面,这时它以保守视角看待社会参与,或被视为激进民主政治的一个特征;或被认为仅是对资本主义的改良,或被视为民主的基础。最近,社会学家超越了这些民主(democracy)*、自由主义(liberalism)*、市民社会(civil society)*的传统理论,针对个人、共同体与国家之间变化的关系提出问题,例如在世界上民族国家日益受到超国家的机构的影响时,全球化(globalization)*是否会以真正普遍的人权观念取代国家公民身份。对此问题及相关问题的推论,可参见布莱恩·S.特纳(Bryan S. Turner)编的《公民身份与社会理论》(*Citizenship and Social Theory*, 1993)。杰克·巴巴莱特(Jack Barbalet)的《公民身份》(*Citizenship*, 1988)是对围绕这一概念的文献(现今更为广泛)的优秀讨论。另见工业民主(industrial democracy)*。

city, sociology of the 城市的社会学

参见城市社会学(urban sociology)*。

civic nationalism 公民民族主义

参见民族主义(nationalism)*。

civil disobedience 公民不服从

为了通过非暴力的途径改变政府政策,共同体的全部或一部分拒绝缴税或拒绝遵守法律法规。一个突出的例子是印度甘地主义者对英

国统治的抗议。更近期的例子是，许多英国选民拒绝支付社区税（或所谓人头税）来资助地方政府的支出，成功迫使了税收制度的改变。但更普遍的是，公民不服从逐渐变化为其他形式（有时为暴力的）的集体抗议（例如暴乱[riots]*），因此这一现象的确切界限可能难以确定。原计划对特定税收的和平抗议可能（无论出于何种原因）演变成暴力事件；实际上，往往出于国家的利益（interests）*，这类活动被精确地贴上这种标签以败坏参与者的名声。另见消极抵抗（passive resistance）*。

civilizing process 文明进程

参见诺伯特·埃利亚斯（Elias, Norbert）*。

civil liberties 公民自由

参见公民权利（civil rights）*。

civil religion（civil religion thesis）公民宗教（公民宗教论题）

20世纪60年代，一系列社会学家（包括塔尔科特·帕森斯[Talcott Parsons]*、爱德华·希尔斯[Edward Shils]、罗伯特·贝拉[Robert Bellah]）将公民宗教与基于教会的制度性宗教区别开来，指出在当代美国等社会中，为特定的制度安排和历史事件赋予了神圣品质。因此，在美国这一例子中，来自欧洲的大量移民可类比为犹太人出埃及，而南北战争是对旧时罪恶的赎罪和浴血重生。因此，美国公民宗教的主题是美国人作为新的上帝选民。例如，参见罗伯特·贝拉的《公民宗教在美国》（Civil Religion in America）；W. G. 麦克洛格林（W. G. McLoughlin）和罗伯特·贝拉编的《美国的宗教》（Religion in America，

1968）。类似地,爱德华·希尔斯和迈克尔·杨(Michael Young)关于英国君主制的著名(且受到批评的)文章指出,他们主张的是加冕典礼中那些表面世俗的仪式的宗教面向(《加冕典礼的意义》The Meaning of the Coronation,载于《社会学评论》Sociological Review, 1953)。在这些"公民宗教论题"及其他变体背后的基本思想是,在制度性宗教方面逐渐世俗化(secularization)*的发达工业社会中,公民宗教(例如对国家[state]*或市民社会[civil society]*的庆祝)如今提供了同样的规定社会整体价值、提供社会凝聚力和促进情感表达的功能。换言之,公民宗教提供了制度性宗教的"功能相同"或"功能替代",因为其满足了社会系统(social system)*内同样的需求。上述两种论点(具体关于公民宗教的和整体式上关于功能替代的)都受到对作为整体的规范功能主义(normative functionalism)*的指控,罪名包括进化论(evolutionary theory)*、目的论(teleology)*、同义反复(tautology)*与经验上的不可验证性。另见世俗化(secularization)*。

civil rights 公民权利

这些权利被认为属于社会中的所有个人,可通过诉诸法律予以维护,任何个人或国家都不能任意拒绝。这些权利通常是为了保护个人免受国家的侵害而辩护,并受到明确的限制,这些限制是根据他人权利或公共利益(common good)*而确定的。

权利为公民而体现,尽管这一观念在法律原理中并不新鲜,但它作为民权运动的一个结果,在20世纪拥有了新的含义。通常认为,公民权利的独特现代形式起源于美国内战,此后奴隶获得了自由的权利。公民权利体现在20世纪后期的民权立法中,例如美国1964年

《民权法案》(1964 Civil Rights Act)。M. 伯格(M. Berger)的《依法平等》(Equality by Statute, 1978)讨论了该立法的历史。另见公民身份(citizenship)*；市民社会(civil society)*。

civil society 市民社会

这一概念涉及几种相互竞争的定义。但是，此概念的关键属性有：它指的是公共生活，而非私人或家庭活动；它与家庭和国家并列；它在法律统治的框架内存在。大多数政府似乎都预设了在志愿协会、大众媒体、专业协会和工会(trade union)*中的公众参与领域。

对某些思想家(如黑格尔[Hegel])*而言，在个人(或家庭)和国家之间的市民社会是一个暂时现象，在特殊和普遍的利益相结合时会被超越。对于另一些人而言，市民社会是与国家相抗衡的特殊领域，对安东尼奥·葛兰西(Antonio Gramsci)*而言，市民社会是对阶级霸权的捍卫，且最终(虽然并不明确)支持的是国家。更新近的对市民社会一词的用法，吸取自东欧共产主义(communism)*崩溃的经验，以及"中观"层次社会关系在家庭私人领域和国家总体领域之间利益表达中的明显萎缩或不存在。

市民社会常被视为是有活力的，并与社会运动(social movements)*有关。它也可被视为公民身份(citizenship)*具有活力的一面，将权利和义务实现结合，并在市民社会的层面对其实践、检查、改进和重新定义。因此，作为一项基本公民权利的言论自由，受到出版商、新闻工作者和广大读者的文化和组织的影响，既取决于其合法化方式，又取决于其范围与强度。关于该主题的一部优秀文集为Z. A. 佩尔兹恩斯基(Z. A. Pelczynski)的《国家与市民社会》(The State and

Civil Society，1984）。J. 基恩（J. Keane）的《全球市民社会》（Global Civil Society，2003）在超越国界的层面上对其进行了探讨。

clan 氏族

氏族是单系亲属团体，通常实行外婚制（exogamy）*，声称是共同祖先的后裔，并通常有代表性图腾。氏族是母系还是父系，取决于血统按女性还是男性来追溯。氏族通常被划分为世系（lineage）*，家系是具有共同祖先的后裔分支。关于氏族的经典作品包括 A. L. 克罗伯（A. L. Kroeber）的《祖尼亲属与氏族》（Zuni Kin and Clan，1917）、雷蒙德·弗斯（Raymond Firth）的《我们，提科比亚人》（We, the Tikopia，1936）和埃文斯-普里查德的（Evans-Pritchard）*《努尔人》（The Nuer，1940）。另见胞族（phratry）*。

class 阶级

参见资产阶级（bourgeoisie）*；阶级意识（class awareness）*；阶级意识（class consciousness）*；阶级形象（class imagery）*；阶级利益（class interest）*；阶级地位（class position）*；阶级状况（class situation）*；矛盾的阶级位置（contradictory class location）*；虚假意识（false consciousness）*；住房阶层（housing class）*；卡尔·马克思（Marx, Karl）*；中产阶级（middle class）*；小资产阶级（petite bourgeoisie）*；无产阶级（proletariat）*；地位（status）*；分层（stratification）*；社会底层（underclass）*；工人阶级（working class）*。

class awareness 阶级意识

该术语在大体上与"阶级认同"同义，指的是公众意识中对社会阶级(social class)*的主观定义和解释。对阶级意识的社会学考察，研究的主题有：大众话语中通常使用的阶级标签（如果有）；人们对这些标签的个人认同程度；哪些因素决定了对特定阶级的认同，以及阶级认同对更广泛的政治取向和社会行为的影响。与英国或欧洲相比，这一术语在美国更为通用，这主要是因为它所携带的与马克思主义阶级意识(class consciousness)*概念相关的意识形态更少，尽管在这两个概念之间存在明显的重叠，且体现在相关的社会学文献中。例如，里弗·凡尼曼(Reeve Vanneman)和林恩·韦伯·卡农(Lynn Weber Cannon)(《美国对阶级的认识》*The American Perception of Class*, 1987)提出，美国缺乏有组织的工人阶级运动并不意味着美国工人缺乏阶级意识。作者在此实际上指的是阶级意识。令人怀疑的是，这种狭义上的阶级意识概念，是否会被马克思主义者或其他的阶级分析者接受。对美国材料的一个更典型（且可能是最好）的处理，是玛丽·R. 杰克曼(Mary R. Jackman)和罗伯特·W. 杰克曼(Robert W. Jackman)的《美国的阶级意识》(*Class Awareness in the United States*, 1983)和保罗·金斯顿(Paul Kingston)的《无阶级社会》(*The Classless Society*, 2000)。另见阶级形象(class imagery)*。

class consciousness 阶级意识

该术语起源于马克思主义理论，指的是在阶级成员之间共享的认同和共同的目的。马克思在将"自在的阶级"（与生产资料[means of production]*有共同关系的一类人）发展为"自为的阶级"（有意识组织起来并积极追求自身利益[interests]*的一个群体）时注意到这一点。马克思主义分析的重点，是工人中革命的阶级意识的发展,其来源于工人在工厂的集中、便利的联络、独特的生活方式和文化活动、政治斗争的参与,所有这些都使工人阶级(working class)*与资本家阶级(capitalist class)*或资产阶级(bourgeoisie)*产生冲突。只有当这些客观特征产生出植根于生产过程中的共同利益的意识并通过政治代表导致实际行动时,才可能谈论马克思主义意义上的阶级意识。《共产党宣言》(The Manifesto of the Communist Party, 1848)中,统一和具有阶级意识的无产阶级(proletariat)*这一观点,在其他一些马克思主义作品中被更复杂的"阶级部分"观点所取代,"阶级部分"与特定的市场状况有关,并具有不同形式的意识与政治取向。

尽管马克思多次暗示了阶级意识的历史偶然性,但他强调的仍然是追求真正利益的必然性,即便有时像巴黎公社那样,掌握手段是偶然的。在这里,马克思看到的仅是"虚假的偏见",而不是将农民(peasants)*与无产阶级(proletariat)*区别开的真正利益,并预测作为一个"阶级部分"的农村生产者已经进入了其衰败时期。大多数关于无产阶级意识的概念,都将其发展描述为大众意识的爆发,其终点是俄国十月革命的某种现代翻版。

许多以经验为导向的马克思主义者试图在日常文化实践、工作场所集体行动(collective action)*和地方形态的社会组织中树立阶级意识。迈克尔·布若威(Michael Burawoy)的著名研究《制造同意:垄断资本主义劳动过程的变迁》(Manufacturing Consent: Changes in the Labor Process under Monopoly Capitalism, 1979)是一个早期例子,与英国历史学家爱德华·帕尔默·汤普森(E. P. Thompson)作品中对阶级的理解有许多共同之处,后者将阶级意识和阶级形成视为在社区团结、互助社团、社会俱乐部、具有阶级差异的休闲形式等方面的发展中体现的文化表达（参见《英国工人阶级的形成》*The Making of the English Working Class*, 1968）。

在将理性选择理论（rational choice theory）*引入马克思主义分析的一次耐人寻味的尝试中，乔恩·埃尔斯特（John Elster）（《马克思主义、功能主义和博弈论》Marxism, Functionalism and Game theory, 载于《理论与社会》*Theory and Society*, 1982）指出，具有阶级意识的阶级解决了搭便车（free rider）*问题。即，阶级意识是阶级组织通过控制局部斗争来追求阶级目标的能力，因此阶级意识是组织的属性而非个人之间的共识（consensus）*。其表现为集体行动者是阶级的能力。从这一角度看来，讨论的问题是阶级组织（如工会 [trade union]*）将成员通过集中组织起来的代表阶级的积极性而非个别利益动员起来的能力，以及动员起来之后，其约束那些搭便车或追求部分利益导致集体损失的小团体的能力。因此，几乎自相矛盾的是，阶级意识意味着工业化战斗性和自发群众行动的缺乏，这是因为追求阶级目标的是高度集中的劳工组织。另见阶级利益（class interest）*；集体行动（collective action）*；社会阶级（social class）*。

class dealignment 阶级消解

参见消费分化（consumption sectors）*；投票行为（voting behaviour）*。

classical conditioning 经典条件反射

参见条件反射（conditioning）*。

classical criminology 古典犯罪学

参见古典犯罪学（criminology, classical）*。

classical economic theory 古典经济理论

参见放任主义经济学（laissez-faire economics）*；托马斯·马尔萨斯（Malthus, Thomas）*；约翰·斯图尔特·密尔（Mill, John Stuart）*；亚当·斯密（Smith, Adam）*。

classification 分类

参见分类学（taxonomy）*。

class imagery 阶级形象

社会普通成员所持的关于社会阶级（social class）*的常识或日常信念，尤其是关于社会各阶级的数量、规模和特征。关于社会分层（social stratification）*的研究常区分客观和主观结构，前者关联的是与权力或特权的关系，后者则是阶级形象的范畴。这一术语本身起源于1957年，并通过大卫·洛克伍德（David Lockwood）*有影响力的对工人阶级社会形象的研究（M. 布鲁默[M. Bulmer]编的《工人阶级社会形象》Working-class Images of Society，1975）在英国流行开来。

马克思主义（Marxism）*观点认为，阶级意识（class consciousness）*或对阶级结构的认识，是由阶级冲突和社会不平等（social inequality）*的经验引起的，对基于阶级利益（class interests）*的概念的任何偏离都被视为错误的意识，较新的社会学观点强调了对阶级结构的不同认识，并意识到这些形象在二分（简单的"我们""他们"）或多重精细分级的程度上具有差异。对于这些形象或模型（如权力与金钱）的不同基础已有描述，但在大多数情况下，系统的阶级形象难以依据经验识别。最新的关于阶级形象的研究提出，阶级和职业形象与通常假设的相比，更为流动、复杂、开放，个人基于不同的目的和策略使用不同的形象和概念。例如，参见 N. 布里顿（N. Britten）的《全国男女样本的阶级形象》（Class Imagery in National Sample of Women and Men），载于《英国社会学杂志》（*British Journal of Sociology*, 1984）。

class interest 阶级利益

阶级利益的基本概念源自卡尔·马克思（Karl Marx）*的社会阶级（social class）*理论。马克思认为，定义阶级（class）*的社会关系产生了内在相反的利益。这就例如，资产阶级（bourgeoisie）*的利益（interests）*与无产阶级（proletariat）*的利益不同且对抗。剥削（exploitation）*无产阶级是为了资产阶级的利益，而推翻资产阶级是为了无产阶级的利益。应注意，对利益的这一定义内在于阶级的定义：阶级具有客观的利益。正如美国马克思主义者埃里克·奥林·赖特（Erik Olin Wright）指出，"阶级结构是……决定行动者的客观物质利益的社会关系领域，阶级斗争被理解为试图实现这些利益的社会实践的形式，阶级意识（class consciousness）*可被理解为塑造关于这些利益和斗争的有意选择的主观过程"（参见他的《阶级》*Classes*, 1985）。在这里可以看到马克思主义阶级行动理论给阶级利益概念赋予的角色。

但是，这一概念存在许多问题。尤其，更令人信服的是检查客观条件实际存在的程度，这与共同利益存在的可能性是类似的。这些利益以何种形式出现，也是一个经验问题。例如大卫·洛克伍德（David

Lockwood)*曾指出工人如何通过工会(trade union)*活动形成对资本主义社会现有形式的联结(而非对抗)。另一方面,约翰·H. 戈德索普(John H. Goldthorpe)*指出,个人是否意识到拥有阶级认同并寻求与其他位置相似者追求共同阶级利益,部分取决于"人口统计(vital statistics)*的阶级形成"的性质和程度,以及阶级以流动与联合的模式为基础而存在的程度(参见《现代英国的社会流动与阶级结构》*Social Mobility and Class Structure in Modern Britain*, 1980)。但是,约翰·H. 戈德索普和大卫·洛克伍德都不认为存在客观的阶级利益。相反,他们都指出阶级或其代表追求的利益取决于历史和政治情况的复杂模式,且源于社会行为,而非内在于社会行为。尤其是,社会学家对利益加以识别的前提,是首先将某种社会身份假定为某个阶级。

class situation 阶级处境

马克斯·韦伯(Max Weber)*将阶级处境定义为人在财产与市场关系中的位置造成的生活机遇(life chances)*中的特定因果成分。马克思主义者将其称作阶级位置(class position)*或阶级定位。在对办公室职员阶级意识(class consciousness)*的一项研究中(《穿黑外套的工人》*The Blackcoated Worker*, 1958, 第二版, 1989),英国社会学家大卫·洛克伍德(David Lockwood)*引入了一种关于阶级处境的有影响力的视角,区分了市场状况(market situation)*(狭义的经济地位,包括收入来源和规模、工作保障程度与向上职业流动机会)和工作状况(个人因其在劳动分工中的地位而在工作中参与的社会关系的集合)。像韦伯一样,他也对地位处境(个人在整个社会的声望等级中的位置)作出了区分。依据大卫·洛克伍德的说法,产生自阶级和地位状况的经验的特定组合,构成了职员的阶级意识的主要决定因素。另见戈德索普阶级体系(Goldthorpe class scheme)*;社会阶级(social class)*;社会地位(social status)*。

classroom interaction(classroom behaviour)课堂互动(课堂行为)

用于描述教室中的行为或社会互动(social interaction)*的形式与内容。特别是,关于教育中的性别、阶级(class)*与种族(race)*的研究,对教室中的师生关系进行了考察。一系列方法被用于研究不同群体的学生获得"教学时间"的量和类型。对此,许多研究试图将其与特定群体不同的教育经历与教育结果联系起来。例如,一些研究表明,男孩获得的教学时间是不合比例的,其坐在教室的不同位置,并得到了教师的相对更高评价,这可能在某种程度上解释了男女之间的教育差异。最近的关注点发生了变化,更多是关于学生在课堂外的欺凌、种族骚扰和性骚扰等方面的体验与行为,考察学校作为一个整体对其起到的作用。另见教育社会学(education, sociology of)*。

clergy 神职人员

一个通用的术语,用于被任命的宗教领袖,源自"牧师",即圣职(主教、神父或执事)中的牧师。在基督教(Christianity)*传统中,任命产生的是一个地位(status)*,但不一定是一个特定的角色(role)*或职业(occupation)*。

climate change 气候变化

在社会学中,气候与文化之间的联系可追溯到18世纪欧洲启蒙运动（Enlightenment, The）*的著作，其中最著名的是苏格兰的亚当·弗格森（Adam Ferguson）*和法国的孟德斯鸠（Baron de Montesquieu）*，人们早已认识到气候对社会有影响。其范围，从对食物供应和烹饪、工作习惯、就业形式、休闲追求等社会行为的影响，到社会关系的类型，例如对家庭生活和生活方式不同选择的影响。通过详细的民族志研究，社会人类学捕捉到了极端气候对文化和社会关系进行调解的方式，包括时间观念、财富所有权和日常文化实践。但是，在20世纪晚期出现的作为人类未来重要问题的气候变化，从相反的角度考察了这一关系，即社会对气候的影响。这是一项双向相互的关系，气候变化转而反弹到社会，使社会对生态系统和社会系统（social system）*产生潜在的巨大破坏作用。直到2008年，利弗-崔西（Lever-Tracy）在环境社会学（environment, sociology of）*之外诉说了学科对全球变暖的无视。2010年，美国社会学协会成立了一个社会学和全球气候变化工作组，英国社会学协会在同年也成立了气候变化研究小组。严重依赖碳的经济和依赖碳的运输系统是社会影响气候方式的明显例子，但干旱地区的某些农业形式也是如此，其导致了沙漠的增加（沙漠化）或者为农业让路导致的自然森林消失，上述两种情况都导致土地丧失了捕获碳的自然方式。

发达国家大多数经济体都通过汽车、航空运输和富碳的发电方式对碳依赖，因此在发展中国家讨论不平等（inequality）*和贫困（poverty）*的总体模式时，发达国家讨论的是气候变化。发展中国家可能会受到气候变化的最严重影响，如海平面上升、食品不安全、污染、沙漠化和水资源短缺，但它急于发展工业来解决总体贫困，会促使其对碳经济和富碳生活方式的依赖。因此，气候变化与全球不平等之间的联系不单纯也不易解决，气候变化在目前已被认为是全球性问题，需要全球的响应。所以,在气候变化的讨论中,近期社会学的介入是重要的。气候变化科学界关于气候变化是人为的还是自然产生的周期现象的争论,并非最重要的议题。碳密集型社会产生的温室气体对气候变化负有部分责任,社会学可以帮助理解气候变化如何影响地方社会和文化,以及在社会、政治、经济方面可作出何种重新安排来减轻这些影响。因此,在理解碳依赖型经济与汽车依赖文化和行为的后果、重新考虑交通政策、进行以减少碳使用为目的的城镇规划、开发可持续发展(sustainable development)*和环境保护的替代政策等方面,社会学家做出了重大贡献。气候变化的政治社会学(political sociology)*、保护气候的社会运动(social movements)*的涌现等问题也是社会学调查研究的对象。但是,气候变化对社会学作为学科的实践带来了一个有趣的挑战。如果社会学视角与其他方法区隔,那么社会学对气候变化能揭示的则很有限。在气候变化研究中,需要的是跨学科合作的新形式,即跨越传统的自然-文化的分界,需要社会科学家与他们未曾打交道的环境科学家、海洋学家、生物学家、自然地理学家等不同学科的学者合作。社会学家要对气候变化科学做出有意义的贡献,还需要转变到其他形式的实践,尤其是更多与政府、政策制定者、公务员和国际机构联系,尽管这不符合大多数社会学家对权力精英(power elite)*保持距离的想法。正如气候变化对全球社会构成挑战,气候变化对社会学也构成了挑战。

安东尼·吉登斯(Anthony Giddens)*的《气候变化的政治》(*The Politics of Climate Change*, 2009)和约翰·厄里(John Urry)的《气候变化与社会》(*Climate Change and Society*, 2011),探讨了上述问题。

clinical sociology 临床社会学

一个类似于临床心理学的术语,由芝加哥社会学家路易斯·沃思

（Louis Wirth）*在1931年引入，为了描述与社会工作者、心理学家和精神病学家一起在临床环境中工作的社会学家的工作。临床社会学采取社会学知识来辅助诊断、治疗、教学与研究。但是，对临床社会学家的雇佣并未广泛实践。

closed shop 排外性雇佣制工厂

工会（trade union）*职业控制的体系，其中得到和保持雇佣的前提，是在进入前或雇佣时成为工会成员。进厂前排外性雇佣制工厂要求工人在雇佣前就是工会成员；进厂后排外性雇佣制工厂和工会代理制企业要求工人在被雇佣后成为工会成员。目前这在美国、英国及一些欧洲社会中都是非法的（理由是强制性的会员制是对公民权利［civil rights］*的侵犯），但排外性雇佣制工厂作为劳动关系的一个非正式管理途径，对雇员来说并非没有优点。因此，有些形式的工会-管理协议（UMA）虽然不称为排外性雇佣制工厂，但实际上构成了排外性雇佣制工厂。

closed society 封闭社会

参见开放社会与封闭社会（open societies and closed societies）*。

closure (social closure) 封闭（社会封闭）

这一概念在马克斯·韦伯（Max Weber）*的著作中确定，最近由英国社会学家弗兰克·帕金（Frank Parkin）复兴，该概念的出现，替代了马克思主义（Marxism）*不平等理论，以及关于不平等（inequality）*如何产生、维持和转化的理论（参见弗兰克·帕金的《马克思主义与阶级理论》*Marxism and Class Theory*, 1979）。韦伯认为封闭是商业和财产的阶级在生活机遇（life chances）*的复制和合法性（legitimacy）*的连续体中，向社会阶级（social class）*形成的方向移动的手段之一。持这种观点的后来者认为，封闭是所有不平等的基础，包括物质报酬、地位（status）*、尊敬（含种族[race]*）、种姓（caste）*，甚至共产主义政权的要职人员体系。

封闭，通过排斥和包含的双重机制起作用，建立在个人主义（individualism）*或集体的标准上。封闭的基础，是一个群体基于它力图证明的标准，拒绝另一群体获得报偿或正面生活机遇的权利。对排斥和包含的标准的选择——教育文凭、党员身份、肤色、宗教身份、财产、社会出身、社会行为和生活方式、地区——及其实行，有助于解释不平等的界限与被排斥群体的篡夺策略，及不平等的合法性意识形态（ideology）*与支配（domination）*模式。社会封闭的过程既涉及边缘化（marginalization）*（排斥），又涉及合并（包含）。

由于封闭是动员权力将他人排除在特权或报偿之外，对这一过程的研究者倾向于认为权力自身是封闭的一项属性，很少对权力的来源加以考察。因此，教育精英可能被视为有权排斥那些没有相关文凭的人。但是，通常也存在相互冲突竞争的各种封闭模式。此外，以一项标准（例如教育）定义的精英（elite）*并不总是寻求明显（在这一例子下是教育的）手段来达成封闭，试图排斥他人，而是以其他理由（例如性别或种族等）。封闭理论的另一个问题源于实行封闭的群体内部对报偿的不均分配，例如对于共产主义要职人员的情况来说，最下层的报偿未必是最少的。关于封闭理论最好的总体评论为雷蒙德·墨菲（Raymond Murphy）的《社会封闭：垄断与排斥理论》（*Social Closure: The Theory of Monopolization and Exclusion*, 1988）。

cluster analysis 聚类分析

多变量分析（multivariate analysis）*的一种形式，其目的是将以若干属性为特征的一组对象（例如变量或者是个体）划分为一组集群或类别，使集群中的对象在测量属性上最大程度地彼此相似，也在最大程度上与其他对象不同。

codes, cultural 文化编码

社会或社会群体组织和生成含义和意义的各种手段。每个社会或群体通过赋予意义来理解一个原本毫无意义的世界。编码（coding）*是被设计出来，用以建构意义的系统。两种理解文化编码是什么以及它们如何运作的主要的社会学方法已经发展了起来：一种源于费尔迪南·德·索绪尔（Ferdinand de Saussure）*的结构语言学；另一种源于涂尔干（Durkheim）*的结构社会学。两者均对之后的社会学思想，尤其是在文化社会学这个子领域，产生了影响。

根据索绪尔所言，每种特定的语言都是一种编码。它是由能指（signifier）*（口头或书面的语言）组成的，每一个能指只有与它所属的系统（即一种特定的语言）中所有其他的能指相关时才有意义。能指通过语法规则进行模式化的组织。能指所指代的不是世界上的物体，而是"其所指"，即一种特定语言对这些物体所具有的概念。虽然说这门语言的使用者通常设想他们使用的字词显然指的就是"现实"，但他们所理解的现实和他们认为是"自然的"，实际是他们所使用的语言的产物。因此，语言使用者所体验到的世界是由语言上的编码构成的，而语言的使用者通常不会意识到这一点。为了让局外人能够理解某个使用特定语言的群体，编入语言中的编码就必须被"破解"，即必须要识别编码的逻辑,并且编码必须翻译成局外人语言的编码。只有透彻了解了一种语言其编码的运作方式,外人才能真正了解一种语言甚至一种文化是如何"编码"这个世界,并且是如何令其对群体成员是有意义的。

索绪尔指出,有些编码在本质上并不纯粹是语言上的,但是以类似语言编码的方式运作的。例如,在一个特定的社会或群体中,手和其他肢体姿态都是根据一种编码来操作的。索绪尔设想的符号学(semiology)*将成为20世纪的一门重要科学,研究这些不同的社会/文化编码,展示它们是如何塑造和组织个体行为。这是米歇尔·福柯(Michel Foucault)*曾推进的一项研究,其对"话语"的研究主要是对支撑特定文化形态的编码的研究,也是罗兰·巴尔特(Roland Barthes)在20世纪50年代和60年代初期在其符号学上的研究。其联合了索绪尔式对于建构现代社会各个领域的编码的关注与新马克思主义者对这些编码在潜意识层面上的运作及其基于服从支配群体利益的意识形态特征的强调。这种读取"文本"(例如大众文化形式)的方法旨在揭示其中社会力量形式的编码,这种方法从20世纪80年代开始在随后的文化研究(culture studies)*中具有很大的影响力。但是这种方法引出了一个解释方面的问题:当通常的编码以高度隐蔽的方式运作时,符号学家如何证明其对特定编码的理解和运作?

索绪尔符号学这样假设,正如一种语言是从根本上约束其使用者是否能够认知和思考到的内容一样,所有编码也从根本上约束了个体可以或不能做的事情。在这样的愿景中,编码强有力地构建了社会关系和个体行为。但社会关系和个体行为也可能改变或者挑战编码,索绪尔的方法努力应对这一相反可能性。这也引起了一个问题,即个人或群体如何反过来意识到他们所依存的编码,可能会让编码服从于有意识的反思策略或竞争策略？从20世纪70年代后期开始，文化研究，尤其是在英国，除了研究简单无意识再生产之外，同样致力于对如何改变和挑战文化编码进行更动态的理解。迪克·赫布迪格（Dick Hebdige）对"朋克"等"叛逆"青年团体的研究认为，他们参与了部分自我意识塑造的抗争形式，试图通过发展替代性编码（例如新颖和挑衅的着装规范）来挑战主流文化（dominant culture）*编码。斯图尔特·霍尔（Stuart Hall）在1980年发表的颇具影响力的文章《编码／解码》（Encoding/Decoding）认为，尽管资本主义社会中的媒体（media）*以高度意识形态的方式对诸如电视新闻之类的文本进行编码，但它们被特定的社会群体接受或拒绝是取决于该群体解码的形式，这植根于群体的整体生活条件。这种方法在后来的媒体受众研究中具有很大的影响力。类似米歇尔·德·塞尔托（Michel de Certeau）和约翰·费斯克（John Fiske）这样的作家都曾采用过，他们主张，次级群体很少或从不接受强权编码。这些观点在20世纪80年代中期及之后的文化研究中发生了后结构主义的转变，这一点受到雅克·德里达（Jacques Derrida）等人的观点的启发，认为语言系统比索绪尔所设想的更加自相矛盾、千变万化和不稳定。

尽管在某些方面与以往有所重叠，涂尔干提出了一种文化编码的替代概念。其之后在宗教方面的著作，与索绪尔同一时期的著作有相似之处，认为文化是通过二元对立建构对集体分类的部署，从而对现实进行编码的。每个社会或群体都有自己独特的世界观，这种世界观围绕着一些普遍的二元定义，如好／坏、道德／不道德、可接受／不可接受，等等。通过这些"对子"，在群体和群体之外的其他人之间，以及在群体内部，划定了象征性的边界，例如将"正常"人与"罪犯"相区分。社会仪式会强化这些对现实的编码，定期刷新行动者对这些边界的承认。

co-determination 共同决策

德语术语mitbestimmung的翻译,意指自1951年起在德国实行的工人参与管理的形式。根据当年通过的法律规定,员工不仅有权参与工作场所的管理,而且有权通过选举产生的董事会代表参与整个公司的管理。除了英国,其他欧洲国家也纷纷效仿这一模式。另见工业民主(industrial democracy)*。

coding 编码

将观察资料分类,为每一项资料或某一语句的每一节指定一个数字或符号,以便之后进行定量分析。编码不仅是许多类研究的重要组成部分,更通常被认为是调查研究的基本要素。

抽样调查(sample survey)*中的许多编码工作可以由访谈员进行,访谈员在访谈表上标记或圈出答案;但有些工作必须在访谈后由训练有素的编码人员完成。

编码对于分析调查所得的结果是必不可少的,大多数问卷(questionnaire)*为每个回答的相关编码提供了书写区域。然而,编码也可以应用于其他类型的信息,如深度访谈或观察到的互动,它是会话分析(conversation analysis)*的一个重要方面。定性编码应用于诸如报纸或政治演讲等交流的实质性内容时,将称为内容分析(content analysis)*。

coefficient 协同因素

参见关联系数(association coefficients)*。

coercion 强制

参见权力(power)*。

coercive power 强制力

参见服从(compliance)*。

cognate(cognatic)同族

有共同的祖先,可以通过父系或母系进行双边追溯,即血统并非单系的。另见继嗣群体(descent group)*。

cognition(cognitive)认知

认识(思考)的过程,有时与情感(情绪)以及意欲或意志(努力)相区别,三者合为一种心理过程。认知心理学(cognitive psychology)*侧重于信息的使用和处理(通常采用计算机模型),现已成为学术心理学中的主要方法,并已取代和改变了旧行为主义方法(behaviourist approaches)*。

cognitive consistency 认知一致性

指思想、态度与行事方式不相互矛盾的经历。社会心理学家广泛地使用认知一致与不一致的对立,以及协调与不协调、均衡与不均衡,来分析态度变化。理论家假定人们存在对于认知一致性的渴望,认为认知不一致(认知之间不匹配)是不舒适的,且会刺激态度的改变。然而,其结果也可能是否定和合理化。另见认知失调(cognitive dissonance)*。

cognitive dissonance 认知失调

列昂·费斯廷格（Leon Festinger）在《认知失调理论》（*A Theory of Cognitive Dissonance*, 1957）中提出的一种重要的认知理论。该理论阐述了认知与行为中相互竞争、相互矛盾或对立的元素。例如，人们在知道吸烟会危害健康的情况下为什么还继续吸烟？费斯廷格认为，与其说个体相信理性逻辑，不如说是出于心理需要，出于一种心理逻辑。他认为，为了追求和谐与平衡，存在一种趋向认知一致的驱动力。个人行为的改变或态度的转变可以减少失调。因此，在上文的示例中，要么他们停止吸烟，要么改变自己的认识，比如让他们相信"大多数吸烟者没有早逝所以并不是真正存在风险"。这一理论在假定某种内在一致性时几乎是同义反复（tautology）*的，并因模棱两可而受到批评，但它产生了巨大的影响。列昂·费斯廷尔、H. W. 里肯（H. W. Riecken）和 S. 沙赫特（S. Schachter）在对一个宗教派别的研究中阐明了这一理论（《当预言失败时》*When Prophecy Fails*, 1956）。另见认知理论（cognitive theory）*。

cognitive psychology 认知心理学

参见认知（cognition）*；认知理论（cognitive theory）*；让·皮亚杰（Piaget, Jean）*。

cognitive sociology 认知社会学

常人方法学（ethnomethodology）*的一种说法，探讨了日常生活中意义的问题本质，试图将常人方法学与语言学（linguistics）*（深层结构），以及传统社会学（规范或表面规则）结合起来。美国社会学家亚伦·西索雷尔（Aaron V. Cicourel）是一位主要的支持者，他研究过许多明显不同的现象，包括犯罪（crime）*、失聪、教育和研究方法（research methods）*，试图确定潜在的社会组织，以及日常生活的协商秩序（negotiated order）*。

cognitive theory 认知理论

社会心理学（social psychology）*的一大理论群，关注心理过程（如感知、记忆、态度或决策）与社会行为之间的联系。在一般层面上，这些理论反对行为主义（behaviourism）*，认为人类在选择刺激、构建意义和理解世界方面是积极的。

认知理论有很多分支，包括弗里茨·海德（Fritz Heider）*的认知平衡理论、列昂·费斯廷格（Leon Festinger）的认知失调（cognitive dissonance）*理论、乔治·凯利（George Kelly）*的个人建构理论（personal construct theory）*和归因理论（attribution theory）*。参见 J. R. 艾瑟（J. R. Eiser）的《认知社会心理学》（*Cognitive Social Psychology*, 1980）。

cohabitation 同居

法律意义上没有结婚的双方以夫妻身份生活在一起的一种安排。20世纪60年代以来，美国和英国的同居现象明显增多。现在，同居在婚前已经很普遍，且通常是婚姻的一种替代选择。同居已经变得非常普遍，因此现在很少使用这个词。

Cohen, Stanley Hymie 斯坦利·海弥·科恩（1942—2013）

他出生在南非，但在英国达勒姆大学和埃塞克斯大学工作度过第一段职业生涯。1980年至1996年在以色列任耶路撒冷希伯来大学犯罪学研究所所长,后成为伦敦经济学院的社会学教授。他是20世纪60年代和70年代早期的全国越轨会议主要成员,运用美国符号互动论(symbolic interactionism)*的概念来重新定位英国犯罪学(criminology)*。他的第一部主要作品是《民间恶魔与道德恐慌》(Folk Devils and Moral Panics, 1972),基于其博士学位论文,其中报告了警方和大众媒体是如何报道银行休假日时"摩登派"和"摇滚派"在英国海滨度假胜地的争斗的。科恩推广了道德恐慌(moral panic)*一词,为标签理论(labelling theory)*提供了一个激进的视角。尤其是,他致力于让社会控制(social control)*的概念成为关注犯罪和越轨行为的核心。这一点在他1985年的《社会控制愿景》(Visions of Social Control)中得到进一步的体现,其中,他将自己早期的关注与米歇尔·福柯(Michel Foucault)*的论点相结合。这有助于强调权力问题在社会控制中的重要性,尤其是国家和国家权力的关键作用。他之后的著作特别关注人权和对情感问题的"否认"。他在《否认国》(States of Denial, 2001)中探讨了对暴行、苦难、不公正和侵犯人权行为的反应,回顾反思了他在南非和以色列的观察和经历。

cohort rates 队列比率

参见生育率(fertility)*。

Coleman, James S. 詹姆斯·科尔曼(1926—1995)

一位备受尊敬的美国社会学家,十分多产,写就众多专著和学术论文(约28部书、300多篇文章),其大段的职业生涯都与芝加哥大学有关。他在1991—1992年间担任美国社会学协会主席,作品的主要主题包括社会教育组织、青少年（adolescence）*和青年（youth）*（《青少年社会》*The Adolescent Society*, 1961；《青年：向成年过渡》*Youth: Transition to Adulthood*, 1973；《在变化的社会中成人》*Becoming Adult in a Changing Society*, 1985），家庭（family）*、社区（community）*和宗教机构在教育中的作用，以及社会资本（social capital）*的概念（《教育机会平等》[*Equality of Educational Opportunity*]，即所谓的《科尔曼报告》[Coleman Report*, 1966]、《高中成绩》[*High School Achievement*, 1982]、《公立和私立高中》[*Public and Private High Schools*, 1987]），数学社会学中模拟博弈、集体决策与集体行动（collective action）*、有目的行动和市场的模型（《数理社会学导论》[*Introduction to Mathematical Sociology*, 1964]、《集体行动中的数学》[*The Mathematics of Collective Action*, 1973]）和理性行动理论（《社会理论基础》*Foundations of Social Theory*, 1990）。此外，他是政治社会学经典著作《联合民主》（*Union Democracy*, 1956）的合著者；也是应用社会学（applied sociology）*的领军人物，致力于社会科学（social science）*的政策研究（policy research）*；还在创作其他作品的同时撰写了《社区冲突》（*Community Conflict*, 1957）和《医疗创新》（*Medical Innovation*, 1966），他将这些作品描述成多少是"一次性的活动"，而不是他作品中反复出现的主题。

现在就断定他的代表作对社会理论基础的长久影响可能还为时尚早。许多赞赏者已经把这部作品誉为社会学领域的一部"奠基作"，可与早前涂尔干（Durkheim）*和帕森斯（Parsons）*的尝试相提并论，他们亦试图为该学科提供统一的理论和方法基础。另一些人则质疑，作为科尔曼构建其模型和解释的大框架，理性选择理论（rational choice theory)*能否通过解释个体理性行为如何在宏观层面上系统地产生规律,从而为社会学长期关注的社会秩序(social order)*问题提供一个令人满意的解释。

Coleman Report《科尔曼报告》

一项颇具影响力但存在争议的研究,由社会学家詹姆斯·科尔曼(James Coleman)*指导,1964年《民权法案》(Civil Rights Act of 1964)授权,1966年美国政府出版,名为《教育机会平等》(Equality of Educational Opportunity)。该报告基于对全国3000多所学校的近65万名学生和教师针对教育机会的一项调查。作为政策研究(policy research)*的一块里程碑,它是继二战期间的军事研究之后,首批由国会特别委托进行,旨在为政府提供政策信息的社会科学研究之一。调查采用的研究设计(research design)*改变了教育政策研究的整体方向,被之后的研究者广泛模仿。其成果在出版后的许多年里影响了学校的种族隔离政策。

这项研究首先提出了一个有争议和创新性的前提,即评估机会平等(equality of opportunity)*的标准应该是结果平等,而不是投入平等。因此,研究人员收集了关于不同儿童群体可利用的教育资源和以考试成绩测量学生(教育)成就的数据。学校在多大程度上、以何种方式能够消除儿童上学时的不平等(特别是与种族有关的不平等),有史以来第一次有可能给出一个有根据的答案。报告显示,在比较不同学校中具有相似社会背景的学生时,学校质量的差异(以学生人均支出、学校图书馆规模等常用测量指标为标准时)与教育成就的关系不大。它的结论是,一个学生的教育成就与其家庭背景相关,也与学校其他学生的阶层和种族背景(不是那么强烈地)相关。这些发现对社会工程学(social engineering)*有着明确的含义,表明通过在学校中废除种族隔离的策略(例如,通过校车接送)可以最好地令机会平等。他们挑战了林登·约翰逊(Lyndon Johnson)对"伟大社会"愿景的主要支撑点,即增加教育支出可以纠正社会赤字。

多年来,这份报告一直是争论的焦点。

然而,考虑到他和他的同事研究时长的限制,以及监督这项研究的政府官员制定的有限议程,科尔曼的主要发现基本都通过了后续检验(只有一项例外)。后续再分析表明,一个编码的错误导致了学校内同辈群体效应的证据比实际情况更强,这是一个特别令人遗憾的错误,因为这一发现经常作为"结束种族隔离和提高黑人教育成就的最有效途径是强迫融合和校车接送政策"的支持证据而被引用。《科尔曼报告》的一个很好的总结与评价,以及随后所做的研究,均参见《科尔曼对教育的贡献》(Coleman's Contributions to Education)一文,载于 J. 克拉克(J. Clark)编的《詹姆斯·S. 科尔曼》(*James S. Coleman*,1996)。

collective action 集体行动

团体或组织为追求成员的共同利益而采取的行动。预期那些拥有共同利益(interests)*的人会采取行动,这似乎是合乎逻辑的。例如,养老金领取者会采取行动以获得更高的养老金;矿工会采取行动以获得更好的矿下安全。但情况并非总是如此,许多能够在某个一个特定的集体行动中获益的人会拒绝加入。这似乎与人类行为中的理性假设背道而驰,给政治学(political science)*与社会运动(social movements)*的学者们提出了一个特殊的问题。

1965年,曼库·奥尔森(Mancur Olson)在《集体行动的逻辑》(The Logic of Collective Action)中给出了一个解释。奥尔森认为,无论他们自己是否主动,只要个人能从政府对整个群体的让步中获益,出于理性的自我利益考量通常会使得人们不作为。例如,如果养老金在老年人开展利益诉求运动之后提高了,所有的养老金领取者,包括那些什么都没有参与的人,都将受益。奥尔森称之为"搭便车"(free rider)*问题,这一问题之所以重要,是因为它动摇了利益集团(interest groups)*和社会运动对大量公民进行动员的能力。如果这些公民是穷人,而对于他们而言参与的成本又相对较高,他们更可能保持被动。搭便车问题唯一的答案是,运动要为参与者提供目标本身之外的额外激励。这些激励可以是(给予)承认、声誉,或对参与行为本身进行心理上的奖励等形式。自马克斯·韦伯(Max Weber)*关于理性选择的著作以来,理性选择的本质一直是社会学的一个难题。理性计算或博弈论(game theory)*体现了对此过程构建解释框架的一种尝试,它试图展示,参与者是如何设法在具体的社会情境中尽可能地扩大收益并缩减成本。然而,很少有人能够如此审慎、自控和了解情况,令他们的行为符合理性选择模型(参见理性选择理论[rational choice theory]*)。基于勇敢和承诺的行为超出了它的解释力,基于无知或冲动的行为也是如此。大范围的集体行动显然需要一种更复杂的解释。罗素·哈丁(Russell Hardin)的《集体行动》(Collective Action, 1982)对这一领域进行了很好的综述。另见阶级意识(class consciousness)*;阶级利益(class interest)*;集体行为(collective behaviour)*;叛乱(rebellion)*;罢工(strike)*。

collective and distributive power 集体和分配的权力

在《美国社会的权力分配》(The Distribution of Power in American Society)(载于《现代社会的结构与过程》*Structure and Process in Modern Societies*, 1960)中,塔尔科特·帕森斯(Talcott Parsons)*将权力的分配方面(A对B的权力)与集体方面(A和B的权力一起)区分开来。在分配权力的情况下,A和B之间的关系是一个零和博弈(zero-sum game)*:在参与者之间分配的权力是固定的,一个成员获得权力,另一个成员必须失去权力。在集体权力的情况下,合作的个体可以增强对第三方的联合权力。

collective bargaining 集体谈判

一种固定收入和就业条件的制度,在这种制度中,个体工人和个体雇主之间劳动力市场价格(或工资)的竞争过程全部或部分被固定规则所取代。这些规则分为两类:程序性规则,规范进行集体谈判的形式和机构;实质性规则,规范特定协议的实际内容。通常,集体谈判发生在工会(trade-union)*和雇主或雇主组织之间。然而,在20世纪,工业社会中的政府和法律日益成为程序性和实质性两个方面的缔约方。因此,谈判可能在工作场所、公司、地区或行业层面进行。英国不同寻常的是,没有法律强制要求雇主以这种方式讨价还价,集体协议也很少在法庭上直接强制执行。

collective behaviour 集体行为

这可能是一个非常广泛的研究领域,研究群体的行为是如何作为对有问题的环境和情况的反应而出现的。一方面,这可能意味着对协调的和有组织的社会运动（social movements）*的研究；另一方面，它指的是常见行为模式的看似自发的爆发，例如集体歇斯底里（mass hysteria）*的发作。其中包括对自然灾害、暴乱、私刑、疯狂、时尚、谣言、繁荣、恐慌，甚至是叛乱（rebellion）*或革命（revolution）*的反应。这些现象中有许多在本词典中都有单独的词条进行解释。最早的集体行为理论来源于群众心理学。

古斯塔夫·勒庞（Gustave Le Bon）在《乌合之众：群体心理研究》（*The Crowd: A Study of the Popular Mind*, 1895）中，认为群体是一个真正的集体实体，因为"它形成了一个单独的存在，并且服从于群体精神统一的法则"。他认为，所有个体的反应都会在群体中消失，出现一种"集体意识"，并使人们"以一种与他们个人不同的方式去感觉、思考和行动"。群体以这种方式行事，是因为匿名性（降低了个人责任感）、传染性（思想在群体中迅速传播）和暗示性（即人格的潜意识方面显露到前台）。

随后许多关于群体（crowds）*、暴乱（riots）*、暴民以及类似的集体骚乱的研究，包括盖博瑞尔·塔尔德（Gabriel Tarde）*和西格蒙德·弗洛伊德（Sigmund Freud）*等人的贡献，都不过是详细阐述勒庞的传染假说。弗洛伊德遵循了勒庞对群体心态的描述：冲动、易变、急躁易怒，无法持续关注、缺少批评性和耐力，受到一种无所不能的感觉、夸张的情感、神奇的咒语和错觉的支配。他用个体和原始族群的本能-客体关系的精神分析理论解释了群体参与。正如他所说，表现在伴随他们的暗示现象中的那种群体形成的离奇而强迫性的特征，可以追溯到他们来自原始族群的事实。这个团体的领袖仍然是令人畏惧的原始父亲；这个团体仍然希望被不受限制的力量统治；它对权威有着极端的热情……它对服从有一种渴望。原始父亲是群体理想,代替自我理想支配自我(《群体心理学与自我分析》Group Psychology and the Analysis of the Ego)。弗洛伊德认为,这些特征加上意识的丧失、情绪对精神的支配以及群体的冲动,"相当于一种退行至原始精神活动的状态"。尼尔·斯梅尔瑟(Neil Smelser)的"增值模式"是一种对集体行为更明白的社会学解释方式(参见《集体行为理论》Theory of Collective Behaviour, 1963),表明集体行为的决定因素包括:结构性诱因(集体行为被视为合法的允许性条件);结构性张力(如经济剥夺);一般性信念的发展和传播(如大众性的歇斯底里、妄想或创造民间恶魔);加速性因素(特定事件,例如一场爆发性的竞争背景下的战斗——这证实了之前的一般性信念);对采取行动的参与者进行动员(通过一场社会运动或某个戏剧性事件中的有效领导,如一家公司的主要股东恐慌性抛售的谣言);以及社会为防止和抑制其他因素而建立的更广泛的社会控制反作用力量。

据斯梅尔瑟的说法,上述中的最后一项尤为重要,因为"一旦出现集体行为,其持续时间和严重程度取决于社会控制机构的反应"。斯梅尔瑟的第六个决定因素对社会控制的重要程度,与异常交易(尤其是标签理论[labelling theory]*)相当。在更广泛的互动主义传统中,人们特别关注社会归类,以及角色榜样(role models)*是如何在广阔社会中被创造和传播的。参见R. H. 特纳(R. H. Turner)和L. M. 基里安(L. M. Killian)的《集体行为》(Collective Behaviour, 1957)。该卷还包括一些最早的关于时尚和潮流的社会学著作。集体行为有时与狭义的集体行动理论形成对比,后者强调理性动机对行动的重要性。另见集体行动(collective action)*;理性选择理论(rational choice theory)*;亚文化(subculture)*。

collective conscience 集体意识

爱弥尔·涂尔干（Émile Durkheim）*将其定义为"一个社会的成员普遍而共同的信仰和情感体系"，其形式和内容因社会是机械团结（mechanical solidarity）*还是有机团结（organic solidarity）*而不同。在前者中，集体意识广泛而强烈，深入且遍布人们的生活，通过各种宗教（religion）*或其他传统的制裁（sanction）*对其事无巨细地进行控制。它强调社会在个体及其尊严之上的首要地位（master status）*。但是，劳动分工与个人主义（individualism）*的发展导致集体意识广泛性缩减、对个体控制力弱化、世俗化（secularization）*，并通过强加一般性规则而非具体的法典进行制裁。这一点可以从恢复性法律制度取代压制性制度中观察得到。后者惩罚侵害团结本身，而前者则适于维持正常的接触和社会交往。涂尔干的观点是，全社会范围的集体意识可以把一个分割的社会维系在一起，但一个更加微分的社会必须由一个更加微分的道德意识维系在一起。基于职业群体和其中专门的规范他得出了这样的结论。集体意识成为一种弥散而抽象的"个人崇拜"，作为一种公民宗教（civil religion）*，提供了最终的原则和理由，但无法承担社会凝聚力的全部重量。另见失范（anomie）*；劳动分工（division of labour）*；动态密度（dynamic density）*。

collective consumption 集体消费

20世纪60年代末期到20世纪70年代末期，由新马克思主义城市社会理论发展出的中心概念。曼努埃尔·卡斯特斯（Manuel Castells）等学者认为，先进的资本主义（capitalism）*社会要求政府越来越多地参与到所谓的集体消费方式中来。为了劳动力（labour power)*有充足的再生产，以个人消费手段（诸如食物和衣服等商品）所创造的供给力已经远远不够；还需要教育和大众运输等服务业（service industries）*的参与。与单个商品不同，后者是许多人集体消费的大众性服务，而非面向个人消费的商品。集体消费的特殊特征，尤其是国家在供给中的作用以及它为消费者的政治动员所提供的机会，奠定了这一概念对城市社会理论的重要意义。

然而，集体消费和个人消费之间的区别至今仍备受争议。例如，我们很难看到诸如教育的服务是如何"集体"消费的，尽管这些服务可能是由集体提供的。因此，在实际运用中，集体消费往往是一个误称，且没有一个准确的定义，虽然它通常是指由国家机构而不是市场所直接提供的服务（即不是商品）；或至少是由国家大量参与到的社会性服务，例如那些通过补贴或监管所提供的。后来的作者对消费的社会组织进行了更复杂的分类，并用它们来分析城市政治的性质，以及所谓的消费部门分裂（consumption-sector cleavages）*在社会分层（social stratification）*和确定政治态度上所扮演的角色。有关概述，参见彼得·桑德斯（Peter Saunders）的《社会理论与城市问题》（*Social Theory and Urban Question*, 1986）。另见城市社会学（urban sociology）*。

collective good 集体物品

参见公共物品（public good）*。

collective representations 集体表象

以集体为基础所阐述的思想、信念和价值（value）*；这些思想、信念和价值无法还原到个人的组成部分。和集体表象相关的概念是爱弥尔·涂尔干（Émile Durkheim）*寻找社会团结（social solidarity）*来源的中心。从集体表象这个概念发展出了涂尔干较早的集体意识（collective conscience）*概念。在《宗教生活的基本形式》（*The Elementary Forms of the Religious Life*, 1912）中，这些表象被认为是通过宗教仪式（ritual）*的激烈互动而创造的，并且比个人活动更为丰富，因此它们独立于其出现的群体。集体表象有助于维护社会秩序（social order）*和理解世界，但它们也能表达、象征和解释社会关系。集体表象既能抑制又可以刺激社会行为；它们不仅存在于我们所有人的内部世界，也存在于个人的外部世界，它们的力量或权威正源于此。涂尔干通过参考这种"聚拢"（或动态密度[dynamic density]*）的力量来解释巨大的价值转变（例如法国大革命中启蒙运动价值的传播），由此宗教世界植根于集体生活，将世俗留给个人。强烈的集会行动首先产生出集体表象，然后在更高的集体生活的瓦解中幸存下来，成为神圣的（sacred）*、具有道德强制性的信念、价值和象征符号。

collectivism 集体主义

具有一般和各种特定应用程序的术语。在最常见的用法中，它是指任何鼓励社区（community）*或国家（state）*对生产和分配手段拥有所有权和控制权的政治或社会经济理论或实践。由于存在许多集体主义组织的例子，特定的理论应用程序差别也很大。

直到最近，由农民组织成的生产集体都还是苏联的重要社会团体。这些农场控制着成员的劳动投入，固定了报酬率，并确定了农业生产的内容。许多集体农场是在斯大林时期农民集体化和家庭农场的结果。中国的集体农业有悠久的历史。最受欢迎的方案之一是20世纪80年代引入的"(家庭联产承包)责任制",根据该制度,个体农户签署了一项合同,土地在技术上仍属于集体所有,但分配给了个体户自行使用。这些合同规定了双方的义务,例如提供工具和设备、缴纳税款、达到生产配额。铁托的南斯拉夫出现了一种特别有趣的集体形式,即工人对经济的自我管理。但是,社会学研究证实,理论上民主分布在企业内部所产生的影响并不能与工人委员会的真正力量相当,而工人委员会在实践中往往具有很大的象征意义。

集体主义对自由主义(liberalism)*和其他个人主义(individualism)*理论的批判认为,市场关系是竞争性的,因此也趋于分裂,并且破坏了个人之间为应对所有人因遭受不幸所必需的公共纽带。例如,社会福利理论家认为,不受约束的自由兑换会导致福利(welfare)*问题,住房市场证明,住房市场无法为有明显需求的人们提供住所。理查德·蒂特马斯(Richard Titmuss)*提出了对福利国家的最著名的集体主义辩护之一(参见《礼物关系》*The Gift Relationship*, 1970),他主张应该通过参考利他主义(altruism)*的论点来捍卫福利制度。他的论点是,人们应该从陌生人那里获得福利,作为社会团结(social solidarity)*的一种表达,而不是从复杂的互惠关系网络中获得特权或权利。因此,在献血的情况下,蒂特马斯坚持认为,如果要把这种"最神圣"的捐赠品商品化,那么个人利益之间的道德纽带将被自利和市场价格的计算完全玷污。正如他所说,"在不要求或期望任何付款的情况下,这些捐赠者表明了他们相信人们愿意在未来以利他的方式行事,并有意愿在需要时自由地走到一起进行捐赠。通过表达对陌生人在未来(慈善)行为的信心,他们否认了霍布斯论点,即人们没有任何本能的道德意识"。这种以福利主义为代表的共同价值的共同体主义观点把原本就各不相同的个人联系在一起,这可能与从"公民身份"(citizenship)*理论衍生出的更具个性主义的福利概念形成了鲜明的对比。后者意味着对福利资源的要求只是自由民主国家的法律和政治权利(rights)*特征的延伸,因此,集体福利与自由多元主义理论是相当一致的。福利国家只是市场的附属物;这就是在相互义务和交换的个人主义原则基础上建立能合理地减轻贫困的制度和政策。相比之下,社群主义(communitarianism)*则体现了一种促进建立亲密的公共纽带的社会秩序(social order)*的倾向。

另见礼物关系(gift relationship)*;福利国家(welfare state)*。

Collins, Randall 兰德尔·柯林斯(1941—)

一位美国社会学家,他提出了冲突论(conflict theory)*的一种独特形式。他以布鲁默(Blumer)*和欧文·戈夫曼(Erving Goffman)*的符号互动论(symbolic interactionism)*为基础,力图将他们的思想发展为能将微观视角和宏观视角相结合的一种社会学。他在上述的两个层面上均有相应的研究经验。他最早期在《冲突社会学》(Conflict Sociology, 1975)中的研究内容是针对教育和社会分层问题,柯林斯通过这些问题集中探讨了证书主义和权力的观念。后来他将这项工作扩展到历史社会学的研究中,这些研究主要研究民主、军国主义和全球化问题。1998年,他撰写了《哲学社会学》(The Sociology of Philosophies),其中运用科学社会学(science, sociology of)*和网络分析(network analysis)*的思想,阐述了从古典中国和希腊到当代世界的东西方思想史。他在一系列有关科学、哲学和文化的论文中均提出了这些想法。2004年，他创作了《互动仪式链》(*Interaction Ritual Chains*)，该书吸收了戈夫曼对仪式的分析，并将其发展成为将动作序列串联成大规模结构的系统说明。在他的最新著作《暴力》(*Violence*, 2008)中，他将戈夫曼的思想运用到了日常情况下的暴力产生过程，为理解情感做出了重要贡献。

colonialism 殖民主义

指更发达的国家在亚洲、非洲、大洋洲和拉丁美洲地区建立正式的政治权威。殖民主义与势力范围、间接控制形式、半殖民主义(semi-colonialism)*和新殖民主义(neo-colonialism)*截然不同。

从15世纪开始，西班牙、葡萄牙、英国、法国和荷兰在美洲实行殖民主义，并在19世纪将其扩展到几乎所有亚洲和非洲的领域。通常（但不一定）伴随着白人在这些领土上的定居，在当地开采资源并为大都市的建设使用，有时两者并存。尽管帝国主义(imperialism)*涵盖了其他非正式的控制机制，但该术语经常被用作"帝国主义"的同义词。

除了关于帝国主义的成因、利益和影响的辩论外，对殖民主义的讨论还涉及广泛的问题，包括：殖民地控制的不同机制，以及法国和葡萄牙的同化政策与英国更加隔离的政策之间的对比；旧的社会、经济和政治制度的破坏以及新制度的发展对殖民国家的社会和经济影响；19世纪以"文明使命"和与此相关而兴起的种族主义(racism)*为主宰的话语体系；关于为什么殖民主义在1945年后时代结束的问题，其原因涉及美国和苏联的国际压力的相对影响、在殖民地追求独立的民族主义运动的兴起，以及欧洲殖民大国在经历了第二次世界大战后严重受挫。

colonialism, internal 内部殖民主义

参见内部殖民主义(internal [or domestic] colonialism)*。

command economy 指令经济

不要将之与计划经济(planned economy)*的相关特征相混淆,指令经济作为一种范式(paradigm)*就是苏联的新斯大林主义、中央集权的国有经济。指令经济,作为一个连续体去展开说明的话,可以根据共产主义经济体系在制定宏观经济政策、管理企业层面的活动以及有关就业和消费的家庭行为时,政府是否寻求集中了所有或部分的决定权去理解。十月革命后的俄罗斯在1918年至1921年间面临内战时存在的经济类型(即战时共产主义)将上述所有决策领域集中起来。指令经济将前两个方面集中起来,但在第三个方面则为地方决策留出了一定的空间。所谓的市场社会主义(market socialism)*分散了所有这三个方面的权力(power)*,尽管国家所有权仍然存在。实际上,归因于计划(或"管理","管理"或"非市场")经济的许多病态情况实际上仅在特定指令经济中才明显。另见斯大林主义(Stalinism)*。

commodification 商品化

在马克思主义(Marxism)*理论中,这是指为了(通过市场)进行交换而生产商品,而不是生产者直接使用的商品。它标志着使用价值(use value)*向交换价值(exchange value)*的转换,并预示着生产关系(relations of production)*的变化。用传统术语来说,这个过程可以描述为以前用于维持生计的货物和服务现在必须在市场上通过买卖来获得。这些术语在第三世界(Third World)*研究中被广泛使用,例

如，当自给自足的农民开始以现金出售其农产品时。尤尔根·哈贝马斯(Jürgen Habermas)*也使用该术语来指代诸如健康和福利之类的服务从国家提供系统转手到私有部门，这是基于市场的提供系统的转移。另见商品拜物教(commodity fetishism)*。

commodity chains 商品链

　　一个经济联系网络，将跨国劳工程序和参与全球产品采购和全球营销的公司整合在一起。商品链分析(有时也称为全球商品链[GCC]方法)是从世界体系视角发展出来的。这种分析通过追踪全球服装、汽车、食品和药品等商品的生产和分销链的组织、地理和文化维度，挑战了资本主义(capitalism)*是被抑制在民族国家内部的假设。有时由生产者驱动的(跨国公司[multinational corporation]*)商品链和由买方驱动的(零售商/贸易公司)商品链之间是有区别的。有关摘要说明和一系列案例研究，参见加里·杰芬(Gary Gereffin)和米格尔·科泽尼维奇(Miguel Korzeniewicz)编的《商品链和全球资本主义》(*Commodity Chains and Global Capitalism*, 1994)。另见全球化(globalization)*。

commodity fetishism 商品拜物教

　　这是卡尔·马克思(Karl Marx)*在《资本论》(*Capital*)第一卷中阐述的一个想法。他区分了使用价值(use value)*和交换价值(exchange value)*；后者是同一物品将在市场上作为交换获得的东西。金钱提供了交换的媒介，并将不同的对象带入彼此的平等关系中，例如，在一家餐馆吃饭的花销可能等同于四本平装书的价格。交换价值取决于当前生产物品所需的劳动时间比率。反过来,这又将我们引向了资本主义社会中存在的社会劳动分工和相互依存的复杂关系。但是,这些复杂的关系对于参加市场交易(market change)*的参与者而言并不明显,他们只看到商品之间的价格关系。因此,他们错误地认为这些关系是自治的,认为它们是掌管而不是取决于社会的劳动分工,也看不到它们在不同和不平等的生产者之间建立的关系。总而言之,这种妄想就是马克思在资产阶级经济学中批评的商品拜物教,它将经济价值视为商品的内在属性,例如其使用价值。

从某种意义上说,商品是一种迷信,因为它拥有人类的力量,所以我们会认为发生在我们身上的事情取决于市场的状态和变动。格奥尔格·卢卡奇(György Lukács)*将这种理论扩展到了身份化的概念,即所有人类关系和经验都被视为商品,我们将它们视为事物。商品拜物教是对资本主义社会的意识形态分析的一个方面:真正的内在联系隐藏在我们的感知中,而我们仅凭表象就可以建立对世界的理解。

commonsense knowledge 常识知识

人们对他们的日常世界和活动所具有的常规知识。不同的社会学方法对常识采取不同的态度。这个概念是阿尔弗雷德·舒茨(Alfred Schutz)*现象社会学(phenomenological sociology)*的核心;它指的是人们思想当中那些被认为是理所当然的知识的储备,它们通常已经被组织好了,同时也被"典型化"了;这些知识是人们行为活动的基础,并且在"自然态度"下不会受到质疑。这个想法构成了彼得·伯格(Peter Berger)和托马斯·卢克曼(Thomas Luckmann)的理论(《现实的社会建构》*The Social Construction of Reality*, 1967)基础。

对于民族志方法论家,常识或"隐性"知识是一项持续的成长,其中人们借鉴了"如何继续"的潜在规则,使个体思想产生了组织意识和连贯性。安东尼·吉登斯(Anthony Giddens)*将这个想法纳入了他的结构化理论(structuration theory)*(《社会的构成》*The Constitution of Society*, 1984)。就符号互动论者和其他解释性社会学家而言,他们对常识的分析不那么严谨,但是社会学的主要目标被视为是在阐明和阐述人们对社会世界(social worlds)*的构想。

然而,一些社会学家认为常识知识与社会学理解不同(如果两者不是反对的话)。对于爱弥尔·涂尔干(Émile Durkheim)*来说,社会学必须摆脱常识的偏见,才能产生关于社会世界的科学知识。对于马克思主义者来说,许多常识知识是意识形态的,或者至少在其对世界的理解方面非常有限。这些方法倾向于强调社会学的科学性;而对于马克思主义者,则强调革命党在组织和指导工人阶级方面的重要性。

commune 公社

指分享生活和工作的一群人,通常是乌托邦社区;在该社区中,成员试图根据理想社会的愿景建立新的社会秩序(social order)*(例如以色列的基布兹[kibbutzim]*),或者在某些国家中,过渡到指代行政区划的领土行政单位。后者的用法在法国大革命中由雅各宾政权采用,并扩展到其他起义主义机构,例如1871年的巴黎公社,以及包括意大利在内的其他几个国家。公社也被用来指代中国的领土管理单位。

但是,对公社的社会学兴趣主要集中在第一种意义上的公社。也就是说,试图建立新的、共享的、平等的生活和工作关系。这些实验提出的问题之一是：行为模式和权力关系（例如基于性别的行为模式和权力关系）是否在社会上更加平等的环境中发生了显著变化。安德鲁·里格比（Andrew Rigby）（《另类现实》*Alternative Realities*, 1973）提供了一种有用的，将公社分为六种的分类法：自我实现型公社为成员提供了通过在公社团体的背景下充分发挥个人潜力来建立新的社会秩序的机会；互助型公社试图增进成员们感到无法在全世界发现的团结感；激进型公社（为活动家和维权家）提供了一个城市基地，成员可以从那里大胆地参与到外界的社会和政治活动中；实用型公社可以部分地根据需要其向会员提供的经济和其他物质利益来定义其宗旨；照护型公社，顾名思义，是为那些被认为有特殊需要的人提供某种形式的照顾和关注；宗教公社主要由其成员以宗教术语定义。当然，这些类别并不是相互排斥的。

communication 传播

建立意义的过程，存在于所有社会环境中，因此，这个概念在社会科学家当中受到了非常广泛的关注。传统上，社会心理学家、符号学家、大众传媒的学生和语言学家对传播学进行了研究，而传播学已逐渐成为一种独立的探究领域，并且通常与文化研究（culture studies）*相关联。

传播至少通过五个模式进行。第一种，个体内的交流涉及与自我的内部对话。第二种，人际交流涉及面对面互动（face-to-face interaction）*，例如欧文·戈夫曼（Erving Goffman）*分析的交流，并且经常涉及肢体语言，例如肢体动作（请参见肢体语言［body language］*）和空间安排。第三种，小组交流涉及小组动态的研究。第四种,大众传播涉及了来源从大众中获得,并以大众的方式发送给大众的消息,通常是为了赚钱。第五种,非人际交流,也是一种正在增长的交流形式,它关注人与非人类的交流:这可能意味着"与动物交谈",但最常指的是我们与机器、计算机和高科技进行通信的方式(例如通过视频游戏、银行柜员机或手机)。

关于传播的研究通常是通过一个简单的模型来进行的,该模型根据"谁说什么、在哪个渠道、对谁说、有什么影响"进行询问。每个(简单或复杂)社会系统(social system)*中存在的"传播结构"的最终描述有时会受到批判,因为它们所描述的传播流动太线性了,而反馈回路则可能在通信的所有阶段发生(造成传播流动的非线性)。但是,传播的中心组件通常涉及发送者(生产者)、消息(代码)和接收者(观众)。还有,正式的和实际的传播结构也必须加以区分。前者由公众认可的社会角色(social role)*(例如官僚机构中的办公室等级)定义,而后者则指的是实际发生的互动结构(其中可能包括通过非官方渠道进行的各种形式的非正式交流)。另见编码(coding)*;内容分析(content analysis)*;批判理论(critical theory)*;网络社会(cybersociety)*;互联网(Internet)*;语言(language)*。

communication, non-verbal 非语言传播

参见非语言传播(non-verbal communication)*。

communism 共产主义

一种源自法国大革命的政治学说;根据该学说,人类社会可以在直接生产者或工人对经济资源的共同所有权的基础上进行组织。共

产主义理论是由卡尔·马克思(Karl Marx)*和弗里德里希·恩格斯(Friedrich Engels)*在1840年代系统地发展起来的;他们声称人类社会经历了一系列历史阶段或生产方式(mode of production)*的发展达到了资本主义(capitalism)*,但出于资本主义的发展和工人阶级(working class)*的有组织的活动,将出现一个共产主义社会或工人国家,成为历史的顶点。马克思只对共产主义社会的构成给出了最笼统的指示,后来的作家修改了他的观点,认为在组织共产主义的社会中国家应站到中央的位置,并主张在完全实现共产主义之前会有一段较长的社会主义过渡期。因此,中国、古巴和苏联经常被称为国家社会主义(national socialism)*。这种说法表明,通过废除私有财产并建立国家对经济的控制,他们被认为已经实现了社会主义纲领的一部分。

非马克思主义者已将共产主义一词应用于共产党统治的任何社会以及任何渴望建立这样一个社会的政党(political parties)*。费尔南多·克劳丁(Fernando Claudin)的《共产主义运动:从共产国际到共产主义情报局》(*The Communist Movement: From Comintern to Cominform*, 1975)是共产主义运动和共产主义社会最好的历史著作之一。

马克思主义者就关于为什么在社会主义革命后没有实现共产主义提出了诸多解释,例如外来资本主义国家的压力、共产主义革命发生的社会本身相对落后,以及出现了官僚阶层或阶级为了自己的利益而阻止或转移过渡进程的现象等。在大多数社会学家看来,共产主义社会在重要的政治和意识形态方面与资本主义国家不同,然而,两种制度的经济基础在实践中的区别程度一直是一个备受争议的问题;一些学者认为,先进工业主义(industrialism)*的技术必要性和紧迫性在不同社会的生产单位和生产组织中有很大的相似性。

另见现实社会主义（real socialism）*。

communitarian（communitarianism）社群主义者（社群主义）

强调社区道德价值的政治理论。20世纪90年代初期，该理论被一小群以美国社会科学家为主的团体推广，他们与自由主义（liberalism）*和自由意志主义（libertarianism）*的哲学相悖。社会学家埃米泰·埃茨奥尼（Amitai Etzioni）是这一运动的杰出创始人之一（参见他的《新黄金法则：民主社会中的共同体与道德》*The New Golden Rule: Community and Morality in a Democratic Society*, 1996）。埃茨奥尼认为，西方资本主义的先进工业社会遭受"猖獗的道德混乱和社会无政府状态"的困扰，因为人们被赋予了太多的自由，却没有承担足够的责任。

埃茨奥尼和其他社群主义者赞成更多的义务和更少的权利。他们倾向于避开对社会问题（social problems）*的经济解释，而宁愿将一切从犯罪（crime）*到过度消费的问题都归咎于家庭的道德沦丧，并继续宣称家庭的道德沦丧在很大程度上归因于妇女在家庭外就业的增加。埃茨奥尼声称，这造成了"父母赤字"（即父母的失职），阻止了婴儿"有效的人格形成"，增加了父母对儿童保育设施的依赖，而儿童保育设施通常只相当于"儿童窝"，并在适当的时候造就了一代年轻人，他们缺乏道德规范来抵抗犯罪、毒品和过早性行为。

社区主义者否认他们提倡重返20世纪50年代式的劳动分工（正式就业留给男性，妇女在家里就业），而是提出了一系列"亲家庭做法和政策"，例如埃茨奥尼提出的"同伴婚姻"这个理念（由两个父母组成的家庭，其中每个伴侣在孩子出生后享有延长"陪产假"的相同权利,并通过加强反离婚法来保证)。从更广泛的意义上讲,社区主义者偏爱一种社会秩序(social order)*,在这种社会秩序中,"社区"确定了共同的利益,并说服其成员对其采取相应的行动。这种论点之所以能够得到支持,与为什么更安全驾驶的论点将获得支持一样,因为它们都具有道德的力量。

社区主义者声称他们影响了美国(埃茨奥尼是克林顿政府的政策顾问)和英国(在那里社区主义思想受到新工党的青睐)社会政策的发展。例如,社区警务是符合社群主义理想的政策。批评者认为,社群论点既模糊又幼稚。谁来支付延长的育儿假?如果"社区"认可恐同症(homophobia)*或种族歧视(racialism)*之类的价值该怎么办?持不同政见者怎么办?他们拒绝遵守双亲家庭和婚姻的理想,且终生不服从劝诫又该如何?据说,社区社会政策的实践往往是专制的,虽然这可能不是社区主义者的本意。另见公社(commune)*。

community 社区

社区的概念涉及一组特殊构成的社会关系,其基于参与者的共同点——通常是共同的认同感。它通常用来表示在一个未定义的生活和利益领域的广泛团结。根据罗伯特·尼斯比特(Robert Nisbet)(《社会学传统》*The Sociological Tradition*, 1966)的说法,这是该学科(社区研究[community studies]*)基础里所包含的最根本,影响最深远的核心思想,这主要是因为19世纪社会学的核心(之一)是关注社区的丧失。但是,社会学中对于社区所包含的内容仍然是无休止的争执。

这些争议源于尼斯比特在19世纪思想中重新发现的社区象征意义,他把这种意义在形式上与"良好社会",以及各种以高度个人亲密感、情感深度为特征的关系,还有道德承诺、社会凝聚力和时间的连续性相连接。人们担心这些正是从农村社会向城市工业社会转变中消失的特征。所谓的社区丧失是斐迪南·滕尼斯(Ferdinand Tönnies)*著作的中心,他经常被认为是社区理论的创始人。滕尼斯在《共同体与社会》(*Community and Civil Society*,原名为 *Gemeinschaft und Gesellschaft*)一书中,介绍了这些社会团体在形式上理想的、典型的意象,并把前者社会关系的团结性质,和被认为是工业化社会特征的大规模和非人际关系进行了对比。

在上述知识背景下产生的社区社会学面临的难题是,它经常被用来识别并同时认可一种特殊形式的社会互动(social interaction)*。其次,对于社会互动的哪些特征能构成所谓的社区典型的团结关系,也没有明确和广泛接受的定义。这些充满价值但不精确的情况在很大程度上解释了第三个难题:对社区的经验认同。该术语在社会学文献中已被用来直接指代人口定居的类型(例如村庄或人口稠密的城市社区);到这些地方的理想和典型生活方式,以及社交网络成员除了共同的地理位置(例如种族或职业)外还具有共同的特征。通常,该术语的使用方式包含所有这些要素,例如在"传统的内城区工人阶级社区"中。曾经,定义社区概念的问题为繁荣的社会学产业提供了基础。在对这一辩论的经典贡献中,乔治·A.希勒里(George A. Hillery)分析了不下 94 个概念,但他的结论几乎没有启发性,因为他只能从这些概念中提取出区分 16 种不同特征元素的分类。这些因素包括地理区域、自给自足、亲属关系、善良意识,共同的生活方式以及各种密集的社会互动类型。也许有点令人绝望的是,希勒里从他的评论中得出结论:"但是,在所有概念中都可以找到一个要素……所有定义都与人有关。除了这个共同的基础之外,没有达成任何协议。"(《社区的定义:承认的领域》Definitions of Community : Areas of Agreement,载于《农村社会学》Rural Sociology, 1955)参见G. 格鲁(G. Crow)和G. 艾伦(G. Allen)的《社区生活》(Community Life, 1994)。另见反城市主义(anti-urbanism)*;社区权力(community power)*;社区研究(community studies)*。

community care 社区护理

　　一个不精确且多被滥用的概念,其中包含一系列针对受抚养人的政策,尤其是那些由于年龄、精神疾病、精神或身体残障而长期受抚养的人;这些政策某种程度与在社区中照顾他们有关。从最普遍的意义上讲,社区在这里只是被定义为"非机构";它不是大型的长期住宿机构,比如庇护所或工作间。因此,该概念的固有性质是处在鼓励人们脱离社区(普通的日常生活)的旧制度性政策与应尽可能照顾和融入个人生活的新政策之间的对比。这种基本的对立与不同的刻板印象(stereotype)*相关联:一方面是庞大的、非人格的、孤立的、使地区贫穷的、苛刻的官僚机构;另一方面是友好的、给人支持、让人感到充实和关怀的(带有关爱的含义)社区。正是这种对比的意象赋予了社区护理这个概念如此强大的象征力,使以其名义提出的政策被接受,并且可以分散人们对所提供的关怀的任何精确检查的注意力。

　　社区护理所提供的帮助的实际特征千差万别,且常随时间改变。只有对服务安排和政策有详细的了解,我们才能确定其确切性质。在早期使用这个概念的20世纪30年代,社区护理特指把原本由医疗护理(寄养制度)承担的为弱智群体的特殊服务转让给社区承担。在这种和其他类似的情景里,其运营方式是在公共资助和管理的基础上提出能够替代医疗机构护理的方案。第二次世界大战后,当社区护理成为非常广泛接受的政策目标时,它仍然指的是公共服务,包括"中途之家"和供长期依赖者使用的小型住宅单位,或针对急症患者的综合医院单位。毫不奇怪,在国家福利服务的资本支出较低的情况下,政策实施的主要障碍是所需的资本投资。

研究表明,与美国相比,在英国,社区护理政策的实施速度较慢。尽管在美国建立了一些新的由国家资助的服务,例如社区心理健康中心(实际上主要处理急性问题),但仍有许多慢性病患者被送往疗养院和寄宿房等私人设施。因此,社区护理的引入与护理的私有化并驾齐驱。这一趋势在20世纪70年代得以加剧,主要原因是联邦政府削减了社区心理健康中心之类设施的开支。

自20世纪70年代中期以来,英国出现了类似的模式,这是因为国家的财政危机(fiscal crisis)*以及公共开支削减。社区护理越来越多地意味着私人护理,无论是由商业团体、慈善团体还是家人和朋友提供,这种转变导致了公共支出压力的加速而不是政策实施的限制。它还导致在公共服务萎缩的情况下,许多人在社区中面临被忽视和边缘化(而不是享受关怀和支持)困境,或者经历了"跨机构化"的过程,从一个(大型)机构解脱出来最终又落入另一个机构,尽管规模较小。如今,在欧洲和美国,社区护理的明显失败及其取得的有限成果均被悉数记录。

community, moral 道德共同体

参见道德共同体(moral community)*。

community power 社区权力

社区权力指在一个地方的成员中产生并分配的权力（Power）*。对权力竞争理论的一个主要贡献来自社区权力辩论，即关于如何以及由谁在地方民主政体中施加权力的争论。

一种观点认为，地方力量是由精英（elite）*行使的，例如地方官员、政客和主要商业利益，并从其对公共政策的公共和私人决策中体现出来（参见F. 亨特[F. Hunter]的经典《社区权力结构》Community Power Structure, 1953）。但是，一些政治学家拒绝这种权力的"分层理论"，并否认上层精英为了自己的利益（interests）*，通过官方认可的下属政治和公民领袖来实现自己的统治。罗伯特·达尔（Robert Dahl）对纽黑文的研究（《谁统治》Who Governs, 1961）得出的结论是，代议制民主的出现将权力从精英转移到各种有组织的利益集团（interest groups）*，从寡头转向多元主义（pluralism）*。构成不同的组织的规则取决于所讨论的问题。

卢克斯（Lukes）重新分析了社区对空气污染反应的"二维"研究；他指出，当反事实（counterfactual）*的事例出现时，或者说当那些可以否定真实利益表达的过程和结构（无论出于何种原因）暂时变得无效时（J. 伽文塔[J. Gaventa]的《权力与无能》[Power and Powerlessness, 1980]说明了这一现象），可以凭经验确定真实的利益（interests）*。他的分析虽然受到了广泛的批评，但超越了社区权力辩论的最初范围，并从总体上论述了社会权力的本质。

有关对社区权力的关键研究总结和对罗伯特·达尔的发现的重新审查，参见1978年G. W. 多姆霍夫（G. W. Domhoff）的《谁真正统治？》（Who Really Rules?）。另见社区研究（community studies）*；自然实验（natural experiment）*。

community safety 社区安全

这个概念有时在犯罪学（criminology）*辩论中与"预防犯罪"互换使用。关于社区（community）*既可以是犯罪问题的源头（例如，在芝加哥学派[Chicago School]*的一些著作中），也可以是犯罪问题被解决的地方的观点并不是新鲜事物。具有讽刺意味的是，当对后工业社会（post-industrial society）*或大众社会（mass society）*的批评正在哀悼"传统社区"的流失之时，解决刑事受害问题是社区内部广泛基础的责任这一观念又重新在刑事司法政策和实践中脱颖而出。通过强调减少犯罪率（crime rate）*的物理措施，社区已在当地预防犯罪中发挥作用。鼓励社区成员通过与警察合作来控制越轨行为，并以此履行其作为积极公民（citizen）*的道德义务。但是，对此方法的批评者认为，公民参与社区安全计划的想法是假定我们既可以识别并同意构成社区的公民是谁，同时对这些公民的犯罪顾虑达成一致。实际上，某些种族、性别和年龄段团体的存在感很低，因此（据称）他们的需求没有像"社区"中的其他人那样受到重视。

community studies 社区研究

社区（community）*一词的定义很含糊；这点可以从大量现有社区实证研究的范围和局限看出来；社会学也因此很难对社区有一个完全统一的定义。在实践中，大多数针对社区的研究都关注考察既定的地理位置（如村庄和城市社区）中的社会互动（social interaction）*模式。由外来影响而造成的内部变化通常是这些研究的重点。一些社会学家将社区研究作为在他们可操作的能力范围内，从地方层面出发去探索更广泛的社会过程和结构（例如阶级或权力结构）的一种手段。

其他人则关注既定区域里人们在空间上的接近度对社会互动模式的影响。虽然现有的社区研究已经使用了各种各样的方法,但是使用关键线人以及社会人类学(social anthropology)*的研究方法(research methods)*一直拔类超群。

社区研究和城乡社会学之间的联系特别紧密,这点毫不奇怪。例如,在罗伯特·雷德菲尔德(Robert Redfield)*的城乡连续统(folk-urban continuum)*,以及在芝加哥学派(Chicago School)*的城市生态学(urban ecology)*中,均融入了社区这个概念;相应地,许多经典的社区研究都受到这两者理论观点的启发。但是,对于那些声称能用部分案例来反映广泛社会进程的社区研究,其典型性遭到很大质疑。

通过摈弃社区概念经常携带的规范性色彩,人们进行了各种尝试来重新思考社区研究的内容和目的。哲学家雷蒙德·普兰特(Raymond Plant)也认为,该概念"本质上是有争议的",因此必然包含描述性和评估性两个维度。在题为《社区研究的神话》(The Myth of Community Studies,载于《英国社会学杂志》*British Journal of Sociology*, 1969)一文中,玛格丽特·史黛西(Margaret Stacey)提议完全放弃这一概念,并通过重新定义社区研究通常占据的地域,来考察以当地为基础的、相互联系的社会机构或地方社会系统。但是,这些社会系统的构想并不是孤立于更广泛的、可操作的社会结构和过程之外的。

史黛西的论文发表之时,正是城市社会学(urban sociology)*在急剧远离似乎是社区研究的抽象微观社会学的时代,并转变为观察和考虑宏观社会过程是如何塑造了许多社区研究中所描述的地点。因此,其影响是有限的。但是,后来城市社会学家对"地方研究"(现在称为"地方研究")的兴趣有所恢复。造成这种情况的原因很复杂,但它们很大程度上源于地理研究;因为地理研究强调了在解释工业区位格局变化时社会、经济和政治结构局部变化的重要性。现在,社会组织的空间也引起了一些更普遍的社会学关注,特别是在安东尼·吉登斯(Anthony Giddens)*的"结构化"理论中,他纳入了"场所"的概念;该概念被定义为与"典型相互作用"相关的"物理环境"……作为社会系统的集体。在这些语言环境中,包括(或多或少复杂的)史黛西所指的当地社会制度(social institution)*的类型。关于社区辩论的最佳介绍是C. 贝尔(C. Bell)和H. 纽比(H. Newby)的《社区研究》(*Community Studies*, 1972),以及G. 克罗(G. Crow)和G. 艾伦(G. Allen)的《社区生活》(*Community Life*, 1994),关于有用概述请参见克罗的《社区研究:五十年理论化》(Community Studies: Fifty Years of Theorization,载于《在线社会学研究》*Sociological Research Online*,2002)。另见社区权力(community power)*。

compadrazgo 教亲制

教亲制最贴切的描述是一种虚拟的亲属制度,它起源于中世纪的欧洲天主教会,可以近似地将其翻译为"教父(母)"。教亲制通过让孩子接受进入教堂的洗礼仪式,在孩子的生身父母与(可能没有关系的)教父母之间建立一种关系。后者会帮助孩子入教,而且至少理论上,对他或她的宗教教育负责。

在地中海与拉丁美洲地区的天主教文化中,教亲制可以说是一项具有重要政治经济意义的制度。

孩子的生身父母为了确保整个家庭得到政治庇护和经济支持,

或者为了确保孩子得到财务支持（例如以学费援助的形式），而去寻找拥有政治和经济资源的联合父母。社区中具有政治地位和经济能力的人通常拥有很多教子，这不仅说明他们的地位很高，而且也意味着他们拥有数量庞大的劳力服务和政治支持可以倚靠。由此建立的不平等互惠制度是这些地区许多普遍存在的庇护关系（patron-client relationship）*制度的基础。作为一种组织原则，教亲制的优点（作为一种亲属或国家的替代）可以从它在黑手党中起到的作用看出。

comparative sociology（comparative method）
比较社会学（比较方法）

所有的社会学都蕴含着比较，因为社会现象总是以某种典型的、具有代表性（representativeness）*的或者是独特的方式存在着，这些都表明可以进行适当的比较。因此爱弥尔·涂尔干（Émile Durkheim）*正确坚持着"比较社会学不是社会学的一个独特分支；如今，社会学本身不再仅仅是纯粹地描述，并且致力于解释事实"（《社会学方法的准则》The Rules of Sociological Method, 1895）。因此，并不存在一种比较的方法，因为所有的研究技术或方法都可以被用来促进比较研究。

明确的社会学分析具有比较的视角，社会学分析通常涉及跨民族—国家或不同类型社会（例如资本主义［capitalism］*和社会主义［socialism］*）中特定的社会过程研究。许多通常被称作比较社会学的研究或许可以更加准确地描述为跨国家研究。梅尔文·科恩（Melvin L. Kohn）在1987年美国社会学协会主席的就职演讲中发表了这种研究形式的宣言：《作为一种分析策略的跨国研究》（Cross-National Research as an Analytical Strategy, 载于《美国社会学评论》

American Sociological Review, 1987）。

在文献中,这种比较分析明显存在着两种一般化的取向。一种是那些寻找相似性的研究,这些研究通常源于一些定义明确的先验的一般理论,然后在不同的社会(也可能是历史的)情境下检验这些理论。许多受功能主义者影响的研究——例如现代化理论(modernization theory)*几乎所有的研究文献,都采取了这种形式。类似地,社会学和人类学中的结构主义者也试图找出模型和一般过程,这些模型和过程是不同社会中明显不同经验安排的基础,例如(结构化的)马克思主义者的研究。这种研究方式的危险是在寻找所谓普遍命题的例证时忽略了社会背景。

另一种是寻找差异的研究。这些研究强调不同社会独特的历史,拒绝寻找一般理论或法则,而是使用比较研究来揭示文化之间的差异,以便更好地理解每种文化中的特定安排。马克斯·韦伯(Max Weber)*的比较社会学是一个很好的例子。相应地,这里的问题在于过分强调情境而有可能牺牲了社会学的解释,以至于得出这样一个结论,即特定社会现象的文化或国家之间的差异完全是历史偶然性的结果。英国和德国的劳动分工(division of labour)*、犯罪率(crime rate)*、宗教组织(或其他方面)是不同的,因为英国是英国,不是德国。这些分析单位(在本例中为民族国家)不过是许多需要被解释的案例。

作为一项令人鼓舞地对这种困境的分析,亚当·普沃斯基(A. Przewoski)和亨利·图纳(H. Teune)在《比较社会调查的逻辑》(*The Logic of Comparative Social Inquiry*, 1970)中主张,比较社会学研究的目标应该是用变量名称替代国家名称。也就是说,跨国之间不同的特定因变量(dependent variable)*的解释(explanation)*不仅根源于所涉社会的不同历史,也在于特定的国家特征(例如收入不平等的程度或者政权的类型),这些特征可以被归入社会学家有意概括出的变量。

许多比较研究依靠多变量统计技术来回答诸如阶级意识(class awareness)*程度的跨国差异的问题。在《比较方法》(The Comparative Method, 1987)一书中,查尔斯·拉金(Charles Ragin)提倡一种替代的(或者如他所见是互补的)基于数据简化技术的定性比较方法的逻辑,这种数据简化技术用代数来简化以系统性和整体性方式存在的复杂数据结构。这种方法是案例取向的而不是变量取向的,是历史的而不是抽象的因果关系。它根据历史结果社会情景进行交叉分类,试图确定多重并发因果关系的模式(最好是对存在和不存在的社会条件所有可能的结合做详尽的考虑)。

比较研究的逻辑和方法论(methodology)*问题最好在真实的比较分析情境下讨论。典型的文献包括艾尔泽·厄延(Else Oyen)等人的《比较方法学》(Comparative Methodology, 1990)和查尔斯·C. 拉金等人的《比较社会研究中的问题和替代方法》(Issues and Alternatives in Comparative Social Research, 1991)。另见原因(cause)*;反事实(counterfactual)*;历史社会学(historical sociology)*;约翰·斯图尔特·密尔(Mill, John Stuart)*;定性与定量之争论(qualitative versus quantitative debate)*。

compensatory education 补偿教育

一种旨在为所谓问题群体提供特殊资源和教育的项目,相信精心设计的课程(curriculum)*(例如语言技能)能够克服被剥夺背景下的儿童可能遭受的认知和动机缺陷。与人力资本理论(human-capital theory）*常常联系在一起，这种教育假设成就不足是个人的问题，学校可以通过某种方式补偿结构性的社会不平等（social inequality）*。

complementarity hypothesis 互补假说

研究小团体形成的文献包括两种决定个体之间是否相互吸引的主要假说。第一种是相似假说，认为人们是由于个人特征（态度、年龄、兴趣等）的相似性而聚集在一起。西奥多·纽科姆（Theodore M. Newcomb）关于大学期间友谊（friendship）*形成的研究（《相识过程》 *The Acquaintance Process*, 1961）支持了这一观点。第二种假说主张人际吸引发生在互补的个体之间。例如，罗伯特·弗兰西斯·温奇（Robert Francis Winch）在《配偶选择：一项互补需求的研究》（*Mate-Selection: A Study of Complementary Needs*, 1958）中关于已婚夫妇的调查表明，如果婚姻（marriage）*能够成功，"社会需求"（例如尊重、好强和展现自我）应该是互补的而不是相似的。如果一个人的特定属性低，那么他的同伴应该高。此外，某些属性的组合更受人青睐，例如高度尊敬和高度支配。这篇论文的后续修改还考虑了其他变量（variable）*，例如社会需求和关系背后社会环境的相互契合。

compliance（types of compliance）服从（服从的类型）

组织社会学家埃米泰·埃茨奥尼（Amitai Etzioni）区分了组织（参见组织理论［organization theory］*）使其成员服从的三种方法，换言之，基本上可以将组织运用的权力（power）*划分为三种类型。基于物理手段的强制型权力依赖实际或潜在的武力运用保证命令得到遵从，报酬型或功利型的权力依赖金钱和一些其他的奖赏所提供的物质手段，这些奖赏是组织成员渴望得到的并且被组织控制着。最后，规范（norm）*或认同型的权力运用象征手段，通过控制象征物（例如声望或情感）来确保忠诚。典型的例子是，监狱管理运用第一种方法，商业组织是第二种，大学组织运用的是第三种方法。

埃茨奥尼还认为，可以区分出组织中成员的三种参与——疏远的、计算的和道德的，这三种参与涵盖了参与者从消极到积极的情感。这些参与类型与服从类型不是一一对应，相反，当与后者进行交叉分类时，它们产生了九种服从关系的类型。在其中六种关系类型中，主导的权力系统与成员的参与不对应，从而在一个或其他维度上给一致性带来压力。因此，举例来说，当计算型参与成为教师队伍中的常态时，围绕象征性权力组织的大学就无法有效地发挥作用。（参见埃茨奥尼的《一项对复杂组织的比较分析》*A Comparative Analysis of Complex Organisations*，1961）

comprador 买办

一个葡萄牙词汇，字面意思是"买方"，用于表示中国沿海贸易公司中主要的本地代理人。引申来说，"买办资产阶级"是一个用来表示社会阶层（class）*的术语，这个阶层符合外国利益，对发展民族经济不感兴趣。它通常与民族资产阶级（national bourgeoisie）*形成对比，而后者被认为具有发展民族经济的潜力。

Comte, Auguste 奥古斯特·孔德（1798—1857）

一位法国社会理论家，他创造了"社会学"这个名词。在巴黎综合工科学校学习自然科学后，孔德在1817年成为圣西门（Henri Saint-

Simon)*的秘书。在这段被证明是不愉悦的关系中(在关于著作权的一场争执之后,他俩的关系于1824年彻底破裂),孔德能够开始发展他所描述的"实证主义哲学"。许多引用孔德的名字但没有读过他作品的人被他对这个术语的运用误导了。尽管孔德以自然科学为模型,但他打算用这个术语来表明他的方法是积极的而不是消极的,并不是说(通常认为地)他拥护任何一种经验主义(empiricism)*。

他的启蒙运动(Enlightenment, The)*的前辈们过度批判了他们所面临的社会状况,他们不仅没有意识到某些制度(institution)*本质上是有益的,而且更重要的是,他们没有意识到所有这些制度本质上是相互关联的。在这个基础上,他开始将自己感兴趣的对象界定为社会整体,并为这个新对象贴上科学的标签,最初是"社会物理学",后来是"社会学"(sociology)*。

在1820年到1826年之间,孔德发表了他在这个新学科领域最初的论文。他的著作以一系列形而上学(metaphysics)*和方法论(methodology)*框架为基础。例如,参见由罗纳德·弗莱彻(Ronald Fletcher)编译的名为《工业文明的危机》(*The Crisis of Industrial Civilization*)的文集。在这些文章中,他试图解释他所身处的欧洲的不稳定性是神学(theology)*或军事类型的社会结构向科学-工业类型的社会结构转型被中断的结果,因此是不完全转型的产物。他将社会发展的这个过渡阶段称为形而上学阶段,并将克服这个阶段作为社会学的目的,这是综合的因此也是最困难的科学,他称之为科学之王。这个"三阶段法则"激发了19世纪许多进化社会学(evolutionary sociology)*的尝试。在随后六卷本的《实证哲学教程》(*Cours de philosophie positive*, 1830—1842)中,他确定了社会学研究的具体对象,如经济生活、统治观念、个性形式、家庭结构、劳动分工(division of labour)*、语言(language)*和宗教(religion)*。他根据社会静力学(社会秩序[social order]*的必然要求)和社会动力学(社会变迁[social change]*)的决定因素)的划分来组织对这些话题的讨论,这种划分非常有影响力。

在后来六卷本的《实证主义政治体系》(*System of Positive Polity*, 1850—1854)中,他提出了一个社会学分析体系,该体系在孔德的精神领导下通过人道教得到发展和推广。这些想法具有相当大的国际影响力,并且在世界各地形成了许多附随的实证主义"教会"。尤其是他的方法论和社会学思想在19世纪后期各种实证主义和世俗主义辩论的社会中具有越来越大的影响力。最重要的孔德的思想传记是玛丽·皮克林(Mary Pickering)的三卷本研究——《孔德:一个知识分子的传记》(*Anguste Comte: An Intellectual Biography*, 1993、2009)。另见实证主义(positivism)*。

concentric zone theory 同心圆理论

一种关于城市生态结构的观点,用其作者的话来说,"代表了任何……城市从其中心商业区(central business district)*向外快速扩展趋势的一种理想结构",见帕克(R. Park)*和伯吉斯(E. Burgess)*的《城市》(*The City*, 1925)。该理论假设中心区周围呈现出同心圆,这是由他们住宅区的构成所界定的,它从非常贫困和社会失范(anomie)*的内部过渡地带(zone of transition)*,转移到外围郊区的通勤圈。

伯吉斯本人认为,这一结构是土地使用者之间竞争的结果,这类似于生物物种之间争夺地盘的生态竞争（ecological competition）*过程。在人类社会中，这些"生物"过程被文化过程所覆盖，它限制了由不受约束的领土竞争所导致的冲突和社会混乱。通过将人口划分为不同的群体实现控制，这些群体是由共同的种族认同、职业地位或经济地位来界定。在每个区域内，群体占据着特定的自然区域（natural areas）*，因此形成本地社区（community）*的"城市马赛克"现象。社会和经济流动通过侵入、支配和接替的生态过程导致领土占领格局的变化。

随着大数据集和计算机技术的出现，关于城市结构和自然区域类型更复杂的观点随后被提出。这种强调纯粹空间过程的社会区域分析（social area analysis）*，很大程度上忽视了更广泛的社会过程和结构问题，而这正是伯吉斯和他的同事们在城市社会学（urban sociology）*发展过程中做出的独特贡献所关注的问题。另见芝加哥社会学（Chicago sociology）*；住房阶级（housing class）*；侵入−接替模型（invasion-succession model）*；城市生态学（urban ecology）*。

concepts 概念

一种术语方式，社会科学家借助它对社会现象进行分析，对观察到的世界中的现象进行分类，通过对这些现象进行解释来赋予意义，并基于这些观察现象提出更高层次的命题。概念本身也以很多方式被划分成不同的类型，例如，描述直接观察到的现象的概念和表示推断出的现象的概念之间存在区别。概念的可塑性是由一项事实来证明的，即对概念的定义存在争议，而且确实存在一类这样的概念，它们被称为"本质上有争议的概念"。这些概念既是描述性的，也是评价性的,因而带有情感或理论上的意味。诸如剥削(exploitation)*、异化(alienation)*、歧视(discrimination)*、权力(power)*、阶级(class)*等字眼,带着沉重的价值包袱。见S. 诺瓦克(S. Nowak)的《社会学研究的方法论》(*Methodology of Sociological Research*, 1977)

concomitant variation, method of 共变法

参见约翰·斯图尔特·密尔(Mill, John Stuart)*。

concrete operations stage 具体运算阶段

参见让·皮亚杰(Piaget, Jean)*。

conditioning 条件反射

行为主义心理学家在刺激-反应(S-R)学习模型的框架内使用的一个术语。它指的是建立新的刺激-反应联系的过程。

传统上,行为主义者将条件反射区分为两种。在伊凡·巴甫洛夫(Ivan Pavlov)著名的犬类实验中首次发现的经典或S型条件反射中,新的刺激与已经存在的反应相联系。新的刺激-反应联系是通过将新的、以前为中性的刺激与已经引起反应的旧刺激连续配对而建立的。在巴甫洛夫的实验中,旧的口中含有食物的无条件反应(UCS)*会引起唾液反射性无条件反应(UCR)。当这种刺激与新的刺激(铃铛声)反复配对时,仅是新刺激的出现就能使狗及时产生唾液。因此,在条件刺激(CS)铃铛声和条件响应(CR)唾液之间建立了新的联系。在此过程中,食物与铃铛声的配对加强了新的刺激-反应联系,即使得唾液对铃铛声的反应更容易发生。在没有强化(食物)的情况下频繁重

复新刺激将会导致条件反应的消失。

在操作性、工具性或R型条件反射中,新的反应建立在旧的中性刺激的基础上。每当出现这种反应时,都会对其进行某种程度的强化,从而鼓励这种反应。这种方法通常与美国心理学家桑代克(E. L. Thorndike)的《动物情报》(Animal Intelligence, 1911)和斯金纳(B. F. Skinner)的《生物行为》(The Bebaviour of Organisms, 1938)联系起来。在斯金纳著名的笼子老鼠实验中,每当老鼠按下横杠时都会给它食物颗粒(加强刺激)来加强横杠按压行为,这种利用愉悦感进行的强化被称为正强化(positive reinforcement)*。如果强化采取的是避免令人不快的东西(电击、令人讨厌的味道)的形式,则称为负强化。强化物通过学习获得其价值的情况称为辅助强化物。例如,如果老鼠学会获得用于保护食物的代币,则代币可以在调节某些新反应时被用作辅助强化剂。操作性条件反射也已被用作人类治疗的基础。被试知道某些行为模式具有理想的后果(即它们是有回报的),这增加了他们将来做出这种行为的可能性。

学习理论(learning theory)*之间的许多争论都与对条件反射研究中的经验观察的解释有关。早期的行为主义者对条件反射展开的分析表明它是一个简单、无意识的(unconscious)*自动过程。但是,许多实验提供了有力的证据表明认知过程与建立条件作用研究中观察到的刺激—反应联系有关。从20世纪60年代开始发展起来的学术心理学,对认知和信息处理的日益重视已经将注意力从对动物和人类的适应性研究以及对基于刺激—反应模型的概念化学习转移开了。

Condorcet, Marie-Jean-Nicolas de Caritat, Marquis de
马利·让-尼古拉·德·卡里塔·孔多塞侯爵(1743—1794)

孔多塞是《百科全书》(Encyclopedie, 1751—1765)的主要撰稿人,也是法国大革命最初的支持者,随后成了法国大革命的受害者。他主要是以其人类进步思想而闻名后世,这一思想呈现在他于避难期间写的《人类精神进步史表纲要》(Sketch For a Historical Picture of the Progress of the Human Mind)一书中。他区分了人类历史上的十个进步时期或阶段,并且像他的许多同时代人一样,他强调了科学和数学发展的无限进步潜力。他激进的社会和政治思想是托马斯·马尔萨斯(Thomas Malthus)*在《人口原理》(Essay on the Principle of Population)一文中批评的主要对象之一,后者在论文中指出,所有这类善意的项目都必须建立在人口增长与食物供应自然限制之间的不平衡上。

confidence intervals(confidence limits)置信区间(置信界限)

在多个随机样本的测量(measurement)*中,值始终分布在一个范围内。当值的分布对应二项分布(binomial distribution)*时,可以使用其已知属性来估计置信度,该置信度可以用于判断测量值与总体中的实际值有多接近,置信度可以表示为百分比水平。另见集中趋势(测度)(central tendency[measures of])*。

conflict(social conflict)冲突(社会冲突)

参见经济与社会竞争(competition, economic and social)*;冲突论(conflict theory)*;共识(consensus)*;劳资冲突(industrial conflict)*；军事与军国主义(military and militarism)*；权力(power)*。

conflict, industrial 劳资冲突

参见劳资冲突(industrial conflict)*。

conflict theory 冲突论

冲突(conflict)*一直是社会学理论和分析的中心。最早的方法包括路德维格·贡普洛维奇(Ludwig Gumplowicz)*的种族冲突论和加塔诺·莫斯卡(Gaetano Mosca)*的精英与大众之间的冲突论。许多人都认为马克思(Karl Marx)*的阶级理论提供了一种社会变迁(social change)*的冲突论。然而在今天，冲突论一词经常被用来指二战后的 20 年中那些反对结构功能主义(structural functionalism)*主导地位的社会学著作。它的支持者借鉴了马克斯·韦伯(Max Weber)*和(在较小程度上)卡尔·马克思的论点，他们强调权力(power)*和利益(interests)*对规范(norm)*和价值(value)*的重要性。他们将追求利益过程中产生的各种类型的冲突视为社会生活的正常方面，而不是异常或功能失常的现象。拉尔夫·达伦多夫(Ralf Dahrendorf)在他的《工业社会中的阶级与阶级冲突》(*Class and Class Conflict in Industrial Society*, 1959)——冲突论的公认著作——中认为，英国、德国和美国等先进的"后资本主义"社会中的阶级必须"从权力调节的关系位置中"产生，因此这些社会的特点是关于"参与或排除行使权力"的争夺。

与后来的批判相比，针对功能主义(functionalism)*的冲突论的主张是相对温和的。例如，达伦多夫辩称，结构功能主义并非是错误而是有所偏颇的：社会系统(social system)*中的权力或权威

（authority）*不是简单的整合，而是从系统中产生出来以使其保持在一起的东西，而且也是强加于利益冲突之上的具有分裂性的东西。同时他再次表达了对马克思的反对，认为社会冲突是多方面的，不会只围绕一个核心问题。

冲突论学者并没有声称要提出任何的一般社会理论，但他们强调社会秩序（social order）*的基础是强制（coerlion）*而不是共识（consensus）*。约翰·雷克斯（John Rex）*在《社会学理论的关键问题》（Key Problems of Sociological Theory, 1961）中提出了一种冲突论，这更多地归功于马克思。赖特·米尔斯（C. Wright Mills）*和阿尔文·古尔德纳（Alvin Gouldner）*的作品对冲突的中心性也采取了类似的取向。这一时期最令人印象深刻的是大卫·洛克伍德（David Lockwood）*撰写的有关系统整合和社会整合（social integration）*的论文以及佐尔桑（G. K. Zollschan）和赫希（W. Hirsch）主编的《社会变迁探索》（Explorations in Social Change, 1964）。洛克伍德认为，我们可以对系统整合和社会整合进行区分，系统整合是指社会系统、经济和政治系统不同部分之间的关系，社会整合指的是规范（norm）*和价值（value）*。结构功能主义趋向于同时运行系统整合和社会整合，并且优先考虑社会整合：如果这种整合持续存在，那么就可以假设存在系统整合。洛克伍德指出，没有系统整合也可以存在社会整合。例如，经济危机可以表明存在系统冲突，但并不会自动导致社会整合的崩溃。刘易斯·科塞（Lewis Coser）*的《社会冲突的功能》（The Functions of Social Conflict, 1956）试图将对社会冲突（social conflict）*的分析纳入结构功能主义，将冲突视为紧张管理的过程，或作为应对社会变迁（social change）*的重新整合过程的一部分。兰德尔·柯林斯（Randall

Collins)*在他的《冲突社会学》(Conflict Sociology, 1975)中论述的最新版本的冲突论特征是它植根于个体行动者(actor)*的微观关注。实际上,他声称他的理论根源在于现象学(phenomenology)*。

随着马克思主义(Marxism)*在20世纪60年代作为社会理论的主要力量出现,这场争论在很大程度上消失了,冲突论也融合为社会理论中更为普遍的马克思主义和韦伯主义倾向。在现代社会学中,冲突传统(以非常不同的方式)由安东尼·吉登斯(Anthony Giddens)*的结构化理论(structuration theory)*和理性选择理论(rational choice theory)*等发展形式呈现出来。另见系统整合与社会整合(system intergration and social intergration)*。

conformity 从众

从众指的是人们不顾自己的个人信念或偏好,而使自己的行为符合普遍规范(norm)*或期望的倾向;也可以指一种为了与他人一致而改变自己信念的倾向。一些社会心理学家认为,某些特殊的社会化(socialization)*模式导致了明显的从众性格;而另一些社会心理学家的观点则侧重于群体、组织或领导者所存在的社会压力,或者是由于感知到他人的普遍期望。美国格式塔心理学家所罗门·阿施(Solomon E. Asch)进行的一系列小组研究实验显示,当其他人提供明显不正确的答案时,要求被试回答一个基本的难题(例如一行的长度),许多被试在感到压力的情况下给出了相同的错误答案。但是,大多数人抵制住了从众的压力,即使是那些勉强从众的人也提供了这样做的合理解释,虽然他们随后也对自己的行为表示了怀疑,见阿施的《社会心理学》(Social Psychology, 1952)。阿施认为,这些结果证实了他对人性（human nature）*的看法，即人类是具有创造力和理性的有机体，这与将人类视为被动并仅对环境压力做出反应的传统观点形成了鲜明对比。罗伯特·默顿（Robert Merton）*在《社会理论和社会结构》(*Social Theory and Social Structure*, 1968)中也使用了从众的概念来指代接受文化目标以及实现这些目标的合法或认可的手段。另见权威主义人格（authoritarian personality）*。

confucianism 儒学

儒学是一种由孔子在公元前六世纪至公元前五世纪创立的、包含宗教实践元素的哲学。它不仅在中国有巨大的影响力，在韩国、日本、越南和新加坡也是一种具有重要意义的学习源泉和道德准则。

孔子（公元前551至公元前479年）在政治暴力和社会动乱时期阐述了维持和谐与秩序的必要行动。汉朝时期（公元前206年至公元220年），他的学说（由他的弟子汇编的《论语》）在中国成为国家正统思想并一直保持到1911年。儒学认为成为君子不是通过继承，而是通过遵循正确的礼仪、孝顺、互惠和公义的行为。尤其是年幼者（例如臣民或儿子）应表现出对年长者（统治者或父亲）的忠诚，年长者则应表现出对年幼者的仁慈。儒家的"亚圣"孟子（约公元前371至公元前289年）对这一思想进行了扩展，认为人性本善（原始美德的思想），并认为反抗暴政统治是合理的。显然，后一种思想从未传入日本。在日本，对天皇的忠诚是最重要的。

尽管在今天的韩国，儒学仅作为一种宗教（religion）*在积极地进行实践，但儒学对上述国家的伦理、法律、政治和教育体系仍然有重要影响。罗伯特·贝拉（Robert Bellah）在《德川宗教》(*Tokugawa*

Religion, 1957）中认为，儒学在现代日本的发展中可能起着与欧洲新教伦理（protestant ethic）*类似的作用，这一解释与马克斯·韦伯（Max Weber）*在《中国的宗教》（*The Religion of China*, 1916）中的解释不一致。其他人则认为日本和东亚其他的新兴工业国家（newly industrializing country）*经济增长（economic growth）*背后体现的是儒家对和谐、尊重权威（authority）*、忠诚、仁慈、精英（elite）*和学识的强调。

conjugal role 夫妻角色

参见夫妻角色（role, conjugal）*。

conjuncture 情势

（结构化的）马克思主义者（参见路易·阿尔都塞[Louis Althusser]*）使用的一个术语，指的是特定社会在特定时间点（处于"特定历史形势"）上具体的政治经济情形，尤其是阶级关系。该术语也出现在法国历史年鉴学派（Annales School）*的研究中。

connotative versus denotative meaning 内涵意义与外延意义

内涵意义指的是概念具有的联想、暗示和感觉，而不是概念明确所指的或表示的（因此称外延意义）。具有相同参照或定义的两个词可能具有不同的内涵，内涵意义通常使用语义差异来研究，这种差异部分地基于通感现象，即一种感觉体验伴随或替代另一种感觉。例如，声音被感知为一种颜色或情感，正如在蓝调或悲伤的音乐中呈现的那样。另见话语（discourse）*。

connubium 通婚

一种婚姻交换制度,例如两个帮派或部落(tribe)*之间,一个群体中的男人必须与另一群体中的女人结婚(反之亦然)。对于这样的安排有几种解释,例如将它们与乱伦禁忌(incest taboo)*、政治联盟的形成以及与群体象征性边界的确定联系起来。

consanguinity 血缘关系

血缘关系是基于共同祖先(男性或女性)的一种世系亲属关系,并不一定是血亲关系。社会人类学家指出,想象的关系在追踪血缘关系时可能与实际的生物关系同样重要(例如在氏族[clan]*中就经常如此)。拉德克里夫-布朗(A. R. Radcliffe-Brown)*认为亲属关系(kinship)*一词比血缘关系更好,因为它并不仅仅意味着血亲关系。

consciousness, class 阶级意识

参见阶级意识(class consciousness)*。

consensual union 合意同居

男女同居(cohabitation)*的一种形式,是指男女双方以婚姻(marriage)*的形式同居,但其关系未得到国家主要法律和宗教(religion)*的正式认可。合意同居关系的后代在法律上是非法的。在第三世界(Third World)*的一些地区,习俗婚姻不被国家承认,在官方统计中被定义为合意同居。另见婚姻(marriage)*。

consensus 共识

"共识"一词是指共同认可的立场、结论或一套价值观念,通常用于指群体动力(group dynamics)*或公共舆论(public opinion)*中的广泛共识。更广泛地说,它指的是整个社会成员之间共享一套思想、规范(norm)*和价值(value)*。正是在这个意义上,它与塔尔科特·帕森斯(Talcott Parsons)*的规范功能主义(normatie functionalism)*联系在一起(例如,参见《社会系统》The Social System, 1951)。

到目前为止,就社会学理论涉及社会秩序(social order)*问题而言,在这门学科的历史上,可以发现两种大致不同的解释:一种是强调冲突(conflict)*和强制(coercion)*;另一种是假定基于对价值和规范的同意形成一定程度的社会共识。虽然价值共识被认为是社会秩序的基础,但真正的解释重点是通过家庭这个载体进行社会化(socialization)*的过程,而规范功能主义者非常强调这种活动。

在20世纪60年代,人们经常谈到共识派和冲突派之间的争论。前者的拥护者往往对任何一种社会决定论(determinism)*持批评态度,认为社会理论必须考虑个人行动层面的意图和选择。因此,社会应该被看作是价值和规范系统的表现形式,而这些价值和规范是由其成员随着时间的推移而发展和制度化(institutionalization)*的。因此,在帕森斯自己的著作中,"整合"被认为是社会四个关键的功能需要之一。冲突论(conflict theory)*与共识论是相对的,在20世纪50年代末和60年代初期发展为与帕森斯的功能主义(functionalism)*相对立。这种解释拒绝将共享的规范和价值作为社会秩序的基础,而是将政治和经济方面冲突利益之间的权力平衡作为秩序的基础。很明显,在许多问题上,两个派别的人物只是各执一词,并没有深入的交流对话。

consensus theory 共识理论

参见共识(consensus)*;功能(function)*。

conservatism 保守主义

一个日常的概念,意为"保存"或"保持不变",至少在19世纪以来的欧洲和美国,这个概念已经与一套政治原则联系在一起。定义这个概念的主要问题在于,许多保守主义者本身否认保守主义是一种抽象的理论或意识形态(ideology)*;相反,他们以传统、历史经验和渐进主义为由为自己的判断辩护。一般来说,保守主义者都会放弃对美好社会的全面设想,而赞成零敲碎打的社会改革的实用主义(pragmatism)*。

尽管如此,现代保守主义倾向于借鉴两个有些矛盾的思想分支,即中世纪的有机保守主义和埃德蒙·伯克(Edmund Burke)等作家的自由主义(libertarian)*的保守主义。前者让人联想到中世纪的理想,即紧密团结的地方社区(community)*,一个稳定的社会等级制度,等级在出生时即被赋予,而非后天可达到(参见归因[causing]*);由贵族的家长式统治(paternalism)*对穷人的支配,以及将仁慈的主人和服从的仆人联系在一起的权利和义务的互惠网络(参见顺从[deference]*)。相比之下,伯克(18世纪英国的政治理论家)主张放任主义经济学(laissez-faire economics)*、不受管制的资本主义(capitalism)*,以及国家对经济事务较低的干预。有机保守主义强调的是"一个国家",而自由主义者则支持个人自治的个人主义(individualism)*,即自主的个人遵循自己的利益(interests)*,其通常以个人自由、社会正义(social justice)*和(长期)集体福利为基础。

尽管伯克本人写了一篇充满激情的文章，为18世纪英国有机的政治和社会传统辩护，谴责法国大革命，并表明自由主义原则在一个已经自由的社会中是如何被证明是合理的，但这些分歧在长期内很难调和。现代保守主义者设法平衡这二者的关系，并提供了一系列的混合方案。对保守主义思想的有益研究是罗伯特·尼斯比特（Robert Nisbet）的《保守主义》（*Conservatism*, 1986）。

conspicuous consumption 炫耀性消费

参见有闲阶级（leisure class）*。

constant conjunction 恒常结合

参见原因（cause）*。

constructionism（constructivism）建构主义

参见社会建构主义（social constructionism）*。

consumer society 消费社会

这个术语有时适用于现代西方社会，表明它们越来越多地围绕着消费（商品和休闲）而不是物质生产（production）*和服务来组织。与这一发展有关的因素包括：日益富裕、资产阶级化（embourgeoisement）*、流行文化（popular culture）*的出现、私己主义（privatism）*的增加、社会阶级（social class）*的消亡、消费分化（consumption sectors）*和分裂（schism）*，以及个人主义（individualism）*的增加。读者阅读本词典中的这些条目可以清楚地看到，这些趋势中的大多数都是非常值得商榷的,而且无论如何也不清楚新的消费社会是否会表现出一些拥护者所设想的平等主义(egalitarianism)*的特征。消费主义可能只是强调了富人和穷人之间的区别,如炫耀性消费(conspicuous consumption)*的现象。另见消费社会学(consumption, sociology of)*。

consumption sectors(consumption cleavages)消费分化

在发达资本主义社会中,物质商品和服务——特别是住房、保健和教育等主要项目——的消费方式所造成的社会分化(social differentiation)*。

马克斯·韦伯(Max Weber)*认识到了消费模式对决定社会分层(social stratification)*的可能性意义,他指出,分层群体是"根据其对商品的消费原则而分层的"。同样,托斯丹·凡勃伦(Thorstein Veblen)*也分析了所谓的有闲阶级(leisure class)*的炫耀性消费(conspicuous consumption)*。20世纪60年代和70年代关于住房阶级(housing class)*和集体消费(collective consumption)*的争论导致一些社会学家宣称,基于消费的分层比基于生产的分层更为显著。在英国,这种说法得到了一些研究的证实,这些研究声称,在决定投票行为(voting behaviour)*方面,公共/私人住房-产权的分化变得比社会阶层更重要(所谓的"分配论")。

根据一位著名的消费分化理论家的说法,"对不同的消费模式——国家提供实物、国家提供现金、自我提供、市场化或私有化提供——的社会学分析,是……理解当代社会组织的某些关键特征的核心"。(参见彼得·桑德斯[P. Saunders]的《社会理论与城市问题》*Social Theory and the Urban Question*,1986)在实践中,讨论集中在私人(市场)和社会化(socialization)*(国家)供给上,因为(根据桑德斯的观点)当代资本主义社会中,以消费为基础的主要划分是在那些通过个人所有制来满足需求的人和那些仍然依赖社会化国家供给的人之间。

此外,如果有选择的余地,那些有能力这样做的人会选择私有化和市场化的消费,而不是社会化的消费——例如住房、医疗保健和教育。这破坏了对福利(welfare)*制度(以及支持福利制度的政党[political parties]*)的政治支持,并对福利机构为那些仍然依赖福利制度的人提供服务的质量产生负面影响。这就造成了一个重大的社会分化(social differentiation)*,即"被边缘化(marginalization)*和被污名化的少数人……在福利国家的残余的木筏上漂流",和私有化的大多数人之间——他们有越来越多的自由,可以在更高质量市场消费的可能性中进行选择。

对这种阶层分化理论有许多批评。越来越多的社会学家认为有必要对不同的消费模式和这些消费模式可能造成的社会分化之间的关系进行更密切的分析,但许多人拒绝接受桑德斯关于私有化和社会化供应的利弊的结论。大多数人可能会质疑消费分化而不是社会阶层是否决定了生活机遇(life chances)*和政治取向,尽管有越来越多的证据表明它们在社会认同中的重要性。然而,有证据表明,消费分化是阶级决定的,而不是社会进程中独立的决定因素。一些批评者认为,这一理论是以民族为中心的(主要关注英国的情况);另一些批评者认为,社会化消费和市场化消费之间的区分是不现实的,因为公共部门经常支持明显的私有化消费。实证研究也表明,人们的态度因所讨论的特定社会服务的不同而不同,而决定投票行为的主要因素(至少在英国)仍然是社会阶层。这些研究结果的争论使得原有理论的进一步完善,再加上其他地方社会学的发展,也使消费社会学(consumption, sociology of)*的文献量不断增加。

consumption, sociology of 消费社会学

一个多元化的社会学领域,在20世纪80年代迅速发展。其关注的实质性焦点问题是发达资本主义社会的物质文化,尤其是大众文化(mass culture)*。斯蒂芬·埃杰尔(Stephen Edgell)等著的《消费问题》(*Consumption Matters*, 1996)一书收集的文章很好地说明了这一领域的多样性,而丹尼尔·米勒(Daniel Miller)的《消费及其后果》(*Consumption and Its Consequences*, 2012)则是对该领域中心议题很好的介绍。

消费社会学的支持者倾向于认为,消费社会学为传统城市社会学(urban sociology)*中许多研究提供了另一个焦点,是分析社会不平等(social inequality)*和政治联盟的新方法,(有时)是社会学思想全面革命的基础。他们一般的抱怨是,社会学一直被19世纪的古典理论家们所关注的问题所支配——异化(alienation)*、科层制(bureaucracy)*、社会阶级(social class)*、劳动分工(division of labour)*,以及早期工业资本主义(industrial capitalism)*的其他特征——所有这些都强调生产(production)*是社会意义的来源,是社会秩序(social order)*或冲突(conflict)*的基础。相比之下,如果人们认真对待晚期资本主义的大众消费现象,那么(引用H. F. 穆尔豪斯[H. F. Moorhouse]的批判)"分析家们就不可能再以一种基于有偿劳动的异化概念来分析,也不可能把工厂、办公室、商店或矿山作为人类经验和自我理解的重要场所,尽管在许多社会学和大多数马克思主义理论中都在不断地这样做"(参见《美国汽车和工人的梦想》American Automobiles and Workers' Dreams,载于《社会学评论》The Sociological Review,1983)。简而言之,社会学家对在福特汽车公司工作是什么样的研究太多,而对拥有、驾驶或定制福特汽车意味着什么却研究太少。

这种有意挑战社会学的一些基本假设的尝试,促使对休闲、时尚、营销、旅游和遗产产业等不同主题的研究。其中的许多研究并不像宣称的那样具有独创性,因为它们倾向于呼应一些主题,如商品拜物教(commodity fetishism)*、唯物主义(materialism)*、结构分化(structural differentiation)*、不平等(inequality)*、私己主义(privatism)*和个人主义(individualism)*,所有这些主题都是古典理论家们所熟悉的。然而,对文化艺术品(如汽车)的象征意义的解读,在很大程度上倾向于借鉴罗兰·巴尔特(Roland Barthes)、克劳德·列维-斯特劳斯(Claude Lévi-Strauss)*和让·鲍德里亚(Jean Baudrillard)等作家最近的结构主义(structuralism)*和后结构主义(post-structuralism)*著作。最近关于消费的研究探讨了我们与食物的关系(参见沃德[Warde]等人的《食物中的信任:一个制度与比较的分析》Trust in Food: An Institutional and Comparative Analysis,2007),以及以清洁为目的的技术(参见E. 肖夫[E. Shove]的《舒适、清洁与方便》Comfort, Cleanliness and Convenience,2003),而布尔迪厄(Bourdieu)*的作品在T. 贝内特(T. Bennett)等人《文化、阶级与区隔》(Culture, Class, and Distinction,2009)书中得到探讨。

如果说这些非常多样的文献有一个核心统一的主题,那么,这个共同的论点即是消费对社会关系和社会意义的形塑不亚于生产的形塑;或者,正如丹尼尔·米勒(Daniel Miller)所说,消费社会学"将客体从……一种作为疏远的象征性和价格的价值转化为一种被赋予了特定的不可分割的内涵的艺术品"。(《物质文化与大众消费》*Material Culture and Mass Consumption*, 1987)

英国国内的讨论——以及其他一些欧洲国家的讨论——往往集中在这一特定的主张上,即在发达的资本主义社会,通过市场(market)*来满足消费需求的人占多数,而依赖(日益不足的)国家供给的人则占少数,两者之间存在着重大而新奇的消费鸿沟(consumption cleavage)*。这种分化被认为和早期的社会阶级(social class)*划分一样重要(可能更重要),而且据说还会同时影响政治态度、物质生活机会和文化认同。批评者们的回答是,他们坚持认为,个人在消费领域的地位仍然受到他或她在劳动力市场(labour market)*上的地位的重要影响,因此可以归结为与生产相关的较传统的分化。这反过来又引发了一种反驳,即国家对住房、教育、卫生和交通等方面的干预,引入了一个不受生产关系(relations of production)*直接影响的不平等(inequality)*层面。然而,可以说,即使是这样,对国家供给的依赖本身就是劳动力市场的一个弱点。批评家们还认为,消费领域一旦从生产关系中剥离出来,其本身并不会产生社会不平等(social inequality)*。另见资产阶级化(embourgeoisement)*;非正式经济(informal economy)*;有闲阶级(leisure class)*;大众文化(popular culture)*。

contagion 感染

参见集体行为(collective behavior)*。

content analysis 内容分析

识别文本意义的一种方法,通过将文本缩减为一个更小的摘要或表示其主要主题或思想的方法。伯纳德·贝雷尔森(Bernard Berelson)(《传播研究中的内容分析》*Content Analysis in Communication Research*,1952)将其视为一种"客观的、系统的、定量的"的方法,尽管其他学者也认可了更多的定性因素。这一技术主要是在20世纪40年代为宣传和传播研究而发展起来的("谁对谁说了什么,有什么效果?",正如哈罗德·拉斯韦尔(Harold Lasswell)等人在他的《描述传播内容》(Describing the Contents of Communication,载于拉斯韦尔等人编的《宣传、传播和公共舆论》*Propaganda, Communication and Public Opinion*,1946)一文中所说的那样,且越来越多地利用了语言学(linguistics)*和信息科学的思想。

在最简单的形式下,内容分析包括单词计数,用单词出现的频率来衡量单词在信息意义上的重要性。基本的形式包括词频表,但更多的语法和语义方法已经被越来越多的人所发现。这些先进的方法试图统计词根下的变体和转变(如"am""are""is""will""was""were""was""be"和"been"都是"be"的变体),并试图"消除"或区分相同词的不同拼写(如"a bit of a hole""a 16-bit machine""he bit it off")。更雄心勃勃的是,内容分析试图确定一般的语义概念(如"成就"[achievement]*或"宗教"[religion]*)、文体特征(包括轻描淡写或夸张)和主题(如"宗教作为一种保守的力量")。另见编码(coding)*。

contest and sponsored mobility 竞争性流动和赞助性流动

通过学校教育实现代际社会地位(social status)*提升的替代模

式。在竞争性流动制度下,个人在一个基本的规则框架内,有多种策略或途径可供选择,以获得与高地位相关的资格证书。而在赞助性流动制度下,可供选择的途径很少,通常由精英阶层控制。前者被认为更平等主义(egalitarian)*,因为它意味着公开的竞选或竞争,选拔时间尽可能地延迟。在后者下,新人被那些创立制度的人提前选择,并被赞助从而迅速崛起,对其他人进行排斥。拉尔夫·H. 特纳(Ralph H. Turner)在20世纪60年代初提出这一区分,他提出了一个有争议的说法,即在美国,与英国和其他欧洲社会更强调赞助性流动相比,竞争性的流动更占主导地位。另见封闭(closure)*。

contextual models 情景模式

参见多层次模型(multi-leve models)*。

contingency table 列联表

列联表,通常称为交叉分类表或交叉表,描述和分析数据集中两个或多个变量(variable)*之间的关系。单元格条目给出将两个变量的特定值组合在一起的案例数(人员、家庭或其他分析单元[unit of analysis]*)。边际栏总数(或边际栏)给出了在每一类变量中发现的案例总数。通常,单元格条目以行或列的百分比表示,并且在边栏中显示案例的总数。这些元素以表格形式列出。

		列变量		
		变量A	变量B	
行变量	变量X	单元格	单元格	行边栏
	变量Y	单元格	单元格	行边栏
		列边栏	列边栏	总数

这个例子是非典型的 2×2 交叉表，但是列联表可以采用更复杂的形式，包含三个或多个变量和每个变量的多个类别。复杂列联表的分析现在通常采用对数线性分析的数学技术来进行。另见多变量分析（multivariate analysis）*；列表表示（tabular presentation）*。

contingency theory 权变理论

组织理论（organization theory）*的一个分支（有时也被称为"理性系统观"），其主要的实践者是汤姆·伯恩斯（Tom Burns）、琼·伍德沃德（Joan Woodward）*、保罗·劳伦斯（Paul Lawrence）和杰伊·洛尔施（Jay Lorsch）这些理论上不拘一格的人，他们一致认为，没有一种组织结构比其他的组织结构更有效率。相反，由于组织在执行的任务和面临的环境不同，合适的组织结构在每种情况下都是由技术（technology）*、市场（market）*、任务的可预测性等因素决定的。

在《创新的管理》（The Management of Innovation, 1961）一书中，伯恩斯和他的合著者 G. 斯托克（G. Stalker）研究了技术创新对电子企业的影响，并将企业的不同适应性归因于管理制度的差异。他们设计了一个有影响力的机械管理系统（mechanical management systems）*和有机式管理制度的类型学（typology）*。在机械式管理制度中，决策是在一个严格控制和熟悉的规范性框架内进行的，其中，员工个人负责明确界定的任务；职能是明确界定的；控制（control）*、权威（authority）*和沟通（cornmunication）*是分等级的；成员之间的互动是典型的纵向的（下级和上级之间）；坚持对上级的忠诚和服从；重视内部（地方性）经验和技能，而不是一般的（世界性）经验和技能。有机管理制度表现出与此相反的特点：通过与他人的互动，不断调整和重新定义任务；控制、权力和沟通的网络结构；通过组织的横向沟通而不是纵向沟通，不同级别的人之间频繁地沟通，沟通的形式是协商而不是命令；等等。伯恩斯和G. 斯托克认为，前一种结构只适合于"技术和市场条件非常接近于稳定的关系"。不断变化的市场和技术条件，会产生不可预见的问题和任务，而这些问题和任务无法从功能上描述，也无法在一个明确划分的结构中自动分配，因此需要一个有机的管理制度。

劳伦斯和洛尔施（《组织与环境》*Organization and Environment*, 1967）总结了一个重要的观点，即没有"一个最好的方法"来组织一个给定的技术过程，这是对科学管理（scientific management）*方法所做的假设的明确挑战，后者认为科学总是能找出最快速和最好的方法来完成工作任务。

contract labour 合同工

通常是指为某项特定任务和有期限的工作而被雇佣的工人。在第三世界（Third World）*国家，这一术语有时是指工人由中间人——劳工承包商——有偿提供给雇主的一种制度。这些工人往往通过各种机制与承包商捆绑在一起，因此他们的行动自由可能受到限制。

contractarianism 契约主义

从社会契约论中衍生出来的一种推理模式，旨在从抽象个体（"理性契约者"）在无知和不确定的条件下的理性选择中推导出道德原则。当代最著名的例子是约翰·罗尔斯（John Rawls）的《正义论》（*A Theory of Justice*, 1972）。另见社会正义（justice, social）*。

contraculture 反文化

参见反文化（counterculture）*；亚文化（subculture）*。

contradiction 矛盾

最初是黑格尔（Georg Wihelm Friedrich Hegel）*用来解释思想史上辩证（dialect）*运动的性质的一个逻辑术语。在这里，一个论题必然产生它的对立面（反面），并产生一个综合体，它包含了最初的对立面（矛盾）的思想，并在此基础上取得了进步。随着卡尔·马克思（Karl Marx）*自己工作的发展，他为自己提供了一种方法，使他能够从这个角度出发，通过物质力量之间的对立或矛盾来理解概念化的社会发展。弗里德里希·恩格斯（Friedrich Engels）*后来把这种唯物主义（materialism）*变成了在正统马克思主义（Marxism）*中被称为"辩证唯物主义"（dialectical materialism）*的一种相当于决定论（determinism）*的理论。它在那里的使用，代表了这个术语在正统的马克思主义话语中随后获得权威地位的主要理由。

现在，这个概念在社会学理论中被广泛（而且更为宽泛）地用来指结构上的对立和对抗。例如，在《资本主义的文化矛盾》（*The Cultural Contradictions of Capitalism*, 1979）一书中，美国社会学家丹尼尔·贝尔（Daniel Bell）指出，西方发达社会的社会结构（social structure）*（经济、技术、职业体系）和文化（culture）*（符号化的意义表达）之间的矛盾日益加剧，每一个都是由不同的"中轴原则"支配的。前者要求的是功能理性（functional rationality）*、效率、自我控制、延迟满足（deferred gratification）*，而后者则助长了明显的炫耀、放纵和享乐主义的态度。

contradictory class location 矛盾的阶级位置

在20世纪70年代,阶级分析,特别是受马克思主义(Marxism)*影响的阶级分析,主要关注的是如何定义那些既不属于资产阶级(bourgeoisie)*也不属于无产阶级(proletariat)*的"中间角色"(如经理、主管、领薪职业者)的阶级处境(class situation)*,从而产生了一系列阶级方案中的"边界问题"。由此产生的文献(所谓的边界争论[boundary debate]*),包括尼科斯·普兰查斯(Nicos Poulantzas)*、古列尔玛·卡切迪(Guglielmo Carchedi)、约翰·埃伦赖希(John Ehrenreich)和芭芭拉·埃伦赖希(Barbara Ehrenreich)等人广泛的贡献,在尼古拉斯·阿伯克龙比(Nicholas Abercrombie)和约翰·厄里(John Urry)的《资本、劳动和中产阶级》(*Capital, Labour, and the Middle Classes*, 1983)书中得到了有力的总结。到目前为止,解决这些边界问题最持久的尝试是埃里克·奥林·赖特(Erik Olin Wright)的"矛盾的阶级位置"理论。

美国的马克思主义者赖特认为,在每一种生产方式(mode of production)*中,某些基本的社会阶级(social class)*都是通过在相关的社会生产关系(relations of production)*中完全两极分化来定义的。在资本主义(capitalism)*下,比如说,工人阶级(working class)*完全被剥夺了生产资料(means of production)*,必须把自己的劳动力(labour power)*卖给资产阶级,因此既被剥削(exploitation)*,又被资产阶级所支配。但是,在没有完全的两极分化的情况下,生产方式(mode of production)*内部也会出现矛盾的情况或位置。作为一个阶级,经理人的利益(interests)*是矛盾的:他们像工人一样,被资本家(capitalist)*剥削(从经理人的劳动中获利),但又像资本家本身一样,支配和控制工人。此外,具体的社会形态(social formation)*很少由单一的生产方式构成,如资本主义社会通常包含某些非资本主义的生产关系形式。最明显的是,它们继承了简单商品生产(simple commodity production)*的遗产,在这种生产方式中,直接生产者拥有并控制着自己的生产资料——在封建社会中比较常见的是小资产阶级(petite bourgeoisie)*或自营工人。某些阶级关系相互渗透着这两种生产方式,从而构成了他们之间的矛盾关系。例如,小老板,既是小资产阶级,又是资本家,因为他们既是自营的直接生产者,又是雇主,因而也是劳动力的剥削者。同样地,一个广泛的所谓"半自主的雇员"(如受薪的专业人员)群体并不拥有生产资料,但他们在生产中对自己的活动有相当大的控制权。因此,他们处于一个矛盾的阶级位置,由无产阶级和小资产阶级的存在要素所决定。

赖特的理论在几部长篇理论著作和一项重要的阶级分析实证计划中得到了完善,该计划涉及世界各国的研究团队特别是他的《阶级》(Classes, 1985)和《后工业社会中的阶级:阶级分析的比较研究》(Class Counts, 1997)。

赖特对阶级概念的重塑一直是有争议的,无论是在马克思主义者内部还是在非马克思主义者内部,赖特的观点都曾被批评为静态的、机械的、决定论(determinism)*的,以及(与大多数其他结构主义者的论点一样)缺乏人的能动性。然而,他的观点也得到了热烈的支持,尤其是在那些认为它是对美国阶级分析的可替代地位获得传统的过度个人主义(individualism)*的纠正。赖特的《关于阶级的争论》(The Debate on Classes, 1989)一书对他的研究和大量相关的二手文献进行了很好的概述。另见中产阶级(middle class)*。

control group 对照组

一个用来与另一个群体进行比较的群体，要么是因为它代表了最常见或最典型的情况，要么是因为它说明了某些正在研究的现象的缺失。人类不是没有生命的惰性物质，因此不能简单地通过对施加于他们一些实验性刺激进行前后对比来进行研究。在人们日常生活中，许多其他的发展和变化将同时自发地发生，而且很难把一种特定的刺激与其他所有影响个体或群体的刺激分开。对此，解决的办法是确定一个群体，或者说是确定社会集合体，使之作为一个对照组，提供尽可能接近于"普通"的基线情况下的特征或变化信息，或者说明在缺乏关键因素情况的社会行为。例如，在医学治疗的研究中，被研究组接受被测试的治疗，而对照组不接受任何治疗或无效（安慰剂[placebo]*）治疗，从而提供了关于自发性发展的信息，并以此来衡量实验治疗的效果。对照组可以在抽样（sampling）*阶段，通过对数据集的统计学处理，或在分析过程中建立。最严格的类型是实验，即随机分配到各组。

control, social 社会控制

参见社会控制（social control）*。

conurbation 集合城市

1915年由帕特里克·格迪斯（Patrick Geddes）*创造的一个术语，用于描述伦敦、纽约、波士顿或鲁尔区等大型城市区域。它并不是一个统计学上的概念，但通常是指一个城市或由大面积的郊区包围的大型城市集合体，并形成一个连续的城市和工业聚集环境。在大多数情况下，交通系统的发展是为了连结城市群内的所有地区，从而形成一

个单一的城市劳动力市场或工作区。另一种说法是城市集聚区和美国的大都市区。

conventionalism 传统主义

一种认为相关的科学界出于纯粹的惯例采用一种理论而不是其对手的理论的观点。

现在,科学哲学界普遍认为,即使是最成熟的科学定律和理论,也不能得到事实证据的充分证实。在某种程度上,这是因为这些定律和理论通常具有普遍性,因此所提出的主张必然会超越任何有限的证据。而且,证据本身就是以理论为基础的概念化和描述。如果是这样的话,那么在对立的理论之间的选择就永远不会由事实和逻辑上的选择来决定。

与传统主义相对,我们可能会说,在缺乏逻辑或事实类的结论性证据的情况下,仍然有很好的理由接受一种理论,认为它比任何其他可能的选择更有道理、更有证据支持,而且很快就会被接受。

convergence thesis 趋同论

参见工业社会(industrial society)*。

conversation analysis 会话分析

一种以现实生活中的会话为研究对象,并将其作为研究参与者的角色、社会关系和权力关系窗口的研究方法(research methods)*。

这一理论主要来源于常人方法学(ethnomethodology)*和社会语言学(sociolinguistics)*,它的前提认为会话是社会生活的中心活动之一，很多社会生活都是通过会话来组织的。因此，会话分析试图记录会话的模式，以发现使交流有序进行的潜在规则。它关注的是通常在二人或非常小的群体中的语言互动的结构、语调和其他特征。谈话的主题被注意到，但可能并不重要，而且本身并不是分析的主要焦点（如内容分析[content analysis]*）。这种方法通常是对会话进行录音或录像，然后进行详细的分析。研究结果证明，这种方法对阐明人与人之间互动中许多隐藏的方面是很有帮助的，比如说，谈话的轮流分配、停顿、沉默和说话的时间长短，以及什么时候允许中断等。

对主要实践者（如伊曼纽尔·A. 谢格罗夫[Emmanuel A. Shegloff]和哈维·萨克斯[Harvey Sacks]）和主要主题的经典介绍，可见I. 哈奇比（I. Hutchby）和R. 沃夫菲特（R. Wooffitt）的《会话分析》（*Doing Conversation Analysis*, 1988）一书，而实用指南可在保罗·坦恩·哈维（P. Ten Have）的《开展会话分析》（*Lectures on Conversation*, 1999）中找到。

conversion 皈依

在宗教（religion）*术语中，这指对上帝突然的、戏剧性的体验给一个人的宗教地位带来深刻的变化。例如，新教福音派（evangelical）*基督教（Christianity）*，强调个人对上帝的情感体验，因此强调皈依的重要性。在社会学术语中，皈依是指一个人成为一个宗教团体的成员的过程；人们通常把通过训练和仪式获得教会成员资格与通过皈依经历获得基督教的教派（sect）*成员资格作对比。在犹太教（Judaism）*的一些分支中，皈依是通过割礼来实现的。社会学家们认为，事实上，个人的皈依通常有一段准备或社会化（socialization）*的时期。

这个词也可以在更一般的意义上使用,指获得一种新的角色(role)*或意识形态(ideology)*。另见宗教复兴(religious revival)*。

Cooley, Charles Horton 查尔斯·霍顿·库利(1864—1929)

库利是美国第一代社会学家,但他却是同僚中的古怪之人。库利不是一个机械进化论者,而大多数的社会学先驱都是社会达尔文主义者:他们希望使社会学成为一个严格的客观科学,而库利更关心内省(introspection)*和想象力——他是最早的人文社会学家之一。

库利试图废止社会-个体和身体-心灵的二元对立,转而强调它们之间的联系,并将它们概念化为功能性的和有机的整体。社会科学(social science)*的根源问题是个体和社会秩序(social order)*之间的相互关系。在他看来,"个体"和"社会"只能通过两者的相互关系来定义,因为人类的生活本质上就是社会交往问题——社会塑造了个体,同时个体也塑造了社会。然而,他的批判者们认为他并没有在这个问题上取得成功,他最终还是更偏向于个人和唯心主义(idealism)*立场。

库利开启其事业之时便"无视学科划分",拒绝标榜自己为社会学家,并且尝试融合历史、哲学以及社会心理学(social psychology)*。尽管如此,他的两个概念还是抓住了社会学的想象力(sociological imagination)*。第一个是他的镜中我(looking-glass self)*概念:个人的自我意识是通过他人"镜像"和反映的方式获得的。这一思想后来被威廉·詹姆斯(William James)*和乔治·赫伯特·米德(George Herbert Mead)*极大地扩展了,他俩试图建立一个关于自我(self)*的一般性理论。库利的第二个广为流传的概念是初级群体(primary group)*,其特点是彼此类似、关系亲密和面对面互动(face-to-face interaction)*,库利将之与更大的和差异性更强的"核心群体"(后来更多地被通称为次级群体[secondary groups]*)作对比,后者的成员即便是有接触也是很少有直接接触。(家庭和朋友圈便是典型的"初级群体";工会[trade union]*和政党[political parties]*则是典型的"初级群体"。)

库利是密歇根大学的学生和教授。他的主要著作有《人性与社会秩序》(*Human Nature and the Social Order*, 1902)、《社会组织》(*Social Organisation*, 1909)和《社会过程》(*Social Process*, 1918)。另见符号互动论(symbolic interactionism)*。

Coolidge, Mary Elizabeth Burroughs Roberts Smith
玛丽·伊丽莎白·伯勒斯·罗伯茨·史密斯·柯立芝(1860—1945)

柯立芝是美国第一位全职社会学教授。作为一位女性贫困统计学者,她还是一名研究女性主义(feminism)*、社会福利、维多利亚时代性爱、美国的中国移民(immigration)*以及美洲印第安人方面的权威。她的主要著作《中国移民》(*Chinese Immigration*, 1909)在美国和中国都受到了高度评价。这本书中结合了法律和历史分析,记录了这个被剥削(exploitation)*的少数族裔群体与更广泛的白人社区之间的族群关系。对少数族裔做的进一步研究《造雨者:亚利桑那州和新墨西哥州的印第安人》(*The Rain Makers: Indians of Arizona and New Mexico*, 1929),提供了那个时代被忽视和压迫族群的重要资料。1912年,她出版了一部系统且全面,但充满争议的性别研究——《女性为何如此》(*Why Women Are So*)。在这本书中,她认为女性在社交上被建构成一个独立的群体,她们的生活机遇(life chances)*受到着装、语言(language)*和市场(market)*的严重制约;所有这些因素都是后来第二波女性主义所要处理的问题。柯立芝是在洛杉矶争取妇女投票权的积极领导者，她认为社会学可以而且应该在记录社会问题（social problems）*和不平等（inequality）*方面发挥积极作用，从而可以为改革和发展提供参考和支持。柯立芝十分关注妇女贫困问题，在老年、贫困（poverty）*、毁灭性灾难以及刑事法院的运作方式等方面也做了许多研究。

cooperative 合作社

一种替代资本主义制度（capitalist system）的组织形式，在某些分权的社会主义（socialism）*形态中可以找到，但在资本主义自身的成功之基上也是可以持续存在的。合作社有两种：一种是生产者（或者工人）合作社，它构成了工人自我管理的一种形式；另一种是消费者合作社，顾客分享因购买而产生的利润。合作社运动源于19世纪初英国的罗伯特·欧文（Robert Owen）和法国的夏尔·傅立叶（Charles Fourier）提出的思想，现已传播至世界各地，尤其是在美国取得了成功。合作社包括了农业合作社（包括销售、加工和采购）、零售商掌控的批发合作社、互助保险公司、信贷及银行合作社、住房合作社、消费品商店以及团体健康和医疗计划等。从历史上看，合作社为了确保将足够比例的利润用于再投资，而不是在成员之间进行分配，在筹集长期投资资金时往往会遇到困难，而且合作社也很难用专门的管理知识协调其民主理想。

co-optation 吸纳

菲利普·塞尔兹尼克（Philip Selznick）发明的一个术语（参见《田纳西河流域管理局与草根组织》*TVA and the Grass Roots*，1949），指的是一种政治过程，特别是在正式民主或由委员会管理的组织和系统中发现的政治过程，作为管理反对派的一种方式，用以维护稳定和组织。非选举出来的外部人士会因其地位、专业知识或威胁基本承诺或目标的潜在能力而被赋予正式的或非正式的权力，将其"增选"进来。

core-periphery model 核心-边缘模型

参见中心-边缘模型（centre-periphery model）*。

corporate crime 法人犯罪

法人犯罪经常（且难以避免地）与"白领犯罪"（white-collar crime）*一词交替使用，但法人犯罪应被视为与之不同的犯罪。这是一种代表公司或是由公司实施的犯罪，而不是针对公司（corporation）*的犯罪（尽管竞争企业可能是受害方）。法人犯罪并不意味着违反了刑法，而是公司业务如何造成重大的社会、财务和人身损害，但很少面临或甚至根本不会面临法律制裁（sanction）*。这种犯罪可能是故意的，也可能是不重视或者缺乏效率的结果。例如，操纵价格的卡特尔（cartel）*、长期欺诈、工业事故和污染等。最近，这个词汇拓展到了描述公司的过失杀人，即公司应对客户或服务使用者的死亡负责。

corporate groups 法人团体

参见法人团体（corporate society）*。

corporate society（corporatism）法人团体（法团主义）

该术语是指这样一种社会类型，在该社会中，各种具有强大既得利益(interests)*的大型企业组织,参与了经济、社会和政治决策过程。例如,为自身利益而共同行动的商业团体、行业团体、工会(trade union)*以及压力集团(pressure groups)*等。社会学家通常将注意力集中在经济法人上,特别是自20世纪以来成长起来的大型跨国公司(multinational corporation)*,以及它们在多大程度上控制了经济或被民主程序控制。

有证据表明,商业公司在市场(market)*中享有相当大的权力,但它们也可能受到市场竞争和国家(state)*的制约。法人团体(corporate groups)*是相互依存的。20世纪70年代,有人认为,在雇主联合会和工会之间存在一种法团主义的关系,这使得他们与国家一起共同参与经济决策。法团主义在西德、斯堪的纳维亚国家和英国的小部分地区表现尤为明显。据说共财团体在制定国家政策决策时,以控制其成员为交换条件。在工会方面,法团主义是工人阶级(working class)*联合的一种形式,还是工人权力的表达方式,一直存在很多争议。然而,在20世纪80年代严峻的经济环境中,法团主义几近消失,特别是在英国,当时工会几乎完全被排除在政策制定程序之外。由约翰·H. 戈德索普(John H. Goldthorpe)*主编的《当代资本主义的秩序与冲突》(*Order and Conflict in Contemporary Capitalism*, 1984)一书对法团主义的各种解释做了充分阐述。

需要指出的是,法团主义理论有时被称为"新法团主义理论",以区别于20世纪初由罗马天主教会、意大利法西斯政党等拥护的法人国家的规范理论(normative theory)*。

corporation 公司

资本主义企业和公有制企业的法定商业组织形式,通常称为股份公司或简称公司。私营部门的大型公司涉及股份制（股票）所有权,既有个体、个人股东,也有非个人的金融股东。在公共部门,它们通常来自国家的国有化和资产所有权。该术语有时也错误地用于指代任何正式组织（formal organization）*。另见资本主义（capitalism）*;管理革命（managerial revolution）*;所有权和控制权（ownership and control）*。

corporatism 法团主义

参见法人团体（corporate society）*。

correlation 相关

一种变量之间的关联性。如果一个变量（variable）*的数量变化伴随着另一个变量的数量变化,并且在前者没有变化的情况下后者也不会发生变化,那么可以说这两个变量是相关的。这种分析方法是哲学家约翰·斯图尔特·密尔（John Stuart Mill）*和人类学家爱德华·泰勒（Edward Tylor）*首次提出的。相关可能是正相关（一个变量的增加伴随着另一个变量的增加）或负相关（negative correlation）*（一个变量的增加伴随着另一个变量的减少）。当两个（或更多的）变量相关,但它们之间没有因果关系时,那么该相关则被称为虚假相关（spurious correlation）*:两个变量可能都受到第三个变量的影响。另见关联系数（association coefficients）*;因果模型（causal modelling）*;曲线关系（curvilinear relationship）*;多变量分析（multivariate analysis）*;虚假相关（spurious correlation）*。

correspondence analysis 对应分析

通过寻找表格结构的几何表示来分析交叉表数据的一种统计方

法。例如,这样的表格可能结合了社会阶级(social class)*和音乐偏好。表格的行和列被描绘成多维空间中的点云,每行或每列一个点,如下图所示。著名的对应分析应用是皮埃尔·布尔迪厄(Pierre Bourdieu)*在《区分》(*Distinction*, 1979)一书中列出的图表。

有关原理和应用程序的最新权威介绍,参见本泽克里(Benzécri)的《对应分析手册》(*Correspondence Analysis Handbook*, 1992)和布里吉特·勒鲁(Brigitte Le Roux)、亨利·鲁阿奈特(Henry Rouanet)的《几何数据分析》(*Geometric Data Analysis*, 2004)。

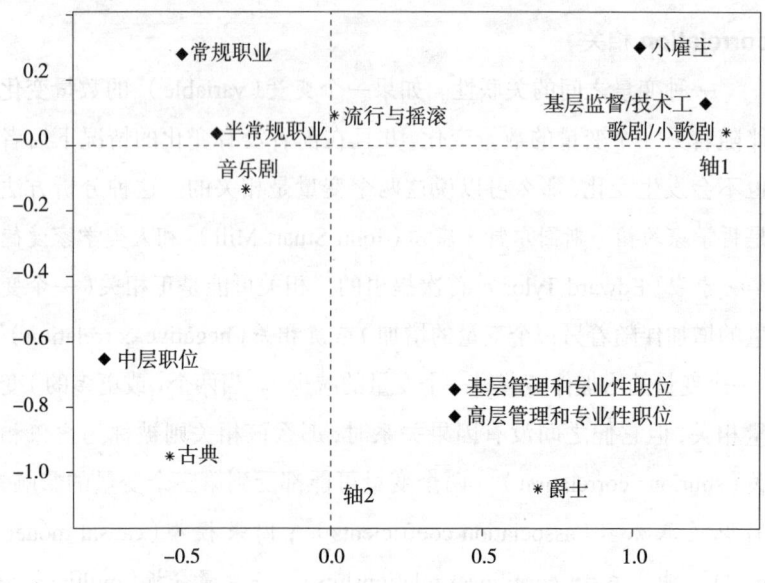

对应分析:社会阶层地位与音乐偏好之间的关系

cost-benefit analysis 成本效益分析

在公共部门项目做重大投资选择时,确定需要考虑的因素的一种方法。其目的是赋予货币价值,从而对社会的和经济的所有成本和所有收益进行权衡,以便人们可以清楚地看到项目收益是否超出了成本。该方法通常应用于大型公共项目,例如,修建新水坝、机场、城市高速公路、大学或者制定失业计划,但该方法原则上也可以应用于其他私营部门投资或个人选择,以帮助其决策。这种评估不同于商业项目评估,因为它包含了社会所有成员的成本和收益——而不仅仅是投资者的货币支出和收入——因此,例如,环境成本和社会遣散费成本以及其他分散的社会成本和收益也包括在内。

成本效益分析的主要难题是如何将货币价值赋予社会成本和收益,尤其是当这些影响到适用与不适用提议设施的不同社会群体时,更是如此。最常见的反对意见是,成本效益分析给必然具有社会和政治性质的决策带来了一种虚假的经济理性和客观性(objectivity)*。

counter culture 反文化

当亚文化(subculture)*特别直接地反对其所在社会的主流文化(dominant culture)*,拒绝其最重要的价值(value)*和规范(norm)*并赞同其对立面时,它有时被称为反文化(contraculture)*或"反主流文化"。该术语被广泛地应用于1968年前后与青年运动有关的学生文化和嬉皮士文化,不过它的适用范围是远超于此的。

counterfactual 反事实

该术语指如果事件或情况的实际发生顺序不同将会产生不同的结果。比如,声称阿拉曼战役可以改变第二次世界大战的结果,即如果沙漠中的胜利属于战败的德军,那么盟国就会输掉二战,这是一种反事实命题。

反事实推论内在于因果解释(causal explanation)*的推论:确定原因(cause)*意味着,在其他条件相同的情况下,如果没有这个原因,那么事情就会有不同的结果。人们经常声称,任何有意义的和可证实的社会学命题都必然会有一个相应的反事实。然而,在实践中,可能很难评估反事实主张的可信度,可信度往往只能通过对其他类似情况的对比分析来间接获得支持,而这些情况(由于某些可确定的原因)会产生不同的结果。

许多社会学命题(例如与某些社会制度[social institution]*所谓的功能后果有关的命题)都是人所共知没有反事实的。如果有人提出资本主义社会中的国家是为资本(capital)*的长期利益服务的,那么很难看到这种说法被证伪(falsification)*,除非有人能同时证明资本的确切利益是什么以及提出国家违背这些利益的证据。

counter-movement 反对运动

该术语指对社会运动(social movements)*的一种有组织的回应,目的是阻止社会运动的活动,抵制变革,并提出不同观点。反对运动可能是公众情绪的自发表达,也可能是利益集团(interest groups)*的幌子。例如,女性主义(feminism)*在美国发起的几次反对运动,包括反对人工流产合法化(反堕胎)运动和取得成功的反对《平等权利修正案》(Equal Rights Amendment)运动。反对运动的其他例子还包括许多欧洲国家的反对法西斯主义(fascism)*和种族主义(racism)*的运动,以及苏联反对解体的保留运动。

countervailing power 抗衡势力

美国经济学家约翰·肯尼斯·加尔布雷思(John Kenneth Galbraith)在《美国资本主义：抗衡势力的概念》(*American Capitalism: The Concept of Countervailing Power*, 1952)一书中首次使用了该术语，用以描述成熟资本主义民主(democracy)*中的权力(power)*体系的一个方面。在多元主义(pluralism)*理论中，强大的集团和利益(interests)*各方保持着初步平衡，没有哪个强大到足以统治其他所有势力。在混合经济(mixed economy)*中，加尔布雷思提出，类似的势力平衡已经取代了自由放任资本主义(laissez-faire capitalism)*和纯粹的市场竞争(market competition)*。工会(trade union)*、消费者组织、行业协会和政府监管形成了一股对抗大企业垄断权力的抗衡势力(参见垄断[monopoly]*)。这一观点在法团主义(corporatism)*理论中占有重要地位。

coup d'état 政变

该术语通常指由武装力量暴力直接夺取国家(state)*政权，带有不民主和违宪的意味。政变成功的例子发生在1967年的希腊、1973年的智利、1980年的土耳其和2006年的巴基斯坦。关于此术语最好的概述可参考爱德华·勒特韦克(Edward Luttwak)的《政变》(*Coup d'État*, 1968)一书。

covert observation 隐秘观察

该术语指未被研究社会单位明确知道和同意的参与式观察(participant observation)*。这需要在研究环境中找一些自我解释的身份，以掩饰研究者的真实目的。使用隐秘观察可能是因为研究者通常会被社会单位拒绝，或者是为了确保研究者的存在不影响被观察者的行为。例如，包括劳德·汉弗莱斯（Laud Humphries）对同性恋群体进行的隐秘观察（《茶室交易》*Tearoom Trade*, 1970）和列昂·费斯廷格（Leon Festinger）与他同事的研究。费斯廷格和他同事通过假装成某宗教信仰的信徒来观察该宗教团体（《当预言失败时》（*When Prophecy Fails*, 1956）。这种方法引发了潜在的严重的伦理问题。马丁·布鲁默（Martin Bulmer）的《社会研究伦理》（*Social Research Ethics*, 1982）一书，研究了隐秘观察的优点和困境，并用各种著名的美国和英国的研究来说明。另见研究伦理（research ethics）*。

Cox, Oliver Cromwell 奥利弗·克伦威尔·考克斯（1901—1974）

考克斯是一位来自特立尼达的非裔美国社会学家，他对战后美国社会学中流行的种族关系的种姓（caste）*解释提出了有争议的批评。在他的《种姓、阶级和种族》（*Caste, Class, and Race*, 1948）一书中，他强调需要考虑种族主义（racism）*与社会和经济体系之间的联系。通过将种族主义追溯到资本主义（capitalism）*作为世界体系的起源和动力，他提供了一个对于种族（race）*的唯物主义（materialism）*解释。他还撰写了《资本主义的基础》（*Foundations of Capitalism*, 1959）、《资本主义和美国的领导力》（*Capitalism and American Leadership*, 1962）和《资本主义作为一种制度》（*Capitalism as a System*, 1964）。

credentialism 文凭主义

一种社会选择过程，在该过程中，阶级优势和社会地位（social

status)*与拥有的学历挂钩。文凭主义表达了这样一种意识形态（ideology）*，即学历反映了社会地位提升或占有某些角色所必需的专门知识或品质。文凭主义带来非预期后果，特别是在发展中社会，造成了文凭的"通货膨胀"和所谓的文凭病（diploma disease）*。有关美国的案例研究，可参考兰德尔·柯林斯（Randall Collins）*的《文凭社会》（The Credential Society, 1979）。另见优绩主义（meritocracy）*。

crime 犯罪

犯罪是一种超出个人并成为公共领域里的冒犯行为，它违反了禁令或法律而通常需对其附有合法的惩罚或制裁，同时也需要公共权威（国家或地方政府）的介入。在理想情况下，地方政府会管理一个正式的处理犯罪的系统并雇佣代表性人员（例如警察部队）来代表其行事。从法律和法理方面来看，实施犯罪往往涉及恶意或者有意识的轻率行为，尽管在法律上仍有一些例外。如果可以证明这种有意识的意图不存在（例如，在案例是儿童或者是精神错乱[psychosis]*的情况下），那么这种侵犯行为就不是犯罪，也不会受到通常意义上的惩罚（尽管随后可能会受到某种形式的拘留或者治疗）。

要使犯罪被称为犯罪，就必须引起行政系统或执法机构的注意，并得到行政系统或执法机构处理。该犯罪必须由警察（或其他调查人员）报告和记录在案，然后才可以成为犯罪统计（criminal statistics）*的一部分。上报的犯罪可能会被调查，也可能不会被调查，因此可能会被法院立案，也可能不会被法院立案。所以，犯罪率（crime rates）*是社会建构的，也会漏掉隐蔽性犯罪或未报案的犯罪。后者包括未报案的家庭暴力（domestic violence）*、攻击少数族裔、猥亵和强奸等。

对参与违法和犯罪的人进行的自我报告研究证实,这类行为有很大一部分没有被官方记录在案。最近一波对犯罪受害人的研究认为现存隐蔽性犯罪的人数非常之多。隐蔽性犯罪可以包括各种形式的经济犯罪,从工作场所盗窃到大规模欺诈、工业污染以及违反健康与安全法规。所有这些都未被正式记录为犯罪,但按照一些犯罪学家的说法,这些犯罪很大程度上导致了造成社会影响的隐蔽性犯罪。有些人所说的不侵害他人的犯罪或无受害者犯罪(victimless crime)*(例如,涉及毒品[drug]*、卖淫和非法赌博的犯罪)可能触犯了法律,但没报案,因为涉案人员达成了支持交易的隐性协议(参见E. 舒尔[E. Schur]的《没有受害人的犯罪》Crimes without Victims, 1965)。

因此,在法律上可能不足以定义犯罪。一个社会对犯罪的定义是由社会建构的,是与社会高度相关的。它的定义和公认的病因(或原因)可能受到(与责任相关的)道德观念和宗教信仰(犯罪的罪恶性质)的影响,也可能受到关于犯罪起因的不同科学主张的影响。

不良行为(delinquency)*可以是个人行为,也可以从组织角度来谈(参见M. 麦金托什[M. McIntosh]的《犯罪组织》The Organization of Crime, 1975)。这一概念也可以宽泛地适用于违反一系列原则但不一定涉及违法的行为,例如,强权犯罪和国家犯罪。当然,国家可以利用犯罪范畴和刑罚达到自己的政治目的:在国家紧急状态下或为了国家利益时,可以迅速将免责条款引为法律和对法律进行扩充。纳粹德国的例子清楚地说明了这个过程。一些人类学(anthropology)*和社会学(sociology)*研究表明,采用源自法律、由国家合法化并由科层制(bureaucracy)*管理的犯罪定义,是族群中心主义(ethnocentrism)*的做法,是狭隘的;而更广泛地研究在没有正式法律的简单社会中违反规范（norm）*和实行社会控制（social control）*的问题，是有启发性的。另见法人犯罪（corporate crime）*；白领犯罪（white-collar crime）*。

crimes of the state 国家罪行

参见政治犯罪（political crime）*。

crime rate 犯罪率

这是基于官方统计报告的数字，对某种不良行为（delinquency）*或触犯某种罪行的罪犯在一个时间段内的数量变化的一种测量（measurement）*。犯罪率可以用来对不同地区或不同罪行做比较。犯罪率既可以将所有犯罪放在一起计算，又能按单独的罪行来计算。官方报告的数字有可能不准确或不值得信赖，也可能带有个人或者机构的偏见、法律与警方执法造成的差异，以及为了故意制造出"恐慌"所带来的扭曲（比如S. 霍尔［S. Hall］）等的《管控危机》*Policing the Crisis*, 1978）。另见犯罪统计（criminal statistics）*；犯罪指数（index, crime）*。

criminal statistics 犯罪统计

最早由法国首先在1827年开始报告，而后自1837年，英格兰与威尔士开始常态化收集汇报。统计数字一度可以精确地反映社会中不良行为（delinquency）*的发生情况。而今这些数字常常被谨慎地解释。犯罪统计一般基于观察得到的罪行（可以经陪审团审判的），可以来自警察或者法庭的聚合数据（aggregate data）*，也可以从犯罪学(criminology)*的研究中得来。"英国犯罪调查"(始于1982年,自2000年每年进行)发现犯罪统计常常低估一些犯罪行为,例如对公共财务的恶意破坏。当然,对受害者的调查(surveys)*也对收集一些犯罪行为是有困难的,比如强奸与性侵。一些针对特定地区的调查发现,常规的犯罪统计和大范围的调查都会严重低估犯罪,特别是强奸。

大部分社会学家意识到犯罪统计是一个复杂过程的产物。一个社会首先需要定义某种罪行,但罪行的定义可能会随着时间以及司法权更迭所改变。将某个犯罪纳入统计,首先要观测和记录到,但公众并不会报告每个犯罪行为,更遑论执法步骤的改变或者人为的失误就能造成的漏报。案件审判的结果,以及依据审判结果的犯罪统计,也是被多方因素影响的。甚至有人认为,犯罪统计与其说是个犯罪行为的指标(indicator)*,不如说是官方认可的、警方觉得可以管控的,或者法庭可以判决的重要犯罪行为的指标。无论如何,尽管有着诸多批评,犯罪统计还是被普遍接受与使用。另见犯罪率(crime rate)*;官方统计数据(official statistics)*。

criminology 犯罪学

从字面上解释,就是研究犯罪(crime)*、犯罪者,以及其成因。同时也关注预防犯罪、吓阻犯罪,以及罪犯的惩治(参见M. 马圭尔[M. Maguire]等的《牛津犯罪学手册》*The Oxford Handbook of Criminology*,第五版,2012)。

鉴于社会科学(social science)*中理论与方法的多元性,犯罪学在研究不良行为(delinquency)*时,常常对犯罪的分布、犯罪的技术和组织有兴趣。在研究罪犯时,犯罪学也会从生物学、心理学

（psychology）*或者从政治经济角度对犯罪行为做出解释。同犯罪学相比较，法律社会学（law, sociology of）*则对制定和打破法律法规，以及如何确定惩罚适应罪行更有兴趣。自 20 世纪 60 年代到 20 世纪 70 年代早期，失范社会学（sociology of deviance）*成为从社会学角度对执法和立法的一种反思（传统犯罪学），即从认识论（epistemology）*角度批判此前从未被质疑过的假设，例如什么构成了犯罪。这种视角将犯罪置于一个更为宽泛的框架下——犯罪作为失范（anomie）*行为的一种，就像精神疾病（mental illness）*、政治冲突及其他类型的非从众行为。在 20 世纪 70 年代与 20 世纪 80 年代，犯罪学内部与外部的双重影响促进了批判犯罪学、女性犯罪学的发展（参见批判犯罪学［criminology, critical］*；女性主义犯罪学［criminology, feminist］*）。后者主要强调女性在犯罪学研究中几乎不可见的问题，并试图纠正过往研究对受害者的忽略。一般说来，这些新的视角都伴随着对少数族裔权利的支持与肯定。

犯罪学有时被当作社会学的一个分支，有时也被称为独立学科，这是一个综合了社会学、经济学、历史学、心理学和人类学多方视角的有机体。有评论者认为，犯罪学应该主要研究秩序和规则的建立，比如如何控制犯罪而不是为何犯罪。甚至有评论认为犯罪学已经走入死胡同，但另外有学者强调这些批评并不成熟，不过这些批评同时也为犯罪预防、批判犯罪学和现实主义犯罪学提供了新的方向（参见现实主义犯罪学［realist criminology］*）。约翰·哈根（John Hagan）等的（《犯罪学论争》Criminological Controversies, 1996）提供了对这个领域的理论和实践问题非常好的总结。另见标签理论（labelling）*；实证主义犯罪学（criminology, positivist）*。

criminology, classical 古典犯罪学

起源于18世纪哲学,古典犯罪学认为不良行为(delinquency)*以及刑事司法制度是建立在个人有自由意志(free will)*、可以理性选择、个人对行为后果有责任,以及惩罚有吓阻作用的原则之上的。一般认为切萨雷·贝卡利亚(Cesare Beccaria, 1738—1794)的《论犯罪与刑法》(*Dei delitti e delle pene*, 1764)开启了古典犯罪学先河,他的研究被认为是倡导对罪犯人性化的惩罚,而非随意的、非正义的酷刑。在其理性主义(rationalism)*视角背后,是对实现可操作统一性的努力,即惩罚需符合罪行所造成的客观伤害,惩罚的目的是吓阻而不是报复。个人与社会之间由双方同意的社会契约(social contract)*约束,而契约本身反映所有人的共同利益。打破契约,或违反法律尽管是个人的自由意志与选择,但也是对共同责任的违反,因此必须以适当的惩罚来威慑其他个体。

正统的古典主义常常被认为忽略了情景因素,比如罪犯的,或者是与犯罪发生的场景相关的。基于此,如果惩罚是一成不变的,或者是根据一个固定的尺度,那么就会是非正义的。正因如此,因果论(环境的或是生物的)和经典的自由意志理性选择理论被19世纪兴起的实证主义犯罪学(criminology, positivist)*所取代。然而,古典理论视角被取代是一个渐进的过程,同时现代的新古典理论视角依旧在一些领域有影响力——比如在对犯罪的责任的讨论。对此,现今最好的评述是鲍勃·罗希尔(Bob Roshier)的《控制犯罪:犯罪学经典视角》(*Controlling Crime: The Classical Perspective in Criminology*, 1989)。

criminology, critical 批判犯罪学

批判犯罪学又被称为激进犯罪学（radical criminology）*，作为偏政治化的研究，这一观点自20世纪70年代早期开始出现。根植于不同变体的马克思主义（Marxism）*（有时是无政府主义[anarchism]*），这种观点强调冲突论（conflict theory）*，特别是国家（state）*作为压制性的权力控制了对犯罪（crime）*的定义和检举审判，并对在资本上无权力的一方剥削（exploitation）*。犯罪被看作、解释为与资本主义（capitalism）*相关的社会与历史的产物。伊恩·泰勒（Ian Taylor）、保罗·沃顿（Paul Walton）和乔克·杨（Jock Young）在《新犯罪学》（*The New Criminology*, 1973）中，对此有很好的评论。在被批评实证学派行为主义（behaviourism）*主导的做法和标签理论（labelling theory）*的非政治的狭隘视角的同时，这一学派也被批评太过于辩论，忽略了性别、种族（race）*因素，把罪犯都浪漫化为反抗资本（capital）*和国家机器的斗士并注重控制，而忽略犯罪本身以及受害者。

自20世纪70年代和20世纪80年代以来，批判犯罪学认识到其激进的历史（参见G. 鲁什[G. Rusche]和O. 科尔奇米耶尔[O. Kirchhimer]的《惩罚与社会结构》*Punishment and Social Structure*, 1939）。现在，批判犯罪学已经与文化研究（culture studies）*相关联，关注种族、种族主义（racism）*、国家，以及青年亚文化（subculture）*。同时，借一系列的关于刑事司法系统的研究，包括监狱制度、警察拘留中的死亡案例，在刑事司法过程中的性别主义与种族主义等，批判犯罪学突出了自身为消灭监狱制度以及对寻求警方更大的问责为己任的特点。尽管如此，这一视角还是被一些人所抛弃，被认为是左翼理想主义，特别是被那些现实主义犯罪学学者。另见现实主义犯罪学（realist criminology）*；新刑罚学（new penology）*。

criminology, environmental 环境犯罪学

侧重于研究犯罪（crime）*和场所，例如犯罪以及受害（参见受害者学[victimology]）的空间模式。早期研究者包括荷兰社会学家威廉·邦格（Willem Bonger）。环境犯罪学其后的发展主要与城市环境学的芝加哥学派（Chicago School）*有关，例如在犯罪预防中的概念"防卫空间""目标强化"，以及最近的"零容忍"（zero tolerance）*。然而，随着后现代以及风险社会（risk society）*理论的出现，"环保"（环境）议题变得更为突出，环境犯罪（犯罪学[criminology]*）变得更多是指针对自然环境、动物和人类社区（例如倾倒有毒废物）的犯罪。这一兴起的研究领域也引起了关于人权（human rights）*和生态民粹主义（ecopopulism）*议题的讨论。

criminology, feminist 女性主义犯罪学

一种对主流犯罪学（criminology）*和越轨理论的自我更正，具有三重目标，即对犯罪学问题提出批判、研究及重组。其出现在20世纪70年代，既可以看作是伴随着妇女运动（women's movement）*和女性主义（feminism）*兴起而出现，又可以被视为对新越轨理论（new deviance theory）*和批判犯罪学（criminology, critical）*的一种回应，尽管后者标榜批判和激进，但还是忽略了女性的视角。英国第一部算作是主要女性主义犯罪学成果的是卡罗·斯玛特（Carol Smart）的《女性、犯罪和犯罪学》（*Women, Crime and Criminology*, 1976），其批判性地评论了当时的犯罪学领域。在美国伴随着新女权觉醒的却是几个比较有争议的研究，其提出女性犯罪率（crime rate）*增长的问题（参见F. 阿德勒[F. Adler]的《犯罪中的姐妹》*Sisters in Crime*, 1975, 或稍少争议的R. 西蒙[R. Simon]的《女性与犯罪》*Women and Crime*, 1975)。

如今女性主义犯罪学的研究和理论已经涵盖很多领域。起初，其批评犯罪（crime）*与控制领域的研究对女性视角的忽略。也揭露了一些研究中确实存在的男权或者性别主义根源。例如O.波拉克（O. Pollak）的《女性的犯罪》(*The Crime of Women*)。以此为始，女性主义犯罪学尝试将女性纳入主流的失范理论中去，比如是否失范（anomie）*理论或亚文化（subculture）*理论可以用来解释全部由女性组成的帮派（gangs）*。

女性主义犯罪学带来的不仅仅是提高了对女性罪犯、法庭对女性罪犯的区别对待、女子监狱等（都是传统上关注男性的）议题的关注，同时也发展出一系列新的研究领域。比如，其审视女性失范研究中性别化和医疗化（medicalization）*的倾向，并发展了对控制研究的新领域（例如对女性身体、生育周期、私人生活以及性欲的规范）。就此看来，苏珊·布朗米勒（Susan Brownmiller）和同事合作完成的、关于强奸的恐惧如何作为主要机制来控制女性生活的研究可以称为是这一领域的标杆研究。

女性主义犯罪学的最重要贡献是将性别关系议题引入犯罪学研究中来。因为大部分的犯罪是由男性所为，将性别关系和犯罪联系起来所面临的最根本的问题是，性别如何使得犯罪倾向成为一个是由男性为主的现象。

criminology, positivist 实证主义犯罪学

这一词被用来——经常是批评者——指致力于理论与研究的实际应用的犯罪学，他们强调定量方法的科学性、搜寻犯罪与失范行为

的原因，而这些行为的成因被认为是可以从生理、遗传（heredity）*、心理，或者道德的倾向中发现的。假设检验（hypothesis testing）*、实证调查、定级和分类是这一学派的典型做法。这一视角从对古典犯罪学（criminology, classical）*的反击中发展而来，因为古典犯罪学认为罪犯是理性的行为者，有实践自身的自由意志（free will）*。

早期的重要人物包括意大利犯罪学家恩里科·菲利（Enrico Ferri）（《犯罪学的实证主义流派》*The Positive School of Criminology*, 1901）、拉斐尔·加罗法洛（Rafaele Garofalo, 1852—1934）以及切萨雷·龙勃罗梭（Cesare Lombroso*,《犯罪人论》*L'uomo delinquente*, 1876）。切萨雷认为罪犯有着一定的生理特征，可以识别为"返祖"现象，例如早期人类和动物。被称为生物实证主义，作为犯罪学（criminology）*的一支，这一视角可以从埃莉诺（Eleanor）和谢尔顿·格吕克斯（Sheldon Gluecks）在20世纪50年代的研究中找到踪迹，其将犯罪的倾向性与身材以及XYY染色体理论联系起来。XYY染色体理论认为多余的一条Y染色体与犯罪有关。汉斯·艾森克（Hans Eysenck）也认为犯罪明显的是具有持续性的特征，就跟智力、身高和体重一样。一些进化心理学家也持有相似的观点。

对这一学派的批评认为，在研究社会建构而非科学事实的时候这种视角是具有价值取向（value-loaded）*的，并非客观（objective）*的，而且这一视角与行为主义（behaviourism）*的人性观点捆绑，忽略了人的信念、价值以及目的。

criminology, realist 现实主义犯罪学

有时候被称为左翼现实主义；在英国，现实主义犯罪学出现于20

世纪 80 年代中期,比如乔克·杨(Jock Young)与其他人(见《当代危机》*Contemporary Crises*,增刊,1988)。这一视角强调犯罪(crime)*的社会成因,和罪犯、受害者、公众以及社会控制(social control)*的代理(比如警察和法院)之间的交互作用。持这一视角的研究者关注个人在困境中有限的选择,并广泛借鉴了相对剥夺(relative deprivation)*与亚文化(subculture)*理论。

critical theory 批判理论

尽管其起源可以追溯到黑格尔(Georg Wilhelm Friedrich Hegel)*和西方马克思主义(Marxism)*哲学,在社会学中,与批判理论联系在一起的是法兰克福学派(Frankfurt School)*。这一词现今用来描述一个非常多样的马克思主义流派,其在过去的 50 年中,广泛借鉴融合了包括精神分析(psychoanalysis)*和系统理论(system theory)*的其他影响。

批判理论的核心也许可以从它与 20 世纪的实证主义(positivism)*的对比中来定义,实际上批判理论的支持者有时将实证主义称为反哲学。批判理论采用了一种辩证(dialect)*的思维方式,矛盾不断此消彼长。黑格尔说,历史不停地朝向理性目的运动。马克思主义者挪用用了黑格尔,逐渐地抛弃了必然性的理念,并将整个进程与人的实践(praxis)*相联系。格奥尔格·卢卡奇(György Lukács)*在早期的著述中对此有所论述,这一观点后来被法兰克福的马克思主义者发展成了批判理论。

与知识从感官而来的想法相悖,批判理论是一种现实主义(realism)*的理论,即批判理论者坚称知识(knowledge)和人性(human nature)*来源于我们都是理性的动物的事实。从理性的角度来说,推断出一个理性社会的基本形式是可能的。作为人的属性,我们每个人都有理性思维的素质和潜力。因此,在一个理性社会,为了创造和改变环境,每个人都参与其中。这就为批评当下社会提供了一个标准:如果一个社会将一些群体排除到经济和政治参与之外,或者系统性地使得一些群体无力,那么这个社会就是一个非理性社会。哈贝马斯(Jürgen Habermas)*的著述代表了这一学派更为现代的一些表述,然而,我们从中可以发现一些不太相同的想法。哈贝马斯没有从我们都有理性能力的角度出发,而是从我们都使用语言这一事实开始。他提出了一个"理想言谈情景",其中每个人对信息的获取和公众辩论的参与都相同。在理论辩论中,批判理论是以辩证的方式,不是将宣称的真理列在一起,而是通过找寻内在矛盾以及思想系统内的缺口,将这些矛盾推进直到有新的想法出现。这一做法有时被称为是"内在批判"。基于我们都是群体生活和工作的且会使用符号的动物的事实,理想状态就意味着,沟通是自由的,不会因社会不平等(social inequality)*、外部压迫,或者内部压迫而扭曲。

作为一个社会主义研究中心,法兰克福社会研究所创立于1923年。其主要人物在纳粹上台的时候移民到美国,他们中的一些在战后也继续留在了美国。核心人物包括阿多诺(Theodor Adorno)*、霍克海默(Max Horkheimer)*和马尔库塞(Herbert Marcuse)*(阿多诺与霍克海默的经典论述《启蒙辩证法》*Dialectic of Enlightenment*, 1947)。其他一些与研究所相关的人物包括洛文塔尔(Leo Lowenthal)、魏特夫(Karl Wittfogel)和弗洛姆(Erich Fromm)*。从一开始,这一学派就批评正统的马克思主义,他们采用了意识形态(ideology)*和政治的分析,而抛弃了传统的政治经济学(political economy)*解释。从法兰克福学派经典批判理论来看,他们主要的攻击对象是工具理性,以及他们在现代工业社会见到的发展起来的极权（totalitarian）*形式的统治。工具理性以如何加以利用的眼光来看世界包括人类本身。工具理性将价值与事实剥离，并在知识与生活中将价值置于不重要的位置。这是典型的工业社会思维，对批判理论家来说，这一做法与结构性压迫有着紧密联系。（参见多人合著的《社会学各个层面》Aspects of Sociology, 1956）

法兰克福批判理论一般被认为是悲观的。他们的观点是，资本主义（capitalism）*已经协调了很多自身的矛盾并且将工人阶级（working class）*纳入其中。马尔库塞关注到边缘的少数群体（minority group）*——少数族裔甚至学生——可以作为反抗的焦点，而阿多诺关注到的是先锋派文化虽能逼迫人们去思考，但似乎也无法从中看到新的希望。批判理论的一些著名论述，比如阿多诺的《权威主义人格》（The Authoritarian Personality, 1950）、马尔库塞的《爱欲与文明》（Eros and Civilization, 1955）都借鉴了精神分析理论来提供理论体系，解释人如何被奴役以及为什么他们需要被奴役。

哈贝马斯师从阿多诺，但其影响力主要在第一代批判理论家去世后或者不再活跃之后才显现出来。他继续保持了批判的特色，但与第一代批判理论不同的是，他憧憬构建一个系统的社会理论，以及在体系里给工具理性一个合适的位置。他借鉴了塔尔科特·帕森斯（Talcott Parsons）*和精神分析理论，构建了"解放科学"。这一科学不仅产生知识，还使得我们意识到自我以及改变自我，从而消除沟通中的不平等和扭曲。在《知识和人类旨趣》（Knowledge and Human Interests, 1968）书中，他区分了人类的三种认识旨趣：认识和控制我们的环境的技术旨趣，其衍生出经验（主要是自然）科学；使得我们可以相互理解与合作的实践性的旨趣,其发展出诠释科学;可以使我们摆脱沟通和理解中的扭曲的解放的旨趣,其产生出批判科学,比如精神分析理论。

哈贝马斯思想的背后是一种对正统马克思主义中人类存在历史观点颇为激进的修正。哈贝马斯认为生产很重要,但其只产生第一类的旨趣,即技术旨趣。而更重要的是,我们都是使用符号的动物,这产生了后两种旨趣。对于哈贝马斯而言,这意味着除了对有限的资本主义早期阶段,我们并不能断言经济决定论(economic determinism)*。

通过借鉴广泛的学科,他发展出一个宽泛的历史进化理论,从普遍性水平提升的角度来区分进化阶段,每一个普遍性水平伴随着其新的问题,也提供了新的可能性,每种社会类型由一套特别的制度复杂性所制约。比如,部落社会是由亲属制度决定的,而后来的资本主义则由国家制度所制约。他对资本主义的分析区分了一系列制度经历的危机。对于早期资本主义,他的分析与马克思类似,认为经济危机是主要问题。他认为,政治对经济问题的干预造成了理性危机,也就是说,以一个不稳定的市场经济基础不可能构建稳定的社会秩序(social order)*。这又会导致了合法性危机,国家失去了其合法性,因为它不能调和相互冲突的需求,并按这些要求来安排经济系统。如果国家成功调和了这些不同的利益,那么又会削弱工作伦理(work ethic)*和竞争性动力,从而导致动机危机(motivation crisis)*,危及社会整合(social integration)*。这一思想体现在他的《合法性危机》(*Legitimation Crisis*, 1973)和两卷的《交往行为理论》(*The Theory of Communicative Action*, 1981)中。

对批判理论最好的介绍是大卫·赫尔德(David Held)的书——《批判理论导论》(*The Introduction of Critical Theory*, 1980)。法

兰克福学派的历史在马丁·杰（Martin Jay）的《辩证的想象》（*The Dialectical Imagination*, 1973）和近期罗尔夫·威格尔斯沃思（Rolf Wiggeraus）的《法兰克福学派》（*The Frankfurt School*, 1995）中也有着详尽的概述。比较中肯的批评，特别是对那些核心人物的著述（比如霍克海默、阿多诺、马尔库塞和哈贝马斯）可以参考艾利斯·霍耐特（Alex Honneth）发表在《批判理论》（*Critical Theory*）的文章（吉登斯[Anthony Giddens]* 和特纳[J. Turner]编的《今日的社会理论》*Social Theory Today*, 1987）。

cross-class family 跨阶级家庭

参见社会流动（mobility, social）*。

cross cousin 交错表亲

在亲属理论中，交错表亲被用来描述父亲姐妹的子女（即姑表亲）或母亲兄弟的子女（即舅表亲）。不同的社会对是否禁止或偏爱姑舅表之间的婚姻（marriage）* 有着不同的做法。这一术语由爱德华·泰勒（Edward Tylor）* 提出，但被克劳德·列维-斯特劳斯（Claude Lévi-Strauss）* 广泛使用在描述"亲属的基本结构"，即对交错从表婚和平行从表婚的偏向或禁忌（taboo）* 的规范。

cross-sectional analysis（cross-sectional data）
截面分析（截面数据）

这是一种基于某一时点数据的、个体特征，以及个体与个体之间关系的统计分析。有时被称为"快照"方法（数据收集的时点），因此截面分析不能提供随时间变化的趋势信息，而对时间变化的分析则需要追踪数据。另见面板研究（panel study）*。

cross tabulation（cross classification）交叉表（交叉分类）

参见列联表（contingency table）*。

crowding 拥挤

该术语指如果个人收益与总成本的比率下降，例如使用某一公共物品（public good）*的人数上升，则某一公共物品就会受到抢占。即更多人享用，但更少享乐。例如高速公路，当更多人使用的时候，公共物品吸引力下降，直到人们发现，已经不值得开车旅行了。

crowds 群众

该术语最早由社会心理学家勒庞（Gustav Le Bon）(《乌合之众》The Crowd, 1895）和盖博瑞尔·塔尔德（Gabriel Tarde）*研究，他们认为群众行为的成因是直觉的模仿和扩散的过程。社会学对群众的研究现在是作为集体行为（collective behaviour）*的一部分。人们在暴民（mob）*与群众中的所作所为在一般正常的情况下他们做不出来。人们在群体中被群体压力和情感性的忠诚所摇摆。群众一般包含大量的人，他们距离上接近，并且有着共同的关注点。群众有着清晰的目标，例如参加一场游行，他们有可能有集体的诉求，且有工具性的目的，或者有想表达的，整个群众也致力于满足自己的情感性或者表达性目的，比如在狂欢节上舞蹈的人们。群众有时候不容易与其他群体区分开来。比如以暴乱（riot）*为例子，有人认为暴乱是表达性的、纯粹情感性的、无意义的愤怒与破坏行为的爆发；但也有人认为暴乱是工具性的，比如有政治声明或者像偷盗和破坏的犯罪行为。这些区别并不是很明显。另外一些学者更关注目标明确的群体（有着具体目的和宗旨的）与散漫的群体（非确定的、易受谣言暗示的）之间的区别。拉尔夫·H. 特纳（Ralph H. Turner）和李维斯·M. 基里安（Lewis M. Killian）在《集体行为》（*Collective Behaviour*, 1957）中有很好的区分。另见突生规范（emergent norms）*。

cult 异教

从人类学（anthropology）*意义来说，异教指与地方神相关的群体的一系列的信仰与实践。在社会学中，异教徒用来指代小规模的宗教活动者群体，他们的信仰常常是合一的、神秘的和个人主义色彩浓厚的。尽管这一概念与"教派"（sect）*有联系，但异教不是来自基督教（Christianity）*为主体的西方社会。作为一个科学术语，"异教"很难与其暗含的贬义分割，而且这一词也没有明确的科学主义的意义。异教崇拜似乎可以描述一些被异化（alienation）*的都市中产阶级（middle class）*年轻人。这些年轻人的异教身份常常是多变的、间歇性的和不规律的。研究显示这些年轻人常常有多个异教身份。在西方社会中，特别是战后一段时期异教增长很快，人们常常将其与反文化（counter culture）*联系起来。另见新宗教（new religions）*；世俗化（secularization）*。

cultural anthropology 文化人类学

参见社会人类学（social anthropology）*。

cultural assimilation 文化同化

参见同化(assimilation)*。

cultural capital 文化资本

该术语由布尔迪厄(Pierre Bourdieu)*提出,用来指在社会行动(action)*中可以策略性的使用的用作资源的符号、想法、品位和偏好。与经济资本相对应,这些资源可以被投资、累积以及被转换为其他形态。布尔迪厄将文化资本视作"惯习"的形式存在,作为一种包含社会化(socialization)*的倾向或意向,以特殊的方式体现在行动、思维或者感觉中。比如,中产阶级(middle class)*的父母可以赋予他们的孩子文化和语言上的竞争力,使得他们在学校或大学中有着更大的成功可能性。而工人阶级(working class)*的孩子,并没有获得这种文化资源,则不容易在教育系统内获得成功。这样一来,教育就复制了阶级的不平等。布尔迪厄认为经济资本与文化资本相辅相成。教育的成功——作为初始文化资本——使得获得有着高收入的职业成为可能,从这些职业获得的收入又允许那些成功者为他们的孩子购买私人教育,从而提高了他们在教育系统成功的可能。资本从一种形态到另外一种形态的转换是代际间或代际内阶层差异再生产的关键。布尔迪厄同时也意识到其他类型的资本存在,例如,作为社会资本(social capital)*的人际关系。

cultural diffusion 文化传播

参见传播(diffusion)*。

cultural integration 文化融合

参见同化（assimilation）*。

cultural lag 文化滞后

该术语是技术进化论（evolutionary theory）*的一部分，由威廉·费尔丁·奥格本（William F. Ogburn）*提出和发展。这一理论认为社会的技术发展与道德和法律建构之间有差距，后者并不能跟上前者的发展。这可以用来解释一些社会冲突（social conflict）*和问题。

cultural materialism 文化唯物主义

作为人类学（anthropology）*中的一种宏观理论，文化唯物主义认为人类文化（culture）*的大部分方面可以用唯物主义来解释。这一理论视角系统性的论述最早可以追溯到美国人类学家马文·哈里斯（Marvin Harris）的《人类学理论的兴起》（*The Rise of Anthropological Theory*, 1968）中的最后两章，该书对人类学理论发展有着详尽的总结。哈里斯在书中阐述其写作目的是"再次强调在研究人的学科中，找寻历史规律在方法论（methodology）*上的优先性"，特别是证明"出现在社会文化现象范畴的达尔文主义策略的类似物也是一种技术环境和技术经济决定论原则"。这就是说，相似的技术应用在相近的环境中会产生出相若的生产与分配的制度，进而支持相仿的社会群体，其以相近的信念与价值系统来组织和解释他们的活动。就像探讨不同的生育成功在自然选择（natural selection）*理论指导的研究中的地位一样，这一视角使得研究社会文化生活的物质条件成为优先选项。哈里斯认为是文化唯物主义是普遍的"基本研究策略"，而非某一具体的"社会规律"。有批评者认为，尽管哈里斯试图避免历史主义（historicism）*并且没有包括任何黑格尔（Georg Wilhelm Friedrich Hegel）*的辩证主义（dialectic）*，但他在研究文化现象时，他的唯物主义（materialism）*方法与马克思（Karl Marx）*和恩格斯（Friedrich Engels）*的唯物主义有着诸多相同之处：换句话说，作为一种具体的研究策略，这种方法恰恰与伪造了其基本前提的实证研究结果相冲突，并且作为一种历史的似定律，其必须以一种断言一切但什么也没说的抽象的造框架。

cultural pluralism 文化多元主义

参见多元文化社会（multi-cultural society）*。

cultural relativism 文化相对主义

文化相对主义者认为概念是社会建构的产物，并随文化而变。这些概念包括这些基础概念，比如什么是真或者道德上正确、什么是知识或者事实本身。在文章《理解初民社会》（Understanding a Primitive Society, 发表于《美国哲学季刊》*American Philosophical Quarterly*, 1964）中，彼得·维奇（Peter Winch）认为对现实的感知是社会建构的，建立在盛行于某一社会的话语体系中。因此，文化相对主义者拒绝理性主义（rationalism）*和普适性的理论例如功能主义（functionalism）*、马克思主义（Marxism）*，或者弗洛伊德（Sigmund Freud）*的精神分析。

文化相对主义借鉴语言哲学传统，比如维特根斯坦（Ludwig Wittgenstein）*和奎因（Willard Quine）以及语言人类学家沃尔夫

（Benjamin Whorf）和萨丕尔（Edward Sapir）*的研究。这些人认为如果语言（language）*是世界的基础，那么现实不会独立于语言存在，它会受到文化和语言分类的影响。由此，两种文化可能无法比较，因为它们的世界观（weltanschauung）*基于不同的语言。保罗·费耶阿本德（Paul Feyerabend）在《反对方法》（Against Method, 1975）提到，存在有些文化，它们与西方文化非常不同以至于对局外人来说无法理解，这样局外人也无法用自己的词汇将其翻译解释。近期，后现代主义者的论点推进了文化相对主义的观点。

文化相对主义对于非西方社会的研究有着重要影响。如果输出西方理性主义视角是带有种族优越感的，那么我们必须再采用局内人的眼光，用其自身的语言概念来理解文化。这样民族志（ethnography）*就成为揭示在某一社会中人们如何构建事实，并将此翻译成以田野工作者自己文化术语知识的过程。另见解释（interpretation）*；萨丕尔-沃尔夫假设（Sapir-Whorf Hypothesis）*。

cultural studies 文化研究

在诸如社会学的社会科学（social science）*以及诸如文学的人文学科之间发展出一个新的学术兴趣点，这也被认为是一种独特的高校专业。它主要关注于大众文化（mass culture）*的本质以及文化产业。同时，它也包括了对于流行文化（popular culture）*、传播（communication）*、消费社会（consumer society）*、大众媒体、闲暇（leisure）*、后现代主义（postmodernism）*，以及关于认同（identity）*与意识形态（ideology）*的文学与社会学理论探讨。在这一领域的主要学者（或许他们本人并不认同这一标签）有尤尔根·哈贝马斯

(Jürgen Habermas)*、斯图尔德·霍尔(Stuart Hall)、皮埃尔·布尔迪厄(Pierre Bourdieu)*、让·鲍德里亚(Jean Baudrillard)以及让-弗朗索瓦·利奥塔(Jean-François Lyotard)。

作为一个令人感兴趣的领域,文化研究似乎缺少一个独特且连贯的学科核心。相反,其越来越不受限制地从其他领域的学者身上借鉴核心议题与理论方向。近期,有批评者称,因其放弃了对结构的考量,故而对社会学(sociology)*、政治学(political science)*,以及社会史(social history)*等学科的研究与教学起到了负面影响。不过,支持者则强调,文化研究能够通过以下几个途径使社会学更加焕发生机:其一,展示其与全球产业相联系的概念;其二,警示研究者关注当今社会中的普通民众。

显然,英国(以及可少部分扩展到美国)社会学在20世纪90年代初期对文化议题恢复了明显的兴趣。一些与此领域相关的核心议题和探讨的概述可以参考《文化理论中的政治读者》(*The Political Reader in Culture Theory*, 1993)这一著作。另见消费社会学(consumption, sociology of)*;知识社会学(knowledge, sociology of)*。

cultural theory 文化理论

这一概念被用于表述那些致力于概念化和解读文化(culture)*动力的多样化尝试。从历史角度而言,这包括关于文化与自然、文化与社会(包括物质社会进程)、高等文化与低等文化间的分裂,以及文化传统与文化多样化之间相互影响的争论。文化理论也同时被认为与那些对文化作最基本解读的概念相关。其中,最重要的概念为意识形态(ideology)*以及意识(consciousness)*。

雷蒙德·威廉斯（Raymond Williams）的《漫长的革命》（*The Long Revolution*, 1961）和 E. P. 汤普森（E. P. Thompson）的《英国工人阶级的形成》（*The Making of the English Working Class*, 1963）等作品在战后英国文化理论的发展中具有重要的影响力。威廉斯强调文化是"生命的全部"，而汤普森则着重于将文化视为群体"把握"原始社会资料及物质存在的方式，这开启了新的看待文化的路径——尤其是将这一概念从狭义的文学及美学文献中分离出来。威廉斯和汤普森都研究了文化的生动面向，以及积极而富有集体性特征的、时尚而有意义的生活方式历程。

由威廉斯和汤普森发展起来的所谓的文化主义阅读的概念触发了后来的显而易见的结构主义解释的挑战。它们主要强调外在的、嵌入在文化语言和文化编码（cultural codes）*中的文化的符号结构，而非活生生的文化形式。在这一构想下，文化被解读为一种社会得以描绘的表达系统。文化理论的结构主义很大程度上来自路易·阿尔都塞（Louis Althusser）*的马克思主义（Marxism）*理论。阿尔都塞重新诠释了马克思主义，并使其在更加广阔的思想领域中发挥作用。尤其是，他强调思想意识的相对自主性（relative autonomy）*以及文化统治是决定经济关系和进程的终极决定要素。

之后，在文化理论领域，阿尔都塞对于文化实践作用的关注又逐渐被安东尼奥·葛兰西（Antonio Gramsci）*的思想所取代。葛兰西的作品在阶级形成及阶级异化（alienation）*过程中概念化文化及文化实践角色方面开辟了新的路径，尤其是，在保障政治形态、道德领袖，以及权威（authority）*（霸权［hegemony］*）方面强调了文化的作用。葛兰西的思想在促进文化理论跳出在 20 世纪 70 年代由文化主义者与结构主义者观点的争论所制造的僵局方面起到了重要作用。参见斯图尔特·霍尔(Stuart Hall)等的《监控危机：行凶抢劫，国家、法律与秩序》(Policing the Crisis: Mugging, the State and Law and Order, 1978)。

随着葛兰西在文化理论领域的重要性逐渐衰落，米歇尔·福柯(Michel Foucault)*兴起了。福柯的最核心影响在于对文化语言的理解的消散以及权力与表现的内在联系(参见西蒙·尼克森[Sean Nixon]的《严肃的外表》Hard Looks, 1996)。福柯的影响力在关于文化的历史特征及其发展的争论时是显而易见的——这既是客观存在又是政府的工具(参见劳伦斯·格罗斯伯格[L. Grossberg]等编的《文化研究》Culture Studies, 1992)。

近期，种族(race)*、民族，以及文化的相互作用也逐渐发展成为文化理论的关注焦点。这通常通过批判被认为存在于与威廉斯及汤普森有关的英国文化理论传统中的种族形态，或保罗·吉尔罗伊(Paul Gilroy)提到的对英国性的病态迷恋(参见他的《英国的国旗下没有黑人：种族和民族的文化政治》There Ain't No Black in the Union Jack: The Cultural Politics of Race and Nation, 1987)。同时，他也对早期的与有边界的国家领土相联系的文化概念的民族主义(nationalism)*做出挑战。此时，如同吉尔罗伊这样的学者转而强调了跨国活动以及文化交融。吉尔罗伊对于"黑色大西洋"的理解显示出将文化历程置于文化概念的国家性限制之外的设想的尝试。在这一意义上，他与爱德华·萨义德(Edward Said)关于东方主义的作品极为相似，不仅描绘了文化的内部动力，也同时阐述了其外部决定因素。在萨义德的《东方学》(Orientalism, 1978)一书中，西方的文化概念及文明被描绘为形成于对东方人的命名和符号性矮化过程中。

女性主义（feminism）*探讨也对近期的文化理论（cultural theory）*产生了重要影响。这尤其表现为女性主义与精神分析理论之间的相互影响。这引发了很多关于性别认同是以何种方式在文化语言及文化实践的过程中形成的讨论。近期，关于记忆、幻想，以及性别表现的作品尤其受到推崇（参见 P. 亚当斯［P. Adams］与 E. 考威［E. Cowie］的《问题中的女性》*The Women in Question*, 1993；朱迪斯·巴特勒［J. Butler］的《身体之重》*Bodies That Matter*, 1993）。另见阶级意识（class consciousness）*；虚假意识（false consciousness）*。

cultural transmission theory 文化传播论

参见亚文化（subculture）*。

culture 文化

当社会科学家使用"文化"这一单词时，他们大多是在讨论一个比我们在日常生活中使用此词汇时更加宽泛的概念。在日常生活中，文化大多只是指代艺术；而在社会科学领域，文化则指一切在人类社会中的社会性而非生物遗传性的存在。因此，文化可以指代人类社会中那些符号化和学习到的方面，尽管一些动物行为主义者断言一些灵长类动物也是具有文化能力的。

社会人类学（social anthropology）*关于文化的观点基于爱德华·泰勒（Edward Taylor）*于 1871 年给出的定义，即学习到的复杂的知识、信念、艺术、道德、法律，以及习俗（custom）*。一些学者试图区分这些类别。德国学者区分了"Kultur"和"Zivilisation"两个概念，前者指代符号和价值，后者指代技术、经济以及政治观点和组织。尽管了解人类社会的整体性，考古学家依然区分了物质文化（或者说手工制品）和依据教学、传统传承的非物质或适应性文化。只有物质文化才能够被考古学所探知，而适应性文化则是历史学、社会学（sociology）*以及人类学（anthropology）*的主体。

19世纪的人类学家，如泰勒和路易斯·亨利·摩尔根（Lewis Henry Morgan）*，将文化视为人类理性的有意识创造。文明和文化，在这一构想中，表现出一种指向更高道德价值的进步趋势，这也使得维多利亚时代认为文化或文明是有等级的，而这也成为高等级的西方文明进行殖民主义（colonialism）*的合理化基础。

当代关于文化的认识起源于在世纪之交如弗朗斯·博厄斯（Franz Boas）*的人类学家的田野工作，并倾向于指向相对主义（relativism）*。其目标在于描绘、比较，以及找出不同文化之间的差异，而非将文化进行排序。尽管如此，博厄斯以及其后的北美人类学家依然对不同社会间文化特征的传递与交换进程展现出浓厚的兴趣。这也导致了文化领域思想的发展，以及北美比较民族志的起步，而这些在英国的社会人类学领域都是不存在的。对于英国社会人类学而言，文化一般而言被用于表示思想的集合，以及象征着与社会结构的区分，这种区分也被认为是欧洲与北美社会在使用这一词汇时的核心差别。

在文化人类学（cultural anthropology）*领域，对于文化的分析也许可从下述三个层次进行：习得的行为方式；在潜意识层面的文化面向（如语言中的深层次语法与规则，这是一个母语者很难察觉的东西）；以及思维和感知的方式，这也是由文化所决定的。一个有趣的关于文化的解读的回顾，来自亚当·库珀（Adam Kuper）的《文化：人类学家的说法》（*Culture: The Anthropologists' Account*, 1999）。另见消费社会学(consumption, sociology of)*; 文化与人格学派(Culture and Personality School)*; 文化相对主义(cultural relativism)*; 文化研究(cultural studies)*; 文化理论(cultural theory)*; 进化共相(evolutionary universals)*; 塔尔科特·帕森斯(Parsons, Talcott)*; 流行文化(popular culture)*。

culture and personality school 文化与人格学派

对于社会化(socialization)*的研究在20世纪30年代的美国有了显著发展。这一理论结合了心理学、人类学，以及社会学的要素，不过主要是引入了精神分析的要素去解释民族志(ethnography)*材料。基于弗洛伊德(Freud)*的理论(参见弗洛伊德的《文明及其不满》 *Civilization and Its Discontents*, 1930)，它主要强调人格的文化塑造以及关注于个体的成长。文化与人格理论家们认为人格类型是在社会化的过程中塑造的，因此，他们十分强调养育孩子的实践，例如喂食、断奶，以及如厕训练。这一视角在格雷戈里·贝特森(Gregory Bateson)、鲁思·本尼迪克特(Ruth Benedict)*、杰弗里·戈尔(Geoffrey Gorer)以及玛格丽特·米德(Margaret Mead)*等人类学家的著作中有着较好的展现。尤其是，米德成为与该学派核心原则联系最为紧密的学者，该核心原则即为不同文化(或社会)塑造了不同的人格类型，这也是不同社会化实践的一种结果。她的富有争议的研究发现——尤其是性别角色(gender roles)*被认为是由文化而非生理性因素决定的——影响了一代美国社会学家重新检视他们对于社会中的男性与女性角色的文化假说。

其余众多研究也为这一主题提供了很多可能性。在《社会的心理学前沿》(*The Psychological Frontiers of Society*, 1945)一书中，艾伯拉姆·卡丁纳（Abram Kardiner）关注了人格类型通过何种文化方式表现出来。卡丁纳和他的同事们认为宗教（religion）*和政治是基本人格倾向得以投射的屏幕。在《人类学与变态》（Anthropology and the Abnormal，载于《普通心理学期刊》*Journal of General Psychology*，1934）一文中，本尼迪克特检视了社会越轨，并且关注到在某一社会中被高度评价的人格类型在另一个社会中也许会被视为是越轨者。她强调，不同的社会对于将何种行为视为非常态拥有不一样的定义，以及这种定义是实时变化的。

文化与人格学派在战时民族性研究方面具有独特的重要性，承担着尝试了解轴心国特征（以及策略）的责任，其中一个成果便是本尼迪克特对于日本的经典著述——《菊与刀》（*The Chrysanthemum and the Sword*，1946）。玛格丽特·米德的《蓄势待发》（*And Keep Your Powder Dry*，1942）可算是对于美国的开创性研究。在1950年以后，很多研究致力于使用统计方法证实育儿实践、人格，以及文化之间存在的联系。因此，在《儿童训练与个性》（*Child Training and Personality*，1953）一书中，约翰·怀汀（John Whiting）和埃文·柴尔德（Irving Child）使用了大规模的跨文化样本来揭示所谓的早期儿童时代经历和治病系统之间的联系。

在战后时期，这一学派受到了更多的批判，认为其夸大了某一既定社会内部的人格类型的一致性，忽略了文化间的重要联系。最严重的是，这一学派将文化具体化了而非将其视为社会建构。同时，它也并不是那么容易能够证实早期育儿实践和成人期人格特征之间的关系。文化以及人格研究在当代人类学和社会学领域已很少被提及，即便是在其影响力最广的美国也是如此。不过，这一学派的影响力也并未完全消散。

culture area 文化区

参见文化(culture)*。

culture of poverty 贫困文化

参见封建主义(feudalism)*;奥斯卡·刘易斯(Lewis, Oscar)*;贫穷(poverty)*。

culture, popular 流行文化

参见流行文化(popular culture)*。

culture shock 文化震撼

这一概念创造于20世纪60年代,用以指代突然暴露在与自己的文化非常不同的异文化之中的经历。这一概念通常隐含着在社会内部或社会间迁移时的某种负面反应(如生理的、认知的,以及心理的)。不过,也有些学者认为,这也有可能对个体产生一些正面影响。那些部分或全部沉浸于一个新文化中的人也许在他们回到自己的文化中时还会经历反向的文化震撼(culture shock)*。

curriculum 课程

课程包括在某教育机构中教授的科目与课程,是一种教育机构对于其教授内容的正式说法。在英格兰和威尔士的学校中,遵循1988年教育改革法案,课程被认为是全域范围适用的,包含若干核心科目,并且所有在校学生都必须学习(参见P. 威克斯勒[P. Wexler]的《课程的社会学》Sociology of the Curriculum, 1991)。另见隐性课程(hidden curriculum)*。

curvilinear relationship 曲线关系

指两个或多个变量间呈现的任何非直线性关系。例如，随着年龄增加而呈现的死亡率（death rate）*的迅速攀升是一个陡峭的曲线。曲线关系的变化是多样化的，且比直线关系更加复杂以及更不容易被发现。另见相关（correlation）*。

customs 习俗

习俗是一种在社会中的思考和行为方式。它们是文化传统，或者如萨姆纳（William G. Sumner）*所称，是一种社会风俗。人们在各种不同的维度上对习俗展开研究。民族志（ethnography）*事无巨细地记录着日常生活中的微小细节。更广阔的意义上的复杂的规则就隐含在这些日常生活的琐事中，它们可以被研究，而文化模式也可以在这些重复的行为中被呈现出来。最后，习俗也可被用来指称整个文化（culture）*或整个文化区（culture area）*（居住在某一地理区域的人民共享某种文化——可能包括若干亚文化[subculture]*）的独特之处。

cyber ethnography 网络民族志

在网络世界中出现了一个使用经典人类学与民族志技术的相对比较新的数据收集方法。这一技术之所以得到发展是因为网络在社会研究领域越来越成为一个广泛使用的工具。网络除了可以作为收集数据的途径之外，其本身也成为研究的客体。网络民族志研究者大多在网络社群中进行质性研究，以及在虚拟空间中进行互动。这可以包含在聊天室、多用户领域、电子邮件列表、论坛，以及公告栏中的参与式观察（participant observation）*、在线访谈、会议以及其他基于计算机媒介进行沟通的技术。

总的来说，网络民族志研究的目标在于将自己沉浸在由参与者构建的虚拟世界中，以了解他们如何经历社会互动（social interaction）*以及多样化的社会规则约束。该领域的相关例子可如下所示：凯蒂·沃德（Katie Ward）关于两个在线女性主义社区的研究（参见《线上的社会学调查》Sociological Research Online，1999）、保罗·霍金森（Paul Hodkinson）的研究《哥特：身份、风格和亚文化》（Goth: Identity, Style, and Subculture, 2002），以及尼古拉斯·普里斯（Nicholas Please）等人的关于酗酒者互助小组的研究（参见《线上的社会学调查》Sociological Research Online, 2000）。

网络民族志研究者在与其报道人（informant）*关系中的独特地位使这一方法与线下社会环境中的民族志有显著差异。沃德发现了这两者间的一些方法差别，以及其对社会认识论可能的影响。首先，研究者沉浸的环境是非预先决定的以及恒定的；网络社区在成员的加入和离开的过程里一直持续地被再定义，因此拥有一个不断变化的成员资格。这说明，研究者与他们的参与者之间只拥有转瞬即逝的关系，且必须反思他们在进行研究时的在场将会改变该群体的内在动力。其次，虚拟空间中较多的匿名互动特征以及其瞬息万变的本质都决定了参与者是"去抑制性"的，相较面对面访谈暴露更多的个人信息。这也将开启身份欺骗的可能，既包括参与者（参见朱迪思·多纳斯［Judith Donath］、P. 克洛克［P. Kollock］与M. 史密斯［M. Smith］合编的《网络的社区》Communities in Cyberspace, 1996），也包括那些可能潜伏在虚拟社区中"收割"数据的研究者。这些议题都引发了诸多严重的伦理问题，并持续引发关于一些在线行为者遭遇的在线行为者自身感知到的隐私与它们的公开可及性之间的争论(参见S. 金[S. King]的《信息社会》*The Information Society*, 1996)。不过，网络民族志还是创造了一个首创的以及有效的方式去寻找在线互动，增加了我们对于社会生活中一个相对较新的现象的理解。

cybernetic hierarchy 控制层级

参见塔尔科特·帕森斯(Parsons, Talcott)*；社会系统(social system)*。

cybernetics 控制论

一种关于机器、动物以及人类间沟通的研究，尤其是那些关于在控制过程中反馈信息的角色。在社会科学(social science)*中，该理论紧密联系社会控制(social control)*与沟通的本质和功能，并在正式组织(formal organization)*的研究中被广泛运用。另见塔尔科特·帕森斯(Parsons, Talcott)*；社会系统(social system)*。

cybersociety 网络社会

由计算机用户通过互联网(Internet)*创建的基于电子媒介通信的网络("空间"或"虚拟社会")。尽管依据惯例，"信息技术"(information technology)*和"电子通讯技术"之间是有显著区分的。前者用于指代计算机为基础的应用或过程，如办公自动化(automation)*所呈现出的例子；而后者则可表现为如传真设备或视讯会议。基于计算机的通信技术的多媒体整合将这种区分变得多余化了。新出现的网络社会的概念同时指代这两者的进步。

以计算机为媒介的社会互动（social interaction）*于20世纪晚期在人们日常生活配置中得以显著增长。电子邮件和互联网的创立使一些诸如网络购物、基于互联网的"聊天室"以及在家录制的个人化的色情音像制品成为可能。而其内在蕴含的工作、闲暇以及政治沟通的激增成为社会学家争论的话题（参见史蒂芬·G. 琼斯[Steven G. Jones]编的《网络社会》Cybersociety, 1994）。

有趣的是，最引发人对完整的网络社会可能存在的社会学特征深入思考的观点来自一本小说——《赤裸的太阳》（The Naked Sun, 1956），由一位多产的科幻小说家艾萨克·阿西莫夫（Isaac Asimov）创作并最初发表于计算机产业发展的早期。这部小说描绘了一个疏离的世界，其中的人们依赖"三维图像"远距离的相互"见面"，只在非常特殊的情况下才会采用直接面对面的形式产生身体接触。这本书还猜测社会学家在这个如此怪异的社会中所扮演的角色。在阿西莫夫的小说中，地球人们生活在巨大的、人满为患的地下钢铁洞穴中，他们害怕开阔的空间和新鲜空气。这本书中也有一句名言——当地球需要派遣一名代表到其他星球拯救人类的情况时，当权者"最好是送一位社会学家过去"。

cyborg 赛博格

这一概念是电子工程师曼弗莱德·克莱因斯（Manfred Clynes）和内森·克莱恩（Nathan Kline）于20世纪60年代创造的，用于指代能够在宇宙中生存的控制增强的有机体（参见控制论[cybernetics theory]*）。工程技术的进步被认为可以实现将人类的某些功能替代为机械部件及计算机控制系统。这一设想激发了很多科幻写作，包括《机械战警》(*Robocop*)、《无敌金刚》(*The Six Million Dollar Man*)里的生化人史蒂夫·奥斯汀(Steve Austin)、《星球大战》(*Star Wars*)里的卢克·斯卡沃克(Luke Skywalker)、《神探加杰特》(*Inspector Gadget*)以及《星际迷航》(*Star Trek*)中的博格斯(Borgs)。更通俗地说,这一概念被用于被使用在那些真实可行的机械性改造穿戴设备,如假肢、视觉传感器以及人工耳蜗。

这一词汇在唐娜·哈拉维(Donna Haraway)*于1985年出版的《类人猿、赛博格和女人:自然的重塑》(*Simians, Cyborgs and Women: The Reinvention of Nature*, 再版, 1991)被提及, 用于指代人类将与机械系统融合发展, 并最终使我们都变成为赛博格。通过对劳动的机械分类、运输系统、电信网络以及生物工程系统的依赖, 人类与机械的边界变得越来越难以划分。技术的进步将成为人类身体构建和重新构建的途径, 也将使我们越来越远离最基本的性别和种族的生物学特征。

cycle of deprivation 剥夺循环

这是一个在20世纪70年代十分流行的理论,用以解释持续的贫困以及其他代际相传的社会经济劣势类型。这一理论假定"家庭反常"是使社会剥夺(deprivation)*得以世代相传的主要机制,这也解释了在贫困的家庭与社区(community)*中持续存在的恶劣的居住条件、较低的受教育水平,以及失业(unemployment)*状态。从本质上来说,争论的焦点在于剥夺与福利依赖,如果不是贫穷的责任的话,无疑不涉及严重的结构性渊源——这在早期关于贫困的理论中(参见宿命论[fetalism]*)更常被提及,尽管其较少强调个体和社区的非常态。广泛的经验性研究逐渐弱化了该理论的可信度。参见M.

鲁特（M. Rutter）和N. 玛德奇（N. Madge）的《劣势循环》（*Cycles of disadvantage*, 1976）。

cyclical change 周期变化

参见经济周期（business cycle）*。

cyclical unemployment 周期型失业

参见失业（unemployment）*。

D

dangerous classes 危险阶级

这一概念出自美国社会改革者查理斯·洛林·布雷斯（Charles Loring Brace）1872年出版的著作《纽约的危险阶级》（*The Dangerous Classes of New York*）。布雷斯使用"危险阶级"指称那些在19世纪晚期纽约城处于贫穷的下层阶级的流浪汉、无家可归者、掠夺性罪犯、乞丐和妓女。社会学家和犯罪学家时常会认为，当代的警务政策（诸如与毒品管控相关）依然受这一概念影响，并包含一个隐秘任务，旨在寻找那些需为众多经济和社会问题（social problems）*负责的"公共敌人"以及镇压当今社会"危险阶级"成员（移民［immigration］*、青年人、各种少数群体［minority group］*）以维护公共秩序与安全（参见戴安娜·戈顿［Diana Gordon］的《危险阶级的回归》*The Return of the Dangerous Classes*, 1994）。

dark figure of crime 犯罪黑数

在20世纪60年代至70年代，"黑数"这一概念变得很重要，用以描绘那些未被举报或未被记录在案的大量的未知的犯罪（crime）*，而这也反映出使用官方统计数据（official statistics）*来测量犯罪的不足。传统的收集数据的方法基于被警方和法庭记录的犯罪，这一方法可追溯至19世纪欧洲各国政府寻求详细记录人民生活方方面面信息的努力。在英格兰和威尔士，关于犯罪的统计数据的编纂自19世纪

50年代开始每年进行一次,由内政部依据刑事司法部门的汇报统计而成,并形成"官方数据"。除了偶尔的小改动,这些数据的形式在这么多年里一直保持恒定。

直至20世纪50年代,官方统计的犯罪率(crime rate)*一直维持在较低水平,而之后犯罪率则迅速增长,并引发了大量的政治争论和媒体关注。犯罪迅速成为受公共关注以及涉及政策制定的重点议题,此时,由"黑数"的程度与特征引发的问题凸显出来。对于"黑"这一概念的使用是别有深意的,不仅简单地表明这些数字是"鲜为人知"的,而且强调其"被建构为有害的,并可导致严重的焦虑"(C. 瓦利尔[C. Valier]的《刑事侦查与昔日之重:关于福柯、主体性和预防控制的批评笔记》Criminal Detection and the Weight of the Past: Critical Notes on Foucault, Subjectivity and Preventative Control,载于《理论犯罪学》*Theoretical Criminology*,2001,第432页)。此外,社会学家强调官方机构如何将某些事件界定为犯罪而并非另一些,这些行为本身即是重要的过滤机制,并将会主要决定对犯罪问题的定义。

20世纪60年代由美国开始,之后发展至全球的借由访问普通市民而获取其对犯罪案件的经历的做法变得越来越普遍。除了试图获取人们对被害程度的真实看法,这些全国范围的犯罪调查也提供了公众关于犯罪、治安、刑罚,以及预防犯罪的认知与态度的信息。英国犯罪调查(English Crime Survey)开始于1982年,之后规律性地持续开展。现在,它已经是一个一年一度的周期性调查,且样本规模非常巨大。其最主要的目标在于寻找未汇报的犯罪、挑战盛行的刻板化的关于犯罪受害者的观点和强调严重犯罪相对处于较低危险状态。

伴随着全国性调查的是持续增长的地方调查,在英国,这些调查自20世纪80年代开始在很多不同的地点出现,如布里斯托、谢菲尔德、默西塞德、伊斯林顿以及爱丁堡。这些调查旨在纠正两项英国犯罪调查的不足——对犯罪受害的影响的低估以及其在揭示一些诸如家庭暴力(domestic violence)*等"隐藏"犯罪方面的无能为力。通过使用全国平均数,英国犯罪调查强调犯罪黑数的一大部分来源于被受害者认为是微小的不良行为(delinquency)*,这也是他们选择不向警方报案的原因。不过,在内城犯罪率高发地带的研究发现,被害者不选择报案的首要原因在于他们认为警方不能够做任何事情。在此种情形下,"大部分被害只能属于黑数,他们被以被害者定义并且被认为是警方的问题"(乔克·杨[Jock Young]的《犯罪风险与犯罪恐惧》Risk of Crime and Fear of Crime,载于M. 马圭尔[M. Maguire]与J. 博宁[J. Poining]编的《犯罪中的受害者:新的交易?》Victims of Crime: A new deal?, 1988,第167页)。这里,可行的一条路是使用阶级分析方法去解释被害,在早期的版本中是极其"去性别化"的,且并不重视这些社会中的种族歧视(racialism)*和对同性恋者的厌恶及恐惧。这些议题都在J. 古迪(J. Goodey)的《被害者与被害者学:研究、政策和实践》(*Victims and Victimology: Research, Policy and Practice*, 2005)一书中有所涉及。

女性主义者批评这些调查基于的概念和思想并没有很好地把握住女性对于性危险的经历与担忧。通过使用合适的研究方法(research methods)*,可以发现显著的经验证据,并驳斥了女性常常需要在公共或私人领域面对以及处理的"安全的家的迷思"以及"普通暴力"的限度(参见贝斯蒂·斯坦科[Betsy Stanko]的《日常暴力》*Everyday Violence*, 1990)。这些研究旨在揭示性犯罪与家庭暴力的数量,同时呈现女性在其日常生活中主动地、常态化地解决这些危险的过程。此外，另一些批评认为这些调查并不能够提供那些受权势所害者的令人信服的数据，这些受害者往往是隐秘的且很难被查出，例如那些被企业排放的污染物毒害的死者。除了这些困难，被害者调查较官方数据而言，在犯罪程度的估算上担当了更好的角色，同时，它也深入探究了被害者如何经历犯罪以及刑事司法体系。

Darwinism（Social Darwinism）达尔文主义（社会达尔文主义）

指对以自然选择（natural selection）*为途径的进化论（evolutionary theory）*的信仰，由查尔斯·达尔文（Charles Darwin）和阿尔弗莱德·华莱士（Alfred Wallace）分别提出，并随后在达尔文的两本关于进化的伟大著作——《物种起源》（*On the Origin of Species by Means of Natural Selection*, 1859）和《人类的由来》（*The Descent of Man*, 1871）——中得到普及。该理论的最初版本主张，在生物总量保持稳定的情况下，由于生物的繁殖速度总是大于更新速度，所以一定存在一种系统性的选择机制使得一些个体消亡而其他个体生存下来。这一机制即"自然选择"：能更好地适应环境的个体则生存，而适应较差的个体则死亡。久而久之，这一机制导致物种的出现。30多年之后，遗传机制——个体基因——得到广泛认同并且被纳入现有的理论，从而产生了现代的新达尔文主义（neo-Darwinism）*。

在他们提出理论的时代，达尔文和华莱士的说法只是关于进化论的其中一种论述。赫伯特·斯宾塞（Herbert Spencer）*的社会演化论也被包含其中。许多受斯宾塞影响的作者积极地将达尔文的"科学"理论吸纳进他们的作品当中，而斯宾塞发明了"适者生存"这一短语

(这通常归功于达尔文)用来解释社会的历史发展。到了19世纪末，美国和英国出现了一个将适者生存的观点与社会理论相结合的运动。优生学(eugenics)*是其中最著名的。在倡导优生学的社会中，最极端的例子是一些支持者撰写各种小册子来宣传强制绝育，或主张监禁人口当中数量较大的族群并在剩余人口中实行选择性繁殖，以达到提高总体人口基因质量的目的。

近年来，达尔文主义理论成为争论的焦点。一些科学家认为达尔文提出的自然选择的缓慢过程不足以用来解释物种的出现。他们主张物种出现是由于某些较为迅速的机制。然而，大多数生物学家和基因科学家仍然信奉新达尔文主义。D. P. 克鲁克(D. P. Crook)的《达尔文主义、战争与历史：从物种起源到第一次世界大战的生物学争论》(*Darwinism, War, and History: The Debate over the Biology of War from the Origin of Species to the First World War*, 1994)一书中有所涉及。另见路德维格·贡普洛维奇(Gumplowicz, Ludwig)*；军事与军国主义(military and Militarism)*。

data 数据

datum 的复数，指一个事实或者统计数字。它是观察的记录。它存在多种形式，例如：智力测验的分值、访谈记录、田野调查(fieldwork)*日记或者访谈录像。通过分析，数据从这些材料中提取出来。

data archive(data bank)数据档案(数据银行)

社会科学数据的储存和检索工具或服务。二手数据分析成为社会科学中一个受认可的领域，数据归档随之发展。1977年，四个北美和七个欧洲数据归档中心成立了国际社会科学数据联合会（The International Federation of Data Organizations for the Social Science, IFDO）。这些数据库如同图书馆，能借给学术界和政府机构收集的可用计算机处理的信息。在大多数情况下，所涉及的信息来源于社会调查（Social Survey）*（大多数数据库实际上是社会调查数据库），不过目前也有储存口述历史学者（oral historian）*或其他人收集的录音的数据库。调查数据库通常保管官方统计数据（official statistics）*，包括普查（census）*，以及非官方数据如民意调查（opinion polls）*和学术调查。例如，英国经济和社会研究委员会于20世纪60年代末在埃塞克斯大学建立了这样的数据存档（即英国数据档案馆）。美国和欧洲许多大学也拥有类似的数据库。

数据归档有三个主要功能：收集、存储并以电子形式保存数据，在国家和国际社会科学共同体中普及数据，并发展分析工具和技术以鼓励最广泛、最大程度地使用数据。不同数据库的侧重点不同：一些数据库采取广泛获取数据的政策，另一些有选择地采集数据；一些数据库通过发表详细的目录来方便数据的使用，另一些数据库专精于入户调查者提供的二手数据分析。

数据库是经济实惠的公开信息的丰富来源。然而，除非存档中的数据集拥有完整的文档（例如完整并详细的代码本），利用二手数据的研究者可能无法得知原始数据采集过程的严重局限并合理地使用数据。

Davis-Moore thesis 戴维斯-摩尔理论

参见分层的功能理论（functional theory of stratification）*。

dealignment(dealignment thesis)解组(解组理论)

参见消费分化(consumption sectors)*。

death rate 死亡率

参见死亡率(mortality rate)*。

de Beauvoir, Simone 西蒙娜·德·波伏瓦(1908—1986)

一位出生于巴黎的哲学家和小说家,毕业于巴黎高等师范学院。她最出名的著作是 1949 年出版的两卷本的《第二性》(*The Second Sex*),在 2010 年得到重译并再版。该作品广泛分析了女性的从属地位,涉及生理的、历史的,以及民族志(ethnography)*的方方面面。她强调,"女性并非生而为女性的,而是变成为的"。文学与信仰系统揭示了女性永远被视为男性为主体的"他者"。她总结道,女性被视为是自然的,而男性则被视为是文化的。这一声明有时成为以欧洲为中心的意识形态假设的普遍性区分。许多对女性存在的描述实际上生动地详述了波伏瓦对 20 世纪中期巴黎的一手经历和观察并为其文字提供了真实性。这部著作在当时激励了数千万女性读者,仿佛女性的从属地位消失了。之后,女性主义(feminism)*观点在众多的专业中都得到了增长;不过却没有很多跨专业的研究。

波伏瓦也是一位小说家,她最早的一部小说名为《女宾》(*She Came to Stay*, 1943)。《名士风流》(*Mandarins*, 1954)获得了龚古尔文学奖(Prix Goncourt)。作为一名存在主义(existentialism)*哲学家,她在短文和剧作里探究了道德和政治困境。此外,她还有自传体式的作品,例如,《一个规矩女孩的回忆》(*Memories of a Dutiful Daughter*, 1958)、《岁月的力量》(*The Prime of Life*, 1960)、关于她母亲之死的叙述——《一种非常安逸的死亡》(*A Very Easy Death*, 1964)和她长时间陪伴让-保罗·萨特(Jean-Paul Sartre)*的记录——《告别》(*Adieux*, 1981)。

debt bondage 债役雇农

参见庇护关系(patron-client relationship)*。

decarceration 非监禁化

非监禁化是监禁(incarceration)*的反义词,指的是对监狱或是精神病医院的人不采取囚禁的方式(而是广泛采用社区矫正)。在20世纪中叶,非监禁化成了社会控制(social control)*的核心特征,类似于社区照护(community care)*与社区控制计划。这样的一种改变在安德鲁·斯库尔(Andrew Scull)于1984年出版的颇具争议的书《非监禁化》中有详细的讨论。与"非监禁化"有关的一个概念是转移监禁(transcarceration)*,其意思是指人们从一种类型的机构转移到另一种类型的机构。

decentred self 离心自我

参见路易·阿尔都塞(Althusser, Louis)*;勒内·笛卡尔(Descartes, René)*;结构主义(structuralism)*。

decision-making 决策

参见社区权力(community power)*;权变理论(contingency theory)*;成本效益分析(cost-benefit analysis)*;博弈论(game theory)*；组织理论(organization theory)*；政党(political parties)*；权力(power)*；满意度(satisficing)*。

decomposition of capital 资本分解

参见所有权与控制权(ownership and control)*。

decomposition of labour 劳动分解

该术语指工人阶级(working class)*内部的分化过程。因为上述分化过程的作用,工人阶级这一阶级按技能水平在内部进行分层从而不再是同质化的群体。关于这一论点,尽管现在已被关于当代劳动力市场分割(labour market Segmentaton)*与资本主义(capitalism)*社会的工业无产阶级在多大程度上一直存在内部分裂的争论所取代(即是所谓的工人贵族[labour aristocracy]*争论),但是它的早期论述还是可以在社会学家拉尔夫·达伦多夫(Ralf Dahrendorf)1959年的著作《工业社会中的阶级与阶级冲突》(Class and Class Conflict in Industrial Society)中找到。

deduction(deductive)演绎法(演绎)

该术语指使用逻辑规则来形成一系列可以从中推导出特定结论的假定。演绎法一般由某个理论开始,然后进阶到有理论衍生的(研究)假设,最后使用预测与观测的方法来验证这些(研究)假设。上述测试-理论的方法经常被认为是假说演绎法(hypothetico-deductive method)*,并且,因为其强调假设、预测与验证,演绎法有时也被认为是卓越的科学方法(scientific method)*。

defence mechanisms 防御机制

由精神分析学派创始人西格蒙德·弗洛伊德（Sigmund Freud*，1856—1939）勾画出的无意识心理机制，其一般指我们的自我（ego）*在其社会与生活经历中学会的某些应付挫折、适应逆境的防卫方式。关于防御机制众所周知的是压抑与投射（projection）*；其他还包括退行、反应形式（reaction formation）*、心力内投和移置（displacement）*等。虽然饱受争议，上述的概念在日常心理学理解中还是被广泛应用。一般来说，防御机制是个体正常生活的一部分，但个体如果有过分强烈的防御机制，则会影响其个性的正常发展，甚至会产生心理变态。

deference 顺从

这是马克斯·韦伯（Max Weber）*提出的处理合法性（legitimacy）*概念的一部分，由英国埃塞克斯大学社会学教授霍华德·纽比（Howard Newby）在其1977年出版的著作《顺从的工人》（The Deferential Worker）中定义为"一种发生在行使传统权威（authority）*情况下的社会互动（social interaction）*形式"。从属的行动者（actor）*或群体所需要的是顺从的行为，但不一定是对现状的规范性认可。顺从的表现仅仅是在不平等的权力关系中符合期望，并不意味着顺从的态度。

与所有正当性的概念一样，顺从同时涉及要求秩序正当性和赋予秩序正当性的人，这反过来又引导纽比创造了"顺从的辩证关系"一词来描述上级由上层定义、评价和管理关系，同时自下层解释、评价和操纵关系的方式。这种顺从关系的面对面本质，以及关系中处处可见的显著不平等（inequality）*，表明这种关系所遵循的传统秩序是建立在最具道德力量的价值（value）*之上的。带有世袭色彩的财产所有权（如家庭农场和契约房）、乡村的宗教信仰和对自然力量的尊重，都可能结合在一起形成这样的价值。由于实践顺从关系的条件和维持这一关系秩序的道德、经济基础消失，产业工人的顺从行为也逐渐减少。

deferred gratification 延迟满足

这是一套理想化的原则，鼓励个人或群体推迟即时的消费或娱乐，以工作、培训、投资或其他方式来追求未来更有价值的长远回报。延迟满足是隐含在资本积累（capital accumulation）*背后以及任何工业化体系中的一个根本原则。

definition of the situation 情景定义

这一概念首次由社会学家威廉·伊萨克·托马斯（William Isaac Thomas*, 1863—1947）和弗洛里安·兹纳涅茨基（Florian Znanieki, 1882—1958）在1918年至1920年间出版的著作《身处欧美的波兰农民》（The Polish Peasant in Europe and America）一书中提出，是符号互动论（symbolic interactionism）*的核心，指人们的行为主要是由其给予环境的主观意义决定的，而非由环境的纯粹客观方面决定。个人根据自己的经历、需要和愿望以及所在社会群体的习俗（custom）*和信仰，建构情境的意义。这一概念启发了早期版本的"自我实现预言"（self-fulfilling prophecy）*理论，即托马斯和兹纳涅茨基认为，当人们把情景定义为真实时，它们在结果中也是真实的。

definition, operational 操作定义

参见操作定义（operational definition）*。

degradation ceremony 降黜仪式

由哈罗德·加芬克尔（Harold Garfinkel, 1917—2011）在其关于"成功降黜仪式的条件"的文章（载于《美国社会学杂志》*American Journal of Sociology*, 1956）中提出。降黜仪式也称作"地位降黜仪式"（status degradation ceremony）*，它指在相关群体的社会类型体系中将个体身份转化为较低身份的交流工作。加芬克尔认为，道德义愤和道德耻辱的结构性条件（以及由此导致的地位下降的结构性条件）在所有社会都是普遍存在的。法庭就是一个由职业降黜者（律师和法官）作为职业惯例公开进行的降黜仪式案例。公开谴责在其他社会环境中可能同样有效，它强调了社会反应（societal reaction）*在定义日常生活中异常行为时的重要性。

degradation-of-work thesis 工作退化论

此概念是指随着资本主义（capitalism）*的兴起，特别是20世纪和科学管理运动兴起之后，技术工作的重要性逐渐下降。这一论点的主要支持者包括法国社会学家与哲学家乔治·弗里德曼（Georges Friedmann*, 1902—1977）和美国政治经济学家哈里·布雷弗曼（Harry Braverman, 1920—1976）在内的新马克思主义者。后者认为，私人资本家追求对其劳动力的更大控制，既是通过获取更大利润提高劳动生产力的手段，也是出于征服工人阶级（working class）*的政治目的。获得这种控制的主要手段是概念和执行的分离，即管理人员掌

握所有的规划和设计知识,工人只被授权负责操作预先编程的机器和执行程序化和非技术性的任务。这一过程之所以被称为"工作退化",是因为它剥夺了以前有技术雇工(例如手工艺人和文员)的技能和自尊。这一观点构成了 20 世纪 80 年代新马克思主义社会学家所关注的劳动过程(labor process)*辩论的核心。

deindustrialization 非工业化

此概念是指西方最富有的国家在第一和第二产业部门的国民生产或劳动力(labour power)*的比例不断下降。非工业化的程度和原因是一个有争议的问题。尽管这种趋势在主要的西方经济体中都很明显,但只有少数几个国家(尤其是英国)出现了投资下降和制造业(manufacturing)*产能绝对下降的情况。

deism 自然神论

参见有神论(theism)*。

Deleuze, Gilles 吉尔·德勒兹(1925—1995)

法国哲学家,于巴黎索邦大学修习哲学并于 1957 年至 1964 年在索邦大学教授哲学史,此后又先后在里昂大学(应他的好朋友米歇尔·福柯[Michel Foucault]*的请求)、巴黎第七大学(在这里他一直任教到 1987 年退休)教授哲学史。作为研究从康德(Kant)*和休谟(Hume)*到斯宾诺莎(Spinoza)、莱布尼茨(Leibniz)、尼采(Nietzsche)*和柏格森(Bergson)等多位古典哲学家的学者,他因与精神病学家和政治家伽塔利(Felix Guattari)*的合作而著称。二人合著了两本颇有影响力且被广泛阅读的关于资本主义（capitalism）*和精神分裂症（schizophrenia）*的书——《反俄狄浦斯》（*Anti-Oedipus*, 1972）和《千高原》（*A Thousand Plateau*, 1980），这两本书可以被看作是第一批从概念上涉及1968年政治事件的哲学著作。德勒兹患了近30年的严重肺部疾病，最后在肺病的晚期阶段，他于1995年结束了自己的生命。

德勒兹可以被称为一个有成就的哲学家。继柏格森之后，他认为复合材料在被划分和／或扩展时发生质变。变化、强度、速度和影响构成了内在的层次，对广泛的多样性的强调最终产生了一个没有变化的思想和物质的形象，最终在没有变化的情况下重新创造了思想和物质的形象。（参见根茎［rhizome］*）他批评黑格尔的辩证法（包括马克思主义改革）产生了一种虚假的运动形象，缺乏任何真正深入和表达的去领土化能力，或他所说的"飞行路线"。作为超越表象（representation）*、解释学（hermeneutics）*和马克思主义（Marxism）*基础设施和上层建筑（superstructure）*概念的替代，他主张线条、表面、平面、折叠、集合、密集变化和发散／收敛级数的平面本体论。在他后期与伽塔利的作品中，"成为"更明确地与一种积极的欲望伦理联系在一起——被理解为一种非人格化和横向的倾向，通过一种联系和集合的逻辑，去领域化和去阶层化。

尽管他通常被认为是后结构主义者，但他与其他后结构主义思想家如雅克·德里达（Jacques Derrida）和雅克·拉康（Jacques Lacan）*有着显著的差异。因此，尽管德勒兹与后现代主义（postmodernism）*有关联，但他的作品构成了后现代理论的另一种选择，他可以被描述为"建构主义者"，而不是"构成主义者"。另见社会建构主义（social constructionism）*。

delinquency 不良行为

从字面上讲,这个术语是指不端行为、有罪或玩忽职守,因此在这个意义上,法律并没有严格定义。然而,特别是当被称为青少年不良行为(juvenile delinquency)*时,这个词通常包含广泛的行为,从冒犯社会认可价值(喧闹的青少年聚会、逃学),到轻微甚至更严重的犯罪(crime)*(如商店盗窃、入室和汽车盗窃)。

一般来说,犯罪分子被认为是城市男性工人,年龄在 12 岁至 20 岁之间,与各种反社会行为有关,是某一帮派(gangs)*的成员,与当局有过纠纷和累犯的历史。这个年龄段的人犯下严重(可起诉)罪行的比例很高,所以一方面,犯罪问题是一个似乎总是可以清楚证明和显而易见解释的问题;另一方面,社会学文献和解释方法范围对其描绘得较为广泛,例如,关于失范(anomie)*的各种理论、芝加哥学派(Chicago School)*、帮派、犯罪流氓、越轨放大(deviance amplification)*、差别接触(differential association)*、差异机会(differential opportunity)*、道德恐慌(moral panics)*和亚文化(subculture)*(所有这些都在本词典其他地方的单独条目下进行了相应的描述)。心理学(psychology)*和精神病学(psychiatry)*也提供了不同的方法:其影响包括父亲或母亲的剥夺,以及智力和个性的测量(measurement)*(这些在本词典中都可以再看到单独的条目)。人们通常认为,这个问题是新的或越来越严重的,但 19 世纪末 20 世纪初,英美社会就出现了类似的犯罪浪潮(皮尔森[G. Pearson]的《流氓:体面恐惧史》*Holligan: A History of Respectable Fears*,1983)很好地说明了这一点)。在过去,对犯罪青年的研究大多忽略了种族(race)*和性别问题,而这一疏漏现在也只是被缓慢地注意到。另见偏差(drift)*。

Delphy, Christine 克里丝汀·德尔菲（1941— ）

法国女性主义者和社会学家。她积极参与了1968年的五月风暴事件（五月风暴是一场学生罢课、工人罢工的群众运动，因整个欧洲各国经济增长速度缓慢而导致的一系列社会问题[social problems]*而引发，其发生时间是1968年5月至6月）。她在妇女运动（women's movement）*的发展中发挥了重要作用，是形成"唯物女性主义"的关键人物。"唯物女性主义"是一种以重视马克思对阶级和生产的唯物主义分析来对待性别问题的方法。德尔菲认为，女性在物质生产关系中的地位是建立在家庭劳动的基础上的。这就构成了一个由制度化的婚姻（marriage）*和母职/母亲角色（motherhood）*关系组成的"性别阶层"。她的思想在1970年一篇有影响力的关于"主要敌人"的论文中阐述，这篇文章后来并被编入1984年出版的《触及痛处》（*Close to Home*）一书中。她的许多文章都收录1998年和2001年出版的两卷本《主要敌人》（*L'Ennemi Principal*）中。对克里丝汀·德尔菲的作品进行研究的一本重要著作是斯蒂芬·杰克逊（Stevi Jackson）1996年编著出版的《克里丝汀·德尔菲》（*Christine Delphy*）一书。

demobilization 复员

参见动员（mobilization）*。

democracy 民主

有众多政治制度和意识形态（ideology）*宣称民主的美德，以至于这个词在日常使用中几乎变得毫无意义；这一标签用于使几乎每一种政治权力安排合法化。民主作为一种理念和实践，起源可以追溯到公元前五世纪的希腊城邦。当时,它的意思仅仅是"公民的统治"(*demos*),目的是让所有公民在影响所有人的决策中都有发言权。这项权利是在群众大会上行使的,并被我们称为直接民主(direct democracy)*。这一古希腊民主有三个重要特点:第一,它排斥妇女和奴隶阶层;第二,公众是一个集体或社会群体,而不是孤立的个人;第三,这种集体决策只有在公民主体规模相对较小和同质的情况下才能有效。柯克帕特里克·塞尔(Kirkpatrick Sale)在 1980 年出版的《人性尺度》(*Human Scale*)一书中以罗伯特·达尔(Robert Dahl)的实证研究为基础,提出真正的民主要在一万人以上的群体中实现是困难的,在五万人以上的人群中是实现不可能的:大多数西欧和美国人生活在比这更大的城镇中。事实上,在拥有几千名特权公民的城邦,希腊民主的经典时代只持续了大约两百年,之后便被入侵和战争摧毁。在面对人口增长时,它的长期适用性未通过考验。

当代的民主政体与古希腊的模式大不相同。17 世纪出现在英国并逐渐成为世界典范的模式是代议制民主。这一模式中,公民选举出那些承诺在辩论和决策中代表公民利益的政治家,这些辩论和决策通常发生在一些中央国家会议中,如议会或国会。因此,理想情况下,议会成为一个微型民主。

实际上,民主国家的政治家通常属于提出一般政策或方案的政党(political parties)*,而不是在具体问题上对公民作出回应。政党因此成为独立的权力中心。20 世纪的经验似乎表明,公民的最佳代表是许多小党派的涌现——如意大利或以色列;但是,在只有两个或至多三个政党的地方——如英国或美国,政府可以更有效地运作。这是引起社会学家和政治学家注意的许多民主悖论之一。

尽管世界上有许多以代表人民的集体意志为基础的一党制体制自称民主，但人们普遍认为，政党之间存在真正的竞争，真正的党际竞争和不同利益的真实代表是民主的必要条件。其他必要条件包括自由公正的选举、在候选人和政府之间真正选择议会权力、分权、全体公民的公民权利（civil rights）*和法治。对于这些概念的确切含义，人们有着无尽的分歧，这就是为什么民主至今仍然是公众和学术激烈辩论的焦点。研究者们探索了作为社会学实体的国家的本质、政治社会化（political socialiation）*、投票行为（voting behaviour）*和政治参与、民主与经济制度的关系以及对公共舆论（public opinion）*的操纵。

然而，研究的主旨一直是调查民主本身的现实——权力的分布有多广，普通公民扮演什么角色。1956年，罗伯特·达尔发表了《民主理论的一个序言》（A Preface to Democratic Theory），他在文中指出，现代工业国家并不是典型的民主国家，而是一个由强大的利益集团（interest groups）*组成的联合政府。在现代条件下，民主必须被视为利益集团和协会多元竞争的结果。这引发了20年来对多元化的深入研究和分析。赖特·米尔斯（C. Wright Mills）*1956年出版了《权力精英》（The Power Elite）一书，进一步批判了民主，该书认为，在美国，由大企业的机构领导人、军队和米尔斯所说的"政治"（政府的行政部门）组成的权力精英（power elite）*抹杀了民主政治实践。在这个大众社会（mass society）*里，公民变得温顺而无力。

与精英统治理论和阶级统治理论相对应的是保守主义传统，从柏拉图到伯克，都怀疑民主是一种危险而低效的制度，容易导致暴民统治。1789年法国大革命中的民主制的起源使这一观点得到了证实。

在现代民主政体中,人民的呼声或宪政民主的呼声究竟应该有多强,几乎没有任何意义。政客们经常忽视公众舆论的多数——例如:在美国,多数人赞成死刑或平衡预算;在英国,多数人反对完全融入欧洲,或反对英国的医疗私有化。民主与传统的家长制、国际企业资本主义和福利国家主义令人不安地交织在一起。事实上,今天政治和经济决策的复杂性给真正的公众参与造成了巨大的障碍。

在未来,新的电子技术提供信息和测试公众意见可能会使民主更接近其参与性起源。围绕这些问题的重要文献包括杰克·莱弗利(Jack Lively)1975年出版的《民主》(Democracy)和格雷姆·邓肯(Graeme Duncan)1983年主编出版的《民主理论与实践》(Democratic Theory and Practice)。

democracy, industrial 工业民主

参见工业民主(industrial democracy)*。

democracy, participatory 参与式民主

参见参与式民主(participatory democracy)*。

democratic socialism 民主社会主义

参见国家资本主义(state capitalism)*。

demographic transition 人口转变

汤普森(Thompson)于1929年在英文的人口学文献中首次提出人口转变这个概念。人口转变就是人口再生产类型的转变,即人口再

生产由一种类型转向另一种类型。从人类自身发展的历史看,人口转变实际上就是人口生育率(fertility rate)*和死亡率(mortality)*由高水平向低水平的转变,或者准确地说是从传统的"高出生率—高死亡率—低自然增长率"类型逐步向"低出生率—低死亡率—低自然增长率"类型的转变。具体而言,它是指在发达世界许多地区观察到的两种人口体系之间的转变模式:第一种被称为传统的人口体系——生育率和死亡率都很高;第二种或言现代体系——生育率和死亡率都很低。人口转变理论从这一模式在欧洲的观察中发展起来,并与弗兰克·W. 诺特斯坦(Frank W. Notestein)的名字相关联。根据这一理论,死亡率应该首先下降,导致一段相当快速的人口增长时期(如发生在19世纪上半叶英国这样的实际例子),随之而来的是生育率下降到同样低的水平(参见舒尔茨[T. W. Schulz] 1945年编辑出版的《世界的粮食》[Food for the World]一书中的《人口:远景》[Population: the Long View]一文)。人们花了很多精力来讨论发展中国家的人口转变是否会遵循类似的模式,以及转型中期的人口增长是对工业革命(industrial revolution, the)*的刺激,还是仅仅是经济发展(economic development)*与现代化(modernization)*的结果。

demography 人口学

迁移(migration)*、生育率(fertility rate)*和死亡率(mortality)*的变化以及性别比例(sex ratio)*、抚养比和年龄结构等特征对人口增长和衰退产生的影响。该学科有时细划为形式人口学和人口研究(population studies)*,前者对人口参数和动态进行统计分析,后者对人口结构变化的成因及后果进行广泛调查。在后一个领域中,许多人口学家的研究兴趣与社会学家的研究兴趣重合,许多社会学调查中人口学分析常是描述和理解人类社会的重要组成部分。

研究方法包括分析登记出生、死亡和婚姻状态的官方统计数据库以及人口普查数据库。人口学家最终希望预测未来几十年的人口规模及其不断变化的年龄结构,这对于社会政策(social policy)*和劳动力市场(labour market)*政策至关重要。例如,如果抚养人口(学龄以下儿童和退休年龄以上的人口)相对于工作年龄人口在增长,而财政必须对该年龄段予以支持,那么这可能会对税收、社会保险(social insurance)*和财政政策产生重大影响。如果劳动年龄人口的绝对数量正在下降,则政府政策可能会鼓励更大比例的女性就业。因此,人口统计(vital statistics)*和分析为其他类型的研究提供了必要基础。因此,人口普查是要发展的第一类系统社会探究。

但是,人口动态统计分析确有其局限。尤其是他们无法提供出生率(birth rate)*变化的动机、价值体系或目标偏好的信息,而这是人口增长的关键因素。近年来,人们努力开展有关生育倾向和行为的访谈调查,调查问题包括家庭偏爱孩子的数量、家庭收入和女性就业对其生育的影响、对避孕的态度和实施等所有影响生育时间和间隔的因素。20世纪70年代的世界生育调查确定了数据收集和分析的标准,这是对人口学家数据来源和研究分析的重要补充。另见历史人口学(historical demography)*;社会人口学(social demography)*。

denomination(denominationalization)宗派(宗派化)

这是一种宗教组织,按照教会宗派的类型,处于教会(church)*和教派(sect)*之间。它是具有正式科层制(bureaucracy)*的自发协会。有一个训练有素的神职人员（clergy）*，外人仅限于参与特定的活动。它对信仰和修行较为包容，很少排斥偏离正教的成员，并不需要严密的个人承诺，通过社会化（socialization）*来吸纳成员。宗派化是指某些宗派（例如卫斯理宗）在不必成为教会的情况下获得宗派特征的历史过程。经典来源是R. 尼布尔（R. Niebuhr）的《宗派主义的社会起源》（*The Social Sources of Denominationalism*, 1929）。

denotative meaning 外延意义

参见内涵意义与外延意义（connotative versus denotative meaning）*。

density 密度

该术语指以不同方式衡量出的在一定地理或社会空间内聚集、集中或拥挤的程度。某个地区的人口密度是通过该地区常住人口或在该地区工作的人数（白天的人口密度）来衡量的。工会成员密度是指特定工作场所或公司中所有工会成员的百分比。在网络分析（network analysis）*中，密度是指网络成员之间实际存在的所有可能连接的比例——高密度网络具有更高的连接等级。另见动态密度（dynamic density）*。

dependence 依附

指连接并从属于某人或某物的状态。与自力更生相反，这个术语常被用在社会学领域中。

在经济增长（economic growth）*和发展社会学（development, sociology of）*的研究中，它描述了一种不发达国家依附发达工业国家的投入以实现增长的情况。这可以采取金融和技术援助、专业知识或军事支持的形式。依附论(dependency theory)*的提出者和一些研究者认为依赖是一种不利于第三世界(Third World)*国家长期经济和政治利益的限制条件。

在医学背景下,该术语与成瘾同义,最常见的依赖形式是药物成瘾(drug addiction)*和酗酒(参见饮酒和酗酒[drinking and alcoholism]*)。个体有时被描述为情感上依附、财务上依附或政治上依附他人。很多研究关注了已婚女性对丈夫的经济依附中不同性别关系的社会后果(特别是前者不从事有偿工作)。另见教亲制(compadrazgo)*;庇护关系(patron-client relationship)*;相关变量(dependent variabl)*。

dependency theory 依附论

该理论认为第三世界(Third World)*国家未能实现充分与可持续发展(sustainable development)*是由于它们对发达资本主义世界的依附(dependence)*。

现代化理论(modernization theory)*认为欠发达国家(less developed countries)*能够追赶上西方国家,依附论是在与现代化理论的这种乐观判断的对抗中发展起来的。依附论强调,西方社会出于自身利益,利用金融和技术资本来维持其相对于欠发达国家的优势地位。在依附论的宽泛框架中,对发达与欠发达国家之间的关系进行了各种不同的解释,从安德烈·冈德·弗兰克(Andre Gunder Frank)提出的停滞主义和"剩余流失"理论(错误地预测了第三世界无法实现有意义的工业化[industrialization]*),到那些设想基于和西方存在"关联依附"关系而实现经济增长（economic growth）*的谨慎悲观主义。

德国发展经济学家弗兰克无疑对依附论做出了重要贡献，他提出并普及了"不发达的发展"一词，用以描述他所看到的边缘国家扭曲和依附的经济，这些边缘国家是更先进的"大都市"的"卫星"。他在《拉丁美洲的资本主义与不发达》（*Capitalism and Under Development in Latin America*，1969）中指出，第三世界注定要停滞不前，因为它生产的经济剩余被发达资本主义国家通过跨国公司（multinational corporation）*等机构所占有。弗兰克本人坚持认为，只有切断与资本主义（capitalism）*的联系，奉行以自我为中心的社会主义（socialism）*发展策略，发展中国家才能实现发展。

依附论缺陷在于过分强调经济因素，并且在某些观点中存在一种宿命论（fatalism）*逻辑，这种宿命论是基于存在从欠发达国家到富强国家的"剩余流失"（利润的榨取和占有）的想法。尽管如此，该理论的价值在于引发对发展的国际维度的关注，并侧重考察国家间的权力关系。作为一组成功的后发展国家，新兴工业化国家的出现挑战了依附论核心假设的有效性，并且表明在某些情况下，成功的后期工业化是可能的，并暗示了需要对第三世界发展采用更为复杂和分散的分析路径。另见发展社会学（development, sociology of）*。

dependent variable 因变量

在特定的研究、分析或模型中，因变量是指其特征或变异可以通过参考其他、先前的、所谓的自变量（independent variable）*来解释的社会因素。例如，一个人的收入（因变量）可能会随着年龄和社会阶层（自变量）不同而变化。因变量的值通常可以用某种形式的因果模型(causal modelling)*来预测。一个变量(variable)*被视为因变量还是自变量,取决于理论框架和研究重点。

depression(clinical depression)抑郁症(临床抑郁症)

抑郁症指多数人所经历的,以悲伤、绝望和失去兴趣为特征的精神状态。如果症状持续存在、严重且与任何可识别的诱因不成比例,则被视为临床抑郁症(即一种精神疾病[mental illness]*)。"抑郁"一词最初是作为忧郁症的症状(抑郁症的前身)进入精神病学(psychiatry)*分类,直到19世纪末才开始作为诊断标签出现(最初是"躁狂抑郁症"一词)。

不同类型的抑郁症有明确的区别。二战结束后,通常把抑郁症区分为应激性抑郁症和内源性抑郁症。应激性抑郁症是一种神经官能症(neurosis)*,存在一个可识别的诱因,但其反应被夸大了。内源性抑郁症是一种精神疾病,则没有可识别的诱因,相反,疾病(illness)*似乎是由内部引起的。精神医学学会(APA)《精神障碍指南》(Manual of Mental Disorders)在"情感障碍"主题下区分了双相情感障碍(躁狂抑郁症)和单相情感障碍(抑郁症)。

不同类型的抑郁症是现今最常见的精神疾病,女性比男性更常见(通常为2:1)。抑郁状态无疑会引起生理改变(尽管抑郁症的生化研究和治疗还不是很成功),目前使用最广泛的治疗方法是物理药物疗法或ECT(电惊厥疗法)。然而,社会因素在抑郁症的病因中也非常重要。乔治·布朗(George Brown)和蒂里尔·哈里斯(Tirril Harris)在《抑郁症的社会起源》(Social Origins of Depression, 1978)中的研究非常清楚地表明,不利的生活事件(life event)*和其他导致压力的事件,与情境性的脆弱性相结合,会增加临床抑郁症的发生率(包括应激性和内源性)。另见神经症性抑郁(neurotic depression)*。

depression, neurotic 神经性抑郁

参见神经症性抑郁(neurotic depression)*。

deprivation 剥夺

从字面上看,该术语指拿走某物或被剥夺财产的状态,也泛指没有拥有某物的状态,无论某物之前是否被占有,并隐含该个体可以合理地期望拥有它。"剥夺"指失去或被排除在其他人可以得到的东西之外。个体被剥夺的具体情况不同,但是人们对食物、住房、教育和情感关怀(参见母爱剥夺[deprivation, maternal]*)等基本福利的需求受到大量关注。这一点在公民身份(citizenship)*标准方面体现得最为明显。(J.斯科特[J. Scott]的《贫穷和财富》Poverty and Wealth, 1994)

像狭义的贫困(poverty)*一样,剥夺可以从绝对或相对的角度来看。绝对剥夺(absolute deprivation)*是指失去或缺乏满足基本生存需要的手段——食物、衣服和住所。而相对剥夺(relative deprivation)*一词指的是当人们将自己与他人进行比较时所经历的剥夺。也就是说,相对剥夺指缺少某物的人将自己与拥有该物的人进行比较,从而体会到被剥夺的感觉。因此,相对剥夺不仅涉及比较,也常常被主观定义。此概念与参照群体(reference group)*(个人或一组人与之比较的群体)紧密相关,参照群体的选择对相对剥夺的程度至关重要。

相对剥夺的概念由萨缪尔·斯托弗(Samuel Stouffer)*及其同事在他们经典的社会心理学(social psychology)*研究《美国士兵》

(*The American Soldier*, 1949) 中提出。罗伯特·K. 默顿（Robert K. Merton）*在其权威著作《社会理论和社会结构》(*Social Theory and Social Structure*, 1949) 中也使用了该词，并在 20 世纪五六十年代被社会学家广泛运用。毫不奇怪，它被有关贫穷的讨论和需要对贫穷做出相对定义的争论所援引。W. G. 朗西曼（W. G. Runciman）在他的重要研究《相对剥夺和社会正义》(*Relative Deprivation and Social Justice*, 1966) 中也使用了它。该著作聚焦于制度化不平等和人们对不平等的认识，并关注以社会正义（social justice）*的标准来判断人们感知并厌恶哪些不平等的问题。最近，社会不平等（social inequality）*和相对剥夺之间的联系被用作预期寿命（life expectancy）*国际差异的解释机制，认为高度的不平等通过相对剥夺感导致预期寿命下降。

社会学的争论往往集中于主观体验到的相对剥夺感。但在社会政策（social policy）*领域，外部评估的物质和文化剥夺一直是贫困（poverty）*研究的重点。一个重要的议题是剥夺在多大程度上会代代相传。在此基础上，剥夺循环（cycle of deprivation）*的概念被用来指剥夺的代际传递，主要是通过家庭行为、价值和实践。与结构性不平等相反，这一观点强调了个人和家庭病理学在解释剥夺中的重要性，引起了相当多的争论和批评。参见 M. 吕特（M. Rutter）和 N. 马奇（N. Madge）的《劣势循环》(*Cycles of Disadvantage*, 1976), 与 Z. 费尔格（Z. Ferge）和 S. M. 米勒（S. M. Miller）的《剥夺的动力学》(*Dynamics of Deprivation*, 1987)。多重剥夺一词是指涉及广泛的社会需求的剥夺。对更多文献的回顾，参见琼·N. 格尼（Joan N. Gurney）和卡特琳·J. 蒂尔尼（Kathleen J. Tierney）的《相对剥夺和社会运动：对 20 年来理论和研究的批判性审视》(Relative Deprivation and Social

Movements: A Critical Look at Twenty Years of Theory and Research, 载于《社会学季刊》*Sociological Quarterly*, 1982)。

deprivation, maternal 母爱剥夺

参见母爱剥夺(maternal deprivation)*。

deprivation-satiation proposition 剥夺-满足命题

参见成功命题(success proposition)*。

derivations 派生物

参见精英(精英理论)(elite[elite theory])*。

Descartes, René 勒内·笛卡尔(1596—1650)

法国哲学家勒内·笛卡尔与康德(Immanuel Kant)*和大卫·休谟(David Hume)*并称现代西方哲学的奠基人。笛卡尔还对数学和力学做出了重大贡献。他最知名的两本著作是《论方法》(*Discourse on Method*)与《沉思录》(*Meditations*)。在这两本书中,他运用了系统怀疑方法,为推导出确定的知识打下不容置疑的基础。众所周知,笛卡尔发现他几乎可以怀疑一切,除了怀疑及由此带来的思考之外,他必须至少确认自己存在。然而,他声称的存在不是他肉体的存在,而是作为"思考之物"的自我(self)*的存在。笛卡尔需要上帝存在的证据,以恢复他对由空间存在所定义的物质实体存在的信心。这种形而上学的世界观(weltanschauung)*,一方面是由延伸的物质实体构成的;另一方面是由思想所定义的灵魂或心灵构成的,这

就是所谓的二元论（dualism）*。用来指称笛卡尔的形容词是"笛卡尔主义"。

笛卡尔以及后来的二元论心灵哲学家，都曾在合理解释构成人的心灵与肉体之间的特定联结上遇到很大的困难。身心二元论的影响遍及当代社会科学（social science）*。例如，马克斯·韦伯（Max Weber）*区分了行动（action）*和有意义的行动（meaningful action）*。这导致在充分处理人的具身化或生态问题上遇到巨大困难。社会科学中的精神分析（psychoanalysis）*和新近的结构主义（structuralism）*路径对去人类中心化有深刻影响，它们往往从明确反对笛卡尔提出的自我透视和自我反思的假设开始。最后，笛卡尔常因鼓吹动物是无意识的复杂机器而受到批判，据说是因为他把动物排除在直接道德关怀之外，还在人类和动物之间划下着一条站不住脚的鸿沟。另见形而上学（metaphysics）*。

descent（descent theory）继嗣（继嗣理论）

参见亲属关系（kinship）*。

descent groups 继嗣群体

继嗣群体指一个共同祖先的直系后代。单系继嗣可以是母系（matrilineal）*（如果通过母亲追溯），也可以是父系（patrilineal）*（通过父亲追踪）。双系继嗣（bilateral descent）*可以通过父母中任何一支来追踪。虽然关于继嗣的地方性话语往往强调其生物学基础，但这应被视为一种文化建构，因为有时会创造虚构的生物学关系。另见氏族（clan）*；亲属关系（kinship）*；平行继嗣（parallel descent）*。

descent, parallel 平行继嗣

参见平行继嗣(parallel descent)*。

deschooling 非学校化

非学校化指与伊万·伊利奇(Ivan Illich)(《非学校化社会》 *Deschooling Society*, 1971)和保罗·弗莱雷(Paulo Freire)(《被压迫者教育学》*Pedagogy of the Oppressed*, 1970)的著作相关的一场运动,尽管勒内·杜蒙(René Dumont)等人(《非洲的错误开端》*False Start in Africa*, 1962)曾在更早的时候对发展进程中教育系统所扮演的角色提出过批评。虽然伊利奇和弗莱雷都是从拉丁美洲的视角来进行写作,但这场运动在20世纪70年代极具影响力,尤其在美国。其中心思想是,教育和学习应渗透在所有的生活经验和社会关系中,而不是被正规教育系统垄断。对第三世界(Third World)*来说,最重要的是课程(curriculum)*必须建立在学生自身的经验基础上,并提供相关的知识和技能。传统的教育体系实际上贬低和排斥了许多社会群体(例如穷人),并造成了制度上的依赖。更广泛的政治争论就是从这个立场发展而来的。另见教育社会学(education, sociology of)*。

descriptive statistics 描述统计

参见推论统计(inferential statistics)*。

desire 性欲

性欲指的是性的心理层面,尤其是指性幻想,既可以是有意识的,也可以是无意识的(unconscious)*。它既不同于生物学层面的性(身

体及其感觉、生殖能力和性行为），也不同于社会和政治层面的性（包括性身份和性关系）。

虽然我们通过自己的身体来体验快乐和痛苦，但可能大部分这类感受实际上是心理层面的幻想和性欲的产物。精神分析理论专门对此类问题进行了探讨，近年来法国精神分析学家雅克·拉康（Jacques Lacan）*挑战了西格蒙德·弗洛伊德（Sigmund Freud）*的生物"驱动力"理论，拉康认为性和性欲是意义生成和超越的主要场所，而性欲和任何生理表达一样都是文化意义及文化表象（representation）*的产物。拉康将性欲看作是一个转喻；换言之，一个词语被转移性地使用了——转喻（metonymy）*既是一种修辞手法，也是符号学（semiology）*中的一个重要概念，通过转喻，一事物的名称被另一与之相关的事物名称所替代。例如，用"效果"替代"原因"，或是用"那个瓶子"替代"饮料"。另见需求（need）*。

de-skilling 去技能化

这是概括哈里·布雷弗曼（Harry Braverman）的著作《劳动和垄断资本：20世纪的工作降级》（*Labour and Monopoly Capital: The Degradation of Work in the 20th Century*, 1974）中心思想的一个术语。他的观点认为资本主义（capitalism）*的生产方式（mode of production）通过把复杂的工作流程分解为更细小、更简单和非技术化的任务，从而降低了劳动成本。这一持续的碎片化过程用无需多少培训的非技能劳动力取代了有技能的手艺工人，因而二级劳动力市场的工作被初级劳动力市场的工作所取代。结果导致工资和雇佣条件被降至更低的二级劳动力市场水平，失业（unemployment）*和不稳定就业更为普遍,而身处去技能化工作中的人们也变得与他们的工作相异化(alienation)*。

这一观点吸引了很多社会科学研究者的兴趣,尤其在英国。它也为工作组织和工作场所中的变化提供了个案研究(case study)*框架,尤其是在日益衰退的制造业(manufacturing)*,概况可参见汤普森(P. Thompson)的《工作的本质:有关劳动过程争论的简介》(*The Nature of Work: An Introduction to Debates on the Labour Process*,1983)。基于全国代表性的劳动力统计研究并不支持布雷弗曼有关职业结构(occupational structure)*变迁方向和制造业向服务业(service industries)*变迁导致系列后果的结论,研究发现:一些技术型职业正在消失;另一些职业的经验技能在提升,而像计算机程序员和系统分析之类的新职业在迅速发展。另见工作退化论(degradation of work thesis)*;产业部门(industrial sector)*;劳动过程(labour process)*;无产阶级化(proletarianization)*;科学管理(scientific management)*;技能(skill)*。

despotism 专制

参见专制主义(absolutism)*。

determinism 决定论

参见生物还原论(biological reductionism)*;文化和人格学派(cultural and personality school)*;经济决定论(economic determinism)*;历史主义(historicism)*;标签理论(labelling)*;社会区域分析(social area analysis)*;社会生物学(sociobiology)*;技术决定论(technological determinism)*。

deterrence 威慑

在犯罪学（criminology）*中，威慑和预防措施可以重合，因为两者都旨在阻止某些行为或对他人的理性选择施加限制。譬如，坐牢的威胁可以作为一种威慑来防治犯罪（crime）*。逮捕、审判、定罪和惩罚的威胁都可以被看作一般性的威慑。威慑作为一般性的目标也被用于证明惩罚的合理性。坐牢被认为是一个有力的威慑，但在说服潜在罪犯避免施行犯罪方面的有效性依然存在争议。然而，监狱也寻求改革，如果个体出狱后没有再犯，那么说明监狱制止了犯罪。无论如何，在大多数现代刑罚系统中，累犯（recidivism）*比例很高。这个概念也用在军事社会学中，指代使用威慑性力量（比如核武器）来阻止攻击。

development, sociology of 发展社会学

把社会理论和分析运用到正在经历向资本主义工业化转型的社会（通常是第三世界[Third World]*)中。尤其关注发展对阶级关系和农民及城市贫民等社会群体的社会效应。

发展研究作为一个独特的研究领域出现在战后，并且与对后殖民世界的政治和经济发展的关注日益增长有关。对发展的第一个社会学解释是现代化理论（modernization theory）*，认为由于欠发达国家（less developed countries）*模仿了西方资本主义的经济和社会体系，所以它们最终会赶上工业化世界。现代化理论的主要理论基础是结构功能主义（structural functionalism）*，把发展概念化为从传统到现代的阶段性转型，转型是下述三方面变化的结果：在经济层面通过市场运作和外国投资；在社会层面引进合适的西方制度、价值（value）*和行为；在政治层面实施代议制民主。现代化理论是冷战的产物，并受到战后世界关注对社会主义（socialism）*思想挑战的推动，所以其乐观主义、过度简化论和族群中心主义（ethnocentricism）*都受到批评。在 20 世纪 60 年代晚期，现代化理论作为最受欢迎的发展社会学分析被依附论（dependency theory）*所取代。但这反过来也被批判是过度简化论，仅仅是把先前的正统观念倒置了一下而已。

对这些分析路径的批评使得发展社会学成了一个碎片化的领域，其中各种相互竞争的小理论争夺话语权。近年来大家日渐意识到对民族国家的分析不能孤立于国际环境。这一领域与全球化（globalization）*和环境（environment）*的社会学争论的重合也日趋显著和增长，譬如约翰·布罗曼（John Brohman）的《流行发展》（*Popular Development*, 1996）一书。新的分析重点关注国家之间的相互依赖和整合，不仅仅是经济进程方面，而且也是文化和意识形态层面。比如说，在《世界的西方化》（*The Westernization of the World*, 1996）一书中，谢尔盖·拉图切（Serge Latouche）认为"第三世界发展"概念根植于技术进步和资本积累（capital accumulation）*的西方观念中。这导致了摧毁非西方人群文化的发展政策。其中，拉图切提出在文化、生活方式和精神上走向全球一体化的过程导致了遍布第三世界的地方性的内战、生态危机和大规模的国家债务。戴维·E. 阿普特（David E. Apter）的《发展再思考》（*Rethinking Development*, 1987）一书对相关文献做了很好的综述。另见中心-边缘模型（centre-periphery model）*。

development banks 开发银行

国家和私人机构成立的金融机构，专门用于促进经济增长（economic growth）*，通常拥有优惠利率和还款条款。具体例子包括美洲开发银行(Inter-American Development Bank)、国际开发署(International Development Agency)和欧洲复兴开发银行(European Bank for Reconstruction and Development)。

development, uneven 不均衡发展

参见不均衡发展(uneven development)*。

deviance, sociology of 越轨社会学

通常来说,越轨被认为是一种属性,某种内在于某个行为或某人的东西:不良行为(delinquency)*、同性恋(homosexuality)*、精神疾病(mental illness)*等。确实,在早期社会病理学家著作中,越轨被认为是具有某种真实性的东西,而且在一些临床和犯罪学(criminology)*研究中仍然非常重要。但对社会学家来说,越轨最好被视为是社会情境和社会体系的一个正式特性,而非某种人的类型。对于越轨的本质目前尚未达成共识——即使谋杀或乱伦有时也被接受——但两个相互关联的特性有助于刻画这一现象。

一是把越轨作为一种违背规范(norm)*的模式,诸如违背宗教规范产生异教徒、违背法律规范产生罪犯、违背健康规范产生病人、违背文化规范产生怪人等等。由于大多数社会情境都存在规范,那么这一定义就具有广泛适用性,可用于社会生活的方方面面。

第二个特性强调规范是一种污名(stigma)*建构,是贴附在某个时代的某个行为群组上一个标签,并进而被贬损、诋毁和经常性地排斥。这一特征也被看作具有广泛适用性:人们会认为朋友越轨了,可能仅仅只是因为他们打嗝或话太多;恐怖分子会被那些共享其特殊价值的人奉

为政治烈士。这类越轨研究主要关注污名化标签的建构、应用和影响。

在规范违背和污名建构这两个路径中,越轨是一个不断变化、模糊和不稳定的概念。谁或什么是越轨取决于特定社会情境中对规范和贴标签过程的深入了解。虽然这个术语存在这些内在困难,越轨研究产生了大量社会学文献。

爱弥尔·涂尔干(Émile Durkheim)*的著作被普遍认为是对越轨的当代分析最具启发性的研究起点。他的著作中呈现两个有点互相对立的核心主题,标示了其后的研究趋向。一是对失范(anomie)*的关注,这是一种丧失规范和崩溃的状态,主要出现在社会剧烈变迁时期。失范表明社会秩序(social order)*或社会结构(social structure)*中存在某种紧张和崩坏。这个概念把焦点从作为个体类型的越轨者转向作为某种社会结构特征的越轨。后续诸多著作都追随这个思想,有关少年犯的理论把少年犯作为社会秩序紧张的后果(恰如罗伯特·默顿[Robert Merton]*的著作和失范理论所言),或作为城市社区崩溃的后果(参见过渡地带[zone of transition]*;亚文化[subculture]*)。

涂尔干的第二个关注点是越轨的功能。在《社会学方法的准则》(*The Rules of Sociological Method*, 1895)一书中,涂尔干提出"犯罪是正常的,因为一个社会不可能完全没有犯罪现象"。越轨与社会条件密切相关,越轨本身并非不正常或病态的,每个社会都需要越轨。涂尔干基于如下几点提出了越轨正常这个看似矛盾的论点。首先,大量统计资料从经验上表明,所有已知社会都存在越轨,而且越轨比例在不同时期保持相对稳定,虽然涂尔干也明确认同存在需要进一步考察的不正常的过高比例。但为什么越轨如此普遍?与其更一般性的功能分析相一致,涂尔干认为越轨满足了诸多重要功能。他引用了苏格拉底的例子，提出越轨的一项功能就是引发变迁，今日的越轨乃明日世界的征兆。并非所有越轨都是如此，有些越轨很容易被纠正，可迅速地整合进当下的社会秩序中。但那些激进、挑战性和威胁性的越轨却恰恰反映了明日世界，因为它们提示了社会世界（social worlds）*的一个不同版本，一个在不断成为现实的版本。譬如16世纪的基督教改革派迅速在之后的时代建立了教区。不同于促进变迁的功能，越轨的另一个主要功能是促进团结和凝聚力，人们因反对一个共同的敌人而团结起来。

涂尔干的著作极具影响力，但也存在其他社会学传统，对越轨问题进行了深入讨论。芝加哥学派（Chicago School）*的成员把越轨作为文化传递中正常的学习过程的一部分，被称为差别接触（differential association）*，主要体现在埃德温·萨瑟兰（Edwin Sutherland）的晚期著作中。符号互动论（symbolic interactionism）*传统中的学者特别关注越轨被社会建构的过程。这一兴趣最终导致了标签理论（labelling theory）*和社会建构主义（social constructionism）*的兴起。其他的思想流派包括把越轨视为一种社会冲突（social conflict）*形式，近期也有研究努力把马克思主义（Marxism）*与法律社会学（law, sociology of）*、女性主义犯罪学（feminist criminology）*，以及米歇尔·福柯（Michel Foucault）*和话语理论努力联结起来。

从20世纪60年代晚期到70年代，越轨理论是社会学中成果最丰富，也最具争议性的一个领域，但到了80年代，争论大多已变得制度化（institutionalization）*，大家的兴趣也有所降低。在一些观察者看来，喧闹的专业化已经逐渐成熟了。而在很多自认为是该领域激进主义者的眼中，越轨社会学已经变成了又一个社会学正统。无论人们如何评判这一进程,这一故事被斯蒂芬·J. 福尔(Stephen J. Pfohl)很好地记录在《越轨与社会控制:一个社会学的历史》(*Images of Deviance and Social Control: A Sociological History*, 1985)一书中。另见职业生涯(career)*;犯罪(crime)*;越轨放大(deviance amplification)*;越轨否认(deviance disavowal)*。

deviance amplification 越轨放大

威尔金森(Leslie Wilkins)在《社会越轨》(*Social Deviance*, 1967)一书中引入这一概念,指代最初一小部分越轨行为会通过贴标签和过度应激,逐渐变成成日益严重的越轨现象。这一概念最初与控制论(cybernetics)*和反馈回路相关,但后来被广泛用于越轨标签理论中。然而,至今该理论的系统辩护和应用主要出现在迪顿(Jason Ditton)的《质控学》(*Controlology*)一书中,该书批评了"三心二意"的标签理论,并进而尝试"对威尔金森的模型进行拓展,直至控制的实施可被看作与犯罪无关(而非在一个相互影响的因果框架中),因为摆脱(犯罪)的束缚将为一个成熟的标签理论奠定充分的前提基础"。

deviance disavowal 越轨否认

该术语指那些被贴上越轨标签的人拒绝接受这一界定。这一术语最初在与所谓的社会越轨者相关研究中发展起来,比如生理残疾者为了使自己看起来正常或正常化他们与功能正常者的互动和关系,他们会努力尝试最小化越轨的污名(stigma)*。如今这个概念的使用更为广泛,主要是在标签理论(labelling theory)*视角之下应用到各类越轨行为中。

deviant career 越轨生涯

参见职业生涯（career）*。

deviant subculture 越轨亚文化

参见亚文化（subculture）*。

Dewey, John 约翰·杜威（1859—1952）

杜威是美国最重要的哲学家之一，他在将近一个世纪的生命中发展并完善了哲学上的实用主义（pragmatism）*思想。杜威摈弃了大多欧洲古典哲学和本质主义（essentialism）*的哲学取向，认为理论应该积极参与世界、解决现实问题（工具主义[instrumentalism]*取向），并强调两者联系起来的重要性。杜威的作品展示了解决现实问题的北美路径，在进步教育论中产生了很大的影响。例如，在1916年出版的《民主与教育》（*Democracy and Education*）一书中，杜威强调了以儿童为中心的学习模式的重要性。在这一模式中，儿童的经验被视为解决问题的宝贵资源，因为对这些经验持续深入的思考使儿童越来越能够掌控自己的生活。

diachrony 历时

参见费尔迪南·德·索绪尔（Saussure, Ferdinand de）*；结构主义（structuralism）*。

dialectic（dialectical materialism）辩证主义（辩证唯物主义）

参见恩格斯（Engels, Friedrich）*；乔治·古尔维奇（Gurvitch, Georges）*；黑格尔（Hegel, Georg Wilhelm Friedrich）*；历史唯物主义（historical materialism）*；马克思（Marx, Karl）*；唯物主义（materialism）*。

diaspora(diaspora studies)离散(离散研究)

所谓离散,是指散居在世界各地的人。这个词最初是指巴比伦被掳后流散的犹太人,在现代史上指居住在巴勒斯坦和以色列以外地区的犹太人,但如今已经扩展到包括任何广泛分布的移民(immigration)*群体。

从 20 世纪 80 年代末至 20 世纪 90 年代,关于跨国经验和社群的离散研究作为一种对早期社会学国际移民研究路径的自觉性批判而发展起来,这种术语上的转变反映了朝着"全球化"(globalization)*这一宏观社会学(macrosociology)*主题更普遍的转向(尽管后现代义主义[postmodernism]*和后结构主义[post-structuralism]*也存在明显的影响)。其支持者认为,交通(如平价机票)和通讯技术(电子邮件、卫星电视、互联网[Internet]*)的进步使分散在全球的离散社群得以维持自己独特的认同(identity)、生活方式和经济联系。如此一来,以刚性的领土民族主义定义现代民族国家的方式已经被一系列不断变化和有争议的边界所取代。离散研究催生了许多新的术语——"想象的共同体"(imagined community)*、"全球民族空间"、"移民前熔炉"来描述所研究的这些跨国影响、网络和社群,以取代移民和同化的传统术语。典型研究包括保罗·吉尔罗伊(Paul Gilroy)的《黑色大西洋》(The Black Atlantic, 1993)以及南希·阿贝尔曼(Nancy Abelmann)和约翰·李(John Lie)的《蓝色梦想:韩裔美国人和洛杉矶骚乱》(Blue Dreams: Korean Americans and the Los Angeles Riots, 1995)。

支持该理论的人认为,国际移民旧有的、机械的理论和模型被认为是强调单向的流动和影响,将移民从原有的社会和文化土壤连根拔起,并通过熔炉(melting-pot)*而同化(assimilation)*到新的主体文化当中；与之相比，新的离散研究以更写实的方式详述了移民身份和经历的复杂性、多样性和流动性。而批评者指出，离散研究充斥着毫无意义的新词、深奥的理论术语、对数字和概括的明显忽视，以及抛弃早期社会学移民研究的倾向（特别是，对复杂的机会结构[opportunity structure]*和移民网络的记录可以说本身就预示着形成新的离散研究的可能）。也有人认为，新离散研究令人费解地忽视了影响迁徙的经济和政治的结构性因素。当然，许多作品主要关注移民的个人叙事，并主要记录离散社群的流行文化（popular culture）*。

diaspora identities 离散族群认同

参见认同（identity）*。

dichotomy 二分法

二分法是指任何只有两类的变量。从理论上而言，这两个类别意味着相互排斥。比如"性别"这个变量包括"男性"和"女性"两类，就是个很好的例子。在社会学中有许多著名的二分法：如滕尼斯（Tönnies）*的"共同体"（Gemeinschaft）*和"社会"（Gesellschaft）*、涂尔干（Durkheim）*的"机械团结"（mechanical solidarity）*和"有机团结"（organic solidarity）*，等等。两个类别以上的变量称为多分法（polytomy）*。有时为了简化分析，会通过合并相近类别的方式减少类别的数量，将多元变量缩减为二分变量。

dictatorship of the proletariat 无产阶级专政

参见列宁（Lenin）*。

difference 差异

尽管"差异"一词越来越多地用于指代社会群体内部的种族(race)*、阶级(class)*和年龄划分,但它最初是在第二次女性主义浪潮中由女性主义作家所使用的一个概念。她们从政治上定义了"差异"一词,认为这是男女之间以及女性内部的二元对立。凯特·米利特(Kate Millett)和舒拉米斯·费尔斯通(Shulamith Firestone)认为女性与男性的差异是女性受男性压迫的主要表现。另一些人认为,这个词更多地是指女性在工作、爱情和家庭方面的经验与男性存在不同,在心理上也与男性有很大不同。"差异"也被用于表达社会排斥(social exclusion)*和从属(subordination)*的消极意义,不过像玛丽·戴利(Mary Daly)这样的激进女性主义者将其视为一种积极的现象,认为差异是值得欢迎和庆祝的。黑人女性主义者如奥德丽·罗德(Audre Lorde)抨击了女性主义的普遍主义所产生的误导,她强调由于种族差异和基于阶级、性取向方面的区分,女性在各个维度上存在着深层差异,尤其是在获得稀缺资源和权力方面。虽然近年来已经有越来越多的女性接纳"差异"的存在,但一些人认为这将减损女性运动的凝聚;另一些人则指出,"差异"的政治中立属性在很大程度上掩盖了男女之间以及女性群体中间的社会不平等(social inequality)*。

difference principle 差别原则

参见社会正义(justice, social)*。

differential association 差别接触

由埃德温·萨瑟兰(Edwin Sutherland)在20世纪30年代提出的

有关犯罪（crime）*和不良行为（delinquency）*的理论，该理论是对主流多因素犯罪因果论的回应，多因素犯罪因果论与埃莉诺（Eleanor）和谢尔登·格卢克（Sheldon Glueck）的研究密切相关。不同于这两位学者对引发犯罪的多个因素进行列举，萨瑟兰试图建立一个综合的社会学理论，强调犯罪基本上是一种习得的现象。这一理论在萨瑟兰的教材《犯罪学原理》（*Principles of Criminology*）（后与唐纳德·克雷西［Doneld Gressey］合著）各版本中得到阐述与提炼，最终被表述为九个命题，其中最核心的命题是："一个人之所以违法，在于其更倾向于从赞成违法的角度来界定违法，而不是从反对违法的角度来界定。"人们正是与那些更倾向于从赞成违法的角度界定与违法的人交往，从而习得违法行为。因此，该理论强调因差异化的接触所导致的差异化的界定对形成犯罪的重要作用。

这一理论在越轨行为和失范行为的研究领域有很大影响，它在很大程度上将犯罪行为解释为一个常规的学习过程，而不是生理倾向。尽管这一理论经常被抨击过于笼统，因而不能充分解释利己主义（egoism）*的犯罪，如公款挪用。但该理论的支持者回应称，通过使得该理论更加精炼与可检验，将其应用于更加广泛的个体越轨现象中，并借助动机性的论点，可以阐明个体犯罪的社会属性。

differentiation, social or structural 社会或结构分化

参见结构分化（structural differentiation）*。

diffused power 弥散型权力

参见组织范围（organizational reach）*。

diffusion (diffusionism) 传播 (传播论)

传播指通过不同社会之间的交流,将一种文化(culture)*的特质和属性传递到另一种文化中。传播理论产生于18世纪和19世纪,它与进化论(evolutionary theory)*相反,尽管二者都与人类文化的起源有关。传播论者如罗伯特·罗伊(Robert Lowie)*(《民族理论史》*The History of Ethnological Theory*,1937)将文化视为由从其他文明借来的文化特质拼凑而成的,更优秀的文化特质从中心向外扩散,就像往池塘扔石头所泛起的涟漪。该理论假设最广泛分布的文化特质是最古老的特质,因而,考察这些古老文化特质就可以再现文化特质的传播轨迹。

一些传播学家试图证明所有人类文化都起源于一个地方,并通过传播从那个地方传递出去。玛雅庙宇和埃及金字塔之间的相似性使得人类学家威廉·詹姆斯·佩里(W. Perry, 1887—1949)和艾略特·史密斯(Elliot Smith, 1871—1937)认为埃及是人类文化的起源。(参见威廉·詹姆斯·佩里的《文明的成长》*The Growth of Civilization*,1926)。

人类学已经在很大程度上远离了这种争论,认为不同地域的大部分文化特质经历了独立的发展历程,并批评传播论者基于自身的语境考察文化产物。例如,尽管玛雅神庙和埃及金字塔在外形上有相似之处,但它们具有完全不同的宗教功能。一些传播论者早期感兴趣的争论话题现在依然被美国历史人类学派继续追随着。另见高尔登问题(Galton's problem)*。

Dilthey, Wilhelm 威廉·狄尔泰(1833—1911)

德国哲学家,社会学阐释主义传统的伟大先驱之一,威廉·狄尔泰一生主要致力于为人类或历史科学知识建立充分的哲学基础。他认为，人类历史与文化的世界是由人类对自身生活经验（生命体验）的"表达"所组成，其理解方式与自然科学截然不同。狄尔泰早期认为，心理学（psychology）*在人类科学的基础学科中发挥着重要作用，后来，他最终转向解释学（hermeneutics）*的方法（参见解释 [interpretation]*），尝试用解释学的方法研究制度、宗教（religion）*、建筑等，就像研究"对象化"的生活经验一样。另见精神科学和自然科学（Geisteswissenschaften and Naturwissenschaf）*；特殊规律与一般规律研究法（idiographic versus nomothetic approaches）*。

diploma disease 文凭病

这是一个由罗纳德·多尔（Ronald Dore）提出的概念，批评在选拔人才进入特定职业、工作或内部劳动力市场（labour market）*中过度依赖正规教育体制下的选拔过程（即教育文凭），并将此作为评估个人能力、训练及特质的证据。这种现象有时被称为"学历膨胀"。人们普遍相信，学历证书是取得最高收入和最有保障工作的关键，这导致的一个负面后果是，个人为了获得理想的工作需要不断争取更高的学历文凭，而以前获得这份工作并不需要这些文凭。而且，他们所接受的教育并不能在任何情况下保证他们获得这份工作。因此，教育仅仅变成了一个积累资格证书的仪式性过程。另见优绩主义（meritocracy）*。

direct (causal) effect 直接（因果）效应

参见因果模型（causal modelling）*。

direct democracy 直接民主

参见参与式民主(participatory democracy)*。

disability 残疾

残疾指特定形式的社会组织强加给生理损伤者的不利条件。损伤是功能的丧失或缺失,如失明、瘫痪或神经不正常——与疾病(illness)*不同,损伤通常是永久性的。根据残疾的社会模型(参见迈克尔·奥利弗[Michael Oliver]的《残疾人的政治》*The Politics of Disablement*, 1990),残疾包括社会未能提供适当的服务和设施来满足特定残疾人士的需要。这常常涉及残疾的污名(stigma)*问题。残障人士往往需要额外的经济和个人支持(这些支持往往不足以维护他们的权利[rights]*),而且他们是社会保障和福利计划中的一个关键群体。

disarmament 裁军

该术语指一种降低军备水平的过程或政策,特别是在核时代,拥有武器本身就意味着会促进冲突(conflict)*。它不同于军备控制(arms control)*——由参与国谈判限制军备。裁军政策可以是单边也可以是多边,范围可以是部分裁撤也可以是全面裁撤,可以是核裁军也可以是常规裁军。

disasters, sociological aspects of 社会学视角下的灾害

自然灾害——火山、地震、海啸——会造成社会的全面或局部混乱,引发难民潮,造成生产体系和分配系统的崩溃,加剧人们对资源的

争夺。而人为灾难（尤其是战争）也会带来类似的后果，但它是社会因素造成的（意味着是可以避免的）。所谓的灾害研究就是调查这些事件对相关人员的社会和心理影响。

一些社会学家（最著名的是罗伯特·默顿[Robert Merton]*）认为，灾难现场为社会研究和社会理论的建构提供了重要的机遇，因为这种情况下产生的集体压力将社会过程压缩到一个罕见的、短暂的时间跨度中，使通常私人的行为公开化，也使得通常被日常生活所掩盖的社会制度（social institution）*、过程的某些方面得以突显，因此更易于研究。研究表明，灾害有几个典型阶段（如预警、威胁、影响、储藏、救援、补救和恢复阶段）；某一类型的集体行为（collective behaviour）*往往与每个阶段息息相关；每一阶段采取的特定形式都受到前一阶段特征的影响（例如，补救行动的规模一定程度上取决于对受害者的认同程度）。这方面做了全面叙述的是G. W. 贝克（G. W. Baker）和D. W. 查普曼（D. W. Chapman）的《灾害中的人与社会》（*Man and Society in Disaster*, 1962）。凯·埃里克森（Kai Erikson）的《它所经过的一切》（*Everything in its Path*, 1976）以典型的案例研究形式，调查了当一场洪水袭击了弗吉尼亚西部一个内部联系紧密的山区社区后，造成的个人创伤（受冲击状态）和集体创伤（公共性的损失）。

discourse（discourse analysis）话语（话语分析）

话语分析指对语言及其结构、功能和使用模式的研究。费尔迪南·德·索绪尔（Ferdinand de Saussure）*认为，被当作"言语"使用的语言不能作为语言学（linguistics）*的研究对象，与"语言"的潜在规则体系相比，言语是个性化的、偶然的，因此是不规则的。然而到最后，一些索绪尔在语言学领域的继承者以及更广泛的结构主义（structuralism）*语言学传统将注意力转向了言语，希望在言语的背后发现语言的其他结构；这种结构将有助于语言的意义分析，从而使得语义学（semantics）*既能考量到语言的内涵（次要的或隐含的），也能考量到语言的外延（刻意的或明确表示的）。

结果，更强调外延而不是内涵成了后结构主义的显著特征之一，而这是对索绪尔关注重点的逆转。这个思想体系（而不是语言学中）赋予话语一词的意义在社会学中产生了强大的影响。因此，在社会学中，话语分析更专注于揭示整个文本建构的思维模式，而不是句子构建的更为精细的模式，后者涉及语言学。

正如罗兰·巴尔特（Roland Barthes）在1957年出版的《神话学》（Mythologies）一书的结语中指出的，人们在言语中所面对的是一连串的"能指"，而不是一个个"符号"。更重要的是，这些能指的含义往往比词典定义的含义更丰富。要了解这些含义是什么，巴尔特认为必须要重建额外的、决定了特定语境下能指的实际运用的潜在关系集。巴尔特自己将这些额外的关系集称为"神话"——尽管他和其他人后来都拒绝使用这个词，因为它含有负面的、经济还原论的含义。

最终是米歇尔·福柯（Michel Foucault）*提出了决定语言使用的额外结构的概念（尽管人们实际上很少承认这一点，即语言使用中的社会制约因素）。这与今天得到广泛支持的意识形态（ideology）*领域的积极的、非简化的概念并存。福柯在其方法论（methodology）*著作《知识考古学》（The Archaeology of Knowledge, 1969）中写道，这些额外的结构可能是在历史中形成的，由结构松散的问题、概念、主题和陈述类型组合而成的，福柯称之为"话语结构"。尽管这些结构远比成为可能的话语更为松散，但它们足以使内涵结构彼此区别开来，例如，社会学（sociology）*中的种族主义（racism）*和法律。

要想使这些话语结构具有结构特性需要一定的特殊条件。只要涉及的对象是有关联的，这些"话语结构的形成规则"就包括以下几个方面：它们所出现的社会或制度背景，最常见的是作为某种受到关注的场所或来源；有权就这些问题及其成因发表意见的人的社会身份；以及"规范的网格"，即所谓的智能模板，它们被用来将特定的关注对象与许多其他的在现实中相互交织的对象分离开来。

为了表明以这种方式产生的话语赋予语言以意义，福柯把它们的共同产物描述为"表述"而不是"句子"。然后他将其定义为一系列符号，首先，假设这些符号具有相关话语结构所赋予的特定主体地位；其次，构成它的能指集合之间具有某种动态互动；最后，由于与其他表述有明显的不同，它具有某种特定的唯物主义（materialism）*。因此，一个话语就是"由相同话语结构产生的一组表述"。

正如乔纳森·波特（Jonathan Potter）和玛格丽特·韦斯雷尔（Margaret Wetherell）的《咨询话语》（*Discourses of Counselling*, 1997），这是一项关于HIV咨询师和他们的客户之间的对话的研究，它借鉴了互动论（interactionism）*、会话分析（conversation analysis）*和常人方法学（ethnomethodology）*的社会学传统。对这整个领域的介绍见大卫·豪尔斯（David Howarth）的《话语》（*Discourse*, 2000）。另见内涵意义与外延意义（connotative versus denotative meaning）*；符号学（semiology）*。

discretionary income 可支配收入

参见收入分配（income distribution）*。

discrimination 歧视

这一概念——通常仅意味着"不公平对待"——最常见于社会学的民族和种族关系理论。早期的社会学家（如威廉·格雷厄姆·萨姆纳［William G. Sumner］*和弗兰克林·亨利·吉丁斯［Franklin H. Giddings］*）将歧视视为一种族群中心主义（ethnocentrism）*的表现——换句话说，是一种"厌恶异类"的文化现象。这种解释与对刻板印象（stereotype）*的研究是一致的，这些研究表明了族群和种群之间的关系是如何受各自对对方所持有的信念的影响。然而，大多数关于歧视的社会学分析都集中在对统治和压迫模式的研究上，并将其视为争取权力（power）*和特权的表现。

有关族群和种族间斗争的结构根源分析存在着相当大的分歧。马克思主义者认为，资本主义社会创造种族主义（racism）*、是为了促进剥削（exploitation）*（参见 M. 尼科利纳克斯［M. Nikolinakos］的《种族主义的经济理论笔记》Notes Towards an Economic Theory of Racism, 载于《种族》Race, 1973）。由之衍生的观点是，歧视往往是内部殖民主义（domestic colonialism）*的结果（如 R. 布劳纳［R. Blauner］的文章《内部殖民主义和隔都反叛》Internal Colonialism and the Ghetto Revolt, 载于《社会问题》Social Problems, 1969）。劳动力市场分割（labour-market segmentation）*理论（见 E. 波那契克［E. Bonachich］的《一种族群对抗理论：劳动力市场分裂》A Theory of Ethnic Antagonism: The Split Labour Market, 载于《美国社会学评论》American Sociological Review, 1972）（参见劳动市场分割［labour-market segmentation］*）为歧视提供了另一种解释，该理论指出，资本家（capitalist）*将劳动力（labour power）*强制区分成低

收入无保障劳动力和高收入有保障劳动力,就能从中获益,而且在构建这些类别时,基于种族(race)*来划分通常是非常方便的。最后,有些人认为,歧视源于贫困阶层中的威权主义(authoritarianism)*倾向(通过某种方式造成的)。例如A. W. 史密斯(A. W. Smith)的《种族间的包容和群体地位的关系》(Racial Tolerance as a Function of Group Position),载于《美国社会学评论》(*American Sociological Review*, 1981)。

近年来,歧视的概念也被广泛应用于两性关系的研究中,在这些研究中也会出现与种族研究类似的争论。研究认为,在分割的劳动力市场(segmented labour market)*中,妇女更可能在次级劳动力市场就业,甚至(根据一些人的观点)沦为劳动力市场中的后备军。此外,也有专门研究关注对老年人(参见年龄歧视[ageism]*)和残疾人的歧视。另见制度性种族主义(institutional racism)*;偏见(prejudice)*;性别歧视(sexism)*。

discrimination, institutionalized 制度性歧视

参见制度性歧视(institutionalized discrimination)*。

discrimination, positive 积极差别待遇

参见积极差别待遇(positive discrimination)*。

discursive formation 话语型构

参见话语(discourse)*。

disease 疾病

参见健康与疾病社会学（health and illness, sociology of）*；医疗社会学（medicine, sociology of）*。

disequilibrium 不均衡

参见均衡（equilibrium）*。

disorganized capitalism 无组织的资本主义

该术语描述了在发达资本主义国家，社会经济群体在经济、国家（state）*和市民社会（civil society）*中的割裂状况。（参见斯科特·拉什［S. Lash］和约翰·厄里［J. Urry］的《组织化资本主义的终结》*The End of Organised Capitalism*, 1987；克劳斯·奥菲［C. Offe］的《无组织的资本主义》*Disorganized Capitalism*, 1985）。如其所述，以法人团体（corporate society）*与金融资本主义（finance capitalism）*为特征的资本（capital）*（进入公司［corporation］*）和劳工（进入工会［trade union］*）之间的有组织的相互作用已经瓦解——主要是由经济的重组和衰退造成。职业结构（occupational structure）*的变化、充分就业（full employment）*的消退、在岗者与失业者之间日益扩大的分歧、服务业的增长和非正式部门（informal sector）*规模的扩大对自由民主的政治进程产生了深远影响。相关问题包括：法团组织无法达成预期目标、协调政治需求和分配矛盾的困境，以及阶级消解（class dealignment）*。由此造成的结果是，有关政治参与和代表权的自由民主假设遭到破坏。最终，经济和政治的无组织化会对市民社会的本质产生影响，这种影响主要是通过促进后现代文化的发展而产生的，后现代(postmodern)*文化主要与分散的特定利益群体相联系,而不是与社会阶层联系。

dispersion, measures of 离散程度

参见统计变异(variation[statistical])*。

displacement 移置

移置指由于某种原因,原本指向某一对象或人的强烈的积极或消极情绪被阻挡,从而重新指向另一对象或人。另见防御机制(defence mechanisms)*;精神分析(psychoanalysis)*。

disposable income 可支配收入

参见收入分配(income distribution)*。

dissimilarity, measures of 相异测度

参见关联系数(association coefficients)*。

dissonance 失调

参见认知失调(cognitive dissonance)*。

distribution(statistical or frequency)分布(统计或频数)

分布指表示定量数据集中某变量(variable)*所有观测值(observed values)*(作为原始数据或样本比例)的一组数字——借助这组数字能快速得到数据分布的可视化呈现。频数分布(frequency distribution)*

可以通过饼状图（pie chart）*或直方图（histogram）*等图示得到进一步说明。

使用观测数据的频率或统计分布（distribution）*不应与数学层面的概率分布（probability distribution）*相混淆，后者是假设分布，其形式由代数公式决定。观测数据的频率分布与各种假设的数学分布之间的对应关系，往往决定了特定数据的统计分析类型。

描述数据清理或编辑后的调查数据中变量的频率分布往往是数据分析的第一步，频率分布可以直观地显示受访者（respondent）*对问卷（questionnaire）*中每个问题中每个可能答案的总体回答状况。经验观测到的频率分布可以用离散程度（dispersion, measures of）*等其他统计工具进行分析，这些统计工具是由三种主要的概率分布形式发展而来的：二项分布（binomial）*、泊松分布和正态分布（高斯分布）（normal［Gaussian］*）。

distributive justice 分配正义

参见社会正义（justice, social）*。

distributive power 分配权力

参见集体和分配的权力（collective and distributive power）*。

divination 占卜

占卜是一种试图预测未来或追溯某一情况（通常是灾难或疾病）产生原因的行为。占卜通过咨询神谕或神祇的指引，由宗教专家或占卜师来完成。

division of labour 劳动分工

这是社会科学（social science）*最古老的概念之一。它表示任何稳定的组织、相互协作的个体或群体进行不同但互为一体的活动。这一概念最早在古典政治经济学（political economy）*中得到有效应用，而古典政治经济学是现代经济学的前身。亚当·斯密（Adam Smith）*认为，劳动分工极大地提高了社会的财富创造能力。自由市场（free market）*不受政府或行政法规的约束，鼓励生产者从事他们具有天然优势的活动。通过专业化，他们能够从更大的灵活性、对原材料和时间更充分的利用以及机械化中受益。与此同时，市场竞争这只看不见的手会惩罚专业化不足（意味着效率低下）的生产者，并鼓励谨慎（理性）的商品和服务交换。

然而，专业化可能有不同的原则。经济学强调的专业化依据的是生产力（forces of production）*或生产数量与生产成本之间的关系。但是，组织理论（organization theory）*早就认识到，在实践中，生产任务的划分受到相互冲突的标准的支配。对工人心理健康（心理效率）或对劳资纠纷的管理（社会效率）的考量实际上限制了工作任务的过分细化。因此，在生产组织之外，专业化程度很可能依据的是一些定性指标，规模和量化的生产力是相对不受重视的（例如在医学或教育领域）。社会地理学家也探讨了不同区域和地点之间行动和权力的空间划分。

协作本身就是一个棘手的概念。早期的政治经济学家认为，单一因素（理性个体间的市场竞争）足以将不同的市场活动结合在一起，从而使公共福祉最大化。但他们也认识到，劳动分工可以在若干层次上、在不同经济部门之间、在不同职业之间或在单个任务之间进行。

对此，古典社会学认为，现代社会整体上具有广泛的社会分工，包括整个体系和社会进程的专业化和相互依存。市场竞争在定义上具有一定分歧，对其概念进行延伸并不足以解释现代社会的协作。

尽管他们在观点上有许多不同，但社会学创始人秉持的共同观点是：劳动分工是由权力关系、意识形态（ideology）*和道德规范维系起来的。例如，卡尔·马克思（Karl Marx）*认为，市场进程反映了一种对阶级权力的潜在划分，代表着整个社会经济联合体的属性，包含着个体动机与行为。阶级划分是对劳动分工的严重扭曲，因为它可能自然地存在于独立且大致平等的个体生产者之间。生产的对立关系首先来源于劳动分工，因为在交换过程中不可避免地存在着利益不平等，进而导致弱者对强者的依赖。反之，在任何时代，劳动分工及其之后的各种形式反映了生产资料（means of production）*所有者和非所有者在剩余产品分配上的斗争。

爱弥尔·涂尔干（Émile Durkheim）*主要关注劳动分工引发的道德后果，即劳动分工对社会团结（social solidarity）*的潜在影响，社会团结有利于约束个体的利己主义（egoism）*、冷酷无情和放纵行为。尽管历史学家和人类学家随后对前现代社会缺乏劳动分工的观点提出了质疑，但涂尔干认为，传统社会（traditional society）*是由所谓的机械团结（mechanical solidarity）*整合在一起的，这种团结强调的是氏族（clan）*或部落（tribe）*共有的价值（value）*和认知符号。因此，个人和制度（institution）*是相对一致、没有差别的。他声称，现代社会需要发展有机团结（organic solidarity）*，这种团结在信仰和价值上强调个性，鼓励个人的专业才能，以及机构活动的分化。尽管通过社会分工能带来这种有机团结的生活方式，但不受管制的市场(market)*本身会放松对个人欲望的约束,从而损害社会信任的建立,并造成不正常的分工形式。这就是他广为人知的失范(anomie)*概念产生的根源,同时也是与阶级和政治冲突(conflict)*相关的强制劳动分工的根源。充分的有机团结需要适当的教育、对遗产和其他不公正合同的法律约束,以及将个人融入职业生活和工业生活的中介机构。

除了弗里德里希·恩格斯(Friedrich Engels)*和托斯丹·凡勃伦(Thorstein Veblen)*之外,按性或性别进行的劳动分工很少受到社会学创始人的关注。然而,父权制(patriarchy)*可能是用来展示社会分工的强制性和剥削性的最早案例。大多数社会在社会、宗教(religion)*和政治职能方面,特别是在这些领域提供的工作方面,都存在着广泛的男女分工。在有偿就业的语境下,这被称为职业隔离(occupational segregation)*,在劳动力市场(labour market)*上,这比基于种族(race)*或宗教的隔离要明显得多。垂直职业隔离和水平职业隔离通常是有区别的。当男性和女性从事不同类型的工作时,水平隔离就会产生:在工业社会,涉及繁重体力劳动的工作通常由男性完成,而从事社会福利服务则主要由女性从事。当男性几乎垄断地位(status)*更高、权力更大、报酬更高的职业,而女性则集中于地位较低的工作中时,就会出现垂直隔离。这种垂直隔离从来没有相反的方向。即便在一些社会,通过强调平等的社会政策(social policy)*,两性间的水平职业隔离逐渐消除,高度的垂直职业隔离仍然存在。在一篇极其重要的论文中(《为什么工作?性别与全体社会劳动的组织》Why Work? Gender and the "Total Social Organisation of Labour",载于《性别、工作与组织》Gender, Work and Organisation, 1995),米里亚姆·格鲁克斯曼

(Miriam Glucksmann)将这些见解发展成整体社会劳动组织的概念,并用之指称复杂的相互交织的正式工作和非正式工作(包括家务劳动[housework]*和志愿劳动)之间的联系。

最近,女性主义(feminism)*分析借鉴权力和道德这两类解释,探讨广泛存在的关于男性和女性在社会劳动和社会地位(social status)*之间的区别(这种区别通常是令人不悦的),以及工业社会中按性别进行劳动分工的形式。多年来,工业生产体系中一直存在着明显的权力不平等,这既伴随着同时也依赖于对女性的"驯化"和无报酬的家庭劳动。诸如持续存在的报酬不平等、劳动力市场对男女工作领域的分割等现象,只是在缓慢减少。家庭意识形态中的道德控制、浪漫爱情的神话、母亲的责任和性别之间的差异仍只被认为是自然的差异(对男孩和女孩的社会化[socialization]*仍在鼓励这种差异)还在起作用。因此,尽管有现代的自然权利学说,妇女仍经常(至少直到最近)被排除在法律和政治保障之外。而在涂尔干看来,要在劳动分工的同时实现社会有机团结,这种法律和政治保障是必不可少的。另见剥夺(deprivation)*;歧视(discrimination)*;家庭分工(domestic division of labour)*;劳动力市场分割(labour-market segmentation)*;社会秩序(social order)*。

division of labour, domestic 家庭分工

参见家庭分工(domestic division of labour)*。

division of labour, international 国际分工

参见国际分工(international division of labour)*。

division of labour, sexual 性别分工

参见性别分工（sexual division of labour）*。

divorce 离婚

该术语指合法婚姻得到正式的合法解除。离婚时，那些终止婚姻的必要条件因文化和历史时期的不同而有很大差异。在某些社会，男性和女性在这方面的权利仍严重不平等，但在西方，似乎出现了这样一种趋势，即人们逐渐认为婚姻破裂且无法挽回是离婚的适当理由。法律层面的离婚自由化带来的最重要的趋势是，越来越多的离婚诉讼是由女性提出的。此外，应该指出的是，婚姻（marriage）*和离婚的定义也有很大的不同，在西方社会，正式离婚之前双方长期分居的情况越来越多，这使得法律程序越来越难以干涉。

在过去20年里的美国和英国，人们对不断上升的离婚率（divorce rates）*的担忧经常达到一种道德恐慌（moral panic）*的状态；人们经常说，如果继续保持目前的离婚率，超过三分之一的婚姻将以离婚告终。然而，这些计算必须考虑到离婚人士的高再婚率，以及高离婚风险人群（例如年轻人）越来越倾向于基于习惯法而不是正式法律的结合。当然，许多受到离婚影响的人所面临的社会困境和个人痛苦在统计数据中并没有被提到，比如婚姻破裂后的子女问题。另一项广泛宣传的统计数据显示，根据目前的比率，英国有五分之一的儿童在16岁之前会经历父母离婚或分居。在《抑郁症的社会起源》（Social Origins of Depression, 1978）一书中，乔治·布朗（George Brown）和蒂里尔·哈里斯（Tirril Harris）认为，父母离异是患有神经抑郁症的女性早年经历过的压力较大的生活事件（life event）*之一。关于子女归属和

房产问题的法律争端对离婚者的有害影响也得到了充分的研究。

基本统计数据及其对社会政策(social policy)*的影响在珍妮特·芬奇(Janet Finch)的《家庭义务和社会变迁》(*Family Obligations and Social Change*, 1989)中得到了讨论。另见家庭社会学(family, sociology of)*。

divorce rate 离婚率

这个数据被用来比较不同人口中的离婚(divorce)*倾向。某年份的粗离婚率等于该年的离婚数量除以平均或年中人口数,并将数字乘以 1000 来表示。然而,如同粗出生率,这一指标(indicator)*没有考虑人口结构和高危人群。对此,一个改善的指标是将某年离婚数除以同年结婚数(并乘以 1000)得出。

离婚率有时被作为衡量社会压力的一个指标。然而,在人们离婚之前会普遍分居的社会,离婚率逐渐失去了其衡量个体实际经验的效力。另见婚姻(marriage)*。

documentary research 文献研究

一种使用个人或官方文献作为原始资料的研究。社会科学工作者使用的文献包括报纸、日记、邮票、指示牌、传单、地图、政府数据报告、照片、绘画、CD、录音和电脑文件。

用文献进行研究的最关键在于它们要能够作为说明社会意义和社会关系的论据。不像调查问卷或访谈提纲,文献通常不是为了研究目的而编撰的,而且在使用它们之前,它们的价值必须得到完全的评估。有人建议文献必须根据四个标准评估:真实性、可信性、代表性

(representativeness)*、意义（参见约翰·斯科特[John Scott]的《有案可查的文献》*A Matter of Record*, 1990）。真实性标准包括文献的完整性和作者身份的真实性。完整性指文献是否完整以及是否为原始资料。作者身份指是否为伪造或欺诈，以及是否为集体或机构作者的相关问题。作者身份是通过对文献内的用词和文体风格的评判以及对纸张、墨水进行化学测试而进行评估的。可信性标准关注文献内容的真实性和准确性。所有文献都是有选择性的，因此建构独立于特定立场的解释是不可能的。但不同解释的可信度有差异，取决于立场选择的动机以及从立场出发得出的报告的准确程度。要评估一份报告的准确性，有必要考察它是在什么情况下汇编的，尤其是作者与其汇报的事件之间的距离。代表性指标还可以对相关文献的保存情况和可用性进行评估。了解查阅的文献是否能代表所有相关的、曾经存在的文献非常重要，而这取决于被保留下来的相关文献的比例以及它们能否为研究者所使用。出于保护政府机密的考虑，官方文献的可用性经常受到限制。文献的意义是最重要的指标（indicator）*，它包含两个层面。第一个层面是对文献内容的字面理解，指可读性，包括它是否是用一种能够被理解的语言书写的，以及日期问题等。这一技术性问题解决之后，必须考虑更根本的解释层面上的意义。这是一个解释学上的任务，要通过对社会和文化语境与文字话语结构进行鉴别来完成。这涉及文本分析和内容分析（content analysis）*的方法。

　　林赛·普廖尔（Lindsay Prior）所著的《社会调查中的文献使用》（*Using Documents in Social Research*, 2003）提供了一个有益的文献回顾。斯科特所写的《有案可查的文献》涉及在处理不同类型的文献中会遇到的问题。肯·普拉莫（Ken Plummer）的《生命档案2》

(*Documents of Life 2*, 2001)很好地涵盖了关于私人文献的内容。另见生活史(life history)*；个人文档(personal documents)*。

domain assumptions 领域假设

参见公理(axiom)*。

domestic colonialism 内部殖民主义

参见内部殖民主义(internal [or domestic] colonialism)*。

domestic division of labour 家庭分工

该术语指在家庭内部对任务、角色和责任的分工。随着越来越多已婚妇女进入正式劳动岗位，社会学家开始更细致地考察家庭和工作场所之间的联系，包括女性参与有偿劳动是否带来"传统的"家庭角色以及家庭劳动组织的改变。研究者在相对短的时间内贡献了大量经验研究和理论文献。

早期的一些研究对某种乐观的看法提出质疑。例如迈克·杨(Michael Young)和彼得·威尔莫特(Peter Willmott)在《对称家庭》(*The Symmetrical Family*, 1973)中发展的观点，即尤其是在中产阶级(middle class)*家庭中，丈夫和妻子会越来越倾向于共同完成赚钱和操持家务的任务(在这之前它们是分隔的)。罗伯特·O. 布拉德(Robert O. Blood)和唐纳德·M. 沃尔夫(Donald M. Wolfe)(《丈夫与妻子》*Husbands and Wives*, 1960)基于对底特律家庭的大样本调查发现，家庭任务中的性别隔离基本上没有改变：男性在外从事需要"机械才能"的工作而女性需从事家务劳动(housework)*。安·奥克利（Ann Oakely）*的《家务社会学》（The Sociology of Housework, 1974）和史蒂芬·艾德格尔（Stephen Edgell）的《中产夫妇》（Middle Class Couples, 1980）也报告了类似的研究发现。罗纳（Rhona）和罗伯特·N. 拉波波特（Robert N. Rapoport）针对双事业婚姻的研究关注到女性遭遇的角色冲突（role conflict）*，该冲突导致她们承受来自传统家务劳动和支薪工作的"双重负担"。

最近的更多研究详细地记录了传统的女性家务分配基本上保持不变的情况。莉迪亚·莫里斯（Lydia Morris）的《家务劳动工作》（The Workings of the Household, 1990）对这一迅速发展的研究领域进行了非常优秀的总结。她认为，美国和英国的研究产生了类似的结论，最重要的包含以下几点：女性，包括就业的女性，继续承担主要的家务负担；男性负担家务劳动的增长（程度很小）不能抵消女性提高的就业率；可能是生命周期效应导致照顾小孩的额外负担的增加，从事兼职工作的女性的收入最低；但与其他阶段相比，男性在生命周期（life cycle）*的这个阶段倾向于更多地参与家务劳动；无论妻子是否工作，丈夫花费在家务劳动上的时间保持相对稳定。这些研究在侧重点上和具体观点上的区别是有意思的，但与已经得到确认的核心观点相比就显得无关紧要了。莎拉·F. 伯克（Sarah F. Berk）重复了这一观点："丈夫的工作活动和与工作领域相关的个人特征是决定家庭总市场时间的最重要因素……但是……很少有已婚男性在从事家务和照顾小孩中扮演重要角色"（《性别工厂》The Gender Factory, 1985）。另见夫妻角色（conjugal role）*；家庭分配系统（household allocative system）*；性别角色（sex roles）*；劳动的性别分工（sexual division of labour）*。

domestic labour 家庭劳动

一个发展于女性主义理论(feminist theory)*的概念,用来分析女性在家中从事的无酬工作的意义。马克思主义女性主义有时将家庭劳动称为"再生产劳动"(reproductive labour)*,所根据的是弗里德里希·恩格斯(Friedrich Engels)*对生产(创造价值)劳动和以再生产劳动力为目标的劳动的区分。大多数对家庭劳动的概念阐述将其等同于家务劳动(housework)*,但有一些还包括了"情感劳动"(emotional labour)*,例如紧张情绪控制和关心。20世纪70年代,针对家庭劳动是否应该在经典马克思主义(Marxism)*理论中被看作是生产性的,以及它是对男性还是资本主义(capitalism)*,或二者都有利,产生了一场辩论。尽管人们对家庭劳动的准确定义及其实质意义有不同意见,人们普遍认为它为两性不平等提供了基础,包括男性对女性一定程度的剥削(exploitation)*,以及构成了对经济显著的隐形补贴。

domestic violence 家庭暴力

特指男性对女性实施的(肉体或精神上的)暴力行为。20世纪70年代以来,这一概念因女性主义者的积极倡议而逐渐被大众所知。最初的倡导者中就有专门为女性受害者提供庇护所的人士,他们认为家庭暴力反映了权力关系中的性别不平等和对女性的压迫。从更广泛的意义上说,这个概念包含了所有发生在家庭内部的暴力行为,但是针对儿童的伤害一般都被称为儿童虐待(child abuse)*。警察通常都不愿意干预家庭暴力事件,认为家庭属于私人领域。

dominant culture 主流文化

传统社会（traditional society）*的特点是文化（culture）*和习俗（customs）*具有高度一致性，而现代社会则是不同的文化和亚文化（subculture）*竞争共存。在多样化的社会中，主流文化的价值（value）*、语言和行为方式会通过经济或政治力量强行施加于其他文化，这个过程可以通过对其他价值体系或者行为方式实施法律或政治压迫来实现，也可以通过对大众传媒的垄断实现。

dominant ideology thesis 主流意识形态论

这一理论的提出者认为意识形态（ideology）*，或者说共同信仰、终极价值，共同文化（在这个理论体系下，这几个概念可以互换）是发达资本社会中社会秩序（social order）*的基石。该理论认为，在阶层分化的社会中，统治阶级（ruling class）*控制着思想和文化的再生产。它宣传一套逻辑严密的信仰体系，该体系主导着处于从属地位的意义体系，由此影响工人阶级的意识、维护统治阶级的既得利益。统治阶级可以有效地在大众当中传递一种虚假意识（false consciousness）*，使他们无法捍卫自己的阶级利益（class interest）*。换句话说，主流意识形态起到了将工人阶级（working class）*融入资本主义社会、维护社会团结（social solidarity）*的作用。

规范结构功能主义学派的学者如塔尔科特·帕森斯（Talcott Parsons）*等一直都强调文化对社会整合（social integration）*的意义，然而新马克思主义（neo-Marxism）*学派学者，如路易·阿尔都塞（Louis Althusser）*、安东尼奥·葛兰西（Antonio Gramsci）*、尤尔根·哈贝马斯（Jürgen Habermas）*，在他们关于资本主义社会的著作中也都采用了主流意识形态论的观点。并且，除葛兰西之外，其他人在解释社会稳定（social stability）*时都肯定意识形态的结构功能性作用。有种观点认为，新马克思主义学者在解释为什么发达资本主义社会中没有发生工人阶级意识革命时，越来越依赖于意识形态的解释。他们认为没有革命斗争是因为工人阶级在意识形态上已经被社会融合（incorporation）*了。因此，在整个20世纪里，结构功能主义学者和马克思主义学者在解释社会是如何团结在一起的这个问题上越来越趋同了。这种发展有些讽刺，因为无论是涂尔干（Durkheim）*还是马克思（Marx）*都从未忽视过经济和政治压迫在造成社会稳定或者不稳定方面的作用。

主流意识形态论在理论和实证研究中都遇到了大量问题。人们对于什么是主流意识形态一直存有争议，主流意识形态的基本特征也一直没有确切定义。这一理论认为主流意识形态主宰了被统治阶级看待社会的方式，然而它的支持者并不能解释清楚统治阶级是通过什么过程将该意识形态施加于大众的。相反，他们只是——在某种程度上是略带嘲讽地——将工人阶级描述成一个具有错误意识的群体，很容易被蒙蔽并且接受物质资源和政治权力的不公平分配。因此，毫不意外，人们发现这一含糊的、不精确的理论从实证研究角度几乎无法被操作化（operationalization）*和验证。

很多社会学家质疑主流意识在维护社会秩序方面的重要性。例如，尼古拉斯·阿伯克伦比（Nicholas Abercrombie）和他的同事（《主流意识形态论》*The Dominant Ideology Thesis*, 1980）认为主流价值很难有效渗透不同的社会阶层，因此它主要影响的是统治阶级，而不是被统治阶级。在封建社会和资本主义社会早期，这些意识形态主要是为了维持主流阶级对财产的控制，但是仅限于精英（elites）*阶层内部。封建地主和资本主义家庭工厂都依赖于财产的保护和累积。对土地和资本的私人占有需要稳定的婚姻体系，对继承、合法性（legitimacy）*和再婚做出明确的规定。主流意识形态是一套结合了法律、道德、宗教价值的完整体系，具有保护财产的作用。例如，在封建统治阶级中，天主教教义和荣誉体系提供了意识形态保障，确保子孙忠于家庭财产。这与农民（peasantry）*（以及资本早期的工厂工人）形成鲜明对比，后者只是迫于生计而劳作——受到经济关系枯燥乏味的驱使。即使是在资本主义后期，日常生活的"铁笼子"理论也比意识形态融合更能解释工人阶级为什么不发起革命。道德多元化、政治、社会多样性以及文化偏差之所以能够被容忍，是因为通过经济控制、政治压迫、学校、家庭、工作场所、监狱的官僚机制（bureaucratic mechanism）*就已经能够使被统治阶层服从（compliance）*。资本主义社会中持续存在的矛盾也说明了主流意识形态并非无所不包。

总之，主流意识形态对于生活秩序的作用无疑是被夸大了，形成社会凝聚的力量还包括经济动力和相互依赖、法律和政治的强制力（coercive power）*、日常生活的限制，以及（也许）宿命论（fatalism）*。另见主流文化（dominant culture）*；双重意识（dual consciousness）*。

dominant value system 主流价值体系

参见双重意识（dual consciousness）*。

domination 支配

这一术语指通过强制或非强制服从来实施统治。个人或者群体都可能对其他人施展权力（power）*，即支配。支配可以通过强制力量实现，也可以因为被支配者承认了该权力的正当性而实现。马克斯·韦伯（Max Weber）*提出正当性支配有三种形式（即权威[authority]*的三种形式），每种形式的正当性基础不同。这三种形式是：法理型（正当性来源于公认的规则或程序）、传统型（正当性来源于对传统的遵循）、卡里斯玛型（正当性来源于领导人超凡的个人特质）。参见科层制（bureaucracy）*；卡里斯玛（charisma）*；合法性（legitimacy）*。

doubling-time 倍增时间

　　一个群体规模翻倍所需要的时间。在今天，倍增时间是以十年而不是以世纪来计算的。

dramaturgy（dramaturgical perspective）拟剧论（拟剧论视角）

　　这是由欧文·戈夫曼（Erving Goffman）*提出的一种理论，常常也被称为符号互动论（symbolic interactionism）*、角色理论（role theory）*，该理论以舞台和剧院作为比喻来阐释自己的观点。有一种观点认为，世界就是一个舞台，所有的人类演员都承袭了自希腊戏剧、莎士比亚、马基雅维利（Machiavelli）*以来的传统。在现代社会学中，戈夫曼扩展了这一观点，他对人际交往微观秩序的研究强调人们进行印象管理（impression management）*的方式。虽然戈夫曼是拟剧论的主要贡献者，其他一些学者也对该理论的流行起到了重要作用。例如，有人发展了这一理论的特别方向，将"脚本"概念引入性的研究（约翰·甘农[John Gagnon]和威廉·西蒙[William Simon]的《性举止》*Sexual Conduct*, 1973）；有人用这个理论研究特定的社会问题（social problems）*，如足球流氓（彼得·玛什[Peter Marsh]等的《无秩序的规则》*The Rules of Disorder*, 1978），或者政治符号体系（参见彼得·M. 霍尔[Peter M. Hall]的《支配与印象管理：符号互动论研究》*The Presidency and Impression Management: Studies in Symbolic Interaction*, 1979）。

dream work 梦的工作

参见精神分析（psychoanalysis）*。

drift 偏差

指进入或者离开某种行为状态，而不是持续地从事某种行为。该理论最初由大卫·马茨（David Matza）提出用以解释青少年不良行为（juvenile delinquency）*问题（《不良行为与偏差》*Delinquency and Drift*, 1964），他认为，少年不良行为并不是强烈的社会力量驱使的结果，而是社会道德纽带发生轻微松懈的产物，这种松懈使得一些青少年向犯罪一端偏移但只有极少数青少年会成为职业犯罪人。另见不良行为（delinquency）*；动机分析（vocabularies of motive）*。

drinking and alcoholism 饮酒和酗酒

酒是一种抑制中枢神经的麻醉品，在大部分文化里都流行在休闲时饮酒，酒也是很多宗教（religion）*和世俗庆典及仪式上不可缺少的元素。酒会让人放松对自我行为的管理并减低判断能力。虽然适度放松在很多场合是有益处的，但是饮酒可能会对健康带来负面影响，例如发生事故、不安全性行为等。一些文化出于宗教原因禁止饮酒（如穆斯林），有一些国家（如芬兰）因为社会原因对酒的供应采取严格管制。最著名的绝对禁酒令失败的案例发生在20世纪20年代的美国。二战以来，酒的消费量在绝大部分发达工业社会都呈上升之势，买酒的支出占家庭休闲消费的比例也在上升。在家喝酒越来越流行，虽然人们还是将饮酒与老成世故、避世思想、男性气质（masculinity）*和志同道合等联系在一起。酒吧经常被视为男性的领域。饮酒有一系列符号意义，如"轮流请客"以及一些仪式中涉及的互惠（reciprocity）*、接纳和排斥。

酗酒是由医学诊断的严重的"酒精依赖或者成瘾"。19世纪中期以来，对"酗酒"这一概念的接纳促成了很多自愿互助戒酒团体的成立，包括成立于20世纪30年代的美国匿名戒酒会。酗酒被视为一种疾病（illness）*、遗传紊乱、精神问题，是家庭功能不健全的产物。饮酒和过量饮酒无疑与轻微和严重犯罪（尤其是暴力和交通事故）、健康问题、工作场所受伤都有关。但是，酗酒这个概念近年来受到了越来越多的批评，例如世界卫生组织和其他机构不再将酗酒视为一种疾病，一些研究从更广泛的视角出发，包括社会和文化理论（cultural theory）*，从酒精依赖的角度来理解这个现象。

drives, innate and acquired 先天和后天内驱力

朝着特定目的（goal）*或者目标激发力量。内驱力可以看成是先天的（心理上的）和后天的（nurture）*（后天习得的），前一种情况有时也被看作本能（instincts）*，虽然内驱力指向的行为预设性没有那么强。有人认为西格蒙德·弗洛伊德（Sigmund Freud）*提出的"trieb"最好翻译成内驱力，而不是本能。另见需求（need）*。

drugs（drug addiction）毒品（毒品成瘾）

这些概念一般是指违法的毒品，虽然酒、烟草和镇静剂对社会（例如健康）的影响也很大。毒品来源多种多样，既有天然种植物，也有人工合成品。研究发现，毒品使用类型、行为和主观经历不仅受到毒品的特定属性影响，也受到社会因素的影响，例如文化（culture）*和期待（参见药物依赖研究会，伦敦，《药物滥用简报》*Drug Abuse Briefing*, 1991）。最常见的毒品是大麻制品，但是社会关注最多的是海洛因和近年来流行的快克（可卡因麦角酸二乙酰胺）、安非他明及摇头丸。毒品在19世纪被广泛用于治疗和麻醉（参见V. 贝里奇[V. Berridge]和G. 爱德华兹[G. Edwards]的《烟馆与人民》*Opium and the People*, 1987），其使用在较近期才得到禁止。

目前，成瘾这个概念的解释力仍有待讨论，它认为成瘾是一种依赖性，会给个人和社会都造成严重的负面影响。但并不是所有的毒品使用者都会发展出依赖性，也不是所有的毒品使用行为都会产生严重后果，因此"问题型毒品使用者"渐渐成为比毒品成瘾更常被使用的词。就犯罪（crime）*来说，主流看法是，经常使用毒品加上毒品供应的违法性，会令使用者为了获得毒资而从事犯罪，或者染上不良行为的生活方式也会使得使用毒品。然而这些看法是有待商榷的。共用注射器吸毒导致艾滋病（AIDS）*传播这一事实促使很多社会采取降低毒品使用风险的策略，而放弃了传统的完全禁止使用毒品的目标。毒品无罪化的呼吁时有出现，但是立法层面的改变似乎是不可能的，至少在短期内不可能。

dual-career marriage 双职工婚姻

该术语指婚姻(marriage)*中伴侣双方都追求自己的职业生涯(career)*。这种婚姻形式还是相对较少，双薪家庭(dual-earner family)*(指伴侣双方都有正式工作，但是只有一方——常常是男方——追求事业)已经成为社会的常态，但是关于双职业婚姻的研究发现可能并不适用于双薪家庭。不过实证研究发现，不管是事业型女性还是那些从事普通工作的女性都需要承担工作和家庭两方面的责任。另见家庭分工(domestic division of labour)*。

dual consciousness 双重意识

这一术语指同时拥有两套完全不一致的世界观(weltanschauung)*的人。这个概念主要与安东尼奥·葛兰西(Antonio Gramsci)*的思想相关，通常指人们通过社会化(socialization)*过程接受一种主流文化(dominant culture)*的信念，但是根据自己生活的实际经验又会形成另外一种信念。工人阶级(working class)*被认为是最有可能拥有双重意识的群体，因为工人阶级的日常生活经验与很多他们接受到的关于社会的信念都不相符。例如，工人们一方面同意罢工(strike)*是因为满腹牢骚者、极端分子和煽动者引起的(接受的信念)，另一方面也会把自己的罢工经历和真实的不满情绪联系起来(实际经历)。在弗兰克·帕金(Frank Parkin)的《阶级不平等和政治秩序》(*Class Inequality and Political Order*, 1972)一书中，主流价值体系(dominant value system)*和从属价值体系(subordinate value system)*也正是这样的区别。前者指"由社会和政治定义的处于主流地位的价值体系会客观化并渗透入宏观制度秩序中，成为整个社会系统(social system)*的道德框架"；后者在工人阶级社区中产生。帕金认为从属价值体系本质上是适应性的，即作为阶级结构和不平等（inequality）*的表现，它强调不同形式的适应，而不是支持或者反对现状。另见主流意识形态论（dominant ideology thesis）*。

dual-earner families（dual-earner marriage）双薪家庭（双薪婚姻）

参见双职工婚姻（dual-career marriage）*。

dual economy 二元经济

参见经济二元论（economic dualism）*；内部殖民主义（internal colonialism）*；劳动力市场（labour market）*；劳动力市场分割（labour-market segmentation）*。

dual labour market 双重劳动市场

参见劳动力市场（labour market）*；劳动力市场分割（labour-market segmentation）*。

dualism 二元论

该术语指任何指出二元并存的理论。社会学家最感兴趣的二元论包括：伦理二元论，即对事实的阐述和价值判断（value judgements）*是二元并存的；解释二元论（explanatory dualism）*，即自然事件都是有原因的，人的行动只能由动机或者原因去解释；意识和物质的关系，即意识和物质是相互依存的；宗教（religion）*和世俗的关系，即两者是生活中并行的、相互依存的领域，但是各自拥有不同的规律。另见勒内·笛卡尔（Descartes, René）*。

dualism, economic 经济二元论

参见经济二元化(economic dualism)*。

Du Bois, William Edward Burghardt
威廉·爱德华·伯格哈特·杜波伊斯(1868—1963)

一位美国非裔知识分子和活动家。虽然其学说很大程度上被现代社会学家忽视了，但是他的学说对美国早期社会学的一些经典理论的形成具有重要贡献。

杜波伊斯曾在哈佛大学和柏林大学学习，马克斯·韦伯(Max Weber)*是他的崇拜者。他对《美国社会学杂志》(American Journal of Sociology)有重要贡献，曾任亚特兰大大学社会学系主任，并出版了第一部关于美国非裔社区的系统性社会学研究著作。他的著作《费城黑人》(The Philadelphia Negro)全面研究了我们今天所说的"黑人城市下层阶级"。它比威廉·艾萨克·托马斯(W. I. Thomas)*和弗洛里安·兹纳涅茨基(Florian Znaniecki)*的《身处欧美的波兰农民》还早了20多年，被认为是美国城市民族志研究的经典之作。在一篇1897年发表在《亚特兰大月刊》上的著名文章中(该文后收录于他的著作《黑人的灵魂》Souls of Black Folk, 1899/1903)，杜波伊斯提出了双重意识(dual consciousness)*理论(该理论受到了威廉·詹姆斯[William James]*自我概念的影响，詹姆斯在哈佛时教过杜波伊斯)，指出："这是一种特有的感官体验、双重意识，是一种通过他人的眼睛看待自己的感受，是一种通过俯视世间的蔑视和悲悯来审视自己灵魂的感受。人们感受到两种存在——美国人和黑人；两个灵魂，两种想法，两种不可调和的斗争；在一具黑暗的躯体里竞争的两种思想，躯体的顽强力量确保它不会分崩离析。"

杜波依斯是美国全国有色人种促进协会（National Association for the Advancement of Colored People, NAAC）的联合创始人，也是促成哈莱姆社区（Harlem）在 20 世纪 20 年代复兴成为文化中心的关键人物。但是，由于他支持非裔美国人参加第一次世界大战，他受到了很多批评。他 1961 年移居加纳并放弃了美国国籍。D. L. 李维斯（D. L. Lewis）关于 W. E. B. 杜波伊斯的两卷的传记（《威廉·爱德华·伯格哈特·杜波依斯》W. E. B. Du Bois, 1993/2000）记录了他对社会学发展的贡献。

Durkheim, Émile 爱弥尔·涂尔干（1857—1917）

法国最著名的社会家，长久以来都被认为是功能主义（functionalism）的创始人，近期也被认为对结构主义（structuralism）*、社会语言学（sociolinguistics）* [参见会话分析 [conversation analysis] *]、后现代主义（postmodernism）* 做出重大贡献，这些观点都可以在涂尔干的思想学说中找到，并且相互融合。

涂尔干出生于犹太家庭（他的父亲是犹太教 [Judaism] * 的拉比），曾在巴黎高等师范学院学习哲学。在省立中学教授了五年哲学之后，他于 1887 年获得波尔多大学社会科学讲师职位。十年之后，他协助创办了《社会学年鉴》（L'Année Sociologique），该期刊很快成为法国最负盛名的社会学刊物，并成为传播涂尔干学说思想的平台。涂尔干一直在该刊物上定期发表文章，一直到他在 59 岁中风后才停止。

虽然涂尔干是一个出色的教师和研究者，但是他发表的一系列专著阐述了社会学作为一种新科学的方法和话题，引发了争议，整整 15 年之后他才成为巴黎大学教育部主席。有人认为涂尔干是当时法国学术界中存在的反犹太教思想的受害者,但是不可否认的是:他一边倒地强调社会学是社会科学中最重要的学科,使得他在教育系统中树敌不少,他的职业生涯也一直伴随着争议,尤其受到那些反对他对社会学的看法的人的批评。

他的绝大部分著作都在他去世后被翻译成了英文,甚至边翻译边出版。在他到公立高中教书不久,他就出版了具有争议的博士论文《社会分工论》(The Division of Labour in Society, 1893),很快他又出版了《社会学方法的准则》(The Rules of Sociological Method, 1895)。涂尔干强调社会学是一种科学,其特征是观察者(而不是抽象理论)、研究社会事实(social fact)*(而不是个人心理)、提供功能性或因果解释(causal explanation)*。在《自杀论》(Suicide, 1897)中,他将这些原则运用于复杂的、多维度的对自杀的研究,他指出,即使是像自杀这样看似非常个人的行为,最终也是由社会决定的,因此,自杀率是一种客观的社会事实。他采用了病理分析的解释方法,提出后果(自杀)是社会混乱状态的反映。他对于道德和道德权威的终身兴趣(例如,博士论文中对机械团结[mechanical solidarity]*和有机团结[organic solidarity]*的阐述)集中地体现在他关于宗教(religion)*的著作中。在他晚年著作《宗教生活的基本形式》(The Elementary Forms of the Religious Life, 1912)中,他认为"集体性"的个体崇拜社会。在他死后,他关于社会性、道德和教育的其他论述还在出版。

他的所有著作都体现了他对新兴工业社会的社会和道德基础的思考和探寻,其广度和视野让人称叹。来自左派和右派的评论家都在不断修正对涂尔干的评价。涂尔干关于教育的学说对机会平等理论做出了重要贡献,因此他早已不再被视为一个保守思想家。

史蒂文·卢克斯（Steven Lukes）提出了一些关键概念、二分法和论点来阐述涂尔干的思想。集体意识（collective conscience）、集体表象（collective representations）和社会事实（social fact）*这三个概念被认为是社会学区别于其他社会科学（尤其是心理学）的最基本的特征。这些概念反映了社会学解释的目标，即集体现象不是个人行动者和个体心理的简单加总。社会学的中心问题是研究个体和社会的关系，承认这两个研究层次是完全不同的。个体之间产生的联系有它的特性、"事实性"，只能被这一个层次的社会事实所解释。他对方法论（methodology）*上的个人主义（individualism）*的强烈反对使他走向了整体主义的一边，有时将社会本身具象化了（其后的功能主义者也采取了相似的整体视角去看待社会，因此也受到了相似的批评）。另外的一些二分法都与个体和社会的关系有关。例如神圣和世俗的区别，前者被认为是集体创造的，而后者通过私人或者个人的生活体现出来；前者是道德的，后者是感官的。

涂尔干认为自己的任务是创立社会学的科学性，建立这个学科独特的研究目标、方法论和解释模型。他延续了孔德（Comte）*和圣西门（Saint-Simon）*的学说，此外，他相信当社会发展不能够自己产生社会规范（social norm）*时，社会学可以并且应该科学地干预社会，因此他还关注后来被称为"社会工程学"（social engineering）*的概念。他阅读并吸收了他那个时代的很多学者的思想，包括卡尔·马克思（Karl Marx）*，这也许解释了为什么他的思想被赋予了如此多样化的标签：理想主义者（idealist）*、现实主义者（realist）*、实证主义者（positivist）*和进化论者（evolutionist）*。实际上他的思想和个人关注吸收并融合了这些观点，最终形成了他自己的思想体系。卢克斯在自传中对涂尔干做出了高度评价。与之不同的是，雷蒙·阿隆（Raymond Aron）*在《社会学主要思潮》(*Main Currents in Sociological Thought*, ii , 1967）一书中对涂尔干的学说进行了虽有洞见但冷酷的批评。主要思想传记包括史蒂文·卢克斯的《爱弥尔·涂尔干：生平与作品》(*Émile Durkheim: His Life and Work*, 1973）和马塞尔·福尼耶（Marcel Fournier）的《爱弥尔·涂尔干传》(*Émile Durkheim: A Biography*, 2017）。另见失范（anomie）*；劳动分工（division of labour）*；动态密度（dynamic density）*；宿命论（fatalism）*；通货膨胀（inflation）*；法律社会学（law, sociology of）*；道德共同体（moral community）*；有机体类比（organic analogy）*；宗教社会学（religion, sociology of）*；仪式（ritual）*；社会秩序（social order）*；社会团结（social solidarity）*；自杀（suicide）*；分类学（taxonomy）*。

dyad 对群体

对群体是由两个成员组成的群组，是最小的社会群体（social group）*。如果其中一方退出了，这个群组就不存在了。两个人可以建立一种亲密关系（intimacy）*，这种亲密度在更大的群体中很难找到。对群体也会涉及社会交换（social exchange）*等其他基本元素，例如竞争、互惠（reciprocity）*、权力（power）*等。另见三人团体（triad）*。

dynamic density 动态密度

爱弥尔·涂尔干（Émile Durkheim）*认为从机械团结（mechanical solidarity）*向有机团结（organic solidarity）*的转变需要一些条件：数量（或人口增加）、人群聚集，以及这两个因素带来的交流强度的增加。交流强度的增加会打破社会结构的分割,降低社会环境的不透明性,并在时机合适时发生社会分化(social differentiation)*。涂尔干非常强调动态密度——可观察性、连续性、持续的社会交往——是社会和道德共识的前提条件和必要保证。道德或动态密度通过促进交往,不仅产生了劳动分工(division of labour)*,也是劳动分工持续存在的条件。雇主、雇员、国家和社会都必须密切交往,才能意识到自己和他人的相互依存的关系,才能产生道德规范。道德规范是社会整合(social integration)*的黏合剂。

dysfunction(dysfunctional)功能失调

功能失调与处理社会系统(social system)*中的紧张关系有关。如果某件事情出现了功能障碍,它就会抑制或者中断整个系统或者部分系统的运行。例如,如果青少年失范(anomie)*行为打断了劳动力市场(labour market)*或者教育系统的运行,那么它就可以被称为社会的功能障碍。另见功能(function)*。

E

ecological competition 生态竞争

一个源自生物学的概念,指社会群体在交往过程中,每一方都争取获得维持生命的必要物资,如生存空间等。另见同心圆理论(concentric zone theory)*;生态学(ecology)*;人类生态学(human ecology)*;城市生态学(urban ecology)*。

ecological fallacy 区群谬误

该术语指错误地从群体特征推断个体特征。最经典的例子来自W. S. 罗宾逊(W. S. Robinson)的文章《层次相关性和个体行为》(Ecological Correlations and the Behaviour of Individuals,载于《美国社会学评论》American Sociological Review,1950),该文章展示了在不同的层次上进行相关性分析所得结果的不一致性。例如,在警区层面可能会观察到失业率和犯罪率(crime rate)*的强相关关系,但是在较小的社区层面或者使用调查的微观数据时,这种相关性会减弱或消失。总的来说,两个因素在较高的集合层次上存在强相关关系,并不能证明它们在个体层次上存在因果联系。其中最著名的一个例子就是涂尔干(Durkheim)*的《自杀论》(Suicide)。参见H. C. 塞尔文(H. C. Selvin)的《涂尔干的〈自杀论〉:方法论经典再思考》(Durkheim's Suicide: Further Thoughts on a Methodological Classic),载于R. A. 尼斯比特(R. A. Nisbet)编的《爱弥尔·涂尔干》(Émile Durkheim,1965)。

ecological invasion 生态入侵

生态入侵指比其现有栖息者或活动更好地适应特定环境的社会团体或活动进入并最终主导这一环境的过程。另见同心圆理论（concentric zone theory）*；生态学（ecology）*；人类生态学（human ecology）*；城市生态学（urban ecology）*。

ecological succession 生态演替

城市生态学（urban ecology）*中的一个术语，指在一个群体或活动的领地被另一群体或活动所侵占后，后者代替前者成为该领地的主导群体或活动。另见同心圆理论（concentric zone theory）*；生态学（ecology）*；人类生态学（human ecology）*。

ecology 生态学

生态学是对决定生物体地域分布和丰富度的相互作用的科学研究。1869年，德国生物学家海克尔（Haekel）在植物生态学研究中首次科学地使用了该术语。达尔文的物种进化论促进了生态学的发展。根据达尔文的理论，物种进化一方面由复制和继承所驱动；另一方面则由自然选择（natural selection）*所驱动。自然选择淘汰了因无法适应不断变化的环境而无法生存的物种。后者的一个重要方面（以及与之相随的气候和地形因素）是存在其他物种争夺有限的领土或其他资源。但是，自由竞争通常受到限制，因为物种之间也是相互依存的，它们在"生命网"中彼此共生，这是成功适应彼此与自然环境的结果（尽管某些物种会占据主导地位）。当新的优势物种出现时，这种均衡暂时被打破。入侵、主导和演替的概念已被用于分析此过程的各个阶段。

生态学观点的影响已经远远超出生物科学领域,它也影响着医学流行病学、建筑和设计心理学以及人文地理学(human geography)*等学科。20世纪后期,人们对人类活动对环境影响的关注导致了新的社会生态运动和政治生态运动,所谓"绿色问题"的关注度日益提高,所有这些都是社会学研究的主题。但是,生态概念对社会学理论的主要影响发生在20世纪20年代到20世纪40年代的美国,最初是通过芝加哥社会学家对城市生态学(urban ecology)*的发展来实现的。随后,生态学的观点得到了更广泛的应用,像人类生态学(human ecology)*或社会生态学(social ecology)*这些术语在这种情况下常常被提及。一些人类生态学家对早期芝加哥社会学家强调人类群体之间为争夺领土优势而进行竞争的观点(这是一种基于达尔文自然选择[natural selection]*的单一维度的观点)提出了批评,并提出了更广泛的研究领域,即不同人类社区(community)*的形成与发展(不一定是以空间为界的),特别是指他们通过合作与竞争性的社会关系适应环境的方式。

生态学理论与社会学之间的联系到目前为止还是有限的,并且这种联系在北美比欧洲要更紧密。例如,它仍在一定程度上影响着美国城市社会学(urban sociology)*和农村社会学(rural sociology)*。甚至有人声称生态学观点超越了任何单个社会科学(social science)*,因为它涉及所有这些学科的基础。尽管生态学对适应性、相互依存性和均衡性的关注使其具有结构功能主义社会学的特征,但近年来,社会学理论鲜少受到特有的生物学类比(biological analogy)*的影响。另见达尔文主义(Darwinism)*;生态竞争(ecological competition)*;生态入侵(ecological invasion)*;生态演替(ecological succession)*;环境(environment)*;侵入-接替模型(invasion-succession model)*;自然区域(natural area)*。

ecology, human 人类生态学

参见人类生态学（human ecology）*。

ecology, urban 城市生态学

参见城市生态学（urban ecology）*。

econometrics 经济计量学

经济计量学指结合经验数据、统计估计技术和某种形式的多变量分析（multivariate analysis）*，例如回归分析（regression analysis）*，并被应用于经济学理论的分析方法。关于经济的计量经济模型常被用于预测和政策分析。

economic activity 经济活动

参见就业（employment）*。

economic determinism 经济决定论

一种哲学和理论立场。其常与认为社会现象源于生产关系（relations of production）*的马克思主义（Marxism）*主张相联系。

卡尔·马克思（Karl Marx）*认为，生产关系是一个法律和政治的上层建筑（superstructure）*赖以建立的基础（base）*。它们还构建了阶级之间的社会关系，产生了相应形式的社会意识。因此，正如马克思所说，"物质生活的生产方式决定着整个社会生活、政治生活和精神生活的过程"（《政治经济学批判序言》 A Contribution to the Critique of Political Economy, 1859）。这一命题和类似命题已成为经济决定论性

质和程度的众多争论的源头。在一个极端情况下,可能有人争辩说,所有社会、政治和文化生活都可以从生产关系中"读出",而个人的社会意识是由他或她在经济结构中的地位决定的。这种观点挑战了自由意志(free will)*和个人自主性的概念,因此招致了批评。又或者,生产关系可以仅仅被看作是上层建筑发展的一个制约因素,它所定义的只是上层建筑和个人意识松散对应的大概范畴。

马克思去世后,弗里德里希·恩格斯(Friedrich Engels)*进一步阐述了这些观点。他认为经济关系没有任何自发的决定性作用,却能带来"决定性影响"。恩格斯的观点一直是马克思主义许多争论的焦点,也是招致非马克思主义者许多批评的根源。这些批评的核心是主张意识的力量以及具有自主性的个人实现社会变迁(social change)*的潜力。另见路易·阿尔都塞(Althusser, Louis)*。

economic development 经济发展

参见经济增长(economic growth)*。

economic dualism 经济二元论

这一概念指在同一政治或国家社会框架内存在两个(有时更多)分离但共生的经济过程或市场(market)*。例如,在第三世界(Third World)*社会中,自给自足的小农经济与国际市场基础商品或工业产品的生产并存,形成了二元经济(dual economy)*。在高度工业化的经济体中,核心与外围企业之间以及劳动力市场(labour market)*之间也存在类似的划分。另见劳动力市场分割(labour-market segmentation)*。

economic growth 经济增长

经济增长指国民收入的增长或产品与服务的人均产出,其产出通常由国民生产总值(Gross National Product)*来衡量。其替代术语为经济发展(economic development)*,通常与第三世界(Third World)*社会联系使用。

经济增长并不一定导致消费增长以及财富和公共福利分配的改善;这取决于如何以及由谁来使用增加的产出。经济学家为建立经济增长理论付出了巨大努力,这些理论可被用以指导发展中国家和工业社会的政策制定。这些理论对资本投资、经济基础设施、人力规划与教育,以及政府和私有部门的相对作用给予了不同程度的强调。另见企业家(entrepreneur)*;可持续发展(sustainable development)*。

economic man 经济人

古典经济学理论(classical economic theory)*中的一个术语(参见放任主义经济学[laissez-faire economics]*),表示个人在市场(market)*上合理配置劳动力或资源以系统性地追求自身利益。该术语可同时适用于男性与女性,但有时也被认为反映了市场中男性活动至上的隐含假设。另见政治经济学(political economy)*;理性选择理论(rational choice theory)*。

economic sociology 经济社会学

经济学(economics)*的基本问题是解释有限的社会生产资源和精力是如何被分配到一系列潜在用途上的。常规的经济学理论试图通过采取方法论(methodology)*上的个人主义(individualism)*

立场来解决这一问题。出于分析的目的,它也做出了许多抽象的假设。首先,竞争关系存在于商品的生产者之间、消费者之间以及生产者与消费者之间,这些竞争关系构成了一组市场关系。其次,竞争与经济合作都是个人和团体理性地追求经济优势的结果。这是理性选择理论(rational choice theory)*的范例。再之,该理论的命题并不仅仅是简单地描述所谓的市场社会的制度(institution)*和动机。一旦出现资源稀缺(手段)和竞争性的潜在用途(目的)等问题,它们也可以正式地确立在任何社会中一系列不可避免的自然的决定性影响因素。

经济社会学也可以说与资源分配有关。就像经济学一样,它可以追溯到经典的政治经济学。但是,早期的社会学常常批评政治经济学(political economy)*中的个人主义和抽象主义倾向,而经济学后来又以此为基础。例如,卡尔·马克思(Karl Marx)*是第一个宣称通过不受管制的市场竞争进行资源分配从根本上是无政府状态的,而不是有序的,并且是对已经存在的阶级权力和特权等不平等的再生产。在现代社会关于种族(race)*和性别的市场歧视的研究也采取了类似的观点。这样的论点意味着,研究者有义务以一定程度的方法论整体主义来看待社会,但这是许多经济学家无法接受的。

另一个有影响的争议是经济学与各种形式的自由政治理论之间的联系,后者将国家对经济和社会政策(social policy)*的管制视为对个人自由的侵犯。其声称,通过鼓励自由企业和不受约束的市场竞争,更有可能使福利(welfare)*最大化。这种观点与新古典经济学(neo-classical economy)*有关,其认为竞争经济根本动力是指向资源的最佳分配和生产要素收入的均等化的。但是,要是我们假定经济学理论里对这种正统思想的学术批评等同于对自由主义政治价值的攻击,或必然意味着潜在的社会主义偏见(这一批评往往被上升到社会学思想的高度),就犯了一个严重的错误。相反,许多竞争市场理论的社会学批评家们本身都赞成自由主义(liberalism)*和个人主义更广泛的价值,但与此同时,他们要么论证新古典理论在知识上是不足的,要么是认为对假定市场规律的政治依赖将产生意想不到的后果,并将把自由主义价值置于危险境地。比如马克斯·韦伯(Max Weber)*的科层制(bureaucracy)*理论和爱弥尔·涂尔干(Émile Durkheim)*的失范(anomie)*理论。此外,现代经济学本身也存在类似的争议,特别是自约翰·梅纳德·凯恩斯(John Mayard Keynes)和其追随者在经济学理论领域发起的革命之后。凯恩斯经济学(Keynesian economics)*声称,整个经济的均衡有可能发生在总资源尚未被最优化地利用时——即便此时个体市场处于均衡状态。

社会学与经济历史学(以及经济学内部所谓的制度异端)有着共同的兴趣,即实际市场和其他经济制度的起源和变异。例如,市场和银行业都以相对稳定的货币、成文且有效的法律以及规范的行为标准为前提。一定程度的道德秩序与人际交往信任(trust)*,对于健全的货币、可靠的契约和一般的经济交易而言是必要的前提。早期的政治经济学家已经认识到需要考虑合约交换的非合约的前提条件,但是随着市场理论的形式化和抽象化,这一点被忽视了,直到后来,它才重新被涂尔干以后的社会学家考虑。市场制度还以在个人和团体中存在适当的经济动机为前提。但是,对经济优势和利润的算计和持续追求(竞争性经济的思想核心)远不是人类的普遍动机,并也许只有在现代社会初期相当不同寻常的、独特的、宗教（religion）*和道德的条件下才得以凸显。因此，社会学家倾向于强烈批判所谓的市场规律是普遍有效的说法。他们更认同市场规律（最多）仅能描述一种特定的历史状况和社会类型，即现代资本主义和工业化。

由于传统经济学提出的起因本身可能需要因果关系的解释，因此一些社会学家得寸进尺地声称经济学理论不能独立存在，甚至不需要经济学作为一门独立学科。这种社会学帝国主义有自相矛盾的风险。一方面，社会学家通常根据经济制度来比较社会；另一方面，经济活动的含义和性质被认为完全取决于个别情况。通过将经济活动与生产活动相等同来解决这一问题的尝试（主要是马克思主义者）忽略了以下事实：在所有社会中，许多毫无疑问的生产活动，特别是妇女从事的家务和生育任务，被认为几乎没有经济价值。因此，经济学家可以辩称，他们将稀缺性和资源分配作为一种普遍且独立的社会问题（social problems）*来对待确实是有效的。

社会学家更擅长于解决经济、政治体系、社会结构、意识形态（ideology）*体系与文化（culture）*之间的相互关系。例如国际分工（international division of labour）*、国家间关系和跨国公司（multinational corporation）*之间的联系、作为一套社会制度（social institution）*的父权制（patriarchy）*与经济之间的关系，或关于新教伦理（protestant ethic）*与西欧资本主义兴起之间直接联系的经典案例。社会学家为经济和劳动力市场（labour market）*的特定特征提供了大量的理论和实证研究，尤其是在微观层面上。其中包括研究整个劳动力市场及工作场所中的权力关系；研究劳资冲突（industrial conflict）*及其解决；解释压力集团（pressure groups）*、工会(trade union)*和其他协会的发展和影响,并分析它们在劳资关系(industrial relations)*中的作用;研究社会运动(social movements)*,例如废除歧视,要求在教育、培训和工作场所中的机会均等;研究管理(management)*、企业家(entrepreneur)*、公司(corporation)*以及公司行为;分析社会与技术创新过程以及知识与技术创新的传播扩散;研究工作组织与工作场所的社会过程,以及它们对生产力(forces of production)*或工作满意度(job satisfaction)*的影响,包括关于去技能化(de-skilling)*和社会技术系统(socio-technical system)*的研究;研究家庭内部的社会和经济关系,以及家务分工和家庭财务管理体系对劳动力市场参与和支付态度的影响;影响劳动力市场行为和消费者行为的偏好与品味、工作取向和价值体系问题;那些使得满意战略比利润最大化战略更为普遍的更宽泛的管理目标;以及市场经济以外的工作的性质,包括家务劳动(housework)*和非正式经济(informal economy)*中的工作。最后,社会学家在实证研究方面的优势意味着,他们通常比经济学家更有条件收集数据并进行研究,以检验经济学家针对经济活动而提出的理论和观点,尤其是那些内含与外显的决策过程。

尼尔·斯梅尔瑟(Neil Smelser)在《经济生活中的社会学》(*The Sociology of Economic Life*,第二版,1976)一书中对社会学主要领域轮廓进行了一种早期的但仍然有用的描绘。理查德·斯威德伯格(Richard Swedberg)的《经济社会学原理》(*Principles of Economic Sociology*, 2003)与斯梅尔瑟和斯威德伯格编的合集(《经济社会学手册》*Handbook of Economic Sociology*,第二版,2004)中对"新经济社会学"进行了相当片面的概括。对该领域经典观点的研究,可参见斯威德伯格的《马克斯·韦伯和经济社会学思想》(*Max Weber and the Idea of Economic Sociology*, 2000)和菲利浦·斯坦纳(Philippe Steiner)的《涂尔干和经济社会学的诞生》(*Durkheim and the Birth of Economic Sociology*, 2005)。

economics 经济学

参见经济增长(economic growth)*;经济社会学(economic sociology)*;就业(employment)*;礼物关系(gift relationship)*;人力资本理论(human-capital theory)*;通货膨胀(inflation)*;非正式经济(informal economy)*;凯恩斯经济学(Keynesian economics)*;劳动力市场(labour market)*;劳动力市场分割(labour-market segmentation)*;放任主义经济学(laissez-faire economics)*;托马斯·马尔萨斯(Malthus, Thomas)*;约翰·斯图尔特·密尔(Mill, John Stuart)*;货币主义(monetarism)*;新古典经济学(neo-classical economics)*;帕累托法则(Pareto principle)*;政治经济学(political economy)*;理性选择理论(rational choice theory)*;亚当·斯密(Smith, Adam)*;可持续发展(sustainable development)*;功利主义(utilitarianism)*;效用(utility)*。

economic traditionalism 经济传统主义

参见后弯劳动供给曲线(backward-sloping supply curve for labour)*

economism 经济主义

一个马克思主义(Marxism)*术语,最初用于表示以工会(trade

union)* 为基础的政治策略,但现在更常用于描述经济还原论的论点。另见经济决定论(economic determinism)*;生产方式(mode of production)*;还原论(reductionism)*。

economy, black 黑色经济

参见黑色经济(black economy)*。

economy, command 指令经济

参见指令经济(command economy)*。

economy, informal 非正式经济

参见非正式经济(informal economy)*。

economy, mixed 混合经济

参见混合经济(mixed economy)*。

economy, positional 地位经济

参见地位经济(positional economy)*。

economy, subsistence 自给自足型经济

参见自给自足型经济(subsistence economy)*。

ecopopulism 生态民粹主义

该术语有时适用于当代环境正义运动,或在20世纪80年代(尤

其是在美国）成千上万的社区团体的发展，这些团体推动建立了国家统筹的基础架构，以抗议不当倾倒危险废物、使用农药和其他对环境有害的有毒物质。反对者有时会使用"香蕉"（BANANA）这一贬义词来形容这一现象（不许在任何地方建任何东西）。

educability 可教育性

这个术语在教育社会学（education, sociology of）*中偶尔会使用到，以避免陷入到围绕智力（intelligence）*是先天还是后天的争论之中。它旨在仅仅指学生完成教师强制的智力任务的能力上的差异。

education, sociology of 教育社会学

教育既是一个哲学概念，也是一个社会学概念，它既代表着一系列与知识的灌输与管理相关的理念、课程和教学方法，又代表着人格与文化的社会再生产。实际上，教育社会学主要涉及学校教育，尤其是现代工业社会中的大众学校教育系统，也更宽泛地包括高等教育、进修教育、成人教育和继续教育等。学校组织和教学方法至少借鉴了四个相互竞争的教育理念：精英主义或柏拉图主义、开放的或百科全书式的、职业的以及公民的（例如美国的实用主义民主教育和马克思国家社会主义的理工学校体系）。社会学家认为，不同社会的权力结构和需求决定了其中哪一个会被重视。

系统的教育社会学可以追溯到爱弥尔·涂尔干（Émile Durkheim）*对作为有机团结（organic solidarity）*基础的道德教育的开创性研究，以及马克斯·韦伯（Max Weber）*对作为政治控制手段的中国士大夫阶层的分析。但是，第二次世界大战之后，该学科的第一次重大发展

与美国的功能主义（functionalism）*、欧洲的机会均等改革以及经济学（economics）*中的人力资本理论（human-capital theory）*息息相关。所有这些相关的研究都表明，受教育的程度与个人及社会的经济发展（economic development）*之间存在因果关系。这也意味着，随着工业化（industrialization）*的发展，对受过技术教育的劳动力（labour power）*的需求逐渐降低了阶级（class）*和其他先赋的分层体系的重要性，而教育文凭主义（credentialism）*则促进了社会流动（social mobility）*。但是，在许多社会的统计与实地研究也揭示了社会阶级（social class）*出身与个人成就之间的一贯联系，并表明只有有限的社会流动是通过教育发生的。因此，学者们围绕是什么因素决定了那些阶级和种族（race）*背景处于不利地位的群体的可教育性（educability）*展开了激烈的争论。一些社会学研究指出了可能影响智力发展的各种物质、文化（culture）*和认知强迫因素。其他研究展示了学校教育的模式如何反映而非挑战阶级分层以及种族和性别歧视（sex discrimination）*。

从20世纪60年代后期开始，随着功能主义的全面溃退，"学校学习一定是好"的观点受到了深刻的挑战。新马克思主义者认为，学校教育只是培育了对晚期资本主义阶级关系而言必不可少的温驯劳动力。去学校化运动的拥护者认为，对世界上的穷人来说，学校只是使他们对专业教育者产生了制度依赖。他们借鉴了越来越多新的研究文献，这些文献表明，以人力资本理论为灵感的针对第三世界（Third World）*的发展计划产生了许多适得其反的效果。针对工业化的西方世界的城市贫民人力资本补偿项目也面临着类似的同时来自研究发现和意识形态（ideology）*的挑战。所谓新教育社会学（参见M. F. D. 杨

[M. F. D. Young]编的《知识与控制》Knowledge and Control, 1971)的兴起则与20世纪70年代的现象学(phenomenology)*和互动主义观点(参见符号互动论[symbolic interactionism]*)有关。这种观点强调了通过学校教育进行知识管理(management of knowledge)*的几个重要方面:学校课堂互动;专业化的教学过程;学校组织的科层化;在文化层面上,教育社会学与知识社会学(knowledge, sociology of)*之间的联系更加明显。

美国社会学家克里斯托弗·詹克斯(Christopher Jencks)的著作对教育在多大程度上可以作为一种社会工程设计的手段(例如,追求更高的社会平等[social equality]*)进行了探讨。该著作调查了经济成功的决定因素,即家庭背景、认知强迫能力、受教育的时间和类型、种族和个性对随后的职业地位和收入的相对影响。詹克斯和他的同事在两篇饱受赞誉又极富争议的合著中指出,与那些具有不同出身和社会特征的人一样,即便家庭背景与考试分数相似的人其职业地位和收入的分布(distribution)*也相当分散,这表明通过教育来实现结果均等的尝试可能并没有效果。要成功地进行社会工程设计,必须在收入分配(income distribution)*的市场过程中采取直接的干预措施,参见发表于1972年的《不平等:对美国家庭和学校教育的影响的重新评估》(Inequality: A Reassessment of the Effects of Family and Schooling in America)和发表于1979年的《谁领风骚? 在美国经济成功的决定因素》(Who Gets Ahead? Determinants of Economic Success in America)。

从研究和教学的角度来看,教育社会学一贯是本学科很受欢迎的领域,相关的文献也浩如烟海。较好的通识课本包括罗兰·梅罕(Roland Meighan)等人的《教育的社会学》(A Sociology of Educating,

第二版，1986）和菲利浦·韦克斯勒（Philip Wexler）的《教育的社会分析：新社会学之后》(Social Analysis of Education: After the New Sociology, 1987）。此外，迭戈·甘比达（Diego Gambetta）有一项非常具有原创性的研究——《他们是被逼的还是自愿的？教育中的个人决策机制》(Were they Pushed or did they Jump? Individual Decision Mechanisms in Education, 1987）。另见课堂互动（classroom interaction）*；《科尔曼报告》(Coleman Report）*；补偿教育（compensatory education）*；竞争性流动和赞助性流动（contest and sponsored mobility）*；文化资本（cultural capital）*；课程（curriculum）*；约翰·杜威（Dewey, John）*；文凭病（diploma disease）*；隐性课程（hidden curriculum）*；教育学（pedagogy）*；学校课堂（school class）*；社会主义（socialism）*；分班（分流）（tracking streaming）*。

effort bargaining 基于努力程度的议价

这一术语最早由希尔德·贝伦德（Hilde Behrend）使用（《劳资关系评论》Industrial and Labour Relations Review, 1957），并由W. 巴尔达姆斯（W. Baldamus）发扬光大（《效率与努力》Efficiency and Effort, 1961）。它与奖励报酬制研究中关于就业（employment）*背后的竞争理性的讨论相关联。奖励报酬制假设工人总是试图最大化他们的现金收入，这也符合管理上理性行动（rational action）*的定义。工业社会学（industrial sociology）*和心理学（psychology）*领域的实证研究表明，工人通常会限制产量（即，他们会生产低于现有技术可达到的产品量从而使短期收入最大化），因为他们并不预期平均收入水平会发生任何重大变化。巴尔达姆斯整合了这些研究的发现，认为由于工人不预期其总体收入出现长期波动，因此，他们将特定任务所需的努力与平均工资水平之间的工资差异减到最小是合理的。实际上，对于"做一天合理的工作，得一天合理的工资"这一概念，不同的社会阶层有着相互矛盾的价值。奖励计划甚至会鼓励工人向工程师和管理层隐瞒实际的努力水平。如今，人们已经认识到，基于努力程度的议价对劳资关系（industrial relations）*的行为具有重要意义，因为各群体之间的工资–努力比较是集体谈判（collective bargaining）*本身以及现代政府试图执行收入政策的过程中所特有的现象。

egalitarianism 平等主义

这一观念将条件平等、结果平等、奖励平等和权利平等视为社会群体（social group）*的理想目标。这种信念的基础是宗教（religion）*的也是世俗的，范围从接地气的口号，例如"我们都需要填饱肚子，而我们也只不过是千千万万个需要填饱肚子的人中的一个"，到更复杂的马克思主义（Marxism）*关于社会发展的学说，即社会组织原则从"各尽其能，按劳分配"（社会主义[socialism]*）转变为"各尽其能，按需分配"（共产主义[communism]*）。但是，即使这种形式的平等也要求不相同的待遇。正向歧视（positive discrimination）*也有其存在的意义，如提供一个公平的竞争环境或促成一个没有绝对输家也没有绝对赢家的局面。考虑到不平等的多面性和不可避免性，一些带有社会主义倾向的研究者试图在不平等且不均匀的资源分布中找到平等。我们可以使声望、收入、教育和任何其他资源的不同分布相互抵消，从而最大程度地减少相对剥夺（relative deprivation）*。然而，实际上，这一做法将赋予国家（state）*大到令人难以接受程度的权力，而

"国家"这一代理人恰恰总是被指控操纵以上这些社会资源。另见社会正义（justice, social）*。

ego 自我

参见精神分析（psychoanalysis）*。

egocentrism 自我中心主义

该术语指一种以自我为中心的思想。该术语用于社会心理学家，如让·皮亚杰（Jean Piaget）*和劳伦斯·科尔伯格（Lawrence Kohlberg）的著作中，指的是思想或道德发展到了完全以自我为中心的阶段。

egoism 利己主义

参见个人主义（individualism）*；自杀（suicide）*。

egoistic suicide 利己型自杀

参见自杀（suicide）*。

elaborated and restricted speech codes 精致语码和局限语码

这是一对由教育社会学（education, sociology of）*领域的核心人物巴兹尔·伯恩斯坦（Basil Bernstein）提出的概念。这一对概念将所谓的中产阶级（middle class）*儿童的正式语言与工人阶级（working class）*儿童的大众语言进行了对比（参见其著作《阶级、语码和控制》*Class, Codes and Control*, 1971）。据说这些语言代码与家庭组织、权力(power)*和控制(control)*上的阶级差异有关。中产阶级的精致语码已在学校内被制度化(institutionalization)*,这导致工人阶级儿童"文化上的落后"。伯恩斯坦在伦敦大学教育学院的研究项目似乎证实了这些想法,但是其他人在英国和美国的复制研究结果却与之产生了矛盾。由于对工人阶级的生活暗含蔑视的态度,伯恩斯坦的研究也受到了相当不公正的批评。

伯恩斯坦是最早将知识问题置于教育过程研究中心的社会学家之一。20世纪70年代初期的"新"教育社会学对此进行了论述。他的研究工作通常被分为两个阶段进行讨论,尽管整个过程都受到爱弥尔·涂尔干(Émile Durkheim)*关于社会符号、社会分类和认知过程的分析的影响。他早期关于社会阶级和语言代码的研究对语言社会学的创立起了很大的作用。而他后来的作品涉及对教育知识的分类和框架化。分类是指课程内容边界(例如学校科目之间)的变异;框架化则指是师生关系的相对开放性。这些担忧使伯恩斯坦对渐进式课堂教学法提出了批评,因为课堂教学法与中产阶级而非工人阶级养育方式有无形的联系。

elective affinity 选择性亲和

这是马克斯·韦伯(Max Weber)*用来描述新教与资本主义(capitalism)*之间关系的一个术语(见《新教伦理与资本主义精神》*The Protestant Ethic and the Spirit of Capitalism*, 1905)。它指的是新教教义的各个方面与资本主义企业精神之间的相通或连贯性,即一种意义系统的内容促使追随者倾向于建立和追求另一种意义系统。有关行动者(actor)*可能没有清楚地意识到这种亲和力。尽管这一概念一直与韦伯的著作紧密相关，但其他社会学家也经常宽泛地将该概念应用于那些在生活的不同领域中运作的信仰体系之间似乎存在关联的情况。请参见 R. H. 豪（R. H. Howe）的《马克斯·韦伯的选择性亲和》（Max Weber's Elective Affinities），载于《美国社会学杂志》（American Journal of Sociology，1978）。另见新教伦理命题（protestant ethic）*。

Elias, Norbert 诺伯特·埃里亚斯（1897—1990）

埃里亚斯曾在阿尔弗雷德·韦伯（Alfred Weber）*的指导下学习，并曾在法兰克福大学担任卡尔·曼海姆（Karl Mannheim）*的助教。由于是犹太人，他的职业生涯因德国民族社会主义的兴起而中断。埃里亚斯设法完成了他的特许任教资格论文《宫廷社会》（The Court Society，仅在 1969 年出版），并在 1933 年逃离德国。他最终于 1954 年成为英国莱斯特大学的社会学讲师。他于 1962 年退休，并在 1962 年至 1964 年担任加纳大学社会学教授。他的主要著作《文明的进程》（The Civilising Process）于 1939 年以德文出版，但长期被人们忽视，直到 1969 年以德文再次出版并于 1978 年和 1982 年被翻译成英文。从 1979 年到 1984 年，他是比勒费尔德大学跨学科研究中心的研究员。他最后几年的生活分别在莱斯特、比勒费尔德和阿姆斯特丹的家中度过。他的研究《个人的社会》（The Society of Individuals）使其在 1977 年被授予西奥多·阿多诺奖，并于 1988 年被授予阿马尔菲社会学奖。在他生前，其作品并不被重视，但在他身后，一个特殊的"构型社会学"（figurational sociology）*学派却得以产生。

他的社会学研究主要受两个原则主导：第一，他希望了解文明的进程，他将文明进程（civilizing process）*定义为以内部道德规范代替外部的行为约束的过程；第二，他批评功能主义（functionalism）*和结构主义（structuralism）*趋向于纠正社会过程，因而主张构型社会学或过程社会学。即，对所有社会关系中恒定或不断变化的过程的概念化。因此，他写的是"文明进程"而非"文明"。他的作品主要受到两个方面的批评。首先，产生文明进程的原因或机制并不清晰。其次，他的理论没有经验证据的支持，因为现代社会在日常的暴力和野蛮方面也显得十分不文明。

他的其他出版著作包括：《社会学是什么？》（*What is Sociology?*，1970）、《临终的寂寞》（*The Loneliness of the Dying*，1982）、《投入与超脱》（*Involvement and Detachment*，1987）、《随笔》（*An Essay on Time*，1984）和《德国人》（*The Germans*，1989）。

elite（elite theory）精英（精英理论）

尽管这个词在拼写的时候有时会加上一个重音符号，但它已经成为社会学用语里的一个英文化的词汇。该术语通常被广泛地用来指代任何上层或特权群体，但更准确来说，它是指拥有更高权力的群体。精英是少数的统治者。19世纪意大利人加塔诺·莫斯卡（Gaetano Mosca）*和维尔弗雷多·帕累托（Vilfredo Pareto）*的研究注意到一个现象：在大部分有记载的人类历史中，少数人统治着多数人。这一观察对现代政治社会学（political sociology）*做出了重要贡献。对于莫斯卡而言，他发表于1896年的《政治学基本原理》（*Elementi di scienza politica*，在1939年的再版中被翻译为《统治阶级》（*The Ruling Class*）是该理论的第一次正式陈述。他提出统治者的显著标志以及对其政治统治地位的解释在于统治者更为优越的组织。这样取得的主导地位是通过赋予其合法性（legitimacy）*的一系列价值（value）*（"政治公式"）来证明的。统治精英的组成反映了潜在社会力量之间的权力平衡。

帕累托因为将这些极少数统治者命名为"精英"而对该理论的创立居功至伟，尽管我们通常认为他是从莫斯卡的观点衍生出这个想法的。然而，帕累托进一步将这一想法发展为自己社会学研究的一部分。莫斯卡将精英的构成和循环与社会力量的不断变化联系起来，而帕累托认为这反映了心理素质的潜在分布。他认为，社会行为是由六个基本的"情感"或"剩余物"中的一个决定的。它们通常通过其他知识体系（例如民主［democracy］*、民族主义［nationalism］*和自由）加以合理化，这些知识体系被他称为"派生物"（derivations）*，对应于莫斯卡的"政治公式"。在这些"剩余物"中，有两个要比其他重要得多："群体持续性的剩余物"，其激发了勇气和力量；"整合性的剩余物"，其激发了圆滑和妥协。借鉴马基雅维利（Machiavelli）*的思想，帕累托把那些受第一个剩余物影响的统治者称为"狮子"，而受第二个剩余物影响的统治者称为"狐狸"，然后用这种区别来表达他的精英循环（circulation of elites）*理论。根据这个理论，每个社会都是在暴力基础上由狮子建立的，但随着社会的稳定，对他们勇气和力量的需求下降了。最终，这种需求就会被更具吸引力地对狐狸微妙技巧的需求所取代，然后狐狸成为统治者。狐狸会一直统治着社会，直到社会的认同感和方向感变得模糊，以至于再次需要更多狮子的品质。

精英统治这一思想，在不涉及帕累托的心理假设的情况下，往往被用来补充或避免马克思主义（Marxism）*对纯粹经济权力的强调。因此，赖特·米尔斯（C. Wright Mills）*的《权力精英》（*The Power*

Elite, 1956）考察了精英统治中政治、经济和军事领袖之间的平衡，而"民主精英"（参见 P. 巴克拉克［P. Bachrach］的《民主精英论》*The Theory of Democratic Elitism*, 1967）指出精英群体之间的竞争是多元理论的核心。

有关对精英理论的大量文献以及由对科层制（bureaucracy）*、商业、军事和社区权力（community power）*的研究衍生出的文献回顾，可参考杰伦特·帕里（Geraint Parry）的《政治精英》（*Political Elites*, 1969）。约翰·斯科特（John Scott）的"权力模式和精英的重新概念化"展现了一种当代的研究途径（见萨维奇［Savage］和威廉姆斯［Williams］编的《记住精英》*Remembering Elites*, 2008）。另见罗伯特·米歇尔斯（Michels, Roberto）*；权力精英（power elite）*。

elite, power 权力精英

参见权力精英（power elite）*。

embeddedness 嵌入性

这一概念挑战了经济学和社会学之间的学科界限，因为它暗示了经济学中不存在"纯粹"的领域。经济活动、制度与进程在历史上是特定的，它们被相关的社会关系所塑造，并与之密不可分，这有时与现代社会在结构上日益分化的观点形成对比。嵌入性概念建立在卡尔·波兰尼（Karl Polanyi）*的经济人类学的基础上（参见卡尔·波兰尼、康拉德·M. 阿伦斯伯格［C. M. Arensberg］和卡尔·皮尔逊［H. Pearson］合编的《早期帝国的贸易和市场》*Trade and Market in the Early Empires*, 1957），他将互惠（reciprocity）*、再分配和交换

(exchange)*作为经济活动的社会嵌入模式加以区分,认为这些经济活动可能通过亲属关系(kinship)*、宗教(religion)*、政治或其他关系来表达或执行。自 20 世纪 80 年代以来,经济社会学(economic sociology)*在许多方向上发展了这种方法,特别是在与发达工业社会的关系方面。个人社交网络对公司、市场和交易活动的决定性影响一直是研究的焦点。另外,非正式交换形式、家庭经济和其他非市场经济的持续重要性也受到了关注,在这些方面,经济关系是嵌入在非经济关系之中的。

embourgeoisement(embourgeoisement thesis)
资产阶级化(资产阶级化论题)

这一术语指资产阶级(bourgeois)*意愿、资产阶级标准和生活方式在工人阶级(working class)*中制度化(institutionalization)*的过程。据称,这种现象削弱了工人阶级的阶级意识,从而挫败了无产阶级(proletariat)*作为革命者推动社会变迁(social change)*的历史使命。

这个概念起源于马克思主义(Marxism)*。在 19 世纪 80 年代后期,弗里德里希·恩格斯(Friedrich Engels)*试图用它解释英国工人阶级未能充分利用 1867 年取得普选权的原因,即工人们"渴望得到尊重",他们享受的富足生活足以激发资产阶级标准的价值(value)*、生活方式(lifestye)*和政治理想。在这之后,正统的马克思主义者经常用这个观点来解释资本主义制度下工人阶级的沉默。

然而,在第二次世界大战之后的 20 年间,是 S. M. 李普塞特(S. M. Lipset)和克拉克·克尔(Clark Kerr)等自由主义者(主要来自北美)

对该概念的采用使它获得了更广泛的认同。它的支持者们用多种方式阐述资产阶级化论题,并确定了资产阶级进程背后一系列迥然不同的因果机制。在其最普遍的表述中,该论题声称,就业(employment)*结构的行业性转变,即从制造业(manufacturing)*向服务业(service industries)*的转变以及从非技术性劳动到新型知识性职业的转变创造了很高的阶级流动性,并导致了工人阶级的萎缩,这被认为是经济活动人口的一部分。因此,至少在人口统计学意义上,发达的西方社会实际上正在变得更为中产阶级化(gentrification)*。

此外,生产的内在趋势(尤其是自动化[automation]*)使体力劳动者对工作有了更大的控制权,减弱了体力劳动者们对工作场所的异化(alienation)*。战后城市重建导致了内城区工人阶级社区的解体,这些社区曾长期存在,相互之间联系紧密,通常具有职业同质性。因此,工人们涌入了位于新区的边缘地带,这里人口密度较低,职业构成较为混杂。这一时期的官方统计数据(official statistics)*也显示出收入和生活水平的"同质化"。出现这种现象,既是由于西方经济体以高工资和充分就业为基础进行扩张,也是因为福利意识强的社会民主国家推行了再分配的社会政策(social policy)*。二战后的20年是属于"高消费"和"富裕社会"的时代,耐用消费品的所有权变得普及,就算是体力劳动者,也可以切实地渴望拥有汽车和购买自己的住房。一个由"中等收入"消费者组成的大众市场诞生了。

这些客观变化反过来又促成了生活方式和社会价值发生同质化。收入的增加使工人阶级能够享受中产阶级(middle class)*的服装、休闲活动和装饰风格,最终,收入的增加和普通工人加入其雇用组织、成为技术人员的行为,共同改变了工人群体的态度和价值,培养了他们对资本主义企业目标的新型认同,削弱了他们对同伴、工会(trade union)*和阶级(class)*的传统忠诚,也削弱了典型中产阶级对于地位(status)*的关注。工人们不再是以邻里为中心的集体主义者,他们变得以家庭为中心,保守的价值观逐渐主导了他们的世界观(weltanschauung)*:如今,体力劳动者通过个人主义,而不是团结主义(solidarism)*的方式寻求安全感和尊重。这种现象最终会转化为投票行为(voting behaviour)*,工人们抛弃了旧的左翼阶级政党,转而支持右翼的资产阶级或小资产阶级(petite bourgeoisie)*政党。以安东尼·克罗斯兰(Anthony Crosland)(参见《保守主义的敌人》*The Conservative Enemy*,1962)为代表的英国政治家们认为,这就是工党在20世纪50年代选举失败的原因。

对这一论题最清晰的表述来自费迪南德·茨威格(Ferdynand Zweig)的著作《富裕社会中的工人》(*The Worker in an Affluent Society*,1961)。由于茨威格采访了五家英国公司的工人,这篇论文还具有基于经验的额外优点。而资产阶级化的其他支持者大多认为,推断和传闻才是这篇论文论证的基础。

资产阶级化论题促成了20世纪60年代许多重要的社会学研究。然而,这些研究大多比早期的观点更为谨慎,这大大削弱了该论题的可信度。其中最引人注目的批评可能是对英国的富裕工人研究,如由约翰·H.戈德索普(John H. Goldthorpe)*、大卫·洛克伍德(David Lockwood)*、弗兰克·贝乔弗(Frank Bechhofer)和珍妮弗·普拉特(Jennifer Platt)主编的《阶级结构中的富裕工人》(*The Affluent Worker in the Class Structure*,1969);美国学者贝内特·M.伯格(Bennett M. Berger)撰写的《工人阶级的郊区》(*Working-Class Suburb*,1960);还有法国学者理查德·F. 汉密尔顿（Richard F. Hamilton）撰写的《富裕与法兰西第四共和国的工人》（*Affluence and the French Worker in the Fourth Republic*, 1967）。菲奥娜·迪瓦恩的《重访富裕工人》（*Affluent Workers Revisited*, 1992）是对这场辩论最全面的回顾。以上著作和众多类似的研究令人信服地表明，西方发达国家的工人阶级并没有他们的中产阶级伙伴富裕，仍保留着无产阶级身份的重要部分，仍然具有独特的社会价值、政治理想和生活方式。

尽管在20世纪70年代，资产阶级化理论被普遍认为是不可信的，但在20世纪80年代经济衰退期间，这个理论有了奇怪的回归。当时，极右和极左的时事评论员都认为，工人阶级对欧洲和北美右翼政府政策的支持，证明了关于中产阶级规范（norm）*、价值（value）*和生活方式（lifestyle）*的新共识。这一观点是英国"新工党"建设的核心。另见消费社会学（consumption, sociology of）*；社会融合（incorporation）*；工人贵族（labour aristocracy）*；私己主义（privatism）*；郊区主义（suburbanism）*。

emergence（emergent properties）涌生（涌生特性）

涌现是指将许多不同的元素合成并组织成一种新形式的过程。它在进化论（evolutionary theory）*中频繁出现。同时，它也被广泛应用于符号互动论（symbolic interactionism）*之中，其目的在于描述社会生活的过程性和适应性。在乔治·赫伯特·米德（George Herbert Mead）*和赫伯特·布鲁默（Herbert Blumer）*的著作中，身体、思想、自我和社会之间的相互作用不断导致涌生，从这个角度来看，社会本身和所有的社会对象都是涌生的。戴夫·艾尔德-瓦斯（Dave

Elder-Vass)在著作《社会结构的因果力量:突生、结构和能动性》(*The Causal Power of Social Structures: Emergence, Structure and Agency*, 2010)中就这个话题进行了精彩讨论。

emergent norms 突生规范

突生规范是由聚集在一起的人逐渐建立起来的行为标准。例如,拉尔夫·特纳(Ralph Turner)和李维斯·基利安(Lewis Killian)(《集体行为》*Collective Behaviour*, 1993)认为,群体由具有不同态度(attitudes)*、动机(motive)*(参见动机分析[vocabularies of motive]*)和价值(value)*的个体组成,但群体状况的模糊性鼓励了群体规范(针对特定情况)的发展,从而产生了目的一致和行为一致的错觉。

emic and etic analysis 主位分析和客位分析

主位分析和客位分析是人类学家从语言学(linguistics)*中挪用的概念。主位分析侧重于描述一个特定社会的固有价值,客位分析则适用于多个社会中更广泛的理论模型。作为文化相对主义(ultural relativism)*运动的一部分,主位分析方法在20世纪60年代末开始流行。在实践中,人类学研究总是涉及主位分析和客位分析的混合。

emigration 迁移

参见迁移(migration)*。

emotional labour 情感劳动

对于阿莉·霍赫希尔德(Arlie Hochschild)(《心灵的整饬》*The

Managed Heart, 1983）来说，情感劳动是倾注感情的工作，是就业（employment）*的一种。除了锻炼身体和认知能力外，情感劳动者还必须锻炼特定的情感能力。许多从事个人服务职业的人，如航空公司的空姐、女服务员、酒保等，都是通过"出售自己的情感"，对顾客表现出"适当"的行为来获得报酬的。这里的情感可以成为商品。和所有的劳动一样，情感劳动也要服从管理（management）*控制。可以说，在西方世界，有越来越多的工作属于这种类型，特别是那些由女性主导的职业。另见情感社会学（emotion, sociology of）*。

emotion, sociology of 情感社会学

虽然对于情感的关注在早期的社会学中就已经存在，情感社会学研究直到20世纪70年代才成为该学科的一个独特分支，它至少在一定程度上是对社会学的一种自觉反应，在一些人看来，社会学对认知（cognitive）*和理性（rational）*的关注已经过度。它审视了诸如羞耻与骄傲、爱与恨、敬畏与惊奇、无聊与忧郁等情绪，并探索了这些情绪是如何在日常生活中被文化模式化、经验化、获得化、改造、管理以及通过描述合法化的。因此，在最通常的情况下，该领域一方面研究情感之间的联系；另一方面探索文化（culture）*、结构（structure）*和它们之间的相互作用。参见行动理论（action theory）*。

对于情感社会学研究，有三种常见的分析模型。第一种生物学的观点认为情绪发生在人体内部，首先是身体上的经验，然后再被解释。第二种建构主义（constructionism）*的观点认为，情感是被社会建构的，它们并非一种内在的状态，而是由文化赋予意义的，而相同的感觉可能被赋予非常不同的意义（例如，痛苦、爱和愤怒并不

是普遍的，它们在不同的文化中被赋予了不同的含义，因之人们对它们的体验通常也各不相同）。最后一种观点来自互动论者，他们认为"情感"是环境和身体之间相互作用所产生的自然属性。

这一领域的两项开创性工作启发了随后的各项研究。阿莉·霍赫希尔德（Arlie Hochschild）的《心灵的整饬》(The Managed Heart, 1983)对美国航空公司空乘人员展开研究，发现了从事这一特定职业的人员被要求按特定方式表达情感（这即为情感劳动[emotional labour]*)，并受到了情感规则的引导。此外，托马斯·谢夫（Thomas Scheff）*提出了"羞耻是基本的社会情绪"的观点。在他的著作中，他考察了这种情感的普遍性，以及在社会交往中经常由这种情感产生的"羞耻与愤怒的漩涡"（参见《微观社会学》Microsociology, 1990）。另外，有关领域和话题可参考 T. 肯珀（T. Kemper）编的《情感社会学的研究议程》(Research Agendas in the Sociology of Emotions, 1990)。

emotion work 情感工作

这一术语指一个人为了适当地进行情感劳动（emotional labour）*和其他表现情感的行为而付出的努力。

empathy 同理心

这一术语指认同和理解他人的能力，尤其是在情感层面上理解他人的能力。它需要人们可以设身处地理解他人的感受。同理心对于解释性假设来说是一个有利的基础。在社会学中，马克斯·韦伯（Max Weber）*的"理解"概念基于这样一个论点：我们不需要认同那些我们能够理解的他人的情绪。威廉姆·奥斯维特（William Outhwaite）的

《解释社会生活：一种被称为理解的方法》(*Understanding Social Life: The Method Called Verstehen*, 1975) 对这一概念做出了最佳评述。另见意义 (meaning)*。

empirical 经验主义的

"经验主义的"一词适用于形容表述特定的研究项目或普遍的研究方法 (research methods)*，意味着与感觉经验、观察或实验的密切关系。这个词语有时与"抽象的"或者"理论的"含义相反，有时与"教条的"或者"学术性的"形成对照。在其贬义用法中，隐含着对原则或理论问题的忽视，而作为一个褒义词时，例如从经验主义 (empiricism)*的观点来看，这个术语意味着与实际的相关性或者可测试性，与学究式的经院哲学或者毫无根据的推测相反。

empiricism 经验主义

在社会学中，经验主义这一术语通常被用来泛指一种强调收集事实和观察的研究取向，而它牺牲了概念反思和理论探究。更严格地说，经验主义是一种哲学传统的名称，它的现代形式是在17世纪科学革命 (scientific revolutions)*的背景之下发展起来的。虽然并非所有的早期经验主义者都是新科学的倡导者，但是经验主义随后在与现代科学的密切共生关系中持续繁荣。在社会学中，经验主义作为一种哲学方法被那些提倡自然主义方法论的人广泛采用，他们认为社会学的发展轨迹与科学学科相同。

经验主义的早期形式（在约翰·洛克 [John Locke]*、大卫·休谟 [David Hume]*等人的著作中均有所体现）主要是一种认识论

（epistemology）*：一种关于人类知识的性质、范围和限度的理论。就其本身而言，它包含了一种关于心智及其运作的理论，而这一理论后来被认知心理学（cognitive psychology）*的发展所取代。作为一种哲学理论，经验主义的主要论点是：人类拥有的实质性知识仅限于那些可以通过经验观察来检验（证实或验证）的事物。那些先验的或者独立于所有经验之外的事物，只局限于分析性的陈述——例如，提供技术概念定义的陈述，或者，如休谟所说，对于"思想关系"的陈述。经验主义为科学的特权地位辩护，认为科学是人类研究的唯一形式，在这种形式中，知识主张建立在经验观察和实验的基础上，或是对它们永久开放的。相比之下，神学（theology）*和思辨性形而上学（metaphysics）*则根据信仰、直觉或"纯粹"的理性，对知识做出虚假的宣称。

虽然经验主义者热衷于表明他们对形而上学的反对，但可以认为经验主义本身就带有一种隐含的形而上学，即，最终的（可知的）现实是稍纵即逝的感觉印象（或"感觉数据"），所有真正的知识主张都要在它的基础上加以检验。在经验主义最激进的形式中，人们不仅对科学知识对象的可知性，更对常识经验的事物和存在物的可知性产生怀疑。因此，维也纳学派（Vienna Circle）*的逻辑经验主义（empiricism, logical）*或实证主义（positivism）*，作为20世纪独特的经验主义形式，紧随物理科学世纪之交革命的深刻不确定性之后产生。总的来说，经验主义者提出了经验可检验性的标准，并将其作为一种手段来捍卫科学、反对形而上学和神学主张，以及反对近期的伪科学，如马克思主义（Marxism）*和精神分析（psychoanalysis）*。他们的难题在于不能以同样的标准来排除所有或大多数真正的科学。

empiricism, abstracted 抽象经验主义

参见抽象经验主义（abstracted empiricism）*。

empiricism, logical 逻辑经验主义

参见证实（verification）*；维也纳学派（Vienna Circle）*。

employer strategies 雇主策略

该术语指关于公司内部工作组织的雇主决策模式（例如对劳动力[labour power]*、工作结构和支付系统的控制形式）。它最初是在马克思主义（Marxism）*中发展起来的，指的是雇主对资本-劳动冲突的反应，如今被用在描述劳动过程（labour process）*和劳动力市场分割（labour-market segmentation）*的文献中，以强调雇主对一个假定的非人格化的劳动力市场（labor market）*的干预，以及其决策形式的多样性。

employment 就业

该术语指男性或女性为生产和加工所有初级产品（如农业、林业和渔业的特色产品）而提供的劳动力；或者是为生产面粉、奶酪、葡萄酒、布料或家具等初级商品而进行的加工，不论是提供给市场（market）*、进行物物交换还是自用；以及为市场生产所有其他的商品和服务而进行的劳动。这一宽泛的定义确保这一概念适用于有关市场经济（market economy）*、计划经济（command economy）*、混合经济（mixed conomy）*和自给经济（subsistence economy）*的统计。它包括通常准备在市场上销售的商品和服务的生产，由政府机构和非营利

部门提供的商品和服务,以及供个人消费的特定类型的生产(非市场生产)。在西方工业社会,官方统计数据(official statistics)*通常采用更狭窄的定义,即在指定的参考周期内为工资、利润或家庭收入而工作,从而将这一概念限制在市场经济里,反映在国民经济核算和国民生产总值(Gross National Product)*中。就业也可以参照一个人的日常活动而不是当前的活动来定义

社会学家经常忽略这些精确的、本质是经济层面上的就业的定义(经济学家通常称之为经济活动),而倾向于更为普遍的工作(work)*的概念,因为它有着不同的、更广泛的含义。许多分歧和争论的根源在于未能明确区分工作和就业。更糟糕的是,在日常话语和社会科学报告中,工作经常被用作有偿就业或市场工作的同义词。因此,在学术(特别是经济学)论文中,工作率与劳动参与率(labour-force participation rate)*和经济活动率同义。另见黑色经济(black economy)*;家务劳动策略(household work strategy)*;劳动力市场(labour market)*;劳动关系(labour relations)*;职业隔离(occupational segregation)*;雇佣劳动(wage-labour)*。

employment, flexible 弹性就业

参见弹性就业(flexible employment)*。

employment status 就业状况

就业状况指就业(employment)*人员的法律地位和分类,包括雇员或自雇人士(自由职业者)。实际上,官方统计数据(official statistics)*中的大多数就业状况分类将这一简单的双重区分扩展为一个更完整的类型，确定了大雇主、小雇主、没有任何雇员的自营职业者、为家庭农场或企业提供劳动的无薪家庭工作者、法律规定的合作伙伴关系中的合伙人、学徒和主管，以及普通员工等各种类型。

资本家(capitalist)*和雇员之间的社会学区别在大多数就业状况分类中都很模糊，因为那些雇佣员工的人是按其具体的法律地位被分类的，与他们自己公司的雇员一样。然而，一些国家倾向于社会事实(social fact)*，而忽视了法律地位。由于这一概念并非完全由主导劳动力市场(labour market)*统计的经济框架所界定，因此对它的实践也各不相同。

enclave 飞地

这是一个在欠发达理论和依附论(dependency theory)*中使用的术语，指第三世界(Third World)*经济体中以出口生产为基础、由外国资本控制和管理的部分。它被认为与国民经济几乎没有联系，因此对国内增长几乎没有影响。

enculturation 文化濡化

文化濡化是美国文化人类学(cultural anthropology)*领域的一个术语，实际上与社会化(socialization)*是同义词。它指的是要成为任何一种文化(culture)*或亚文化(subculture)*的正式成员，个体都必须不断正式或非正式地学习和使用由这种文化所规定的文化行为模式。

end-of-ideology thesis 意识形态终结论

意识形态终结论虽然不是由美国社会学家丹尼尔·贝尔（Daniel Bell）所提出，但因为他在1960年出版了一本名为《意识形态的终结》（The End of Ideology）的论文集，使得这一极具争议性的学说通常被认为与他有关。该书的副标题"50年代政治观念衰微之考察"（On the Exhaustion of Political Ideas in the Fifties）暗示了这一学说的中心思想。贝尔认为每一个产生于19世纪伟大的意识形态（ideologies）*都有充满激情并试图改变整个生活方式（lifestyle）*的信念，特别是自由主义（liberalism）*和社会主义（socialism）*，却最终都在20世纪50年代失去了动员先进工业社会人民的能力。他认为发生这种情况主要有两个原因：首先，这些意识形态未能阻止战争爆发、经济萧条和政治压迫；其次，由于福利国家（welfare state）*这一概念所蕴含的变化，资本主义（capitalism）本身也发生了改变。虽然贝尔承认意识形态在"亚洲和非洲正在崛起的国家"中确实发挥持续乃至愈发重要的作用，但他的结论是在高度工业化的西方国家，社会进步能且只能通过他后来提出的"在社会民主方向上'零星'的改变"而实现。

endogamy 内婚制

内婚制是指首选或规定在一个亲属群体（可以是氏族[clan]*、世系[lineage]*、村庄或社会阶层）内部通婚（connubium）*的行为。与之相反的规范就是外婚制（exogamy）*，即将亲属群体之外的人作为首选或规定的通婚对象，通常以乱伦禁忌（incest taboo）*作为边界。外婚制原则在玛格丽特·米德（Margaret Mead）*记录的阿拉佩什（Arapesh）谚语中表达得最清楚："你自己的母亲、你自己的姐妹、你自己的猪以及你自己堆起来的甘薯,你不能吃;别人的母亲、别人的姐妹、别人的猪以及别人堆起来的甘薯,你可以吃"。

Engels, Friedrich 弗里德里希·恩格斯(1820—1895)

弗里德里希·恩格斯,一位19世纪的哲学家、社会主义者、企业家、马克思主义(Marxism)*的共同奠基人。关于他的生活和工作最好的介绍是崔斯特瑞姆·亨特(Tristram Hunt)于2010年出版的《穿礼服的共产主义者:弗里德里希·恩格斯的革命生涯》(*The Frock-coated Communist: The Revolutionary Life of Friedrich Engels*)。

恩格斯出生在莱茵兰一个富裕的磨坊主家庭,他很快就对自己出身环境的保守主义(conservation)*采取了批判的态度,并与卡尔·马克思(Karl Marx)*建立了思想伙伴关系,这是他最为人所知的面向。他们之间的合作是如此密切,以至于常常很难区分二者的贡献。他们对激进的青年黑格尔派的早期影响,和他们在19世纪40年代初转向社会主义(socialism)*和共产主义(communism)*是密切相关的。恩格斯于1844年出版的《政治经济学批判大纲》(*Outlines of a Critique of Political Economy*)似乎就是马克思毕生研究的这一课题的出发点。而这一研究的高潮就是马克思的《资本论》(*Capital*)。在马克思生前,《资本论》只有一卷得以发表,这一卷本的出版得益于恩格斯的帮助;在马克思去世后,恩格斯为剩余两卷手稿的出版也做了很多工作。

在1848年由他们参与(但发挥次要作用)的起义失败后,马克思和恩格斯双双流亡到英国。1869年之前,恩格斯一直忙于在曼彻斯特的家族事业,不过他至少能够为马克思的家庭提供亟需的经济支持,使马克思得以继续其研究。从19世纪70年代开始,恩格斯才能够更多地投身于学术和政治工作。他的建议得到了国际工人运动领袖们的广泛认可，并且从1875年起他就密切参与到德国社会主义运动的发展之中。由他所阐释的他和马克思对历史、政治和哲学看法的书籍和小册子被极为广泛地阅读，这些读物塑造了一个具有系统世界观的马克思主义形象，受到连续数代社会主义和共产主义革命者追捧，甚至比马克思自己的作品更有影响力。

不过，恩格斯的贡献远远不只是普及了他良师益友的著作。直到今天，他于1845年出版的《英国工人阶级状况》(The Condition of the Working Class in England)一书仍然是社会经济调查的经典著作。值得一提的是，这本书开创性地将贫困、环境退化和亚健康联系起来，并将这些视为现代工业主义的后果。恩格斯后期的作品也有很多独创性。他在1884年出版的著作《家庭、私有制和国家的起源》(Origin of the Family, Private Property and the State)中将历史唯物主义(historical materialism)*的领域扩展到了当下的人类学(anthropology)*研究。这本书特别重要的意义在于其从唯物主义(materialism)*的角度阐述了在财产私有制和一夫一妻制(monogamy)*下女性处于从属地位的历史。尽管存在缺陷，这部作品仍然被许多当代女性主义者认为是值得认真关注的。恩格斯后期更多地着眼于自然科学的发展以及这些发展所带来的政治和哲学影响。辩证唯物主义(dialectical materialism)*是恩格斯创造的一个术语，用来概括他意欲维护的一种唯物主义(materialism)*形式，使之在面对新的发展时能足够的开放和灵活。恩格斯对物理学思维的运用往往使他的作品显得有些机械。他的思想后来被苏联的国家领导人转变成一种教条主义的意识形态(ideology)*。另见资产阶级化(embourgeoisement)*和母权制(matriarchy)*。

Enlightenment, The 启蒙运动

欧洲思想开始关注理性(rationality)*、经验、对宗教(religion)*和传统权威的怀疑,以及世俗、自由和民主社会的理想逐渐兴起的一段时期。这通常可以追溯到艾萨克·牛顿(Isaac Newton)于1686年出版的《数学原理》(Principia Mathematica)和三年后约翰·洛克(John Locke)*出版的《人类理解论》(Essay Concerning Human Understanding)和《政府论》(Two Treatises on Government)。一些人认为启蒙运动开始于更早的时期,比如,17世纪,英国有培根(Bacon)和霍布斯(Hobbes)*的著作,法国有笛卡尔(Descartes)*对独立理性的强调。不过,人们还是普遍认为18世纪是启蒙运动的全盛时期,尤其是18世纪的法国,有卢梭(Rousseau)*、狄德罗(Diderot)、孟德斯鸠(Montesquieu)*和伏尔泰(Votaire)等百科全书式和反教权百科全书式学者。苏格兰哲学家大卫·休谟(David Hume)*的目标是将实验方法(experimental method)*引入对人类思维的研究,他认为,以牛顿力学为顶峰的自然科学,能够发现一些基本原理,使人类有可能在看似混乱的自然系统中辨别出秩序。亚当·斯密(Adam Smith)*在《国富论》(The Wealth of Nations)一书中概述了他对经济中的自由市场(free market)*和劳动分工(division of labour)*益处的乐观看法。德国哲学家伊曼努尔·康德(Immanuel Kant)*认为,关于空间(space)*和时间(time)*的知识是主观的,可以区分事物的本质和表象(representations)*,从而把经验和思想区分开来。

启蒙运动有许多分支,贯穿文学、艺术、科学、宗教和哲学。然而,总的来说,它等同于一种人性(human nature)*的唯物主义观,一种对理性的、科学的知识可能性的乐观主义,通过教育取得进步,以及

对伦理和社会的功利主义态度。西奥多·阿多诺(Theodor Adorno)*和马克斯·霍克海默(Max Horkheimer)*在《启蒙辩证法》(The Dialectic of Enlightenment, 1972)一书中指出,启蒙理性背后隐藏着一种统治和压迫的逻辑。控制自然的欲望是启蒙运动的核心,也导致了人类的统治。如果对启蒙运动的遗产进行彻底的分析和理解,可以将其视为工具理性的胜利,这种理性导致了官僚理性的发展,而一些人认为官僚理性是无法逃避的。另见经验主义(empiricism)*;认识论(epistemology)*;进步(progress)*;苏格兰启蒙运动(Scottish Enlightenment)*。

enterprise society(enterprise culture)企业社会(企业文化)

一个20世纪80年代使用的术语,指一些国家有意识地尝试提高自力更生、创新和个人成就(achievement)*的特质。英国和美国政府实施了一系列的经济和社会改革,包括放松工业管制和公共事业私有化(privatization)*,以重振(在他们看来)20世纪晚期在企业社会衰落的组织文化(organizational culture)*。这些政策主要通过尽可能推进采用市场(market)*原则的方式,达到促进经济竞争(economic competition)*、减少国家在经济生活中的影响、限制公共开支、鼓励个人为自己的福利负责的目的。然而,尽管这些项目在某些国家使得国家福利(state welfare)*的削减,但其是否对企业家精神(entrepreneurship)*或工作伦理(work ethic)*产生了某种长期影响仍然存在疑问。请另见罗素·济特(Russell Keat)和尼古拉斯·阿伯克龙比(Nicholas Abercrombie)编的《企业文化》(The Enterprise Culture, 1991)。

entitlement 权利资格

参见社会正义（justice, social）*。

entrepreneur（entrepreneurship）企业家（企业家精神）

这个术语至少有四种不同的含义，它们仅有部分重叠。就基本层面而言，企业家是拥有并经营一家企业的人，且不一定是一家新的、小型的、成长中的或者成功的企业。经济学家将企业家定义为这样一种人：冒着资本（capital）*和其他资源的风险，以期获得巨大的经济利益；或者是专门对稀缺资源的使用和调配做出判断性决定的人。重点在于经过计算的风险承担。社会学家将企业家定义为商业领域的创意创新者，与传统的企业主、资本家（capitalist）*或职业经理人不同，后者更容易遵循既定的程序和目标。这一概念起源于约瑟夫·熊彼特（Joseph Schumpeter）*，熊彼特将企业家定义为开发和实施生产资料（means of production）*新型整合的个人，这种能力在其著作《经济发展理论》（The Theory of Economic Development, 1934）被描述为经济发展（economic development）*的基础。最后，这个术语有时更宽泛地用来指新的、小型的、成长中和成功企业的所有者或创建者，甚至是任何一个创办小公司的人，或者从雇员转变为个体经营者的人，即使这两者都不需要涉及任何程度的创新或资本投资。

20世纪80年代见证了内部企业家（intrapreneur）*概念的发展；也就是说，独自工作或者在团队中工作的人仍然是他们所在的组织或公司中的雇员，但是承担了一些创新、高昂的实践或风险开发，甚至是一些常规的子工作，以期望在成功的风险投资和获利的经营中获得额外的个人经济回报。在极端的情况下，内部创业者会逐渐转变为那些收入主要依赖奖金和佣金，或其他奖励性薪酬（incentive payments）*的人，比如销售人员。

企业家行为理论关注的是人格特征、社会边缘性、"工匠"或"工艺师"的工作方向、风险资本的来源、经济环境和制度（institution）*的相对重要性。经济增长（economic growth）*理论并不总是重视企业家。随着垄断资本主义（monopoly capitalism）*的出现和现代商业公司的兴起，社会对企业家精神的兴趣稳步下降。然而，美国经济社会学家罗纳德·伯特（Ronald Burt）对竞争环境下的利润空间和创业机会进行了大量分析，特别是通过运用源自网络分析（network analysis）*的概念。另见《企业利润与扰拢》（Corporate Profits and Cooptation，1983），以及《社会传染与创新》（Social Contagion and Innovation，1988）。

entrepreneurial capitalism 企业资本主义

参见资本主义（capitalism）*。

environment, sociology of 环境社会学

"环境"一词的字面意思是"附近范围或四周环绕"，这个词在学术话语中有多种用法。在生物学和心理学中，环境常常与遗传（heredity）*并列，对形成生物特性的原因进行详尽的划分。遗传是指通过基因传递，环境是指外界所给予的东西。大部分的争论都集中在它们的相对重要性上，而环境本身通常没有什么实质性的内容。在其他用法中，环境只是个体（或任何生物体）所处的（限定的）社会环境，其重点在于对环境的适应（adapt）*和调整，正如让·皮亚杰（Jean Piaget）*在认知过程发展方面的研究。

早期社会学中关于环境的著述将物理环境视为社会生活模式的主要决定因素，通常被称为环境决定论。最富有经验的著者强调，环境只是为可能的行动方案设置了基本的限制条件。此类工作的例子包括弗雷德里克·勒普莱（Frederic Le Play）和帕特里克·格迪斯（Patrick Geddes）*。在法国，维达尔·白兰士（Paul Vidal de la Blache）和吕西安·费弗尔（Lucien Febvre）的著作确立了社会研究的区域重点，并在年鉴学派（Annales School）*的著作中得到了最好的表现。美国人在环境影响方面的研究，如艾伦·森普尔（Ellen Semple），对芝加哥学派（Chicago School）*的城市生态学（urban ecology）*产生了巨大的影响。

自然环境，作为人类活动发生的领域并被人类的能动作用改变，对社会学具有潜在的重要意义，它在社会学领域主要涉及的是遗传与环境的辩论。值得注意的是，虽然人们认识到环境不仅仅是一个自然问题，也包括人类干预，但是，目前社会和政治对环境的关注仍集中在物质世界的城镇、房屋、农村以及空气和水等自然资源上。在这个理解中，这一术语与强调社会关系而非身体和物质条件的社区（community）*、社会（society）*和社会群体（social group）*等概念形成了对比。然而，恰恰是将重点放在物质世界的特殊性和影响以及物质世界是社会构建的，这才为环境社会学创造了潜力。

自20世纪80年代以来，尽管环境社会学的定义依然很宽泛，但它已经成为一门学科。在现有的任何标准教科书中都可能遇到以下主题：工业主义（industrialism）*在造成环境退化方面的作用；环境运动的结构和社会起源（参见社会运动[social movements]*）；绿色政治和政党（political parties）*的内容与影响；城市化（urbanization）*和全球化（globalization）*对环境的影响；确保可持续发展（sustainable development）*的问题；以及更广泛的理论问题，如对自然的非剥削性态度与对启蒙价值（如民主［democracy］*、人权［human rights］*和追求进步［progress］*）的持久认同感之间可能存在的冲突（conflict）*。（参见蒂姆·海沃德［Tim Hayward］的《生态思想》*Ecological Thought*, 1995；大卫·戈德布拉特［David Goldblatt］的《社会理论和环境》*Social Theory and the Environment*, 1996）。这类作品中有些部分涉及人造环境，并引发了对文化（culture）*（尤其是流行文化［popular culture］*）的讨论。例如，马克·戈迪纳（Mark Gottdiener）在（《美国的主题化》*The Theming of America*, 1996）中对环境和社会变迁（social change）*之间联系进行了研究，很明显地，在商业空间的使用中，马克·戈迪纳将主题空间（从格雷斯和迪士尼乐园到当地购物中心的一切）描绘成一系列熟悉而舒适的符号，旨在让消费者感觉良好，并有计划地拿出一部分钱来消费以维持经济增长（economic growth）*。最近的讨论涉及诸如全球气候变化（climate change）*和风险社会（risk society）*等问题。另见人文地理（human geography）*。

environmental criminology 环境犯罪学

参见环境犯罪学（criminology, environmental）*。

environmental sociology 环境社会学

参见环境社会学（environment, sociology of）*。

epidemiology 流行病学

流行病学分析疾病（illness）*在人群中的发病率和传播情况，以确定因果关系。现代流行病科学通常被认为起源于约翰·斯诺（John Snow）的发现：1849年伦敦霍乱流行的起因是一种特殊的饮用水源。最近，吸烟与肺癌、心脏病与某种脂肪、避孕药与乳腺癌之间的联系都是通过流行病学研究发现。

epistemological anarchy 认识论无序状态

参见方法论多元主义（methodological pluralism）*。

epistemology 认识论

一种知识的哲学理论，即探讨我们如何知道自己所知道的。认识论通常以两个相互竞争的思想学派之间的分歧为特征：理性主义（rationalism）*和经验主义（empiricism）*。在17世纪科学革命（scientific revolutions）*的背景下，这两种思想传统都得到了最系统的哲学表达。这两种方法都涉及为知识寻找可靠的基础，并清楚地将这些基础扎实的知识与纯粹的偏见、信仰或观点区分开来。给理性主义者（笛卡尔[Descartes, René]*、莱布尼茨[Leibniz]和斯宾诺莎[Spinoza]）留下深刻印象的确定性模型是在逻辑学和数学的形式论证中发现的。

他们试图运用来自不容置疑的公理（axiom）*或基本原理的"纯粹"的推理，来批判地重建人类的全部知识（因此笛卡尔认为"我思故我在"）。经验主义者（洛克[Locke]*、贝克莱[Berkeley]和休谟[Hume]*）把直接认识到的感觉经验的"印象"作为他们可靠知识的基础。理性主义者和经验主义者之间的争论主要集中在先天知识、先验知识或独立经验的可能性上。经验主义者极力否认这一点,主张人的心灵是一张白纸或白板(tabula rasa)*,直到在感觉经验的影响下被做上标记。

18世纪的德国哲学家伊曼努尔·康德(Immanuel Kant)*被人们普遍认为已经超越了这一思想冲突,他坚持认为基本组织概念(空间、时间、因果关系以及其他)的框架不能够仅凭经验获得,然而这一框架对于我们能够解释经验世界是必要的。因此,这些概念是先于经验的,但(在经验主义者的指点下)它们只能被用来在可能的经验范围内作出客观判断。

所有社会学的理论和经验方法都(或明或暗)预设了某种认识论立场或其他立场,这一点是存在争议的。大规模的定量研究常常(尽管是错误的)以经验主义(empiricism)*或实证主义(positivism)*认识论为特征,然而对实证主义主要的(直接或间接)反对来自康德传统。尽管康德认为,客观判断世界的基本概念结构("范畴"和"直觉的形式")是必要的,因此具有普遍性,但是康德在人文科学领域的许多继承者都将他的观点在历史上或社会文化上相对化了。因此,社会学反实证主义者通常认为,在任何实证研究或事实判断中,都必须预设某种概念或理论框架,但同时又存在若干竞争性的概念框架,并且找不到中立立场在他们之间作出裁决。诸如此类的争论导致了认识论的相对主义(relativism)*、传统主义(conventionalism)*或不可知论。另一种观点源于19世纪的新康德主义(neo-Kantianism)*强调不同性质上的理解在主体间的交流和意义的阐释(与我们对物质世界的客观理解相比)。这种形式理解有它自己的可能的概念和方法条件,这些条件可以在哲学上加以分析,如在社会科学(social science)*的现象学(phenomenology)*和解释学(hermeneutics)*哲学中。批判的(或先验的）现实主义者（如罗伊·巴斯卡［Roy Bhaskar］）也借鉴了康德的论证方法，并认识到先验概念结构对于所有经验知识的必要性。然而，他们坚持认为现实的可知性，并且这一现实是存在的，独立于我们对现实的认识。这一哲学传统被其追随者认为是在为自然主义（naturalism）*辩护，同时接受康德主义者反对实证主义和经验主义的主要论点。

一些后结构主义者，似乎对相互竞争的认识论之间无休止的争论失去了耐心，试图完全避免认识论的讨论。其主要论据基于一个前提，这一前提是大多数社会科学的非实证主义哲学家的共性。这就是，我们无法直接或不通过媒介的接触到我们的理论声称提供知识的现实。即使是最基本的经验或观察，也需要某种形式的概念或语言顺序。毕竟，我们不能跳出语言或论述来检验我们的话语是否符合现实。从这一公理得出的结论是，关于我们的话语（discourse）*是否足以达到与它所宣称的现实相符这一经典的认识论问题，在原则上是无法回答的，因此也是错误的。后结构主义者被引导去否认任何超越或独立于话语之外的现实的可知性，从而使认识论不可知论者与形而上学（metaphysics）*的唯心主义（idealism）*之间发生振荡。当然，这与语言（或"话语"）对于我们认识世界是必不可少的这一被广泛接受的观点是完全不同的。这就好像有人会说，因为我们只能通过观察来分辨事物的颜色，所以我们无法知道它们到底是什么颜色。到目前为止，避免认识论的尝试似乎只产生了更多术语上难以理解的认识论。

equality（social equality）平等（社会平等）

参见民主（democracy）*；平等主义（egalitarianism）*；社会正义（justice, social）*；社会主义（socialism）*。

equality of opportunity 机会平等

参见社会正义(justice, social)*。

equilibrium (social equilibrium) 均衡（社会均衡）

一般而言，在规范功能主义(normative functionalism)*理论，特别是在塔尔科特·帕森斯(Talcott Parsons)*的著作中，均衡概念（一种对立力量或趋势相互抵消）被赋予了更具体的含义。它特别适用于帕森斯所称的"边界维持系统"，即一个社会系统(social system)*相对于它的环境"保持一定的模式不变"。可以区别两种固定性类型：静态（不变的）和移动的，帕森斯将后者描述为"社会变化的有序过程"（参见《社会系统》*The Social System*, 1951）。社会系统趋向均衡的趋势是建立在帕森斯理论的前提之下的（后来又提出了一个社会的定义），该理论使用术语"移动均衡"和"不均衡"来描述对静态平衡的偏离。另见社会变迁(change, social)*；共识(consensus)*；系统整合与社会整合(system integration and social integration)*。

equity theory 公平理论

参见社会正义(justice, social)*。

eschatological 末世论的

该术语指关于"最后的事物"的信仰和对世界的宗教终结（和审判）。它们是犹太-基督教传统的重要组成部分，并受到原教旨主义(fundamentalism)*和教派主义(sectarianism)*，尤其是基督复临运动的强烈冲击。另见千禧年主义(millenarianism)*。

essentialism 本质主义

一个已经以多种方式使用的哲学术语。根据卡尔·波普尔（Karl Popper）*（《猜想与反驳》Conjectures and Refutations, 1969），本质主义者提出了两种观点：一种观点认为完全建立科学理论的真实性是可能的；另一种观点认为科学家可以通过发现隐藏在现象背后的本质或现实来得到完整的解释。然而，这个术语也适用于理论的描述，认为定义是对事物本质属性的描述，人们可以根据描述的真伪来评估不同定义。从这个角度来看，科学需要发现这些本质，因此需要正确的定义。该术语的当代用法在很大程度上带有贬义，因为大多数科学哲学家认为，描述和认识是暂时的，而事实（如真理和现实）总是被概念化为以理论为依据的术语。另见传统主义（conventionalism）*；相对主义（relativism）*。

estate 等级

该术语指一个社会阶层被法律赋予特定的权力和义务。最明显的例子是欧洲大陆后封建国家的农民（peasants）*、农奴、市民、牧师和贵族。例如，直到18世纪后期，近代早期法国才区分出贵族、僧侣和"第三等级"。这个词常被用来指欧洲封建社会的等级制度（虽然颇有争议），尽管封建社会的阶层特征更多的是封臣（vassalage）*之间的个人纽带，而非共同的政治权利和义务。值得注意的是，著名的封建主义（feudalism）*史学家马克·布洛赫（Marc Bloch）*将封建秩序的各个阶层简称为"阶级"。

尽管等级制度通常不受社会流动性（social fluidity）*的限制，但它们在规定经济义务、政治权利和社会习俗方面是僵化的。与种姓

(caste)*制度不同的是,等级并不一定要从内部更新。例如,在革命前的法国,神职人员(clergy)*是"开放等级"。

这个词的社会学用法可以追溯到斐迪南·滕尼斯(Ferdinand Tönnies)*对等级和阶级(或"共同体"和"社会"集体)的区分。马克斯·韦伯(Max Weber)*在《经济与社会》(*Economy and Society*,1922)一书中引用了中世纪欧洲等级作为社会地位群体的典型例子。同理,T. H. 马歇尔(T. H. Marshall)*将等级定义为"一群拥有相同地位的人",从这一层面而言,律师也会使用该词。从这个意义上讲,地位是指附加了一系列权利和义务、特权和责任、具有或丧失法律行为能力的位置,而这些权利和义务得到了公众的认可,可以由公共机构(通常是由法院)界定和执行。参见《社会地位的本质和决定因素》(The Nature and Determinants of Social Status),载于《阶级、公民身份和社会发展》(*Class, Citizenship, and Social Development*, 1964)。但是,就像其他大多数研究分层体系的主要社会学概念一样,等级的概念也存在一些争议。

ethical dualism 族群二元论

参见二元论(dualism)*。

ethics 伦理学

伦理学是哲学的一个分支,研究道德原则和价值、事物应该如何发展、人们应该怎样生活等问题。伦理哲学家关注的是应用于人类事务中的"好"和"坏"的观念。伦理学与科学形成了鲜明的对比,后者关注的是描述实际存在的现实。这一区别产生了社会科学(social science)*应该是价值无涉(value free)*或价值中立的看法。然而,在实践中,社会科学研究的方法和目标都与伦理考量有着内在联系。许多伦理哲学试图发现道德判断的绝对基础,但最近的研究认为这是不可能的。因此,当代伦理思想倾向于采用相对主义的立场。伦理思想的一个关键文稿是阿利斯泰尔·麦森泰洛(Alasdair MacIntyre)的《美德之后》(After Virtue, 1981)。

放弃绝对和基本的伦理标准的想法意味着,在进行涉及人类的研究时,对于要遵循的一套完整的道德规则没有明确的共识。但是,一些受到普遍认可的专业准则是基于保护个人自主和自由的理念。其中一个基本原则是,通常应通过实施知情同意来保护受试者的隐私。这将避免在没有得到被观察人明确和充分知情允许的情况下观察其私人行为。此外,受试者不应承受不必要的压力、操控或个人风险。研究人员还负责保护任何可以识别受试者信息的机密性。为了保证匿名性,数据保护日益受到关注,如今已受到特定法律的约束。伦理原则不仅指导研究的行为,而且也指导研究的呈现,并且对于如何使用研究结果也有伦理上的启示。社会学家也许永远不会面临奥本海默(Oppenheimer)发明原子弹的两难境地,但知识从来都不是中立的,总是与权力(power)*联系在一起。另见相对主义(relativism)*;研究(research)*。

ethnicity(ethnic group)族群性(族群)

那些自己认为或被他人认为具有与社会其他集体不同的共同文化特征,并由此发展出他们独特的行为方式,从而构成一个族群。

"族群性"一词是为了与种族(race)*形成对比而创造的,后者通常出现在生物学术语中。一个族群的成员可能在种族属性上是可识别的，但也可能具有其他文化特征，如宗教（religion）*、职业、语言或政治。族群也应该与社会阶级（social class）*区分开来，因为成员身份通常会跨越社会经济分层，包括那些具有（或被认为具有）超越阶层共同特征的个人。犹太人在美国构成了一个典型的族群，因为他们涵盖不同的种族来源（从东欧到北非）、社会阶层、母语、政治信仰和宗教信仰（从正统派到无神论者的人），但是他们仍然认为自己拥有共同的犹太身份，这把他们与更广泛的美国社会区分开来，但不一定把他们自身与美国社会置于对立的地位。

因此，族群的构成是变动的，定义也可能发生变化。随着人口在国家之间流动，新的族群不断形成。例如，英国的印度人构成了一个族群，尽管作为个体，在印度他们会被视为与当地人在种姓（caste）*和语言（language）*方面非常不同的人。当族群性的概念成为社会歧视（例如纳粹德国时期的犹太人）或独立运动（例如苏联）的基础时，这个概念就显得尤其重要。

相关文献浩如烟海。例如，约翰·雷克斯（John Rex）*和戴维·梅森（David Mason）的《种族和族群关系理论》（*Theories of Race and Ethnic Relations*, 1986）展示了该领域当前方法的广泛性和多样性；迈克尔·班顿（Michael Banton）的《种族与族群的竞争》（*Racial and Ethnic Competition*, 1983）是对英美大量文献的优秀综述；在英国，戴维·梅森的《现代英国的种族和族群》（*Race and Ethnicity in Modern Britain*, 2000）是有用的资料来源；在美国，可以参见内森·格拉泽（Nathan Glazer）《族群困境：1964—1982》（*Ethnic Dilemmas, 1964—1982*, 1985）；安东尼·史密斯（Anthony Smith）的《族群复

兴》(*The Ethnic Revival*, 1981)证明了这一概念对于社会学理解现代世界冲突(conflict)*和变化的重要性;弗兰克·比恩(Frank Bean)和玛塔·蒂恩达(Marta Tienda)的《美国西班牙裔人口》(*The Hispanic Population in the United States*, 1990)在现代美国种族案例研究中使用了定量数据;伊拉·卡兹内尔森(Ira Katznelson)的有关曼哈顿北部城市政治的历史的研究(*City Trenches*, 1981)是一个关于族群和阶级相互作用的个案研究。另见文化(culture)*;民族主义(nationalism)*。

ethnic nationalism 族群民族主义

参见民族主义(nationalism)*。

ethnocentricism 族群中心主义

这是一种根据自己的文化假设或偏见来研究和判断其他社会的观点立场,有时被认为是比较方法(comparative method)*的错误使用。民族中心主义通常认为,其他社会的行为模式总是不如自己社会的行为模式。社会学家只有摆脱这种先入为主的观念,才能有一种正确的方法来研究事物,从而开始分析其他文化在其所处环境中的实践模式。在世纪之交之后,避免民族中心主义迅速成为社会人类学(social anthropology)*和比较社会学(comparative sociology)*的主要原则之一。然而,如果将这一原则推向极端,它会使比较分析陷入相对主义(relativism)*,以至于无法建立任何普遍的认知过程或评估标准,例如,理性标准或普遍道德标准。另见观察者偏差(observer bias)*。

ethnography 民族志

这一术语通常指直接观察一个社会群体的行为并对其进行书面描述。这个词有时也被称为田野调查(fieldwork)*，通常与社会人类学的研究方法(research methods)*联系在一起，尽管参与社区研究(community studies)*的社会学家肯定会做田野调查，但是就像那些做任何形式的个案研究(case study)*一样。民族志研究的主要方法是参与式观察(participant observation)*，经典的例子是威廉·富特·怀特(William Foote Whyte)对美国城市中一个意大利贫民窟的社会结构研究(《街角社会》Street Corner Society, 1943)。随后，怀特写了一本很好的有关描述性方法论的书，反映了他的民族志研究思想，可参考《实地学习：经验指南》(Learning from the Field: A Guide from Experience, 1984)。此外，有价值的文献还有马丁·哈默斯利(Martyn Hammersley)和保罗·阿特金森(Paul Atkinson)的《民族志：实践中的原则》(Ethnography: Principles in Practice, 第二版，1995)和约翰·布鲁尔(John Brewer)的《民族志》(Ethnography, 2000)。

ethnomedicine 民族医学

该术语指在特定的文化中(通常是非西方的)，关于护理和疾病(illness)*治疗的"民间"思想和实践。换言之，民族医学处在专业化、规范化的科学医学框架之外。它们通常涉及基于经验的自然疗法，通常来自植物以及带有超自然元素的治疗仪式。这些治疗方法常常被认为是不科学的，但越来越多的证据表明它们具有一定的价值。

ethnomethodology 常人方法学

常人方法学指 20 世纪 60 年代中期，从所谓正统共识的瓦解中产生的社会学方法。这个术语是由美国社会学家哈罗德·加芬克尔（Harold Garfinkel）创造的，他奠定了常人方法学作为一种理论和对所有传统社会学的自觉批判的基础。常人方法学借鉴了不同的哲学背景：一方面是现象学（phenomenology）*；另一方面是维特根斯坦（Wittgenstein）*和语言哲学。在解释这个词的起源时，他似乎认为ethno在某种程度上指的是社会常识知识（commonsense knowledge）*对一个社会成员能起到的作用……如果这就是"常人植物学"，那么它就必须以某种方式或其他方式，用他所了解和掌握的对其他成员而言是恰当的方法来处理植物学问题……"常人方法学"的概念就是从这个意义上来理解的。"常人方法学"一词的起源是R. J. 希尔（R. J. Hill）和K. S. 克里滕登（K. S. Crittenden）合编的《普渡大学常人方法学研讨会论文集》（*Proceedings of the Purdue Symposium on Ethnomethodology*, 1968）。这确实是这个名字背后的基本原理：ology（研究）、ethno（常人）method（方法）（创造社会秩序[social order]*的方法）。这种兴趣促使加芬克尔非常详细地分析了人们在日常生活（everyday life）*中用来解释（或理解）自己和他人活动的方法。这些非常规（或者说深奥的）研究报告在《常人方法学研究》（*Studies in Ethnomethodology*, 1967）中有所记录，加芬克尔对他的研究给出了最简明的定义，"致力于学习社会成员实际，日常活动，这些活动包括：使实际行动、实际情况、社会结构的常识知识以及实践社会学推理可分析的方法"。

在加芬克尔的著作发表之后的几十年间，常人方法学是一个经常引起激烈争论的话题。它现在已经成为公认的少数派关注的焦点。但是，它的一些见解已被纳入社会学理论的中心，尤其是通过安东尼·吉登斯（Anthony Giddens）*的著作。

常人方法学家认为,社会生活及其存在的显著稳定的现象和关系是通过语言的使用而不断获得的。它是我们共同不断创造和再创造的东西。重点在于做事情:我们"做"朋友、成为一个社会学家、走在街上,以及其他所有事情。曾经有段时间,将语言学(linguistics)*和情境常人方法学区分开来是很常见的,但这仅仅是强调的重点的不同,这两种倾向的基础都牢牢依赖于语言使用。

常人方法学有两个中心思想:索引性和反身性(reflexivity)*。索引性是指,对于语言中的任何单词或概念,都不存在明确、广泛的定义,因为定义来自对其他词的引用以及这些词所处的语境。人们可以问"你是什么意思?",然后没完没了地问下去,不管给出什么答案,都是同样的问题。没有最终答案。加芬克尔大部分的早期作品都是让他的学生去做练习,这些练习树立了一个事实,即我们在社会生活中创造并保持着一种意义和存在感,而这种意义和存在感实际上并不存在。其中一个练习在谈话过程中不停地问"你是什么意思?",其结果是,当我们用来建立意义的不言自明的规则被破坏时,人们会感到沮丧和愤怒。他们丧失了对社会现实的感觉。

反身性指的是我们的秩序感是谈话过程的结果:它是在交谈中产生的。然而,我们通常认为自己是在描述我们周围已经存在的秩序。对常人方法学家来说,描述一种情景就是创造它。

这两种观点构成了对所有传统社会学激进批判的一部分,这也解释了随之而来的一些争议的痛苦。根据常人方法学家的观点,传统的社会学家正在用门外汉的方式构建一种社会秩序感:也就是说,意义被认为是实质性的和没有问题的。因此,它们被认为是理所当然的。相比之下,常人方法学家认为,社会学的正确任务是梳理我们用来建立秩序感的解释规则，而非反身性地建立这种秩序感。这样，传统社会学就成了常人方法学的研究对象，就像其他所有人类社会活动都是研究的对象一样。因此，加芬克尔的书中既包含对有关社会学访谈答案进行编码（coding）*的文章，也包括关于变性行为的文章，这些活动与产生社会现实的方式享有同等地位。

所谓注释的例子说明了常人方法学感兴趣的一种解释性程序。在日常生活中，粉饰意味着回避问题。对于常人方法学者来说，所有的讨论都是粉饰性的，因为这个问题不能直接表述出来。在粉饰中，我们使用了一系列理所当然的规则，例如"附加规则"，该规则在其他所有规则中都添加了"在合理情况下除外"的条款。专门从事会话分析（conversation analysis）*的哈维·萨克斯（Harvey Sachs）也提出了许多类似的规则，其中包括，通常情况下，同一时间只有一个人说话，如果这条规定被打破，那也只是在很短的时间内。

对常人方法学的常见的批评是，它没有告诉我们任何非常重要的事情。根据定义，当今重大的政治和社会问题（social problems）*已超出了其范围，因为其关注点在于我们如何构成这个世界，而不是我们构成了一个怎样的世界。有人认为，它制定的规则也相对较简单，只是告诉我们那些已经知道的东西。传统社会学家中最具影响力的批评是约翰·H. 戈德索普（John H. Goldthorpe）*的《社会学的革命？》（A Revolution in Sociology?，载于《社会学》*Sociology*，1973）、詹姆斯·S. 科尔曼（James S. Coleman）*在《美国社会学评论》（*American Sociological Review*，1968）上对加芬克尔著作的评论、刘易斯·A. 科塞（Lewis A. Coser）1975年在美国社会学协会上著名的主席演讲《寻找实质的两种方法》（Two Methods in Search of a Substance，载于《美国社会学评论》American Sociological Review）。

尽管常人方法学的研究工作仍在继续，尤其是作为会话分析，但它既不像以前那样突出，也不像以前那样具有争议。另一方面，其中一些见解的修正版本现在也几乎被认为是理所当然的，例如，社会学家广泛认可的意义（meaning）*的问题本质和我们的谈话确实有助于社会现实建立的方式。与此同时，常人方法学已经成为一个相对兴盛的选择性学科，拥有自己的学术研讨会、期刊和英才中心。当代作品的优秀综述是约翰·赫里蒂奇（John Heritage）在安东尼·吉登斯和乔纳森·H.特纳（Jonathan H. Turner）合编的《当代社会理论》Social Theory Today, 1987）中发表的关于"常人方法学"的论文。

在常人方法学家中，亚伦·西索雷尔（Aaron Cicourel）最关心的是与传统社会学建立联系（参见《认知社会学》Cognitive Sociology, 1973）。在安东尼·吉登斯的著作中，特别是在《社会学方法的新规则》（New Rules of Sociological Method, 1976）和《社会的构成》（The Constitution of Society, 1984）中，可以发现将常人方法学的观点融入社会学中最系统的尝试。他并未将社会现实和社会看作是话语的建构，但承认不言自明的话语和行动是社会秩序（social order）*的基础，并采用类似于常人方法学的规则概念来理解社会行动（action）*和社会结构（structure）*，并将两者结合在一起。另见认知社会学（cognitive sociology）*；常识知识（commonsense knowledge）*。

ethology 人类行为学

人类行为学由康拉德·洛伦茨（Konrad Lorenz）和尼古拉斯·丁伯根（Nikolaas Tinbergen）开创，人类行为学将进化论（evolutionary theory)*应用于动物幼期和人类儿童时期的行为,以检验其本能(instinct)*和适应性。它的起源可以追溯到查尔斯·达尔文(Charles Darwin)的《物种起源》(*Origin of Species by Means of Natural Selection*, 1859)。洛伦茨通常因其在20世纪30年代初的发现而受到赞扬。他以研究"印记"和动物与人类本能的基础而闻名。他的研究对心理学家(比如,约翰·鲍尔比关于依恋与失去的研究)的影响比对社会学家的影响更大:后者通常认为,对动物行为的研究与理解人类社会几乎没有关联。

20世纪60年代,随着德斯蒙德·莫里斯(Desmond Morris)的《裸猿》(*The Naked Ape*, 1967)等畅销书的出版,人类行为学变得非常流行。在这部作品及他随后的作品中,莫里斯试图证明人类行为和动物行为在某些方面具有相似性,并以此证明进化的意义。评论家们指出,许多还原论(reductionism)*假设隐藏在20世纪50年代和60年代流行的人类行为学背后,这被视为社会生物学(sociobiology)*和进化心理学(evolutionary psychology)*的前身之一。

eufunction 正功能

一种具有正向功能的活动(源自希腊语*eu*,意为"好的"),指的是有利于另一种社会活动或整个社会系统(social system)*的维持或生存。目前,该术语基本已过时,取而代之的是简单地提及一项活动是功能性的或具有某种特定功能(function)*,这意味着有关活动对范围更广的社会系统的客观结果确实是积极的,在这个意义上来说,它有助于维持社会秩序(social order)*和稳定。在较早期的和现代术语中,正向功能与功能障碍(dysfunction)*形成对比——功能主义

(functionalism)*社会学中的一个术语,指那些被认为对现存的社会模式和结构造成失调的活动。

eugenics 优生学

源于希腊语 *eu*(好的)和 *gens*(产生),优生学指的是对进化选择过程的控制,以改善特定的遗传繁殖群或种群。可以通过"消极"优生学(例如向孕妇提供筛查设施,以便检测和预防有害隐性遗传条件的遗传)或通过"积极"优生学(这种情况下,某些群体可能被选择进行繁殖,也可能被阻止繁殖)实现。前者是一个有伦理争议的领域;而后者在伦理上通常被认为是不可接受的。优生学协会在20世纪早期已经声名狼藉,因为它提倡各种形式的积极优生学,以提高英国和美国人口的遗传质量。然而,许多优生学协会的成员对人口遗传差异的后果很感兴趣,并采取了诸如教育改革而非生物干预等政策。另见达尔文主义(Darwinism)*;基因(gene)*。

evaluation research 评估研究

一种致力于评估一项新政策,或者一组现有政策和实践的预期结果和非预期结果的政策研究(policy research)*,包括测量既定目的或目标达成的程度、测量置换效应和替代效应。评估研究在20世纪60年代成为一个自觉的领域,和"向贫穷宣战"运动背景同源。(了解一下不同的混合歧视[discrimination]*、剥削[exploitation]*和其他被认为是社会病的社会项目的影响会很有用)由于评估研究有应用性、跨学科、方法上因地制宜的倾向,从业者们多会在专门的渠道,比如《评估评论》(*Evaluation Review*)(前《季度评估》*Evaluation Quarterly*)

和《项目评估新导向》(*New Directions in Program Evaluation*)等期刊发表。很多相关问题在雷·波森(Ray Pawson)和尼克·提利(Nick Tilley)的《现实主义评估》(*Realistic Evaluation*, 1998)中都有讨论。

evangelical 福音派

此词来自希腊语 *evaggelion*,意思是"福音"或者好消息(把人类从罪恶中拯救出来的好消息)。在社会学术语中,指基督新教中的一种强调圣经、布道、个人皈依和通过对耶稣基督的信仰获得救赎的运动。另见宗教复兴(religious revival)*。

Evans-Pritchard, Sir Edward Evan
爱德华·伊万·埃文斯−普里查德爵士(1902—1973)

英国著名社会人类学家,使用民族志方法研究非洲社会。他视社会人类学(social anthropology)*为一种人文的而非科学的社会研究,有人认为这可能因为他的第一个学位是历史学。这个信念把他和 A. R. 拉德克里夫−布朗(A. R. Radcliffe-Brown)*(他在 1945—1970 年间继承了拉德克里夫−布朗在牛津大学的社会人类学教授职位)以及其他寻求社会整体规律或理论的功能主义者区分开来。通过在著作中引进历史因素,埃文斯−普里查德展示了社会随时间变化是如何变迁和应对变迁的,相对于功能主义者的静态分析,这代表了一种重要的进步。然而同时,他也关注如何能描述社会整体,从这个角度看他可以被视为爱弥尔·涂尔干(Émile Durkheim)*的追随者。

或许更重要的是,埃文斯−普里查德推动了将人类学的焦点从对于社会中仪式(ritual)*功能的研究转移到对社会成员赋予礼仪何种意义的考察上。他认为人类学的主要任务是把一种文化（culture）*翻译成另一种文化的成员可以理解的语言。他在两本早期专著——《阿赞德人的巫术、神谕和魔法》（*Witchcraft, Oracles and Magic among the Azande*, 1937）和《努尔人》（*The Nuer*, 1940）——中做到了这一点。这两本书使他声名鹊起，并且直到今天仍广受欢迎。

如果说比起拉德克里夫-布朗，埃文斯-普里查德对科学没那么强调，那他的著作比起马林诺夫斯基（Malinowski）*的还是更理论化的，从后者他学到了对于深入的田野调查方法的热情。他与迈耶·福蒂斯（Meyer Fortes）*主编的合集（《非洲的政治制度》*African Political Systems*, 1940）为政治人类学带来一场革命，埃文斯-普里查德之后的很多著作（比如《社会人类学论文集》*Essays in Social Anthropology*, 1964）就是关于人类学和其他社会科学学科，包括社会学的关系。这些著作为知识社会学（knowledge, sociology of）*做出了重要的贡献，并在社会研究中的主体性问题，以及比较分析的需要问题上作出了一些有挑战意味的声明。玛丽·道格拉斯（Mary Douglas）在对他的生活和工作的评价里（《埃文斯-普里查德》*Evans-Pritschard*, 1980），清楚地指出他的工作成果在社会学上，特别是在语言（language）*、理性行动（rational action）*及宗教（religion）*理论上的重要性。另见魔法、巫术和诅咒（magic, witchcraft, and sorcery）*。

evolutionary psychology 进化心理学

进化心理学从社会生物学（sociobiology）*发展而来，并与社会生物学的关注点有很多重叠之处。最极端的进化心理学认为人类所有的特性和行为都由遗传（heredity）*因素决定，虽然一些更细致的取向承认遗传因素只有在特定环境因素和条件下才能发挥作用。把大多数的进化心理学家团结起来的，是他们对社会学解释的厌恶，他们视社会学为对任何生物条件的否定。社会建构主义（social constructionism）*是他们的主要攻击对象。这种观点的主要倡导者是斯蒂芬·平克（Steven Pinker），可以参考其著作《语言本能》（The Language Instinct, 1994）和《白板》（The Blank Slate, 2002）中。

进化心理学家近年来尝试通过强调生物基因和"文化基因"或者符号的相似性来把社会因素纳入他们的解释，把这些"文化基因"或符号视为通过模仿进行自然选择（natural selection）*的对象（参见苏珊·布莱克莫尔［Susan Blackmore］的《模因机器》The Meme Machine, 1999）。这种论点忽略了一个事实，就是最先提出这个机制的是社会学家盖博瑞尔·塔尔德（Gabriel Tarde）*，而文化符号的自然选择从经典社会学时期开始已经在社会学分析中占中心地位。另见优生学（eugenics）*；人类基因组（human genome）*。

evolutionary universals 进化共相

塔尔科特·帕森斯（Talcott Parsons）*在他的后期著作中把他的功能主义理论（functionalism theory）*（尤其是四个所谓系统问题［system problems］*）和一种进化视角联系起来，他的两部书《社会》（Societies, 1966）和《现代社会体系》（The System of Modern Societies, 1971）就是例子。他提出，像生物一样，社会通过它们对环境的"总体适应能力"发展。这主要通过结构分化（structural differentiation）*过程完成，也就是通过制度（institution）*的专门化来实行必要的社会功能，以满足日益增加的专门化需求。然而，这种日益增加的复杂性又需要新的融合，来整合新的及更专门的成分。这些得通过"控制层级"（cybernetic hiearchy）*完成，包括资讯交流的增加或者知识的增加。（如此在帕森斯的著作中文化［culture］*就变成了支配社会系统［social system］*的主要作用力）。

演化是一种从传统到现代社会的变化，而进展可以被进化机制的发展（结构分化）标识，例如科层组织、货币和市场结合体、分层，和一般性的普遍主义规范的出现，每一项都使社会能更有效地适应它的环境。参见《社会中的进化共相》（Evolutionary Universals in Society），载于《美国社会学评论》（*American Sociological Review*, 1964）。

evolutionism（evolutionary theory）进化主义（进化论）

在 19 世纪，进化论是基于一种生物学类比（biological analogy）*的思想潮流，但它的决定论（determinism）*性质使它和达尔文的理论有所区别。达尔文（Darwin）关于演化的一般理论主张自然物种是通过变异和自然选择（natural selection）*来演化的，这个过程并不一定是进步的。然而在维多利亚时代的社会科学家所主张的社会进化论中，人类社会是注定会进步的、变化是前进的，并会带领文明更进一步，促进人类社会道德的改善。这种理论在 19 世纪人们对社会和政治生活的理解思路中占中心地位。它们支撑了殖民主义（colonialism）*，并仍然在西方思想中根深蒂固。肯尼斯·波克（Kenneth Bock）的论文《进步、发展、进化理论》（Theories of Progress, Development, Evolution，载于 T. 伯特摩尔［T. Bottomore］和 R. 尼斯比特［R. Nisbet］主编的《社会学分析的历史》*A History of Sociological Analysis*，1979）对此有不错的历史介绍和总体回顾。

虽然社会学中的社会进化论被认为来自赫伯特·斯宾塞（Herbert Spenser）*，但很明显多位不同作者都已把其视为理所当然，包括卡尔·马克思（Karl Marx）*、弗里德里斯·恩格斯（Friedrich Engels）*、爱弥尔·涂尔干（Émile Durkheim）*和戈登·柴尔德（V. Gordon Childe）*等。进化主义这一概念能同时在激进与保守的理论家的著作出现，可见进化主义对于西方思想有多么深远的文化重要性。参见社会变迁（change, social）*；达尔文主义（Darwinism）*；进化共相（evolutionary universals）*；詹姆斯·乔治·弗雷泽爵士（Frazer, Sir James George）*；母权制（matriarchy）*；路易斯·亨利·摩尔根（Morgan, Lewis Henry）*；塔尔科特·帕森斯（Parsons, Talcott）*；进步（progress）*；社会人类学（social anthropology）*。

exchange 交换

参见礼物关系（gift relationship）*；理性选择理论（rational choice theory）*。

exchange mobility 交换流动

参见社会流动（mobility, social）*。

exchange value 交换价值

参见资本主义（capitalism）*；商品化（commodification）*。

exclusion（social exclusion）排斥（社会排斥）

个体或家庭经历的被剥夺（deprivation）*资源（比如收入），或被剥夺与更广大的社区（community）*或社会（society）*的联系的过程。在20世纪80年代，社会排斥的说法渐渐被更多地与贫穷并用（有时候甚至替代了贫穷[poverty]*的说法），尤其在讨论欧洲社会政策（social policy）*的时候。到底这种词汇转换有何好处并不十分明确，因为前者概念上并没有比后者产生更少争议，而且经常被用来指同一类与失业（unemployment）*、低收入、住房简陋、健康状况不佳或社会隔离等相关的社会问题（social problems）*。

在这个背景下，有至少三个广泛和交叉的用法出现。第一个把社会排斥的定义和社会权利以及人们被阻止行使社会权利（rights）*的障碍和过程联系起来。对术语的这种理解引导研究者们自然地投入关于市民社会（civil society）*和公民身份（citizenship）*的现代意义的讨论。文献中的第二种用法反映了一种广泛的涂尔干式的参考框架。作者们在这里把社会排斥视作一种被从更大的社会剥离开来的社会隔离或者规范隔离状态，并把这种状态和诸如失范（anomie）*和社会整合（social integration）*问题联系起来。最后，这个词也被应用于极端边缘化（marginalization）*，尤其是在多元文化（multi-cultural）*社会的背景之下的情景。另见封闭（closure）*。

existentialism 存在主义

一个不严谨的哲学标签，被用于包括索伦·克尔凯郭尔（Søren Kierkegaard）、弗里德里希·尼采（Friedrich Nietzsche）*、马丁·海德格尔（Martin Heidegger）*和让-保罗·萨特（Jean-Paul Sartre）*等人的作品。它意指对于人类存在本质的系统性考察，尤其重视孤独、死亡和道德责任的直接体验。另见存在社会学（existential sociology）*。

existential sociology 存在社会学

一种以美国（特别是西岸）学派为主的社会学，以对社会学最正统的科学视野的拒绝姿态出现，声称索伦·克尔凯郭尔（Søren Kierkegaard）、弗里德里希·尼采（Friedrich Nietzsche）*、马丁·海德格尔（Martin Heidegger）*和让-保罗·萨特（Jean-Paul Sartre）*的欧洲存在主义哲学，以及胡塞尔（Husserl）*及舒茨（Schutz）*的现象学（phenomenology）*是其根源。他们通常主张，启蒙运动（Enlightenment, The）*的宏大定律可能会成为新的专制（autocracy）*，应通过观察生活本身及其连带的忧虑甚至恐惧来挑战它们。在这种主张者的一些著作里，世界是没有意义的，社会学有责任研究人们在生活和周遭环境找意义的过程。在这方面，根据爱德华·提亚基亚（Edward Tiryakian）在他的书《社会学主义与存在主义》（*Sociologism and Existentialism*, 1962）中的说法，它们和马克斯·韦伯（Max Weber）*的哲学以及（可能更明显地）符号互动论（symbolic interactionism）*部分相似。

最近的这种社会学的倡导者们强调要对日常经验有切身处地的认识。在1970年出版的两本书指出了这种新的社会学流派。杰克·道格拉斯（Jack Douglas）主编的文集《理解日常生活》（*Understanding Everyday Life*）把传统社会学和一些较新的社会学区分开来，而斯坦福·M. 莱曼（Standford M. Lyman）和马文·B. 斯科特（Marvin B. Scott）的《荒诞派社会学》（*A Sociology of the Absurd*）则集合了一些报告和关于时间（time）*、空间（space）*等主题的文章，这些文章都突出了这种新路径和它们的研究范畴。比较近期的著作，比如杰克·道格拉斯和J. 约翰逊（J. Johnson）的《存在社会学》（*Existential Sociology*, 1977）、J. 科塔巴（J. Kortaba）和A. 丰塔纳（A.

Fontana)的《社会中的存在主义自我》(*The Existential Self in Society*, 1984)则把这些主张又推进一步。

存在社会学(existential sociology)*主张要把人类放在其自然环境及其所有的复杂性中研究,最重要的是要纳入他们的原始身体和感觉——两者都经常被其他社会学流派忽略。

迄今很少社会学追随这个传统,而它的很多批评者都指责它制造了另一种分裂,忽视经典社会学的主要关注点,并庸俗化了从欧洲发展而来的存在主义哲学传统。另见存在主义(existentialism)*。

exogamy 外婚制

参见内婚制(endogamy)*。

experiment(experimental design, experimental method)实验(实验设计,实验方法)

参见控制(实验)(control[experimental])*;对照组(control group)*;实验者效应(experimenter effects)*;现场实验(field experiment)*;自然实验(natural experiment)*。

experimenter effects 实验者效应

一个心理学(psychology)*术语,用于形容一个实验者或者研究者如何因为他或她的在场而可能影响到实验的结果。社会学中最众所周知的例子可能就是埃尔顿·梅奥(Elton Mayo)*和他同事所进行的所谓的霍桑实验(Hawthorne experiments)*。

explanation 解释

参见因果模型(causal modelling)*；原因(cause)*；解释(interpretation)*；意义(meaning)*；现实主义(realism)*。

explanatory dualism 解释二元论

参见二元论(dualism)*。

explanatory reduction 解释还原律

参见还原论(reductionism)*。

explanandum and explanans 被释项与解释项

该术语指需要被解释的事物和包含解释的说法，这种说法可以是一个原因、一种前提事件，或一个必要条件。

exploitation 剥削

"剥削"指以不可接受的理由使用经济资源，经济资源可以指土地、劳力或者市场地位。因此，一个垄断者可以通过控制市场来向消费者索取过高的价格，或者一个土地拥有者可以以破坏自然资源的方式使用土地。在正统经济学中这个词几乎没有地位。在马克思主义(Marxism)*中剥削是核心概念，它是通过劳动价值论(labour theory of value)*来定义的，用来表示剩余价值(surplus value)*的提取，或者一个工人工资价值和被生产出来并被资本家(capitalist)*挪用的事物价值的差额。另见封建主义(feudalism)*；庇护关系(patron-client relationship)*。

exponential growth 指数增长

该术语指以增加的速度（几何级的）增长，就像复合利息的情况一样。托马斯·马尔萨斯（Thomas Malthus）*（《人口原理》*Essay on the Principle of Population*, 1789）指出，如果食物资源以线性（算数级数）比例增长，而人口以指数比例增长，则灭绝是不可避免的。

expressive ties and instrumental ties 情感性联系与工具性联系

一种有时被用来区别以社会关系自身为目的的关系与有特定目标的关系的区分。例如，情感性联系包含了对他人的承诺，可能建立于亲缘关系或者爱，而工具性联系则包含仅仅为了达到一些有限和当前目标而进行的合作，如售货员和顾客的关系。

extended family 扩展家庭

参见扩展家庭（family, extended）*。

extensive power 弥散性权力

参见组织范围（organizational reach）*。

external labour market 扩展劳动力市场

参见劳动力市场（labour market）*；劳动力市场分割（labour-market segmentation）*。

externality（externalities）外在性（外部效应）

外在性（外部）在经济学（economics）*理论中一般认为经济活

动（生产、交易等）的一些成本和收益并未被反映在市场价格中。例如一家公司的活动导致的空气污染会被当地居民或者社会整体视为一种成本，然而由于洁净的空气并不在公司生产成本计算内，公司就没有减少污染性活动的动机。这种未被反映在市场价格的成本或者收益就称为外部效应。经济学家在处理市场经济中的社会和环境外部性隐含的政策问题时，通常是通过赋予非市场的变量市场价值的策略，例如通过向污染或者稀缺资源的使用抽税，来"内部化"它们。近期环境经济学倾向于展示外在性概念在面对环境—经济相互作用的系统性特点时的局限。参见E. B. 巴比尔（E. B. Barbier）的《经济、自然资源匮乏与发展》（*Economics, Natural-Resource Scarcity and Development*，1989）。

externalization 外化

"外化"是被现象学（phenomenology）*和一些马克思主义社会学家用来形容人类是如何印刻自己的观念并将之投射到外部世界的一个概念。例如彼得·伯格（Peter Berger）和托马斯·卢克曼（Thomas Luckmann）在《现实的社会结构》（*The Social Construction of Reality*，1966）中就把社会过程视为一种外化和内化的辩证过程。

extrinsic satisfaction 外在满意度

参见工作的主观体验（work, subjective experience of）*。

extroversion and introversion 外向与内向

一种历史久远的、形容人格（personality）*的两极分类，虽然这两个词本身在 19 世纪才流行起来。外向（字面意义是转向外）的典型表现是开朗的、合群的、冲动的行为；内向（introversion）*（转向内）则是反思的、离群的、负责任的行为。心理分析学家卡尔·古斯塔夫·荣格（Carl Gustav Jung）*把外向和歇斯底里的倾向联系，把内向和抑郁及焦虑联系，这种对比反映了他对人格类型的分类。汉斯 J. 艾森克（Hans J. Eysenck）利用心理测量技术（psychometric techniques）*和因子分析（factor analysis）*辨别出了人格的两种主要维度，并把其中一种维度的两极称为外向和内向。个体被置于坐标系上，以两个轴就能描绘所有人格差异，以及标示出人格类型。

F

fabianism 费边主义

费边主义指一种广泛的、和社会政策(social policy)*相关的英国集体主义思潮,这种思潮的本质上是非革命性、实用主义(pragmatism)*和理性的,并相信政府干预和福利国家的自我完善能力。它和英国的实证研究传统有很强的联系。由碧翠斯(Beatrice)、西德尼·韦伯(Sidney Webb)*和萧伯纳(George Bernard Shaw)等人在1884年成立的费边社得名自费边,一位以"缓慢但稳步"(slow but sure)为口号的罗马将领。早期的费边社成员回避了革命马克思主义和欧文的乌托邦主义(utopianism)*,信奉"市政社会主义"方案和由国家控制劳动条件,并且这些工作都由有工会(trade union)*作后盾的工党来完成。政治影响主要通过政策相关的著作和新闻整理事实来间接施加。即便如此,在1945年有超过一半的工党议员是费边社成员。虽然费边主义始终关注着平等、自由和友谊等社会主义理想,费边主义著作涵盖从20世纪20年代理查德·H.托尼(Richard H. Tawney)*的平等主义(egalitarianism)*到20世纪50年代安东尼·克罗斯兰(Anthony Crosland)的修正主义。当费边主义被错误概括为社会行政(social administration)*时,其有时被批评理论化不足、民族主义、渐进、官僚主义和精英主义,对话对象主要是英国政客和公务员而不是更广泛的议题、草根政治和普通人。然而,这种批评严重低估了费边社的历史影响以及其左翼实证传统的持续优势。另见集体主义(collectivism)*;社会主义(socialism)*。

face-to-face interaction 面对面互动

这一术语指同时在场的个体互相影响对方行为的过程，或者，按欧文·戈夫曼（Erving Goffman）*的定义（《日常生活中的自我呈现》*The Presentation of Self in Everyday Life*, 1959），指"当和他人同时现身时个体彼此对行动的互相影响"。

fact 事实

这一术语的社会学用法与其日常用法并无二致。两者都表明任何真实的陈述都可以被称作事实。例如，英国法律禁止谋杀、俄罗斯拥有核武器、美国的财富分配不均等这些都是事实。但是，有大量的社会科学文献在探讨事实和理论之间的关系以及基于事实的解释。因此，社会科学概述经常面临争议。大多数社会学家也会认可许多有趣的社会事实都被理论所浸透这一观点；换言之，理论隐含着关于什么是社会最重要的，以及如何将其最好地概念化的种种假设。事实也被认为具有暂时性——推定事实为真，直至其被证伪推翻。事实与论断之间的边界也很难去界定——尽管许多人主张可证伪性为社会科学提供了一个有用的标准。

factor analysis 因子分析

一类用于探索数据的统计技术，通常用于简化分析步骤。它主要是通过检验一组变量（variable）*的内部结构以识别其潜在构造。最常见的形式是所谓的主成分分析法。

最常见的用途是识别个体态度（attitude）*、认知或评估特征中的潜在因素。例如，赞成死刑的受访者（respondent）*还可能反对少数族裔的机会均等、反对堕胎，但可能赞成取缔工会（trade union）*和罢工权非法化，因此这些因素间都是相互关联的。同样地，我们可以猜测那些在英国背景下认可右翼政治价值的人也可能支持右翼的经济价值，例如所有国有公用事业的私有化、削减福利国家的公共福利和搁置最低工资立法。当这些特征汇聚在一起，它们要么被认为是一个因子，要么被认为是潜在因子——此种情形下人们将这种因子称为"权威保守主义"。在众多的文献中，最通俗易懂的是保罗·克莱恩（Paul Kline）的《因子分析简易指南》(*An Easy Guide to Factor Analysis*, 1994）。另见对应分析（correspondence analysis）*。

factory system 工厂系统

一种将原料、固定资本及劳动力（labour power）*集中于一个或多个工作场所或工厂进行生产的制度（institution）*。工厂制生产得以发展并大范围取代分散的家庭作坊生产的原因在经济和社会发展史中存有争议。作为一种富有成效的制度，它拥有三种提高效率的方式为其所有者或控制者带来收益：在经济上，依托规模优势，降低原材料和成品的分销成本；在技术上，减少人工技能化劳动，使用机器；在管理上，加强对基于努力程度的议价（effort bargaining）*的严格控制。另见资本主义（capitalism）*。

fact, social 社会事实

参见社会事实（social fact）*。

falangism 长枪主义

长枪主义又称"军团主义",是19世纪30年代初在何塞·普里莫·德·里维拉(José Primo de Rivera)领导下发展起来的西班牙右翼运动,它试图在西班牙复制德国和意大利的法西斯主义(fascism)*。与共和党政权相反,它支持1936年佛朗哥(Franco)主导的民族主义(nationalism)*政变,但其在该政权中仅是次要因素。

fallacy of composition 合成谬误

合成谬误是指,如果一项行动符合团体的利益,并且该团体的各个成员是理性的,那么该团体也必定是集体理性的。并且这个团体一定会为了团体的利益而行动,就像它的每个理性的个人成员的行动一样。博弈论者和公共物品论者揭示了这种谬误。

fallacy of misplaced concreteness 错置具体性的谬误

参见物化(reification)*。

false consciousness 虚假意识

一个出自马克思主义学派的概念,指的是一种禁锢、奴役人类而非解放天性的观念。它指的是人类共同生活中的思想所服务的目的。虚假意识阻碍了广泛的无产阶级(proletariat)*争取解放和发展,同时这使得资产阶级(bourgeoisie)*误以为其局限性的观点是普遍有效的。

在《路易·波拿巴的雾月十八日》(The 18th Brumaire of Louis Bonaparte, 1852)一书中,卡尔·马克思(Karl Marx)*写道:"政党

(political parties)*及其真正的组织和真正利益之间的措词和幻想,介于他们对自己的看法与真实的自己之间。"这似乎暗示了对**虚假意识**的常识性(错误的)解读,是对利益(interests)*和认同(identity)*的错误自我认知。但是,这些错误的上层建筑(superstructure)*通过掩盖历史过程中理性的作用及其客体抑制了阶级(解放)行动。

在阶级进程中,马克思描述了优势阶级在比以往统治阶级(ruling class)*更广阔的阶级基础上施以霸权(hegemony)*,导致了对**虚假意识**之意涵的进一步误解。这些统治思想尽管仍然只代表一个阶级的利益,但表现出更具解放性的进步。它们对统治阶级自身也是一种颠覆,因为它们的解放无法最终转化为巩固阶级权力的力量。虚假意识也常常被错误地与消费主义和经济工具主义联系在一起(参见工作的主观经验[subjective experience of]*)。

在格奥尔格·卢卡奇(György Lukács)*的著作中,存在着阶级机会主义之间的区别,即在这种机会主义中,斗争是有效果的,而不是造成阶级处境(class situation)*、现实意识和现实阶级意识(class consciousness)*的原因(实际是部分而不是整体,是表现而不是事物本身)。依其所述,最后这些在危机时期变得明显,通过客观的"必要性"和"阶级本身"的出现,束缚无产阶级及其具体化意识的具体化形式被克服。卢卡奇明确将工人委员会作为工人阶级(working class)*意识超越资产阶级(bourgeoisie)*意识的象征。

大卫·洛克伍德(David Lockwood)*《团结与分裂》(*Solidarity and Schism*, 1992)检验了马克思主义的"末日转移"问题,即阶级地位、实际意识、阶级行动和潜在意识之间的关系。撇开革命性实践以及即时利益与根本利益间的关系不谈,洛克伍德批判了马克思主义者对于理性标准的归因——即认为这些标准是无产阶级克服虚假意识的必要前提这一观点。这不仅忽略了诸如地位秩序(status order)*等因素,而且还将非理性行动归咎于无知或错误的功利主义(utilitarianism)*。约瑟夫·加贝尔(Joseph Gabel)在《虚假意识》(*False Consciousness*, 1962,英译本1975)一书中对此做出了有趣的论述。另见主流意识形态论(dominant ideology thesis)*;商品拜物教(commodity fetishism)*;意识形态(ideology)*;物化(reification)*。

falsification(falsificationism)证伪(证伪主义)

"证伪"一个知识主张即提供证据证明它是错误的。自大卫·休谟(David Hume)*的时代以来,经验主义科学哲学一直在围绕归纳(induction)*问题进行争论,即如何能够证明从有限的经验事实到无限的普遍真理的推理是可能的?在缺乏令人信服的普遍性共识的情况下,我们日常以及科学信仰中关于世界或宇宙是规律的、有序的和可预测的观念从生理上来看似乎是必不可少的,但它仍然是一种非理性的思维模式。

关于这一问题的研究开始于卡尔·波普尔(Karl Popper)*,他提出解决该问题的方法是对问题本身的合理拒绝。波普尔承认归纳的问题是无法解决的,但是他并不认同科学是非理性的或者说它无法发展进步。与其将发现真理作为科学的目标,不如将科学活动视为系统性地试图"证伪"或反驳关于世界本质的大胆而富于想象力的猜想。

波普尔对这一原理的表述被广泛认同为对现代科学哲学的最本源性的贡献之一。他的作品经常被归类到维也纳学派(Vienna Circle)*的逻辑实证主义(logical positivism)*,但波普尔实际上(准确来说）被后者视为"反对派"。当然，波普尔与维也纳学派对将科学从其他获取知识和信仰的途径区分开，以及对科学方法（scientific method）*的推崇等方面的关注是一致的。但是，波普尔的主张在许多方面与维也纳学派有所不同。首先，他没有将可试验性和科学性与"有意义"相等同。在他看来，形而上学（metaphysics）*、宗教（religion）*、神话（myth）*和其他形式的在科学/非科学部门中认为是"错误"的话语是有意义的，甚至可能是正确的。这样的思想体系无论如何都构成了适当的科学探究模式必不可少的史前史。此外，波普尔没有遵循实证主义者的研究进路即努力寻找陈述报告中不容置疑的"基本陈述"，后者认为陈述报告中的经验对验证至关重要。

波普尔拒绝了经验主义最典型的学说，认为（继康德[Kant]*之后）关于经验的所有描述都涉及某些先验的概念框架或理论的选择与解释。因此，必须拒绝将从特定经验的归纳过程的归纳模型视为科学进步这一主张。波普尔的替代性模型充分体现在他的《猜想与反驳》（*Conjectures and Refutations*, 1963）书名中。科学理论是被发明而出现的，其过程不是对逻辑方案的简单获取。科学理论一旦被发明出来，其科学地位便建立在允许对其进行充分"经验验证"的假设之上。由此，波普尔认为它们应该是极不可能的（从某种意义上说，它们排除了许多不可能发生的事情，而这些事情在其他方面似乎是可能的），同时在说明它们排除内容时是明确且毫不含糊的。在波普尔的理念中，对理论的实证检验不是寻找证据来支持或证实它，而是试图系统地证明它是错误的——一种驳斥或证伪的逻辑。通过这种方式，波普尔避免了归纳法的问题，因为归纳法妨碍了从经验验证的角度来证明科学的合理性尝试。波普尔的立场是基于对验证逻辑和证伪逻辑之间不对称的认识，这种逻辑和科学的法律化有关：普遍性主张总是超越了（有限）证据本体所严格证明的范围，但可能会被单个的反对意见直接驳斥。

但是情况比这更为复杂。尤其是尽管证伪的逻辑可能很简单，但其方法论（methodology）*却并不容易。一个挑战既定理论的观察结果本身就可能会被质疑为欺诈性的或方法论范畴的假想，并且总是会给理论的拥护者留下一系列选择来修改其理论，而非完全放弃。波普尔充分意识到这一点，并倾向于将证伪主义视为一种规范性禁令，而非作为对科学家实际实践的一种描述。然而，在相互竞争的理论之间进行选择绝不能武断。尽管所有科学知识都必须被认为是临时性的（没有确凿的证明或反驳），但在迄今为止尚未证伪并解释已知事实的竞争性理论中，科学家会适当地偏爱具有最多经验内容的理论。

波普尔的同事伊姆雷·拉卡托斯（Imre Lakatos）发展了一种更为复杂的证伪主义形式，以回应托马斯·库恩（Thomas S. Kuhn）*、保罗·费耶阿本德（Paul Feyerabend）等人基于历史的传统主义（conventionalism）*论点（参见《证伪和科学研究计划方法论》*Falsification and the Methodology of Scientific Research Programmes*；I. 拉卡托斯和A. 穆斯格雷夫［A. Musgrave］编的《批评与知识的增长》*Criticism and the Growth of Knowledge*, 1970）。波普尔在《客观知识》（*Objective Knowledge*, 1972）一书中系统全面地阐述了他的观点。

family, conjugal 夫妻家庭

夫妻家庭指的是由配偶及其子女组成的家庭制度。在这种家庭制度中，因为社会重点主要放在婚姻关系上，所以家庭相对独立于更广泛的亲属网络。因此，该类型家庭的离婚率往往很高。在这种背景下，该术语也越来越多地适用于有长期关系但实际上未结婚的伴侣。另见扩展家庭（family, extented）*。

family, extented 扩展家庭

这个术语是指几代人共同生活在同一家户（household）*中的家庭制度。对大家庭的怀旧情绪在很大程度上源自神话（myth）*。在西方的非农业社会中，这种家庭类型实际上很少见。相反，即使在夫妻家庭（conjugal family）*中，更广泛的亲属关系（kinship）*的义务也可能很强。另见家庭社会学（family, sociology of）*。

family, nuclear 核心家庭

核心家庭一词用于指由配偶及其仍受抚养的子女组成的家庭单位。家庭的早期论述强调了核心家庭的生物学必要性。人类学研究强化了核心家庭的"自然性质"，如乔治·P. 默多克（George P. Murdock）断言，核心家庭是一个"普遍的人类群体"（《社会结构》Social Structure, 1949）。默多克将这归因于核心家庭在完成物种生存和社会连续性所需任务方面的效用，即性关系的调节、生育、儿童社会化以及两性之间进行经济合作等。社会学家强调单纯生物学角度不足以充分理解家庭形式，并坚持认为有必要研究意识形态（ideology）*、政治和经济进程如何形塑核心家庭。

对家庭的结构功能主义（structural functionalism）*解释（参见塔尔科特·帕森斯[Talcott Parsons]*和罗伯特·贝拉斯[Robert Bales]的《家庭、社会化和互动过程》Family, Socialization and Interaction

Process, 1955）仍然很重要，因为随后的许多家庭社会学（family, sociology of）*都是对功能主义解释的回应。然而，由于历史和跨文化差异的证据，孤立地认为核心家庭是为适应成熟工业经济的需要而发展起来的观点现已不再被世人接受。帕森斯认为，核心家庭适合工业需求，其主要原因是：一方面，它使家庭可以在经济上独立于更广泛的亲属群体；另一方面，它确保了在个人主义和非个人化的世界中，成年人和孩子有一套稳定的甚至是有限的情感关系。威廉·古德（William Goode）（《家庭》Family, 1964）也强调核心家庭很好地服务于工业社会，提供了克里斯托弗·拉施（Christopher Lasch）*所称的"无情世界中的避风港"。（《无情世界中的避风港》Haven in a Heartless World, 1977）但是，古德同时也警告说，家庭的形式和功能会随着个人意愿与动机变化而变化。

"家庭作为避风港"这一论题提出了为谁提供避风港的问题。通过将家庭视为一个统一的实体，权力（power）*的存在被忽略了。丈夫、妻子、父母和孩子都有不同的利益（interest）*和不同的权力。迈克尔·杨（Michael Young）和彼得·威尔莫特（Peter Willmott）在《对称家庭》（The Symmetrical Family, 1973）中声称，核心家庭正变得更加平等，性别角色（sex roles）*的分工更加灵活。但是，许多女性主义者并不接受这一乐观的观点，他们认为家庭是一个压制性的机构，特别是对女性而言。显而易见的是，随着离婚率上升和人口老龄化，核心家庭不再是英国或美国的常见形态。一个成年人通常会经历两次核心家庭：一次作为原生家庭中的孩子；在一段独立时期后，作为其婚姻家庭的父母（参见C. 哈里斯[C. Harris]的《家庭与工业社会》The Family and Industrial Society, 1983）因此，核心家庭仅与生命历程（life course)*中的某些阶段有越来越多的联系,并且相比过去持续时间更短。鉴于大多数已婚妇女和母亲都就业,她们的角色结构也可能有所不同。尽管如此,核心家庭似乎是一个非常有韧性的机构,可以幸免于各种社会动荡并适应社会变迁(social chamge)*。另见情感个体主义(affective individualism)*;家庭社会学(family, sociology of)*;婚姻(marriage)*;夫妻角色(role, conjugal)*。

family, sociology of 家庭社会学

家庭是一个亲密的内部群体,它由具有血缘关系、性关系或法律关系的人组成。家庭是一个非常有韧性的社会单位,在时代的更迭中不断存续并适应。然而,在大西洋两岸,人们大声疾呼家庭正在衰落,甚至有人为所谓的家庭灭亡欢呼,因为它被视为压迫和破产的机构。尽管如此,家庭社会学仍在蓬勃发展,并且正在开展一系列广泛的研究,包括神圣化我们过去对家庭制度的观念;扩展对家庭生活多样性的理解,这种多样性不仅是在不同国家之间,而且在不同阶段、民族和地区之间。越来越多的研究跨越了学科界限,着眼于家庭生活和工作之间的相互关系,以及宏观社会和经济变化对微型家庭关系的影响。家庭社会学也吸纳了生命周期(life cycle)*理论的视角,探讨从早期的婚姻到年老的各个阶段中家庭的差异。最后,对不同家庭形式的研究越来越多,例如单亲家庭和重建家庭。不可避免地,家庭社会学已经与实际的政策关注紧密地交织在一起。

近年来,人们对当代家庭的状况及其生存的可取性进行了彻底的重新评估。这种批评一部分将家庭视为资本主义(capitalism)*社会的支柱。(参见E. 扎雷茨基[E. Zaretsky]的《资本主义、家庭和个人

生活》Capitalism, the Family and Personal Life, 1976）。另一种观点认为，夫妻家庭（conjugal family）*会压迫和压制个性（例如，隆纳·大卫·连恩［R. D. Laing］的《家庭政治》The Politics of the Family, 1971）。在女性主义（feminism）*作家的作品中可以找到第三种批评，如杰西·伯纳德（Jessie Bernard）和安·奥克利（Ann Oakley）*等作家，她们倾向于关注当代家庭中当前性别角色（sex roles）*分化的性质和后果。米歇尔·巴雷特（Michelle Barrett）和玛丽·麦金托什（Mary McIntosh）的批评更为激进（《反社会家庭》The Anti-Social Family, 1982），她们认为家庭不仅压迫妇女，而且是一个反社会的机构。

对家庭的历史研究消除了一些关于过去家庭生活的虚妄观念。例如，证明了假定核心家庭（nuclear family）*是为响应工业化（industrialization）*取代先前存在的扩展家庭（extended family）*出现是错误的。研究表明，在整个西欧大部分地区，核心家庭这一类型的出现早于资本主义（capitalism）*的早期形成阶段。此外，事实证明，在过去的时代中，家庭单位紧密而稳定的浪漫形象是没有根据的，诸如菲力浦·阿利埃斯（Philippe Aries）的《儿童的世纪》（Centuries of Childhood, 1962）之类的研究很明显地表明，在现代家庭生活中对亲密关系（intimacy）*的强调是新近出现的。

尽管随着时间的推移，家庭形式具有明显的连续性，但不能由此低估家庭生活的多样性。不同的种族（race）*和宗教群体具有完全不同的价值（value）*和信念，这些差异不仅影响着性别角色观念、家庭内部分工和养育子女的方式，还影响着其对工作和其他社会制度（social institution）*的态度。不同阶级背景的家庭也存在类似的员和整个社会是如何促成这种时间安排等问题。早期事件(如初婚年龄)的时间安排对后来的事件结果(如离婚[divorce]*)有很大影响。家庭的过渡也有其经济后果。例如,美国的一项研究揭示了离婚后妇女和儿童是如何面临高贫困风险的。

在20世纪下半叶,单亲家庭的比例急剧上升。社会研究可以在揭示社会如何帮助单亲家庭适应和生存方面发挥重要作用,而不仅仅是财务方面。许多孩子将在某个阶段生活在单亲家庭中,将这样的家庭视为病态或畸形家庭是有害的。重建家庭也受到审视,但到目前为止,许多重要问题仍未得到解答。例如,再婚在多大程度上终止了前次婚姻的子女与祖父母的关系,以及这如何影响几代人之间的权益、继承和家庭文化的传承?

在家庭社会学中,社会研究与政策之间的界线往往变得模糊。长期以来,优秀的家庭研究传统将理论和实际问题结合在一起。例如,汤森(P. Townsend)的《老年人的家庭生活》(*The Family Life of Old People*, 1957)或J. 菲奇(J. Finch)的《家庭义务与社会变迁》(*Family Obligations and Social Change*, 1989)。未来的家庭社会学家面临的问题无疑将是不同的,因为不断变化的环境会暴露出新的问题。但很清楚的是,无论家庭的规模、形态、成员资格或形式如何变化,如果过去的经验对我们有指导意义,那么家庭就可以继续留存。大卫·摩根(David Morgan)的《家庭联系》(*Family Connections*, 1996)和菲奥娜·威廉斯(Fiona Williams)的《重新思考家庭》(*Rethinking Family*,)对该部分进行了很好的论述。另见情感性个体主义(affective individualism)*;家庭分配系统(household allocative system)*;家务策略(household work strategy)*。

差异:工人阶级家庭更多地与分化的夫妻角色(conjugal roles)*联系在一起,尽管现在甚至工人阶级的婚姻也声称是对称的。参见迈克尔·杨(Michael Young)和彼得·威尔莫特(Peter Willmott)的《对称家庭》(The Symmetrical Family, 1973)。育儿方向也因社会阶层的不同而有差异,英国的约翰·纽森(John Newson)、伊丽莎白·纽森(Elizabeth Newson)以及美国的梅尔文·科恩(Melvin Kohn)的研究表明,中产阶级(middle class)*在教育子女中倾向于强调自主性,而工人阶级强调他们各自后代的价值服从。科恩将这种定向差异归因于父亲的职业,这清楚地表明家庭关系和工作角色是相互联系的。

家庭和工作经常被概念化为独立的领域,女性与家庭相联系,而男人与工作场所相联系。不幸的是,这种分离被家庭社会学研究永久化了,认为家庭社会学是一个与工作和职业社会学分开的领域。但是显然这种分歧是没有道理的,已婚妇女在工作场所参与度的增加突显了工作和家庭转换的重要性。罗哈·拉波波特(Rhona Rapoport)和罗伯特·N. 拉波波特(Robert N. Rapoport)在双薪家庭方面的早期研究工作已扩展到探讨双薪家庭的利益和压力层面。但是,关于家庭与工作的互动还有许多问题亟待回答。例如,家庭如何影响劳动力市场(labour market)*内外的过渡?工作场所的政策和事件如何影响家庭生活?而且在整个生命周期中的工作家庭安排有何不同?

关于家庭生命周期的研究随着对于个人生命历程分析兴趣的增加而增多。一个关键的概念是家庭时间,它解决了诸如婚姻(marriage)*和亲职(parenthood)*等过渡的时间和顺序,以及家庭成员和整个社会是如何促成这种时间安排等问题。早期事件（如初婚年龄）的时间安排对后来的事件结果（如离婚[divorce]*）有很大的影响。家庭的过渡也有其经济后果。例如，美国的一项研究揭示了离婚后妇女和儿童是如何面临高贫困风险的。

在20世纪下半叶，单亲家庭的比例急剧上升。社会研究可以在揭示社会如何帮助单亲家庭适应和生存方面发挥重要作用，而不仅仅是在财务方面。许多孩子将在某个阶段生活在单亲家庭中，将这样的家庭视为病态或畸形家庭是有害的。重建家庭也受到审视，但到目前为止，许多重要问题仍未得到解答。例如，再婚在多大程度上终止了现有的子女与祖父母的关系，以及这如何影响几代人之间的权益、继承和家庭文化的传承？

在家庭社会学中，社会研究与政策之间的界线往往变得模糊。长期以来，优秀的家庭研究传统将理论和实际问题结合在一起。例如，P.汤森（P. Townsend）的《老年人的家庭生活》（*The Family Life of Old People*, 1957）或J.菲奇（J. Finch）的《家庭义务与社会变迁》（*Family Obligations and Social Change*, 1989）。未来的家庭社会学家面临的问题无疑将是不同的，因为不断变化的环境会暴露出新的问题。但很明确的是，无论家庭的规模、形态、成员资格或形式如何变化，如果过去的经验对我们有指导意义，那么家庭就可以继续留存。大卫·摩根（David Morgan）的《家庭联系》（*Family Connections*, 1996）和菲奥娜·威廉斯（Fiona Williams）的《重新思考家庭》（*Rethinking Family*, 2004）对该部分进行了很好的论述。另见情感性个体主义（affective individualism）*；家庭分配系统（household allocative system）*；家务劳动策略（household work strategy）*。

family, stem 主干家庭

通过对家庭组织的田野调查(fieldwork)*，弗雷德里克·勒普莱(Frédéric Le Play, 1806—1882)区分了四种基本的家庭类型，主要有父权家庭、不稳定家庭、特殊家庭和主干家庭。主干家庭被描述为对父权家庭更具弹性的调试修改。据说，这四种家庭形态是中欧、西班牙和斯堪的纳维亚地区的典型代表，也是实现稳定与发展的理想选择。它由六七个成员组成，通常是自由劳动者或农场租户，无论是租赁还是小规模经营都具有明显的代际继承性。

family, symmetrical 对称家庭

一种由彼得·威尔莫特(Peter Willmott)和迈克尔·杨(Michael Young)在19世纪70年代初期明确提出的家庭形式。作为一种越来越普遍的家庭形式，其在家庭分工(domestic division of labour)*不再那么明显，家庭在社会生活和社会认同中更为重要。然而，同一时期的女性主义学术研究凸显了家庭分工的持续不平等，但这一论点缺乏实证的支持。另见夫妻角色(role, conjugal)*。

family therapy 家庭疗法

家庭疗法是受社会工作者和心理治疗师支持的一种治疗形式。它将注意力从家庭成员个体的问题转移到各成员相互依存的家庭中，并将家庭视作一个独立的系统。治疗包括分析和解释观察到的家庭内部动力学。女性主义者认为它忽视了两性之间的权力不平等，因此加剧了对女性的指责、贬低和从属倾向。

family wage 家庭工资

家庭工资是男性工会成员在19世纪初在提高工资的抗争运动中创设出的事物。它基于这样一个论点形成,即男性工资应足以养育妻子和孩子。当时相当多的女性支持这一观点——尽管如今它常被视作一个可以解释女性在劳动力市场(labour market)*处于劣势地位的因素。

fascism 法西斯主义

最初,该术语仅指代第一次世界大战后由贝尼托·墨索里尼(Benito Mussolini)建立的意大利政党,以及该党于20世纪20年代夺取政权后创建的国家;但现在它已成为泛指几乎所有威权右翼意识形态、政党(political party)*或国家(state)*的通用术语。尽管如此,它在政治社会学(political sociology)*中仍保持着一定的精确度。在后一种情况下,它指的是拥护或典型体现着对融合国家机器进行恐怖主义(terrorism)*统治的政党、意识形态(ideology)*或国家,在其中没有权力或法治的约束,一党制滋长了种族主义(racism)*与民族主义(nationalism)*的小资产阶级(petite bourgeoisie)*思想。在此基础上,由阿道夫·希特勒(Adolf Hitler)创立的德国纳粹党(民族社会主义党)阐明了其思想观念,并主张他在掌握政权后创建的意识形态已经取代意大利的法西斯主义成为法西斯主义的原型。自然而然地,在当时身处两次世界大战之间的欧洲出现了许多法西斯主义的变体,这些在1964年欧根·韦伯(Eugen Weber)对法西斯主义变体的讨论中被论及(《封建主义的变种》*Varieties of Fascism*, 1964)。

值得注意的是,尽管参照有拓展、原型有改变,这个术语的界定并没有引发多大争议，至少在社会学界是这样。当然，它引发的争议也不若诸如法西斯主义的缘起、影响等广义层面上的，以及具体而言其在德国和意大利的短暂成功等。的确，几乎所有试图解释第二次世界大战期间法西斯主义兴起的人都将其视为与某种过渡进程有关的危机的产物，但他们显然未能就这种危机及转变的本质达成共识。

对于大多数自由主义社会学家来说，例如拉尔夫·达伦多夫（Ralf Dahrendorf）和莱因哈德·本迪克斯（Reinhard Bendix）对德国的研究、萨拉莫内（A. W. Salamone）和弗雷德里科·夏博德（Frederico Chabod）对意大利的剖析，相关的过渡进程发生——更恰当地说是应出现却未出现的——在价值层面。这里所说的"过渡进程"通常称为现代化（modernization）*。更确切地说，由于被认为适合现代社会的自由民主价值的主要承载者是资产阶级（bourgeoisie）*及其中产阶级（middle-class）*的盟友，学者因此分外关注这些团体未能确立他们在社会上的统治地位，或未能对其价值观念秉持信念等问题。

在这样的分析框架内，通常被认定为"致命危机"的东西本质上是政治性质的，这一点不足为奇。因此，研究者们着重关注了在这两个社会中破坏新建立的自由民主制度之合法性（legitimacy）*的方式。在这方面被提及的重要因素，包括由意大利的"失落领土"引起的紧张局势；战争赔偿（德国）和偿还战争贷款（意大利）造成的沉重财务负担；恶性通货膨胀抹去中产阶级积蓄的共同经历；这两种情形下由于代表选举制度而引发的政治分裂带来的不确定性、不稳定性；最后，资产阶级政党对法西斯威胁之严重性的错误评估。

相比之下，马克思主义（Marxism）*立场的学者惯常性地将相关转型过程解读为一个经济转型过程，将关注的重点放在意大利和德国在资本主义（capitalism）*发展的竞争阶段和垄断阶段之间转型所遇到的困难。近来，他们还强调了后来的专制主义（absolutism）*对解决这些难题的贡献。例如在巴灵顿·摩尔（Barrington Moore）的著作中（参见《民主和专政的社会起源》*The Social Origins of Dictatorship and Democracy*, 1966）。

迄今为止，最复杂的马克思主义分析出现在安东尼奥·葛兰西（Antonio Gramsci）*的《狱中札记》（*Prison Notebooks*, 1929—1935）一书中。囿于创作环境的限制，葛兰西的论证缺乏详实的实证细节支撑，并且有时候他的文字对当下的读者而言并不易懂。受相对自主性（relative autonomy）*的政治及思想观念的指引，他为马克思主义带来一种新的阐释性概念——"霸权"。葛兰西提出了一系列中层概念（如被动革命、灾难性均衡、福特主义［fordism］*和凯撒主义等）来描绘和解释意大利法西斯主义病因中经济、政治和意识形态因素间的相对自主性。在20世纪70年代，几位结构主义马克思主义者寻求既发展葛兰西的思想，又将其应用于德国等案例中，但结果喜忧参半。尼科斯·普兰查斯（Nicos Poulantzas）*是迄今为止最雄心勃勃、最突出的人物（参见他的《法西斯主义和独裁统治》*Fascism and Dictatorship*, 1970）。

许多历史学家和社会学家一直被法西斯主义的相关研究吸引，因为它惊人的趣味性、它对文明发展的影响、适合进行比较研究的特点以及对法西斯主义再现的担忧。正如迈克尔·曼（Michael Mann）的《法西斯主义者》（*Fascists*, 2004）所揭示的那样，它为社会学家和其他人提供了无与伦比的机会来研究现代世界中一些最深刻和令人不安的方面。另见长枪主义（falangism）*。

fatalism 宿命论

这是一种认为一切皆有其预定结果,并且无法通过努力或预见来避免而只能接受不可避免的事实的信念体系。尽管宿命论通常被认为是贫困(poverty)*、具有慢性病和失业(unemployment)*人群等的特征,但这种现象被社会学家在一定程度上忽视了。例如,奥斯卡·刘易斯(Oscar Lewis)*认为,(前述特征)恰恰是"贫困文化"(culture of poverty)*的核心特质,参见《桑切斯的孩子》(*The Children of Sanchez*, 1961)。类似的还有凯特·珀塞尔(Kate Purcell)关于"消极工作命题"的讨论(有关女性通常比男性更稳定、更被动、更容易变成可剥削的工人的观点)中,认为女性在工作中的行为是由"宿命论的生活方式"所决定的,它是由性别社会化和女性生物学造成的,又被女性体力劳动者的工作和阶级环境所强化。(《女性体力劳动者、宿命论和不平等加剧》*Female Manual Workers, Fatalism and the Reinforcement of Inequalities*;大卫·罗宾斯[David Robbins]的《重新思考社会不平等》*Rethinking Social Inequality*, 1982)。

爱弥尔·涂尔干(Émile Durkheim)*在对自杀(suicide)*的研究(*On Suicide*, 1897)中,将宿命型自杀(例如奴隶自杀的情况)定义为对个人需求的过度管制,在这种情况下,"前途被无情地阻挡、激情被压迫的纪律扼杀"。希望被削弱到连对生命本身都漠不关心的程度。在涂尔干前述讨论的基础上,大卫·洛克伍德(David Lockwood)*在《团结与分裂》(*Solidarity and Schism*, 1992)进一步提出,宿命论是一个关涉程度的问题,可以由"物质或道德专制主义"引起;亦即,受环境力量的影响,例如奴隶制(slavery)*的条件,或者明确的宿命论信仰体系所施加的限制,恰如那些印度教(Hinduism)*因果报应和轮回等教义所推崇的那样。宿命论根植于一种特定的宿命主义意识形态（例如印度教宿命论），从而产生了一种伦理承诺。相比之下，奴隶制下的生存宿命论主要是基于仪式而非信仰，从属阶层不认同其处境但又认为它是不可改变的。然而，在这两种情况下，"尤其有利于宿命论态度的，与其说是压迫性纪律的程度，不如说事实上社会约束只是作为一种外在的、不可避免的和客观的条件而存在的"。

fatherhood 父亲身份/父权

这是一个常见概念，被社会学家们广泛使用。它可能的含义有：一个人可以通过父子关系来追踪继嗣（例如"他的孩子"）；一个可以通过其财产权被追踪的人；一个承认与子女的关系（不一定是基于生物上的遗传）并赋予其在社会中的全部社会成员资格的人；或者这些情形的任意组合。不同的社会中有不同的血缘和权力继承制度，对这一术语的使用也有所不同。

Featherman-Jones-Hauser Hypothesis
费瑟曼-琼斯-豪泽（FJH）假设

该假设认为在潜在的"相对流动机会"水平上，各国的社会流动率存在"跨国相似性"。由此，在拥有核心家庭（nuclear family）*制度和市场经济的所有社会中，社会流动模式将基本相同。（参见 D. L. 费瑟曼 [D. L. Featherman]、F. L. 琼斯 [F. L. Jones] 和 R. M. 豪泽 [R. M. Hauser] 的《美国社会流动研究的假设：职业地位的案例》Assumptions of Social Mobility Research in the US: The Case of Occupational Status,

载于《社会科学研究》Social Science Research，1975）该观点一直饱受争议。

对术语的不准确使用使得围绕该假设之经验地位的争论一直较为激烈。一方面，诸如埃里克森（Erikson）和戈德索普（Goldthorpe）*（《不断的流变》The Constant Flux，1992）等人认为，较弱的（言语）表述本质上是合理的，并且跨国通用流动性模式的关键特征可以用"核心模型"来表示。尽管他们对15个国家或地区的调查数据体现出核心模型未涵盖的国家间相对比率差异，但这些差异相对较小。另一方面，哈利·甘泽布姆（Harry Ganzeboom）、路德·吕伊克斯（Ruud Luijkx）和唐纳德·特赖曼（Donald Treiman）对35个国家或地区的149个代际阶级流动性进行的分析表明共同的社会流动性（social fluidity）*假设完全是不正确的。他们的结果表明，"国家间差异占流动性参数总方差的约三分之一，表明国家之间（社会流动性）存在显着差异"（《比较视角下的代际阶级流动性》Intergenerational Class Mobility in Comparative Perspective，载于《社会分层与流动》Research in Social Stratification and Mobility，1989）。

我们很难在这些主张与其他类似的竞争性主张之间评判高下，不仅仅是因为它们倾向于对构成"基本相同"的流动性制度采用不同的标准，而且还因为它们始终是通过对替代数据集的编码分析中得出的，编码（coding）*为具有不同复杂性和可靠性的分类方案（包括戈德索普分类体系[Goldthorpe class scheme]*），并在各类竞争性统计工具的基础上进行。然而，似乎已被普遍认同的是——相对流动性机会中的跨国共同要素在很大程度上超越了跨国可变要素。

fecundity 生殖力

个体或群体繁殖的生物学能力。在人口学中,生殖力(生育子女的潜力)与生育力(fertility)*或者实际的生育相对比。不孕不育群体则是指那些不能生育孩子的群体,即使他们过去也可能拥有过生殖能力。

federalism 联邦主义

一种政治系统和哲学,指在一个特定国家内,承认一个对全国负责的中央政府和各个组成州或省的独立区域政府。政府的权力和功能在两个层级间划分。联邦系统必须拥有解决中央和地方区域或两个地方区域之间的冲突(conflict)*的手段。地方政府权威需履行特定职责并受到权力保护以防止中央的侵害。两级政府都有权为税收立法。瑞士和美国是当代联邦政治系统的例子。这一术语有时候也应用于商业和其他组织,例如应用于联邦的(相对于中央集权的)劳工运动(labour movement)*,但主要还是应用于政府系统。

feedback 反馈

参见控制论(cybernetics)*;均衡(equilibrium)*。

feeling rules 情绪规则

由阿莉·霍赫希尔德(Arlie Hochschild)在《心灵的整饬》(*The Managed Heart*, 1983)一书中提出的一个概念。这一概念强调一种关于情绪的规范的存在,这种规范是关于在特定社会情境下什么样的情绪或情感是合适或不合适的,换言之,是关于个体情绪与社会情境的匹配性。另见情感社会学(emotion, sociology of)*。

femininity 女性气质

一个与男性气质(masculinity)*相对,表示女性独特的行动与情绪感知的方式的术语。准确地讲,女性气质所包含的特征是多样的,但是被动、依赖和脆弱却常被认为是女性特有的气质。社会学家指出了女性气质和女性主体性的社会性起源,强调其意识形态(ideology)*的角色,但是对女性气质的讨论常常陷入本质主义(essentialism)*。

feminism(feminist theory)女性主义(女性主义理论)

一种社会运动(social movements)*、整合理论与政治实践,以寻求实现男女平等为目标。它起源于18世纪的英国,与当时玛丽·渥斯顿克雷福特(Mary Wollstonecraft)*请求妇女权益的事件有关。在20世纪之交,这一术语指女性主义运动者和其他的运动者投票支持女性以及支持女性接受教育和参与各种职业。在这种投票取得成效后(2020年在美国及1928年在英国),激进的女性主义浪潮有所消退,直到20世纪60年代末期,紧接着民权、学生和反帝国主义运动,它再次跃上了北美和欧洲的历史舞台。后来被称为"第二波女性主义"的许多核心议题已在西蒙娜·德·波伏瓦(Simone de Beauvoir)*的《第二性》(*The Second Sex*, 1949)一书中预示,此书是对当代女性主义思想仍有关键性影响的一本奠基性著作。她提出的"女性并非生而为女性的,而是变成为的"的观点成了区分生理性别和社会性别的基础。她提出,女性性别是相对于男性来定义的,但是是以一种不平等(inequality)*的方式来定义的,因此,"女性"是"男性"的反面或者另一面,这种观点在后来的女性主义理论中得到共鸣。她关于女性气质(femininity)*和男性气质(masculinity)*都是兼具话语性和物质性的观点也是如此。

凯特·米利特（Kate Millett）、贝蒂·弗里丹（Betty Friedan）、瓦莱丽·索拉纳斯（Valerie Solanas）、舒拉米斯·费尔史东（Shulamith Firestone）以及朱丽叶·米切尔（Juliet Mitchell）的著作都呼应了浮现的女性解放运动的关注。她们关注女性从属和男性权力的各种形式和位置，关注婚姻（marriage）*和母亲身份将女性局限于"私人领域"的方式。所有这些因素阻碍了女性实现她们的潜能并导致女性接受甚至是内化自身低人一等的观念。女性解放运动（the WLM）是一个草根运动，由许多在运动和全国性会议中聚集起来的本地群体构成。在1970年举行的第一次英国全国会议上，四条要求被提出来：报酬平等、教育与机会平等（equality of opportunity）*、24小时托幼、免费避孕及应要求免费流产。最后一条在后来被修改为女性控制自己的身体的权力（承认生殖控制通常被强加于少数种族的女性，尽管白人女性也难以获得）。财务独立，作为第五条也被加上了。各种运动开展起来，范围涉及从强奸威协、妇女援助到支持福特公司的夜间清洁工和机械师，还有智利、阿根廷、南美及莫桑比克女性斗争的团结运动。相关出版物以小册子、时事通讯以及杂志的方式出版，在英国最为知名的女权期刊当属《悍妇》（Shrew）、《排骨》（Spare Rib）、《红布》（Red Rag）。成员以年轻和受过良好教育的女性为主：战后一代人所接受的高等教育经历令她们期望获得一种在现实生活中没有的平等。在"个体的就是政治的"口号下，许多群体进行了"提高意识"的活动，旨在通过集体讨论来试图理解她们的生活和意识是如何被塑造的。以往被体验为个体和私人的东西，通过这类活动，现在可能被承认为是社会性的和具有政治挑战性的。

理论与政治上截然的差异性是女性主义运动的一个特征。最大的分歧存在于旨在在现有体系内部追求解放与平权的一派和旨在推翻与变革处于优势的性/性别体系的一派之间。除此之外，还有关于平等与差异（即男性和女性是一样还是不同的，以及男女两性应该被相似地还是差异地对待）以及造成性别附属的原因是父权至上还是资本主义（capitalism）*的辩论。对于强调父权制（patriarchy）*的激进女性主义者而言，男性是"主要的敌人"（德尔菲[Delphy]*），因此联合（男性）工会（trade union）*或政治组织来达成改变是毫无疑问的，对社会主义女性主义者也是如此。此外，分裂主义者批评"强迫的异性恋性取向"（艾德里安娜·里奇[Adrienne Rich]）并支持女性主义者变成女同性恋者。但是，社会主义女性主义者也批评"反社会家庭"（巴雷特[Barrett]与麦金托什[McIntosh]）及罗曼蒂克的爱情作为压迫性的制度。在每一个大的流派分类内部也存在显著的分异。舒拉米斯·费尔史东和克里丝汀·德尔菲都是激进的女性主义者。前者主张父权制的根基存在于"滋生于生物性事实"的"性的辩证法"或"性阶级"。要克服这一点需要夺取生殖手段，并通过生殖技术（reproductive technologies）*将女性从她们的生物学中释放出来。后者避免这种本质主义（essentialism）*的观点，主张女性压迫的物质基础在于"家庭生产的模式"，因为在这种模式中丈夫侵占了他们的妻子的劳动。社会主义女性主义者在如何概念化资本主义和父权制的关系上以及在理解两种原则制度地位上存在分歧。在资本主义（capitalism）*和父权制的关系上，一种观点是二者作为两种在分析层面相互区别的系统，各自都具有独立的效应（朱丽叶·米切尔和海迪·哈特曼[Heidi Hartmann]）；另一种观点是二者完全融合形成了一个单一的资本主义父权制系统（齐拉·爱森斯坦[Zillah Eisenstein]）。所有这些分析上的差异还伴随着迥异的政治参与观点。

尽管试图引介女性主义视角的初期尝试曾被抵制甚至经常受到嘲弄,第二波女性主义却对 20 世纪 80 年代的社会学产生了显著的影响。逐渐地,早期学者设立了女性的研究群体,挑战"男流"社会学思维在性别中立伪装下的性别盲视。梅格·斯塔塞(Meg Stacey)批评那些"奠基之父"们仅仅关注"公共领域……国家和市场的事务,这些在 19 世纪中期并不是女性被允许关心的事务……那些作者全都是在那个领域工作的男性并与此领域其他成员对话"。安·奥克莱(Ann Oakley)*(《性、性别和社会》*Sex, Gender and Society*, 1972 ;《家务劳动的社会学》*The Sociology of Housework*, 1974)强调性别的社会建构属性,将家务劳动和生育引入了社会学研究的主题,同时捍卫质性的和平等主义的研究方法(research methods)*。除了为社会学分析拓展了新的领域外,女性主义者还批评主流的关于阶级、工作(work)*和犯罪(crime)*的著作由于缺乏性别意识所导致的分析扭曲。伴随社会学承认它的疏失,将女性"添加"到实质研究领域的倾向让位于采纳一种性别化的分析框架。早期女性主义社会学的核心论题与女性主义运动的主题高度契合,尤其是平等相对于差异,以及资本主义相对于父权制。例如,西尔维娅·沃尔比(Sylvia Walby)的《工作中的父权制》(*Patriarchy at Work*, 1986)。

伴随着女性主义在学术界获得一席之地,作为一种社会运动的女性主义则逐渐衰落:随着战斗性的消散,可接受性开始增加。到 20 世纪 80 年代,第二波女性主义已经过了它作为一种相对统一和大胆的社会运动的高峰期。正式的成就包括反歧视和同酬法案以及堕胎政策改革。在接下来的十年间,认同和差异的问题变成了主要的关注点,将政治领域转移到"位置的政治"和"认同政治",其目的是基于激进主义者的社会位置(status)*或认同而非基于一个终极目标。受到当时精神分析思想最新发展的启发,性别化主体性的形成以及男性和女性的主题得到了相当多的理论关切。

盎格鲁-撒克逊女性主义受到了黑人女性批评的严峻挑战。这种批评指出,盎格鲁-撒克逊女性主义暗示解释西方白人女性处境的因素能解释所有女性的处境,从而将西方白人女性的地位普遍化。白人女性主义被指控为简单化和欧洲中心化(贝尔·胡克斯[Bell Hooks]*、安吉拉·戴维斯[Angela Davis]、钱德拉·莫汉蒂[Chandra Mohanty]),即使不是种族主义(racism)*,也是忽略了由帝国主义(imperialism)*、种族主义和奴隶制历史遗留所造成的女性之间的极大的差异性。这种差异性令女性主义理论的基本概念不适用于黑人和第三世界(Third World)*的女性。哈泽尔·卡比(Hazel Carby)的颇具影响力的章节(《帝国的反击》The Empire Strikes Back, 1982)运用历史证据来质疑基本的女性主义观点,例如,再生产的区别、给予家庭的优先地位是女性被压迫的根源,以及所有男性都是家长制的假定。如果女性并非一个同质的群体,则她们没有统一化理论或实践的追求。每个群体都需要就其自身特性来分析。这一认识激发了在发达和发展中世界里黑人、少数族裔和后殖民地女性主义的百花齐放,同时迫使白人女性主义开始自我批评(奇拉·布尔贝克[Chilla Bulbeck]的《西方女性主义转向》Re-orienting Western Feminisms, 1997)。女性之间的差异,而非男性和女性的差异,变成了核心焦点。同时,理论挑战也变成了对各种社会区隔的交叉进行概念化,例如作为一种"统治的矩阵"(帕特里夏·希尔·柯林斯[Patricia Hill Collins]的《黑人女性主义思想》Black Feminist Thought, 1990)。

"黑人"的批评被后现代主义(postmodernism)*和后结构主义所强化。这些范式(paradigm)*质疑西方女性主义的基础——一种依赖于值得怀疑的"女性"分类的现代主义启蒙计划。如果"女性"相对于"男性"而言的意义是与特定情境相联系的,那可能就没有一种跨时空通用的类别,自然通用的理论也不存在(米歇尔·巴雷特[Michelle Barrett]和安妮·菲利普斯[Anne Phillips]的《动荡理论》Destabilizing Theory, 1992)。性/性别的二分法也同样遭到挑战,尤其是受到朱迪斯·巴特勒(Judith Bulter)和她提出的富有影响力的性别概念化的挑战。她将性别概念化为"临时性的"和"表演性的"(《性别危机》Gender Trouble, 1990)。聚焦于文化(culture)*、语言(language)*、认同(identity)*和禁忌(taboo)*也是"后女性主义"在性别消融时所做出的努力尝试的特点。

自20世纪90年代以来,女性主义者和性别理论都关注群体性的女性气质和男性气质并且变得日益融合,例如,在鲍勃·康奈尔(Bob Connell)的重要著作中就体现了这一点。妇女或女性研究的深度得到扩展。尽管盎格鲁-撒克逊女性主义的声音在学术界是最响亮的,女性主义政治运动在东亚、印度次大陆和非洲的部分地区力量日增。第二波女性主义所熟知的许多议题再次提上了议程,但是是以一种适合它们具体背景的方式来提出。在西方,年轻女性今日所面对的世界与1970年已截然不同,女性主义运动的部分遗留——性取向和女性在私人及公共生活中的位置已经以一种几乎被当作理所当然的方式得到转换。另见女性主义犯罪学(criminology, feminist)*;文化理论(cultural theory)*;女性主义方法论(methodology, feminist)*;母职/母亲角色(motherhood)*。

feminist criminology 女性主义犯罪学

参见女性主义犯罪学（criminology, feminist）*。

feminist methodology 女性主义方法论

参见女性主义方法论（methodology, feminist）*。

Ferguson, Adam 亚当·弗格森（1724—1816）

尽管作为一名哲学家的亚当·弗格森不如他的同行——苏格兰启蒙运动（Scottish Enlightenment）*的杰出人物，大卫·休谟（David Hume）*——来得出名，弗格森在现代社会学的奠基人中却拥有更好的声名。他对人类本性（human nature）*的自利观点的批评追随了休谟的引导，但弗格森对于人类本质上具有不可避免的社会性的观点前进到新的商业文明的批判性分析阶段，取代了苏格兰高地更为古老的以宗族为基础的社会。他对劳动分工（division of labour）*的效用的观点显然成了后来卡尔·马克思（Karl Marx）*和爱弥尔·涂尔干（Émile Durkheim）*关于此主题的著作的先驱，而且自我疏离和异化（alienation）*的概念也在弗格森的著作中初具雏形。另见利益（interest）*。

fertility（fertility rate）生育力（生育率）

一个个体或群体的实际生育水平。测量（measurement）*一个群体的生育力方式有很多种。最简单的测量，粗略的出生率（birth rate）*，将某一特定年份的活胎出生数量与那一年的总人口数量相联系。更复杂的测量则将某年的出生数量与某些限定的人口群体的数量相联系，通常是与育龄期妇女的数量，从而计算一个更好的潜在生育力的指标（indicator）*。分母可能是所有育龄期妇女（通常是15岁到44岁）或是处于更具体年龄段的女性（分特定年龄的生育率）。生育率可以和死亡率（mortality）*相结合产生一个总体的生殖率。

历史上曾有相当长一段时期工业社会中的生育力下降。这种下降与经济发展（economic development）*和结构重组、儿童死亡率下降、福利供应和关于儿童的经济与社会价值的改变，以及与女性社会地位（social status）*的变化有关。

fetishism of commodities 商品拜物教

参见商品拜物教（commodity fetishism）*。

feudalism 封建主义

一些历史学家主张封建主义是一个技术性术语，仅可以应用于中世纪的西欧制度。其他学者（主要是社会学家）对此现象的概念化则更为抽象，作为一种政治组织的一般性方法，因此可以在其他时代和地域被识别（例如德川时期的日本）。

这一词汇起源于17世纪的英格兰，当时是作为谈论一种土地所有形式的方式，之后这种说法迅速消失。在18世纪和19世纪，封建主义一词被法律学者广泛采用并以这种方式进入了社会学奠基者们的词汇库。尽管这些奠基者们一般是使用此术语来指代资本主义（capitalism）*在西欧得以从中萌发的那种社会类型，但他们无一明确地阐述了一个充分发展的封建主义概念。但是，这样一个概念的颇具影响力的雏形可从卡尔·马克思（Karl Marx）*和马克斯·韦伯（Max

Weber)*的历史著作中毫不费力地获得,这一点在接下来的论述中将会变得明晰。

关于封建主义的概念应该如何构建已有并仍然存在许多争议。所有具体的社会学的概念化从本质上都是普遍性的。最著名的表意(个体化)的构想是法国历史学家马克·布洛赫(Marc Bloch)*在他的著作《封建社会》(*Feudal Society*, 1961)中所形成的。布洛赫的论述值得更多的关注,不仅是因为其自身的高度影响力,而且是因为这一概念构想与各种社会学的构想之间的对比说明了在社会科学(social science)*中关于概念构建的一些核心争论所在。

布洛赫的方法论(methodology)*前提是每一个社会都是独特的并且需要用其自身的术语来加以理解。(他仅仅勉强地承认,具体地提到了日本,类似封建主义的东西可能已经存在于西欧社会背景之外。)他的著作也具有深刻的经验主义(empiricism)*和人文主义(humanism)*,基于路易·阿尔都塞(Louis Althusser)*对这些术语的界定。这些前提假设的后果在他对封建主义的核心关系的构思上体现得很明显,这一核心关系就是臣属关系。在他对中世纪法国的一个高度详细的研究过程中,他将臣属关系定义为"武士理想",或一种由"两个彼此对抗的活着的男人"自由决定进入的互惠契约。封建社会的所有其他特征都衍生于这种关系:世袭继位、分封(领主将土地颁与其臣子)、权力分割,以及一种可管制也可征税但除此之外自治的小农的存在。紧接着臣属关系的制度化(institutionalization)*不可避免出现的(但在布洛赫的观点里是可惜和遗憾的),则是对"(起初的)责任纯洁性"的玷污以及围绕这种最初的契约所建构的生活方式的逐步解体。

根据定义，几乎没有合适的解释社会现象的社会学范式可能始于每个社会必须作为完全独特的存在被单独考量的假设，这一点在关于西欧（如果不是日本）的封建主义的文献中已被证明是确定的事实。正相反，最宏观的社会学解释的要素是可比较性的假设，而区分这些解释的是它们是依赖于建构概念之前还是之后所做的比较。即，它们各自是依赖于经验主义抑或实在论的建构模式。

当建构模式为经验主义时，如同在约瑟夫·斯塔尔（Joseph Stayer）和拉什顿·库尔博恩（Rushton Coulborn）的《历史中的封建制度》（*Feudalism in History*, 1956）所呈现的一样，大量可能的封建主义的案例被相互比较，然后共同的特征被提取出来形成一般规则。有趣的是，在这种情况下形成的一般化规则几乎在一切方面都和布洛赫提出的一样，少了浪漫主义的灵感，并且同样地，少了任何一种捕捉系统内部动态过程的手段。

因为这并不是一种直白的经验性总结，所以韦伯的封建主义的理想类型（ideal type）*并没有这种缺陷。尽管并没有在任何地方明确地提出和建构，这种理想类型也许可以从韦伯在《经济与社会》（*Economy and Society*, 1920）和《经济通史》（*General Economic History*, 1919—1920）中关于封建的社会关系的相关讨论里相对容易地提取出来。在韦伯式的术语里，封建主义代表了一种在传统支配模式的背景下将卡里斯玛（charisma）*常规化的例子。因此，权力以一种世袭（patrimonial）*的方式组织，以封地制度为基础，并依赖于一种剥削系统。经过这种剥削系统的运作，农奴（不自由的农民）被强迫向他们的领主支付不断变化的且常常是多种形式的地租（以劳动、现金或某类其他形式），以此来交换他们使用工作用地的权力。

根据韦伯的观点，正是这最后一种特征，针对地租的斗争，给予了系统内部的动力。

一些史料证据显示，韦伯的封建地租的概念来源于马克思在他的唯实论概念框架上所建构的地租概念。当然，这两个概念之间以及它们的推理过程具有惊人的相似性。最为重要的是，两个理论家都解释了为何剥削（exploitation）*采取了以领主更高级别的权力为基础来获取的地租的形式。他们认为这是因为领主未进入生产过程所以他们没有其他选择。但是，拜利·兴德斯（Barry Hindess）和保尔·霍尔斯特（Paul Hirst）在《前资本主义的生产方式》（*Precapitalist Modes of Production*, 1975）中，认为马克思肯定会或至少本来应该修正这个论点，鉴于马克思在修正他的一般性概念——资本中的生产方式（mode of production）*——中所做的完善。兴德斯和霍尔斯特通过主张封建领主实际上在生产过程中扮演了重要角色来支持他们的立场。在此基础上，兴德斯和霍尔斯特还主张，马克思和其他人赋予政治强制（coercion）*作为封建主义的关键元素的重要地位的观点应该被否定，这是一种概念欠发展的表现，并且应该被一种对特定经济关系的详细论述替代，这种经济关系允许领主从农奴身上榨取剩余产品。

field experiment 现场实验

现场实验指在一种"自然"情境下实施的实验（experiment）*。即，与实验室实验的情形不同，这种情境不是由研究者所创造的。它比实验室实验更缺乏人造性、更少变量得以控制，因此推论常常很困难。现场实验相对较少，这是因为寻找那种实验干预既可行又符合伦理的现实情境很困难。对于现场实验的综述和实例讨论，请参见凯瑟林·哈克姆（Catherine Hakim）的《研究设计》（*Research Design*, 1987）。

field theory 场论

场论是由德裔美国心理学家库尔特·勒温（Kurt Lewin）*在20世纪50年代发展的一种理论范式，受到了格式塔理论（Gestalt theory）*的影响。个体行为被看作是由个体所处的情境的总体特征所决定，即他们的心理场或生活空间。这一心理场由具有目标（goals）*、需求（need）*和环境认知的个体组成，可以由示意图来表示。对此理论的经典的二手文献是哈罗德·梅耶（Harald Mey）的《场论》（*Field Theory*, 1972），较新的讨论是约翰·马丁（John Martin）在《美国社会学杂志》（*American Journal of Sociology*）上发表的文章《什么是场论》（What is Field Theory?, 2003）。

fieldwork 田野调查

研究中的数据搜集过程，这类研究涉及与人交谈或询问与他们的活动和观点相关的问题，有时也包括对他们的行为进行系统性观察的尝试。从几百个专业访谈员进行的大规模访谈调查到单个研究者在小规模个案研究（case study）*中记录通过参与观察（participant observation）*搜集的信息，都属于田野调查的范围（参见R. G. 伯吉斯[R. G. Burgess]的《在田野：田野研究导论》*In the Field: An Introduction to Field Research*, 1984）。这一术语有时也被延伸到任何走出办公室进入作为研究主题的"田野"的研究活动。

figurational sociology 构型社会学

参见诺伯特·埃里亚斯（Elias, Norbert）*。

figure-ground contrast 主体-背景反差

参见知觉（perception）*。

finance capitalism 金融资本主义

参见资本主义（capitalism）*；所有权和控制权（ownership and control）*。

first-order constructs 一阶建构

参见现象学（phenomenology）*。

First World 第一世界

这一术语最初被应用于第一组工业化（industrialize）*和达到高水平增长和不断增加的人口生活水平，因此包括北美、西欧、日本和澳大利亚。另见第三世界（Third World）*。

fiscal crisis（of the state）国家财政危机

由詹姆斯·奥康纳（James O'Connor）在他的《国家财政危机》(*The Fiscal Crisis of the State*, 1973）一书中创造的一个术语，指代在发达资本主义国家中，政府的税收与支出之间的"结构性差距"，由此导致经济、社会和政治危机。现在这一术语被更加广泛地用于描述这类财政困难。例如，在著作《福利国家的矛盾》(*Contradictions of the*

Welfare State, 1984) 和《无组织的资本主义》(*Disorganized Capitalism*, 1985) 中, 德国社会学家克劳斯·奥菲 (Claus Offe) 检验了发达的福利资本主义社会的合法性 (legitimacy)* 问题以及他所谓的 "危机监理的危机" 问题, 即指国家在试图管理社会政治问题中所面临的问题。这些社会政治问题中最显著的包括财政危机、需求超负荷以及 "成就原则" 的衰退。在作者看来, 这些问题是内在于这类社会系统 (social system)* 的。

fixed capital 混合资本

参见资本主义 (capital)*。

fixed-choice question 定选问题

参见封闭式回答 (closed response)*。

flexibility, labour-market 劳动力市场的灵活性

参见劳动力市场的灵活性 (labour-market flexibility)*。

flexible employment 弹性就业

这一术语越来越多地被用于描述后工业 (post-industrial)* 社会的工业公司和经济体的特征, 它包含两种形式。功能弹性 (或后福特主义 [post-fordism]*) 意味着采用工作组织、技能和机器, 以便于应对 20 世纪末期全球经济不断变化的市场和技术环境。据说所谓的弹性企业采纳了数量弹性, 使用非标准的就业 (employment)* 形式, 从而允许在劳动力 (labour power)* 招聘与解雇中迅速发生改变, 以面对

产品市场的波动。对于弹性就业的增长,目前的经验证据依然模棱两可。同样地,这是由于长期的变化,而非相对短期的周期性影响。另见福特主义(fordism)*。

flexible work（flexible production, flexible specialization）
弹性工作（弹性生产,弹性专业化）

这些术语是广泛传播的关于日益变迁的工业结构和工作组织的辩论的一部分。据称,日益增强的国家和国际竞争正迫使公司具有更大的弹性,以便更快地应对产品市场的变化。这包括在雇佣水平上具有更大的弹性(数量弹性)、在工作任务和技能上更大的弹性(功能弹性)以及在支付系统上更大的弹性(金融弹性)。弹性专业化意指小型的、权力下放的公司,目标导向是利基市场(缝隙市场),而非(如同在福特主义[fordism]*中的)大型的、集权、大批量生产的公司。这一辩论主要由对于日本制造业和公司的研究所推动(参见R. 道尔[R. Dore]的《弹性的僵化》*Flexible Rigidities*, 1986)。对国际汽车工业的一个个案研究(case study)*,可以参考丽贝卡·莫拉莱斯(Rebecca Morales)的《弹性生产》(*Flexible Production*, 1994)。另见弹性就业(flexible employment)*;即时生产制度(just-in-time system)*;社会技术系统(socio-technical system)*。

focused interaction 焦点互动

一个被应用于协调两个或更多行动者(actor)*之间的面对面互动(face-to-face interaction)*的概念。与之对应的是非焦点互动,即通过姿势(gesture)*和信号进行沟通,而这些姿势和信号仅仅是源于行动者同时在场而产生的，正如在身体语言（body language）*的例子中一样。欧文·戈夫曼（Erving Goffman）*在他对互动框架（framing of interaction）*的描述中使用了这一区分。安东尼·吉登斯（Anthony Giddens）*将这一观点建构进了他的结构化理论中。

focus groups 焦点小组

焦点小组在社会和商业市场研究（market research）*中历史悠久，始于保罗·拉扎斯菲尔德（Paul Lazarsfeld）*和罗伯特·默顿（Robert Merton）*在20世纪四五十年代对广播和其他大众媒体的受众反应的研究。在20世纪的后几十年对此的研究兴趣一度复苏，焦点小组访问仍然是一种流行的方法，尤其是在媒体研究和媒体社会学领域。通常，一个焦点小组由5—8个人构成，配备一个协调员（有时称主持人）来引导关于某一个特定主题的讨论。主持人为小组提供要完成的任务、问问题、引导回答并引导谈话走向。焦点小组的形式各异，但通常在导言之后以一个"破冰"练习开始，例如邀请每个小组成员谈谈他们最爱的电视节目，然后做一些"焦点"任务，要求小组成员对一些刺激例如新闻标题或照片做出反馈。焦点任务是一种接触参与者的隐性知识（tacit knowledge）*的有用技巧，因为说服其他成员哪些项目同属一类或者应该如何进行等级分类的过程，使得他们自身关于分类或优先级的规则性观念外化（externalization）*出来。这使得研究者可以看到此小组利用了什么资源做出区分、什么证据源在讨论中是可信的。关于研究主题的一系列的问题和后续讨论提示从更加一般化逐步变得更加具体。最后，参与者可能也要完成一份问卷（questionnaire）*来记录他们的人口学特征，有时候也会记录对小组讨论中相似提示的个体反应。

如果研究者有意引导出多样化的观点，每个焦点小组的构成则可能是异质的，受访者（respondent）*可能是被有意识的挑选招募进来从而每个小组中包括一系列不同的背景的成员。或者，小组中包括同质的受访者也可能具有优势，这些参与者具有相似的社会或人口学特征，例如性别、种族或政治观点。讨论主题的敏感性以及研究者需要获取哪种数据会影响对于小组异质性的需求。当讨论被社会多数群体污名化的经历时，同质小组更为合适。尽管传统的焦点小组是由陌生人构成，使用既存的群体，例如同事或朋友，也是其中一种形式。这种形式对于某类社会研究特别有益，在这类研究中，不仅需要搜集关于人们说了什么的数据，还需要搜集数据去了解如何做出决策，以及如何在日常生活就会发生的那种互动中形成观点。

与个体访谈类似，焦点小组也可以被或多或少地结构化。严格结构化的访谈方案会从研究中的每一个小组中产生相似的数据，并且可能会使用提示来保证所有参与者都能够对每一个问题做出贡献。在结构化程度更弱的访问中，主持人以一种更少侵犯性的方式来管理成员之间的互动，在某种程度上允许参与者自己来设置议程，允许讨论以一种更自然方式进行，参与者之间彼此互动，而非通过主持人进行。这种方式具有产生更加自然的谈话的优势，但是会减少更不自信的成员的参与，并且有将讨论引入无关主题的风险。

焦点小组比个体访谈对后勤组织工作提出了更大的挑战，不仅需要找到足够数量的参与者，这些参与者还需要具备指定的经验或特征并能在特定时间和地点参与活动，同时还需要预定一个合适的场地。一种解决办法是虚拟小组，参与者通过网络进行在线互动，可以是通过基于网络的讨论论坛，也可以是使用Skype或商用的虚拟会议软件进行实时连接。这种技术对于某些敏感主题的讨论有用，因为参与者会偏好网络讨论的匿名性。这种技术对于地理上较分散或移动性较差的参与者也很有价值。

小组的构成、讨论方案结构化的程度以及焦点小组的情境设置都会影响所产生的数据。社会行动者（social actor）*对他们的经历和观点的不同层面赋予不同的优先级和重要性，这取决于他们在哪儿、他们在和谁谈话（这些人在特定特征上是"一样"还是"不同"），以及在招募过程中被强调的是他们的认同中的什么层面。

焦点小组和个体访谈的数据的关键差异体现在获取参与者之间的互动信息上。对于旨在调查知识如何在社会生活中被生产、共享以及被改变的研究而言，这是一个优势，因为焦点小组的参与者之间会挑战或同意对方的观点。对于讨论内容的仔细分析使得研究者可以看到观点如何形成、哪种类型的证据具有说服力，或者分歧性的观点在多大程度上被压制。当研究的主题或群体需要隐私性的陈述或者需要听到边缘化（marginalization）*的声音，这种互动的优势就减弱了。对于非常敏感的主题，焦点小组方法会产生一些伦理上的问题，尤其是使用既有的群体时。尽管研究团队可以对研究内容保密，但是无法保证小组所有成员都能做到，因此，应该特别注意防止隐私信息的过度披露。

来自焦点小组的数据通常进行质性分析，根据研究者的需求，使用某种类型的主题分析或话语分析来探索录音记录的讨论转录文本。分析要求仔细注意互动过程，考虑到意见提出、受到挑战以及发生改变的背景。一个焦点小组研究的合适的分析单元（unit of analysis）*是小组，而非小组中的个体。基于组织小组和分析的挑战性，一个焦点小组的样本容量一般较小,取决于小组在性别、经验及其他特征上有多分散。

关于焦点小组的教材有许多。对使用焦点小组中产生的实践和方法论(methodology)*问题进行的最好的概述之一是M. 布鲁尔(M. Bloor)等人的《社会研究中的焦点小组》(*Focus Groups in Social Research*, 2001)一书。

folk devils 民间魔鬼

这一术语在斯坦利·科恩(Stanley Cohen)*的研究中得到了最为著名的应用,这一研究是关于20世纪60年代对英格兰的"摩登派"和"摇滚派"亚文化(subculture)*的道德恐慌(moral panic)*(参见《民间魔鬼和道德恐慌》*Folk Devils and Moral Panics*, 1972)。采用了集体行为社会学的互动论(interactionism)*范式,科恩建议社会修建一个社会类型展览馆,陈列需要被避免和需要被模仿的各种行为类型的例子。那些被视为越轨的群体和被反对的对象,始终占据了"一个民间魔鬼的社会位置:是对什么是不应做之事的清晰提醒"。从那以后这一术语被广泛地应用于其他关于越轨表征的研究中。其中一些一般性的问题在奥林·克拉普(Orrin E. Klapp)的著作《英雄、恶棍和愚人》(*Heroes, Villains, and Fools*, 1962)一书中得到论述。另见标签(labelling)*。

folk society 乡土社会

一种理想类型(ideal type)*,指在所有历史时期里的"原始的"农业社会,被假定不具备任何"现代"城市-工业社会的经济或社会-文化特征。这一概念的理论和经验基础以及其意识形态(ideology)*的偏见经常受到批评。另见城乡连续统(folk-urban continuum)*。

folk-urban continuum 城乡连续统

一个关于从乡村社会向城市社会过渡的概念。通过对特定社会的社会、文化和经济特征的考察,可使其定位于一条进化路径的不同位置之上。另见乡土社会(folk society)*。

folkways 民俗

这是与威廉·格雷厄姆·萨姆纳(William Graham Sumner)*作品有关的一个术语,萨姆纳对社会学的主要贡献是他对民俗和民情(mores)*的性质、起源和意义的分析。前者指的是团体的习惯(或者习俗[customs]*)。萨姆纳认为,社会(通过反复试验)发展出适合其环境的特殊行为方式。通过重复这些行为方式养成了(个人的)习惯和(集体的)风俗;并且这些习惯或者民俗本身就成为该社会普遍接受的行为方式。萨姆纳对民俗的确切起源含糊不清,并且在陈述它们与习俗的关系时前后矛盾,而后者本质上正是体现什么是正确和纯正的道德律令的民俗。有时这两个术语是相反的,但有时民俗又被认为包含了所有公认的思维方式,包括习俗。参见《民风论》(*Folkways*, 1906)。

food, sociological studies of 食物社会学

食物社会学是社会学最近才关注的一个领域,除了一些重要的例外,如诺伯特·埃里亚斯(Norbert Elias)*关于餐桌礼仪的研究。但是,在社会人类学家的著作中早就对围绕食物的仪式(ritual)*给予

了相当广泛和长期的关注。克劳德·列维-斯特劳斯（Claude Lévi-Strauss）*的研究是最具代表性的，例如 1970 年的《生与熟》（*The Raw and the Cooked*, 1970）。无疑，人类学家对食物的兴趣起源于对日常生活细节的关注，此为民族志（ethnography）*研究的一个特征。有关食物的禁忌和配方为考察文化差异提供了一个有用的手段。由于没有以同样的关注去描述日常行为的全部细节，所以许多日常行为细节都被认为是理所当然的。除了贫困（poverty）*与剥夺（deprivation）*研究，或者农业与工业研究，对社会学家而言，有关食物的观点和实践直到最近都看似是没有意义的。

社会学对食物日益增长的兴趣最明显地源于并且反映了食物在富裕的工业社会中日益变得重要的社会和文化意义。尽管人们通常将食物的准备和食用简单地视为是满足生物需求，但现在则认为其是具有不同的文化和社会意义的。一方面，食物被认为对个人的身体健康具有重要意义，饮食被定义为是一种与健康相关的一个关键行为，目前有一系列关于食物或饮食诸多方面的研究。而且，饮食失调现象也大大增加，例如神经性厌食症和贪食症在女性中的检出率远高于男性，而这被认为在一定程度上反映了与饮食和身体相关的文化意义。另一方面，在家中准备和食用食物被视为是基于性别的分工和资源分配的重要方面。此外，在公共领域的饮食不仅是一种日益普遍的休闲活动，而且对于围绕带薪就业的社交网络的维持也很重要（参见艾伦·沃德 [Alan Warde] 和莉迪亚·马顿斯 [Lydia Martens] 的《外出就餐》*Eating Out*, 2000）。

因此，在未来几年中，食物社会学可能会成为研究的一个扩展领域。尽管有很大的不同，杰克·古迪（Jack Goody）的《烹饪、美食和阶级》(*Cooking, Cuisine and Class*, 1982)和斯蒂芬·门内尔(Stephen Mennell)的《食物的礼仪》(*All Manners of Food*, 1985)给人留下了有关食物的深刻印象。另见消费社会学(consumption, sociology of)*。

forces of production 生产力

马克思主义政治经济学对经济活动的两个方面进行了分析性区分。一方面是生产的"社会关系",它与社会统治的维持、经济剩余的提取和劳动力(labour power)*的剥削(exploitation)*有关。另一方面是"生产力",即无论什么社会结构(social structure)*,如果要将自然界中的物质、物体和力量改造为一种适合于满足某种人类目的的形式,所必需的要素和关系。关于"生产力"这一概念的确切范围尚无共识,但在不同时期,马克思和恩格斯都将以下内容包括在内:"原料",即在劳动过程(labor process)*中要处理的物体或物质,并且始终被马克思(Marx)*和恩格斯(Engels)认为是先前劳动成本的产物;"生产工具",指用于改造原料(包括在一些说法中,人体器官本身也会成为原料)的工具或机械。人的劳动能力("劳动力"),是身体组织、适宜性、技能、知识等功能,也是既定劳动过程的特定特征(有时成为生产的"技术关系")所要求的社会分工和劳动协调的形式。生产的另一类要求——土地、空气、水和其他广泛的环境或背景条件——已经为马克思和恩格斯所认识,但时常被错误地归为生产工具。为了生产力(人类综合生产能力)的发展,马克思和恩格斯假定为资本主义(capitalism)*极大加速的人类社会具有长期的历史趋势。这一发展过程将提升人类控制和调节自然的能力,从而以最少的无偿努力满足人类的普遍需求。这种发达的生产力状态将成为未来超越稀缺和劳动必要性的共产主义自由王国的一个前提条件。

fordism 福特主义

根据安东尼奥·葛兰西（Antonio Gramsci）*的定义，这是一种生产组织的形式。该种形式被认为是发达资本主义（capitalism）*的典型特征。以亨利·福特（Henry Ford）的大规模汽车生产制度为例，福特主义根据科学管理（scientific management）*（泰勒制）原则对劳动展开管理，并将之与生产和销售的广泛重组结合起来。这个重组涉及一条移动的装配线、标准化的产品，以及低价格、高工资、广告和消费者信贷共同刺激的需求。葛兰西认为，只有通过"调和强迫……和说服"才能维持高水平的生产。福特主义通过为工人提供高薪和不断增长的消费水平，来换取一个强化的工作体制。

随后的许多理论家都使用这个概念来分析充分就业、大规模生产、福利国家（welfare state）*和消费水平上升的产业和社会秩序（social order）*，而这构成了第二次世界大战后发达资本主义社会的特征。但是，该术语被不同地用于表示装配线的大规模生产、某些产业的主导部门，工业组织的一种霸权（hegemonic）*形式，或者一种"调节方式"——这些含义可能最接近于葛兰西的意图。

在20世纪70年代和20世纪80年代的经济危机之后，伴随着生产的社会和技术组织的变迁，以及所谓的后工业（post-industrial）*社会的到来，一些人认为，福特主义正处于终极危机之中，正被基于所谓的弹性生产（flexible production）*体制的后福特主义（post-fordism）*承继。根据使用和创作的上下文，这个新术语还带有不同的含义。另见规制理论（regulation theory）*。

foreign aid 外国援助

为了发展或紧急救济目的,通过贷款、赠款或商品提供将国家资源从发达国家转移到欠发达国家(less developed countries)*。这可以在双边机构上完成,也可以通过联合国机构、欧洲经济共同体或世界银行等多边机构来完成。从 20 世纪 70 年代开始,它作为一种促进经济增长(economic growth)*的方式受到越来越多质疑。

formalism(formal sociology)形式主义(形式社会学)

社会学中一种可以追溯到格奥尔格·齐美尔(Georg Simmel)*的理论路径,其旨在捕捉社会关系的基本形式,从而提供"社会生活的几何形状"。齐美尔在德国的追随者包括利奥波德·冯·威斯(Leopold von Wiese)和阿尔弗雷德·菲尔坎特(Alfred Vierkandt)。

齐美尔将社会生活的"内容"(包括战争、家庭、教育、政治)与"形式"(例如冲突[conflict]*)区分开来。"形式"超越了这些领域,并且构筑了社会生活。作为一种社会形式,冲突可能会在家庭生活和政治等各种情况下出现,并且逐渐产生某些共同特征。内容各异,但形式却是社会生活的主要组织特征。处于齐美尔思想核心的形式包括数字对于团体结盟的重要性(孤立的个人、对群体[dyad]*、三人团体[triad])*、上位和从属模式、团体关系(冲突、竞争、联盟)、认同(identity)*和角色(roles)*(陌生人、穷人)、信息披露(秘密、秘密社会)和评估(价格、交易)等。

大多数社会学都着眼于内容:教育社会学(education, sociology of)*、家庭社会学(family, sociology of)*、传播社会学等,并通过跨越这些主题,试图识别社会性构成的一般过程和模式,形式主义绕开了社会学的这一路径。例如,污名(stigma)*、分层(stratification)*、秘密可能是贯穿教育、家庭和传播这些实质性领域的形式。关于齐美尔的形式社会学最好的一般性评论仍然是尼古拉斯·斯皮克曼(Nicholas Spykman)的《格奥尔格·齐美尔的社会理论》(*The Social Theory of Georg Simmel*, 1925)。

在齐美尔及其直接追随者之后,这种路径最早的发展可见于芝加哥互动论的研究。罗伯特·帕克(Robert Park)*是齐美尔的学生,他使得芝加哥学派的互动论者意识到,在研究城市显现的经验世界的丰富性的同时,也要探究城市生活的模式。当时最受欢迎的教科书(帕克和伯吉斯[E. Burgess]*的《社会学概论》*An Introduction to Sociology*)很大程度上就是按照"形式"来组织的。

通过从丰富的实质研究领域(癌症病房、死亡过程)转向对常见形式(例如,状态通道、认知语境[awareness context]*)进行更持久的理论分析,巴尼·格拉瑟(Barney Glaser)和安瑟姆·施特劳斯(Anselm Strauss)试图在其死亡研究方面发展形式社会学。例如,从对垂死病患的详细案例研究出发,他们能够与其他主要状态变化的情况进行比较,从而发展出一种状态通道的形式理论,这种形式理论假定与其他状态通道有诸多共同之处(参见《状态通道》*Status Passage*, 1967)。从扎实的实质性研究中生发出更具比较、抽象和形式的理论。最近,罗伯特·普鲁斯(Robert Prus)(《一般的社会过程》Generic Social Processes,载于《当代民族志》*Journal of Contemporary Ethnography*, 1987)概述了过程式一般社会学所需的群体生活的五个主要方面:获取观点、实现认同、参与、从事活动和经历关系。

还有许多其他尝试来构建社会生活形式化理论的企图,包括约翰·洛芙兰(John Lofland)的《构建社会生活》(*Doing Social Life*, 1976)和卡尔·库奇(Carl Couch)的《营造社会生活》(*Constructing Social Life*, 1975),以及更为具体的案例研究,如刘易斯·科塞(Lewis Coser)的《功能》(*The Functions*, 1956)。有时,欧文·戈夫曼(Erving Goffman)*的《污名》(*Stigma*, 1961)很大程度也被视为受益于形式社会学。

关于形式社会学的作用和性质存在一些争议。有人认为它是在寻找一个稳定社会秩序(social order)*的固定结构;其他人则认为它描绘了构成社会生活的那些交往;但是对于许多人来说,它仅仅只是社会学家构建的一个分析手段,并据此试图将秩序强加给一个混乱的世界。

formal justice 形式正义

参见社会正义(justice, social)*。

formal operations stage 形式运算阶段

参见让·皮亚杰(Piaget, Jean)*。

formal organization 正式组织

参见正式结构(formal structure)*。

formal rationality 形式理性

正如马克斯·韦伯(Max Weber)*在对市场(market)*和科层制(bureaucracy)*的描述中的定义,形式理性是指可能的和可应用的客观的量化计算（即风险评估）的程度。货币是确保特定机构秩序内这种可计算性的最佳手段。对这个概念的理解，最好是将之放在与实质理性（substantive rationality）*（以及在上下文中）的区分之中。后者涉及与某些终极价值有关的行为，包括地位、平等主义（egalitarianism）*、社会正义（social justice）*，或者用于判断行动结果的、实际上无数种价值尺度中的任一种。在一定的实质性条件下——例如法律形式主义、雇员与生产资料（means of production）*和管理的分离，自由劳动，以及产权制度，形式理性是指方法和程序的可计算性，而实质理性是指目的或结果的价值。就社会行动（social action）*的目标、价值和价值承诺而言，形式理性与实质理性之间存有持续的张力。

formal structure（formal organization）正式结构（正式组织）

这个术语在人际关系运动首先使用。正式结构（正式组织）是指一个组织中的管理蓝图、组织结构图或权力链和沟通链。它可能与非正式组织或人际关系体系相反。组织的实际运作借助于非正式组织或人际关系体系，而它们通常与正式结构背离（有时相距甚远）。另见组织理论（organization theory）*。

Fortes, Meyer 迈耶·福蒂斯（1906—1983）

一位南非社会人类学家，结构功能主义（structural-functionalism）*的热情捍卫者。他的大部分职业生涯都在英国度过。他的人类学研究尤其关注加纳北部塔伦西的亲属制度（《塔伦西人的亲属关系网》*The Web of Kinship among the Tallensi*, 1949）和裂变政治制度（《非洲的政治制度》*African Political Systems*, 1940）。

Foucault, Michel 米歇尔·福柯(1926—1984)

一位法国后结构主义哲学家,"思想系统的历史学"教授,自20世纪70年代中期以来对社会学产生了重大影响。他的作品难以用语言形容的晦涩难懂。尼采(Nietzsche)*可能是对他的作品产生影响的最为主要的一位知识分子(intellectuals)*。

走进福柯作品最直接的办法就是阅读他有关疯癫、医学、监狱和性的案例研究。在《疯癫与文明》(Madness and Civilization,1961)中,他描述了一个理性与非理性的世界的出现,以隔离的收容所和精神病学(psychiatry)*的诞生为标志。这本书涵盖了福柯主要关注的时间段:从中世纪到文艺复兴时期,再到19世纪初开始的现代时期。在《临床医学的诞生》(The Birth of the Clinic,1963)中,他描述了从作为经典方法的解剖学向现代科学医学的转变。随着凝视(gaze)*从人体外部转向人体内部,医学成为人文学科的基础科学,而人类成为"实证知识的对象"。在《规训与惩罚》(Discipline and Punish,1975)中,福柯考察了刑事体制的变化,"权力的微观物理学"从古典时代的公开处决到现代监狱的时间表,从身体的管理到灵魂的管理。监狱中的囚禁策略最终成为整个现代社会的样板:一个观察、监视(surveillance)*、分类、等级、规则、纪律和社会控制(social control)*的体制。《性史》(The History of Sexuality,第一卷,1976)原本要出版六卷,但在福柯去世时还未完成。正是在这本著作中,福柯有关权力的诸多争论非常明显地始于一个命题,即"话语形成"(知识[knowledge]*或认识论[epistemology]*的结构)同时对社会对象(包括人类身体)构成和行使权力。

这四本作品或许是学生最容易理解的。但是,没有一本可以被视为是简单的进化历史。相反，福柯的目的是证明构成这些主题的话语（discourse）*所发生的重大变化：表明新的"真理制度"如何安排我们的知识、我们的分类体系、我们的信念和我们的实践。因此，福柯的作品远远超出了案例研究的范围，涉及了有关现代世界中知识和权力的组织的广泛的理论推测，以及特殊话语形式对社会控制的影响，尤其是参见《知识考古学》（The Archaeology of Knowledge, 1969）、《词与物》（The Order of Things, 1966）。

福柯的著作通常被认为是极富原创性的，但又绝望地令人难懂。其著作受到了极大的欢迎，并且其中一些还成了畅销书，发展出了一个重要的评论和分析领域。艾伦·谢里登（Alan Sheridan）的《福柯：真理的意志》（Foucault: The Will to Truth, 1980）可能是对于福柯的思想最为系统、最具同情和最易理解的概述。迪迪埃·埃里顿（Didier Eribon）的《米歇尔·福柯》（Michel Foucault, 1997）则是将福柯的生活和思想置于其同时代的舆论环境中加以理解。另见监视（surveillance）*。

frame（framing, frame analysis）框架（构造、框架分析）

在《框架分析》（Frame Analysis, 1974）中，欧文·戈夫曼（Erving Goffman）*将"框架"定义为"对一种情境的定义，这种情境是根据管理事件（至少是社会事件）以及我们对事件主观参与的组织的原则建立的"。因此，框架分析与经验的组织有关。在更广泛的背景下，有大量的研究文献（主要是社会心理学和社会学）表明人们对问卷（questionnaire）*或访谈项目的回答部分取决于他们如何"构造"问题，尤其是特定问题是被定义为一个遥远的"宏观"或系统性问题，还是一个直接影响个人的"微观"问题。类似的"构造"效应被当作问题的结果来观察，并被定义为是经济的各个方面，而不是生活的非经济领域、所感知的时间跨度以及被想象成特定互动目标的推算目标定义。例如，参见 W. 阿特斯（W. Arts）等人的《收入与正义观念：原则、判断及其构造》（Income and the Idea of Justice: Principles, Judgements and their Framing），载于《经济心理学杂志》（Journal of Economic Psychology，1991）。

Frankfurt School (of social theory) 法兰克福学派（社会理论的）

参见批判理论（critical theory）*。

Frazer, Sir James George 詹姆斯·乔治·弗雷泽爵士（1854—1941）

弗雷泽出生并受教育于苏格兰，1879 年至剑桥大学开展研究，在那里度过了漫长的职业生涯。他最初接受了分类学（taxonomy）*的训练，后受到 W. 罗伯特-史密斯（W. Robertson-Smith）和爱德华·泰勒（Edward Tylor）*研究的影响开始从事比较人类学研究，尽管研究只是基于与旅行者的通信，而非田野工作，并且几乎只专注于宗教和信仰体系。

在其一生中，弗雷泽以其广泛阅读的、多卷本的《金枝》（Golden Bough，1890）而闻名于世。在这本书中，他研究了献祭的含义，并从民族志（ethnography）*、民间传说、神话故事和《圣经》当中选取了很多例子。采取一种进化论（evolutionary theory）*的方法，他宣称发现了人类社会的思想史，即从巫术，经过宗教，达至科学。他将科学视为是一种对巫术和逻辑的回归，但是使用了正确的（经过经验检验的）假设和方法论（methodology）*。有人认为，他的作品之所以广受欢迎，是因为它暗示基督教（Christianity）*只是一种巫术形式，这种观点吸引了新兴的理性主义（rationalism）*哲学。尽管人们普遍承认他的研究激发了全球范围内民族志的工作，但现在很少人阅读他的书了。

Frazier, Edward Franklin 爱德华·富兰克林·弗雷泽（1894—1962）

他是芝加哥学派（Chicago School）*的成员，美国社会学会前主席，撰写了许多关于美国城市黑人家庭生活的作品，包括《美国黑人家庭》（*The Negro Family in the United States*, 1939）、《美国的黑人》（*The Negro in the United States*, 1949）和《黑人资产阶级》（*Black Bourgeoisie*, 1957）。在《黑人资产阶级》一书中，弗雷泽将美国的黑人商业阶层描述为"流氓资产阶级"。这夸大了这个阶层的经济状况，但有助于创造一个虚假的世界，使其成员可以摆脱在美国社会中的卑微状况。C. 赖特·米尔斯（C. Wright Mills）*稍早在其《白领》（*White Collar*, 1951）一书中使用了"流氓资产阶级"这个词，来指称死亡率（death rate）*很高的白人公司中的人群，他们从事的业务总量仅占公司业务总量的一小部分，但其所吸引的人员比例则远超其业务额度。尽管被批评经验上站不住脚，但弗雷泽的工作范围远超出了种族关系的主题，并且就现代美国人的价值（value）*和文化提出了许多鼓舞人心且仍具争议的观点。

free association 自由联想

参见精神分析（psychoanalysis）*。

free market 自由市场

参见市场(market)*。

free rider 搭便车

享受公共物品(public good)*或其他集体资助利益同时却避免任何个人成本或逃避个人对集体资金贡献的人。例如，一个人从自己没有参与的罢工行动中获得了工资增长的利益。火车上的逃票是(字面上的)搭便车。另见集体行动(collective action)*。

free will 自由意志

参见唯意志论(voluntarism)*。

frequency distribution 频数分布

参见分布(统计或频数)(distribution[statistical or frequency])*。

frequency polygon 频数多边形图

参见条形图(bar chart)*。

Freud, Sigmund 西格蒙德·弗洛伊德(1856—1939)

弗洛伊德以精神分析运动创始人而闻名，提出了仍然是精神分析(psychoanalysis)*基础的各种基本思想。他对现代心理学的影响也很大，但常常是间接的。行为主义(behaviourism)*，以及最近认知取向(cognitive approach)*所主导的主流心理学或多或少都对他持怀疑态度，甚至是敌对态度。

弗洛伊德生于维也纳，早年是一名外科医生和神经学家，后来对心理学、催眠和"治疗"越来越感兴趣。直到《梦的解析》(*The Interpretation of Dreams*, 1899—1900)，他才迈入精神分析理论的中心。在余生中，他著作等身，投入很多时间来组织精神分析运动。该运动经历了几次著名的分裂，特别是与阿尔弗雷德·阿德勒（Alfred Adler）和卡尔·古斯塔夫·荣格（Carl Gustav Jung）*相关思想的分裂。弗洛伊德于1938年离开奥地利，在他的书被烧毁于柏林的五年后，死于流亡伦敦途中。

弗洛伊德发展了一个由三个方面或要素组成的人格模型。引导个人适应外部世界行动要求的有意识因素被称为自我。自我也必须应付源自本我的潜意识冲动，而且正是由本我产生的愿望和欲望可能被拒绝或压抑到潜意识中。这种压抑源自构成超我（superego）*或意识的父母和其他人的内在期望。自我、本我和超我之间的相互作用塑造了人类的行为，而弗洛伊德在对诸如日常行为、口误、梦和宗教等现象的分析中也追溯了这一点。在本词典可以找到有关精神分析理论更为详尽的说明。本条目将集中讨论弗洛伊德对社会学思想的贡献。在他的著作中可以发现四种理解社会的不同路径。

第一种路径——为现代社会学所最不能接受的——认为人类社会和人类个体都经历相同的演化阶段而发展。这种类型的分析通常聚焦于作为社会超我表征的宗教的演化（参见《图腾与禁忌》*Totem and Taboo*, 1913；《摩西和一神论》*Moses and Monotheism*, 1939；《幻象的未来》*The Future of an Illusion*, 1927）。

第二种路径——有时被归入社会学之中——则将社会视为是

对本能(instincts)*的压制和升华(sublimation)*。也就是说,潜在危险的性和攻击本能被提升为对社会有益的活动,例如前者中的友谊(friendship)*和后者中的对外部敌人的抗争。弗洛伊德视之为一种矛盾关系。升华涉及牺牲我们对欲望的立即满足,因此产生一定程度的痛苦:文明程度越高,痛苦就越大(尤其参见《文明及其不满》*Civilization and its Discontents*, 1930)。这一论点被塔尔科特·帕森斯(Talcott Parsons)*采纳为他的社会化(socialization)*理论的一部分(参见他的《社会学理论论文集》*Essays in Sociological Theory*, 1949),并被赫伯特·马尔库塞(Herbert Marcuse)*表述成一种激进观点(《爱欲与文明》*Eros and Civilization*, 1955)。

第三,弗洛伊德的性发展理论——从多形性反常,经过俄狄浦斯阶段(Oedipal stage)*,到相对异性恋——已经被发展成为文明起源的理论(也是弗洛伊德对文明起源的看法),并被一些现代女性主义者用来解释父权制(patriarchy)*的存在。朱丽叶·米切尔(Juliet Mitchell)的《精神分析和女权主义》(*Psychoanalysis and Feminism*, 1975)为这方面的典型研究。

最后,在《群体心理学与自我分析》(*Group psychology and The Analysis of the Ego*, 1921)中,弗洛伊德提供了一种从认同、内摄和预测方面概念化社会关系的路径。这点也曾被现代女权主义者用来描写性别,如南希·乔多罗(Nancy Chodorow)的《母职的再生产》(*The Reproduction of Mothering*, 1978)。另见侵犯(aggression)*;梅兰妮·克莱因(Klein, Melanie)*;自恋(narcissism)*。

frictional unemployment 摩擦性失业

参见失业（unemployment）*。

Friedmann, Georges 乔治·弗里德曼（1902—1977）

法国社会学家、发起人，战后初期法国劳动社会学会的推动者，也是科学管理运动的尖锐批评者。劳动社会学会是在弗里德曼关于"劳动过程（labour process）*的性质和演变"的研讨会上发展而来的；几位主要的调查人员（包括迈克尔·克罗齐尔[Michael Crozier]和阿兰·图海纳[Alain Touraine]*）受到他的强烈影响；随后的许多研究计划都取决于他选择问题和提出问题的方式。

弗里德曼大量科研成果的主要构成部分是他对分割劳动和技术主义（technicism）*的批判。他对劳动分割和手工艺技能破坏的研究预示着后来哈里·布雷弗曼（Harry Braverman）书中对"非技能化"（de-skilling）*提出的批评。弗里德曼（和布雷弗曼）认为，劳动分割是资本主义（capitalism）*的特征；而资本主义正是通过区分执行与控制，从而降低工人的技能而产生的。相比之下，熟练的手工艺不仅更有趣，而且还使受此方式雇用的个体在道德和伦理上发生转变：其技术特征对从业人员产生了教育和人性化的力量。着迷于熟练技术和工艺的弗里德曼如此坚信这个观点，以致成了一名金属工人的学徒。他为社会学家所熟知的是两本著作：《工作剖析》（*The Anatomy of Work*，1961）和《工业社会：自动化的人类问题的出现》（*Industrial Society: The Emergence of the Human Problems of Automation*，1964）。另见工作退化论（degradation-of-work thesis）*。

friendship 友谊

尽管友谊是现代文化中的一个常用术语,但社会科学家对它的研究还很少。这个词在英语社会中被松散地使用,尽管似乎有种普遍的看法是它在欧洲比在北美具有更深的含义。可以说,在非西方文化中,它具有更明确的含义并被用作结构化社会关系的基础。在所有情况下,友谊不是亲戚关系,但它确实暗示着原本无关的个人之间的某种互惠(reciprocity)*和义务关系,尽管这会根据情况和环境而变化。根据共同的活动或场所(例如体育俱乐部),友谊的范围从相对随意的关系到相互支持的深远和持久的关系。

对友谊的系统研究包括两个主要方面。首先是对儿童友谊发展方式的社会心理学研究,以及友谊类型与童年(childhood)*阶段的相关性。而对成人间友谊的研究则集中在社交模式上,并且倾向于关注阶级差异。格雷厄姆·艾伦(Graham Allan)在《友谊:呈现一个社会学的视角》(*Friendship: Developing a Sociological Perspective*,1989)认为,一方面工人阶级的友谊选择主要由亲缘联系决定,尽管邻居和同事也可能有这种关系,另一方面,中产阶级(middle class)*对人际关系的迷恋更大,对朋友的选择更灵活、更自觉。最近的创新研究包括丽兹·斯宾塞(Liz Spencer)、雷·鲍尔(Ray Pahl)的(《重新思考友谊:当下隐藏的团结》*Rethinking Friendship: Hidden Solidarities Today*,2006)和大卫·摩根(David Morgan)的《熟人:密友和陌生人之间的空间》(*Acquaintances: The Space Between Intimates and Strangers*,2009)。

Fromm, Erich 埃里希·弗洛姆(1900—1980)

一位马克思主义者和精神分析学家,师从阿尔弗雷德·韦伯(Alfred Weber)*学习社会学,并于20世纪30年代就职于社会研究所(Institute of Social Research),当时该所正流亡美国(参见批判理论[critical theory]*)。他从事社会主义(socialism)*、人文主义(humanism)*的精神分析工作,并对霍克海默(Horkheimer)*早期的威权主义研究做出过贡献。他与法兰克福理论家决裂,出版了《逃避自由》(*Escape from Freedom*,1941)一书,其中阐述了一种独特的社会心理学(social psychology)*,对最近出版的马克思(Karl Marx)*早期手稿中的异化(alienation)*思想具有重要意义。他看到人们通过极权主义(tarianism)*、从众(conformity)*和侵犯(aggression)*等病理状态使得人们"逃避"自由。他的另一本主要著作《健全的社会》(*The Sane Society*,1955)则是扩展了他对资本主义(capitalism)*的心理后果的批判,并提出了将社会主义社会作为改善心理健康的手段。他后来的著作包括《人类的破坏性剖析》(*The Anatomy of Human Destructiveness*,1973),扩大了他对人类侵略性的分析。另见精神分析(psychoanalysis)*。

function(functionalism)功能(功能主义)

在现代社会学中,尽管功能、功能主义的概念往往和塔尔科特·帕森斯(Talcott Parsons)*的研究联系在一起,但是社会研究中功能解释的传统由来已久,而近来改良功能主义也正在复兴之中。在社会学奠基者行列中,爱弥尔·涂尔干(Émile Durkheim)*与功能主义的联系最为紧密,他常以生物学术语来做类比。其中最有名的术语莫过于"有机"一词。这个术语指把社会看作是一整个有机体,社会的每一个组成部分的活动都是为了维持其他部分的运作,就好比身体的各个部分都是为了维持其他部分和这个整体的运作。这个想法恰恰就是他的概念"有机团结"(organic solidarity)*的基础所在。涂尔干区分了功能解释和历史解释,也承认两者缺一不可。功能解释从结果来阐明一个现象的存在或者是一个行为的发生也就是现象或者行为对于维持一个稳定的社会整体的贡献。比如,功能主义对于犯罪(crime)*存在的解释是,犯罪有助于(通过惩罚)标识和强化社会可接受行为的边界,所以犯罪也就是社会生活的正常特征。类似地,宗教制度有助于产生和维持社会团结(social solidarity)*。历史解释就是对于同样的现象、行为按照年序来阐述。通过罗伯特·默顿(Robert Merton)*的研究,现代功能主义区分了显功能(manifest, function)*(预期结果或者意识到的结果)和潜功能(latent, function)*(非预期结果或者没有意识到的结果)的异同。而后者可能是有益的,也可能是无益的。

21世纪的大部分时间中,功能主义在社会学(sociology)*和社会人类学(social anthropology)*领域有着非常显著且强有力的影响。在某些更具决定论(determinism)*色彩的马克思主义(Marxism)*理论中,功能主义往往隐含其中——所谓社会形态(social formation)*的表面特性(如政治系统、意识形态[ideology]*和工会[trade union]*)是生产关系(relations of production)*的产物,并为生产关系服务。然而,社会学最为著名的功能主义分析可能就是金斯利·戴维斯(Kingsley Davis)和维尔伯特·莫尔(Wilbert Moore)所谓的社会分层功能理论。戴维斯还曾写过一本功能主义教科书——《人类社会》(*Human Society*, 1949)——并在他1959年美国社会学会年会的主席演讲中为功能主义进行了热情洋溢的辩护。参见《社会学和人类学中作为特殊方法的功能分析之迷思》(The Myth of Functional Analysis as a Special Method in Sociology and Anthropology),载于《美国社会学评论》(*American Sociological Review*, 1959)。尽管有人说索尔波特·甘斯（Herbert J. Gans）的名作《贫穷的正功能》（The Positive Functions of Poverty，载于《美国社会学杂志》*American Journal of Sociology*，1972）是对结构功能主义（structural functionalism）*的可笑模仿，这篇文章其实是意识形态中立之功能分析的一个绝妙案例。

在20世纪60年代后期，功能主义受到多方的持续抨击。功能主义被认为既难以解释社会变迁（social change）*，亦不能解释结构矛盾和社会冲突（social conflict）*，并且它对于社会稳定（social stability）*和有机类比的依赖也显得保守有余——把功能主义视为共识理论（consensus theory）*则成为时髦的做法。然而这一类的批评并不完全准确。帕森斯的进化理论把历史发展看作是系统和子系统的分化和整合。这个理论可以阐释变迁，至少可以解释在再整合之前的暂时性冲突。而功能解释在马克思主义中的存在说明了它可以和社会系统（social system）*中的矛盾并行不悖。而涂尔干本人也能够把功能主义解释和工会社会主义的激进形式结合起来。

功能主义的主要批评包括认识论（epistemology）*和存在论的批评。认识论观点是功能主义解释根本就不是解释，因为它没有指出因果机制和过程，反而想当然认为社会制度（social institution）*从其自身的假定效果中得到了充分解释。存在论观点则和我们所认为的社会本质有关。一些理论家虽然认可社会具有一种超越并高于个人的存在，但是并不认为可以把需要归结到社会（society）*身上（比如帕森斯四个著名的功能前提先决条件［functional prerequisites］*：适应［adaptation］*、目标达成、整合［integration］*和潜在模式维持），因为这赋予了社会和人类一样的特性。进一步而言，就算我们可以把需要归结于社会，但这也并不意味着，需要因其存在就会被满足。这需要恰当的历史解释及因果解释（causal explanation）*，来说明为什么要满足以及如何满足需要。安东尼·吉登斯(Anthony Giddens)*宣称所有的功能主义解释都可以被改写为对于人类行为和后果的历史叙述。也就是说，个人及其行为才是唯一的现实，我们不能把社会或者系统视为拥有一种超越个人、高于个人的存在。

对于20世纪70年代和80年代的大部分时间而言，功能主义作为一个思想派别以及一个理解、解释社会现象的方式好像消失了。但是近年一些有意思的尝试有所复兴：美国杰弗里·亚历山大(Jeffrey Alexander)的推动、德国尼克拉斯·卢曼(Niklas Luhmann)*的研究，以及英国哲学家杰拉德·艾伦·科恩(G. A. Cohen)关于马克思主义的有趣修正。

亚历山大(《新功能主义》Neofunctionalism, 1985)认为功能主义也许最好被理解为一个宽泛的派别(好比马克思主义)，不同于帕森斯的系统理论，这其中有很多不同的取向。他坚称我们不应该用功能主义来提供解释，而是把它用来描述社会制度和环境之间的共生关系——均衡(equilibrium)*(稳定)在这里是一个分析参照点，并不必然存在于现实中，并把结构分化(structural differentiation)*看作社会变化的一个主要形式。这就有效地把决定论(determinism)*从功能主义之中剥离出去。对于亚历山大来说，功能主义只是多种研究方式中的一种，优点是研究被其他取向忽视的社会方面。卢曼则详述了一个综合的系统理论(system theory)*，这个理论可以用于一系列诸如法律社会学(law, sociology of)*、宗教社会学(religion, sociology of)*和大众传媒社会学(mass media, sociology of)*等领域。

科恩(载于《探究》[Inquiry, 1982]里的一篇论文)的主张可以看作是涂尔干理论的一个不同形式。他建议不必把社会看作像个人那样具有需要,而是看作一种有倾向性的事实。也就是说社会环境的一些特性有助于某种制度(institution)*的持续存在,但是实际上并没有导致这个制度的存在。科恩以种族主义(racism)*为例。种族主义的存在也许有诸多的历史因素,但是它得以延续是因为它通过分化工人阶级和使得社会控制(social control)*变得容易,而有助于资本主义(capitalism)*体系的延续。类似地,作为现代理性选择理论(rational choice theory)*的领军人物,乔恩·埃尔斯特(Jon Elster)认为我们必须采用功能主义的解释来说明为什么资本家(capitalist)*的公司都采取利润最大化的策略。不论这些公司如何形成,市场(market)*经过淘汰,最终选择了最接近于最优策略的公司,并把这种法则强加于它们的身上(参见《尤利西斯和海妖塞壬》*Ulysses and the Sirens*, 1979)。所以,功能主义在社会学中仍有一席之地,当然这一席已经远远不如帕森斯理论占统治地位时代的辉煌了。另见越轨社会学(deviance, sociology of)*;发展社会学(development, sociology of)*;劳动分工(division of labour)*;马林诺夫斯基(Malinowski)*;拉德克里夫-布朗(Radcliffe-Brown)*;系统整合和社会整合(system integration and social integration)*;系统理论(system theory)*。

functional equivalents 功能均衡论

参见公民宗教(civil religion)*。

functional imperatives(functional prerequisites)
功能迫令(功能先决条件)

参见塔尔科特·帕森斯(Talcott Parsons)*;系统理论(systems theory)*。

functional inequality 功能不公

参见分层的功能理论（functional theory of stratification）*；社会正义（justice, social）*。

functional rationality 功能理性

一个最早出自马克斯·韦伯（Max Weber）*的概念，在尤尔根·哈贝马斯（Jürgen Habermas）*的帕森斯式社会理论中得到了发展。其指社会的系统理性被金钱和权力消解与重构，而生活世界中的交往理性在此过程中被殖民化。另见批评理论（critical theory）*；塔尔科特·帕森斯（Parsons, Talcott）*。

functional theory of stratification 分层的功能理论

在经典文献《社会分层原则》（Some Principles of Stratification，载于《美国社会学评论》American Sociological Review, 1945）中，金斯利·戴维斯（Kingsley Davis）和维尔伯特·莫尔（Wilbert Moore）主张不平等（inequality）*的社会经济回报是一种"无意识进化设置"，社会以此来确保有才能的人有足够的动力来接受相应训练，从而使得重要的社会角色（social role）*得以恰当地履行。如此一来，最有才能的人就可以执行最重要的功能（function）*，而那些需要最多训练并对维护社会系统（social system）*最重要的职位也就能得到最好的回报。

这个理论曾经（现在亦然）有高度的影响力，但也引起了很大的争议。麦尔文·图明（M. Tumin）的《社会分层文选》（Readings on Social Stratification, 1970）是关于这个争论的经典文选。戴维斯和莫尔的主张建立在功能主义（functionalism）*的前提上：社会秩序

(social order)*建立在共同价值之上，而这些价值界定了符合公共利益(public interest)*的集体目标。为了激励那些最能够实现这些目标的人，就有必要提供不平等的回报。然而，在经验层面，这些观点全都被认为是站不住脚的。有批评家们认为这个理论不过是在给不平等做辩护而已。也有人坚持这个理论是一种同义反复(tautology)*(循环论证)，因为它提出回报最高的职业和社会角色对社会稳定(social stability)*最为重要，然后又说高回报就是这些职业和角色社会重要性之明证。而在这个冗长的辩论过程中自始至终缺位、尚未被发现的，就是在概念上独立于回报的"社会重要性"之标准。不过，这个理论还在继续启发社会学讨论中的重要主题，比如社会流动(social mobility)*和社会正义(social justice)*方面的文献。另见地位获得(status attainment)*。

function, latent 潜功能

参见功能(function)*。

function, manifest 显功能

参见功能(function)*。

fundamentalism(religious) 原教旨主义(宗教)

一种呼吁回归天启宗教中的原教旨文本的运动或者信仰。它和现代主义(modernism)*以及自由主义(liberalism)*的宗教相对立。自20世纪20年代以来，这个术语被用于基督教(Christianity)*中的新教变化趋势，最近也用于伊斯兰教(Islam)*内部的变化趋势。撇开

它的神学（theology）*特性，原教旨主义也常常和社会改革以及获取政治权力的活动联系在一起。

futurology 未来学

未来学通过构建关于历史的理论从而来预测未来的尝试，和哲学本身一样古老。但是未来学的系统实践——通过预测统计趋势来建构现实的未来图景——可以溯源到 20 世纪 50 年代，是一个非常独特的社会科学事业。像赫尔曼·卡恩（Herman Kahn）和安东尼·维纳（Anthony Wiener）在《公元 2000 年》（*The Year 2000*, 1967）这样的早期预测往往比较乐观，甚至带有乌托邦色彩。

这种模式随着罗马俱乐部的报告《增长的极限》（*The Limits to Growth*, 1972）报告出炉而改变。20 世纪 80 年代和 20 世纪 90 年代未来学变得更为悲观，有时甚至类似末日预言，主要关注人口、环境和社会秩序（social order）*的负面的变化趋势。然而，也有书中有乐观的预测，比如马尔文·塞德隆（Marvin Cetron）和欧文·戴维斯（Owen Davies）的《美国文艺复兴》（*American Renaissance*, 1989）。

大多数预测依赖于发现历史趋势和模式，然后以此来预测未来。最简单的预测聚焦在一个特定变量上，比如人口或者技术。这些预测也许可以给出关于未来或多或少有些确定的答案：下一个十年世界人口必将增长十亿，科技必将更为复杂，等等。其他变量，如经济表现、药物使用、犯罪、宗教信仰，或者社会态度就很难预测了。复杂的模型系统可以考虑很多变量，但是他们提供太多的变化分支路径，以至于有用性就变得有限了。总体而言，未来学作为一种带有预测性的练习还是很有意思的。但是它几乎没有科学基础，它的预测也几乎全都失败了。

G

Galton's problem 高尔登问题

高尔登问题是以19世纪英国博物学家弗朗西斯·高尔顿(Francis Galton)的名字来命名的。他与人类学家爱德华·泰勒(Edward Tylor)*有过关于比较分析(comparative analysis)*逻辑的著名交流。1889年，泰勒发表了一篇论文，描述了众多形态的古今社会中经济和家庭制度之间明晰的相关关系，并意图以这些制度的功能(function)*来解释其相关关系。高尔登辩称社会制度(social institution)*之间的相关关系未必源于其功能状况所迫，也就是通过社会内部运作过程而产生)，也可能是由于不同社会之间的文化传播(cultural diffusion)*而致。如此一来，他就质疑了泰勒关于每个国家的个案都是一个独立的观察对象的假设。参见《皇家人类学研究院期刊》(The Journal of the Royal Anthropological Institute, 1889)。

关于自发的制度发展和受文化扩散影响的制度发展两者之间的区别问题仍然是宏观比较社会学的核心问题。比如，和现代福利国家的出现相关的各种制度可能就受到以下的各种影响，比如英国1945年以后的贝弗里奇计划、19世纪德国的俾斯麦社会政策，还有当代所谓的斯堪的纳维亚模式。事实上，一些观察者认为全球化(globalization)*进程、世界体系(world-system)*的出现、跨国公司(multinational corporation)*以及政治组织的方针，都在加速和加强文化扩散的影响，一定程度上削弱了宏观比较社会学关于以单个国家为独立观察对象的基础:也许我们正在走向一个N=1的世界。

从实证层面来讲,就文化传播而言,不同国家间的比较研究在社会生活的不同领域也是不一样的,特别是经济和政策研究(policy research)*方面尤为突出(在这些领域里,政府之间的竞争往往具有明确的目的性)。类似地,从强调本土原因入手,对叛乱(rebellion)*进行总体性解释的理论家们必须认识到革命者往往在互相学习,因此(比如)近代中国的革命一定程度为苏俄革命所形塑。然而,在其他地方,比如在关于教育成就的阶级差异研究中,有证据表明,国家之间的差异往往可以归结于本土制度所特有的社会选择过程,当然毋庸置疑的是,不同国家在教育扩张和改革项目上还是有着明显的相似性的。我们也可以在宏观比较社会学中对于国家间的相互依赖进行建模,比如可以使用事件史分析方法来研究国内因素和特定国际因素的事件如何影响国内制度和政策的发展。

请参见《社会比较研究》(Comparative Social Research,第16卷,1997)关于高尔登问题的宏观比较社会学的讨论,包括案例导向(定性)和变量导向(定量)的方法论(methodology)*,以及理论发展和检验的更广泛的问题。另见比较社会学(comparative sociology)*;功能(function)*。

game theory 博弈论

对于理性选择理论(rational choice theory)*的发展。理性选择理论主要关注两人或者多人在他们的利益(interests)*至少是部分处于冲突状态下所作出的理性行为。约翰·冯·诺伊曼(John von Neumann)和奥斯卡·莫根施特恩(Oskar Morgenstern)在其合作名著《博弈论与经济行为》(*The Theory of Games and Economic Behaviour*,

1947）一书中试图建立一个同时包括零和博弈（zero-sum game）*和非零和博弈的理论。在这个情境中，"博弈"至少有两个"博弈者"的互动情形，他们至少有一段时间处于竞争对手状态。这种情形可能包括婚姻（marriage）*、战争、政治党派竞争、劳动力市场（labour market）*，以及很多更为具体的雇主-工人协商情况。博弈论的核心贡献是提供了一个抽象的数学理论，以此来模拟个人的选择，比如说在具有某些共同特征的情形下（如参与者或者博弈者的数量，奖金固定还是不定），哪些选择是可能的。

零和博弈论的情境是，甲方的胜利意味着乙方的失败，也就是蛋糕的大小是固定的，每个人都想得到尽可能大的那一块。诺伊曼最先开始研究二人零和博弈，并指出在某些情况下，会有一个相对稳定的平衡点（或者是最小化-最大化兼顾），在这个点上一个人的最优化选择也满足另一个人的最优化选择。

在非零和博弈或常和博弈中，也许所有或者部分参与者可以积极合作去增加总利益，那么分析就聚焦于联盟的形成及其结果。实际上，合作增加了蛋糕的大小，但是参与者并不总能预测到对手的选择。最有名的例子莫过于囚徒困境（Prisoner's Dilemma）*，和更近的公地悲剧（Problem of the Commons）*。两者都敏锐地指出了每个个人利益最大化可能会造成最坏的总体结局。只有每个参与者都选择集体利益，而不是狭隘的个人利益，那么才能实现最优化的集体结果。在大多数博弈实验中，接近三分之二的人做出来自利、缺乏信任感的选择；少部分人得到了合作性的结果。然而，使用大规模计算机模拟对不同策略的有效性进行评估，长远看来，完全个人利益驱动的个体会在社会中发展出合作。

博弈论的数学模型主要用于经济学领域。但是它的一般性理论和概念在所有研究冲突、竞争和潜在合作的社会科学（social science）*领域均有影响力（比如在军队、投票和竞选结盟方面的研究）。参见罗伯特·吉本斯（Robert Gibbons）的《博弈论基础》（*A Primer in Game Theory*, 1992）和肯尼斯·宾莫默尔（Kenneth G. Binmore）的《娱乐和游戏》（*Fun and Games*, 1992）。

gangs 帮派

弗雷德里克·思拉舍（Frederic M. Thrasher）的《帮派》（*The Gang*, 1927）一书颠覆了先前帮派只是组织松散、游手好闲、违法乱纪的街头小混混形象。他的分析受到芝加哥学派（Chicago School）*的影响，认为帮派是有组织的工人阶级（working class）*的年轻人，忠诚、领地和等级制度把他们集合在一起。进一步而言，帮派的形成反映了社会动态，比如面临城市变迁，人们对于身份认同的追寻。引用思拉舍的话来说，"帮派的发展就是经济、道德和文化最前沿变化的一个体现，它标记着（城市中不同地区之间）的缝隙地带"。其他核心著作还包括威廉·富特·怀特（William Foote Whyte）的《街角社会》（*Street-Corner Society*, 1955）、阿尔伯特·科恩（Albert K. Cohen）的《少年犯》（*Delinquent Boys*, 1955）。而对于种族、性别方面问题的忽视则一直持续到最近。另见不良行为（delinquency）*；亚文化（subculture）*；青年文化（youth culture）*。

gatekeeping 守门

正式组织（formal organization）*的等级结构把部分的个人、群体置于关键位置，从而可以掌控对于货物、服务或者信息的准入。他们因而可以行使远超自己职位的权力（power）*。社会学家在很多不同的情境下研究了这一现象。城市经理人视角——很多20世纪六七十年代的这一类研究——提供了这样一个例子。这些研究的宽泛论断如下，"城市经理"（比如城市规划师和地方政府官员）扮演了一个重要的守门人角色，他们控制了城市资源的获得如住房、土地、建筑许可等等。

gay studies 同性恋研究

参见女同性恋和男同性恋研究（lesbian and gay studies）*。

gaze 凝视

一个和米歇尔·福柯（Michel Foucault）*的监控叙述有关的术语。它指的是察看和解释社会世界（social worlds）*的各种结构化方法。凝视这个术语在像家庭这样更为传统的社会学主题的讨论中日渐重要起来。比如，借鉴了福柯关于全景式监控的理论以及布莱恩·特纳（Bryan Turner）关于身体的论作，大卫·摩根（David H. J. Morgan）主张父母对于子女的凝视是家庭内部监控的一个重要方面（参见《家庭联系：家庭研究入门》*Family Connections: An Introduction to Family Studies*，1996）。劳拉·穆尔维（Laura Mulvey）在《荧屏杂志》（*Screen Magazine*）中的《视觉快感与叙事电影》（Visual Pleasure and Narrative Cinema, 1975）一文中介绍了关于凝视的一个重要理论。她认为女性在屏幕上被客体化和刻板印象化，是因为电影院的结构是按照男性察看——或"凝视"的三个方式构造起来的。其一，所有电影拍摄场景中，摄像机所看到的是窥阴式的，因为大多数电影都是男性制作的；其二,男性凝视存在于一个特定的电影里,即女性在电影里成为男性凝视的对象;其三,有一个现实的男性观众在凝视。穆尔维的理论受到雅克·拉康(Jacques Lacan)*的精神分析观念的极大影响。这也成为女性主义艺术理论中的重要概念。有人认为正如男性凝视的存在,也存在女性凝视。

社会学家们开始日益考虑到日常生活中视觉表达的重要性,也可以说社会分析和视角表达的界限已经变得不再那么清晰了。伊丽莎白·卓别林(Elizabeth Chaplin)的《社会学和视觉呈现》(Sociology and Visual Representation,1994)和吉莉安·罗斯(Gillian Rose)的《视觉研究导论》(Visual Methodologie,2001)在一些关键领域方面均有很好的讨论。

Geddes, Sir Patrick 帕特里克·格迪斯爵士(1854—1932)

一位苏格兰博物学家。他有生物学和生态学(ecology)*的学术背景,此外他还在环境影响人类迁移定居方面颇有研究。受到弗雷德里克·勒普莱(Frédéric Le Play)的影响,他看到了"地方""工作"和社区(community)*之间的高度联系。他是以生态学导向来研究环境和社会政策(social policy)*方面的先驱。他的社会学取向把社会现象放在其自然环境的"区域性"情境中,并看到"协同性"的文化过程在形塑区域性社会结构的作用。他探究城市的社会过程,并创造集合城市(conurbation)*这个术语来理解现代都市-工业区。作为英国社会学在20世纪早期的重要人物,他的一些想法对城市规划理论和实践产生了重要的影响。他活跃在很多政治团体中,并鼓吹中间主义"第三条道路"。约翰·斯科特（John Scott）和雷·布罗姆利（Ray Bromley）在《展望社会学：维克多·布兰福德、帕特里克·格迪斯与对社会重构的探索》(*Envisioning Sociology: Victor Branford, Patrick Geddes, and the Quest for Social Reconstruction*, 2013)一书中探讨了他的社会学思想。另见维克多·维拉西斯·布兰福德（Branford, Victor Verasi）*。

Geiger, Theodore 西奥多·盖格（1891—1952）

德国社会学家，生平主要在丹麦教学。他做了关于阶级结构变化的重要研究，他看到阶级关系在熔炉（melting-pot）*中消融并催生了大众社会（mass society）*。他关于丹麦社会流动研究的经典之作《丹麦中等城市的社会变迁》(*Soziale Umschichtungen in einer dänischen Mittelstadt*, 1951)，批评了传统的地位获得（status-attainment）*研究把职业声望（occupational prestige）*作为流动分析的唯一基础。他的很多研究都还没有翻译成英文，仅有《西奥多·盖格论社会秩序和大众社会》(*Theodor Geiger on Social Order and Mass Society*, 1969)一书节选翻译了他的作品。

Geisteswissenschaften and Naturwissenschaften
精神科学和自然科学

德语中分别用来表示精神科学和自然科学的词汇。在第一次世界大战爆发前 30 年左右，一系列关于方法论的争论（所谓的方法论论争[methodenstreit]*）占据了德国学术生活的主流：其中最普遍（也可能是最重要的）的争论涉及自然科学和文化（或历史）科学的关系。哲学家威廉·文德尔班（Wilhelm Windelband）*从现实不可分的前提出发，在自然科学与精神科学的方法差异的基础上，提出了它们之间的先验逻辑区分。文德尔班认为，自然科学使用"通则研究"或者是归纳研究方法，因为他们寻求发现规律性的和普遍性的关系和特性；而社会或者是文化科学使用特殊规律法或者个性化的程序，因为他们的兴趣在于社会现实中的非重复事件和各种现象的特殊之处。而威廉·狄尔泰（Wilhelm Dilthey）*从主题方面来比较自然科学和精神科学。他遵循的是不同的前提，就是说现实可以被分割成不同自发部分——其本质不同就在于"自然"和"人类心灵"是不同的领域——而每一部分即不同范畴的科学的领地所在。

从社会学角度来讲，对这场讨论最有意思的贡献有可能来自海因里希·李凯尔特（Heinrich Rickert）*。他是一个新康德主义哲学教授，先后在弗赖堡和海德堡生活过，既是马克斯·韦伯（Max Weber）的同辈，也是他的朋友。李凯尔特的科学领域概念形成理论（参见《自然科学概念形成的限制》*Die Grenzen der naturwissenschaftlichen Begriffsbildung: Eine logische Einleitung in die historischen Wissenschaften*, 1902 和《科学和历史：对于实证主义认识论的批判》*Science and History: A Critique of Positivist Epistemology*, 1898—1902）对马克斯·韦伯在方法论撰写和实际内容分析方面有重大影响，比如明显的例子就是《新教伦理和资本主义精神》（*The Protestant Ethic and the Spirit of Capitalism*）中所采用的理想类型（ideal type）*之方法。在沃纳·卡恩曼（Werner Cahnman）和阿尔文·博斯科夫（Alvin Boskoff）编的《社会学和历史》（*Sociology and History*, 1964）一书中，卡恩曼在其论文《马克斯·韦伯和社会科学的方法论争议》（Max Weber and the Methodological Controversy in the Social Sciences）中解释了方法论争论的社会学重要性。

Gellner, Ernest 厄内斯特·盖尔纳（1925—1995）

尽管盖尔纳出生在捷克斯诺伐克，他的家庭（犹太后裔）在1939年德军占领之后就很快离开捷克。他的职业生涯主要在英国度过。他于1949年到1984年之间，在伦敦政治经济学院先后教授社会学和哲学，其后赴剑桥大学担任社会人类学教授。1993年，他回到布拉格，成为中欧大学民族主义研究中心的全职主任。

他的作品涉猎惊人地广泛。其第一本书《语词和事物》（Words and Things，1959）是对语言哲学的批评，他谴责这门学科自鸣得意、缺乏想象力、视野狭隘。在《思想和变革》（Thought and Change，1964）一书中，他提出了一个富有争议性的论点：社会秩序（social order）*只有在满足了富庶和民族主义（nationalism）*的条件之后才具有其合法性（legitimacy）*（他后来的著述意图把"自由"这个观念添加进他那个略显严苛的现代性［modernity］*概念之中）。他随后撰写了关于北非柏柏人（《阿特拉斯圣徒》Saints of the Atlas，1969）的民族志（ethnography）*、对精神分析的批判性研究（《精神分析运动》The Psychoanalytic Movement，1985）和对苏联意识形态的批判性研究（《苏联思想中的国家和社会》State and Society in Soviet Thought，1988），其后还著述了很多论文和书籍，讨论民族主义、穆斯林社会、相对主义（relativism）*、多元主义（pluralism）*以及社会科学（social science）*的方法论（methodology）*。尽管关于社会主义（socialism）*成功转型民主社会之条件的研究尚未完成，但就在他去世之前，他还写完了关于民族主义(《民族主义观察》Nationalism Observed),以及关于维特根斯坦(Wittgenstein)*和马林诺夫斯基(Malinowski)*的著作(《语言与孤独:维特根斯坦、马林诺夫斯基及哈布斯堡王朝的困境》Language and Solitude: Wittgenstein, Malinowski, and Habsburg Dilemma)。

我们难以用语言去描述他多产的作品。其中一个贯穿的主线是对社会科学的理性主义(rationalism)*之于相对主义的辩护。另一个则是对于民族主义的持久兴趣,而他对其悲惨后果深有感触,同时也认为民族主义对于公民身份(citizenship)*发展具有决定性的影响。而他自己对于盎格鲁-撒克逊社会学的影响是显而易见的,比如在他教过的英美几代历史社会学家和社会理论家的著作中可见端倪。在《厄内斯特·盖尔纳:一个知识分子的传记》(Ernest Gellner: An Intellectual Biography, 2010)一书中,约翰·霍尔(John Hall)讨论了盖尔纳的生平和作品。

Gemeinschaft and Gesellschaft 共同体和社会

这两个德语词汇常常成对使用,就是斐迪南·滕尼斯(Ferdinand Tönnies)*所说的"共同体""社会"组合,当然后者有时也翻译成"社团",参见滕尼斯《共同体和社会》(Gemeinschaft und Gesellschaft, 1887)。根据滕尼斯关于欧洲现代化(modernization)*的论点,从共同体走向社会经历了一个理性化(rationalization)*的过程,也就是从以家庭、行会为基础的关系行进到以理性(rationality)*和计算为基础的关系。共同体指的是这样一个世界,其中包括了亲密(intimacies)*、情感(affect)*、面对面互动(face-to-face interaction)*、对地方的依恋、先赋社会地位（status, ascribed）*以及一个同质的、受约束的社群。而社会却和如下词汇联结在一起，城市主义（urbanism）*、工业生活、流动、异质、缺乏人情味。关于社群概念的争论大都围绕以上的词语展开。参见科林·贝尔（C. Bell）和霍华德·纽比（H. Newby）的《社区研究》（Community Studies, 1971）。

本质上来讲，这些概念就是所谓的理想类型（ideal type），正如传统和现代等类似概念。实际上，这些概念的要素在大多数的社会关系和社会中都多多少少地存在着。关于传统（tradition）*、现代社会概念的演变可以溯源到爱弥尔·涂尔干（Émile Durkheim）*关于机械团结（mechanical solidarity）*和有机团结（organic solidarity）*的区分（以及与之相关的集体意识［collective conscience］*），也常常（也许最清晰地）出现在马克斯·韦伯（Max Weber）*的著述中。当然，韦伯也经常写到地位（status）*、通婚（connubium）*、共生，以及生活方式（lifestyle）*，这些与利益（interests）*、经济群体、阶级（class）*等概念相对的概念。帕森斯的价值导向——比如特殊主义和普遍主义、先赋（ascription）*和成就（achievement）*这些概念——也是从这个两极组词发展而来，并用来理解随着现代化而产生的制度和主体变化的本质。另见塔尔科特·帕森斯（Parsons, Talcott）*。

gender discrimination 性别差异

参见性别社会学（gender, sociology of）*。

gender roles 性别角色

参见性别社会学（gender, sociology of）*。

gender segregation（in employment）职业性别隔离

这个术语指的是男性和女性在职业结构（occupational structure）*中的不平等分布——有时（且更为准确）也被称为"性别之间的职业隔离"。职业性别隔离有两种形式："垂直隔离"描述男性集中在职业等级的顶部，而女性在底部；"水平隔离"描述在同一水平的职业中（就是职业等级内部，或者就是同样职业本身），男性和女性从事不同的工作任务。性别隔离的程度和数据集中的水平成反比。另见劳动力市场（labour market）*；劳动力市场分割（labour-market segmentation）*；职业隔离（occupational segregation）*。

gender, sociology of 性别社会学

安·奥克利（Ann Oakley）*把这个术语引进社会学。根据她的意思，"性"指的是生物学类别的男性和女性；"性别"指的是社会意义上的男性气质（masculinity）*和女性气质（femininity）*这样的不平等（inequality）*的类别（参见《性、性别和社会》Sex, Gender and Society, 1972）。所以性别把关注点引向社会建构的两性差异。性别这个术语不仅仅涵盖对个人身份和个性的理解，还在象征层面上延伸到男性气质和女性气质的文化典范和刻板印象（stereotype）*，更在结构层面上触及制度和组织内部的性别分工。

1970年代，社会学和心理学的兴趣聚集于呈现性别的存在，也就是显示生物差异不能解释的男女两性的差异和分裂，而在文化上占主导地位的关于男性气质和女性气质的观念只不过是刻板印象而已，仅仅与现实粗略吻合。研究也显示关于性别以及男女角色的观念存在着巨大的文化鸿沟。不少研究调查如下的社会化（socialization）*

过程如何帮助婴儿成长为成年男女，如育儿、教育、青年文化（youth culture）*、雇佣实践和家庭意识形态。在结构层面，很多研究关注不平等的家庭分工（domestic division of labour）*，也包括那些有全职工作的男女两性以及职场歧视。在职场中，性别（而不是个人的技能和资质）很大程度决定了工作类别和晋升机会。近来，研究兴趣开始转向文化层面上的性别形成的变化。很多研究都是跨学科的，借助人类学、历史、艺术、文学、电影和文化研究（culture studies）*来探讨各种问题。比如各种种族纯化观念的交织，美国白人女性的贞洁和黑人的男性气质；再比如天然普世母职（motherhood）*的迷思。萨拉·德拉蒙特（Sara Delamont）在《女性社会学》（The Sociology of Women，1980）中回顾了这些文献。

对于性别概念的批评有两支主要的文献。第一是性别概念建立在一种错误的生物、社会二元论的基础上。这就与对社会学的普遍批评联系在一起，也就是说，社会学总是倾向于把社会看作是没有实体基础的，把婴儿看作是一块白板（tabula rasa）*，而社会化可以在上面随意书写，生产社会意识和行为，比如爱弥尔·涂尔干（Émile Durkheim）*的作品。按照更为近期的米歇尔·福柯（Michel Foucault）*的著作，社会学家不再那么倾向于对身体（body）*想当然，而是把身体当作社会研究的对象，并承认身体的社会意义随着历史的推进而改变。但是从某种意义上来讲，这也会成为另外一种轻视生物学的情况，把生物科学贬低为仅仅是一种社会话语。关于性和性别之辩的一个批评属于福柯主义，它否认那种独立于社会性之外，具有生物学差异的性的存在。第二种批评，它重申超越社会性的生物差异的存在，反对那种低估身体重要性的性别观念。据其所说，性和性别两者的区别和一种特别形式的女性主义政治学相联系,这个学派寻求取消性别,力图向双性化(androgyny)*前进。这种女性主义思潮大大压缩了其他女性主义思考的空间,比如如下方面的生物政治学:月经、避孕、生殖技术、流产或者生育管理。

第三种批评考虑的是这个方面,也就是性别概念如何关注女性和男性的差异而忽视权力和控制。有些作者更喜欢使用父权制(patriarchy)*这个术语作为主要概念,以便同时从分析和政治层面把权力(power)*这个问题放在最前面。这个术语有很多问题,这里需要指出其中最重要的一条是它把生物范畴当作社会范畴,从而混淆了性和性别:在父权制中女性和男性被看作是事先就存在的,而生物繁殖则被用于对它解释之中。

值得一提的是,"性别"被批评为一种保守的概念,用以避免"性"这个词。当然如果性别这个词在社会学中得到正确使用,就不是这种情况了。但是在日常生活中常常是这样的,比如当人们说到"相反的性别"的时候。而一些社会学家讲到性别角色(gender roles)*或者性别歧视(sex discrimination)*的时候,也不免心生愧疚。

当意识到相关问题的时候,性别这个词也可以用得富有成效。如果意识到有必要考虑到生物差异和权力结构,并放在其与社会建构的差异的关系之中,那么性别这个术语可以很有优势,因为它会鼓励男性气质和女性气质研究,不同性之间的关系以及女性社会地位的研究,以及对于历史、文化的不同和社会变化的承认,而不是去进行一种一般化的研究。另见家庭分工(domestic division of labour)*;家庭社会学(family, sociology of)*;职业性别隔离(gender segregation[in employment])*。

gender stereotypes 性别刻板印象

对于男性和女性的片面、夸张的印象,我们在日常生活中却经常不断重复这些印象。这在大众媒体中往往司空见惯,因为它们就像一种通俗易懂的简便符号。社会学家经常把刻板印象(stereotype)*看作是儿童进行性别角色社会化过程的一部分,通过它,儿童失去了更为个性化、多元化的成长机会。

gene(genotype)基因(基因型)

生物遗传的基本单位。在有性繁殖的物种中,每个个体的基因型由其父母亲各一半的基因组成。这种复杂的基因结构结合广泛多变的环境影响,以复杂的方式造就了个体表型,或者是外在体象。现代进化论就建立在基因遗传的前提之上,但是这个不在达尔文(Darwin)起初的理论架构之中。直到《物种起源》(Origin of Species)发表的30余年之后,孟德尔(Mendel)研究的重要性得到了认可,基因(遗传信息的实际载体)才得到首次确认。借助基因工程技术,生化技术随之得以推进到一定阶段,可以修改人类的遗传物质的组成。当然这里涉及伦理问题,所以目前只有很少的应用得到批准。

理查德·道金斯(Richard Dawkins)在《自私的基因》(The Selfish Gene, 1976)一书中讨论了这些发现对于社会科学(social science)*的影响。这本书成功使得爱德华·威尔逊(Edward O. Wilson)的社会-生物(socio-biological)*视角广为人知。在道金斯的书里,基因被确认是自然选择(natural selection)*的单位,而生物个体只是它的基因库存的续命机器或者是运载工具。如果遵从这个逻辑,那么结论就是,基因存亡和繁衍的要求决定了所有的行为。这种论调的还原论

(reductionism)*传承也成为很多批评的焦点。另见染色体(chromosomes)*;达尔文主义(Darwinism)*;优生学(eugenics)*;遗传(heredity)*;模因(meme)*。

genealogy 谱系

亲属理论的重要工具,也是亲属社会政治组织不可或缺的部分。而谱系也是追溯不同代际的事实或非事实亲属关系(kinship)*的工具。

generalized other 概化他人

参见自我(self)*。

generation 世代

世代是指年龄群体的一种形式,由那些大致出生在同一时间的社会成员组成。一个密切相关的概念是队列,指的是任何具有相同时间特性或特征的群体或类别。因此,一个世代就是一个出生队列(birth cohort)*,这样的类别经常被运用到社会流动的趋势分析里面。队列分析是一种按照不同时间间隔去对比一个或多个队列的研究方法(research methods)*。近年来,考察新兴年龄组对社会变迁(social change)*的作用的世代分析越来越受到学界的关注。卡尔·曼海姆(Karl Mannheim)*在他的《代际问题》(*The Problem of Generations*,1952)一书中,描述了处于不同世代的人们看待世界的方式截然不同。因此,社会变迁是不同时代特有的经历的表现形式。在最新的一部著作——《大萧条的孩子们》(*Children of the Great Depression*, 1974)

一书中，格伦·H. 埃尔德（Glenn H. Elder）展示了在大萧条时代成长的节俭的一代人对世界有着与在经济繁荣时代长大的一代人如何截然不同的看法。世代也用来表示不同世代的人之间的代沟。连续世代社会化的相关研究虽认为代际冲突普遍存在，但针对连续世代在价值（value）*和行为等方面的相似和差异程度的问题存在分歧。然而，即便在同一个世代中，人们也有可能因为性别、种族和社会阶层等因素，行为和价值存在巨大差异。世代身份认同的延续性（长期效果）也是研究中常常关注的问题。例如，年轻的时候参加过抗议运动的青年人中年以后行为、态度和价值有何不同？因此，对生命历程（life course）*和老龄化（ageing）*的研究与世代研究的旨趣密切相关。世代研究中，有参考价值的文献综述是简·皮尔彻（Jane Pilcher）的《现代英国的年龄和世代》（Age and Generation in Modern Britain, 1995）和朱迪思·伯内特（Judith Burnett）的《世代：理论与实践中的时间机器》（Generations: The Time Machine in Theory and Practice, 2010）。另见年龄级（age grades）*。

generic social processes 一般的社会过程

参见形式主义（formalism）*。

genetic modification 基因改造

转基因生物是指经过基因工程改造的生物。基因工程包含将变化引入遗传（heredity）*物质，或者将部分遗传物质从一个细胞转移到另一个细胞。这种转移可以发生在不同类型的细胞之间，例如，从动物到植物或从微生物到植物。基因疗法涉及人类基因组（human genome)*的基因修改,试图弥补人类遗传缺陷。但在英国这项技术最明显和最具社会争议的用途是生产食用的转基因作物。其目的是将理想的特性引入植物,例如,高产量、增加营养价值,或抵抗干旱和害虫。然而,转基因食物的反对者强调这项技术对环境和人类健康的长期后果的不确定性。第三世界(Third World)*农业的潜在利益已经被广泛认可,但是这些都倾向于假设第三世界的饥饿仅仅是食物产量的问题。生物技术公司试图为转基因作物及其产品申请专利,引发了关于自然存在实体的所有权的辩论,并被指责为"生物剽窃",即利用当地知识和生物资源获取商业利益。

genetics 遗传学

参见基因(gene)*;基因改造(genetic modification)*;遗传(heredity)*;人类基因组(human genome)*。

genocide 种族灭绝

这是拉斐尔·莱姆金(Raphael Lemkin)在第二次世界大战期间创造的术语,1948年被《联合国公约》采用,指代对某个族裔全部人口系统、大规模虐杀。社会学家最关心以下五个问题:如何界定种族灭绝;种族灭绝的类型学(typology)*表现;引起种族灭绝的原因;对种族灭绝的历史分析;以及种族灭绝对被害者和加害者的影响。乔克(F. Chalk)和乔纳森(K. Jonassohn)在其著作《种族灭绝的历史和社会学》(The History and Sociology of Genocide, 1989)中对相关问题进行了系统全面的讨论。

欧文·霍洛维茨(Irving Horowitz)(《夺取生命:种族灭绝与

国家权力》*Taking Lives: Genocide and State Power*, 1980）将种族灭绝定义为："国家官僚机构对无辜人民的结构性和系统性虐杀。"种族灭绝通常宣扬某些外群体（out-group）*或弱势群体（pariah group）*不属于人类，并依靠高度集权的官僚权威对其实施大规模非人道的虐杀。在过去，其主要表现形式包括战争中屠杀全部人口或为了宗教目的牺牲众多民众的生命（例如在迦太基，年幼的儿子被供奉给神灵）。在早期，这种大规模谋杀的犯罪者往往受到的惩罚较轻。关于种族灭绝的构成有很多争议。16世纪和17世纪整个欧洲的巫术清洗应该被视为种族灭绝吗？如果考虑到"大规模死亡"，日本广岛原子弹爆炸也可以包括在内，但这是一种独特的形式。

一些人认为，种族灭绝的条件可与现代化（modernization）*的条件相吻合，按此标准，整个20世纪并不是一个进步的世纪，而是种族灭绝的时代。这可能有些言过其实，因为在整个历史上还有许多其他种族灭绝的案例。例如，纳粹大屠杀以及因"零年"或"屠场"运动而经常被称为意识形态（ideology）*种族灭绝的柬埔寨共产党。齐格蒙特·鲍曼（Zygmunt Bauman）*在一份著名的大屠杀研究（《现代性与大屠杀》*Modernity and the Holocaust*, 1990）中认为，纳粹大屠杀展现了以大规模官僚机构、大规模技术和意识形态（ideology）*控制为特征的现代化的阴暗面。

将领土内的某些特定种族群体视作种族灭绝对象，目的是将其从该领土上消除（或通过杀害，或通过强制迁移），被称为"种族清洗"。关于"种族清洗"的一项重要研究是迈克尔·曼（Michael Mann）的《民主的黑暗面：解释种族清洗》（*The Dark Side of Democracy: Explaining Ethnic Cleansing*, 2005）。

gens 宗族

参见胞族（phratry）*。

gentrification 中产阶级化

对市中心破旧的房屋进行物理翻新升级后,由高收入群体取代地位低的居住者,以及(通常)由出租房屋变为自己占有居所。这个术语最早由英国城市社会学家露丝·格拉斯(Ruth Glass)*(《伦敦:变革的方方面面》*London: Aspects of Change*, 1964)使用。

gentry 绅士

一个指中世纪晚期和现代早期英国社会等级制度中紧靠贵族阶层(另见上层阶级[upper class])*之下的阶层的术语。与贵族不同,绅士群体的财富来源主要包括土地所有权、矿产权或城市财产的租金。他们通过婚姻关系和相似的生活方式松散地与贵族联系在一起,通过家庭关系和农业方面的利益(interests)*与中产阶级(middle class)*联系在一起。在不同的时期,这个人数众多的阶层都被认为在英国历史上扮演了重要的决定性角色。例如,在17世纪支持了农业革命和农业商业化,(相反地)为19世纪工业家的儿子们提供了一个"绅士的典范"(这一因素被认为是导致英国制造业失败的原因)。这个术语一直沿用到20世纪,用来描述没有贵族身份的土地拥有者的家庭成员。

geography 地理学

参见人文地理学(human geography)*。

gerontocracy 长老统治

该术语指被年长者统治。在 20 世纪 30 年代，社会人类学家引入这一个术语来描述撒哈拉以南非洲的某些社会。在这些社会中，社会分层（social stratification）*基于年龄群（age sets）*或年龄级（age grades）*。公共角色按年龄级（以及性别）分配，政府治理职能被分配给最年长的年龄组。这个术语现在更广泛地用来描述那些由年长男性掌握最高决策和政治角色的社会。在社会迅速变化和不稳定时期，这会使创新和灵活性受到限制。

gerontology 老年学

研究老龄化（ageing）*、老年化和老年人进程的学科。学科重点是遗传（heredity）*因素的角色（老龄化的程度是预先规划好的），被视为生物学的一个分支。学科研究老龄化的社会层面的问题，有时也被称为社会老年学。该学科现已经较为完善地建立起来。

随着 20 世纪人口结构的变化，人们对老龄化研究的兴趣极大增长。预期寿命（life expectancy）*的延长和生育率（fertility rate）*的降低已经改变了发达工业社会人口的年龄结构，老年人（通常定义为 65 岁或 65 岁以上的人）的比例显著增加。由于在 65 岁以上人口中，社会福利（特别是卫生保健、个人社会服务和国家福利）需求较大，老年人数量的增加（特别是 75 岁或 75 岁以上人口的增加）是决策者和政策分析人员较为关心的问题。

虽然政策问题非常重要，但老年学的社会学贡献主要体现在年龄作为社会区分的意义，以及社会结构如何影响老龄化进程，包括个人经历老龄化的方式。老年人的状况随着时间、地点和社会安排发生明显变化。这里社会政策的问题包括退休政策、养老金和住房在多大程度上可以促进老年人的独立。相关问题对老年人的身心健康具有重要的意义。人们越来越认识到社会中的年龄分层（age stratification）*和年龄歧视（ageism）*问题。

Gesellschaft 社会

参见共同体与社会（Gemeinschaft and Gesellschaft）*。

Gestalt theory 格式塔理论

格式塔理论早在20世纪就在心理学发展起来，和知觉与知识经验主义理论（empiricist theory）*类似。格式塔是根据感知者心灵和眼睛而非事实构建的具有自身法则的连贯整体。（格式塔是一个德语单词，意思是模式、形式或构造。）格式塔理论认为，一个社会实体的各个部分的功能是由整体的行为和性质所决定的，它试图以更大的分析单位来组织人类和社会现象。因此其反对原子论（atomism）*（或以组成部分和较简单的部分来分析"整体"）。它是现象学社会学（phenomenological sociology）*产生的一个背景性影响。另见场论（field theory）*。

gesture 姿势

该术语出自乔治·赫伯特·米德（George Herbert Mead）*自我理论。姿势是一个生物体被其他生物体刺激做出反应的行为：一只狗的咆哮可能会引起另一只狗的咆哮，然后一个语言姿势随之发生。对于大多数动物来说，这种反应仅仅是冲动的或者是本能（instincts）*的；对于人类来说，这个过程依赖于有象征的符号和声音姿势，它们会唤起更复杂的反应。

ghetto 贫民区

一个城市内部的区域，弱势群体聚居的区域。这个词通常与特定的少数族群（例如非裔美国人）联系在一起。这个词汇起源于早期欧洲城市中的犹太人聚居区。路易斯·沃思（Louis Wirth）*的经典研究认为，贫民区只能被理解为一种社会心理和生态现象，因为"贫民区与其说是一个物理事实，不如说是一种精神状态"（《贫民区》The Ghetto, 1928）。在这方面，沃思的大部分分析预示了他后来的经典文章《作为一种生活方式的城市主义》（Urbanism as a Way of Life, 载于《美国社会学杂志》American Journal of Sociology, 1938）。相关文章应该在这个更广泛的理论背景下阅读。另见城市社会学（urban sociology）*；都市主义（urbanism）*。

Giddens, Anthony 安东尼·吉登斯（1938— ）

国际著名的英国社会学家、革新的出版人、公共知识分子、前伦敦政治经济学院院长，吉登斯的作品对社会理论产生了一系列重要的影响。20世纪70年代，他提出了结构化理论（structuration theory）*，将结构（structuration）*、能动性（agency）*、解释学（hermeneutics）*和现象学（phenomenology）*作为社会结构的核心（参见《社会的构成》

The Constitution of Society, 1984）。1985 年，当吉登斯成为剑桥大学社会和政治科学系的首任系主任时，他创立了政治出版社。吉登斯积极参与编辑和出版工作，使他的哲学和理论思想在欧洲大陆和美国得以广泛传播。他在 20 世纪 70 年代后期和 80 年代提出了宏大的历史社会学（historical sociology）*理论，挑战了历史唯物主义（historical materialism）*的核心观点，主张用一种独特的多元论和非目的论视角来看待历史的因果关系。参见《民族国家与暴力》（The Nation State and Violence, 1985）。

他关于晚期现代性（late modernity）*及其政治的四部主要著作写于 20 世纪 90 年代，从《现代性的后果》（The Consequences of Modernity, 1998）开始，剖析了失控世界的主要制度力量和生活经历，强调了制度自反性、风险（risk）*、信任（trust）*和不尊重当地环境的强大抽象系统在当代生活中所扮演的中心角色。最近，伴随一系列受到普遍关注的出版物的出版，他作为公共知识分子的角色进一步强化。例如《第三条道路：社会民主主义的复兴》（The Third Way: The Renewal of Social Democracy, 1998）一书总结了他在 20 世纪 90 年代与托尼·布莱尔（Tony Blair）、克林顿夫妇（the Clintons）以及英国和美国内阁成员的具有严密逻辑性的研讨内容。吉登斯认为，后现代时期的政治仍需要乌托邦式的设想，但也需要强烈地意识到这种政治理想的局限性。这是由于抽象系统的溯源性是有限的，意外后果不可避免，以及——制度自反性的悖论——一个稳定的环境不断受到本应给予其某种稳定性的理念、教训和理论的破坏。从伦敦政治经济学院退休后，他加入了上议院，成为工党贵族。

Giddings, Franklin H. 弗兰克林·H.吉丁斯(1855—1931)

美国早期社会学家,在比较和历史分析方面应用了赫伯特·斯宾塞(Herbert Spencer)*的进化论(evolutionary theory)*思想。虽然他的文章现在看来有些过时(参见《社会学原理》*Principles of Sociology*, 1986;《社会学要素》*Elements of Sociology*, 1898;《人类社会理论研究》*Studies in the Theory of Human Society*, 1922;《人类社会的科学研究》*The Scientific Study of Human Society*, 1924),但他的作品仍展示了美国主流社会学的一些典型特征,包括强调量化和对心理学理论的研究兴趣。他的早期著作以心理进化论为主,后期著作则对量化和行为主义充满热情,为美国新实证主义(neo-positivism)*发展发挥了极大的推动作用。

gift relationship 礼物关系

社会科学家通常将礼物视作送礼者和受礼者之间表达关系的一种方式。在《礼物》(*The Gift*, 1954)一书中,马塞尔·莫斯(Marcel Mauss)*认为礼物是普遍的义务和互惠(reciprocity)*。这种行为不能用许多西方正统经济思想所支持的"理性经济人"模型来解释。莫斯认为,经济与其他社会领域密不可分。在每一个社会中,经济关系都充满了价值观念和道德关系,按照理性与非理性的区分或情感、自利的标准定义经济关系是一种误导。莫斯得出的结论是,经济价值根源于宗教(religion)*,他的导师爱弥尔·涂尔干(Émile Durkheim)*也持有同样的观点。人们为了社会地位(social status)*会放弃功利主义(utilitarian)*的价值观念,所以说礼仪性价值超越了经济价值。以布罗尼斯拉夫·马林诺夫斯基(Bronislaw Malinowski)*的田野调查

(fieldwork)*为例，他发现，特罗布里恩群岛的人们为了获得威信会压抑自己吃地瓜的欲望，而是将地瓜储存以便赠送给他人。在美国太平洋西北部的夸扣特尔人中，大量财物会通过盛大的"夸富宴"送礼仪式被破坏（参见科德尔[H. Codere]的《与财产的战斗》*Fighting with Property*，1950）。这两个社会中的礼物关系都被人类学家视为一种主要的政治制度。

马歇尔·萨林斯（Marshall Sahlins）*（《石器时代经济学》*Stone Age Economics*，1972）创造了不同社会中礼物馈赠关系的类型学（typology）*，涵盖范围从一个极端的无偿礼物馈赠情况到另一个极端的剥削关系情况。欧洲式的礼物馈赠被认为是一般互惠的形式，即一个人不是为了收礼而送礼，并且还礼也不受时间、质量或数量的限制。一般互惠通常在亲属网络中运作。另一方面，均衡互惠是指非家庭内部成员，非契约性的、长期社会关系的延续。在这种形式下，必须在相对较短的时间范围内兑换等值物，就像在酒吧里买饮料一样：可能会有一些短期的不平衡，但这种不平等（inequality）*无法长期存在。萨林斯定义的第三种礼物馈赠关系类型是消极性互惠，即每一方都在寻求最大化自己的优势，而牺牲对方的利益（interests）*。

虽然上述关于礼物馈赠的分析主要是针对所谓的传统社会（traditional society）*进行的，但在英国5%的消费支出是用于赠送礼物，现代西方社会礼品消费的比例与大多数传统社会一样高。

在西方社会，金钱礼物可能是有问题的，因为它可能会使人们把注意力集中在礼物的经济价值上，而不是其象征意义上。正是由于这个原因，至少在大多数西方社会，非常避讳将金钱作为圣诞礼物，一般只有在地位高的人给地位低的人的情境才会被接受，比如家庭中的年长者给年轻一代。金钱礼物如果符合地位差距的情境,接受者也不会感觉到丢脸,这反映了年长者愿意对年轻一代提供物质帮助,是一种爱的表达形式。相比之下,一个子孙给祖父母钱通常会被认为是不可接受的,因为这会带来将情感商品化的风险。参见卡普洛(T. Caplow)的《圣诞礼物和亲属网络》(Christmas Gifts and Kin Networks,载于《美国社会学评论》American Sociological Review,1982)。

金钱礼物也有助于理解宗教和文化禁忌为何不同于经济领域行为。例如,泽利泽(V. Zelizer)(《人的价值与市场》Human Values and the Market,载于《美国社会学杂志》American Journal of Sociology,1978)描述了人寿保险想法被现代美国人接受之前必须进行"重新包装"。最初,这种商业化的形式——给人的生命定价——遭到了强烈的抵制。因此,人寿保险很难销售。然而,通过改变保险金的表面含义,这个问题得到了解决。人寿保险不再是买方与公司之间的经济交易,而是被重新定义为一个人在他死后可以通过继续供养家人,来表达对家人的爱的一种方式。在这种新的情景定义(definition of the situation)*中,人寿保险支付的钱本身成了一种(近乎神圣的)礼物——一种父亲给家人的礼物,而不是将死亡商品化。

心理学家对礼物的含义和各种礼物关系所涉及的各种商品的社会可接受性进行了系统的研究。与之相比,与现代礼物馈赠现象(包括慈善捐赠)相关的社会学研究相对缺乏。但社会学家理查德·蒂特马斯(Richard Titmuss)*(《礼物关系》The Gift Relationship,1970)研究了献血的非金钱动机,是社会学关于礼物关系的一项重要研究。另见交换理论(exchange theory)*;库拉圈(kula ring)*。

Gilman, Charlotte Perkins 夏洛特·帕金斯·吉尔曼（1860—1935）

吉尔曼是一位美国作家，她发表了一系列涉及广泛学科的作品，包括社会学、文学、政治学、经济学和女性研究。她最著名的作品是《黄色墙纸》（*The Yellow Wallpaper*, 1892），创作于她 1885 年精神崩溃之后。《黄色墙纸》被看作吉尔曼的一部半自传性质的精神病疗法和堕入精神疯癫状态的记录，但也隐喻了男性统治社会中的女性，尤其是已婚妇女的一般化处境。更具体地说，她的社会学作品探讨了社会如何压制女性、阻碍女性才智发展。

与哈丽雅特·马蒂诺（Harriet Martineau）*早期作品中的观点和极端女性主义者的观点一样，吉尔曼认为女性社会处境如奴隶一般。她拒绝赫伯特·斯宾塞（Herbert Spencer）*的社会决定论，认为人类是有机的个体，可以计划和掌握他们自己的命运，命运并不是由遗传（heredity）*特质或残酷竞争决定。她认同莱斯特·弗兰克·沃德（Lester Frank Ward）的女性中心理论，认为女性是一切物种最原始和主要的形式，男性仅仅作为服务于受精过程的助手。她不认同马克思的相关理论思想，因为她认为性别是比阶级更重要的社会区分。她认为女性的社会压力来自她们的母亲角色（motherhood）*，这个角色也阻碍了女性的创造力和表达力。

她相信，应该把孩子们托付给儿童养育专家，她认为强大的国家机关对于维持一个更加公正的女性社会来说至关重要。类似地，她认为私人家政既没有效率又浪费。如果妇女在劳动力市场（labour market）*就业，并且建立合作厨房来大量准备食物，家庭和经济都将会更加效益最大化。吉尔曼出版了大约 2173 本作品，包括《她乡》（*Herland*, 1915）和《家：它的效果和影响》（*The Home: Its Work and*

Influences, 1903）。她最重要的关于女性和工作的研究或许可以说是《女性经济学》（Women and Economics, 1898）和《男权社会》（The Man-Made World, 1914）。

Ginsberg, Morris 莫里斯·金斯伯格（1889—1970）

英国早期社会学教授，作为伦敦政治经济学院的社会学家，他以对两次战争之间和战后世代研究的影响而著名。他合作发表了比较社会学（comparative sociology）*的一项重要研究（霍布豪斯［Hobhouse］*、惠勒［Wheeler］、金斯伯格的《原始人的物质文化和社会制度》The Material Culture and Social Institutions of the Simpler People, 1914），并出版了一本早期的社会学教科书（《社会学》Sociology, 1934）。作为霍布豪斯思想的继承者，他写了《进步的理念》（The Idea of Progress）、《责任的本质》（The Nature of Responsibility）和《人类的联合》（The Unity of Mankind）等作品。参见他的《社会学和社会哲学》（Essays in Sociology and Social Philosophy, 1947—1961）三卷论文集。

Glass, David V. 大卫·V. 格拉斯（1911—1978）

英国社会学家，因在人口学（demography）*和社会流动（social mobility）*方面的开创性著作而闻名。他基于1949年采访的英国男女样本，于1954年发表了具有划时代意义的研究《英国社会流动性》（Social Mobility in Britain）。他和他的同事们发现了一个相当稳定的社会结构，表明父亲和儿子的社会地位（social status）*之间存在高度的相关性；社会流动性水平较低，并且趋向于短程和相当短暂；没有证据表明在20世纪上半叶社会流动性有所增加。格拉斯呼吁建立一个机会平等（equality of opportunity）*的公正社会结构，尽管他也认识到，教育和就业方面的机会平等政策并不一定能降低精英阶层的特权，资源分配方面的不平等（inequality）*仍然存在。他的著作包括《人口政策和欧洲运动》（Population Policies and Movements in Europe，1940）、《英国生育状况的趋势和模式》（The Trend and Pattern of Fertility in Britain，1954）和《编码人民》（Numbering the People，1973）。

Glass（Durant），Ruth 露丝·格拉斯（杜兰特）（1912—1990）

英国城市社会学家，伦敦大学颇具影响力的城市研究中心前研究主任。她的著作包括《沃特林：社会调查》（Watling: A Social Survey，1939）、《米德尔斯布勒：一项计划的社会背景》（Middlesbrough: The Social Background of a Plan，1947）、《新来者：伦敦的西印度人》（The West Indians in London，1960），以及多次再版被英国反城市主义者、英国社会人类学和社会学家广泛批评的作品《大不列颠的城市社会学》（Urban Sociology in Great Britain，载于《当代社会学》Current Sociology，1955）。

global commodity chains 全球商品链

参见商品链（commodity chains）*。

globalization（globalization theory）全球化（全球化理论）

全球化理论探讨了全球文化系统的出现。它表明，全球文化是由各种社会和文化发展引起的：世界卫星信息系统的存在；全球消费模式和消费主义的出现；世界性生活方式的培养；诸如奥林匹克运动会、世界足球比赛和国际网球比赛等全球性体育运动的出现；世界旅游业的蔓延；民族国家主权的衰落；全球军事体系的发展；认识到全世界范围的生态危机；像艾滋病（AIDS）*等全世界卫生健康问题的发展；国际联盟和联合国等世界政治体系的出现；马克思主义（Marxism）*等全球性政治运动的创立；人权概念的扩展；世界宗教之间的复杂交流。更重要的是，全球化塑造了世界是一个整体的意识。因此，全球化被描述为"作为一个整体的世界的具体结构"。也就是说，关于"世界"是一个全球层面的不断被建构的环境的意识逐渐强化。或许其最简明的定义可表达为：全球化是人们越来越意识到地理因素对社会和文化的限制和消弭的社会化（socialization）*过程（参见马尔可姆·沃特斯[Malcolm Waters]的《全球化》Globalization, 1995）。

因此，全球化不仅仅是国际关系相关社会学议题。它也不同于主张全球经济相互依赖而增长以及文化全球化仅仅是经济全球化的后果的世界体系理论（world-system theory）*。同时还需要注意的是，要避免将全球化论点与早先关于民族国家朝着统一和连贯的工业社会形态迈进的论点混淆。当代全球化理论认为，全球化包括同质化和差异化两个完全对立的过程。在这两个过程中，地方主义和全球主义之间存在着复杂的相互作用，并且存在着抵制全球化进程的强大运动。

这种观点的支持者对传统社会学持续关注民族国家，而不是将世界作为一个整体的研究方式持批判态度。但全球化理论也存在一些问题。例如，全球化和现代帝国主义模式之间的区别是什么？此外，也难以区分经济与文化全球化以及全球化与现代化（modernization）*之间的关系。最近关于全球化视角的一个重要著作是大卫·赫尔德（David Held）和他的同事在《全球变革：政治、经济和文化》（Global

Transformations: Politics, Economics and Culture,1999）中的观点,其观点在赫尔德的《全球变革读本》（*Global Transformations Reader*,第二版,2003）中被继续深入讨论。

在20世纪90年代,全球主义逐渐成为社会学家关注的重要议题。社会学中几乎每个主题都被赋予了全球化的含义。例如,《当代社会学》（*Contemporary Sociology*,1996年9月）一期杂志中,刊登了全球化下主题的述评,主题涵盖诸如妇女运动（women's movement）*、国际经济、生物繁衍、移民（immigration）*、种族隔离（apartheid）*、种族主义、森林产品工业、跨国公司（multinational corporation）*、食物的生产分配、中央银行和国际货币安排、美国外交政策、第三世界（Third World）*城市的增长以及发达社会的价值变迁等内容。这些书评的标题中包含"全球""全球化"或"全球主义"的字样。

毫无疑问,在这个星球上,一件时尚配饰（比如设计师训练鞋）可以在一个国家生产、在另一个国家销售,人们可以在巴西亚马逊森林中收发电子邮件、在莫斯科和曼彻斯特吃麦当劳的汉堡,以及用在马德拉斯银行开户的万事达卡在世界上任何一个地方支付消费费用,世界的确越来越"全球化"。然而,"全球化"作为社会学的流行词的过度使用,已经很大程度上空虚化了全球化真正的分析和解释价值。当我们对上面提到的许多研究进行精读时,这一情况显露无遗。另见商品链（commodity chains）*；网络社会（cybersociety）*；发展社会学（development, sociology of）*；环境社会学（environment, sociology of）*；弹性就业（flexible employment）*；弹性工作（flexible work）*；国际分工（international division of labour）*；互联网（Internet）*；跨国公司（multinational corporation）*；新殖民主义（neo-colonialism）*。

glocalization 全球本土化

该术语由罗兰·罗伯逊（Roland Robertson）（《全球化》*Globalization*, 1992）引入用以指代"全球本土化"。全球本土化是指跨国企业和公司在全球化（globalization）*过程中将区域本地特色的商品和服务供应带入全球化供应系统的过程。

glossing 注释

参见常人方法学（ethnomethodology）*。

goal（goals）目标

"目标"指是个人或集体行动（collective action）*指向的最终结果。社会学中的常见术语，但是其逻辑和解释因语境和作者有很大的不同。目标有很多类型，因此可以区分为（例如）个人的非正式目标和正式组织（formal organization）*的明确规定的目标；个人目标和高级目标（前者涉及个人，后者涉及一个需要个体间或群体间的合作努力而实现的共同目标）；可选择性目标和强制性目标（塔尔科特·帕森斯[Talcott Parsons]*采用的区分）。尽管目标的术语在规范功能主义（normative functionalism）*著作中最常见，且其往往认为社会行动（action）*的目标在很大程度上是由社会制度化的价值体系（定义构成社会系统[social system]*的角色[roles]*和地位[status]*）确定的，社会学大多数学派都认为，社会行动（在一定程度上）是以目标为导向的。同一类文献发展了相关概念，诸如目标区分（不同个人在道德上被认可的不同目标之间的区分）；目标概化（goal generalization）*（社会系统倾向于定义对角色的期望，使得个人在某一角色中所持有的各种特定目标，无论如何都被引导成一种单一的角色的特定活动）和目标替代（goal displacement）*（选择实现目标的特定手段本身成为目的的过程，例如在科层制[bureaucracy]*中，遵守既定程序成了官僚的主要目标，而不是他们能够完成组织设定的任务的手段）。

另见行动理论（action theory）*；理性选择理论（rational choice theory）*；目的论（teleology）*。

goal attainment 目标实现

塔尔科特·帕森斯（Talcott Parsons）*行动系统理论中的四个功能先决条件之一。与适应（adaptation）*、整合（integration）*和潜在模式维持一起，四者形成所谓的"AGIL"模式。目标实现是动员人力和其他资源以实现集体目标和目的的过程。在社会制度（social institution）*中，目标实现的功能是通过政治活动来实现的，动员是通过权力的产生和实践来实现的。另见功能主义（functionalism）*。

goal differentiation 目标差异化

参见目标（goal）*。

goal displacement 目标替代

一个组织用其他目标（goal）*来置换其为服务为服务一定目标而设的既有目标。替代后的目标（goal）*常常为雇员的利益（interests）*服务。罗伯特·米歇尔斯（Roberto Michels）*在德国社会民主党的一项经典研究中首先提出目标替代的概念（《寡头统治铁律》*Political Parties*, 1911）。另见组织理论（organization theory）*。

goal generalization 目标概化

参见目标(goal)*。

Goffman, Erving 欧文·戈夫曼(1922—1982)

戈夫曼是20世纪60和70年代最具影响力的微观社会学家,开创了社会学的戏剧论(dramaturgical)*视角。他的工作有诸多影响。在多伦多大学完成第一学位后,他在20世纪40年代末在芝加哥攻读研究生。在这里,他受到符号互动论者,特别是埃弗雷特·休斯(Everett Hughes)和赫伯特·布鲁默(Herbert Blumer)*,新涂尔干主义者如劳埃德·沃纳(Llyod Warner)*、爱德华·希尔(Edward Shils)和爱德华·班菲尔德(Edward Banfield),以及社会人类学的影响。因此,他开始注意符号(symbol)*和仪式(ritual)*在日常生活中的重要性,以及参与式观察(participant observation)*的研究方法(research methods)*。

他在苏格兰德兰群岛中的一个小岛进行了第一项主要的田野研究(当时他常驻爱丁堡)。他对这个农业社区日常生活的观察影响了他后来负有盛名的《日常生活中的自我呈现》(The Presentation of Self in Everyday Life, 1959),正是在这本著作中他阐述了他的拟剧论(dramaturgy)*框架。在这部早期的作品中,戈夫曼通过戏剧的隐喻来分析社会生活,并关注人们表演的方式和人们在不同环境中管理他们给对方的印象。他还揭示了他对互动秩序的持续关注——人们在别人面前做什么。

他接下来的两本书继续他关于戏剧论的兴趣,将这一框架应用在越轨的领域内。《污名》(Stigma, 1964)严格分析了那些经历污名化（stigma）*的人的特征，而《精神病院》（*Asylum*, 1961）报告了精神病院内的田野调查（fieldwork）*，并追踪了精神病人的道德生涯（moral career）*。从这一案例研究中，他对全控机构（total institution）*的运作情况作了更一般化的探讨。这两项研究也对标签理论（labelling theory）*的发展具有非常大的影响力，后者与对制度化（institutionalization）*的批评特别相关，也可能对鼓励非监禁化（decarceration）*的过程产生了一些影响。

戈夫曼的许多其他研究，包括《日常接触》（*Encounters*, 1961），《公共场所的行为》（*Public Places*, 1963）和《公共关系》（*Relation in Public*, 1971），都追求戏剧论分析的主题，并提供了一套新的社会学概念典范以便于理解面对面互动（face-to-face interaction）*的细节。这些作品影响了整整一代对于研究日常生活感兴趣的学者。到了20世纪60年代末，戈夫曼的作品也显示出对现象学（phenomenology）*和社会语言学（sociolinguistics）*越来越感兴趣的迹象。因此，在《框架分析》（*Frame Analysis*, 1974）中，有一种描述意识的组织的尝试，而在《谈话形式》（*Forms of Talk*, 1981）中，语言成为一个主要的关注点。

尽管戈夫曼有许多追随者，但他在社会学史上是独一无二的。他几乎打破了传统方法论的所有规则：他的材料来源不清；他的田野工作似乎很简单，并且更喜欢小说和传记，而非科学观察；他的写作风格并非科学意义上的报告而更似散文；他的研究也极为不成体系。同样，在社会理论方面，很难对他进行定位。有时他被看作发展了一个独特的符号互动学派，有时被看作是一个遵从格奥尔格·齐美尔（Georg Simmel）*传统的形式主义者，有时被看作一个微观秩序的功能主义者，因为他关心日常生活中的仪式（特别是谈话）的功能。他的性情据说是出了名的难以相处,这更使人们普遍认为他是一个特立独行的思想者。

他所受到的批评不仅仅只有这些。除了上面提出的困惑之外,他一直被指责在他的著作中忽视了社会结构、阶级和经济等宏观社会学(macrcsociological)*层面的关注——这个批评为戈夫曼所接受,而这些他忽视的比他关注的更为重要!其他人指责他的保守主义(conservatism)*,因为他强调仪式、秩序和(在他后来的作品中)性别对于维持现状的重要性。在阿尔文·古尔德纳(Alvin Gouldner)*的《西方社会学即将到来的危机》(*The Coming Crisis of Western Sociology*)中,他被描述成资本主义(capitalism)*的辩护者,过于愤世嫉俗、过于关注琐碎的事情。然而,其他人发现他的作品过于激进,因为他不断展示日常生活的脆弱性似乎类似于无政府主义(anarchism)*或常人方法学(ethnomethodology)*。

戈夫曼的主要贡献在于展示了一种通过多种人类互动来维系社会秩序(social order)*的深刻肌理。他发展了一系列概念来帮助我们看到这一点,并通过他的著作,挑战了在方法论(methodology)*上复杂却缺乏实质的一类社会学研究的空洞乏味。他不断试图表明,互动秩序是社会生活和社会学的微观和宏观关注之间的桥梁。他的最后一篇论文《互动秩序》(The Interaction Order,载于《美国社会学评论》*American Sociological Review*, 1983)总结了他的主要论点。现在要判断他一生中具有广泛影响力的作品是否对未来社会学有重要影响还为时过早。参见托马斯·谢夫(Thomas Scheff)*的《不受约束的戈夫曼:社会科学的新范式》(*Goffman Unbound: A New Paradigm for Social Science*, 2006)。另见框架(frame)*;印象管理(impression management)*。

Goldmann, Lucien 卢西恩·戈德曼(1913—1970)

罗马尼亚马克思主义哲学家和文学评论家,格奥尔格·卢卡奇(György Lukács)*的学生和追随者,他也与让·皮亚杰(Jean Piaget)*密切合作。他主要在法国工作,最著名的是他的文学社会学研究,特别是《隐藏的上帝》(The Hidden God, 1955),一项关于帕斯卡和拉辛的研究。在晚年,他成为了结构主义(structuralism)*的重要批评家,他对文化的一般研究方法始于《文化创作》(Cultural Creation, 1970)。

Goldthorpe class scheme 戈德索普阶级体系

一种将个人和家庭划分为社会阶级(social class)*的分类,主要由英国社会学家约翰·戈德索普(John Goldthorpe)*设计。该分类体系在欧洲、澳大利亚和北美的应用越来越广泛,特别是在研究社会流动(social mobility)*和分析社会阶层方面。由于其复杂的谱系(genealogy)*,在文献中也被称为戈德索普、埃里克森-戈德索普、EGP(Erikson-Goldthorpe-Portpcarero)和CASMIN(Comparative Study of Social Mobility in Industrial Nations)分类。

在20世纪70年代对英格兰和威尔士社会流动的牛津研究项目中,戈德索普制定了一个七分类体系,其类别被称为"整合职业类别,使其成员根据现有证据,一方面,具有基本可比的收入来源和水平、经济安全程度和经济发展机会(市场状况);另一方面,具有基本可比的在管理其参与生产过程的权力和控制系统中的位置,即他们在履行工作任务和角色方面的自主性程度(工作[work]*情况)(见《现代英国的社会流动和阶级结构》Social Mobility and Class Structure in

Modern Britain, 1980）。随后，为满足比较研究其他与英国职业结构（occupational structure）*非常不同的国家的需求，戈德索普和他的同事在后来的 CASMIN 项目中对一些原有阶层类别进行了细分。在对最初框架的一系列修订中，将普通非体力劳动细分为文职人员（较高）和个人服务（较低）类别；将自营职业小资产阶级（petite bourgeoisie）*的其组成部分分为：有雇员的小业主、没有雇员的小业主、农民和小土地拥有者；农业工人被从一般的半技术和非技术体力劳动者中区分出来。这些修正产生了现在标准的分为 11 类的戈德索普阶级划分体系，如下表所示：

	戈德索普阶级分类
I	高级专业人员、行政人员和官员；大型工业企业的管理人员；大型业主
II	低级专业人员、行政人员和官员；高级技术人员；小型工业企业的管理人员；非手工劳动者的主管
III	a 普通非体力雇员，高级（行政和商业） b 普通非体力雇员，低级（销售和服务）
IV	a 有雇员的小业主、工匠等 b 没有雇员的小业主、工匠等 c 农民和小土地持有者；初级生产中的其他自营职业者
V	低级技师；体力劳动者的主管
VI	技术劳动者
VII	a 半技术和非技术劳动者（农业等除外） b 农业和其他初级生产中的劳动者

该体系的分类多年来一直在完善，其概念和理论基础也是如此。例如，埃里克森和戈德索普（《不断的流变》*The Constant Flux*, 1992）在其 CASMIN 项目的报告中指出，该体系的基本原理是"在劳动力市场（labour market）*和生产单位中区分职位，或更具体地来说，区分这些职位所涉及的雇佣关系"。因此，区分自营职业者和雇员非常重要。

然而，在雇员这一相当异质的类别中，也可以根据（现在已成为）"劳动合同和就业条件"的差异做出有意义的区分。用他们的话说，"由劳动合同所确立的就业关系界定了相对短期和具体的金钱与努力的交换关系。雇员在雇主或雇主代理人的监督下提供或多或少固定数量的劳动力（labour power）*，以换取计件或计时的工资。相比之下，官僚体制环境中的就业关系就涉及更长期和一般更模糊的交换关系。雇员为其雇佣组织提供服务，以换取补偿，其形式不仅是通过工资和各种津贴对于所作工作的奖励，还包括重要的预期要素，例如，既定额度的加薪、就业保障、退休保障（通过退休金等权利），以及最重要的明确的"职业生涯发展机会"。

很明显，尽管术语发生了这些变化，雇佣关系的性质一直是该体系的核心。正如埃里克森和戈德索普坚持的那样，这是"与雇主有服务关系的雇员和那些就业关系受劳动合同管制的雇员之间的区别，而这一区别是在我们的分类体系中划分不同阶层的基础"。所谓的服务阶层（service class）*（或工薪类）职业提供渐进的晋升、就业保障以及用对工作的负责交换雇主高度信任的可能性。另一方面，工人阶级（working class）*职业往往有严格的报酬安排，并受到例行的和更大的监督。如果还考虑到那些购买劳动力的人和那些既不购买他人劳动力也不出售自己劳动力的人（即雇主和自营职业者）的情况，那就可以掌握该分类方式的起源和基本结构。

虽然该分类体系愈发流行和被使用，但它一直受到激烈的批评和许多争议，尽管许多是误解。人们经常认为服务阶层在实证分析中的价值有限，因为它过于宽泛，一方面没有区分资本家（capitalist）*的就业情况；另一方面没有区分专业和管理雇员的数量。事实上，该体系的一个主要局限是它忽略了除小业主以外的业主阶级状况(class situation)*。批评人士还认为,该体系缺乏效度(validity)*,因为(在研究实践中)人们的社会阶层是根据他们的职业地位和职业头衔而分配的,这种分类法实际上可能不会衡量戈德索普阶级概念的核心特征(关系或就业条件)。女性主义批评人士认为,由于最初的分类是为调查男性的社会流动性而设计的,因此,男性的雇佣条件决定了构建分类的算法,因此,这些类别(以及任何基于它们的分析)都是针对特定性别的。

这些批评和其他批评形成了大量的二手文献,包括对该体系进行广泛的验证研究,对阶级不平等与性别隔离之间的关系的辩论,对该体系的跨国和跨时期可靠性的调查,以及对戈德索普的阶级概念的替代操作的优缺点讨论。所有这些问题和大部分有关的文献都在戈登·马歇尔《与可能性对抗?工业社会中的社会阶层和社会正义》中(*Against the Odds? Social Class and Social Justice in Industrial Societies*, 1997)详细讨论。另见资产阶级(bourgeoisie)*;体力劳动与非体力劳动的区分(manual versus non-manual distinction)*;国家统计社会经济分类法(National Statistics Socio-Economic Classification)*。

Goldthorpe, John H. 约翰·H. 戈德索普(1935—)

英国社会学家,专注于社会流动(social mobility)*的阶级分析专家。基于与他合作《富饶的工人》(*The Affluent Worker Studies*, 1968—1969)的大卫·洛克伍德(David Lockwood)*的早期工作,他发展了一个用于研究社会流动的阶级分类体系。英国政府官方的社会阶层分类体系"国家统计社会经济分类法"(National Statistics Socio-Economic Classification)*即是基于该体系修改而来。戈德索普学术关怀的核心是对历史主义(historicism)*——不论其自由形式(工业主义[industrialism]*的逻辑)或其马克思主义(Marxism)*的替代形式——的拒绝。依托于韦伯式的将政治学从社会学中分离和波普尔式的科学哲学,他强烈推崇社会学成为一种社会科学(social science)*和一种可证伪的研究方式。戈德索普呼吁通过多元分析大规模调查数据来寻求经验性规律并通过理性行动(rational action)*理论解释这类规律性。对于戈德索普来说,社会学问题显现于当我们观察和确定尽管模糊但意义显著的社会规律性时。科学的社会学的角色,就是去解释这些规律性并去除其令人困惑的特质。通过使用理性行为理论,戈德索普明确拒绝对社会现象的侧重于因果过程及其生成机制的一般、笼统定律性解释。

goodness of fit 拟合优度

这是一个统计学术语,用以说明观测分布(distribution)*与模型(model)*或假设数学分布之间的对应程度。另见显著性检验(significance tests)*。

Gouldner, Alvin W. 阿尔文·W. 古尔德纳(1920—1981)

一位美国社会学家,最终成了一位批判型学者。他的早期研究被认为是当时正统社会学框架内的重要作品,特别是《工业科层制的模式》(Patterns of Industrial Bureaucracy, 1954)。但在那一时期,他就对当时占据支配地位的功能主义(functionalism)*视角采取了批判的态度。他出版于 1964 年的论文《反弥诺陶洛斯: 社会学价值中立的迷思》(Anti-Minotaur: The Myth of a Value-Free Sociology), 对马克斯·韦伯(Max Weber)*的研究进行了颇有争议的诠释。古尔德纳主张韦伯不相信社会学能够实现真正的客观性(objectivity)*, 尽管他的名字却常常被错误地用来支持这样一个命题。

一开始, 古尔德纳受到了欧洲观念论传统(参见《走进柏拉图》 Enter Plato, 1967)的影响, 并最终在欧洲定居。他最具影响力的作品是《西方社会学即将面临的危机》(The Coming Crisis of Western Sociology, 1970)。这本书为一种所谓的 "反思社会学" 提供了充实而详尽的论据。古尔德纳不同意一般意义上科学尤其是社会学是关于生产客观真理的观点, 而主张知识是无法独立于认知者的, 社会学与其所处的政治、社会经济环境是紧密联系在一起的。因此对我们来说, 需要意识到这种联系、意识到社会学是我们看待自我与未来的方式的一部分这个角色。这本书对所有当代社会学主流研究路径都持批判态度, 但主要是系统地批判了帕森斯式的结构功能主义(structural functionalism)*。

古尔德纳之后的相关主题的作品并没有取得这么大的影响力。他坚持主张要对当代文化进行总体性的理论批判——至少也需要有这样一种尝试; 他关心知识分子(intellectuals)*作为一种新阶级的性质。他在对马克思主义(Marxism)*和对知识分子的批判中区分了两种类型: 一类把自己看作是社会和历史的客观知识的生产者, 另一类则对客观真理不甚关心, 而更关心如何去理解历史以改变它。对此, 他显然更为支持的是后者。在这个语境下, 他主张意识形态(ideology)*不应该仅仅被视作统治阶级(ruling class)*为了维护自身利益（interests）*而使用的谎言——尽管这常常是事实；它是由知识分子开发出来的，但拥有更大的深度与外延，能够成为促进社会变迁（social change）*的手段。这些想法在《意识形态和技术的辩证法》（*The Dialectic of Ideology and Technology*, 1976）、《两种马克思主义》（*The Two Marxisms*, 1980）和《反对分裂》（*Against Fragmentation*, 1985）中得以阐述。

governmentality 治理术

治理术是由米歇尔·福柯（Michel Foucault）*在其晚期作品中所引入的概念，是对其早期权力/知识观的一种更加精炼的理解方式。治理是指一系列在广泛的社会与个人生活领域中对人的行为实现系统控制的复杂过程。对福柯而言，这样的治理并不限于国家的管理者们甚或国家本身，而是弥散在整个社会之中，通过分散的权力机制来运作。它涉及两方面的权力：其一是统治权力，用以命令，即传统的政治学（political science）*和政治社会学（political sociology）*所讨论的类型；其二是规训权力，用以训练和自我控制。统治权力具有强制性和压迫性，包含以外部控制和诱导为手段的排斥。另一方面，规训权力则通过自我技术，影响个体的动机、欲望和特性。受规训的个体既已获得使自己在社会中可以合宜行动的习惯、能力与技能，无需任何外部强制性权力介入。现代的规训权力经由诸如学校、医院、军营和监狱等手段得以发展；家庭本身也是一个特别重要的焦点。由于家庭的规训能动性（agency）*，自我和身体在最亲密的层次被管制。福柯追溯了一大批对个体实行规训的特定学科的"专家"是如何出现的。治理正是通过所有这些手段发生的。在尼古拉斯·罗斯（Nikolas Rose）

和彼特·米勒（Peter Miller）的《超越国家的政治权力》（*Political Power beyond the State*, 1991），以及尼古拉斯·罗斯的《自由的权力》（*Powers of Freedom*, 1999）中，可以找到对治理术的一个尤为有趣的阐释。

Gramsci, Antonio 安东尼奥·葛兰西（1891—1937）

著名的意大利马克思主义理论家，并以对经济决定论（economic determinism）*的批判闻名。度过了贫苦多疾的童年，葛兰西进入了都灵大学。在那里，他是一个在与语言相关的学科上卓有天赋的学生。然而，因为长期贫困和不断深入参与政治，他在学习四年后，于1915年肄业。此后，他先后成了富有影响力的记者、优秀的政治活动家和议员、意大利共产党的领袖，最后沦为墨索里尼监狱中的政治犯（1926—1937）。

他生前身后巨大的政治重要性固然不可置辩，但我们似乎可以合乎情理地将他在马克思主义社会科学学者中崇高的声誉归因于其写就的《狱中札记》（*The Prison Notebooks*，1929—1935，于1971年编译为英文）。在这些笔记中所讨论的主题包括：知识分子（intellectuals）*、教育、意大利历史、政党（political parties）*、法西斯主义（fascism）*、霸权（hegemony）*和福特主义（fordism）*。

这些观点和概念使葛兰西在20世纪70年代马克思主义社会科学内部的论争与发展中成为枢纽性的人物。因为，首先是尼科斯·普兰查斯（Nicos Poulantzas）*使用它们来发展自己的政治社会学（political sociology）*；此后，还有其他许多人把它们作为连接马克思主义（Marxism）*传统和话语分析（discourse analysis）*传统的概念桥梁。詹姆斯·约尔（James Joll）的《葛兰西》（*Gramsci*, 1977）很好地介绍了葛兰西的生平和作品，讨论了大部分上面提及的社会学概念和主题。另见意识形态（ideology）*。

grand theory 宏大理论

该术语是由 C. 赖特·米尔斯（C. Wright Mills）*在《社会学的想象力》（*The Sociological Imagination*, 1959）中创造的术语，用以指涉高度抽象的理论建构形式。其中，对概念（concepts）*的形式化组织和安排优先于对具体社会世界（social worlds）*的理解。他创造的这一术语的主要指涉的是帕森斯式系统理论。

green revolution 绿色革命

是一个流行的术语，特指在第三世界（Third World）*国家中，由于基因优化、密集的化肥使用和可控灌溉而兴起的农业技术变革。其主要与小麦和水稻的生产有关，在南亚、东亚和拉丁美洲中广泛扩散，但不包括撒哈拉沙漠以南的非洲。

Gross National Product（GNP）国民生产总值

是对任一经济体在一定时期内总产出的测量。其目标是对最终产品进行测量。最终产品是构成所有生产活动最终目的的消费性产品和服务。该测量不包括用以进一步的加工和服务生产的中间产品和服务，例如使用面粉制作用于销售的面包。国民生产总值排除了大量消费性工作以及其他一些类型工作的价值。另见非正式经济（informal economy）*。

grounded theory 扎根理论

扎根理论是由巴尼·格拉泽（Barney Glaser）和安塞姆·斯特劳斯（Anselm Strauss）在他们《发现扎根理论：质性研究的策略》（*The Discovery of Grounded Theory: Strateqies for Qualitative Research*, 1967）一书中所提出的理念，主张基于对世界的密切观察来发展理论。该理论与形式理论或抽象理论形成对比，后者通过逻辑规则下的假设演绎形成，然后再通过观察来进行检验。而扎根方法则主张通过归纳来进行理论构建，即基于对数据本身的观察来发展理论观点。格拉泽和斯特劳斯认为这样的理论应该从观察中构建"敏感化概念"，与其他相关领域进行比较（这一过程被他们叫做"持续比较法"），并且应该使用理论抽样（例如抽取关键性案例）。该方法与符号互动论（symbolic interactionism）*关联密切。那些不带任何从理论出发的研究问题就进入田野的研究者们常常对扎根理论进行错误的援引。扎根理论并不意味着"没有理论"。

group（social group）群体（社会群体）

该术语指一群以正式或非正式的成员身份标准来界定的个体，他们分享着统一感，或通过相对稳定的互动模式联结在一起。后者是用于区分社会群体和其他一些社会学家所涉及的聚集体（aggregate）*概念——他们仅仅在统计学意义上具备着相关的社会特征（譬如郊区居民或初级经理这样的社会范畴）——的必要标准。然而，群体是在社会学中被最为广泛使用的术语之一，常常被发现应用于包含或分享或不分享统一感的（比如社会阶层群体）和或进行或不进行惯常的社会互动（social interaction）*（比如特定民族群组）的各种人群集合。另见查尔斯·霍顿·库利（Cooley, Charles Horton）*；继嗣群体（descent groups）*；对群体（dyad）*；群体动力学（group dynamics）*；外群体（out-group）*；弱势群体（pariah group）*；同辈群体（peer group）*；压力集团（pressure groups）*；参照群体（reference group）*；地位群体（status group）*；威廉·格雷厄姆·萨姆纳（Sumner, William Graham）*；三人团体（triad）*。

group dynamics 群体动力学

在某种意义上，所有的社会学研究都是群体动力学——但这个术语通常是研究小规模面对面的群组的结构与内部过程时使用的。这一领域通常被心理学家占据，但也主要通过塔尔科特·帕森斯（Talcott Parsons）*和美国社会心理学家罗伯特·贝尔斯（Robert F. Bales）的作品被整合到社会学之中。参见《家庭、社会化和互动过程》（*Family, Socialisation and Interaction Process*, 1955）和《行动理论文集》（*Working Papers in the Theory of Action*, 1953）。贝尔斯的出版作品还包括了《互动过程分析：一种小群体研究方法》（*Interaction Process Analysis: A Method for the Study of Small Groups*, 1950）和《SYMLOG：一个用于群组多层次观察的系统》（*SYMLOG: A System for Multiple Level Observation of Groups*, 1979）。

group marriage 群婚

群婚的观念很可能起源于18世纪的探险家们（比如库克[Cook]）对波利尼西亚社会的性习惯做出的错误观察。路易斯·亨利·摩尔根（Lewis Henry Morgan）*认为群婚，即一群女性的性与生殖权利被一群男性获取，是家庭的原初形式。弗里德里希·恩格斯（Friedrich Engels）*也将这一概念运用到他的家庭和国家发展的演化理论中。

group therapy 群体治疗

这是一种精神治疗技术，通常有六到八个成员以及一到两个心理治疗师在场。群组治疗有许多不同的类型——正如马克·艾芙琳（Mark Aveline）在《客观看待群体治疗》（The Group Therapies in Perspective）一文中指出的，大多数人认为，心理障碍源于各类不良的社会关系。

group work 群体工作

参见个案工作（casework）*。

Guattari, Felix 菲利克斯·伽塔利（1930—1992）

法国精神分析学家和政治活动家。他于1948年放弃了关于商业药学的学习，开始在索邦大学转修哲学，但又由于中断学业去作出事精神病学（psychiatry）*和精神分析（psychoanalysis）*工作而未能获得学士学位。他积极参加了反精神病学运动，并与让·欧利（Jean Oury）一道共同创办了拉博德实验诊所。他曾与雅克·拉康（Jacques Lacan）*合作并接受过后者的治疗，但后来他与拉康的团队分道扬镳。他是多个政治组织和许多政治运动的发起人和参与者。最令他享有盛名的是其与吉尔·德勒兹（Gilles Deleuze）*合作的作品，尤其是两卷本《资本主义与精神分裂症》（《反俄狄浦斯》Anti-Oedipus, 1972;《千高原》A Thousand Plateaus, 1980）。他的著作还包括《分子革命》（The Molecular Revolution, 1977）、《三种生态学》（The Three Ecologies, 1989）、《混沌互渗》（Chaosmosis, 1992），以及与安东尼奥·内格里（Antonio Negri）合著的《像我们这样的共产主义者》（Communists Like Us, 1990）。作为一个激进的精神病学家，伽塔利开始研究社会、精神疾病（mental illness）*、制度（institution）*和群体之间的关系。在这一领域，他吸收了拉康学派精神分析的洞见，不过他后来驳斥了该学派将"缺乏"或"消退"置于无意识形成的中心位置的思想。与拉康学派关于无意识的（unconscious）*的解释相比，他反对将一种关于欲望的机械式、分子式的解释作为社会和物质集合体的构成要素。同时，他也不满马克思主义（Marxism）*对主观性（subjectivity）*的忽视，以及费尔迪南·德·索绪尔（Ferdinand de Saussure）*过于强调符号学（semiology）*的观点，而是赞同查尔斯·皮尔斯（Charles Peirce）*和路易斯·叶姆斯列夫（Louis Hjemslev）的符号学理论。

guerrilla 游击战

游击战是一个用来表示"小规模战争"的西班牙术语，普遍用于指代小规模的或非常规的战争，利用社会的、政治的以及地理优势反抗传统的统治力量。它经常与农民抗争联系在一起，在 1945 年之后基于毛泽东和切·格瓦拉（Che Guevara）所倡导的游击战理论发展成为革命和反殖民运动的一种形式。游击战思想具有很强的浪漫主义色彩，但在现实中也取得了一定的成功。

guilds（gilds）公会

该术语指中世纪用来管理贸易和保护雇主利益的商业协会，后来在一些国家退化为古怪的男士俱乐部并延续至今。那种在 19 世纪将其视为工会（trade union）*的先驱的观点现在已经很少被提及。20 世纪早期的公会社会主义承袭了中世纪的思想，提出工业联合体和其他经济团体应当成为管理重点工业的主体，并成为发展更大规模的民主政体的基石。保罗·赫斯特（Paul Hirst）的《联合民主》（*Associative Democracy*, 1994）是这一思想在当代的体现。

Gumplowicz, Ludwig 路德维格·贡普洛维奇（1838—1909）

波兰社会学家，社会达尔文主义者和唯物主义者。他宣传社会进化（social evolution）*是一种争夺经济资源的斗争，其结果就是适者生存。按照进化的顺序，这种斗争先后表现为族群间的斗争、国家间斗争，以及阶级间的斗争。他的学说对加塔诺·莫斯卡（Gaetano Mosca）*的精英理论（elite theory）*产生了重要影响，但是其著作几乎没有被翻译成英文（明显的特例是《社会学大纲》*Grundriss der Soziologie*, 1885）。尽管他对解释诸如侵略和战争等大规模社会冲突（social conflict）*的贡献已经得到了研究全球进程的理论家的认可，但是他的著作经常因为其宣扬威权主义（authoritarianism）*和种族主义（racism）*的论调而广受批评。另见军事与军国主义（military and militarism）*。

Gurvitch, Georges 乔治·古尔维奇（1896—1965）

社会学家，出生于俄罗斯，但在法国度过了大部分的职业生涯，并对法国社会学的发展产生了巨大影响。尽管他的一些著作已经被翻译成英文（例如《法律社会学》*Sociology of Law*, 1942；《社会时间的谱系》*The Spectrum of Social Time*, 1958），但是由于其哲学意味过于浓厚，美国和英国的社会学家对其思想仍然知之甚少。古尔维奇把他的方法描述为"超经验辩证法"（基于现实的辩证方法），并对黑格尔和马克思只认识到一种形式的辩证法（矛盾的对立和统一）进行了批评。

他宣称存在五种形式的辩证法：互补性，即两种明显不同的元素都隶属于一个更大的整体；相互卷入，即不同元素之间彼此相互渗透；含混和矛盾，指互相吸引和排斥同时存在；对立极化，即如黑格尔辩证法；视角互反，或者同一元素的平行显像之间的差异化。

H

Habermas, Jürgen 尤尔根·哈贝马斯（1929—   ）

哈贝马斯在法兰克福受到了西奥多·阿多诺（Theodor Adorno）*的指导，因而被视为第二代批判理论家。除了在斯滕伯格短暂停留之外，他从20世纪60年代开始在法兰克福大学任教，直至1994年退休。在20世纪60年代，他的著作主要是关于哲学人类学和社会科学哲学，不过在1968—1969年他出版了《通往理性社会》（Towards a Rational Society）的论文集。在这些论文中，他通过技术理性将马克斯·韦伯（Max Weber）*的理性化理论与马克思（Marx）*关于劳动的分析联系在一起，对技术支配发起了强有力的批评。与克劳斯·奥弗（Claus Offe）等人合作，他对该论断做了进一步的详细阐述，相关总结发表于《合法性危机》（Legitimation Crisis，1973）。在该书中，他表明了自己的观点与马克思理论的区别。哈贝马斯认为，经济危机问题已经通过国家支出的增长以及国家对经济的周期性波动进行有计划的主动干预而得以解决。然而，国家干预的代价是将经济危机转化成了国家本身的危机，表现为国家面临的日益棘手的财政危机（fiscal crisis）*，这又由于不断增加的动机和合法性（legitimacy）*问题而变得更为严重。

哈贝马斯继续发展他的理论根基，并发表了两卷本的《交往行为理论》（The Theory of Communicative Action，1981）。在书中他根据语言和沟通的相关理论，结合现象学（phenomenology）*和符号互动论（symbolic interactionism）*的思想，构建了一个完整的关于政治、经济系统以及社会文化生活世界（life world）*运行的理论体系。他后期的工作主要集中在哲学领域，围绕启蒙和现代性（modernity）*的概念展开。相关论述在德里达（Derrida）的著作中也尤为明显（参见《现代性的哲学话语》*The Philosophical Discourse of Modernity*, 1985），这引发了他与德里达关于军事主义、恐怖主义（terrorism）*以及欧洲的未来等诸多论战。在《欧盟：一个衰落的项目》（*Europe: The Faltering Project*, 2009）和《欧盟的危机》（*The Crisis of the European Union*, 2012）两本书中，哈贝马斯表达了他关于欧盟的看法。

habitus 惯习

一组后天习得的思想、行为和品位倾向，皮埃尔·布尔迪厄（Pierre Bourdieu）*（《理论与实践理论大纲》*Outline of Theory and Practice*, 1977）用惯习来指代一种连接社会结构（social structure）*与社会实践（或社会行动 [sociol action]*）的桥梁。这一术语提供了一种从文化角度出发理解结构性不平等的可能，重点强调了在人类习惯和常规生活中文化因素的具身化（embodiment）*现象。尽管大多数人认为惯习是由布尔迪厄首先提出的，但实际上诺伯特·埃利亚斯（Norbert Elias）*早在1939年就使用了这一概念。安东尼·吉登斯（Anthony Giddens）*试图使用"结构化"这一概念表达同样的思想。这方面最好的阐述可参考理查德·詹金斯（Richard Jenkins）的《皮埃尔·布尔迪厄》（*Pierre Bourdieu*, 1992）。

Halbwachs, Maurice 莫里斯·哈布瓦赫（1877—1945）

法国早期社会学家,深受爱弥尔·涂尔干（Émile Durkheim）*的影响（参见其著作《自杀的原因》*Les Causes du Suicide*, 1930）。他是法国最早系统研究社会阶级（social class）*的性质以及阶级意识（class consciousness）*的集体结构的社会学家之一（参见《社会阶级心理学》*The Psychology of Social Class*, 1938）。在其著作《人口与社会:社会形态学导论》（*Population and Society: Introduction to Social Morphology*, 1938）中,哈布瓦赫开创性地探讨了社会进程的空间结构。他最具创造性的工作是关于集体记忆的性质的研究。

Halévy thesis 哈勒维命题

这是由历史学家埃利·哈勒维（Élie Halévy）提出来的一个观点（参见《19世纪英国人民史》*A History of the English People in the 19th Century*, 1962）,认为18世纪晚期和19世纪英国社会的稳定在很大程度上归功于卫理公会的影响（那时欧洲的其他地方正在经历革命复辟）,其面向工人阶级（working class）*倡导以节俭、节制和追求个人成就为代表的资产阶级美德。通过宣扬个人救赎而不是集体行动（collective action）*、追求个人发展而不是政治变革,卫理公会瓦解了起初的大众反抗的苗头。按照哈勒维的说法,它为下层社会中的可造之材提供了改变命运的机会,进而在工业化发展的大潮中有效阻止了英国社会的两极分化和思想分裂。简言之,该命题是宣扬资产阶级化（embourgeoisement）*的主旋律的一个变种,它与后来的很多更为著名的社会学观点一样引起了历史学界的广泛争议。

halo effect 晕轮效应

该术语指一种人们在形成对于他人的印象时普遍发生的偏差，经常将他人的某种特质加以推广泛化。例如，对于友善的人，很容易认为他的所有方面都是好的。这一现象会导致误导性的判断，例如错误地认定聪明人一定是无所不知的。

Haraway, Donna Jeanne 唐娜·珍妮·哈拉维 (1944—)

一位历史和科学哲学领域的美国专家，主张以女性主义 (feminism)* 视角来阐释科学和技术。她曾任教于夏威夷大学、约翰·霍普金斯大学和加利福尼亚大学圣塔克鲁兹分校。1985 年，她因为发表《赛博格宣言》(A Cyborg Manifesto) 而享誉国际，其中她驳斥了本质主义者的性别观，强调性别观念是通过科学技术的论断和实践而建构出来的。她提出赛博格 (cyborg)* 作为一种实体的观点，其本质是人类元素和机械元素通过特定技术手段结合而成。她发展的论题构成了对现代技术意识和应用的激烈批评。她有动物学的专业背景，在《灵长类视觉：现代科学世界中的性别、种族和自然》(*Primate Visions: Gender, Race, and Nature in the World of Modern Science*, 1989) 一书中，收录了她的早期论文，其中她批判了灵长类动物学的正统理论，以及广泛将这种理论用于评判种族和性别的特定观点。她对人类与动物之间关系的最新探讨可参考《不同物种的相遇》(*When Species Meet*, 2008)。

hate crimes 仇恨犯罪

由于种族 (race)*、宗教 (religion)* 或性别歧视而引发的不良行为（delinquency）*，犯罪目标通常是少数族群，并常伴有对反歧视法的违背。这些罪行一般都是针对女性、犹太人、黑人或同性恋者的暴力犯罪。在20世纪80年代，围绕仇恨犯罪的立法行动开始出现，引出了是否应该根据犯罪动机来决定量刑轻重的问题。有关该问题的综述，参见保罗·伊甘斯基（Paul Iganski）编的《关于仇恨的论战》(*The Hate Debate*, 2002)。

Hawthorne studies 霍桑研究

霍桑实验启发了埃尔顿·梅奥（Elton Mayo）*等人开展人际关系运动（Human Relations Movement）的实验。在科学管理（scientific management）*理论的影响下，芝加哥的西部电器公司自1924年起开始研究不同工作条件（例如照明水平、支付体系、工作时长等）对于产出的影响。以弗里茨·罗特利斯伯格（Fritz Roethlisberger）和威廉·迪克森（William J. Dickson）为首的研究者发现，生产效率并未受到不同工作条件或物质奖励的影响，而是部分受到了实验本身的影响。实验参与所连带的特殊安排使得工人们认为管理层对他们有着不同寻常的期待。这鼓舞了士气，带来了更高的生产率（productivity）*。霍桑效应这一术语现已被广泛用于指代由社会调查造成的研究对象改变自身行为的现象。更一般地来说，霍桑研究的研究者发现监督方式大大影响了工人的生产力（forces of production）*。

包括对生产行为进行隐秘观察（covert observation）*在内的后期研究表明，工作进度和管理受到了工人之间的非正式社会规范（social norm）*和组织的影响。根据这些研究的发现，梅奥宣称工人的工作动机并不主要取决于经济因素，而是取决于管理方式和非正式工作组织。因此，提高生产效率有赖于管理者对生产过程中的"人际关系"高度敏感并加以利用。批评者指出，霍桑实验在方法上是存在缺陷的，并质疑其得出的在决定生产效率方面经济因素不如工作带来的心理满足程度重要的核心结论。关于霍桑研究的最精彩的讨论，可参见约翰·马奇（John Madge）的《科学社会学的起源》(*The Origins of Scientific Sociology*, 1963)。另见实验者效应（experimenter effects）*。

Hayek, Friedrich A. 弗里德里希·A. 哈耶克（1900—1992）

出生于维也纳，在那里获得法律与政治科学博士学位。哈耶克先后长期任教于伦敦政治经济学院和芝加哥大学，直到1962年重返奥地利。他与冈纳·缪达尔（Gunnar Myrdal）*一起获颁诺贝尔经济学奖，这有点儿令人啼笑皆非。因为哈耶克一贯以倡导不受限制的自由市场（free market）*的自由主义（liberalism）*观点闻名于世，而缪达尔则赞同审慎的社会民主主义主张。作为20世纪80年代反凯恩斯货币主义的最重要的理论家，哈耶克的第一部专著题为《货币理论与贸易周期》(*Monetary Theory and the Trade Cycle*, 1933)也就不足为奇，在书中他提出论点反对凯恩斯的《货币通论》(*Treatise on Money*, 1930)。他的大量工作基于一种行动理论（action theory）*（对卡尔·门格尔[Carl Menger]和路德维希·冯·米塞斯（Ludwig von Mises）相关思想的继承与发展），按照该理论，个体是明智、理性的主体，其服从规则的行动在集体层面会产生难以预料的后果。这可以看作是对亚当·斯密（Adam Smith）*的理论的延伸，并为像罗伯特·默顿（Robert Merton）*这样的功能主义社会学家的一些观点提供了思想渊源，尽管默顿并不完全赞同哈耶克对理性选择（rational choice）*的过度强调。

在1944年哈耶克出版了《通往奴役之路》（*The Road to Serdom*），该书使他在社会公众中迅速成名。在书中，他阐释了他所谓的放任主义经济学（laissez-faire economics）*的政治意义，尤其是着重指出中央的计划经济（planned economy）*是对当时正在争取的自由的巨大威胁。在随后的一系列著作中，哈耶克以一种更为积极的形式继续阐释了他的观点，包括《自由宪章》（*The Constitution of Liberty*, 1960）以及三卷本的《法律、立法与自由》（*Law, Legislation and Liberty*, 1982）。另见社会正义（justice, social）*；自由意志主义（libertarianism）*；朝圣山学社（Mont Pelerin Society）*。

head of household 户主

该词在官方调查中专指一个家户（household）*里的主要收入来源者，但也经常简单认定为该户中作为丈夫和/或父亲的年长男性。至少在发达国家，将年长男性作为"户主"的惯例已经受到了很多批评，因为其背后隐含了男性至上的文化。例如，在社会分层（social stratification）*的文献中长期存在着关于适当的分析单位的争议，也即按照户主（通常为男性）的阶层位置来划分整个住户中所有成员的阶层是否合适。目前，在社会学分析中已经很少使用户主这一术语。

health and illness, sociology of 健康与疾病社会学

一个探究健康和疾病的社会维度的社会学分支，其内容主要涵盖三个领域：关于健康和疾病的概念意涵、关于健康和疾病的测量

(measurement)*和社会分布,以及对健康和疾病模式的社会解释。社会学家介入健康领域始于对健康和疾病概念的考察与澄清,强调这些概念的边界在不同文化中存在差异,指出概念本身所具有的多面性和可评判性。疾病是指一种被认为不好的身体或精神状态,因而对疾病进行干预以缓解或消除症状是正当的,这就是塔尔科特·帕森斯(Talcott Parsons)*在他影响深远的关于病人作为一种社会角色(social role)*的系统分析(systems analysis)*中所秉持的立场,据此他认为对疾病的社会监管和社会控制(social control)*具有重要的社会功能。

即便相关概念无可争议,对于健康和疾病模式的测量也绝非易事。研究者通常使用两种来源的数据来测量疾病发生——官方统计数据(official statistics)*和社区研究(community studies)*。官方统计资料提供关于使用卫生服务的人群的信息,也即所谓的"治疗"数。这意味着,尽管这些数据具有更好的可得性,但是其会受到患病行为的"污染";换言之,人们使用卫生服务的意愿、服务可及性、对疾病的自我感知等因素会影响相应数据的准确性。社区调查通过对一般人群的筛查——不论其是否就医——来避免上述问题。然而,社区调查通常依赖于各种自报的量表来测量疾病或健康,人们的自报情况与临床诊断结果可能并不一致,进而导致问题出现。因此并不奇怪,研究者经常使用死亡统计指标作为对疾病发病率(morbidity)*情况的一种替代测量,其理由是在发达国家人们大多死于退行性疾病,个体死亡的年龄部分反映了其整个生命周期健康状况的信息。由于不同测量指标各自的局限性,在条件允许的情况下,有必要同时使用多种数据以考察疾病的社会分布。

毫无疑问,不论测量健康或疾病有多困难,在不同时期、不同社会之间乃至一个社会内部,都存在着关于健康和疾病模式的巨大差别。历史上,在工业化国家出现了长期的死亡率(death rate)*下降趋势,平均而言发达国家的预期寿命(life expectancy)*远高于发展中国家。同时,疾病和死亡也与年龄和性别相关,儿童和老年人的患病和死亡风险更高,而且在大多数社会中女性的平均寿命高于男性,不过也有指标显示女性的患病情况更为严重。此外,不同社会阶层和种群之间也存在明显的健康差异。例如,由P. 汤森和N. 戴维森合作写成的里程碑式的研究《健康不平等:布莱克报告》(*Inequalities in Health: The Black Report*, 1982)发现,在英国15—60岁的人口中,社会最底层的死亡率是社会最上层的约2.5倍,并且这一差异并未随着时间推移而缩小。

应该如何解释这些健康和疾病的模式或某种疾病的社会分布极具挑战性。在大众和医学专家眼中,最为盛行的观点聚焦于所谓的健康相关行为(health-related behaviour)*,尤其是饮酒、吸烟、进食和锻炼,总体上这些行为的重要性确实得到了很多支持。然而,社会学家对健康和疾病的理解,一般超越个体行为的范畴而寻求一种更为广泛的社会因素的影响。尽管对健康相关行为的关注引发了关于影响消费模式的文化因素以及物质资源对消费的鼓励或抑制作用等讨论,社会学家还广泛关注生产过程对健康和疾病的影响。这种影响不仅通过工业和环境污染、工伤事故等方式发生,也会由心理压力因素而引发诸多疾病。

尽管对经验证据的解读还远未达成一致,但是社会因素对健康和疾病的重要影响是非常明确的。例如,流行病学(epidemiology)*研究表明，工作过程中的自主性和控制力是诱发心脏病的重要因素，有学者将此称为"付出—回报不平衡"——一种需要高强度工作而缺乏职业前景、保障性低、经济薪酬差的工作状态。另外，职业发展机会下降和工作自主性差还与一系列其他健康负面后果有关。一些研究表明，养老金保障可能是导致不同阶级（class）*的成年男女和退休老人的死亡风险差异的重要因素。

关于这一领域的系统介绍，参见艾伦·安娜黛尔（Ellen Annandale）的《健康和医学社会学》（*The Sociology of Health and Medicine*, 1988）。另见《布莱克报告》（Black Report）*；病人角色（sick role）*。

health-care system 卫生保健系统

这是一个在使用上相对松散的术语，用来描述一个社会的卫生保健（预防和治疗）提供体系，不论该体系是否完整有序。卫生保健系统既包括非正式的照料，也包括正式的（付费的）服务，以及由各种专业和非专业医师提供的服务。

health-maintenance organization（HMO）健康维护组织

在美国出现的一种健康服务组织。健康维护组织最初基于合作医疗的原则成立，现在则越来越多地由营利组织运行。与直接付费的医疗服务不同，健康维护组织（一个20世纪70年代的术语）是一种团体医疗服务组织，通过一种标准预付方式，对加入者提供包括初级门诊和住院治疗在内的相对综合的服务，旨在降低医疗成本并利用医疗激励强化维持健康的重要性。

health-related behaviour 健康相关行为

参见健康与疾病社会学（health and illness, sociology of）*。

Hegel, Georg Wilhelm Friedrich
格奥尔格・威廉・弗里德里希・黑格尔（1770—1831）

一位德国唯心主义哲学家，他主要是通过卡尔・马克思（Karl Marx）*和马克思主义（Marxism）*对社会学理论的发展产生了深远影响。黑格尔提出了一种历史哲学理论，他尤其强调思想史，认为其对社会和政治史具有决定性的影响。历史被视为一种通向理性真理的辩证运动，这涉及带有片面性的最初观点（原命题）、与之对应的相反立场（反命题）、将两种局部真理相调和构成的合命题。尽管这种调和是一种进步，不过从长远来看，其本身仍然是不完全的。对于完全真理来说，每一个命题的意义都取决于它与其他命题之间的关系。因此，历史发展被认为是一种心灵本身的疏远或物化（reification）*，以及相伴随的下一步超越。黑格尔认为，他那个时代的资产阶级形态代表了历史分野中的最后一次超越，同时这也是真理进化的完全形式。如果想了解黑格尔哲学，可以考虑从他的著作《精神现象学》（*The Phenomenology of Spirit*, 1807）入手。彼得・辛格（Peter Singer）撰写的《黑格尔》（*Hegel*, 1983），对其人其思想做了非常精彩的介绍。

用一句名言来说，卡尔・马克思"站在黑格尔的肩上"，他认为经济、社会和政治的历史处在比思想史更重要的位置，不过他秉持了黑格尔的辩证法逻辑。马克思的异化（alienation）*概念在很大程度上取自黑格尔的物化和疏远概念，马克思对生产方式（mode of production）*演替的分析也是对黑格尔发展理论的一种系统阐述。在马克思主义者格奥尔格·卢卡奇（György Lukács）*和法兰克福学派（Frankfurt School）*（参见批判理论［critical theory］*）身上，都可以看到黑格尔及其推理方式的影子。

hegemonic masculinity 霸权男性气质

该术语指男性气质存在的多重定义，同时也指涉男性内部和男性女性之间的权力（power）*、权威（authority）*和承认的层级结构。在某一特定时点，男性气质的某种形式会被文化赞扬与承认，从而超过其他形式。霸权男性气质是一种性别实践的配置，这种配置里包含着对于父权制合法性问题的公认答案——其可以保证（或者被用来保证）男性的支配地位和女性的从属地位。

最为可见的霸权男性气质的载体未必常常是最有权势的群体。他们可能是榜样，就像电影演员和体育明星，甚至是像电影角色这样的想象中的人物。然而，霸权只有当文化理想和制度性权力有所共通的时候才会被建立起来。因此，商界、军界和政府的高层提供了一个非常令人信服的男性气质的集体展示，而这种展示很少会被平权女性和异议男性动摇。

暴力常常巩固并支持权威。一种暴力的能力，或者一种为暴力背书的意愿，依旧是当代西方文化里霸权男性气质的重要特征。当保卫父权的局势变化，某个特定的男性气质的统治基础也会随之被侵蚀。新的群体会挑战老办法并建构出新的霸权。任何一个男性群体的统治地位都可能被女性挑战。那么，霸权就是一个历史性流变的关系了。

当有一种霸权的男性气质模式存在，就一定也有从属性的和边缘化（marginalization）*的男性气质。当代欧美社会里面最重要的例子是处于统治地位的异性恋男性和处于服从地位的同性恋男性。男同性恋者出于一系列实践被迫屈从于异性恋男性群体，包括政治和文化排斥、文化虐待、街头暴力（从恐吓到谋杀）、经济歧视以及个人抵制。一些异性恋男性也同样会被合法文化圈所排斥，这个过程的特点就是一系列丰富的辱骂性词汇：孬种（wimp）、呆子（nerd）、娘炮（pantywaist）、白痴（dweeb）、怪咖（geek）、怂包（milquestoast），等等。

具有彻底的霸权男性气质的男性数量可能颇为稀少。不过多数男性都会从霸权中获得一些东西，因为他们可以从男性的整体性优势中获利，而这种整体性优势正是从女性的整体性服从中得来的。男性气质没有冒着成为父权"马前卒"的压力或风险，就被成功建构起来获得了父权制（patriarchy）*红利，这样的特征会使其更被认定为"共谋性"而不是霸权性。R. W. 康奈尔（R. W. Connell）在 1995 年出版的《男性气质》（*Masculinities*）一书中提供了很有用的讨论。

hegemony 霸权

这个概念需要在卡尔·马克思（Karl Marx）*的历史唯物主义（historical materialism）*语境下理解。它代指统治阶级（ruling class）*利益（interests）*作为普遍性津贴（universal benefits）*的理想化呈现。普遍化概念的积累性本质不但扩展了每个统治阶级（ruling class）*的霸权，并且同时激化了它和支配阶级的矛盾，直到一个阶级（无产阶级［proletariat］*）出现，这个阶级真正代表了普遍利益。据马克思所言，每一个统治阶级的确代表着其前一个统治阶级更广大的利益（interests）*，比如通过提供向上流动的社会通道。因而，某个统治阶级获得权力并不仅仅依靠着普遍利益的幻觉,也是因为它确实代表了更广大的利益。类似地,体现阶级内部和阶级之间支配性物质关系的想法也更为牢固,也是因此更为牢固地嵌入,不提供任何其他明显的可能性。然而,在适当的时候,统治阶级特定的阶级利益(class interest)*变得明晰了,这时候就需要超越它的激进的否定。

资产阶级霸权最主要的工具就是市民社会(civil society)*。安东尼奥·葛兰西(Antonio Gramsci)*将霸权定位在"私人"或者非国家层面的上层建筑(superstructure)*的角色中,并把社会霸权与强力的使用相分开,将霸权认定为资本主义社会中维护社会秩序(social order)*的首要手段。从马克斯·韦伯(Max Weber)*的术语视野看,霸权则会与"先天优越的迷思"相联系,或者是一种地位等级的合法化。简而言之,霸权就是制造甘愿。文化霸权一般被认定为霸权操控的主要方面,其包括了思考与观看方式的生产,并且同时排斥替代性的视角与话语。也正是由于这个原因,什么是非霸权模式的推论和具有穿透力的分析就是一个非常难以确定的事情了,尤其因为在马克思的视野下,霸权是弥散在各个层次之中的——通过商品拜物教(commodity fetishism)*的链接,从最初诸如劳动力(labour power)*和资本(capital)*这些基础语汇到阶级和政治的方方面面。因而,根据马克思主义者所言,在各个层面上都要和霸权较量。那些应用在虚假意识(false consciousness)*及其超然存在的概念以及方法的限制,也一定适用于霸权这个案例上。

这个概念的社会学意义和这个概念在意识形态(ideology)*的经验研究中的应用,已经由约瑟夫·费米亚(Joseph Femia)在《政治研究》(Political Studies)发表的《安东尼奥·葛兰西思想中的霸权与意识形态》(Hegemony and Consciousness in the Thought of Antonio Gramsci,

1975)一文中论述得很清楚了。此外,约翰·霍夫曼(John Hoffman)发表的《葛兰西主义的挑战》(*The Gramscian Challenge*, 1984)也是一个精彩的综述。另见主流意识形态论(dominant ideology thesis)*。

Heidegger, Martin 马丁·海德格尔(1889—1976)

海德格尔是一位德国存在主义哲学家,他继承了埃德蒙德·胡塞尔(Edmund Husserl)*的现象学方法论,以探究人类存在的本质。他最重要的著作是《存在与时间》(*Being and Time*, 1926),此书极大地影响了后现代主义(postmodernism)*,并成为安东尼·吉登斯(Anthony Giddens)*的时空思想的重要来源。

Heider, Fritz 弗里茨·海德(1896—1988)

海德是一位心理学家,出生在维也纳,后居德国,最后移民到美国。他最有影响力的作品是《人际关系心理学》(*The Psychology of Interpersonal Relations*, 1958),在书中他用格式塔心理学(Gestalt psychology)*发展了他自己的平衡理论和因果归因理论。认知失调(cognitive dissonance)*和归因理论(attribution theory)*也都直接肇始于海德的工作。

heredity 遗传

遗传指的是动植物代际间特征通过基因的传递。基因遗传的观点已经是老生常谈了。然而,现在有关遗传的方式和环境因素的可塑性的观点则有所变化。今天的想法都是基于遗传学(genetics)*的研究。"遗传学"是一个1905年为形容有关遗传的科学所制造出的词汇。

遗传学的研究可以追溯到孟德尔（Mendel）经典的杂交豌豆研究。这和其他研究为查尔斯·达尔文（Charles Darwin）的自然选择（natural selection）*理论提供了缺失的证据链，因为它们确定了可以让种群异同得以发生的机制。

这种想法对于人类行为研究的影响是巨大的。达尔文的一个表弟，弗朗西斯·高尔顿（Francis Galton），发展了在解释个体在人格（personality）*和智力（intelligence）*差异中遗传学的位置。他也为可以直接用来指导人类演进的知识体系中填入了优生学（eugenics）*这个词汇——这种干涉主义的策略始终有着巨大争议。在之后的学术讨论中，遗传和环境作为影响因素被并置看待，极尽详述。随着个体差异得到更多的学术关注，人们始终在努力评估基因和环境在人类特性和行动的因果联系中有多大作用。比较同卵或异卵的双胞胎研究被广泛尝试，然而其方法论（methodology）*的困难是可想而知的。然而，量化基因或环境对于个体差异影响的尝试在继续，同时也有更多的人认为这两者都是影响所有人类行为的关键因素。另见达尔文主义（Darwinism）*；基因（gene）*；人类基因组（human genome）*；先天与后天之争（nature versus nurture debate）*；社会生物学（sociobiology）*。

hermeneutics 解释学

参见解释（interpretation）*。

Herskovitz, Melville-Jean 梅尔维尔-让·赫兹科维茨（1895—1963）

赫兹科维茨是一个美国经济人类学家，他在哥伦比亚大学受到弗朗兹·博厄斯（Franz Boas）*和亚历山大·戈登威泽（A. A. Goldenweiser）

影响，他自己后来在西北大学任教。他最为出名的研究莫过于是美国黑人中非洲民族主义遗存的研究（详见《黑人过去的神话》*The Myth of the Negro Past*, 1941）以及他的经济人类学著作（《经济人类学：一个经济比较研究》*Economic Anthropology: A Study in Comparative Economics*, 1952）。他批判了之前的把个人当作经济分析的起点的理论，而他并没有退入经济决定论（economic determinism）*，相反，他指出要关注个人面对社会约束、资源和文化价值时会如何进行经济选择。

heterosexism 异性恋主义

这是一种社会实践——从语言到肉体、从公共领域到私人领域、从隐蔽到公开——在一大批社会场所中（包括工作场所、学校和教堂）对同性恋（被同性别的人吸引）与异性恋（被异性别的人吸引）的区分中以异性恋获得优势的方式所运行。与之相关的词汇有"被迫的异性恋"，还有更为心理学（psychology）*的词汇——恐同症（homophobia）*。另见霸权男性气质（hegemonic masculinity）*。

heuristic device 启发装置

该术语指任何包含使用人工构造去辅助探索社会现象的过程。其常常包括基于现存的经验研究得出的假设。比如，理想类型（ideal type）*被用于界定一种社会现象的特征，以便让其主要特征可以被清晰简洁地陈述出来。因此，这是一种初始分析。这种方法被证明在研究社会变迁（social change）*的时候极为有用，通过定义基准点，可以准确地识别变化和差异。在此情况下，启发装置常被用来提供分析清晰性，虽然它也可以提供和模型一样的解释性价值。

hidden crime 隐秘犯罪

参见犯罪(crime)*；犯罪黑数(dark figure of crime)*。

hidden curriculum 隐性课程

在教育中，隐性课程指通过教学结构和学校组织来实现文化价值和态度(比如服从权威、准时和延迟满足[deferred gratification]*)传播。这和以主题或者话题为基础的显性的或者说正式课程是不一样的。菲利普·杰克逊(Philip Jackson)的经典作品《教室生涯》(Life in the Classroom, 1968)指出了三种隐性课程：群体、赞美和权力。在教室里，学生们面临着作为群体一员的拖延和克己；持续的与他人的评价和竞争；有权力者和无权力者的根本区分——老师作为未成年人的第一个"老板"。许多社会学研究十分关注隐性课程的不讨人喜欢的部分，因而学校也被指责通过性别歧视(sex discrimination)*、种族主义(racism)*和阶级偏见去维护不平等(inequality)*。如果正如涂尔干(Durkheim)*所言，学校反映了其所在的更大社会，那么不论好坏，隐性课程反映了与教育系统相交互的其他社会系统(social system)*所盛行的价值(value)*，这也不足为怪了。

hierarchy of credibility 信用层级

这一概念由霍华德·贝克尔(Howard S. Becker)*提出(《我们站在谁的一边？》Whose Side are We on?, 载于《社会问题》Social Problems, 1967)，用于说明社会不平等(social inequality)*和社会的道德层次性。贝克尔认为，处于(一个组织或一个社会)上层的人会被视作更可信，而处于下层的人则被认为不那么可信。更有甚者，"失败者们"可能会被认为是完全不足信的、病态的，并且通常无法发声。他进一步指出，就"价值取向在社会学研究中的作用"这一更广泛的越轨理论相关议题而言，帮助边缘化（marginalization）*的"失败者们"拥有话语权可能是社会学家的任务。

Hilferding, Rudolf 鲁道夫·希法亭（1877—1941）

他是奥地利马克思主义（Marxism）*的重要代表人物（其他核心成员包括卡尔·伦纳[Karl Renner]*、奥托·鲍威尔[Otto Bauer]），以《金融资本》（Finance Capital, 1910）最负盛名。他曾在20世纪20年代担任德国的财政部部长，但纳粹掌权后，他因犹太人和马克思主义者的身份被流放。法国被占领后，他于1941年被捕入狱，经盖世太保（国家秘密警察）审讯后死于狱中。

针对欧根·冯·庞巴维克（Eugen von Böhm-Bawerk）有关马克思主义经济学的批判性讨论，希法亭提出了具有影响力的批评，并进一步说明了马克思主义框架如何与时俱进，以解释19世纪末期的新兴经济趋势。他的思想对布哈林（Bukharin）*和列宁（Lenin）*的帝国主义（imperialism）*理论有着重要的影响。其核心主张是：工业和银行业都以集中与垄断（monopoly）*为特点，并且银行资本日渐主导工业资本。所有类型的企业都陷入"金融资本"的循环中，而这个循环又被一小部分金融资本家（capitalist）*操控。金融资本成为资本垄断在海外帝国扩张的基础。另见资产阶级（bourgeoisie）*；所有权与控制权（ownership and control）*。

Hinduism 印度教

一种有着 5000 年历史的信仰体系，并且至今仍然被大约 5 亿人信奉，皈依群体主要在印度。这一宗教（religion）*传统非常多元化：没有任何公认的教员或信条，一些注经者指出印度教传统包含多种宗教，还有不少人质疑西方宗教的概念能否适用于印度教。

印度教最显著的特点（抛开其巨大的复杂性）在于种姓（caste）*制度和轮回一词所指的生命观。印度教徒认为他们现世的生命只是无数轮生命中的一轮，有着多种多样的形式，并不全以人为存在形式，也并不一定全存在于地球上。这涉及羯磨的概念，羯磨指一种道德上的因果关联，在此因果联系中，一个人在现世是谁、在哪里，很大程度上取决于他在之前所有轮生命中的作为，尤其是在践行印度教法则（或神法）方面的作为。最后，解脱的相关概念意味着通过超越无明（不知意识）和摩耶（幻象）而从现世存在中脱离。然而，这些基本思想并不是一开始就有的，一些学者在使用印度教一词时也仅指基督教（Christianity）*开创前后建立的信仰体系。

印度教迥异的特性在其经文中得到了很好的体现，如吠陀经（吠陀表示知识，是写于约两千年前的前基督教时代的文本）就由各种神的圣歌、哲学文本、仪式相关的散文组成，还有极其多样化的传世书，包含了宏大的印度教史诗、礼仪和法律典籍，还有脍炙人口的故事和传说。不足为奇的是，印度教有不下 12 个正统学派，包括数论派的二元论（支持无神）、商羯罗派的不二论（对神有保留的信仰），以及罗摩奴阇派的一神论（theism）*（以不信仰神为假定）。还有很多成熟的教派运动，比如耆那教派和巴克提教派都以不同的理由反对种姓制度。

社会学对印度教的研究旨趣主要表现在两方面：其一是研究种姓制度，把其当作依靠先赋因素进行社会分层（social stratification）*的极端例子；其二是分析印度教信仰对发展类似西方的资本主义理性的可能影响。第二种研究传统始于马克斯·韦伯（Max Weber）*发表于《世界宗教的经济伦理》（Economic Ethics of the World Religions，1916—1919）一书中的文章（相关章节被译为《印度的宗教》The Religion of India，1958），在文中他认为印度教有力地阻止了西方式的经济发展（economic development）*。学界对韦伯的这一论述争论至今（如 G. R. 马丹［G. R. Madan］的《西方社会学家论印度社会》Western Sociologists on Indian Society，1979）。而针对种姓制度最经典的研究是路易·杜蒙（Louis Dumont）的《阶序人》（Homo Hierarchicus，1970），不过这本书中也有具有争议的论述。杜蒙认为一般社会分层的概念并不能应用于印度种姓制度的研究，这遭到了一些人类学和历史学研究的质疑，这些研究证实在其他地方普遍存在的社会流动类型（包括地位不协调导致的社会流动，而地位不协调与权力分配的变化相关）同样存在于传统种姓秩序中。

还有文献将分层和宗教结合在一起，这些文献的争论点在于，韦伯所说的那种宿命论（fatalism）*，即由信仰因果报应而产生的宿命论，是不是种姓制度得以稳固的主要原因——尽管该制度导致了极端的社会不平等（social inequality）*和社会固化。针对此问题可见大卫·洛克伍德（David Lockwood）*的《宿命论：涂尔干的隐性秩序论》（Fatalism: Durkheim's Hidden Theory of Order），载于安东尼·吉登斯（Anthony Giddens）*与加文·麦肯齐（Gavin Mackenzie）编的《阶级和劳动分工》（Class and the Division of Labour，1983）。

histogram 直方图

参见条形图（bar chart）*。

historical demography 历史人口学

历史人口学是对历史时期的人口规模和结构，以及人口、经济、社会变化的历史关系的研究。由于可获得数据的不完全性，测量人口普查（census）*和人口生命登记出现以前的人口特征是一项巨大的挑战。因此有必要利用各种资料，如教会登记册、死亡清单、遗嘱、墓碑、军事记录、财产清单等，来艰难地重建当时的人口状况。

20世纪后半叶之前，就已有测量历史时期人口特征的尝试。然而，历史人口学在二战后才作为人口学的独特分支显现出来，其出现与历史人口研究新技术的发展有关，尤其得益于法国人口研究所的路易斯·亨利（Louis Henry）于20世纪50年代首创的家庭重构研究法。亨利利用教区登记册，先对加尔文派的资产阶级（bourgeoisie）*进行了家庭人口经历的重构，后又对诺曼底地区克吕莱的农民家庭进行了重构。为实现家庭重构，他对特定的一对婚姻配偶进行信息追踪，包括出生信息、父母信息、婚姻信息、生育信息以及死亡信息，并针对每个家庭重复此步骤。

里格利（E. A. Wrigley）用同样的方法研究了英国德文郡科利顿镇的家庭，他使用的教区登记数据覆盖了1538—1837年。他在《前工业化时期英国的家庭限制》（Family Limitation in Pre-Industrial England，发表于《英国历史评论》English History Review，1966）中指出，前工业化时期英国的生育控制普遍流行，家庭为适应社会和经济压力会选择延迟生育以及限制家庭人口数量。此外，彼得·拉斯莱特（Peter

Laslett)于 1964 年建立了"剑桥人口和社会结构史研究站",该研究站自建立以来一直是英国历史人口学研究的焦点。类似研究团体所做的工作对 17 世纪和 18 世纪有关家庭(family)*和家户(household)*生活的已有观点带来了巨大挑战。其中,在定量历史资料的使用方面,拉斯莱特的研究尤其奠立了全新且极高的标准(详见《失去的世界》*The World We Have Lost*, 1965;《历史上的家户与家庭》*Household and Family in Past Time*, 1972;《前代人的家庭生活与私情》*Family Life and Illicit Love in Earlier Generations*, 1977)。不过,拉斯莱特的进一步发现,即核心家庭(nuclear family)*是前工业时代英国家庭的标准形式这一发现,遭到了一些批评者的质疑(包括社会学家和历史学家)。这些批评者认为,"小户家庭作为一种居住单位"和"小户家庭(此处指核心家庭)作为一种日常生活的意义框架"这二者并非同一件事。另见社会人口学(social demography)*。

historical materialism 历史唯物主义

是卡尔·马克思(Karl Marx)*应用于社会和历史研究的术语。其中"历史"要求分析特定社会形态(social formation)*如何产生,以及普遍或永恒的社会形态,如国家(state)*、宗教(religion)*、市场(market)*等所处的特定历史环境。而"唯物主义"(materialism)*则是对黑格尔(Hegel)*的唯心主义(idealism)*的否定,意味着社会经济过程和社会经济关系的首要地位(status, master)*。马克思认为生产力(forces of production)*在历史上起到了决定性作用,威廉姆·肖(William Shaw)一直坚决维护此论述(《马克思的历史理论》*Marx's Theory of History*, 1978)。另见基础(base)*;经济决定论

(economic determinism)*；生产力（forces of production）*；历史相对论（historicism）*；劳动价值论（labour theory of value）*；马克思主义（Marxism）*；生产方式（mode of production）*；生产关系（relations of production）*；上层建筑（superstructure）*。

historical sociology 历史社会学

　　这一词汇通常运用于基于历史数据资源的社会学分析，不论这些数据是一手的（比如档案馆的原始文件），还是二手的（比如史学家们自己书写的历史）。历史社会学家把社会变迁（social change）*看作是发展的结构性过程，但他们并不接受进化主义（evolutionism）*及其长期变化观。

　　对于这两门学科之间的界限和关系，历史学家和社会学家之间存在着广泛的、有时甚至是激烈的方法论争论。在20世纪60年代早期，E. H. 卡尔（E. H. Carr）(《什么是历史?》*What is History?*）提出，"当历史学越来越社会学化，社会学越来越历史化，这两个学科都会变得更好。让它们之间的边界保持开放，允许双向交流沟通"。但是卡尔的观点可以和哈莱·威尔逊（Charles Wilson，剑桥大学现代史教授）的观点进行对比。威尔逊在1964年的就职演讲中指出："经济史学家和历史社会学家似乎从来没有拥有过像现在这样多的（材料和视角）……我想，他们继续私下地交流他们的最新的专业术语不会有太大的坏处，比如经济史学家的'流动性''变量''后倾曲线'或社会学家的'动机''精英''社会角色（social role）*'，如果我们总是回到某种以促进文明交往和达到终极历史目的而专门恢复的平实、普通的语言上去。"大多数社会学家和历史学家较少争议的观点可能是由菲利普·艾布拉姆斯（Philip Abrams）《历史社会学》The Sociology of History, 1980）提出的。他认为"历史学和社会学现在并且一直以来都是相同的东西"，因此任何关于它们二者之间关系的争论仅仅是一种流行的制度安排，而不是知识的实质之一。历史往往是个性化的（特殊规律研究法），是为了描述奇异或者独特的现象，而社会学则是概括性地（基于一般规律研究法）提出适用于现象范畴的理论。二者的这一区分是一个重点的问题，而不是方法论的固定原则问题，因为"社会科学和历史学之间没有逻辑上甚至是方法论上的区别，这是一个恰当的想法"（安东尼·吉登斯 [Anthony Giddens]*的《社会理论的中心问题》Central Problems in Social Theory, 1979）。这两门学科的实践者的共同目标是对个人和群体有意义的行为进行因果分析（causal analysis）*，同时正确理解行为的过程、背景和变化。

尽管存在这些认识论问题，历史社会学家面临的主要问题涉及用原始历史材料作为证据的实践困境，因为正如E. P. 汤普森（E. P. Thompson）有力地指出的那样，我们无法采访墓碑。这些材料包括公共和私人的书面文件，如官方报告、调查、教区登记册、组织的记录、信件和日记。除此之外，研究者需要建立文件的可信性，识别作者身份和材料的完整度，评价文件的可信度（主要包括确定可能的错误和扭曲的来源、文件作者可能的动机以及每份文件材料产生的不同条件），还要评估各种现存文献资料的代表性（representativeness）*。换句话说，信度（reliability）*问题尤其重要。效度（validity）*的问题也很突出，因为少数现有的文献材料是现代研究者为自己所考虑的目的而建构的，所以他们常常试图通过以违背数据资料最初编辑时目的的方式来重新解读数据。

这也正是现存的历史资料往往不能直接回答社会学家提出的问题的原因。尤其是，事实证明历史社会学家要想探索行为的主观方面是非常难的，特别是把手写文件中体现的传统信任作为证据的来源。人们行动的动机、意义和感受（可能代表着人们与亲人的关系、态度［attitude］*、价值［value］*、信仰以及这些事在他们日常生活中的重要性）都被证明是最难以捉摸的信息。这种微妙的东西很难从官方统计数据（offical statistics）*、半官方统计数据和记录中找到，但往往这些官方和半官方的记录才是目前为止最常见的记录个人和群体行为的数据来源。虽然口述史（oral history）*、日记、书信、小说等可以给我们关于某一特定时间段里"性情"的印象，但这些材料常常是零碎的、有着方法论的问题的，这限制了历史社会学家通过这些材料得出推断的范围。

当然，这种怀疑主义应该同样适用于二手历史材料。在历史社会学家之中，有一种把历史学家的书面记录当作是一些关于特定历史事件的事实的不幸倾向。这些书面记录随后被放入事先设想好的社会学模型和理论中，用来（为学者的观点）提供证明。在这一尺度上，忽略了事件特定历史性（或者说背景）的历史社会学研究，其实是忽视了对于历史学家所提供的这些原始数据的解释的争论。

尽管存在方法论上的争议，或者应该说是助长了争议，最近一段时间发表的一些最著名的作品已经被纳入了历史社会学的范畴。其中包括巴林顿·摩尔（Barrington Moore）的《专制与民主的社会起源》（*The Social Origins of Dictatorship and Democracy*, 1966）、伊曼纽尔·沃勒斯坦（Immanuel Wallerstein）的《现代世界体系》（*The Modern World System*, 1974、1980）、迈克尔·曼（Michael Mann）

的《社会权力的来源》(*The Sources of Social Power*, 1986)和西达·斯考切波(Theda Skocpol)的《国家与社会革命》(*States and Social Revolutions*, 1979),所有这些作品都激起了大量的二次文献创作和不小的争议。

摩尔的著作为这类研究做出了示例,并被作为20世纪60年代末历史社会学的第一波新浪潮的代表。这本书的核心论点是,三对社会关系在不同国家状态的差异决定了特定的民族国家是走上民主(democracy)*还是专制(autocracy)*的现代化(modernization)*道路。在对包括英国、法国、德国、日本、俄国、中国和印度在内的七个国家由封建主义(feudalism)*变为资本主义(capitalism)*的转型道路不断反思的基础上,摩尔认为最关键的三对关系是:其一,地主(农村土地贵族)和王室的关系,二者之间如果保持平衡,就会产生民主的结果;其二,地主和农民的关系,二者之间的斗争与妥协使得农民获得了相当大的自治权,就会产生民主的结果;其三,地主和城市资产阶级之间的关系,二者面对君主时是相互支持的,就会产生民主的结果。

对这一领域最好的概述是由吉拉德·德朗蒂(Gerard Delanty)和恩靳·伊辛(Engin Isin)编的《历史社会学手册》(*Handbook of Historical Sociology*, 2003)。另见变迁(change)*;文献研究(documentary research)*。

historicism 历史主义

根据卡尔·波普尔(Karl Popper)*的观点,历史主义是一种研究社会科学(social science)*的方法,它假定历史预测是其主要目的,并假定这一目的是可以通过发现构成历史演变的"节奏""模式""规律"或"趋势"而达到的(《历史主义的贫困》*The Poverty of Historicism*, 1957)。因此,历史主义是对历史、社会发展或者进步(progress)*规律的信仰。法西斯主义(fascism)*和共产主义(communism)*等政治意识形态一般被认为是建立在历史主义基础上的。

波普尔从几个方面对历史主义进行了批判。他不认为可以通过无条件预言的方式来预测未来的历史进程,认为科学的预测必须是包含前提条件的。在一篇独立的论述中,波普尔声称由于人类历史对知识的依赖,它也具有根本的不可预测性。新知识是无法预测的,因为这样做就等于已经掌握了它。他认为,马克思主义(Marxism)*因为它的决定论(determinism)*和历史主义是不被接受的,而且它的预测很多已经被证明是错误的。马克思主义至多算是一个后来被证伪的过往科学猜想。在波普尔看来,面对马克思主义在经验层面被驳斥的状况,继续追随马克思主义就是放弃科学,因而选择形而上学(metaphysics)*或者准宗教(quasi-religion)*信仰。

history, social 社会历史学

参见社会史(social history)*。

Hobbes, Thomas 托马斯·霍布斯(1588—1679)

英国启蒙运动时期的哲学家和社会理论家。霍布斯在政治哲学领域最有影响力的著作跨越了英国内战时期,被广泛认为是对政治不稳定和个人不安全感的理性回应。他的著作《利维坦》(*Leviathan*, 1651)为绝对政治权威提供了辩护,其实质是对人性(human nature)*

的演绎。霍布斯认为，人性是机械力学彻底而巧妙的引申（从伽利略处学到）。根据霍布斯的观点，人类所有的心理属性，比如感官知觉、记忆、想象、思维、语言和情绪，都是由构成我们的物质的微小粒子的运动所产生的结果。根据这种对我们本性的看法，行动是由主要被分为"厌恶"和"欲望"的"激情"这类模糊的东西支配的。这些激情是道德判断的基础，是那些倾向于自我保护的人行动的出发点。

在霍布斯看来，人类的行为被对死亡的恐惧和对权力的渴望这两种激情控制的。如果我们想象人类生活在一种尚未建立法律或政治权力以使他们产生敬畏的"自然状态"里，由于人们缺乏认同"人性本善"的理由，每一个个体都会被裹挟着不安分地追求更多的权力。在这样的状态下，对个人安全的诉求必然导致永恒的对立和不稳定，生活将是"孤独的、贫穷的、肮脏的、粗野的、短暂的"（用霍布斯的名言来说）。但是人类拥有理性和远见（霍布斯用机械力学的术语来描述这种能力），因此他们能够认识到，他们的安全可以通过自愿行动得到更好的保障，即把他们个人的权力交给一个个人或团体，从而由他或他们建立一个凌驾于所有人之上的绝对权力。在霍布斯悲观的人性观下，政府的唯一职能是保障国民的安全。

在他那个时代，霍布斯能够使自己为保皇主义者和国会议员所接受。显然，他关于人性和政治权力的唯物主义（materialism）*观点受到了马克思主义者们的赞扬，而他认为人类本质上是自私的，他关于"弱政府"的威权主义（authoritarianism）*观点又受到了政治右派的欢迎。他是最早也是最杰出的"自然主义社会科学方法论"的倡导者之一。霍布斯的政治哲学思想在国际关系研究中仍然有重要影响。另见社会契约（social contract）*。

Hobhouse, Leonard Trelawny
伦纳德·特里劳尼·霍布豪斯（1864—1929）

英国早期社会学家和社会哲学家，著有四卷本的进化论（evolutionary theory）*的专著《社会学原理》（*Principles of Sociology*，1918—1924）和其他一系列社会比较研究作品的作者。他所著的《社会正义之要素》（*The Elements of Social Justice*，1922）对个人自由和对经济有宏观调控的国家之间的关系进行了富有启发性的讨论。他是新自由主义（neo-liberalism）*的坚定支持者，发展了自由公民身份（citizen）*的理论，这对他的同事T. H. 马歇尔（T. H. Marshall）*也产生了影响。

Hobson, John Atkinson 约翰·阿特金森·霍布森（1858—1940）

一个被低估的经济社会学家，与费边主义（fabianism）*作家和伦纳德·霍布豪斯（Leonard Hobhouse）*紧密结盟，但发展了一条非常独立的路线。他创作了《现代资本主义的演变》（*The Evolution of Modern Capitalism*，1894）和《帝国主义》（*Imperialism*，1902），其中他开创了后来被鲁道夫·希法亭（Rudolf Hilferding）*等人采纳的论点。他的"消费不足"的一般经济理论预见了梅纳德·凯恩斯（Maynard Keynes）后来提出的许多想法。在《社会问题》（*The Social Problem*，1901）、《工作与财富》（*Work and Wealth*，1914）和《财富与生活》（*Wealth and Life*，1929）中，他围绕贫困问题及其经济原因探讨了福利（welfare）*问题。他离经叛道的风格使他在方法上接近托斯丹·凡勃伦（Thorstein Veblen）*，他还写过一本关于凡勃伦的书（出版于1936年）。

holism 整体论

参见个人主义(individualism)*。

Homans, George C. 乔治·C. 霍曼斯(1910—1989)

美国社会学理论家。他最广为人知的论点就是理论应当基于一系列关于对个人行为的设想,这些设想应基于"涵盖法则"。霍曼斯最常用的涵盖法则来自行为心理学。在《社会行为:它的基本形式》(Social Behaviour: Its Elementary Forms, 1964)这本著作中,霍曼斯提出了一系列关于个人行为的设想,这些设想形成了他的交换的理性选择理论(rational choice theory)*。这个理论说明一些社会现象的基础,比如竞争、权威、从众(conformity)*等都是基于个人会计算得失这个基本设想。交换理论从个人出发,而非群体、机构,或者社会,而且建立在行为心理学上,其自问世以来受到了大量的批判。但是,许多社会学理论家深受其影响。除了对社会理论的贡献之外,霍曼斯在小群体研究、工业社会学(industrial sociology)*和历史社会学(historical sociology)*的领域也颇有建树。他是1964年美国社会学学会的主席。他著有《13世纪的英国乡村》(English Villagers of the Thirteenth Century, 1941)、《人类群体》(The Human Group, 1950)、《情绪和活动》(Sentiments and Activities, 1962)、《确定和怀疑》(Certainties and Doubts, 1987),还有个人自传——《我的觉悟》(Coming to My Senses, 1984)。另见行为主义(behaviourism)*;原因(cause)*;成功命题(success proposition)*。

homework(homeworking)家庭劳动

该术语指家庭成员在家里为大工厂或小作坊进行的有偿工作,通常是通过计算完成的产品件数来付工钱。不应把这个概念和学龄儿童在家做学校布置的作业的情况混淆，也不应和做无偿的家庭劳动（domestic labour）*这个概念混淆。家务劳动是指在家庭内部产出的供家庭成员消费的产品或者服务（包括家务劳动 [housework]*）。另见外包（outwork）*。

homophabia 恐同症

由乔治·温伯格（George Weinberg）在著作《社会和健康的同性恋》(Society and the Healthy Homosexual, 1972) 中提出，指的是对同性恋（homosexuality）*的心理上的恐惧。一般通过尺度测量。在阿多诺（Adorno）*的权威主义人格（authoritarian personality）*理论的影响下，部分研究指向了"恐惧同性恋的人格"特征。然而，由于仅仅关注于心理学上的一种特性，这个概念比较狭隘，而且忽略了在整个社会结构上的同性恋禁忌。"恐同"在流行语境里也经常被使用，用来讨论对于男同性恋群体的歧视、恶意和偏见。

homosexuality 同性恋

同性恋指和同一个（希腊语: homo）生物性别的人发生了性行为或者产生性吸引力。同性恋是在 1869 年由一位匈牙利的医生贝克特（Dr. Benkert）提出的。当时的大环境也伴随着对于性和性吸引的医学和科学上的讨论。参见米歇尔·福柯（Michel Foucault）*在《性史》(History of Sexuality, 1976) 里的介绍。在之后的一个世纪里，同性恋在大量的科学文献中被描绘为病态的病理表现，尽管在 20 世纪早期也存在一些同情的声音。比如，对于西格蒙德·弗洛伊德

（Sigmund Freud）*来说，同性恋并非疾病（illness）*；对于阿尔弗雷德·金赛（Alfred Kinsey）*来说，同性恋在统计上是大量存在的；对于威廉·H.麦斯特（William H. Masters）和弗吉尼亚·埃谢尔曼·约翰逊（Virginia E. Johnson）来说，同性恋在心理学上是完全正常的。直到1973年，同性恋不再被美国精神病学协会划分为疾病。

在现代西方的语境中，男性同性恋者被称为gay，而女性同性恋者被称为lesbian。在所有社会中都有男性和男性性交的记录（女性应该也一样，但是相关的记载较少），但是也就是在最近，西方社会开始认可这个行为并将其作为一个人在一个社会，尤其是组织机构上的认同基础。不同社会有不同的安排：在美拉尼西亚有指定世代的同性恋仪式；在古希腊有由年龄和角色来定位的关系；在美洲印第安博达切人（Berdache）有指定的第三角色。即使在西方社会，同性恋有各种各样的身份和生活方式，比如同性恋会所、双性恋、已婚同性恋和完全是临时起意的相遇。

尽管社会和流行观念对同性行为产生的巨大改变得益于同性恋群体运动，而社会学的分析也有其作用。玛丽·麦金托什（Mary McIntoch）的出色著作提出同性恋根本不是某种特殊情境，而只是一个从17世纪的西方社会所谓的同性恋社会构造理论发展出来的社会角色（social role）*。

同性恋的行为、感受和身份未必一致，需要加以区分。对同性恋人数的预估调查因高度受到社会污名化的影响而不准确。在这方面研究的先驱是阿尔弗雷德·金赛在美国20世纪30年代到40年代用七点量表做的测量。受众在这个量表可以选择极端的绝对异性恋和绝对同性恋的情况。当时大约有4%是自我认同的纯粹的同性恋人士，还有40%大约有过同性恋性行为。近期的研究显示大约有6%—12%属于比较纯粹的同性恋人士。

对于同性恋病因学的研究并没有什么可信的结论，而且也没有什么意义。大部分社会学的关注都放在了同性恋身份的本质上以及究竟这身份是社会构建的（建构主义[constructionism]*）还是遗传的（本质主义[essentialism]*）。对于这类研究的回顾，参见杰弗瑞·韦克斯（Jeffrey Weeks）的《违背自然》（Against Nature, 1991）。另见异性恋主义（heterosexism）*；同性恋的社会学研究（homophobisex, sociological studies of）*。

Hooks, Bell 贝尔·胡克斯（1952—2021）

这是美国女性主义者格洛丽亚·简（Gloria Jean）的笔名，而且姓名首字母还总是小写的。她研究了性别、种族和阶层之间的关系而且是"交叉性"流派的先驱。她的背景是英文文学，但是她对文字跨领域的研究使其影响了人类学和社会科学。她的第一本书名为《我不是女人吗？：黑人女性和女性主义》（Ain't I a Woman?: Black Women and Feminism, 1981），讨论了她自20世纪70年代女性运动以来的思考。她用后现代主义（postmodernism）*的视角，从弱势的、边缘化（marginalization）*的黑人女性入手，考察了性别和种族主义（racism）*等领域的问题。她在《女性主义理论：从边缘到中心》（Feminist Theory: From Margin to Center, 1984）对于边缘化进行了更多的拓展。她一直致力于调查黑人女性在教育上和文化构建上面对的议题。她认为理论和实践之间密切联系，对政府当局的政策直言不讳。

hooligan（hooliganism）不良少年（流氓行为）

这个术语从19世纪90年代晚期出现，字面意义上是帮派

(gangs)*。但就像吉奥夫·皮尔森(Geoff Pearson)在《不良少年:令人敬畏的恐惧历史》(*Hooligan: A History of Respectable Fears*, 1983)一书中所示,这个术语包含着维多利亚时期晚期的人们对于这个国家年轻人的现状和传统秩序衰败的忧虑。对于不良少年的恐惧直接来自他们帮派之间的斗殴还有他们独特的着装,但同时也源自城市青年工人稳定工作习惯的丧失,民族性格(national character)*的退化,以及城市里弥漫的道德退化。流氓行为和青少年不良行为(juvenile delinquency)*源自曾经辉煌的家庭(family)*和社区(community)*传统的衰败,也是当时许多事件(包括童子军运动)发生的时代背景。流氓从过去到现在都被认为是一个前所未见的外来现象,同时也是对"英国式生活"的威胁。关于道德恐慌(moral panics)*以及产生一些民间魔鬼(folk devils)*的过程细节,参见S. 科恩(S. Cohen)*的《民间魔鬼与道德恐慌》(*Folk Devils and Moral Panics*, 1972)。

horizontal integration 横向整合

参见产业整合(industrial integration)*。

Horkheimer, Max 马克斯·霍克海默(1895—1973)

法兰克福社会研究所的领军人物,最广为人知的贡献是他对后期资本主义(capitalism)*主导理性的批判。他最重要的著作有《启蒙辩证法》(*Dialectic of Enlightenment*, 1941)(与阿多诺[Adorno]*合著)、《理性的蒙蔽》(*The Eclipse of Reason*, 1947)、《对工具理性的批判》(*Critique of Instrumental Reason*, 1967)。

horticulture 园艺学

园艺学是指研究依赖于种植的生产系统的学说。园艺社会就是由种植生产系统主导的社会。另见唯农论（agrarianism）*；农业社会（agrarian society）*。

hospice 临终关怀机构

一个为临终病人而设的机构，通过用药缓释患者的疼痛以及为他们提供临终照护。在英国，临终关怀运动在 20 世纪 80 年代发展起来。大部分机构都是慈善性质的，规模不大且提供短期的照料。

household 家户

一群分享一个住所、共享他们的收入的人，例如经常一起吃饭，一般通过这类"共用灶台"的定义。一般来说家庭包括独居单身人士，核心家庭（nuclear family）*、扩展家庭（extended family）*，或者一群没有亲属关系的人士。这个概念有时包含有时排除这些无关人士，取决于他们多大程度上分享收入或者支出。

household allocative system 家庭分配系统

这个概念由詹·鲍尔（Jan Pahl）在 20 世纪 80 年代的一系列文章中提出，来描述家庭内部的经济资源分配。鲍尔模型比之前的更加精巧。

已婚夫妻有五个系统分配资源，从"全工资系统"（夫妻一方控制并给家庭内部分配经济资源），到"独立分配经济资源"（夫妻双方每人负责某些开支）。"汇总"系统可能由男方或者女方控制——基于谁对于最终的开销有决定权（参见詹·鲍尔的《金钱和婚姻》*Money and Marriage*, 1989）。

"家庭分配系统"的概念最近也受到一些批判。比如，把夫妻放入某一类定义好的系统类别里基本是不可能的。而且，夫妻之间的行为还可能随着时间变化，这也是在截面数据(cross-sectional data)*的分析中看不到的。此外，这类概念只考虑了夫妻家庭(conjugal family)*，而没有考虑延伸家庭和代际之间的资源分配。最后，金钱经济资源是该概念的唯一考量。近期的研究都在完善鲍尔模型，来涵盖更有弹性的分配类别、不同种类的家庭、更多的物品、服务和责任分配，以及线上系统的影响。参见詹·鲍尔的《看不见的金钱：电子经济时代的家庭财政》(*Invisible Money: Family Finances in the Electronic Economy*, 1999)。

household dynamics 家庭动力学

家庭动力学研究的是家户中的变化(比如，家庭构成的改变)，以及这些变化发生的原因、家庭成员关系的变化模式。那些旨在解释年轻人何时离开父母及其原因的研究，至少在某种程度上，可以视为一项关于家庭动力学的研究。

household, head of 户主

参见户主(head of household)*。

household work strategy 家务劳动策略

这一术语指家庭成员通过简化的成本效益分析(cost-benefit analysis)*做出的成员之间的劳动力分工(division of labour)*。对于家庭成员的时间分配，主要有三个方面的分工：劳动力市场(labour market)*，包括参与市场经济的劳动，包括为了获得购买市场上的货品和服务的

钱而在家的兼职劳动钱；家务生产工作，比如种菜或者养鸡，纯粹为家人提供食物；为了直接在家庭内部提供物品和服务的家庭消费工作，比如做饭、带孩子、维修家庭用品、制作家人的衣服或者礼品。在一个人的生命周期（life cycle）*里，家人老去，经济环境改变，家庭工作的策略也就会发生变化。家庭工作的策略可能由一个人主导，也可能大家一起决定。

这个概念由雷·鲍尔（Ray Pahl）在他的著作《劳动分工》（*Divisions of Labour*, 1984）中提出。他最初用这个概念描述家庭成员之间的劳动分工、个人时间在家庭内外的分配，以及一个家庭可使用的所有劳动力，包括亲属的劳动力、给非家庭成员外包家务活动的劳动力（labour power）*。

housework 家务劳动

其实直到近期，社会学家还依然把女性作为雇员或者家里的妻子和母亲来研究，一直都没有考虑到她们无偿的家庭劳动（domestic labour）*其实和其他的工作类似。直到20世纪六七十年代才出现了将社会学里研究工业和工作（work）*的概念和分析工具运用到研究家务劳动上，比如海伦娜·Z.洛帕塔（Helene Z. Lopata）的《职业：家务》（*Occupation: Housework*, 1971）。

自安·凯莉（Ann Kaley）的《家务社会学》（*The Sociology of Housework*, 1974）起，许多研究开始关注家庭主妇对于各种家务劳动的主观感受和满意度（satisficing）*，比如女性做这些家务时的自我映射、家务的碎片化的特点、每日家务的节奏（工作条件）、家庭主妇之间的互动关系、自我回报（工作满意度[job satisfaction]*）、社会阶层的区别,等等。大部分研究发现,家务劳动基本上是无法令人感到满意和愉悦的,做家庭主妇是最不受欢迎的选择。主妇们通常工作时间很长,认为自己没有地位,尤其是曾经拥有过令人满意的有偿工作的家庭主妇们最为不满。然而,与对家务劳动的负面感觉(低工作满意度)相对的却是人们对家庭主妇这个角色(role)*的重要性的高度认可。安·奥克利(Ann Oakley)*说这个悖论是因为"女性会在对男性和女性角色的总体看法下定位自己对于家庭主妇的看法,而根据不同性别的位置就会产生截然不同的定义",在"女性化"情境下,"成为家庭主妇"就成为公理。另见家庭分工(domestic division of labour)*。

housing class 住房阶级

这一术语源自20世纪60年代由约翰·雷克斯(John Rex)*和罗伯特·摩尔(Robert Moore)在伯明翰内城区斯帕克布鲁克这个地方的研究(参见《种族、社区和冲突》Race, Community and Conflict, 1967)。在这个研究里,城市的社群的概念是基于人们如何分配稀缺资源,主要讨论的对象就是获得宜人的城郊住宅。在伯明翰,族群性(ethnicity)*是一个是否可以获得这样的住宅的关键因素,与住房市场上的劣势以及公共部门住房分配体系里的官僚机构相联系。(海外来伯明翰的移民[immigration]*没有足够的收入去保证获得购买房屋的贷款,当地政府房屋部门又是通过事先居留资格进行审查,迫使移民只能住在内城区条件很差的私人的拥挤的住宅里)。其后果就是形成了不同的住房阶级。在这里是基于韦伯式的生活机遇(life chances)*的概念而被采用的。

住房阶级的概念广受争议。一个主要的异议就是住房市场的地位其实还是由劳动力市场（labour market）*的地位决定。也就是说，理解古已有之的社会阶层的地位就足够了。其他的异议都类似，主要是其他的优势或者劣势决定了住房的地位，而且这才是移民面对的真正的挑战。进一步的批评就是针对雷克斯和摩尔提出的"城市的社交的基本过程其实就是竞争稀缺住房资源的过程"。这个提议假设了未必存在的十分单一的价值，如人人都想要城郊中产那样的生活。不同的住房情况至少部分也显示了人们对生活方式的不同偏好。这个概念也遇到了任何试图将社会群体评级的尝试都会遇到的批评，也就是这个不同的分类是如何定义的。尽管有各种争论，住房阶级的概念指出了在考虑阶层的时候住所的重要性。

住房阶级的理论在之后也从城市社会理论的角度进行了深刻的探索，参见帕特·桑德斯（Pater Sanders）的《社会理论和城市问题》（Social Theory and the Urban Question, 1983），以及迈克尔·班顿（Michael Banton）的《种族与族群的竞争》（Racial and Ethnic Competition, 1983）。

housing, sociology studies of 住房社会学

住房社会学其实并没有，也不可能有一个清晰的定义。住房作为一种物理意义上的人造物，其空间上的分布以及占用的情况（物理上的、法律上的和经济上的）深受社会结构（social structure）*和社会进程的影响。反过来，这些住房的特点也带来社会影响。许多社会学研究考察了这些情况。住房社会学至少涵盖五个研究领域：第一，文化（culture）*和社会分层（social stratification）*如阶级（class）*、性别等对住房设计的影响。第二，社会结构和过程如何影响居民区中社会群体

的分布比如城市生态学（urban ecology）*的研究。第三，住房的物理性质和住房单元之间的空间关系如何在微观层面上影响社会互动（social interaction）*的模式，包含个人之间的互动和家庭之间的互动。第四，构成不同社会（社会主义［socialism］、资本主义［capitalism］*、欠发达国家［less developed countries］*）的住房供应的决定因素，这些模式在不同国家地区和时间上如何区分以及住房供应对更广泛的社会进程的重要性。比如，违建住房在第三世界（Third World）*城市发展非正式经济（informal economy）*、政治进程和社会运动（social movements）*中的作用。第五，住房在构建和维护社会群体的区分和社会团结（social solidarity）*中的作用，比如住房和不同社会阶层和消费的研究。另见消费分化（consumption sectors）*；住房阶级（housing class）*。

human-capital theory 人力资本理论

这一术语是一个当代对于亚当·斯密（Adam Smith）*关于工资差异的解释的扩展，即所谓的不同就业之间的净优劣。学习工作的成本是净优势的一个非常重要的组成部分，这使诸如S.贝克尔（S. Becker）和雅各·闵沙（Jacob Mincer）等经济学家声称，在其他条件相同的情况下，个人收入根据人力资本投资额，也就是个人或者工人受到的教育和培训的不同而不同。另一个期望是，对人力资本的广泛投资在劳动力（labour power）*中创造了经济增长（economic growth）*必不可少的技能。有人说，人力资本库的幸存可以解释第二次世界大战后战败方实现的快速重建。

人力资本可以来自许多可增加个人生产力的活动。全日制教育常被当作一个基本的例子。对劳动者来说，投资人力资本有直接的成本，以及因此失去的收入。劳动者在决定是否投资人力成本的时候会权衡未来可获得的收入和消费，有些可以增强未来的收入，但是要付出很高的当前教育培训成本和延期消费。社会对人力资本投资的回报原则上可以以类似的方式计算。

在经济学里，人力资本理论的批判指出了这些理论中许多关键概念很难测量，包括未来的收入以及人力资本这个概念本身。并非所有的教育投入都可以被雇主认可或在劳动力市场（labour market）*上收获更高的生产力（forces of production）*。特别是，这存在一个问题，即如何测量劳动者的生产率和与职业发展相关的未来收入。实证研究显示，尽管有些收入区别来自习得的技能，没有解释的部分依然占很大比重，这是由于劳动力市场（labour market）*有缺陷的结构和功能而非由于个人的生产率。

人力资本理论受到了研究教育和培训的学者的批判。在20世纪60年代马克思主义复兴的时候，它因使所谓的资产阶级个人主义合法化而受到攻击，尤其是在这个理论诞生和壮大的美国。这个理论还被批评指责个人造成系统缺陷使伪资本主义从工人中脱颖而出，它还伪造了两者之间真正的利益冲突。然而，即使不考虑这些本质上是政治意义上的批评，人力资本理论也被认为是理性选择理论（rational choice theory）*的一种而受到对于用个人主义解释经济现象的标准批评。另见文化资本（cultural capital）*；社会资本（social capital）*。

human ecology 人类生态学

人类生态学是一种对于个人、社会群体和他们所处的社会环境关系的研究。罗伯特·帕克（Robert Park）*率先提出了对人类生态学的系统性研究,芝加哥学派(Chicago School)*的学者也经常挪用植物和动物生态学领域的概念用于研究城市生态学。

人类生态学发展的后期(参见A. 霍利[A. Hawley]的《人类生态学》*Human Ecology*, 1950)基本否定了将生物学那种简单的"物竞天择,适者生存"的竞争和演化机制运用到人类社会。取而代之的是认为人类生态学是一个"将研究低端生物的群体行为所累积的系统知识在人类层面进行了延伸"。包括研究人类对不同社会环境的适应会产生各类的社会关系形态。这种适应性既显示了所有社会系统(social system)*都会显现的特质,比如,人类的独立性、社会机构的不同作用。在正常情况下社会的改变都受到达到均衡(equilibrium)*条件的限制。如霍利这样的生态学家尝试用生态学的角度来解释人类的行为、文化和空间分布(参见他的《美国大都市变形记》*The Changing Shape of Metropolitan America*, 1955;《城市社会》*Urban Society*, 1971)。

人类生态学被认为是一个可用于研究社会人口学(social demography)*、人类地理学和城市经济学的广泛视角。它对于当代社会学思想的影响并不大,尽管它对于达到社会平衡采取的适应机制很类似于结构功能主义(structural functionalism)*理论。它认为达到社会的生态平衡是社会存在的基准,也认为极端的以人为媒介的社会变迁(social change)*基本不太可能会存在。另见城市生态学(urban ecology)*。

human genome 人类基因组

该术语用来统称所有的人类基因(大约三万个)。人类基因组计划(HGP),一个始于1990年的国际合作项目,排序和定位了人类基因组序列,并于 2003 年四月份公布所有序列。目前,人类基因组序列被用于检测疾病(illness)*(如检测早期会导致疾病的基因异常)、改良药品设计和疗效以及基因治疗。然而,对于人类基因组数据的广泛使用,社会上也存在很多的争论(参见艾莉森·皮尔尼克[Alison Pilnick]的《遗传学和社会》Genetics and Society, 2002)。这些争论包括把人类"基因化",不再关注人本身,而是关注他所携带的遗传物质。这种基因化的取向可能导致基因歧视,比如某些基因更加优越使得某些人受到雇主、保险业,或者生殖目的的青睐。健康和疾病之间的划分也有所改变。从还原论(reductionism)*的基因观来看,健康并不是缺乏某些疾病导致的症状、感觉,或者身体反应,而是由是否存在或者缺失某些遗传变异来定义的。从人类基因组计划引发的对遗传信息的关注也导致了许多人对于优生学(eugenics)*卷土重来的担忧。

human geography 人文地理学

地理学(geography)*通常被定义为描述地球的外表、形态和物理特征,自然区域(natural area)*和政治区域,环境和产物等内容的一门科学。跨度如此之广的一门学科与自然科学及社会科学(social science)*有大量的交叉点。在社会科学这里,尤其与之相关的是社会地理学(social geography)*或人文地理学这一子学科。

人文地理学的创始人是法国地理学家维达尔·白兰士(Paul Vidal de la Blache)(参见《人文地理学》Human Geography, 1918)。同一时间,受到弗里德里希·拉策尔(Friedrich Ratzel)的影响,与之大致类似的社会地理学也在德国发展起来。不同于物理地理学主要关注的是对陆地的描述和分析,人文地理学聚焦于人口以及他们所居住的地域之间的互动。这一关系在主流的社会学理论和社会学研究中(农村社会学[rural sociology]*和城市社会学[urban sociology]*除外)被边缘化,尽管它对涂尔干(Durkheim)*的社会形态学概念来说是核心性的。社会学与地理学近来在关系上的重建受到了马克思主义(Marxism)*有关人文地理学和城市社会学论述的影响(尤其参见D. 哈维[D. Harvey]的《社会正义与城市》Social Justice and the City, 1973)。由此而来的结果是,出现了针对社会结构(social structure)*及其过程(反之亦然)在空间上受到限定的各种关系之重要性的广泛讨论。安东尼·吉登斯(Anthony Giddens)*把空间和时间整合进他的社会结构化(social structuration)*理论的做法对此做出了突出的贡献。这一工作反过来(与唯实认识论[realist epistemology]*一起)影响了所谓的批判地理学或后现代地理学。后者试图为地理学重构一个理论基础,类似于吉登斯为社会学所作的工作。近年来重要的工作包括爱德华·索雅(Edward Soja)的《后现代地理:重中批判社会理论中的空间》(Postmodern Geographies: Reassertion of Space in Critical Social Theory, 1989)与安德鲁·莱申(Andrew Leyshon)和薛伟德(Nigel Thrift)的《货币与空间:货币转型的地理位置》(Money and Space: Geographies of Monetary Transformation, 1997)。约翰·斯科特(John Scott)在《概念化的社会世界》(Conceptualising the Social World, 2011, 第三、五章)中讨论了地理学观点与社会学观点之间的关系。

humanism 人文主义

这是一个跨度非常之广的哲学概念,将人类的利益(interests)*和尊严应该具有首要的重要性的理念,作为核心。这一理念的根基通常被追溯到古希腊，但也可以在其他地方观察到其萌芽：文艺复兴把注意力从上帝和灵性转向对"人"及其在艺术、文学和历史中的作品的研究上；激进启蒙对理性（rationality）*的关注；现代主义（modernism）*坚信上帝已死的运动。

人道主义哲学家以各种各样的方式强调普罗泰戈拉（Protagoras）的"人是万物的尺度"，或亚历山大·蒲柏（Alexander Pope）的"对人的真正研究来自人"。通常来说，人道主义包含了对于宗教（religion）*的拒绝，后者把上帝置于其思想的中心。遍布全世界（例如，体现在《人道主义者》[Humanist]）的人道主义协会（Humanist Associations）声称："世界的本性就在于人的意图和活动在人类视野中扮演着决定性的角色，而这些意图和活动则仅仅受制于周遭处境的制约性因素。"（参见C. W. 里斯[C. W. Reese]的《人道主义的意义》*The Meaning of Humanism*，1945）

在当代社会科学（social science）*中人道主义表现为多种形式。例如，存在一种与卡尔·马克思（Karl Marx）*的早期作品，及其影响下的卢卡奇（Lukács）*、阿多诺（Adorno）*和其他批判理论家联系在一起的马克思主义（Marxism）*的人道主义。呈现在诸如W. 戈登·奥尔波特（Gordon Allport）*、威廉·詹姆斯（William James）*和亚伯拉罕·H. 马斯洛（Abraham H. Maslow）*等人的作品中的、与行为主义（behaviourism）*和心理分析（psychoanalysis）*相对立、关注自我（self）*及其潜能的人道主义心理学。还有一种与C. 赖特·米尔斯（C. Wright Mills）*、阿尔弗雷德·麦克朗·李（Alfred McClung Lee）和其他人相等同的人文主义社会学（humanistic sociology）*。

从20世纪70年代开始，在结构主义者和解构主义者的作品中出现了对人文主义的强烈批判。例如，米歇尔·福柯（Michel Foucault）*提出了一个围绕着人类主体的知识及其发展过程的谱系学。雅克·德里达（Jacques Derrida）和罗兰·巴尔特（Roland Barthes）的符号学（semiology）*著作宣称作者之死、对事物的本性的"去中心化"，并因此而将人类主体从创造性活动的焦点中移除出去。路易·阿尔都塞（Louis Althusser）*则宣称对人的信念是一种认识论（epistemology）*上的灾难、有关本质的唯心主义（idealism）*，以及资产阶级意识形态的神话。但是，尽管遭受这些攻击，人文主义仍然对西方思想具有无所不在的影响。

humanistic sociology 人文主义社会学

人文主义社会学被认为是一种与机械论的、过分技术性、抽象性和职业取向的路径相对立的社会学。人文主义社会学家们试图提供一种替代性的、"服务于人文"的社会分析，犹如"批判家、驱魔人、记者和净化者"一样（参见阿尔弗雷德·麦克朗·李［Alfred McClung Lee］的《社会学代表谁?》*Sociology for Whom?*, 1978）。C. 赖特·米尔斯（C. Wrigh Mills）*经常被引证为重要的例子。自 20 世纪 70 年代以来，人文主义社会学协会在美国建立，该协会还拥有自己的杂志《人文与社会》（*Humanity and Society*）。肯·普卢默（Ken Plummer）在介绍人文主义方法的难题和文献时（《生命档案 2》*Documents of Life 2*, 1983），勾勒了判断人文主义社会学的四个标准：它"通过展现个体如何回应社会压力并积极地聚集在社会世界（social worlds）*中，来称颂人的主体性和创造性"；处理"经由人类的社会性的，尤其是经济学的组织而体现出的具体人类经验，如言谈、感受和行动等"；对于上述经验，展现出一种"自然主义（naturalism）*的'内在的亲熟性'"以及一种"社会学家的自我意识，即担负起终极的道德和社会角色（social role）*，以促进建立一种社会结构（social structure）*，在那里将存在更少的剥削（exploitation）*、压迫和不正义"。

human nature 人性

许多社会学作家在不同的语境中使用人性这个概念。不过，最常见的是，这个术语意味着承认某种内核，以及某些被认为构成人类行动和意识之根据的、不那么确切的决定性特征。有关这些要素的严格构造存在争议。某些社会和政治理论家，如托马斯·霍布斯（Thomas Hobbes）*、查尔斯·达尔文（Charles Darwin）（参见达尔文主义[Darwinism]*）、西格蒙德·弗洛伊德（Sigmund Freud）*，以及功利主义者认为人性充满了自私和利己的动机，或许它们还源自于某种更为深层的生物性冲动。其他一些人，如让-雅克·卢梭（Jean-Jacques Rousseau）*、卡尔·马克思（Karl Max）*和彼得·克鲁泡特金（Peter Kropotkin）则在不同程度上把人性与合作和利他主义（altruism）*联系在一起。社会学中最有影响力的视角，以马克斯·韦伯（Max Weber）*的著作最为典型，把人性视为人类历史和经验的某种结果，而不是预先规定的某种本质。实际上，晚近许多社会理论家，包括米歇尔·福柯（Micheal Foucault）*、社会建构论者和通常而言的后现代主义者，都拒绝人性这个概念本身。

human relations theory 人际关系理论

二战之前发源于美国的工业社会学（industrial sociology）*的一种

研究路径，在此之后不久其影响也遍及英国。人际关系理论既包含了质量参差不齐的各种学术文献，也包括被假定为基于上述文献的一整套有关管理实践的规定。这两者的权威观点最初都从所谓的霍桑实验（Hawthorne studies）*中发展而来。该实验得到了西部电器公司的支持，并联合了哈佛大学商学院，于20世纪20年代中期和40年代早期在芝加哥开展。

从学术上说，人际关系理论试图探寻工作场所中工人不满、工会（trade union）*的斗争性（militancy）*、劳资冲突（industrial conflict）*的原因和解决方案，甚至也试图探寻在更大的社区（community）*中失范（anomie）*的原因和解决方案。因此，人际关系理论和工业社会学一度在实质上是同义的，后者直到最近也倾向于孤立地研究工厂内的因素。但是，人际关系理论家的引人注目之处在于，他们倾向于淡化经济激励的作用，哪怕是在工作场所内部的作用，转而强调影响工人行为的情感逻辑。情感以及由此衍生出来的工作群体的规范，在组织内部创造了某种非正式结构，阻断了组织的正式结构的目标和规定。与上述情感逻辑相对，这种正式结构是由效率的管理逻辑所规定的。

在这种广泛的分析中存在着相当大的变异。埃尔顿·梅奥（Elton Mayo）*的幼稚观点，基于对维尔弗雷多·帕累托（Vilfredo Pareto）*和爱弥尔·涂尔干（Émile Durkheim）*的社会理论的一种庸俗化，通常被视为是对上述实验的主要理论论述。他们声称，市场工业社会丧失了移情和共同体情感，而这被梅奥错误地刻画为失范。工人试图在工作场所中寻求某种社会满足以弥补这一点。但是，建立在科学管理（scientific management）*之下的正式结构和薪酬系统则难以满足上述要求，结果则是监管和生产率目标受到工人的抵制。

梅奥的分析所基于的有关霍桑实验结果的解释，与实验的主要报告撰写者罗特利斯伯格（F. J. Roethlisberger）和迪克森（W. J. Dickson）的解释并不完全一致（《管理与劳动者》*Management and the Worker*，1949）。结果，他们各自的解释与报告本身所呈现的实际发现的兼容性，被许多人挑战。尤其是，有研究者指出，实验发现并不能证明作者的论断，即工人赋予工作的社会奖励比其经济奖励以更大的重要性。首先，在今天，《管理与劳动者》这本书的主要意义在于，作为一份历史文献，它展现了一种反动，针对的是社会科学（social science）*中行为主义者和研究工业劳动者的经济学路径。其次，它提醒不谨慎的田野工作者有哪些方法论陷阱在等待他，尤其是在工业环境中的那些陷阱。这些陷阱中最著名的就是所谓的霍桑效应。在此，创立和领导实验在实验对象那里会产生反作用，然后却又被报告为有关社会现实的发现。

在沃纳（W. Lloyd Warner）*、道尔顿（Melville Dalton）、罗伊（Donald Roy）和怀特（William Foote Whyte）等人的民族志研究中能够发现更成熟的方法论素养。所有这些研究者都在某种程度上发展或修正了人际关系理论。沃纳做了一个有关大罢工的经典研究，大罢工发生在迄今为止静默的劳动力（labour power）*中，由失业、工业萧条和工业衰退带来的技能退化引发。道尔顿和罗伊借助参与观察进行了具有重要影响力的研究，并指出这种方法何以能够阐明工业劳动群体的行为。尤其是，罗伊的著作证明，一旦津贴补偿了长期的收入预期，工人对待薪酬刺激计划就会表现出经济上的合理性态度。怀特的研究则率先认识到技术和劳动组织对工业行为和职业满意度的影响。

上述著作很少是作为完全利益无关的科学研究来进行的：人际关

系研究者通常会坦承其旨在寻求成功的管理技术以刺激劳动者的生产率。这方面是如此显著以至于这一视角被人们冠以"奶牛社会学"的绰号——俗话说,满意的奶牛产奶更多。管理人员被催促着借助扩大管理内容和理解工人的困难,以丰富自己的工作经验。对于梅奥来说,治疗性协商是安抚工人对抗管理计划的首要手段。而对于其他人来说,有效的、以雇员为中心的监管则是关键。逐渐地,上述传统下的理论家规定了各种参与式管理,甚至还有工人的自我监督,以便为雇佣粉饰上工业民主(industrial democracy)*的外表,并对其加以人性化(尤其是在工厂中)。但是,没有任何上述传统中的作者放弃这一观念,即管理人员是具有正当性的科学精英,也没有任何人曾提出持久转变针对劳动力的有效控制。因此,人际关系的管理技术最终被批评为是操纵性的,并被视为管理控制方法的一个经典案例。某位作者把管理称为负责任的自主。某些管理理论的观察家把后来的工作生活质量运动(Quality of Worklife Movement)看作是人际关系理论的重生。同样的说法也适用于20世纪80年代所谓的"日本化狂潮"中适用于后福特、管理方式。实际上,日本质量管理小组是在二战以后从美国输入日本公司的人际关系对策的一种发展,只是它在日本的发展要比其发源地更为成功。

在迈克尔·罗斯(Michael Rose)的《工业行为》(Industrial Behaviour)的不同版本(1975、1988)中,针对人际关系路径给予了一个出色的解释,甚至可以说是两种出色的解释。

human rights 人权

参见权利(rights)*。

Hume, David 大卫·休谟（1711—1776）

作为苏格兰启蒙运动（Scottish Enlightenment）*中最重要的哲学家、经验主义（empiricism）*的奠基人，休谟因其用"恒常联结"去解释因果关系，以及与之相关的归纳法所碰到的问题而著称。休谟也因其强调道德价值不能从事实性的前提中推演出来（从"实然"无法推断出"应然"）、拒绝有关人性（human nature）*和道德的"自利"观点而著称。他还尝试为一门有关人性的经验科学奠定基础。另见原因（cause）*。

hunter-gatherer（hunting and gathering societies）
狩猎采集（狩猎采集社会）

狩猎采集指的是一种利用野生的或未驯养的食物资源赖以维生的方式。它曾经构成了99%的人类历史时期的维生方式，包含狩猎，打渔，采集野生果实、草药、蜂蜜和昆虫等。许多狩猎和采集社会是由游牧民族（nomads）*构成的，尽管另外一些社会呈现出更大的社会群体（social group）*。少数幸存下来的当代狩猎采集群体不能被当作是观察过去的窗口，因为它们各自拥有自己的历史。例如，某些群体被入侵群体和种族灭绝政策（policies of ethnocide）*逼到边缘环境，而另一些群体从前则是农耕者。

狩猎采集群体通常围绕着性别上的劳动分工而组织起来。男性主要负责狩猎，而女性则主要负责采集。由于肉类通常是特权的资源，而采集则提供了不可或缺的食物，因此这意味着，成员们可以更准确地以采集者-狩猎者来加以标记。

有关早期狩猎和采集群体为了生存而战，对其他事务所造成的损害,是一个迷。一个社会的技术和它在智力和创造性追求上的复杂性之间不存在任何关系:许多这类群体拥有丰富的宗教(religion)*和艺术生活。实际上,马歇尔·萨林斯(Marshall Sahlins)*认为它们是"原初丰裕社会"(《石器时代经济学》Stone Age Economics, 1972)。因为它们仅仅需要把每天中的几个小时致力于维生活动,就能够满足其有限的物质需要,从而剩下相当可观的悠闲时段。

Husserl, Edmund Gustav Albert
埃德蒙德·古斯塔夫·阿尔布雷希特·胡塞尔(1859—1938)

参见现象学(phenomenology)*。

hybridity 混杂

殖民地种族主义(racism)*的一个核心特征是范畴化和分离各个"种族(race)*"的需要。19世纪科学种族主义话语中有关截然不同的"种族"这一虚假信念建立在白种欧洲人和"他者"种族之间的永恒界限之上。混杂这个术语用来描述这样一种境况:在此,上述认同界限被跨越了,并带来了不正当的种族混合(miscegenation)*。诸如"混血"和"杂种"这些贬义词,指的就是这些消极的种族相遇者。"白种"认同的纯粹性和固定性的维持,正是借助给那些混合的"他者"贴上种族上和文化上的不够纯粹的标签而得以实现的。对种族混合或交合的焦虑曾导致混杂与疾病(illness)*、道德败坏联系在一起。两性关系——"白人"和"黑人"的不法结合——的存在也揭示出针对种族上的"他者"的隐秘的殖民欲望(罗伯特·杨[Robert Young]的《殖民欲望》Colonial Desire, 1995)。

最近，混杂被社会批评和文化批评再次征用。它转变为一种文化变迁和具有创造性的积极境况，并试图挑战有关认同和文化的固定的或本质主义（essentialism）*的解释。起源之纯粹性的种族化要求，受到下述观点的攻击，即跨越种族和文化界限构成社会发展的规范性特征。混杂认为差异的相遇才形成了认同。尤其是，后殖民文化就是建立在对既有因素的融合和转化之上的，而对它所作的考察则使文化混杂的境况受到人们的关注。霍米·巴巴（Homi Bhabha）的混杂理论并不把混杂仅仅视为既有文化要素的融合（《文化的方位》The Location of Culture, 1994）。相反，它指涉某种文化创生的过程。在此，文化要素通过难以抑制的相遇而处于持续的转化和转译之中。杂交提供了一种瓦解文化权威和表象（representation）*的既定形态的潜力。

但是，上述有关混杂的积极解释也受到了批评。批评者认为它忽略了阶级、性别或地域等方面的社会差异（佳亚特里·斯皮瓦克[Giyatri Spivak]的《在其他世界》In Other Worlds, 1988）。在有关混杂的某些解释中存在那样一种危险，即陈词滥调地欢庆每天的文化混合，却没有去分析一下制造社会差异和政治对抗的那些权力关系。另见认同（identity）*。

hydraulic hypothesis（hydraulic society）治水假说（治水社会）

参见东方专制主义（oriental despotism）*。

hypothesis（hypothesis testing）假设（假设检验）

假设是一个未经检验的、特定理论内部有关概念（concepts）*之间的关系（通常是相关关系或因果关系）的陈述。假设检验是用科学的方式检验假设,因而要求准确陈述有待研究的概念之间的假定关系,以及为了检验而有待被收集的数据。假设检验或许最好被看作是与证伪主义(falsificationism)*相关。另见演绎法(演绎)(deduction[deductive])*。

hypothetico-deductive method 假说演绎法

参见演绎法(演绎)(deduction[deductive])*。

I

iatrogenesis 医源性疾病

该术语字面含义为"医生-产生的"。这个术语指由医疗活动所产生的疾病(illness)*。作为一个广为承认的现象,有关它的争论超出了其既定的范围。这个术语由伊万·伊里奇(Ivan Illich)介绍到社会科学中(《医学克星》*Medical Nemesis*, 1976),构成了他对工业社会,尤其是对其技术制度和科层制(bureaucracy)*的普遍攻击的一部分。他攻击这些制度(institution)*限制了自由和正义,带来了腐败和无能的个体。伊里奇宣称医源性疾病胜过任何药物的积极作用。他区分了医源性疾病的三种主要类型。临床医源性疾病涉及的是医院中发生的健康损害。它们大部分是人们不希望有的各种副作用,比如源自医疗和医生的无知、疏忽和治疗不当等操作毒害、致残,甚至杀死患者。社会医源性疾病指的则是下述过程,即"医疗实践由于鼓励人们变成治疗、预防、工业和环境医学的消费者,而强化了一个病态社会,并因此而鼓励了疾病"。它导致人们怀疑自己患病,并乐意把自己置于医疗专家的关照之下,而对医学专业的这种依赖则被认为会削弱个体的能力。最后,文化医源性疾病则意味着社会通过把"针对痛苦,损伤和死亡的健康反应"致瘫,从而削弱其成员的意志。在此,整个文化变得"过度医疗化",医生扮演起牧师的角色,而政治和社会问题(social problems)*则进入医疗领域。

或许可以把伊利奇的观点置于有关现代生活过度专业化(professionalizing)*和官僚化的广泛争论中。其他社会学家,如杰克·道格拉斯(Jack Douglas)提出,医学不是专家活动可能产生意图之外的后果的唯一领域:干预其他社会问题的努力,有时似乎只会加剧最初的困难。这也是关于越轨的标签理论(labelling theory)*的一部分。另见医疗化(medicalization)*。

idealism 唯心主义

这个术语用来指社会科学哲学中的一种立场,这种立场假定社会世界(social worlds)*像外部感知的其他对象一样,由源自这种来源或那种来源的观念所构成。例如,这些来源可能是黑格尔(Hegel)*的"精神",贝克莱(Berkeley)的上帝,或是个别人的心智(这在社会学中最常见)。换句话说,唯心主义在本体论(ontology)*上断言,社会仅就人类认为它存在而存在。它在认识论(epistemology)*上则断言,获得社会知识的正确途径就是通过研究这种思想。

彼得·温奇(Peter Winch)在其《社会科学的观念》(*The Idea of a Social Science*, 1958)中提出的那种立场与当代社会科学(social science)*中纯粹唯心论的立场最为接近,尽管话语分析(discourse analysis)*的某些版本也非常接近于后者。然而,更常见的是,倾向于唯心论的社会学家追随以下两条道路之一:要么,他们以一种综合性的本体论为基础,假定心智现象和物质现象在社会世界中的共存,并把它与在很大程度上是经验主义(empiricism)*的认识论相结合(正像某些人所指出的马克斯·韦伯[Max Weber]*的例子)。要么,他们把观念论的本体论与经验主义者赋予观察以认识论上的首要地位(master status)*的那种立场相结合(也许正像我们在符号互动论

[symbolic interactionism]*和常人方法学[ethnomethodology]*那里所看到的那样)。

ideal speech situation 理想的言语情景

参见批判理论(critical theory)*。

ideal type 理想类型

理想类型在社会学中与马克斯·韦伯(Max Weber)*的名字紧密相连,尽管作为一种调查和解释的方法,它们在经济学(economics)*中更为常见,例如完全市场的概念。对韦伯来说,理想类型的构造显然是一种启发装置(heuristic device)*或调查方法。理想类型既不是平均类型,也不是对现实世界现象的那些最常见特征的简单描述。因此,人们无法通过发现真正的科层制(bureaucracy)*所共有的特征来构建一个有关科层制的理想类型。"理想"一词也不是在可欲目标的意义上被规范化地使用的。

理想类型针对现实世界而构造,但涉及到对那些最理性的要素,或者是以最合理的方式配合在一起的要素的一种选择。因此,科层制的理想类型包含了现实科层组织中按照逻辑一致的目的-手段链条而配合在一起的那些方面。

韦伯的工作隐含着这样的观点,即构造一个理想类型是了解现实世界的一种方式。这属于人文科学的理性主义(rationalism)*观点:我们所有人都有某种理性能力,而我们能够理性思考和行动这一事实则为世界赋予了某种秩序。因此,借助建构理性的理想类型,我们可以了解这个世界的运作方式。如果把理想类型与现实进行比较,探究现实的科层制如何，又是为什么与理想类型存在差异，那么我们就可以了解更多信息。我们所着眼的模板，不是科层制是什么或应该是什么，而是如果科层制是完全理性的，那么它可能是什么样子。这样，我们就能够从现实科层制中那些明显非理性的源头中了解到很多东西。

这是一种很难的方法，并在很大程度上归结于韦伯所继承的新康德主义（neo-Kantianism）*的哲学传统。盎格鲁-撒克逊传统下的社会学家在理解它时存在困难，并经常把理想类型当作某种能够根据现实进行检验的假设模型，从而使韦伯的观点（至少）具有明显的实证主义（positivist）*色彩。可以在苏珊·海克曼（Susan J. Hekman）的《韦伯、理想类型和当代社会理论》（*Weber, The Ideal Type, and Contemporary Social Theory*, 1983）中发现有关理想类型的最佳解释。另见社会图景（images of society）*。

identity 认同

尽管"认同"这个词汇拥有漫长的历史——它源于拉丁词根 *idem*，后者意味着一致性和持续性，但是直到20世纪，这个词汇才变成流行用语。有关认同的讨论采取了两种主要的形式：心理学的和社会学的。这两个传统的核心要点已经挑战了有关这个概念的本质主义（essentialism）*理解。在后面这种理解中，认同拥有唯一的内核或本质，即"真实的我"，它是一致的，并且终其一生或多或少都是一样的。与此相对，社会学理论和心理学理论，尽管存在诸多差别，却都强调认同的虚构性和建构性特征。

心理动力传统源自弗洛伊德（Sigmund Freud）*的身份认同理论。孩童借助身份认同去同化（或内摄）外在的人格（personality）*或物体，通常是父母的超我（superego）*。心理动力理论强调心理结构的内核是一个持续的（尽管通常是冲突性的）认同。埃里克·埃里克森（Erik Erikson）把认同视为一个"位于"个体内核之中的过程，同时也是一个"位于"他或她所身处的社群文化的内核之中的过程，并因此而在社群和个体之间建立了一种联系。在第二次世界大战期间，他发展出认同危机（identity crisis）*这个术语，用来指涉那样一些患者，他们"丧失了人格同一性和历史持续性的感觉"，并随后将其普遍化到生命的全部阶段中（在人的八阶段生命历程中，作为渐成性的生命阶段[life stages]*的一部分）。在此，青春期（adolescence）*被鉴定为一个充满潜在的认同混乱的普遍危机时期。后来，"认同危机"这个术语变成了一个日常用语。

认同理论的社会学传统则与符号互动论（symbolic interactionism）*联系在一起，并受到威廉·詹姆斯（William James）*和乔治·赫伯特·米德（George Herbert Mead）*的实用主义（pragmatism）*理论的影响。自我（self）*是一种独特的人类能力，使人们能够借助沟通和语言去反思自己的自然本性和社会世界（social worlds）*。詹姆斯和米德都把自我视为一个两阶段的过程："主我"（I），它是认识者、内在的、主观的、创造性的、决定性的和不可认识的阶段；"客我"，它是更可知的、外在的、被决定的和社会性的阶段。在此，身份认同是一个命名的过程，一个将我们自身置于社会构建的各种范畴中、并借助语言维持一个核心位置的过程。在欧文·戈夫曼（Erving Goffman）*和彼得·伯格（Peter Berger）的后期作品中，认同被明确地解释为有待"社会赋予、社会维持和社会转化的"（《社会学的邀请》*Invitation to Sociology*，1966）。

社会理论中与结构主义（structuralism）*和后结构主义（post-structuralism）*相关的一些发展，关注语言和表象（representation）*等问题，而这也是符号互动论学者研究认同的不可或缺的路径，因此二者在这些问题上广泛地共享一些关注点。但是，结构主义与后结构主义更加强调语言和表象在认同构造中的构成性作用，或是深刻的形塑性作用。支撑结构主义和后结构主义的洞见来自瑞士结构语言学家费尔迪南·德·索绪尔（Ferdinand de Saussure）*（参见其《普通语言学教程》*The Course in General Linguistics*，1949）。索绪尔的著作强调语言的意义不是通过言说或书写主体的意图，而是借助符号的相互作用产生的。语言本身是一个创造意义的结构化系统。索绪尔以一种激进的表达方式指出，正是语言通过使个体服从于它的规则而有效地言说着个体，而不是相反。索绪尔对语言的解释被用来论证所有的社会意义和文化意义都是在表象系统或语言中产生的。换句话说，我们周围的世界，以及我们在这个世界中的位置，都是借助表象而被赋予意义，或变得具有意义的。因此，重要的是，我们是谁，也即我们的认同感，是被附着在特定行为的属性、能力和形式之上的那些意义形塑的。

基于索绪尔论证的主旨，法国哲学家米歇尔·福柯（Michel Foucault）*，通过他论述话语（discourse）*或话语形成的著作把认同理论进一步推进了。对福柯来说，话语形塑了谈论、表象或认识特定客体的方式。例如，在他有关现代监狱发展的作品中，他指出刑罚话语（如犯罪学[criminology]*）创造了一系列独特的谈论和认识犯人或犯罪心智的方式（参见其《规训与惩罚》*Discipline and Punish*，1977）。对福柯来说，重要的是，这些话语为能动性（agency）*和认同提供了各种定位。这既针对认知主体（专业的犯罪专家），也针对被认知者（犯人)。因此,认同的原材料形成于话语之中,被个体采纳和据有,并在这个过程中塑造了一种认同感。

　　福柯的作品引入了一个要素,他对于近来有关认同的解释变得非常关键。这就是对个体具有多重认同的强调。这一论断包含两个关键的维度。首先,对福柯本人来说最重要的是,不同的话语为能动性和认同生成了各种特殊的、通常具有分歧的定位。与宗教(religion)*、国家(state)*、体育或消费相关的话语产生了分离的、通常是相互矛盾的自我。在这种视角之下,我们每个人都被大量有关我们自己的可能描述述说:作为虔诚的信徒、作为纳税人、作为一个球迷,或是作为一个享乐主义者。第二个维度是,我们从大量社会实践中所获得的多重认同本身,是与更大的认同结构联系在一起的。在此经常被提及的是诸如阶级(class)*、族群性(ethnicity)*、种族(race)*、性别和性的各种结构。但是,重要的是要注意到,这些不同的认同并不是分离的,而是彼此整合在一起的。正像凯瑟琳·霍尔(Catherine Hall)针对英国19世纪中产阶级(middle class)*男性所指出的那样,他们的男性气概所依赖的不是基于阶级的性情,而是各种各样的族群性(英国性)和种族(白种)(参见《白人、男性和中产阶级》*White, Male and Middle Class*, 1993)。在这个例子中,性别、族群性和种族,并不是分离的,而是彼此交织在一起的。

　　关注认同的相互融合的进一步发展则强调文化认同的混杂性。混杂(hybridity)*概念,尤其是在涉及"种族的"和族群的认同时,认为认同并不是纯粹的,而是混合、融合和混杂化的产物。支撑这一认同解释的是对文化的混合和变动的关注。最清楚地刻画出这一点的是形塑现代世界的各种形式的文化交流,从奴隶贸易到当代媒体形态的传播（例如，可参见保罗·吉尔罗伊［Paul Gilroy］的《黑色大西洋》Black Atlantic, 1993）。认同融合或混杂不是某一文化或文化传统被另一个文化传统所同化（assimilation）*的产物，而是某种新的产物。有关文化认同混杂的研究与移居认同的解释紧密相关。大流散（diaspora）这个术语，最初用来指犹太民族在全球范围内的散居，但是现在通常用来描述黑人移居，即非裔民族在各个大陆间的流动和买卖。用萨尔曼·拉什迪（Salman Rushdie）的话来说，移居认同被"横跨世界"（参见《想象的故土》Imaginary Homelands, 1991）或"处于"但并不完全"属于"西方的感觉形塑。

法国心理学家雅克·拉康（Jacques Lacan）*主张一个不同的认同概念。受索绪尔的影响，拉康发展了弗洛伊德（Sigmund Freud）*的工作，强调认同分离和异化（alienation）*的面向。在很大程度上，正是通过严格地改造弗洛伊德有关自恋（narcissism）*的论述，拉康把婴儿的第一个自我感（其第一个自我身份认同）界定为借助自我镜像的想象性定位而来的（参见其论文《作为"我"之动能形成的镜像阶段》The Mirror Phase as Formative of the Function of the "I", 1968）。拉康论证道，在观察自己的映像，或是真实反映在母亲眼中的映像的过程中，婴儿把自己的镜像误认作自己，并在瞬间的整合中把它接受为自己的形象。拉康把这描述为早期自恋式身份认同的例证，并认为它构成了所有未来认同的基础和原型。处于上述过程核心的这种分离或误认，对拉康而言具有典范性。它把主体与可视域的持久关系确立为一种异化的或离心的经验，一种外在的"理想自我"（镜像）和内在的"自我理想"之间的分离。

在社会学中，有关认同的讨论非常引人注目，并产生了大量的文献，包括许多戏剧和小说，其中对认同的追问或自我的坍塌构成了首要的主题。这些解释倾向于分为两大阵营：乐观主义者和悲观主义者。对于乐观主义者来说，现代世界带来了持续增长的个体性和针对大量认同的选择。因此，人们更容易自我实现（self-actualization）*，即发现一个并不是由传统、文化或宗教人为强加的内在自我，着手去追问更多的个体性、自我理解、可塑性和差异。相反，悲观主义者则描绘了一个疏离的大众社会（mass society）*，例如，心理动力传统强调自我和文化之界限的丧失以及自恋性人格的出现，而社会学家则看到一种碎片化、无家可归和无意义的趋势，并抱怨由于自我专注和自私的增长所导致的公共世界中的权威丧失。

因此，现代社会学中并没有一个清晰的认同概念。它被宽泛和随意地用来指涉一个人的自我感，一个人关于自己的感受和观念，正像在"性别认同"或"阶级认同"这样的例子中那样。据说我们的认同来自与我们所占据的社会地位（social status）*相联系的期待，以及我们对此所作的内化，因此，它是通过社会化（socialization）*而形成的。又或者，据说我们在社会化或扮演各种角色（role）*的过程中，更为主动地从呈现给我们的诸多材料中构建了我们的认同。但是，戈夫曼的作品（尤其是《日常生活中的自我呈现》*The Presentation of Self in Everyday Life*, 1959），它看到我们把自己呈现给他人的各种复杂的方式，这个过程或许可以被称作认同管理）提出了一个所有阵营都没有解决的关键性议题：在我们呈现给他人的各式各样的面具之后，是否存在一个本真的自我或认同。另见人格（personality）*；心理分析（psychoanalysis）*；自反性现代化（refletive modernization）*。

identity crisis 认同危机

这个概念在美国心理分析学家埃里克·埃里克森那里得到了最充分的发展。他用它来指代一种个体自我感的危机，同时交织了心理学层面和社会学层面的分析。埃里克森认为，这种危机在青少年（adolescent）*发展阶段很普遍，此时，青少年还没有发展出明确的社会角色（social role）*，他们不再是儿童，但还不是成年人。从心理上说，这可以通过对早期发展阶段的改造来弥补，特别是在性方面，以及在家庭之外建立亲密关系（intimacy）*的能力方面。例如，可参见其《生命历史与历史时刻》（Life History and the Historical Moment, 1975）。

idiographic versus nomothetic approaches
特殊规律与一般规律研究法

正如我们在许多历史文献中看到的，特殊规律研究法指强调现象历史特殊性的一种方法。与之相对的是一般规律，它通常借助模仿自然科学的逻辑和方法，试图提供关于社会生活的更一般性的、类似法则的陈述。上述区别来自德国哲学家威廉·文德尔班（Wilhelm Windelband）*，并在19世纪后期的德国和奥地利引发了激烈的争论（所谓的方法论论争[methodenstreit]*）。这个争论争论发生在针对社会、历史和文化科学采取一般化研究路径的支持者和采取个体化研究路径的支持者之间。马克斯·韦伯（Max Weber）*的许多方法论（methodology）*的著作都是针对这场争论的，特别是他的概念形成理论和理想类型（ideal type）*理论。不过，这些议题早已通过戈登·奥尔波特（Gordon Allport）*的心理学著作而得到普及。另见精神科学和自然科学（Geisteswissenschaften and Naturwissenschaften）*；生活史（life history）*。

ideological state apparatus 意识形态国家机器

这是马克思主义（Marxism）*理论家路易·阿尔都塞（Louis Althusser）*提出的一个术语，用来表示诸如教育、教会、家庭、媒体（media）*、工会（trade union）*和法律等制度，这些制度在形式上外在于国家的控制，但却用来传播国家的价值，质询（interpellate）*受他们所影响的个人，并维护社会秩序（social order）*，尤其是再生产了资本主义（capitalism）*的生产关系（relations of production）*。在当代资本主义社会中，教育已取代教会，成为首要的意识形态国家机器。在马克思主义者中，这个术语与军队和警察等所谓压制性国家机器（repressive state apparatus）*相对，在确保发达资本主义社会的顺从上具有重要作用。意识形态国家机器理论除了被批评为是对国家本身反映特定阶级利益（class interest）*这一假设的一种改造之外，还被认为简化了这些制度与国家之间的关系，并低估了它们的自主性或谋求这种自主性的潜能。它也轻易地把在教育领域中挑战权威，与削弱整个资本主义体系等同起来。

ideology 意识形态

这个术语具有悠久，复杂和异常丰富的历史。作为一个专门的社会学概念，它源于卡尔·马克思（Karl Marx）*的著作，以至于时至今日，它在特定社会学分析中的应用仍然带有上述标记，即这种分析要么来自马克思主义者，要么受到马克思主义（Marxism）*的强烈影响。

也就是说，重要的是记住，这个概念所指的那种社会现象（一般而言，是观念或文化领域，更具体而言，则是政治观念或政治文化［political culture］*领域），以及观念领域与政治和经济领域之间的关系。它们在其他社会学传统中也得到了详细的讨论。并且，其他这些讨论（尤其是在韦伯分子、涂尔干分子和结构主义者中）很少会对意识形态的马克思主义式的概念化产生可观的影响，反之亦然。

这个概念的历史的复杂性，以及那些因此被要求对其进行定义的人们所遇到的困难，在很大程度上归因于马克思的讨论本身。这些讨论对它所指代的那些现象的各种碎片化、有时甚至是相互冲突的讨论并未得到充分发展，并具有一种片断性。在《德意志意识形态》(The German Ideology, 1846)中，马克思所关心的不只是单纯地解释为什么他不再是任何派别的黑格尔主义（Hegelian）*的唯心主义者，而且还要解释为什么他和其他许多人长久以来一直被这些观念所束缚。从本质上说，并且把后来的评论者合理与不合理地声称要进行掩饰的所有歧义放在一边，马克思的观点在于，黑格尔唯心论的主要宗旨（即笃信观念是历史的推动力）在任何意义上都不是由理性最终达至对其自身的意识。相反，上述宗旨是历史的产物，而历史迄今为止却仍然蔽而不现，尤其是对像他本人这样的知识分子（intellectuals）*来说，因此黑格尔唯心论的宗旨乃是一种意识形态学说。而被遮蔽了的历史却是"现实的、从事活动的人们"的历史，也就是他随后所说的"阶级斗争的历史"，而它之所以对于知识分子来说尤其难以识别，简单来说，是因为他们倾向于关注时代的统治观念，而后者在任何时代都是统治阶级（ruling class）*的观念。

总之，上述论点包含以下内容：首先，马克思有关社会的基础

(base)*与上层建筑(superstructure)*的模式的萌芽,它意味着观念领域能够与经济领域区分开,并由后者所决定。其次则是下述看法,即导致某些(统治)观念成为意识形态的是它们为了统治阶级的利益而掩盖事物本身这一事实。

在《资本论》(*Capital*, 1867)第一章的末尾,可以看到马克思对揭示经济领域和观念领域之间联系的本性,以及统治阶级的观念如何变成统治观念所作的最持续的努力。首先,他解释了一种基本机制,借助它,经济和更广大的社会中的事物实际如何与人们如何看待它们之间可以有所不同。对此,他以"宗教世界的幻境"作了一个类比。接着,他论证道,"在那里,人脑的产物表现为赋有生命的、彼此发生关系并向人发生关系的独立存在的东西"。最后,他总结说,就像观念一样,"在商品世界里,人手的产物也是这样。我把这叫作拜物教。劳动产品一旦作为商品来生产,就带上拜物教性质,因此拜物教是同商品生产分不开的"。

这种拜物教导致的最终结果是,人们(包括他特别指出的资产阶级经济学家、基督教神职人员和律师)认为在买卖事物时,这些事物的价值是内在于这些事物本身的。但是实际上,马克思指出,这些价值是人与人之间的特定关系的产物,但这些关系却被所有买卖、诉讼和辩护掩盖。然而正如他在下一章开头所说的那样,由于"商品不能自己到市场去,不能自己去交换"这一事实,所以这些关系不得不参与到商品交换中。因此,资本主义社会的人们必然会把表面上平等的(或中立的)市场交换视为其社会内部的基本关系,然而实际上,在马克思看来,更为基本的关系是在"隐蔽的生产场所"内发生的极为不平等的关系。如此一来,"一个阶级是社会上占统治地位的物质力量,同时也是社会上占统治地位的精神力量"。

拜物教的隐喻和马克思关于拜物教在资本主义社会中如何发生的说明,在马克思主义学者中仍然持续具有很大的、有时甚至是充满分歧的影响。例如,格奥尔格·卢卡奇(Geörgy Lukács)*在其虚假意识(false consciousness)*理论,以及如何最好地克服虚假意识的建议中都利用了它。卢卡奇的观点也受到了韦伯(Max Weber)*的影响。相比之下,在涂尔干(Durkheim)*和结构主义(structuralism)*传统的影响之下,路易·阿尔都塞(Louis Althusser)*发展了马克思的观点,从中发展出作为"想象的关系"这种特定含义的意识形态关系概念,以及对人们或主体作为"询唤"的一方,借此被定位于这种关系之中的那些机制的专门讨论。

晚近,主要归因于安东尼奥·葛兰西(Antonio Gramsci)*的霸权概念的影响,许多学者试图把各种语言学和其他话语分析(discourse analysis)*的概念纳入意识形态理论中去。他们希望,这将使他们能够研究所谓的意识形态领域的内部生活,从而赋予许多人所说的该领域的相对自主性(relative autonomy)*以某种内容。他们还希望,他们能够提供关于社会"统治观念"的产生方式的更详细、更精巧的解释;所谓"更精巧",也就是,相对于那些基于商品拜物教(commodity fetishism)*教理论及其相关思想必然是统治阶级的观念的解释来说的。尽管如此,拜物教理论仍然有自己的捍卫者,对这些人来说,任何像上述那样与后结构主义和后现代主义(postmodernism)*的"嬉戏"都属于异端。

讨论意识形态的社会学文献异常丰富。乔治·莱尔因(Jorge Larrain)的《意识形态概念》(*The Concept of Ideology*, 1979)、特里·伊格尔顿（Terry Eagleton）的《意识形态》（*Ideology*, 1991）都可以合理地使用。另见主流意识形态论（dominant ideology thesis）*；双重意识（dual consciousness）*；阿尔文·古尔德纳（Gouldner, Alvin）*；霸权（hegemony）*；意识形态国家机器（ideological state apparatus）*。

illness 疾病

参见健康与疾病社会学（health and illness, sociology of）*。

images of society 社会图景

在1966年的《社会学评论》（*Sociological Review*）上，英国社会学家大卫·洛克伍德（David Lockwood）*发表了一篇题为《工人阶级社会图景的变异来源》（Sources of Variation in Working-Class Images of Society）的文章，把大量现有关于社会图景、投票行为（voting behaviour）*、工业社会学（industrial sociology）*和社区生活的研究结论汇编在一起。从这些研究中，洛克伍德建立了一个有关体力劳动者的世界观（weltanschauung）*或"社会意识"的富有影响力的类型学（typology）*，包括"传统无产阶级""恭顺的传统主义者"和"私人化的工具主义者"等三种类型。

其中的第一种与采矿、造船或某些类似行业有关，这类行业以把劳动力（labour power）*聚集到一个孤立的社区，从而与更广大的社会相隔离为特征。因此，这些工人趋向于成为"职业社区"的成员。也就是说，他们的社会网络（social network）*的特征在于，相关人员的工作满意度（job satisfaction）*很高，对首要工作群体有很强的依恋，并致力于发展工作场所内的关系，因而把这种关系延伸到休闲领域。

这类体力劳动者居住在"传统的工人阶级社区"中,由紧密联系的工作伙伴组成,他们同时也是朋友、邻居和亲戚。这种环境被认为能够促进互助、社交、凝聚力和集体主义(collectivism)*。最后,他们展现出的无产阶级意识则植根于以权力(power)*为基础的社会图景,直截了当地区分了"我们"和"他们"。

相比之下,顺从的传统主义者则呈现出一种声望模式,或是社会的等级模式,在这种模式中,人们根据地位(status)*进行排序。其特征在于,这类体力劳动者在社会和政治上都服从于他们的"胜过自己者"(地位优越者)。例如,他们投票给传统的右翼政党,理由是既有的社会精英值得信任,他们追求的是国家利益,而不是派系或阶级利益(class interest)*。洛克伍德认为,这种世界观常见于小型家庭企业的雇员中,或者在家长式的行业权威盛行的工作环境中,如农场工人。通常,这些工人生活在由"地方地位系统"所构成的小社区中。在这种系统中,人们倾向于赋予个人以专属于他的位置,因为在一个地方化的声望等级中,"每个人都知道自己的位置"。

最后则是私己化的工具主义者。他们从事着以金钱为首要导向的工作,过着以住宅为中心和以家庭为中心(私己化)的郊区生活方式,而所有这些一起造就了一种金钱社会的图景。在此,阶级划分主要取决于收入和物质财产。这些工人主要是出于外在的(经济)原因而被吸引到这些工作岗位上,很少成为各种紧密团结的工作群体中的成员,也只是偶尔才与他们的同事进行社交。与传统无产阶级相比,他们对工会(trade union)*和左翼政党的依恋较少,也更具有工具性(算计性),因为他们"完全没有参与那些寻求社会结构变革的阶级运动的意识",反而要凭借工人组织和政党(political parties)*

改善其物质条件的能力（洛克伍德称之为"工具性集体主义"的一种派系好斗性）。

洛克伍德对自己的论证持某种犹豫态度，因为他一方面声称自己提供的是一系列的理想类型（ideal type）*，因而是社会学概念而非历史概念；另一方面却又声称战后丰裕时代那些私人化的工具主义者所提倡的社会图景构成了整个体力劳动者的"原型"，因为金钱世界观正在迅速取代传统无产者和恭顺的传统主义者在先前时代所拥有的那种世界观。尽管如此，他的类型学及其对战后英国社会学中诸多主题所作的具有高度原创性的综合，成为十多年来大量英国工人阶级（working class）*生活研究的基准，而洛克伍德的分析时至今日也在持续影响着大西洋两岸的研究者。另见顺从（defence）*；资产阶级化（embourgeoisement）*；工作的主体经验（work, subjective experience of）*。

imagined community 想象的共同体

本尼迪克特·安德森（Benedict Anderson）在其《想象的共同体：民族主义的起源与散布》（*Imagined Communities: Reflections on the Origin and Spread of Nationalism*，第二版于 1991，初版于 1983）中把民族（nation）*视为一个想象的政治共同体。它之所以是想象的是因为：（1）其成员虽然从未认识或见过大多数同胞，但是他们的共融形象却活跃在每个人的心中；（2）它是受限制的，因为即使其中最大的民族也有其有限的、哪怕是富有弹性的疆界，在此之外则是其他民族；（3）它是至高无上的，因为其成员享有统治其自身的权利；（4）它是一个共同体，因为尽管成员之间一直存在社会不平等（social inequality）*，但是民族始终被视为一种深厚而又宽广的伙伴关系。安德森强调,民族是"想象的"不是"幻想的",也就是说,它不是虚构和虚假的,而是一个文化或意识形态(ideology)*建构和创造的过程。

这个概念遭受的批评包括以下几点:它没有讲出"想象"过程开展和维持的方式,例如,如何借助制度机制维持和塑造人们对其独特性的信念;低估"民族"在社会政治术语上的争议性;物化了处于时空之中的民族。

immanence 内在性

参见超验主义(transcendentalism)*。

immigration 移民

参见移民(migration)*;种族社会学(race, sociology of)*。

imperialism 帝国主义

该术语字面意思是"帝国-主义",这一概念最初出现在19世纪60年代,用来指称法国拿破仑三世的政治和军事野心,后来用于指称一般大国之间的竞争,包括军事竞争及在非洲和亚洲争夺殖民地的竞争。再后来,这一术语越来越多地(现在几乎完全是)被用来指称发达国家的殖民统治,因此成为殖民主义(colonialism)*的同义词。

帝国主义理论试图为1870年后欧洲的控制扩张提供解释,大致可以区分为三种范式。约瑟夫·熊彼特(Joseph Schumpeter)*的社会学理论借鉴了自由主义(liberalism)*的思想传统,认为帝国主义政策是不必要的,而且其效果是适得其反的。该理论认为帝国主义是帝国主义国家中存在的前工业和前资本主义社会阶层——拥有土地和武装力量的贵族阶层——的反映，其遵从传统的理想和对社会地位（social status）*的维护促使他们迈向了不符合现代资本主义社会利益的一些方面。马克思主义（Marxism）*和更广泛的经济理论认为，帝国主义是资本主义工业化的必然产物及其在发达国家所能达到的极限。在这一理论看来，帝国主义意味着要么是对前资本主义社会的征服和对市场（market）*的拓展，要么是对低工资或更高投资回报率的追求。列宁（Lenin）*借鉴了约翰·霍布森（John Hobson）*和尼古拉·布哈林（Nikolai Bukharin）*的观点，认为帝国主义在殖民主义的意义上来说是资本主义的最高阶段，而帝国主义的废除意味着整个资本主义（capitalism）*的终结。最后，帝国主义的战略和政治理论认为，19世纪70年代的扩张只是众多历史现象中的一种，在这种历史现象中，更强大的国家，出于各种各样的原因（其中许多是非经济的），通过不同的机制寻求对弱国的控制。也就是说，这一现象没有任何特别的经济或资本主义方面的内容。这个词的含义包括古老的帝国，如波斯、罗马以及非正式的帝国，如那些由美国在拉丁美洲的经济影响力所构成的帝国。另见新殖民主义（neo-colonialism）*。

impression formation 印象形成

一个社会心理学（social psychology）*术语，指陌生人对彼此形成感知的机制。很多研究通过实验方式表明最初印象在印象形成过程中的重要性。这些研究证明了首因效应（primacy effect）*和晕轮效应（halo effect）*的存在。

impression management 印象管理

这是拟剧论(dramaturgy)*中一个概念,由欧文·戈夫曼(Erving Goffman)*在《日常生活中的自我呈现》(*The Presentation of Self in Everyday Life*, 1959)中提出。它强调了人们在外人面前如何以特定的方式展现自己的形象。参见他人角色设定(altercasting)*;认同(identity)*。

incarcerate 监禁

这一术语指将犯人关进监狱、精神病院、青少年拘留中心等监狱组织(carceral organization)*之中,以强制他们与外界社会隔离开来的制度化过程。另见非监禁化(decarceration)*;制度化(institutionalization)*。

incentive payment 奖励性薪酬

根据劳动结果支付报酬的一种薪酬支付方式,泛指任何根据劳动者的产出或工作效率而支付高于其基本工资报酬的支付方式,如计件工资。该支付方式可能适用于个人、小团体,或者全体劳动者(如某些涉及与利润相关的薪酬安排)。激励性薪酬要求对产出进行精确和可接受的衡量,并假定员工总是有使其短期收入最大化的动机,其目标(实际上往往无法实现)是增加员工的努力和对工作的承诺。另见基于努力程度的议价(effort bargaining)*;人际关系理论(human relations theory)*;科学管理(scientific management)*。

incest taboo 乱伦禁忌

该术语指禁止直系亲属之间发生性关系,通常是指父母与子女之间、兄弟姐妹之间。这一禁令通常也适用于那些被收养或与这些初级关系者有姻亲关系的人,这是由于需要将性行为限制在核心家庭(nuclear family)*集团内的单一世代(以避免冲突),以及对近亲繁殖的恐惧。

inclusion 包含

参见封闭(closure)*。

income distribution 收入分配

收入分配包括两种类型,功能分配和规模分配。国民收入的功能分配显示的是收入总额的构成要素,如土地、劳动力(labour power)*、资本(capital)*,或者每一个生产要素对于国民收入的贡献。在这一语境下,收入再分配讨论的议题是是否应该减少利润以增加劳动者的收入。个人收入(personal income)*的规模分配显示的是个人、家庭和家户(household)*直接收入的分配情况。这是目前最常见的含义。个人收入的规模分配重点强调的是现金收入,不包括获得国家资助的教育和保健服务等公共产品所隐含的社会工资收入。

没有公认的关于个人收入的定义,也没有明确的操作性定义规定其应包括或不包括哪些项目,以及以何种方式。实际上,定义往往依赖于行政记录、收入和支出的定期调查(survey)*,以及包括官方统计数据(official statistic)*在内的其他来源所提供的资料。因此,一个最流行的定义是薪资分配,因为有关雇员的工资和薪金以及自雇者的收入和利润的数据可以从诸多调查中获得。但个人收入的含义远不如此,可以包括作为红利分配的私人企业的利润(但不包括国有企业的利润)、实物补贴和附带福利(welfare)*(如免费住房、免费膳食、贷款补贴,或使用公司的汽车)、投资预期收益、转租或出租所得、国家支付的赡养费以及其他福利或保险收入所得。收入和财富是有区别的,财富是可以分配给个人的所有资产的净值,但实际上收入和资本不是独立的实体而是可以相互转换的。这是将收入定义为可见的金钱收入的一个重要现实困难。

收入可以被定义为当前收入(比如最近 1 周或最近 12 个月),或者一般收入或正常收入——这是为了区分那些因疾病(illness)*、失业(unemployment)*等特殊原因而导致的非常态性当前收入。关于收入,还有一些非常重要的区分,如税前收入和税后收入、原始收入(original income)*和可支配收入(discretionary income)*。原始收入体现的是在任何收入再分配政策生效以前的状态,包涵的范围最为广泛。可支配收入(或净收入)显示的是从原始收入中扣除税收、社会保险(social insurance)*费用,以及其他义务性缴费,然后加上相关的收入保障和福利之后的情况。可支配收入提供了一种衡量消费能力的广义指标;更能衡量真实消费能力的指标是可自由支配收入,是指在扣除住房、通勤以及类似的刚性消费之后的可支配收入。

对收入分配的研究可以用来评估政府财政和社会福利政策的再分配效果。这是因为收入分配是影响消费模式的一个关键因素;而且,作为一种衡量经济和社会不平等(social inequality)*的方法,收入分配比财富分配更容易被研究者接受。对收入分配的研究也可应用于对贫困的测量。此外,还经常应用于对离婚、疾病等不同领域公共政策非期然性后果的研究。经济学家对收入分配模式作为一个自变量(independent variable)*感兴趣,他们关注诸如更大的收入不平等是否导致更高的储蓄率、工业化是否会减少收入不平等等方面的问题。

诸多关于收入分配的调查方法问题，在 A. B. 阿特金森（A. B. Atkinson）等人的《财富、收入与不平等》的（*Wealth, Income and Inequality*, 1980）中进行了讨论。关于英国的相关问题，在 W. D. 鲁宾斯坦（W. D. Rubinstein）的《英国的财富与不平等》（*Wealth and Inequality in Britain*, 1986）和丹尼尔·达林（Daniel Dorling）等人的《英国的贫穷、财富与地位，1968—2005》（*Poverty, Wealth and Place in Britain, 1968 to 2005*, 2007）中有很好的总结。另见洛伦茨曲线（Lorenz Curve）*。

incommensurability 不可通约

不同对象在测量意义上具有可比较性的前提在于，它们在某一维度或某种范围内具有共性。否则，这两个被测量对象之间的关系被视为不可通约。

incorporation 社会融合

社会群体、阶级和个人融合成一个更大社会实体的过程。这可以看作是通过扩大权利并严格履行义务（如严格履行公民身份［citizenship］*的义务），或通过诸如社会流动（social mobility）*、异族通婚和消除城市种族隔离等机制来实现的。与社会封闭（social closure）*一样，社会融合意味着边缘群体、精英与大众的关系，以及合作。这个概念已经被广泛用于讨论所谓无产阶级（proletariat）*的革命角色，资本主义（capitalism）*体制通过福利国家（welfare state）*、政治代表性、房屋产权，以及近年来兴起的所有权分享等机制对无产阶级进行了吸纳(co-optation)*,使得一些人所宣称的无产阶级的历史使命受到挫折。另见法人团体(corporate society)*。

independence 独立性

参见统计独立性(statistical independence)*。

independent variable 自变量

在一个特定的研究、分析或模型中,自变量(或解释性的变量)是那些能够通过自身特征或变化形塑和决定因变量的社会因素,例如结婚的年龄能够帮助解释离婚的可能性。在试验情况下,可以系统地操作自变量,从而观察对因变量(dependent variable)*的影响。一个变量是因变量还是自变量,取决于研究的理论框架和研究重点,但自变量必须先于因变量,并且要具有因果解释力。另见因果模型(causal modelling)*。

index 指数

一种定量的社会、经济或政治量度,通常是有关领域若干选定的个别指标(indicator)*的加权组合。美国联邦调查局的统一犯罪指数(crime index)*就是一个例子。许多国家都采用零售价格指数来衡量消费品的通货膨胀率。指数通常以标准化(standardization)*的形式来呈现以方便比较,例如,以100为基数显示时间序列的最初年份或者以100为基数来标定全国的普遍情况并以此为基础来体现国家以下各个层面情况的数字,如标准化死亡率(standardized mortality ratios)*的计算模式。

对于那些热衷于通过纵向分析（longitudinal analysis）*来研究事物发展趋势的社会学家来说，这些指数和许多其他简单的指数是有用的，而其他更为复杂的指数——包括许多关于剥夺（deprivafion）*和贫困（poverty）*的指数——的有效性却是值得怀疑的。首先，将关于贫困的多重指标组合成一个有意义的单一指标，从技术层面来看，问题是相当严重的。仅举最明显的一点，指标可能是密切相关的，尽管反映了完全不同的过程；指标的权重、排名和折叠不可避免地存在争议，因为这些都可以通过多种不同的方式来处理（包括专家意见、因素分析［factor analysis］*、聚类分析［cluster analysis］*，等等）；最后，因果分析被指数在产生过程中所固有的生态学（ecology）*问题（参见区群谬误［ecological fallacy］*）破坏（最明显的是试图通过参考综合的，通常是地区级的数据来解释个人行为）。此外，为涵盖剥夺的程度、范围和强度，许多不同的指数被创造出来，这样又进一步加剧了对指数分值进行解释的困难。然后，当涉及在不同国家之间建立标准化指标的时候，人们只是强调创建有意义的综合指数所存在的技术困难。

此外，日益成熟的多变量分析（multivariate analysis）*使得这些复合指数显得越来越过时。如果从一个足够大的样本收集相关数据，如失业（unemployment）*、价值（value）*、族群性（ethnicity）*、收入（income）*、家庭的规模和类型、福利依赖等，然后这些特征之间的因果关系可以被视为一个可通过家庭回归和其他统计技术的因果模型（causal modelling）*进行分析的实证问题。结构地位、行为和信仰之间的联系可以成为通过实证调查来分析的问题，研究者在那些关于"剥夺"的假设形成之前，不再需要预先决定每个因素所发挥的作用占多大比例。

当然，政客们喜欢看到用单一指数的分值来对当地地区、医院或大学进行排名以此来反映它们相对强弱位置的排行榜，因为这样的排行榜似乎能为政府的公共支出提供坚实的基础（而且很容易理解）。因此，在社会学看来不可靠的指数继续被运用，已成为诸多政策研究（policy research）*的一个显著特点（参见英国环保部的报告——《剥夺指数：一个关于方法和结果矩阵的综述》Deprivation Index: A Review of Approaches and a Matrix of Result, 1991）。然而，它们是不是好的社会科学（social science）*研究则完全是另外一码事，而且很难看出这些研究对于阐明社会学研究最关注的因果关系有什么帮助。

index, crime 犯罪指数

美国联邦调查局的统一犯罪指数由七种犯罪指数组成：谋杀及非过失杀人、强暴、抢劫、严重人身伤害、盗窃、偷盗（盗窃）和机动车盗窃。

indexicality 索引

参见常人方法学（ethnomethodology）*；查尔斯·桑德斯·皮尔斯（Peirce, Charles Sanders）*。

indicator 指标

指标是反映经济或社会某些方面变化的定量测量工具，如死亡率（mortality）*、职业隔离的测量（measurement）*或零售价格指数。在20世纪60年代和20世纪70年代，为监测和评价社会政策（social policy）*、社会指标（social indicators）*体系得到了快速发展。

individualism 个人主义

个人主义泛指强调个人重要性和个人利益的思想，这个概念被用来描述一系列思想、哲学和学说。例如它通常被用来描述"自由个人主义"政治哲学，强调个人的重要性以及个体自由和个人选择的价值。这种哲学通常是与集体主义(collectivism)*相比较而言的，在集体主义中，集体的利益高于个人的利益。因此，美国社会学家罗伯特·N. 贝拉(Robert N. Bellah)和他的同事们提出了一个很有争议的命题，根据涂尔干(Durkheim)*对失范(anomie)*和利己主义(egoism)*的论述，美国的个人主义正变得过度泛滥了，因为它正在破坏美国社会的道德诚信(参见《心灵的习性》*Habits of the Heart*，1985)。这个词也用于描述特定的宗教思想，就如"新教个人主义"这一说法所表达的那样，在历史上新教教会一直强调上帝和个人的关系是一种不受教会组织本身所左右的关系。贝克(Ulrich Beck)和鲍曼(Zygmunt Bauman)*也从不同的理论基础提出了这一观点。他们的论点是，日益膨胀的自反性现代化(reflexive modernization)*已经造成了对社会联系的破坏，使得个体不得不在焦虑不安中进行自我决策。

在社会学家那里，个人主义不仅常常用来描述某一个特定社会或政治团体的哲学，也用以指称对社会现象开展研究的一种方法。所谓方法论的个人主义指的是一种研究立场，认为在研究社会时，社会学家不仅不可避免地要研究个体，而且在对他们所研究的社会现象(如社会地位[social status]*、权力[power]*、教育系统，等等)进行解释的时候，必须将其归结到或还原为个体的特质。这一立场与方法论的整体主义形成了鲜明的对比，后者的原则是，每个社会实体(群体

[group]*、制度[institution]*、社会[society]*)都是一个完全不同的外在于个体的整体,仅通过研究其中的个体要素无法形成对整体的理解。涂尔干的观点就是整体主义方法论的一个例子,他主张社会事实(social fact)*可以独立于个体进行研究和解释。

关于方法论个人主义与整体主义的争论反映了个人与社会之间的潜在紧张关系。不过,现在最能体现二者紧张关系的一组概念是结构(structure)*和能动性(agency)*,而关于方法论个人主义的讨论尚在其次。另见自由主义(liberalism)*;社会资本(social capital)*。

induction (inductive) 归纳法 (归纳)

与归纳法相对的是演绎法(deduction)*。归纳法是从特定的观察开始,从观察中做出经验的概括,并进而进行理论构建。分析归纳法(analytic induction)*在社会学定性研究中运用非常普遍。这种方法要求在研究中的每一个案例都要证实(verification)*一个研究假设(hypothesis)*。研究者在对初始案例的观察中得出一般性假设,然后再通过进一步的调查研究来寻找反例,并修正研究假设以容纳那些反例。当不能发现新的反例时,这一过程就被认为是穷尽了所有的情况——这是一个必然十分主观的判断——并表明这一概括能够成立。另见原因(cause)*。

industrial action 劳工行动

适用于工人和雇主群体因雇佣条件而发生纠纷时的某些制裁(sanction)*措施。罢工(strike)*是指工人拒绝继续工作,通常指一致离开或不到工作场所。"野猫式"罢工往往时间短暂,也不会事先通知。非正式罢工是在没有得到工会（trade union）*正式批准的情况下进行的。静坐罢工的特点在于罢工仍在雇主的办公场所进行。工人及其工会可采取的其他制裁措施，包括：按章工作，拒绝做任何超出合同规定的工作，从而给管理带来不便；消极怠工，故意放慢正常的工作节奏；绝不加班，拒绝超过标准工作时间的工作；抵制，拒绝生产特定产品或提供特定服务。除了对个人进行纪律处分之外，雇主对工人的同等制裁手段主要是停工（lockout）*，解雇工人或阻止他们进入工作场所。尽管这是一个非常广泛和模糊的概念，但工业行动通常被当作是衡量劳资冲突（industrial conflict）*的指标（indicator）*。许多国家都有关于罢工和停工信息的统计，包括纠纷数量、损失的工作时间和涉及的工人数量，但由于统计标准不同，在分析时需要加以注意。其他形式的工业行动的措施就是不那么普遍了。

industrial capitalism 工业资本主义

参见资本主义（capitalism）*。

industrial conflict 劳资冲突

指的是雇佣关系中雇主和被雇佣者之间所有不满的表现形式，特别是那些与雇佣合同和基于努力程度的议价（effort bargaining）*有关的。各种不同类型的劳资冲突大致可以归为非正式的和正式的两个类别。

非正式的劳资冲突之所以被贴上"非正式"这样的标签，是因为它没有任何系统的组织基础，直接来源于一种不满的感觉。在这个意义上，许多看似不理性的工业破坏形式实际上是劳资冲突的表现，就像纯粹的个性化甚至无意识的抗议形式一样，包括旷工、频繁变换工作、失职甚至工作事故。也有工业社会学家把自发的罢工（strike）*，即通过对工作单位中小团体规范的遵从、保密以及对上级的警惕等方式表现出来的对管理的持续反抗，统统看作是非正式的劳资冲突。非正式劳资冲突引发了人们对一些单纯从管理角度来看似乎难以理解的行为的根源的注意。然而，如果使用过于广泛，这一概念就会失去生命力。

正式的劳资冲突是指那些通过工会（trade union）*或其他工人代表表达的有组织的冲突。其预设的目的是策略性或工具性的而非（或者说同样是）表现性的，而且通常会将那些本身没有意愿或压根不关心产生纠纷的那些利害问题的员工卷入进来。其典型形式是有组织的罢工，即以临时性的劳动者退出等方式构成违约、利用工人的集体力量来规避处罚并达到调整工资或改善工作条件等目的。罢工的效果也可能通过怠工、按章工作等其他类型的反抗得到加强。如果罢工是在工会领导的要求下进行的，而且依照法律和程序性的集体谈判（collective bargaining）*协议进行，那么就被认为是正式的罢工。非官方或"野猫式"罢工是指由不被认可的领导人（如商店服务员）所发起的罢工，或以其他违反既定的集体谈判法律和程序的方式发起的罢工。很显然，在实践中，"野猫式"的自发罢工与更具有组织性的非正式劳资冲突是没有清晰界限的。

工业社会学一度曾对罢工倾向（strike-proneness）*这一术语有过很多争论——集中体现了对劳资纠纷结构性原因的探究。他们试图将罢工的类型与职业类型、工作社区中的隔离程度和阶级认同，以及大规模生产技术的使用、管理的官僚化和工作社区的结构等因素联系起来。虽然在这些因素中也发现了微弱的相关性,但罢工与类似形式的抗议在频率和发生率上是如此不稳定,因此可以发现大量的反例。有经济学家已经成功地将长期罢工模式与经济指标联系起来,但就像这个模型中的其他调查者一样,他们也受到了国内和国际社会罢工数据统计质量和口径不一致的困扰。因此,他们得出的结论往往是非常笼统的。针对这种结构性视角的解释,一个最基本的质疑是,更加公开形式的劳资冲突必须是既要被社会组织起来也要被激怒的。因此,对其解释必须考虑到工人及其领导所持的战略考虑,以及对具体劳工行动意义的理解,而这很明显是受文化差异影响的。比方说,戴着红帽子工作这一举动,在日本文化中就是一种严肃的表达异议的方式,其意义如同发生在英国的一场旷日持久的罢工。

本领域相关理论和案例研究文献十分丰富。一个实用的研究文献集请参见大卫·梅特卡夫(David Metcalf)和西蒙·米尔勒(Simon Milner)的《劳资纠纷的新视角》(*New Perspectives on Industrial Disputes*, 1993)。另见克尔-西格尔假说(Kerr-Siegel hypothesis)*;工作的主观经验(work, subjective experience of)*。

industrial democracy 工业民主

一种将工人部分或全部参与所在工商企业运行过程视为公民在就业(employment)*方面的基本权利的思想或理念。这个词以及与之相关的一些词,往往充满意识形态(ideology)*的色彩。在一种极端情况下,工业民主意味着工人对公司的控制,这也许与工人对生产资料(means of production)*的所有权相关,例如生产者合作社。工业民主的一种方式是将工人或工会(trade union)*代表纳入公司董事会或管理机构。工业民主的另一种方式是采取"工人参与"的方式,如通过作为永久对立面的工会与管理方进行集体谈判(collective bargaining)*。在这种谈判模式中,管理方一般会根据工人和工会的诉求做出反应和必要的让步,谈判通常会达成对双方都或多或少有利的集体协议。工业民主的第四种方式则不那么强调权力分享,而是更多地强调咨询和交流:管理者被认为可保留所有决策责任,但是在决定实施改革前需与工人代表协商。这些和其他工业民主形式因为在决策结构中纳入了工人一方的代表,通常被认为是间接民主的例子。如果工人自己代表自己而没有中间代理人,就说存在直接民主(direct democracy)*。举例来说,在工厂或办公室,有一个独立于更高管理层来做有关工作组织和计划方面决定的自主的工作小组,这个小组足够小,以至于每个组员都能够直接参与小组决策,那么就可以说这个小组内存在直接民主。

工业民主不仅挑战了资本主义企业特有的威权主义和官僚主义结构,也挑战了社会主义体制下计划经济(planned economy)*的集权倾向。有人强调如果没有参与,工人的异化(alienation)*将持续存在。然而,批评者声称,参与可能会沦为一种控制工人的手段,或会削弱工会的凝聚力和团结力。实例表明,问题的关键在于员工所得到的或被委托的权力究竟有多大。怀疑论者认为,即使在南斯拉夫曾样广泛实行工人自我管理的分权式社会主义国家,潜在的政党(political parties)*控制仍然存在。工人合作社的替代品,尤其是西班牙的蒙德拉贡合作社,已经备受关注。在劳工运动(labour movement)*的压力下,德国推出了一套系统的共同决策机制,企图在资本主义(capitalism)*和社会主义(socialism)*之间找到一条中间道路。这影响到了欧共体国大多数家的劳工政策。分红制和股份制度可以被看作是由管理层发起的参与制度的案例。此外,自我管理的工作小组和团队、反映人际关系运动思想的参与式领导风格,以及基于日本实践的质量研讨小组,也都是由管理层发起的参与制度的例子。

industrial integration 产业整合

产业整合指为了获得规模经济或资金而把原来分开的公司、企业或生产过程整合起来的趋势。一体化可以是纵向的,即将生产过程或服务提供的各个独立阶段整合起来;也可以是横向的,即将属于不同产权主体、各自独立运行的公司、企业或生产过程整合起来。

industrialism（industrialization）工业主义（工业化）

这两个术语都表示生产方式（mode of production）*的转变,在这一转变中,现代社会创造财富的能力与传统社会（traditional society）*相比大大提高了。需要注意的是,尽管人们普遍认为工业化所影响的是商品的生产,但是事实上,现代化（modernization）*生产方式也在农业、其他工业部门（industrial sector）*以及在行政管理中实现了生产率（productivity）*的提高。需要补充的一个重点是,工业主义并不等同于资本主义,因为尽管资本主义（capitalism）*是工业化的首要和主要推动者,但它不是唯一的推动力量。资本主义的产生早于工业主义,并且随着时间的推移和社会的改变,其基本形式也发生了更多变化。

人们对工业主义的典型特征已经基本达成一致,但是关于工业主义的基本特征却仍然没有统一意见。工业主义的典型特征在本词典的其他部分也有所讨论，它包括劳动分工（division of labor）*；文化理性化；工厂系统（factory system）*和机械化；科学方法（scientific method）*在解决问题中的普遍应用；时间约束和延迟满足（deferred gratification）*；科层制（bureaucracy）*和行政规章；劳动力（labour power）*在社会和地理意义上的流动。

但是，这些特征带来了新的问题，即某一特定项目是工业主义本身的结果，还是应该归因于资本主义和工业主义的共同存在，抑或是在资本主义社会中首先进行工业化的事实。同样的道理也适用于现代性（modernity）*的其他几个特征，这些特征被不同地归因于资本主义或工业化，包括市场的无限扩张、货币经济的增长、科学理性主义背后的计算，以及工业精神本身。另见工业部门（industrial sector）*；工业社会（industrial society）*。

industrial relations 劳资关系

参见劳动关系（labour relations）*。

industrial reserve army 产业后备军

这一术语源自卡尔·马克思（Karl Marx）*的著作，指无产阶级（proletariat）*中的弱势群体。这些工人履行两项职能：通过向现有劳动力（labour power）*构成隐性威胁的方式来调节工资；为突然的生产扩张提供劳动力。随着产业后备军的减少，工资就会增加，反之亦然。最近，关于女性作为后备劳动力的争论颇多。另见劳动力市场分割（labour market segmentation）*。

industrial revolution, the 工业革命

这个术语是由经济史学家阿诺德·汤因比(Arnold Toynbee)*引入的,用来指 18 世纪下半叶至 19 世纪上半叶英国一段社会、经济、人口和技术快速变化的时期。关于工业革命的确切特征,有很多争论和分歧,但从广义上来说,它定义了英国从一个以农村和农业为主的社会向一个以制造业和工业为基础的日益城市化(urbanization)*的社会的转变。这个词一般指的是第一个工业国家英国(通常是指英格兰)的工业化过程,而第二次工业革命(Second Industrial Revolution)*主要用于指代 19 世纪后半叶和 20 世纪初其他国家的工业化,特别是在德国和美国发生的工业化过程。

英国工业革命最重要的特征如下:第一,从 18 世纪后期开始,出现了所谓的人口转变(demographic transition)*,其特点是死亡率(death rate)*下降,结婚年龄下降,人口显著增长,从农村向城市地区的迁移率增加。越来越多的人来到快速扩张的城市地区,为新的制造业提供了大量劳动力(labour power)*,并形成了新的工业工人阶级(working class)*的基础。

第二,在交通运输领域发生了革命。在 18 世纪,交通方式的变革是通过修建运河和改善道路系统实现的,而从 19 世纪上半叶起,铁路系统的发明和发展从根本上提高了货物运输的速度,也使其更加便捷。这意味着人们可以更容易地将食物从农村地区带入城市地区,从而满足新的和不断扩大的城市中心日益增长的需求。随着工业的发展,交通运输网络的改善对于原材料的提取、运输以及工业产品成品的配送也变得至关重要。

第三,农业革命改进了耕作技术,这既提高了农业产量,也使得农

业阶层日益繁荣。这一转变导致农村地区对更好的服装和家庭用品的需求不断增加，刺激了城市的工业和分配，而交通设施的改善反过来又为此提供了帮助。随着农民（peasants）*变得越来越富裕，他们越来越认同并转向城市中产阶级的生活方式，而通过通婚，这两个群体之间的界限也变得愈加模糊。农民经常为工业企业提供资金，他们的子辈经常接受城市的职业培训，城市中产阶级则越来越倾向于把农村的生活方式理想化，一有机会就搬到农村。

第四，资本的投入越来越大，特别是在纺织、煤矿和金属工业领域，殖民市场和前哨基地的扩张和发展促进了强大制造业的增长，而强大的制造业又依赖于不断扩大的国内市场和海外出口，并因此得到进一步加强。例如，纺织业依赖美国的原材料，其制成品不仅在国内销售，还销往国外，特别是在印度。英国的殖民统治通过禁止印度纺织品出口，几乎摧毁了一度繁荣的印度纺织业。

第五，技术的发明和发展，特别是蒸汽动力的发明和发展，对火车、轮船和大型工厂的运行至关重要，尽管最近的研究表明，许多工业生产都是小规模的，直到19世纪后期才开始真正实现机械化。

这些剧烈的变化，因为其发生的速度之快而被认为是革命性的。尽管它们以不同的速度，在不同的地区发展，但彼此间却相互关联。理解和分析这种前所未有的巨大变化的愿望，为早期社会学家发展出大量与劳动分工（division of labor）*、资本主义（capitalism）*和科层制（bureaucracy）*有关的理论提供了催化剂。孔德（Comte）*、斯宾塞（Spencer）*、马克思（Marx）*、恩格斯（Engels）*，还有后来的涂尔干（Durkheim）*和韦伯（Weber）*，都可以说是对伴随工业化而来的变化做出了回应，并试图对这些变化加以解释。这些变化不仅改变了英国的基础设施，也在短时间内改变了英国的整个生活方式。

关于工业革命的原因和后果，存在着长期的争议（主要涉及历史学家，例如，请参见R. M. 哈特韦尔[R. M. Hartwell]编的《英国工业革命的原因》*The Causes of the Industrial Revolution in England*, 1967）。在众多表述中，霍布斯鲍姆（Hobsbawm）的《工业与帝国》(*Industry and Empire*, 1968）是其中的经典。莱昂内尔·大卫杜夫（Leonore Davidoff）和凯瑟琳·霍尔（Catherine Hall）在《家庭财富》(*Family Fortunes*, 1987）中，也对资本主义发展、城市工业社会、阶级和家庭结构之间的相互关系进行了详细的历史描述。

industrial sector 工业部门

随着工业化（industrialization）*从早期到晚期的发展，对经济活动的（变化的）组成的分类。第一部门（经济中与自然资源开采有关的部分）的合理化和扩大，通常先于第二部门（经济中与由第一部门工业提供原材料制造商品有关的部分）的迅速增长，然后成为提供岗位和就业的主要来源。后工业化（先进或成熟）与第三部门（一国经济中与提供服务有关的部分）的扩张相关。然而，这种广泛的模式也有例外和限制。

因此，第一经济部门包括农业、园艺、林业和渔业，石油、矿物和天然气的开采，以及水产。这些也可以称为第一产业（primary sector）*。需要注意的是，劳动力市场分割理论（labour-market segmentation theory）*中以不同的方式使用了"第一产业"一词，应该从上下文中语境中辨别使用哪一概念。

第二经济部门通常被称为制造部门或制造业。建筑业有时被包括在内,但有时也被划分为一个单独的类别,因为它涵盖了维修、其他服务以及新建筑物和住宅的基本建造。同样,这个概念在劳动力市场细分理论中有着不同的含义,其使用意图也应该从上下文中得到澄清。

第三产业(tertiary sector)*包括休闲产业、金融服务、教育和卫生服务、运输和通讯,通常被称为服务部门或服务业(service industries)*。另见非工业化(deindustrialization)*;工业主义(industrialism)*。

industrial society 工业社会

作为现代性(modernity)*的一个关键因素,区分这个术语的描述性用途和分析性用途非常重要。从描述的角度来看,工业社会只是一个具有工业主义(industrialism)*特征的社会,就像在"工业主义"条目下所列的那样。然而,这个术语也被抽象地用来表示这样一个论点,即一个特定类型的社会是存在的,它的文化(culture)*、制度(institution)*和发展是由其工业生产过程决定的。因此,工业社会的理论构成了一种技术决定论(technological determinism)*或科学进化论。有人声称,应使用科学的逻辑或基于科学知识的技术进程的逻辑,使得对一个社会的传统文化和制度发生某些根本的和不可逆的改变是十分必要的。克劳德-亨利·德·圣西门(Claude-Henri de Saint-Simon)*和包括奥古斯特·孔德(Auguste Comte)*、赫伯特·斯宾塞(Herbert Spencer)*、爱弥尔·涂尔干(Émile Durkheim)*在内的许多19世纪的社会理论家的著作中都表达了这一观点。但在经典社会学中,最有影响力的例子是马克斯·韦伯(Max Weber)*,他将西方世界现代化(modernization)*解释为逐步的理性化(rationalization)*过程,以及对曾经赋予人类生命意义的那种传统上具有魔力的、超自然的信仰和价值体系的祛魅。然而，对韦伯的批评者来说，他声称科层制（bureaucracy）*在现代工业社会和政治中是不可避免的这一点，带来了一种深刻的形而上学（metaphysics）*的悲哀，一种极为悲观却没有根据的道德哲学。

　　工业社会这一主题在战后的著作中呈现出更加具体的形式，尤其是在美国的功能主义社会学家和工业关系专家的著作中。这些作者声称遵循着涂尔干的观点，认为工业社会的凝聚力和相似性取决于社会共识（consensus）*，且在每种情况下都围绕着相同的组织价值（value）*和规范（norm）*产生。但在这些规范的具体内容方面，他们则受到了韦伯的影响，强调社会的理性主义（rationalism）*、非个人主义（或普遍主义）特点，他们把物质商品和服务的理性生产放在首位，并强调延迟满足（deferred gratification）*。他们声称，随着时间的推移，这种社会往往会根据人们的成就，尤其是他们的教育和技术能力，来分配职位，而不是根据传统的先赋（ascription）*特征，如家庭关系、种族（race）*或性别。与此同时，机械化和技术发展将提高生活水平，使得许多体力工作变得不那么必要，从而导致体力劳动者阶级的资产阶级化（embourgeoisement）*。在这些因素的综合影响下，早期资本主义下工业主义典型的二分阶级结构将被一个分化加强、两极化（polarization）*减弱的职业分层体系取代。在成熟的工业主义下，工作场所和工业中显著的阶级冲突将被制度化（institutionalization）*的工业冲突和集体谈判（collective bargaining）*所取代。由于工业分层的复杂性和多样性带来了权力的分散，随之出现了被理论家们称为多元化的政治后果。基本上，这意味着独裁政治制度将会灭亡，并被典型的非意识形态的大众政党取代。这些预测是由一群所谓的趋同理论家的工作综合而成的，他们声称，由于所谓的工业化逻辑和技术，资本主义和共产主义社会都将发展成为类似于上述成熟的多元化工业主义的理想模式。

这一理论的批评者指出，它赋予成熟工业主义的一般特征，非常接近冷战宣传在美国描绘的理想图景。然而，通过修改关于工业化进程的逻辑假设，可以在成熟的工业主义中发展出一种可替代的、不太明显的意识形态（ideology）*模式。例如，日本的学生注意到该国工业文化中持续存在着一些归属性因素，这些因素似乎与技术的高速发展相适应，有助于组织运作，并防止工业动乱的发生。他们认为，在劳动力市场（labour market）*中、劳资关系（industrial relations）*中以及在像美国和英国这些社会的工业企业中出现了新的趋势，表明这些国家很可能正在转向一种类似日本的成熟工业化模式。日本工业主义和工业管理的模式一直在不断探索那些在后工业主义（post-industrialism）*理论形式下影响着众多高度工业化社会的普遍趋势。

对当代社会变迁（social change）*的研究带来了工业社会抽象类型的理论，与它著名的对手资本主义社会理论一样，都受到反对。可以说，两者都过于笼统，覆盖的时间和空间过于宽泛，因此无法进行严格的分析。即使缩小范围，它们也往往会忽略历史和文化的细节。尤其是，相似的技术进入到不同的社会和文化意义系统中，意味着各个国家在工业化方面能够共存，但在大多数其他方面仍然截然不同。上述这种对工业社会的分析方法也受到了反对，因为它如同进化论（evolutionary theory）*中一个物种的进化谱系，而这意味着：社会变迁的主要过程是内生的，而不是外生的；社会变迁最具决定性的过程是经济或物质的，而不是文化、政治或军事的；社会和民族-国家则是同一回事。而这些说法在今天都是值得怀疑的。

在《工业主义和工业人》(Industrialism and Industrial Man, 1960/1973)中,克拉克·克尔(Clark Kerr)等人对工业社会论点进行了经典的论述。克里山·库马尔(Krishan Kumar)的《从后工业社会到后现代社会》(From Post-Industrial to Post-modern Society, 1965)则对后工业主义理论进行了有益的讨论。另见自仅性现代化(reflexive modernization)*。

industrial sociology 工业社会学

参见工业社会学(industry, sociology of)*。

industrial, sociology of 工业社会学

一个没有严格定义但已完整建构的社会学子专业,它的诞生可以追溯到社会学的学科创始人那里。20世纪时,工业社会学在一些公司管理层的鼓励下不断发展,尤其是在美国。他们希望社会学和心理学可以研究出一套管理和监督技术,来防止工作场所冲突的发生并提高生产率(productivity)*。尽管工业社会学的潜在应用仍然在这一方面产生着影响,但后来的研究者们努力将其确立为一个独立的学科领域。这一学科(从各种理论角度)接受了在工业环境中不可避免的所谓利益多元论,并关注其产生的后果。

工业社会学家讨论的主要问题之一是如何定义他们的核心术语——工业。在实际研究中,尽管有一些例外情况,但其主要内容都与工厂的工人和工厂的工作情况有关。这些研究结果在多大程度上可以被普遍化,或者说,在什么情况下,工业这个标签才适用于其他非工厂生产的工作,这一点还很不清楚。这一学科对工厂和制造业(manufacturing）*的关注也导致了一种趋势，即过分强调工作场所因素，尤其是技术和生产方式对工厂内外工人和行为管理的影响。即使在今天，也存在大量关注自动化（automation）*、信息技术（information technology）*和灵活的工作组织方法所产生的内部和外部的影响的研究。因此，这一领域内出现了一种技术决定论（technological determinism）*的倾向，以及从少数（通常是大型的，可能不具代表性的）工业工厂的研究结果中推断出工业社会宏观变化的趋势。另外一个特点是，由于工业社会学影响了管理教育和理论，这些过度的概括产生了一种自我实现（self-actualization）*的效果。

对技术和工作组织方法的强调为将非工厂工作的研究描述为工业社会学的观点提供了重要的依据。但是，随着研究对象从体力劳动者（通常为男性）转向工厂工人，工作场所因素对人们的行为会产生可识别的独立影响的观点也受到了质疑。一个重要的例子是关于白领工人的研究。由于公司规模的扩大、公共和金融管理的扩张以及专业和服务性就业的普遍增加，文员、技术人员和其他白领工人在现代社会雇员中所占的比例越来越大。然而，很明显，这些白领工人对（比如说）管理层或工会（trade union）*的态度和行为以及看待自己工作的价值观念，都与蓝领工人有很大的不同，而是与阶级和社会地位（social status）*更高的工作者相同。许多文献试图参考工作场所因素来解释这些差异，从而对社会分层（social stratification）*的动态情况进行阐释。这些因素包括白领工人与管理层有更多的私人往来，他们有更大的个人自主权，以及据说他们享有更好的薪酬和晋升前景。也有人认为，随着办公室和白领的其他工作场所变得更大、更没人情味、更自动化（automation）*，白领工人在客观工作环境和主观反应上都变得更像工厂的工人。最近的研究揭示了一个更复杂的情况,我们可以清楚地发现:社会背景和自我选择在塑造白领工人的典型工作态度和劳资关系(industrial relations)*方面与工作场所因素同样重要,而办公室的技术变革则伴随着白领工人在外部劳动力市场上的重大调整而发生,这也使得我们很难区分甚至没必要区分内部和外部因素带来的影响。劳动力市场的变化中最重要的是女性就业的转变,特别是女性在家庭生活一段时间后返回劳动力市场进行兼职工作的转变。因此,在研究非工厂生产的压力下,工业社会学家处理这一重要课题的传统方法往往会分化成其他成熟的子专业:阶级和地位文化社会学、劳动力市场结构社会学和性别社会学。

近年来,一系列不同的研究表明,技术、工作组织和其他工作场所变量的影响本身就是特定文化和社会的产物,这些研究强调,工业社会学家需要在工厂之外开展他们的调查。例如,比较调查研究了采用相同技术但位于不同国家和文化环境中的工厂。研究结果表明,即使在工厂内部,也是这些因素(特别是政治和劳资关系制度)而不是技术或组织对行为产生了主要影响。其他比较研究表明,劳动-管理实践、工作结构、培训、技能和监督都受到一个社会的政治、法律和教育法规的复杂影响,甚至影响到整个国家的经济表现。同样,工业社会学也倾向于被吸纳入产业文化模式的历史和比较研究中。

可以说,工业社会学是一个已经过时的术语。尽管如此,关于这一主题的课程和教科书,尤其是与管理学或工会教育相结合的课程和教科书,仍然为许多本来可能不会接触到社会学观点的人提供了一个有趣且受欢迎的入门导论。传统上，这类课程所涉及的领域，由于上述原因和文献的扩展，如今已趋向于成为其自身的次级领域，这一点在本词典中会有单独的条目列出。凯斯·格林特（Keith Grint）的《工作社会学》（The Sociology of Work, 1991）和约翰·埃尔德里奇（John Eldridge）等人的《工业社会学与经济危机》（Industrial Sociology and Economic Crisis, 1991）仍然是这个领域最全面的教科书之一。另见经济社会学（economic sociology）*；人际关系理论（human relations theory）*；劳资冲突（industrial conflict）*；工业民主（industrial democracy）*；规制理论（regulation theory）*；科学管理（scientific management）*；劳动社会学（Sociologie du Travail）*；工作的主观体验（work, subjective experience of）*。

inequality (social inequality) 不平等（社会不平等）

该术语指在一个社会的一个或多个群体中，不同的个体获得的报酬或机会不均等。如果从法律平等、机会平等（equality of opportunity）*或结果平等的角度来判断平等，那么不平等就是人类状况的一个永恒特征。对于它是否也是现代社会的一个必要特征的问题，自由主义者、马克思主义者、功能主义者和其他流派之间进行了长期的争论。

根据弗里德里希·哈耶克（Friedrich Hayek）*等自由主义者的观点，不平等是资本主义（capitalism）*所特有的动态经济增长付出的代价。现实社会主义社会（当时实际存在的以苏联为首的共产主义国家），致力于阶级斗争的历史主义（historicism）*，试图改善（如果不是废除）这些不平等，但事实上只是产生了一种新形式的不平等，而这些新形式反过来又降低了保证经济增长和提供社会福利的生产率，不久后就在社会不满的重压下崩溃。然而，功能主义者的观点为不平等提供了一个理由，但并没有（如有时他们所声称的那样）证明它的普遍性和必然性。事实上，许多功能主义的原则现在可能不得不面对一种平等主义（egalitarianism）*的形式，这种平等主义不再被其共产主义的内涵阻碍。对不平等进行界定的将不再是社会经济制度之间的不明确的竞争，人们将调查哪些不平等以其自身条件来说是合理的，而不是直接与那些乌托邦式的替代方案进行比较。社会阶层导致了教育成就、发病率（morbidity）*和死亡率（mortality rate）*的不平等，以及普遍的社会流动（social mobility）*的不平等，这一现实将不得不面对日益严重的社会底层（underclass）*问题、代际和资本主义全球化（globalization）*所产生的不平等问题，而所有这些都将被视为"和平红利"的社会后果的一部分。随着后冷战时代的社会开始按照政治民主审核的标准来划分等级，生活质量（quality of life）*作为衡量尺度也将被应用于社会内外，并对不平等的程度和性质进行审查。

目前，不平等的存在、原因和后果，特别是与社会阶级（social class）*、性别、族群性（ethnicity）*和地域有关的不平等，仍然是社会学的主要研究方向。理查德·威尔金森（Richard Wilkinson）和凯特·皮克特（Kate Pickett）在《精神层面：为什么平等对每个人都更好》（*The Spirit Level: Why Equality is Better for Everyone*, 2010）中，对不平等对幸福的影响进行了有趣的讨论。另见分层的功能理论（functional theory of stratification）*；收入分配（income distribution）*；社会正义（justice, social）*；权力（power）*；分层（stratification）*。

infancy（infant development）婴儿期（婴儿发展期）

这个术语来自拉丁词语*infans*，意思是无法说话。婴儿期是人类生命历程（life course）*中最早的阶段，通常被认为是从出生到第一年结束。例如，在人口学（demography）*研究中，婴儿死亡率（infant mortality rate）*衡量的是出生后第一年内的死亡人数。同样，在心理学中，婴儿期通常指的是生命的第一年，尽管这个词有时也被更宽泛地使用，涵盖了生命的头两三年。在法律上，婴儿期作为一种法律地位通常更为广泛，因为即使在幼儿发展了语言能力很久之后，法律还是认为其不具备说话的能力。

除了对婴儿死亡率感兴趣之外，社会学家很少关注婴儿期，通常也不会把它视作生命周期（life cycle）*中的一个特殊时期，而是会将其归入童年（childhood）*。然而，有关婴儿和儿童发展的心理学研究有时也会引起社会学研究的兴趣，因为这一主题涉及了关于自然和养育哪一个对人类行为的影响更重要的争论。

心理学家通常认为婴儿期对个人发展的影响和成年后的行为同样大。西格蒙德·弗洛伊德（Sigmund Freud）*强调先天影响和社会、心理上的经历带来的影响同样重要，并认为人生的前五年决定了个人随后的性格和情感发展，而第一年的经历则对令人满意的自我发展尤为重要——梅兰妮·克莱恩（Melanie Klein）*等精神分析理论家进一步发展了这一观点。另一些研究者则关注认知（cognition）*的发展，让·皮亚杰（Jean Piaget）*基于其具体观察对认知发展阶段做出的阐释产生了很大影响。而近来对婴儿期的研究越来越表明，婴儿在相当程度上是具有认知能力的，而这种能力能够选择性地调节他们对周围环境的体验。另见母爱剥夺（maternal deprivation）*；先天与后天之争（nature versus nurture debate）*。

infant mortality rate 婴儿死亡率

参见死亡率（mortality rate）*。

inflation 通货膨胀

通货膨胀指在一个经济体中，价格总体水平的上升。如果通货膨胀持续下去，必然会带来货币供应量的增加。经济学家们对通货膨胀提出了许多不同的解释，尽管人们普遍认为总需求过剩是其主要原因（可消费的钱太多而商品太少），但对于这种情况是如何产生的，还没有公认的结论。争论的一个主要焦点是，通货膨胀是由需求引起的还是由成本上升引起的。据称，导致后者的因素包括：货币工资过度提高、政府控制的价格上涨、进口成本增加、工业部门（industrial sector）*之间的投资和资源分配僵化以及引起通货膨胀的未来预期。很清楚的一点是，虽然通货膨胀并不影响实际的平均生活水平，但它会根据各群体调整其收入的货币价值以适应物价上涨的能力，来任意地重新分配他们的实际生活水平。这一结果就造成了社会紧张和冲突（conflict）*，并引起了社会学家的兴趣。

尽管早期关于通货膨胀的社会学研究都声称旨于解决在经济理论中未被研究的问题，但后来的大多数研究其实并没有取代经济学家的工作，而是对他们进行补充。容易发生通货膨胀的工业文化和价格稳定的工业文化之间的差异，被认为是导致通货膨胀产生的基础，这些影响因素可以被归类为规范性和结构性的。规范性的论点深受爱弥尔·涂尔干（Émile Durkheim）*的利己主义（egoism）*概念的影响，认为在市场社会中，收入的不平等并不受某种道德标准的支配，即公平的工作换取公平的报酬。相反，它们反映的是，个人和有组织的团体的市场力量的任意变化。这一现象引起不满的程度，取决于人们普遍接受个人主义（individualism）*和竞争性作为自身价值的程度。反过来，这种不满又会引发各类群体为提高自己的相对地位而进行的越级尝试。

然而，规范性因素产生的影响会被各种结构性因素调节，这些结构性因素包括：促进群体之间信任（trust）*的法律和制度，能在何种程度上调节不同群体提高收入的能力；经济的生产能力，特别是对快速增长、固定不变或缓慢增长的盈余的程度；营利所得的提高是被再投资于能够创收的工业产能，还是被抽走用于金融投机，而这些投机的回报并没有被广大劳动者享有。

在关于通货膨胀的社会学文献中，迈克尔·吉尔伯特（Michael Gilbert）的《通货膨胀与社会冲突》（*Inflation and Social Conflict*，1986）做出了很好的总结。

informal care 非正式护理

非正式护理是指在有组织的、有偿的专业工作框架之外，对病人和老年人等受抚养者提供的照顾。随着社区护理（community care）*政策被采用，人们越来越意识到非正式护理的重要性，而这些政策则越来越依赖家人、亲戚和朋友（往往是女性）提供的照顾。

informal economy 非正式经济

正如社会学家所使用的那样，这个术语指的是非市场工作，在某些情况下，还包括黑色经济（black economy）*的工作（work）*（如果严格定义的话是市场工作）。经济学家更倾向于用这个词作为隐蔽的、地下的或黑色经济的替代标签，这些经济在国民生产总值（Gross

National Product)*中没有得到充分的衡量。正是这些不同的用法导致了论战中的误解和歧义，尤其是在非学科、跨学科或政策背景下进行讨论的时候。

社会学术语非正规经济包含了多种非市场工作：无偿的家务劳动、消费工作、非市场生产性劳动、社区服务工作、生产商品和服务并在家庭或社区内作为"礼物"提供的工作、非法的商业性工作（例如贩毒），以及可能没有全额缴纳所得税的工作（这一点更多的是猜测而不是事实）。有些研究者甚至把在家庭中进行的市场工作也包括在内，因为在他们看来，相比起有报酬的职业这一概念，这些工作与家庭活动的关系更大。这些活动唯一的共同点是，它们完全没有被就业（employment）*的官方统计数据（official statistics）*涵盖，或者只有一部分被涵盖。社会学家往往认为，这显示了有关统计的失败或不足；但事实上，对这部分数据（data）*的忽略在大多数情况下是有意为之的，这是由于劳动力市场（labour market）*统计是在经济理论框架下而不是在社会学框架下构建的。

经济学家一直明白，生产性工作和消费性工作的总量大于官方就业和国民生产总值的统计数据所衡量的总量。他们将"黑色经济"一词留给那些应该被包括在内但由于逃税而没有被充分报告的工作。"边缘"工作或工人这个词是为那些就业收入非常少的人（通常是妇女，在英国和其他一些国家有几百万人）保留的，因此，他们完全有理由被排除在所得税和社会保险（social insurance）*制度以及相关统计之外。但在工业社会中，迄今为止，被排除在就业和国民生产总值定义之外的最大量的工作是消费性工作。经济学家约翰·肯尼思·加尔布雷思（John Kenneth Galbraith）在《经济学与公共目的》（*Economics* *and the Public Purpose*, 1973）中指出，将妇女转化为隐性的服务阶级，对于现代经济的发展和持续增长是至关重要的。除非工作可以委托给他人，否则消费将受到严格的限制。妇女从前工业社会的承担生产劳动的角色转化为管理家庭消费的家庭主妇角色，不仅为市场经济中消费的无限增长提供了可能，也促进了服务业（service industries）*的持续发展。因此，妇女的服务性角色被认为是现代经济中消费持续增长的关键。

20世纪80年代，社会科学研究者们对被排除在官方就业统计之外的许多工作产生了兴趣，并试图对它们进行分类和计算（取得了部分成功）。很少有社会学家完全理解就业统计所依据的概念和操作性定义，不同国家之间的操作性定义也不尽相同，这就导致了非正式的非市场工作和有报酬的工作之间变得界限混乱、产生歧义，例如，如果能够对家庭生产工作、休闲活动和家庭生产方面的国内消费工作加以区分，那么参与市场性工作和参与非市场工作之间的关系就会得到澄清。

informal-sector theories 非正式部门理论

这是用来解释第三世界（Third World）*城市的贫穷（poverty）*和不平等（inequality）*的主要范式。自1971年被首次提出以来，已经有了许多不同的解释，但大多数都侧重于与大型和小型企业有关的生产率（productivity）*和收入的差异。大型（正规）企业的就业与高工资、高技能水平、现代技术、工会化和社会保障（social security）*有关，而小型（非正规）企业则不具备这些特点。"正式"一词通常指的是有薪和有偿劳动，而"非正式"指的是自营职业、个体企业、手工生产和家政服务。然而，需要注意的是，在本词典中，这两个词都是指有偿的、正式登记的就业方式,尽管在先进的工业社会中,"非正式"工作被认为指的是没有向官方检查机构或税务系统申报的工作,甚至可能包括家庭中的无偿劳动。另见非正式经济(informal economy)*;劳动力市场分割(labour-market segmentation)*。

informal social controls 非正式社会控制

参见制裁(sanction)*。

informant 报道人

参见受访者(respondent)*。

information society 信息社会

这一概念是对信息的扩展和普遍化做出的回应。这个词从20世纪70年代就开始被使用,但现在越来越流行,并广泛用于社会和政治政策领域。媒体(media)*的持续快速发展、教育的普及以及计算机通信技术的发展,使得许多人认为随之而来的信息爆炸开创了一个新时代。信息社会是一个以信息为决定性特征的社会,与以蒸汽动力和化石燃料为核心要素的工业社会不同。

虽然这个术语经常被使用,但各种用法似看起来并不精确。研究者对信息社会的定义标准,从分析上看有六个方面。

一、技术性的。最常见的定义是强调信息和通信技术的增加标志着信息社会的出现。人们往往含蓄地认为,信息和通信技术既定义了信息社会,又创造了信息社会。从技术上来衡量似乎是有力的,但从总体上看,它们仍然是模糊的(例如,它们包含的范围从复印机到个人电脑,从互联网[Internet]*到电子游戏,再到更一般的数码产品)。

二、经济性的。这表明在信息社会中,从对国民生产总值(Gross National Product)*的贡献来看,信息企业和行业(如出版、娱乐、咨询)的贡献随着时间的推移已经超过了制造业(manufacturing)*和农业。一般来说,这类研究者采用信息经济一词来描述信息产业在国民生产总值中占主要比例的情况。

三、职业性的。这种进路与丹尼尔·贝尔(Daniel Bell)的后工业化理论联系最紧密。贝尔的《后工业社会的来临》(The Coming of Post-Industrial Society,1973)描述了一个信息社会,在这个社会中,大多数工作都是信息化的。因此,研究人员、律师、咨询师和教师等职业是信息密集型的,其工作涉及信息生产、分析和交流,其结果是生产条件发生了而不是生产对象的改变。这与工业社会中如机器操作和采矿这样的工作形成鲜明对比,在这些工作中,产品是一种实物,而劳动主要是体力劳动。

四、空间性的。这一方面强调的是信息流动的网络。信息网络使人们能够在全球范围内进行实时通信,对时间和空间的组织以及其他方面都有着深远的影响。曼纽尔·卡斯特尔(Manuel Castells,1942—)的三部曲《信息时代》(The Information Age,1996—1998)对其进行了阐述。它和卡斯特尔的"网络社会"(cybersociety)*含义相近。关于风景的可移动性的隐喻(例如道路、铁路、电信系统,这些系统使得移动成为可能)可能是信息社会的核心(见约翰·厄里[John Urry]的《超越社会的社会学》Sociology Beyond Societies,2000)。

五、文化性的。这种进路强调近几十年来符号和标志的增长,在信息社会中,电视、广告、各种生活方式、多民族、混合的音乐表达、万维网等无处不在。它与文化研究(cultural studies)*和对后现代主义(postmodernism)*的兴趣密切相关。

六、理论性的。这一方面指出,在信息社会中,理论信息/知识(抽象的、概括的和编入文本的信息/知识)优先于实践,几乎构成了所做的一切。这与以前的社会形成了鲜明的对比,在以前的社会中,实际需求、知识和习惯占主导地位。弗兰克·韦伯斯特(Frank Webster)的《信息社会理论》(*Theories of the Information Society*, 2006,第三版)对其作出了论述。

information technology(IT)信息技术

参见网络社会(cybersociety)*。

in-group 内群体

参见外群体(out-group)*。

initiation(initiation rites)成年礼(成人仪式)

成年礼指与从童年(childhood)*到成年的过渡、从一个年龄群(age-set)*到另一个年龄段的过渡有关或者加入秘密社团的仪式(rituals)*。成人仪式的各个方面影响了范·热内普(van Gennep)*对过渡仪式(rites of passage)*的研究。从童年到成年这种地位变化的仪式往往也包括身体的变化,如割礼。除此之外,要想通过仪式也必须经受痛苦和羞辱。与女孩和妇女有关的仪式则往往需要声明男性对她们生育能力的控制。

inner city 城市中心区

参见过渡区（zone of [or in] transition）*。

inner-directedness 内部导向

参见他人导向（other-directedness）*。

instincts 本能

这一术语指物种特有的行为模式被认为是与生俱来的、预先决定的，而不是后天习得的——它们是自然的产物，而不是后天培养的。不同的学者对于人类的哪些行为（如果有的话）是本能的，有着不同的观点。西格蒙德·弗洛伊德（Sigmund Freud）*对两种主要本能（驱动力）——生与死（eros 和 thanatos）——的阐述是众所周知的。社会学家倾向于强调社会学习的影响，他们要么回避本能的概念，要么将其视为一种更具可塑性和灵活性的生物倾向。罗纳德·弗莱彻（Ronald Fletcher）的《人的本能》（Instinct in Man, 1957）对此作出了经典的解释。另见网络社会（cybersociety）*；互联网（Internet）*。

institution (social institution) 制度（社会制度）

"制度"一词在社会学中指的是社会的既定方面，与英语的通常用法相似。然而，随着时间的推移，这一术语的确切概念发生了一些变化，在使用该术语的准确性方面也存在差异。

从某些方面来说，一种制度可以被视为一种"超级习俗"，一套民情（mores）*、民俗（folkways）*以及一种处理主要社会利益的行为模式，例如，法律、教会和家庭。因此，社会制度是一组专门的规范期望，由一个社会的所有结构性（structural）*组成部分所组成，通过这些组成部分来组织主要活动，并满足社会需求（如秩序、信仰和再生产的需求）。赫伯特·斯宾塞（Herbert Spencer）*和塔尔科特·帕森斯（Talcott Parsons）*正是在这一意义上使用这个概念，对他们两人来说，这个术语是社会作为一个有机体或功能系统的概念的核心。然而，随着功能主义（functionalism）*的观点让位于社会处于变化状态的思想，价值观层面的共识（consensus）*逐渐减少，因而制度和功能（function）*之间的强大帕森斯式的联系也消失了。

当前的制度概念更加灵活，包括会把亲属关系（kinship）*或宗教（religion）*等看作是在相对比较稳定的价值（value）*体系的基础上构成变化的行为模式。这使得社会学家能够考虑人类行为的道德矛盾性及其对社会变迁（social change）*的创造性影响。

这个术语经常被用来指一个群体或组织，如欧文·戈夫曼（Erving Goffman）*对精神病院作为一个全控机构（total institution）*的研究（参见《精神病院》*Asylums*，1961）。

然而，一种制度严格来说是一个群体组织的基本规范模式，而不是群体本身。这可能会造成一些困惑，但这种双重用法已经根深蒂固，很难改变。这一概念的含义通常能够从上下文中得到澄清。

institutionalism 制度主义

参见制度化（institutionalization）*。

institutionalization 制度化

这个词有两种不同的含义：在第一种意义上，它指的是制度（institution）*的建立和嵌入；在第二种意义上，它描述了长期居住在精神病院或监狱等组织中对个人心理产生的不良影响。后者最常被提及的影响是依赖、被动和昏昏欲睡,尽管其确切原因尚有争议。这些影响有时被称为制度主义(institutionalism)*。

institutionalization of conflict (阶级)冲突的制度化

该术语指在先进的资本主义社会中,阶级冲突(class conflict)*已经制度化。也就是说,已经受到监管或控制,并因此而减少。据说,其原因包括政治冲突、劳资冲突(industrial conflict)*的分离(这样,一个领域的争端不再会加剧另一个领域的分裂),以及公民身份(citizenship)*和机会平等(equality of opportunity)*的扩大。自由主义政治理论家们在20世纪50年代和60年代经常提出这一论点。拉尔夫·达伦多夫(Ralf Dahrendorf)的《阶级冲突》(*Conflict after Class*, 1967)提供了社会学范例。另见社会融合(incorporation)*。

institutionalized discrimination 制度性歧视

社会学的传统理论认为,制度性歧视指社会上对某些群体的歧视(discrimination)*可能是由于大多数人不假思索地遵守现有的组织、制度规则或社会规范(social norm)*而造成的。偏见(prejudice)*、刻板印象(stereotype)*和隐蔽或公开的敌意不一定是一个群体剥削另一个群体或出现不公平分配报酬的原因。制度化(institutionalization)*的性别歧视(sexism)*和制度性种族主义(institutional racism)*是这种现象最常见的表现形式。另见意外或非预期后果(unintended or unanticipated consequences)*。

institutional racism 制度性种族主义

20世纪60年代,美国正处于激进的政治斗争和黑人运动中。"制度性的种族主义"概念正是诞生于这样的背景下,并在随后的30年在美洲、欧洲两块大陆传播,最终被英国贵族采纳为社会阶级(social class)*的结构,这使得"制度性的种族主义"成了思想史上浓墨重彩的一笔。1999年,克吕尼的麦克弗森勋爵(Lord Macpherson)在关于1993年伦敦南部的斯蒂芬·劳伦斯(Stephen Lawrence)种族主义谋杀案的调查报告中指出,伦敦警察厅犯有"制度性种族主义"罪。但是,麦克弗森在报告中使用的"制度性种族主义"概念与它的起源相去甚远。历经几十年,它的指代已经模糊,有诸多引申义出现。

该概念在早期侧重于黑人与美国白人在国内的结构性关系,特别是两个群体之间的物质不平等。这一时期,"制度性种族主义"主要指黑人被排除在"人人均能参与的社会机制运作"之外(参见罗伯特·布劳纳[Robert Blauner]的《美国的种族压迫》*Racial Oppression in America*, 1972)。不过,这个概念被进一步延伸,指黑人的社会地位(social status)*低于白人是教育、治安以及劳动市场等社会机制相互作用所导致的结果。

许多早期关于"制度性种族主义"的分析都关注到了结构性不平等及其结果。例如,大卫·韦尔曼(David Wellman)在《白人种族主义的肖像》(*Portraits of White Racism*, 1977)一书中分析道,"制度性种族主义"强调,是白人与黑人之间的群体冲突使得结构性不平等一直存在。韦尔曼认为,种族主义(racism)*是"一个种族群体的地位次于另一个种族群体的结构性关系。换句话说,种族间关系的决定性特征不是对黑人的偏见,而是白人的优越地位以及维持这种地位的带有意识形态（ideology）*的结构性机制"。它对于不含任何种族性动机的排他过程的强调，强烈地呼应了20年后的麦克弗森报告中对"制度性种族主义"的定义，后者的表述为"一个机构因为人们的肤色、文化或种族而不能为他们提供适宜和专业的服务，该现象存在于事件进程、人们的态度和行为之中，无意识的偏见、无知、轻率和种族主义刻板印象（stereotype）*造成了对少数族裔的伤害"。不过，在一些批评人士眼中，"无意识的偏见、无知、轻率"与"种族主义刻板印象"共同构成"制度性的种族主义"的概念，是一个明显的分析性缺陷。他们的理由是，在产生"种族性"不平等的过程中，缺乏意图和结果之间的明确联系。这确实是一个严重的局限，因为是否存在明确的联系会影响政策干预的策略。即便有人指出了这一点，但是在早期的文献中，学者们并没有就意图与结果之间的关系达成共识（consensus）*。例如，卡迈克尔（Carmichael）和汉密尔顿（Hamilton）作为"制度性种族主义"概念的最早倡导者，似乎在动机和行动之间建立了极为紧密的联系。他们认为："制度性种族主义依赖于普遍而活跃的反黑人态度和行为，它们充斥着一种普遍的优越感：白人比黑人'更好'，因此黑人应该服从于白人，这一种族主义态度无声却明显地渗透到了从个人到机制的社会各层面之中。"（参见《黑人民权运动：美国的解放政治》*Black Power: The Politics of Liberation in America*，1967）

与之相比，罗伯特·布劳纳似乎对意图和行动之间的关系没有那么重视，因为他认为制度性种族主义"产生于间接过程或非故意的行动，而'个人'种族主义往往更直接、更基于个人意志"。大卫·韦尔曼进一步提出，无论其意图如何，任何维持种族现状或阻碍改变种族现状的行动都可以被定义为种族主义。

"制度性种族主义"的概念长期存在歧义,也与"制度"一词的使用和含义有关。在早期的文献中,有关"制度性种族主义"的例子一方面涉及社会层面的运作过程,另一方面,它们也被化约为个人的态度和活动。这种模糊造成的混淆体现在斯卡曼勋爵(Lord Scarman)关于1981年布里克斯顿骚乱的报告中:"一些人声称,英国是一个制度上具有种族主义的社会。如果这意味着这个社会在政策上故意歧视黑人,那么我拒绝这一指控;不过,如果它指的是公共机构和个人无意识地表现出的歧视黑人的做法,那么该指控值得深思。一旦它被证实(verification)*,我们就应该迅速采取补救措施。"(参见《布里克斯顿骚乱》*The Brixton Disorders*, 1981)

显然,如果把"制度性的种族主义"的概念解释为一个国家及其代理人奉行一种类似于种族隔离(apartheid)*的明显带有种族歧视(racialism)*的社会制度(social institution)*,那么该解释就过于极端,批评者势必会予以驳斥;而如果将一个组织的规范、价值(value)*、文化和惯常做法所产生的种族不平等概念化为"制度性种族主义",那么集体罪责就会更容易被接受,麦克弗森调查后警方的认罪就证明了这一点。

institution, total 全控机构

参见全控机构(total institution)*。

instrumental collectivism 工具集体主义

参见社会图景(images of society)*。

instrumentalism 工具主义

参见工作的主观体验（work, subjective experience of）*。

integration, industrial 产业整合

参见产业整合（industrial integration）*。

integration（social）整合（社会）

"整合"一词是功能主义（functionalism）*理论的基础，它描述了"一个系统中各单元之间的关系模式，一方面，它们通过整体运转以保持系统稳定、避免紊乱；另一方面，它们通过'合作'以促进整体的功能"（参见塔尔科特·帕森斯［Talcott Parsons］*的《社会学理论论文集》Essays in Sociological Theory, 1954）。对于其他学者来说，该概念指群体和个人的整合与合作，而不是制度（institution）*的整合。大卫·洛克伍德（David Lockwood）*在狭义的个体整合中，将系统整合与社会整合区分开来。另见均衡（equilibrium）*；系统整合与社会整合（system integration and social integration）*。

intellectuals 知识分子

在现代社会，知识分子并没有形成具有明确界限的群体。传统上，知识分子的角色一直是思想家和求真者。在简单的社会中，他们可以是牧师或萨满；在欧洲，从文艺复兴到19世纪，他们都是当时高雅文化的创造者、哲学家和科学革新者。那些与狄德罗（Diderot）一起创作《法国大百科全书》（The Great French Encyclopaedia, 1751—1775）的人，如达朗贝尔（d'Alembert）、孟德斯鸠（Montesquieu）*、

伏尔泰（Voltaire）、卢梭（Rousseau）*等，都属于杰出的知识分子群体。他们将新思想和新知识引入仍受传统束缚的社会，通过文字改变了历史。

知识生活的富足取决于两个条件：他们自身的相对独立性，以及他们在文盲率极高的社会中所处的独特地位。民主（democracy）*、大众扫盲和官僚化都倾向于削弱独立知识分子的作用。事实上，知识分子越来越不受欢迎，理查德·霍夫斯塔特（Richard Hofstadter）在《美国生活中的反智主义》（Anti-Intellectualism in American Life, 1962）一书中探讨了物质社会对知识分子的猜疑，而保罗·约翰逊（Paul Johnson）（《知识分子》Intellectuals, 1988）和史蒂夫·金博尔（Steve Kimball）（《获得终身聘任的激进派》Tenured Radicals, 1988）等新生代批评者将知识分子视为不切实际甚至危险的梦想家。

知识分子传统工作的继任者主要在大学这类大型组织工作，这些组织不乐于接受新的或具有挑战性的想法。学者必然首先以事业为重，其次才是知识工作。拉塞尔·雅各比（Russell Jacoby）的著作《最后的知识分子》（The Last Intellectuals, 1987）描述了独立知识分子在20世纪的衰落，他们转而被政府机构中官僚化的高薪工作所吸纳。

也有人认为，知识分子在后工业社会（post-industrial society）*中会扮演一个全新的角色。如丹尼尔·贝尔（Daniel Bell）的《后工业社会的来临》（The Coming of Post-Industrial Society, 1964）和阿尔文·古尔德纳（Alvin Gouldner）*的《新阶级与知识分子的未来》（The New Class and the Future of Intellectuals, 1981）都认为，未来的"知识社会"将赋予知识分子一个核心且崇高的地位。

在较为边缘的地带，如严肃刊物和书籍、电影、视频和计算机网络中，知识生活依然充满生机。与其说真正的知识分子是在扮演一个角色，不如说是在表达一种特定的性格，而这种品质在任何社会条件下都会找到出路。正如阿尔伯特·加缪（Albert Camus）所说："知识分子是用思想审视自己的人。"

intelligence（intelligence testing）智力（智力测试）

智力通常被认为是智商的同义词。对于智力是先天决定还是后天提升的争论一直很激烈。智商最初是在20世纪早期，由法国学者阿尔弗雷德·比奈（Alfred Binet）提出的，目的是纠正学龄儿童的注意力缺失。智商测试后来在美国发展成为一种测量手段，旨在以统一指标表示个人先天智力。智商标准化后的平均值（mean）*约为100分，男性和女性的得分被分别计算。

推崇智商测试的人士认为，把一系列常用的智商测试结合后，可以形成一种智力测量方法，用于测量先天遗传且后天不会发生变化的智力水平。批评人士则认为，这些测试最初并不是为了提供一个固定的智力测量标准，它经不起推敲，而那些认为可以使用统一测量标准的判断认可了一个被文化束缚的概念，这是不合理的。尽管双方耗费了大量的精力就这个话题进行争论，但无论哪一方都无法给出令人信服的结论，而对智商是遗传的估计率仍然在0—80%之间。

还有一些观点也广受诟病，其中最出名的是20世纪中期的西里尔·伯特爵士（Sir Cyril Burt），他编造了结果，让遗传（heredity）*成为决定智商分数差异的最重要因素（约为80%）。参与这场争论的人包括心理学家汉斯·艾森克（Hans Eysenck），他坚持遗传对智商的重要影响；还有人类遗传学家利昂·卡明（Leon Kamin），他认为这场争端可能永不会有结论，并且上述因素无论如何都会导致误判（参见艾森克和卡明的《智力：心灵之战》Intelligence: The Battle for the Mind, 1981）。此外，阿瑟·R. 詹森（Arthur R. Jensen）的一篇文章引发了激烈争议，他在文章中写道："智力主要是由基因决定的，美国黑人的贫穷并不足以解释他们与白人在考试成绩上的差异。"（参见《我们能在多大程度上提高智商和教育成就》How Much Can We Boost IQ and Educational Achievement?，载于《哈佛教育学评论》Harvard Educational Review, 1969）批评人士认为，詹森的数据不可靠，他的研究缺乏合理的依据。

智商和社会阶层之间关系被搁置多年，最近才重新成为学术界讨论的焦点。

与前面类似，理查德·赫恩斯坦（Richard Herrnstein）和查尔斯·默里（Charles Murray）关于美国种族（race）*及阶级（class）*两者与智商之关系的看法也备受争议（《钟形曲线》The Bell Curve, 1994），他们认为，智力是天赋的一种外在表现，并且在很大程度上具有遗传特征。对此，批评者有足够的证据来提出质疑：受教育程度与智商分数不但可能是假设中自然或基因（gene）*的产物，也可能是社会性因素的产物。最明显的是，智力测试的结果（至少在一定程度上）反映了一些特征，比如在家庭中或电视上获取的各种信息，以及在特定事务上比其他事务投入更多精力的倾向（主要由学校教育所培养）。也就是说，测试分数在一定程度上是社会化（socialization）*的结果，而不同阶级和种族群体之间的资源分配不均已经影响了社会化的许多方面。正如很久以前约翰·迈纳（John Miner）（《美国的智力》*Intelligence in the United States*, 1957)所观察到的那样:"没有任何一种人为设计的测试题能够直接探索被测试者过去的生活和学习潜能。"在众多质疑中,克劳德·S. 菲舍尔(Claude S. Fischer)等人的《设计的不平等》(*Inequality by Design*, 1996)是对赫恩斯坦和默里的研究最坚定的批评。该书坦言,社会不平等(social inequality)*更多地取决于社会环境和社会结构(social structure)*,而不是智商,智商本身就是一种社会产物。社会政策(social policy)*设定了"游戏规则",其中个人的能力和努力至关重要,正是这些规则使得贫富差距持续存在。另见达尔文主义(Darwinism)*;优生学(eugenics)*;遗传(heredity)*。

intelligentsia 知识阶层

今天,这个术语被宽泛地应用于任何受过教育的社会阶层,通常包括知识分子(intellectuals)*和管理者,这些人通常对思想很感兴趣,而在历史上,对该词的使用受到更多的限制。尽管该词的起源尚存争议,但它在19世纪早期的俄罗斯和波兰用语中已经常出现。由于一定的历史原因,它作为一种社会范畴的定义在两国有所不同。

"知识阶层"在俄罗斯由19世纪大地主中的"落魄者"组成,他们起初处于沙皇专制(autocracy)*和农民(peasants)*大众之间的边缘地带。尽管如此,该群体的准入条件(参见封闭[closure]*)仍包括绅士礼仪,之后又加上了学历,这一条件逐渐取代了入伍和其他资历。这两种特征都将这一阶层与社会中的大部分人分隔,但他们仍然感到自己对社会有一种使命和责任。而在波兰长达一个世纪的分裂中,一个残存的国家仍然保持民族性,需要维持其民族精神、智慧或自我意识，这是波兰的知识阶层出现的原因。

在东欧没有本土资产阶级（bourgeoisie）*的情况下，考虑到国家和外国资本的角色，知识阶层表现出了复杂的气质：带有西方倾向的民族主义（nationalism）*、反工业主义、对文化和人文主义（humanism）*的强调、对国家的批判、对绅士生活方式的坚持，以及知识阶层应有的良好教养标准。用一位评论者的话来说，它们"普遍伴随着传统社会（traditional society）*与现代西方的对抗而生"。共产主义（communism）*出现后，我们很容易察觉到，就像一些评论者已经发现的那样，知识阶层反资产阶级、反资本主义的精神与马克思主义（Marxism）*是相容的。然而，在苏联的占主导地位的国家之中，知识阶层有另一个特点，即作为民族价值载体的使命感，它削弱了共产主义秩序。

随着市场经济到来，资本主义最终是否会将部分知识阶层转变为他们在西方的同类，这个问题尚无定论。也就是说，知识阶层是一类宽泛的知识分子类别，而不是一个稳固的社会阶级（social class）*。在西方，一些批评人士认为，如果现代工薪阶层或公共服务阶层（service class）*倾向于通过自我雇佣和各种形式的文凭主义（credentialism）*来封闭自身，那么它可能会创造一个西方的知识阶层，以其生活方式、地位荣誉感、通婚（connubium）*模式与后工业（post-industrial）*、晚期资本主义社会的普通大众相区别。

interaction (social) 互动（社会）

参见行动理论（action theory）*；网络社会（cybersociety）*；拟剧论（dramaturgy）*；形式主义（formalism）*；协商秩序（negotiated order)*；系统整合与社会整合（system integration and social integration)*；符号互动论（symbolic interactionism)*。

interactionism（interactionist perspective）互动论（互动论视角）

参见序列分析（sequence analysis)*；符号互动论（symbolic interactionism)*。

interest groups 利益集团

民主（democracy)*的一个重要因素是公民基于自身利益进行自我组织的能力和意愿，以期影响立法机构、政府机构和公共舆论（public opinion)*。这样的公民组织通常被称为利益集团（这个标签也是压力集团[pressure groups]*、游说团体、政党[political parties]*、政治行动委员会和社会运动[social movements]*的同义词）。

利益集团是拥有具体且严密目标的自愿组织。它可以是地方团体，也可以是国际性团体，既可能温和，也可能激进。专业和行业协会是利益集团的一种，生态环保运动等活动团体也是如此。利益集团可能代表一部分公众（如退休人员或学生），也可能代表一种价值观念（如反堕胎），后者会逐渐成为意识形态（ideology)*或道德讨伐（moral crusade)*。

从民主的角度来看，利益集团的局限性在于，它们主要代表较为富有、受教育程度较高的公众群体的利益，往往置穷人和少数群体（minority group)*于不顾。例如，在华盛顿特区，大约有11 000个利益集团组织在争夺535名立法者的注意力，这些组织几乎都代表商业、金融等专业人士的利益。

interests 利益

在日常用语中,利益一词有三个相互关联的主要含义。可以说某人对某个话题感兴趣,因为它能引起他或她的注意或好奇,但该用法在社会科学(social science)*中几乎没有专业意义。在第二种含义中,利益是财产或投资的同义词,这种含义与一种更普遍的用法密切相关,根据这种用法,利益指任何有助于总体福祉或实现个人目的之物。该词汇的第三种含义在哲学和社会科学中有着很大的影响。

托马斯·霍布斯(Thomas Hobbes)*的政治哲学建立在针对人性(human nature)*的唯物主义(materialism)*观点之上,根据这种观点,自我保护是所有行为的潜在动机。利己主义(egoism)*是人类行为动机的假设也在政治经济学(political economy)*中被广泛运用。大卫·休谟(David Hume)*、亚当·弗格森(Adam Ferguson)*等人基于一些理由提出了质疑,因为人类在本质上是社会性的,不能明确区分个人利益和他人利益。弗格森特别批评了将利益与经济、物质财富联系在一起的观点,他认为个人特质中的勇气、诚实和忠诚等美德更应该被重视,因此在任何充分考虑利益的情况下,这些特质都应该占据最重要的位置。

尽管如此,无论是在常识用法中,还是在社会和政治科学中,将利益概念化的唯物主义传统仍然存在。这种传统主要是根据物质财富或政治权力来界定利益,并将它们从价值和原则的范围中分离出来。然而,在19世纪发生了重大转变,特别是在马克思(Marx)*和恩格斯(Engels)*的历史唯物主义(historical materialism)*背景下,学者们将利益归属于假定的集体行动者,它可以是社会阶级(social class)*或者小部分人群。这一说法后来在工业社会学(industrial, sociology of）*、政治社会学（political sociology）*和职业社会学等领域得到了推广，以适用于所有需要明确保护的共有经济或社会优势，或者希望克服劣势的群体。

利益概念的巨大效用在于，它能够将对个人或群体客观生活条件的分析与他们的信仰和行为模式联系起来。然而，在事先不知道个人或群体的信仰和意图的情况下，是否可以合理地将利益归因于个人或群体，仍然是一个有争议的问题。如果不厘清这一点，那么许多从利益角度出发的浅显解释都会变得贫乏。大多数社会学家还认为，一个人的社会认同（identity）*必须先于他对个人利益的理解。因此，利益只能被主观地定义，而不能被客观地定义（正如一些学者，特别是某些马克思主义者所声称的那样）。另见阶级利益（class interest）*。

interlocking directorship 连锁董事

连锁董事指个人同时担任两家企业的董事。连锁董事让企业发挥控制力和协调力成为可能，同时也是衡量企业经济实力的指标（indicator）*。虽然美国的写作者经常使用interlocking directorship（连锁董事）一词来指代interlock（连锁），但严格来说，"连锁"指的是整个连锁董事系统，而不是连锁董事个人。

自20世纪60年代的早期研究以来，已有大量关于企业连锁的原因和结果的文献。一些研究者认为，建立行业内连锁是为了限制市场竞争。另一些人则认为，金融机构和商业公司之间的连锁起着监督作用，前者因此可以控制自身投资的盈利能力。而批评人士认为，大多数研究者使用的量化指标未能反映董事会和公司间关系的复杂性和动态性。因此，很难在连锁董事结构和企业在市场的行为之间建立可信的因果关系（参见马克·米兹鲁奇的《连锁在做什么？对连锁董事会的分析、批评和评估的研究》What do Interlocks Do?An Analysis, Critique, and Assessment of Research on Interlocking Directorates, 载于《社会学年鉴评论》Annual Review of Sociology, 1996）。另见所有权与控制权（ownership and control）*。

intermediate technology 中间技术

参见适用技术（appropriate）*。

internal labour market 国内劳动力市场

参见劳动力市场（labour market）；劳动市场分割（labour-market segemertation）*。

internal migration 国内迁移

国内迁移是指在国内范围内，劳动力（labour power）*向经济发展良好的地方迁移。自20世纪50年代以来，特别是在发展中国家，这种流动在人口迁移中占比很大，伴随着城市化（urbanization）*和工业化（industrialization）*的进程，农村人口向城市地区大规模流动。在解释国内人口迁移时，学者们更注重比较"推""拉"因素在解释国内迁移时的重要性，以及作为结果的无产阶级化（proletarianization）*和非无产阶级化的过程。另见迁移（migration）。

internal (or domestic) colonialism 内部（或国内）殖民主义

这一术语广泛用于描述单一民族国家或社会的"中心"与"外围"间的剥削关系。它被应用于美国的白人-黑人关系、拉丁美洲的印第安-白人和印第安-梅斯蒂索人关系，也被用来描述苏联国家和苏联社会之间的剥削关系（特别是强制集体化下的农民[peasants]*和强制工业化下的工人阶级[working class]*的状况）。该术语也用来描述过去的四个世纪里，凯尔特人在英国国家发展过程中的边缘地位（参见 M. 赫克托[M. Hechter]的《内部殖民主义》*Internal Colonialism*，1975）。现在，这个术语在很大程度上被滥用，因为它难以与严格意义上的殖民主义（colonialism）*相提并论。例如，殖民主义指涉少数外来者控制和剥削（exploitation）*一个国家的大多数人，但在美国，黑人最初就是"外来"群体，人口数占比很小。然而，该理论的支持者认为，与世界各地受压迫（经常被种族化）的少数群体（minority group）*所共有的经历相比，该术语与殖民主义之间的差异不值一提，因此他们极力为这个术语的使用辩护。参见 R. 布劳纳（R. Blauner）的《美国的种族压迫》（*Racial Oppression in America*，1972）。

international division of labour 国际分工

国际分工是特定国家在不同生产部门上的生产专业化，表现为产品专业化和某些生产环节的专业化。这一概念表明，如同在特定经济体中发生的那样，市场和生产过程在世界范围内的扩张推动了经济活动的日益分化。然而，在传统经济学范畴内，劳动分工（division of labour）*本身会促进这些专业化经济活动部门之间互惠互利。另一种分析则强调，国际分工带来了不平等（inequality）*和结构化的等级制度。因此，福克·弗罗贝尔（Folker Fröbel）及其合作者以 20 世纪 70 年代后期第三世界（Third World）*国家的工业化（industrialization）*为背景，分析了工业化如何塑造一个新的工人阶级（working class）*。这一阶级主要由女性构成，她们在新的电气等装配线上工作，工资更低、工作环境更差（《新国际分工》*The New International Division of Labour*, 1980）。一些关于后工业社会（post-industrial society）*的理论和研究表明，相当一部分的工业活动，特别是那些破坏生态环境和低技能的生产部门，正在逐步转移到中等和发展中国家（《新国际分工》）。另见劳动力市场分割（labour-market segmentation）*。

Internet 互联网

该术语也被称为万维网（World Wide Web）*，它使人们能够即时访问越来越多的网站，这些网站几乎无所不包，比如日报内容、物品价格、图书馆馆藏、商品价格、体育新闻、八卦消息、色情内容，以及各种社交媒体（social media）*，它正越来越多地用于在线商店的商品销售、观看电视和收听广播。

互联网是冷战的产物，最早在 20 世纪 70 年代由美国政府开发，是一种在发生核攻击时共享信息和保护通信的手段。在 20 世纪 80 年代，互联网迅速发展，它首先成为一个学术交流网络，然后成为一种大规模电子通信手段，原则上任何人都可以使用个人计算机和网线。在 1995 年，大约有 100 万人在使用互联网，两年后，这个总数估计达到了 4000 万。从 1993 年到 1997 年，互联网上可访问网页的数量从约 13 万增长到 3000 多万，到了 2000 年，总数甚至超过了 2 亿。除了阅读报纸和期刊等纸质材料的电子副本可能需要付费外，大多数网站目前都可以免费访问。

大部分用户通过搜索引擎来查找信息。这是一种速度很快的计算机,可响应有关特定主题或关键字的查询,以生成相关网站的有序列表。例如,输入跨国公司(multinational corporation)*的名称(如"索尼"或"日产"),将显示多个站点,提供相关公司当前产品、经济绩效、制造能力、零售网点等信息。其中许多是"官方"网站,由公司或其代理商维护,另外也有一些由爱好者或评论家运营的非官方网站。

随着互联网的使用频率在全世界持续迅速增加,其社会影响存在争议。有人认为互联网是20世纪最伟大的技术发展,其重要性可与印刷术甚至电的发明相媲美。他们认为互联网改变了经济运作的方式,例如压低价格(因为客户可以在全球范围内搜索最便宜的产品)、压低工资(一些任务可以通过电子方式外包[outwork]*给更廉价的劳动力市场[labour market]*)、让人们能够在家工作。有些公司通过互联网将日常行政工作(例如维护人事记录)分包给第三世界(Third World)*的代理机构,这些机构可以向计算机技术员支付比西方低的工资。越来越多的人在线进行购物(例如直接从航空公司购买机票),这可能会影响零售业的结构。一些预测表明,由此产生的技术通货紧缩可能会在未来十年内将价格压低25%或30%。

互联网上也有很多求职网站,据说这正影响着美国的劳动力市场,因为东海岸的人们可以在西海岸找到他们原本不知道的职位空缺,反之亦然。随着数字产品(包括在线杂志和电影)的日益普及,传统的对经济活动的记录方法(例如国民生产总值[Gross National Product]*)很难记录这些数字产品的销售情况,使政府难以征收某些税款。一些观察家认为,互联网的存在使得极权主义(totalitarianism)*政权很难成功,因为访问互联网上的替代性信息很容易抵消政治宣传造成的影响,他们甚至相信,基于互联网而形成的新型参与式民主(participatory democracy)*会在不久的将来实现。

持怀疑态度的人则认为,互联网上的大部分信息都是微不足道的。他们还指出,全球"网民"仅限于那些能够买得起个人电脑,买得起连接至全球网络的Wi-Fi路由器,并能够支付相关运行费用的人。据统计,在英国,80%的家庭可以上网,近三分之二的成年人可以通过智能手机等移动设备上网。掌握英语实际上是使用互联网的先决条件,因此,这场信息革命可能正在将世界划分为一小群"信息丰富"的国家和个人,以及被排除在这种特殊形式的权力之外的大部分人。在需求的重压下,为系统服务的计算机似乎也永远处于崩溃的边缘。它必须时刻扩容,才能满足日益增长的需求,用户也经常抱怨信息过载。

在撰写本词条时,有迹象表明,大规模生产廉价计算机和平板电脑(不包含硬盘驱动器等昂贵组件)、让电视访问网页等方式可以克服以上缺点。而最大的变化则是网络与手机的整合,它扩展了更多的使用场景,可能会使得互联网成为真正普遍而平价的信息来源。如果网上购物支付方式的安全问题也得到解决,那么改变零售业和其他市场的前景也将变得更为广阔。关于互联网的历史及其对工作、休闲与政治组织的影响,参见罗伯·希尔兹(Rob Shields)主编的《互联网文化》(*Cultures of Internet*, 1996)、雪莉·特克尔(Sherry Turkle)《银幕上的生活:互联网时代的身份》(*Life on the Screen: Identity in the Age of the Internet*, 1995)。另见网络社会(cyber-society)*;远程办公(telecommuting)*。

interpellation 质询

在路易·阿尔都塞(Louis Althusser)*提出的认同(identity)*构成概念中,质询是主体(个人)获得自我意识的过程,也是获得其社会定位所需的技能和品质的过程。它的字面意思是"呼唤"某人或某人身份的识别,而在话语分析(discourse analysis)*理论中,该术语指这些特征的归因(ascription)*过程。

interpersonal comparisons 人际效用比较

参见参照群体(reference group)*。

interpretation(interpretive sociology)解释(解释社会学)

从某种意义上说,任何陈述都是一种解释。比如,如果我把面前的这个东西称为桌子(而不是梳妆台),那么我就是在解释一系列感官印象;如果我说我感到快乐(而不是喝醉了),那么我就是在解释某种身体感觉和精神状态。然而,并非所有社会学家都认同这个术语的广泛的应用场景,有些学者就选择使用其狭义的含义,单指解释统计数据。

解释社会学作为一个术语,通常指那些将意义(meaning)*和行动(action)*视为社会学主要研究对象的社会学研究方法。这些方法的不同之处在于,它们对解释的不确定性的认知(cognition)*存在差异。例如,符号互动论(symbolic interactionism)*和韦伯社会学通常在常识的层面上解释意义,而现象学社会学(phenomenological sociology)*的解释理论较为复杂,常人方法学(ethnomethodology)*、解释学(hermeneutics)*和结构主义(structuralism)*也是如此。这些理论的不同之处进一步表现为,它们的解释超出行为者自身对自我行动理解的程度差异。

对于马克斯·韦伯（Max Weber）*（参见《社会科学方法论》*The Methodology of the Social Sciences*, 1904—1917）来说，verstehen（德语"领会"，指对人们行为的理解）是社会学中最为卓越的研究方法（research methods）*。理解和解释是密切相关的。尽管有些社会学家仍然坚持一种天真的观点，认为在社会现实中存在一些可以直接被理解的确凿意义，但如今，大多数社会学家已然认识到，所有的理解行为中都包含着某种解释。韦伯区分了描述性理解（例如"约翰正穿过房间然后打开一扇窗户"）和解释性理解（"他打开窗户是为了让这个闷热的房间通风"），事实上，这两种说法都是对正在发生的事情进行解释，后者只是比前者更进一步。有学者认为，我们的理解或解释越完整，我们就越接近这个行动的完整图景。阿尔弗雷德·舒茨（Alfred Schutz）*（参见《社会世界的现象学》*The Phenomenology of the Social World*, 1932）拓展了韦伯的研究，并在体验的流动中探索目的是如何形成的。他由此提出了一个更详尽的概念，将"原因"动机（存在于过去的经验中）与"目的"动机（指向行动者[actor]*的未来期待）区分开来。

大多数现代社会学的理解概念都将"理解"也视为解释的过程。有些学者试图避免这一点，他们认为应该寻找理解与解释的规则，因为无论解释的内容是什么，规则都是相同的。在这一观点指引下，彼得·温奇（Peter Winch）提出所有的社会行为都遵守规则，例如，常人方法学关注会话规则，结构主义关注潜在结构中产生意义的规则，虽然不那么明显，但后结构主义（post-structuralism）*也关注着持续变化的意义。安东尼·吉登斯（Anthony Giddens）*（参见《社会的构成》*The Constitution of Society*, 1984）认为，所有明文制定的规则都会成为解释的场所，然而，对人类行为与互动而言，其最基本的规则并非预先制定出来的,不过,行动者通常可以预先意识到它们。它们如同控制数列的规则,会告诉我们如何以同样的方式继续运行,只要给出一个序列的开始(比如2、4、6、8),我们便知道它将如何继续(10、12、14),但我们不一定需要知道数列规则的具体形式。

解释学是一门关于解释的科学,它关注被解释的内容和形式。这一术语起源于对圣经文本的解读,其原理是,我们只能根据与某个陈述相关的整体论(holism)*述或该陈述构成的世界观(weltanschauung)*来理解陈述的意义,例如,我们只能在与货币主义经济学相关的所有其他当代文化现象的背景下,来理解有关货币主义经济学的陈述。我们还必须用整体来理解部分,用部分来理解整体——这就是解释学的循环。这反过来又将自己置于文本作者的位置,并根据其上下文来审视所产生的内容的意义。尽管解释圣经的目的是寻求真理,但如今,人们普遍认识到真理是不存在的,即便许多哲学家认为有可能接近真理,例如德国哲学家汉斯-格奥尔格·伽达默尔(Hans-Georg Gadamer)认为共有的传统有可能帮助我们实现这一点(参见《真理与方法》*Truth and Method*, 1960)。

到目前为止,我们应该清楚地看到,对解释的系统性研究主要在社会科学哲学(philosophy of social science)*,它对社会学研究的影响是复杂多变的。考虑到文化相对主义(cultural relativism)*的可能性,也许它最重要的贡献在于理解其他文化这一命题。例如,如果站在温奇的立场上,理解者必须通过某一种文化自身的规则来理解它,而不是将自己的文化框架强加于目标文化。在一篇题为《理解原始社会》(Understanding Primitive Society)的经典论文中(参见B. 威尔逊[B. Wilson]的《理性》*Rationality*, 1970),作者提出我们不能对阿赞德人巫术信仰的真实性或其他方面做出任何判断。在阿赞德人的社会中,有女巫和巫术。而在我们的社会中,有科学和科学家。两者只是不同,并不存在优劣之分:对我们来说科学更好,而对阿赞德人来说巫术更好。我们所能做的就是理解,这之所以成为可能是因为我们面临共同的人类境遇,每个社会都必须找到一种方法来规范和应对新成员的出生、性关系和死亡。

对于一些方法来说,还存在一种独立于人们对其社会的概念之外的社会结构(social structure)*。在这种情况下,理解的本质问题就没有那么重要了。

intersectionality 交叉性

交叉性理论探讨了社会主体的不同处境如何影响其与各种社会、经济和政治项目之间相互作用的方式。这一术语来源于批判法律研究领域,首次出现在批判性种族女性主义者金伯利·威廉姆斯·克伦肖(Kimberlé Williams Crenshaw)1989年的著作中。几乎同一时间,社会学家帕特里夏·希尔·柯林斯(Patricia Hill Collins)正在撰写她的里程碑式著作《黑人女性主义思想》(*Black Feminist Thought*, 1990),该书将种族(race)*、阶级(class)*和性别的交叉点描述为权力关系相互促进的场所。作为女性主义理论(feminist theory)*的发展,这一理论强调解释社会主体的社会定位的重要性,并挑战任何隐含着非定位立场的虚假客观性,例如处境凝视、处境知识、以不同的方式构建我们看待世界方式的处境想象。实际上,类似交叉性分析的方法同时也在欧洲的后殖民主义学者之间发展起来。尽管许多早期关于交叉性的著作都与边缘化(marginalization)*和种族化的女性有关,但实际上这一分析适用于所有人，就像不仅只有"黑人"有"种族"，或者不仅只有女性有"性别"一样。无论是法律学者、女性主义理论家、政治理论家、社会心理学家、政策制定者还是人权倡导者，这些致力于使用更全面、更具变革性的方法实现社会正义（social justice）*的人都已经使用了交叉性的语言和原则来更有效地阐明不公正，以促进积极的社会变迁。这一想法是群体身份认同斗争的动员和扩散的结果之一，参见查尔斯·泰勒（Charles Taylor）的《多元文化主义和"承认的政治"》（*Multiculturalism and "the Politics of Recognition"*, 1992）；南希·弗雷泽（Nancy Fraser）的《正义的中断》（*Justice Interruptus*, 1997）。

交叉性分析包括关注个体身份（例如黑人、女性）、关注类别差异（例如种族、性别）、关注区分过程（种族化和性别化等话语和实践是如何建构主体性和社会差异的）、关注统治体系差异（种族主义［racism］*、殖民主义［colonialism］*、性别歧视［sex discrimination］*、父权制［patriarchy］*）。交叉性分析在与社会生活的各个领域、社会环境的所有维度、社会地位（social status）*的方方面面都发挥着重要的作用。这不仅与社会不平等（social inequality）*息息相关，也关乎这些不平等与权力之间的动态相互作用。

交叉性分析将其立场与社会中权力和其他资源的分配联系起来。因此，它发展出了类似于社会学中分层（stratification）*理论的观点，这一观点涉及个人和群体在权力网格中的不同层级位置。安提亚斯（Anthias）（参见《交叉什么？社会区分、交叉性和分析水平》Intersectional What? Social Divisions, Intersectionality and Levels of Analysis，载于《种族》*Ethnicities*, 2013）和尤瓦尔-戴维斯（Yuval-Davis）（参见《认同与再分配二分法：交叉性与分层性》Beyond the Recognition and

Re-distribution Dichotomy: Intersectionality and Stratification 载于卢兹[Luzz]等编的《建立交叉性》*Framing Intersectionality*, 2011）的最新研究指出，交叉性是社会学研究社会分层（social stratification）*最有效的方法，因为它不会像其他分层理论一样将权力结构的复杂性简化为单一的社会分工。

与其他理论方法一样，交叉性理论之间的差异很大，即便在社会学内部也是如此。主要的争论集中在几个对于所有分析都至关重要的核心问题上。其中一个争论涉及不同权力轴心之间的关系。"交叉性"一词强调路径交叉，但多数有关交叉性的社会学著作认为，这些轴心虽然在本体论（ontology）*上是分离的，并且彼此之间不可还原，但它们在每个具体的历史案例和主题中是相互建构的。另一个争论涉及每个交叉性分析中应该考虑的权力轴心的数目。学者们从只关注种族和性别，发展至考虑 14 种社会划分，当然，他们所关注的划分数量因分析的不同情况和形式而异。一些社会划分（如性别、阶级、种族/族裔）更为普遍，而其他社会分割（如有/无残疾、有/无证件的移民[immigration]*）可能在特定情况下才比较重要。近来，交叉性研究的一个重要发展是它与复杂性理论的关系，用以探索交叉性在不同社会结构（social structure）*层次上的运行。虽然在所有社会领域都存在交叉性，因此需要在特定的时空背景下进行分析，但在进行交叉性分析时，必须区分抽象层次，以避免分析的逻辑层次的相互削减。

交叉性的方法论之争与"范畴间"和"范畴内"方法之间的区别有关。范畴间方法关注不同社会划分的交叉对特定社会行为或资源分配的影响方式，而范畴内方法较少关注不同社会划分之间的关系，它更注重在特定地点和时间上将范畴本身的意义和边界议题化。这两种方法并非相互排斥,我们需要将范畴间方法中更宏观的社会经济视角与范畴内案例研究方法中的灵敏性和动态性相结合,以构成一种综合的交叉性方法。

总之,最为重要的是,复杂、有争议的权力关系的建构、解构和重构都与特定位置有关。对于处于不同交叉性社会地位(social status)*中的人来说,社会权力结构的含义也是不同的。由于意义和价值(value)*与社会地位有关,因此它们不能被简化为社会位置以及与之相关的身份或情感依恋。日常生活是一个可以观察这些问题的社会情境,但我们应该铭记,范畴内的意义探索并不囿于特定情况,而是在相对情况和全球范围中都值得深究。

最新的关于交叉性的重要讨论的学者有尼拉·尤瓦尔−戴维斯(参见《交叉性与女性主义政治》Intersectionality and feminist politics,载于《欧洲女性杂志》*European Journal of Women's Studies*, 2006)和西尔维亚·沃尔比(Sylvia Walby)(《全球化和不平等:复杂性和有争议的现代性》*Globalization and Inequalities: Complexity and Contested Modernities*, 2009)。另见女性主义(feminism)*;分层(stratification)*。

intersubjectivity 主体间性

这一术语指社会关系的相互构成,通常应用于现象学社会学(phenomenological sociology)*领域。它表明,如果不强调客观性(objectivity)*,人们可以基于掌握的知识或他们在生活世界(lifeworld)*中的经历达成共识(consensus)*,或者至少是一种有效的协议。尼克·克罗斯利(Nick Crossley)的《主体间性:社会生成的结构》(*Intersubjectivity: The Fabric of Social Becoming*, 1996)一书对这一概念进行了较为全面的综述。

intertextuality 互文性

这一概念由符号论学者茱莉亚·克莉斯蒂娃(Julia Kristeva)首次提出,旨在将文学理论家的注意力从作者及其影响上移开。她强调,文本必须被视为与其他符号系统相关联的符号系统,任何单一的文本都是较早的文本转换的结果,它同时也参与后续文本的生成。因此,文本分析必须关注文本之间的关系,即文本分析必须是互文的。后结构主义学者更广泛地运用了这种有关文本和符号系统的思想,认为所有的文化分析也都是互文的。

intervening variable 中介变量

该术语指一种变量(variable)*,用于解释自变量(independent variable)*和因变量(dependent variable)*之间所观测到的关系,即在 X→T→Y 中,T 是中介变量,用于解释 X→Y 的关系。例如,假设 X 是年龄,Y 是阅读能力,那么 X 和 Y 之间的因果关系可以用中介变量 T 来解释,比如,教育可以解释 X(年龄)→Y(阅读能力)因果链条。因此,X 通过中介变量 T 间接影响 Y,即 T 预测 Y,同时 T 也被 X 预测。

interview 访谈

该术语指受访者(respondent)*将信息传递给访谈者或研究人员的社会互动(social interaction)*过程。访谈通常有以下几种形式:(1)面对面访谈;(2)电话访谈(适用于某些比较敏感的话题);(3)通过信件、电子邮件或在线问卷(questionnaire)*进行的访谈(让人们有更多时间来考虑如何回答)。访谈问题涉及受访者自身基本情况、活动和态度信息，或是他们基于自身知识和经验所掌握的有关社会现象的事实信息，例如住所房间数量、家庭总收入估计，或者所在社区（community）*、工会（trade union）*及工作单位的特征。在访谈中，如果无法联系到受访者本人，通常不会选择他人代为受访，比如邀请妻子回答丈夫工作中的问题。

访谈的风格和形式丰富多样，主要包括基于问卷的结构化访谈（在抽样调查[sample survey]*中比较常见）、基于一系列议题的非结构化访谈（unstructured interview）*，以及围绕访谈提纲广泛拓展、持续数小时的深度访谈或定性访谈。与这些略有不同，小组讨论这一访谈方式一般由4—12个人组成，在研究者的指导下，参与者自由讨论研究者感兴趣的话题。参见焦点小组（focus groups）*。

由于研究性访谈不是一次日常对话，而是一种不平等的双方之间的互动，因此它与其他访谈情况（比如求职面试）有着相似之处：主题由研究人员选择，访问者不得透露任何个人信息，以免影响受访者的回答。通过在面谈或电话访谈中使用基于计算机的问卷，例如计算机辅助电话访谈（CATI）*系统，研究人员对访谈的控制大大增强。另见访谈偏差（interview bias）*；访谈者偏差（interviewer bias）*。

interview bias 访谈偏差

访谈偏差指因访谈（interview）*的性质而引起的在研究结果中出现的偏差。这种偏差主要有三个来源：访问者（比方有偏见或问了有引导性的问题）、回答者（可能想说谎或回避问题）、实际的访谈情境本身（尤其是物质和社会环境）。另见访谈者偏差（interviewer bias）*。

interviewer bias 访谈者偏差

由于访问者的社会风格和个性或是他们的提问方式引起被访问者的差别反应,从而导致在面对面或是电话访谈中回答的失真。使用固定措辞的问题是降低访谈者偏差的一种方法。人类学研究和个案研究(case study)*也会受这一问题影响。当研究者同时也是访问者时,访谈者偏差会由于"自我实现的预言"而变得更为严重。另见**访谈偏差**(interview bias)*。

intimacy(intimacies)亲密关系(亲密)

这是与自我以及他人之间"最深层次"的关系组成的复杂领域。这些关系通常不是次要的或是附带的(虽然它们可能是短暂的),并且往往深层次地触动个人的私人世界。它们既是我们与朋友、家人、孩子、情侣等最亲近的关系,也是我们与自我(自我从来就不是孤立的)之间的深切和重要的体验,包括自己的感情、身体、情绪和身份认同。

西奥多·泽尔丁(Theodore Zeldin)在《人类的亲密史》(*The Intimate History of Humanity*, 1994)一书中提到随着时间的推移有三种形式的亲密出现。刚开始它所关联的是空间和物体,诸如"我们躲离亲戚和邻居的喧嚣而进入的一个亲密空间",或者像"被珍藏的仿佛有魔法的一缕头发"之类的亲密纪念品和遗存。随后产生的是更为浪漫的意涵,即两个灵魂的结合(尤其是通过性交)成为亲密的核心。他提出最近亲密这个术语标志着共同追求真理的思想的结合。

最后的这个意思与社会学家琳恩·杰米森(Lynn Jamieson)所认识的这个术语在今天被使用的方式相同。在她的《亲密》(*Intimacy*)一书中,她提出亲密涉及一种特殊"种类的认识,关爱和与其他人的亲近",这些在20世纪末期取决于一种"透露和进行透露"。总的说来,它涉及亲近的关联,对彼此的特殊了解,和总体的"喜爱,分享和关心"。对于杰米森来说,现代世界有四种范式的亲密,包括:伴侣关系、朋友和亲属关系、亲子关系和性关系。相反,某些关于亲密的讨论把我们从"正面"的关系抽离而带我们进入到其他领域。比如,伊丽落白·斯坦科(Elizabeth Stanko)所著的关于女性受到男性暴力的体验、名为《亲密的侵犯》(*Intimate Intrusions*, 1985)一书,它把我们带入一个迥然不同的领域:关于强奸和虐待,这个全球性女性运动的核心议题,并且这种意涵与"最深层次"这个词的原始意义相呼应——强奸毕竟是对人的存在和身体最深层次的侵犯。

人们经常认为社会学不怎么研究这种似乎很个人层面的现象。但事实上,至少从涂尔干(Durkheim)*的经典研究《自杀论》(*Suicide*)以来,社会因素在塑造个人纽带和亲密生活方面的作用已经被日益认识到。在社会学,对于家庭、性、身体(body)*、友谊(friendship)*和性别的分析近来已然成为吸引争论的关键领域。

这种显著性的一部分是与对于亲密是如何演化的兴趣相联系的。因此,安东尼·吉登斯(Anthony Giddens)*谈到《亲密关系的变革》(*The Transformation of Intimacy*, 1992),并且提到最近的现代社会里存在着个人生活的民主化。比尔·西蒙(Bill Simon)谈到《后现代的性》(*Postmodern Sexualities*),指出我们越来越脱离性的生育目的而转向其多元和多变的目的。并且,杰弗瑞·韦克斯(Jeffrey Weeks)在其《被发明的道德》(*Invented Moralities*)中把一系列多样的"生活试验"视为制造新世界秩序的一部分,在这种新秩序中同性恋(homosexuality)*的关系越来越普遍和被接受。

intragenerational mobility 代内流动

参见社会流动（mobility, social）*。

intrapreneur 内部企业家

参见企业家（entrepreneur）*。

introspection 内省

内省指探视自己的思想，研究自己的想法、感觉和体验的过程。从内省得到的数据对于分析心理过程可能有些价值，但是我们的内省可能不准确，并且很多心理过程并不能被有意识的内省接触到。另见行为主义（behaviourism）*。

introspectionism 内省主义

参见行为主义（behaviourism）*。

introversion 内向

参见外向与内向（extroversion and introversion）*。

invasion-succession model 侵入-接替模型

该术语指一种描述某个人类群体或社会行为通过发动一连串的竞争性社会行动从而占领和支配某个本来由其他群体或行为所支配的领域的理论建构。另见同心圆理论（concentric zone theory）*；生态学（ecology）*；人类生态学（human ecology）*；城市生态学（urban ecology）*。

invisible hand 无形之手

这是源自亚当·斯密（Adam Smith）*的经济学专著《国富论》（The Wealth of Nations, 1776）的一个表述。它表达的是这样一种思想，即当个人追求自己在商业中的个人利益时，他们的行为在一种看不见的力量（无形之手）的指引下促进了社会的整体利益。斯密提出除了一些诸如垄断（monopoly）*的例外情况，当个体的经济行为不为政府所阻碍时，它们会为社会整体带来利益（interests）*。这个论点经常为那些提倡放任主义经济学（laissez-faire economics）*和反对政府对经济和市民社会（civil society）*的干预的学者提供了支持。阿尔弗雷德·钱德勒（Alfred Chandler）在《战略和结构》（Strategy and Structure, 1962）中宣称大型企业和被垄断市场的发展让通过企业领导的"有形之手"来实行更大程度的社会计划成为可能。另见经济社会学（economic sociology）*；社会正义（justice, social）*；理性选择理论（rational choice theory）*。

invisible religion 无形宗教

这个概念与托马斯·卢克曼（Thomas Luckmann）的《无形的宗教》（The Invisible Religion, 1963）有关。它涉及这样的主张，即宗教（religion）*依然是现代社会的一个重要特征，但是它不应该被狭隘地定义为去教堂的行为。宗教涉及意义的创建，其在文化（culture）*中客体化，从而超越直接经验。另见世俗化（secularization）*。

involvement（types of involvement）介入（介入类型）

参见服从（compliance）*。

iron law of oligarchy 寡头铁律

参见罗伯特·米歇尔斯（Michels, Roberto）*；政治社会学（political sociology）*。

Islam 伊斯兰教

三大一神论宗教之一（其他两大为犹太教［Judaism］*和基督教［Christianity］*）。它产生于7世纪的阿拉伯，先知穆罕默德首先让麦加和麦地那这些贸易城市皈依，然后又把当时多神论（polytheism）*的部落（tribe）*人口号召起来。在一个世纪内，伊斯兰教通过对波斯、中东地区大部、北非和西班牙的征服从而传播开来。它为一连串的大帝国所代表：发展至750年的倭马亚帝国、发展至1258年的阿拔斯帝国，和发展至1918年的奥斯曼帝国。今天伊斯兰教包含大约45个国家和10亿的人口。

伊斯兰教基于对真主或上帝的服从，圣典古兰经（上帝通过天使向穆罕默德透露的话语）和圣训（即先知的名言）。伊斯兰教有五大原则或"支柱"："上帝之外无上帝，穆罕默德就是他的信使"的证信；一日祈祷5次；"天课"，即施舍捐献；在斋戒月的斋戒禁食；朝觐，即一生中至少一次到麦加朝圣。杰哈德或圣战，有时候被视为穆斯林的另一个义务，但是它并不具有与五大支柱同等的地位，并且时常被解释为提升心灵的过程而不是与非穆斯林的战斗。

伊斯兰教不同于基督教的地方包括没有教职人员等级制度，实行一些饮食上的禁令，和对女性地位和穿着的特别关注。从7世纪开始，伊斯兰教就分裂成逊尼派和少数派的什叶派，后者在伊朗居于支配地位。现代世界里人们对伊斯兰教的理解呈多样化，有些人希望让它与西方的经济和政治价值相调和,有些则寻求使它回归到7世纪的典范。伊朗的伊斯兰革命(1979)就代表着追求后者道路的一次尝试。

马克斯·韦伯(Max Weber)*推动了对伊斯兰教的社会学分析。他识别出伊斯兰教不同于基督教的两个主要地方:缺乏禁欲主义(现世)(asceticism[this-worldly])*伦理,以及受世袭(patrimonial)*或受俸关系的支配。国家通过这两方面压制了私有财产的增长。这两方面都阻碍了资本主义(capitalism)*的发展。这个解释在后来受到了马可西米·罗迪逊(Maxime Rodinson)的一些著作的挑战。他视伊斯兰教为禁欲的,并且是其他原因(包括国际压力)使得伊斯兰教没有进化成资本主义。后来的关于伊斯兰教的作品关注这样一个争论,即那些从古兰经和其他经典中鉴识出一种独特的伊斯兰社会学的学者与那些强调伊斯兰社会和政治实践的多样性和偶然性的学者之间的争论。第三个解释的领域是在20世纪70年代和20世纪80年代伊斯兰政治运动的兴起。一些学者视其为利用伊斯兰话语来反对外国支配的大众运动;其他学者则视其为受到世俗化(secularization)*和现代化(modernization)*进程威胁的某些社会团体(尤其是神职人员[clergy]*、商人和知识分子[intellectuals]*)对伊斯兰符号的怀旧性使用。

Islamophobia 伊斯兰恐惧症

这是针对穆斯林和他们的宗教伊斯兰教(Islam)*的一种歧视。它表达穆斯林和他们的宗教信仰和习俗的恐惧、憎恨,或者不宽容的态度。从词源上说,克里斯·艾伦(Chris Allen)和乔斯莱恩·塞萨里(Jocelyne Cesari)把这个词的源头追溯到艾蒂安·迪尼特(Etienne Dinet)和斯利玛·本·易卜拉欣(Slima Ben Ibrahim)在20世纪早期的一篇法语文章。但是现代意义上的伊斯兰恐惧症一词和它在学术界，媒体和政策话语中的使用则是受到了兰尼米德基金会（Runnymede Trust）的报告《伊斯兰恐惧症：对我们所有人的挑战》（*Islamophobia: A Challenge for Us All*, 1994）的影响。该报告把它定义为往往是由对伊斯兰的"封闭式看法"而产生的"针对伊斯兰的无根据的敌视"。该基金会是第一个提出了"伊斯兰恐惧症"制度化定义的组织。但是，这个定义有其局限性，它提到了伊斯兰恐惧症的梗概却没有捕捉到针对穆斯林和伊斯兰的歧视的多维度方面，有些歧视可能是间接的或是心理上的。

对于塔里克·莫杜德（Tariq Modood）、纳萨·梅尔（Nasar Meer）和萨尔曼·萨义德（Salman Sayyid）这样的学者们而言，伊斯兰恐惧症是对穆斯林的种族化（racialization）[*]，把个人简化为他们的宗教和文化识别物，将其定义为和限定在社会建构的类别中。该社会建构的类别超越了生物性，而且把穆斯林的身份限制在他们诸如面纱和胡须之类的宗教识别物的范围内。穆斯林因为他们的社会特征而非仅仅是其生物特征，在媒体和政治话语中被种族化。穆斯林面纱被等同于压迫，留胡须的男人被等同于原教旨主义者。这种种族化的本质既是物理上的又是心理上的。伊斯兰恐惧症既表现为物理攻击和言语争吵，又表现为通过大卫·蒂勒（David Tyrer）所说的"种族化治理"（《伊斯兰恐惧症的政治：种族、权力与幻想》*The Politics of Islamophobia: Race, Power and Fantasy*, 2013）而进行的心理控制。这种种族化的结果是可接受的与不可接受的穆斯林的分类。这种分类往往由国家行为者定义，并且被需要证明自己在社会中的正常性的穆斯林们所内化。西方社会语境下的伊斯兰恐惧症又进一步受到西方与伊斯兰（特别是阿拉伯人）从十字军东征到殖民主义（colonialism）*的历史互动的影响。爱德华·萨义德（Edward Said）的开创性著作《东方主义》（Orientalism）阐释了这些影响。认为穆斯林蒙昧落后的东方主义想象一直持续到21世纪。这种想象进一步被从英联邦国家的移民（immigration）*和殖民主义中心的社区之间的种族主义（racism）*历史所强化。而且，这一历史还在持续地定义着西方和穆斯林社区间的互动。

在2001年的"9·11"悲剧之后，英国穆斯林和穆斯林恐惧症委员会进一步扩展了伊斯兰恐惧症的定义，来凸显"反恐战争"的社会政治氛围如何助长了对穆斯林和伊斯兰的负面认知。"反恐战争"产生了斯图尔特·索罗夫特（Stuart Croft）所言的伊斯兰和穆斯林的"安全化"，从而更助长了针对穆斯林的歧视。随着关于伊斯兰和恐怖主义（terrorism）*的西方媒体和政治话语中充斥着大胡须穆斯林恐怖分子和被压迫的蒙面纱女性的形象，穆斯林和他们的宗教（religion）*在西方社会想象中持续地被刻板印象（stereotype）*成暴力的和破坏性的。因此，在后"9·11"社会政治背景下的伊斯兰恐惧症通过对穆斯林和伊斯兰的种族化和安全化的话语表现出来。

但是这个术语也被证明是有问题的，被视为是对伊斯兰进行建设性批评的障碍。批评者担心任何对伊斯兰习俗或信仰的批判都会被视为伊斯兰恐惧症，从而限制了对这个宗教的讨论。因此，诸如反穆斯林这样的术语被建议用来替代伊斯兰恐惧症使用，因为它捕捉到对穆斯林的歧视和虐待同时又不会限制对伊斯兰作为宗教意识形态的批评。另外一个有问题的考虑是对伊斯兰恐惧症和反犹太主义之间的比较。批评者和辩护者都鉴于伊斯兰教和犹太教（Judaism）*截然不同的历史经历质疑这个比较的本质。因此，伊斯兰恐惧症的确切含义还在学者之间以及政策制定者之间被持续地争论着。

J

Jacobson, Roman Osipovic
罗曼·奥西波维奇·雅各布森（1896—1982）

布拉格语言学圈子的一员。他发展了费尔迪南·德·索绪尔（Ferdinand de Saussure）*的结构主义语言学，尤其是讨论了二元对立的基础地位（见他的《选集》*Selected Writings*，1962）。他对克劳德·列维-斯特劳斯（Claude Lévi-Strauss）*以及现代结构主义（structuralism）*有很重要的影响。

James, William 威廉·詹姆斯（1842—1910）

一个实用主义学派的美国哲学家，小说家亨利·詹姆斯（Henry James）的兄长。他通过"理念的经验后果构成其含义"这一见解显著影响了新实证主义（neo-positivism）*和符号互动论（symbolic interactionism）*的发展。他主要以这一特殊成就而为人瞩目。另见查尔斯·桑德斯·皮尔斯（Peirce, Charles Sanders）*；实用主义（实用主义哲学）（pragmatism [philosophy of]）*。

Janowitz, Morris 莫里斯·简诺威茨（1919—1988）

一个美国社会学家，1940年代中期芝加哥大学的学生，后来在北美的一些大学系里任职教授。他是众多著作的作者，包括《职业士兵》（*The Professional Soldier*, 1946）、《社会学和军事机构》（*Sociology and the Military Establishment, 1959）、《福利国家的社会控制》(Social Control of the Welfare State, 1976）、《过去的半世纪》(The Last Half-Century, 1978) 和《爱国主义的再建构》(The Reconstruction of Patriotism, 1983）。虽然他也在城市和政治社会学、种族和民族关系，以及社会学理论方面做研究和发表了有影响的著作，简诺威茨将会作为也许是军事社会学的领导者以及他关于早期工业社会到先进工业社会的过渡制造出使得民主（democracy）*更难持续的制度组织形式这一论断而被铭记。他文章的选集（有个精彩的传记介绍的前言）有詹姆斯·伯克（James Burk）的《莫里斯·简诺威茨——论社会组织和社会机制》(Janowitz—On Social Organization and Social Control, 1991）。另见军事与军国主义（military and militarism）*。

job evaluation 工作评价

这是一个工作分类系统，基于工作（work）*本身（而非雇员）的性质（技能[skill]*、自行斟酌权、责任）来决定评级结构和薪水等级。工作评价被平等机会的提倡者所偏爱，因为它有可能降低基于雇员个人的偏见。但是在实践中，很多工作评价的方案通过对什么是技能（skill）*做出的特定解释只是加强了偏见（prejudice）*和现有的不平等（inequality）*。例如，在分割的劳动力市场（segmented labour market）*上（参见劳动力市场分割 [labour-market segmentation]*），男性占多数的工作比女性主导的工作更易于受到更高的评价。参见 A. 伯特勒（A. Pollert）的《女孩、妻子、工厂生活》(Girls, Wives, Factory Lives, 1981）。

job satisfaction 工作满意度

工作满意度在访问调查中通常用类似于"总的来说你对你的工作满意吗?"的问题来测量。在工业社会中一般 80—90% 的人会回答他们是"满意的"。他们的不满意更有可能是与工作的具体方面相关联,比如工资、晋升前景或者工作时间的灵活性。虽然由标准问题定义的工作不满意比较少,但是研究表明它与诸如旷工、换工作和劳动力流动等劳动者行为紧密相关。另见工作的主观经验(work, subjective experience of)*。

joint conjugal roles 协同夫妻角色

协同夫妻角色指丈夫和妻子共同进行很多活动,并且工作和兴趣鲜少差别和兴趣的分割都是最小程度。有着共同做的事且有重叠的社会网络(social network)*的夫妻的婚姻(marriage)*被认为是更加稳定的。这个重要概念由伊丽莎白·波特(Elizabeth Bott)在她的《家庭和社会网络》(*Family and Social Network*, 1957)中提出。另见夫妻角色(role, conjugal)*;分离的夫妻角色(segregated conjugal roles)*。

joking relationships 戏谑关系

这一术语指相互的、仪式的、略带侮辱行为的关系。这种关系中的人们不但被允许而且被期待以在外人看来是冒犯的或侮辱的方式来做出举动。这种关系是通过一种略微带有敌意的表现来表达一种友好。戏谑关系者被期待不会动怒,而是以同样的方式来回应。

戏谑关系是回避关系(avoidance relationships)*的反面,且往往出现在同样的社会情境中。事实上它们经常被认为有着同样的社会功能。比如，A. R. 拉德克里夫-布朗（A. R. Radcliffe-Brown）*（《非洲的亲属关系和婚姻体系》*African Systems of Kinship and Marriage*，1950）提出在社会结构（social structure）*的建构中，必须要有用于避免、限制、控制或者解决冲突的手段。在婚姻（marriage）*产生的新的结构情况下，虽说有丈夫和妻子的结合，但这两个家庭依然是分离的，只是分别通过他们与这个新家庭的联系而相连。正是这两个群体的分离，加上维持友好关系的需要，建立他们个人关系的基础就变得十分必要了。在这种情况下，丈夫和妻子的亲属的社会分离通过假敌意和假装不动怒的习俗表现象征性地表现出来。例如，在父系（从同一个男性祖先沿男性世系延续代系）亲属体系中，外甥可以通过放肆地嘲弄或戏谑等习俗来象征性地表达他与舅舅之间的关系，这往往被认为是合宜的（这种情况存在于温尼贝戈[Winnebago]和其他某些北美的部落[tribe]*中）。类似地，在卢旺达北部的父系胡图族中，男子和他母亲的兄弟的儿子或女儿之间存在着戏谑关系，但是他对他父亲的姐妹的女儿的举止则必须保持庄重和正式。

Judaism 犹太教

犹太教是一种起源于和上帝耶和华相关的犹太人先知活动的一神论（monotheistic）*的世界宗教。区分在公元70年圣殿被毁之前的早期圣经犹太教和后来专注于犹太会堂的后期犹太教很重要。犹太教的组织围绕着宗教导师（拉比），其宗教知识则包含在犹太律法或妥拉（尤其是《希伯来圣经》最初的五部经典）中。犹太教，基于耶和华和他的人民神圣立约的理念，在历史上创造了影响深远的弥赛亚（messianic）*运动。

中世纪存在过很多重要的比如像卡巴拉这样的神秘运动，它们给传统的犹太教神学一种秘契主义的解读。在19世纪出现了试图改变和改革许多传统习俗的尝试，从而产生了两个独立的宗教运动——改革派和保守派犹太教。在犹太人大屠杀中欧洲犹太社区的被毁和1948年现代国家以色列的建立改变了20世纪的犹太教。

社会学家对以下这些尤为感兴趣：犹太教预言的本质（比如马克斯·韦伯[Max Weber]*的《古代犹太教》Ancient Judaism, 1917—1919），犹太教和资本主义之间的关系（参见W. 桑巴特[W. Sombart]的《犹太人和现代资本主义》The Jews and Modern Capitalism, 1911），以及更近代一些的犹太人大屠杀对已建立的社会理论的意义（齐格蒙特·鲍曼[Z. Bauman]*的《现代性和大屠杀》Modernity and the Holocaust, 1990）。另见基督教（Christianity）*。

Jung, Carl Gustav 卡尔·古斯塔夫·荣格（1875—1961）

瑞士心理学家和心理分析家。有一段时间里他被视为西格蒙德·弗洛伊德（Sigmund Freud）*的继承者，但他最终在1913年与弗洛伊德分道扬镳，特别是在性的重要性方面与弗洛伊德有不同看法。他的研究被认为比弗洛伊德更精神层面，且提供了生命周期（life cycle）*和象征主义的分析。相较弗洛伊德，他的研究仍令人不解地被社会学者们所忽略。安东尼·斯托尔（Anthony Storr）的《荣格》（Jung, 1986）和安东尼·史蒂文斯（Anthony Stevens）的《论荣格》（On Jung, 1990）是对他作品的较好的介绍。

justice 正义

参见犯罪学（criminology）*；社会正义（justice, social）*。

justice, social 社会正义

不仅社会学会讨论正义,哲学(philosophy)*、政治学(political science)*、社会政策(social policy)*、心理学(psychology)*、法学也都会涉及对正义的阐释。正义是社会生活中很核心的一个道德标准,在社会理论和社会行动(social action)*中扮演显著角色,因此所有的社会科学(social science)*都或多或少地研究这个概念也就不奇怪了。对正义最好的一个多学科的概述是 R. L. 科恩(R. L. Cohen)编的《正义:社会科学的见解》(*Justice: Views from the Social Sciences*, 1986)。

我们经常区分"形式正义"(法律)和实质正义(道德和政治)。不过一些研究正义的理论家把这两种看作是平行的或重合的,并认为因为法律或刑罚正义涉及给犯法者分配惩罚,这与涉及给大众分配稀有产品(和惩罚)的社会正义是相一致的。两者都是以正当程序,公正无偏,和根据适当的标准进行分配这些为前提的。更早的文献一般区分社会(或者常常称为"分配")正义和报应正义。后者认为犯法者应该被惩罚就仅仅是因为犯了这样的错误就应该被惩罚,不管这样做会不会阻止以后的犯罪或者能否产生其他的社会效用。因此报应主义仅是刑罚正义的一个理论。心理学文献有时候会做一种五重区分(参见 T. 埃克霍夫[T. Eckhoff]的《正义:其在社会互动里的决定因素》*Justice: Its Determinants in Social Interaction*, 1974),包括公平,或者说公平交换,其被定义为在交易中的所有各方输入和输出比率的相等;分配正义(distributive justice)*,或者说公平分配,涉及单方面地给一群接收者进行资源、权利(rights)*、责任或其他资源的分配;程序正义(procedural justice)*,或者说公平的程序和机制,它承认即便是被认同的公平的程序也会产生一些人定义为不公正的分配结果;报应正义,或者说公平补偿,处理分配惩罚和给受害者补偿的公平性;最后一个,正义即平等,它可以是机会的平等、客观结果的平等、主观性(subjectivity)*的平等(把需要或应得加入考虑的结果的公平)、排序的平等(按照规则的期待分配奖励从而避免不正义的感受),或者公平(相对于个人贡献的平等)。到这里已经显而易见了——社会正义是个充满类型划分和编类整理的主题。

有各种各样的原则可用来调控社会和经济的不平等,所以社会正义的概念是很有争议的议题。不同的政治意识形态产生了不同的正义的原则。在由此产生的多样的概念和理论中,对社会学者来说,那些关于应得、绩效、权利、结果平等、机会平等(equality of opportunity)*,需求以及功能不平等的概念和理论是最为相关的。

大多数关于正义这一概念的学术讨论都始于约翰·罗尔斯(John Rawls)著名的差别原则(difference principle)*,即对稀有产品(诸如权力[power]*、钱财,可利用的卫生保健之类)分配的不平等只有在能使社会中处于最劣势的成员受益的情况下才是合理的(参见他的《正义论》A Theory of Justice, 1972)。建立这个正义原则的是这样一个构想,即正义是从不偏不倚的立场考量社会。在罗尔斯的例子里,这个立场就是想象中的"原初立场"。在"原初立场"中,假设中理性的追求自身利益(interests)*的个人,他们不知道自己的才能和特征,并在"无知之幕"后面做出选择,在这种情况下达成契约。根据罗尔斯的理论,这种情况约束下的人们不偏不倚的选择将是最大化社会中处于最劣势的成员的福利(welfare)*。因为他们怕自己会落入最劣势的群体,所以只有在不平等(inequality)*能促进贫困者福利的时候,他们才会同意允许那些不平等的存在。这个命题就成了罗尔斯的"正义即公正"理论的一部分。该理论建立在三个原则之上,因为它们有时候会相冲突所以按照词汇优先顺序排列如下:最大程度平等的自由原则(每个人都应该有平等的权利,去享有最广泛的基本自由权;其所享有的基本自由权与其他每个人所享有的同类自由权相容);这个原则绝对优先于公平机会的平等原则(各项职位或地位必须在有相似能力的人有相同机会的条件下,对所有人开放);然后这些原则又绝对优先于差异原则,即社会和经济制度应该最大化最劣势群体的利益。需要注意的是这个理论没有任何地方提到人们的优势都是应得的。

那些要求人们按照他们不同的应得和绩效得到报酬的正义理论可能更为社会学家所熟识。如果正义涉及给人们分发他们应得的,并且这些应得是不同的,那么似乎很清楚正义要求不平等的结果。但是这种正义的方法就又带来了一个问题,就是什么构成了应得和绩效的基础,而且奖励个人的哪些素质是正义的。例如,我们可以区分有些属性是个人努力得到的,而有些属性是碰巧得到的。奖励后者就不一定绝对是符合正义的。针对正义即应得的理论,罗尔斯论断即便是努力工作的能力这一素质也是一个碰巧的性质,所以它也不是报酬的合适根据。

如果应得这一概念是和机会平等(equality of opportunity)*原则相联系的,那么问题就变得越加复杂,因为后者又有多样的理解。机会平等要求即便是能力不一样的人们也应该同样被赋予权能去实现他们的目标吗?这就意味着想要成为音乐会钢琴家但没有音乐天赋的人应该比音乐天才儿童接受到更多的培训。不论能力多少,人们都应该有相同的资源来投入到他们的人生计划吗?或者,这个原则仅仅是要求能力相同的人们应该有同样的机会实现他们渴求的目标吗(这样的理解和让有天分的比没有天分的人拥有更多的机会这个想法相一致)?

不平等的报酬可能是正义的,因为人们有权拥有不平等的资源,这一想法与那些基于应得或者绩效的原则是有区别的。因为我们可以辩称人们拥有产品并不意味着他们应得这些产品。罗伯特·诺齐克(Robert Nozick)(《无政府、国家和乌托邦》Anarchy, State and Utopia, 1974)宣称即使我们可以接受说每个人的天然属性有随意性因而不能说是应得的,人们仍然有权拥有这些属性的成果和其他人自由选择给他们的其他东西。基于应得的正义观念用诺齐克的话来说是"模式化的",而且必然与使得个人拥有资源的权利被合法化的那些自由交换和公正转让相冲突。诺齐克自由主义式地对产权和自由选择的强调产生了正义即权利的观念,和人们应该得到他们应得的那种观念是很不一样的。

弗里德里希·哈耶克(Friedrich Hayek)*(《社会正义的幻景》The Mirage of Social Justice, 1976)提出我们不能用市场的结果反映了绩效或是应得来将其合理化,因为运气在决定谁得到什么时起了太大的作用。但是在他看来,市场的结果是意外的不可预见的后果的总叠加,这就意味着它们不合适被视为公正或不公正。事实上,社会正义这整个概念对哈耶克而言都是个幻景,因为它要求我们错误地把社会视为代理人。有意思的是,哈耶克承认在大众层面为市场结果的辩护是基于该结果是对绩效的回报这一错误信念。他指出如果人们要容忍市场产生的不平等那么这样的信念就是必要的。但是,他自己对市场机制的合理化却很不同,他指向其所谓的效率,因为它把稀有资源引导到能产生最大回报的地方。因此即使在不平等的分配下穷人也会比在其他分配体系下更好,因为提高了的生产力也对那些最劣势的人有利。这个论点与社会分层(social stratification)*的功能主义(functionalism)*理论有明显的相似之处。

仅对一些关于正义的哲学论点的简单概述中很明显可以看出这个概念本身是有争议性的。对正义的讨论往往会溢出到对相关概念的争论(比如"效率"和"平等")。在这个领域比较明智的做法是避免把某种正义观贴上某种政治意识形态的标签。比如,虽然众所周知社会主义者倾向于强调正义即需求和结果的平等,但是也许没有那么多人知道卡尔·马克思(Karl Marx)*也考虑到倾向于应得分配原则的"按劳分配"在社会主义(socialism)*的第一或低级阶段是合适的,直到在第二或更高阶段被"按需分配"所替代。相似地,自由主义者倾向于赞同机会平等的价值观念,并视结果的不平等是合理的,如果这反映了绩效的不同。但他们不能就确保机会平等的必要条件或者何为绩效达成一致。一些自由主义者采取一个更为极端的自由主义立场(常常在通俗的术语中与保守主义[conservatism]*相混淆),辩称人们有权用他们合法获得的资源自由选择去做什么,并且这比机会平等更重要。现代新右派(New Right)*的思想家倾向于混合权利和应得的原则。比如,经常有人辩称市场应该被赞赏,因为人们得到他们所付出的(企业家精神[entrepreneurship]*和努力工作得到了回报),也因为市场是创造财富最有效率的机制,这些财富也会向下渗流到穷人。这里不平等结果的合理化是同时基于它会给人们激励从而通过帮助穷人来提升社会正义,以及因为它给个人他们所应得的。相反,老式的保守主义者倾向于仅仅把等级制看成是个好东西,或者是因为不平等是文化和文明价值的必要前提条件,或者是因为他们尊重传统而不平等是一种传统。从这个视角看，所有关于社会正义的讨论，甚至社会正义这个概念本身，都是不恰当的理性主义（rationalism）*倾向。

多数关于正义的哲学文献和政治理论都是规范层面的讨论占主导。像罗尔斯，很多作者主要关心的都是找到能够评价一个行为或制度的正确性的特定规则，从而提倡可以促进程序公平、公正分配和平等的具体社会安排。但是，在社会学家和社会心理学家中间，这种讨论一般是基于经验研究和描述性的，而不是道德和规定的讨论。

心理学家研究了乔治·霍曼斯（George Homans）和史黛西·亚当斯（Stacy Adams）提出的分配正义（distributive justice）*的交换理论，约瑟夫·伯格（Joseph Berger）和他的合作者提出的地位-价值或地位-属性选择，以及由某些社会冲突（social conflict）*的理论家们提出的各种成本收益解释。社会正义的社会学研究着眼于福利主义、家庭、教育和收入。它们关注于揭示对分配平等的大众看法。最近出现了一个发展中的共识（consensus）*，即对社会正义问题的研究从跨学科的框架来做可能是最有成效的，比如参见K. S. 谢勒尔（K. S. Scherer）编的《正义：跨学科的视角》（*Justice: Interdisciplinary Perspectives*，1992）。戈登·马歇尔（Gordon Marshall）、亚当·斯威夫特（Adam Swift）和斯蒂芬·罗伯特斯（Stephen Roberts）等学者在这方面做过经验研究的尝试。

just-in-time system 即时生产制度

这是一种关于生产的操作法，旨在为生产（production）*的下一阶段"即时"生产出正好数量的原材料、零件和分段装配组件。起初是与日本企业相关联的，但现在已被广泛使用。它意味着：灵活性的生产方法；短生产排程和快速生产线变化；由下游供应而不是由前瞻管理计划决定的库存管理；以分包合同相连接的小公司网络。

juvenile delinquency 青少年不良行为

参见不良行为（delinquency）*。

K

Kant, Immanuel 伊曼努尔·康德(1724—1804)

德国人伊曼努尔·康德可说是最伟大的现代哲学家之一。他在哲学本身乃至整个知识学科，当然也包括社会学方面都有着深刻而持久的影响。康德批判哲学的核心一般被认为是他对经验主义(empiricism)*和理性主义(rationalism)*这两个敌对传统的综合，这两个传统在康德的时代主导了认识论(epistemology)*(或知识的哲学理论)。康德反对经验主义者，认为有些判断不是单纯的同义反复(tautology)*，但也不是来自经验。康德的伟大作品《纯粹理性批判》(*Critique of Pure Reason*, 1781)致力于证明这一主张，并系统地推导出那些先验的概念和范畴，这些概念和范畴是我们理解空间和时间的可能性("直觉的形式")，以及我们对经验作出客观判断的条件("范畴"——原因性、必然性、可能性和其他)。然而，对康德来说，这些范畴虽然不能从经验中推导出来，但只能在可能的经验领域内合法地应用。如果用范畴来说明超越可能的经验的"事物本身"，就会陷入无法解决的矛盾之中。因此，尽管康德拒绝了经验主义的一个核心学说，但他还是与主要的经验主义者一样，关注捍卫经验科学的认知地位(cognitive status)*，反对超越经验的"自身事物"的知识的形而上学(metaphysics)*主张。

然而，对康德来说，对"物自体"的思考是不可避免的，即使对它们的了解是不可能的。这不仅仅是因为客观道德判断必须有一个理性的基础。对于一个人来说,受道德准则的约束需要意志的自由和统一的个人身份,而这两者都不能在经验的内容中找到。康德对美学的处理(《判断力批判》Critique of Judgement,1790)也使用了一些观点(如"目的性的形式"),这些观点在经验的客观判断中无法应用。因此,尽管康德《纯粹理性批判》的中心论点具有反形而上学的倾向,但在客观可知的经验对象领域与不可避免地暗指"物自体"的不可知领域之间,仍然存在着一种张力。在道德和审美判断的基础上,以及在感知、认识和行动的主体(subject)*的身份上,尤其需要后一种境界。

非实证主义认识论影响了社会学,其主要内容来自对康德哲学中这些紧张关系的解释和解决的各种欧洲传统(尤其是新康德主义[neo-Kantianism]*、现象学[phenomenology]*和解释学[hermeneutics]*——所有这些都可见本词典的单独条目)。黑格尔(Hegel)*关于"绝对理念"的自我实现的历史辩证法产生于对康德哲学的批判,并继续为马克思(Marx)*和恩格斯(Engels)*的历史观和认识论提供参考。

Kautsky, Karl 卡尔·考茨基(1854—1938)

德国社会主义政治家和社会理论家。他的《土地问题》(The Agrarian Question,1899)认为,小农生产在资本主义发展面前注定要消失,社会民主党人不应该寻求维护农民(peasants)*的利益(interests)*,他们的未来在于无产阶级化(proletarianization)*。在考茨基看来,农民体现了孤立、传统和个人主义(individualism)*等"落后"的社会特征。他反对修正主义;也就是爱德华·伯恩斯坦(Bernstein)*

在1900年代的选举政治,并在第一次世界大战中采取的和平主义立场。他批评布尔什维克革命及其"无产阶级专政"政策,引起了列宁(Lenin)*的敌意,他攻击考茨基是社会民主主义背叛工人阶级(working class)*的缩影(参见《通往权力之路》The Road to Power, 1909;《无产阶级专政》The Dictatorship of the Proletariat, 1918)。他在1927年的主要作品已被翻译成英文《唯物主义历史观》(The Materialist Conception of History, 1988)。另见马克思主义(Marxism)*。

Kelly, George Alexander 乔治·亚历山大·凯利(1905—1967)

一位美国心理学家,创建了个人建构理论(personal construct theory)*和"角色建构复述测试"。凯利在《个人建构心理学》(The Psychology of Personal Constructs, 1955)中认为,"一个人在心理上的变化过程是由他预期事件的方式引导的"。这种建构是心理学的核心主题。另见认知理论(cognitive theory)*。

Kerr-Siegel hypothesis 克尔-西格尔假设

在《行业间罢工倾向——一项国际比较》(The Interindustry Propensity to Strike—an International Comparison, 载于科恩豪瑟[A. Kornhauser]编的《劳资冲突》Industrial Conflict, 1954)一文中,克拉克·克尔(Clark Kerr)和亚伯拉罕·西格尔(Abraham Siegel)提出了一种行业间罢工倾向(strike-proneness)*差异的分析,他们认为在地理或社会层面孤立、内聚且均质化的工人群体(如码头工人、矿工、水手)存在高罢工几率,这源于他们与外界社会疏远以及令人不悦的工作性质。首先,由于工人的社会地位(social status)*决定了他或她的罢工倾向

(strike-proneness)*，而社会地位很大程度上取决于行业环境，那么来自孤立于一般社群的同质性群体的工人所处的行业更易出现罢工。此外，通过选择和条件设定，工作的性质决定了受雇工人的品性：令人不悦、临时性、非技术性的工作吸引（并培养）坚韧好斗的工人，他们更倾向于罢工。这两种理论的组合揭示了跨行业观察到的不同的罢工几率。

这篇论文启发了广泛的二手文献和大量争论。批评者认为，余且不论，构成论据基础的罢工统计数据并不可靠。分析忽略了某些与该论点相矛盾的关键行业（例如钢铁行业），而且对罢工倾向的解释在很大程度上取决于有限的结构性因素，而忽略了有关各方的态度。另见劳资冲突（industrial conflict）*。

Keynesian economics 凯恩斯经济学

一种经济学理论和政策方针，衍生自英国经济学家约翰·梅纳德·凯恩斯（John Maynard Keynes, 1883—1946）影响广泛的著作。在凯恩斯之前，各国政府倾向于以自由放任主义经济学为指导，即无管制经济将趋向实现充分就业，从而实现经济均衡。凯恩斯认为（《就业、利息和货币通论》*The General Theory of Employment, Interest and Money*, 1936），经济均衡在达到充分就业之前就能确立，因此希望达到充分就业的政府必须通过刺激总需求来积极干预经济；相反，如果充分就业导致通货膨胀（inflation）*，则应采取措施减少总需求。在上述两种情况下政府使用税收（财政）政策、政府支出和货币政策（利率变化和信贷供给）。凯恩斯主义尽管在第二次世界大战后30年间成为大多数西方社会的经济政策基础，但自身仍受到20世纪70年代出现的经济滞胀（stagflation）*（同时发生经济衰退和通货膨胀）以及随之而来的货币主义（monetarism）*经济理论的挑战。这两种方法之间的争论目前构成了现代经济学中分歧的主轴。

kibbutzim 基布兹

该术语指受社会主义（socialism）*和无政府主义（anarchism）*理念的影响，以色列居民在巴勒斯坦设立的农业定居点，在这里成员共同承担工作和家务，包括儿童保育。这些定居点后来逐渐雇佣劳动力，并成为以色列经济体系中的一小部分。它们以平等主义（egalitarian）*的公社生活实验而引起了社会学家的兴趣（参见 B. 伯利恒［B. Bethlehem］的《梦中的孩子》The Children of the Dream, 1969）。另见公社（commune）*。

kinesics 身势语

参见身体语言（body language）*。

Kinsey, Alfred 阿尔弗雷德·金赛（1894—1956）

动物学家，完成了北美男女性行为的第一次大规模社会研究。根据 18 000 次访谈的样本（其中近一半是金赛自己进行的），该研究结果先后出版为两本著作：1948 年的《人类男性的性行为》（Sexual Behaviour in the Human Male）和 1953 年的《人类女性的性行为》（Sexual Behaviour in the Human Female）。通过在印第安纳州布卢明顿成立金赛性研究所，他为建立这种研究的可信度做了很多工作。他的研究结果是有争议的，例如，在他的样本中，有 4% 的男性完全是同性恋（homosexuality）*，有三分之一的男性从事过同性恋行为。他的研究结果产生了重要的文化影响，P. 罗宾逊（P. Robinson）在《性的现代化》（*The Modernization of Sex*，1976）中讨论了这些问题。

kinship 亲属关系

亲属关系是人类社会主要组织原则之一。由于亲属制度在无国家社会的首要性，社会人类学家对此开展了广泛研究。亲属制度建立了个体与群体之间的关系，这种关系以亲子间、同胞间以及婚姻伴侣间的生物学关系为模式。由婚姻（marriage）*建立的关系通常被称为姻亲关系（affinity）*，它将不同的血缘（consanguinity）*（或血亲连接）群体的人组成联盟。一些社会科学家区分了亲属关系研究和姻亲关系研究。所有这些研究都基于以下假设：这些关系是系统性的，需要观察与同族或姻亲相关的行为规范间的关系。亲子之间的关系（相关扩展到祖辈与孙辈）决定了继承模式以及代际间的政治关系。正像同胞间的关联，亲子的二分对于确立乱伦规则来说十分重要，通过指示禁止或许可的婚姻对象，它不仅决定了性关系，还决定了潜在的姻亲关系。由于夫妻间社会关系建立了他们各自血亲团体的关联，亲属关系和姻亲关系的复合体可以被视作分析无国家社会中政治、经济和社会关系的基础。

应当指出，对于要建立的亲属制度而言，实际的生物学关系不是必需的。例如，确定一个孩子有一个社会父亲，要对自己的福利（welfare）*负责，并有权获得自己的劳动成果，可能比确定亲生父亲的身份更为重要。尽管如此，大多数亲属制度的运转确实建立在妇女的性、生殖、经济和家庭服务方面的权利之上。在父系社会中，儿子继承自父亲，女性的所有权利都取决于父亲，直到她们结婚为止，此时她们全部移交给丈夫。另一方面,母系社会关注同胞群体的重要性。继承权从母亲的兄弟传给他们姐妹的儿子,也就是,从舅舅到外甥。这种组织的多种方式被称为"母系难题"的解决方案。基本形式上,这意味着兄弟在结婚之前对其姐妹拥有权利。此时他们保留了生殖权,从而出于继承目的控制了其姐妹的儿子;然而,性权利和家庭服务等权利都移交给了丈夫。兄弟或同胞群体可能会保留姐妹劳动产品的经济权利。

除了继承,亲属关系和姻亲关系的规则也可能影响居住、个体间关系、称呼方式以及其他各种经济和政治行为(political behavior)*。通过研究家系、亲属称谓、婚姻选择和社会再生产周期,人们考察了这些规则本身。在社会人类学中,亲属关系理论倾向于根据其所关注的血统规则或姻亲规则的重点来分类。换句话说,他们专注于亲子关系规则或通过婚姻建立的群体之间的联系。

20世纪30年代到20世纪60年代之间,血统理论居于主导地位,这很大程度上与诸如迈耶·福蒂斯(Meyer Fortes)*这样的非洲研究人类学家的著作以及A. R. 拉德克里夫-布朗(A. R. Radcliffe-Brown)*的理论著作有关。血统论学者认为,亲属制度的功能是确保血统群体作为政治实体长期存在。这意味着血统群体内的关系必须通过追溯父母双方或之一的真实或虚构关联来建立和维护。因此,亲子关系和同胞关系成为关注的焦点。这些研究强调了血统和继承,它们是高度实证的,并且与功能主义(functionalism)*理论相关。对于血统论学者而言,这意味着亲属制度存在的目的是分配社会中的权利和义务。

联姻理论(alliance theory)*更加理论化,关注通过婚姻建立群体关联的规则是如何生成的。因此,婚姻和乱伦规则至关重要。对于联姻理论家而言,这意味着亲属制度存在的目的是允许或禁止生成婚姻。

这种观点大部分来自克劳德·列维-斯特劳斯（Claude Lévi-Strauss）*的著作。他将亲属制度指认为"基本"或"复合"的系统。在前一种情况下，人们根据社会规则选择配偶。而在后一种情况下，人们根据个人选择而不是结构性规则决定配偶。然而，这些只是抽象原则，并不是经验事实的描述：在实践中，所有社会都有根据基本结构定义婚姻伴侣的乱伦禁忌，并且所有社会都有允许基于情境选择的衡量的复合面向。

在20世纪60年代和20世纪70年代，联姻理论者和血统理论者之间的争论十分激烈，并成为社会人类学中功能主义学派和结构主义（structuralism）*学派辩论的一部分。此后讨论逐渐降温，现在人们普遍认为差异更多是在理论应用的水平上，而不是具体亲属制度间的基础性差异或者对于特定理论观点的必然遵守。

对于"亲属关系"较好的介绍有：罗德尼·尼德汉姆（Rodney Needham）的《再论亲属关系与婚姻》（*Rethinking Kinship and Marriage*），以及克里斯·哈里斯（Chris Harris）的《亲属关系》（*Kinship*, 1990）。另见家庭社会学（family, sociology of）*。

Klein, Melanie 梅兰妮·克莱因（1882—1960）

出生于奥地利的第二代精神分析学家，在布达佩斯的桑多·费伦奇（Sandor Ferenczi）和柏林的卡尔·亚伯拉罕（Karl Abraham）手下接受培训。她于1926年移居伦敦，成为英国和世界精神分析（psychoanalysis）*的主要人物，是英国精神分析协会中克莱因学派的创始人。

她在分析技术上的创新是分析幼儿、用游戏来代替语言上的自由联想（free association）*；探索反移情的重要——分析师对案主的感受；并对精神病患者（psychopath）*进行了分析。与西格蒙德·弗洛伊德（Sigmund Frend）*相比，她对小婴儿的情感生活提出了更为详尽的理论。她的论点是，所有婴儿都会经历两个阶段：一个是偏执型-分裂型阶段，在这个阶段，不良情绪被投射到外部世界，然后被认为是威胁；另一个是抑郁型阶段，在这一阶段这些情绪被重新整合到人格（personality）*中。因此，每个人都有过疯狂的经历，而且至少有倒退到疯狂的长久可能性。她赋予弗洛伊德的死亡本能概念以临床意义，将其作为破坏性的嫉妒（仇恨）来处理，并强调无意识幻想的作用。近年来，她的作品被用于社会批评的目的。例如，她对早期发展阶段的分析可以用来理解现代人格的特征（参见C. 拉施［C. Lasch］*的《最小的自我》*The Minimal Self*，1984）；她对爱与恨的游戏的关注被用来补充批评理论（critical theory）*（参见C. F. 阿尔福德［C. F. Alford］的《梅兰妮·克莱因与社会批判理论》（*Melanie Klein and Critical Social Theory*，1989）。她最重要的论文收录于朱丽叶·米切尔（Juliet Mitchell）编的《梅兰妮·克莱因文选》（*The Selected Melanie Klein*，1986）。另见客体关系理论（object relations theory）*。

Klein, Viola 薇奥拉·克莱因（1908—1973）

一位奥地利社会理论家，于1939年作为难民逃到英国，成为一名家政服务员。她的第二个博士学位（1944年从伦敦政治经济学院获得）的论文以《女性特征：一种意识形态的历史》（*The Feminine Character: History of an Ideology*，1946）为题出版，然而她最著名的研究是与阿尔娃·缪达尔（Myrdal）合作的《妇女的两种角色：家庭与工作》（*Women's Two Roles: Home and Work*，1956年第一版，1968年第二版），这是一本出版于第二波女性主义(feminism)*思潮前的有影响力的著作,预见到了这波思潮的许多观点。

Kluchkohn, Clyde 克莱德·克拉克洪(1905—1960)

一位美国人类学家,曾在哈佛大学任教,其著作结合了人类学和心理学的元素。他的主要著作是《纳瓦霍巫术》(*Navajo Witchcraft*, 1944),其中他认为当地社会的巫术有助于疏导来自更广泛社会的压力所造成的紧张。他曾在跨学科的哈佛大学社会关系系与塔尔科特·帕森斯(Talcott Parsons)*一起工作多年,人们普遍认为他鼓励帕森斯认真对待1940年代受弗洛伊德(Sigmund Freud)*影响的美国文化人类学(cultural anthropology)*。另见文化和人格学派(culture and personality school)*;魔法、巫术和诅咒(magic, witchcraft, and sorcery)*。

knowledge, sociology of 知识社会学

知识的社会学关注知识与社会基础的关系,尽管这个关系的含义可能因作者而异。所有主要的社会理论家都将其视为自己理论的组成部分。例如,爱弥尔·涂尔干(Émile Durkheim)*在其宗教社会学(religion, sociology of)*中提出,我们安排世界的基本精神范畴植根于我们组织社会的方式。马克斯·韦伯(Max Weber)*在其宗教社会学中,非常重视影响宗教信仰形成的物质条件。

马克思主义(Marxism)*中专门论此的理论是意识形态(ideology)*理论。知识的社会起源被认为与掌握真理的可能性有关。有时有人认为,知识的内容取决于社会或经济地位:资产阶级(bourgeoisie)*以一种方式看待世界(个人竞争和优胜劣汰),而无产阶级(proletariat)*

则以另一种方式看待世界(合作进取和相互支持)。这些不同的观点直接来自每个阶级在生产过程中的经验。从更复杂的学术传统看,人们认为知识的形式比知识的内容更重要,这基于黑格尔(Hegel)*的著作,也与格奥尔格·卢卡奇(György Lukács)*和法兰克福学派(Frankfurt School)*(参见批判理论[critical theory]*)相关。因此,卢卡奇在《历史与阶级意识》(History and Class Consciousness, 1923)中认为,形式逻辑是适用于资产阶级时代的思想标志。它在形式上是分析性的,将其主题分解为多个组成部分,并围绕许多所谓的"对立范畴",这些范畴无法归为一个整体,例如主体和客体。另一方面,马克思主义思想被认为是综合、总体和辩证的。每种形式代表不同社会阶层的经验。对于前述两种方式,无产阶级思想形式都最接近真理。

知识社会学作为独立研究领域,最明确的表述莫过于卡尔·曼海姆(Karl Mannheim)*。在《意识形态与乌托邦》(Ideology and Utopia, 1936)一书中,他提出了标准的非马克思主义观点,认为社会位置(status)*(而不仅仅是社会阶级[social class]*)的序列决定了知识的形式,人们不能给予一个观点比另一个观点更多的真理价值。然而,由于知识分子(intellectuals)*"相对独立"的地位,他们可以调和不同位置,从而获得更完整的视野。

作为一个独特的分支领域,知识社会学似乎既开始也终结于曼海姆,尽管他的思想(以及马克思主义思想)的各种组合出现在有关现代性(modernity)*、宗教(religion)*和科学的社会学之中,其中科学社会学(science, sociology of)*聚焦于特定机构的知识影响。这些讨论经常受困于相对主义(relativism)*的问题:既然主张都受限于自身的语境,那么一个人如何能提出一个普遍性主张,认为所有的知识都取决于社会位置？沃纳·史塔克（Werner Stark）的《知识社会学》（*The Sociology of Knowledge*, 1958）中对此问题进行了详尽的讨论，这仍然是对经典文本最详尽的介绍之一。

20世纪80年代以来，对文化、科学、宗教和意识形态感兴趣的社会学家一直致力于振兴这一领域。文化研究（cultural studies）*作为一门独立学科的发展也为这一倡议做出了贡献。这项工作的重点不是区分社会位置以及个人或群体的不同趣味，而是特定种类的社会群体（social group）*如何使知识的整体秩序成为可能。它还将研究领域从考察知识内容扩展到探索"知识的形式和实践"，从而不可避免地扩展到政治、文化和组织话语的结构化。研究人员关注了以下问题：各种媒体保存、组织和传播知识的方式；社会群体如何保留和改变他们的集体记忆（例如通过"发明传统"）；组织结构和实践如何影响观念（据称，这是在科学共同体的构建与特定知识范式（paradigm）*的连贯性的关系中得出的）；权威（authority）*和权力（power）*如何塑造知识。关于这些日益扩展的文献的有用总结，参见安·斯威德勒（Ann Swidler）和约格·阿尔蒂提（Jorge Arditi）的《新知识社会学》（The New Socology of Knowledge），载于《社会学年鉴评论》（*Annual Review of Sociology*, 1994）。另见埃文斯-普里查德（Evans-Pritchard）*；宗教社会学（religion, sociology of）*；马克斯·舍勒（Scheler, Max）*；科学社会学（science, sociology of）*；乔治·索雷尔（Sorel, Georges）*。

Kollontai, Alexandra 亚历山德拉·柯伦泰（1872—1952）

革命时期俄国的一位重要的女性主义者。她的主要关注点是将阶级和革命活动与女性角色和母性联系起来。她总是有争议,她最引人注目的社会学研究是对性爱自由思考的激进分析。比阿特丽斯·法恩斯沃斯(Beatrice Farnsworth)在《亚历山德拉·柯伦泰》(*Alexandra Kollontai*, 1980)中对这些分析作了有益的评价。

Kondratieff cycles 康德拉季耶夫周期

参见经济周期(business cycle)*。

Kroeber, Alfred Lewis 阿尔弗雷德·刘易斯·克罗伯(1876—1960)

美国文化人类学家,美国原住民的民族志(ethnography)*记录者(参见他的《加州印第安人手册》*Handbook of the Indians of California*, 1925),也是文化发展的哲学和人类学研究的作者(《文化增长的配置》*Configurations of Culture Growth*, 1944)。关于他所坚持的历史特殊主义与盛行的进化主义(evolutionism)*的对比,最简洁的解释是他的文章《十八种职业》(The Eighteen Professions,载于《美国人类学家》*American Anthropologist*, 1915),这篇文章有力地说明了社会结构(social structure)*研究的特殊规律法,他认为历史是由文化模式而不是人格(personality)*偶然意外决定的(参见他的《超有机》The Superorganic,载于《美国人类学家》, 1917)。

Kuhn, Manford 曼福德·库恩(1911—1963)

符号互动论(symbolic interactionist)*的领军人物,他发展了互动论(interactionism)*的更多的量化分支,并认为芝加哥学派(Chicago School)*的方法论(methodology)*过于模糊,无法实现科学的准确性。库恩和他的同事们试图为社会行动(social act)*和自我(self)*等概念给出可操作的定义。他最熟悉的研究工具是所谓的"20词测验"(Twenty Statements Test),它要求人们列出"我是谁"这一问题的20个答案,以此为更加客观的"自我"研究的基础。

库恩的独特方法(有时被称为符号互动论的"爱荷华学派")在诺曼·K.邓津(Norman K. Denzin)的工作中很明显,他在童年、情感、酗酒(alcoholism)*、生活史(life history)*和电影等领域进行了研究,使用了各种定量和定性技术,提倡三角测量法(triangulation)*,参见《研究法则:社会学方法的理论介绍》(The Research Act: A Theoretical Introduction to Sociological Methods, 1978);《社会学方法:资料手册》(Sociological Methods: A Sourcebook, 1978)。最近,邓津把他的工作描述为解释互动论(《解释互动论》Interpretive Interactionism, 1990)。

Kuhn, Thomas Samuel 托马斯·萨缪尔·库恩(1922—1996)

一位美国哲学家和科学史学家,对社会学和其他社会科学(social science)*中关于知识变化的思维发展有重大影响。20世纪40年代他在哈佛大学开始研究物理学,但转而研究科学史,他研究了天文学的理论变化,并写作了《哥白尼革命:西方思想发展中的行星天文学》(The Copernican Revolution: Planetary Astronomy in the Development of Western Thought, 1957)。为了反思这项研究的广泛影响,他写了《科学革命的结构》(The Structure of Scientific Revolutions, 1962)。他的中心论点是,日常科学是在特定的思维范式中工作的,这些范式构成了一个规范科学(normal science)*的框架,其中的关键假设被毫无疑义地视为理所当然。只有当无法纳入这些范式的异常观察积累起来时,科学家才会开始寻找看待世界的其他方式。正是在这种时候,科学革命(scientific revolutions)*可能会通过发明新的世界观(weltanschauung)*而发生,这些世界观最终会成为新时期规范科学的基础。

库恩的研究与知识社会学(knowledge, sociology of)*的论点产生了共鸣,这些论点支撑了20世纪60年代和70年代的社会学辩论,并导致采用了他的论点的一个相当简单的形式,由此发展出相对主义(relativism)*和理论框架的多样性和多元性的强调。他的论点实际上更接近于在最近的社会科学中变得重要的现实主义(realism)*形式。

kula ring 库拉圈

特罗布里恩群岛存在的一种交换循环,马林诺夫斯基(Bronislaw Malinowski)*在《西太平洋上的航海者》(*Argonauts of the Western Pacific*, 1922)中记载了这个现象。特罗布里恩岛民们一年两次驾驶独木舟,载着用于交换的礼物和本地特产拜访其他岛屿。抵达之后,访者供献礼物,交换产品,接受主人的宴请。这并不是单纯的贸易远航,因为岛民们的目的是从他们特定的库拉交换伙伴那里得到白色贝壳做的臂镯和红色贝壳做的项链。礼物从一个岛被带到另一个岛,形成了一个圈,其中臂镯按照一个方向而项链按照另一个方向固定地循环着,这个交换被称作"库拉"。

库拉物品没有货币价值,无法转换为消费品。它们只是为了炫耀和声望,类似于仅在下一次比赛之前持有的体育奖杯。人们非常尊崇贝壳,他们从终生的库拉伴侣那里寻求交换来的贝壳:因此当地人说"一次在库拉,终身在库拉"。库拉循环中的每个人都在某个时间点收到了所有库拉物品,持有它们一段时间然后传递下去。人们庄重正式地传递贝壳,不允许讨价还价。赠礼和回礼之间的时间间隔是赠与者的一种信任表达,即伙伴将回馈他的应得之物。男人们用巫术来确保善意和感情,以便将来的得到贝壳回馈,因为男人的威望取决于此。

马林诺夫斯基抨击了将库拉贝壳视为货币的作者。我们最好将之视为道德框架下的礼物交换。因此,马林诺夫斯基利用"库拉"提出了更具一般性的观点:经济行为内嵌于社会关系中。库拉圈将诸多岛屿及其经济焊为一体。他还强调了库拉的政治属性。它为男子提供了内部地位,并通过巩固和平为参与库拉贸易群岛之间培植政治稳定。根据马林诺夫斯基的说法,在库拉的影响范围内(声望、政治影响、贸易和赠礼),许多互动都形成了"一个有机整体"。因此,马林诺夫斯基的库拉交换研究是人类学(anthropology)*中功能主义(functionalism)*方法的一个主要示范。另见礼物关系(gift relationship)*;理性选择理论(rational choice theory)*。

L

labelling（labelling theory）标签（标签理论）

标签理论是对20世纪50年代和20世纪60年代越轨社会学（deviance, sociology of）*的怀疑革命的主要推动力。二战后初期的正统犯罪学（criminology）*，无论在英国还是在美国，都将犯罪（crime）*或越轨行为视为明确的事件，可以很容易地被解释为个体心理学甚或基因遗传的产物。犯罪是由犯罪的典型人群造成的，这些人具有特定的心理遗传特征或社会文化背景。

这种实证主义（positivism）*的传统受到了社会问题研究学会（society for the study of social problems）*和全国越轨行为会议（National Deviance Conference）（英国）成员的挑战，他们认为既有的犯罪学是有偏见的，因为它偏爱权威性的越轨定义，在导致越轨行为的成因上它过于确定论，并且对"越轨是特定人格"这一论点毫无批判态度。正统派只提出了关于犯罪的行为和动机问题："他们为什么这样做？""他们是什么样的人？"，以及"我们如何阻止他们再次这样做？"。标签理论者解决了许多定义性问题，这些问题迄今为止很大程度上被忽略了："为什么一定存在一个特殊规定，即越轨构成了违法？""将某人识别为越轨者并将规定应用于他或她会涉及哪些程序？"，以及"这个程序对社会和个人都有什么后果？"。

标签理论视角可以视为埃德温·莱默特（Edwin Lemert）区别初级和次级越轨（《社会病理学》*Social Pathology*，1951）的发展。

这种区别亦即，初始行为（可能由各种原因引起）与源于社会对任何偏离规范（norm）*的反应而可能发生的自我（self）*和社会角色（social role）*的符号重组之间的区别。美国标签理论的主要支持者是霍华德·贝克尔（Howard S. Becker）*，他在《局外人》（Outsiders，1963）中指出，越轨是由社会造成的，即"社会群体通过制定违规构成越轨的规则以及通过将这些规则应用于特定人群并将他们标记为局外人来造成越轨"。从这个角度来看，越轨并不是人的过失行为本身的特性，而是规则应用的结果："越轨行为之所以越轨，乃是人们如此标记它"。这个立场与某些形式的冲突论（conflict theory）*有很大的相似之处。斯坦利·科恩（Stanley Cohen）*（《民间魔鬼和道德恐慌》Folk Devils and Moral Panics，1972）等人提出了这样的主张，即标签可以引起越轨放大（amplification deviance）*。也就是说，社会控制（social control）*的尝试可能会通过以污名化（stigmatize）*的方式（例如暴徒、瘾君子诸如此类）来定义个人，从而给他们蒙上污名（stigma）*；社会控制的尝试还强迫个人接受越轨身份来作为防范、抨击或适应社会反应（societal reaction）*产生的问题的一种手段，这对于他们寻求消除的越轨还有意想不到的鼓励后果。这种情况下越轨放大会发生。异见行动或所谓的越轨被定义为值得关注并应予以惩罚的行为；因此越轨者脱离了常规社会，开始用越轨的术语来定义自己，并与处于相似状态的他者交往，从而导致更多的越轨行为；这反过来又使该团体受到"正常人"的进一步惩罚。

尽管标签理论很快就产生了令人印象深刻的实证研究，但在20世纪70年代却受到了相当多的批评。最常见的批评有：它忽视了越轨行为的根源，仅适用于有限范围的犯罪活动，标签过程的概念过于决定论（determinism）*，以及忽视权力（power）*和社会结构（social structure）*的问题。对于那些享有政治权利的人来说，该理论似乎等于宣称许多罪犯实际上是受害者，受到的罪罚超过自己的罪责。它使社会反应（尤其是警察、法庭和其他社会控制机构的行动）成为关键变量。人们常常指责说，这种新的越轨社会学相比于解释犯罪活动，似乎更倾向于辩解。标签理论特别容易遭受到这一指控的攻击，因为它可能被讽刺为提供一种粗糙的犯罪模型——"无越轨—标签的冲击—导向越轨"。考虑到以下事实，这种批评观点十分有力：这个理论非常明显地被用于描述越轨和绝大部分无受害者犯罪（victimized crime）*，如同性恋（homosexuality）*、药物成瘾（drug addiction）*、酗酒（alcoholism）*、参加帮派以及精神疾病（mental illness）*。因此标签理论的观点在某些领域被称为"疯子、荡妇和变态者的社会学"。

政治左翼的批评者认为，该理论对现状的批判还远远不够深入。由于将注意力转移到较低级别的社会控制机构（例如，媒体[media]*和社会福利部门），它忽略了实际运作这些机构的支配精英。标签理论者研究的是规则执行者而非规则制定者。他们对失败者的同情并没有转化为对私有财产以及其他据称是资本主义社会的压迫和剥削结构的系统性批判。具有讽刺意味的是，其中一些批评后来在全国越轨行为会议中出现，其中包括所谓激进犯罪学家，例如伊恩·泰勒（Ian Taylor）、保罗·沃尔顿（Paul Walton）和乔克·扬（Jock Young）（《新犯罪学》The New Criminology，1973）。

毫无疑问，这种批评大部分是不公平的，其原因是对标签理论家的抱负存在根本性的误解。该理论最好的辩护是肯·普卢默（Ken Plummer）的《标签理论的误解》（Misunderstanding Labelling Perspectives，载于 D. 唐斯 [D. Downes] 和 P. 罗克 [P. Rock] 编的《越轨解释》 *Deviant Interpretations*，1979）。普鲁默指出，标签理论的观点只关注控制标签的性质、出现、适用和后果的社会过程。因此，它可以很容易地适应从各种原本不兼容的理论观点生发出来的越轨研究。许多标签理论者都在互动论（interactionism）*传统下工作，该传统认为社会是由姿态的交换构建的，这涉及符号交流和反身性行动者之间的意义协商。这种一般性观点显然与标签理论的特定命题一致。但是一些标签理论研究非常显著地与功能主义（functionalism）*、现象学（phenomenology）*、拟剧论（dramaturgy）*和常人方法学（ethnomethodology）*相类似。因此，通常的情况是，对于标签理论的批评实际上是对其潜含的互动论或现象学前提和命题的批评。实际上，标签理论的观点可以适应于各种社会理论。

从这个角度来看，许多对该理论的典型批评都完全没有指出这一点。标签理论没有确认初级越轨的原因，因为它压根没有这样做：它提供了标签的解释，而不是行为的解释。大多数范例利用其他类型的解释来说明社会反应所针对的初级越轨。甚至贝克尔都没有声称标签本身是造成越轨行为的根本原因。贴标签或越轨放大也不是必然的。从初级越轨到次级越轨的转变是一个充满偶然性的复杂过程。标签可以是临时的、可协商的或被拒绝的。同样，批评标签理论者忽略了大范围的越轨行为也是不公平的，因为他们显然并不打算对每种已知的犯罪形式提供普遍的解释。相反，支持者相当适度地认为，标签可能会改变越轨经验的方向、强度和发生率。因此,最差的情况是,标签理论者只能被指责为自己设定最合适的越轨原理目标。

尽管20世纪70年代以来越轨研究有了许多新发展,但标签理论仍然有突出影响,特别是在北美。甚至有些讽刺的是(考虑到它的激进根源),标签理论也许已经成为一定意义上新的正统研究范式(paradigm)*。另见犯罪学(criminology)*;批判理论(critical theory)*;越轨放大(deviance amplification)*;民间魔鬼(folk devils)*;道德恐慌(moral panic)*;符号互动论(symbolic interactionism)*。

labour 劳动

在大多数社会学文本中,这个术语与雇佣劳动(wage labour)*同义。但是,在马克思主义(Marxism)*中,人们常常关注"劳""资"双方的利益冲突。前者指无产阶级(proletariat)*,并暗含了资本家(capitalist)*或资产阶级(bourgeoisie)*对劳动力(labour power)*的剥削(exploitation)*理论。有时,例如在有关"劳动"的人类学讨论或家庭劳动(domestic labour)*的社会学分析中,这个术语可能等同于工作(work)*,而不是更加受限制的就业(employment)*范畴。

labour aristocracy 工人贵族

弗里德里希·恩格斯(Friedrich Engels)*提出的一种概念是指工人阶级(working class)*的上层阶层,该阶层接受了较高的工资,因此有可能被贿赂以放弃其阶级利益(class interest)*。在列宁对这一论点的解释中,这笔钱被认为来自帝国主义(imperialism)*的利润。这一概念主要用于讨论维多利亚时代(1837—1901)和爱德华时期(1901—1910)英国阶级关系的发展,即20世纪70年代的"工人贵族"论争。主要来说,论战的双方(包括那些关注阶级和文化的社会学家)的争论主要包括以下几方面:概念本身的界定;工人贵族阶层在引发工人阶级抗争,抑或让工人阶级沉默的作用;工业革命(industrial revolution, the)*后的生活水平;就业条件,工作场所的权威(authority)*以及技能(skill)*的社会建构;阶级意识(class consciousness)*中的文化和政治因素;"家庭理想"的出现和妇女在工业社会中的角色变化;英国工人阶级的发展与19世纪英国帝国主义之间的联系。论争逐渐消失了——大部分仍未解决——但产生了大量以国家和地方层次为分析对象的优秀历史研究。有关这些议题简要概括,可以参考罗伯特·格雷(Robert Gray)的《十九世纪英国的工人贵族,1850—1914》(*The Aristocracy of Labour in Nineteenth-Century Britain, c. 1850-1914*, 1981)。

labour, division of 劳动分工

参见劳动分工(division of labour)*。

labour-force participation rate 劳动参与率

这是指工作(work)*和失业(unemployment)*以及正在寻找工作的人占特定基线人口的比例。该参与率可能因基线群体的不同而有所不同。基线群体可以是男性或女性、16岁以上的成年人口总数或工作年龄(16—65岁)的人口。由于对女性工作该如何界定存在模糊之处,女性劳动参与率的确定有一定难度,尤其是在第三世界(Third World)*国家。童工的界定也存在相似的困难。

labour market 劳动力市场

在劳动力市场中,人力(或劳动力[labour power]*)被视为商品,它可根据法律上视为合同的条款进行买卖。资本主义(capitalism)*极大地发展了正式的自由劳动力的买卖,但是,其他工业化(industrialization)*道路(例如,现实社会主义[real socialism]*)也带来了雇佣,尽管这并不是严格意义上的自由劳动力市场。经济学家认为,与其他生产(production)*要素一样,劳动力市场可以理解为一般价格理论的特例,价格(工资或薪水)由供求关系决定。但是,对实际劳动力市场的研究表明,价格理论所假设的许多基本条件通常是不存在的。工人在工作之间的流动性通常很少或不存在;收入差异的结构仅与劳动力供求关系存在最为松散的关系;歧视(discrimination)*、标签(labelling)*、种族主义(racism)*和性别歧视(sexism)*泛滥。因而,经济学对劳动力市场过程的解释必须加以补充。有时社会学分析替代了经济学解释,从而为跨学科研究创造了一个有前景的领域。

新古典经济学(neo-classical economic)*理论认为,劳动力市场上的交易是自愿的,并且对于参与各方来说,交易的结果要好于其他选择。劳动力市场是一个竞争性的市场,因为每个卖方都有许多潜在的买方,反之亦然。现有和潜在工人的劳动力供应与雇主的劳动力需求相互影响,从而达到劳动力的均衡价格。如果由于任何原因例如由于全国最低工资或强有力的工会(trade union)*谈判,雇主将减少提供的工作数量。如果劳动力价格下跌,在其他所有条件不变的情况下,雇主将增加提供的工作数量。劳动力市场的经济学理论还认为,长期而言,垄断(monopoly)*和歧视都将消失,因此不可能对个人造成长期的约束。另一方面,在劳动力市场的经济模型中,可以把求职的工人按一定标准排序,雇主会选择最好的第一人:那些更符合条件、有更多经验和更多技能的人比其他人得到的工作机会更多。因此,失业者将总是由那些不符合条件、有最少的技能和最少的就业经验的人组成;那些有社会、心理或其他问题的人将不那么容易被雇佣。因此,该模型允许某些形式的合理歧视。

许多经济模型都假设人们拥有充分的信息,可以在给定的约束下做出合理的决定,并据此调整其出价。实证研究使一些经济学家认识到,信息的收集和分析需要耗费时间和金钱,市场不完善是由于信息不完整或不足而引起的。因此,行为的满意度模型比最大化模型更符合现实。

社会学对劳动力市场的研究认为,尽管劳动力在名义上可以被买卖,但实际上它缺乏资本主义经济中其他商品的许多特性。这些不同在某种程度上解释了为什么价格理论家对劳动力市场的描述如此混乱。这里至少应考虑四个因素。

首先,就像所购买的任何服务一样,在履行合同中完成的工作量(或努力)到底要达到多少才是令人满意的,这一标准并不清晰。对于一天的普通工作到底要达到什么标准也不清晰。在工作任务频繁变化的情况下模糊性则更强。因为这种基于努力程度的议价(effort bargaining)*甚至发生在最常规的工作环境中,所以价值、习俗和实践、行政法规以及用人单位和雇员的相对权力,与产生劳动力市场结果的价格机制同样重要。

其次,工资和处境的不平等是劳动力组织水平以及市场竞争的体现。尽管从法律理论上讲,销售合同假定双方都是平等的,但这与工人个人与潜在雇主之间谈判时存在的权力不平等并不是一回事。因此工业化以来，无论面临什么情况和国情，工人都不约而同地试图通过成立工会来弥补其在谈判中的弱势地位。集体谈判（collective bargaining）*，无论什么时候发生，都会破坏市场的标准概念，因为它以通过规则确定工资取代了通过价格机制决定工资。它还将法律和政治因素纳入对劳动力的管理中。集体劳动合同和固定工资协议在工业化国家往往会成为潜在的不稳定因素之一。此外，代表工人的工会和协会的法律地位，以及劳资冲突（industrial conflict）*过程中双方都对工人使用的制裁（sanction）*和战略也都是不稳定因素的来源。因此，大多数社会都试图通过法律和政治行政控制来管理劳动力市场。

再之，工会和雇主都经常寻求建立所谓的内部劳动力市场，即工作的网络和等级只对内部晋升开放。例如，通过控制工作准入，工会可以限制进行手艺培训的机会，从而保证较好的工资待遇和劳动条件。雇主同样可以通过拉开福利（welfare）*和晋升的距离来区分其对劳动力的需求，以便奖励和保留有价值的工人，同时仅向其他人提供非标准或弹性就业（flexible employment）*的机会。（一些学者还声称，内部劳动力市场在一定程度上建立在歧视和偏见之上，这有助于雇主对工作场所分而治之。）对于实际工作场所以外的工作机会，家庭和邻里网络的存在则加强了其排他性，这扩大了内部劳动力市场。

最后，在许多行业和情况下，工人相对无权且缺乏组织，因此，与工人使用集体力量相比，工资和工作条件将受到不利影响。工会组织通常在小型企业、零售和个人服务部门、非全职工作和外包（outwork）*劳动中，以及在女性、少数族裔和年轻人中遇到各种困难。上述群体普遍存在的低薪和工作不稳定可以用隔离和缺乏权力来解释。

社会学家强调了劳动力市场分割的重要性，并指出文化、制度和结构因素有助于理解人们在市场中被分配的位置、市场过程的不完善之处、不同市场中运行的奖励制度以及市场中权力关系的性质。吉尔·鲁伯里(Jill Rubery)关于"雇主和劳动力市场"的文章(载于D. 加利[D. Gallie]编的《英国就业》*Employment in Britam*, 1988)中回顾了劳动力市场的各种理论,讨论了"弹性就业"的证据,并提供了一份关于英国和美国案例研究的参考书目。有关实证分析的例子,请参见吉尔·鲁伯里(Jill Rubery)和弗兰克·威尔金森(Frank Wilkinson)编的《雇主策略与劳动力市场》(*Employer Strategy and the Labour Market*, 1994)。另见劳动分工(division of labour)*;人力资本理论(human-capital theory)*;劳动力市场分割(labour-market segmentation)*;职业隔离(occupational segregation)*。

labour-market flexibility 劳动力市场的灵活性

这个术语用于指代特定工作或整个劳动力市场(labour market)*的全部或部分特征,包括:工人类别与灵活工作之间的界限在消失;工人在不同工作、雇主或地区之间的流动性;灵活的或非标准的工作时间;工资的灵活性;就业组织和工作方式中的任何其他创新,例如居家工作或远程工作。在这种情况下,工资灵活性通常意味着工资根据公司的利润和财务绩效而上升或波动。另见弹性就业(flexible employment)*。

labour-market segmentation 劳动力市场分割

本质上,新古典经济学(neo-classical economic)*理论认为劳动力市场(labour market)*和其他类型的市场一样,买卖双方在其中开展公开竞争。这里当然有差异。人们认识到，劳动并不是一种完全同质的商品：工人不仅在休闲中的品位和偏好不同，对金钱的偏好不同，他们在人力资本、对教育和培训的投入、工作技能和经验上都有所不同。但是，从总体上分析劳动力供求关系仍然有意义。

多年来，这种"劳动力市场"模型已经得到完善，以适应医生和服装设计师在完全不同的市场中工作的事实。英国经济学家阿尔弗雷德·马歇尔（Alfred Marshall）*于19世纪80年代在劳动力市场上引入了非竞争性群体的思想。最重要的区分标准有职业、地理和行业。职业劳动力市场是由于劳动分工（division of labour）*、社会分化（social differentiation）*和专业化程度提高而产生的，工人无法在需要不同技能、且技能和资格的获得需要大量投资的职业之间进行转换。例如，护士和医生即使在同一个组织中并肩工作，也构成了不同的职业劳动力市场。通过限制进入某个职业，例如通过规定所需的最低资格和经验，已经从事该职业的人可以控制劳动力的供应并有助于提高工资。也可从在空间角度对劳动力市场（labour market）*加以界定，因为雇主和工人都不能在不产生大量成本的情况下搬到另一个地方。结果是，即使在该国其他地区有大量失业者，大城市的工资也可能很高。"本地劳动力市场"一词通常用于指代特定地区（例如，通勤地区、城镇或城市）内的劳动力市场。当某些行业的雇主需要特定技能或技能组合，并试图在培训后长期留住工人，行业劳动力市场便兴起了。例如，警察、公务员和煤矿工人可能会在同一国家的不同地区间流动，同时获得标准的行业合同并在工作中运用同样的技能。

在劳动力市场分割理论范畴下，非竞争性群体的概念得到了进一步发展。其中两个主要的理论进展分别是双重（或分裂[schism]*）劳动力市场和内部劳动力市场理论。这两个理论都是由美国学者彼得·多林格（Peter Doeringer）和迈克尔·皮奥雷（Michael Piore）（《内部劳动力市场和人力分析》*Internal Labor Markets and Manpower Analysis*, 1971）以及其他学者（理查德·爱德华兹[Richard Edwards]、迈克尔·赖希[Michael Reich]和大卫·戈登[David Gordon]的《劳动力市场分割》*Labor Market Segmentation*, 1975）构建，并通过实证研究进一步扩展。从那以后，欧洲学者发展了一个框架试图将这两者整合为一个模型，如下图所示。

	高度自由裁量权、长期稳定的工作		
灵活而具体的技能	初级内部劳动力市场（PI）	初级外部劳动力市场（PE）	专门而抽象的技能
	次级内部劳动力市场（SI）	次级外部劳动力市场（SE）	
	低度自由裁量权、不稳定工作		

劳动力市场细分：组织和企业特定的劳动力市场

双重劳动力市场理论围绕着识别经济和全国劳动力市场中两个截然不同的部门而展开：初级部门和次级部门。这两个部门的工资、雇佣特征和过程完全不同。该理论指出，在正常情况下，两个劳动力市场之间的工作流动是非常有限的。实际上，次级部门的工人被困在那里，除非他们进入大学并获得更高的学历。次级部门以普遍存在的不充分就业（underemployment）*和失业（unemployment）*为特征；工作大多是低技能的，需要较少的培训，并且可以在工作中相对较快地学习。次级部门内的工作流动几乎没有障碍。由于工作没有吸引力，因此几乎没有留下的动力，劳动力流动率很高，工人常常转向其他工作或雇主。工资通常很低，工作待遇和条件最差。学者们在以下几方面有分歧，包括"糟糕"工作究竟该以收入和工作条件判定，还是该以无技能要求来判断；初级和次级部门是否也具有明显不同的工作文化。初级部门通常提供级别高、地位高和薪水高的工作，而雇主也尽可能提供最佳的工作待遇和条件。某些表述则强调职业劳动力市场具有准入限制。在其他方面，重点则放在行业劳动力市场和雇主的特征上。有时初级部门还被细分为上层和下层。这些初级和次级部门的经济概念与社会分层（social stratification）*和阶层间社会流动的社会学理论紧密相关。同样，内部劳动力市场理论与社会学内部关于劳动力市场的"巴尔干化"、工业封建主义和工作中的产权问题的争论也有相似之处。与大多数古典经济学理论（classical economic）*（参见放任主义经济学［laissez-faire economics］*）相比，社会学家更容易使用劳动力市场分割理论，他们同时还促进了关于劳动力市场功能的多学科研究。

内部劳动力市场是一个行政部门，例如办公室或工厂，其雇佣关系和工资水平由一系列内部行政规则和程序确定。它与传统经济学理论的外部劳动力市场完全不同。后者的定价、分配和培训决策受经济变量的影响。这两个市场是相互联系的，彼此之间可以进出。否则，内部市场的工作将完全由已经获得准入资格的工人的晋升或调动来填补。内部市场的工作不受外部市场竞争力量的直接影响。这种观点的另一种表述是内部人–外部人分析，它能识别出某些劳动力市场职位、雇主类型或行业所具有的工资优势。

在针对欧洲委员会的一项研究中，R. 洛夫里奇（R. Loveridge）

和A. 莫（A. Mok）(《劳动力市场分割理论》*Theories of Labour Market Segmentation*, 1979）将这些理论线索整合到了上图所示的公司特定劳动力市场的四重分类中。初级内部劳动力市场的工作是公司内稳定员工的典型核心工作，需要长期接受公司特定技能的在职培训，具有安全性和良好的晋升前景，具有很大的自由裁量权和大量的物质奖励。专业的技术性工作需要职业技能而非公司专属的技能，通常是合同制或自雇，这类工作是典型的初级外部劳动力市场的工作。次级外部劳动力市场提供的工作往往不需要什么技能，几乎没有自主权，无需担责，收入低且不稳定，工作条件差，主要有临时性和季节性工作。次级内部劳动力市场提供的工作通常等级较低，但仍需要一定的在职培训，也有一定安全性和晋升前景。该模型清楚地表明，初级内部劳动力市场和次级外部劳动力市场之间的流动几乎可以忽略，相邻部门之间的流动和方向各不相同，这取决于人力资本的变化以及雇主对经济环境变化的反应。

对工业社会的经验研究通常表明，女性、少数族裔和移民集中在次级劳动力市场。但是，社会科学家也在下述方面存在一定分歧，即经验分析到底应聚焦于工人、工作、职业、公司、工作场所、行业，还是应聚焦于这些因素的某种组合。

初级和次级劳动力市场（或部门）的概念现在已经成为众人皆知的思想，初级劳动力市场通常被理解为是指在公共部门、大公司和工会参与率很高的行业中就业，工作具有稳定性、工作条件良好；次级劳动力市场被理解为涵盖了小型雇主、非工会经济部门以及高度分散和竞争激烈的行业，例如零售业，那里的工作缺乏安全感，工作条件和薪酬普遍最差。另见产业后备军（industrial reserve army）*。

labour movement 劳工运动

这个术语用来描述在劳动力市场上出卖劳动力的工人的所有组织。它可以大致分为工业领域劳工运动和政治领域的劳工运动：前者包括工会（trade union）*以及具有狭义经济目标的其他志愿协会，例如追求更高工资、更高的工业民主（industrial democracy）*或工业教育；后者包括一个或多个代表劳工、企图影响或控制国家权力的政党（political parties）*。从历史上看，劳工运动非常分散。虽然工会和政党有正式的结构和明确的领导层，它们组织的"运动"却是由个人、组织和团体组成的较松散的网络。由于马克思主义（Marxism）*和社会主义（socialism）*在劳工组织中的深远影响，关于这一点存在着长期的理论论争。这些人倾向于从整体上看待劳工运动，认为劳工运动体现为有组织的工人阶级或无产阶级（proletariat）*，从而意味着各个要素之间走向统一的潜在动力。即便如此，在革命策略上仍存在着争议，即究竟工人阶级的工团主义（syndicalism）*期望（通过有组织的工业行动夺取政治控制权）更好，还是列宁主义者的主张（工会行动必须让位给政治斗争）更好。较为保守的劳工运动参与者倾向于认可美国劳动关系研究的先驱塞利格·珀尔曼（Selig Perlman）的观点。珀尔曼强烈地受到美国工人阶级（working class）*的影响，声称工人运动体现了他所谓的机会共产主义，体现了有限的职业和社区忠诚，而不是试图统一整个工人阶级的知识分子的共产主义（communism）*。当然，近年来，人们对不同工业社会的劳工运动的历史、文化（culture）*和制度（institution）*多样性给予了更大的关注。参见 M. 雷吉尼（M. Regini）编的《劳工运动的未来》（The Future of Labour Movements, 1992）。另见社会运动（social movements）*。

labour power 劳动力

参见劳动价值论（labour theory of value）*。

labor process 劳动过程

对劳动过程的分析可以追溯到卡尔·马克思（Karl Marx）*对利用人力来创造产品以满足人类需要的兴趣。人们认为这个过程是社会群体（social group）*的，并且在不同的历史时期其生产方式（mode of production）*也有所不同。在资本主义制度下，表明看起来是生产中的事物或对象之间的关系，实际上是生产资料（means of production）*所有者与其劳动力（labour power）*之间的社会关系。理解这种关系的关键在于劳动过程的管理。

在《劳动与垄断资本》（Labour and Monopoly Capital, 1974）中，哈里·布雷弗曼（Harry Braverman）试图通过分析垄断资本主义（monopoly capitalism）*时代的劳动过程来重新检视这一论点。他关注的重点是与日益严格的管理控制有关的所谓"工作退化"。可以预见的是，劳动的从属和非技能化（de-skilling）*源于现代管理、新型机械化和自动化（automation）*的综合作用。理想的管理目标是消除所有工人的控制权或自治权，这要通过专门的任务划分和细分来实现。因此，熟练的手工艺工作沦为非熟练劳动力的地位。在20世纪初发展起来的泰勒主义（Taylorism）*或科学管理（scientific management）*被视为这种退化过程的有意识和系统的表达。有人认为，工作质量下降的一个总体影响是使中层工人（例如日常文职人员）与工人阶级（working class）*大众之间产生一种亲和力。

布雷弗曼认为与他假设的变化有关的因素包括国家对经济的监

管、对计划的日益重视、文书工作和办公室计算机化的扩展以及双重劳动力市场(dual labour market)*的出现。这些发展如何与他的中心论点联系起来还不清楚——当然那些对他的批评与这些发展的关系同样模糊。

人们质疑布雷弗曼对变革过程的概念化，因为它代表着一种单线性趋势，而不是多种因素的混合体(当然这多种因素也未必是整合的)。例如，不同的行业可能有不同的模式。同样，他认为有一种普遍存在的管理模式，这也遭到了攻击，因为实际上可以有许多不同的策略。例如，科层制(bureaucracy)*管理中为确保来自劳动者的合作，有可能将劳动力也纳入管理流程。其他对争论有贡献的学者则试图按照这些思路扩展布雷弗曼的最初论点。(R. 爱德华[R. Edwards]的《有争议的领地》[*Contested Terrain*, 1979]是继布雷弗曼之后处理这些问题的范例。)其他问题都围绕着技能(skill)*的性质和定义，人们认为有必要对技能这个概念进行更深入的讨论。据说手艺的消亡与理性化(rationalization)*过程之间的关联并未得到充分的研究，而去技能假说本身显然受到对新技能的依赖的挑战。在阶级关系的具体议题上，布雷弗曼的说法似乎没有强调工人反对加强管理控制的可能性，特别是在有强大的工会(trade union)*的地方；相反，他将工人技能等同于较弱的管理控制受到了挑战。他的分析是有局限性的，因为他仅涉及阶级关系的客观性(objectivity)*，而不是工人阶级的主观经验。同样，富有同情心的评论者试图通过持续的经验研究程序纠正这些缺陷。(参见，例如M. 布若威[M. Burawoy]的《生产政治》*The Politics of Production*, 1975)然而，这些批评也表明布雷弗曼的研究在设定辩论议程方面具有很大的影响力,其中大部分议题仍继续以他的论点为基础。另见无产阶级化(proletarianization)*。

labor relations 劳动关系

劳动关系,在英国被称为劳资关系(industrial relations)*,是对劳动力市场(labour market)*的制度和规则制定过程的跨学科研究。它的核心主题一直是工会(trade union)*或类似的雇员组织与雇主及其协会之间的集体谈判(collective bargaining)*。但是,由于需要将有组织的劳动者和雇主之间的交易纳入法律、历史、经济、政治和社会学背景下,因此研究范围已经明显扩大。在管理学著作中越来越多地使用的雇佣关系(employee relations)*一词,曾经是工业关系的代名词。现在,它通常表示该领域中的管理层-工会关系,发挥作用较小或被认为不适用。

定义的差异部分源于以下事实:尽管学术研究历史悠久,但迄今为止,还没有一个学科专门描述和解释劳动关系行为。因此,今天该主题的工作包括以下内容:劳动合同法的历史和现实;通过谈判规则进行的与通过竞争或自由市场(free market)*过程获得薪酬在理论和实践中的差异;国家参与劳动关系的原因以及雇主与雇员谈判的政治的历史和现实;工资差异和工资谈判的规范依据;劳资冲突(industrial conflict)*的历史和现实原因及其与阶级冲突的关系;有组织的劳动力部门和无组织的劳动力部门之间的关系;劳动力市场分割(labour-market segmentation)*和二元论;就业(employment)*和工资政策与社会政策(social policy)*的关系;培训、技能(skill)*和失业(unemployment)*。

社会学家、历史学家、经济学家、心理学家、律师和其他人继续为本领域做出贡献，但往往很少借鉴彼此的研究成果。近年来，劳动关系系统的概念（J. T. 邓洛普 [J. T. Dunlop] 的《劳动关系系统》*Industrial Relations Systems*, 1958; T. A. 科昌 [T. A. Kochan] 等人的《美国劳动关系的转变》*The Transformation of American Industrial Relations*, 1986）试图整合该领域的研究。对该概念的批评者认为，它是不完整的，在概念上是静态的，并且范围太广以至于几乎没有解释力。另见劳动过程（labor process）*；人事管理（personnel management）*；信任（trust）*。

labour theory of value 劳动价值论

劳动是所有财富的最终来源的思想，这在早期的政治经济学（political economy）*中很普遍。例如，亚当·斯密（Adam Smith）*认为，在一个由工人拥有自己的生产资料（means of production）*的市场社会中，商品价格将与生产商品所需的劳动量成比例。但是，如果不参与劳动的资本家（capitalist）*雇佣了一个无资产工人来进行劳动，那么市场竞争将导致平均利润率的产生。从而资本家将商品定价为某个特定水平，使得他们有能力向工人支付公道的工资水平、并且保留的利润等于平均资本收益率。这样，斯密（后来是大卫·李嘉图 [David Ricardo]）将该想法作为论证私有财产所有权以及与之相关的特权的理由的一部分。

后来，新古典经济学家则以劳动价值是哲学概念且不可测量为理由，与该理论渐行渐远。他们宁愿争辩说，价格远不是由生产过程中的劳动所决定的，而是由人们的主观偏好（或所谓的效用）所决定的。

与之相反，卡尔·马克思（Karl Marx）*对该理论进行了重新建构，使其成为一种全新的看待社会的方式以及对私有财产所有权制度本身的批评的基础。

从马克思第一次使用该术语到在《资本论》（*Capital*，第一卷，1867）发表他的新理论之间间隔30年之久。它出现在第六章中，是全文的关键部分。前几章是这一命题的铺垫，而后几章则按照这一命题进行推进。正如马克思对库格曼（Ludwig Kugelmann）的妻子说的那样，如果她能理解这一章，就能够理解《资本论》的其余部分。

马克思从这一再阐述的成就中获得的成就感或许得益于批判的方法。这种方法突然被创造出来，就像魔术师的兔子，作为对他创造出来却难以解决的问题的解决方法。马克思试图回答：既然当以货币为媒介的商品交换都是等价物的交换，为什么有钱人还要投资生产？他的回答是，在"生产的隐秘住所"之内，投资者可能会发现并购买一种独特的商品，这种商品在使用时所创造的价值超过其成本。这种商品是劳动力（labour power）*。它具有这一独特属性的原因是，随着资本主义生产方式的出现，工人最终丧失了其对生产资料的所有权，因此，他们为了生存既必须也能够将其劳动力出售给有生产资料的人。

因此，当所有商品交换都是等价物的交换这一市场规则应用于生产领域时，其结果是，工人的报酬不是根据其生产的产品而定，而是根据维持劳动力再生产，包括本人及子女所需消耗的食品和其他必需品的成本而确定。因此，这就是为什么剩余价值（surplus value）*可以被创造出来，因为创造劳动者的生存（必需劳动）的价值在正常条件下应少于工作总小时数。结果是，资本拥有可支配的"剩余劳动"产品，从而得以实现其自身利益(interests)*。

像马克思主义(Marxism)*理论的其他某些方面一样,该理论是可争论的。主流经济学家,一些马克思主义者也提了它的技术问题。例如,一个明显的问题是,生存成本在不同历史时期、不同文化中都不同,因此没有"必要的劳动时间"的确切定义。事实证明,在马克思主义经济学中,劳动力与价格之间的定量联系难于确定。相反,一些马克思主义者认为,在马克思主义体系内赋予劳动价值论以中心地位是没有依据的和不必要的,因为在不应用该理论的情况下也可以对产权关系的剥削性质进行有意义的马克思主义分析。然而,劳动价值论(尽管不一定是马克思主义的)仍然是除正统的效用价值理论之外的最重要的替代理论。争论仍在继续(尽管近来在很大程度上是在高度专业化的经济学领域内)。

labour union 工会

参见工会(trade union)*。

Lacan, Jacques 雅克·拉康(1901—1983)

拉康是法国的心理分析家和医学博士,他根据费尔迪南·德·索绪尔(Ferdinand de Saussure)*的结构语言学重新解释了西格蒙德·弗洛伊德(Sigmund Freud)*的著作。他在巴黎医学院任教,1963年成为法国社会科学高等研究院的会议负责人,并成立了巴黎弗洛伊德学会。他与结构主义(structuralism)*和后结构主义(post-structuralism)*运动关系密切。在20世纪60年代,他的研讨会是巴黎知识生活的焦点之一。他的作品通常晦涩难懂，而且充斥着双关语和文字游戏，但对女性主义理论（feminist theory）*产生了很大影响，因为他认为弗洛伊德的假设必须用符号而非字面解释。例如，他认为弗洛伊德的"阴茎嫉妒"这一说法应被当作隐喻来处理。

拉康认为，潜意识就像语言一样，因为它通过使用隐喻和转喻（metonymy）*来运作，也就是说，它是象征性的。许多人认为他对弗洛伊德理论的完善至关重要，因为他避免了弗洛伊德理论中有争议的和相互矛盾的说法，即存在生物学上的"动力"，使所有个体都遵循相同的发展模式。根据拉康的说法，语言在整个文化中建构意义，但语言也是可变的，因此，在社会和个人层面上，改变不仅是可能的，而且是不可避免的。拉康的理论推动了这一研究进展，即将认同（identity）*和主观性（subjectivity）*视为是社会建构而非生物学决定的。

拉康对婴儿发育的镜像阶段（mirror phase）*的想法对其整个理论体系至关重要。他认为，在六个月大的时候，一个以前不认为自己与母亲分离的婴儿逐渐意识到自己与母亲分离。拉康用镜子的比喻来说明这个过程，对于婴儿来说，看着母亲就像是照镜子一样，他发现了一个反射回来的图像并视为一个连贯统一的整体。但是，实际上，它看到的图像是母亲/他人，而不是其本身。正是这种误解将人的心理一分为二，因为我们都认同某种事物或某人，他们看起来像我们想要成为的人，但实际上却是分离而异质的。这导致对自我的整体性和稳定性的错误信念，拉康将其视为不断重组的过程。

随着婴儿的成长，他会爱上母亲，并开始将父亲视为对其拥有母亲的威胁。拉康认为,正是对母亲的这种向往,而父亲对这种向往的否定,向婴儿象征着文化和外界,并造成了无意识。这个过程将孩子这一主体分为意识和无意识,是幼儿学习语言的重要组成部分。性别差异意识和性别主观性的获得也是这一过程不可或缺的部分。确实,"差异"概念本身是拉康理论的基础。

社会学家经常提到拉康对主体(subject)*和性别差异(gender discrimination)*的复杂而分散概念。他最易读的作品可能是《著作集》(Écrits, 1966)和《精神分析的四个基本概念》(Four Fundamental Concepts of Psychoanalysis, 1979)。伊丽莎白·格罗兹(Elizabeth Grosz)的著作:《雅克·拉康:女性主义导论》(Jacques Lacan: A Feminist Introduction)清楚地说明了他的主要思想。

Laing, Ronald D. 隆纳·D. 连恩(1927—1989)

连恩是最著名的英国反精神病学(anti-psychiatry)*医生。连恩强调疯狂的可理解性。他运用存在主义(existentialism)*,研究了个人主体性(《分裂的自我》The Divided Self, 1960)、人际关系和家庭动力学(household dynamics)*(《自我和他人》The Self and Others, 1961;《理智、疯狂和家庭》Sanity, Madness and the Family, 1963)以及更广泛的社会背景,包括与判断理智和疯狂有关的价值(《经验的政治》The Politics of Experience, 1966)。尽管他随后放弃了更激进的观点,但他的想法仍然引起了广泛关注并引发了争议。他的自传《智慧、疯狂和愚蠢》(Wisdom, Madness and Folly, 1985)讲述了他的前30年生涯。

laissez-faire economics 放任主义经济学

一种经济学学派，强调自由、竞争性市场对有效率的生产、商品和服务的分配以及个人选择最大化的重要性，这一市场由个体供应商和个体购买者构成，并强调必须将国家管制保持在最低限度。当前的自由放任的经济理论起源于18世纪末至19世纪初的古典经济学家的著作，如大卫·李嘉图（David Ricardo）、托马斯·马尔萨斯（Thomas Malthus）*和亚当·斯密（Adam Smith）*。例如，在《国富论》（*The Wealth of Nation*, 1776）中，斯密认为，尽管市场中的个人会追求自己的自身利益（interests）*，但市场的"看不见的手"将导致共同利益的实现。

在20世纪30年代的萧条之后是凯恩斯经济学（Keynesian economics）*占主导地位的一段时期，其重点是通过政府干预和公共支出来减少失业。越来越多的结合了公共和私营企业的混合经济（mixed economy）*得到发展。但是，自20世纪70年代末以来，随着美国的财政危机（fiscal crisis）*和新右派（New Right）*哲学的影响力日益增强，自由放任经济学如今再度走向前台，其中弗里德里希·哈耶克（Friedrich A. Hayek）*（《通往奴役之路》*The Road to Serfdom*, 1944）和米尔顿·弗里德曼（Milton Friedman）（《资本主义与自由》*Capitalism and Freedom*, 1961）等学者的著作提供了重要的思想来源。其结果是，国家活动的私有化日益增强，并向全方位的市场经济回归。但是，尽管自由放任经济学理论对政府政策产生了影响，但对它的批评仍然很致命，特别是由于现实中的市场与理论家们理想化模型中的理性、原子化的个人相距甚远。在现实世界中，市场被所谓的不完善所困扰：通常存在供应的垄断（monopoly）*、信息不完善、购买者很少、外部约束等等。此外，个人的偏好会受到文化（culture）*和社会规范（social norm）*的影响和约束，从而会减少选择。通过市场进行有效（更不用说公平）分配的想法是一种幻想：它更多是作为神话而非现实发挥作用。另见自由主义（liberalism）*；朝圣山学社（Mont Pelerin Society）*。

language 语言

语言指人类、动物甚至机器进行的任何口头或非口头交流。针对社会文化功能和语言建构的研究领域被称为社会语言学（sociolinguistics）*。社会学家、人类学家、哲学家和心理学家都对这一领域做出了贡献。

人类有能力基于任意的、由无意义的声音（音素）构成的单词构造句子，这是最能将人与其他物种区别开来的特征之一。所有社会都有语言，不同社会中的人类都可以表达同等复杂的含义：尽管某个社会可能需要借用或发明新词来表达新的概念（concepts）*，但没有所谓"原始"语言之类的说法。

尽管大脑损伤或严重智障可能会影响某些语言能力，但所有人都有学习语言的能力。据诺姆·乔姆斯基（Noam Chomsky）所说，孩子出生时就具有天生的生物学程序，可以为他们掌握语言结构做好准备。他的第一本书《句法结构》(Syntactic Structures, 1957)分析了三种语言模型，认为只有第三种也是最复杂的，涉及他所称的变换语法，才能解释自然语言中为何句子的范围是无限的。同年，心理学家斯金纳（B. F. Skinner）*发表了一项关于语言习得的研究（《言语行为》Verbal Behaviour），乔姆斯基对此进行了评论。与行为主义（behaviourism）*认为的语言是从幼儿期习得的这一观点不同，乔姆斯基在他一系列著作中令人信服地论证道，一个孩子必须生来就具有语言能力——对语言结构的天生知识。他认为，幼儿不可能从他们生命的最初几年所接触的语言（表面结构）中推断出能够使用该语言所必需的基本规则或深层正确结构（参见《规则与表达》Rules and Representations, 1980）。

其他人则坚持认为，正是孩子天生的智力（intelligence）*使其能够学习语言系统的那些复杂的规则和例外。小孩，例如跨国婚姻所生的小孩，通常具有学习多种语言系统的能力。对于双语是否会影响孩子的智力，语言学家们有着激烈的争论——尽管某些争论更具政治性而非学术性。

对双语的政治考量只是语言与文化之间关系的一个方面。语言在许多方面反映了一个社会的文化，因此人类学家在研究其他社会时很重视学习当地语言。例如，语言显示了社会如何对环境（包括亲属关系、动物界、肤色、食物和自然界等因素）进行分类和评估。每个社会都有自己独特的分类系统，其部分目的是维护内部人员和外部人员之间的界限。因此，为避免产生误解，相互理解所使用语言的文化和字面意义至关重要。将具有文化意味的概念和观念翻译成另一个社会成员可以理解的术语不仅是人类学家的工作，也是跨文化专家的工作。

语言的力量可以在政治言论或标语制作中看到，其中单个单词（例如"民主"）或短语（例如"黑色即美"）可以动员多个群体采取政治行动。语言还能表现社会内部的重要分歧，反映了更宽广的政治和经济特征。例如巴兹尔·伯恩斯坦（Basil Bernstein）已证明，尽管中产阶级（middle class）*和工人阶级（working class）*讲话在语义上含义相同，在教育领域，工人阶级（或受限制的）语言代码还是容易受到歧视。同种语言在不同地区、种族（race）*或宗教（religion）*之间可能会出现类似的现象。另一方面，不同族群（ethnic group）*可以将语言用作培养或发展自我认同的象征性手段，或作为抵御外来者侵害的手段（例如伦敦东区方言押韵俚语或英国西印度青年的说唱风格）。另见会话分析（conversation analysis）*；精致语码和局限语码（elaborated and restricted speech codes）*；常人方法学（ethnomethodology）*；萨丕尔－沃尔夫假设（Sapir-Whorf hypothesis）*；符号学（semiology）*；结构主义（structuralism）*；维特根斯坦（Wittgenstein）*。

language and parole 语言和言语

参见后结构主义（post-structuralism）*；费尔迪南·德·索绪尔（Saussure, Ferdinand de）*。

Lasch, Christopher 克里斯托弗·拉施（1932—1994）

美国社会史学家，其早期研究关注美国左派的历史，并从始至终对其抱有政治同情。随后，他转向精神分析（psychoanalysis）*，并根据自恋（narcissism）*理论对现代美国社会进行了尖锐的批判（参见《无情世界中的避风港》Haven in a Heartless World，1977；《自恋的文化》The Culture of Narcissism，1980；《最小的自我》The Minimal Self，1984）。

拉施晚年则为美国民粹主义（populism）*和社群主义（communitarianism）*呐喊助威。例如，在死后出版的《精英的叛逆与民主的背叛》（The Revolt of the Elites and the Betrayal of Democracy，1995）中，

他抨击了美国的统治者和富裕的精英阶层,这一群体将自己与更广泛的社会隔离开来,并对穷人或中产阶级(middle class)*的福祉不负任何责任。根据拉施的观点,这导致城市衰败、少数民族被边缘化(marginalization)*、政治碎片化、犯罪率(crime rate)*增加、社会走向无政府状态。拉施将这种社会崩溃归结为经济自由主义意识形态和教育机构的左翼倾向,后者不再教授事实,而是向学生灌输那些包装成政治正确且难以理解的花里胡哨的理论。

批评者认为,拉施本人有时对事实不屑一顾,对证据的使用也过于松散。例如,自由主义者早就认识到市场需要监管、穷人需要国家的某种保护。拉施对如何改进现状也没有切实可行的具体建议。尽管作为民粹主义者,他认为自己属于中下阶层的"小业主、工匠、商人和农民",他认为,他们的文化将社区(而不是个人野心)视为最高的善。他十分钦佩该阶层的"道德现实主义,对一切事物都有其代价的理解,对极限的尊重,对进步的怀疑"(例如,参见《真实且唯一的天堂》*The True and Only Heaven*, 1991)。

late modernity 晚期现代性

作家所使用的一个术语,他们不接受所谓已经过渡到后现代性这一新社会阶段的说法,但他们承认现代性(modernity)*的某些方面在迅速加剧。不同理论家强调的重点各不相同,但公认安东尼·吉登斯(Anthony Giddens)*、詹明信(Frederic Jameson)、大卫·哈维(David Harvey)和尤尔根·哈贝马斯(Jürgen Habermas)*是最重要的几位理论家。后现代主义者倾向于强调文化层面的碎片化和离心力,强调构成文化变迁基础的一系列制度(institution)*特征的增强和扩展。他们还强调了向心力、秩序、力量和解放政治的意义。对于哈维和詹明信而言，后现代主义在文化领域发现并发扬光大的虚无主义理论中的流动性、解体和模仿是在后工业化、全球网络化、晚期资本主义、后福特主义（fordism）*时代带来的深层次结构变化的产物。吉登斯同样强调了全球资本主义的强化和重构，但这同时也伴随着监视（surveillance）*和行政控制能力、民族国家体系和世界军事秩序的转型。吉登斯和哈维都将时间和空间问题置于其分析的中心。信息、媒体（media）*和运输技术意味着世界在交流、身份和活动协调方面变得越来越小。吉登斯借鉴了乌尔里希·贝克（Ulrich Beck）的自反性现代化（reflexive modernization）*概念，强调了双重约束，即在当今日益复杂的时代，人们以前所未有的能力了解不同的观点和行动，但这些信息同时也不可避免地重新排列和重新定义该活动。

latent function 潜功能

参见功能（function）*。

latifundia 大庄园制

拉丁美洲的大片土地所有权最初是由西班牙王室赠予给定居者的。随着其纳入世界经济，它们逐渐从封建主义（feudalism）*演变为资本主义庄园，生产供出口的肉类、皮革和农作物。通过土地改革分配的大庄园制土地通常被视为促进经济和社会发展的一种手段。

law, sociology of 法律社会学

法律即由国家（state）*等权威机构制定的行动规则或法规。每位

社会学创始人都将法律作为理论和现实关注的核心对象。

尽管卡尔·马克思(Karl Marx)*没有系统地就法律问题写过专著,但他仍然有很多相关论述(参见M. 凯恩[M. Cain]、A. 亨特[A. Hunt]的《马克思和恩格斯论法律》Marx and Engels on Law, 1979),其中有两点在随后的研究中特别有影响力。首先,因为法律制度是资产阶级国家的一部分,所以它是阶级压迫的工具。其次,因为"一个时期的统治思想就是统治阶级(ruling class)*的思想",所以即使最基本的法律概念(即最著名的"权利"[rights]*)也是资产阶级统治体系的一部分。爱弥尔·涂尔干(Émile Durkheim)*同样也没有专门写过关于法律的论文,但他的论述则比马克思更接近法律社会学。他在《社会分工论》(Division of Labour in Society, 1893)中专门解释为什么在机械团结(mechanical solidarity)*的社会中法律是"报应性的",而有机团结(organic solidarity)*的社会中法律应该是"恢复性的"。此外,他的《职业伦理与公民道德》(Professional Ethics and Civic Morals, 1950)对19世纪合同法和财产法的发展做出了持续且重要的描述。

在社会学创始人中,只有马克斯·韦伯(Max Weber)*就法律问题写过完整的论文。这些内容占据了他的《经济与社会》(Economy and Society, 1920)第二卷的大部分内容,并且是一部非凡的导引,涵盖了法律在不同社会中的理论、历史和社会角色(social role)*。韦伯和涂尔干一样(但在完全不同的基础上),对法律的看法比马克思更为积极,因为韦伯将法律视为社会的整合性力量。但是,他的立场并非没有矛盾之处,因为他认为法律既是整个西方社会历史上理性化(rationalization)*的重要推动者(关于这一点,另见他的《经济通史》

General Economic History, 1919—1920），也是发达资本主义社会的法理型支配的组成部分。

不幸的是，尽管塔尔科特·帕森斯（Talcott Parsons）*在其整体理论化中不断地回到法律议题上，但在社会学学科的现代创始人去世后，法律仍然失去了其作为宏观社会学（macrosociology）*研究重点的地位。不过，乔治·古尔维奇（Georges Gurvitch）*在20世纪40年代开展了一项重要研究。由于这种忽视，当然也由于经验主义（empiricism）*的兴起以及官方高度关注那些与法律体系运作相关的研究成果，在20世纪70年代之前，理论问题实际上从法律社会学家的兴趣中消失了。与此同时，出现了对警察、律师、法官、法院和其他监管系统的大量研究，还有许多研究旨在描述法律对社会的各种影响。但是，尼克拉斯·卢曼（Niklas Luhmann）*运用他的系统理论（《法律社会学理论》A Sociological Theory of Law, 1965；《作为社会系统的法律》Law as a Social System, 2004）对法律做了一些重要的解释。

最近，情况发生了变化。对法律的社会学问题既有理论兴趣又有实质性兴趣的研究人员已回到社会学创始人那里寻求灵感，并试图在此基础上发展他们的工作，以便将其应用于当代社会。这类作品的主要例子有伯纳德·埃德尔曼（Bernard Edelman）的《图像的所有权：马克思主义法学原理要素》（The Ownership of the Image: Elements for a Marxist Theory of Law, 1979）；弗兰克·皮尔斯（Frank Pearce）的《激进的涂尔干》（The Radical Durkheim, 1989）；罗伯托·昂格尔（Roberto Unger）的《现代社会中的法律》（Law in Modern Society, 1976）则尝试继承韦伯的遗产。最近还出现了几项重新整合理论和经验工作的进展(以教科书形式进行的回顾可参见R. 科特瑞尔[R. Cotterrell]的《法律社会学》The Sociology of Law, 1984)。为什么会发生这种情况是一个知识社会学(knowledge, sociology of)*问题,但这一现状显然受到了标签理论(labelling theory)*在犯罪研究中重要性日益增加的影响。另一个原因是,人们对理论问题重新产生了兴趣,这以法理学的发展为标志。特别是在美国,以法律实证主义和法律现实主义为代表的既定方法已经受到新自由主义法学、经济学学派以及批判性法律研究运动的挑战(参见R. 鲍尔斯[R. Bowles]的《法律与经济》Law and Economy, 1982)。

Lazarsfeld, Paul L. 保罗·L. 拉扎斯菲尔德(1901—1976)

一位奥地利出生的社会学家,在哥伦比亚大学成立了应用社会学研究所。他是美国流行文化(popular culture)*、投票行为(voting behaviour)*以及大众传媒对社会的影响方面的主要权威。他最著名的作品有《人民的选择》(The People's Choice, 1944)和《个人影响力》(Personal Influence, 1955)。拉扎斯菲尔德是战后美国社会学中调查分析的主要支持者。他通过交叉表进行假设检验(hypothesis testing)*的技术为定量数据分析设定了标准,只是随着更先进的多元建模技术的出现,该标准才被超越。在他的当代批评家中,C. 赖特·米尔斯(C. Wright Mills)*认为,拉扎斯菲尔德的著作充分体现了抽象经验主义(abstracted empiricism)*,但考虑到拉扎斯菲尔德对中层理论(middle-range theory)*的明确兴趣,这一批评很难成立。最近,他的作品被认为是社会学实证主义(positivism)*的例证。

Leach, Edmund R. 埃德蒙德·R. 利奇（1910—1989）

一位英国社会人类学家，1975 年被封为爵士。他将欧洲大陆结构主义（structuralism）*思想引入盎格鲁-撒克逊世界中，是对盛行的结构-功能主义（structural-functionalism）*正统思想的有力矫正。他的主要研究领域包括政治修辞学、语言学类别、亲属关系（kinship）、神话（myth）*和仪式（ritual）*，例如《缅甸高地诸政治制度》（*Political Systems of Highland Burma*, 1954）、《人类学的重新思考》（*Rethinking Anthropology*, 1962）、《〈创世纪〉和其他文章》（*Genesis as Myth and Other Essays*, 1969）、《列维-斯特劳斯》（*Lévi-Strauss*, 1970）、《文化与交流》（*Culture and Communication*, 1976）和《社会人类学》（*Social Anthropology*, 1982）。斯坦利·坦比亚（Stanley Tambiah）给他撰写了传记，名为《埃德蒙德·利奇：人类学的生活》（*Edmund Leach: An Anthropological Life*, 2002）。

learning theory 学习理论

有关学习发生和进行规律/原则的构想。学习理论通常被认为是行为主义（behaviourism）*的学习模型——"刺激-反应"，其核心关注条件反射（conditioning）*的过程。然而，近来心理学家将学习视为是一个涉及认知（cognition）*和信息处理的过程；一般说来，他们并不试图发展高度概括的学习理论。另见侵犯（aggression）*。

Lefebvre, Henri 亨利·列斐伏尔（1901—1991）

一名马克思主义者，活跃于法国共产党。他于 1948 年加入以乔治·古尔维奇（Georges Gurvitch）*为首的法国社会研究中心，对农民社区和农村生活进行了研究。此后,他转到斯特拉斯堡大学任教。他的第一部重要著作是《辩证唯物主义》(*Dialectical Materialism*, 1939),该书以一种非常类似于卢卡奇(Lukács)*早期的理论取向,集中分析了日常意识中的异化(alienation)*或物化(reification)*,尤其体现在对私有化消费和个人关系的分析中。他在他的三卷本著作《日常生活批判》(*Critique of Everyday Life*, 1947、1961、1981)和相关的著作《现代世界的日常生活》(*Everyday Life in the Modern World*, 1968)中进一步发展了这个想法。他专注于作为工作、休闲和私人生活重心的城市生活的发展与变革过程。在《空间的生产》(*The Production of Space*, 1974)一书中,他对空间的社会理论进行了重要的理论阐述。除此之外,他还有其他许多重要著作。

legitimacy (legitimation) 合法性

合法性不仅是权力制度化的过程,而且更重要的是权力(power)*被赋予道德基础的过程。所谓合法性(或权威[authority]*)是指某人/某物被分配一定的权力,而且这些权力是稳定的、被视为有效的。

马克斯·韦伯(Max Weber)*的著作是理解权力和合法性之间关系复杂性的核心。他区分了事实权力和威权两种理想类型(ideal type)*。前者是指利益(interests)*基础上的从属关系,市场(market)*中对商品和服务的控制表明了参与者对该权力的自觉屈从。而后者是指,无保证的事实权力需要适时证明自己是正当的,并通过合法化的过程唤起服从者的义务感,不论个人动机或利益如何。

当权者实现合法性的途径有三种:传统、卡里斯玛的或法理的法律依据。类似地,合法性——因而权威——代表的一种权力分配,可以基于传统、基于与感召力相关的情感基础(卡里斯玛)、基于价值理性的绝对观念或信仰,或基于对秩序合法性的信仰。持续统治的正当理由,即其合法性,构成了事实统治结构(譬如,科层制[bureaucracy]*)差异化的基础。

韦伯将秩序的"合法性"与其"有效性"区分开来。人们相信存在一种合法的秩序。随着行动受到这样一种信念指引的可能性增加,这种秩序变得更加有效。一种秩序或多或少是有效的,而不是或多或少合法的。

在韦伯的著作中,对事实权力的认定或许与财产、市场(market)*相伴随,因而与阶级(class)*相伴随;对合法权力的认定与一种地位秩序(status order)*相伴随,因而与地位群体(status group)*相伴随。所有的秩序都是两者的混合体,尽管很明显,商业阶级、财产阶级和社会阶级(social class)*都与以地位秩序为支撑的阶级权力的最终合法化相关。以习俗、习惯、惯例、法律,和最后以宗教编码为指导的行动的出现,代表着统治者权力合法化过程中的各个阶段,最终形成权力的稳定分配。然而,当"绝对特权的神话"不再被大众无可非议地接受,并且阶级处境(class situation)*决定一个人的命运日益显现,植根于地位秩序及其伴随的意识形态合法性将会瓦解,随之而来的是地位秩序本身的崩溃。韦伯并未具体说明是什么因素导致了合法化危机,尽管在其名作《阶级、地位和政党》(Class, Status and Party)有关共同阶级行动的形成条件一节中他提供了对这一情况的部分见解。

公民身份(citizenship)*可以看作是一个现代合法化原则的例子。对于正式的公民、政治和社会权利外延的整合,为后期资本主义市场产生的不平等(inequality)*提供了一种地位秩序。然而,向正式权利提供实质性内容的压力（法律面前的实际平等、实际财产权、平等获得言论自由的机会以及拥有通向社会福利[welfare]*的途径）很可能损害公民的合法性角色。

legitimation crisis 合法性危机

参见批判理论(critical theory)*。

leisure class 有闲阶级

有闲阶级是由凡勃伦(Thorstein Veblen)*创建的术语。在他的著作《有闲阶级论》(The Theory of the Leisure Class, 1899)中，凡勃伦推测了一个悠闲且寄生的有闲阶级在美国的发展。这一阶级被认为是美国工业化(industrialization)*过程中现代商业竞争的产物："不在所有权"从被凡勃伦认为对于技术持续发展而言至关重要的"劳作本能"中分离出来。相反，该阶级的成员不断公开展示自己的地位，凡勃伦称之为炫耀性消费(conspicuous consumption)*。这是一种以向他人炫耀和展示财产及物品浪费为表现的享乐主义。在记录这个阶级的父权特征时，他指出妇女也是作为财富象征而被展示的"对象"之一。有闲阶级有一种特殊的表现形式，被凡勃伦冠之为炫耀性有闲(leisure, conspicuous)*。他认为，有闲本身虽然昂贵，但是不可见的，也无法提供特别的地位优势。为了赢得大众的钦佩，有闲必须采取既浪费又高度可见的方式，譬如赌场赌博或使用昂贵的休闲产品，像度假服装、运动器材等。他还指出，虽然雇佣仆人是一种有闲的表现，但是更能炫耀性地展示自己财富和有闲的表现是雇佣有闲的仆人：炫耀性富有的人是那些有能力雇佣其他人来休闲的。凡勃伦的叙述是具有讽刺意味和有争论性的,并因将阶级内的不同类型(尤其是有土地的绅士[gentry]*、资产阶级[bourgeoisie]*和暴发户)混为一谈而受到批评。

leisure, conspicuous 炫耀性有闲

参见有闲阶级(leisure class)*。

leisure, sociology of 休闲社会学

休闲通常是指从日常活动(例如工作[work]*)中退出,而参与一项个人认为高度有价值的娱乐活动之中。它可能是,也可能不是生产性的,但是它不涉及承担任何其他社会角色(social role)*的相关社会责任。玩游戏就是一个明显的例子,尽管为了娱乐而重新组装旧汽车或蒸汽机的体力劳动也是如此。

休闲社会学有两大传统。第一种,被称为形式化方法,包括对一系列相对独立的问题的研究。其中有三个问题比较突出:休闲模式如何在生命周期(life cycle)*中转变,正如在罗娜·拉波波特(Rhona Rapoport)和罗伯特·诺曼·拉波波特(Robert Norman Rapoport)《休闲与家庭生命周期》(*Leisure and the Family Life Cycle*, 1975)一书中讨论的;工作与休闲是如何相互关联的,正如斯坦利·帕克(Stanley Parker)的《休闲与工作》(*Leisure and Work*, 1983)一书中阐述的,他讨论了两者之间的关系——"延伸"(工作和休闲是相似的)、"对立"(它们是两极分化的)和"中立"(它们是不同的但并非两极分化);最后是对特定类型的休闲的研究,如看电影、踢足球和跳舞。

相比之下,还有另一种更具历史性和理论性的方法,探究休闲的

性质如何变化及其在社会变迁（social change）*中的不同作用。其中最突出的是功能主义者和新马克思主义者的观点。备受批评的功能主义立场，植根于克拉克·克尔（Clark Kerr）等人的《工业主义与工业人》(*Industrialism and Industrial Man*, 1960)，表明20世纪60年代将不可避免地走向"休闲社会"。相比之下，新马克思主义者提出休闲商业化是不可避免的趋势，休闲变成一种"市场产品"。法兰克福批判理论（critical theory）*学派也悲观地分析了与商业化大众娱乐相关的"文化产业"（如大众电影、体育、电视、漫画等）的出现，认为这种产业会剥夺个性，使得文化呈现同质化。然而，并非所有新马克思主义者都持悲观态度。例如，文化研究（cultural studies）*传统的学者认为，这种文化大都被不同的阶级部分用作为抵制进入主流意识形态（dominant ideology）*的符号性手段。参见斯图亚特·霍尔（S. Hall）等的《通过仪式抵抗》(*Resistance through Ritual*, 1976)。

尽管存在这些争论，休闲一直不是社会学家关注的主要的议题。但由于20世纪90年代初英语社会学界的"文化转向"，有迹象显示社会学对媒体（media）*、体育、文化研究和消费主义（consumerism）*的兴趣日益浓厚，因此有关休闲的主题可能在未来的研究中更加主流化。例如，参见克里斯·罗杰克（C. Rojek）的《资本主义与休闲理论》(*Capitalism and Leisure Theory*, 1985)。

Lenin（Vladimir Ilgich Vlyanov）
列宁（原名弗拉基米尔·伊里奇·乌里扬诺夫）(1870—1924)

马克思主义理论家和革命家，出生于俄罗斯，早期倾向于传统的马克思主义。然而，从19世纪90年代后期开始，他形成了对马克思思想的独特解释，此后其以马克思列宁主义命名。他的主要著作是《俄罗斯资本主义的发展》(*The Development of Capitalism in Russia*, 1899)，通常被誉为其最著名的学术著作,《怎么办？》(*What is to be Done?*, 1902)、《帝国主义是资本主义的最高阶段》(*Imperialism, the Highest Stage of Capitalism*, 1916)和《国家与革命》(*State and Revolution*, 1917)。

他的大部分著作只谈论历史和政党(political parties)*。然而，他的一些观点一直被社会学家所讨论，其中最著名的观点是：劳工运动(labour movement)*(如工会[trade union]*)必然是改良主义的，只寻求与资本主义(capitalism)*达成共识以改善工人的命运，因此代表无产阶级(proletariat)*利益的革命活动需要一个革命性的政党做先锋。然后，政党将实行"无产阶级专政"(dictatorship of the proletariat)*，通过发展一种真正的革命性的阶级意识(class consciousness)*，帮助工人超越他们的"工会意识"，从而消灭有损共产主义(communism)*发展的阶级内部的分裂(schism)*(即工人阶级[working class]*的地方主义)。该论述在19世纪英国阶级斗争的历史应用(J. 福斯特[J. Foster]的《阶级斗争和工业革命》*Class Struggle and the Industrial Revolution*, 1974)引发了关于早期资本主义中工人贵族(labour aristocracy)*本质的激烈辩论。

列宁还提供了一些有影响力的分析，包括：帝国主义(imperialism)*；一种"民主集中制"模式，在这一模式中下级的党和国家组织对上级组织负责，以无产阶级专政的名义将权力置于中心；"不平衡的发展"理论，挑战了传统社会(traditional society)*向现代化(modernization)*的过渡是通过一条平稳的、单向的轨迹实现的这一观念。列宁的论点在很大程度上借鉴了尼古拉·布哈林（Nikolai Bukharin）*的早期著作《帝国主义与世界经济》（*Imperialism and World Economy*, 1915）。

列宁是1917年布尔什维克革命的领导人，直到他中风早逝，他一直是新苏联的政界要员。罗伯特·康奎斯特（Robert Conquest）的《列宁》（*Lenin*, 1972）一书对列宁的生活和工作有简短而有益的介绍。

lesbian and gay study 女同性恋和男同性恋研究

这个交叉的研究领域探讨同性恋（包括男同性恋和女同性恋）的生活经历。尽管最早的同性恋研究浪潮可以追溯到19世纪后期（特别是马格努斯·赫希菲尔德[Magnus Hirschfield]的相关研究），但是同性恋研究（gay studies）*的主要贡献始于20世纪70年代，紧跟着同性恋社会运动兴起。到20世纪90年代，出现了专注于研究该领域的课程、研究机构、会议和出版社。这一领域的著作大部分由社会学研究，特别是由米歇尔·福柯（Michel Foucault）*的观点和妇女运动（women's movement）*所主导。另见异性恋主义（heterosexism）*；恐同症（homophobia）*；同性恋（homosexuality）*。

less developed countries（LDCs）欠发达国家

参见依附论（dependency theory）*；第三世界（Third World）*。

Lévi-Strauss, Claude 克劳德·列维-斯特劳斯（1908—2009）

一位法国人类学家，受到涂尔干（Durkheim）*和莫斯（Mauss）*的研究深刻影响，他于1935年至1939年在巴西进行了田野调查

(fieldwork)*。在第二次世界大战期间，他流亡在纽约，碰到了语言学家罗曼·雅各布森（Roman Jakobson），他俩共同发展出了结构主义（structuralism）*的核心想法。返回法国后，他在《亲属关系的基本结构》(*The Elementary Structures of Kinship*, 1949)中详细阐述了这些想法。他批评的主要对象是拉德克里夫-布朗（Radcliffe-Brown）*的结构功能主义（structural functionalism）*。他又在《野性的思维》(*The Savage Mind*, 1962年)中充分阐述了他的文化结构主义方法。然后通过对美洲原住民部落（tribe）*的神话（myth）*叙事的大规模分析，这一方法得到了进一步发展。该分析在1964年至1971年间共出版了四卷（例如，第一卷为《生食与熟食》*The Raw and the Cooked*）。

Lévy-Bruhl, Lucien 路先·列维-布留尔（1857—1939）

一位延续涂尔干（Durkheim）*研究传统的法国人类学家，他认为原始人拥有前逻辑的、神秘的集体表象（collective representations）*（参见《土著如何思考》*How Natives Think*, 1910；《原始思维》*Primitive Mentality*, 1922）。最初被批评为民族中心主义（ethnocentric）*，他现在被重新解读为致力于探索非科学化思维方式的早期的相对论者。

Lewin, kurt 库尔特·勒温（1890—1947）

一位在德国出生的社会心理学家，于20世纪30年代初移居美国，并主要在爱荷华大学和麻省理工学院工作。他的场论（field theory）*源于格式塔理论（Gestalt theory）*，但在此基础上增加了社会和动机因素。他认为个人行为是心理场或生活空间的一个函数，即个体根据其需求（need）*和目标（goals）*而感知的行动情境。

Lewis, Oscar 奥斯卡·刘易斯（1914—1971）

美国人类学家。他生动而饱含情感地记录了墨西哥和波多黎各家庭的经历，并提出了贫困文化（culture of poverty）*的概念。其最早的作品《一个墨西哥村庄的生活》（Life in a Mexican Village, 1951）是对罗伯特·雷德菲尔德（Robert Redfield）*曾经研究过的墨西哥村庄特波兹特兰的再研究（re-study）*。他最著名的（也是最畅销的）书籍是《桑切斯的孩子》（The Children of Sanchez, 1961）和《拉维达》（La Vida, 1966），这两部作品采用长时访谈的方法，并用报道人（informant）*（已经成为他亲密的朋友）的话语讲述一个家庭的生活故事。另见贫困（poverty）*。

liberalism 自由主义

自由主义是一种根源于启蒙运动（Enlightenment, The）*的思想主张，通常被视为西方民主国家的主流意识形态（dominant ideology）*，但是其学说却有许多变体和混合体。自由主义反对的对象是明显的，也就是各种形式的政治专制主义（absolutism）*，包括君主主义、封建主义（feudalism）*、军事主义、神职主义以及社群主义（communitarianism）*。通过这种反对，它试图确保个人和团体能够抵制任何独裁的要求。实际上，这通常意味着，一方面，公私领域的分开，私人权利得到界定，其中最常见的是私人财产权；另一方面，自由信仰宗教（religion）*、发表言论和结社的权利。

古典自由主义通常被认为等同于约翰·洛克（John Locke）*、大卫·休谟（David Hume）*、杰里米·边沁（Jeremy Bentham）*和约翰·斯图尔特·密尔（John Stuart Mill）*的哲学思想（他们每个人在这本词典中都有单独的条目）。这些学者强调开明的利己主义（egoism）*、理性和自由选择对人类的指引，并主张国家（state）*对个人生活的最小干预。尽管两者都与放任主义经济学（laissez-faire economics）*（譬如亚当·斯密［Adam Smith］*的著作）密切相关，19世纪末和20世纪初的"新自由主义"（neo-liberalism）*支持集体福利制度的扩展（L. T. 霍布豪斯［L. T. Hobhouse］*的《自由主义》Liberalism, 1911）。新自由主义提倡宪法保障和代议制民主，公民有不可剥夺的权利——例如生命权、财产权、言论自由、结社和宗教权，以及在国家管理中享有一定发言权（通常是选举权）。对于新自由主义者来说，享有福利（welfare）*的权利。

自由主义哲学因创造一个"占有性个人主义的"世界而受到抨击（C. B. 麦克弗森［C. B. Macpherson］的《占有性主义的个人政治理论》The Political Theory of Possessive Individualism, 1962）。在社会学家中，主要的批评集中在自由主义（理所当然地）相信个体自治能力，相信中立原则存在的可能性。这两种观念都是反社会的，假设个人和抽象规则存在，而社会没有塑造它们。但是，这类批评通常只是针对某种特定的被歪曲的自由主义。实际上，许多自由主义者都承认其主张具有深厚的社会属性，例如在苏珊·莫勒·奥金（Susan Moller Okin）的《正义、性别与家庭》（Justice, Gender and the Family, 1989）中就可以看到。

自由主义内部有许多派别。一些自由主义者更强调经济自由，却希望政府在道德生活中进行更广泛的干预（撒切尔［Margaret Hilda Thatcher］和里根［Ronald Wilson Reagan］所谓的新右派［New Right］*哲学）。其他人则强调在所有领域进行最低限度的国家干预，这种立场通常被认为是自由意志主义（libertarianism）*。当代最有名的自由主义者可能是哲学家约翰·罗尔斯（John Rawls），他1972年出版的《正义论》（*A Theory of Justice*, 1972）一书提出了一个原创的、正式的社会契约理论，旨在通过构想一个契约从而为公正的社会提供道德基础，在这个契约中，公民的权利和义务将在他们了解自己和他人的社会地位（social status）*之前就被规定下来。这一理论在一些社会学著作中得到了很好的应用。（例如，朗西曼[W. G. Runciman]的《相对剥夺与社会正义》*Relative Deprivation and Social Justice*, 1966）。其他批评古典自由主义的人实际上有助于它的完善。本杰明·巴伯（Benjamin Barber）批评仅关注代表性的"薄自由主义"，支持以参与为核心的"强势民主"（参见《强势民主》*Strong Democracy*, 1984）。迈克尔·沃尔泽（Michael Walser）倡导一种能够平衡社会生活不同领域的民主制度。（参见《正义诸领域》*Spheres of Justice* 1983）。还有一些人主张男女平等的自由主义，将家庭的不公正作为分析的焦点，例如，苏珊·莫勒·奥金。另见社会正义（justice, social）*；朝圣山学社（Mont Pelerin Society）*。

libertarianism 自由意志主义

一种反国家的意识形态（ideology）*，将自由主义（liberalism）*的理念发展到了极致。自由意志主义起源于17世纪英国政治哲学家约翰·洛克（John Locke）*的著作，他坚持个人生命、自由和财产权利的优先性，提出"消除作为自由最大侵犯者的国家的强制干预"。然而，将个人自由的价值置于其他一切事物之上也是保守主义思想一个明显的部分。自由意志主义支持者在美国和英国成为保守的极右翼势力的一部分。现代自由意志主义支持者包括美国哲学家罗伯特·诺齐克（Robert Nozick）（《无政府、国家和乌托邦》*Anarchy, State and Utopia*, 1974），他将国家的角色降低到仅仅作为一个"保护机构"，还包括经济学家弗里德里希·哈耶克（Friedrich Hayek）*。后者坚持认为，理想的经济和政体是一个"交换体系"，即一种类似于自由市场的自发组织。在这个体系中，人际关系是建立在市场交换的基础上的；政府的任务降至最低，仅仅是维持秩序和提供那些由于巨额的初始资本支出而无法自发产生的公共服务。据说，这引起了大量个人和社会价值的产生（参见A. 克雷皮尼[A. Crespigny]和J. 克罗宁[J. Cronin]编的《自由秩序原理》*Principles of a Liberal Social Order*, 载于《政治思想》*Ideologies of Politics*, 1975）。

自由意志主义者提倡个人权利的最大化、政府的最小化和自由市场经济。在美国，这些想法得到了最有力的支持，并与保守主义（conservatism）*和新自由主义（neo-liberalism）*格格不入。另见社会正义（justice, sociel）*。

life chances 生活机遇

马克斯·韦伯（Max Weber）*在分析阶级（class）*和地位（status）*时使用的一个术语，尤其在涉及"阶级处境"（class situation）*这个概念的时候。财产的所有权和市场上对商品和服务的处置，是社会权力（power）*分配的结果，决定了个人在社会行动（soual action）*中实现目标（goal）*的"机遇"。

该术语随后被普遍使用，特别是在有关社会流动（social mobility）*的研究中。社会的封闭性减少了一些社会阶层、妇女、少数族裔或种族群体向上流动的机遇。生活机遇包括教育、健康、物质报酬和地位流动的机会。参见拉尔夫·达伦多夫（Ralf Dahrendorf）的《生活机遇》(*Life Chances*, 1979)。

life course 生命历程

该术语指一个人的生命阶段，被用于分析一系列重要生命事件（life event）*。这些生命事件包括出生、婚姻（marriage）*、为人父母、离婚（divorce）*和退休等。在现代许多社会人口学（social demography）*文献中，分析这些事件时，"生命历程"这一术语已经取代了生命周期（life cycle）*，因为后者的应用没有前者那么标准化。

life cycle 生命周期

一个广泛使用的术语，指一个人从出生到死亡，从童年（childhood）*、青春期（adolescence）*、成年期到老年期的各个阶段，并暗指在老年时返回到婴儿期（infancy）*。该术语的意思与生命历程（life course）*、生命阶段（life stages）*大致相同。

在一些社会里，这些阶段是由同年龄或年龄群（age sets）*的成员来共同界定的。在西方社会中，某些过渡点，譬如允许性交的年龄、法定成年年龄和停止义务教育的年龄，是由法律界定或规定的。但是还有些生命历程的阶段是结构松散的，允许一定程度的个人选择，譬如结婚的年龄。因此，研究分析很少单独使用年龄来定义生命周期的阶段，更常见的方法是使用婚姻状况和是否有接受全日制教育的或者未到离校年龄并且与受访者（respondent）*同住的孩子。对于男性而言，壮年通常是单独定义的，尤其是在有关劳动力市场（labour market）*

的分析中：壮年的男性，通常被定义为25岁至55岁（或25岁至50岁），此时其就业水平达到最高。人口统计学家确定的生命周期群体比社会学家少：对他们来说，15岁以下的儿童和65岁（或60岁）及以上的老年人为受抚养群体，这些人在经济和其他方面受到工作年龄人口或活跃人口的支持。

分析就业模式、住房偏好和需求、社区（community）*和扩展家庭（extended family）*中的社会关系模式、贫困（poverty）*、迁移模式时，生命周期阶段是一个常用的变量。然而，尽管它仍然被广泛使用，但由于其会引发标准性的联想，它在现代社会人口学（social demography）*研究中已不再受到青睐。另见生命事件（life event）*。

life event 生命事件

为分析事件历史或生命历程（life course）*而定义，一个生命事件可包括人口、教育、就业（employment）*、健康或可定位到特定时间点的其他个人情况的任何变化。然后，可以通过分析此类事件的时间序列，以得出不同生活事件间的相互联系。

个人生命中的重大事件包括青春期（adolescence）*和结婚；孩子的出生；配偶、父母、兄弟姐妹或其他重要人物的死亡；移民到另一个地区或国家；重大疾病；老年时身体失能等。有些人会把与工作相关的情况加入到重要事件当中，譬如找到工作、裁员、失业（unemployment）*、成人再教育、雇主和职业的变化等；然而，另一些人将这些视为次要事件。生命事件构成了一个人生命中重要的转折点，显著影响其被鼓励承担的社会角色（social role）*、参加的社会活动和交往的群体，并可能与态度（attitude）*和价值（value）*的变化相关。

life expectancy 预期寿命

一个人在给定年龄下预期可以继续存活的年数。该指标（indicator）*是根据生命表计算得出的。由于它是以一个国家中该年龄和性别人口的平均情况表示的，预期寿命取决于该个体所属人口或子人口中不同年龄段的当前死亡水平。由于在所有社会中，从出生到1岁生日之间的死亡率（mortality rate）*往往特别高，出生时的预期寿命通常显著低于1岁时的预期寿命。正如不同国家的死亡率（death rate）*存在很大差异，预期寿命在不同国家也相差很大。某些发展中国家的出生时预期寿命约为30岁至40岁，而在主要的西方工业化社会中达到75岁，且女性更高。出生时预期寿命是一个被广泛使用的指标，用来衡量健康水平以及社会和经济生活水平。在死亡率已知的情况下，也有可能推导出人口中不同子群体（譬如不同社会阶层）的预期寿命。

life history 生活史

一种表意分析的方法，提供对个人生活的深入说明。它通常通过非结构化访谈（unstructured interview）*的方式收集，但也经常涉及对个人文档（personal documents）*的分析，例如信件、照片和日记等。这种方法类似于对自传（autobiography）*和传记的收集和考察。这种方法有很多早期的例子，但其中经典的两个当属瓦尔德克（Wladek）和斯坦利（Stanley）。瓦尔德克的一生在W. I. 托马斯（William Isaac Thomas）*和弗洛里安·兹纳涅茨基（Florian Znaniecki）*的《身处欧美的波兰农民》（The Polish Peasant in Europe and America，1918）中得到了展示。斯坦利的一生在《杰克·罗勒》（The JackRoller，克利福德·肖 [Clifford Shaw]*编，1930）中得到了展示。这两者都与社会学的芝加哥学派（Chicago School）*有关。

生活史方法在20世纪20年代和30年代的北美取得了突出的成就，并引发了一场关于特殊规律与一般规律研究法（idiographic versus nomothetic approaches）*的价值争论。到20世纪30年代末，主流已经转向到塔尔科特·帕森斯（Talcott Parsons）*的抽象理论以及保罗·拉扎斯菲尔德（Paul Lazarsfeld）*的定量方法，因此生活史方法在社会学研究中的地位变得不那么突出了。然而，从20世纪60年代起，由于叙事和文本构建构成了后结构主义（post-structuralism）*的一部分，生活史在一系列学科中重新激起了人们的兴趣。

生活史方法主要可以分为两种。其中较为传统的方法旨在通过对生活的客观描述，以阐明社会过程：它有助于从主观维度来研究生活，追溯生命与社会结构（social structure）*之间的历史联系，或为了解模糊性、流动性和社会变化（social change）*提供可能。因此，该方法经常用于探索新的研究领域，为更为统计的、广义的研究提供补充。然而，一种更为晚近的方法主要关注对传记作品释义过程以及生活故事创作的分析。这两种方法之间的区别在诺曼·邓津（Norman Denzin）的《解释性传记》（*Interpretive Biography*, 1989）中有明显的体现。另见个案史（case history）*。

life stages 生命阶段

参见生命周期（life cycle）*。

lifestyle 生活方式

指不同的生活风格、形态，通常通过价值（value）*和消费方式体现。这种差异性可对应马克斯·韦伯（Max Weber）*所提出的地位群体(status groups)*概念。在英国社会学界,"生活方式"常被用于关于英国社会阶级(social class)*结构性质的资产阶级化(embourgeoisement)*的辩论中。在这个特定背景下,人们认为社会阶级差异变得不再重要,因为工人阶级(working class)*越来越多地采用中产阶级(middle class)*的价值观和态度(attitude)*,导致所有社会成员都进行相似的消费和社会行为。

更笼统地讲,"生活方式"指社会上不同群体(例如年轻人、失业者或叛乱者)之间生活方式的差异。另见亚文化(subculture)*。

lifeworld 生活世界

一个现象学(phenomenology)*概念,指由共享的、持续不断的经验所构成的日常世界,从中我们逐渐形成实体和抽象的概念(concepts)*(参见阿尔弗雷德·舒茨[Alfred Schutz]、托马斯·卢克曼[Thomas Luckmann]的《生活世界的结构》Structures of the Life-World,第二卷,1973、1983)。在哈贝马斯(Habermas)的著作中,它被用于理解日常生活中的社会文化框架,而此框架与经济和政治体系呈冲突(conflict)*状态。另见主体间性(intersubjectivity)*。

Likert scale 李克特量表

李克特量表指广泛应用于测量态度量表的一种方法。受访者(respondent)*会被提供一组既包含肯定陈述又包含否定陈述的陈述组,从而研究对一个主题的极端观点。例如,在"对社会正义(social justice)*的普遍看法"的研究中,受访者可能会被提供诸如"美国的收入分配不公平"和"在我们的社会中,每个人都有平等获得良好教育的机会"等陈述。采访者要求受访者根据认同程度对每个陈述进行评分。通常,评分分为五个等级:非常同意,同意,不一定,不同意,非常不同意,分别记为2、1、0、–1 和–2。这些评分最终合计为"汇总评分"或"测试分数",或者可以相互关联并进行因子分析(factor analysis)*,以形成单维性评分。

liminality 边际性

这是阿诺德·范·热内普(Arnold van Gennep)*在 1909 年的著作《过渡仪式》(Rites de passage, 1909)中提出的概念,指过渡期、边缘阶段。由于边缘人的社会地位(social status)*异常,在该阶段中,边缘人将会被决定为神圣的(sacred)*,还是有潜在威胁的。边缘人在此过渡阶段中将接受新的社会规则熏陶,并往往与同伴之间发展出牢固、亲近且富有创造力的关系纽带。

lineage 世系

参见继嗣群体(descent groups)*。

line-and-staff 直线职能制

这是科学管理(scientific management)*理论家对组织功能和员工进行分类的一种方式。"直线职能"拥有组织功能的两大主要特点:直线管理和统一指挥系统。"参谋型组织"指不处于指挥系统中的咨询人员和直线经理。

linear growth 线性发展

该术语指一个变量随着另一个变量的增加而增加,其关系近似于平面上的一条直线。

line of best fit 最适线

参见回归分析(regression analysis)*。

linguistic relativity thesis 语言相对论

参见萨丕尔-沃尔夫假说(Sapir-Whorf hypothesis)*。

linguistics 语言学

参见会话分析(conversation analysis)*;话语(discourse)*;常人方法学(ethnomethodology)*;语言(language)*;萨丕尔-沃尔夫假说(Sapir-Whorf hypothesis)*;费尔迪南·德·索绪尔(Saussure, Ferdinand de)*;符号学(符号论)(semiology[semiotics])*;结构主义(structuralism)*。

Linton, Ralph 拉尔夫·林顿(1893—1953)

美国文化人类学家。他在波利尼西亚进行过实地考察。后来,他试图发展一门系统性的文化科学,专注于人格(personality)*和社会(society)*的关系(参见《人格的文化背景》*The Culture Background of Personality*, 1954)。他最著名的著作——《人的研究》(*The Study of Man*, 1936)——将功能主义(functionalism)*的理论基础与文化(culture)*的历史研究方法相协调。他首次提出角色(role)*和地位(status)*的概念,由于二者在个体和社会的关系中起到重要的作用,他的理论为理解社会系统(social system)*的内在一致性提供了关键支撑。

Locke, John 约翰·洛克(1632—1702)

英国哲学家和政治理论家,17世纪的物质科学革命的主要哲学倡导者之一。洛克将经验主义知识论的主要学说（不存在"先天观念"，我们所有的知识都来自经验）与当时流行的机械论现实本质的观点和我们的知觉相结合。一些特性（如颜色和味道）被认为是"次要的"，是外部物体对我们的知觉产生的影响；而另一些则是"主要的"（如坚固性、形状、运动状态等）、"真正"蕴含在事物本身的特性。然而，同时洛克也认为，我们最直接的知觉来自于我们自身的想法，所以很难真正区分这两种特性。尽管如此，洛克仍然是维持现代科学与认识论（epistemology）*中的传统经验主义之间紧密关系的重要桥梁之一。

作为对现代君主立宪制的早期理性辩护，洛克的政治哲学也具有经久不衰的重要意义。如他那个时代盛行的一样，洛克的论点引入了一种假设的自然状态：在这种状态下，人不受任何法律或主权约束。这种状态虽有弊端，但远不及托马斯·霍布斯（Thomas Hobbes）*所认为的那样具有灾难性，足以为个人自愿订立契约，将自己置于法治和政府监管之下提供理论支持。自然状态并没有那么极端，以至于应该容忍掌权者拥有无限或绝对的权力（power）*。公民（citizen）*将他们的权力集中在掌权者身上，因为他们相信这将被用来为他们谋取福利，从而保留了他们反抗的权利。在这个人类共同拥有的社会，洛克的政治哲学理论尤其对私有财产的来源和限制感兴趣。由于所有个体都被认为是他们自己的所有者，他们的劳动与物质世界的部分混合赋予了他们对所生产产品的所有权。然而，这只是在生产产品被最大化利用、同时还有足够的留给别人的前提下。货币制度（洛克认为它的建立如政府权力一般，是自愿契约的问题）允许财产权的转移，以及潜在的无限财富积累（accumulation）*。另见自由主义（liberalism）*。

lockout 停工

参见劳工行动（industrial action）*。

Lockwood, David 大卫·洛克伍德（1929—2014）

英国理论家，主要关注社会秩序（social order）*和社会冲突（social conflict）*问题。洛克伍德对阶级的实证研究也产生了重大影响，著有《黑衣工人》（*The Blackcoated Worker*, 1958）和《富足的工人》系列（*The Affluent Worker Series*, 1968—1969）。他的《团结与分裂》（*Solidarity and Schism*, 1992）最好地总结了他对社会秩序（social order）*问题的持久关注。在他的整个职业生涯中，洛克伍德一直对帕森斯（Parsons）*和马克思（Marx）*的社会学思想加以批判，并试图将前者的价值抽象与后者的物质环境抽象相结合。因此，对于洛克伍德来说，对社会秩序的共识（consensus）*和冲突（conflict）*理论都被认为是片面的。如果不承认"规范"实现的"整合效应"，或者"稀缺资源分配"产生的"冲突"，就无法构建社会。他对社会整合（social integration）*和系统整合（system integration）*做出的区分对于他研究社会秩序问题至关重要。同样，他在《黑衣工人》中关于职业阶级地位、工作地位、市场地位和身份地位状况的分层思想，是英国接下来30年的阶级研究的模范，在今天仍然具有影响力。洛克伍德的独特贡献在于他不仅理解和运用古典社会学家的思想，还在此基础上进一步补充其行文之间缺失的内容，并解释其理论的模糊之处。他成功将这一点与韦伯式的对历史细节的关注相结合。

logical empiricism 逻辑经验主义

参见证实（verification）*；维也纳学派（Vienna Circle）*。

logical positivism 逻辑实证主义

参见实证主义(positivism)*；维也纳学派(Vienna Circle)*。

logical reduction 逻辑归约律

参见还原论(reductionism)*。

logical universals 逻辑共性

一般在二次文献中被应用于塔尔科特·帕森斯(Talcott Parsons)*著作中的三大主要分析概念，即模式变项(pattern variables)*、系统问题(system problems)*和进化共相(evolutionary universals)*(本词典分别讨论了这些概念)。

Lombroso, Cesare 切萨雷·龙勃罗梭(1836—1909)

曾为意大利军医，犯罪人类型论的创始人。尽管他在一生中改变过几次观点，但仍主要以研究罪犯的相貌而闻名，并主张许多罪犯"生来就是犯罪人"。他从进化论(evolutionary theory)*推论，许多罪犯是原始物种的返祖。他常被认为是现代实证主义犯罪学(positivist criminology)*的奠基者。

longitudinal study 追踪研究

参见生活史(life history)*；面板研究(panel study)*。

long-wave theory(long-wave cycles) 长波理论(长波动周期)

参见经济周期(business cycle)*。

looking-glass self 镜中我理论

查尔斯·库利（Charles Cooley）*的自我（self）*理论强调，自我是与别人面对面互动（face-to-face interaction）*的产物。就像镜子中的反射一样，自我认知取决于他人的感知反应。正如他本人所说，"每个人都是一面镜子，反映着身边的每一个人"。

"镜中我理论"由三个部分组成：想象我们在他人眼中的形象；想象他人对我们形象的评价；我们由此而产生的感觉，例如骄傲。在库利的作品中，自我是唯我独尊的，社会本质上就是"充满想象力的想象"。

Lowie, Robert H. 罗伯特·H. 罗伊（1883—1957）

弗朗兹·博厄斯（Franz Boas）*的学生，其著作《原始社会》（*Primitive Society*, 1920）是自进化论（evolutionary theory）*衰落以来，对非西方的社会群体（social group）*的第一次现代调查研究。罗伊基于他自身在美洲原住民中的民族志（ethnography）*经历，抨击了路易斯·亨利·摩尔根（Lewis Henry Morgan）*的理论。罗伊的主要著作《国家的起源》（*The Origin of the State*, 1927）和《社会组织》（*Social Organization*, 1948）延伸了摩尔根关于国家（state）*发展的推测性理论。罗伊认为，地域性、合法性（legitimacy）*和对暴力手段的垄断（monopoly）*是国家的基础，是比摩尔根更为现代的分析。然而，罗伊研究中死板的科学主义，并不真正适合对于人的研究。

Luhmann, Niklas 尼克拉斯·卢曼（1927—1998）

曾专攻法律，并担任议会顾问，直至1960年接触了塔尔科特·帕森斯（Talcott Parsons）*的著作，从而转向社会学研究，先后在多特蒙德和比勒费尔德研学。他起先发表了关于组织理论（organization theory）*和法律的著作《法律的社会学原理》（*A Sociological Theory of Law*, 1965），但随后专心构建一个更普遍的社会系统（social system）*理论。这个理论首先出现在与哈贝马斯（Habermas）*的联合著作中（他本人对哈贝马斯也产生了重大影响），随后出现在他的著作《社会系统》（*Social Systems*, 1984）中。他认为，社会系统是交流系统，并在其运行的环境中经历社会分化（social differentiation）*。每个子系统都按照特定的"媒介"运作，而金钱和权力的媒介在整个系统的整合（integration）*中发挥着核心作用。这个框架已被应用在他的多本著作中，如《信任和权力》（*Trust and Power*, 1979, 1968 年第一版，1975 年第二版）、《爱情作为激情》（*Love as Passion*, 1986）、《风险》（*Risk*, 1991）和《大众媒体的实在》（*The Reality of the Mass Media*, 1996）。他最后一次提及他的一般理论是在《社会理论》（*Theory of Society*, 1997）中。

Lukács, György 格奥尔格·卢卡奇（1885—1971）

匈牙利马克思主义哲学家，曾在 1919 年短暂的匈牙利革命期间担任政府部门部长，之后在斯大林时代被流放多年，并短暂入狱。

卢卡奇通过康德（Kant）*和黑格尔（Hegel）*了解马克思主义（Marxism）*。他《心灵与形式》（*Soul and Form*, 1911）中的早期批判立场和《小说理论》（*The Theory of the Novel*, 1914—1915）借鉴了格奥尔格·齐美尔（Georg Simmel）*的思想。他认为，马克思主义为古典欧洲哲学的二元论（dualism）*提供了解决方案，特别是主客体的调和。在《历史和阶级意识》（*History and Class Consciousness*, 1923）中，他坚持认为工人阶级（working class）*的经验本身就是历史的主体和客体的经验,而马克思主义将这种经验建构为社会总体理论。对卢卡奇来说,整体性的概念是马克思主义中最重要的概念,因为它使人们能够穿透社会现实的表象(representation)*(由商品拜物教[commodity fetishism]*和物化[reification]*主导),了解隐藏在这些表面之下的真实人际关系表现形式。他发展了一种政治组织理论,将列宁对共产党的重要性的强调与罗莎·卢森堡(Rosa Luxemburg)*对自发性的强调相协调。

20世纪20年代,卢卡奇的政治立场在共产国际受到攻击,他转而专注于文学理论,发展了一种社会主义现实主义的概念,超越了斯大林主义(Stalinism)*的朴素,但这个理论却从未成功地与现代主义文学构建起桥梁。一本好的现实主义(realism)*作品被其视为描绘了潜在的社会关系,而不是仅仅浮于表面,比如参见《历史小说》(The Historical Novel, 1937)和《欧洲现实主义研究》(European Realism, 1946)。他在《理性的毁灭》(The Destruction of Reason, 1953)中批评了德国社会学和哲学的发展趋势。他的人生观以英文记录在了1983年出版的《人生纪实》(Record of a Life)之中。另见批判理论(critical theory)*;意识形态(ideology)*。

lumpenproletariat 流氓无产者

卡尔·马克思(Karl Marx)*将"流氓无产者"生动地定义为"所有阶级的败类、淘汰者、垃圾"。他将骗子、扒手、妓院老板、拾荒者、乞讨者和其他的"社会漂流者"都包含在内(参见《路易·波拿巴的雾月十八日》The 18th Brumaire of Louis Bonaparte, 1852)。他们属于"阶级碎片",因为路易·波拿巴在1848年夺取政治权力的斗争中就依靠了这些人。路易斯-菲利普（Louis-Philippe）的金融贵族们对通过金融赌博创造的财富表现出极大的胃口。而这种获得财富的方式和财富本身都违反了"资产阶级法律"。从这个意义上说，无产阶级（proletariat）*和资产阶级（bourgeoisie）*都是进步的。他们通过发展人类的劳动能力和全面发展能力来推动历史进程。而流氓无产者却是边缘的、无效率的、退化的。

矛盾的是，当代社会学家对马克思提出的所谓的"边缘社会类别"（现在被视为现代社会的受害者），与他所处历史进程中的主要阶级（class）*一视同仁。

Lundberg, George A. 乔治·A. 伦德伯格（1895—1966）

一位有影响力的美国社会学家，推崇使用新实证主义（neo-positivism）*方法研究社会行为。因著有《社会学基础》（Foundations of Sociology, 1939）和《科学能拯救我们吗？》（Can Science Save Us?, 1947）而闻名。伦德伯格认为，社会学要成为一门科学，就必须以自然科学的理论和方法为规范。因此，他的作品饱含行为主义（behaviourism）*色彩，并以强调量化为特征。他反对内省（introspection）*。尽管他接受社会学中研究价值和思维的分支，但主张需以明确的、可量化的研究方法（research methods）*为前提。他认为科学胜过传统和宗教信仰，声称科学为未来带来希望，因为人类必须变得更加理性，否则将无法生存。

Luxemburg, Rosa 罗莎·卢森堡（1871—1919）

罗莎·卢森堡虽出生于波兰，但却是德国工人阶级运动的重要理论家和政治领袖。她极力反对德国社会民主党内的修正主义潮流,并因反对第一次世界大战而入狱。战后,她支持俄国革命,却同时尖锐地批评布尔什维克镇压大众民主。她的主要著作《资本积累》(The Accumulation of Capital, 1913)认为,资本主义(capitalism)*对非资本主义"第三市场"的依赖是帝国主义(imperialism)*扩张的重要前提。资本主义扩张的全球性胜利也标志着它的最终崩溃。卢森堡在战争结束后的德国革命动荡中发挥了领导作用。她在柏林被军官逮捕,在去监狱的路上被士兵用棍棒打死。

Lynd, Helen Merrell 海伦·林德(1896—1982)

一位美国民族志学家和社会理论家,其最著名的著作与丈夫罗伯特·S. 林德(Robert S. Lynd)合著,围绕着一个中西部小镇。林德夫妇于1924年至1926年就住在这个小镇(米德尔敦——实际上是印第安纳州的曼西),并于1929年出版了第一卷著作——《米德尔敦:当代美国文化研究》(Middletown: A Study in Contemporary American Culture)。他们的研究围绕着基层组织活动,包括成立家庭、谋生、青年人教育、宗教和社区活动。第二卷于1935年问世,题为《转型中的米德尔敦:文化冲突研究》(Middletown in Transition: A Study in Cultural Conflicts, 1935),是一项纵向研究,在大萧条时期出版。在这一卷中,他们描述了更为明显的阶级压力和特权,以及几乎不存在的底层人民的凝聚力:当时激进的社会经济变革并没有引发激进的阶级运动。尽管林德夫妇有共同的研究者和作者身份,但罗伯特·林德还是通过这些研究获得了更多的荣誉和认可。

海伦·林德也是一名教师和政治活动家,因麦卡锡主义受到骚扰。1958年,她发表了《论耻辱和寻找身份》(*On Shame and the Search for Identity*),批评了西格蒙德·弗洛伊德(Sigmund Freud)*和塔尔科特·帕森斯(Talcott Parsons)*的主张,认为他们未能为他们的社会学理论提供历史背景或历史内容。她还发表了关于大学师生互动的研究,包括《大学教育中的实地工作》(*Field Work in College Education*, 1945),以及题为《1880年代的英格兰:迈向自由的社会基础》(*England in the Eighteen Eighties: Toward a Social Basis for Freedom*, 1944)的历史研究。她所有的研究都围绕对人类意义和行为的深入探讨。

M

McDonaldization 麦当劳化

这个词的作者,美国社会学家乔治·里策(George Ritzer)将麦当劳化定义为"快餐店的原则在美国社会以及世界其他地区越来越多的部门中占据主导地位的过程"(参见《社会的麦当劳化》*The McDonaldization of Society*, 1993)。以汉堡包连锁店为例,把汉堡包连锁店准备食物的方式作为马克斯·韦伯(Max Weber)*的理性化(rationalization)*理论的典范:企业用科学管理(scientific management)*和福特主义(fordism)*的方法来保证对顾客的可预测性、效率和可计算性。世界上的汉堡包都是一样的,餐厅里的汉堡包几乎是一模一样的,这样一来,保证了顾客不会有任何意外。里策认为,这种理性的生产和消费技术,正越来越多地应用到整个服务行业(service sector)*。我们现在有垃圾新闻学(平淡而琐碎的新闻,以口语化的方式提供给大家),还有"麦当劳大学",以模块化的课程为特色,以快速的方式提供学位,满足各种需求。这些产品的质量下降,只能通过大量的广告来掩盖,不断地将其重新包装成新的样子。

麦当劳化表明,现代社会在很多方面都是越来越标准化、可预测、统一的。然而,科学管理和自由主义(liberalism)*的提法并不完全相符,因为这些早期的生产常规化战略的倡导者试图用标准化和高强度的工作来换取高工资和奖励金,而在快餐店和类似的"麦当劳"中的就业是低工资和无保障的。这基本上是韦伯对工业主义

（industrialism）*发展轨迹的看法，与乌尔里希·贝克（Ulrich Beck）等人提出的自反性现代化（reflexive modernization）*和风险社会（risk society）*理论也有一定的矛盾，他们描绘的是一个越来越不确定和不可预测的世界。

Mcdougall, William 威廉·麦独孤（1871—1938）

英国社会心理学家，曾任教于剑桥大学和牛津大学。他被阿尔弗雷德·哈登（Alfred Haddon）招募到托雷斯海峡的人类学考察队任职。1920年移居美国，在哈佛大学任教（应威廉·詹姆斯［William James］*的邀请）至1928年，后在杜克大学任教。他出版了《社会心理学导论》（An Introduction to Social Psychology, 1908）和《行动理论》（Theories of Action, 1919），之后他又出版了他最著名的著作《群体心理学》（The Group Mind, 1920）。这不是什么形而上学（metaphysics）*的思想，而是对涂尔干（Durkheim）*所说的集体表象（collective representations）*的认可，并受到了威尔海姆·翁特（Wilhelm Wundt）的民间心理学的影响。它强调个性的文化建构的重要性，强调研究民族性格（national character）*的必要性。麦独孤对弗洛伊德（Freud）*的思想很感兴趣，他试图将这些思想与本能反应结合到他自己的情感理论中。另见《心理分析与社会心理学》（Psychoanalysis and Social Psychology, 1936）

Machiavelli, Niccolò 尼科洛·马基雅维利（1469—1527）

佛罗伦萨有影响力的政治理论家和人文主义者。马基雅维利认为人性（human nature）*本质上是自私的，他主张建立强大的政府，特别是在《君主论》(The Prince and Discourse, 1513—1521)中。他的著作在政治学中影响最大，但一些社会学家也被他的国家权力理论所吸引，例如斯坦福·莱曼(Stanford M. Lyman)和马文·斯科特(Marvin B. Scott)(参见《荒诞社会学》A Sociology of the Absurd, 1970)。

machine production 机器生产

参见工厂系统(factory system)*；工业主义(industrialism)*。

MacIver, Robert M. 罗伯特·M. 麦基文(1882—1970)

苏格兰先驱社会学家，曾在阿伯丁和爱丁堡工作，后在多伦多和纽约哥伦比亚大学任社会学系主任。1929年至1950年在哥伦比亚大学任职。他的经典教科书《社会学》(Sociology, 1931年首次出版，1937年修订，1949年与查尔斯·佩吉[Charles Page]合著第三版，)揭示了他关注发展一个系统的、理论的、人本主义的但又是进化的社会学，本书尤其对涂尔干(Durkheim)*和齐美尔(Simmel)*进行了借鉴。他的主要兴趣是国家(《政府之网》The Web of Government, 1947)和社区(《社区》Community, 1928)。完整的传记详见《罗伯特·M. 麦基文的自传》(As A Tale That is Told: The Autobiography of Robert M. MacIver, 1968)。

macrosociology 宏观社会学

宏观社会学通常与微观社会学(microsociology)*相比较。前者研究的是更广泛的结构、相互依存的社会制度(social institution)*、社会生活的全球和历史进程，而后者更关注的是行动(action)*、互动

(interaction)*和意义(meaning)*的建构。一般来说,符号互动论(symbolic interactionism)*、交换理论(exchange theory)*、常人方法学(ethnomethodology)*等理论被视为微观社会学理论,而马克思主义(Marxism)*、功能主义(functionalism)*、系统理论(system theory)*等理论被视为宏观社会学理论。所有这些理论在本词典都有收录。

然而,我们不需要过分强调二者的区别,因为许多社会学研究既不明确地属于一个阵营,也不属于另一个阵营,它们可以被看作是关于社会制度和社会行动者(social actor)*之间关系的持续辩论的一部分。微观和宏观理论是无法自发地进行综合分析的吗?一种分析模式是否优于另一种分析模式?这是一种联系或者甚至是一种综合可能吗?大多数古典理论都与这种张力有关。例如,虽然马克斯·韦伯(Max Weber)*通常被认为是关注社会行为的社会学家,但他的工作迅速转向了对广泛的历史过程和比较结构的分析。同样,塔尔科特·帕森斯(Talcott Parsons)*的工作可能被视为雄心勃勃的尝试,以创建一种宏大的理论,这种理论将允许将行动单位构建到一体化机构中,例如,模式变项(pattern variables)*能够同时描述两个人的互动和整个社会。

这两种社会学之间的矛盾和争论有多种形式。有一些所谓的整体论者(包括爱弥尔·涂尔干[Émile Durkheim]*)认为,社会学的逻辑要求关注社会的特殊性,微观社会学既不能抓住集体行动(collective action)*的逻辑,也不能抓住体制结构的制约,因此,微观社会学不能令人满意。相比之下,个人主义方法论者坚持认为(除其他外),社会是一个再生产机构,总是可以被还原为其组成部分的个人。这是更广泛的本体论(ontology)*争论的一部分,在这场争论中,唯实论者和唯名论者对社会现实的性质提出了相互竞争的主张。同样,安东尼·吉登斯(Anthony Giddens)*的结构理论和约翰逊·特纳(Johnathan A. Turner)的《社会互动理论》(A Theory of Social Interaction, 1988),都试图超越微观社会学和宏观社会学的二分法。这两种理论都可以与阿兰·道夫的立场形成对比,他在一篇经典论文中坚持认为:"有……两种社会学:社会系统(social system)*的社会学和社会行动的社会学。它们的基础是对秩序和控制这两个中心问题的截然相反的关注。而且,在每个层面上,它们都存在着冲突(conflict)*。它们对人性(human nature)*、对社会以及对社会与个人之间的关系提出了对立的观点。第一种观点认为,对于社会和个人的福祉而言,外部约束是至关重要的,因此,社会系统的概念在本体论上和方法论上先于其参与者。第二种社会学的关键概念是人的自主性,只有在摆脱外部约束的情况下,才能充分发挥自己的潜力,创造出真正的人类社会秩序。因此,社会是其成员的创造;是他们对意义的建构,以及他们试图将这种意义强加于历史情境的行动和关系的产物。"(《两种社会学》The Two Sociologies,载于《英国社会学杂志》British Journal of Sociology, 1970)另见高尔登问题(Galton's problem)*。

madness 疯癫

参见精神疾病(mental illness)*。

magic, witchcraft, and sorcery 魔法、巫术和诅咒

是指施展符咒、法术和仪式,以寻求控制事件或治理某些自然或超自然力量的技艺。魔法可以是好的,如爱情魔法或特罗布里恩岛人

在危险航行前的独木舟魔法。它也可以是恶的,如巫术或诅咒。诅咒意为故意将力量用于有害的目的的魔法,往往涉及人为的手段。巫术意为通过与邪灵签订契约而拥有超自然的力量,这种力量可能是不由自主地施加的。魔法、巫术和诅咒一般都是在个人层面发挥作用,而且往往与有组织的宗教(religion)*对立。魔法信仰处理的是宗教道德无法解释的个人危机和命运行为。

最初解释魔法信仰的尝试是建立在19世纪的科学主义和简单的心理学(psychology)*理论之上。对路先·列维-布留尔(Lucien Lévy-Bruhl)*(《原始思维》Primitive Mentality,1922)来说,魔法是一种"前逻辑思维",它与西方科学思想是不可比拟的,也是与西方科学思想对立的。詹姆斯·弗雷泽(James Frazer)*的《金枝》(Golden Bough, 1900)提出了从魔法到宗教到科学的进化论(evolutionary theory)*。布罗尼斯拉夫·马林诺夫斯基(Bronislaw Malinowski)*(《魔法、科学与宗教及其他论述》Magic, Science and Religion and Other Essays, 1948)赞同早期对魔法的许多偏见,并将其解释为对未知和不可控的事件在本质上毫无意义的情感反应。因此,只有在技术知识不足的情况下,魔法才能发挥心理学的作用。

后来的人类学方法将魔法视为包含一种象征性的逻辑和意义,并试图将其置于相关民族的宇宙学和社会关系的背景下。这种方法从根本上说是源于埃文斯-普里查德(Evans-Pritchard)*的经典研究《阿赞德人的巫术、神谕与魔法》(Witchcraft, Oracles and Magic among the Azande, 1937)。这是最早尝试详细研究与魔法、巫术和诅咒有关的信仰和习俗的研究之一。苏丹南部的阿赞德人用巫术来解释几乎所有可能发生在人身上的不幸事件。所有的死亡都被认为是由巫术造成的。这种解释框架并没有把巫术作为不幸的唯一原因。阿赞德人知道，不幸是生活中的一部分：房子被白蚁吃掉而倒塌、人喝了坏水就会生病，等等。然而，巫术思想解释了为什么不幸会在特定的时间发生在特定的人身上；也就是说，它们解释了一个至关重要的问题，为什么是我？为什么是现在？（为什么白蚁会毁了我的房子，而不是另一个，为什么我在里面的时候，房子会倒塌，而不是在别的时候？）

在阿赞德人中，巫术是只属于普通人，他们利用内在的灵力来进行伤害。巫术是一种体质属性，位于肠道中，可以让巫师在夜间出去伤害他人。好的魔法被认为是道德的，以法术、药物、草药作为对抗巫术的手段。坏的魔法，也就是诅咒，只有阿赞德贵族才会施展，被认为比巫术更具有杀伤力。与巫术不同的是，诅咒的器具是外在的，涉及法术、仪式、药材等。如果有重大的不测，就会请来占卜师来确定谁是造成不测的巫师，并说服此人悔过自新，解除咒语。指控往往发生在纠纷中，在这种情况下，一个人不可能通过酋长法庭得到报应。埃文斯-普里查德展示了这种指责是如何与阿赞德社会组织内部的社会矛盾点相关联的。总的来说，其他人类学家也遵循了这种方法，认为巫术信仰通过解决紧张关系、侵犯（aggression）*和嫉妒，对维护社会秩序（social order）*起着功能性的作用。例如，它们可能作为一种平衡机制发挥作用，积累了太多权力或财富的个人往往会被指责为通过巫术获得这些东西。然而，其他研究者认为，巫术信仰在产生紧张关系的同时，也有助于化解紧张关系。

一些分析家将其对巫术的研究置于殖民主义（colonialism）*的背景下。克莱德·克拉克洪（Clyde Kluchkohn）*（《纳瓦霍人的巫术》*Navajo Witchcraft*, 1944）认为，纳瓦霍巫术思想是为了疏导更大的白人社会所造成的紧张关系和侵略。艾琳·西尔维拉特（Irene Silverblatt）在《月亮、太阳和女巫》（*Moon, Sun and Witches*, 1987）中认为，女巫是安第斯山脉反殖民运动的一个组成部分。

关于魔法和巫术的思想引发了一场关于非西方民族合理与否的长期、激烈和悬而未决的争论，这场争论已经发展到哲学家和社会学家以及人类学家都参与其中（例如，见 B. R. 威尔逊[B. R. Wilson]编的《理性》*Rationality*, 1970）。埃文斯-普里查德坚持认为，阿赞德人对世界的认识有两种不同的模式，一种是神秘的，另一种是世俗的，即经验的。这两种模式在不同的解释层次上被引用：巫术被引用来解释为什么悲剧会降临到人身上；事件本身是如何发生的，被欧洲人认为是以经验主义的（empirical）*方式来解释的。埃文斯-普里查德认为，阿赞德人的观点是合理的，但也是错误的。与这种观点相反，相对主义者如彼得·温奇（Peter Winch）在《社会科学的观念》（*The Idea of a Social Science*, 1958）中认为，每个社会都有自己的现实和理性观念，而且都是同样有效的。因此，人类学家不应该根据西方的科学论述来判断巫术等外来信仰。马克斯·G. 马威克（Max G. Marwick）的《非洲与西方思想中的魅力魔圈有多真实？》（*How Real is the Charmed Circle in African and Western Thought?*, 载于《非洲》*Africa*, 1973），对其中的许多问题都有讨论，其社会学意义也已清楚地说明。另见文化相对主义（cultural relativism）*。

Maine, Sir Henry James Sumner
亨利·詹姆斯·萨姆纳·梅因（1822—1888）

亨利·梅因爵士是比较法学的先驱。像路易斯·亨利·摩尔根

（Lewis Henry Morgan）*一样，他深信原始社会（primitive society）*的法律基础在于血缘（consanguinity）*和亲属关系（kinship）*。在他最著名的两部著作《古代法律》（*Ancient Law*，1861）和《大众政府》（*Popular Government*，1885）中，他提出了进化论（evolutionary theory）*的主张，认为人类社会的历史表明，人类社会的历史从基于亲属关系的地位（status）*社会逐渐走向基于具有法律约束力的协议（或"契约"）的高级政治。另见部落（tribe）*。

male chauvinism 男性沙文主义

一个与20世纪70年代妇女解放运动特别相关的术语，用来攻击男性对妇女的态度。它意味着盲目、傲慢、过度和狭隘的假设，认为男性天生有优越感，男性的地位高于女性，以及男性追求自己的集体利益。

Malinowski, Bronislaw Kaspar
布罗尼斯拉夫·卡斯帕·马林诺夫斯基（1884—1942）

波兰人类学家，出生于克拉科夫，获物理学和数学博士学位。在一次偶然的机会，他读到了弗雷泽（James Frazer）*的《金枝》（*The Golden Bough*）一书，启发了他对社会人类学（social anthropology）*的研究。随后，在伦敦，他完成了一篇关于澳大利亚土著的论文。1915年至1918年期间，他在新几内亚的特罗布里恩群岛进行了长达近两年的田野调查（fieldwork）*。在这里，他发展了现在经典的密集的田野调查方法，在村庄里搭起帐篷。他强调学习人民的语言和获得"本土"观点的重要性。1927年，他被任命为伦敦政治经济学院的第一个社会人类学教授,他的研讨会吸引了许多现在著名的人类学家,他也指导了许多著名的人类学家。

马林诺夫斯基后来被认为开创了功能主义(functionalism)*理论。所有人类文化最终都可以被归结为满足基本的需求(need)*。仪式(ritual)*、亲属关系(kinship)*模式、经济交流(包括著名的库拉圈[kula ring]*),都不能用其起源来解释,而要用目前的使用来解释。以前那些试图用遥远时代的"幸存者"来解释所有风俗习惯的理论都被否定了。马林诺夫斯基只强调制度(institution)*的当下意义,这意味着忽略了任何历史背景。他将特定社会的和谐平衡理想化。这种历史学的方法给人的印象是,特罗布里恩人仍然被禁锢在石器时代,没有潜在的冲突,而这些冲突可能会产生变化。马林诺夫斯基强调与土著人民进行深入的田野调查,最好是绕过殖民统治者、传教士和商人的二手资料来源,这样做有可能忽视外部和殖民势力的强大干预。即使是对特罗布里恩政治结构的自成一体的描述也忽视了最近的变化。马林诺夫斯基在其死后出版的日记中揭示了强大的白人外来者的明显存在,他试图将这些人从他参与的田野工作和最后的文本中剔除。他的功能主义方法论尽管有缺陷,却带来了持久的影响。人类学家们被鼓励从整体上研究一个社会。信仰、仪式、亲属关系、政治组织和经济实践不再是被孤立地研究,而是相互联系的。

马林诺夫斯基出版了几部专著,探讨了特罗布里恩人的不同方面。其中,《西太平洋的航海者》(*Argonauts of the Western Pacific*,1922)、《原始社会的犯罪与习俗》(*Crime and Custom in Savage Society*, 1926)、《原始社会的性与压抑》(*Sex and Repression in Savage Society*, 1927)、《野蛮人的性生活》(*The Sexual Life of Savages*, 1929)

和《珊瑚园及其巫术》(Coral Gardens and Their Magic, 1935、1948)等著作现在已成为该学科的经典之作。他在国际上的名气,带来了非洲和美国的访问和任命。他被鼓励对殖民政策发表意见,经常对他没有人类学知识的地区发表意见。他的功能主义并没有预见到殖民者的自决。他的《一本严格意义上的日记》(A Diary in the Strict Sense of the Term, 1967)常常令他的一些早期弟子感到惊愕,但他的这本书被认为是理解人类学家与他者之间的跨文化交流的重要文本。

Malthus, Thomas Robert 托马斯·罗伯特·马尔萨斯(1766—1834)

早期政治经济学家,其《人口原理》(Essay on the Principle of Population)首次发表于1798年,并多次修改,对人口理论产生了巨大影响。马尔萨斯的父亲是英国一个自由主义者地主,也是卢梭(Rousseau)*的朋友,他教育自己的儿子,直到他到剑桥大学学习。在那里,马尔萨斯于1793年被任命为研究员,1797年考取了圣徒(Holy Orders)。1805年,他在海利伯里的东印度公司学院任历史和政治经济学(political economy)*教授。

马尔萨斯在论文中对当代关于人类的完美性的争论进行了探讨。针对戈德温(Godwin)和孔多塞(Condorcet)*等作家认为人类有能力获得更大的进步和幸福的观点,马尔萨斯借鉴了亚当·斯密(Adam Smith)*和大卫·休谟(David Hume)*的著作,指出了他所说的"人口原则"给人类带来的压力和困难。这就是人口扩张快于资源扩张的自然趋势。人口可以按几何级数扩张;资源的扩张速度不超过算术级数。因此,人口的实际增长不可避免地受到资源不足的制约,要么通过"积极的"检查(疾病[illness]*和饥饿导致的死亡),要么通过"预防的"检查(推迟结婚或禁欲),来制约人口的实际增长。

马尔萨斯的观点受到了广泛的质疑,特别是他认为,通过增加资源来补救贫困(poverty)*的企图一定是不成功的,因为这只会导致人口的进一步扩张和对"生活必需品"的进一步压力,为1834年英国严厉的"穷人法改革"辩护。例如,卡尔·马克思(Karl Marx)*认为,人口的养活自己的能力主要取决于经济和社会群体(social group)*。资本主义(capitalism)*——而不是人口增长——是贫困的罪魁祸首。

management 管理/管理层

该术语指在工业组织和其他正式组织(formal organization)*中对生产活动进行监督、控制和协调的过程,或者是履行这些职能的人员。作为一个过程,管理通常分为对组织的主要目标进行直线管理或一般管理,以及处理人事、法律、研究开发等辅助性工作的人员或专家管理。在工业社会(industrial society)*中,随着股份制公司、企业规模和公共科层制(bureaucracy)*的扩大,管理阶层发展了起来。这个词的用法很宽泛,在一方面,管理包括董事和其他高级职员,他们在公司中拥有某种形式的个人利益,实际上也是雇主;在另一方面,管理是无财产的短工或收取月薪的雇员被任命或提拔到要担起不同程度监督责任的职位。第二种意义上的经理人在白领工人中占的比例越来越大。关于管理意识形态在工业化(industrialization)*过程中作用的一个很好的论述是莱因哈德·本迪克斯(Reinhard Bendix)的《工业中的工作与权威》(Work and Authority in Industry,新版,1974)。迈克·里德(Mike Reed)的《管理社会学》(The Sociology of Management,1989)

是一本比较笼统的教科书。另见权变理论（contingency theory）*；直线职能制（line-and-staff）*；管理革命（managerial revolution）*。

management of knowledge 知识管理

知识管理是20世纪70年代"新"知识社会学（knowledge, sociology of）*中的一个术语，它将这一学科与知识和权力（power）*的社会学联系起来。它指的是学校和教育课程控制有效知识以及认识知识的方法的过程，从而防止偏离的范式（paradigm）*和解释的出现。关于这些与教育社会学的起源和发展有关的争论，参见杰拉尔德·伯恩鲍姆（Gerald Bernbaum）的《教育社会学中的知识和意识形态》（*Knowledge and Ideology in the Sociology of Education*, 1977）。另见教育社会学（education, sociology of）*。

management science 管理科学

参见行政理论（administrative theory）*；组织文化（organizational culture）*。

managerial revolution 管理革命

该术语指的是现代公司（corporation）*内部管理权由所有者向控制型职业经理人的转变。这与当代资本主义（capitalism）*中家庭所有制和私有财产重要性的下降有关。

这个概念起源于詹姆斯·伯纳姆（James Burnham, 1941）的一本同名书籍，他断言，不仅是工业机构，国家机构和所有其他重要组织都会被由追求自身利益的管理专业人士所构成的新统治阶级控制。这也与阿道夫·A.贝利(Adolf A. Berle)和卡德纳·C.米恩斯(Gardiner C. Means)(《现代企业与私有财产》*The Modern Corporation and Private Property*, 1932)有关,他们认为管理者会追求更广泛的企业目标,即使是以牺牲短期的盈利能力为代价。另见资产阶级(bourgeoisie)*;所有权和控制权(ownership and control)*。

Mann, Michael John 迈克尔·约翰·曼(1942—)

英国社会学家,现任职于加利福尼亚大学洛杉矶分校。他曾在埃塞克斯大学和伦敦政治经济学院任教,1987年调到加州工作。他在牛津大学的博士论文是对一家食品生产公司的工人进行的调查,该公司从伯明翰搬迁到班伯里。曼在他的著作《流动中的工人》(*Workers on the Move*, 1973)中报告了他们的工作取向和阶级意识(class awareness)*的形式。关于阶级意识(class awareness)*的一般观点已经发表在《自由民主的社会凝聚力》(*The Social Cohesion of Liberal Democracy*, 1970)一文中,他后来将之发展为《西方工人阶级的意识与行动》(*Consciousness and Action among the Western Working Class*, 1973)中的短篇论述。从20世纪70年代后期开始,他的兴趣从比较社会学和历史社会学扩展到更广泛的阶级和权力问题。这促使他制定了一个项目——《社会权力的来源》(*The Sources of Social Power*)——于1986年至2013年间出版的四卷本历史著作。曼提出了这样一个论点:权力可以被看作是经济、政治、军事和意识形态(ideology)*的来源,而这些都是通过专制(autocracy)*和"基础设施"机制来行使控制权的不同基础。他追溯了从早期部落(tribe)*形式到现代结构的权力变化模式,避免了进化论(evolutionary theory)*

的假设,并以巴林顿·摩尔(Barrington Moore)和西达·斯考切波(Theda Skocpol)的精神,发展了一种强有力的历史社会学。这部多卷著作的重要补充,是关于专制型权力(authoritative power)*和种族冲突的单独的实质性专著《法西斯分子》(*Fascists*, 2004)和《民主的黑暗面》(*The Dark Side of Democracy*, 2005)。

Mannheim, Karl 卡尔·曼海姆(1893—1947)

匈牙利社会学家,在希特勒上台后不久移居德国,最终移居英国。他最持久的贡献是对知识社会学(knowledge, sociology of)*的贡献,他将其定义为一种关于思想的社会条件作用或存在条件作用的理论。曼海姆认为所有的知识和思想都是在社会结构(social structure)*和历史过程中特定的位置上产生的。因此,思维不可避免地反映了一种特殊的思维方式,而且是根据具体情况而变化的。曼海姆同时受到马克思(Marx)*和韦伯(Weber)*的影响,在他的大部分作品中,他主要从阶级(class)*的因素或社会地位群体(status group)*的角度来构想思想的不同社会位置。例如,他反对植根于弱势群体未来希望的乌托邦(utopia)*思想,而赞成实事求是的人提出的意识形态思想。然而,曼海姆也特别关注了思想上的代际差异。一个人的世代(generation)*,就像他们的社会阶层一样,在社会和历史的时间里给了一个人一个特定的位置,从而使他们倾向于一种特定的思维方式。

虽然曼海姆认为所有的思想都与社会地位(social status)*有关,但他反对绝对的相对主义(relativism)*。所有的思想都是一个群体观点的真实表达,但这并不意味着它是错误或扭曲的知识。

他寻求一种方法,通过这种方法,每一个部分的真理都可以被综合成一个更大、更客观的画面。他的一些核心的和最重要的思想可以在《意识形态与乌托邦》(*Ideology and Utopia*, 1929)、《知识社会学论文集》(*Essays on the Sociology of Knowledge*, 1928)和《重建时代的人与社会》(*Man and Society in an Age of Reconstruction*, 1935)中找到。大卫·凯特勒(David Kettler)和沃尔卡·梅亚(Volka Meja)有很多重要的著作是关于曼海姆的作品的,包括《卡尔·曼海姆与自由主义的危机》(*Karl Mannheim and the Crisis of Liberalism*, 1995)。另见知识社会学(knowledge, sociology of)*。

manual versus non-manual distinction 体力劳动与非体力劳动的区分

这是职业分层(stratification)*研究中广义的二分法,它与许多社会指标(social indicators)*相关,如收入、健康、受教育程度,以及广泛定义的就业状况(employment status)*。然而,这个区分是基于对工人阶级(working class)*和中产阶级(middle class)*中不同职业(occupation)*的地位(status)*和性质的价值判断,以及它们应该需要的脑力劳动(mental labour)*(非体力劳动)和身体劳动(体力劳动)的相对分量。一个密切相关的区分是蓝领工作(blue-collar work)*和白领工作(white-collar work)*。尽管这种区分在日常生活和法律中已广泛制度化(institutionalization)*,但试图就体力劳动和非体力劳动达成一致的操作性定义的努力则表明这种区分往往是武断的。职业岗位上的性别差异可以很好地说明这一点:在白领工作中从事脑力劳动的女性往往得不到与白领男性同样的报酬或声望。但体力与脑力劳动区分的含混性并没有阻止社会学家们将生活机遇(life chances)*、生活方式(lifestyle)*和声望的广泛不平等(inequality)*与人们从事体力劳动(工人阶级职业)还是非体力劳动(中产阶级职业)联系起来。现在在分层社会学中使用的更复杂的分类试图简单地反映研究对象自己用来区分职业声望的主观价值因素。然而，关于社会上对体力劳动或脑力劳动的相对价值存在共识(consensus)*的观点并没有得到实证研究的支持。另见戈德索普阶级体系(Goldthorpe class scheme)*；新工人阶级(new working class)*；职业分类(occupational classification)*；职业声望(occupational prestige)*。

manufacturing 制造业

生产作为商品出售的物品和货物。制造业在有时被称为第二产业的经济中占了很大一部分。另见工厂系统(factory system)*；工业部门(industrial sector)*。

Maoism 毛泽东主义

该术语源自中国共产党革命领袖毛泽东(1893—1976)的理论和政策。

在冷战时期的不同阶段，新马克思主义社会学家转向毛泽东主义下的中国，希望找到一个不像苏联那样拘泥于教条马克思主义的社会主义国家。有几个优秀的(尽管有些理想化)关于毛泽东时代中国人生活的民族志(ethnography)*几乎取得了经典地位，包括扬·米尔达(J. Myrdal)1965年出版的《来自中国农村的报告》(Report From a Chinese Village)与1970年出版的《中国：革命继续》(China: The Revolution Continued)，和韩丁(W. Hinton)1966年出版的《翻身》

(*Fanshen*)。同时,我们建议学生们阅读《北京人》(*Chinese Lives*, 1986)等作品,以平衡上述民族志的影响。

Marcuse, Herbert 赫伯特·马尔库塞(1898—1979)

德国哲学家和社会理论家,法兰克福学派(Frankfurt School)*成员(参见批判理论[critical theory]*)。与其他成员不同的是,他在战争结束后留在了美国,并一直致力于激进政治直到他生命的尽头。他对20世纪60年代左派学生的思想产生了很大的影响。

他的批判理论源于欧洲哲学的主流:黑格尔(Hegel)*的著作、现象学(phenomenology)*和存在主义(existentialism)*,以及这些与马克思主义(Marxism)*某些方面的结合之处。马尔库塞的著作涉及政治、美学、哲学和文化批评,尤其关注他眼中的现代社会极权主义(totalitarianism)*倾向。在他看来,资本主义已经超越了马克思所分析的经济条件,工人阶级(working class)*未能发展成为革命力量。他希望那些被排除在体制之外的群体(例如,黑人以及辍学的学生)能够产生一种反对意识。马尔库塞最重要的著作包括《理性与革命》(*Reason and Revolution*, 1941),书中呈现了黑格尔式的、批判的或"消极的"马克思主义,以及对实证主义(positivism)*哲学的有力批判;《单向度的人》(*One Dimensional Man*, 1964)关注现代资本主义(capitalism)*如何限制反对的可能性;《爱欲与文明》(*Eros and Civilization*, 1955)将弗洛伊德(Sigmund Freud)*的一些形而上学(metaphysics)*的思想,尤其是他关于生死本能的观点,用于批判现代文化对欲望的转化和异化(alienation)*。对马尔库塞思想的最好的(尽管也带有高度怀疑的)检讨仍然是阿拉斯代尔·麦金泰尔(Alasdair Mac Intyre)的《马尔库塞》(*Marcuse*, 1970)。

marginal employment 临界就业

参见非正式经济(informal economy)*。

marginalist revolution 边际革命

参见新古典经济学(neo-classical economics)*。

marginalization 边缘化

这一术语指一个群体或个体被剥夺其在社会内部的经济、宗教(religion)*或政治权利上的重要职位或象征的过程。边缘群体可能实际上是数量上的多数,例如生活在南非的黑人。我们可能需要将它与少数群体(minority group)*区别开来。因为有些少数群体在数量上虽然少,但他们却掌控政治或经济权力。

边缘化在20世纪60年代成为社会学研究的一个重要话题。这很大程度是对以下事实的出现所做出的反应:在某些经济呈现出高速增长的发展中国家,其社会成员所分享到的成功果实的比例越来越不平等。特别是对于那些深受依附论(dependency theory)*、马克思主义(Marxism)*和世界体系理论(world-system theory)*影响的学者来说,何种过程使这种不平等(inequality)*得以发生,成了他们研究的主要缘起。他们辩称,这些现象并非局限于特定社会,而是与世界资本主义秩序有关。

人类学家尤其乐于研究边缘群体。这主要是源于这样一种观念:通过观察一个社会中的边缘部分发生了什么,人们可以理解这个社会是怎么自我定义的,又是怎样被其他社会所定义的,以及什么构成了它的核心文化价值。另见排斥(exclusion)*。

marginal totals（marginal）边际总和（边际数）

参见列联表（contingency table）*。

market 市场

在经济学和社会学中，市场都被理解成买家和卖家在其中交换明确商品的一个区域。这些商品可以被认为包含两类：货品和服务。一种商品可用于销售的总产量被称为这种商品的供给，而人们试图购买的总量则称为对它的需求。因为人们内心想要的可能是无穷无尽，所以有必要强调，研究中的市场需求应当是有效的，即是说得到金钱或者是购买力支撑的。

需要注意的是，市场并不一定是个有形的场所，比如股票交易就是个例子。它可以是任何一种将买家和卖家撮合到一起的安排。远程通信上的进步加快了信息的传递，以至于金融市场和商品市场现在已扩展到国际范围。某些区域性政治倡议，比如欧洲经济共同体和关于拉丁美洲经济共同体的提议，把开创一个更为整合的产品和服务市场作为其核心目标。

主流经济学理论大多会假设市场上的竞争是完美的。这就是说，市场上存在大量的买家和大量的卖家，他们中的任何一个人都能对市场形成价格的过程产生影响。正如这一假设所辩称的，完美的竞争，能确保有一种内在的趋势使得供给和需求会通过普遍价格来因应彼此做出调整。如果所有市场参与者都是理性的，普遍价格会按照商品的相对稀缺性以及厂商生产和消费者购买这种商品的竞争效率，出现上升或者下降。竞争同样还解释了市场之间的关系：为了在消费者有限的购买力中占有一席之地，所有的产品都在彼此竞争；为了获取到那些总量有限的原材料、机器、劳动力（labour power）*和投资资本，所有的厂商也都在竞争当中。这一竞争性的过程会惩罚那些对于理性有任何背离的厂商和消费者，将他们全都赶出市场。

市场经济被认为是由消费者来主导生产。每个人，基本上是通过使用他或她从生产活动中获得的收入，来将他或她的欲求和偏好表达出来。与此同时，他或她也将这份收入分配到市场上可以获得的各种产品和服务上。这一经济理论也和某些政治理论有关联。这些政治理论认为，公民作为投票者，应有决定包括教育服务、军备和艺术等公共品生产的最终权力。所以，这种市场体系被认为在本质上是民主的。

市场并不单单是分配商品和服务的方法，因为中央计划者也能达成这一结果。经济学上最古老的争论之一，即是这二者中哪一种方法更有效率。所以，社会主义国家中的计划经济（command economy）*被拿来和资本主义国家中的市场经济来做比较。在市场经济（也被称作自由经济或者自由企业经济）中，大部分的生产、分配和交换活动是通过私人或者私有企业而非政府去完成的，政府的干预被限定在最低限度上。在医疗卫生和教育服务的提供和分配上，有时会存在例外。这些活动有时候是由中央政府和地方政府来筹资和组织的。在这种情形下，我们称之为混合经济（mixed economy）*会更为贴切。

市场被认为存在一些明显的缺陷。它们通常会存在商业周期（trade cycle）*，这意味着每隔一段时间，资源就会出现未被善尽其用的状况。对于劳动力而言，利用不足就意味着失业（unemployment）*，这将威胁工人的生活水平，并进而导致一系列的社会和经济后果。除了在市场上出售的商品和服务之外，一个不受约束的市场系统还会制造一些人们并不想要的产出。一个当前的经典例子是环境污染——废弃物被排放到大气、河流和海洋之中。市场没有道德。武器、基本医疗服务、科学研究、艺术品,以及宗教服务,所有这些的生产和销售都完全是由对它们的需求决定的。在许多社会中,它们的价值系统与市场非道德性的机能并不一致,而且也不顺从于它。于是,市场的结果有时可能会不被社会所认可。以上这些缺陷独立于任何市场在实际运作中会出现的一系列不完美。比如说,市场在所有买家和卖家都能获得完美信息的情形下会表现最好。这样的话,对于商品的需求和它们的供给会相互作用,直至达到一个均衡。在现实中,完全信息可能是不存在的,或者是(获取信息)所要付出的成本不成比例,或者是信息在市场参与者之间的分布是不平等的。

由于很少有社会科学家会对完美竞争这个概念感到完全满意,经济学和社会学可以展开卓有成效合作的一个领域即是尝试去对经验世界如何支持或是背离竞争的理性状态做一个系统性的描述。从一开始,经济学就致力于去理解,那些试图用对资源和商品的政治分配来替代不受管制的经济交易的政府会对经济过程造成怎样的扭曲,哪怕只是在某一个特定社会中。(对于完美竞争的)背离之所以会发生,可能是因为垄断或者其他形式的经济和利益集中化,也可能是因为文化上或者行政上的壁垒。以上这些问题对于研究经济生活的社会学家来说,都是核心议题。但是,只在有关劳动力市场的研究上,经济学和社会学理论才被真正地整合到一起。

关于以上总结的少数几个例外之一是罗伯特·E. 莱恩(Robert E. Lane)的《市场体验》(*The Market Experience*, 1991)一书。在这本书中,他吸收了经济哲学、经济人类学、经济心理学和工作社会学的相关材料，系统性地回顾了有关市场经济的文献。引起争议的是，莱恩指出，这些领域已有的研究证据对市场经济提出了一个有力的批评——主要是展示它的两个关键前提是错的。首先，与主流经济学理论相反，工作并非是带来负效用的。事实上，它是终身幸福感的两个主要源泉之一。其次，金钱收入，虽然是效用的来源并补偿了那些因工作所做的牺牲，但是对于一个人的幸福感却帮助甚少。另见资本主义（capitalism）*；劳动力市场（labour market）*。

market research 市场研究

对于品味、价值和感知，对于个体、家户（household）*和邻里特征，对于个体消费者（或者行业消费者）的设备和服务购买行为的定性和定量研究。尽管有些大公司有自己的市场研究部门，但它由那些对此项工作有专长的代理机构执行。有些市场研究公司也会基于合同参与到学术研究（例如大规模调查）中来。

market situation 市场状况

参见阶级地位（class position）*。

market socialism 市场社会主义

参见指令经济（command economy）*。

marriage 婚姻

婚姻在传统上被认为是一种被法律认可的关系，它发生在成年男性和成年女性之间，并承载着特定的权利和义务。但是，在现代社会中，婚姻有时候会以更为自由的方式被诠释。"像已婚一样生活"这一短语则表明，出于许多原因，我们没有理由将同居（cohabitation）*排除在外。尽管如此，值得注意的是，即使这个定义更为自由，同性伴侣也会经常被排除在外。虽然同居越来越为人们所接受，并已常成为婚姻的前奏，但是人们仍然会将住在一起与"正式的"婚礼和婚姻区别开来。

不少最近的社会学研究，不管是英国的还是美国的，都会讨论到人们对于婚姻这一制度在走向衰落而感到愈发恐慌的感受。这种恐慌源于两个方面：首先，出现越来越多的婚姻关系破裂和相应的离婚（divorce）*；其次，随着更多的人在同居关系之中甚至是在婚姻关系之外抚养子女，婚姻事实上变得过时了。毫无疑问，离婚在不断增多。如果英国的离婚率继续保持当前水平，那么平均每三对婚姻里就会有一对以离婚收场。在最近这些年中，初婚年龄的中位数在明显上升，青少年婚姻在明显减少，并且开始有越来越多的人，尽管还只是小部分人，会终身不婚。与此同时，同居的比例在持续上升，在结婚前先同居俨然已成为一种规范。除此之外，越来越多的孩子是在婚姻关系之外受孕和出生的。看到这些统计数字，人们或许可以合理地断定婚姻的未来将黯淡无光，但是，婚姻对于绝大多数成年人来说，仍然是令人向往的生活方式。即使是在那些经历过一次婚姻失败的人里，大多数仍然有足够的乐观心态去开始第二段婚姻。

为什么人们要结婚？在西方社会中，人们会强调婚姻偏情绪的方面，也就是劳伦斯·斯通（Lawrence Stone）所说的，"情感个体主义（affective individualism）在盛行"（参见《英国1500—1800年的家庭、性和婚姻》*The Family, Sex and Marriage in England, 1500-1800*, 1977）。虽然彼得·伯格（Peter Berger）观察到，"丘比特的闪电很大程度上是由阶级（class）*、收入、教育、种族（race）*和宗教（religion）*背景等确切的渠道在导航"（《与社会学同游》*Invitation to Sociology*, 1963），但是，人们对伴侣的选择，主要还是出于对一段关系中所提供的温情与爱意的渴望。虽然婚姻明显更倾向于发生在背景相似的两个人之间（婚姻的同质性），但是我们仍不清楚为什么会这样，以及伴侣选择的刚性程度是否在不同社会群体之中会有不同。出人意料的是，美国的一些近期研究表明，阶层地位越高，同质性的婚姻就越少（M. 怀特[M. Whyte]的《约会、交配和婚姻》*Dating, Mating, and Marriage*, 1990）。这一研究还指出，婚姻同质性这一变量几乎无法预测婚姻关系的成功与否。

对于婚姻成功和婚姻调整的关注，已成为近期研究越来越重要的一部分内容。正如大卫·摩根（David Morgan）（《家庭》*The Family*, 1985）所谈到的，婚姻正在"医疗化"（medicalization）*——治疗师和婚姻咨询顾问在随时准备着去应付婚姻问题和提升婚姻质量。这也提出了一个问题：应该怎样去衡量一段婚姻成功与否？很明显，稳定性并不是一个充分的指标。有些夫妻过得很不幸，但仍然在一起。反之，有些夫妻有着让人嫉妒的关系，却离婚了。一系列的婚姻质量清单被开具出来。另外，人们最近意识到，婚姻质量和婚姻问题这两者事实上是独立的。例如，冲突和争吵在一些婚姻中可能是关心和投入的标志。

很明显，婚姻在生命周期（life cycle）*的不同时段会遇到不同的问题。养家糊口伴随着较高的婚姻张力，这点对于有小孩的父母尤为突出。再婚家庭相较于初婚家庭会有更大的破裂风险，特别是在有继子继女的情况下。这或许部分是因为，在社会期望和规范仍然表现出婚姻应当相守到老的传统期待时，再婚家庭是一种不完整的制度安排。正如安东尼·吉登斯（Anthony Giddens）*所指出的，从"破裂的婚姻"和"破碎的家庭"这类词汇可以透视到传统的理想化安排，而且这些词汇具有不幸的、负面的内涵，特别是对于那些父母分居或者离异的孩子而言。

研究越来越多地聚焦到就业与家庭生活（包括婚姻）之间的相互关联。其中主要焦点在于，女性就业怎样影响了婚姻关系。基于追踪调查数据，美国的研究者发现，相比对家庭收入贡献较少的女性或者全职太太，对家庭收入贡献较多的女性更有可能离婚。这或许是因为，在财务上对其丈夫依赖较少的妻子不再愿意去忍受一个屈从的位置，而且她们也有足够的资源使得她们可以选择离开。另一个重要的问题是，女性就业是否带来了婚姻中更大的平等呢？一些家庭研究者描绘了一个家庭如何变得更加对称的美好图景，但是另一些人对此表示怀疑，并强调即使女性在从事全职工作，家庭内部的传统劳动分工仍然存在。

杰西·伯纳德（Jessie Bernard）（《婚姻的未来》*The Future of Marriage*, 1972）提出，所存在的不止是一个而是两个婚姻，妻子的婚姻和丈夫的婚姻。一些研究也相应地显示，丈夫要比妻子从婚姻中受益更多。相较已婚女性，已婚男性会有更好的心理健康状况并更少地表现出与压力相关的症兆。那些将婚姻视为一种压迫制度的女性主义者则劝说女性不要结婚。不管怎样，婚姻中的不平等反映了社会中的性别不平等。正如克里斯·哈里斯（Chris Harris）所说的，"人们预期到，不管夫妻之间在形式上多么地平等，妻子对于婚姻不平等的感觉仍将持续很长一段时间。这是因为，出于一些原因，她们在参与劳动力市场（labour market）*时并不能获得与男性同等的待遇"（《家庭与工业社会》*Family and Industrial Society*, 1983）。伯纳德进一步提出，从家庭主妇到养家糊口的人这一转型，会让每一段关系都经历震颤。双薪婚姻正在播下变革的种子。尽管统计数字看起来糟糕，但是婚姻还是一种较有韧性的制度，渐渐地，丈夫和妻子从中获得的收益会变得更加平等。另见角色（role）*；婚姻（conjugal）*；家庭分工（domestic division of labour）*；双薪家庭（dual-career, marriage）*；对称家庭（family symmetrical）*；群婚（group marriage）*；家庭分配系统（household allocative system）*。

Marshall, Alfred 阿尔弗雷德·马歇尔（1842—1924）

英国经济学家，影响深远的《经济学原理》（*Principles of Economics*, 1890）一书的作者，是19世纪70年代经济学上边际革命（marginalist revolution）*（参见新古典经济学［neo-classical economics］*）的主要贡献者之一。社会学家之所以会对马歇尔有兴趣，主要是因为塔尔科特·帕森斯（Talcott Parsons）*在其《社会行动的结构》（*The Structure of Social Action*）一书中评论了马歇尔的工作，并且从内隐的价值论角度指出其中存在一个对边际效用概念的重大批判。帕森斯认为，价值从逻辑上就超出了经济学分析范式的范围。马歇尔的工作还从总体上为社会学理论分析，特别是帕森斯的行动参考框架（action frame of reference）*，提供了合理性。

Marshall, Thomas H. 托马斯·H. 马歇尔（1893—1982）

英国社会学家，伦敦政治经济学院社会学教授。他最广为人知的是他的公民身份（citizenship）*理论，这是他通过发展其同事霍布豪斯（Hobhouse）*的想法形成的。他（《阶级、公民身份与社会发展》Class, Citizenship and Social Development，1963）提出，公民权在不断扩展，从 18 世纪的法律权利（例如公平审判）到 19 世纪的政治权利（例如选举）再到 20 世纪的福利权利（例如社会保障支付）。这些权利以法庭、议会和福利国家（welfare state）*的形式被制度化（institutionalization）*下来。他在《福利的权利及其他论文》（The Right to Welfare and Other Essays，1981）中提出了现代社会是"复合社会"的概念，因为它们是围绕福利（welfare）*、阶级（class）*和民主（democracy）*等相互冲突（conflict）*的概念组织起来的。他还撰写了一部关于社会政策（social policy）*的重要著作——《20 世纪的社会政策》（Social Policy in the 20th Century，1965）。他提出的关于公民权的概念虽然饱受批评，但是始终具有很大的影响力。比如，他忽视了工业民主（industrial democracy）*是公民权的更高阶段的想法。他的叙述也被认为是"以英格兰为中心的"和演化主义的。参见 M. 曼（M. Mann）*的《统治阶级的策略与公民身份》（Ruling Class Strategies and Citizenship），载于《社会学》（Sociology，1987）。马歇尔的想法对于众多杰出社会学家的工作产生了重要的影响，包括美国的罗伯特·默顿（Robert Merton）*、S. M. 李普塞特（S. M. Lipset）和莱因哈德·本迪克斯（Reinhard Bendix），以及英国的拉尔夫·达伦多夫（Ralf Dahrendorf）、A. H. 哈尔西（A. H. Halsey）、大卫·洛克伍德（David Lockwood）*和莉迪亚·莫里斯（Lydia Morris）。

Martineau, Harriet 哈丽雅特·马蒂诺（1802—1876）

哈丽雅特·马蒂诺实际上是最早的女性社会学家。马蒂诺是英国人，出生于信仰胡格诺派的家庭。她撰写了最早的社会学系统论著,进行了大量的社会制度(social institution)*跨国比较,编写了一本关于观察法的手册,并将奥古斯特·孔德(Auguste Comte)*的《实证哲学教程》(Cours de philosophie positive)翻译成英文。作为一个专业且高产的作者,她通过小说的形式将许多社会科学信息科普给了大众。她是女性主义者、批评家、社会科学家和无神论者。对于奴隶制(slavery)*相关议题以及她在"妇女问题"上对女性获得平等的政治、经济和社会权利的诉求,她遵循着她的行动主义。在我们现在称之为社会学的这个领域里,她进行了一系列方法上的、理论上的和实质上的开创性研究——对于女性主义的分析、传记、残障、教育、奴隶制、历史、制造业(manufacturing)*、职业健康以及宗教(religion)*,这些都是她的研究领域。

《美国社会》(Society in America, 1837)是她最有影响力的著作之一,这本书比较了美国的道德准则和可观察到的社会模式,并概括了说辞和现实之间所存在的巨大差异。马蒂诺的《如何观察道德和习俗》(How to Observe Morals and Manners, 1838)大概是社会学里最早的系统性的方法论(methodology)*论著。她在这部论著里,概述了一个主体间检验的、可观测的数据与不可观测的理论实体之间的调和困境的解决方案。她一方面处理了偏误(bias)*、抽样(sampling)*、一般化、印证和访谈(interview)*等经典的方法论问题;另一方面也概述了包括家庭、教育、宗教、市场(market)*和文化等主要社会制度的研究。早在马克思(Marx)*、韦伯(Weber)*和涂尔干(Durkheim)*之前,马蒂诺就开始在研究和写作社会阶级(social class)*、自杀(suicide)*、宗教形式、家庭关系、犯罪(crime)*以及女性地位等话题。她在之后若干年中被社会学家们所忽略,这件事情经常被援引为学术社会学如何在不久之前还在将女性社会学家排除在其议程之外的案例。

Marxism 马克思主义

与卡尔·马克思(Karl Marx)*和弗里德里希·恩格斯(Friedrich Engels)*的著作有关的(或者将之引以为证的)理论主体和各种各样的政治实践和政策。在20世纪直到千禧年前夕的相当一部分时间里,马克思主义在地球上超过三分之一人口所生活的世界中被宣称为社会的组织原则。它对于文化、历史、社会学、政治学、经济学和哲学的影响被大卫·麦克莱伦(David McLellan)等在其《马克思:第一个百年》(*Marx: The First Hundred Years*, 1983)中做了诠释和记录。但是最好的处理之一还是参见C. 赖特·米尔斯(C. Wright Mills)*的《马克思主义者》(*Marxists*, 1962),这本书给社会学学生提供了极为有用的入门介绍。

通过确立其自身成为德国19世纪80年代工人阶级(working class)*运动的主流声音,社会民主党取得了政治上的成功。在某种意义上,这一成功对于马克思主义作为知识体系的进一步发展是不幸的。这一成功鼓励了将马克思和恩格斯的一些以经济学为核心的早期想法进行不成熟的系统化,以使之更好地作为学理基础为快速发展的国际运动(德国主导的第二国际)服务。以恩格斯提出的辩证唯物主义(dialectical materialism)*学理为代表,恩格斯自己对于这个过程的贡献是持批判性的。

这一系统化的经济决定论(economic determinism)*本质是出于政治目的,这也带来了直接的政治后果。换句话说,这是将马克思主义革命性思想的社会民主观点与对于所谓的世俗民主的接受融合到了一起。既然社会主义（socialism）*对于资本主义（capitalism）*的替代是无可阻挡的，那么就没有必要去挑战民主体系的基本规则。通常认为是社会民主党的领袖卡尔·考茨基（Karl Kautsky）*完成了这一工作。几乎就在考茨基的"正统马克思主义"成为其党内主流的时候，它同时遭受到了来自右翼（爱德华·伯恩斯坦[Eduard Bernstein]*的修正主义）和左翼（罗莎·卢森堡[Rosa Luxemburg]*的自发主义）的挑战。伯恩斯坦批评对于马克思主义革命论的保留，而卢森堡则反对对于代议制政体的接受。1918年发生在柏林的斯巴达克团起义最后以失败告终，在这一过程中，卢森堡的思想短暂地挑战了正统的主导地位。但是，随着社会民主党最终在1959年放弃了马克思主义，伯恩斯坦的思想在其本人死后取得了对正统的胜利。

从国际政治的角度，在决定社会主义和马克思主义在20世纪大多数时间的命运这一点上，在这一世纪早期在俄国兴起的反对潮流要远比这些德国的反对潮流重要得多。这就是列宁（Lenin）*在经过与俄国版本的德国正统马克思主义也即是孟尔什维克主义的艰难斗争之后，所塑造的布尔什维克主义。赫伯特·马尔库塞（Herbert Marcuse）*在其《苏联马克思主义》（Soviet Marxism, 1958）中认为，马克思列宁主义或者斯大林主义（Stalinism）*作为苏联国家意识形态的确立，使马克思主义思想中的一些部分不再继续保持为一个创造性和批判性的事业。

在20世纪20年代，基于黑格尔（Hegel）*和马克思早期的工作，一系列马克思主义的新方法被创造出来。格奥尔格·卢卡奇（György Lukács）*和卡尔·柯尔施（Karl Korsch）是其中最有影响力的，虽然他们的工作遭到了苏联主导的正统的谴责。安东尼奥·葛兰西（Antonio Gramsci）*产生了一组相关的想法，但是他遭到囚禁，在当时并没有造成什么影响。更进一步的想法则是在纳粹上台之前，在法兰克福发展起来的批判理论（critical theory）*。随着人们对于马克思主义的兴趣在20世纪60年代和70年代复苏，以上这些马克思主义方法被重新挖掘出来，它们的影响力也到达了极致。这次复苏的一个负面特点是，马克思主义继续被不同群体之间的内部纷争所推动，每个群体都声称他们才代表了最正宗的马克思和恩格斯建立的传统。这些争论中最为讽刺的是结构主义（structuralism）*和人文主义（humanism）*相互冲突的阐释，这在关于阿尔都塞的作品的争论上到达了最严重的地步。一个例子是E. P. 汤普森（E. P. Thompson）在其《理论的贫困》（The Poverty of Theory, 1978）一书中对于结构马克思主义的刻薄攻击。

这场思想运动的影响，由于Comintern（后来被称为第三国际或者共产国际）成功地将这些观念输出到世界其他地方，而大为增强。相比之下，虽然毫无疑问会受到马克思列宁主义的强烈影响，马克思主义在非共产主义的世界里仍然保持了其批判性的政治和智识优势。在那些欠发达的世界中，它帮助刺激和引导了许多的民族解放运动，虽然其中一些运动中具体的马克思主义元素产生了一些冲突（conflict）*。关于这一点，参见艾丹·福斯特-卡特（Aiden Foster-Carte）的名作《发达与欠发达的新马克思主义方法》（Neo-Marxist Approaches to Development and Underdevelopment, 载于E. 卡特［E. de Kadt］、G. 威廉姆斯［G. Williams］编的《社会学与发展》Sociology and Development, 1974）。在发达国家世界中，它对于福利国家（welfare state）*的兴起和后续新的社会运动（social movements）*发挥着关键作用。

在后共产主义世界对于知识和社会公平的追求中，马克思主义仍然是一个至关重要的元素。另见无政府主义（anarchism）*；人文主义（humanism）*；后现代主义（post-modernism）*；结构主义（structuralism）*。

Marxist sociology 马克思主义社会学

参见专制主义（absolutism）*；分析马克思主义（analytical marxism）*；亚细亚生产方式（Asiatic mode of production）*；资本（capital）*；资本主义（capitalism）*；中心－边缘模型（centre-periphery model）*；集体消费（collective consumption）*；矛盾的阶级位置（contradictory class location）*；批判犯罪学（criminology, critical）*；批判理论（critical theory）*；教育社会学（education, sociology of）*；闲暇社会学研究（leisure, sociological studies of）*；种族社会学（race, sociology of）*；学校课堂（school class）*；国家（state）*；结构主义（structuralism）*。

Marx, Karl 卡尔·马克思（1818—1883）

德国社会理论家，革命共产主义和历史唯物主义（historical materialism）*社会学的开创者。马克思一开始是在波恩大学学习法学，后来在柏林大学完成学业。在到了柏林之后不久，他就加入了一个离经叛道且放荡不羁的知识分子团体（这些人被称为青年黑格尔派），并开始学习哲学。他在1841年完成学业后，就成为一名记者，之后又做了一个名叫《莱茵报》（Rheinische Zeitung）的激进中产阶级报纸的编辑。很不幸的是，俄国沙皇尼古拉一世（Tsar Nicholas I of Russia）正好读到了一篇由马克思主笔的对他的攻击，他就说服普鲁士政府关闭了这家报纸。

1843年，失业的马克思迎娶了他青梅竹马的恋人燕妮（Jenny von Westphalen），然后搬到了巴黎。待在巴黎的两年时间里，他认识了许多当时最主要的激进派并与他们争吵。这些人包括无政府主义者巴枯宁（Bakunin）和普鲁东（Proudon），以及诗人海因里希·海涅（Heinrich Heine）。在他结识的人里，对于他今后的发展而言更重要的是一些当时还没有名气的人，包括一些社会主义者工匠和弗里德里希·恩格斯（Friedrich Engels）*。恩格斯是一个德国工厂主的儿子，他当时已经在打理父亲在英国曼彻斯特的工厂。恩格斯在日后成为马克思终生的朋友、合作者以及付出甚多的资助人。

马克思当时对社会主义（socialism）*的发现和英国政治经济学家亚当·斯密（Adam Smith）*、大卫·李嘉图（David Ricardo）和詹姆斯·密尔（James Mill）*的著作，使得他将自己和他在青年黑格尔派的导师们清楚地区分开来，也为他自己的理论体系奠定了基础。在他这一时期完成的三份手稿中，只有历史重要性较弱的那两份被出版了，分别是《神圣家族》（The Holy Family）和《哲学的贫困》（The Poverty of Philosophy）。这很可能是因为，那时的情况和今天类似，这两份手稿是在讨论当时广为人知的观点，而非是一个不为人知的作者所作的原创论述。第三份文本，也就是后来被称为《1844年经济学哲学手稿》（The Economic and Philosophical Manuscripts of 1844）的，就不是这个情况了。这些早期的发表并没有给马克思带来名声。相反，这份手稿中所提出的想法，为他提供了支撑他作为流亡活动家和私人学者的漫长职业生涯的智力养分。他的职业生涯与贫穷和学术相伴，而且对政治无感（对于沙皇尼古拉一世的兴趣被证明是暂时的）。另外，这些手稿虽然直到20世纪30年代才被发表，但是它们的问世成为知识分子届的一个重大事件，并对马克思主义（Marxism）*产生了意义深远的影响。这些影响在20世纪60年代和70年代表现得尤为突出。对于一些人来说，这些手稿代表了打开被压制的人文主义（humanism）*的马克思主义和社会主义传统的钥匙，这一传统为批判提供了基础。这里的批判不仅是针对资本主义（capitalism）*，也同样是针对所有"已经存在的社会主义"，不管是斯大林主义（Stalinism）*还是社会民主主义。对于另一些人来说，它们很明确，从而使得人们可以识别并清除马克思的成熟理论中过时的、不科学的痕迹，进而恢复它的解释力。

《手稿》之所以经常被人们提起，是因为其中展示异化（alienation）*（雇佣工人对于他或她的产品的生产和处置缺乏控制）这一概念时所具有的激情。但同样重要的是其论述具有一般性，这个概念是论述的一部分。这是因为这种辩论是批判式辩论模式的一个易懂且有力的体现，即深入揭示那些被知性讨论视为基础但并不正当的假设。马克思在批判前述提及的英国政治经济学家时发挥了自己的哲学功底，并得到了对黑格尔（Hegel）*历史理论的有效性的结论。他发现这两种思想都认为不平等（inequality）*及随之而来的各种不幸是与生俱来的。因此他认为政治经济学（political economy）*的概念体系都是基于私有产权这一并不正当的前提。

马克思并未在《手稿》中对私有产权存在的原因进行深入阐释，只认为它是异化劳动的结果。他更在乎的是阐明他认为（劳动者）失去（对劳动产品的）控制带来的心理和社会化（socialization）*隔离所产生的结果，以及由此产生的人类对解放（参见叛乱[rebellion]*；革命[revolution]*）的需要。对异化劳动产生原因的阐释又花费了他20年的时间。

在《手稿》完成一年后，马克思就向这一目标迈出了第一步：著成《关于费尔马哈的提纲》（The Theses on Feuerbach）。马克思的成就得益于对费尔马哈（Feuerbach）这位黑格尔学派哲学家的评论。这些评论的重要性远远超越了马克思自己的理论体系。这些思想不仅仅代表了马克思主义，而是在更具普遍性的意义上发展了结构主义（structuralism）*。这一点在第六纲的以下论述中体现得最为清晰："人的本质并不是单个人所固有的抽象体。人的真实本质是其所有社会关系的总和。"

在这一论述中阐明了自己的出发点后，马克思很快开始解释这些社会关系的实质。在还未发表的《德意志意识形态》（The German Ideology）中，他用了生产力（forces of production）*、劳动分工（division of labour）*和"内部交往"（或意识形态[ideology]*）来刻画这些关系，并以此为基础区分了人类历史上四种不同的社会形态（social formation）*：原始公有制社会、奴隶社会、封建主义社会和资本主义社会。他还开始探讨一种社会形态如何为另一种所取代。他认为，随着时间的推移，统治阶层的意识形态限制了生产力的发展，各种社会内部会逐渐产生矛盾。这些矛盾导致各种社会内部由劳动分工而产生的阶级（class）*之间为劳动剩余而斗争。马克思认为，资产阶级（bourgeoisie）*和无产阶级（proletariat）*是资本主义社会中最主要的两大阶级。

由于未对劳动剩余的占有严格定义，阶级的理论基础并不完备。然而，马克思显然对用这一概念进行分析的理论前景非常兴奋。他接下来花了十年时间通过经验分析来阐释这一概念。其中最重要的著作包括《共产党宣言》（The Communist Manifesto, 1848）、《法兰西阶级斗争》（The Class Struggles in France, 1850）和《路易·波拿巴的雾月十八日》（The 18th Brumaire of Napoleon Bonaparte, 1952）。

直到 1857 年，即马克思在伦敦定居的第九年，他才重新开始研究各种生产力、劳动分工和意识形态是如何结合在一起的，并将人划分为不同阶级。这些研究最终形成了八百多页的《大纲》（The Grundrisse, 1858）。当时马克思已经是小有名气的记者了，他找到了一位愿意出版他作品的出版商。马克思从《大纲》中摘出了一卷《政治经济学批判》（A Contribution to a Critique of Political Economy, 1859），但这部作品并不成功。除了在序言中的"基础（base）*"与上层建筑（superstructure）*"这一著名的比喻，这部作品对马克思的很多好友而言都极尽晦涩。马克思和他的出版商都无意继续出版这种作品。也正是因为这样，马克思在多年后才被迫弥补了他的经济理论中缺失的部分，即劳动价值论（labour theory of value）*，并阐明了其后果。这部分最终完成于 1867 年出版的《资本论》（Capital）第一卷。《资本论》后两卷分别发表于 1885 年和 1893 年。后面这两卷中，从劳动价值论引出的理论推演中最重要的部分是马克思的危机理论。这一理论是基于马克思所称的"利润率下降倾向"和它的"抵消影响"。

总之，马克思去世前（至少为他自己）解决了他的经济学中剩下的最主要的问题，即为什么资本主义的劳动剩余占有方式将参与生产的个体分为两大敌对阶级？他没有完成的是他新发展出的理论如何影响了他对其他社会形式劳动剩余占有方式的理解。他也没有深入探讨他在职业生涯中偶然提及的一些话题,如国家(state)*、意识形态(ideology)*、阶级(class)*、法律(law)*、社会主义以及共产主义(communism)*。颇具讽刺意味的是,这种未完成的讨论使后继的马克思主义者忽略了马克思经济理论中的人文关怀,因为他们经常机械地运用这一理论中极富影响力、但片面的政治性和社会性洞见。

在众多马克思传记与思想阐述中,大卫·麦克莱伦(David McLellan)的《卡尔·马克思:生平及思想》(Karl Marx: His Life and Thought, 1973)因述事清晰和专注细节而受到肯定。马克思主义社会学一直颇有争议且饱受批判。这些在本词典其他部分有介绍,参见马克思主义社会学(Marxist sociology)*下的各项。另见资本(capital)*;阶级意识(class consciousness)*;马克思主义(Marxism)*;生产资料(means of production)*;生产方式(mode of production)*;生产关系(relations of production)*。

Masaryk, Tomáš 托马斯·马萨里克(1850—1937)

波希米亚社会理论家、捷克共和国首任总统,于1918年到1935年间在位。他开展了一项关于自杀(suicide)*的开创性研究(《自杀与文明的意义》Suicide and the Meaning of Civilization, 1881)——使用统计学方法表明,自杀率反映了一个文化内在的精神品质,天主教在欧洲的瓦解导致了较高水平的自杀率。在其后续的研究《俄罗斯的精神》(The Spirit of Russia, 1912)中,他将社会看作是由组织和协会构成的动态系统,这些组织和协会通过它们的文化价值处于相互依赖的状态。

masculinity 男性气质

那些适宜于男性的品格特质。虽然女性主义者争论说,大多数社会学是由男性书写的、关注男性议题的、为男性服务的,但是,将男性和男性气质作为分析问题是他们自己的权利。令人感到讽刺的是,这一点直到第二波女性主义(feminism)*到来之前,相对来说都被忽视掉了。举例来说,对于犯罪(crime)*和社会阶级(social class)*的研究事实上是对男孩和男人的研究,并没有意识到性别本身也是需要关注的。男性气质这一议题很大程度上被忽视了,性别被当作是一个不言自明的变量。

但是也有一些值得注意的例外。玛格丽特·米德(Margaret Mead)*的比较研究工作指出,男性气质和女性气质(femininity)*在一定程度上存在文化基础(这一发现后来遭到米德的批评者的挑战)。类似地,从功能主义(functionalism)*和角色理论(role theory)*的角度上看,塔尔科特·帕森斯(Talcott Parsons)*将男性和女性的性别角色(gender roles)*分别描述成是工具性的和表现性的。帕森斯和他的同事们认为,这种性别角色被孩子们从小就内化了,并导致了成人生活中清晰的分工。男人和女人很好地整合到社会系统(social system)*之中,并使得这一系统得以平稳地运作。心理学上一直就有男性角色的想法,这些想法经常和如下观点联结在一起——很多男性气质是为了抵御认同危机(identity crisis)*,用来掩盖男性本质上的脆弱性(例如,参见J. 普莱克[J. Pleck]的《男性气质的神话》*The Myth of Masculinity*, 1981)。

尽管如此,在20世纪70年代之后,男性气质这一话题才开始被广泛地研究,这很大程度上是作为妇女运动(women's movement)*的一个分支。这一分支的支持者指出，父权判（patriarchy）*的问题事实上是"男人的问题"。关于性别角色和男性气质的开创性研究是由米拉·卡马洛夫斯基（Mirra Komarovsky）完成的，她检验了性别角色的功能意义和文化冲突（参见她的《蓝领婚姻》Blue Collar Marriage，1964;《男性气质的困境》Dilemmas of Masculinity，1976）。在这之后，随着所谓男人运动的兴起，关于男性气质的研究开始大量涌现出来。安德鲁·托尔森（Andrew Tolson）（《男性气质的局限》The Limits of Masculinity，1976）尝试去展示男性气质需要被放置在一个包含阶级、教育、工作和年龄等变量的更广阔的社会框架之中。男性气质和女性气质一样，远非是一个统一的文化产物，而是涵盖多个维度。不是把男性气质视为一种本质，而是将之视为文化和历史的产物，这样一种中心思想变得极为重要。在20世纪80年代之前，男性研究就已经被确立为研究上的一个专业领域，这一领域充满了内部分裂、理论争论、不同的重心和分歧政治。相关例子可参见，T. 卡里根（T. Carrigan）等人的《迈向一个新的男性气质理论》（Towards a New Theory of Masculinity，载于《理论与社会》Theory and Society，1985），或者 A. 布列坦（A. Brittan）的《男性气质和权力》（Masculinity and Power，1989）。

与此同时，一些社会学家继续在使用和发展传统角色理论，另一些则从女性主义学者的著作和同性恋研究（gay studies）*中汲取灵感，还有一些在强调父权制（patriarchy）*、异性恋主义（heterosexism）*，以及权力（power）*在男性气质分析中的重要地位。例如，在罗伯特·康奈尔（Robert Cornell）的著作中，越来越多的侧重点不是放在男性气质本身，而是放在大致由权力组织起来的性别关系上（参见他的《性别和权力》Gender and Power，1987）。

肯尼斯·克拉特鲍（Kenneth Clatterbaugh）在 1990 年对整个领域进行了回顾（参见《男性气质的现代视角》*Contemporary Perspectives on Masculinity*），他认为针对男性气质这一社会学议题存在几个截然不同的理论立场。第一种延续了保守的思路，将男性气质视作是普遍的、不变的，以及主要是基于生物学的。相反，亲女性主义的立场基本上遵循女性主义理论（feminist theory）*所设定的分析，不管是其自由主义（liberalism）*还是激进主义的版本。第三，还有一些男人权利的倡导者，他们强调，男性也同样是父权制度和性别歧视（sexism）*的受害者。第四，一个新近兴起的立场强调，男人也有重新获得他们的精神根基的需要。这一论调在罗伯特·勃莱（Robert Bly）的《铁约翰》（*Iron John*, 1991）一书中被具体地做了说明。最后，还有各式各样的论调，它们将对男性的研究和阶级（class）*、种族（race）*和同性恋（homosexuality）*议题联系起来。另见文化和人格学派（Culture and Personality School）*。

Maslow, Abraham H. 亚伯拉罕·H. 马斯洛（1908—1970）

美国心理学家，基于他对健康人群的观察，发展了自我实现（self-actualization）*理论。他经常被认为是所谓的心理学"第三势力"的主要倡导者。相较于行为主义（behaviourism）*和弗洛伊德主义，"第三势力"更强调人文主义（humanism）*和存在主义（existentialism）*。

mass communication 大众传播

参见传播（communication）*；大众传媒社会学（mass media, sociology of）*。

mass culture 大众文化

参见流行文化（popular culture）*。

mass hysteria 集体歇斯底里

一种心理社会学现象，是指当人们置身在大的群体中时，所表现出与他人相似的且经常是情绪化的言行举止。这一术语经常（某种程度上带着民族中心主义 [ethnocentricrsm]*）和"集体传染病"用在跨文化精神病学中，用来指代在第三世界（Third World）*的社会中使得人服从集体规范（norm）*的压力。

mass media, sociology of 大众传媒社会学

媒介是一种传播（communication）*的方式，诸如出版物、广播或者电视。大众传媒则被定义为，大型组织通过一种或者多种以上技术去和大量的人进行沟通。依靠电子和化工行业的创新，1860年到1930年期间是大众传媒的形成阶段。在这段时间里，人类社会见证了静止摄影、动态摄影（电影）、有线电报、无线电报、留声机、电话、广播和电视的诞生和发展。这些新科技塑造了一部分这段时间中的流行文化（popular culture）*转型，代表了娱乐行业的资本更密集化以及它们更加关注吸引大量观众。

正如C. 赖特·米尔斯（C. Wright Mills）*在《权力精英》（The Power Elite, 1956）中所定义的，大众媒体有两个重要的社会学性质：首先，很少的一些人就能向许许多多人传播；其次，受众缺少有效的渠道去做回应。大众传播（mass communication）*从定义上讲，是个单向的过程。媒体组织在本质上是官僚化的和公司化的（除了在那些所有

媒体[media]*都是由国家控制的社会中)。媒体的产出在任何地方都是受到政府管制的,但是约束程度有不同,从很轻度的建议型管制(例如,电视上不要有香烟广告或者裸露镜头)到独裁国家中最全面的审查方式。

大众传媒占领了现代社会的精神生活,因此引起了社会学家们的强烈兴趣。从20世纪30年代的早期研究开始,最受关注的是新媒体手段,特别是广播和电视的权力意涵。阿道夫·希特勒(Adolf Hitler)在宣传上对于广播的成功运用,就为研究(新媒体手段)背后的潜在风险提供了一个真实的案例。大众社会(mass society)*的概念更是为下面这种观点提供了支持——电子传媒可能会造成一种奥威尔式的思维控制,也即被动的大众被一小部分精英传播者支配。

哈罗德·拉斯韦尔(Harold Lasswell)、保罗·拉扎斯菲尔德(Paul F. Lazarsfeld)*和其他学者的一些早期研究似乎表明,媒体的效应事实上是直接且有力的,也就是所谓的影响力的"皮下注射"模型。但是更精细的研究显示,大众传播是以复杂的方式传导影响,它们对于受众的影响取决于许多因素,比如阶层、社会背景、价值(value)*、信念、情绪状态甚至是在一天的哪个时间。

媒体研究从20世纪60年代开始出现了极大的扩张,而且大多数注意力都是放在电视这一最普及的媒介上(D. 麦奎尔[D. McQuail]在1983年出版的《大众传播理论》[Mass Communication Theory]对此做了绝佳的介绍和综述)。这些研究可以被清晰地区分为四个不同的领域。第一,媒体内容研究,它主要是关心媒体产出的文化质量,或者是特定的偏见和效应,特别是在儿童电视节目当中的,例如刻板印象(stereotype)*或对反社会行为和暴力的推广。第二,所有制和控制的模式——越来越多的媒体被整合到了少数大公司,所有权的掌控在跨越不同媒体,节目编排变得越来越商业化。第三,媒体的意识形态(ideology)*影响对于一整套生命和思考模式的推动。第四,通过设定议题、扭曲和简化新闻、转移公众对于社会问题(social problems)*的注意力,以及在公共行动中使用电视广告等方式,电子媒体对民主政治产生影响。

一些批评家则认为,电视带来了更加根本性的影响。由于最早的现代报纸是在17世纪早期出版的,所以大众传媒之前会与识字和教育的普及有关。尼尔·波兹曼(Neil Postman)(《娱乐至死》*Amusing Ourselves to Death*, 1985)以及一些学者认为,电子和视觉媒体逆转了本来朝向更高识字率和更好理解力的时代趋势,而且正在摧毁传统教育的根基。

全国性的出版和传播组织是大众媒体在20世纪的一个独特特征。尽管如此,一些作者指出,特别是在20世纪60年代之后,这种大众传媒的组织方式正在承受越来越多的挑战。这一点在电视广播上表现得尤为显著。电视广播在战后是欧洲、美国和亚洲相当一部分地区最突出的媒体方式。但有人认为,那只是一个过渡期。在英国,很明显地可以看到在从一个由建立在频道稀缺、全国性服务和特定传播技术基础上的公共广播服务概念主导的时代,向一个以全球性媒体公司、新技术(new technology)*和受众更细分的新时代转变。对于开放媒体市场、引入更大竞争这件事,新自由主义(neo-liberalism)*的一大顾虑在于,这会挑战广播是一种提供社会产品的公共服务的观念。这也伴随着,从将广播电视观众当作公民到把他们当作为之提供选择的消费者的转变。开放媒体市场主要为新兴的全球性媒体组织,例如时代华纳、索尼和新闻集团,提供了新的机会。这些公司会考虑将视听市场与民族文化空间脱钩。新的通用频道(专注于体育、新闻和电影)在引领新的服务,在使用新的发送系统(卫星、有线电视和电话线)和新的支付形式(订阅或按次付费)。

这些进展中的相当一部分是因为新的计算机处理和卫星播放技术才得以实现。当新的广播形式成为可能,传播渠道也相应地激增。大众传媒开始与网络社会(cybersociety)*的成长联系在一起。为这些进展奠定基础的,不单是媒体部门内部更紧密的整合,还有娱乐和信息产业与电信行业的融合。推动这一融合过程最初是为了获得媒体协同的回报。有学者认为,这一过程存在四个维度(参见保罗·杜盖伊[Paul du Gay]编的《生产的文化/文化的生产》Cultures of Production/Production of Culture, 1997)。第一种是"软件的协同"。这是指一个表演者或者作者在跨越不同的媒体、娱乐产品和休闲产品去同时做呈现和推广。在实际操作中,这就意味着用高度系统化的方式去将诸如音频录音、书或杂志的静态画面、T恤衫、广告、电影、电视广播、家庭录像和电脑游戏等零散的形式链接到一起。第二种协同是指软件和硬件的整合,电子产品制造商索尼收购CBS唱片公司以及它的上市目录和库藏目录,即是这种现象的一个例子。第三种协同则是指原本有区隔的硬件设备的融合,这是新的微观处理系统和数字科技发展带来的结果。最后,新的媒体协同因为新的分销技术的出现成为可能。这里有个重要的技术发展是光缆,它可以将媒体产品和服务(例如电影或银行业务)沿着它的线路去递送。通过这种方式,它为所谓的信息高速公路打下了基础。

关于这一媒体格局重构的社会和文化意涵的讨论,集中在民主、准入性和对公共氛围的创造上。从正面的角度看，按次付费和订阅等支付形式的发展被认为会让节目编排中引入消费者反应的元素。与此同时，视频、数字产品和互联网（Internet）*中发展得越来越成熟的互动形式，使得消费者能够用自己的方式去组织以获得特定的媒体体验。因特网也被认为给那些原本被大众传媒边缘化（marginalization）*的群体提供了进行自我组织、并建立沟通空间和认同的正面可能性。

尽管如此，批评家们从较为负面的视角上指出，新媒体世界中所谓"信息富裕者"和"信息贫困者"之间的鸿沟在不断拉大。这一论点尤其强调能否接入新科技的重要性，与之相关的是社会边缘化问题，这是指有些群体不能获得在新的展示方式下自我表达的机会。这方面最突出的是，在媒体生产、复制和分配等领域存在极大的所有权集中化。从这个意义上讲，尽管新媒体提供了各色各样的产品，代表了更大的社会和文化多样性，但这一点并没有在媒体公司的社会构成上体现出来。参见尼古拉斯·加汉姆（Nicholas Garnham）的《解放、传媒和现代性》（Emancipation, The Media and Modernity, 2000）中有价值的讨论。

Mass-Observation 大众观察

由人类学家汤姆·哈里森（Tom Harrisson）、社会学家查尔斯·马奇（Charles Madge）和电影制作人汉弗莱·詹宁斯（Humphrey Jennings）在1937年于英国建立的一个独立社会研究机构。他们的目标是对日常生活开展民族志研究。他们的研究是使用一个大样本的志愿者，这些志愿者按照规范指令去坚持写日记和记载他们的社会观察。他们创作的研究包括1937年加冕日的街头运动、布莱克浦工人的节假日、兵工厂的工作和博尔顿市酒吧的饮酒行为。詹宁斯制作了一系列与这些研究相关的纪录片。他们的工作一直持续到1949年，之后大众观察变成了一家常规的市场研究（market research）*公司。可以在A. 考尔德（A. Calder）和D. 谢里登（D. Sheridan）的《那是你的看法：大众观察人类学》（*Speak for Yourself: A Mass-Observation Anthology*）中找到这些研究的一个选集。大众观察的档案被后人挖掘，用于专辑和电视剧创作。关于这些工作的综述，可参见尼克·哈勃（Nick Hubble）的《大众观察与日常生活》（*Mass-Observation and Everyday Life*，2006）。

mass society 大众社会

大众社会的现代意象，源于法国贵族阿里克西·德·托克维尔（Alexis de Tocqueville）*，虽然当时还没用这个标签。托克维尔在19世纪30年代到美国游历，去寻找民主（democracy）*的秘密。他对人们在观念和价值上的相似性感到吃惊，进而猜测这样一个社会可能会成为群体或从众（conformity）*心态的牺牲品，他称之为"多数人的暴政"。托克维尔对于大众社会的经典描述在之后的整个社会理论史中不断地回荡："无数相似而平等的人，每天为追逐心中小小的庸俗享乐而奔波。他们每个人都孤苦伶仃，毫不关心他人的命运。在他们看来，他们的子女和亲友就是整个人类。至于其他同类，即使站在他们的面前，他们也不屑一顾。他们虽然与这些人接触，但是并没有感觉到这些人的存在。"

19世纪的社会学家们，对于正在兴起的工业社会文化，也和托克维尔一样有着许多相似的担忧。爱弥尔·涂尔干(Émile Durkheim)*调查了这一新秩序下的"社会失范",而马克斯·韦伯(Max Weber)*则关注科层制(bureaucracy)*的流毒。斐迪南·滕尼斯(Ferdinand Tönnies)*在其《共同体与社会》(Gemeinschaft und Gesellschaft)一书中,表达了对于在欧洲出现的拥挤的、城市化的、大众的社会的不满。

这些想法一度被很大程度地忽视或者是被批判为"精英的思乡病"。这种情况一直持续到20世纪50年代,也就是社会学家和政治学家开始撰写欧洲和苏联刚结束的极权主义(totalitarianism)*史的时候。在《大众社会政治学》(The Politics of Mass Society,1959)中,威廉·科恩豪瑟(William Kornhauser)认为,随着人们离开了稳定的社区开始独自漂泊,且有着统一且易变的价值观念,他们面对极权主义群众运动的诱惑时就会变得非常脆弱。

马克斯·霍克海默(Max Horkheimer)*、西奥多·阿多诺(Theodore Adorno)*和其他法兰克福学派(Frankfurt School)*的学者(参见批判理论[critical theory]*)将他们的关注点集中在大众文化(mass culture)*的狭义意识形态本质上,而且整个批判文学都围绕这一视角展开。赫伯特·马尔库塞(Herbert Marcuse)*在《单向度的人》(One Dimensional Man,1964)一书中将这一派观点发展到了极致,他强调了大众文化的绝对霸权和变革社会的不可能性。萨尔瓦多·吉纳(Salvador Giner)在其1976年出版的《大众社会》(Mass Society)一书中对保守的和激进的理论都做了综合性的论述。

大众社会这个术语在社会学上已经不再流行,但这一理论所涉及的相关主题仍然很重要。罗伯特·帕特南(Robert Putnam)最近讨论社会资本（social capital）*的著作（《独自打保龄：美国社区的崩溃与重生》*Bowling Alone: The Collapse and Revival of American Community*，2001）又重新把这个议题带了回来，并回到了托克维尔提出的观点上。另见社群主义（communitarianism）*。

master status 主要地位

每个人都占据着若干个身份地位（status）*，有的是先赋的（例如性别或种族），而有的是后天获得的（例如教育水平或职业）。一个人的主要地位，是指在大多数社会场合中会支配其他地位的那一个。这个术语是由美国社会学家埃弗雷特·休斯（Everett Hughes）在20世纪40年代提出来的，特别是用于对种族（race）*问题做分析。在西方社会中，职业、种族和性别都有可能成为主要地位。当关键的身份地位与认知（cognition）*上的角色（role）*形象和刻板印象（stereotype）*相冲突，例如女性宇航员或者非裔美国人法官，就会产生很强的矛盾和社会困境。在这类情况下，社会行动者（social actor）*需要对地位问题做出决策，他们可能会采取拒绝的方式（例如，将这个宇航员称为"出人意料的"的或者将那个医生说成是"例外的"），也可能会将之排除在外以作为回应，还有可能会接受这样一个新的主要地位。主要地位会对包括认同（identity）*在内的生活各个方面产生影响。因为地位是个社会标签而非个人选择，所以在特定的社会交往中，个体对其主要地位几乎没有什么控制力。

material culture 物质文化

参见文化（culture）*。

materialism 唯物主义

在社会学和其他相关学科中，唯物主义这个词有三个截然不同的含义，但是这三个含义在某种程度上是相互关联的而且经常被混淆。第一个含义来自大众道德或者政治争议。按照它们的说法，唯物主义是指一种为了追求单纯感官享受、物质占有或者心理舒适，而宁愿牺牲更高的道德、精神价值或关怀的流行模式。总的来说，这种用法带有一定的轻蔑意味。

第二种含义则是指一系列的形而上学（metaphysics）*立场（关于现实根本性质的哲学观）。尽管早在公元前5世纪的希腊，就有人在主张被认为是唯物主义的形而上学观，但是，将唯物主义作为一种现代世界观来宣传则始于17世纪和18世纪的欧洲。在古典时期，物质是与形式相对应的。然而，到了现代早期，主要的对比则在物质与精神或思想之间。笛卡尔（Descartes）*的形而上学将所有存在都简化成两种基本实体：物质，特点是广延性，是实体的有形存在。还有就是精神，不存在于空间之中，特点是思考。同一时期在科学和技术上取得的进展，为早期对物质的哲学解释提供了基础，同时看起来也为最终从机械的角度去解释所有现象做出了保证。一个非同凡响的例子就是托马斯·霍布斯（Thomas Hobbes）*在《利维坦》（Leviathan）前几章中用机械学概念解释诸如认知（cognition）*、记忆、意志力、情绪、预期、推理等人类精神活动时所做的唯物主义尝试（与笛卡尔形成对比）。

在宗教权威和政治权力相互缠绕的时代里，这类学说必然会被认为有着激进的和颠覆的意涵。到了19世纪，无论是支持者还是反对者，都将社会主义（socialism）*和共产主义（communism）*学说与唯物主义联系到了一起。尽管如此，随着科学的变革特别是生命科学的发展，唯物主义学说的内容也有些许改变。有机的（与机械的相区别）隐喻变得更加突出，发展过程和历史性成了物质世界的哲学再现的一部分。这些特点在19世纪中期由费尔巴哈（Feuerbach）、马克思（Marx）*和恩格斯（Engels）*所领导的唯物主义对于德国唯心主义的抗争表现得尤其明显。

这些思想家们拒绝唯心主义（idealism）*，也拒绝狭隘的还原论（reductionism）*的唯物主义。后者是基于机械学，没有能力全面地将感官的存在、意识的出现以及主动的人类主体考虑进来。尽管如此，要理解这些现象，不是靠对唯心主义妥协，而是要靠利用好以下这一优势——得益于前所未有的科学知识，对物质的解释变得越来越复杂、越来越精细。恩格斯后来将这一哲学方法的相关原则做了系统化处理，并称之为辩证唯物主义（dialectical materialism）*。

唯物主义的第三种含义是社会学的常见用法，它也跟马克思和恩格斯有所关联。在这种含义下，唯物主义主张，那些出于满足需要而发生的与自然环境的互动，对于理解人类社会结构（social structure）*和冲突模式是至关重要的，对于理解历史变化的长期后果也是至关重要的。尽管这一学说和形而上学唯物主义有着很明显的密切联系，但是它们在逻辑上是相互独立的。在马克思和恩格斯的后期著作中也有一些对人类社会的几种基本形态进行定义和分类的尝试性工作，主要是从开展物质生产、分配和消费活动的社会群体（social group）*的角度。生产方式（mode of production）*被加以区分。每种生产方式被认为有独特的社会优势、从属关系和冲突模式，有明确的历史发展趋势，以及有转型到下一形态的可能性。文化形态、思维方式，以及政治制度都不过是某种生产方式的特征。

这一社会解释方法，也就是所谓的历史唯物主义（historical materialism）*，经常会被批评过度强调经济生活而忽略了政治和文化过程。尽管如此，马克思和恩格斯都将他们自己与这种经济决定论（economic determinism）*，或者是对他们著作的还原论诠释给区别开来。这一定程度上是由于他们的"生产方式"概念并不与那些传统上被列为"经济活动"的事物相对应。另外，尽管在一些社会中，经济实践、政治实践、艺术实践以及其他方面实践之间彼此存在制度性区隔。历史唯物主义者仍然主张，这些非经济活动虽然在一定的可持续性范围内具有相对自主性（relative autonomy）*，但是它们的可持续性范围的边界是由经济结构决定的。20世纪的马克思主义者需要解决的最具挑战性的问题之一，即为这些关系提供更加严格的、实证上站得住的解释。有人认为，由于历史唯物主义注重那些出于满足需求而去自然发生的互动，所以直到20世纪末，随着社会科学家们越来越多地关注环境问题，它才开始发挥自己的全部潜力。

material justice 物质公平

参见社会公平（justice, social）*

maternal deprivation 母爱剥夺

约翰·鲍尔比（John Bowlby）*用以概括因母爱缺失而对个体后期精神健康产生影响的概念。后续研究主要试图弄清儿童照料需要——如爱、亲密与鼓励——及其缺失或扭曲的相应后果。女性主义（feminism）*谴责这一概念具有迫使女性屈从于母职（motherhood）*角色的意识形态（ideology）*作用。理论的支持者认为，重要的是"母职活动"本身，而非照料者的性别。

mathematical sociology 数理社会学

使用数学（包括逻辑与信息科学）来形式化理论假设或对经验社会过程进行建模。具体例子包括，测量理论的公式化表述；图论（graph theory）*及有限数学在社会关系计量学、社会网络分析、亲属关系（kinship）*研究中的应用；在社会流动（social mobility）*与社会分层（social stratification）*研究中大量使用马尔可夫链。《数理社会学杂志》(Journal of Mathematical Sociology)关注的就是这个领域。

美国社会学家里奥·A.古德曼（Leo A. Goodman）是这个领域的典型代表。古德曼对人口学、社会流动、社会分层相关领域非常感兴趣，并率先在列联表（contingency table）*分析中使用了对数线性分析与潜结构分析技术。《量化与分类数据分析》(Analysing Quantitative/Categorical Data, 1978)是他的代表性作品集，收录了其1970年到1975年间发表的10篇文章。更多晚近的例子可以看《有序变量交叉分类分析》(The Analysis of Cross-Classification Having Ordered Categories, 1984)。另见新实证主义（neo-positivism）*。

matriarchy 母权制

这一概念有两类用法，第一种是常见的用法，指一种由母亲领导家族并通过她们来追溯继嗣（descent）*的社会组织方式。它可能只在极特殊条件下出现，并非作为社会结构（social structure）*的基础。

第二种用法具有一定的猜测性，是基于进化论（evolutionary theory）*提出的，指一种由母亲们掌握主要权力（power）*位置的社会。这种理论在19世纪非常流行；这一观点是弗里德里希·恩格斯（Friedrich Engels）*的《家庭、私有制与国家的起源》(*The Origin of the Family, Private Property and the State*, 1884)一书的关键部分。恩格斯认为，在不存在财产权利的早期狩猎-采集社会，女性因其人口再生产权力而掌握社会的管理权。但是，随着定居农业或游牧的发展，土地和财物变为私人财产后，男性确保其后代继承合法性以使财产在其世系内得到传承变得重要。由此兴起了父权制（patriarchy）*社会，其中男性开始控制女性的再生产权力，后者因而失去了曾在母权社会所享受的政治权力。

和所有社会演化论一样，认为人类早期历史具有母权向父权转移特征的观点在20世纪早期逐渐不再流行。这一猜测性理论除了对女性主义（feminism）*理论有吸引力外，并没有确凿的人类学或考古学证据证明第二种意义上的母权制曾经在哪一时期或任何人类社会存在过。

matrilineal 母系（母系继嗣族群）

主张通过母亲关系建构真实的或虚构的亲属关系（kinship）*的单边继嗣族群，这些母亲通过已知的继嗣（descent）*谱系可以追溯到一个共同的女性始祖。在母系社会系统里，财产继承是从舅舅（母亲的兄弟）传给外甥（母亲的儿子）。总倾向是为了延续同胞群体的经济与政治认同。这种制度（institution）*是通过控制女性的劳动、性与再生产权力，并将它们在丈夫们及兄弟们之间进行分配而得以实现的。因此，母系继嗣不能被认为是为女性赋予更多权力的制度系统，且不能混同于母权制（matriarchy）*。

Mauss, Marcel 马塞尔·莫斯（1872—1950）

莫斯最初是法国巴黎及波尔多大学训练出来的哲学家，尽管整个职业生涯都是作为一个研究者，但终身没有获得博士学位。莫斯和他的叔叔爱弥尔·涂尔干（Émile Durkheim）*，以及一群杰出社会学家、人类学家、历史学家，包括亨利·于贝尔（Henri Hubert）、罗伯特·赫尔兹（Robert Hertz）等组成的团队一起，创建了极具影响力的杂志《社会学年鉴》（L'Année sociologique）。在这本杂志中，社会人类学（social anthropology）*的一些基本理论和概念得到了首次探索。莫斯对于社会人类学的影响怎么评价都不为过。通过探索礼物关系（gift relationships）*的属性（《礼物》The Gift, 1925），莫斯揭示了功能主义人类学和结构主义人类学都无法否认的互惠（reciprocity）*的原则。事实上，可以认为，克劳德·列维-斯特劳斯（Claude Lévi-Strauss）*的结构人类学如果没有莫斯的作品作为基础，是难以想象的。不仅是互惠性的概念，包括分类的思想也与莫斯有关（参见涂尔干与莫斯《原始分类》Primitive Classification, 1903）。有关交换关系和信仰系统的社会学研究都受到莫斯思想的影响。

尽管莫斯的作品具有开创性，但他更倾向于写作散文和评论而不是书，而且常常是与其他年鉴社会学派成员一起合作，因此在社会学家中，他的作品并没有得到该有的注意和认可。另见理性选择理论（rational choice theory）*。

Mayo, Elton 埃尔顿·梅奥（1880—1949）

人际关系理论（human relations theory）*的创始人。他领导了霍桑实验（Hawthorne studies）*的解释工作，曾与芝加哥大学的劳埃德·沃纳（Lloyd Warner）*有过紧密合作。他的作品强调，企业组织中围绕着行政理论（administrative theory）*强调的正式结构（formal structure）*的那些人际关系所形成"非正式"组织的重要性。他批判了那种认为社会秩序（social order）*需要科层化控制的下层社会假设。相反，他认为合作是社会固有的和必要的条件，只是被人们对于技术变化的缓慢适应迟滞了而已，而管理（management）*可以通过在工作场所培育合适的社交技巧来解决这个问题。

Mead, George Herbert 乔治·赫伯特·米德（1863—1931）

美国杰出的实用主义者、芝加哥学派（Chicago School）*的哲学家，去世后被誉为符号互动论（symbolic interactionism）*的社会学传统的奠基人之一。他将自己的研究称为社会行为主义（social behaviourism）*。

米德的贡献主要被认为是围绕着"心灵、自我和社会"的一套理论，这正是其死后出版著作（1934）的标题。在这本著作中，他为社会学的社会心理学（social psychology）*奠定了基础，并强调以下内容：对某一经验的分析必须坚定植根于社会之中；语言（language）*、符号（symbol）*和传播（communication）*在人类群体生活中的重要性；在角色扮演过程中，我们用言语和手势引发他人回应的方式；自我（self）*的反思性和反身性（reflexivity）*；"行为"的中心性。

但是米德的研究远不止于此。正如约翰·鲍德温（John Baldwin）在他的《乔治·赫伯特·米德》（*George Herbert Mead*，1986）一书中所论证的那样，米德为社会学提供了更为广泛的"统一理论"，他一方面预见了社会生物学（sociobiology）*的发展，另一方面预见了广泛的历史转折。统一这一切的，正是他对科学在人类事务中的作用的坚定认同。他写道，"科学方法（scientific method）*是社会进步的方法"。

米德发展了一种有时被称为是"客观相对主义"的立场：他经常提到"视角的客观现实性"。因为每个人采取的立场不同，存在多种对于现实的可能描述。例如，历史永远是对某个人当下看到的过去的描述。米德研究的另一个主要方面是关于时间（time）*的社会建构的理论。

米德生前没有发表自身观点的总结性著作。他的四本遗著是他的讲义及学生记的笔记的汇编版本。这使他的许多书面作品残缺、零碎、令人遗憾。最近发现了米德的一本不为人所知的未出版著作：《社会心理学随笔》（Essays in Social Psychology），写于1910年，于2001年出版。尽管如此，他对现代社会学的影响仍然巨大。有关他的著作的选集，参见安塞姆·施特劳斯（Anselm Strauss）主编的《乔治·赫伯特·米德的社会心理学》（George Herbert Mead on Social Psychology, 1964）。有参考价值的书目可参见理查德·劳瑞（Richard Lowry）发表于1986年《符号互动研究》（Studies in Symbolic Interaction）上的《乔治·赫伯特·米德：二手文献参考书目》（George Herbert Mead: A Bibliography of the Secondary Literature）。另见参照群体（reference group）*。

Mead, Margaret 玛格丽特·米德（1901—1978）

美国文化人类学家，鲁思·本尼迪克特（Ruth Benedict）*的学生。她认为人格（personality）*特征更多是由文化决定而不是由生物遗传决定的。她的杰出作品《萨摩亚人的成年》(Coming of Age in Samoa)受到了社会生物学家的批判。这一作品的田野调查(field work)*非常不充分,并因众多无损于其所在学科的原因而被再次研究(参见德里克·弗里曼[Derek Freeman]的《玛格丽特与萨摩亚人》Margaret Mead and Samoa, 1984)。她在《三个原始部落的性别与气质》(Sex and Temperament in Three Primitive Societies)中率先对性别(gender)*展开了批判性研究。她的众多田野经历包括在南太平洋群岛、新几内亚、巴厘岛的经历都被详细记录在自传《黑莓果之冬》(Blackberry Winter, 1972)中。她让社会人类学(social anthropology)*更加流行,部分因为她对美国社会主流意识形态(dominant ideologies)*中的族群中心主义(ethnocentrism)*的批判。她认为自己被男性世界的学术界边缘化(marginalization)*,她一直在纽约市美国自然史博物馆工作,从助理一直做到馆长。另见文化与人格学派(Culture and Personality School)*。

mean 平均值

参见集中趋势(测度)(central tendency[measures of])*

meaning(meaningful action)意义(有意义的行动)

很难想象社会学研究不会或明或暗地关注人们如何看待社会世界(social worlds)*或社会关系——换句话说,考虑社会对于个人和群体的意义。有些社会学思想流派认为意义是社会学的唯一对象,这与那些通过诸如社会结构(social structure)*之类的对象来寻求因果解释(causal explanation)*的流派形成了对比。

有意义的行动的概念与马克斯·韦伯(Max Weber)*紧密相关,他将之与行为(behaviour)*区分开来,后者只是机体的运动,行为主体没有赋予其任何意义(如眨眼)。相反,有意义的社会行动(social action)*是针对其他主体的行动,并被我们赋予了主观意义。从这个意义上讲,独自在教堂祈祷与在教堂参与礼拜一样都是社会行动。晚近的多数理论认为,这种区分很难维持,并认为赋予一个东西("纯粹的行为")以意义本身就是一个社会行动;另外,社会行动之所以是社会行动与其使用的社会建构和接受的通用语言有关。另见行动理论(action theory)*;解释(interpretation)*。

means of production 生产资料

用于生产物品和服务的各种资料,包括工人之间的社会关系、技术以及其他被用到的资源。这个概念在马克思理论中非常重要,因为马克思(Karl Marx)*认为资本主义[capitalism]*的独特之处就在于那些占有生产资料的人(资本家[capitalist]*)和那些没有任何东西仅能出卖自身劳动力(labour power)*的人(无产阶级[proletariat]*)之间的差别。

means-testing 经济状况调查

参见选择性与普遍性津贴(selective versus universal benefits)*。

measurement 测量

测量给社会学家提出了四个主要问题:表征性(经验世界的多少属性能被建模?);唯一性(测量结果数字的独特性如何?);合适的统

计量(什么统计量能合理汇总这些测量?);意义性(测量结果数字到底指示什么?)。

对于任何给定领域,测量指标或测量模型都是对如何形式化地解读经验数据的说明。测量涉及经验现象与用来代表它的符号或数字系统之间的关系问题。大多数社会和心理属性的数量特征并不严格,因而被界定为"定性"或"非测量型"变量,而诸如财富之类的属性则被界定为量化的或测量型特征。

量化测量出现在一套复杂程度不断增加的测量水平序列中。在定类层次的测量中,事物被分为不同的类型并加上标签(或标记上数字),因此每个对象都归属于且仅归属于一个类别(如男性=0,女性=1)。在定序测量中,不同类别之间有着(严格)的序次或等级。定距层次的测量要求事物之间的差异相等,如其在某个尺度(如温度)上的差距相等。对于定比测量,差异之间的比例关系可以保持,例如从英里转换为千米时。抽样调查(sample survey)*研究的多数教材在解释不同层次的测量时,通常会介绍适合于不同测量层次的统计量和方法,并带上例子(例如,参见万斯[D. A. Vaus]的《社会研究中的调查》*Surveys in Social Research*, 1985、1991)。

measurement error 测量误差

参见编码(coding)*;误差(抽样与非抽样)(error[sampling and non-sampling])*。

mechanical management systems 机械管理系统

参见权变理论(contingency theory)*。

mechanical solidarity 机械团结

参见劳动分工（division of labour）*；社会秩序（social order）*。

media 媒体

参见大众传媒社会学（mass media, sociology of）*。

median 中值

参见集中趋势（测度）（central tendency [measures of]*）。

medicalization 医疗化

一个在伊万·伊里奇（Ivan Illich）和米歇尔·福柯（Michel Foucault）*的推动下流行起来的概念，通常用来描述医学专业活动的扩张，比如医疗在人的出生和死亡过程中介入越来越多。变得更广泛通常意味着更大的权力。因此，这个概念也可被用来指扩张主义、帝国主义（imperialism）*策略。

medical model 医学模型

一个并不确切但被广泛使用的概念。医学模型的特征几乎没有被认真界定过。这个概念有时指支撑医患关系的框架性假设。在《精神病院》（Asylums, 1961）中，欧文·戈夫曼（Erving Goffman）*将医学模型看作更普遍的"修补服务"模型的具体版本，后者假定技术专家提供服务，而个体客户有某个东西需要修补。在医学领域，这个东西就是身体，戈夫曼进一步探索了这种"医疗服务"关系的具体特征。

医学模型这个术语更常用来指对疾病属性的观点和假设，尤其是它的自然科学框架,对其物理原因及物理干预的强调。因此,这个术语在意识形态及政治辩论或专业竞争中被频繁引用,但这套理论在其中的适用性是存疑的。这个术语的一个问题是它假定的病因和疗法背后统一的医学观点与纷繁复杂的经验事实并不相符,因为即便是针对身体疾病,医生也不只关注身体原因。因此,有些人更喜欢"生物医学模型"(bio-medical model)*这个术语,因为它清楚地表明了对于生物学的关注,同时允许其他医学模型的存在。健康和疾病的另一个模型是"生物-心理-社会模型"(bio-psycho-social model)*,它涵盖生物、心理和社会三方面。这种模型被一些医生使用,但在护理学界更受欢迎,因为它涵盖的要素更宽泛。然而,整合这三个领域的难度很大,这个术语更像一个修辞而非现实。

medical sociology 医学社会学

参见医学社会学(medicine, sociology of)*。

medicine, sociology of 医学社会学

专注于医学的社会学分支领域,将医学视为一套价值观念和行为实践。然而,要精确地定义这个领域仍有困难。首先,根据社会学与另一个专业的关系来定义社会学领域的做法是存在争议的。这种争议在将医学社会学和医学中的社会学作比较时经常出现。有人认为,医学中的社会学仍在医学约束和参数范围内运作,接受医学的目标和重点。而医学社会学采取了一种更为独立的、批判性的路径,社会学的问题优先于医学问题。根据这种观点,医学社会学是社会学的一个领域,而医学中的社会学则不然。问题是,两者都是基于和医学的关

系来界定领域的。另一些学者倾向于使用更泛化的名称定义领域,例如医疗康复社会学或康复工作者社会学或医疗卫生系统社会学,以表明医生不是参与康复保健过程的唯一人群,也不是医疗卫生体系的唯一组成部分。康复保健的相关工作者范围很广,包括护士、理疗师甚至非正式护工等不被纳入医学范畴但其工作必须被考虑的众多其他角色。领域划定的另一个问题涉及医学社会学同健康与疾病社会学(health and illness, sociology)*之间的关系问题。许多学者认为,医学社会学已经包含了对健康与疾病的社会学研究,因为健康与疾病是医学关注的核心;其他学者则认为,医学的研究重点的范畴更窄,主要聚焦于医学专业本身,而健康与疾病社会学应被作为一个单独的领域来研究。

尽管在领域界定上有困难,自20世纪50年代以来,广义上的医学社会学得到了蓬勃发展。医学社会学根植于两次世界大战之间及更早时期的社会医学(social medicine)*,但其社会学动力主要来自塔尔科特·帕森斯(Talcott Parsons)*关于专业医生和病人角色(sick role)*的重要研究,他将医学和疾病(illness)*带进了主流社会学体系。

抛开有关健康和疾病的问题,狭义上的医学社会学有两个主要议题。首要的问题是分析医学专业力量的性质、范围和起源,以及医学职业与其他相关职业的关系。埃里奥特·弗雷德森(Eliot Freidson)的著作《医学职业》(The Profession of Medicine, 1971)就是一个范例,在其中作者强调自治是一个专业的核心定义。这个议题被许多女性主义作家进一步发展,例如安·奥克利(Ann Oakley)*研究了医学专业在分娩事件等医疗化(medicalization)*(这个概念与伊万·伊里奇[Ivan Illich]1976年的研究《医学克星》[Medical Nemesis]密切相关)过程中使用的排他性手段，医学化过程不仅将接生婆排除在系统之外，还增加了分娩妇女的无助感。

医患关系构成医学社会学第二个重点关注的议题，涵盖从对医患互动的深入研究，包括对医患交流录音记录的分析，到对医患关系满意度、医患相处时间的大规模调查等。临终关怀和照料也得到了特别关注，医学生的社会化(socialization)*也是如此。露丝·劳布·科泽(Ruth Laub Coser)的《病房生活》(Life in the Ward, 1962)展现的就是这一传统。

不过，尽管这两个议题仍将是医学社会学的核心，但"医疗专业的活动"已被更多地纳入康复保健工作者研究和广义医疗卫生体系研究的背景下。参见尤·格哈特(U. Gerhardt)的《疾病观念：医学社会学的知识和政治历史》(Ideas about Illness: An Intellectual and Political History of Medical Sociology, 1989)。艾米莉·芒福德(Emily Mumford)的《医学社会学》(Medical Sociology, 1983)是这一专业领域的众多教材之一。

megalopolis 特大城市／大都市带

在古希腊，该术语指规模庞大的城镇。被刘易斯·芒福德(Lewis Mumford)*(《城市的文化》The Culture of Cities, 1940)用来指不受控制地扩张的大都市(metropolis)*，现在用来指超大的、功能上彼此相关联的城市及郊区系统。另见集合城市(conurbation)*；都市统计区(Metropolitan Statistical Area)*。

melting-pot 熔炉

一种认为由来自多种不同文化（culture）*、宗教（religion）*、族群（ethnic group）*的移民（immigration）*所构成的社会将产生新的混合性社会与文化观念的概念。这个概念来自炉子。在炉中，高温可以将不同金属熔化，有时熔在一起会形成一种更坚硬的或具有其他优势的新材料。另见同化（assimilation）*。

membership group 认同群体

参见参照群体（reference group）*。

member's method 成员法

民俗学家（常人方法学家）用来指人们使活动变得对自己有意义的一套方法。

meme 模因

理查德·道金斯（Richard Dawkins）在 1976 年的《自私的基因》（The Selfish Gene）中发明的术语，用来表示对应于生物学中的基因的文化符号。模因被看作是变异和选择的对象，通过传播和模仿方式实现文化变迁和演化的工具。尽管作为新奇构想，让很多演化心理学家感到震惊，文化符号在演化中的作用已被社会学家和人类学家很好地理解。基因与文化符号之间的相似性最先被阿尔弗雷德·艾默生（Alfred Emerson）在 20 世纪 50 年代提出，并被塔尔科特·帕森斯（Talcott Parsons）*作为文化系统分析的核心概念。类似地，文化观念通过模仿进行传播（diffusion）*的思想是道金斯著作发表一个世纪前盖博瑞尔·塔尔德（Gabriel Tarde）*著作的核心思想。在道金斯作品的部分继承者那里，模因这一概念的使用要广泛得多，也简单粗暴得多。

mental illness 精神疾病

是一个建立在人们对精神和身体的日常对比基础上有争议的概念（参见连恩[Laing]；反精神病学[anti-psychiatry]*），当这种对比和区分用于疾病时就产生了两种不同疾病——精神疾病和身体疾病——之间的对立。精神疾病是以存在精神病症为特征的疾病，即精神功能紊乱，类似于身体功能的紊乱。因此，就像身体疾病一样，这一概念也值得从根本上进行评估，并与社会控制（social control）*和监管问题紧密相关。精神疾病的特征是思维和情感的紊乱，如妄想、幻觉、过度兴奋或抑郁（depression）*，并通常与被认为是怪异、笨拙、破坏性或令人不安的行为有关。正是这种令人不安和具有破坏性的行为，导致精神疾病被视为一种非常独特的疾病，需要特别的服务和关注。在社会中似乎特别成问题的是，精神疾病涉及明显的非理性和失去理智。心智和理性是人类的独有特征，它们的（全部或部分）缺失即便不被视为超自然力量的某种标志，通常也会被视为极其令人不安和具有威胁性的。因此，精神疾病通常比其他疾病更污名化。当然，艾滋病（AIDS）*、其他性传播疾病，以及罕见癌症除外。

从历史上看，精神疾病的医学概念的基础是对精神状态的日常判断，这些判断体现在诸如精神错乱（psychosis）*、精神失常——真的发疯——这样的概念中，也体现在诸如"精神困扰""闷闷不乐"和"心烦意乱"之类不太严重的心理障碍形式概念中。与过去一样，这些术语适用于那些行为在某种程度上令人费解或非理性的人。这些行为可能是离经叛道或违法犯罪,但不像通常意义上的违法犯罪那样容易被理解,因为它们往往涉及对社会上被高度重视的事物的排斥。

当今医学对精神疾病的概念仍然与对什么是理性的、合理的和适当的日常判断密切相关。然而,随着对一系列精神疾病的分类和列举,精神病学(psychiatry)*已经融入并改变日常词汇。这些疾病包括阿尔茨海默症等涉及大脑症状的疾病,典型的精神疾病,如精神分裂症(schizophrenia)*、躁郁症(属于精神病)、焦虑症、恐惧症、强迫症(通常称为神经症)等状态,也包括所谓的行为异常,例如酗酒(alcoholism)*、厌食、吸毒、性偏差行为等。

精神病学家的精神疾病列表提供了有关精神疾病界限的正式规范,然而这样的界限也在不断改变并被挑战。精神疾病和身体疾病之间的区别本身就很成问题。这些区别最明显表现为外显的病状,但区别往往是不明确的,因为许多疾病既有精神症状又有身体症状;一旦我们转为通过病因来区分的话就更成问题了,精神疾病和身体疾病为两种互斥的疾病的观点很快就站不住脚了。一些可识别的精神疾病很可能有生理原因,例如阿尔茨海默症;同样,一些生理疾病,如溃疡,也有心理原因(正如心身疾病[psychosomatic illnesses]*的概念所允许的那样)。事实上,精神和身体的相互关系经常被用来证明将精神卫生服务与其他卫生服务结合起来的企图是正确的。实践中,在精神疾病和身体疾病之间划定界限只是一种惯例,是精神疾病还是身体疾病取决于对病因以及表现出的精神和行为问题的程度的认识。

精神疾病与越轨行为(疯狂与邪恶)之间的界限同样是有问题的,尤其是在行为或人格障碍方面,因为两者的症状都很明显是行为方面的。逻辑上讲,两者的差异是鲜明的:精神疾病是对精神的判断;行为异常是行为上的偏差。然而,由于对行为的观察是判断心智的基础,因此在实践中会产生混淆和困难。这里,就像在其他边缘地带一样,在确定两者之间的界限时也涉及传统约定的变化问题,如越来越多的人认为,虐待儿童与其说是一种行为异常,不如说是一种潜在的心理病态。最后,在什么是正常和什么是不正常的心理功能之间有一个界限。这一界限和其他界限一样,很大程度上是由不断变化的约定确定的,其位置因人而异,视社会背景和环境而定。

关于精神疾病的起因的看法各不相同。由于医学对身体过程的强调,精神病学已经把注意力集中在身体原因和身体治疗上,且把它们放在首位,并且经常错误地认为身体解释已经排除了对心理和社会因素作用做进一步检查的必要。相比之下,许多社会学家和社会理论家在理解精神疾病的社会原因方面做出了重大贡献,例如乔治·布朗(George Brown)和蒂里尔·哈里斯(Tirril Harris)关于抑郁症的研究,或对神经性厌食症的女性主义分析。

然而,社会学对精神疾病的理解也来自于对精神疾病作为一种社会结构(social structure)*的分析。如上所述,这种构造在不同的文化和社会中设定了正常的、可接受的心理功能的界限,因此是人类行为的社会规制的一部分。另见社区护理(community care)*;病人角色(sick role)*。

mental labour 脑力劳动

参见体力劳动与非体力劳动的区分(manual versus non-manual distinction)*。

mercantile capitalism 商业资本主义

参见资本主义（capitalism）*。

mercantilism 重商主义

重商主义是一个关于国家经济实力扩张的备受争议的术语，常与民族主义（nationalism）*、保护主义和自给自足政策混淆。它具体指的是指导近代早期欧洲国家间关系的经济理论和战略思想。亚当·斯密（Adam Smith）*在《国富论》（The Wealth of Nations, 1776）中对17、18世纪的"商业体系"的批评使该词广受欢迎。

亚当·斯密认为，重商主义重点关注国家（state）*为了确保良好的贸易平衡而可能干预经济领域的那些情况。重商主义制度的主要特征是重点关注旨在鼓励制成品出口、提供进口原材料、抑制制成品进口和减少国内生产原材料损失的政策。

merit 价值

参见社会正义（justice, social）*。

meritocracy 优绩主义

绩效原则是一种社会系统（social system）*，其中地位（status）*是通过能力和努力（贤能）获得的，而不是根据年龄、阶级、性别或其他此类特殊性或继承的优势来确定的。该术语认为，有功绩的人应当享有任何特权。但在实践中，社会科学家或其他任何人都认为很难找到可靠的衡量标准。

该词由迈克尔·杨（Michael Young）在1958年的《优绩主义的

崛起1870—2033》(*The Rise of the Meritocracy 1870-2033*)中提出，政府由最具能力的高成就者组成，其贡献被定义为智慧加努力。他的想象是试图去预见一种社会的极端后果，该社会通过教育系统充分实现了机会平等(equality of opportunity)*的目标，有能力的人被晋升为高层，智力愚笨的人则从事卑微的体力劳动。该书警示说，在教育系统中对智力(intelligence)*和能力(ability)*的新的关注仅仅是制度化(institutionalization)*的智力和能力的不平等，代替了基于社会阶层的不平等。然而不可避免的是，关于努力的构成是道德上的判断(懒惰的天才值得被奖赏吗？如果是这样，为什么不是一个勤奋的笨蛋呢？)，该术语仍然极富争议。例如，参见约翰·戈德索普(John Goldthorpe)*的《优绩主义的问题》(Problems of "Meritocracy")，载于罗伯特·埃里克森(Robert Erikson)、扬·奥·琼森(Jan O. Jonsson)编的《教育能否平等？》(*Can Education be Equalized?*, 1996)。另见成就(achievement)*；社会正义(justice, social)*。

Merleau-Ponty, Maurice 莫里斯·梅洛-庞蒂(1905—1961)

法国现象学哲学家，尤其关注身体、知觉和外在世界之间的关系；跟萨特(Jean-Paul Sartre)*是老友及同事。他关于语言的研究通常被视为将现象学(phenomenology)*和结构主义(structuralism)*联系在一起的典范。梅洛-庞蒂最具代表性的书是《知觉现象学》(*The Phenomenology of Perception*, 1945)。随着人们对身体社会学(sociology of the body)*的兴趣日益浓厚，他的著作变得更具影响力。

Merton, Robert King 罗伯特·金·默顿(1910—2003)

于1910年7月5日出生于宾夕法尼亚州的费城,本名为迈耶·罗伯特·施科尼克(Meyer R. Schkolnick),他的父母是来自东欧的移民。他一生的大部分时间都在纽约哥伦比亚大学度过。默顿的博士学位论文《17世纪英格兰的科学、技术与社会》(Science, Technology and Soctety in 17th Century England)于1938年出版,成为确立科学社会学(science, sociology of)*作为社会学重要研究领域的开创性著作。在12本个人著作和论文集中,默顿为整个社会学专业做出了开创性的贡献,如他在大众传媒社会学(mass media, souiology of)*(与保罗·拉扎斯菲尔德[Paul Lazarsfeld]*合作)、种族社会学(sociology of racism)*和微观社会学(microsociology)*,特别是医学社会学方面都有十分卓越的研究。

在他的鼎盛时期,美国的社会学家不足1000名,因此很难高估默顿对美国社会学制度化(institutionalization)*发展的影响。通过与哥伦比亚应用社会研究院合作,他将古典欧洲理论家的思想(尤其是涂尔干[Durkheim]*和齐美尔[Simmel]*)与基于理论的实证研究相结合。他强调基于中层理论的"学术性调查",这是对经验上空洞的宏大理论(grand theory)*和理论上空洞的数据收集两种研究倾向的反对。此外,他的《社会理论和社会结构》(Social Theory and Social Structure)是20世纪社会学理论的经典著作之一,其中包括了对一些经典理论的阐释,如参照群体(reference groups)*理论、显功能(function, manifest)*和潜功能(function, latent)*、中层理论(middle-range theory)*以及社会结构(social structure)*和社会失范(anomie)*。上述理论的核心思想皆以他独特的结构功能主义(structural functionalism)*

为视角,而这种独特在于默顿的结构功能主义比塔尔科特·帕森斯(Talcott Parsons)*提出的更具动态性、开放性、自由性和可研究性。

messianic movement 弥赛亚运动

"弥赛亚"一词源于"弥赛亚"这一宗教(religion)*概念,它在希伯来文中是"神选之子"的意思,即受上帝指派,来拯救世人的救世主。早期基督教教会将耶稣基督称为弥赛亚。在宗教社会学(religion, sociology of)*中,该术语更广泛地用于指代任何期待弥赛亚降临使人们摆脱当前的苦难的社会运动(social movements)*。因此,特别是在第三世界(Third World)*社会中,弥赛亚运动通常与压迫有关,因为弥赛亚信仰可以为建立更美好的世界带来希望。弥赛亚运动通常基于基督教(Christianity)*的救赎主题与原住民世界观相融合的信仰体系。

社会学有很多关于弥赛亚信仰是否非理性的争论。一些人类学家声称,弥赛亚运动是土著人民对一个似乎已经失控和不合理世界的理性反应。而从马克思主义(Marxism)*的角度来看,弥赛亚运动是土著人民异化(alienation)*的结果,他们的社会现实被白人殖民主义和压迫所摧毁。另见千禧年主义(millenarianism)*;新宗教(new religions)*。

meta-narrative 元叙事

参见后现代主义(postmodernism)*。

metaphysics 形而上学

在所有哲学研究中,最雄心勃勃的是确定一种有关现实或整个世界的真实本质或结构的理论或原理。这类观点通常被称为形而上学,它的科学适用性在20世纪西方哲学中受到了广泛挑战。形而上学在古希腊和17世纪欧洲科学革命(scientific revolution)*的背景下蓬勃发展。笛卡尔(Descartes)*、莱布尼茨(Leibniz)*和斯宾诺莎(Spinoza)等哲学家认为,对原理的系统应用可以形成一种对世界本质的看法,这种看法与我们平常对世界的理解截然不同。但科学也会产生这样的结果。哲学家伊曼努尔·康德(Immanuel Kant)*和大卫·休谟(David Hume)*是对于形而上学(metaphysics)*的现代怀疑论者,他们认为语言只有在经验范围内才可能具有显著用途。形而上学者似乎从日常语言中获得意义,但在用这些词来谈论一个超出经验范围的世界时,他们陷入了矛盾和混淆的境地。一些现代分析哲学家捍卫一种更为温和的形而上学(metaphysics)*观点——与"思辨的"或"空想的"不同的"描述性的",即试图分析和描述基本概念的框架及其在日常和科学话语中的关系。

metatheory(metatheoretical beliefs)元理论(后设理论)

参见公理(axiom)*。

methodenstreit 方法论论争

参见精神科学与自然科学(Geisteswissenschaften and Naturwissenschaften)*;特殊规律与一般规律研究法(idiographic versus nomothetic approaches)*。

methodological artefact 方法论假象

参见统计学和方法论假象（artefacts, statistical and methodological）*。

methodological pluralism 方法论多元主义

在20世纪70年代，社会学家倾向于认为社会学中长期存在的实证主义霸权已经瓦解，并且只有一种社会研究方式的观点（以统一的社会科学哲学［philosophy of social science］*和方法论［methodology］）*为基础）已经让位于存在多种研究方式的观点。实证主义正统通常与塔尔科特·帕森斯（Talcott Parsons）*（功能主义［functionalism］*的理论家典范）和保罗·拉扎斯菲尔德（Paul Lazarsfeld）*（所谓的抽象经验主义［abstracted empiricism］*的主要倡导者）的名字联系在一起。新方法论的多元主义是现象学（phenomenology）*和结构主义（structuralism）*社会学出现、马克思主义（Marxism）*分化为新马克思主义（neo-Marxism）*、哲学相对主义出现的结果。一些观察者用认识论（epistemology）*的多元主义或认识论的失范来描述现在似乎规范缺失的情形。在这种情况下，许多不同的知识理论或范式（paradigm）*竞争着社会学的主导地位。一位名为保罗·费耶阿本德（《反对方法》*Against Method*，1975）的评论员认为，即使在自然科学领域，研究人员的工作和工作方式也是经常变化的。实际上，他们没有单一的方法，成功的科学并非要求对单一方法的盲从，而是需要一种认识论无序状态（epistemological anarchy）*。因此，费耶阿本德宣称自己反对方法，赞成这种混乱状态。

在很大程度上，各种标签是可以互换的。每一种方法都意味着拒绝方法论上的排他性，并且每一种方法都与实际上从未真正存在的实证主义正统观念形成某种误导性对比，因为在之前，无论是功能主义还是抽象经验主义都从未对社会学的理论和实践产生过霸权性的影响。马克思主义、唯心主义（idealism）*和符号互动论（symbolic interactionism）*（仅以最明显的例子为例）提供了始终存在的哲学和方法论选择。

methodology 方法论

这个词有时用来指对某一特定学科或某个大型研究进行实证研究所采用的一般做法、方法或规则，尽管"研究方法"一词在这种情况下可能更合适。方法论的主要关注点是社会科学（social science）*中更广泛的科学哲学（philosophy of science）*问题，以及研究社会学家和其他人在实践中如何开展工作，如何进行调查和评估证据，如何确定是非。所涉及的主题包括社会科学是否是真正的科学、社会科学家是否需要理解一系列的社会行为以对其进行充分解释、社会科学中是否存在既可以预测又可以解释的规律、研究是否可以或应该是价值无涉的、因果关系和因果解释力、归纳（inductive）*和演绎（deductive）*理论、证实（verification）*和证伪以及知识哲学和科学哲学中的其他问题（在本词典中，大多数问题都分在不同的词条下讨论）。另见新康德主义（neo-Kantianism）*；新实证主义（neo-positivism）*。

methodology, feminist 女性主义方法论

有许多提议认为，女性主义社会科学或一般社会科学，甚至是一般科学，都需要一种新的方法论（methodology）*。其中一些与研究设计（research design）*有关，另一些与认识论（epistemology）*有关，还

有一些与本体论(ontology)*有关。关于女性主义研究方法的倡议旨在消除研究中无意识的性别偏见,因为在一些研究中男性观点和双重标准被视为理所当然。此外,女性主义方法论倡导争取用更具反思性和互动性的非结构化访谈(unstructured interview)*和一种让受访者(respondent)*自己说话以供写作的社会学方法,来取代所谓的客观的结构化访谈(structured interview)*和定量分析。

在认识论方面,一种观点认为,追求客观性(objectivity)*、真理和控制自然是男性的一种冲动;而女性很少区分知者与被知者、自我与他人、身体与心灵、主体与客体,更能容忍模棱两可和多重真理。另一个有影响力的观点是"女性主义立场",即女性作为一个子群体,拥有更多的女性经验来源,因此她们比男性更能充分地反映社会现实。这种认识论上的优势并不一定反映在女性的实际信仰和态度上,而是需要女性主义的政治努力和分析。它使我们对社会有了一种理解,这种理解融合了繁衍、身体劳动和亲密关系(intimacy)*——女性日常生活的具体现实——而不是研究做出理性选择的孤立个体这种抽象概念。这种立场认为女性主义比男性主义科学更能反映现实(桑德拉·哈丁[Sandra Harding]的《女性主义中的科学问题》*The Science Question in Feminism*, 1986;多萝西·史密斯[Dorothy Smith]的《书写社会》*Writing the Social*, 1998)。因此,就本体论而言,这是一个现实主义者的立场。在这方面,它与后现代女性主义不同,后者对所有关于科学客观性的主张都持怀疑态度,认为所有知识都是在特定的历史和情境下产生的,并认识到正如男女之间存在差异一样,女性群体内部也存在重要差异,如种族(race)*、阶级(class)*、民族和性取向。

metonym（metonymy）转喻词（转喻）

参见性欲（desire）*。

metropolis 大都市

源自古希腊语"母亲"和"城市"。它表示大型城市中心和周边郊区，通常指首都。现在已经提出了各种统计和描述性定义。另见集合城市（conurbation）*；特大城市/大都市带（megalopolis）*；都市统计区（Metropolitan Statistical Area）*。

metropolis-satellite relationship 大都市-卫星城假说

参见依附论（dependency theory）*。

metropolitan area 城镇集聚区

参见集合城市（conurbation）*。

Metropolitan Statistical Area 都市统计区

都市地区的功能性地理划分（以前称为标准大都市统计区[SMSA]），它包括一个庞大的人口核心区和与该核心在经济和社会上高度一体化的邻近的共同体。都市区域可能包含不止一个MSA（指主要都市统计区[PMSA]），和不止一个的PMSA（指统一都市统计区CMSA）。另见集合城市（conurbation）*；特大城市/大都市带（megalopolis）*；大都市（metropolis）*。

Michels, Roberto 罗伯特·米歇尔斯（1876—1936）

德国社会学家、经济学家。米歇尔斯学术兴趣广泛，著作涉及民族主义（nationalism）*、法西斯主义（fascism）*、世俗主义、权力（power）*、精英（elite）*、知识分子（intellectuals）*和社会流动（social mobility）*等问题。由于被排除在德国的学术教职之外，他选择在意大利定居，并改名为罗伯特。他关于左翼民主党的领导力研究最为著名，出版了《寡头统治铁律》（*Political Parties*, 1911）一书。

米歇尔斯特别关注德国社会民主党，探讨政治领导在形塑民众需求和愿望、动员民众支持政党（political parties）*提议等方面发挥的作用，并且格外感兴趣于组织动力学如何制约组织激进目标的实现的问题。他提出了"寡头政治铁律"的研究结论：任何组织都存在寡头统治趋势，即"组织导致了被选举人对选举人的支配、命令对被命令者的支配、代表人对被代表人的支配。有人说，组织就是寡头政治（oligarchy）*"。米歇尔斯认为，随着政党的逐渐官僚化，它将会越来越被使用于组织内部目标而不是被变革社会的官员所控制，也将会越来越被追求个人目标的中产阶级知识分子（通常不同于普通党员）所控制。他还指出了政党内部资产阶级化（embourgeoisement）*的过程：因为社会流动，工人阶级（working class）*领导人变得中产阶级化（gentrification）*，继而激进主义行为变得和缓。因此，即使在民主管理的组织中，统治者和被统治者之间也会产生分裂（schism）*。米歇尔斯认为组织程序经常被用来扼杀民众的积极性，他倡导更主动、更有原则且兼收并蓄的领导方式，并对政治妥协持高度批评态度。

对米歇尔斯铁律进行实证研究的学者很难证明激进主义政党的

体制化实际上是领导者资产阶级化的产物。并且米歇尔斯的理论将布尔什维克党在俄国采用官僚统治描述为精英统治趋势，这对于解释欧洲社会主义政党的早期发展是否有效，也存在争议。但这个理论也让人们广泛意识到寡头政治的危害，进而削弱了其解释力。同时众多其他的机制也在参与形成修正主义而不是改革主义的左翼政党，由此该理论的解释力再次受到质疑。米歇尔斯的理论还被运用于工会（trade union）*研究，以及探索"组织是如何成为目的本身而不是达到目的的手段"。众多二次文献可以参考西摩·马丁·李普塞特（Seymour Martin Lipset），他于1962年出版了《寡头统治铁律》的英译版。

microdata 微观数据

包含受访者（respondent）*个人、家庭、组织（学校或团体）信息的数据集。微观数据多数是匿名的，不仅被访者的名字和地址被隐匿，而且详细的地理区域或行业代码有时也会被删除或泛化。另见聚集体（集体）（aggregate［collectivity］）*。

microsociology 微观社会学

参见宏观社会学（macrosociology）*。

middle class（middle classes）中产阶级

在许多方面，这是最不令人满意的术语，它尝试用短语来定义一个具有大量的工作职位和市场地位的阶级。在过去的一百年里，工业社会的中间阶层已经迅速扩展，以至于任何包含公司董事和他们的秘书的分类都被认为有些不合适。

在普遍观念中,所有的白领工人都是中产阶级。但从社会学视角,有必要根据相似的市场、工作和地位状况将这个阶级细分为不同的群体。这个词虽然在日常交流中被广泛使用,但作为分析概念在阶级分析(analysis of social class)*中较少被应用。例如,约翰·戈德索普(John H. Goldthorpe)*在《现代英国的社会流动和阶级结构》(Social Mobility and Class Structure in Modern Britain, 1980)中,区分了高级经理和专业人士的服务阶层(service class)*,教师、初级管理人员和行政人员等较低级专业人士的次级服务阶层,事务员、秘书等常规非体力劳动人员阶层,以及小商人、手工业者等传统的小资产阶层。按照惯例,服务阶层被称为上层中产阶级,次级服务阶层为中产阶级,其他则是下层中产阶级。由此定义,英国上层中产阶级约占总人口的10%,中产阶级约占 20%,下层中产阶级占比超过 20%。因此,中产阶级在社会总体结构中占比最大。

然而,有些社会学家(尤其是马克思主义[Marxism]*理论学家)并不认同大部分白领工人是中产阶级的观点,因为他们的职业地位几乎与工人阶级(working class)*相当,甚至更差。这部分学者更倾向于将这类群体称为"新工人阶级"(new working class)*。但这既不是大多数白领工人自己所持的观点,也不能在社会学研究中被证实。"中产阶级"一词现在也常被记者和政治家用来指代收入接近平均水平的群体,这一群体更应该被称为"中产群体"。戈登·马歇尔(Gordon Marshall)等人在《现代英国社会阶级研究》(Social Class in Modern Britain, 1984)中的证据表明,普通民众在一定程度上对此更有鉴别力。研究发现,样本中 35% 的人将中产阶级定义为"专业人员",11% 认为是"经理",只有 7% 的人认为中产阶级都是"白领"。

与上层阶级（upper class）*一样，"旧""新"中产阶级之间也存在差异。前者一般指小资产阶级（petite bourgeoisie）*和独立的专业人士（他们作为独立群体的存在早于20世纪整个阶级的扩张）；后者包括中产阶级的所有群体，即领薪水的专业人士、行政人员和官员、服务阶层（高级经理和高级技术人员）、下层中产阶级（常规的非体力劳动人员、普通主管和低级技术人员，或者马克思主义的术语——新工人阶级）。学界在分析阶级经济差异时，对于是否应该放弃"中产阶级"这一概念是存在争议的。目前使用更流行的阶级形象（class imagery）*来定义层级结构或许更好，当阶级身份已经被各群体成员明确认同后，再使用"社会阶级"概念。另见阶级地位（class position）*；矛盾的阶级位置（contradictory class location）*；无产阶级化（proletarianization）*。

middle class, new 新中产阶级

参见矛盾的阶级位置（contradictory class location）*；无产阶级化（proletarianization）*。

middle-range theory 中层理论

著名的美国社会学家罗伯特·默顿（Robert Merton）*在《社会理论和社会结构》（*Social Theory and Social Structure*, 1957）中提出的概念，用以弥合经验主义（empiricism）*研究的有限假设与塔尔科特·帕森斯（Talcott Parsons）*提出的宏大抽象理论之间的鸿沟。他将中层理论解释为"介于日常研究中大量低层次但又必需的操作假设与无所不包的系统化的统一理论之间的那类理论，试图解释社会行

为、社会群体（social group）*和社会变迁（social change）*中一切可观察的一致性"。默顿在诸如结构功能主义（structural functionalism）*、科学社会学（science, sociology of）*、越轨行为（deviance）*、组织和职业研究等领域的一系列令人信服的社会学著作中，始终主张并论证了这种理论的必要性。这些理论中提出了大量已被广泛接受的社会学术语（多数在本词典中都有单独的词条）：撤退主义（retreatism）*、仪式主义、显功能（function, manifest）*、潜功能（function, latent）*、机会结构（opportunity structure）*、范式（paradigm）*、参照群体（reference group）*、角色丛、自我实现预言（self-fulfilling prophecy）*和非预期结果（unintended consequences）*等。中层理论的思想直接或间接地对许多社会学家工作的思考方式产生了重要影响。对默顿作品的全方位讨论，最充分体现在乔恩·克拉克（Jon Clark）等人编的优秀评论集《罗伯特·K. 默顿：共识与争议》（*Robert K. Merton: Consensus and Controversy*, 1990）中。

migration, internal 国内迁移

参见国内迁移（internal migration）*。

migration 迁移

社会学中的迁移是指个人或群体在某种程度上永久性地跨越象征性或政治性的边界，进入新的居住地或共同体的行为。关于移民的社会学研究众多，并且通常是更大问题中的一部分，例如对亲属关系（kinship）*、社会网络（social network）*或经济发展（economic development）*的研究。在迁移分析中，通常区分推力和拉力因素。

前者通常被认为是消极的、出于安全最大化目的的迁移（如，迁出地的高失业率）；而后者被认为是积极的、出于收入最大化目的的迁移（如，迁入地的经济扩张）。外部移徙（国家间）和内部移徙（地区间）也是经常被研究者所区分的。

关于发展中国家的城乡迁移研究已经很多，这些研究关注移民的迁入地朋友、亲属社会网络，并证实了这种社会网络对特定地区迁出率的重要影响。例如可以参考班纳吉（B. Banerjee）的《城乡迁移与家庭联系》（Rural-Urban Migration and Family Ties），载于《牛津大学经济与统计评论》（Oxford Bulletin of Economics and Statistics, 1981）。研究发现，雇主经常使用雇员的亲属网络从一个国家或地区招募新劳动力。这个议题在格里科（M. Grieco）的《在家族中招募》（Keeping it in the Family, 1987）中也有详细的论述。

就业和种族关系研究领域的社会学著作中也讨论了亲属关联和招聘策略问题。求职行为研究已经证实了"链式就业"和"链式迁移"，即一个家庭成员的成功迁移能为整个亲属网络创造一系列的迁移机会。例如，加里·莫米诺（Gary Mormino）对20世纪初意大利人移民到坦帕的研究《我们努力工作，照顾自己的社区》（We Worked Hard and Take Care of Our Own, 载于《劳动史》Labour History, 1982）显示当地意大利社区的核心成员只起源于西西里西南部的三个村庄和巴勒莫的一个社区。另外，这类研究也关注种族维度，塔玛拉·哈瑞文（Tamara K. Haraven）关于爱尔兰人、意大利人和法裔加拿大人在同一时期迁移到新英格兰小镇的研究《曼彻斯特、新罕布什尔州的劳工迁移：1912—1922年》（The Labourers of Manchester, New Hampshire, 1912—1922, 载于《劳动史》Labour History, 1975）为种族的影响提供了证据。爱瓦·默拉乌斯卡（Ewa Morawska）在这个研究脉络下有一个很出色的研究：《不稳定的繁荣：工业社会的美国小镇犹太人 1890—1940 年的迁移》(Insecure Prosperity: Small Town Jews in Industrial America, 1890-1940, 1996)。关于种族迁移的性质与结果，斯蒂芬·卡斯尔（Stephen Castle）和戈杜拉·科萨克（Godula Kosack）有一个引发热议和争论的研究——《西欧的移民工人与阶级结构》(Immigrant Workers and Class Structure in Western Europe, 1973)。他们认为，大量的国外劳动力在战后的 20 世纪五六十年代涌入欧洲先进工业化国家，这些劳动力产生了两个影响，一是分裂了本地原有的工人阶级（working class）*，二是创造了新的劳动力后备军。其他学者则认为，这种移民模式只适用于社会底层（under-class）*，因为他们在就业（employment）*、劳动力和住房上受到歧视，无法融入当地阶级结构。一个重要的比较研究是莉迪亚·莫里斯（Lydia Morris）的《移民管理：公民分层与移民权利》(Managing Migration: Civic Stratification and Migrants' Rights, 2002)。这是一个马克思主义（Marxism）*式的解释，移民劳工在英国或其他地区形成了"工人阶级的种族碎片化"，这个解释不能简单地归结为劳动力短缺，即使劳动力短缺往往是移民劳动力要解决的问题。迈尔斯（R. Miles）在《种族主义与迁移劳工》(Racism and Migrant Labour, 1982)中，对以上不同的观点进行了整理回顾。

过去认为迁移意味着亲属分离，一种功能主义（functionalism）*的观点则认为，在工业化国家的城市中，扩展家庭（extended family）*呈下降趋势。目前学界认为家庭、就业和迁移之间的关系要比迄今所发现的更为复杂，并且还存在历史偶然性。早在 1940 年，康拉德·阿伦斯伯格（Conrad M. Arensberg）和梭伦·金博尔（Solon T. Kimball）的研究《爱尔兰的家庭与共同体》(Family and Community in Ireland)，便指出地理区隔并不能阻断家族义务和情感纽带，例如已经移民到美国城市的爱尔兰农民，却仍会寄钱给留在家中的亲戚。另见文化理论（cultural theory）*；离散（diaspora）*；劳动力市场分割（labour-market segmentation）*。

militancy 斗争性

进行反对性发言和行动的意愿。通常用于工会（trade union）*活动，它可以是工业的（与提高工资和改善工作条件有关）或政治的（与工人阶级[working class]*的整体地位有关）。这个概念与国家的文化和传统以及经济状况都有很大的关系。

military and militarism 军事与军国主义

传统观点认为，社会学家倾向于忽略军事问题。实际上，这是一种具有误导性的说法，因为不仅有许多研究将军事作为实质性的关注领域，更重要的是很难从军事和战争中看到具体的社会学意义。超级大国在冷战中的滑稽行为所隐含的对全球毁灭的威胁，似乎不仅仅是只在社会学中被关注的主题。

无论如何，库尔特·朗（Kurt Lang）在《军事机构和战争社会学》(Military Institutions and the Sociology of War, 1972)中对相关文献进行了回顾，并提供了一个包含1300多种有关组织暴力的文献的注释。根据文献，对军事的社会学研究可分为三大类。首先，发达国家和发展中国家都对政治中的军事参与进行了广泛的研究。

C. 赖特·米尔斯（C. Wright Mills）*对冷战时期美国军工复合体（millitary-industrial complex）*的解释就是一个很好的例子。在20世纪80年代，关于这项传统研究的重要拓展是，一些著名的社会理论家（尤其是安东尼·吉登斯［Anthony Giddens］*）和历史与比较研究学者（包括迈克尔·曼［Michael Mann］）开始研究军事变革与经济、政治、社会和意识形态（ideology）*变化之间的关系。他们以一种有限的方式，对发展中国家某些地区的地方军国主义（这是一种试图利用军事方式来解决政治问题和冲突［conflict］*的趋势）进行了全面研究。例如，J. J. 约翰逊（J. J. Johnson）的《军事在不发达国家中的作用》（The Role of the Military in Underdeveloped Countries, 1962）指出了，军国主义可以在政治中采取多种形式（直接统治、间接影响、战略联盟），并且提出了一系列容易导致对特定社会的政府进行军事干预的因素（武装力量的相对实力、政治僵局、行政腐败等）。但是应该注意的是，并没有关于这些因素中哪一个最重要的共识。

其次，是社会达尔文主义者和进化主义者的社会学理论对战争和暴力的关注，例如波兰社会理论家路德维格·贡普洛维奇（Ludwig Gumplowicz）*和奥地利的古斯塔夫·拉岑霍夫（Gustav Ratzenhofer）*，他们两人都将社会群体之间的冲突起源理论扩展到了国家之间的军事斗争。贡普洛维奇将这种暴力行为归因于不同种族（race）*之间由于缺乏共同的血统导致的无法克服的仇恨，并假设国家之间的战争源于对征服其他群体并以其代价来改善自身经济状况的渴望。拉岑霍夫（奥地利最高军事法院院长兼主席）提出了利益类型学。其观点认为，这些利益（interest）*根植于人性（human nature）*并控制着社会生活，是可生产的、生理上的、个人的（自我主张）、社会（团体福利）的和先验（宗教［religion］*）的。这些利益在群体之间造成了冲突（因为人类天生会倾向于服从基本的冲动和憎恨），同时也构成了社会秩序（social order）*的基础，因为这种生存斗争很快就在群体的基础上被组织起来，并最终导致（竞争性）民族国家的出现。

最后，是将军队作为正式组织（formal organization）*从不同方面进行的大量研究，包括萨缪尔·A. 斯托弗（Samuel A. Stouffer）*等的《美国士兵》(*The American Soldier*, 1949)、萨缪尔·E. 芬纳（Samuel E. Finer）的《马背上的人》(*The Man on Horseback*, 1962)等经典著作，以及莫里斯·简诺威茨（Morris Janowitz）*的《职业士兵》(*The Professional Soldier*, 1960)。这些研究中有许多都从具有更一般理论性和实质重要性的角度来认识社会现象（例如斯托弗及其同事研究的相对剥夺［relative deprivation］*经验）。迄今为止，简诺威茨的《社会学和军事机构》(*Sociology and the Military Establishment*, 第三版, 1974)是对这些文献的最好的概述，可能仍然是是整个领域的最好的介绍。马丁·肖（Martin Shaw）和科林·克里顿（Colin Creighton）编的《战争与和平社会学》(*The Sociology of War and Peace*, 1988)则是对该领域及其最新情况的不错的概述。另见帝国主义（imperialism）*。

military capitalism 军事资本主义

参见军工复合体（military-industrial complex）*。

military-industrial complex 军工复合体

　　这个术语用来描述冷战时期发达资本主义（capitalism）*经济体对经济和军事政治目标相结合的依赖。这一现象的社会学研究已经很多，其中最著名的可能是C. 赖特·米尔斯（C. Wright Mills）*的《权力精英》（*The Power Elite*, 1956）。他指出，战后美国形成的同质的统治集团代表着一种经济、军事、政治力量的联盟（与多元主义[pluralism]*的观点相反），同时为美国建立了"私有公司经济"和"永久战争经济"，在这种经济中，几乎所有的政治、经济行为都以现实中的军事定义为根据。米尔斯对美国权力精英（power elite）*以及受持续军备竞赛支持的军事资本主义（military capitalism）*的描述都在后来的研究中得到了回应。弗雷德·J. 库克（Fred J. Cook）将美国描述为一个"战争国家"，其政治受外交政策和经济合理性中的军事因素支配（《战争国家》*The Warfare State*, 1962）。约翰·肯尼思·加尔布雷思（John Kenneth Galbraith）在《新兴工业国家》（*The New Industrial State*, 1967）中认为，冷战形象有助于稳定美国经济中的总需求，因为"如果这个国家的形象是一个被敌人包围的国家，那么对武器的投资也会相应增加。同理，无论是在公共事务还是在私人事务中，我们都会服务于工业体系"。

　　这种对美国社会结构（social structure）*的解释存在的主要问题是很难凭经验进行验证（米尔斯自己提出的大部分证据可能都是间接的），而且它是隐性的功能主义的（持有相同看法的加尔布雷思[Galbraith]声称"发生在美国和苏联之间的武器竞争并非奢侈品：它满足了现在工业体系的有机需求"）。另见精英（elite）*。

Millar, John 约翰·米勒(1735—1801)

18世纪晚期苏格兰启蒙运动(Scottish Enlightenment)*的一位领军人物,有时也会被称作为一位早期的社会学家。因为在米勒在1771年发表的论文《等级划分的起源》(The Origin of the Distinction of Ranks)中,为社会演化过程提供了一个将财产持有方式与权威和政府类别联系在一起的理论解释。另外,他被称为社会学家也是因为他为社会分工提供了一个早期的解释。参见W. C. 雷曼[W. C. Lehmann]的《格拉斯哥的约翰·米勒(1735—1801):他的生活,思想和对社会学分析的贡献》(John Millar of Glasgow, 1735-1801: His Life and Thoughts and his Contributions to Sociological Analysis, 1960)。

millenarianism 千禧年主义

是一个用来代指预测千禧年以及现在世界灾难性末日到来的宗教运动的名词。或者,更正式地说,它预测了即将来临的、全部的、最终的、现世的和集体的救赎。像基督兄弟会、摩门教、基督复临安息日会、第五王国派、北美印第安鬼魂舞运动和耶和华见证人都是很好的例子。从这些例子中,我们可以清楚地看到这些运动展现了其追随者在激进主义、救世主精神或个人魅力,以及运动整体组织结构方面的巨大不同。

千禧年运动不仅发生在所有宗教的内部,比如早期的基督教(Christianity)*和伊斯兰教(Islam)*,也会在有组织的宗教外部展开。因此,千禧年主义可以有很多种形式。然而,它通常包括了对不满的宣泄和对现状的抗拒,以及对即将到来的千禧年将要重建新秩序的愿景。这个新的社会通常被构建成一个平等(egalitarian)*和正义

(justice)*的社会。千禧年主义通常会在殖民的环境下发展，并会对现有主导的政治秩序带来巨大的影响。它和现有秩序达成政治妥协的机会很小，因为千禧年运动的追随者并不畏惧死亡，比如他们曾经勇敢地反抗军队的炮火，因为他们相信这个千年无论如何都将要终结。千禧年的教义是反对生育的、禁止性行为和种植庄稼，因为他们认为世界不会有下一个千年。在千禧年主义的宗教运动中，有一种冲突一直存在，那就是在一个超脱现世的信息与另一个神灵将返回并公平地统治世界的信息之间的冲突。然而不可避免的是，千禧年并没有到来而这场运动也崩溃了。这场运动要么会逐渐减弱，要么它的部分信息会像基督教那样被重新利用并制度化(institutionalization)*。

千禧年主义在现代最好的例子就是发生在美拉尼西亚的船货崇拜(cargo cult)*。那里的人们通常相信他们的祖先或文化英雄正在乘坐一艘魔力之船回到这个世界，以建立一个不受欧洲人干扰的永恒秩序。这里将会有一艘载满珍贵物品的货轮被归还给那些应该拥有它们的美拉尼西亚人，并为所有人带来一个时代的幸福和富足，在那里被殖民的人们会从白人的统治中解放出来。对于这种崇拜出现的解释有很多。皮特·沃尔斯利(Peter Worsley)在他1957年出版的《号角即将吹响》(*The Trumpet Shall Sound*)的书中认为，美拉尼西亚的船货崇拜并不是非理性的疯狂，而是出于对殖民主义(colonialism)*的恐惧。这场运动完全是在对抗帝国主义(imperialism)*，并用一个宗教(religion)*的习语来试图解释殖民者的力量。这种神秘的力量来自白人截获当地人财富(船货)的能力。当政治反对失败以后，千禧年主义被用来当作是抵御这种力量的最后手段。其他的解读还包括例如凯纳姆·O. L. 布瑞奇(Kenelm O. L. Burridge)的观点(《曼布》*Mambu*,

1960），他认为船货崇拜表达了在美拉尼西亚社会中特定的道德和情感要求。另外，皮特·劳伦斯（Peter Lawrence）（《船货之路》*Road Belong Cargo*, 1964）提供了一个历史和结构的解释，强调西方和美拉尼西亚社会在互惠（reciprocity）*和交换（exchange）*等规范上的"不匹配"。

总的来说，很多关于千禧年运动的理论整体上都包含了关于相对剥夺（relative deprivation）*的解读。这些解读认为千禧年运动扎根于快速的社会变迁（social change）*所带来的焦虑，以及由社会失范（anomie）*所带来的社会孤立、混乱和规范沦丧。在由西尔维娅L.特鲁普（Sylvia L. Thrupp）于1962年编的《行动中的千禧年梦》（*Millennial Dreams in Action*）系列中，可以找到对于这些解释比较有代表性的作品选集。

Mill, John Stuart 约翰·斯图尔特·密尔（1806—1873）

密尔是一位英格兰哲学家，他是自由主义（liberalism）*、功利主义（utilitarianism）*的推崇者和社会改革家。密尔在英国推广奥古斯特·孔德（Auguste Comte）*的作品，并对他父亲詹姆斯·密尔（James Mill, 1773—1836）和他教父杰里米·边沁（Jeremy Bentham）*的功利主义作品进行了批判性的延伸，并试图在他1843年发表的《一种逻辑、推理和归纳的系统》（*A System of Logic, Ratiocinative and Deductive*）一书中提供一种对于"社会中人的综合科学"。

密尔与很多当代社会学家的联系在于他对于能够适用于人文科学的方法进行了逻辑归纳。他首先提出了五个实验研究方法：差异法（比较两个特定的案例，它们除了在研究的那个方面有差异之外在其他方面完全相同）；间接差异法（比较两组完全不同的案例，这两组案例唯一的规律是在一组案例中某个原因和某个结果同时出现，而在另一组案例中这个原因和结果都没有出现）；求同法（method of agreement）*（在研究的现象中，两个或更多的案例有一个共同的特征，这个特征可以被假设为造成这个现象的原因）；共变法（concomitant variation, method of）*（对两个整体建立统计相关的方法）；剩余法（研究者只研究关于某个现象的一个案例，消除所有研究者已知原因造成的影响，然后专注于考察剩下的那个原因与结果之间的关系）。密尔反对所有这些实验的方法，认为它们不适用于社会研究。然而，他也反对纯粹推理的方法，认为对于综合社会科学最适合的方式是"实在演绎法"（今天被称作"假设演绎法"）和"逆向演绎法"。前者包含了一个对清晰假设的论述，对这个论述进行推论，并通过对经验数据进行人为操纵来检验预测（就像在实验室实验中一样）。然而，社会科学（social science）*经常走向了相反的一面，人们尝试建立一种假设来圆满地解释已经发生的事件，通过经验概括来找到对于社会过程的因果解释（causal explanation）*。

　　密尔作为早期的功利主义者也曾经是坚定的自由主义者，但是密尔的自由主义认可政府干预的作用以及对社会正义（justice, social）*的追求。他曾经担任过一段时间的自由党议员，作为政党的激进分子，对于发展社会主义（socialism）*的思想有着很浓厚的兴趣。他在1869年发表的著作《女性的屈服》（The Subjection of Women）代表了他反对两性不平等的早期观点。

Mills, Charles Wright 查尔斯·赖特·米尔斯（1916—1962）

一位美国社会学家，在 20 世纪 50 年代发表了他最重要社会学作品。作为一个政治左翼激进分子，米尔斯曾经是那个时代美国社会学一个非同寻常的人物，更准确地说他被描述为一个自由多元主义者，而不是社会主义者。他最重要的实证研究应该是 1951 年发表的《白领》(*White Collar*)，这本书着重分析了美国的中产阶级（middle class）*。米尔斯于 1956 年发表的《权力精英》(*The Power Elite*) 也是他的重要著作之一，这本书认为美国是一个被一群利益相关且能够自我延续的精英所统治的社会。

米尔斯被人铭记主要是由于他在 1959 年发表的《社会学的想象力》(*The Sociological Imagination*) 一书。这本书对社会学学科的人文主义（humanism）*动力进行了极好的介绍和描述。社会学想象力是社会学的视野，是一种可以看到世界中个人问题和重大社会事件之间关系的方式。他认为人文主义的社会学把我们生活中的社会、个人和历史的层面连接在一起，并且它批判了抽象经验主义（abstracted empiricism）*和类似的宏大理论（grand theory）*。有用的资料来源包括《C. 赖特·米尔斯：书信和自传笔记》(*C. Wright Mills: Letters and Autobiographical Writings*，由凯特琳·米尔斯 [Kathryn Mills] 和帕雷玛·米尔斯 [Pamela Mills] 编于 2000 年），和《C. 赖特·米尔斯与社会学的想象力：当代视角》(*C. Wright Mills and the Sociological Imagination: Contemporary Perspectives*，由安·尼尔森 [Ann Nilsen] 和约翰·斯科特 [John Scott] 于 2013 年编）。另见军工复合体（military-industrial complex）*；权力精英（power elite）*；失业（unemployment）*。

minority group 少数群体

这个术语自20世纪30年代以来被运用到那些受到了以种族的、人种的、生物的和其他特征为基础的压迫和污名化的社会群体。比如，路易斯·沃思（Louis Wirth）*把少数群体定义为"一群因为身体或文化特征被社会中其他人孤立并遭受不同和不平等待遇的人群，所以这群人自己也认为他们是被群体歧视的对象"。然而，从这些定义来看，少数群体可能实际上构成任何一个社会的数量上的多数人群，比如在南非的黑人。因此，区分通过人数多寡和权利大小来定义的少数族群是有益处的。近年来，对少数群体的研究通常和对越轨、排斥（exclusion）*、标签理论（labelling theory）*、污名（stigma）*、种族主义（racism）*、权威主义人格（authoritarian personality）*、恐同症（homophobia）*以及性别歧视（sexism）*的研究相关（这些在本词典里都有单独的词条）。另见边缘化（marginalization）*。

mirror phase (of infant development) 镜像阶段（婴儿发展的）

参见雅克·拉康（Lacan, Jacques）*。

miscegenation 种族混合

种族混合从字面上来理解是一个种族主义（racism）*的名词，指的是不同种族特别是白人和黑人之间的两性关系。在一些体系下（比如葡萄牙殖民主义和巴哈伊宗教），种族混合被推广开来，作为克服人为制造的种族藩篱的一种方式。这个概念在种族主义的意识形态（ideology）*中被认为是社会和经济退化的一个原因。

misogyny 厌女

从字面上来理解，该术语就是厌恶女性的意思。凯特·米蕾（Kate Millet）把"厌女"这个想法作为她1970年出版的《性别政治学》（*Sexual Politics*）一书的核心内容，在这本书中她提出了一个极端女性主义的理论基础。她认为家族制的权力创造了一个性别歧视（sex discrimination）*的社会，扎根于厌恶女性的性别政治导致了女性在私人领域和社会制度（social institution）*（如阶级和教育体系）下遭受压迫。安德莉亚·德沃金（Andrea Dworkin）和苏珊·布朗米勒（Susan Brownmiller）指出了厌女与男性对女性的性暴力之间的重要关系，同时苏珊·格里芬（Susan Griffin）提出了军国主义和厌恶女性之间的联系。艾德里安·瑞奇（Adrienne Rich）把厌女定义为对于女性制度化的、有组织的和规范的敌意与暴力。那些特别沿着梅兰妮·克莱因（Melanie Klein）*作品和客体关系理论（Object Relations Theory）*传统的女性主义精神分析学家认为在一个儿童抚养完全一成不变地由母亲承担的社会中厌女扎根于婴儿对于母亲原始的怒火。南希·霍多罗夫（Nancy Chodorow）（《母职的再生产》*The Reproduction of Mothering*, 1978）认为只有男性完全参与到婴儿的哺育中才可以消除厌女的根基。

mixed economy 混合经济

混合经济是一个包含了市场经济（market economy）*和指令经济（command economy）*的经济体，也就是说它包含了资本主义（capitalism）*和社会主义（socialism）*的特征。在一个混合经济体中，只有一些而不是全部的生产、分配和交换行为是由国家组织的。总体来说，相比在单纯的市场经济中，在混合经济体中国家在制定政策、法规和目标以及控制劳工方面有着更大的作用。

这个概念一些时候也被宽松地用作指代一个包含任何非完全市场经济部分的经济体，比如国家中一些特定区域的自给自足农业区。

mob 暴民

一群团结、专注的行动大众（crowd）*。一群暴民想要实施私刑就是经典的案例。

mobility, occupational 职业流动

参见职业流动（occupational mobility）*。

mobility, social 社会流动

这一术语指在任意一个社会中，社会阶层分化体系中不同位置之间的移动（通常指的是个人，有时也指的是整个群体）。传统上，我们可以区分向上或向下的流动（也就是在权力层级中向上或向下的移动），我们还可以区分跨代际和代际内部的职业流动（career mobility）*（前者指的是原生家庭和个人阶层或地位之间的流动，后者指的是在个人职业生涯中经历的流动，比如对比一个人第一份工作和现在的工作）。其他还包括对于结构和非结构流动之间的区分，但这个区分有着更大的争议。

社会学对跨代际的流动予以了最大的关注，特别是教育成就相比

于社会背景或其他先赋（ascriptive）*特征比如种族（race）*对于解释职业成就趋势的作用。尽管学界有很多关于精英招募的案例研究（比如P. 斯坦沃茨［P. Stanworth］和A. 吉登斯［A. Giddens］*的《在英国社会中的精英与权力》Elites and Power in British Society, 1974），最重要的研究方式是大规模抽样调查（sample survey）*，但最常见用来比较的点就是职业。一些社会学家曾经研究过工业化（industrialization）*之前背景下的社会流动（参见H. 凯尔博［H. Kaelble］的《社会流动的历史研究》Historical Research on Social Mobility, 1977），也有研究关注当代发展中国家（比如印度）的社会流动（参见A. 贝泰耶［A. Beteille］《种姓、阶级和权力》Caste, Class and Power, 1965），但是绝大多数的研究关注的是西方现代工业化社会，还有相对少一点的研究关注东欧社会主义国家。

社会流动研究有着很长的社会学传统，可以追溯到19世纪中叶卡尔·马克思（Karl Marx）*和约翰·斯图尔特·密尔（John Stuart Mill）*的作品，以及20世纪早期维尔弗雷多·帕累托（Vilfredo Pareto）*的重大贡献（他提出了精英循环［circulation of elites］*理论）以及皮特林·索罗金（Pitirim Sorokin）*的研究。现在大部分关于社会流动的文献都与以下几个方面有着密不可分的关系，即包含对教育、性别、文化、权力、统计方法和理论在社会科学（social science）*中的作用的更广泛的讨论。

索罗金一个早期的重要观点认为（《社会流动》Social Mobility, 1927），纵向流动的通道存在于任何一个阶层分化的社会中，而且也是必需的，这就像人体内必须有血液循环的通道一样。在一个预示了之后的功能主义阶层分化理论的观点中，索罗金认为这些"楼梯"或"电梯"对于精英（elite）*和职业之间高效匹配是必要的，没有这样的机制会导致社会的低效率和混乱。然而，不像金斯利·戴维斯（Kingsley Davis）和维尔伯特·E.摩尔（Wilbert E. Moore）在20年后所写的那样，索罗金并没有认为需要用高的报酬去激励人们为承担社会中重要的职位去接受训练。更明显的是，他坚持认为这些职位的承担者能够自己巧妙地开拓他们的职业角色，从而吸引物质回报和其他福利。索罗金对教育制度在分配人们进入各种职业位置中的作用特别感兴趣。预料到了20世纪70年代新派教育社会学的激进批判，他认为教育的主要作用是作为"测验、筛选和分配的机构"，换句话说，教育机构只是用来证明孩子们是否拥有胜任劳动力市场（labour market）*特定职位的能力，而不是用来提升每个人的能力或促进他们天赋的发展。

面对这样一个潜在的巨大兴趣领域，从启发性的目的来说我们有必要回顾两个不同研究学派在现代社会流动文献中的争议，自1945年以来，这两个研究学派为社会流动的研究奠定了基调，并一直延续至今。一方面，一些学者把社会流动放在社会层级的背景下来研究，在这个层级中人们被按照收入、教育和社会经济声望排序；另一方面，一些学者把社会流动放在阶级结构的背景下去研究，认为人们在阶级结构中所处的位置由他们在劳动力市场和生产单位中的关系所决定。在20世纪50年代和60年代，前一种阶层的理论视角占据主导地位，并在美国的一系列从地位获得（status attainment）*传统角度研究社会流动的著作中达到了高峰。然而在70年代和80年代，这种理论视角越来越受到了来自欧洲传统或受欧洲传统影响的阶级分析学者的挑战。

地位获得研究学派对于社会流动的主要兴趣点在于尝试详细阐释那些使人们最终获得更好工作的因素。一个典型的例子就是，这些研究关注人们现在的职业地位多大程度上和他们原生家庭的职业地位有关，而不是和个人成就比如教育水平有关。相比于之前利用交叉表格来考察父亲和儿子职业的关系的方法，这个方法的一个好处在于它至少可以帮助我们理解与代际相关的社会过程。比如，研究者探究了父亲教育水平对儿子职业成就的影响，并发现这种影响和父亲职业所带来的影响是不同的。大多数研究坚持认为，儿子的教育水平是家庭背景和职业成就之间关系的重要连接点，并认为这个关系差不多有一半可以被教育水平所解释，也就是说具有优越家庭背景的孩子比出生在贫穷家庭的孩子更有可能接受好的教育。之后的学者扩展了这个研究领域并囊括了收入的数据，大多数研究发现家庭背景对收入的影响很大，但是这种影响几乎完全是通过教育和职业成就实现的。

大多数这类的研究都运用了回归分析（regression analysis）*（特别是路径分析［path analysis］*）的统计方法。大多数的研究也都默认工业社会的发展符合一个自由主义（liberalism）*的模型，也就是变得越来越同质，有更多中产阶级（middle class）*，越发优绩主义（meritocracy）*和开放。所以，一个具有代表性的例子就是他们倾向于推断在高度工业化的经济体中，社会结构（social structure）*的变迁（特别是管理、专业化和行政职业的扩张）创造了更多的"顶层空间"，随之增加了从工人阶级（working class）*向上流动的机会。与此同时，社会也在经历一个把后天成就而非先天因素作为决定一个人社会地位（social status）*，或者更加唯才是举的评判标准的转变。这种转变不仅强化了不断增加的社会流动性，并且与之共同作用减少了在工业社会中阶级形成和阶级冲突（class conflict）*的可能性。彼得·M. 布劳（Peter M. Blau）和奥蒂斯·D. 邓肯（Otis D. Duncan）的《美国的职业结构》(The American Occupational Structure, 1976)被认为是在地位获得传统里研究社会流动的典范。

布劳-邓肯模型促进了相关和衍生的研究。然而，这些研究，无论它们是否相同，都基于一个假设，也就是职业可以在一个地位层级中被排序，而这个地位层级在社会内部和社会之间都是同质的。在一些研究中，这个社会层级被狭义地理解为职业声望(occupational prestige)*。在其他的研究中，社会层级被扩展开来从而包括更广泛的社会经济地位(socio-economic status)*等因素。欧洲的阶级研究没有去争论职业层级的细节，但却越来越挑战地位成就研究学派的基本假设，也就是社会流动最应该被看作是一个研究人们竞争有着不同等级职业的学问。

阶级分析传统开始于另一个假设，那就是人们出生在不同的社会阶级(social class)*中，而这些阶级的身份对于他们生活机遇(life chances)*、价值、行为标准、生活方式(lifestyle)*和社交模式都会有清晰的影响。这个传统的代表学者认为，社会经济地位指标作为地位获得理论视角的核心有很多未被解决的方法论缺陷。最重要的是，因为这些指标是对于各种职业相对声望和社会地位评价的综合测量，所以一些有着相似社会经济地位但处于不同阶级结构的职业在排序中很接近。比如，技术手工工人可能和常规文员、自雇店主有着一样的职业声望分数，或者办公室主管和农场主还有学校老师在排序中很接近。换句话说，这个指标的综合分类通常会包含受到不同社会结构(social structure)*力量影响的职业群体：由于行业或其他职业结构(occupational structure)*的变化，一些职业将会扩张，其他会萎缩，还有一些保持不变。这种异质性会混淆对社会流动的研究：比如我们不可能完全地把来自社会结构的影响和其他影响区分开，我们同样不可能把层级的影响（比如家庭背景、教育成就等）从其他非层级的影响（比如职业劳动分工的变化、工业或行业的兴起与衰落、政府保护政策等等）中抽离出来。

始于20世纪70年代的社会流动研究的阶级分析学派放弃了布劳-邓肯的职业声望指数，采用了离散的阶级分类，在每个分类中阶级成员有着在劳动力市场（labour market）*和生产单位中相似的地位。在欧洲，被最广泛运用的阶级分类可能就是由约翰·戈德索普（John Goldthorpe）*（戈德索普阶级体系[Goldthorpe class scheme]*）在20世纪70年代的牛津社会流动研究中设计的分类模型，这个模型尝试将一些职业群体归纳到一起，在这些职业群体中，人们有着相似的"市场处境"和"工作处境"（这是一个由戈德索普从他之前在20世纪60年代与大卫·洛克伍德[David Lockwood]*合作的关于富有工人的研究中得出的一个阶级理论）。在美国，20世纪70年代的新结构主义（new structuralism）*引起了一些社会流动研究者对于劳工市场对流动轨迹的重要性的关注，导致了"多元回归马克思主义者"（比如埃里克·奥林·赖特[Erik Olin Wright]）的出现，他们改进了布劳和邓肯的方法，并在理论上强调在工作场合所有权、权威和独立的重要性。

与这个新理论同时到来的是新的方法和结论。阶级分析学者认为，对数线性的数学方法更适合分析阶级流动数据，这既是因为这个方法不需要关于地位层级的定序数据（所以也不需要未经证实的假设），也因为这个方法可以允许研究者分析一个标准的流动矩阵（也就是一个可以把原生阶级和目的阶级交叉列表的列联表[contingency table]*），从而区分绝对或总体流动率（包括由于职业变迁获得流动的人群）和那些在结构内部获得流动（相对流动[relative mobility]*）的人群。经过像地位获得学派一样运用大规模的数据进行分析，阶级分析学者运用对数线性模型，发现之前研究对于社会遵循自由主义模型的乐观假设是没有办法被证实的。在最高程度的工业化社会，绝对流动（absolute mobility）*的程度在过去四分之三的世纪中的确有显著的增长，这和非手工的技术职业的增长相一致，但是相对流动的机会在这个时间段内却几乎没有变化。在顶层创造更多的空间并不能保证到达顶层机会的平等，因为那些已经处在特权阶级位置的孩子们获得了超出他们应有比例的新中产阶级（new middle class）*工作。因此，尽管社会经历了经济扩张、教育改革，并且实施了再分配的社会政策，但是一个人的原生阶级和最后的目的阶级之间的关系在连续的代际中依旧保持着惊人的稳定。

在20世纪80年代中叶，戈德索普（和他在瑞典和德国的合作者）设计了CASMIN（Comparative Analysis of Social Mobility in Industrial Nations，工业国家社会流动性的比较分析）项目，这是一个针对流动性的深度比较研究。这个项目的数据显示发达社会的流动性趋势要比自由主义理论对工业社会的解释和马克思主义（Marxism）*对资本主义社会的解释复杂得多。最重要的发现是绝对社会流动率在不同的社会有着很大差异，相对流动率（或流动趋势）在不同社会有着"很大的相似度"，社会流动的时间变化遵循一个"没有趋势的波动"，而不是总体上升的趋势。所以，简而言之，从长远来看，阶级结构没有变得"松动"，"流动"没有增加，这也暗示了我们并没有走向一个唯才是举的贤能社会。

这两个学派都对对方得出的实质结论持有不同意见。相关的期刊也充满了两个学派对对方理论和方法的讥讽言论。有时候，这些争论让局外人感到困惑不解：一个持有质疑态度的观察者认为这场争论就像是在用一系列统计方法去寻找一个问题。其他人认为，由于各种不同的原因，关于社会流动的争论进一步提出了这个学科作为一个整体根本性的问题。比如，女性主义者指出大多数研究社会流动性的样本都是只基于男性，这促进了关于"流动分析单位"（个人或家庭）、跨阶级家庭（cross-class family）*（两个成年工资收入者处在不同的阶级位置并有着不同的流动轨迹）和不同性别的职业劳动分工对于流动性研究启示的广泛讨论。关于这些观点和争论最好的回顾，参见安东尼·希斯（Anthony Heath）的《社会流动》（*Social Mobility*, 1981）。

然而，在这个领域的大多数讨论是高度专业化和技术性的，而不是从理论层面展开的。耗时最长的争论在于是否有可能把结构和非结构对于流动的影响区分开来。在早期的研究中，一些社会学家尝试把结构（或网络）和循环（或交换）流动区分开，前者表示表格结构本身需要流动的部分（也就是，如果边际总量显示父亲和儿子的分布是确定的，那么他们的差异意味着一些人必须要进入表格斜线以下的单元内）。那些因为表格结构而发生流动的人员的百分比就代表了一个社会结构性流动的数量。循环流动可以被简单理解为总流动人员数量和结构性流动人员数量的差。然而，这两个概念都是被统计创造出来的，并没有清晰的和带有实在意义的解读。所以，一定程度上人工地区分结构和循环流动（circulation mobility）*也导致了对于绝对和相对流动率概念的争论。在任意一个从起点到终点的流动性表格中，行和列的边际总量（也就是说父亲相比于儿子的分布）会有不同，这一部分是由于职业结构变迁（比如像之前提到的行业部门变迁之类的因素）带来的不对称性所造成的。对数线性方法（基于几率比 [odds ratios]*的方法)的运用可以让我们计算相对流动率,从而可以让我们排除由于表格边际分布变化带来总体流动的部分。因此很多阶级分析学者坚持认为,这个方法可以让我们对由于阶级结构变化带来的流动和真实体现开放性的流动做出有意义的区分。批评者主张,跟结构和循环流动一样,相对流动依然是一个人工概念,因为无论流动是否由行业变迁造成,绝对或总体流动是"真实的"——也就是说,人们不会去经历那些与历史和情境无关的"相对社会流动"。在某种程度上,这也是一个关于职业流动(career mobility)*和阶级流动之间关系的争论,因此这也将无可避免地成为一个关于社会阶级(social class)*本身定义的争论。另见竞争性流动和赞助性流动(contest and sponsored mobility)*。

mobilization(mobilization model)动员(动员模型)

该术语指一群人从被动地聚集到成为公共生活积极参与者的过程(所以反动员是个相反的过程)。这样的使用方式,让这个概念在社会学中很流行,特别是运用到了集体行动(collective action)*文献关于现代化(modernlization)*、社会运动(social movements)*和革命(revolution)*的研究中(参见叛乱[rebellion]*;革命[revolution]*)。动员经常被看作是资源的动员,也就是大量控制资源。阿米泰·埃齐奥尼(Amitai Etzioni)在《积极社会》(The Active Society,1968)中提出一个分类,把资源分成强制性的(武器、军队、技术)、功利性的(物品、金钱、信息)或者规范性的(忠诚或义务)。对于这个理论最详尽和正规的解释是查尔斯·蒂利(Charles Tilly)的《从动员到革命》(From Mobilization to Revolution,1978),这本书介绍了集体行动中可以应用到动员模型的案例。另见集体行为(collective behaviour)*。

mobilization of bias 偏见动员

参见社区权力（community power）*

mode 重数

参见集中趋势（测度）（central tendency [measures of]）*。

model 模型

这是一个被社会学家赋予了多种含义的概念。在一些情况下，它被用作是理论的同义词，但是在其他情况下它指的是在更一般意义上包含多个抽象概念的体系而不是一个具体的理论（theory）*。同样，它也可以指代因果模型（causal modelling）*中的统计模型。然而不管它的定义是什么，一个模型的本质就是需要研究者去探究理论从而避免经验主义（empiricism）*。

从根本上来说，模型致力于简化现象，从而可以帮助我们对现象进行概念化并解释现象。从以上两个意义来说，社会学中的结构功能主义（structural functionalism）*就是这样一个模型，因为它提供了一个广泛的参考坐标系（也就是一个认为社会就像一个有机体的元理论 [metatheory]*），以及一套概念命题（一个阐释社会各部分如何整合在一起并促进整体运行的理论）。当概念可以被测量，然后概念之间的关系被具体地假设，我们就得到一个操作模型。这些模型有些时候可以通过图表的方式展现出来，也可以通过数学公式表达出来，比如像回归模型或者对数线性模型中的公式一样。建模，作为数理社会学（mathematical sociology）*中的关键一环，指的是从流程图阶段到正式数学表达的对模型进行优化的过程。因果模型可以是两种形式中的任意一种。无论模型的形式是怎么样的,一个模型可以帮助我们对复杂理论进行研究,让我们关注概念或变量以及它们之间的关系。另见多分层模型(multi-level models)*;多变量分析(multivariate analysis)*。

modelling 建模

参见因果模型(causal modelling)*;模型(model)*。

mode of production 生产方式

在马克思主义(Marxism)*的理论中,这个概念构成一个社会或社会形态(social formation)*的特征,并取决于一个社会主导的社会经济体系,比如资本主义(capitalism)*、封建主义(feudalism)*或社会主义(socialism)*。

生产方式传统上被定义为生产关系(relations of production)*和生产力(force of production)*之间的互动,也就是生产资料(means of production)*所有权体系和生产力发展阶段之间的互动。对于卡尔·马克思(Karl Marx)*来说,它构成了所有社会体系的基础,而其他社会的、经济的、意识形态(ideology)*的和政治的关系都是从这个基础上衍生出来的。在马克思主义的内部,关于多大程度上其他领域的社会活动(也就是上层建筑[superstructure]*)是由经济基础衍生出来的,以及上层建筑多大程度上拥有自主性存在着巨大的争议。弗里德里希·恩格斯(Friedrich Engels)*对这一争论进行了总结,并认为经济依然是最终的决定因素,这也开启了一个悬而未决的关于政治和意识形态是否能够相对独立于经济的争论。

马克思主义也分析了存在超过一种生产方式的社会。这可能是因为这个社会正处在从一种生产方式到另一种生产方式的转型期，也可能是因为在生产方式过渡的过程中，附属的生产方式自己保留了下来或者甚至是被主要的生产方式保存了下来，比如说美洲早期资本主义中存在的奴隶制（slavery）*，或者在社会主义主导社会中存在的资本主义部门。

modernism 现代主义

一个普遍被接受的概念，用来描述从19世纪晚期到第二次世界大战初这一期间艺术和文学领域发生的巨变。然而，在学术界对于现代主义的时间边界并没有清晰的划分。虽然后现代（postmodern）*这个概念越来越多地被用作描述发生在二战之后的社会变化，但是有一些学者认为现代主义依然在延续，而其他学者认为现代主义在很早之前就已经消亡。法国符号学家罗兰·巴尔特（Roland Barthes）把现代主义看作是世界观多元化的过程，这种多元化是由19世纪中叶新阶级、技术和通讯的发展所带来的社会力量造就的。另一方面，英格兰小说家和散文家弗吉尼亚·伍尔夫（Virginia Woolf）把现代主义看作是一个改变人类之间的关系和人性（human nature）*的历史机遇。

尽管学界对于现代主义何时开始以及它具体的特征仍抱有争议，但是在文体上现代主义依旧被描述成一场对于现实主义（realism）*表现与叙述的经典美学展现方式的批判运动。艺术家们对于他们创造艺术可能用到的工具有了更高的自我意识。弗里德里希·尼采（Friedrich Nietzsche）*被认为是最早的现代主义者之一，因为他宣称"没有艺术家可以容忍现实"；他同样认为，艺术的目的是自我的实现，艺术造就了生活。他对于个人以及对于艺术家自我意识令人印象深刻的重视在很多方面对于现代主义的发展有着重要影响。这种影响正如西格蒙德·弗洛伊德（Sigmund Freud）*对于人类性欲的关注对他无意识理论产生的影响。

印象主义、后印象主义、表现主义、立体主义、未来主义、符号主义、意象主义、漩涡主义、达达主义和超现实主义：所有这些运动都来源于被我们在一般意义上称作的现代主义，他们都在不同程度上有着反对现实主义和浪漫主义的冲动和对抽象的向往。在音乐领域，现代主义代表着音乐的无调性，在诗歌领域代表自由诗体，在小说领域代表写作意识的潮流，在建筑领域代表了功能主义（functionalism）*。但是现代主义并不是一个仅仅和艺术相关的运动。更确切地说，它是一个广泛的知识分子（intellectuals）*的运动，这个运动不仅被那时的技术、政治、意识形态（ideology）*的变化和发展影响，也同时影响了它们。爱因斯坦的相对论、X射线的发现、汽车大规模生产以及在第一次世界大战时期令人悲痛的战争冲突，都促进了人们对于危机、碎片化和内省（introspection）*的广泛思考。另见后现代主义（postmodernism）*。

modernity 现代性

一个描述从18世纪晚期开始象征着民主（democracy）*和工业革命（industrial revolution, the）*的社会关系的历史阶段的概念。尽管现代主义（modernism）*是一个在艺术领域的相对近期的知识分子运动，但是现代性（modernity）*却指的是更早期和更持久的社会状态。一个有力的观点是社会学作为一个学科的发展就是为了应对现代性的诞生和它所带来的挑战。现代性通常会被学者用来与传统的社会形式做出对比，比如滕尼斯（Tönnies）*对共同体（Gemeinschaft）*与社会（Gesellschaft）*的比较以及涂尔干（Durkheim）*对机械团结（mechanical solidarity）*和有机团结（organic solidarity）*的比较。近年来，现代性被学术界用来与后现代性或晚期现代性（late modernity）*进行比较。后现代性被认为已经取代了现代性，而晚期现代性则体现了已经存在于现代性之中的社会趋势（social trend）*的极端强化。

在传统的社会形态（social formation）*中，社会关系建立在小规模的、同质的和被严密管理的社区中。人们强烈的信念和价值、规范和强制性的法律，以及对于规则僭越者的严格惩罚，三者是并存的。与熟人之间紧密且面对面的关系是社会的主流，这就像人们不加质疑地接受他们被先天赋予的社会地位（social status）*一样。这个从传统到现代的转变包含了从乡村到新型扩展城市的大规模移民、快速增长的生产交换、货币经济的兴起，以及细化劳动分工的发展。工作职责的差异化和具体化意味着在这种社会中人与人之间的联系更多地建立在人与人之间有距离的互相需要的基础上，而不是建立在人和人在面对面互动（face-to-face interaction）*中产生的情感牵绊的基础上。所以，社会团结（social solidarity）*的基础变得更脆弱和更抽象，这也促进了人们个性和自由的增长。皮特·瓦格纳（Peter Wagner）在《现代性社会学》（A Sociology of Modernity）中写到了在现代性内部促进自由与促进纪律和规则的结构和价值之间的冲突（conflict）*。另一个同时产生的矛盾情绪是现代人没有归属感和对社区式团结的怀旧情怀。

现代性的其他方面还包括它巩固了在政治组织与象征效忠方面有悠久传统的民族国家，并促进了科层制（bureaucracy）*的快速扩张。官僚体系作为一个技术上有效率的、可计算和可预测的方法可以有效地组织很多行政工作，从而使得由现代性造成的复杂社会变得有秩序。韦伯（Weber）*描述了理性计算（被韦伯称作理性化[rationalization]*）如何取代情感、情绪或者精神理解而成为社会主流，这也导致了我们的社会处在不断祛魅化的过程中。齐美尔（Simmel）*强调货币交易对于巩固非人格的和以计算为本质的社会关系的重要作用。同样地，侵入了我们日常生活意识的钟表时间压力也发挥了重要的作用。他也强调了在现代性城市中不断被冲击的感官和脱节碎片化的经历，而面对这些的人们采取了冰冷和漠然的态度来保护自己。相似地，帕森斯（Parsons）*用更加形式化的方法和他著名的"模式变项"（pattern variables）*对现代性如何影响社会互动（social interaction）*形式进行了研究。在现代性中，社会互动遵循以下几个特点或标准：广泛性（关注全体的而不是个别的）；根据表现和相关的证书进行评价（关注后天成就而不是先天地位）；只关注一个人的某些方面（具体的而不是离散或整体的）；远离情感牵绊的以工具和结果为导向的理性（中立性而非情感性）。

一些马克思主义者认为，在后现代性和晚期现代性的争论中对于现代性的担忧再次兴起，这在意识形态（ideology）*上起到的作用就是把人们对于资本主义（capitalism）*的关注转移到了对社会关系的关注上。然而现代性的理论学者从乌尔里希·贝克（Ulrich Beck），到安东尼·吉登斯（Anthony Giddens）*，再到齐格蒙特·鲍曼（Zygmunt Bauman）*都不认同这个观点。他们认为我们需要更多元化的理解，资本主义只是众多现代社会系统特征的其中之一。所以，资本主义被看作是与其他现代性特征，比如工业化（industrialization）*、监视

(surveillance)*、行政控制和暴力、工具中心化平行且交织在一起的社会力量。在吉登斯的作品里，这其中的每一个特征都是与一个平行的全球化层面制度紧密相连：世界资本主义经济、国家劳动分工、民族国家体系和世界军事秩序。贝克认为，从核武器的危险到有毒食品，这些工业主义（industrialism）*无意识的"危险"后果至少和资本主义的运转同样重要。在《现代性与大屠杀》（Modernity and the Holocaust）一书中，鲍曼对有着明显现代性的文明进程（civilizing process）*中存在的巨大破坏潜能予以了关注。在第二次世界大战过程中，纳粹对犹太人和其他民族在欧洲中部毒气室中的迫害并不是回到了现代以前的结果，而正是由现代性带来的直接后果，这种后果在当今社会依然存在。用现代国家前所未有的中央集权和现代官僚行政方式来设计和控制社会环境就是一个典型的由现代主义者冲动造成的后果。功能性的分工以及嵌入科层制中的工具理性会让人在进行行政决定时与受难者产生距离，这种距离既是空间上的也是道德上的，与人们对于道德的无视和冷漠紧密相关。另见西奥多·阿多诺（Adorno, Theodor）*；城乡连续统（folk-urban continuum）*；共同体与社会（gemeinschaft and gesellschaft）*；种族灭绝（genocide）*；工业主义（industrialism）*；信任（trust）*；城市社会学（urban sociology）*。

modernization（modernization theory）现代化（现代化理论）

该术语指成为现代的并发展现代性（modernity）*的过程。这个概念可以用来解读所有和这一过程相关的理论学家的观点。在狭义层面，它指的是20世纪60年代早期开始流行的理论，这个理论的诞生源于一群美国发展研究专家。他们致力于研究一套有别于马克思主义（Marxism）*的对于社会发展理论的解释。关于这个经典的叙述，参见克拉克·克尔（Clark Kerr）等人的《工业主义和工业人》（*Industrialism and Industrial Man*, 1960）。

在这个理论最复杂的变体之中，现代化理论认为现代化是被塔尔科特·帕森斯（Talcott Parsons）*所说的社会结构分化（structural differentiation）*过程的开始。这个过程可以通过很多不同的方式触发，但是最可能的是由于科技或价值（正如帕森斯"模式变项"［pattern variables］*模型中描述的那样）的变化造成的。这个过程导致的结果包括社会机构成倍的增加、传统社会（traditional society）*简单的结构变成了现代社会复杂的结构，以及社会价值与20世纪60年代美国人惊人地相似。

美国比较社会学家阿莱克斯·英科尔斯（Alex Inreles）的作品就是一个很好的例子，最著名的当属他的很多对于现代化态度方面的研究。英科尔斯的大多数研究都是运用调查数据和心理测试去探究人们的性格如何从传统变向现代的过程。比如，他1960年发表在《美国社会学杂志》（*American Journal of Sociology*）的文章《工业人》（Industrial Man）和1974年与他人合作的作品《走向现代》（*Becoming Modern*）。即使在当今社会，这些对于国民特征和性格的研究也依旧被认为是有争议的。随着对于现代性和后现代性争议的不断加剧，现代化这个名词被更广泛地使用，因为这个名词没有暗示帕森斯、克林尔和英科尔斯的具体观点。另见发展社会学（development, sociology of）*。

moiety 半偶族

该术语指在一个政治或家族亲属群体中有两个或更多主要的分

支。一些研究者把这个术语的意思局限在异族通婚的群体；然而，另一些研究者倾向于一个更广义的用法，指的是任何双重的组织。比如，在克劳德·列维-斯特劳斯（Claude Lévi-Strauss）*的《亲属关系的基本结构》（The Elementary Structures of Kinship, 1969）中描述的那样。

monetarism 货币主义

这是一个经济理论，认为一个国家的整体经济可以通过控制货币供应，也就是控制货币流动或信贷成本来管理。主要的政策实施在于中央银行投放更多或更少的货币进入经济体中流通，这样利率就会随之升高或者降低，从而减少或鼓励信贷和银行贷款。这也是一个可以控制银行和其他金融机构之间借贷数量的方法。经济学家认为相比于财政政策，货币政策对于调节经济活动水平的作用并不明显。财政政策与货币政策的另一个区别在于它们对信贷成本、信贷管制以及货币流通数量的侧重点不同。

monism 一元论

一元论是一种哲学理论，认为所有的一切最终都会被归纳到一个类别。历史唯物主义（historical materialism）*经常被描述成一元论，因为它强调经济基础（base）*的决定性作用。这个概念也可以被广泛地用来代指那些强调唯一一个解释因素的重要性的因果解释（causal explanation）*。

monoculture 单作

参见经济作物（cash crop）*。

monogamy 一夫一妻制

一夫一妻制指一个男人娶一个女人的制度。如果伴侣之间离婚并与其他伴侣结婚,偶尔会不止一次地重复这种模式,这个词也可以用"连续的一夫一妻制"来表述。

monopoly 垄断

一般来说,垄断是指一个或多个行为体对某一资源的独占或控制。在经济背景下,它指的是市场集中和不完全竞争,即一家公司在某一商品市场上的支配地位,使其有权制定价格,而不是与其他公司进行价格竞争。在现实生活中,很少有市场是由一家公司独霸的;更常见的是由少数公司独霸,这种情况通常被称为寡头垄断(oligopoly)*。如果两个或两个以上的企业达成正式或非正式协议,以限制彼此之间的竞争(例如通过确定类似的价格或商定单独的营销领域),则称它们组成了卡特尔(cartel)*。

monopoly capitalism 垄断资本主义

参见资本主义(capitalism)*。

monotheism 一神论

这是对一个单一的、超验的神的信仰,神通过发生在历史上的事件向人类揭示出来。一神论同多神论(polytheism)*或对许多神的信仰形成了对比。伊斯兰教(Islam)*、犹太教(Judaism)*和基督教(Christianity)*是基于单一的、全能的和无所不知的创造者理念的宗教(religion)*的经典例证。多神论的例子包括古希腊和罗马的超自然信仰、印度教（Hinduism）*、佛教（Buddhism）*、神道教，以及非洲和美洲的许多土著宗教。伊斯兰教特别谴责多神论，认为什尔克（shirk）（或将另一位神与真主联系在一起）是无神论的一种形式。另见有神论（theism）*。

Montesquieu, Charles Louis de Secondat, Baron de 夏尔·路易·德·色贡达·孟德斯鸠男爵（1689—1755）

孟德斯鸠以其对18世纪初的巴黎生活（1721年《波斯人的信札》Persian Letters）的讽刺性评论和后来的杰作《论法的精神》（The Spirit of the Laws，1748）而闻名于世。他是法国启蒙运动（Enlightenment, The）*的领军人物，可以说是现代社会科学（social science）*的奠基人之一。他的政治哲学明确承认文化多样性，并将不同类型的政府和法律与当地的环境条件、制度（institution）*和习俗（mores）*联系起来。这些思想对苏格兰启蒙运动（Scottish Enlightenment）*的思想家（尤其是休谟[Hume]*、弗格森[Ferguson]*和斯密[Smith]*）产生了深远的影响。孟德斯鸠也影响了爱弥尔·涂尔干（Émile Durkheim）*思想的形成。许多评论者倾向于批评孟德斯鸠用气候和地形解释法律和政府产生的做法，尽管最近对环境问题的关注使人们重新评估这一判断。雷蒙·阿隆（Raymond Aron）*的《社会学的主要思潮》（Main Currents in Sociological Thought，1965）对他的作品及其社会学意义做了极佳的介绍。

Mont Pelerin Society 朝圣山学社

一个由学者和公众人物组成的非正式的国际协会，致力于通过其全球会员网络产生和传播自由思想。其创始人之一、经济学家弗里德里希·哈耶克（Friedrich Hayek）*将其描述为一种"国际性的政治哲学学院"，其目标是"复兴古典自由主义思想，并反对社会主义（socialism）*"。

1947年，当社会主义干涉主义者的观点占主导地位时，这个协会第一次在瑞士朝圣山上的杜帕克酒店召开会议。它的成员们担心自由主义的衰落以及1945年后的政治方案对自由社会的愿景造成的威胁，这种政治方案支持了民主的资本主义政权中的集体主义（collectivism）*和苏联的威权社会主义。学社里的杰出社会学学者有卡洛·安东尼（Carlo Antoni）、弗兰克·奈特（Frank H. Knight）、迈克尔·波兰尼（Michael Polanyi）、卡尔·波普尔（Karl Popper）*、莱昂内尔·罗宾斯（Lionel Robbins）、乔治·J. 斯蒂格勒（George J. Stigler）、卡尔·艾弗森（Carl Iverson）、路德维希·冯·米塞斯（Ludwig von Mises）、米尔顿·弗里德曼（Milton Friedman）、詹姆斯·布坎南（James M. Buchanan）和加里·贝克尔（Gary S. Becker）。

这个学社并不试图直接塑造政府政策，与其说它是一个实体组织或压力集团（pressure groups）*，不如说它是一个"思想会议"，但也有人声称，通过不断发动反对干涉主义的"思想之战"，其个体成员对整个政治世界产生了相当大的间接影响，对20世纪80年代西方自由主义的复兴做出了重大贡献，学会继续充当了有效的自由思想的传播网络。有一部有趣的介绍朝圣山学社的官方历史著作，作者是R. M. 哈特韦尔（R. M. Hartwell）(《朝圣山学社历史》*A History of the Mont Pelerin Society*, 1995)。

moral career 道德生涯

参见职业生涯（career）*。

moral community 道德共同体

爱弥尔·涂尔干(Émile Durkheim)*用以描述传统农村共同体的一个术语,它与城市不同。道德共同体的特点是社会整合(social integration)*(广泛和亲密的依恋)和道德整合(一套关于道德和行为的共同信仰)。在现代用法中,任何具有这些性质的小团体,如宗教派别或军事单位,都可以被称为道德共同体。

moral crusade 道德讨伐

该术语指以一场社会运动(social movements)*或某一组织为中心的战役,涉及符号或道德问题,如酒精或色情制品。关于道德讨伐的经典社会学描述包括约瑟夫·R. 格斯菲尔德(Joseph R. Gusfield)对禁酒运动的研究——《符号的讨伐》(Symbolic Crusade, 1963)和路易·A. 祖彻(Louis A. Zurcher)等人所著的《公民尊严》(Citizens for Decency, 1976)。这一术语是霍华德·贝克尔(Howard Becker)*的《局外人》(Outsiders, 1963)中引入的更广泛的道德事业(moral enterprise)*理论的一部分。另见道德恐慌(moral panic)*。

moral enterprise 道德事业

在标签理论(labelling theory)*中,人们关心的是规则如何产生和执行,霍华德·贝克尔(Howard Becker)*的《局外人》(Outsiders, 1963)称之为道德事业。因此,道德事业指的是建立问题意识并将其贯彻到法典里所涉及的过程。道德提倡者(moral entrepreneur)*是那些积极推动道德的人,即规则制定者、活动家和执行者。另见道德讨伐(moral crusade)*;道德恐慌(moral panic)*。

moral entrepreneur 道德提倡者

参见道德事业(moral enterprise)*。

moral hazard 道德风险

该术语指由于(对个人而言)某些可获得的社会福利实际上是无成本的,群体获得福利(如福利利润)规模不断扩大的趋势所造成的问题。例如,查尔斯·默里(Charles Murray)(《败北:美国社会政策(1950—1980)》*Losing Ground: American Social Policy, 1950-80*, 1986)指出,战后美国传统家庭结构的崩溃和非婚生现象的增加,部分是由于未婚母亲获得了新的福利待遇。

moral panic 道德恐慌

道德恐慌指引起社会关注某一议题的过程,通常由道德提倡者(moral entrepreneur)*发起。(参见道德事业[moral enterprise]和大众媒体的研究。)斯坦利·科恩(Stanley Cohen)*在《民间恶魔与道德恐慌》(*Folk Devils and MoralPanics*, 1971)一书中通过考察20世纪60年代中期英国两个青年文化派别——摩登派和摇滚派——有力地阐述了这个概念。但后来,这个概念被应用于分析社会对许多其他社会问题(social problems)*的反应,包括足球流氓、儿童虐待(child abuse)*、艾滋病(AIDS)*以及许多青少年亚文化活动。关于这个概念的有用的概述,参见埃里希·古德(Erich Goode)和纳克曼·本-耶胡达(Nachman Ben-Yehuda)的《道德恐慌:越轨的社会构建》(*Moral Panics: The Social Construction of Deviance*, 1994)和肯·汤普森(Ken Thompson)的《道德恐慌》(*Moral Panics*, 1998)。另见标签(labelling)*。

moral statistics 道德统计

道德统计通常被认为是社会病理学(social pathology)*的指标,包括自杀(suicide)*、离婚(divorce)*、精神健康、非婚生和堕胎的统计数字。在19世纪的欧洲社会(最著名的是法国和英国),这些数据在有关社会改革的辩论中被广泛引用,尽管它们通常以完全非社会学的(实际上是不复杂的)方式被使用。

morbidity statistics 发病率统计

发病率统计被流行病学家广泛用于分析人群中的疾病(illness)*。它主要有两种类型:患病率和发病率。患病率显示了某一人群中在某时候患某种疾病的人数,而发病率则显示了在某一特定时期内(通常是一年)有多少人患上某种疾病。发病率通常是针对特定情况而不是一般情况提出的,可以报告为一年内的绝对数(例如,200例狂犬病),也可以报告为每千人的发病率,以便于在不同亚人群(例如性别、年龄群[age sets]*或职业)之间做比较。与官方统计中唯一报告的死亡率(mortality)*不同,发病率统计可从多种来源获得,包括传染病和其他应报告疾病的官方统计数据(official statistics)*、住院病人记录、疾病津贴索赔记录,以及获得健康不良自报数据的地区或国家访谈调查。

mores 民情

该术语指一个社会的大多数成员认为对保持正常规范至关重要的道德规则或行为方式。民情需要被有力地执行,即违法行为要么受到社会集团的反对和制裁(sanction)*,要么在道德规范成为法律的情况下,受到法律的惩罚。另见民俗(folkways)*。

Morgan, Lewis Henry 路易斯·亨利·摩尔根（1818—1881）

一位纽约州的律师，他对美洲土著民族志具有浓厚兴趣，从而研究出一套亲属关系分类系统（《人类家庭的血缘关系和亲缘关系系统》*Systems of Consanguinity and Affinity of the Human Family*，1871）。最终出版了一部基于推测的家庭史学著作（《古代社会》*Ancient Society*，1877）。这本书是弗里德里希·恩格斯（Friedrich Engels）*关于家庭和国家起源的著作的基础。

摩尔根是一位进化论理论家（参见进化论[evolutionary theory]*），他研究人类社会从原始的滥交状态到现代一夫一妻制（monogamy）*的进步（progress）*，他认为现代一夫一妻制是现代社会的基础。他将部落（tribe）*交流形式与现代社会形式进行了对比，这种区别与斐迪南·滕尼斯（Ferdinand Tönnies）*在共同体与社会（Gemeinschaft and Gesellschaft）*之间作的区分密切相关。尽管他的推测史学不再受重视，但家庭与国家之间的道德联系在20世纪依然存在，不仅存在于政治思想中，而且存在于家庭（family）*的功能主义（functionalism）*理论中。

mortality 死亡率

死亡率通常按年龄和性别进行标准化（standardization）*，以便于地区和社会群体之间的比较。它提供了一种衡量健康风险、医疗质量改善以及人口中不同群体总体健康状况的方法。因此，它被用作社会和经济变化、比较生活水平的可靠指标，也被致力于监测传染病和其他原因造成的死亡风险的流行病学家所使用。他们采用了各种死亡率，每种死亡率都根据自己的目的，以全国总死亡率为起点，对社会里的各个地区和社会群体进行比较。粗死亡率是指在一个特定的地理区域内,每年每1000人里的死亡人数。实际上,这是一个精确的绝对死亡人数,其信息量不大,因为这在很大程度上取决于人口的性别比例和年龄结构。粗死亡率可以在年龄标准化的基础上计算,通常分别计算男性和女性,以得出每个性别或两种性别的总标准死亡率(SMR)。SMR将特定地区或社会群体的年龄别死亡率与全国平均年龄别死亡率进行比较。计算方法是取研究群体实际或观察到的死亡人数,除以预期死亡人数;如果研究群体特定年龄的死亡率等于当年全国平均数,则会除以发生的死亡人数,还可以计算特定年龄的粗死亡率和SMR,以确定死亡率高于或低于全国平均水平的年龄组。另见发病率统计(morbidity statistics)*。

mortification 屈辱

参见去社会化(desocialization)*。

Mosca, Gaetano 加塔诺·莫斯卡(1858—1941)

莫斯卡是意大利政治理论家和精英统治理论的支持者。在他最著名的著作《统治阶级》(*The Ruling Class*, 1896)中,他认为不可避免地有两类人,统治者和被统治者。前者是一个高度稳定的特权阶层,享有财富、权力和荣誉。不同于马克思主义者,他并不认为这是一个完全经济性的阶级。他还驳斥了自由主义者的观点,即向工业社会的过渡将结束精英对大众的统治。

虽然由于社会流动性和精英阶层流动性的增加,统治阶级(ruling class)*可能变得异类,但它仍然是寡头统治。即使在共产主义社会，组织上也需要领导，因此需要精英统治。像罗伯特·米歇尔斯（Roberto Michels）*一样，莫斯卡认为自由民主是虚伪的，其理想无法实现。它只是隐藏了统治精英统治的必然性。莫斯卡特别批评政治领导人的象征性作用，他们通过神秘的意识形态（ideology）*或"政治公式"说服群众支持他们。这种自我辩护使精英统治永久化。也就是说，他后来承认工业社会由多种社会力量组成，至少其中一些是统治阶级（ruling class）*必须努力吸收的。这些社会并非完全封闭，必须照顾到一系列利益：这阻碍了过度集权的科层制（burecucracy）*的发展。另见精英（精英理论）（elite [elite theory] ）*。

motherhood 母职/母亲角色

该术语包含了作为一位母亲的现实的和社会的意义。社会学对"作为母亲的过程"和"母职状态"的兴趣随着时间的推移而变化。在20世纪70年代之前，研究的重点要么是将生育作为一个人口统计（vital statistics）*事件（通常分析单位是妇女而不是男子），要么是育儿。在这两种情况下，儿童都是人们关注的焦点，无论是作为人口的一个数字补充，还是作为社会的一个潜在的成年成员。人们一方面研究了生育模式，如生育年龄、生育间隔、家庭规模、避孕措施的使用、非婚生子女，等等；另一方面关注母亲（在较小程度上是父亲）的行为对儿童的影响，从而对后来的成人的影响。社会学分析借鉴了人类学家对儿童训练有影响力的跨文化研究和心理学家对儿童发展的分析（在这两种情况下，弗洛伊德［Freud］*的遗产是强大的）。社会学的工作则将儿童抚养放在更广泛的社会化（socialization）*过程框架内，这是一个发生在生命各个阶段的过程，涉及一系列的因素，而不仅仅是父母，在这个过程中,个人被训练接受普遍的社会规范(social norm)*。鉴于母亲和父亲角色在经验里的显著差异,关于儿童社会化的研究不可避免地显示出对性别差异的一些认识,但往往只是想当然。事实上,宏观理论,如塔尔科特·帕森斯(Talcott Parsons)*的分析认为在先进的工业社会中,妇女在家庭中照顾孩子的作用是必要的。

20世纪70年代的女性主义运动对母性的社会学研究产生了显著的影响,对父母的分工提出了尖锐的质疑,尽管经验研究继续表明,大部分育儿工作是由妇女进行的。这种对性别差异(gender discrimination)*的关注的一个结果是对父权制(patriarchy)*的兴趣。同样重要的是,女性主义也将注意力从作为生育者和孩子养育者的母亲身上转移到母亲本身。首先,做母亲的经历被放在中心位置。其次,一系列女性主义理论家探讨了母亲身份对妇女社会地位(social status)*和性别分工的影响和意义。在一系列的实证研究中,特别是安·奥克利(Ann Oakley)*的研究对妇女生育和抚养子女的经验、母亲身份对妇女身份的重要性以及生育子女的文化压力进行了探讨。这些研究中的大部分挑战了一个普遍的假设,即妇女有生育和照顾孩子的某种本能欲望,它们也考察了母亲的不满和挫折感,特别是当一个母亲被限制在家里时的不满和挫折感。毫不奇怪,一些女性主义理论家认为生育的生物学事实是妇女受压迫的主要根源,这一观点在南希·乔多罗(Nancy Chodorow)的《母职的再生产》(*The Reproduction of Mothering*, 1978)一书中得到了最充分的发展。然而,这样的说法遭到了激烈的批评,女性主义者对母亲身份在妇女生活中的意义和价值的看法是一个持续争论的主题。另见母爱剥夺(maternal deprivation)*。

motivation crisis 动机危机

参见批评理论（critical theory）*。

motive 动机

参见解释（interpretation）*；精神分析（psychoanalysis）*；制裁（sanction）*；动机分析（vocabularies of motive）*。

Moynihan Report《莫伊尼汉报告》

这个名称通常指美国劳工部 1965 年出版的《黑人家庭：国家行动的案例》(*Negro Family: The Case for National Action*)一书，该书由美国社会科学家和政治家丹尼尔·莫伊尼汉（Daniel P. Moynihan）撰写。

莫伊尼汉对美国现有的贫困研究进行了高度选择性的描述，似乎把贫困的责任推给了受害者自己。给出的理由是"下层阶级亚文化"——特别是黑人的亚文化被认为是由"母系制"、男性被阉割、教育失败、犯罪和吸毒所主导的，所有这些最终都归因于家庭结构的崩溃。用报告中的话来说，"黑人社会结构恶化的核心是黑人家庭的恶化。这是目前黑人社会软弱的根本原因……白人家庭已经取得了高度的稳定，并正在保持这种稳定。相比之下，下层黑人的家庭结构极不稳定，在许多城市中心，家庭结构正接近完全崩溃"。莫伊尼汉认为，"只要这种情况持续下去，贫穷和劣势的循环将继续重复"。

该报告为总统演讲提供了基础，总统演讲确立了新的联邦政策目标，引发了公众政治争议，引起了众多学术上的和其他的批评反应，并成为民权辩论和民权运动中的一个突出问题。许多讨论和许多问题后来都与贫穷文化（culture of poverty）*、剥夺循环（cycle of deprivation)*、福利依赖和下层阶级（under class）*等概念有关。关于针对该报告的评论和对其在塑造美国公共政策和种族关系方面的重要性的评估，参见查尔斯·瓦伦丁（Charles A. Valentine）的《文化与贫困》（*Culture and Poverty*, 1968）。

multi-cultural society 多元文化社会

指以多元文化为特征的社会，如美国和战后的英国。作为一种理想，文化多元主义（cultural pluralism）*颂扬文化多样性（例如语言[language]*和宗教[religion]*多样性），并可能与许多早期种族（race）*、族群性（ethnicity）*和移民（immigration）*研究中设想的同化主义理想形成对比。

multidimensional scaling 多维标度

诸如与态度（attitude）*相关的调查问项这样的数据往往无法由一个维度来表达，而需在两个或更多个维度上来表达。多维标度（MDS）的目的是找到尽可能少的维度来较好地表达数据。它与因子分析（factor analysis）*有明显的相似之处。

最简单的情形（即非度量欧氏距离MDS）中，数据被认为提供了有关成对内容之间相似性或相异性的信息，因为正相关可被解释成相似性，MDS的目的是将每个变量表示为一个地位空间中的点，以便点与点之间的距离准确地反映数据相似性和相异性的相对大小。它一直被成功应用于各式各类社会学和心理学数据。参见J. B. 克鲁斯卡尔（J. B. Cruskal）和M. 威什（M. Wish）的《多维标度》（*Multidimensional Scaling*, 1978）。

multi-level models 多层模型

一组用于考察宏观和微观层次社会现象之间联系的密切相关的方法。社会学中的多层模型（也被称作情境或分层模型）试图找出社会情境对个体层次结果的影响。

社会学作为一门学科的基本观点是：个体会受到社会环境的影响并对其做出反应。古典社会学家中，涂尔干（Durkheim）*研究过社区结构对自杀率的影响，而韦伯则研究了宗教团体（比如新教教派）对经济行为的影响。然而，自20世纪80年代中期以来，新理论不断被提出，同时新的统计技术也被用来对各种社会学问题开展研究，这些都意味着相比于以前的方法取得了重大的发展。

多层模型对微观层次结果的解释，要么通过表明微观层次上设定的模型参数（这里微观层次结果由微观层次协变量所解释）是情境的函数来实现，要么通过表明微观-宏观关系能够以情境特征、宏观层次变量的形式表达加以处理来实现。尽管多层模型意在更好地理解情境的确切含义，以及情境可以如何影响社会学家们所感兴趣的个体结果，但是这种方法并非没有问题。如果模型过于复杂，就可能难以得到模型参数稳健的统计估计值。

multinational corporation 跨国公司

资本主义（capitalism）*企业的一种形式，这类企业的金融结构、管理控制和生产活动的整合（integration）*都跨越国界和面向国际（或全球）市场（market）*。另见产业整合（industrial integration）*。

multivariate analysis 多变量分析

单变量分析（univariate analysis）*包括描述和解释单个变量

上的变异。双变量分析是对放在一起的两个变量（协变量）做同样的事情。多变量分析（MVA）考虑放在一起的许多变量的并发效应。MVA 模型往往以代数形式表达（作为设定了多个变量相互结合如何影响因变量[dependent variable]*的线性方程组），但也可以从集合角度来考虑。因此，人们所熟知的呈现两个变量的二维个体散点图可以被扩展至更高维度（更多变量）的空间，而且可将 MVA 视为是意在发现点如何聚集在一起。

Mumford, Lewis 刘易斯·芒福德（1895—1990）

一位受帕特里克·格迪斯（Patrick Geddes）*影响很大的建筑评论作家。在《技术与文明》(*Technics and Civilization*, 1934) 和《城市文化》(*The Culture of Cities*, 1938) 两书中，他提出了一个城市发展的演化模型，强调技术的决定性作用。他追溯了技术提高人类能力的方式。他将人类力量与机械力量之间的紧密关系作为自己的关注点，并提出了"巨机器"的概念，指的是人类行动者借以完成大型建筑工程的等级制度。他后来的著作（《城市发展史》*The City in History*，1961；《机器的神话》*The Myth of the Machine*, 1964）将技术视为压迫和异化（alienation）*的根源，并对未来变得更加悲观。

mutualism 共生论

参见无政府主义（anarchism）*。

Myrdal, Alva 阿尔娃·缪达尔（1902—1986）

一位瑞典教育家、女性主义者、社会科学家、政治家、改革家和外交官。作为瑞典社会民主党活跃终身成员,她在智识方面单独并与她的经济学家丈夫冈纳·缪达尔(Gunnar Myrdal)*一同致力于有关儿童友好教育以及家庭和妇女友好型福利国家(welfare state)*的社会和经济价值的呼吁,实际方面则担任政府观察员、部长、大使和联合国代表。她以《国家与家庭》(Nation and Family, 1941)一书首次获得国际声誉,并且以联合国社会事务部和后来的教科文组织社会科学部主任的身份(1949—1955)成为担任高级国际职位的首位女性。在这里,她致力于推动有利于促进社会发展和政治民主化的国际社会科学合作。她与英国社会学家藏奥拉·克莱因(Viola Klein)*共同撰写了第一部关于妇女与不断改变的劳动力市场(labour market)*参与的比较性经验研究著作《妇女的两种角色》(Women's Two Roles, 1956)。担任印度大使一段时间后,她转向关注和平与裁军(disarmament)*的政治学(political science)*,并因此获得1982年的诺贝尔和平奖。

Myrdal, Gunnar 冈纳·缪达尔(1898—1987)

国际著名的瑞典经济学家,因其对经济和社会理论中隐藏的价值以及经济、社会与制度条件之间的相互关系的批判性工作而出名(获诺贝尔经济学奖,1974年与冯·哈耶克[Von Hayek]*一起)。作为瑞典社会民主党的一名活跃成员,他和妻子阿尔娃(Alva)*共同撰写了一份颇具影响力的知识分子宣言,为建立家庭友好型福利国家(welfare state)*提供社会和经济依据。应卡内基公司之邀,他领导了有史以来最大规模的种族关系研究项目,形成了研究报告《美国的困境》(An American Dilemma, 1944)。这篇报告中,他强调了社会研究中价值明确性的需要,公平和民主的美国"信条"作为一个价值尺度用以解释有关偏见和歧视之"恶性循环"的庞杂证据。他后来转向国际经济学问题、贫困与发展研究,主要成果就是其大型研究《亚洲的戏剧:南亚国家贫困问题研究》(*Asian Drama: An Inquiry into the Poverty of Nations*, 1968)。

myth 神话

一种神圣的(sacred)*或宗教(religion)*的传说,其内容涉及自然、超自然或文化现象的起源或创造。人类学含义不同于意味着不真实。神话一直被作为口述史(oral history)*的片段化来源、社会主流价值观的线索、"社会宪章"以及(为克劳德·列维-斯特劳斯[Claude Lévi-Strauss]*所主张的)其本身的一般性结构而得到研究。

N

Nadel, Siegfried Frederick
西格弗里德·弗雷德里克·纳德尔（1903—1956）

纳德尔在维也纳大学获得心理学和哲学的博士学位，后前往英国攻读社会人类学。他在塞利格曼（Seligman）和马林诺夫斯基（Malinowski）*主导下的伦敦政治经济学院学习，并在西非主要针对尼日利亚的努佩人开展实地研究（参见《黑色拜占庭》*A Black Byzantium*，1942；《努佩宗教》*Nupe Religion*，1954）。他的理论工作试图用一个分析框架中将社会学、社会人类学和心理学串联起来（参见《社会人类学基础》*The Foundations of Social Anthropology*，1942）。他相对早逝，当时他正处于学术创造力的顶峰，毫无疑问这会导致下一代社会科学家对他研究工作的兴趣下降。

narcissism 自恋

日常生活中用于表示自爱和利己主义（egoism）*，此概念对正统的精神分析理论而言具有更为技术性的含义。西格蒙德·弗洛伊德（Sigmund Freud）*认为，原发性自恋指的是一种产生爱他人能力之前对自我的爱。这一发展阶段也表现为自爱的反面——自我憎恨。继发性自恋是认同并继而向内投射一个对象（人）使其成为自己的一部分。"自恋对象选择"涉及根据与自己的相似性来认同一个人。

这个概念被美国社会历史学家克里斯托弗·拉施（Christopher

Lasch)*(《自恋的文化》*The Culture of Narcissism*, 1984;《最小的自我》*The Minimal Self*, 1984)加以扩展用作社会分析和批评的工具。作为政治左派的拉施因提倡家庭生活的美德而与众不同,他认为现代社会已经削弱了人类爱和承诺的能力。与现代性(modernity)*有关的社会变迁(social change)*(大型官僚机构的发展和技术变迁),以及由此引起的家庭关系变迁(特别是父亲的相对缺席),已经使得人们难以超越自恋。现代社会的主导性人格类型被认为是内在贫乏的、在夸大的自爱和自我憎恨之间摇摆不定的,并因此需要寄生关系来强化前者,自我没有得到发展而导致不能容忍挫折、欠缺和强烈情感。拉施认为许多文化现象——从强调健康和体育成就到20世纪60年代的新左派(New Left)*、性解放运动以及诸多现代女性主义(feminism)*——都是自恋的表现。自恋的个性往往在外部世界中是成功的但却感到内心空虚,同时专注于生存而不是投资未来。

narrative 叙事

是人类理解世界和赋予世界连贯性的一种基本方式,而且大多数社会科学(social science)*最近都被所谓的"叙事"或"解释学转向"所影响。一个新学科——叙事学——慢慢浮现,它将对故事和叙述的分析作为其中心任务。叙事理论的范围很宽,比如,拉曼·谢尔顿(Raman Selden)和彼得·维多森(Peter Widdowson)在《当代文学理论导读》(*A Reader's Guide to Contemporary Literary Theory*, 第三版, 1993)中提了13个:对话、解释学(hermeneutics)*、批判、新亚里士多德主义、精神分析(psychoanalysis)*、女性主义(feminism)*、解构主义、读者反应、马克思主义(Marxism)*、形式主义(formalism)*、符号论（semiology）*、结构主义（structuralism）*和后结构主义（post-structuralism）*等理论。叙事综合了若干思想流派，通常被视为包括数个关键要素。

"故事"是最基本的要素——通常意味着如加里·肯扬（Gary Kenyon）和威廉·兰德尔（William Randall）在《重述我们的生活》（*Restorying Our Lives*, 1997）一书中贴切表述的，"有人告诉某人，某人在做某事"。故事就是关于某人试图做某事以及发生了什么结果。这些人是谁和他们都在做什么成为故事的特征。它通常将意味着具有某种道德观点（"故事的道德是……"）的事件的某种"纯粹"序列。"情节"更复杂：它们是故事的推动力，它们启动故事。在正式的（俄国）叙事理论中，"故事"是等待作者组织的原材料，而"情节"是文学手段。用亚里士多德的话说，这是"事件的安排"。更明确地，我们可以说，一个故事通常必须有一个动态的张力，以增加动力、提供连贯性并使故事有趣：我们可以"加重"情节以体现吸引读者兴趣的事件。正如肯扬和兰德尔又简洁表达的："没有烦恼，就没有故事；没有疾患，就没有惊险；没有痛苦，就没有冒险。""情节带领我们从最初的平静，经随后的冲突，直至事件的高潮、结局和（再次）平静"。情节通常呈现为一个序列——开始、中间和结束（尽管在一些实验现代主义者和所有后现代情节中，线性时间被溶解或者严重弱化），它们经常包含塑造过程动态的"显灵"（或主要关头）。与情节密切相关的是开始组织起生活的关键"主题"。这些是故事中重复的内容群集。最后，这些主题行最终变得可辨识，因为落入一定的模式、类型和结构常常执行一定的功能。兰登·埃尔斯布雷（Langdon Elsbree）在他的《生命的仪式：叙事的模式》（*The Rituals of*

Life: Patterns in Narratives, 1982）一书中认为,作为"影响我们欣赏故事方式的基本仪式模式"的"原型行为"相对较少,并暗示它们是:（1）建立一个家庭、祝圣;（2）参加比赛、打仗;（3）旅行;（4）持久的痛苦;（5）追求圆满。

叙事的思想从数个主要方面进入到社会学。首先,社会学理论本身被分类为各种叙事,使社会生活具有连贯性。唐纳德·莱文（Donald Levine）的《社会学传统的愿景》（Visions of the Sociological Tradition, 1995）因之将这些叙事定位为实证主义（positivism）*、多元主义（pluralism）*、综合（synthesis）*、人文主义（humanism）*、语境和对话。诸如肯·普卢默（Ken Plummer）的《生命档案2》（Documents of Life 2, 2001）等其他著作则强调了关注人类生活本身的重要性,以观察如何能将他们的生活故事作为叙事结构加以分析。大卫·迈恩斯（David Maines）认为,社会学现在已经到了叙事的时刻,将其作为观察交流的核心工具（载于《社会学季刊》Sociological Quarterly, 1993）。而对另一些人来说,写作社会学的行为就是一种叙事创作模式。劳雷尔·理查森（Laurel Richardson）的《写作策略》（Writing Strategies, 1991）一书更具体地提出了社会学中可以找到的五种宽泛叙事:日常生活叙事、自传叙事、传记叙事、文化叙事和集体故事。在对社会科学写作的叙事形式的认真审视中,对美学、论证、流派和隐喻等事项产生了更大得多的敏感性。

总之,叙事已经成为社会学分析和理解社会生活的重要方法。

national bourgeoisie 民族资产阶级

参见买办（comprador）*。

national character 民族性格

参见文化与人格学派（Culture and Personality School）*；现代化（modernization）*；民族主义（nationalism）*。

National Deviance Conference（NDC）全国越轨行为会议

用于指代英国一群激进的批判犯罪学家（参见批判犯罪学[criminology, critical]*）和越轨行为理论家的一个名称，他们于1967年至1975年期间定期在约克大学举行会议。他们强烈地认同标签理论（labelling theory）*。该群体的代表性出版物有斯坦利·科恩（Stanley Cohen）*编的《越轨行为画像》（*Images of Deviance*, 1971）与劳丽·泰勒（Laurie Taylor）、伊恩·泰勒（Ian Taylor）编的《政治与越轨行为》（*Politics and Deviance*, 1973）。

nationalism 民族主义

该术语指被用于描述民族主义或主张民族国家高于一切情感、抱负和意识。但是，它也包含与以下有关的某些假定：自决意愿、多样性的存在和实际可取性、主权国家相比于其他统治形式的优越性，以及对掌握政治权力的国家忠诚作为一种合法性（legitimacy）*基本形式的核心性。像爱弥尔·涂尔干（Émile Durkheim）*和列宁（Lenin）*这样不同的作者认为，真正牢固的国际主义的先决条件是成熟的民族主义，只有这种民族主义才认识到多样性的共性。然而，其他人坚持认为这个概念包含了虚假的自然边界概念，而仅仅为左派和右派都同样提供了一个方便的政治称号（参见A. D. 史密斯[A. D. Smith]的《民族主义理论》*Theories of Nationalism*，第二版，1983；《国家认同》*National Identity*, 1991）。

民族主义的变体倾向于偏离与J. G. 赫尔德（J. G. Herder）的著作相关联的德国版本，他强调一个民族的有机团结（organic solidarity）*和联系，强调服从于整体（在这种情况下是国家）、使命感、民族纯洁性以及民族的灵魂。这种形式的有机民族主义比西欧其他理性的结社民族主义更为感性。日尔曼和斯拉夫的民族主义之间也存在差异，后者与解放主义动员而非领土收复主义、民族主义知识分子而非全体人民联系在一起。

汉斯·科恩（Hans Kohn）在他的经典著作《民族主义的思想》(*The Idea of Nationalism*, 1945)中，将1600—1800年间出现在英国和法国的"西方"式民族主义区别于几个世纪后出现的"东方"式民族主义。前者中，国家为大众和主流政治形式所认同，从而为现行政治结构提供文化理据。后者中，通过按照人种学需要重新划定政治边界，民族主义被用来为在经济和政治欠发达地区建立民族国家辩护——换言之，它为国家和政治进程的目的提供理据。与大多数后续不同类型的民族主义一样，这一区分服务于描述性和规范性目的，也就是说，它既对现代世界存在的民族主义划分类型，又同时认为这些民族主义是政治上有价值或者危险的形式。西方式的变体是真实的、自由的、民主的和好的，而东方式的变体则是外来的、民族的、种族主义（racism）*的而且一般是坏的。

一个后续出现的类似且目前存有争议的类型学（typology）*区分了"公民民族主义"（civic nationalism）*和"种族民族主义"（比如，参见利娅·格林菲尔德[Liah Greenfeld]的《民族主义：通往现代性的五条道路》*Nationalism: Five Roads to Modernity*, 1992)。前者将国籍等同于公民身份（citizenship）*，主要以政治或法律的形式来界定，意味着对某些义务和权利（自愿接受）的承诺，以及因此可以获得和失去。公民民族主义的概念意味着某些个人可能根本没有国籍。另一方面，民族源于生物学的必然，而并非个人选择。它在家庭中运行，且被认为是一个继承而来的特征。人们出生在一个特定的民族，然后这会决定他们的旨趣、情感和对特定国家的依从感。这种区分对诸多西方自由派观察家很有吸引力，因为它有助于他们区分自由选择的观念、政治上体面的民族主义（例如，人们在美国人的公民自豪感中所看到的）与歌颂所继承文化身份的民族主义（即许多东欧国家中被发现并造成内部冲突的那类）。

民族主义的许多类型学都被批评为是以欧洲为中心的、无法涵盖拉丁美洲和新兴非洲的后殖民民族主义，以及帝国对部落领土划定边界的人为性，而部落领土的边界比后来的民族国家更具有流动性。

一些人一直认为民族主义本身就是一种现代宗教，或者至少类似于社会学中其他地方所称作的公民宗教（civil religion）*。实际上，存在具体的宗教民族主义（religious nationalisms）*，它主要与伊斯兰教和犹太教（Judaism）*有关，但也存在于比如波兰和爱尔兰近代史中（在那里罗马天主教已经成为国家-世俗-身份的核心要素）。另一些人则坚持认为，民族主义本质上是一种世俗的意识形式，因此，最值得称道的就是宗教（religion）*和民族主义之间的功能对等。

民族主义的一些说法似乎是基于决定论（determinism）*的。比如，厄内斯特·盖尔纳（Ernest Gellner）*的著作（参见《民族与民族主义》Nations and Nationalism, 1983）表明，历史可以被看作是一系列不断变化的技术，每一项技术都产生了对特定社会政治秩序的需要，而民族主义是最适合当前（工业）技术的政治风格（因为不同于农业社会,工业社会需要同质性的语言和文化以便高效率地运转)。根据盖尔纳,"一个没有民族的人……会激生厌恶",所以,如果民族主义不存在,(似乎)就有必要创造它。盖尔纳的观点强调的不是自发的集体愿望("公民"类型的)或文化("种族"考量),而是政府精英(或有抱负的政府)深思熟虑的(和必要的)建国政策,并将其通过公共教育和文化产业来推行。也许毫不奇怪,盖尔纳的观点被批评为唯物主义(materialism)*和功能主义(functionalism)*的。社会心理学中,亨利·泰弗尔(Henri Tajfel)的社会认同理论(参见《人类群体和社会类别》Human Groups and Social Categories,1981)及其同事将民族主义追溯到归属于各社会群体以促进这些群体发展的(可能与生俱来的)人类倾向。在这个特定的研究范式(paradigm)*中,社会认同被视为整体自我意识不可或缺的方面,并归属于各种族或民族群体,这被发现对自尊特别重要,因此,人们很难不以民族主义方式思考,很难不对其被给予的(即便是"想象的")民族社区感到忠诚,也很难不追求违背其他民族国家利益的他们自己的特殊利益。(有关于欧洲社会心理学所做SIT研究的总结,参见迈克尔·A.豪格[Michael A. Hogg]和多米尼克·艾布拉姆斯[Dominic Abrams]的《群体认同》Group Identifications,1988。)

俄罗斯和中欧的后共产主义转变提出了探究国家建设——表现为新的社会认同资源与资本主义(capitalism)*出现之间关系的假设的可能性。特别是,官方马克思主义(Marxism)*——列宁主义的坍塌所造成的"价值真空"为民族主义和民粹主义(populism)*意识形态的兴起提供了空间,尽管这些意识形态往往是指那些并不具备全面民族主义所需属性的"小国"的民族主义。

national socialism 国家社会主义

参见法西斯主义（fascism）*。

National Statistics Socio-Economic Classification（NS-SEC）
国家统计社会经济分类法

测量社会经济地位（socio-economic status）*的方式有很多种：收入、教育和职业都被单独和共同用于这一目的。然而，在英国，传统做法是通过社会经济分类来测量社会经济地位，同时明确地以社会阶级（social class）*作为社会结构（social structure）*的测度。这一传统可追溯至1913年综合注册社会阶级（Register General's Social Classes, RGSC）的创设。RGSC将相似社会地位（social status）*的各种职业汇集成它的每个阶级。政府和大学的研究人员都用它来分析生育率（fertility rate）*、死亡率（death rate）*和发病率。这些分析旨在表明，健康不平等是由与社会的基本结构密不可分的因果过程造成的。例如，RGSC揭示出一种健康梯度，即属于类别1和2（专业人员和管理人员）的人始终比属于类别4和5（少量技术的职业和非技术的职业）的健康更佳和活得更长。

RGSC在1913年至1991年间被多次修订，尽管它从经验上讲仍很有用，但是，它实际所测量的是什么以及政府是否仍有必要得到这种分类都并不清楚。因此，政府于1994年委托经济和社会研究理事会（ESRC）对RGSC进行评议。结果便是建立了国家统计社会经济分类法（NS-SEC），该分类法从2001年起成为英国官方测量社会阶层的指标，并被用于分析所有的政府社会调查以及人口普查数据。

与RGSC一样，NS-SEC也是一种基于职业的分类。创建NS-

SEC所需的基本信息是职业（编码[coding]*为标准职业分类的职业单位类别[OUGs]）和就业状态详情（是雇主、自营职业者还是雇员，是不是主管，以及工作场所的雇员人数）。这一分类的主要分析版本包含八个类别，其中第一个类可以被细分。NS-SEC是根据牛津大学社会学家约翰·戈德索普（Goldthorpe）*提出的社会阶级测度发展而来的。因此，与戈德索普阶级体系（Goldthorpe class scheme）*一样，NS-SEC的建立也是用于测量就业关系和职业状况。概念上讲，这些是界定现代社会中社会经济地位结构以及帮助解释社会行为与结果上变异的关键。

NS-SEC区分了四个基本就业地位：雇主、自营职业者、雇员以及被非自愿排除在有偿就业之外的人。雇主这一类中，根据雇员人数进一步区分出大雇主和小雇主。雇员根据与雇主签订的合同类型被细分为数个类别。区分了两种基本合同类型——劳动合同和服务关系。劳动合同涉及雇主和雇员之间较短期的努力获得金钱（工资）的具体交换。这种状况适用于整个工人阶级（working class）*，尽管它最基本的形式是在类别7的常规职业中被发现的。然而，服务关系是典型的管理、专业和高级行政职位，其基本形式见于类别1。这种合同形式涉及长期和更分散的交换，其中雇员提供服务以换取现时和将来的补偿（薪金、定期薪酬审查、各种津贴、职业、慷慨的养老金方案等）。其他类型的雇员，比如类别3的办事人员和技术工人，就业条例中被界定为中级雇员，签订的是涉及服务关系和劳动合同这些要素的合同。被非自愿排除在有偿就业之外的人包括那些从未工作过但愿意工作的人和长期失业者。但是，其他非就业人员，比如照顾家庭的人、退休人员、短期失业者、病人和残疾人等，则按他们最后的主要职业进行分类。如果需要，全日制学生也可以采用类似的处理。这样，就可以在 NS-SEC 内将绝大多数成年人口加以分类。

NS-SEC 在收入、失业经历和失业时长、吸烟行为、发病率、死亡率和主观健康方面一直被表明是一个很好的鉴别器。

国家统计局社会经济分类

1	高级管理和专业性职业 1.1 大雇主和高级管理职业 1.2 高级专业性职业
2	低级管理和专业性职业
3	中级职业
4	小业主和自雇佣工人
5	低级监工和技术职业
6	半常规职业
7	常规职业
8	从未工作和长期失业

nativism 本土主义

社会学语境中，这个术语最常被用来指本地土生土长人口对移民（immigration）*的族群中心主义（ethnocentricism）*的消极反应。此类反应的经典研究是约翰·海厄姆（John Higham）的《国土上的陌生人：1860—1925 年美国本土主义的模式》（*Strangers in the Land: Patterns of American Nativism 1860-1925*, 1955）。

nativistic movement 本土运动

参见弥赛亚运动（messianic movement）*；新宗教（new religions）*。

natural area 自然区域

城市生态学(urban ecology)*中使用的一个术语,指的是一个由具有共同"社会遗产、职业、利益或其他独特文化财产"的人口所居住的地区(A. 霍利[A. Hawley]的《人类生态学》*Human Ecology*,1950)。简言之,就是一个独特的社区(community)*。在环境决定论的理论中(参见环境社会学[environment, sociology of]*),物理区域被视为诸如国家和地区等划定的自然区域。另见同心圆理论(concentric zone theory)*。

natural experiment 自然实验

自变量(independent variable)*的取值水平或存在与否并不受人为操纵而是自然而然地发生变化的一类实验,因此这些变化可被用来监测其影响,并设法确定其对一个或多个因变量(dependent variable)*的影响。社会学中很少见到这类研究,尽管约翰·加文塔(John Gaventa)对阿巴拉契亚煤矿工人的沉默与反抗的研究提供了一个例子(《权力与无能为力》*Power and Powerlessness*,1980),该研究考察了涉及当地社区大型商业公司的历时变动的权力关系(最突出的就是偏见的动员,见权力[power]*)的影响。

naturalism 自然主义

社会学和道德哲学中,自然主义这一术语有几个不同但相关的用法,它们常常相互混淆。道德哲学中,自然主义认为道德判断可以从事实陈述中推出(与休谟[Hume]*提出不能从"实然"推出"应然"相悖)。不过,在社会学中,这个术语最常见的用法来自长期以来关于社会学是否可以成为一门与自然科学具有相同意义的科学的争论；以及与之有关的是，它的方法是否应该以自然科学的方法为基础。这个术语使用中的自然主义（方法论自然主义）是认为，社会学就是或者能够成为一门科学，并且自然科学的方法——实验、归纳概括、预测、统计分析等——可以为社会学家直接或类比着使用。反自然主义者主张需要一种截然不同的方法论方法——更接近于文献批评、文本解读或会话分析（conversation analysis）*。

这种方法论（methodology）*上的争论通常隐含着一种本体论（ontology）*上关于社会学（和其他人文科学）学科性质的分歧。一般而言，这种对立可能被定性为一种争论，即人类及其社会生活是否应当被理解为自然的一部分、与其他科学的学科是连续的，抑或人类代表了一种极端非连续性，即自然秩序中质的例外。这方面，自然主义者和反自然主义者之间的争论显然与唯物主义者和唯心主义者之间的争论相重合。不过，如果我们要理解社会学家通常采用的不同立场，就需要做进一步的区分。本体论自然主义者本身可以被区分为两大群体。那些（比如，社会生物学家）认为社会学可以通过直接被兼并而成为现有自然科学的一个分支（就社会生物学而言，即为演化生物学）的，可被称为"还原主义的自然主义者"。其他的本体论自然主义者坚持认为人类及其社会生活是自然的一部分，不过也认识到语言（language）*、文化（culture）*、各种形式复杂规范有序的社会生活等建立了一个对科学研究提出了特殊挑战的独特现实秩序（"突变属性"）。比如，爱弥尔·涂尔干（Émile Durkheim）*，认识到社会生活的独特现实，即相比于生物学或心理学的不可还原性，但是主张一种模仿自然科学的方法论。

natural law 自然法

自然法这一术语的模糊性源于自然界的规律性与人类活动的权威规范之间的隐喻性关系。下一用法中,"自然法"指的是法律和道德原则,被认为是普世的并对人类行为具有约束力。中世纪基督教神学里,自然法被认为是上帝赋予的制度,但是自宗教改革以来,人们就试图赋予自然法以人性(human nature)*和理性的世俗基础。比如,托马斯·霍布斯(Thomas Hobbes)*的《利维坦》(Leviathan)中,"自然法"为社会契约(social contract)*提供了合理依据,也因此为建立政治权威提供了合理依据。自18世纪以来,法学理论倾向于敌视自然法的概念——更普遍地强调法的传统性、社会性和历史性特征。然而,第二次世界大战以来人权(human rights)*被愈发附上道德权威,则很大程度上归功于自然法传统。

自然世界是上帝创造的,因此(就像人类社会一样)受制于上帝的权威,这种观念导致自然法概念的隐喻性延伸,指的是自然界的规律性。这里,此观念同样有其宗教(religion)*和世俗的信徒,尽管自17世纪的科学革命(scientific revolutions)*以来,主要的分歧存在于理性主义者和经验主义者之间。前者倾向于把必然性归因于自然法则,其中一些人,比如莱布尼茨(Leibniz)认为这些法则可以由先验原则得到合理证明。经验主义者认为,只有基于观察和实验才能认识自然法则。就此看来,自然法则所概括的规律并不能毫无疑义地被认为具有必然性。不管实际生活中如何不可避免,我们还是预期这些规律将会一直延续下去,不过(大卫·休谟[David Hume]*认为)这种预期并无合理根据,而仅仅是一种思维习惯。

natural selection 自然选择

参见达尔文主义(Darwinism)*。

nature versus nurture debate 先天与后天之争

遗传(heredity)*(先天)与环境(后天)何者更为重要,这是关于人类行为成因的常见争论。在某些社会学领域中,这一争论的影响尤为重要,包括教育(如智力[intelligence]*的可遗传性的争议)、犯罪(crime)*(如对遗传性犯罪人格的争议),以及性别分工(如对生物因素在男女行为可见差异中的重要性的激烈争论)。近来的讨论聚焦于人类基因组(human genome)*研究产生的影响。

Naturwissenschaften 自然科学

参见精神科学与自然科学(Geisteswissenschaften and Naturwissenschaften)*。

need 需求

需求就是被视为必要之物,尤其是被视为对个人、组织或其他任何事物的生存不可或缺的东西。需求的概念在社会科学(social science)*中广为运用,其中又以人类需求备受关注。需求经常被拿来同需要(或欲求)作比较,前者指的是必须满足之物,而后者指被欲求之物。需求概念本身意味着它应当得到满足,因此它常被用于政治和政策的辩论修辞中,特别是用以支持要求行动和干预的观点。在关于贫困(poverty)*、剥夺(deprivation)*和福利(welfare)*——福利即指满足人类需求——的讨论中,需求概念是关键。需求的具体所指争论极大，不过也不足为怪。生存的基本要求包括一系列生理和物质需求，比如食物、睡眠和栖身之所，这一点不难达成共识。不过，对这些需要进行层级界定就要困难得多。此外，尽管学者和决策者可能就人类基本需求的核心达成共识，许多人还是会争论，这是否涵盖了人类的全部基本需求。有些人希望把心理和社会需求，例如对爱和照顾的需求、对陪伴的需求、对学习机会的需求等，涵括在普遍需要之内。也有人认为，可以分层级来看待这些需求。同样有争议的是，应该给需求下一个绝对的定义，还是相对的定义？应该从客观上，还是主观上来评估需求？就连需求概念本身的价值也存在争议。

社会学家——特别是功能论的追随者——也用需求概念来研究社会的运作机能。塔尔科特·帕森斯（Talcott Parsons）*阐述过社会系统（social system）*的功能先决条件（functional prerequisites）*，即社会存续必须满足的东西，如系统自身离不开充分的动机支撑。与之相似，马克思主义者探讨了资本主义（capitalism）*的需求，生产、再生产和合法化是最常被提及的需求。然而，有批评者指出，社会的各种需求难以被准确加以识别，而且识别的努力往往带有同义反复（tautology）*的性质。另见需求的层次（needs, hierarchy of）*。

needs, hierarchy of 需求的层次

亚伯拉罕·马斯洛（Abraham H. Maslow）*的自我实现（self-actualization）*理论的核心概念。马斯洛指出，人类的欲求是天生的，且存在一个逐级递升的层次。基本的生理需求是必须最先满足的需求，包括食物、睡眠、免受极端环境危害。接着，安全和安全感是最迫切的需求：我们的生活需要一定的秩序、确定性和结构。前两种需

求得到满足后,就是第三级需求:归属感和爱。第四级是对自尊的需求:自我尊重和他人的尊重。当这些需求都得到满足,就出现了第五级也是最高级的需求:所谓的自我实现的需求,或达成个人能成其所是的欲求。正如马斯洛在《动机与人格》(Motivation and Personality,1970)一书中所言,"音乐家必须谱曲,艺术家必须绘画,诗人必须创作,如此他才能达成内心的平和。人必须成其所能成之人。人必须忠于其天性"。马斯洛的部分研究涉及对已经自我实现者的探究,他刻画了这些人的一系列特征。他的工作推动了对"高峰"体验的研究以及超个人心理学——更侧重精神层面的心理学——的发展。

negative correlation 负相关

参见相关(correlation)*。

negotiated order 协商秩序

一种由安塞姆·施特劳斯(Anselm Strauss)提出,主要在符号互动论(symbolic interactionism)*中发展起来的理论,用来描述人们彼此协商的社会组织化过程。批评者认为互动论者缺乏分析社会结构(social structure)*的工具,过于主观。为了回应这些批评,协商秩序理论试图将社会组织化描述为社会行动者(social actor)*的积极成就,而不是把它视为一个静态的或具体化的概念。这个概念可以追溯到一些经典理论源流:乔治·赫伯特·米德(George Herbert Mead)*辩证的社会概念;赫伯特·布鲁默(Herbert Blumer)*的诠释过程和共同行动的观点;罗伯特·帕克(Robert Park)*对社会是一系列冲突(conflict)*、适应(accommodation)*和同化(assimilation)*过程的描述;埃弗雷特·休斯(Everett Hughes)对制度灵活性的关注。不过,这一术语在安塞姆·施特劳斯及其同事的著作中得到了最明晰的阐述和发展,尤其是《精神病学意识形态与制度》(*Psychiatric Ideologies and Institutions*, 1963),以及他后来的《协商》(*Negotiations*, 1978)。施特劳斯将社会秩序(social order)*描述为"任何社会或组织的成员都必须面对的东西。因为共享的协议……并非总是具有约束力……这就要求重估……必须持续不断地建构或'想办法造就'协同行动(社会秩序)的基础"。该理论强调秩序的突生性、变迁性和暂时性、嵌入性(embeddedness)*以及情景性,强调具体权力关系的无所不在,强调社会秩序持续的断裂和碎片化。

neighbourhood 社区

参见社区(community)*。

neo-classical economics 新古典经济学

作为一门学科的经济学(economics)*,主要研究的是市场价格如何将稀缺资源配置到不同用途上。新古典理论是现代经济学的主导范式,它是由19世纪晚期的卡尔·门格尔(Carl Menger)、列昂·瓦尔拉斯(Leon Walras)和威廉·杰文斯(William Jevons)开创的所谓的边际主义革命发展而来的。该理论认为,价格是由(消费者的)边际效用和(生产要素的)边际生产率决定的。新古典理论建立在微观层面(家庭、企业)的简单行为模型基础之上,这些模型假定了完全信息、流动自由、个体选择、不断优化和理性决策。这些模型的基本条件包括私营企业、消费者主权和市场出清价格。制度对个体行为产生的影响被定义为既定的外生特征,并不构成基本行为模型的一部分。不过,博弈论(game theory)*的方法最近被发展用以解释制度规则下的个体行为。

neo-colonialism 新殖民主义

这个术语常用于解释许多政治独立后的前殖民地所处的经济境遇。新殖民主义在解释第三世界(Third World)*的经济发展(economic development)*时指出,尽管政治的去殖民化是一场节省预算的人道主义行动,西方对前殖民地商品生产和销售的垄断性控制仍然被保留下来。凭借国际法、公司产权和重要商业银行的权力,前殖民势力得以保持对其前附属领土的经济影响和控制权。在马克思主义(Marxism)*话语中,这种现象通常被称作新帝国主义(neo-imperialism)*。

在新殖民主义下,如同在直接的殖民统治下一样,中心和边缘(或大都市和卫星城)之间的关系被认为包括前者向后者的资本输出;对西方制造的商品和服务的依赖妨碍了发展本土经济的努力,从而导致新近独立国家的贸易进一步恶化;文化上持续的西方化进程,使西方市场得以扩张到世界其他地方。在第三世界开展活动的跨国公司(multinational corporation)*被视为当今新殖民主义的主要代理人,因为(至少在依附论[dependency theory]*中)这些公司的活动被视为剥削当地资源并通过影响国际贸易和各国政府来维持自身利益。另见中心-边缘模型(centre-periphery model)*;殖民主义(colonialism)*。

neo-Darwinism 新达尔文主义

参见达尔文主义(Darwinism)*;基因(gene)*。

neo-imperialism 新帝国主义

参见新殖民主义(neo-colonialism)*。

neo-Kantianism 新康德主义

在19世纪中叶的德国,日益盛行的科学唯物主义世界观激起了以新康德主义为形式的思想和文化抵制。1860年以降,这场多元化的运动在德国的人文和社会科学领域影响深远。哲学史家库诺·费舍(Kuno Fischer)在1860年曾呼吁"回归康德"。这一呼吁得到了德国许多著名知识分子(intellectuals)*的响应,其中包括弗里德里希·阿尔伯特·朗格(Friedrich Albert Lange)、海因里希·李凯尔特(Heinrich Rickert)*、威廉·文德尔班(Wilhelm Windelband)*和威廉·狄尔泰(Wilhelm Dilthey)*。在广义的文化和政治意义上,这场运动也包含了自由人文主义对唯物主义者恩斯特·哈斯克尔(Ernst Hasckel)领导的德国社会达尔文主义运动中日益严重的种族主义(racism)*的抵抗,以及温和保守主义(conservatism)*对与革命社会主义相关的唯物主义的敌意。

而在狭义上说,新康德主义者关切的是建立一道防止自然科学方法渗透到人文社会科学领域的堡垒。康德(Kant)*的批判哲学(在新康德主义者对其的各种解释中)以两种方式为这项运动提供了资源。首先,在康德那里,存在一个可被感知的并因此可知的"现象"世界,还有一个假定存在于道德、自由、美学和自我统一性中的"物自体"世界,这种二元性可被用来作为彻底区分自然科学和"人的""文化的"或"历史的"的科学之正当根据。有时这种区别是根据这两类学科在研究主题上的根本差异,有时(如在李凯尔特的著作中)是根据我们在这两个领域中的独特兴趣。根据后一种观点,在自然科学中我们关注经验对象是因为它们是普遍规律的具体体现;而在文化领域中,我们的兴趣着重在经验对象的具有独特意义的表现,因为它们牵涉价值。并且,文化科学的研究对象的独特之处在于,它们是复杂的意义复合体,需要一种独特的理解形式,这种理解形式无法还原为自然科学方法中典型的感知。

康德对新康德主义者的第二条重要影响途径是他的哲学方法。新康德主义者(以及其他学者,如狄尔泰,尽管他和新康德主义者有许多共识,但严格来说不是其中一员)不仅寻求建立不同于自然科学的人文和历史科学的自主性,而且效仿康德哲学为自然科学辩护的做法,分析人类历史和文化表现的客观知识的概念和方法论(methodology)*条件。新康德主义深刻影响了德国解释社会学(interpretive sociology)*,为其提供了哲学和方法论基础。格奥尔格·齐美尔(Georg Simmel)*和马克斯·韦伯(Max Weber)*是德国解释社会学最重要的代表人物。后来,20世纪特色鲜明的西方马克思主义(Marxism)*传统中的领衔人物(如格奥尔格·卢卡奇[György Lukács]*)的主要哲学取向也源自新康德主义,法国社会学家爱弥尔·涂尔干(Émile Durkheim)*和文化人类学(cultural anthropology)*的奠基人弗朗兹·博厄斯(Franz Boas)*亦是如此。另见精神科学和自然科学(Geisteswissenschaften and Naturwissenschaften)*。

neo-liberalism 新自由主义

一套松散的思想体系,在20世纪80年代影响很大,建立在对古典自由主义进行(略微)反思和(实质性)重申的基础上。最著名的新自由主义者是自由意志论者,他们反对"威权国家",热情地倡导个人权利(rights)*,其主要支持者是米尔顿·弗里德曼(Milton Friedman)、弗里德里希·哈耶克(Friedrich Hayek)*和罗伯特·诺齐克(Robert Nozick)。如这些名字所表明,新自由主义对经济学和政治学的影响远远大于对社会学的影响。

neo-Marxism 新马克思主义

一个宽泛地应用于任何社会理论或社会学(sociology)*分析的术语,它从卡尔·马克思(Karl Marx)*和弗里德里希·恩格斯(Friedrich Engels)*的思想发展而来,但经过了修正或拓展。上述发展过程通常吸纳了来自其他知识传统的要素,例如精神分析(如批判理论[critical theory]*)、韦伯式社会学理论(如埃里克·奥林·赖特[Erik Olin Wright]的矛盾的阶级位置[contradictory class locations]*),或无政府主义(anarchism)*(如批判的犯罪学[critical criminology]*)。

neonatal mortality 新生儿死亡率

参见死亡率(mortality rate)*。

neo-positivism 新实证主义`

20世纪早期美国社会学中的一场运动,融合了量化研究、行为主义(behaviourism)*和实证主义认识论(positivist epistemology)*这三个主题。其主要倡导者是弗兰克林·H.吉丁斯(Franklin H. Giddings)*和乔治·A.伦德伯格(George A. Lundberg)*,尽管乔治·K.齐普夫(George K. Zipf, 1902—1950)等著作家的数理社会学(mathematical sociology)*也可被视为新实证主义理论的发展。

1922年,吉丁斯在《人类社会理论研究》(Studies in the Theory of Human Society, 1922)一书中为行为主义作了合格辩护,认为"心理学已成为实验性和客观性的心理学。它区分了反射与条件"。他还坚称"社会学是一门应用统计方法的科学",并且"对任何事物真实而完整的描述必须包括对它的测量"。同样,伦德伯格认为,社会学可以模仿自然科学,应该观察社会环境中的人类行为,而不应涉及诸如情感、目的、动机、价值和意志(他称之为"社会科学的燃素")等概念。与吉丁斯的观点相似,伦德伯格认为,科学是用精确的描述和概括处理问题,这两者都需要"定量陈述"。他强调态度量表在此背景下的重要性,并(与早期的实证主义者一样)坚持认为,科学不能形成价值陈述,因而社会学只能是一门在该模式下的科学。

到目前为止,新实证主义对美国社会学的发展产生了深远影响,后来的数理社会学也许是最好的证明,例如理查德·M.爱默生(Richard M. Emerson)试图整合数学理论和交换理论(参见J.伯格[J. Berger]等人编的《社会学理论的进展》Sociological Theories in Progress, 1972)。还有其他学者(如J.吉布斯[J. Gibbs]的《社会学理论的建构》Sociological Theory Construction, 1972)依然坚信,科学理论最重要的标准是可检验性,只有数学公式化的理论才能在经验上被检验。

network analysis 网络分析

网络一词指个体(在较少情况下是集体或角色[roles]*)之间经由一种或多种社会关系联结在一起,形成社会网络(social network)*。

关系纽带包括诸如亲属关系（kinship）*、传播（communication）*、友谊（friendship）*、权威（authority）*和性接触等。如果用点来表示个体，用线表示联系，成对的选择或关系可以被排列成一个列表（称为社会矩阵）。从列表所含信息中绘制的网络通常被称为社会计量图（sociogram）*，这是一种最先由雅各布·莫雷诺（J. L. Moreno）于20世纪40年代提出的巧妙而直观的分析方式，是社会测量（sociometry）*的核心特征。许多网络分析的数学基础是图论（graph theory）*。

最初，大量研究工作主要集中在小群体和制度结构上，描述单个的结点（明星和孤立者）和聚合形式（识别小圈子）。但自20世纪50年代以来，网络分析更加关注结构性特征，如"桥梁"（构成强关系群体之间唯一纽带的人）、"平衡"（高度凝聚力群体内部的两极化[polarization]*趋势），以及对小圈子作更精细的界定。20世纪60年代以来，社会网络分析受到哈里森·怀特（Harrison White）领导下的数理社会学（mathematical sociology）*的强烈影响，理论化程度越来越高，现已有自己的期刊（《社会网络》Social Networks）。怀特是20世纪六七十年代哈佛大学一个极为多产和善于创新的师生群体的中坚人物，他最出名的是坚持社会而非个人主义的概念（例如，神职人员空缺运动与神职人员个体运动的对张），还开发了模块组模型（block-modelling）的方法来研究共享相同交往模式的网络成员的"结构对等性"。最近的进展关注的问题是用多维标度（multidimensional scaling）*和类似方法来呈现社会空间中的网络，以及用复杂的计算机技术来可视化地描绘社会空间。

网络分析领域的研究工作主要集中在三个方面。自我中心网络（Egocentric Networks），植根于单个个体，通常依赖该个体所报告的他或她的个人网络（例如，E. 波特[E. Bott]研究了配偶社会网络[social network]*重叠的影响,《家庭与社会网络》*Family and Social Network*, 1957）。系统网络，由网络中的所有参与者构成，强调的是网络本身的结构，如马克·格兰诺维特（Mark Granovetter）发现，"弱关系"对获取新的工作信息很重要——新信息并非来自个人亲近的互动圈子，而是来自个人网络中那些可以接触不同资源的人（《找工作》*Getting a Job*, 1974）。最后是扩散研究，探索网络内信息流动的形态，如创新、谣言或流行病学（epidemiology）*的扩散过程。对网络分析的关键思想的介绍，参见约翰·斯科特（John Scott）的《社会网络分析》(*Social Network Analysis*, 第三版, 2012），更进一步的讨论参见斯坦利·瓦瑟曼（Stanley Wasserman）和凯瑟琳·福斯特（Katherine Faust）的《社会网络分析》(*Social Network Analysis*, 1993）。该领域的整体概况可以在约翰·斯科特和彼得·凯林顿（Peter Carrington）编写的《社会网络分析手册》(*The SAGE Handbook of Social Network Analysis*, 2011）中找到。

neurosis 神经官能症

一开始指某种神经失调，尽管西格蒙德·弗洛伊德（Sigmund Freud）*区分了"实际的"神经官能症和"精神性神经官能症"（后者有心理根源），目前这个术语正是在后一种意义上使用。与精神病相比，神经官能症往往被认为较为缓和，牵涉对现实的过度反应，如过度恐惧（恐惧症）或焦虑。出于对神经官能症病理学含义的考虑，某些精神病学（psychiatry）*的分类回避了这一概念。神经有时被认为是一个重要的人格维度。另见抑郁症（depression）*；精神疾病（mental illness）*。

neurotic anxiety 神经症性焦虑

临床上的严重焦虑症；它是一种病理的、非正常状态的指标（indicator）*。精神病学（psychiatry）*的分类体系中指出，这类焦虑可能是扩散性的，可能导致恐慌侵袭，但不能把它归结为真实存在的危险。

neurotic depression 神经症性抑郁

反应性抑郁的另一种标签，它通常被拿来与更严重的精神性或内源性抑郁作对比，虽然这种区分现在受到了挑战。忧虑焦灼、悲伤欲哭、在夜间感到难过、做决定有困难被认为是其典型症状。通常不会出现幻觉、妄想、躁动、迟缓和早醒这些被认为属于精神性抑郁的症状。另见抑郁症（depression）*。

neutralization of deviance（neutralization of guilt）
越轨消解（罪责消解）

参见动机分析（vocabularies of motive）*。

new deviance theory 新越轨理论

参见批判犯罪学（criminology, critical）*；标签（labelling）*；全国越轨行为会议（National Deviance Conference）*。

new international division of labour 新国际分工

参见国际分工（international division of labour）*。

New Left 新左派

这一标签通常被用于对共产主义政党持异见的人文主义者，以及冷战时期西方马克思主义（Marxism）*的追随者。与之形成对比的是旧左派。后来新左派也包括托洛茨基主义和无政府主义（anarchism）*的复兴力量。新左派在20世纪50年代后期发展为自觉的马克思主义者和激进知识分子群体，特别是在美国和英国。他们对资本主义（capitalism）*和苏联模式的国家社会主义（state socialism）*都持批评态度。在新左派支持下发行了许多杂志，其中最著名的是《新左派评论》（*New Left Review*）。苏联分别在1956年和1968年入侵匈牙利和捷克斯洛伐克，进一步推动了这一运动。

newly industrializing countries（NICs）新兴工业国家

20世纪70年代和80年代实现工业高水平产出和进入外部市场的十几个国家和地区。这些国家和地区包括所谓的"四小龙"（中国香港、韩国、新加坡和中国台湾）、巴西和墨西哥等部分拉美国家，以及欧洲的西班牙和（前）南斯拉夫等少数几个后起的工业化国家。新古典经济学家认为，新兴工业化国家的崛起极大地动摇了依附论（dependency theory）*的主张，即欠发达国家（less developed countries）*由于无法与西方国家争夺市场，注定会陷入经济停滞。然而新兴工业化国家的成功在很大程度上靠国家干预，工业化（industrialization）*所需的条件因为干预而得到保障。因此，新兴工业化国家的例子很难提供一种简单模式,让第三世界(Third World)*能够效仿这些工业化程度更高的国家。

new middle class 新中产阶级

参见矛盾的阶级位置(contradictory class location)*;无产阶级化(proletarianization)*。

new penology 新刑罚学

在发表的一系列影响广泛的著作中,马尔科姆·费里(Malcolm Feeley)和乔纳森·西蒙(Jonathan Simon)(参见J. 西蒙的《糟糕的纪律》Poor Discipline, 1993)指出,犯罪控制策略在20世纪最后几十年中发生了一个基本转向,这一过程见证了"新刑罚学"的诞生和"旧刑罚学"的没落。他们对新的话语、对象和刑罚政策技术的分析引发了一些有重要影响的争论,围绕的议题是刑事审判的最近趋势和风险社会(risk society)*的本质。特别是,他们发现犯罪(crime)*如何日益受到风险管理策略的规制,后者利用精确的技术(如分布[distribution]*、概率测算和系统目标方法)来最大程度减少犯罪的发生。

他们的总观点是,"新刑罚学"不再关注过去"旧刑罚学"专注的问题,即确定罪责并判断对犯罪个体的恰当惩罚。相反,这种观点认为犯罪不可避免,接受越轨行为的普遍存在。最主要的是,"新刑罚学"反对关于改造、转变和再整合的传统干预主义哲学,专注于对不同危险程度的人群进行识别、归类和管理。他们描绘了刑罚话语如何从关注个人的犯罪动机和道德品质,转向用风险评估技术管理整体犯罪率(crime rate)*。"新刑罚学"的新目的不是要消除犯罪,而是管束危险人员,尤其是通过贫困犯罪化来管控下层阶级的活动。

诸多证据表明,在欧洲和北美的刑事审判系统的各个部分,精确技术和风险话语层出不穷,并以各种方式流行起来。预防性拘留、罪犯归类、假释判定、终身监禁都在使用这类工具来管理和评估罪犯产生的风险。然而,不宜夸大上述这类转变的范围,仿佛它们作用的领域涵括了从街道治安到刑罚判决,它们覆盖的场所从狱中生活延伸到购物中心、"封闭式社区",以及更广泛的城市治理。

尽管批评者们一般不会就怎么描述"新刑罚学"进行争论,依然有相当多的争辩是在讨论:这类趋势究竟有多"新";他们对"旧"关注点的取代已到了何等精准程度;他们的解释以某种方式忽略了政府系统阐述的惩罚性报复言辞也越来越多。另见犯罪(crime)*;风险社会(risk society)*;社会底层(under class)*。

new religions (new religious movements) 新宗教 (新宗教运动)

这个概念意指两种不同的宗教现象。首先是指第三世界(Third World)*的土著和部落(tribe)*中的新宗教,这是本土宗教与基督教(Christianity)*,以及在较小程度上与印度教(Hinduism)*和佛教(Buddhism)*交流的结果。这些宗教(religion)*被赋予各种名称:弥赛亚宗教(messianic)*、本土宗教和复兴宗教。在人类学家看来,这些宗教是相对弱势的人们在面对直接或间接的殖民主义(colonialism)*时,对社会失序的反应或调适。这些运动经常借鉴早期基督教的激进神学来传达某种含义深刻的符号抗争。

其次是指西方发达工业社会中的新宗教运动,它们常常与青年运动和反文化(counter culture)*运动联系在一起。这些运动往往是来自多种宗教和哲学传统的元素的综合。社会学家认为此类宗教满足了年轻人渴望寻求生命意义的心理与社会需求，他们在主流宗教传统中难以觅得生命意义。这类运动的典型例子有圣光使命团（the Divine Light Mission）、克利须那派（Hare Krishna）、统一教会（the Unification Church）和科学论派（Scientology）。它们与既有宗教相比显得松散，又带有社会运动（social movements）*的某些特征，因而常被叫做"运动"。

在文献中可以找到后者的诸多类型。例如，罗伊·沃利斯（Roy Wallis）*在《新宗教生活的基本形式》（*The Elementary Forms of the New Religious Life*, 1984）中提出了一种三重分类，即拒世型、入世型和顺世型。第一种是对现代生活的非人格化、物质化、官僚化和个人主义（individualism）*的逃避。国际克利须那觉悟会（The International Society for Krishna Consciousness）、圣子派（Children of God）、统一教会（"穆尼派"）的例子被用来说明此种类型。相比之下，像科学论派、超验冥想派（Transcendental Meditation）和日本的创价学会（Soka Gakkai）这样的运动，则声称可以让信徒更好地达成现实所设定的目标，包括个人物质财富、心理健康和社会知名度，因此它们是入世型。最后一种是具有顺世倾向的革新宗教，鲜有涉及更广泛的世俗世界中的个人行为，也不涉及对世界的拒斥，因为它们的主要目的是为个人的精神性体验提供刺激。如卡里斯玛复兴运动和新五旬节运动仅仅倡导信众以更为热情的宗教态度生活（无论是如何生活）。

不过，沃利斯的分类只是新宗教运动众多可能的分类体系之一。关于这个庞大话题的其他观点，以及浩繁的文献，可以参考托马斯·罗宾斯（Thomas Robbins）的长篇文献综述《崇拜、皈依和卡里斯玛》(Cults, Converts and Charisma, 载于《当代社会学》*Current Sociology*, 1988)。另见世俗化(secularization)*。

New Right 新右派

一种政治哲学及其拥护者，尤其牵涉20世纪80年代英国的撒切尔政府和美国的里根政府，标志着与社会民主价值的根本决裂——这种决裂在话语上表现得最为明显，但现实中也存在。经常被宣示的信念包括对自由市场(free market)*、个人自由、减少国家干预和福利(welfare)*的承诺、平民主义道德，还有独裁主义(参见权威主义人格[authoritarian personality]*)。

20世纪80年代，一些社会学家基于新右派思想认为，社会学已经被左翼或社会民主政治议程的领域假设(domain assumptions)*支配，这些假设隐晦地反对市场，并痴迷于不平等(inequality)*的问题。在这些批评中，彼得·伯格(Peter Berger)的观点最为精妙，他提出了关于繁荣、平等和自由的50个命题，这些命题将这三者的实现与对自由市场资本主义的积极追求紧密联系在一起(参见《资本主义革命》*The Capitalist Revolution*, 1986)。另见朝圣山学社(Mont Pelerin Society)*。

new social movements 新社会运动

参见社会运动(social movements)*。

new technology 新技术

新技术指的是在特定的历史背景下，任何能对某一生产流程的现有技术(technology)*带来显著改进的技术，这一改进可以体现在产量的提高或成本的减少上。由于技术在不断演进，何为"新"也总需要被重新定义。

在本书成文之时，让社会学家最饶有兴趣的新技术是基于微电子的信息和通信技术，一些人认为这种技术的应用将彻底改变工作的组织方式。这些技术所带来的可能后果包括了这些趋势：去技能化（de-skilling）*、无产阶级化（proletarianization）*、自动化（automation）*、远程办公（telecommuting）*、弹性就业（employment, flexible）*、零库存体系、二元或分割的劳动力市场，以及一个新的国际分工（division of labour, international）*体系，大多数这些词条在本词典中都有所涉及。新技术带来的可能后果有时成了关于大规模社会变迁（social change）*的各种论述的基础，这在后工业社会（post-industrial society）*理论和自主服务社会（self-service society）*理论里都有所体现。

系统的社会学研究表明，这些趋势和理论的作者都有些夸大其词；新技术的社会和政治影响是复杂而权变的，因管理战略和工人抵制程度的差异而变，同时受到一系列的其他文化和政治因素的影响。参见 B. 威尔金森（B. Wilkinson）的《新技术的车间政治》（*The Shopfloor Politics of New Technology*, 1983）里的一些案例研究。

new working class 新工人阶级

这个词是与马克思主义（Marxism）*的一个命题联系在一起的，该命题认为自动化产业的加工工人和大公司的白领员工有潜力承担起无产阶级（proletariat）*的历史性革命作用。由于这两个群体的专业知识对于资本主义劳动过程中最先进的产业部门是不可或缺的，他们在功能上已成为产业工人。与此同时，资本主义的劳动过程（labor process)*为他们提供了一套智识工具，来认清和挑战资本主义的权力结构以及（从他们的利益角度看）非理性的市场体系。尽管这个词最近与谢尔盖·马莱特（Serge Mallet）和法国劳动社会学运动的其他成员联系在一起，"工程师"在某种意义上是新的革命先锋的观点并不新鲜，在托斯丹·凡勃伦（Thorstein Veblen）*和技术主义运动的作品里已初见端倪。

在《新工人阶级》（*La Nouvelle Classe ouvrière*, 1965）一书中，马莱特认为，采煤等夕阳产业里的旧工人阶级已经无法再构想一个新式社会。相反，"只有被卷入最先进的技术文明过程的活跃群体，才能够阐释异化（alienation）*的思想，构想出更优的发展形式"。现代工业（如炼油和化工等）的特点是自动化（automation）*，有一种说法是自动化可以提升工人在企业中的责任和参与，使企业绩效、工人工资及其专业技能三者之间的联系更为显著，从而激励雇员去争取对生产过程管理的更大控制权。以工厂为基础的工会（trade union）*（企业工会主义）进一步促进了工人队伍的团结，"现代工人越是在集体层面上重新夺回工作机械化阶段失去的职业自主权，对控制的需求就越高"。通过让自主权和控制权问题重回劳资斗争的舞台中心，新工人阶级超越了旧工人阶级狭隘的以工资为导向的经济主义（economism）*，成为社会主义草根革命运动的先锋。

虽然马莱特的观点只得到了一些值得怀疑的数据的薄弱支持，但它对20世纪60年代后期的西方工业社会学（industrial sociology）*（更不用说当时的工业和政治动荡）影响颇大，尽管后来系统性的研究很快就把它在经验事实上的弱点暴露无遗（例如，D. 加利［D. Gallie］的《寻找新工人阶级》*In Search of the New Working Class*, 1978）。除了事实上的失实，马莱特的观点还存在下列一些问题：首先是技术决定论（technological determinism）*的缺陷，这与那些主张资产阶级化（embourgeoisement）*的理论家所犯的错误相似；其次是对国家权力的作用没有予以足够的重视；再次是对具体涉及哪个阶层的雇员含混不清（马莱特指出了两类"新工人"——加工工人和技术人员——但这两个群体所包含的职业类别清单并不明晰）；最后是缺乏精确性，不仅在给核心概念（如自动化[automation]*）下定义时是如此，而且在讨论技术环境、高收入和雇员工会化等因素之间的因果机制时也缺乏精确的描述。

新近的一些受新工人阶级启发的实证研究显示，这一概念过度简化甚至夸大了大规模工业生产的最新技术改变脑力和体力劳动之间传统差异的程度（参见体力劳动与非体力劳动的区分[manual versus non-manual distinction]*），另一方面，马莱特（新工人阶级）的研究提供了信息技术（information technology）*对白领工作（white-collar work）*的客观阶级处境（class situation）*（如果不是阶级意识[class consciousness]*的话）正在产生影响的大量证据。然而，一些学者认为，20世纪晚期更加不稳定的全球市场迎来了一个后福特主义（post-fordism）*和弹性就业（flexible employment）*的时代，以小规模企业和更加传统的、作坊式的生产方式（mode of production）*为特征，这一变化让自动化技术、大规模生产，以及新工人阶级的观点都成了过去时。

Nietzsche, Friedrich 弗里德里希·尼采（1844—1900）

尼采是德国哲学家，现代最伟大的反传统主义者之一，被后人解读为纳粹和后现代主义（postmodernism）*等现象的预言者。尼采从根本上对哲学家和科学家缺乏反身性（reflexivity）*感到愤怒，批评他们没有把对别人思想的严格拷问用到对自己思想的反思上，这一立场使尼采对现代西方社会所谓的理性主义（rationalism）*、科学主义和人文主义（humanism）*提出了质疑。与此相对，他主张个人主义（individualism）*、自力更生、竞争和精英主义等理想。尼采的思想引发了持续的争论，尤其是围绕"虚无主义""权力意志"和"超人"这三个关键词，这也是他自我质疑的结果。很多人，包括韦伯（Max Weber）*和福柯（Michel Foucault）*，都深受尼采影响。他的大多数作品都有不错的现代译本。其中最著名的是《快乐的科学》（*The Gay Science*, 1882）、《查拉图斯特拉如是说》（*Thus Spoke Zarathustra*, 1883—1892）、《超越善恶》（*Beyond Good and Evil*, 1886）、《道德的谱系》（*On the Genealogy of Morals*, 1887）和《瞧，这个人》（*Ecce Homo*, 1908）。

nominalism, philosophical 哲学唯名论

参见现实主义（realism）*；盖博瑞尔·塔尔德（Tarde, Gabriel）*。

nomothetic 一般规律

参见特殊规律与一般规律研究法（idiographic versus nomothetic approaches）*。

nomads（nomadism）游牧民族（游牧社会）

这个词指常常迁徙，没有终年固定居所的群体，贝都因人就是一个例子。人类学家根据是狩猎-采集还是游牧，将流浪部落分为两大类型。在现实中，狩猎-采集部落或牧民（pastoralist）*有的依赖于其

他定居部落而存在,有的相对独立。作为理想类型(ideal type)*,他们在经济上是自给自足的。除了上述两种类型之外,吉普赛人可以算成第三类,他们总是与另一个经济实体相互依存,在这个经济体中提供某些商品和服务。另外还有一些部落处于半流浪状态——比如当代的一些拉普人。参见朱迪思·奥克利(Judith Okely)的《流浪者吉普赛人》(*The Traveller-Gypsies*, 1983)。

non-decision-making 非决策制定

这一概念诞生于对当前多元主义(pluralism)*从决策的视角来研究权力(power)*的批评。非决策制定是通过幕后操作,来阻止某个议题进入到决策领域。作为一个隐蔽的、在很大程度上观测不到的过程,要对其进行实证研究颇具挑战。尽管如此,有学者指出如果忽视这一现象,对权力的认识就会流于肤浅,无法把握其真实面目。该词条主要源自彼得·巴赫拉赫(Peter Bachrach)和莫顿·巴拉茨(Morton Baratz)的著作——《权力与贫困》(*Power and Poverty*,1970)。另见社区权力(community power)*。

non-participant observation 非参与式观察

一种研究者带着研究知识观察其研究对象,但不在其中扮演积极角色的研究方法(research methods)*。这种方法有时会遭到批评,因为研究者的观察可能会改变被观察对象的行为,从而使数据失效,例如著名的霍桑实验。为了克服这一问题,研究者通常会在一段时间内对相似场景进行多次观察。尽管现在摄像机能被用于非参与式观察,但这也有可能(事实上几乎肯定会)改变研究对象的行为。与非参与式观察相对的是参与式观察。另见参与式观察（participant observation）*。

non-response 无应答

指访谈（interview）*、调查（survey）*等研究的被访者中，选择不参与或因为其他原因无法联系上的这一部分人的占比。无应答包含了所有不参与的情况：拒绝、暂时休假，或者因其他原因联系不上。无应答不包括不符合调查要求的情况，如去世、搬离调查区域、（企业）倒闭、地址无效。无应答是体现回应偏差的良好指标，通常而言，未应答者的比例越高，从参与者获得的答案的偏差就可能越大。对什么是可接受的调查回应率尚无定论，但通常将60%视为最低标准，75%视为非常好，高于75%视为极好。如果一项研究的无应答率超过40%，其研究发现基本就让人没法相信了，因为无应答者的人数与回答问题的人数已相差无几。

在工业社会，调查应答率（response rate）*已在逐步下降，这在所有常规性的全国调查中均得到了反映。为了应对不断下降的应答率，需要采取各种努力鼓励被访者参与，同时消除他们对调查数据的保密性和用途的疑虑。下降的应答率也意味着调查方法可能被过度使用，同时公众也越来越了解社会研究及其用途。另见抽样（sampling）*；抽样误差（sampling error）*。

non-standard worker（non-standard employment）
非正式工人（非正式雇佣）

指缺乏工作稳定性、附加福利（welfare）*、工会（trade union）*会员资格以及全职雇员所享有的社会保障（social security）*的被雇佣者。非正式雇佣包括兼职、临时工作、短期合同和分包、自雇、家庭工作。近年来,随着灵活生产方式的流行,非正式雇佣的形式也有所增加。另见**劳动力市场分割**(labour market segmentation)*。

norm(social norm, normative)规范(社会规范,规范的)

在社会学中,规范是对文化上可取和/或适当的行为的共同期望。规范在规定性方面类似于规则或规制,尽管它缺乏规则的形式地位。实际行为可能与被认为是规范的行为不同,如果根据现有规范来判断,可能会被视为越轨。因此,这个概念与社会管制和**社会控制**(social control)*的议题以及**社会秩序**(social order)*这一主流的社会学问题密切相关。从这个意义上说,何为规范的理念对于**社会互动**(social interaction)*的非专业的和社会学的理解都至关重要。

然而,"规范"和"规范的"这两个术语也经常在统计意义上指常见的或典型的事物,无论是行为还是其他现象。"规范"的社会学概念与"**角色**"(role)*概念密切相关,后者通常被定义为属于特定**社会地位**(social status)*的一套规范。**帕森斯**(Parsons)*认为,规范是关于个人应该做什么的信念,并通过**社会化**(socialization)*成为个人动机的一部分,因此人们之所以按照社会规范行事,正是因为他们想要符合规范。

人们已经认识到,界定角色的规范不应被视为固定或僵化的。互动论社会学(注重意义的协商)、**常人方法学**(ethnomethodology)*和**后现代主义**(postmodernism)*理论,都倾向于强调意义的复杂性和多样性,以及个人身份与支撑它们的规范的变化和碎片化性质。从这个角度来看,规范是关于何种行为会导致他人去确认某一认同

(identity)*(而非个人信仰)的看法,因此人们被认为要符合规范,以便向自己和他人证明他们是一类特定的人。其他理论家,特别是马克思主义者,强调了在社会秩序的保持上权力(power)*和胁迫对维持或取代规范性共识的重要性。

normal curve 正态曲线

参见正态分布(normal distribution)*。

normal distribution 正态分布

在日常用语中,"正常的"被看作自然的、常规的、可接受的或者普通的同义词。在统计学中,正态性被定义为最常出现的、频次最高的数值,并以它为标准来识别异常值或稀有值。正态分布是一种假想的数学分布,它为观察到的变量分布提供了一个可以对比的理想模型,也是统计推断(statistical inference)*中最常用的数学模型。它的形状是对称的钟形曲线,任何特定变量的正态分布由其均值和标准差定义。正态分布的数学属性可以被用来估计样本中高于或低于某个值的比例。在许多即便是观察到的变量分布并非近似正态的情况下,正态分布也可以用作合理的模型。另见统计变异(variation [statistical])*;集中趋势(测度)(central tendency [measures of])*。

normalization 正态化

正态分布(normal distribution)*是概率统计的关键基础。当特定变量的分布不呈现正态分布时,可以尝试对数据进行某种转换使其呈现正态分布,如对变量取对数这一过程称为分布正态化。

normal science 规范科学

参见范式(paradigm)*。

normative functionalism 规范功能主义

参见塔尔科特·帕森斯(Parsons, Talcott)*。

normative order 规范秩序

指的是调节特定社会情景的一系列规则与共同期望。这一概念常见于功能主义(functionalism)*理论中,尤以塔尔科特·帕森斯(Talcott Parsons)*的规范功能主义(normative functionalism)*为代表。在该理论中,规范秩序的各个要素(如共享的价值承诺、成员义务和忠诚感)共同运作,从而确保社会秩序(social order)*。社会的规范秩序在帕森斯关于社会稳定(social stability)*的论述中处于显著的中心地位,他主张,"社会秩序需要在两个意义上进行整合,一方面是规范的融贯;另一方面,则是社会的'和谐'与'协调'。此外,依规范而定义的义务必须从整体上被接受,反过来,集体在履行其职能和促进其合法利益时,也必须能够进行规范性惩戒。因此,社会层面的规范秩序包含了对霍布斯提出的问题的'解决方案',即防止人际关系退化为'所有人反对所有人的战争'"(《现代社会体系》The System of Modern Societies, 1971)。此段话简明陈述了帕森斯社会学理论的组织原则,这一原则在他的鸿篇巨作中常常出现。另见共识(consensus)*;托马斯·霍布斯(Hobbes, Thomas)*。

normative power 规范性权力

参见服从(compliance)*。

normative theory 规范理论

有关社会中对与错,可取与不可取,公正与不公正的假设或陈述。大多数社会学家认为从解释转向评判的方式并不具有合法性(legitimacy)*。在他们看来,社会学应努力做到价值无涉、客观,或至少避免做出明确的价值判断。这是因为,就最受拥护的社会科学哲学而言,价值上的冲突无法在事实层面得到解决。由于价值判断是主观偏好,超出了理性探究的范围,因此不能客观地证明道德判断是对还是错。马克思主义(Marxism)*的社会学家通常对事实与价值之间的关系持不同的看法,他们与马克思(Marx)*站在一起,认为"哲学家们只是用不同的方式解释世界,而问题在于改变世界"。

因此,多数社会学研究都是分析性和解释性的。它们没有提出类似"应该为社会秩序提供哪些价值?""社会应该如何组织自身?"这样规范性的问题。

但是,一些当代社会学家试图寻找解决伦理问题的非相对论的基础,例如通过确定用来规范社会关系和制度的道德原则。德里克·L.菲利普斯(Derek L. Phillips)(《走向公正的社会秩序》*Toward a Just Social Order*,1986)提出了一个有争议的观点:既然关于真理和知识的主张(等应然性的陈述)取决于一个学术共同体的共识(consensus)*,解释性和规范理论应享有同等的认识论(epistemology)*地位,因此可以同等地接受理性辩护。

这种规范性的理论在社会学领域中只是小部分人的追求,尽管社会学家常常被指责他们的分析在本质上也是规范性的,受到非科学的价值和政治目标的影响。

norm of reciprocity 互惠规范

参见理性选择理论(rational choice theory)*。

nuclear family 核心家庭

参见核心家庭(family, nuclear)*。

nurture 后天的

参见先天与后天之争(nature versus nurture debate)*。

O

Oakley, Ann 安·奥克利（1944— ）

英国社会学家，从一名女性主义者的视角出发，撰写了有关性别、工作、家庭关系和社会政策（social policy）*等方面的文章。她还写了许多小说，出过一本自传，并以理查德·蒂特马斯（Richard Titmuss）*（她的父亲）和芭芭拉·伍顿（Barbara Wootton）*（《一个重要的女人：20世纪的芭芭拉·伍顿、社会科学与公共政策》（*A Critical Woman: Barbara Wootton, Social Science and Public Policy in the Twentieth Century*, 2011）为对象进行了学术研究。随着富有影响力的《性、性别与社会》（*Sex, Gender and Society*, 1972）一书出版，奥克利树立了自己的学术声望，在该书明确了生理性别与社会性别之间的区别，以及二者作为社会学讨论议题的重要性。随后，她又相继出版了一系列关于家务劳动（housework）*、妊娠和母职（motherhood）*的著作（其中包括：《家务社会学》*The Sociology of Housework*, 1974；《女性主体》*Subject Women*, 1982）。奥克利随后的研究还探索了上述议题与健康和身体的关系，尤其着重于医疗实践的干预。她还对性别与方法展开研究，探讨了定性研究与随机对照方法之间的关系，并对自己的研究实践进行了反思。她也对健康和身体问题进行了更广泛的研究，并在环境议题上也有重大的研究成果（《地球上的性别》*Gender on Planet Earth*, 2002）。2011年，奥克利荣获英国社会学学会颁发的终身成就奖。

objective（objectivity）客观（客观性）

有人将社会学视为一门实际或潜在的科学，有人则主张将社会学视作某种智力活动（例如文本解释，对话中予以对方的同情之理解，还有在心理分析师的引导下努力认清自我），在二者的争论中，客观性概念是一项重要的武器。客观性这一术语可以用来指对科学研究者而言至关重要的一种心态：超脱、不偏不倚、对一切可能的证据保持开放。可以用来指运用的研究方法（research methods）*或其结果，即某些理论或者实质性知识主张。社会学方法课程中所讲授的大部分内容，是一些旨在防止研究在收集或解释证据的过程中产生偏差（bias）*的方法：随机抽样，使用对照组（control group）*，在预调查中使用不同的措辞等，都是为了消除偏差以确保客观性。以科学客观性为核心，并严格采用上述方法的研究，就可以合理声称充分代表了研究对象的客观性，而非调查者的主观意愿和偏见。

对社会学研究的科学范式持反对意见的人通常认为，态度、方法或结果上的客观性要么难以达到，要么对于社会学而言是不适用的。这种看法也许是因为社会学（与其他社会科学［social science］*）具有某些独有的特征，又或许正如激进女性主义对逻各斯中心主义的批判所反映出的那样，对于包括自然科学在内的任何形式的研究，客观性都被作为一种难以达到或不适用的标准而遭到拒绝。这常常涉及认识论相对主义的一种立场。

客观性作为研究者的一种态度，也可能因为不合适而遭到拒绝，因为它暗示着在道德上或政治上应与他人保持一种超脱；或者由于社会学家自身不可避免的社会或政治参与，而使客观性被认为是不可实现的。这种观点常常将主观性（subjectivity）*与客观性对立起来。由此可能导致的一种说法是，只有共同价值的表达或者研究者和被研究对象的共同活动才能引发所需的主体间的理解。

最近的讨论否定了主观性和客观性的这种对立，并看到了避免相对主义（relativism）*和实现客观描述的可能性，这一可能性是建立在观点多元化的基础上的，从而使追求知识成为可能。尽管社会学和其他社会科学必须对自身的社会和历史位置以及参与其中的社会学家的具体特征作出回应，其所获得的知识可以同时是公正的和经验上有效的。这些问题在盖尔·勒瑟比（Gayle Letherby）等人的《社会研究的客观性和主观性》（Objectivity and Subjectivity in Social Research, 2013）中进行了探讨。

Object Relations Theory 客体关系理论

精神分析理论自被西格蒙德·弗洛伊德（Sigmund Freud）*提出以来，发展成许多不同的流派，其中之一就是所谓的客体关系流派，它最初由 W. R. D. 费尔贝恩（W. R. D. Fairbairn）和 D. W. 温尼科特（D. W. Winnicott）*提出，但同时深受梅兰妮·克莱因（Melanie Klein）*的思想影响。从本质上说，客体关系理论为心理发展研究提供了一个比弗洛伊德早期的理论解释更加社会性的观点，认为个体是在与他人的关系中，以及寻求与他人建立关系的过程中形成。不同于弗洛伊德关于儿童发展的性欲阶段的概念，客体关系理论强调自我的逐步分化，而这一分化源于主体从早期婴儿阶段开始对真实人物（即内在客体）的经历的反思的形成。"客体"一词是指与主体在情感上有密切关系的一个或一群人（或他或她的内在代表）。根据客体关系理论，正是这些与他人的最初互动经历建构并形成了人们后来的人际关系。

客体关系理论的一个核心关切是婴儿与其母亲的早期依恋。许多女性主义理论家被这种强调母亲中心地位的理论吸引,并用这一理论来研究性别差异(gender discrimination)*的成因。一些学者认为,性别差异起源于婴儿的成长发育过程,在这个过程中,男性和女性婴儿经历了与母亲分离的不同模式的挣扎和痛苦。例如,南希·乔多罗(Nancy Chodorow)(《母职的再生产》*The Reproduction of Mothering*, 1978)描述了个体人格是如何在内在驱动和与其他人,或其他"客体"的关系中不断发展的。

observation 观察

参见隐秘观察(covert observation)*;非参与式观察(non-participant observation)*;公开参与式观察(overt participant observation)*;参与式观察(participant observation)*。

observer bias 观察者偏差

指的是所有研究者都会带到工作中的文化预设,它决定了研究者的研究方法(research methods)*和观察。一些人认为所有的研究(包括纯科学)都是这种偏差的反映。无论如何,研究人员通常被鼓励在报告他们的发现时明确指出任何可能存在的既有偏差,以便帮助其他人对其研究结果的"有效性"做出判断。

occupation 职业

指由于劳动力市场(labour market)*发展而从家庭活动中分离出来的经济角色,这些角色在工业企业、正式组织(formal organization)*或是社会经济结构中构成了更广泛的经济劳动分工(division of labour)*的一部分。另见劳动力市场(labour market)*；职业分类(occupational classification)*；职业隔离(occupational segregation)*。

occupational career 职业生涯

参见职业生涯(career)*。

occupational classification 职业分类

职业分类的最小单位是工作，工作被定义为个体需要完成的一系列的任务，通常以某种工作名称来区分。职业经常被当作工作的同义词，但也可能指的是以一个共同通用的职业名称代表的一系列相似的工作。工作和职业不仅可以用任务来描述，还可以用相关的特征来描述，例如技能(skill)*、责任、收入、入职资格和声望(prestige)*(参见地位[status]*)。还有一些可能来自任职者的更分散的特征，例如生活方式、文化举止等。

职业分类实质上是对工作和职业进行分类和排序的方法。分类体系会根据具体实践中某项条件的优先级的不同而变化，而这些标准又因分析意图和理论框架而异。绝大多数职业分类是由国家统计部门为制作国家就业数据而制定的，最通用的职业分类是由国际劳工组织制定的国际标准职业分类(ISCO)，目前有许多根据它们首次出版的年份来区分的版本(因此有"ISCO-68"和"ISCO-88"分类)。最新的(1988)分类是基于工作(要执行的一系列任务和责任)和技能(既指技能水平，或是它"所包含的任务和责任的复杂度和范围"，也指技能的专业化程度，即它"所要求的知识领域，所使用的工具和机器，工使用或是要加工的材料,以及所生产的商品和服务")的概念制定的。这就产生了一个金字塔中类体系,其层次结构由10个大类组成,在聚集的顶层再细分为28个中类、116个小组和390个细类。因此,例如,在第4大类(办事员)中,第41中类是办公室办事员,其中包括第412小类(数字文员),而第412小类又由两个细类,即4121细类(会计和账簿办事员)和4122细类(统计和财务人员)组成。美国人口普查局和英国国家统计局拥有它们自己的完全不同的分类体系。

在社会学中,职业数据通常用于分析地位获得(status attainment)*和职业流动(career mobility)*,因此,持续一致的分类标准和分组数据的层级安排有时是非常重要的。关注工作环境和市场环境的阶级理论家支持基于收入来源和水平、就业状况(employment status)*或是就业条件的职业分类。最好的例子就是戈德索普的职业阶级(在一些国家被称为埃里克森-戈德索普阶级),它起源于英国人口普查局对职业和就业状况的分类(具体可参见埃里克森[R. Erikson]和戈德索普[J. H. Goldthorpe]*的《不断的流变》The Constant Flux,1992)。如霍普-戈德索普职业声望量表那样,那些将社会阶级(social class)*和社会地位(social status)*等同视之的学者经常会将对职业声望的主观评估作为阶层评判的基础(参见J. H. 戈德索普、K. 霍普[K. Hope]的《职业的社会分级》The Social Grading of Occupations,1974)。

多数职业分类被认为体现了男性偏见,这一点在职业区分、职业分类以及职业排序中均有所反映。女性占多数的职业常常被归在较低层次的类别中(例如办事员职业),导致这些职业在外部情况变化时难以被细分和重新定位。与之类似,女性占主导的职业的技能和地位可能被低估,从而可能会扭曲这些职业在相应地位分层中的位置。

社会和经济变化持续改变着职业结构（occupational structure）*，这限制了用某一种特定分类方式来反映随时间变化的职业结构的能力。因此，持续的更新非常必要，虽然这样会使识别职业结构的历时性变化变得更为复杂，因为某些历时性变化可能是因分类方式自身的改变而造成的假象。

occupational community 职业社区

参见社会图景（images of society）*。

occupational mobility 职业流动

职业流动时常被误称为社会流动（social mobility）*，它其实是指社会空间分层体系中一个职业类别的流动，或从事某个职业上的个体的流动，又或是某个职位空缺在社会空间分层体系中的流动。对印度种姓制度的研究阐释的是第一种情况，对父子职业成就的研究对应的是第二种情况，而哈里森·怀特对办事员职位空缺链的研究属于上述第三种类型。

多数研究都假设职业（occupation）*在声望或地位（status）*等单一维度上存在差别，并用这些指标（indicator）*来测量（measurement）*职业流动。因此，向下和向上流动分别指职业声望（occupational prestige）*的下降和升高。同时还对代内流动（intragenerational mobility）*（例如职业生涯[occupational career]*）和代际流动（例如种姓流动或父子职业成就的比较）进行了区分。在美国和欧洲经典研究的影响下，现在很多国家的研究均关注子女（特别是儿子）的职业成就与父母背景之间的关系，最典型的例子就是"父子（职业）流动表"，即研究父辈特定的职业类别下后代的职业成就，或者反过来去研究某一职业类别的人们的父辈从事什么职业。流动表分析构成了传统的职业流动研究的核心，但现在更为学界所偏爱的是结构模型，其特点是能够探索影响职业成就的因子之间的相互关系。另见地位获得（state attainment）*。

occupational prestige 职业声望

职业声望主要指大众对工作（work）*或职业（occupation）*所赋予的有差别的社会评价。人们对工作的了解，或者说人们是如何看待各种职业的，在很大程度上是既定的；人们赋予工作的价值（value）*则存在诸多差异。

询问人们如何评价某个职业的"一般性地位"（这是最为常见的问题）是用来作为衡量职业声望和其社会地位（social status）*的一般标准，尽管如"社会效用"以及"威望""地位"本身也被提出来作为测量标准。通过计算受访者（respondent）*评价的平均数，或者使用C. C. 诺斯（C. C. North）和P. K. 哈特（P. K. Hatt）于1947年在一个经典美国研究中（《工作和职业：一个通行评估》Jobs and Occupations: A Popular Evaluation，载于《观点新闻》Opinion News）提出的、使用认为该职业有"良好社会地位"的百分比可得到职业量表（实际应用中通常是国家层面的），将得到的排序聚合起来可得到职业（声望）量表。尽管这些变化大量存在且从未停止，但这些变化却很少受到关注，并且，在对职业的感知和评价上是否存在一致的社会性差异存在争议。结构功能主义者对不同国家平均职业排名之间的关联性做了诸多研究，但这可能是由于他们的研究仅局限在一些人们熟知的、已产生了刻板印象(stereotype)*的职业,以及局限在广泛存在于国家间的、对这些职业的共同认知上。

尽管职业声望分数的实际意义和方法论意义有时很模糊,但职业声望分数在一系列基于社会流动(social mobility)*视角来分析社会阶级(social class)*、受教育程度和职业继承的社会学经验研究中是核心所在。在职业流动(occupational mobility)*的比较研究中,使用最为广泛的职业声望量表可能是特雷曼量表(参见 D. J. 特雷曼[D. J. Treiman]的《比较视野下的职业声望》*Occupational Prestige in Comparative Perspective*, 1977)。另见社会经济地位(socio-economic status attainment)*。

occupational segregation 职业隔离

在就业(employment)*中,男性和女性或不同族群或宗教团体被分流到不同类型的职业角色和任务中,由此形成两个或更多分隔开来的劳动群体,即劳动分工(division of labour)*或隔离。传统上我们会区分垂直劳动隔离和水平劳动隔离。前者指诸如地位更高或薪酬更好的职位多由男性或白人担任等现象。而后者则指不同性别或族群在不同类型的职位上工作:男性为工程师,女性为打字员,诸如此类。这一区隔将在"劳动分工"词条详细探讨。

有一点很重要,即不要混淆了职业隔离和劳动力市场分割(labour-market segmentation)*这两个概念。"职业隔离"是指将从事特定工作的个体或群体隔离开,以致他们之间几乎不存在任何有效竞争的过程。"劳动力市场分割这一概念通常被用作描述劳动力市场(labour market)*的分化,即分化为相互分离且特殊的部分,每一部分提供不同的职业回报和雇佣条件等。职业隔离和劳动力市场分割没有必然关系，原因在于：尽管在有些社会中男性和女性被分化到不同职业类型中，但女性能够拥有较好的工作条件和职业机遇（至少和某些具有相近程度的、职业性别隔离的社会相比之下如此）。

也许程度有所不同，但职业性别隔离普遍存在于所有工业化社会。而相较于欧洲社会，族群的职业隔离在美国更为常见。此外，尽管基于宗教的职业隔离出现频率较前两者低，它依然存在，举一例子：北爱尔兰新教徒和天主教徒有相互区隔开来的劳动力市场。

关于职业隔离的经验研究面临愈加突出的测量问题。比如，为了有意义地讨论职业隔离，在某种职业中属于特定族群的工人相对于另一种职业应占多大比例？在多大程度上一种性别而非另一性别占据了高等级、高收入职业，我们才能说存在着垂直职业隔离？测量横向职业隔离的一个常用方法是相异指数（dissimilarity index）*，但是各种可替代的、测量垂直和水平职业隔离的指数是共用的，包括如女性代表系数，即对每个主要职业组群而言，用它的女性就业比例除以女性总就业比。这些指标（indicator）*对于职业分类（occupational classification）*的细化程度是很敏感的：职业分类越详尽，职业隔离程度则越容易被识别。这一点对于跨时间、跨国度的相关比较十分重要（因为在社会调查［social survey］*和官方统计数据［official statistics］*中跨国的标准化职业分类仍不常见）。研究人员日渐意识到关于职业隔离的任一单一指标都不可能揭示职业结构（occupational structure）*中的变化模式。可替代方法是衡量统合性强的职业和隔离程度高的职业在不同群体及不同时间的相对重要性。上述类型的测量问题类似于社会流动（mobility, social）*相关文献中讨论的问题。

关于父权制（patriarchy）*和人力资本的一系列理论将男女两性在就业中的区隔与"家庭分工"（domestic division of labour）*联系起来。人力资本理论同样可用以研究族群在就业中的区隔，但更常见的一个解释是族群在就业中的隔离是歧视之结果或（从历史性视角来看）殖民主义（colonialism）*的遗产。在《妇女工作中的关键性问题：女性异质性和女性就业的两极化》（*Key Issues in Women's Work: Female Heterogeneity and the Polarisation of Women's Employment*, 1996）一书中，凯瑟琳·哈基姆（Catherine Hakim）对职业隔离的测量问题以及关于职业性别隔离相互矛盾的阐释做了细致全面的回顾，提供了一个基于数个工业化国家的就业数据的经验研究，并提出了一个（有争议的）解释来阐释劳动力（labour power）*的两极分化、在家庭的性别分工中体现的有关妇女从属地位的信念以及关于两性差异的一般性的意识形态（ideology）*之间的关系而不是诉诸于更为常见的性别之间的机会不平等。

occupational socialization 职业社会化

职业社会化指在雇佣职场中习得必要的态度（attitudes）*与行为（action）*以形成自身可见及持续的竞争力，包括通过正式工作训练、（遵循并内化）非正式工作规则、分享同辈群体（peer group）*的价值以及维护同辈关系而获得的种种能力。

occupational structure 职业结构

职业结构指社会中各种职业基于技术水平、经济功能以及社会地位（social status）*的层级化的总体性分布。职业结构由多种因素形塑：经济结构（不同工业部门［industrial sector］*的相对权重）、技术（technology）*和科层制（bureaucracy）*（技术类型的分配以及行政职责）、劳动力市场（labour market）*（它决定各职业的薪酬和从业条件）、地位（status）*与声望（受到职业的封闭性、生活方式以及社会地位的影响）。很难确定这些因素哪一个是形塑职业结构的主因。此外，随着社会变化，它们在塑造职业结构方面的作用也随时间推移而变化。比如，在欧洲工业化（industrialization）*早期，制造业（manufacturing）*在欧洲社会是主要劳动部门，体力劳动因此占据主导地位；然而最近，制造业收缩，服务业（service industries）*同时发展起来，导致白领职业增多。体力劳动（manual occupation）*和非体力劳动之间的区别也变得模糊起来。

各种不同的分类方案被用于描述、分析职业结构，这些方案根据技能（skill）*、雇佣状态或功能等具体标准将相似的职业归类在一起。这些分类方式同样被用于作为经济和社会阶级（social class）*实证分析的基础。另见工业部门（industrial sector）*；职业分类（occupational classification）*。

Oedipal stage（Oedipus complex）俄狄浦斯阶段（俄狄浦斯情结）

参见精神分析（psychoanalysis）*。

official statistics 官方统计数据

官方统计数据的信息由各国政府、其机构以及与它们相关联的国际机构生产、编制整理、传播。因为这些数据是从完整的人口普查数据或大型的国家抽样调查（sample survey）*中获得，它们几乎总是具有全国范围内的代表性（representativeness）*，并且它们通常设法提出与国际通用定义、分类或其他已成型公约相符合的明确资料。官方统计数据极为客观，不为求新，这与其他来源于学术研究、市场研究（market research）*、独立研究机构、商业组织，以及地方、区域或国家主体的数据形成鲜明对比。

官方统计数据均以大部头形式出版，并且作为最终性记录保存在图书馆内。大部头的传播方法凸显了官方统计数据的不够灵活，迫使调查结果的呈现局限于一小部分经过选择的统计指标和指数，并且随着信息技术（information technology）*的大量使用而迅速消失了。在20世纪90年代及其后，政府统计信息非常有可能以计算机磁盘作为匿名微数据（microdata）*载体传播，或作为磁盘上的数据子集，或作为在磁盘上特别编制的、协调的时间序列形式，每月由国家或国际计算机网络或电信系统更新。对官方统计数据感兴趣的相关方现在不用在出版物中寻找所需，而是可能需要从带有内置软件的磁盘中创建、提取数据，或者从台式终端呼叫服务全国使用者的电脑中心，从定期更新的数据库中提取图表。

至今，各国政府仍拒绝为允许大规模链接政府各部门相关数据立法，这一提案将要求为全人口中每一位建立一套独特的、从生至死都需使用的身份识别码（或其他参考系统）。基于区域的社会档案在西方工业社会（industrial society）*广泛被使用，尽管如此，当下的数据保护政策也阻碍了商业部门的这种数据发展。在大型政府数据库得以设立之前，中央政府机构拥有的信息要么来源于公民对公开问询的回答，要么是按规定正式记录在案的事件。

几乎所有官方统计数据最初都来自关于对特定事件发生时的

详细记录：出生、死亡、结婚（marriage）*、离婚（divorce）*、犯罪（crime）*、某些传染疾病，以及后来必须登记的疾病（illness）*如癌症、艾滋病（AIDS）*等。类似的流程也涉及非强制性活动的行政记录，比如申领失业补贴。通过这类记录获得的数据所占总数据比例在不断下降。它们由完整的有关事件的普查构成，因而可靠、数据新，而且使用起来成本低廉，这是它们的主要优势。其明显的缺点在于这种程序只能收集相当小范围的资料。尽管死亡这一事实易于记录，但引发死亡的原因则是可议的；而其他相关因素则太复杂而不能通过这种程序做简单记录。某些统计数据仍是通过强制登记和行政记录而获得，比如医院的各种病例记录、警察系统的犯罪记录，以及人们所申报的各种社会保险福利记录等。但是这些记录被尤其是专门设计的数据所补充以及日益替代，包括强制性人口、住房和就业普查，以及针对全国成年人人口或该人口中特定部分的自愿性访谈调查。

人口普查通常十年进行一次，并辅以一系列定期调查，以按季度、年度或更低频率时间间隔提供统计信息。现今很多国家都会开展多目的年度家户调查，以收集人口普查十年间隔期内的社会与经济数据。德国称之为微观人口普查，美国则称其为当前人口调查。在其他大多数国家，它被称为劳动力调查；它收集的信息比人口普查广泛得多。此外，还有大量其他的数据收集工作，这些数据收集通过当面问卷调查、邮寄或电话访问等社会调查方式收集可以被编码及量化处理，以产生关乎众多主题的数据，包括收入、贸易、疾病、健康、医疗服务使用、住房、工作变迁及迁移、家庭支出模式、零售价格指数、国民经济账户、政府支出、食物消费和营养的模式、受害者经历、国际旅行、迁入或迁出移民等。另外，各国政府还就公众关注的各类议题进行范围广泛的专门抽样调查，有的是一次性的，有的是每五年、十年或二十年重复调查一次。

由一国政府自主的定期和专门性的抽样调查的确切数量和种类需视地方需要及情况而定。在很多情况下，这些调查是由其他机构，比如独立研究机构、国际机构、慈善基金会或者商业组织共同资助并执行的。官方和非官方统计和数据库之间的分野变得模糊了，这是因为统计资料收集的重点从由政府主导的公共部门记录和登记转变为采访调查，而后者具有全社会可获得性，甚至如果由非政府机构执行可能会更加成功。

使用官方统计数据，尤其是犯罪统计（criminal statistics）*，一直受到很多批评。研究统计数据的社会组织和生产的人并不把这些资料视为资源（用以解释特定社会现象），而是作为自身调查研究的主题。在一篇早期论文（《关于官方统计的注解》A Note on Official Statistics，载于《社会问题》Social Problems，1962）中，约翰·吉特苏斯（John Kitsuse）和亚伦·西库雷尔（Aaron Cicourel）认为犯罪统计数据不应被视为犯罪率（crime-rate）*的客观性（objectivity）*指标，而应作为社会组织、作为保存统计资料的机构的工作的展示而被检验。类似地，杰克·道格拉斯（Jack Douglas）在《自杀的社会意义》（The Social Meanings of Suicide，1967）中建议爱弥尔·涂尔干（Émile Durkheim）*的自杀统计数据应被同样审视，即将其视为需要解释的社会问题而非自杀率的客观或真实测量。这一工作与对社会学的常人方法学（ethnomethodology）*意义的批评有明确关联性，即批评社会学沦为将常识性意义视为理所当然的"民间科学"。这一批评被罗伯特·格哈特（Robert Gephart）表述为"常人统计学"，其定义为"针对定量社会研究中统计数据的建构、解释和展示的研究"。参见鲁斯·列维塔斯（Ruth Levitas）和威尔·盖伊（Will Guy）的评论——《官方统计的解释》（*Interpreting Official Statistics*, 1996）。

Ogburn, William Fielding 威廉·费尔丁·奥格本（1886—1959）

一位早期的芝加哥学派（Chicago School）*的社会学家，1929年曾任美国社会学会主席。他的主要研究兴趣在社会变迁（social change）*的过程，在这一背景下他提出"文化滞后"（cultural lag）*的概念。《论文化与社会变迁》（*On Cultural and Social Change*）一书选取了威廉·费尔丁·奥格本的较为出彩的研究成果。

oligarchy 寡头政治

任何一类由少数人统治的政府形式称作寡头政治。例如，由内部自我调控的精英（elite）*集团成员支配（domination）*一个大型社会。另见罗伯特·米歇尔斯（Michels, Roberto）*；政治社会学（political sociology）*。

oligopoly 寡头垄断

寡头垄断是少数主体之间的竞争、对竞争对手政策的看法和认知，以及对察觉到对手意图后的反应比对价格-产出的考虑更加重要。双头垄断（两家相互竞争的机构掌握并实行控制权）是寡头垄断的一个特殊例子。英国电力供应行业的私有化是双头垄断的一个实例，它给行业内竞争以及新的市场参与主体制造了困境。另见垄断（monopoly）*。

ontology 本体论

任何一种理解世界或其某一部分的方法都须作出关于在该领域中存在何种事物、存在的条件以及依存关系等或隐性或显性的假设。这种明确了各类存在及其关系的清单即本体论。从此种意义来看，包括社会学在内的每一种科学都有其本体论（比如人、制度、关系、规范、实践、结构、角色，或者其他任何特定的社会学理论所考虑的东西）。形而上学（metaphysics）*作为一种哲学表达，其核心是提供一个关乎整体世界的本体论。某些版本的形而上学则采取了一种试图系统整理特殊科学的本体论之间关联性的形式。

open-ended question 开放式问题

指未预先设定确定答案类别的访谈问题。访谈员须逐字记录被访谈者的答复，并在所有访谈结束后进行编码，或者在一份报告中逐字引用而将答复分为几大类。另见封闭式回答（closed response）*；编码（coding）*。

open groups 开放群体

参见封闭群体和开放群体（closed groups and open groups）*。

open societies and closed societies 开放社会与封闭社会

开放社会与封闭社会由卡尔·波普尔（Karl Popper）*在其著作《开放社会及其敌人》（The Open Society and its Enemies）中阐发，并在《历史主义的贫困》（The Poverty of Historicism）中进一步探讨。波普尔认为，科学与人类历史在本质上都是未确定的、流动的。这一理念在社会理论中的应用即产生了波普尔对历史决定论极生动又具毁灭性的攻击,包括柏拉图(Plato)、黑格尔(Hegel)*、马克思(Marx)*关于存在历史规律及人类命运可知等的理论。波普尔将它们斥之为科学上不成立、政治上危险。他指出,所有历史主义的理论都可能导致威权主义(authoritarianism)*、非人道政权,即导致封闭社会,因为这些理论限制了正常的社会变化过程。相较之下,开放社会则建立在众多个体的行动、创造力、创新力之上,并通过渐进社会工程(piecemeal social engineering)*而不可预知地发展。在开放社会中,社会政策(social policy)*受到监控以避免意外后果,受到公开批评并据以调整。这种类型的社会必须是自由且民主(democracy)*的,即意味着存在将未能回应合理批评的统治者赶下台的可能性。可以确信,其中隐含的是当时苏联作为封闭社会的极权(totalitarian)*体制与西方民主国家作为开放社会之间的对比。

operant conditioning or learning 操作条件反射/学习

参见条件反射(conditioning)*。

operational definition/operationalization 操作定义/操作化

操作化指在实证研究中将抽象概念(concepts)*具体化、可观察化及可测量化。操作定义是关于更广泛概念的具体实用及现实的指标(indicator)*。譬如,社会阶级(social class)*这一概念可通过访问人们从事的工作将其回复编码(coding)*为工人阶级(working class)*或中产阶级(middle class)*。关于这一概念另一种操作化方法是直接询问受访者(respondent)*他们自认为所属的阶层(如果有的话)。从该例子可知，操作定义或操作化对测量过程极为重要，并且往往是研究设计（research design）*中最具有争议的方面。

operational model 操作模型

参见模型（model）*。

opinion polls 民意调查

民意调查指通过访谈（interview）*某一群人中具有代表性（representativeness）*的那部分样本（sample）*以获取并描述他们对某些具体问题的看法。民意测验通常以访谈公司名字来指代，如盖洛普民意调查。最为常见的民意调查话题是投票意向、政党（political parties）*支持、对当下政府及其政策的看法、对当前重大公共问题的看法等。因此，民意调查通常被用来预测选举结果，且成功率较高。在社会调查（social survey）*成为主流之前的几十年中，民意调查是社会科学家获取数据的主要来源。比如，盖洛普民意调查提供的数据可以追溯至1937年的英国。现在，一些民调公司正寻求建立跨国比较数据库。

opportunity structure 机会结构

机会结构由理查德·克劳沃德（Richard A. Cloward）以及劳埃德·奥林（Lloyd B. Ohlin）在其著述《不良行为与机会》（*Delinquency and Opportunity*, 1960）中提出。这一概念尝试将默顿（Robert Merton）*的失范（anomie）*理论与芝加哥学派（Chicago School）*的文化传播及差别接触（differential association）*等理论传统结合起来，

以期产生一个关于犯罪机会差异的犯罪亚文化(subcultures)*理论。当个体通往成功之路被阻断(如学业失败),其他的机会结构可能会被察觉,但这些机会结构会导致各类越轨行为。作者识别了三种主要的犯罪机会结构:犯罪(crime)*、逃避现实、冲突(conflict)*。他们的论点对20世纪60年代北美社会建立新的职业规划影响巨大。另见亚文化(subculture)*。

oral history 口述史

口述史是一种书写历史的方法,它在很大程度上依赖于访谈(interview)*年纪较大的个体以获得他们关于其儿童期、青春期(adolescence)*、成年生活中发生的事件、态度和行为等的回顾性数据。实际上是将访谈这一社会调查(social survey)*法从社会学迁移到社会史(social history)*研究,或研究已收集起来的大规模的生活史(life history)*。存在一个国际组织的口述史学会,拥有自己的期刊《口述史》(*Oral History*)和一系列国家的口述史数据档案(data archive)*。保罗·汤普森(Paul Thompson)的《过去的声音》(*The Voice of the Past*, 1978)是这一领域的典范文本。汤普森《我们共同的历史》(*Our Common History*, 1982)中的文章是该领域的典范作品。

口述史这一方法可以涵盖的时间跨度和研究主题是明确受限的,典型主题包括家庭生活、社会结构(social structure)*、社会关系、市场部门中的雇佣、在非正式经济(informal economy)*中的工作、休闲活动、对重大公共事件的看法,以及在老年时期对这些事件重建的态度和价值等。在一项关于儿童犯罪的极为有趣的研究中(《流氓还是反叛?工人阶级童年和青年的口述史研究,1889—1939》*Hooligans or*

Rebels? An Oral History of Working-Class Childhood and Youth, 1889-1939），斯蒂芬·汉弗莱斯（Stephen Humphries）指出流氓行为、破坏公物行为、青少年帮派、课堂反叛等在下层社会的儿童和青年中早已有之、长期存在，而非仅仅是当下某些社会变迁（social change）*的产物。口述史访谈大致相当于全国性调查（存在老年群体中因死亡而删失的样本），或当地社区研究（community studies）*，以及特定社会现象的案例研究，比如以家庭为基础的就业模式变化。

口述史现在趋向于强调某一群体共享的记忆以及他们在维持社会团结（social solidarity）*中的角色。口述史并非提供实际上发生了什么的信息，而是提供人们通常认为已经发生的信息。口述史会揭开某些群体维护的、关于其过往历史的迷思（myth）*（参见拉斐尔·萨缪尔[Raphael Samuel]和保罗·汤普森[Paul Thompson]编的《我们赖以为生的迷思》*The Myths We Live By*, 1990）。

order, social 社会秩序

参见社会秩序（social order）*。

organic analogy 有机类比

19 世纪诸多社会学家都用有机体这一概念去整体地、系统地描绘刻画社会生活的方方面面。受到生物学前沿发现的启发，赫伯特·斯宾塞（Herbert Spencer）*、阿尔伯特·谢弗莱（Albert Schäffle）、雷内·沃姆斯（René Worms）以及很多其他社会学家探索了不同社会结构（social structure）*及其功能之间的区别。有机类比与个人主义

(individualism)*相对立。尽管社会与生物有机体的区别被反复讨论,该方法的主要问题在于其处理社会冲突(social conflict)*相关问题的能力以及把握社会的可塑性应居于何种界限之下、范围之内。另见功能(function)*;社会秩序(social order)*。

organic composition of capital 资本有机构成

资本有机构成指不变资本与可变资本占全部资本(capital)*之比,由价值单位测量。通俗而言,资本有机构成可理解为资本与劳动之比,或者由初级原料、机器或其他投入所创造的产出与劳动创造的产出之比。卡尔·马克思(Karl Marx)*认为资本的有机构成会随着资本主义的发展而上升,其原因为可用于替代劳动力(labour power)*的技术的发展。另见资本密集型生产(capital-intensive production)*。

organic solidarity 有机团结

参见劳动分工(division of labour)*;有机类比(organic analogy)*;社会秩序(social order)*。

organization 组织

参见正式结构(formal structure)*;组织理论(organization theory)*。

organizational culture 组织文化

组织文化指在一个正式组织(formal organization)*中表征出其内部社会关系特征的价值、行为规范及模式。20世纪80年代在一系列英、美管理类文本中始现这一概念,主要用于解释西方企业于应对经济衰退时的困难或者日本企业对西方管理模式的挑战（有时两者都有）。许多这些文本，包括最畅销的威廉·G. 乌奇（William G. Ouchi）《Z 理论》(Theory Z, 1981)、托马斯·J. 彼得斯（Thomas J. Peters）和罗伯特·H. 沃特曼（Robert H. Waterman）的《追求卓越》(In Search of Excellence, 1982)、沃尔特·戈德斯密斯（Walter Goldsmith）和大卫·格鲁特巴克（David Clutterbuck）的《连胜》(The Winning Streak, 1984)、理查德·坦纳·帕斯卡尔（Richard Tanner Pascale）和安东尼·G. 阿多斯（Anthony G. Athos）的《日本管理的艺术》(The Art of Japanese Management, 1981)、特伦斯·迪尔（Terence Deal）和阿兰·肯尼迪（Alan Kennedy）的《企业文化》(Corporate Cultures, 1988)都简单地重申了人际关系理论（human relations theory）*视角对劳资关系（industrial relations）*的洞察力（例如，乌奇明确地呼吁"将企业内部的注意力转向人际关系"）。另一方面，迪尔和肯尼迪很大程度上重申了由汤姆·伯恩斯（Tom Burns）和G. M. 斯托克（G. M. Stalker）（载于《管理创新》The Management of Innovation, 1961）之前的分析和结论，尤其是关于组织内部多元社会体系（plural social systems）*运作以及匹配管理系统对组织内经济和政治环境的必要性。简而言之，考虑到组织文化及相关研究似乎仅是重新发现一些社会学中平常之处，这是一个具有广泛却又令人好奇的影响力的概念及文献群。另见权变理论（contingency theory）*。

Organizational Design Movement 组织设计运动

组织设计运动也被称为"新人类关系学院"或"组织心理学"，由一群在20世纪60年代影响美国及欧洲商学院具有影响力的作家组成。

最为著名的理论家为道格拉斯·麦格雷尔（Douglas McGregor）（《企业人性化的一面》*The Human Side of the Enterprise*, 1960），雷尼斯·李克特（Rensis Likert）（《管理新模式》New Patterns of Management，载于V. 弗洛姆[V. Vroom]和E. L. 德西[E. L. Deci]编的《管理与动力》*Management and Motivation*, 1970）和克里斯·阿基里斯（Chris Argyris）（《理解人类在组织中的行为》Understanding Human Behaviour in Organizations，载于M. 海尔[M. Haire]编的《现代组织理论》*Modern Organization Theory*, 1959）。这些作家共用持有的一个信念是传统的正式组织（formal organization）*（参见正式结构[formal structure]*）体现了其设计者退行的心理假设，以至于这些组织时常会造成工作其中的个体的心理压力，而更好的组织结构是可能的。这些理论都松散地建立在亚伯拉罕·H. 马斯洛（Abraham H. Maslow）*的理论之上。这些观点成为后来工作生活质量运动的主要要素。

organizational reach 组织范围

在《社会权力的来源》（*The Social Sources of Power*，第一卷，1986）一书中，英国社会学家迈克尔·曼（Michael Mann）通过对大量史料的分析与研究将组织范围划分为四种类型，以此来描述社会权力网络的特征。这四种类型的划分主要基于两个维度：一个维度是对组织权力（power of organizations）*的广泛性权力和深入性权力进行区分，即"在异地组织大量人员进行最低限度稳定的合作的能力"（广泛性权力），与之相对的是"密集组织人员并从他们那里获得高水平动员或忠诚的能力"（深入性权力）。另一个维度则是对权威性权力和弥散性权力进行区分,即"权力实际上是由群体和机构来执行的"(包括明确的命令和有意识的服从),与之相对的是"以一种自发、无意识、弥散的方式在人群中传播的权力"(比如理解某些共同的社会实践是自然的或是道德的)。由此产生的四种形态的组织范围可分别将其称之为军队指挥型组织(深入性权力和专制型权力)、军事帝国型组织(广泛性权力和权威性权力)、总罢工型组织(深入性权力和弥散型权力)以及市场交换型组织(广泛性权力和弥散型权力)。

organization man 组织人

"组织人"这一称呼最初取自威廉·H. 怀特(William H. Whyte)于 1956 年出版的一部美国大众社会学(pop sociology)*经典著作的名字。该著作认为大型组织中的白领员工正被公司生活与公司忠诚所支配。在与朋友、家庭和社区断绝联系的过程中,"组织人"开始表现出一种新的"官僚型人格结构"。这种人格结构不仅有助于在郊区大规模推广一种一致的私有化生活方式(life style)*,而且颠覆了美国竞争性个体主义(individualism)*的价值。

organization theory(sociology of organization)
组织理论(组织社会学)

在实践中,两者可以经常互换使用,但是前者的范围要比后者稍宽,因为它还涵盖非社会学家所从事的相关工作,比如为管理层提供组织设计和运作建议等。

随着各式各样的组织不断深入到社会生活的方方面面,组织社会学对"组织"这一个概念的界定开始出现一些困难。在一次针对此问题的讨论中,《组织理论》(The Theory of Organizations, 1970)一书的作者大卫·西尔弗曼(David Silverman)认为,作为社会学的分支学科,组织社会学所关注的正式组织(formal organization)*有两个显著的特征:一是只要条件成熟,它们自然会在某个可确定的时刻内出现;二是它们所表现的社会关系模式并不像非正式组织(如家庭)的社会关系模式那样被视作自然些,而且组织参与者往往寻求这些关系模式的协调和控制。因此,对这些社会关系的性质以及预计的变化都需要给予相当大的关注。

早期的组织理论沿着两条平行的轨迹发展,反映其社会学和管理学的双重渊源。19世纪工业社会(industrial society)*的发展涉及大规模组织的扩张,特别是工厂(factory)*和国家(state)*的扩张。前者产生了与弗雷德里克·W.泰勒(Frederick W. Taylor)*相关的科学管理(scientific management)*理论,后者则为韦伯发展其对科层制(bureaucracy)*结构的理想类型学说提供范例。这两种理论都注重分析组织的结构,即组织人员所担任的各种职务的性质、这些职务所赋予的权力与职责,以及它们与实现组织明确规定的目标所需的工作关系。两者都认为组织是等级结构,对工作的管理控制至关重要。

然而,在20世纪三四十年代,各种各样的研究(如切斯特·巴纳德[Chester Barnard]*有关人际关系运动(Human Relations Movement)的研究和社会学家菲利普·塞尔兹尼克(Philip Selznick)的经典研究——《田纳西河谷管理局》(Tennessee Valley Authority)开拓了第二个分析研究领域:对组织中发生的社会过程的研究。这类研究通常特别强调非正式、"非官方"的社会关系何以能够约束甚至颠覆组织的官方目标，并将组织视为合作而非等级控制的社会机构。

目前，社会学界对组织及其理论的研究汗牛充栋。事实上，大多数主要社会学理论流派都曾对此展开相应的研究。斯图尔特·克莱格（Stewart Clegg）和大卫·邓克利（David Dunkerley）在《组织、阶级和控制》（Organization, Class and Control, 1980）一书中运用多种方法将所有组织及其理论研究划分为四种类别。具体如下：

组织类型：指尝试根据各种关键特征对组织进行分类，比如哪些人会从组织的运作中受益，或者组织如何从成员那里获取忠诚。这类研究中，彼得·布劳（Peter Blau）、阿米泰·埃齐奥尼（Amitai Etzioni）、罗伯特·布劳纳（Robert Blauner）、汤姆·伯恩斯（Tom Burns）和 G. M. 史塔克（G. M. Stalker）的作品最具代表性。

作为社会系统（social system）*的组织：这类研究与塔尔科特·帕森斯（Talcott Parsons）*的结构功能主义行动理论以及菲利普·塞尔兹尼克（Philip Selznick）和罗伯特·默顿（Robert Merton）*对组织的专注研究相一致。组织是由与其他社会系统相互作用的社会系统所组成（因此，组织又被视为"开放系统"），这些系统的价值和目标是面向更广泛社会的价值和目标。帕森斯认为，组织维持的关键要求（被视为任何组织的首要目标）适用于所有社会系统，即适应、目标达到、整合和模式（或价值）维持。作为经验上权变结构的组织，这类研究与英国阿斯顿大学所作的研究有关。类型学（typology）*和社会系统方法难以将组织明确界定为一个理论对象。（它仅仅由一组类型特征来定义吗？或者，如果它是一个开放系统，那么系统边界划在哪里？）"阿斯顿计划"（The Aston Programme）运用心理学的见解，以及诸如量表测量和因子分析（factor analysis）*等统计技术，将组织绩效的测量与组织结构的不同维度（如任务的专业化程度和权力的集中程度）联系起来。后者则与情境性的自变量相关，如企业的规模、技术和位置。这种本质上属于经验主义（empiricism）*的方法受到相关研究者的普遍批评。

赫伯特·A. 西蒙（Herbert A. Simon）所从事的有关满足感（satisficing）*的研究为早期行动理论中的组织分析奠定了基础。后来的一些研究，比如大卫·西尔弗曼的研究，就受到现象学社会学（phenomenological sociology）*（特别是本土方法论）和互动论（参见符号互动论[symbolic interactionism]*）的影响。这里提到的"组织"并不是具体化的组织（强调的是组织好像与人一样，也是有目标和需求的），而是有动机的人试图解决他们自身问题的结果。它们是由对彼此有习惯性期望的成员的个体行为所建构的。这种方法让人怀疑将组织称为追求组织目标的机构是否合理。无论如何，已有的诸多研究表明，官方目标可能与实际目标或工作目标没有关系；组织经常有许多甚至相互冲突的目标；目标替代时有发生。受芝加哥学派（Chicago School）*影响的社会学家已经开始并将继续广泛研究组织内的非正式工作文化。这一传统在威廉·F. 怀特（William F. Whyte）（《餐饮业中的人际关系》Human Relations in the Restaurant Industry，1948）、唐纳德·罗伊（Donald Roy）（《机械车间的配额限制和偷懒行为》Quota Restriction and Goldbricking in a Machine Shop，载于《美国社会学杂志》American Journal of Sociology，1952）和霍华德·贝克尔（Howard Becker）*《白衣男孩》（Boys in White，1961）的作品中得到了证实。

许多组织理论因其规范性（在本词条中是偏管理方的）偏见、对组织成员的个体主义分析（即更多地从心理学角度而非社会学角度）

以及对社会中更广泛的权力和控制关系如何影响组织和受组织影响的分析不足而受到批评(换言之,过于关注管理权力的内部行使和管理权力的颠覆企图等问题)。

有关组织理论的实用性教材有彼得·杰克逊(Peter M. Jackson)的《科层制的政治经济学》(*The Political Economy of Bureaucracy*, 1982)和莱克斯·唐纳森(Lex Donaldson)颇有争议的《为组织理论辩护》(*In Defence of Organization Theory*, 1985)。另见行政理论(administrative theory)*;有限理性(bounded rationality)*;权变理论(contingency theory)*;弹性就业(flexible employment)*;福特主义(fordism)*;正式结构(formal structure)*;目标替代(goal displacement)*;霍桑研究(Hawthorne studies)*;直线职能制(line-and-staff)*;罗伯特·米歇尔斯(Michels, Roberto)*;组织文化(organizational culture)*;科学管理(scientific management)*;系统理论(system theory)*。

organized crime 组织化犯罪

凡是有利可图的犯罪(crime)*活动都离不开有组织的精心策划,但"组织化犯罪"这一术语通常只适用于描述某种等级结构中出现大量人员持续进行犯罪活动的情况。最常见的犯罪活动就是敲诈勒索和提供非法商品和服务,如走私酒、毒品、赌博、高利贷和卖淫。所有这些非法商品和服务都是受害人或客户通过与犯罪组织的下线进行联系之后才能获得,而且一旦建立这种关系,一般都会维持很长时间。因此,为了成功实施犯罪活动,有组织的犯罪集团如辛迪加通常会对警察或其他执法人员进行贿赂或者恐吓。所以,秘密社会通常也被认为是犯罪组织的代名词,比如海外华人的堂口组织、19世纪那不勒斯的克莫拉组织、西西里的黑手党，以及美国的科萨·诺斯特拉家族。不过，看起来更有可能的是，如果这样的秘密社会确实存在，它们实际上并不直接从事犯罪活动，而是作为一种兄弟会组织来充当一些敲诈勒索者的保护伞。秘密社会的神话主要是通过恐吓受害者来协助罪犯，同时帮助当局维持地方秩序，因为它们的存在证明了警察的无能。这两个方面建构起来的秘密社会往往是由种族主义（racism）*滋长起来的，因为犯罪活动本身通常混杂了一些种族因素。在敲诈勒索过程中，有组织的犯罪不仅与暴力和威胁有关，而且也与维持对下属的控制、在集团内部争夺权力、在集团之间争夺垄断控制权有关。

oriental despotism 东方专制主义

东方专制主义是德国社会学家卡尔·魏特夫（Karl Wittfogel）提出的一个概念。卡尔·魏特夫是法兰克福社会研究所的早期成员（见批判理论[critical theory]*），曾于1933年逃离第三帝国，并在美国度过了他的大部分学术生涯（参见《东方专制主义》*Oriental Despotism*, 1957）。魏特夫是一位研究中国文明的专家，同时也是一位颇有争议的人物。他的职业生涯丰富多彩，几乎横跨从斯大林主义（Stalinism）*到麦卡锡主义的政治谱系。他的名声很大程度上是基于他提出的东方专制主义概念以及他对所谓"水利社会"的分析所引发的争论。

魏特夫曾在早期作品中对中国历史上的封建主义（feudalism）*进行了阐述，认为周朝的立国之本是统治集团所收取的什一税，即由农民（peasants）*以集体劳动的形式在公田上进行劳作，而劳动成果则为统治阶级所有。后来，中国封建主义的赋税制度经历了从劳务地租到实物地租再到货币地租的转变，这意味着农民社区和地方领主之间的封建关系已被"东方专制主义"所取代。在这种专制制度下，从生产者那里直接获取剩余价值（surplus value）*的主要方式变成了支付给中央集权国家的货币地租。虽然魏特夫对这些历史事件的发生顺序并不清楚（在他后来的作品《中国周朝被重新归类为东方专制主义的一个实例》[Chou China is Reclassified as an Instance of Oriental Despotism]中有所提及），但他认为，这两种生产方式（mode of production）*之间的转变主要是由大规模灌溉农业的扩张与集约化所推动的，而要想实现对农业大规模灌溉的控制则需要一个中央集权的国家来组织动员与协调。这就是所谓的"水利假说"，即灌溉是中央集权政治权威产生的主要原因，也是早期文明发展的重要力量。东方专制主义认为这一论断不仅与中国有关，而且与马克思主义（Marxism）*关于亚细亚生产方式（Asiatic mode of production）*的论述所引发的更广泛的争论有关。

魏特夫的作品被批评为证据不足、前后矛盾，且带有明显的生态决定论（determinism）*和隐性的功能主义（functionalism）*的倾向。然而，他对早期水利社会中农业国家官僚体制特征的总结激发了大量后辈学者从事有关东南亚国家形成和阶级关系的研究。而他本人也被描述成一个复杂的多线进化论者。

orientations to work 工作导向

参见工作的主观经验（work, subjective experience of）*。

original income 原始收入

参见收入分配（income distribution）*。

Ossowski, Stanislaw 斯坦尼斯拉夫·奥索斯基(1897—1963)

波兰著名社会学家和哲学家。他的妻子玛丽亚·奥索斯卡（Maria Ossowska）同样也是一名哲学家。他们一道发表了大量有关科学哲学与心理学的文章。然而，在斯大林统治期间，波兰的大学的社会学系被取消，奥索斯基也随之被打压。在经历了一段沉寂岁月之后，奥索斯基于1957年出版了《社会意识中的阶级结构》(*Class Structure in the Social Consciousness*)，这让他受到了广泛关注。

这部作品包含了对阶级（class）*、社会结构（social structure）*、社会过程以及由此产生的知识环境的各种类型学（typology）*观点。他极力反对当时马克思主义阶级分析（marxist class analysis）*中出现的两极分化。更重要的是，他提出了一个观点，认为即使在正式废除阶级制度之后，地位特权（status privilege）*和经济不平等（inequality）*仍将存在。特别是他试图介绍研究对不平等的主观认识和态度的重要性，并研究在所谓的现实社会主义（real socialism）*的无阶级社会中，什么是新的、继承的甚至不存在的问题。他还注意到"资本主义（capitalism）*社会"和"社会主义（socialism）*社会"之间的相似之处在于，它们均以无阶级的方式来表现自己的社会并试图消除"弱势群体团结"的基础。生产资料（means of production）*的民族化固然可能是走向马克思列宁主义所设想的那种社会的必要条件，但这并不是一个充分条件，而且他还断言许多旧的不平等形式会以新的形式重新出现。

奥索斯基在写这部著作的时候，既有思想上的广度，也有道德上的勇气，因为在当时甚至连讨论社会主义人民民主的社会分层

（social stratification）*问题都是犯忌的。他不仅表达了对社会主义（socialism）*的关切，同时也展现了严谨治学的态度和学术自主的勇气，并为社会学的生存与繁荣奠定基础，而在当时其他现实社会主义国家中，社会学因受到打压已几近消失。

other-directedness 他人导向

他人导向是由大卫·理斯曼（David Riesman）（《孤独的人群》 *The Lonely Crowd*, 1950）创造的一个术语，指的是一种寻求他人认可和接受的人格类型，而不是根据个人道德准则独立行事的内在导向型人格。他人导向是由一个面向消费的科层社会造成的。随后出版的《人群中的面孔》（*Faces in the Crowd*, 1952）和《重新思考个人主义》（*Individualism Reconsidered*, 1954）这两部著作进一步探讨了理斯曼的这一论点，即随着工业化（industrialization）*的推进和人口密度的不断增大，美国人的性格正在从内在导向向他人导向转变。

out-group 外群体

威廉·格雷厄姆·萨姆纳（William Graham Sumner）*在其经典著作《民风论》（*Folkways*, 1906）中观察到，人们倾向于喜欢自己的群体（内群体［in-group］*），而不是其他竞争或对立的群体（外群体）。这个术语与族群中心主义（ethnocentrism）*有着密切的联系。

outlier 离群值

分布（distribution）*中的一个极值。离群值超出正常值或典型值范围，可能会导致某些平均值（mean）*或其他汇总统计数据计算出错。

outwork(outworking) 外包

这个术语通常指的是个体工人受雇于公司但在公司办公场工作所以外工作的就业(employment)*，主要是在自己家中从事相关工作。雇主提供材料(可能还有机械)，工人按件计酬。外包通常主要涉及简单的组装工作。另见家庭劳动(homework)*。

overdetermine 多元决定论

多元决定论(又叫多因决定论)是由西格蒙德·弗洛伊德(Sigmund Freud)*提出的一个概念，用来表示事物是由多重因素决定的，并以此对梦做出解析。这一概念后来被路易·阿尔都塞(Louis Althusser)*在《保卫马克思》(For Marx, 1966)一书中用来表示多重历史诱因。阿尔都塞把这种多重因果关系的观点与黑格尔的简单矛盾概念作了对比。他认为，当各种因素的组合呈现出"破裂的统一"这一特征时，革命就会发生。

over-socialized conception of man 人的过度社会化

人的过度社会化概念是由美国社会学家丹尼斯·朗(Dennis Wrong)基于对功能主义(functionalism)*，特别是对塔尔科特·帕森斯(Talcott Parsons)*的社会学的批评而提出的。朗不认可帕森斯关于社会化(socialization)*和社会融合(incorporation)*的观点。在《人的过度社会化概念》(The Oversocialised Conception of Man, 载于《美国社会学评论》American Sociological Review, 1961)一文中，他认为帕森斯对社会化的描述完全忽略了西格蒙德·弗洛伊德(Sigmund Freud)*在人性(human nature)*与文明社会秩序要求之间的对比中所确定的张力。他认为，人类应该被看作是社会的，而不是完全社会化的。这个概念也被用来描述哈罗德·加芬克尔（Harold Garfinkel）对帕森斯强调遵从文化规范的批评。

overt participant observation 公开参与式观察

公开参与式观察是指在研究对象同意的情况下进行的参与式观察（participant observation）*。这种同意可以是研究对象默许的，也可以是正式的。在后一种情况下，社会学家明确表示正在进行某项社会科学研究，而且研究对象本人也明确表示允许进行此项研究。在前一种情况下，研究者同样会表露他或她作为一个局外人的身份，但对研究的目的不会表述得很清楚，通常会大致表示自己对研究对象比较感兴趣，想"写一本关于他们的书"。如果这样足以帮助研究者进入田野的话，那么除非研究对象自己特别要求，就不用向研究对象提供进一步的研究细节。大多数研究者喜欢讲述他们是如何进入田野这一过程的。事实上，这对理解该研究是至关重要的，因为研究者和研究对象之间建立的关系可能会影响所获得数据的质量。因此，大多数公开发表的参与观察报告都详细报道了研究者在所研究的群体或社会中所扮演的角色。

over-urbanization 过度城市化

参见城市化（urbanization）*。

ownership and control 所有权与控制权

从历史上看，在西方发达资本主义社会中，生产资料（means of

production)*的所有权和控制权是否已分散到更大比例的人口当中，一直存在着很大的争论。在对这一问题的经典论述中（参见达伦多夫［R. Dahrendorf］的《工业社会中的阶级与阶级冲突》*Class and Class Conflict in Industrial Society*, 1959），达伦多夫认为所有权与控制权的分离日益加剧。随后的社会学研究对这两者之间的经验关系展开了调查论证与激烈的讨论。

阿道夫·A. 伯利（Adolf A. Berle）和加德纳·C. 米恩斯（Gardiner C. Means）（《现代公司与私有财产》*The Modern Corporation and Private Property*, 1932）认为，20世纪30年代美国大公司所有权与控制权的分离，正在将经济权力从所有者企业家（entrepreneur)*（资本家［capitalist］*）转移到职业经理人身上。工业企业规模的扩大，意味着持有股份的个人数量增加到了任何个人，甚至集团都不能拥有绝对控制权的程度。这种长期的分散过程造成了一种权力真空，而这种真空只能由一个没有可观财富的专业薪酬管理层来填补。

马克思主义者有不同的看法。例如，鲁道夫·希法亭（Rudolf Hilferding)*坚持认为，发达资本主义的特征形式是将银行业和制造业（manufacturing)*的垄断资本融合为"金融资本"，即不限于一个产业领域的资本。银行、保险公司、养老基金、投资信托、制造业和其他商业公司都拥有彼此的股份。大型工业企业不是由职业经理人控制，而是由银行家控制。交叉持股通过一个复杂的连锁董事（interlocking directorship)*网络得到加强，有时还通过亲属关系和朋友关系得到加强。这些关系将"有效所有权"限制在仅由几百人或几千人组成的金融寡头手中，而这些金融寡头又组织成金融集团或财团。所以说，资产阶级（bourgeoisie)*是由金融资本家组成的。

为了在这些观点之间作出取舍,学界已经做了大量的研究工作。在确保对某一特定公司的战略控制之前,需要公司投入多少以及将公司哪些部分组织成一个协调的财务集团? 对这些问题最有说服力的答案可在约翰·斯科特(John Scott)的著作中找到(《企业和资本主义阶级》*Corporate Business and Capitalist Classes*, 1997)。他认为,对大型企业的控制既不同于管理控制,也不同于少数银行控制,而是"通过利益集团(interest groups)*来控制"。这一点可以在以金融中介为主要股东,但却没有一家能够单独行使少数所有权控制的企业中得到证实(verification)*。如果拥有表决权的 20 个最大股东共同持有足够股份来获取少数所有权控制,那么这些股东就构成了控股权益的多元化组合,而且也没有一个稳定的组合能够行使完全的少数所有权控制。在这种情况下,董事会成员可以从任何特定的利益中获得某种程度的自主权。所以,从这个意义上来讲,资产阶级的性质要比此前任何一种解释都要复杂得多。其中,一个重要而有影响力的论证是莫里斯·泽特林(Maurice Zeitlin)的《大公司和资本主义阶级》(*The Large Corporation and The Capitalist Class* 1989)。另见资产阶级(bourgeoisie)*;连锁董事(interlocking directorship)*。

P

Paine, Thomas 托马斯·潘恩（1737—1809）

美国独立战争时期杰出的小册子作者和激进的民主党人。潘恩出生在英国，1744年来到美国定居。1776年，他撰写的革命小册子《常识》(*Common Sense*)广受欢迎。本着洛克的精神，潘恩宣称"政府即使在最好的状态下，也不过是一种必要之恶；而在最糟糕的状态下，则令人难以忍受"。潘恩在独立战争期间写了许多小册子，成为新国家民主和平等制度的代言人。1791—1792年，他出版的《人的权利》(*The Rights of Man*)一书不仅为自然权利学说辩护，而且有力地回击了伯克(Burke)。在法国大革命恐怖统治时期，潘恩曾被短暂囚禁在巴黎，并于1802年回到美国。

panel study 面板研究

面板研究指的是收集同一群人、家户、雇主或其他社会单位在几个月、几年甚至几十年的时间跨度内的纵向数据的研究。最常见的同组类型分为两种：一种是年龄同期群，即同一年龄段内的人或者在特定日期具有共同经历的群体，比如大学毕业、拥有第一个孩子或在某一年或几年内移民到另一个国家的人。另一种是具有全国代表性的家户或雇主的截面样本，这些家户或雇主需要在一段时间内定期接受采访。由于数据与同一社会单位有关，因此，变化测量要比定期截面研究更可靠，而且样本量也更少，同时只要无应答偏差与样本损耗保持在一定范围内,就可以保持样本的全国代表性。这些都是面板研究中的关键问题,因为最初样本会因死亡、迁移、研究疲劳和其他原因而受到侵蚀。另一个问题是,一旦人们成为有经验的受访者（respondent）*,就会导致应答偏差。比如,他们可能会报告称,自上一次采访以来,"没有发生任何变化",以避免研究者对实际发生的变化作出详细的询问。

数据主要是通过与同组中的受访者、其他报道人（informant）*（如父母、医生）、配偶以及其他家庭成员的访谈调查（survey）*收集的。经受访者许可,可以增加官方记录中的数据,比如教育或医疗记录中的信息,这些信息通常比受访者的记忆更为精确。同组元素有时也会添加到定期截面调查中,而已旋抽样设计是面板研究和定期调查的混合体。

由于面板研究收集纵向数据,所以面板研究提供了考查个人生活史（life history）*、队列效应（cohort effects）*以及由社会变化（social change）*引起的周期效应三者之间关系的可能性。为此,不少用于分析这些数据的专门技术被开发出来（参见 J. S. 科尔曼 [J. S. Coleman]*的《纵向数据分析》*Longitudinal Data Analysis*, 1982）。尼克·巴克（Nick Buck）等人编的《改变家庭》（*Changing Households*, 1994）就很好地证明了使用英国家庭面板研究中的同组数据可以非常有效地解决一系列实质性问题,比如随着时间的推移家户组成的变化、迁移模式,以及投票意向的稳定性。这部著作还对开展面板研究所涉及的方法问题进行了有益的概述。

panopticon 全景监狱

全景监狱是杰里米·边沁（Jeremy Bentham）*于1791年首次使用的一个术语，用来描述他对公共机构（如监狱、收容所和济贫院）中用于监视（surveillance）*目的的"检查所"的想法。全景监狱是由众多单个开放式的"牢房"围绕着一个中央监视塔建造而成的环形建筑，而狱卒和囚犯均处于中央监视塔的持续监视之下。米歇尔·福柯（Michel Foucault）*在《规训与惩罚》(Discipline and Punish, 1975)一书中详细论述了这一概念。基于全景监狱所创造的视野，他把圆形监狱描述为一种权力的工具。他认为，正是由于全景监狱让囚犯们意识到自己一直被监视，所以才确保了权力的自动运转。由于一直被监视，个人陷入了一种非个人的权力关系中，这种权力关系既使权力关系本身去个体化，又使受权力关系影响的人个体化。福柯认为这种权力关系既是现代社会的一种重要发展趋势，也是对现代社会日益加强的监督、等级制度、纪律和分类的一种隐喻。通过这种发展，个人越来越受到非个人机构的管制和控制。福柯所讨论的全景监狱的概念对当下的凝视（gaze）*理论产生了重要的影响。

pantheism 泛神论

参见超验主义（transcendentalism）*。

paradigm 范式

在日常用语中，范式一词指的是一个可被复制或遵循的典型范例或模式。这一内涵经由科学哲学家和科学史家托马斯·库恩

(Thomas Kuhn)*的技术性改造之后,被广泛地运用在社会学研究当中。"范式"一词在库恩描述他称之为"常态"科学的实践中起着关键作用。在科学的"常态"(即非革命)时期,科学界都会在理论和方法规则、研究工具、研究问题以及研究的评判标准等问题上达成共识(consensus)*。这种共识源于科学界将某些以往的科学成果作为其模式或范式。所以,科学的学科训练自然需要熟悉这一范式或代表这一范式的经典著作。要想获得一种范式的地位,任何一项科学成果都必须提出一套能够解决此前公认难题的办法,而且这套办法必须具备足够的说服力来吸引相当数量的专家学者以获取他们的支持,从而形成新共识的核心。同时,这项科学成果还必须遗留一些尚未解决的问题,对日后在其研究传统内开展的研究实践造成困惑,从而开启新一轮的范式转换。

"范式"这一概念彻底改变了人们对科学哲学的看法。直到20世纪中叶,至少在英语国家,科学哲学基本上是从科学实践的历史或社会现实中抽离出来的。一般来说,一个理想类型的科学模式离不开哲学分析(正如在卡尔·波普尔[Karl Popper]*的作品中提到的一样,这是毫无疑问的),其主要特征被认为是将科学与伪科学、宗教信仰、思辨性形而上学或其他(通常价值较低)活动划分开来的标准。库恩的代表作《科学革命的结构》(*The Structure of Scientific Revolutions*,第二版,1970)通过科学史严肃概念化,是最早成功提出有关科学知识本质的哲学问题的尝试之一。

库恩的论述挑战了关于科学进步是由知识一点一滴逐步积累起来的普遍假设,以及关于科学理性是理论与论据相统一的正式过程的普遍假设。库恩的另一个观点是科学史是不连续的历史,在这个不连续的历史中,拥有共识的常规时期的总是间杂着危机与知识革命,其中一些危机和知识革命对科学本身最基本的认识论假设提出了质疑。因此,科学的革命性变化非但没有以累积的、渐进的方式前进,反而放弃了许多此前被普遍接受的知识,并通过视角的突然置换向前迈进。相比之下,常规科学很少表现出大胆猜想、面对证据时准备随时放弃假设等特征,而这一切都应归功于波普尔主义者和经验主义(empiricistn)*科学哲学家们。因此,库恩用共享的传统范式所提供的常规方法来解释非革命时期绝大多数科学活动。

库恩不仅关注科学界的作用,它的共同准则,它在解决革命危机时的作用,他也关注如何组织科学传播和教育,并认识到在鼓动科学革命(scientific revolution)*方面存在着额外的科学压力,所有这些都确保了他的作品在社会科学家中所产生的影响将会远远超出科学哲学家和科学史学家的圈子。在社会学中,他的作品不仅对于知识社会学(knowledge, sociology of)*的范围扩大到包括自然科学在内具有重要意义,而且对讨论社会学本身的历史和性质同样具有重要意义,甚至,对于推动社会学乃至其他社会科学围绕单一范式达成共识也具有重要作用。不同观点之间持续的竞争是否证明了社会学仍然处于"前范式"(即前科学)阶段;或者说,它是否暗示了"科学共识"的模式永远无法实现,或者对社会学不适用?尽管库恩本人是一个坚定的反相对主义者,但他的许多论点却都指向了相对主义,他的作品不仅被那些批判科学是知识的一种特殊权威形式的人所青睐,而且也被那些将社会学视为一门"多范式"的科学的人所广泛引用。

paradigmatic and syntagmatic 组合与聚合

参见费尔迪南·德·索绪尔（Saussure, Ferdinand de）*。

paralanguage 副语言

副语言是指言语的各种非语义方面，如音量、音调和重音。个人可以通过各种非语义方面的副语言来传达相关意思。

parallel cousin 平表亲

该词语通常见于亲属关系理论，指的是父母是有血缘关系的同性兄弟姐妹的表亲；就是说，他们的母亲是姐妹关系，或者他们的父亲是兄弟关系。某些国家或地区规定，平表亲之间禁止结婚。另见交错表亲（cross cousin）*。

parallel descent 平行继嗣

社会人类学家以该词语指代一种安排继嗣，其结果不是包含两种性别的群体，而是形成女性的母系世系群和男性的父系世系群。在这样的系统中，女性世系群体存在的目的受到了严格的限制，例如，仅限于持有某些形式的财产。有观点认为该词语可能属于一种误用，因为它所适用的系统与常见的婚姻安排并存，比如巴西的阿皮纳耶人，奉行父系继嗣，男性通常会以姐妹换取妻子。

paranoia（paranoid reactions）妄想症（偏执反应）

在精神分析学（psychoanalysis）*中，妄想症指的是将内心的恐惧感投射到外部世界，然后产生了被迫害的体验。关心社会的精神分析学家感兴趣的是妄想反应如何被动员以达到政治目的。例如，西奥多·阿多诺（T. Adorno）等人的著作《权威主义人格》(*The Authoritarian Personality*, 1950)。

para-religion 平行宗教

自20世纪60年代以来，异教（cult）*、教派（sect）*、私人宗教（private religion）*、无形宗教（invisible religion）*和深奥的信仰体系的激增，使宗教社会学家无从定义他们所关注的核心议题。宗教仅发生在教堂的简单假设越来越令人不满，或确切说来，教会最关注的必然是宗教的发展。因此，学界做出了大量企图构建秩序的努力。比如A. L. 格里尔（A. L. Greil）与T. 罗宾斯（T. Robbins）(《恐惧与世俗之间》*Between Scared and Secular*, 1994) 就区分了宗教（基于传统的理解）、平行宗教及准宗教（quasi-religion）*。平行宗教现象"涉及终极关怀的表达"，但由于不具备超自然的信仰，它不能声称自己是宗教。类似的例子诸如在公共领域中实施的心理治疗（psychotherapy）*或企业与消费者生活中的仪式方面的实践。准宗教确实会做出超自然的断言，但考虑到美国民间的"宗教"范畴，这些算是例外，比如神秘学、新世纪唯心主义、占星术及科学学。上述这些宗教为了使自己被承认为一种教派，在政治与法律层面进行了很长时间的争论，这一事实说明，在社会学兴趣的这个特殊领域中划定明确的界限确实是非常困难的。

parasuicide 准自杀

参见自杀（suicide）*。

parenthood（parenting）亲职（养育）

参见童年（childhood）*；家庭社会学（family, sociology of）*；父亲身份/父权（fatherhood）*；母职/母亲角色（motherhood）*。

Pareto principle 帕累托法则

这是福利经济学中的一个原理，源于维尔弗雷多·帕累托（Vilfredo Pareto）的作品，其具体意涵为：一项特别的改变让至少一个人过得更好，同时没有让其他人过得更糟，这就是合理的福利（welfare）*改善。对任何人都没有负面影响的市场交换被认为是一种"帕累托改进"，因为它让一人或多人过得更好。所谓的"帕累托最优"即这样一种情境：个体的经济福利分配不可能在不损害他人福利的情况下得到改善。

这一原理基于三个假设，分别是：每一位个体是他或她自身的福利的最佳评判者；社会福利完全是个体福利的一项功能；如果个体的福利得到了扩充，且其他人的福利没有被削减，那么社会福利就得到了提升。由于这些假设有经验方面的问题，也可能体现了对福祉与满意度（satisfaction）*的价值判断，仍存在一些争议。也有人认为，出于以下几方面原因，它们构成了一个相当薄弱的福利判断基础：它们明确禁止人与人之间的比较；主要关注个体的主观选择；提倡对现状的维持（因为任何被一个人否决的改变现状的举动都不会被认为是帕累托改进）。多数社会学家反对帕累托福利经济学，因为它对资源的初始分配只字未提。

Pareto, Vilfredo 维尔弗雷多·帕累托（1848—1923）

意大利经济学家和社会学家，作为唯意志论行动理论的共同创立者，在塔尔科特·帕森斯（Talcott Parsons）*的《社会行动的结构》

(*The Structure of Social Action*, 1937)中被广泛讨论。之后, 其学术思想被广大社会学家忽略了。

作为一名数理经济学家,他对均衡理论(equity theory)*的贡献早已闻名于世。帕累托晚年的兴趣转向了社会学,并于 1916 年出版了代表作《社会学总论》(*Trattato di sociologia generale*), 1935 年被翻译为四卷本《精神与社会》(*The Mind and Society*)。帕累托最为今人所熟知的事迹莫过于他第一个使用精英(elite)*来指代那些统治多数人的少数人,尽管这一理念实质上更多地来自莫斯卡(Mosca)*。他还对社会系统理论的发展产生了早期的影响。萨缪尔·爱德华·芬纳(Samuel E. Finer)的《维尔弗雷多·帕累托的社会学著作》(*Vilfredo Pareto, Sociological Writings*, 1966)选编了帕累托最为重要的一系列社会学作品以及芬纳本人撰写的大量介绍性文章。另见精英(精英理论)(elite[elite theory])*;帕累托法则(Pareto principle)*。

pariah group 贱民群体

狭义地来说,贱民指的是种姓(caste)*体系的等级制度里不可碰触或被排斥的人。然而,该词语通常更广泛地用于指代任何局外人。另见排斥(exclusion)*。

Parkinson's law 帕金森定律

由英国政治学家诺斯古德·帕金森(C. Northcote Parkinson)(《帕金森定律》*Parkinson's Law*, 1958)提出的一条定律,大意为"一个人用来完成工作的时间有多少,工作就会拖延、扩充到填满这段时间为止"。

Park, Robert Ezra 罗伯特·以斯拉·帕克（1864—1944）

他是芝加哥学派（Chicago School）*的一位领袖人物，通过与欧内斯特·沃森·伯吉斯（Ernest W. Burgess）*合著且被广泛使用的教科书《社会学导论》（Introduction to the Science of Sociology），将格奥尔格·齐美尔（Georg Simmel）*的作品与思想引介给整整一代的美国社会学家。帕克和伯吉斯是人类生态学（human ecology）*的领军人物。大多数所谓古典人类生态学理论的提出都受到了帕克的作品及其在芝加哥时的教学工作的启发，比如他在1936年发表于《美国社会学杂志》（American Journal of Sociology）的有关人类生态学的权威文章。帕克指出，社会关系潜在的基本过程是竞争（competition）*，但是，鉴于劳动分工（division of labour）*所造成的人际依赖，这种"竞争"通常包含非计划性合作的元素（从而产生"竞争性合作"）。于是，人们在空间和文化两个层面都形成了共生的关系。这些观点经由《城市》（The City，1925）上的一系列论文（很多出自帕克本人）及帕克发表于《人类社区》（Human Communities，1952）的专题论文发展而来。

parliamentary government 议会制政体

一种将公共决策权力分配给若干由选举而来的代表或议会的政府制度。典型的权力包括决定国家法律法规、政府预算和财政政策及向其他国家宣战等。该政体的具体安排在不同国家之间存在很大差异，表现在选举频率、议会内阁的人数、谁具备选举资格、选举的义务性或可选择性、选举如何产生并委任代表、影响政党（political parties）*或无党派代表数量的法规及被选出的代表与国家或政府首脑之间的关系等方面。议会制政体的共同特征是,它们致力于达成政府权力与政府响应之间的一种适当的平衡。

parole and langue 言语与语言

参见后结构主义(post-structuralism)*;费尔迪南·德·索绪尔(Saussure, Ferdinand de)*。

parsimony(parismonious)简洁性原则

该原则指的是,在所有令人满意的统计模型里,最佳模型是那些参数最少的模型。更一般地说,该原则主张,如果可以用若干不同的方式去充分解释同一种现象,应该选择最简洁的解释(比如以变量或命题的数量为判断依据)。

Parsons, Talcott 塔尔科特·帕森斯(1902—1979)

第二次世界大战后的20年到30年里,塔尔科特·帕森斯即使不是世界社会学的主要理论人物,也是英语社会学的主要理论人物。他是一位终生在美国工作的美国人,除了中途在欧洲做过一段短暂的博士后研究。他的社会学理论(通常被称作结构功能主义[structural functionalism]*或规范功能主义[normative functionalism]*),被普遍认为是现代而富裕的美国社会的产物。在这个社会中,结构性的社会冲突(social conflict)*已在很大程度上被消除或只在短时间内存在,一种广泛的社会凝聚力出现,民主观念深入人心。随着战后共识本身显示出瓦解的迹象,尤其是在越南战争的影响下,帕氏的理论受到了越来越多的批评。

从一开始，帕森斯就着手建立一套整合的、全面的社会学理论，致力于将社会学几位主要创始人的不同见解整合为统一整体，特别是尝试整合韦伯（Weber）*的个人主义（individualism）*与涂尔干（Durkherm）*的整体论（holism）*。他聚焦于观点、价值（value）*、规范（norm）*，以及将以规范和价值为导向的个人行为整合到包罗万象的社会系统（social system）*中。

对帕森斯来说，最主要的任务是发展一套可以用以描述社会系统的抽象和归纳的概念。评判这套概念的关键标准是它们的理性连贯性，以及它们可否被用于推导有关世界的命题。他在首部著作《社会行动的结构》（*The Structure of Social Action*, 1937）中指出，古典社会理论学家更倾向于用唯意志论解释行动，他们认为在限制个体选择的物理与社会环境中，人们会在手段与目的之间做出选择。社会环境的核心要素是我们在做选择时所依据的规范与价值。在这种情境下，行动者（actor）*的目标是获得最大程度的满足；实现这一目标的行为与关系成为一种制度化（institutionalization）*的身份角色。这就是社会系统，它以另外三个系统为前提，包括：人格系统（行动者自身）；文化系统（或者说与附着于地位角色的规范相一致的、被广泛接受的价值），以及社会必须与之相适应的物理环境。

帕森斯建立了一个有关系统与子系统的详细模型。为了生存，每个系统都必须满足四个"功能先决条件"（functional prerequisites）*，也就是四个必须被满足的基本要求。它们包括：适应（adaptation）*（对物理环境的适应）；目标实现（goal attainment）*（调动资源以达成目标及获得满足感的一种手段）；整合（integration）*（内部协调的形成及应对困难的方式）；潜在模式维系（实现相对稳定的手段）。因此，在满足这些要求的过程中，每个系统都发展出这四种特定的子系统。这是帕森斯学术思想中最为有名的一个类型学（typology）*工具——即AGIL模式。

这套理论随之发展为一种进化的历史观，即从简单到复杂，社会像单细胞生物变形虫一样，通过分裂（schism）*和再整合而得到发展。系统与子系统被组成一种控制论（cybernetics）*的层级结构，具备较高等级信息的系统（如文化系统，包括规范与价值）控制着具备较高能量的系统（如人体生物系统）。

上述四个系统——文化、社会、人格及生物系统，就形成了帕森斯所谓的一般的行动系统。每个系统对应一种功能先决条件。类似地，社会系统自身也包含四个子系统，按等级排列为：社会化系统（模式维持）；社会共同体或社会控制体系（整合）；政治系统（目标达成）；经济系统（适应）。每一个子系统本身，可进一步被分为更具体的若干子系统。

我们也可通过帕森斯所谓的模式变项（pattern variables）*或替代选择来分析行动、社会关系及整个系统。举例来说，在任何关系中，我们或许将其客体视为独特的，或视为一般类型（这就是特殊主义与普遍主义的困境）；我们可能看重或忽视情感承诺（情感作用与情感中立）；我们可能因其自身的特质而重视某些物或人，也可能基于能用它或与它们做什么而进行评判（特质与表现）；我们可能与事物的所有方面发生联系，也可能仅联系某个方面（扩散性与特定性）。制度往往围绕着相反的两极，比如说，在家庭中，关系是特殊主义、情感性、以品质为中心及扩散性的；在工厂中，关系是典型的普遍主义、情感中立、以表现为中心及专一性的。

这些观点是在约40年的时间里发展起来的。帕森斯的其他主要作品包括《社会系统》(*The Social System*, 1951)、《迈向一般行动理论》(*Towards a General Theory of Action*,与爱德华·希尔斯[Edward Shils]合著,1951)、《社会:进化与比较的视角》(*Societies: Evolutionary and Comparative Perspectives*, 1966)和《现代社会体系》(*The System of Modern Societies*, 1971)。对帕森斯的结构功能论最好的理解是将其视为一个大型分类体系,它使我们能在任何分析层面上对社会生活的任何层面进行分类。尽管该理论的文字表述及写作风格较之最近的许多理论作品而言并不复杂,但其抽象程度意味着C.赖特·米尔斯(C. Wright Mills)*给该理论贴上"宏大理论"(grand theory)*标签的做法是行不通的。该理论所提供的解释亦具备一种功能主义(functionalism)*的特性,而帕森斯作品的许多批评者本身也是功能主义解释的批评者。该理论也曾在以下几方面受到批判:抽象化以及与实证研究联系较少;社会决定论(尽管它看起来是一种有关社会行为的理论,但从根本上来说,系统规定了每一位行动者的行为活动);隐含的保守主义(conservatism)*;顾及了规范利益但未考虑以物质为导向的行动。

20世纪70年代,帕森斯理论式微,学界对其他理论的兴趣逐渐加深,但近些年来,学界似乎重燃了对帕森斯的兴趣,比如杰弗里·亚历山大(J. Alexander)于1988年发表的《行动及其环境:迈向一种新的综合》(*Action and its Environments: Towards a New Synthesis*),以及理查德·芒奇(R. Munch)的著作《行动的理论:迈向一种超越帕森斯的新的综合》(*Theory of Action: Towards a New Synthesis Going Beyond*

Parsons，英译本 1987）。这些理论通常被称作新功能主义，或者系统论。但是，美国及德国的新功能主义明显比原功能主义更开放。另见行动理论（action theory）*；共识（consensus）；均衡（equilibrium）*；进化共相（evolutionary universals）*；规范秩序（normative order）*；学校课堂（school class）*；病人角色（sick role）*；系统整合与社会整合（system integration and social integration）*；结构差异（structural differentiation）*。

participant observation 参与式观察

一种研究方法（research methods）*，目的是深入地参与到自然环境里的人们中间，从而与特定研究领域（比如宗教[religion]*、职业团体或行事与世俗相悖的群体）建立一种紧密而亲近的关系。这种方法起源于社会人类学家的田野调查（fieldwork）*和芝加哥学派（Chicago School）*的城市研究。典型的范例包括约翰·洛夫兰德（John Lofland）在《世界末日的崇拜》（*Doomsday Cult*, 1966）中对统一教会的研究、劳德·汉弗莱斯（Laud Humphreys）在《茶室交易》（*Tearoom Trade*, 1970）中的同性恋研究（gay study）*，以及威廉·富特·怀特（William Foote Whyte）有关帮派（gangs）*的研究（《街角社会》*Street Corner Society*, 1955）。这类研究通常涉及多种方法（这些方法在本词典的其他部分被单独讨论过）：非正式访谈、直接观察、团体生活参与、集体讨论、对群体内产生的个人文档（personal documents）*进行分析、自我分析以及生活史（life history）*分析等。因此，尽管这类方法通常被界定为定性研究，它可以（通常也确实）包含定量的维度。

此类研究的核心方法论问题在于如何在适当的主观性（subjectivity）*与适当的客观性（objectivity）*之间取得平衡。由于参与式观察的一项主要目的是进入研究对象的主观世界，以研究对象的视角观察这些世界（一种类似于理解或领会的方法），适当的主观性的问题就被直接提出来了：研究人员如何确保他们准确地表达了研究对象的观点，而不是把他们自身的观点强加于研究对象？另一方面，仅仅呈现研究对象的观点会面临转换及"本地化"的风险，导致只能从研究对象的视角观察这个世界。接下来是保持适当的客观性的问题，即保持足够的距离，以便在更广阔的理论与社会情境中定位主体的观点。参与式观察者常常陷于两难的困境，即距离研究对象太远，会削弱参与式观察的洞察力，但过多的卷入又会产生价值可疑的数据。有关这些问题的最全面的讨论可参见 T. S. 布鲁因（T. S. Bruyn）的著作《社会学里的人的视角》(*The Human Perspective in Sociology*, 1966)。

参与式观察可采取多种方式。在有关"社会学实地观察的角色"的一篇经典文章（载于《社会因素》*Social Forces*, 1958）中，雷蒙德·L. 戈尔德（Raymond L. Gold）区分了适用于此类研究的四种角色。它们形成一个参与的连续统，包括完全的参与者、参与者作为观察者、观察者作为参与者以及完全的观察者。这种分类方式再次抓住了主观性与客观性的两难境地：第一种角色过于接近"本地化"，而最后一种角色可能太过遥远和不相关，以至于无法对行为的主观方面产生深刻的理解。另见隐秘观察（covert observation）*；公开参与式观察（overt participant observation）*。

participation rate 参与率

参见劳动参与率（labour-force participation rate）*。

participatory democracy 参与式民主

古希腊理想型人民政府在20世纪的再生物。参与式民主（democracy）*是直接的民主，从某种意义上说，是所有公民积极参与所有的重要决策。20世纪60年代发生在欧洲和美国的青年及学生运动，就热情地吸纳了直接民主（direct democracy）*。在实践中，这意味着所有的讨论与决策都发生在整个群体的面对面集会中。直接民主在20世纪六七十年代的美国新左派运动、法国与英国的学生运动、早期妇女运动、反核及和平运动中尤其重要。它也是幸存到20世纪八九十年代的生态及社区运动的特征之一。参与式民主的困境在于实践——它使决策过程复杂化，减缓决策速度。它的优势在于个体经由在所有决策中的积极参与与团体联系在一起。根据普遍共识，参与式民主仅在包含500个或更少活跃成员的团体中有效。

partisan dealignment 党派分裂

参见投票行为（voting behaviour）*。

party, political 政党

参见政党（political parties）*。

passive resistance 消极抵抗

一种非暴力抵抗政府当局的策略，甘地是采用此策略的先驱，20世

纪30年代到20世纪40年代,他在其领导的反抗英国对印度统治的运动中采取了该策略。从那以后,消极抵抗作为少数族群向多数族群施加道德压力的一种方式而被接受。消极抵抗策略在1968年的捷克斯洛伐克失败了。在1955年至1964年的美国民权运动中上千名活动分子因为违反南方的种族隔离而被捕,但消极抵抗策略得到了非常成功的实践,促成1964年民权法案的颁布。消极抵抗策略还在和平运动、反核运动和反堕胎运动中被广泛使用。一般来说,消极抵抗的策略是抗议者占领一些公共空间或者禁止进入的场所,让当局逮捕或者扰乱他们,但不使用暴力进行报复。消极抵抗在本质上展现的是一种道德力量。它产生的形象可以通过大众媒体改变公众舆论,并可能使政客和当权者产生负罪感和不确定感。另见公民不服从(civil disobedience)*。

passive worker thesis 消极劳工命题

参见宿命论(fatalism)*。

pastoralists(pastoralism)牧民(畜牧)

一种游牧或半游牧的生存方式,通常以驯养动物为基础。按照定期的季节性路线而迁徙的群体被称为季节性游牧民。游牧民族(nomads)*在世界上大多数地区都存在,也包括欧洲南部。许多游牧部落都面临着被迫空居的压力。

paternalism 家长式统治

一个宽泛的概念,通常指在社会关系中,支配的一方在态度和行为上表示为受支配一方提供照顾。这一概念暗含前者对后者的生活多余的干预。它还暗指在权力(power)*的占有和使用上显著的不平等。

许多社会关系被描述和分析为家长式统治,包括丈夫和妻子、奴隶主和奴隶、雇佣者和受雇者之间的关系等。例如,在西方工业化的早期阶段,特定的工厂主和他们的雇员之间的关系就经常从这个角度被看待。前者对后者施加几乎不受限制的权力。然而,作为一种维持社会控制(social control)*的手段,早期的工厂主试图将权力关系转变成道德关系;或者用马克斯·韦伯(Max Weber)*的话说,将支配(domination)*转变为传统权威。定期赠送礼物、慈善性质的宗教(religion)*和教育活动、提供公司住宿和保险计划、支持隶属于公司的志愿者协会和俱乐部等,都是这一手段的制度化实现形式。帕特里克·乔伊斯(Patrick Joyce)的著作——《社会与政治》(*Society and Politics*, 1980)——考察了在维多利亚时期英格兰北部纺织厂雇主的支配行为及其得到的回应,提供了关于家长式统治最系统的研究。

许多人的意见是,以这样的形式被实践的家长式统治是一种将具有明显或者潜在破坏性的等级和剥削关系控制和合法化的工具:它服务于男性而不是女性的利益,服务于统治阶级(ruling class)*而不是无产阶级(proletariat)*的利益,服务于白人奴隶主而不是黑人奴隶的利益。然而,要通过实证证明受支配一方对家长式统治的仪式性(通常是顺从[deferential]*的)回应是对现状的认同和接受,而不是一种流于表面的、有意的印象管理(impression management)*(或被称为"无权者的姿态")是很困难的。

path analysis 路径分析

一种多元回归的形式,将变量(variable)*之间假设的因果关系

（或路径）放在明确规划的因果模型（causal model）*中计算出系数。在路径图中，因果联系被看作是单向的路径。因此，在本质上，该技术仅仅是一个图式表示，在这个图式中，变量被假定为是有时间顺序的（参见赫伯特·阿舍[H. B. Asher]的《因果模型》*Causal Modeling*，1983）。

pathology 病理学

严格来说，是指对器质性疾病、病因和症状的科学研究（因此，有"病理学家"这个说法）。然而，病理表明病态和异常，因此该术语也已扩展到精神病学（psychiatry）*和犯罪学（criminology）*的某些分支，最明显的是精神病患者（psychopath）*一词的广泛使用。在社会学中，病理学曾经被认为类似于越轨和社会问题（social problems）*或"社会疾病"（特别是在涂尔干[Émile Durkheim]*的作品中），并且该概念也被模糊为与社会病理学（social pathology）*相关的概念。例如，参见雷默特（E. Lemert）的《社会病理学》（*Social Pathology*，1951）和伍顿（B. Wootton）*的《社会科学和社会病理学》（*Social Science and Social Pathology*, 1959）。

pathology, social 社会病理学

参见社会病理学（social pathology）*。

patriarchy 父权制

字面意思是"父治"，该词最初是用来描述以男性户主（household, head of）*权威为基础的社会制度（social institution）*。它现在已经获

得了更普遍的用法,特别是在一些女性主义理论中,它已经成为一般意义上的男性统治,这反映在女性在就业、政治和家庭生活中的系统性劣势和压迫上。社会学和女权主义研究记录了大量父权统治的例子——其中许多在本词典的其他地方都有描述。西尔维亚·沃尔比(Sylvia Walby)在《父权制的理论化》(Theorizing Patriarchy, 1990)中对父权制的核心理论进行概述和说明。另见家庭分工(domestic division of labour)*;女性主义(feminism)*;劳动力市场(labour market)*。

patrilineal 父系

在亲属关系(kinship)*理论中使用的一个术语,表示通过父系追踪亲属关系。也可使用男系亲属一词。父系群体是一个继嗣群(descent group)*,其世系(ancestry)*可追溯到一个男性祖先,并作为一个种社团服务于政治目的。父系系统建基于将财产和地位从父亲传给婚生子的原则。然而,与合法性(legitimacy)*一样,世系的成员资格可能不仅仅是通过实际的血缘关系获得,也可以是社会赋予的。

patrimonialism 家产制

马克斯·韦伯(Max Weber)*所描述的一种政治支配(domination)*形式。在这种统治形式中,权力依赖于王室所行使的个人和官僚权力,而这种权力在形式上是任意的,并由统治者直接控制(《经济与社会》Economy and Society, 1920)。最后一条标准意味着,统治是通过由奴隶、雇佣兵或其他一些没有独立权力基础的团体(不是传统的土地所有者贵族)组成的政治机构来保证的。通过以这种方式控制权力的工具,家产制统治者可以超越权威行使的传统限制给予个人恩惠和好处。如果统治者的自由裁量权出现了极端的发展,那么家产制权威就会变成韦伯所说的"苏丹制"。他引用了某些传统的非洲和东方社会作为家传官僚的例子(中华帝国就是一个明显的例子)。他认为,这些制度(institution)*相对不稳定,因为它们鼓励宫廷政变作为表达异议的唯一手段。在他看来,缺乏"法理性"的国家(state)*和科层制(bureaucracy)*,也会成为现代(西方类型)资本主义发展的重大障碍。

patron-client relationship 庇护关系

庇护关系的根源被一些人追溯到罗马帝国时期平民对贵族的依附。但这种关系在中世纪欧洲普遍存在的被称为农奴制(serfdom)*的奴役制度中也许更为明显。古代希腊和罗马社会衰落后的各种租赁制度有一个共同的因素,那就是大量耕种土地的人是不自由的。他们通过服务契约与土地和地主绑在一起。欧洲的奴役制度既是一种权力制度,也是一种经济适应性制度。领主的威望在于保护尽可能多的农奴和依附于领主的佃户,这一点是可能的:与这种声望相伴的是军事能力和政治权力。

虽然农奴制是依法建立的,但租户的依赖性是通过经济和宗教关系来保证的,这些关系包括在一般的术语"庇护人"和"被庇护人"中。这在政治和经济上强大的庇护人(通常是地主)和较弱的被庇护人之间建立了关系。虽然这种关系可能被双方视为社会必需和光荣的,但它的不平等使其成为剥削(exploitation)*的有力来源。双方建立的关系可能将两个家庭联系在一起,历经数代,并可能因累积的债务而得到加强,使被庇护人在经济上失去自由。

建立庇护关系的经济手段几乎总是建立在土地占有制度的基础

上，例如按份耕种。庇护人可能会借给被庇护人家庭金钱、种子或货物，以帮助他们渡过难关，通常是以被庇护人家庭成员的无偿劳动作为回报。这可以说是一种善举，但也造成了可能永远无法偿还的债务。这是印度普遍存在的债务抵押制度（有时称为受限制的劳工[bonded labour]*）的基本因素之一，尽管国内和国际法律都禁止这种做法。

庇护关系是欧洲封建时期土地保有权和农业生产制度的基础，这种关系在地中海北部国家仍然存在。庇护是整个意大利南部各种契约关系的基础，例如，其本质不是固定的和契约的，而是非正式的和灵活的。这是一种面对面关系，许多作者强调这种关系在以下方面的重要性：通过支持庇护人的对外政治活动，被庇护人会被赋予一定政治权力。

拉丁美洲的征服者和殖民者引进了欧洲封建社会的许多价值和法律制度，包括庇护关系。罗马天主教在拉丁社会中的主导地位将这种不对称的政治和经济关系制度与所谓的教亲制（coinpadrazgo）*或"教父母"制度联系起来。在洗礼中建立的教父母、教子女关系实际上是两组关系，即生理上的和精神上的父母之间的关系。在系统性的教父母关系中，孩子将一个强大的教父母与经济和政治上较弱的亲生父母联系在一起，教父母应该确保孩子的精神福利。共同抚养关系一旦建立，亲生父母就有权要求教父提供物质援助和法律支持。作为回报，他们有义务支持教父的政治活动，并在他需要时为他工作。尽管庇护关系并不在教亲制中被使用，但它显然在此适用。

教亲制是一种虚构的亲属关系，使实际的亲属网络得以扩展。在阿拉伯世界，从以亲属为基础的网络过渡到现代国家更复杂的关系，也是以广泛的政治恩庇为标志的，尽管这几乎没有像在拉丁社会发现的形式那样具有强烈的经济剥削特征。尽管强调了庇护关系的不对称性，但该领域的作者强调的是政治内容：庇护人作为文化经纪人的角色，以及一个道德而非金钱的义务体系。被庇护人可能变得富有，但他们不会失去作为被庇护人的法律地位。

关于这种形式的被称为"一边倒的友谊"的人类学论述，参见朱利安·皮特-里弗斯（Julian Pitt-Rivers）的《塞拉人》（*The People of the Sierra*, 1954）和米歇尔·肯尼（Michael Kenny）的《西班牙挂毯：卡斯提尔的城镇与乡村》（*A Spanish Tapestry: Town and Country in Castile*, 1961）。

pattern variables 模式变项

参见塔尔科特·帕森斯（Parsons, Talcott）*。

peasants（peasantry）农民

在广泛的历史和文化背景下，在通常的用法中，指的是富裕的小农户、佃农（share-croppers）*或无地劳工。另一方面，社会科学家们花了大量的时间和热情来争论确切的定义。

特别是在马克思主义（Marxism）*理论中，学者试图对农民经济进行定义，以便将封建佃农、自立更生的农民和农村日工等不同社会群体联系起来。这些理论不同程度地强调了农民家庭作为生产和消费单位的重要性，强调了资本主义农业与非资本主义农业的关系，强调了家庭劳动力在农村环境中的使用，强调了对贫穷或相对贫穷的农业生产者的剥削（exploitation）*。有人试图通过家庭劳动农场的概念来定义农民的生产方式（mode of production）*，并断言农民是一个阶级。后者与关于农民的革命潜力的辩论有关，同样也是在马克思主义理论家中特别盛行。

在社会人类学家中，农民总是被他们的文化习惯和规范、视野的狭隘和对传统(tradition)*的固守所定义。这些试图将农民定性为一般人的类型的尝试充斥着类型学(typology)*，试图将所有以各种方式被称作农民的不同的社会和经济形式堆在一起，而这些形式又被不同地称为农民。然而，与马克思主义经济学一样，社会人类学没有产生精确或有用的定义，这个术语最好被视为一个不精确的社会经济类别，具有描述性而非启发式的作用。

有大量的关于农民社会的社会结构(social structure)*以及农民运动和叛乱(rebellion)*的文献资料。埃里克·沃尔夫(Eric R. Wolf)的著作仍然是对这些主题最好的介绍之一，参见《乡民社会》(*Peasants*, 1966)和《20世纪的农民战争》(*Peasant Wars of the 20th Century*, 1971)。

pedagogy 教育学

教学的科学或艺术。一些教育社会学家使用"教学实践"一词，指的是为教育技术提供信息的方法和原则，并对明确的教学法(教师声称使用的)和他或她在实践中观察到的教学法进行了区分。前者可能是自由的(或进步的)，强调个别儿童的需求和自主性，而后者可能是保守的(旨在维护教师作为一个专业人员的权威和专业知识)。因此，这种区别类似于正式课程和隐性课程(hidden curriculum)*之间的区别。

peer group 同辈群体

一组具有某些共同特征(如年龄、族群性[ethnicity]*或职业)的个人，他们认为自己是一个独特的社会集体，并被他人认可。这个群体被认为有自己的文化(culture)*、符号(symbol)*、制裁(sanction)*和仪式(ritual)*,新成员必须从这些方面进行社会化(socialization)*,而在这几方面不遵守群体规范的人可能会被排斥。

Peirce, Charles Sanders 查尔斯·桑德斯·皮尔斯(1839—1914)

实用主义(pragmatism)*和符号学(semiology)*的创始人之一,他的工作在这两个传统中一般都被忽视了。他的一个主要观点体现在这样一句格言中:"考虑一下我们所设想的对象会有什么影响,这些影响可能会有实际的意义。然后,我们对这些效果的概念就是我们对该对象的全部概念。"对皮尔斯来说,实用主义不是一种真理理论,而是一种意义理论。他的符号学著作中提出了"索引符号"的概念,即一个符号在不同的语境中可能具有不同的意义,这一见解是所有语言的"索引性"这一常人方法学(ethnomethodology)*原则的基础。

penology 刑罚学

该术语与19世纪的刑罚改革运动有关,该运动将监狱重新定义为矫正性而非报复性机构,并在当时描述了大量的相关方(包括改革派和律师)和一场独立的辩论。不过,在其当代用法中,它通常指的是对惩罚和威慑的具体社会学或犯罪学(criminology)*的研究,而不是一个单独的知识或学术论述。

perception 知觉

指获得感觉经验的能力。研究我们收集和解释视觉信息的过程主要是社会心理学家的工作,他们已经确定了感知的一些一般原则

（规律），以及一些对感知的影响因素（包括动机和注意力）。前者包括"图形-背景对比"现象；也就是说，我们如何将图形与周围环境区分，这可以通过所谓的投射测验（projective tests）*来研究。"稳定"也是感知的一个原则；也就是说，物体即使通过各种类型的转变，如大小和比例的改变，还能保持感知的稳定性。最系统的研究知觉现象的组织的尝试可能是格式塔（Gestalt）*（"形式""形象"或"整体"）心理学家的尝试，他们强调先天的模式化在视觉知觉中的作用，尽管行为主义者的方法也很有影响，特别是在美国。另见态度（attitudes）*；归因理论（attribution theory）*；认知理论（cognitive theory）*。

personal construct theory 个人建构理论

由乔治·亚历山大·凯利（George Alexander Kelly）*在《个人建构心理学》（The Psychology of Personal Constructs, 1955）中提出的一种社会心理学理论，该理论认为"一个人在心理上的变化过程是由他预期事件的方式引导的"。像现象学（phenomenology）*、社会建构主义（social constructionism）*和符号互动论（symbolic interactionism）*一样，该理论因此研究了人们建构意义（meaning）*的方式。在这种情况下，研究方向是未来，论点是一个人的个人建构（他或她据以安排密切的人际关系或角色建构的独特类别）是根据过去经历的类似事件对未来事件的预测。凯利设计了"凯利方格技术（repertory grid）*"（早期角色建构积储测试的一般形式），作为向研究者揭示这些个人建构的方法。受试者被要求将他们所认识的三大基本性格类组的人区分为相似的配对和不同的个体，并解释他们的选择，以这种方式建立起一系列受试者特有的二元区分,他或她会通过这些区分来预测事件。据称,从这些区别中以数学方式得出的分类结构与个人在某一特定时间点所使用的心理空间结构相对应。该技术最初被应用于检测精神障碍,但后来被更广泛地使用。

personal documents 个人文档

这些文件在社会科学(social science)*中使用,记录了一个人生活的一部分——最常见的是用他们自己的话。最明显的例子是信件、日记、传记和生活史(life history)*,但这个术语可以延伸到包括许多其他项目,从照片到墓碑上的铭文。普卢默(K. Plummer)的《生命档案2》(Documents of Life-2, 1983)对这些令人惊讶的广泛数据来源进行了全面描述。个人文档旨在捕捉一个人生活的主观方面,作为特殊规律研究策略的一部分是很有价值的。它们通常被用于研究的早期和探索阶段,但也可以作为理论(theory)*生成和证伪(falsification)*的个案研究(case study)*来使用。个人文档在一些早期芝加哥社会学家(Chicago sociologist)*的工作中特别受欢迎:例如,克利福德·肖(Clifford Shaw)*收集了许多犯罪者的生活史,威廉·艾萨克·托马斯(William Isaac Thomas)*和弗洛里安·兹纳涅茨基(Florian Znaniecki)*的经典研究《身处欧美的波兰农民》(The Polish Peasant in Europe and America, 1918)分析了一系列信件,并呈现了一段重要的生活史。另见文献研究(documentary research)*。

personal income 个人收入

参见收入分配(income distribution)*。

personality 人格

社会科学家用来指代个人的几个概念之一（其他概念包括自我 [self]*和认同[identity]*）。这个概念起源于拉丁语中的 *persona*（意为"面具"），指的是由他人评估和判断的一套或多或少稳定的特征，它将一个人与另一个人区分开来。这些特征被认为是跨越时间和地点的，并且是行为的基础。因此，人格一词指的是作为对象的个人（外部评价的对象），而自我的概念指的是作为主体的个人（作为行动和自我反思的来源）。

与态度（attitude）*一样，人格的概念主要是在试图预测或解释个人行为时被引用的，指的是个人为属于他们的情境带来的东西。然而，态度是针对特定对象的，也就是说，它们是针对特定的人或事物的，而人格这个词则是指更广泛的、更普遍的取向和倾向。其基本假设是，行为是人格（或态度）和情境这两个因素的函数，而这两个因素的相对重要性因情境而异。有些情境几乎完全凌驾于人格差异之上（如电影院的火灾造成了广泛的恐慌）；另一些情境则允许人格差异让的发展。

人格概念化和测量（measurement）*的确切方式有很大的不同。就这些概念的内涵而言，每个人都是独一无二的，具有独特的人格，应该被作为一个整体来描述，而实证主义科学（positivist science）*的要求是基于对各色人等的标准人格特征的探索来进行概括，二者存在潜在张力。前者提出了一种探究特殊规律（idiographic）*的人格分析方法，重点是对独特个体的描述和分析，而后者则代表研究普遍性的研究法，重点是研究各色人等，并考察他们的共同特征。这通常与更为原子论和碎片化的人格模型有关。然而，在某种程度上，这种对立是具有欺骗性的，因为大多数人格研究方法都试图发展一般的人格模型和描述个别案例。

弗洛伊德（Freud）*的人格理论被最广泛地应用于对个人人格的详细考查，如在弗洛伊德自己的经典案例中的多拉和狼人。然而，这些详细的分析是以一般的人格理论为基础的，在其最著名的版本中，描绘了一个由本我、自我和超我（superego）*组成的三方人格结构。行为是本我、自我和超我力量相互作用的结果，而个人的人格是由他或她的发展决定的。个人的个性是由他或她在生命的头五年中在性心理发展的不同阶段中的成功应对所决定的。

弗洛伊德的理论在临床上影响最大，因为在临床上，特定的个体是重点，有必要详细描述和考查个体的人格，这主要是通过在诊断性访谈和治疗过程中的观察来完成的。然而，投射测验（projective tests）*也被广泛用于临床，作为探索人格动态的一种辅助手段。在学术心理学中，讲求普遍性的方法更为常见，并且更加注重对人格的标准化测量的发展。一个常见的方法是所谓的特质法。特质指的是一种人格特征或倾向——一种以某种方式行动或反应的倾向——特质法试图识别关键的人格特质，用这些特质来描述个人，并研究这些特质与行为的关联。

美国心理学家W. 戈登·奥尔波特（Gordon Allport）*在他的研究报告《人格》（Personality, 1937）中提出了人格特质的概念，他将日常语言中用于描述个人的大量词汇进行分类，并在常识和直觉的基础上对它们进行了选择。他强调个人的独特性和人格特质的相互关联性，他关注的是特殊规律而不是一般规律。相比之下，雷蒙德·B. 卡特尔（Raymond B. Cattell）用因子分析（factor analysis）*选出了一个更为有限的独立人格特征清单，并开发了一个人格测试来测量它们。他将16个特征概念化为人格的两极维度，如支配与服从、激进与保守、情绪敏感与坚韧。同样,汉斯·艾森克(Hans Eysenck)进一步减少了人格因素的数量,认为两个关键的人格维度是外向型-内向型和神经质型。尽管卡特尔和艾森克使用的因素分析技术受到了强烈的批评,但他们产生的纸笔型人格测试却被广泛使用。

社会学与人格研究的关系即使不是公开的敌对,也往往是矛盾的。涂尔干(Durkheim)*宣称需要对自杀(suicide)*进行独特的社会学解释,这使得他否定诸如"精神病态"等心理因素的影响。人们普遍倾向于将人格视为属于心理学而非社会学的范畴。这意味着在实践中,一些对人格的测量可以包括在社会调查中,只是为了确定观察到的差异不是由人格造成的。然而,一些社会学家,特别是塔尔科特·帕森斯(Talcott Parsons)*试图探索人格与社会结构(social structure)*之间可能存在的关系。这些社会学家借鉴了文化人类学家将文化(culture)*和人格联系起来的工作,这些工作本身也受到了弗洛伊德理论的强烈影响,他们不仅研究了人格是如何被社会力量塑造的,还研究了人格特征与社会群体(social group)*(无论是更广泛的社会还是一些更有限的机构或组织,如商业公司或宗教团体)之间的匹配。马克斯·韦伯(Max Weber)*的《新教伦理与资本主义精神》(Protestant Ethic and the Spirit of Capitalism, 1905)可以被看作是这样一项研究。另见权威主义人格(authoritarian personality)*;文化与人格学派(culture and personality school)*;大众社会(mass society)*;自恋(narcissism)*。

personnel management 人事管理

在雇用人员的组织内部,人事管理是负有选择和招聘员工、培训、绩效评估、职业发展、纪律处分程序、退休前咨询工作、平等机会政策、薪酬谈判和劳资关系（industrial relations）*的政策责任的职能部门。在小型组织中，这些职能可能与其他管理职责相结合；在大型组织中，可能会有一个独立的部门参与制定政策、执行政策，并与劳动法的发展保持同步。近年来，较新的替代术语"人力资源管理"已经开始使用，反映了这一职能在劳动密集型服务行业（service sector）*中的重要性。

Peter principle 彼得原理

该原则指出，雇员往往会被提升到高于其能力和效率的级别，这一过程在任何组织中都会产生不称职的高级管理人员。

petite（or petty）bourgeoisie 小资产阶级

卡尔·马克思（Karl Marx）*将小资产阶级定义为"过渡阶级"，在这个阶级中，资本主义（capitalism）*社会的主要阶级资产阶级（bourgeoisie）*和无产阶级（proletariat）*的利益（interests）*相交叉，变得模糊不清，就其利益和社会状况而言，小资产阶级位于这两个阶级之间。它代表了一种独特的社会组织形式，其中小额生产性财产与家庭劳动力混合并由其拥有。

马克思认为小资产阶级自欺欺人，因为它结合了受雇劳动和生产资料（means of production）*的所有权，所以它在某种程度上代表了阶级斗争的解决方案。这个阶级在有限的意义上是进步的，因为它感受到来自资产阶级的压迫，在不同时期要求建立合作社（cooperative）*、信贷机构和累进税。然而，这些要求（就马克思主义[Marxism]*的历史观而言）是严格有限的，就像这个阶级的意识形态代表被他们自己的问题和解决方案所限制一样(参见马克思的《1848年至1850年的法兰西阶级斗争》*The Class Struggles in France, 1848–1850*)。

这种由马克思在其著作中讨论的传统的"小资产阶级"(这个贬义词的广泛采用充分说明了马克思主义[Marxism]*的取向),被诸如尼科斯·普兰查斯(Nicos Poulantzas)*的马克思主义者所定义的"新小资产阶级"所取代,由工程师、监督员和其他现代阶级结构的补充者组成,根据意识形态、政治和经济标准,他们是没有生产力(forces of production)*的工薪族,但他们是意识形态统治的载体。埃里克·奥林·赖特(Erik Olin Wright)则认为,小雇主在小资产阶级和资产阶级之间占据了一个矛盾的阶级位置(contradictory class location)*。应用一整套从马克思著作中摘取的标准,对于消除这个词语本质上的贬义作用不大。

根据马克思的观点,资本的积聚和集中最终会把小资产阶级扔进日益贫乏的工人阶级(working class)*的行列,就像农民尽管依附于土地,但也会变得无产阶级化(proletarianized)*。然而,自营职业与拥有生计手段的冲动,加上服务行业(service sector)*的增长和"店主"的持续存在,意味着这个阶级不仅没有被淘汰,而且也没有被整齐地归类为无产阶级、中产阶级(middle class)*或工薪阶级,因此它通常被赋予前一个时代的幸存者地位。它的成员通常被认为代表了基层创业、自助、个人主义(individualism)*、家庭和谨慎管理资源的价值,这意味着,尽管受到经济衰退和破产增加的冲击,小资产阶级仍然提供了一个昔日美德的刻板模型。然而,研究表明,它将继续存在,因为现代资本主义社会的趋势似乎对其处境的影响不大一致:在一些国家,它的地位正在减弱,而在另一些国家,它在数量和政治地位都在上升。(参见贝克霍弗[F. Bechhofer]和埃利奥特[B. Elliot]的《小资产阶级:不稳定阶层的比较研究》*The Petite Bourgeoisie: Comparative Studies of the Uneasy Stratum*, 1981)

对于东欧和中欧等苏联解体后新兴的资本主义社会来说,它代表了小规模(因此是唯一成功的形式)私有化的有力形象,至少到目前为止是如此。矛盾的是,正是小资产阶级心态存在于这些主要是国家主义社会的第二经济之中,在很大程度上促成了苏联式共产主义的崩溃(参见塞勒尼[I. Szelenyi]的《社会主义企业家》*Socialist Entrepreneurs*, 1988)。它也导致了人们愈发追求财产所有权与政治自由,并因此推动这些社会几乎不加批判地倒向普遍私有化(privatization)*,将其作为解决以往弊病的灵丹妙药。

petty accumulation 小额积累

参见资本主义(capitalism)*。

petty bourgeoisie 小资产阶级

参见小资产阶级(petty bourgeoisie)*。

petty commodity production 小商品生产

一个马克思主义(Marxism)*概念,指的是这样一种生产形式:生产者对生产资料(means of production)*拥有所有权或事实上的占有;生产的货物或服务是商品(即通过市场出售);生产者不系统地雇用工人,但可能使用无报酬的家庭劳动;生产规模小,资本积累(capital accumulation)*少。这一概念被广泛用于研究农民(peasants)*、家庭农场主和手工业者。另见简单商品生产（simple commodity production）*。

phenomenology（phenomenological sociology）
现象学（现象学社会学）

现象学是由德国哲学家埃德蒙德·胡塞尔（Edmund Husserl）*开发的一种哲学探究方法。它涉及对意识的系统研究。它认为，意识是我们唯一可以确定的现象。它假定我们对世界的经验，包括从我们对物体的感知到我们对数学公式的知识的一切，都是在意识中并由意识构成的。为了追踪这一构成过程，我们必须忽略我们对世界的了解，并解决知识是如何或通过什么过程产生的问题，这一策略被称为悬置或称现象学还原。

从表面上看，现象学似乎没有给社会学带来多少启发。胡塞尔从个人意识开始，发现自己在确定他人实际存在方面遇到了麻烦。现象学主要是由20世纪主要的存在主义思想家发展起来的，这一点并不令人惊讶。胡塞尔的学生阿尔弗雷德·舒茨（Alfred Schutz）*建立了现象学与社会学的重要联系，他在欧洲法西斯主义（fascism）*兴起之际逃离了欧洲，在美国将其作为哲学家与作为银行家的工作结合起来。他的《社会世界的现象学》（*Phenomenology of the Social World*，1932）阐述了现象学社会学的基本原则。它描述了我们如何从一个基本的无差别的经验流中建构出我们在日常生活中认为理所当然的对象和我们对这些对象的知识。意识的基本行为是（一阶）类型化（typification）*：将经验流中的典型和持久的元素汇集在一起，建立起事物和人的典型模型，并建立一个共同的社会世界。社会学家的工作是构建二阶类型化：在行为者为解释他们自己的活动而提供的（一阶）理论的基础上，构建社会世界的理性模型。舒茨把社会学说成是创造一个理性木偶的世界，然后我们操纵它来发现人们在现实世界中可能的行为。

现象学在20世纪60年代末成为社会学家的一种资源，因为战后的许多正统理论都遭到摒弃。它最持久的影响是对常人方法学（ethnomethodology）*的影响。彼得·伯格（Peter Berger）和托马斯·卢克曼（Thomas Luckmann）的《现实的社会建构》（The Social Construction of Reality, 1966）中提出了一个基于现象学的一般社会理论，声称结合了社会行动（social action）*和社会结构（social structure）*理论的特点，指出社会世界是通过类型化的过程建构起来的，然后呈现出超越产生它们的社会群体的客观性质。大约在同一时期，这种客观化的概念被一些作者与卡尔·马克思（Karl Marx）*的异化（alienation）*理论联系起来，试图产生马克思主义（Marxism）*的人文主义（humanism）*形式。这项工作的灵感来源之一是胡塞尔后来对科学的研究，他认为科学已经脱离了人类经验的结构，事实上阻碍了（异化了）我们对自己的理解。

其中一些观点被纳入社会学的主流，但现在还没有一个独立的现象学派社会学存在。另见常识知识（commonsense knowledge）*；解释（interpretation）*。

Philips curve 菲利普斯曲线

经济学家菲利普斯（A. W. Phillips）在1958年出版的《经济学》（Economica）杂志上发表了题为《1861年至1957年间英国失业率与货币工资增长率之间的关系》（The Relation Between Unemployment and the Rate of Change of Money Wage Rates in the United Kingdom, 1861—1957）的著名文章，在这篇文章中，A. W. 菲利普（A. W. Phillips）发现，在失业率（unemployment）*和工资通胀之间存在着负相关（negative correlation）*关系。当失业率较低时，货币工资通胀率就趋于升高；而当失业率升高时，货币工资通胀率就较低。因而，所谓菲利普斯曲线表明，鉴于只有在失业率增加的情况下，通胀率才会降低，若想保持较为充分的就业率，就不可避免地会引起通胀。

philosophy 哲学

作为一项智力活动，哲学是所有学科中涵括内容最为广泛的，因为它处理的问题范围广泛且相互关联，并关乎理解、逻辑、语言、因果关系一系列问题，而这些都和其他很多学科有着密切关系。社会学家经常会在认识论（epistemology）*和伦理学（ethics）*这两个领域内遭遇哲学辩论——这两个哲学的分支在本词典的其他章节进行阐释和介绍。

社会科学哲学（philosophy of social science）*是社会学家公认的一门专业，它围绕以下问题展开提问：概念的建构与形成过程，理论与实证之间的关系，价值判断在研究中的位置、动机的本质、语言的作用以及证明在社会科学（social science）*特别是社会学中的性质。需要再次说明的是，围绕这些议题的许多有着重要意义的论点和大多数有着影响力的思想流派，在这本词典中是被作为独立的词条加以处理的。

一直存在这样一种争论，即过去被当做社会学理论的很多研究（例如吉登斯［Anthony Giddens］*的作品）实际上是社会哲学，因为它主要是关于人类境况的形而上学（metaphysics）*的思辨，而非关于社会生活的具体的、可以被检验的命题。但是，这或许只是一种少数派的观点，尽管现在已经在相当广泛的范围内存在着这样一种共识，即社会学过去（特别是在整个20世纪60年代）存在着一种过度的反思性，同时过于痴迷对这一学科认识论基础的探索。另见方法论多元主义（methodological pluralism）*。

philosophy of social science 社会科学哲学

参见哲学（philosophy）*；社会科学（science, sociology of）*。

phratry 胞族（大氏族群）

在很多前工业社会中，社会组织（social organization）*是建立在以血缘关系为基础的亲属群体这一基础之上的，（这些亲属群体）或者以父系血缘为主或者以母系血缘为主，但是这些亲属群体在组成更大规模的组织时是按照非血缘原则进行的，这些更大的规模的组织被人类学家摩尔根（Lewis H. Morgan）*称为"胞族"（大氏族群），例如一些北美印第安人和澳大利亚土著人部落。在其他一些社会中，扩大的亲属群体还包括通常由母系继嗣群组成的氏族（clan）*和由父系继嗣群组成的宗族（gens）*。现在我们通常将任何氏族之间依照某种关系的相互联结而成的群体称为"胞族"。由此，胞族还经常以劳动分工（division of labour）*或者某种独特的仪式功能进行组织。半偶族（无论基于何种原则将社会区分成两个群体，实际上整体存在一种双重组织）是一种特殊的胞族形式。然而，所有这些术语都会随着上下文语境的变化而变化，而且很明显以不同的方式被使用。因此，研究亲属群体的学者们不得不在使用这些术语的时候要面对非常多样与复杂的情况(有的时候选择不当)。因此强烈建议(在使用这些术语时)校验特定的定义和特定环境下某些特定的用法。

Physiocrats(Physiocratic Thought)重农学派(重农主义思潮)

一种社会理论流派,主要以法国政治经济学家朗索瓦·奎斯奈(Francois Quesnay, 1694—1774)等人的著作为代表。重农主义思想之所以引起了社会学家的关注,是因为它同时影响了亚当·斯密(Adam Smith)*和卡尔·马克思(Karl Marx)*。重农学派批评重商主义者对"财富来源于交易"的信奉,而是把土地放在优先的位置,认为发展农耕技术、进行财政改革并且进行农产品的自由贸易才可以普遍刺激资本积累(capital accumulation)*、剩余价值(surplus value)*以及财富的增加。斯密赞同自由放任的原则,并称赞重农主义强调私有财产是改善生活条件的关键。马克思将奎斯奈描述为现代政治经济学(political economy)*的奠基人,因为他的著作将资本(capital)*的概念、剩余生产经济中生产、流通和分配的相互依存关系引入了现代经济学之中。尽管马克思的这一洞见已经广为人知,但是重农学派普遍被批评过分夸大了农业盈余的概念,而并没有意识到劳动力同样有盈余。

Piaget, Jean 让·皮亚杰(1896—1980)

一位对人类智力发展理论有着重要贡献的瑞士心理学家,他认为个体应能动地理解和影响世界,而不是单纯受到世界的制约和塑造。

皮亚杰对儿童进行了一系列的实验,并得出了"他们经历了认知发展的连续阶段"这一结论。他区分了四个这样的阶段,每一个阶段都有着自身独特的逻辑,而且每一阶段都和特定智力技能的发展相关。在感知运动阶段(sensorimotor stage)*(从出生到大约18个月的时候),孩子尚且不知道自己是一个独立的存在,因此无法区分他自我(self)*、他自己的行为及其行为所作用的外部对象。他的智力(intelligence)*只能通过其与环境的身体接触和感官表达来呈现。在前运算阶段(pre-operational stage)*(大约从2岁到7岁)的孩子,其特征是对语言(language)*的需求日益增加,而且具备了对那些实际上并不存在的但又具体有形的对象进行思考的能力,但同时也是极端自我中心主义(egocentrism)*的。在这样一个发展阶段,孩子尚不能扮演别人的角色。同样,他们也缺少对诸如因果关系、数量、重量等抽象概念的理解。在所谓的具体运算阶段(concrete operations stage)*(大约从7岁持续到11或12岁),孩子们开始对对象进行分类,可以扮演他人的角色,理解因果关系的性质,但是在理解那些缺少现实事件或他们熟悉的特定图像的抽象概念时,尚存在困难。(因此称为"具体"操作阶段。)最后,在形式运算阶段(formal operations stage)*(12岁以后),年轻人已经有能力创造自己的分类体系,从而获得形式思维与抽象思维。青少年可以将一般规则应用于特定问题,从前提到结论进行有逻辑的理性推理,并根据理论(theory)*和概念(concepts)*进行思考。但是,并不是所有人都可以进入最后一个阶段,因为很多人实际上在理解概念上存在巨大的困难,因此无法超越具体运算的阶段。抽象思维取决于一种可以使个体处于可以理性进行形式推理的社会环境中:只有通过社会互动(social interaction)*,思维的内在过程才能够得以发展。皮亚杰认为,跨文化(不同文化下的)的认知

(cognition)*在发展阶段上是相通的；但是，由于不同文化的内涵不同，因此人们在每个阶段习得特定信念的时间和地点是不同的。如果周围的文化在教育人们因果乃是神秘性的（阐释），那么显然这是个体诠释世界的方式。

皮亚杰的智力发展方法和关于智力发展阶段的概念对认知心理学（cognitive psychology）*产生了重要的影响。与大多数其他认知行为方面（例如短期记忆）的心理学家不同，皮亚杰突出强调围绕知识的定义与分类的认识论（epistemology）*问题。他关于儿童智力发展的相关理论已经被一些教师和教育学家纳入幼儿教育的方法之中。现在，他的大部分著作已经被广泛翻译成英文。参见H. E. 格鲁伯（H. E. Gruber）和J. J. 沃内切（J. J. Voneche）编的《本质的皮亚杰——阐释性参考与导读》(*The Essential Piaget—An Interpretive Reference and Guide*, 1977)

piecemeal social engineering 渐进社会工程

在《历史主义的贫困》(*The Poverty of Historicism*, 1957)这部著作中，哲学家卡尔·波普尔（Karl Popper）*批评历史主义者（尤其是共产主义者和法西斯主义者）总是试图预言未来，并认为基于这些理论的整体社会实验注定失败，因为人类的历史进程会受到知识增长的强烈影响，而且我们无法（理性地或科学地）预测未来科学知识的增长。相反，通过与在科学研究起到中心作用的零星实验相类比，波普尔认为只有小规模递增的并且根据经验持续进行调整的社会工程形式才是合理的社会工程形式。这一方法的关键之处在于，它是以反复试错而非先前的历史主义（historicism）*视野为基础的。正如波普尔所说：只有当我们准备从错误中汲取教训时，我们才能取得进步：认识到我们的错误并反思性地、批判性地加以利用，而不是教条地一直坚持。因此，渐进社会工程实质上无非是将（波普尔的概念）科学方法（scientific method）*引入计划和政治之中。

pie chart（pie graph）饼状图

　　一种描述性统计形式，其数据以图画或图表的方式呈现出来，就如同这里所展现的假设图示所示。它依据社会阶层背景给出了被大学录取的相对比例。这一分布被划分成为四个社会阶层（工薪阶层、自由职业者、普通文员、工人阶级），这个"饼"被划分为与各个类别的大学录取率成比例的"片"。这样一种数据（data）*呈现方式的主要优点是它可以使每个类别在总的饼状图中所获取的比例得到简单直观的呈现。如果进行数据演示的主要目的是比较（各种类别）的相对大小，那么传统的条形图（bar chart）*则是首选。

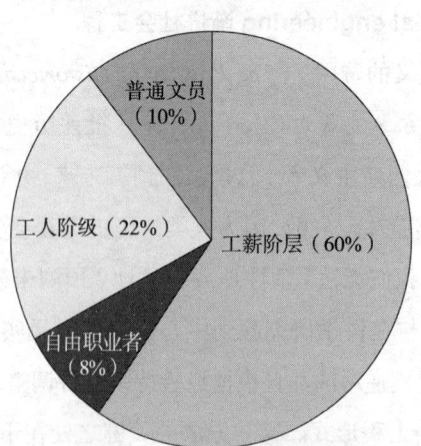

饼状图：大学新生的社会阶层背景

pillarization 支柱化

这一术语翻译自荷兰语Verzuiling，最初是荷兰政治学家J. P. 克鲁伊特（J. P. Kruyt）在描述荷兰的社会结构（social structure）*与政治制度的独特性质时所使用的概念，尽管现在它已经被用以描述其他地方（比如比利时）。在20世纪的大部分时间里，荷兰社会由于阶级和宗教（religion）*的分别被划分为四个占支配地位的利益集团（interest groups）*——天主教徒、清教徒、社会主义者和自由主义者——它们隶属于几乎所有的与之相关的政治与社会群体（social group）*（A. 林普哈特[A. Lijphart]的《适应的政治》The Politics of Accommodation, 1968）。

两个宗教集团都吸纳了工人阶级（working class）*和中产阶级（middle class）*，而世俗势力则沿着阶级路线分化（工人阶级中的社会主义者；中产阶级/上层阶级[upper class]*的自由主义者）。每个集团都有其独立的政党（political parties）*代表（新教徒有两个），他们之间的讨价还价与调和便是政治的特点。许多其他的社会机构也是以类似的方式构成的，例如，工会（trade union）*、媒体（media）*、志愿者协会、社会福利机构和教育机构。精英的构成模式、友谊（friendship）*、婚姻（marriage）*、职业招聘以及其他一些社会关系的模式也受此影响。

pilot study 预试研究

研究工具的（例如问卷调查、实验、访谈提纲）小规模测试，在主要的田野工作之前展开，并且主要用于测试研究设计（research design）*的效用。因此，预试研究在规模和性质上各不相同。大规模调查（survey）*的访谈提纲可以在相关人群的大量子样本上进行试验——可能多到500位受访者（respondent）*。另一方面，深度访谈这一技术只能在少数熟人和朋友中进行试用。社会学家中的定量研究者和社会调查机构坚持对主持预试研究的访问员进行全面的情况介绍和事后报告，以便确认并修正在研究设计中出现的逻辑性和分析性难题，包括（例如）那些模棱两可的问题、问卷（questionnaire）*所呈现出的不准确的路径或者过滤项（筛选项），回应那些无法被编码以及在答复中无法呈现差异的项目（参见统计变异[variation, statistical]*）。如果困难很大，那么还需要进行第二次预试研究，以此来确认对原始设计的修正和调整是行之有效的。

Pitt-Rivers, A. Lane-Fox A.
兰恩-福克斯·皮特-里弗斯（1827—1900）

一位充满着争议而且古怪的英国贵族，曾经是英国军队的将军、地主、考古学家和政府督察。他被称为"科学考古之父"，曾经在英国挖掘超过40处古典遗迹。他也是人类学家，也是查尔斯·达尔文（Charles Darwin）的追随者，主张渐进主义的进化论（evolutionary theory）*原则。

placebo 安慰剂

一种没有物理效果或直接效果的治疗方法，被应用于实验性研究中的对照组（control group）*，取代了那些效果处于研究中的治疗方法。这通常出现在医学研究中；在社会研究中，很少为对照组提供安慰治疗。

在医学领域，为了使病人感到满意，缺少药理学活性成分依据的物质被给予病人：这意味着，（病人）对治疗力量的信念可能对治疗效果本身起到助益作用（安慰剂效应）。安慰剂也被广泛用于评估新药品的活性成分治疗效果的参照。通常，对随机选择的病例进行实验性治疗，而对其他所有病例则统一给予同样的无效的安慰剂，即使他们患有相同的疾病（illness）*。在"双盲"的状态下，即使管理这些药物的人也并不知道具体是哪一种，因为这些药物被制作得看起来完全一样，这样可以防止他或她无意中将相关的信息与知识传达给接受者。

planned economy 计划经济

参见指令经济（command economy）*。

plantations 种植园

种植园经济是在欧洲经济与社会扩张过程中发展起来的，特别是在拉丁美洲和东南亚。它们与热带或亚热带环境下、有限范围内的出口导向型主食作物生产相关联。

传统的种植园经济与奴隶劳动密切相关。在很多情况下，由于外国资本的投资和财富从外围扩展到核心，由此产生的很多社会经济体系被理解为殖民地组织的代名词。历史的变化导致了现代种植园经济的多种形式，从以劳动密集型种植为基础（通常广泛使用移民或其他无技能的、非熟练的自由劳动者）的种植形态，到资本密集型的农业工业企业。一般来说，种植园农业被认为是对劳动力（labour power）*、土地和发展中国家的剥削。

pluralism 多元主义

这个词主要指政治学中两套重要的、非常不同的研究体系。最常见的是，它指的是20世纪60年代美国一套以经验为导向的并产生了很大影响的经验论，尽管它起源于阿瑟·本特利（Arthur Bentley）

在芝加哥开展的关于群体冲突的研究工作(参见《政府的过程》*The Process of Government*, 1905)。多元主义者认为美国是一个民主(democracy)*社会，因为政治权力的运作是在相互竞争的利益集团(interest groups)*之间进行，而且普遍如此。(多元主义者)得出此一结论的主要依据来源于对地方社区(community)*政治决策的研究，其中最著名的例子是罗伯特·达尔(Robert Dahl)的《谁来管理》(*Who Governs?*, 1961)。多元论者所提出的经验主张受到了在马克思主义(Marxism)*与精英主义传统中工作的学者的严肃批评(例如，参见G. 威廉·多姆霍夫[G. W. Domhoff]的《谁统治了美国？》*Who Rules America?*, 1967)，他们认为，可见的权力行使可能掩盖了某些群体用隐蔽的方式行使权力的事实，而且其表达的政治偏好也并不必然等同于客观(或真实)的利益(interests)*。然而，这种多元主义的类型作为规范性的政治理论体系继续发挥着相当大的影响(例如，参见达尔的《经济民主序言》*A Preface to Economic Democracy*, 1985)。

并不常见的是，这个词还指英国政治理论的一个体系，这与乔治·道格拉斯·霍华德·科尔(George Douglas Howard Cole)、约翰·内维尔·菲吉斯(John Neville Figgis)和哈罗德·拉斯基(Harold J. Laski)等人有关，在20世纪20年代同样引起了人们的关注。它认为，主权权力集中于国家(state)*是除了无政府主义(anarchism)*传统之外的所有政治理论所接受的，但主权权力不应被简单地争夺，而是应该在市民社会(civil society)*的自治社团中进行分配。后者在被保罗·赫斯特(Paul Hirst)在他的《国家的多元主义理论》(*The Pluralist Theory of the State*, 1989)中发掘出来之前几乎已经死亡。赫斯特认为，英国多元主义者的"结社主义"可能与美国强调群体竞争相结合，产生了一个会社民主（associational democracy）*的概念，它为社会主义政体提供了一个模式，与社会民主主义和马列主义传统提供的模式形成了鲜明的对比。另见社区权力（community power）*；精英（精英理论）（elite［elite theory］）*；公会（guilds）*；军工复合体（military-industrial complex）*；权力精英（power elite）*。

pluralism, epistemological 认识论多元主义

参见方法论多元主义（methodological pluralism）*。

plural social systems 多元社会体系

20世纪60年代，工业社会学家汤姆·伯恩斯（Tom Burns）认为，组织理论家假定组织内的个人只按照企业的正式目标行事是错误的，因为他们的动机很可能与组织本身的宗旨相冲突。相反，组织可以被设想为至少是三个社会系统（social system）*同时运作，其中只有一个是个人和部门争夺权力的正式权威系统。因此，在公司内部，一个人应该会期望可以发现那些有关"一个人对公司资源的控制程度""其他人的行动方向"以及"庇护（晋升、特权与奖励的分配）"等冲突。简而言之，"行动系统的多元性"对员工来说是可以利用的，员工"可以援引其中任何一个作为这个或那个行动、决策或计划的主要参考系统"（参见《论社会系统的多元性》On the Plurality of Social Systems，载于J. R. 劳伦斯［J. R. Lawrence］编的《运筹学与社会科学》Operational Research and the Social Sciences，1966）。伯恩斯的研究很重要，它证明了组织理论家们将公司概念化为一个单一的、可以等同于组织结构图或蓝图中规定的正式结构系统是幼稚的。

plural societies 多元化社会

社会有多种多样，它们又被区分为语言（language）*、民族、宗教（religion）*、族群和社群。应该说，这样一种描述几乎适用于任何一个社会，结果这个词有时而被当做"多文化社会"的同义词（这并无益处），适用于像当代美国和巴西这样的不同国家。但是，原本这个概念的使用范围是比较有限的。这一概念（原本）指的是在发展中的世界由殖民统治（colonial rule）*所建立起来的那些国家，特别是缅甸和印度尼西亚。在这些国家中，不同的族群在劳动分工（division of labour）*中占据着不同的位置，并作为自成一体的共同体存在，因此他们很少对国家社会产生义务感或者说甚至没有这种义务感（参见 J. S. 弗尼瓦尔 [J. S. Furnivall] 的《殖民政策和实践》Colonial Policy and Practice，1948）。换言之，他们不仅存在着文化上的异质性，而且在亲属制度、宗教、教育、娱乐和经济（以及有时候，政府，虽然未必是）等制度体系上存在着形式上的多样性。

在多元社会中，不同民族的人只在市场（market）*上见面，不同群体必须在市场上相互交易、交换商品和服务。因此，这里并未形成共同的"社会意志"来限制群体间的剥削行为。为了防止市场的无政府状态，必须设计一些社会框架来管理群体间的交易；在印度尼西亚的案例中，面对多元困境的主要解决方式包括实施种姓（caste）*制度、按习惯法来治理，民族主义（nationalism）*的民主制以及联邦主义（federalism）*。W. F. 韦特海姆（W. F. Wertheim）的《过渡中的印尼社会》(Indonesian Society in Transition，1956）是对该社会多元主义（pluralism）*的兴起和（部分）消亡的一个很好地描述。

后来的作者们（例如 M. G. 史密斯 [M. G. Smith] 著的《英属西印

度群岛的多元社会》The Plural Society in the British West Indies,1965），将弗尼瓦尔的用法扩展到包括加勒比和南非的后殖民地社会和多元社会之中——这些社会被认为在社会与文化上是多元社会（如果不是严格意义上的劳动分工的话）。关于多元社会的最主要批评者是马克思主义者，他们试图将观察到的种族或文化（意识形态[ideology]*）的不平等转化为潜在的阶级冲突，并强调发达社会与发展中社会之间的关系或依附性。

Polanyi, Karl 卡尔·波兰尼（1886—1964）

一位出生于奥地利的极具影响力的国际知名经济史学家，是哲学家迈克尔·波兰尼（Michael Polanyi）的弟弟。他在欧美国家内广泛讲学，由于他的实证研究打破了新古典经济学（neo-classical economic）*理论的诸多假设，因而在社会学领域产生了实质而持久的影响。

他最著名的公开出版著作是由罗伯特·M. 麦基文（Robert M. MacIver）*作序的作品《大转型》（The Great Transformation,1944）——他尝试用事实阐释两次世界大战的起因、20世纪30年代的大萧条以及20世纪中期"新秩序"的基础。他对"世界市场"的出现究竟产生了怎样的后果以及社会如何保护自己不受这一后果的影响进行了严谨扎实的研究。他提出了这样的警告：不要让经济发展（economic development）*到权力高度集中、经济决策脱离人的控制以及人的尊严与自由受到威胁的地步。这种经济主义（economism）*有可能会破坏社会内聚力；它要求将经济嵌入于与传统社会（traditional society）*相类似的社会控制（social control）*关系之中。

他的其他主要著作，特别是与他人合著的《早期帝国的贸易与市场》（*Trade and Markets in the Early Empires*，1957）和在他过世后出版的《人的生计》（*The Livelihood of Man*，1977），发展了波兰尼所谓的对自由主义（liberalism）*的实质主义批判，对自由与正义是与自由市场（free market）*密不可分的观点发起了挑战，并用（具体的证据）描绘和揭示了任何一种社会中的经济过程受其文化、政治和社会制度（social institution）*形塑的诸种方式。

波兰尼是一个真正的跨学科学者：在经济学、历史学、人类学和政治科学的词典中都可以找到关于他的条目。最近，他的研究主要围绕着共产主义（communism）*向市场（market）*过渡的"第三条道路"的可能性开展论辩。在一部分东欧社会科学家和政策制定者看来，大多数西方顾问所提倡和输出的市场经济，很可能会造成波兰尼在诸多历史实例中所发现的那些与市场自我调节有关的一系列问题。当这些后共产主义社会离开具有保护性的国家，并面对快速的市场转型所带来的不确定性时，"经济逻辑"与"社会逻辑"之间的对立变得尤其深刻。

polarization 两极化

向两个相对立的极端集中的趋势。许多社会类型学都是对两极类型或极端类型的描述：一个显著的例子就是斐迪南·滕尼斯（Ferdinand Tönnies）*对共同体和社会的区分，社会学家在诸多不同情境下都发现了这一点。但是，两极化这个词，严格来说是指处在资源分配不平等的两个群体之间的隔阂与对立。正是在这个意义上，马克思（Marx）*指出了资产阶级（bourgeoisie）*与无产阶级（proletariat）*的两极化。

这一语词也被用于经验研究中的争论。例如，帕尔（R. E. Pahl）

根据对谢珀岛的研究（《劳动分工》*Divisions of Labour*, 1984），明确指出了一个社会两极化的过程，据说这一过程在英国产生了"工作富人"和"工作穷人"的家户分化。帕尔认为，正规经济部门和非正规经济部门的机会往往会集中于同一个家庭中；或者说，稍有不同的是，有家庭成员失业（unemployment）*的家庭并没有（实际上帕尔认为不能）通过隐蔽的、地下的或者被称为黑色经济（black economy）*的非正规经济活动来弥补这一点。

policy research 政策研究

以非大学群体为主要目标受众的社会科学研究（尽管研究结果实际上也可能引起学术受众的兴趣）。在大多数情况下，这些研究试图将社会科学的研究成果和发现用于解决客户发现的问题。这一实践也被称为应用社会学（applied sociology）*。例如，博弈论（game theory）*的发展得益于美国国防部的资助，同时也关涉到博弈论与军事战略的相关性，但同时博弈论也对社会科学理论做出了根本性的贡献。

政策研究可以是描述性的、分析性的，或者处理因果过程和解释；它可以对新的或现存的政策方案进行评估，对最优案例进行描述，测量社会变迁（social change）*，在大规模建模实践的基础上进行预测，或包括在现实生活环境中进行长达十年或几十年的大规模实验研究。大多数政策研究都倡导多学科方法，努力避免使用狭义的学科术语。因此，政策研究很少是明确的社会学研究，即使社会学对某项研究的理论基础、设计和方法论（methodology）*的贡献大于其他任何一门学科。

原则上，相较于理论研究而言，政策研究更为关注可采取行动或可塑的社会因素。例如，家庭可能是性别角色（sex role）*或种族观念定型的最重要来源，但是政策研究关注的重点则是公共教育体系在改变儿童观念方面并使之朝着被认可的方向发展方面的作用。政策研究创造了一些多学科混合研究领域，比如劳动关系（参见劳动关系［labour relations］*）和社会政策（social policy）*。（政策研究）如果是在商业部门进行的，则通常使用"顾问工作"一词加以指代。关于这些研究议题的回顾和某些有趣的案例研究，参见马丁·布鲁默（Martin Bulmer）编的《社会政策研究》（Social Policy Research, 1978）。另见《布莱克报告》（Black Report）*;《科尔曼报告》（Coleman Report）*。

political behaviour 政治行为

该词指的是（个人或集体）以任何形式的参与政治进程，或任何对政府和政策产生真正影响的活动。这一广义上的定义既包含了政治参与的合法形式（例如选举投票［voting in elections］*、利益集团［interest groups］*或社会运动［social movements］*中的活动），也包括非法的政治活动（包括政变［coups d'état］*、恐怖主义［terrorism］*和革命［revolution］*）（参见叛乱［rebellion］*）。尽管正式参与（政治活动）的目的是将社会冲突（social conflict）*控制在既有的政治体系内，从而使政治秩序得以保持稳定，但是那些无法通过现有政治结构引导的不同意见很可能不仅要改变政策，而且要挑战政治秩序本身。政治行为研究还包括对不作为和冷漠的研究，以及对政治意识形态（ideology）*、价值（value）*和政治态度（attitude）*的分析，作为是否参与政治领域的基础。

political crime 政治犯罪

从历史上来看，该术语是指阴谋，以及采取实际行动挑战政治统治者或神圣权威。政治罪犯可能比普通或一般的罪犯遭受更为严厉的惩罚。但是，随着时间的流逝，该术语的含义以及对政治犯罪分子本身的态度已经发生了重大变化。

例如，19世纪的西欧将侵害国家（state）*的行为重新定义为出于政治动机的犯罪（crime）*，并且还存在是否应该在常规刑事司法系统中处理自称有政治地位的冒犯者的争论，诸如妇女参政权论者和芬尼亚组织成员等。到20世纪后期，政治罪犯已转变为罪魁祸首的恐怖分子，他们对无辜的公民（citizen）*非法使用暴力。但是，人权运动家和一些犯罪学家也对国家本身以犯罪方式利用其武力垄断以追求社会政治和军事目标（例如通过酷刑、失踪和种族灭绝［genocide］*）的行为提出了疑问。一些学者甚至辩称，只有国家才能真正成为恐怖分子，因为他们具有超强能力将恐怖部署为系统的支配（domination）*和治理模式。例如，参见诺姆·乔姆斯基（N. Chomsky）的《恐怖主义文化》（The Culture of Terrorism，1988）。

political culture 政治文化

规定和有助于一个社会的政治权力体制的合法化的规范（norm）*、价值（value）*和符号（symbol）*（例如，美国的宪法、民主、平等、旗帜）。当政治文化崩溃或受到质疑时，就会产生合法性危机，就像1989—1991年中欧和苏联发生的那样。政治文化与一般的文化（culture）*一样，是由已接受知识的片段组成的，既定社会中的人们将其视为真理。丑闻、启示、失败和政治灾难会迅速破坏公民对整个政治文化系统的信心。因此,维护政治文化是各级政治家和国家官僚们的主要工作。

该术语的现代用法可以追溯到第二次世界大战之后。加布里埃尔·阿尔蒙德(Gabriel Almond)和西德尼·韦尔巴(Sidney Verba)合著的《公民文化》(The Civic Culture, 1963)是对五个国家的政治态度和民主进行比较的经典研究,旨在展示文化发展和政治发展是如何携手并进的。这个概念的价值不取决于特定的政治议程。最近的研究试图区分"真实的"政治文化(公民积极地相信并支持)和"强加的"政治文化(仅是通过威胁或武力强加给公民的人为创造的意识形态[ideology]*)。未来的问题是,像美国和苏联这样先前强大的政治文化将如何适应族群性(ethnicity)*和民族主义(nationalism)*的离心压力。

political economy 政治经济学

从严格意义上讲,有关经济问题的有影响力的著作主要与18世纪法国和英国的启蒙运动有关,并最终形成了与亚当·斯密(Adam Smith)*有关的经济理论。但是,由于以斯密的思想为基础的19世纪古典经济学家继续将他们研究称为政治经济学,因此在社会科学(social science)*文献中出现了一些含糊不清和扩展该术语使用范围的现象。实际上,从广义上而非狭义上讲,古典社会学被广泛视为对政治经济学的批判。

早期的政治经济学源于以下综合因素的影响:先进的理性主义(rationalism)*和科学逐渐取代了哲学(philosophy)*中的宗教思维方式,并尝试将经验方法应用于道德和社会问题;资本主义(capitalism)*工业主义(industrialism)*的兴起以及对新兴经济秩序进行智识上的和思想上的说明的需要；政府仍对所谓的"重商主义"(mercantilism)*政策怀有敌意，这种政策将国家(state)*的繁荣归因于对外贸易顺差。尽管政治经济学从来都不是统一的学说，但其独特的观点是试图证明价值过剩来自生产(production)*，特别是生产劳动，而不是贸易本身。对于重农学派(Physiocrats)*（在某种程度上也许就是斯密本人）而言，农业是剩余价值(surplus value)*的唯一来源，但是从斯密开始的政治经济学也认识到制造(manufacture)*和通过劳动分工(division of labour)*对生产活动的整体组织的重要性。他们认为，这不应被重商主义对价格、工资和货币的操控尝试所阻碍。实际上，金钱只是价值的符号，而不是其来源。

尽管斯密所著的支持自由市场交换的著名论文《国富论》(The Wealth of Nations, 1776)被视为现代经济学学科的开端，但他和他同时代的著名的苏格兰启蒙运动者（如亚当·弗格森[Adam Ferguson]*)也研究了大量的社会、道德和历史问题，其中许多可以看作是早期社会学。但是，与经济学说相比，社会学因素暗示了对社会的更全面的看法。经济学具有鲜明的个人主义(individualism)*色彩，并在强调自我利益作为合作秩序基础的作用时，包含了后来被称为理性选择理论(rational choice theory)*的一些关键要素的初期形式，但是后来经济学与其他学科的分离对早期政治经济学来说完全是陌生的。这种分离很大程度上是由于以下事实：所谓的下一代古典经济学家，特别是19世纪英国功利主义者中的大卫·李嘉图(David Ricardo)和他的门徒们，开始从其余部分中抽象出经济思想并将其形式化，此后一直持续。尽管在观点和目的上存在许多分歧，卡尔·马克思(Karl Marx)*、马克斯·韦伯(Max Weber)*、爱弥尔·涂尔干(Émile

Durkheim)*和其他社会学创始人共同认为,从社会生活的其他方面对经济的抽象忽略了关于现代性(modernity)*本质和资本主义生产本身的关键性问题。

在美国,现代经济理论的最新发展被称为"政治经济",与通常被标签化的激进或马克思主义(Marxism)*的版本无关。这些文献将新古典原则应用于经济之外的领域,例如公共政策,重点关注由经济利益集团施加的政治压力造成的人为引起的稀缺("租金")。

所谓的激进政治经济学是与20世纪60年代马克思主义思想的复兴相关的术语。它对美国和英国的功能主义(functionalism)*主导的学术社会学和经济学怀有敌意,试图通过复兴的历史唯物主义(historical materialism)*发展出一个共同基础,从而(从其观点出发)超越社会科学(social science)*中的意识形态学科划分。另见新古典经济学(neo-classical economics)*。

political parties 政党

代表政治领域中不同社会经济力量的目标和利益的正式组织,尽管并非所有社会都有一个政党政治体制的政府。政党是政府机关征聘候选人和传播意识形态的组织手段。政党试图组织和控制政府机构,领导国家。

政党制度也采取多种不同形式,从一个极端的多党制到另一个极端的一党专制。多党制(通常由两个主要政党组成)在英国、美国、法国和德国等自由民主社会中很突出,而一个政党的统治在肯尼亚和津巴布韦等非洲国家尤为明显。有人认为,政党制度的类型与社会的发展阶段有关,但是地方历史和政治因素在影响制度类型的出现方面可能更为重要。

政治社会学家关注作为组织的政党并研究其组织动力。他们感兴趣的问题包括领导人、活动家和支持者的社会经济背景；政党拥护的社会政治意识形态；政党组织所拥护的不同群体之间的权力（power）*分配；以及动员支持的技术。德国社会学家罗伯特·米歇尔斯（Roberto Michels）*对政党进行了重大的开创性研究。在对组织力量的研究中，他指出随着党的官僚主义（bureaucratic）*的日益盛行，统治该党的政党领导人和官员也出现了寡头政治（oligarchical）*倾向。党的政党领导人和官员的信念和态度以自己的个人目标为导向，始终不如普通成员那么激进。此外，党的组织程序被用于扼杀大众愿望，革新的目标受到抑制。但其他研究证据表明，不应夸大政党领袖的寡头倾向，尤其是考虑到政党制度化的情况。

政治学家还探讨了政党在政治进程中的作用，以及不同政治制度在何种程度上可以描述为开放或封闭。自由主义（liberalism）*的观点认为政党、压力集团（pressure groups）*和其他利益集团（interest groups）*作为社会中不同社会经济群体的代表参与权力竞争。公开竞争的结果是多元政治体制（pluralist political system）*中的权力是非累积性和共享的。这种对政党在自由民主国家中政党作用的看法一直备受批评。有学者争辩说，某些团体在政治决策过程中占主导地位，最明显的是那些在经济领域中占主导地位的团体。此外，尽管具有观察价值的政党政治值得研究，但更微妙的权力形式（例如议程设置）不应被忽略。因此，尽管自由主义者强调政治党派在代议制民主国家中的重要作用，但新马克思主义者却淡化了它们的重要性。有学者认为，在资本主义社会中，由于支配经济权力的也是统治阶级（ruling class）*，议会政治是虚幻的，只是一种意识形态（ideology）*战略，使人们的注意力从政治权力的真正来源转移开来。

许多学者认为，这种马克思主义关于政党和政权的观点正在形成。至少不像自由主义者那样简单。诚然，权力可能会集中，但普通公民的看法可能会影响政治结果。在这方面，政党并非无关紧要，在先进的资本主义社会的政治领域中发挥着重要作用。

political science 政治学

一门研究权力（power）*和不同类型政治体系中权力分布的学术学科。政治科学家询问权力的来源，权力的行使方式，以及由谁行使，约束和控制的过程如何运作、权力斗争中谁赢谁输。所有这些主题都提出了政治体系内政治统一、组织、冲突（conflict）*和稳定的其他问题。对权力的研究有多种形式，从个人政治态度和行为的调查到在国家（state）*和国际层面上对国家活动的审查。从最初对政府机构狭隘的兴趣开始，政治学渐渐地已经拓宽了它的领域，政治学如今的许多实质性主题和理论与政治社会学（political sociology）*重叠。丹尼斯·卡瓦纳（Dennis Kavanagh）的《政治科学和政治行为》（*Political Science and Political Behaviour*, 1983）是美国和英国政治学研究的有益指南。

从狭义上讲，对政治和权力的研究涉及对各种政治机构的审查，例如国家、政府、政党（political parties）*、利益集团（interest groups）*以及活跃于决策业务的其他非政府中介组织。特别是国家，因为它主导着自由民主国家的政治进程，所以一直备受关注。但是，从更广泛的角度来看，权力的运作不仅仅限于正式机构和公共机构活动。相反，权力还在于可能在政治体系之外的非决策过程。例如，资本主义经济体内企业集团的权力是相当大的。政治学家，特别是从事历史和比较研究的政治学家，也越来越对在整个世界经济和国际关系中权力的行使感兴趣，而不仅仅局限于特定的民族国家内部。另见政治行为（political behaviour）*。

political socialization 政治社会化

通过获取有关政治符号、机构和程序的信息，了解政治上被动或主动成员的角色，并内化支持整个政体的价值体系和意识形态（ideology）*，将其引入政治体系的过程。这个过程既可以作为个人学习，也可以作为整个社会的文化传播来理解和分析。各国通过教育系统、大众媒体、工作场所、居委会，以及政治机构本身，将新生代引入既定的思想和行动模式，来延续其政治传统。可以在短时间内建立新的政治机构或改革现有结构的第三世界（Third World）*国家中，教育系统、大众媒体和社区结构都可以明确地用作政治教育和再教育的手段。在较老的、更稳定的政体中，社会机构的政治社会化功能是隐藏的而非显现的，往往微妙到无形且被公众否认。

政治社会化的研究着眼于整个生命周期（life cycle）*中意识形态的稳定程度；政治态度与积极参与之间的关系；政治精英的选择和社会化（例如通过教育系统）；行为和失范的社会阶层模式（例如工人阶级［working class］*的保守主义［conservatism］*和所谓的虚假意识［false consciousness］*）；人格特质与政治倾向之间的关系；担任政治角色；以及家庭、学校和工作场所对政治思想和行为的相对影响。另见政治文化（political culture）*；社会化（socialization）*。

political sociology 政治社会学

社会学（sociology）*的一个分支，关心社会内部或社会之间既定权力分配的社会原因和后果有关，以及导致权力（power）*分配变化的社会和政治冲突。政治社会学的主要重点是对国家（state）*的描述、分析和解释。国家即在既定领土内宣称对合法使用武力具有垄断权力的机构，可能构成任一社会中最大权力和权威的汇聚者。政治学（political science）*主要涉及政府机制、公共管理机制以及正式政治领域的选举、公共舆论（public opinion）、压力集团（pressure groups）*和政治行为（political behavior）*，而政治现象的社会学分析则更多地关注政治之间的相互关系、社会结构（social structure）*、意识形态（ideology）*和文化（culture）*。尽管国家是最常见的研究对象，政治社会学也从更广泛的角度研究各种社会环境。例如，家庭、友谊团体、俱乐部和当地社区中的权力、权威和影响力的来源和利用。劳动力市场（labour market）*和工作场所的权力关系也可以包括在内，但现在通常以劳资关系（industrial relations）*的标签进行研究。政治制度是指（在很大程度上）涉及权力、规则或权威的任何持久的人际关系模式。因此，有可能研究无国家社会的政治，这些国家尚未建立任何正式的中央机构来垄断权力，但仍具有决策和规则制定过程，其中某些成员可能比其他成员更具有主导性。

政治社会学一直关注作为社会机构的政党（political parties）*以及党员与党领导之间的关系。例如，多数成员的普遍冷漠可以使党领导拥有更大的权力；寡头统治的铁律（参见罗伯特·米歇尔斯[Michels, Roberto]*），表明一个组织的领导者倾向于用自身利益代替组织本身的利益（interests）*，力图保留其为这些利益服务的权力地位。政治社会学说明专制政权、极权主义(totalitarianism)*政体以及议会民主制的现象,试图解释特定政治制度和体制结构的起源和稳定性。政治参与的研究,特别是通过选举制度的研究,阐述了政治行为的利益理论,该理论认为人们会选择最大化其狭隘的自我利益和更广泛的阶级利益(class interest)*,而不是公共利益(public interest)*。政治社会学将注意力集中在政治精英(elite)*、其成员以及将他们与统治阶级分开的巨大鸿沟上。一种观点认为"政治学是对影响力和有影响力者的研究……有影响力的人是那些获得最大收益的人……那些获得最大收益的人是精英;其余的都是群众"(H. 拉斯维尔[H. Laswell]的《政治:谁得到什么、何时、如何得到》*Who Gets What, When, How*, 1958)。政治社会学研究冲突的表现和规律,包括社会抗争行为和革命起因;利益集团(interest groups)*(通常是不自觉的)和正式的压力集团的形成和活动;政治意识形态、政治文化(political culture)*以及政治见解和民意的表述;通过教育机构和工作场所的经历在儿童、青少年和成人生活中进行政治社会化(political socialization)*。人们常常在比较的基础上对社会和经济秩序引起的紧张和分裂进行分析,以表明如何从各种可能或可用的替代方案中做出政治选择。

政治社会学采用了所有社会学分析和态度研究方法,包括:单个组织或特定的地方、州或国家政府的案例研究(case study)*;民意调查(opinion polls)*,采访选民、政治参与者和政治代表的调查(survey)*,用以研究政治意识形态和政府政策决策的文献证据和内容分析(content analysis)*、决策过程和结果的数学建模。跨国比较研究比社会学其他领域更普遍。罗伯特·道斯(Robert E. Dowse)和约翰·休斯(John A. Hughes)所著的《政治社会学》(*Political Sociology*,第二版,1986)是很好的介绍文本。另见社区权力(community power)*；权力精英(power elite)*；选举学(psephology)*。

poll 调查

参见民意调查(opinion polls)*。

polyandry 一妻多夫制

这是表示一个女人与两个或多个男人结婚的术语。这是很少见的婚姻形式,通常发生在一个女人嫁给两个或两个以上兄弟的情况下,这种婚姻被称为同胞共妻制。同胞共妻制的动机之一是维护一个家庭内的土地和财产,因为继承权传给了孩子,这些孩子都被视为同一个父亲的后代。

polygamy 多偶婚

尽管严格地说,该术语表示一个性别与两个或多个异性同时结婚,但一些学者似乎用它来表示一个男人与两个或更多女性的婚姻(marriage)*,应适当地称为一夫多妻制(polygyny)*。

polygyny 一夫多妻制

一夫多妻一词表示一个男人与两个或多个女人同时结婚。这并不少见,并且在人类社会中很普遍。当婚姻中所涉及的妇女是姐妹,这种婚姻被称为"妻姐妹婚"。尽管严格来说,一夫多妻制和一妻多夫制都是多偶婚(polygamy)*的形式,但有些学者倾向于使用多偶婚而非一夫多妻制来表示这种婚姻。

polytheism 多神论

参见一神论（monotheism）*。

Popper, Sir Karl Raimund 卡尔·雷蒙德·波普尔爵士（1902—1994）

奥地利哲学家，早年在新西兰任教（1937—1945），成年后的大部分时间在伦敦政治经济学院工作（在这里他成为逻辑与科学方法教授）。

波普尔为社会哲学和认识论（epistemology）*做出了许多重大贡献，这在当时引起了很多讨论和争议，但对整个社会科学（social science）*主要领域产生了重大影响。这些包括他对证伪（falsification）*原理的表述、对历史主义（historicism）*的批判、提出的开放社会（open society）*的概念以及支持渐进社会工程（piecemeal social engineering）*的观点。所有这些都在本词典的其他地方有详细讨论。他的早期作品如《开放社会及其敌人》（*The Open Society and its Enemies*, 1945）、《历史主义的贫困》（*The Poverty of Historicism*, 1957）、《科学发现的逻辑》（*The Logic of Scientific Discovery*, 1959）和《猜想与反驳》（*Conjectures and Refutations*, 1963），阐明了他所有最重要的论点。后来的著作，其中许多是他在 1969 年退休后写的，包括《云与钟》（*Of Clouds and Clocks*, 1966）、《客观知识》（*Objective Knowledge*, 1972）、《量子理论和物理学分裂》（*Quantum Theory and the Schism in Physics*, 1982），以及其他一些书，具体内容是他对自然科学研究的想法。

波普尔于 1965 年被授予爵士，但他的职业生涯始终与主流哲学保持隔绝，主要是（经常被说）因为他从未在牛津大学或剑桥大学任过教授。

pop sociology 大众社会学

鉴于社会学(sociology)*的许多关注点都与日常生活(尤其是社会问题[social problems]*)直接相关,因此,社会学比其他学术学科更受大众欢迎。似乎每个人都可以称自己为社会学家,即使没有经过正式的专业培训也是如此。

大众社会学被分为四种形式。第一,对社会事务进行评论或撰写的任何人都可能被视为大众社会学家。第二,有许多社会学家认为,将其思想和发现提供给更广泛的社会群众而非大学和同事,是其专业工作的重要组成部分。他们甚至可以与社会运动(social movements)*并肩努力实现这一目标,或者通过在学术期刊之外发表自己的著作来普及他们的工作。他们也可能经常是其所关注的问题的媒体评论员。第三,有些学者在工作过程中发现自己的研究获得了一定的重视(例如,关于犯罪[crime]*和毒品[drug]*的轰动性的发现),并且一时被迫进入公众视野,有时违背他们的意愿和才华。其中一些人可能会享有短暂的名人地位。最后,有一个特殊的小组进行针对大众消费的社会学研究。例如,美国记者兼自由撰稿人万斯·O. 帕卡德(Vance O. Packard)通过《隐藏的说客》(*The Hidden Persuaders*, 1957)和《超级富豪》(*The Ultra Rich*, 1989)等书成为社会学的知名普及者。

要在学术社会学和大众社会学之间划清界线,并不总是那么容易做到的。

popular culture 流行文化

文化指的是人们共有的所有知识、技术、价值(value)*、信念(belief)*、习俗(customs)*和行为。虽然简单的社会可能只有一个为所有人共享的单一的集成文化,但是复杂的社会却可以容纳许多层面和等级的文化(culture)*和亚文化(subculture)*。

流行文化与通常所说的高雅文化之间的一个重要区别是,后者包括诸如古典音乐、严肃小说、诗歌、舞蹈、高雅艺术和其他文化产品之类的东西,通常只有很少一部分受过教育的人才能欣赏。流行文化,有时也被称为大众文化(mass culture)*,它是更普遍的且每个人都可以接触到的。流行文化的主要定位是娱乐,例如在欧洲和美国,它以体育、电视、电影和录制的流行音乐为主导。少数文化与多数文化之间的区别通常可能涉及偏袒高雅文化的价值判断。

自华兹华斯以来的传统主义者哀叹流行文化质量之低。自由主义者和激进评论家更倾向于支持流行文化作为公众品味的真实表达,区分摒弃精英主义不友好的高雅文化的产品。社会学家已经参与了对流行文化的分析中,因为流行文化提供了进入公众意识的窗口,并且是社会阶层内部团结以及社会阶层之间的区分的重要元素。冲突论(conflict theory)*的学者关注大型资本主义企业所产生的流行文化,并认为该产品不仅可能是虚伪的,而且可能是意识形态统治的工具。

流行文化的研究与亚文化、青年文化(youth culture)*、意识形态(ideology)*、闲暇(leisure)*和大众媒体相重叠。伊恩·钱伯斯(Ian Chambers)的《流行文化》(*Popular Culture*, 1986)和托尼·本纳特(Tony Bennett)等人的《流行文化与社会关系》(*Popular Culture and Social Relations*, 1986)指出可以归入此一般主题的主题范围。另见文化研究(cultural studies)*。

population 人口/总体

从最一般的意义上讲,人口包括居住在特定领土内的全部人口(参见人口学[demography]*),但在统计中有更具体的含义。就统计术语而言，总体是指从样本（sample）*中抽取并对其应用分析结果的个人或单位的总和，即正在调查的个人或物体的总和。通常需要将目标人口（需要从中得出结果的人口）与调查人口（实际上包括在抽取样本的采样框中的人口）区分开来。出于实际原因，两者很少相同。即使是最完整的抽样框——选举登记簿、地址列表或（在美国）电话号码列表，都排除了相当数量的人口（无法登记投票、无家可归或没有电话）。研究人员有时可能会故意将目标人群的成员排除在调查人群之外。例如，通常的做法是将英国北部国家抽样调查的采样框排除加里东运河以北的地区，原因是北部高地的人口稀少，以至于在该地区进行采访的成本太高。但是，就大多数社会学研究而言，目标人群和被调查人群之间的这种特殊差距并不被认为是重要的，尽管在人口稀少地区对公共交通的态度调查中显然是有问题的。另见统计推断（statistical inference）*。

population studies 人口研究

参见人口学（demography）*。

populism 民粹主义

这个术语随着1892年民粹党的成立而进入了美国政治词汇。该党的大多数支持者是该国南部特别是西部的小农。党纲的主要思想是，如果国家将土地和铁路国有化，他们的支持者对银行（他们似乎总是过于渴望取消抵押）和铁路公司（由于垄断地位而收费过高）的不满情绪将得到最好的解决。

如今，该术语最常在马克思主义（Marxism）*和新马克思主义（neo-

Marxism)*圈子中以广义和转换意义使用,是指任何旨在动员人民以个人而不是特定团体的成员的立场,反对被既得利益集团(interest groups)*控制的国家或者其中的利益集团本身太强大的国家的政治运动。例如,参见 E. 拉克劳(E. Laclau)的《马克思主义理论的政治与意识形态》(Politics and Ideology in Marxist Theory, 1978)。

在发展中国家,民粹主义一直是强大的政治力量,阿根廷的庇隆主义就是一个明显的例子,并且在东欧解体后的中欧和东欧已经成为一种主要现象。在这两种情况下,它与民族主义(nationalism)*的联系都很重要。

positional good 地位商品

在绝对意义或社会赋予的意义上稀缺,或由于使用者众多而变得抢手的一种商品(包括商品、服务、职业或其他社会关系)。例如,高级职位、宜人的旅游地点、理想的居住区或歌剧前排座位。

这些多样化的商品和环境的共同点在于,从这些商品和情况中获得的满足感部分源于稀缺性和社会排他性。而且,此类物品的供应不足不能仅靠经济增长(economic growth)*来克服,因为(简单地说)生产率(productivity)*的提高并不能改变并非每个人都可以担任公司总裁、每个人都可以有超级碗的门票这样的事实。弗雷德·赫希(Fred Hirsch)在《社会对增长的限制》(Social Limits to Growth, 1976)中确定了各种各样会受到位置竞争影响的工作和商品,并指出富裕社会越来越容易在一些设施和服务上产生分配冲突,那些设施和服务在为大家所用前总是先遭到破坏,从而无法满足所有人。

positive discrimination 积极差别待遇

积极差别待遇有利于历史上(通常在就业和教育上)曾处于弱势地位的群体,主要是针对少数群体或女性的政策和做法。在美国也广泛使用平权措施(affirmative action)*和逆向歧视(reverse discrimination)*等替代词。积极差别待遇的倡导者认为,考虑到不平等(inequality)*和固化的社会结构(social structure)*,该政策对于历史上的弱势群体创造机会平等(equality of opportunity)*是必要的。但是,这引起了许多法律和政治上的争议。大多数社会学研究主要关注积极差别待遇对机会均等理论和实践的影响。另见社会正义(justice, social)*。

positive reinforcement 正强化

参见条件反射(conditioning)*。

positivism 实证主义

由于过度滥用和误用,这个术语已经变成了一个毫无意义的滥用术语,几乎可以用于任何一种没有对社会意义的复杂性予以足够关注的经验研究中。实际上,该术语具有非常具体且狭窄得多的含义,而且仅应在此意义上使用。

这种实证主义或"实用哲学"的公认创始人是法国哲学家和社会科学家奥古斯特·孔德(Auguste Comte*, 1798—1857)。孔德还创造了"社会学"一词来指代他提出的有关社会的实用科学。

实证主义是一种科学哲学(philosophy of science)*,它完全符合经验主义(empiricist)*传统,拒绝形而上学(metaphysics)*的推测,倾向于基于系统观察和实验得到的"实证"知识。科学方法（scientific method）*可以使我们了解现象的存在和规律，但永远无法抵达事物的"内在"或"本质"。在应用于人类社会世界（social worlds）*时，实证方法产生了一个连续状态定律，每个知识分支必须遵守该定律：首先是神学（theology）*的，然后是形而上学的，最后是实证的（或科学的）。由于社会的特征来自其中占主导地位的知识形态，因此，孔德提出了人类社会自身发展的规律。法国最近经历的无政府状态和革命阶段是由于知识无政府状态而造成的，关于形而上学的问题，如神的权利和人民的主权等无法解决的争端必须让位给实证社会科学。扎扎实实的知识将构成共识（consensus）*的基础，也可用于消除造成无序的原因，就像运用自然科学的知识驯服自然一样。

孔德受到约翰·斯图尔特·密尔（John Stuart Mill）*等人的推崇，实证主义在19世纪下半叶非常流行。在克洛蒂尔·德·沃克斯（Clotilde de Vaux）的影响下，孔德的观点在他的晚年发生了变化。他发现，单靠科学并没有像他早先所认为的那样具有社会凝聚力的约束力，他认为才智必须为心灵服务，并倡导一种新的"人类宗教"。

然而，孔德在社会科学领域的广泛而持续的影响几乎完全来自他的早期著作。今天，实证主义意味着坚持经验主义者对科学本质的看法，在实证模型上研究社会生活的科学方法。就社会科学而言，通常是指根据自然科学方法对社会科学进行建模，试图发现类似于自然科学规律那样的社会规律；绝对坚持事实与价值的分离。这些方法所产生的知识与政治或产业政策问题之间的紧密联系，也与孔德的社会工程学（social engineer）*非常吻合。

孔德在宗教（religion）*和政治方面的观点尚未得到广泛接受，

但以实证主义核心思想作为形式的实证研究已被广泛接受。这与20世纪初期由维也纳学派（Vienna Circle）*及"逻辑实证论者"发展起来的激进实证主义和科学主义有关。透过欧内斯特·内格尔（Ernest Nagel）（《科学的结构》The Structure of Science, 1961）和卡尔·亨普尔（Carl Hempel）（《自然科学的哲学》The Philosophy of Natural Science, 1966）等理论家的社会科学哲学，及保罗·拉扎斯菲尔德（Paul Lazarsfeld）*著作中的范例，实证主义被认为是20世纪现代社会学的主流。

对实证主义的批评通常集中在自然科学方法不能适用于人文社会科学上。意识、文化规范、象征意义（meaning）*和意图分别被认为是人类的独特属性，它们决定了自然科学与人类社会生活研究之间的方法论鸿沟。继托马斯·库恩（Thomas S. Kuhn）*、保罗·费耶阿本德（Paul Feyerabend）等人之后，人们开始普遍拒绝自然科学式的经验主义者。由于实证主义者提出的自然与社会统一科学的假设是建立在经验主义（empiricism）*之上的，因此，这些问题必须根据对自然科学的替代观点重新考虑。这一直是对经验主义，尤其是作为实证主义的定量研究进行广泛误导性批判的基础。

珀西·科恩（Percy S. Cohen）在《社会学评论》（Socioloqical Review）中的一篇文章《实证主义消亡了吗》（Is Positivism Dead?, 1980）专门针对许多具有误导性的社会学批判提出了质疑，对实证主义进行了有力辩护。安德鲁·阿伯特（Andrew Abbott）在《歧义的七种类型》（Seven Types of Anbiguity，载于《理论与社会》Theory and Society, 1997）的文章中富有创见地指出，"反对实证主义常常掩盖了任意且不愿正式思考社会世界的意愿。断言世界是由模糊的意义网络构成的，主张解释和表征的复杂性，然后简单地假设对确切的复杂性进行正式讨论是不可能的"。阿伯特认为这是不对的，并表明正式经验研究可能为这些多重意涵提供尚未开发的信息。

positivist criminology 实证主义犯罪学

参见实证主义犯罪学（criminology, positivism）*。

post-colonialism 后殖民主义

起源于印度历史研究中庶民研究小组的工作。受英国马克思主义（Marxism）*"底层"写作历史传统的影响，他们试图代表被殖民主体发声，而不是从殖民者角度来书写历史。该领域主要人物有帕沙·查特吉（Partha Chatterjee）《民族主义思想与殖民地世界》Nationalist Thought and the Colonial World，1986）和拉纳吉特·古哈（Ranajit Guha）（《殖民地时期印度农民起义的基本方面》Elementary Aspects of Peasant Insurgency in Colonial India，1983）。目的是让庶民或下属群体的声音被听到，并打破占主导地位的殖民话语。当代后殖民主义的相关思想的来源，包括弗朗兹·法农（Franz Fanon）和爱德华·萨义德（Edward Said）（《东方主义》Orientalism，1978），相关思想也在美国黑人民族主义思想中得到发展。

就认识论（epistemology）*而言，后殖民观点提出了一种有关知识的理论，根据这种理论，社会群体的观点形塑了知识和思想，而这种观点又是被该群体在物质和文化资源的历史分布中的社会地位（social status）*塑造的。对有些人来说，这意味着某种相对主义（relativism）*和对客观性（objectivity）*的否定，根据这种观点，从后殖民观点产生的知识必须有别于殖民者立场产出的知识，而不是被整合到更大的社会学或者历史记录中。在这一点上，后殖民理论与女性主义理论（feminist theory）*和卢卡奇（Lukács）*等马克思主义者的观点有很多相似之处。

当代后殖民主义思想也借鉴了后结构主义（post-structuralist）*的思想，如佳亚特里·斯皮瓦克（Giyatri Spivak）(《在其他的世界》*In Other Worlds*, 1988) 和霍米·巴巴（Homi Bhabha）(《文化的方位》*The Location of Culture*, 1994)。另见混杂性（hybridity）*。

post-fordism 后福特主义

参见弹性就业（flexible employment）*；福特主义（fordism）*。

post-industrial society (post-industrialism)
后工业社会（后工业主义）

该术语在丹尼尔·贝尔（Daniel Bell）于1973年出版的《后工业社会的来临》(*The Coming of Post-Industrial Society*)中得到推广。根据贝尔的观点，后工业社会中知识已经取代财富成为社会的主轴，也成为权力和社会动力的主要来源。因此，技术人员和专业人员是"杰出"的社会群体，服务业（service industries）*比制造业（manufacturing）*更重要。另见知识社会（knowledge society）*。

postmodernism 后现代主义

这个词目前的用法起源于美学讨论，用来描述20世纪60年代的艺术运动（如安迪·沃霍尔［Andy Warhol］的作品），这些运动打破了现代主义(modernism)*，发挥了各种碎片化的美学形式，并不宣称代表现实主义(realism)*。对多元性、多样性和相对性的强调，鼓励了一些知识分子(intellectuals)*推动更广泛的思想重建。这些主张是在让-弗朗索瓦·利奥塔(Jean-François Lyotard)和让·鲍德里亚(Jean Baudrillard)等作家的文本中提出的，此外，还对雅克·拉康(Jacques Lacan)*、罗兰·巴尔特(Roland Barthes)、米歇尔·福柯(Michel Foucault)*和雅克·德里达(Jacques Derrida)等后结构主义者的文本进行了特别的解读。(然而，应该指出的是，这些思想家中即使不是所有人也会有大多数人拒绝将这个标签用于评价他们的工作。有人会说，这是一种恰如其分的反讽)然而，这套理论(以及它的建筑、电影和文学的等价物)的共同点是什么，当然更不确定。

尽管利奥塔(Lyotard)既没有发明这个词，也没有宣称这个词有非常广泛的含义(这个词本身通常归功于阿诺德·汤因比[Arnold J. Toynbee]*)，但是，1979年他在《后现代状况》(*The Postmodern Condition*)中宣布，至少从20世纪60年代初开始，发达资本主义社会的居民就生活在一个后现代的世界中了，这使得后现代主义成为社会学界感兴趣的话题。他的创新在于宣布后现代主义是一种普遍的社会条件，而不仅仅是一种新的创作风格或理论体系。在这种条件下，人们广泛地认识到，过去两百年来使科学(包括社会科学)活动合法化的两大神话(myth)*或元叙事(meta-narrative)*已不再被广泛相信，虽然这种认识有些迟。一方面，"解放的神话"因所有科学在包括大屠杀、苏联的古拉格集中营以及制造无差别的大规模杀伤性武器等;20世纪重大罪行中的共谋而变得不可相信，另一方面，"真理的神话"因历史学家和科学哲学家的怀疑主义思想(例如，保罗·费耶阿本德［Paul Feyerabend］和托马斯·库恩［Thomas Kuhn］*的相对主义［relativism］*)——换句话说,也就是那些该知道真理的人的不相信——而变得不可相信。利奥塔认为,这种普遍的"对元叙事不相信"的结果是,发达资本主义社会的居民现在生活在其活动的价值或陈述的真实性没有任何保证的世界里,存在的只有"语言游戏";在文化领域里没有经济限制。

也许令人惊讶的是,美国马克思主义文艺批评家弗雷德里克·詹明信(Fredric Jameson)对这个所谓的新世界的文化是什么样子提供了最具体和最有说服力的描述。他的做法也可以被解读为具体说明了后现代主义者及其前辈们敏感的或一直致力于生产的文化是什么(参见他的《后现代主义,或晚期资本主义的文化逻辑》*Postmodernism, or the Cultural Logic of Late Capitalism*,1984)。詹明信认为,对近代美学、哲学和社会批评的调查显示出多种形式的"无所不在的终结感",并因此投射出一种文化的形象,这种文化关注表面,因此表现出某种"无深度";贪婪地渴望表面装饰的变化,因此非常善于拼贴,并对历史时间毫不关心。它意识到自己的无深度,因此,它的特点是喜好反讽,以及在表达强烈的情感方面的"缺乏感觉"或麻木不仁;它对精神分裂症(schizophrenia)*的心理状况着迷,因此,它是精神分裂症的产物;最后,它惊人地乌托邦化,因为你的梦就是你可能得到的东西。

因此,后现代性,无论它以什么形式出现,都意味着现代主义符号秩序的解体。它否认了所有"普遍性"的存在,包括超越自我的哲学,理由是现代性(modernity)*的话语和指涉性的范畴(主体、共同体、国家、使用价值［use value］*、社会阶级［social class］*,等等)不再适合于描述无组织的资本主义(disorganized capitalism)*。取而代之的，是一种新的"貌似"的文化——想象力、创造性、异议、寻找悖论和对不可比较的事物的宽容。因此，后现代主义的特点是"生活世界（lifeworld）*的多元化"。引用齐格蒙特·鲍曼（Z. Bauman）（《后现代性的暗示》*Intimations of Postmodernity*, 1992）的话说，它最显著的特点是"多样性、偶然性和矛盾性"，"文化、社区传统、意识形态（ideology）*、'生活样式'或'语言游戏'的'永久且不可化约的多元主义（pluralism）*'"。

这个词本身现在被用作形容词来形容大量的理论立场。例如，现在有一种公认的"后现代女性主义"，代表人物有露丝·伊利格瑞（Luce Irigaray）、埃莱娜·西苏（Hélène Cixous）和茱莉亚·克里斯蒂娃（Julia Kristeva）等人的作品。在克里斯蒂娃的案例中，这个标签通常是她对所有本质主义（essentialism）*的怀疑和解构主义的态度，包括女性主义者提出的那些本质主义的怀疑和解构。关于她的作品的英文介绍，可以在托瑞·莫阿（Toril Moi）的《克里斯蒂娃读本》（*The Kristeva Reader*, 1986）中找到非常有用的英文介绍。

在所有这些讨论中，重要的是要把后现代性作为一种社会条件的理论与后现代主义的美学运动本身区分开来，尽管这种区分往往被忽略了。社会学家们主要关注的是争论后现代主义的社会条件是否存在；如果存在，则争论其存在的原因。也许奇怪的是，即使是那些接受后现代社会条件存在的人中，也很少有人问自己，如果社会学认真对待后现代主义的思想，社会学本身会发生什么，或者说应该发生什么。到目前为止，最好的社会学处理方法是大卫·哈维（David Harvey）的《后现代性的状况》（*The Condition of Postmodernity*, 1989），这本书很适用于那些未曾接触过这类难懂文献的人。

后现代主义理论对实际进行社会学分析和研究的影响或许最好通过一个具体的例子来理解。例如，阶级分析领域一直受到后现代主义的持续批判，最明显的是帕库斯基（Jan Pakulski）及其同事的一系列批判性文章（参见帕库斯基和沃特斯［M. Waters］的《阶级的死亡》The Death of Class, 1996；克鲁克［S. Crook］等人的《后现代性》Postmodernization, 1992），他们认为，后现代性意味着"科学的知识和实践与其他领域的知识和实践之间的界限最终消解"，那么（正如他们的结论那样），社会科学的真理主张"没有高人一等或认知特权的保证"，"社会学有充分的自由讲述变迁或别的什么事情的故事"，"这些故事是更普遍的经济话语的一部分，在这种经济话语中，它们必须在与其他故事的竞争中，在没有保证的情况下，争取到一个听众，并建立起自己的地位。换句话说，社会学的认识论地位（参见认识论［epistemology］*）与相信神仙或飞碟或种族偏见的断言一样。然而，这使我们不可避免地陷入了'一切任其发展'的文化疯人院。还应该指出，如果语言游戏的解决仅仅与权力的行使联系在一起，那么其结果必然是一种极权主义（totalitarianism）*，在这种极权主义中，定义属于那些挥舞着大棒的人。当代思想的重要任务是，在不放弃对客观社会研究的承诺的前提下，对后现代主义作家提出的许多重要批判性观点进行梳理"。另见文化研究（cultural studies）*。

post-structuralism 后结构主义

后结构主义是一种基础广泛的跨学科运动，20世纪60年代起源于法国，并迅速传播到其他国家。后结构主义的主要成就是重新发现和扩展了费尔迪南·德·索绪尔（Ferdinand de Saussure）*的语言

（language）*作为一种意指而非表象的现象的理论中内在的激进分析的可能性。根据其支持者的说法，这些可能性在很长一段时间内被索绪尔的科学主义解读所掩盖，因为索绪尔的科学主义解读在语言学家的工作中占据了主导地位，同时也被路易·阿尔都塞（Althusser）*、尼科斯·普兰查斯（Poulantzas）*、克劳德·列维-斯特劳斯（Claude Lévi-Strauss）*和其他结构主义者的用法所掩盖。

更具体地说，它的成就是重新发现了索绪尔坚持认为语言将所有符号的两个方面（它们的能指[signifier]*或物理图像和它们的"所指"或精神图像）在没有任何指向语外世界的情况下统一起来的可能性。换个角度看，让后结构主义者们兴奋的是，认识到语言（和符号）可能意味着某种意义，而不涉及语言之外世界中的任何东西；因此，所有的语言和语言衍生的现象（例如哲学、意识形态[ideology]*、科学，甚至整个社会）可能比迄今为止所怀疑的其他社会现象更具有自主性。

长期以来，索绪尔的理论被科学主义挪用，掩盖了该理论更激进的意义，作者们之所以这样做，是因为他们宣称，他们所说的，如果没有其他讲法的话，是对他们所提到的东西的可证实的准确描述，无论后者的对象是语言、文学、亲属关系系统还是生产方式（mode of production）*等各个方面。然而，除了开创性的雅克·拉康（Jacques Lacan）*外，主要的后结构主义者并没有直接回到索绪尔，而是试图在非科学主义的基础上重新定义所谓的"结构主义传统"，通过求助于传统之外的思想体系来反击科学主义，例如，米歇尔·福柯（Michel Foucault）*的尼采（Nietzsche）*哲学和雅克·德里达（Jacques Derrida）的海德格尔（Heidegger）*哲学。无论采用哪种策略，其结果都是相似的，在每一种情况下，得出的结论都是：语词的意义不是多就是少。更多的是，即使是个别的语词也总是带有其他话语和文本的"痕迹"（德里达），提供了"无意识"的证据（拉康），并在"话语"中投射出权力的元素（福柯）；更极端的是，对于拉康和德里达来说（如果福柯不一定的话），话语不再被理解为能将语言外世界的某些方面带入思想。

在法国社会理论家雅克·德里达的作品中，也许最容易看到后结构主义批判的全部相对主义（relativism）*影响。德里达在结构主义传统中的自我分异，因而也是他的后结构主义的起点，是他声称在前者中发现了残存的人文主义（humanism）*。这种人文主义继承于语言凌驾于写作的无意识特权，具有讽刺意味的是，这也是索绪尔决定将语言（作为一个既定的规则和单位系统的语言）而不是将言语（作为实际所说的话来使用的语言）作为语言学的研究对象的基础。在德里达看来，索绪尔要阐明的是口语而不是书面语。这种对话语的特权，或者说是"语音中心主义"，揭示了一种"人的在场的形而上学"，这种形而上学（metaphysics）*埋藏在文本的深处，通常被认为是研究社会现象的非人文主义的方法。这样的形而上学因为无意识地赋予了说话者特权，不仅给予了稳定意义的可能，而且还给予了可知真理的可能，却没有令人信服的理由。

德里达在其《语法学》（*Of Grammatology*, 1967）的开篇文章见解的基础上，阐述了使语法成为可能的方法。在这里方法这个词不要过强的理解，其中的基本要素是：与言语相比，写作不应被剥夺权利，但两者都应被简单地视为"文本"的实例；应特别注意文本的装饰性和修辞性（尤其是当它是一个声称有某种特殊严谨性的文本时）；而且，最终，作为"意义赋予者"，至少应被给予与通常归于作者的同等权威。在这些条件下,对意义的追求就成了无止境的追求,其分异是内涵(德里达的踪迹或写)扩散的产物,每当我们(必须)使用其他的能指来界定任何特定的能指所指的东西时,就会出现这种扩散。换句话说,一个文本的真正意义永远不可能被人知道,除了对其"文本间性"的临时解释之外,不能说出任何东西。

总而言之,德里达提供了一种手段,与其说是颠覆真理的主张,不如说是显示出这种主张的文本如何颠覆(或"解构")自身。解构方法在应用于那些声称或被声称要验证自己的文本(例如宗教经文)时,似乎具有巨大的力量。然而,当它适用于那些不主张或不能主张证明自己有效的文本时,似乎并不具备同样程度的意义界定能力。这类文本(例如社会科学和自然科学的文本)诉诸于验证模式,指的是超出其界限的现象。尽管这些验证模式和对其结果的解释都不与所涉文本或反文本相共谋,但外部验证的可能性始终存在,不将其卷入自相矛盾的认识真理的主张中,解构主义者就无法否认。

后结构主义思想对社会学的重要意义有两个方面:一方面它激发了处理旧问题的新方法,特别是与意识形态(ideology)*领域的研究有关的新方法;另一方面,激发了对社会学之不可能性的启示录般的思考。尽管如此,一些权威人士声称,社会学可能会从持续的解构性阅读计划中获益匪浅,这将提高社会学实践者的再创作能力,因为这将使他们注意到被输入到他们的话语中的自我颠覆的亚文本,以及他们经常依赖的为了使其意义清晰的无数隐喻。有分寸的评估(尽管如此,它还是以"结构主义和后结构主义也是死的思想传统"这一说法开篇),可参见安东尼·吉登斯(Anthony Giddens)*的《结构主义、后结构主义和文化生产》(Structuralism, Post-structuralism and the Production of Culture），载于安东尼·吉登斯和乔纳森·特纳（Jonathan Turner）编的《今日社会理论》（Social Theory Today, 1987）。另见认识论（epistemology）*。

potlatch 夸富宴

参见礼物关系（gift relationship）*；理性选择理论（rational choice theory）*。

Poulantzas, Nicos 尼科斯·普兰查斯（1936—1979）

希腊人，成名于法国，（与路易·阿尔都塞［Louis Althusser］*一起）是所谓的结构主义马克思主义的主要代表人物。他的第一本引起广泛关注的书是《政治权力和社会阶级》（Political Power and Social Classes），出版于 1968 年法国动乱期间。在书中，他概述了那个常常与他的名字联系在一起的概念，即"资本主义国家（state）*的相对自主性（relative autonomy）*"。这个概念以及它所属的政治的"区域理论"，随后被用于分析两次世界大战期间法西斯主义（fascism）*兴起的（《法西斯主义和独裁》Fascism and Dictatorship, 1970）。

在随后的几年里，普兰查斯致力于纯粹的理论问题，并于 1974 年出版了《当代资本主义中的阶级》（Classes in Contemporary Capitalism），该书广泛阐述了他在 1968 年首次提出的反人文主义的阶级概念。他的最后两本书分别是对伊比利亚独裁政权崩溃的研究（《独裁危机》The Crisis of the Dictatorships, 1975），以及介入当时社会学理论中一些当代争论的研究（《国家、权力、社会主义》State, Power, Socialism, 1978）。后者中值得注意的是该书对米歇尔·福柯（Michel Foucault）*

关于资本主义社会中权力概念的尖锐批评。

普兰查斯对马克思主义的重建以及(有些人认为)广义的社会学做出了重大贡献,尽管也有人认为由于他自己的早逝和学术风格的变化,后者尚未被充分认识(参见 R. 杰士普[R. Jessop]的《尼科斯·普兰查斯:马克思主义理论和政治战略》*Nicos Poulantzas: Marxist Theory and Political Strategy*, 1985)。

poverty 贫困

缺乏资源,通常是指缺乏物质资源,但有时是文化资源。人们通常将贫困分为绝对贫困(absolute poverty)*和相对贫困(relative poverty)*两种定义。绝对贫困指的是个人缺乏生存所需的资源。相对贫困的定义经常为社会学家所青睐(尤其是在研究发达工业社会的贫困问题时),指的是个人或群体与社会其他成员相比缺乏资源,换句话说,他们的相对生活标准更低。从这个意义上说,相对于某一社会的正常或典型的生活水平而言,它是一种剥夺(deprivation)*。由于相对贫困是物质资源水平的差异,即物质资源在整个社会中的分配不平等,因此,相对贫困的衡量标准可能并不亚于绝对贫困的衡量标准。衡量相对贫困并不只是主观上对贫困的感觉,尽管这种感觉在分析贫困的后果时可能很重要。

对贫困的生计定义对于研究第三世界(Third World)*的贫困问题具有相当大的价值。国际研究表明,以生计为标准衡量的总体贫困水平非常高;有些研究表明,低收入国家几乎有一半的人生活在绝对贫困之中。尽管那些仅凭收入不能准确衡量人们生计手段的社会中很难对贫困进行准确的测量,但贫困程度之高是毋庸置疑的。值得注意的是，查尔斯·布斯（Charles Booth）*和朗特里（Seebohm Rowntree）*对英国贫困问题的经典研究也采用了生计的定义，并确定了相当高的贫困水平，尽管没有当今第三世界社会的贫困水平高。布斯在其17卷的《伦敦人民的生活与劳动（1889—1903）》（*The Life and Labour of the People in London, 1889-1903*）中用收入作为衡量贫困的标准。他提出了贫困线（poverty line）*的概念，即低于这一水平的家庭无法满足生活所需的必需品，他提供的证据表明，在伦敦，有近三分之一的人口处于贫困状态。在21世纪之交的约克郡的贫困研究中，朗特里也使用了一个维持生计的定义。不过，他引入了更精确的方法，试图确定维持生计所需的基本饮食，然后计算出提供这些维持生计的饮食所需的收入，再加上衣服和住房的补贴。他的证据显示，约有15%的约克人口处于初级贫困，收入不足以满足基本需求。如果再加上二级贫困，即收入足够，但被花在其他事情上，约有28%的人生活在明显的匮乏或贫困中。他在1936年进行的调查中，使用经过修改的测量标准，得出的结果是分别略低于7%和18%。到了1950年，在实行福利国家（welfare state）*制度之后，英国的贫困似乎几乎已经消失，朗特里的结论是，只有不到2%的人生活在贫困中。

然而，在20世纪60年代，贫困问题被"重新发现"。在英国，布莱恩·阿贝尔-史密斯（Brian Abel-Smith）和彼得·汤森（Peter Townsend）等作家认为，朗特里等研究人员使用的贫困度量标准没有适当调整，没有考虑到收入购买力随时间的变化，因此低估了生活贫困。美国的情况与之类似，见本条目末的参考资料。他们还认为，相对而言，贫困的相对定义要比绝对定义更好。家庭可能有足够的生存资源，但这并不意味着他们有足够的资源来保暖，也不意味着他们有足够的钱来购买新的耐用消费品（如电视或冰箱），因为这些新的耐用消费品似乎越来越有必要，也不意味着他们可以参加其他家庭所享受的社会和休闲活动。他们因此被排除在"普通的社会生活之外"。阿贝尔-史密斯和汤森以家庭相对于社会保障（social security）*（福利金）水平的地位作为衡量相对贫困的标准，认为近 15% 的人口处于贫困状态。随后的研究，如汤森的巨著《贫困》（Poverty，1978），对相对贫困的衡量标准进行了重新定义，并继续显示出贫困比例的显著增加。在 20 世纪 80 年代，随着不平等（inequality）*的加剧和福利供给的减少，贫困比例似乎在增加。最近的数据表明，也许有五分之一的英国人口处于贫困状态，尽管这些数据和几乎所有发达工业社会的贫困数据一样都有很大的争议。

贫困的直接原因随着时间和生命周期（life cycle）*的变化而变化。布斯和朗特里发现，收入低和不稳定是一个主要原因。（朗特里表明，1897—1898 年，至少有一半的初级贫困是由于工资低，超过五分之一的贫困是由于大家庭造成的）。然而，朗特里在 1936 年的研究表明，失业（unemployment）*和年老是比以前更重要的原因。在汤森的研究中，主要的直接原因是工资低、失去养家糊口的人、健康状况不佳、失业和年老，而贫困的主要群体是老年人、单亲家庭、长期患病和残疾的人、低收入者和失业者。妇女在穷人中的比例过高，这导致一些作家谈论贫穷的女性化。

对贫困的直接原因的这种变化图谱表明，造成贫困的主要原因是经济、结构性因素和社会不幸，而不是游手好闲或不谨慎的个人弱点。事实上，为了充分理解贫困，必须研究社会中的财富和社会不平等（social inequality）*的总体分配情况。一系列的理论都试图做到这一点。新古典自由主义的论述强调了市场在分配资源时与人才、技能和动机相关的市场作用,认为贫困是必要的,它为个人的努力提供了一个激励体系,而那些最终陷入贫困的人缺乏适当的天赋和技能。对贫困者进行补贴会干扰市场的平稳运行。然而,这种说法虽然提到了结构性的特点,但也往往与个人的贫穷本身应归咎于个人的假设有关:错的是他们的态度、信念和行为。这一论点通过贫困文化(culture of poverty)*等概念被应用于家庭和社会群体而不仅仅是个人,即以宿命论(fatalism)*、放弃和无所事事为特征的文化环境与成就、勤奋工作和自力更生是背道而驰的,而且往往在几代人之间流传。然而,这种观点受到了对穷人生活的一系列实证研究的质疑。

相比之下,马克思主义(Marxism)*的论述强调了资本主义(capitalism)*及其利益(interests)*在国内和国际上产生贫困的作用。这里的论点是,资本主义是以剥削劳动为基础的,这在国内和国际上都适用。根据资本主义的发展状况和资本家(capitalist)*的特殊要求,可能需要廉价劳动力和压低工资,需要高失业率,需要最大限度地减少福利利益,从而使利益最大化。剥去马克思主义的色彩,其论点是,贫困的程度是经济组织的性质以及与财富分配和福利利益相关的过程的函数。这并不是说贫穷是市场平稳运行的必要条件,而是说有权力的人推行增加而不是减少不平等和贫穷的政策,在政治和经济上可能是有利的。

关于贫困的社会学文献一般与关于种族(race)*、族群性(ethnicity)*、亚文化(subculture)*、社会底层(underclass)*和分层(stratification)*的社会学文献有重叠,在美国比在英国更多(参见霍夫曼[R. H. Haveman]的《贫困政策和贫困研究》*Poverty Policy and Poverty Research*,

1987)。关于20世纪60年代美国对贫困的"重新发现",参见朱利叶斯·威尔逊(Julius Wilson)和罗伯特·阿庞特(Robert Aponte)的——《城市贫困:最新文献综述》(Urban Poverty: A State-of-the-Art Review of the Literature,载于威尔逊编的《真正的弱势群体》*The Truly Disadvantaged*, 1987)。一个全面的概述是约翰·斯科特(John Scott)的《贫困与财富》(*Poverty and Wealth*, 1994)。

poverty line 贫困线

这条"线"规定了穷人的边界,因此也规定了穷人的人数。关于"线"应该划在哪里和如何划定,存在着很大的争议。在英国,最常见的贫困定义是以领取收入补助(社会保障[social security]*,以前是补充性补助金)为界线。接受这种支持的家庭和个人被认为是贫困户。

poverty trap 贫困陷阱

低收入的个人或家庭在从事有偿工作或获得更高的收入时可能面临的情况,如果经评估损失的国家福利津贴和/或新的所得税付款,等于甚至超过额外收入,可能会面临这种情况。因此,贫困陷阱是一种阻碍工作的因素。另见选择性与普遍性津贴(selective versus universal benefits)*。

power 权力

权力是社会分层(social stratification)*主题的核心概念。因此,我们看到关于这个概念的含义有如此多的争议(包括关于过去特定社会学家使用这个词时的含义的争议)也就不足为奇了。

在所有的定义中，最著名的或许是马克斯·韦伯（Max Weber）*在《政治共同体中的权力分配：阶级、身份、政党》（The Distribution of Power within the Political Community: Class, Status, Party, 载于《经济与社会》Economy and Society, 1920）中提出的。马克斯·韦伯将权力定义为"人在共同行动中实现自己的意志的机会，即使是在参与行动的其他人的抵制下也能实现自己的意志"。他认为权力是社会分层的基本概念，阶级（class）*和地位（status）*是其两个主要方面。在他的其他作品中，他把命令或支配（domination）*看作是第三个维度。广义上说，阶级是经济权力分配的结果（用韦伯的话说，就是市场和财产关系），身份是规范性的社会权力。涉及专制型权力（authoritative power）*差异的支配是精英阶层形成的基础。因此，在韦伯看来，权力的差异性分配导致生活机遇（life chances）*也是差异性分配的，也就是说，获得经济、社会和政治资源的能力是不平等的。韦伯采取这种观点，是为了反驳当时粗陋的马克思主义（Marxism）*，因为它把经济控制和政治支配之间的界限划分得过于简单。他希望表明他的观点，即权力不需要完全依赖于经济资源的占有。

如果我们审视韦伯的定义，它显然包含了冲突和"意图"的概念。意图的概念可以被看作是某人或某些群体"执行他们的意志"。这意味着一种有意识的、理性的、有计划的、为追求一个特定目标而采取的行动的品质。现在，这很可能是某些权力关系的特征，但它是否是所有权力关系的特征？权力可以在不知不觉中行使吗？我们是否应该把权力看成是实现自己的偏好——无论是否有意为之——而不是追求自己的意志？在韦伯的定义中，我们可以看到的另一个问题是它所包含的冲突或对立的假设。正如不同的批评家所指出的，这个定义表明，A对B有权力，只要他或她克服了A的抵抗，就能克服B的抵抗，这意味着至少在某些时候，B的利益（interests）*被A的利益牺牲了。韦伯当然主要对利益冲突的情况下的权力感兴趣。自韦伯以来的许多社会学家都认为，权力包含甚至引起了下属的反抗，而这种反抗必须由上级来克服。韦伯认为，权力也可以在一种合意的背景下产生，在这种背景下，下级接受权力被合法使用。当权力被使用在下级身上，而下级将权力真正的合法性（legitimacy）*归于上级，他说的就是权威。在表面上是合意的语境下使用权力的想法也会导致更多的问题。例如，在权力关系中，当合法性被归属到权力关系中时，这种合法性是否从下级到上级，意味着权威（这是帕森斯［Parsons］*和许多政治学家会说的）或者说合法性是通过社会规范（social norm）*的"摆布"自上而下强加的，意味着操纵（这种观点根植于马克思主义，特别是葛兰西［Gramsci］*的意识形态霸权概念）？正如阿尔文·古尔德纳（Alvin Gouldner）*《西方社会学即将到来的危机》（The Coming Crisis of Western Sociology, 1970）所指出的那样，"权力是与其他事情相比，强加某人自己道德主张的能力。因此，强者可以将其道德缺陷常规化"。这些显然与依靠武力或操纵的权力有很大的区别。然而，我们必须记住，这些术语都是指权力关系的类型。

许多关于政治权力的研究都集中在国家机构内部的正式决策上。史蒂文·卢克斯（Steven Lukes）在一篇广为引用的讨论《权力：激进的观点》（Power: A Radical View, 1974）中，跟随彼得·巴赫拉赫（Peter Bachrach）和莫顿·巴拉茨（Morton S. Baratz）(《权力与贫困：理论与实践》Power and Poverty: Theory and Practice, 1970），批评这些研究仅仅考查权力的一个方面。第二副面孔，也就是所谓的

"非决策的决定"涉及"偏见的动员",或者说强势群体对政治议程的操纵,制定决策,防止问题的出现并成为正式决策的主题。大卫·洛克伍德(David Lockwood)*也认识到了这一点,他认为,"权力不仅指的是在违背他人意愿的情况下实现自己的目的的能力;它还必须包括防止反对意见产生的能力。我们经常听到有人说,权力的研究应该集中在重要决策的制定和执行上。但是,从某种意义上说,如果行为者能够通过操纵,阻止问题的发生,使之根本不至于到了决定的地步,那么权力才是最有力的"(《工业社会中的权力分配——评论》The Distribution of Power in Industrial Society—a Comment,载于厄里[J. Urry]和韦克福德[J. Wakeford]编的《英国的权力》Power in Britain, 1973)。

卢克斯接着主张对权力的第三副面孔进行考察,认为这也涉及防止人们在最初的时候产生不满,或者正如卢克斯所说的那样,"通过塑造他们的观念、认知(cognition)*和偏好,使他们接受自己在现有的事物秩序中的角色"。卢克斯还认为,权力的相互竞争的概念重新体现了不同的道德和政治价值观念,涉及利益(interests)*的概念。卢克斯的结论是,权力必须被视为"一个本质上有争议的概念"——在不同价值观念的理论家之间存在着不可解决的争论。他的激进观点否认了利益只是有意识地表达的欲望,因为这些利益可能是由社会制度(social institution)*塑造的,而社会制度通过压制人们对其真正利益的承认而为强权者服务。(请注意这里与马克思主义的虚假意识[false consciousness]*概念的共同点。)

最后,我们应该考虑权力资源。权力是一个倾向性的概念:它指的是某种行为发生的可能性,而不是其实际发生。所以,权力是一种社会关系的潜在品质,它取决于行为者对权力资源的获取。颇为明显的是,在发达的资本主义社会中,财富和对工作岗位的控制等经济资源是至关重要的,但还有许多其他的权力资源,例如,组织能力、数量支持、才能、专家知识、对信息的控制、对某些社会位置的占领、对武力工具的控制、权力本身的声誉等。其中最后一种是独特的权力资源:它不以实际拥有权力为基础,而只需要他人相信自己拥有权力。同样,一个人不一定要拥有权力资源,而只需控制权力就可以了:高级公务员和管理人员就是一个例子。在所有这些潜在权力及其表现形式之间,是一个人使用权力的意愿(和效率)。潜在的权力取决于某些属性。然而,显露出来的权力不是通过属性,而是通过社会关系来体现的;而社会关系的部分定义就是它的互惠性。因此,权力的行使涉及反馈。A采取行动,B做出反应,A对B的反应做出反应,以此类推。下级必须对上级有一定的影响,才会有某种关系,这一点格奥尔格·齐美尔(Georg Simmel)*很早就指出来了。

那么,我们现在能理解,权力这个概念是多么复杂和难以处理。这篇文章中提出的问题,在丹尼斯·朗(Dennis Wrong)的《权力》(*Power*, 1979)和约翰·斯科特(John Scott)的《权力》(*Power*, 2001)中都有讨论。虽然明确地批评了韦伯的权力观,但米歇尔·福柯(Michel Foucault)*的许多作品都有趣地扩展了这一观点。其中特别重要的是福柯的《必须保卫社会》(*Society Must be Defended*, 1975—1976,英译本2003),他将他自己的论点完全定位在冲突论(conflict theory)*中。另见科层制(bureaucracy)*;社区权力(community power)*;服从(compliance)*;守门(gatekeeping)*;罗伯特·米歇尔斯(Michels, Roberto)*;组织理论(organization theory)*;组织范围(organizational reach)*；政党(political parties)*；参照型权力(referent power)*；国家(state)*。

power dependence 权力依附

权力通常被描述为"零和"。也就是说,权力是A对B所拥有的东西,这样,如果A获得了权力,B就相应地失去了权力。然而,权力依附的概念表明,权力也是一个关系性的概念,即A的权力是依附于B的。英国就是一个很明显的例子,首相的权力取决于内阁承认首相的权力并执行首相的决定。

power elite 权力精英

C. 赖特·米尔斯(C. Wright Mills)*在他的著作(《权力精英》Power Elite, 1956)中提出的一个概念,用来指代美国的统治精英。根据他的分析,这是一个由商业、政府和军事领导人组成的精英(elite)*团体,由这些领导人的共同社会背景和三个阶层之间的人员交流联系在一起。米尔斯的这一分析引起了相当大的争议。自由派和激进派的反应,以及米尔斯本人的回顾性文章,可以在多姆霍夫(G. William Domhoff)和巴拉德(Hoyt B. Ballard)编的《赖特·米尔斯与权力精英》(C. Wright Mills and the Power Elite, 1968)中找到。另见军工复合体(military-industrial complex)*。

power, referent 参照型权力

参见参照型权力(referent power)*。

pragmatism（philosophy of ）实用主义（实用主义哲学）

一种有影响力且重要的也许是核心的北美哲学。它拒绝追求根本的基础性真理，不愿意建立抽象的哲学体系。相反，它提出了一种以具体的经验和语言为基础的不断变化的真理，在这种情况下，一个真理是以其后果或价值来评价的。它是一种脚踏实地的哲学，诞生于社会快速变化的时期，它试图将理智思考和逻辑方法与实际行动统一起来，并诉诸经验。威廉·詹姆斯（William James）*在其《实用主义》（*Pragmatism*, 1907）一书中对这一观点进行了简练的概括，他说："实用主义的方法……是通过追踪每个概念的实际后果来解释每个概念。如果这个概念是真的，而不是那个概念是真的，对任何人来说实际上有什么区别？"

实用主义有时被恶评为资本主义哲学，因为它明显地强调思想的"现金价值"。虽然在重点上有很大的差异，但它的主要支持者一般认为是查尔斯·桑德斯·皮尔斯（Charles Sanders Peirce）*、约翰·杜威（John Dewey）*、威廉·詹姆斯和乔治·米德（George Mead）*。常常认为芝加哥学派（Chicago School）*持有这种立场，在塑造符号互动论（symbolic interactionism）*方面有重要意义。

praxis 实践

哲学术语，指的是人类对自然和社会世界（social worlds）*的行动。它强调行动的变革性和行动优先于思想。它经常与马克思主义（Marxism）*，特别是安东尼奥·葛兰西（Antonio Gramsci）*的作品联系在一起，但并非总是如此。

preference theory 偏好理论

偏好理论试图从经验上提供一种预测性的解释,说明在避孕药具革命使妇女控制自己的生育能力之后,在富裕的现代社会中,妇女在工作和生产之间的不同选择。该理论认为,妇女的品味和偏好是异质的,分为三个不同的群体:少数以工作为中心的妇女,她们经常选择不生育(约占成年人口的 20%);少数以家庭为中心的妇女,她们通常有很多孩子,但很少从事有偿工作(约占成年人口的 20%);多数有适应能力的妇女,她们在劳动力市场(labour market)*上寻求将有偿工作与生儿育女相结合。偏好理论指出,这三个群体在质量上存在差异,例如对特定的社会和经济政策的反应能力不同,甚至她们在某些政策问题上存在着利益冲突。该理论打破了社会学和经济学理论将所有劳动者视为本质上是同质性的预设。参见凯瑟琳·哈克姆(Catherine Hakim)《偏好理论》(*Preference Theory*, 1998)。

prejudice 偏见

在通常的用法中,偏见是指反对或赞成一个人或事物的先入为主的看法或偏误。虽然必须记住,偏见可以是积极的,也可以是消极的,但这个词最常见的是指对一个群体或其成员个人的消极或不利态度。偏见的特点是没有经过现实检验的刻板观念,而是与一个人自身的感受和态度有关。W. 戈登·奥尔波特(Gordon Allport)*在他的经典著作《偏见的本质》(*The Nature of Prejudice*, 1954)中将偏见定义为"基于一种错误的、不可避免的概括性的反感。它可以是感觉到的,也可以是表达出来的。它可能是针对一个群体的整体,也可能是针对该群体中的某个成员"。有些人比其他人更容易有偏见:心理分析理论指出,专制型人格类型的人更容易持有与偏见相关的那种固执的态度。

偏见在20世纪20年代和30年代成为社会心理学中一个非常流行的术语,一部分原因与对态度理论的发展的关注以及新的态度测量技术相关,如博加德社会距离量表;部分原因是对美国普遍存在的对少数民族的敌视和欧洲反犹太主义的兴起的关注;部分原因是对少数群体(minority groups)*的普遍关注。随着两部重要著作的出版,偏见研究的原初传统达到了顶峰,如西奥多·阿多诺(Theodor Adorno)*等人的《权威主义人格》(The Authoritarian Personality, 1950)和戈登·阿尔波特的《偏见的本质》(The Nature of Prejudice, 1954)。前者提供了对偏见的人格基础最详细的分析;后者试图综合研究结果,试图将偏见的心理、结构和历史基础整合在一起。虽然在这一传统中许多研究仍在继续,但这个术语在社会学中也受到了严厉的批评。

社会学上对这一术语的定义也倾向于规定偏见违反了某种社会规范(social norm)*,如理性、正义或宽容等。过度一概而论、预判、拒绝考虑个人的差异以及以成见来思考,都违反了理性思维的原则。同样,只要偏见的最终结果是使个人或群体处于某种不应有的不利地位,偏见本身就是不公正的。偏见还包括不宽容,甚至是对人的尊严的侵犯。齐格蒙特·鲍曼(Zygmunt Bauman)*在《社会学之思》(Thinking Sociologically, 1990)中提出,偏见会导致双重道德标准。为内群体(in-group)*成员所应得的东西,如果是为外群体(out-group)*的人做的,就会成为一种恩惠和仁慈的行为。他继续坚持认为,"最重要的是,一个人对群体外成员的暴行似乎并不违背道德良心。同样的行为被称为不同的名字,或褒或贬,取决于哪一方采取了这些行为。一个人的解放行为就是另一个人的恐怖主义(terrorism)*行为"。

偏见既是内群体和外群体存在的结果,也是对已有的内群体和外群体存在的一种强化,它体现了"他们"和"我们"之间的区别。内群体和外群体的态度是有内在联系的,因为内群体内的感觉会导致外群体的情绪,反之亦然。从这个意义上说,外群体的态度是内群体的凝聚力和情感安全所必需的,如果没有外群体的态度,可能需要发明一个外群体的态度。穆扎弗·谢里夫(Muzafer Sherif)和卡罗琳·谢里夫(Carolyn Sherif)在《社会心理学大纲》(An Outline of Social Psychology,1956)一书中描述了一个经典的但在伦理上令人不安的实验性地创造出内群体和外群体的例子。作者在一个男孩夏令营中安排了一些活动,让两个专门成立的俱乐部相互竞争奖励。各自的成员很快就对对方产生了敌意和成见,尽管他们最初在每个俱乐部中朋友的数目相等。作者的结论是,这些刻板印象(stereotype)*一定是创造出来的,而不是习得的。

当敌人在身边时,各团体也倾向于紧密团结。偏见通过放大敌人的恶习来确保正义和宽容的准则不再适用。偏见并不总是导致任何敌对行动,但当偏见显露出来时,它可以从(至少)回避或歧视发展到大规模的灭绝如大屠杀。

pre-operational stage 前运算阶段

参见让·皮亚杰(Piaget, Jean)*。

pressure groups 压力集团

由个人、雇主或其他组织联合起来,代表某一相对于政府、广大公众或其他利益集团(interest groups)*的特定阶层群体利益的团体。压力集团、游说群体、利益群体与其他俱乐部或社会群体不同,其明确的目的是动员公共舆论(public opinion)*支持其目标,并向决策机构施加压力,要求其同意和支持其要求,无论是维持现有状态,还是进行某种变革或创新。压力集团与其他形式的利益聚合体,如政党(political parties)*等利益集团并存,它们的目的是施加影响,而不是治理。利益群体可以通过采用更开放、更少限制的平台发展成政党;有些压力集团与政党有特殊的关系,如英国的工会(trade union)*和工党。

有时候,我们会把保护性群体和促进性群体区分开来,前者是为了维护社会的某一阶层,而后者则是为了促进某项事业。第一类包括工会、专业协会、雇主协会和行业协会,以及维护车主利益的汽车协会。第二类包括寻求防止虐待动物或儿童的社团、主张或反对审查制度的团体以及核裁军运动。这两类利益集团之间的区别显然是不严密的。例如,工会经常倡导制定国家最低工资法,作为维护其成员利益的手段,尽管这种情况总是以公共利益(public interest)*为由提出。

prestige 声望

参见地位(status)*。

primacy effect 首因效应

这指的是早期信息对我们对后续信息的认知产生影响的过程。认为第一印象最有说服力的常识性观念并不总是正确的。第一印象可能是最重要的,因为后续的信息更难吸收,尽管最近的信息可能会被记得最清楚。另见近因效应(recency effect)*。

primary and secondary deviation 初级和次级越轨行为

这种区别是由埃德温·莱默特(Edwin Lemert)在他的《社会

病理学》(*Social Pathology*, 1951)中提出的,是标签理论(labelling theory)*的核心。初级越轨行为指的是相对不明显的、边缘性的、飘忽不定的分化:个体可能会在其中游离。次级越轨行为是指适当的偏离。它是个人已经做出的一种重要的、核心的和专注的活动。边缘性的越轨和随意破坏规则的机制取决于标签或社会反应(societal reaction)*。

primary group 初级群体

参见查尔斯·霍顿·库利(Cooley, Charles Horton)*。

primary sector 第一产业

参见工业部门(industrial sector)*。

primitive communism 原始共产主义

一个通常与卡尔·马克思(Karl Marx)*有关的术语,但由弗里德里希·恩格斯(Friedrich Engels)*在《家庭私有制和国家的起源》(*The Origin of the Family, Prirate Property and the State*, 1884)中作了最全面的阐述,指的是在人类历史上,在分层(stratification)*和剥削(exploitation)*之前对基本资源的集体权利、社会关系中的平等主义以及没有专制统治和等级制。马克思和恩格斯都深受路易斯·亨利·摩尔根(Lewis Henry Morgan)*的推测性进化史的影响,其中描述了"古代氏族的自由、平等和博爱",以及"生活中的共产主义",据说在美国原住民的村落建筑中可以看到。恩格斯将这一概念纳入历史唯物主义(historical materialism)*的进化论(evolutionary theory)*

中，认为向后来的生产方式（mode of production）*的过渡包括从为使用而生产转变为交换而生产、从公有制的家庭关系和男女平等转变为个体家庭作为经济单位和女性从属关系。这一论点在人类学中引起了很多争论（例如，参见里柯克［E. Leacock］的《马克思主义与人类学》Marxism and Anthropology, 载于奥曼［B. Ollman］和沃诺夫［E. Vernoff］编的《左翼学术》The Left Academy, 1981），其中争论的中心是所谓原始民族中的财产权、地位和权威的性质。

primitive society 原始社会

这个词既指最早的社会，也指拥有简单技术的近期的例子。它作为对任何当前社会的描述都不受欢迎，因为没有一个社会是早期进化阶段的遗物，每个社会都有自己的历史和发展。此外，就地取材进行创造是精妙的，而不是简单的。尽管罗伯特·雷德菲尔德（Robert Redfield）*提出了"民俗社会"这一术语，但目前还没有一个相当的术语被证明更适合作为描述这种社会。

primogeniture 长子继承制

财产和所有权继承权属于头生子的传统、原则或法律。理论上可以通过男系或女系继承，但前者更为常见。

principle of population 人口原理

参见托马斯·马尔萨斯（Malthus, Thomas）*。

Prisoner's Dilemma 囚徒困境

博弈论（game theory）*的典型例证，得名于两个被隔离审问的囚徒，他们不能彼此沟通。警察所掌握的证据不足以给其中任何一个囚徒定持械抢劫罪。除非他们自己坦白认罪，否则每个囚犯都只需要因为非法持有枪械而获一年监禁，这是一个相对轻的处罚。公诉机关为每个囚徒提供了一个条件，只要他坦白认罪并且作为目击证人告发另外一个囚犯（这个被告发的囚犯将获刑10年），他就会立刻获得释放。陷阱在于，如果两个囚犯都选择主动认罪，两个人就都会因被判持械抢劫罪而获刑6年。单个囚犯所面临的选择困境就是是否认罪。追求自利的囚犯最好的策略就是坦白认罪，而不管他的搭档认罪与否，因为从自利的角度思考，两个人都会意识到认罪的最高刑期是6年。但与此相反，如果每个囚犯能够确信他的搭档必定会以团体利益为重（而非追求自利），两个人都能坚持不认罪，那么每个人都只需要监禁一年。对于单个囚犯来说最坏的结果则是自己以团体利益为先，而另一个囚犯则选择自利，这样前者就会获刑10年。囚徒困境的例子通常被用以说明合成谬误（fallacy of composition）*和探讨集体行动（collective action）*的条件。另见利他主义（altruism）*。

private religion 私人宗教

在传统社会学术语中，宗教（religion）*是一种涉及群体实践（例如祭祀和圣礼）和共享信仰的公共活动。在现代社会，由于宗教的世俗化（secularization）*，一些社会学家认为宗教只能作为一种更为私人化的信仰和情感而存在。马克斯·韦伯（Max Weber）*在他的论文《以学术为业》（Science as a Vocation）中提出，宗教只能"在个人处境之中，并且以轻微的形式"而维持。该概念有时也等同于无形宗教（invisible religion）*。

private sphere and public sphere 私人领域与公共领域

参见公共领域与私人领域之别（public sphere versus private sphere distinction）*。

privatism 私己主义

在发达工业社会（industrial societies）*，人们更倾向于将时间花在核心家庭（nuclear family）*上而非公共领域中。换言之，这是指日益增加的"家庭中心性"的"核心家庭中心性"，以及从教堂、工会（trade union）*、俱乐部和政党（political parties）*等共同体组织与活动中脱离的趋向。这一论点的强力宣言来自理查德·桑内特（Richart Sennett）的《公共人的衰落》（The Fall of Public Man, 1977）。桑内特的主要论点是"公共文化"（街头生活、咖啡馆与本地市场中的社会交往）的解体与私己主义的兴起。这一现象以及它所表征的世俗化（secularization）*之具体程度引起了大量社会学家的争论。最先对这一概念进行显著发展的是有关富裕工人（affluent worker）*的研究（参见资产阶级化[embourgeoisement]*），最有建树的当代工作是菲奥娜·迪瓦恩（Fiona Devine）的《重访富裕工人》（Affluent Workers Revisited, 1992）。私己主义的进程不应当与私有化（privatization）*混淆。

privatization 私有化

责任从国营经济部门向私有经济部门的转移（参见萨瓦斯[E. S. Savas]的《公有部门的私有化》Privatizing the Public Sector, 1982）。私有化有许多形式，取决于具体牵涉之责任的本质，以及责任转移的对象。它可能涉及国有公司所有权与资产或者地方当局庇护的高度公开的转移。与此类似，它也可能涉及国有供给、补贴或管控的更渐进或公开程度没那么高的弱化。忠于私有化在20世纪80年代成为英国和许多西欧国家保守型政府的标志。蒂莫西·巴涅科夫（Timothy Barnekov）等人完成了一项有趣的案例研究，即《英国和美国的私己主义与城市政策》(*Privatism and Urban Policy in Britain and the United States*, 1989）。到目前为止，最大的私有化项目是东欧前国家社会主义社会的共产党政权解体之后在这些国家发生的。这个概念并不应当与更明显是社会学概念的私己主义（privatism）*相混淆，尽管有时它们被使用的涵义与另一个类似。

probability（probability distribution）概率（概率分布）

参见分布（统计或频数）（distribution[statistical or frequency]）*；抽样（sampling）*；显著性差异（significance tests）*；统计推断（statistical inference）*。

problematic 问题域

一个结构主义与马克思主义（Marxism）*的术语，因路易·阿尔都塞（Louis Althusser）*变得流行起来。它指的是"一组理论型态的特定统一体"，构成概念之间的互相依赖性，以及它安置某些问题或议题同时又排除另外一些问题的方式（参见《保卫马克思》*For Marx*, 1965）。阿尔都塞对比了科学问题域的开放性（特别是基于马克思[Marx]*的主要作品）和各种意识形态（ideology）*（例如唯心主义[idealism]*、古典政治经济学等等）的封闭问题域。据称两者之间的分界线在于后者只在一个"封闭空间"或"意识形态表征之镜像关系的循环论证"中运行,如此所有的问题在提出时都已预定了解决方案(参见《读〈资本论〉》*Reading Capital*, 1968)。

problem family 问题家庭

一个社会机构工作者或公众常用的带有贬义的口语化标签,指那些行为或所处社会境况被认为存在问题的家庭。这一概念的滥用与污名(stigma)*属性已经遭到了强烈批评。

Problem (or Tragedy) of the Commons 公地悲剧

博弈论(game theory)*的一个例子,用来探讨资源分配难题(参见哈丁[G. Hardin]的《公地悲剧》The Tragedy of the Commons, 载于《科学》*Science*, 1968)。如果有一个农民提出他或她可以扩大其牧群,增加一点点规模并不至于损害草场,对公共资源(例如农民可以在公众可用的草地上放牧)的使用就会成为问题。因为如果其他农民也提出类似的理由,这块草场上增加的牧群就会导致过度放牧进而毁掉资源。换言之,如果在这个处境中的每个人都理性地追求其短期利益而无视他人的相似追求,长期后果就是每个人都会失去属于他的那份集体资源。

problem of theodicy 自然神学问题

参见宗教社会学(religion, sociology of)*。

procedural justice 程序正义

参见社会正义(justice, social)*。

production 生产

资源的转移，包括将时间和劳动转变成为商品和服务。资源总是被视为过于稀缺，不能满足所有人需求，因此劳动的效率，也就是生产率（productivity）*很重要。与此相似，选择某种商品和服务的成本也不是根据花在其上的金钱来衡量的，而是根据放弃使用其他资源的替代性选择的机会成本。另见国民生产总值（Gross National Product）*。

productivity 生产率

产出对投入的比值。做到这两个要素被完全测量（measurement）*或在一段时间内一致的测量都不容易。它们往往被转换为货币价值。劳动投入可以被表达为工人数量、总工作时间，或者给定时间的工资成本。生产的其他要素也存在类似选项。产出也有不同的测量方式，一些是物理标准（例如制造产品的数量）；一些与价值有关（例如销售额或附加值）。不同的测量可能导致生产率结果值的巨大偏差。典型的例子是每个人工工时或机器工时的产值，又例如基于每美元劳动力成本或基于每美元总投入资本的销售额。

productivity bargaining 生产率谈判

英国一种集体谈判（collective bargaining）*的形式，具体指用较高的薪水来换取员工接受弹性工作（flexible work）*任务和职能，劳动活动中的其他变动，或劳动中的生产率（productivity）*报酬与产量直接相关。

profane versus sacred distinction 世俗与神圣之间的区别

参见神圣与世俗之间的区别(sacred versus profane distinction)*。

professions(professionalism, professionalization)
职业(职业主义,职业化)

分别指一种工作组织形式,一种工作取向(参见工作的主观经验[work, subjective experiences of]*),以及一种形成利益集团(interest groups)*控制的高度有效的过程。作为一种组织形式,职业包括一些确保个体成员的表现符合标准要求的中央监管机构、一套行为准则、针对与构成职业活动基础之技能有关的知识的精细管理,以及对于成员的控制、对于新手的训练和选择。马克斯·韦伯(Max Weber)*对照了职业与科层制(bureaucracy)*,并将它们视为合议机关的典型范式(paradigm)*,在这种形式中法理型权威建立在代议制民主的基础之上,而领袖究其本质也只是同类人中资历最深者而已。

职业化的工作取向被认为是一种排他性关注,仅仅关注一项任务之内在回报和绩效表现。它通常与私密性、高度的信任(trust)*等个体事务有关,正像医药、教育、宗教(religion)*和法律行业中所显示的那样。在有关工作和组织的主流社会学中,职业主义与科层制以及科层制心态形成对照。

近期的社会学著作则倾向于将职业化视为一种利益群体有效控制的手段,此一控制针对那些具有社会建构性的问题,因此也可被视为一种在社会中施展权力(power)*的方法。这一路径把职业伦理视为一种意识形态(ideology)*,而非实践所必须依赖且具有实质意义的取向。进入门槛和知识控制的功能是排除特权,让工作有丰厚报酬。就此而言，职业组织和工会（trade union）*形成了一种有趣的对比，因为尽管正式职业伦理排斥了集体谈判（collective bargaining）*和劳资冲突（industrial conflict）*，但在实践中许多职业协会还是发现自身越来越工会化，与此同时，诸多工会却越来越多地践行一种类似的职业工作准入控制。有关此种准入控制潜在意义的文献汗牛充栋（许多材料都与此有关，例如，对劳动力市场［labour market］*、性别以及医学社会学［sociology of medicine］*的讨论），参见安德鲁·阿伯特（Andrew Abbott）的《职业系统》（*The System of Professions*，1988）和艾略特·弗里德森（Eliot Friedson）的《职业权力》（*Professional Powers*，1986）。另见封闭（closure）*。

profit 利润

参见资本（capital）*；企业家（entrepreneur）*；劳动价值论（labour theory of value）*。

progress 进步

被构想为知识不断的精细化和生活质量（quality of life）*的日益改善的进步观念，已经构成了西方文明至少近300年来的主要驱动力。在20世纪，这样的观念实际上被地球上所有文化所采信，只不过采用了一些变体形式。在第三世界（Third World）*，发展和现代化（modernization）*是进步的同义词。

进步观的历史是复杂的，甚至人们对于进步的根本涵义都争论不休。当代学者对于古典时期哲学家是否有持有现代涵义的进步观争论不休。罗伯特·尼斯比特（Robert Nisbet）在《进步的历史》（*The*

History of Progress，1980）中发现一种支持上述论断的证据。但是有关文明兴衰的周期理论在古代世界却又远远比进步理论流行得多，而且在进入现代时期以后仍然得到诸如孟德斯鸠（Montesquieu）*、爱尔维修（Helvetius）、吉本（Gibbon）和斯宾格勒（Spengler）*此类顶尖学者的支持。另一支关于人类历史的思想传统则完全是悲观的，认为从早期黄金时代以来人类文明就只是不断堕落。

关于人类进步的普遍历史这种观念在18世纪的于伏尔泰（Voltaire）、杜尔哥（Turgot）、赫尔德（Herder）和康德（Kant）*等学者的著作中得到发展。跟随康德，人类发展出了全体人类都竞相奔赴于"世界市民社会"（civil society）*这一理想形式的理念，而这一理想形式则建基于公正（justice）*和最大限度的个体自由。

毫不夸张地说，18、19世纪的哲学家可称痴迷于进步观。当精神天国的希望开始褪去，人们的思想则转向了通过进步实现人间天堂的梦想。18世纪的进步观念包含5个要素：对于仁慈神意的自然神论（deism）*信仰，对于人类生活与命运意义的根本的乐观主义精神；相信历史绝不是一团混乱，而是根据可以认知的法历经不同阶段；相信后代，相信他们能够实现进步的承诺并会赋予使一切成为可能之先驱以荣耀；知识占据进步驱动力的中心地位；坚信人类所具有的终极完满性。在所有这些要素中还蕴含着一种强烈的宗教式怀旧情怀，许多历史学家都认为迄今为止整体进步意识形态（ideology）*都是基督教（Christianity）*的镜像，只不过世俗化（secularization）*的乌托邦（utopia）*取代了天堂承诺（例如，贝克尔 [C. L. Becker] 的《18世纪哲学家的天城》*The Heavenly City of the Eighteenth-Century Philosophers*，1932）。

18世纪的法国大革命阻止了18世纪乐观主义哲学的进一步深化，但两大最重要的世俗化要素仍然进一步发展至19世纪，并带来了铺天盖地的后果：知识的中心地位和对历史规律的寻求。圣西门（Saint-Simon）*，特别是孔德（Comte）*，将这两种要素与康德版本的普遍人类历史观念结合起来，生产出一种影响巨大的进步理论。孔德提出人性（human nature）*和人类共同进步，人类历史基于人类理解力的水平可以被划分为3个阶段：神学（theology）*阶段的特征是原始的、泛灵论（animism）*的宗教信仰体系；形而上学（metaphysics）*阶段（孔德相信这一阶段在他所处的时代刚完结）产出了更精致和抽象的宗教（religion）*；正在形成中的实证主义（positivism）*阶段则是一个完全由科学和理性定义的时代，这进而制造出了一个此岸的乌托邦。尽管当时以及后来都遭到了批评，孔德的宏大理论（grand theory）*还是进入了西方意识。这个理性的和科学的乌托邦正是现代性（modernity）*模范本身。

卡尔·马克思（Karl Marx）*则通过一种不同的哲学传统缔造了他自己的进步历史，但毋庸置疑的是孔德和圣西门对他也产生了影响。黑格尔（Hegel）*关于历史的高度抽象的理论假想了人类精神朝着对自身和世界的完美理解的方向发展。马克思更是通过将进步与经济斗争相关联而在现实中夯实了这种愿景。他的历史唯物主义（historical materialism）*预测了最终的乌托邦阶段（共产主义［Communism］*）终将由经济法则的不懈运转而降临人世。

斯宾塞（Spencer）*的社会达尔文主义（Social Darwinism）*是19世纪进步狂迷的另外一个例证。社会达尔文主义在美国比欧洲更流行。它把进步和增长，日益增加的社会复杂性，特别是适者生存之自然机制则联系起来,斯宾塞相信适者生存法则能够创造最好的社会,如果允许这一规律主导的话。

在20世纪的绝大部分时期,进步理论还是跟从了19世纪的样板——乐观主义、理性主义(rationalism)*,而且越来越唯物主义(materialism)*。社会学以早期功能理论和后工业(post-industrial)*理论也贡献了自己的一份力量,这些理论预测了一个建基于科学之上的和谐与繁荣的未来社会。但在20世纪末,进步主义观念似乎销蚀了。乌托邦的伟大意识形态以巨大的成本自我灭亡了。科学并没有为大多数人类带来一个道德乌托邦,未来由于环境问题而乌云密布。另见环境社会学(environment, sociology of)*;后现代主义(postmodernism)*。

prohibition 禁令

禁令是强力的、(理论上)可强制执行的、可制裁的社会和/或法律限制,针对特定行为、事件或例如性"越轨行为"、吸毒或拐卖人口和买卖濒危物种等其他活动。

在美国这个术语经常被运用于酒类生产属于非法行为的时期(1919—1933)。禁(酒)令受到各种宗教和政治性的道德提倡者(moral entrepreneur)*和经济利益团体的支持,在那个时期被描述为"高尚的实验",禁令的社会后果却是极其破坏性的,实验最终也被证明是不可接受的。

禁令频繁地制造出各种新颖的、非法的对抗反应,就这个例子而言,犯罪企业家继续非法供应酒精。高利润和竞争导致了暴力。另一方面,非犯罪个体则被牵扯进了此前被认为正常的社会活动的犯罪化过程。组织化犯罪(organized crime)*的迅速扩展同样是这个美国实验的遗产。

projection 推断/投射

这个术语在两种意义上被社会科学家使用。最常见的涵义是指基于既有数据（data）*去预测或推断未来会发生什么。但是，在某种精神分析（psychoanalytic）*的语境中，它指的是个体将自己的情感或冲动附加于别人身上的无意识过程。弗洛伊德（Sigmund Freud）*认为这是一种常见的防御机制（defence mechanism）*，由自我控制不可接受的情感进而帮助减少焦虑。

projective tests 投射测验

主要是临床心理学家使用的一种测试，用来测量整体人格动力而不是离散型人格特征或人格维度。这种测验需要给被试者展示一项相对非结构化的任务，例如补充完整句子，或者描述一个模糊的形状或图画。其假定是，在应答这种非结构化任务时，个体会将自己的想法和情感投射于这些刺激之上。应答的变化正反映了人格（personality）*的差异。

投射测验的根本原则——直到1930年这个通称术语才被引入——源于精神分析理论，特别是投射（projection）*理论，以及自由联想（free association）*原则。也许最早的投射测验就是单词联想测验，弗朗西斯·高尔顿（Francis Galton）在1879年将这种测验描述为个体要说出看见目录中的单词出现的第一个进入脑海的单词。典型的投射测验则无疑是罗夏测验（Rorschach Test）*，1921年初步成型，由一组墨迹组成。其他投射测验还有主题知觉测验、关系测验（Object Relations Test）*，以及各种句子完型测验。

对于个体的测验答案的分析则涉及精神动力学阐释和与人口统

计学对照。尽管人们已经尝试去生产标准评分体系，但诋毁者指出了评分标准化（standardization）*上的不足、不充分健全的规范、低效度等问题，谴责测验并不科学。测验的支持者则认为个体应答的丰富性和它们为临床解释与评估提供的视野恰恰是这些资料在衡量人格动力时的价值。

proletarianization 无产阶级化

这个标签被用于描述中产阶级（middle class）*被吸收进入工人阶级（working class）*的过程。在《共产党宣言》（*Communist Manifesto*，1848）中，马克思（Marx）*和恩格斯（Engels）*提出资本主义会导致阶级结构的两极分化，即资产阶级（bourgeoisie）*（企业所有者）和无产阶级（proletariat）*（工人阶级）这"两个伟大的敌对阵营"。中间群体，例如小业主和自雇工匠则会逐渐消失。白领工人这一中间阶级同样或加入两大敌对阵营中的一方。

阶级分析家长期以来批评马克思和恩格斯忽略了发达资本主义社会中所谓新中产阶级（new middle class）*日益增长的重要性：不断扩大的经理、管理者和职业群体的数量。作为回应，马克思主义（Marxism）*的社会学家认为《共产党宣言》是故意描绘出了一幅资本主义体系单纯类型的抽象图画，在其他著作中马克思承认了现实既存社会的复杂性。的确，《资本论》（第一卷）（*Capital*，Volume One, 1867）中马克思观察到股份公司趋向于产生出劳动管理（management）*和资本（capital）*所有权的分离。前者由日益增长的管理者和监管者执行，这些人在劳动过程（labour process）*中以资本之名发号施令。

哈里·布雷弗曼（Harry Braverman）的宣言刺激了新的辩论，在

《劳动和垄断资本》(Labour and Monopoly Capital, 1974)中,迄今为止的许多中产阶级工人群体(特别令人注意的是文职雇员和技能工匠)都因为其劳动被去人性化或去技能化(de-skilled)*而被有效地无产阶级化。根据布雷弗曼的看法,这样一个过程在资本主义社会是传染性的,因为资本主义生产的重要使命迫使那些拥有或管理工业的人根据科学管理(scientific management)*的原则将工作任务碎片化,以便于维持利润和维持对劳工的控制。布雷弗曼的研究吸引了许多评论,也为有关劳动过程(labour process)*的大量新马克思主义(neo-Marxism)*研究提供了理论基础。

尽管布雷弗曼自己的数据(data)*很大程度上是不可信的,但是一般观察认为关于无产阶级化的争论仍然悬而未决,因为参与者还没有形成用以测量无产阶级化过程的一致标准。文献中至少存在四种不同的无产阶级化概念。对一些评论家来说这一论题关乎阶级的相对规模。在这个意义上讲无产阶级化意味着工人阶级规模在整体阶级结构中的增长。其他人则检视社会流动(social mobility)*数据,试图计算个体由于从中产阶级背景或职业生涯(occupational career)*中向下流动而进入工人阶级的可能性。对这些作者来说,人而非阶级规模才是无产阶级化过程的主体。第三个标准则指劳动过程自身。一些研究者认为许多看上去在阶级结构中非无产阶级化的地盘(例如文职职员占据的位置)其实经常在工作内容和任务常规化的意义上被去技能化,以至于他们其实已经和体力工人阶级差不多了。无产阶级化的最后一个标准是它的社会政治涵义,也就是说,劳动力中的某些中产阶级群体将其自身认为是工人阶级或工人积极联盟的程度,进而共享工人阶级之政治期望和文化。

经验研究有一个明确的发现是，根据一个标准无产阶级化是存在的，但根据另外一个它又不存在。例如，许多文职雇员分享了无产阶级就业的境遇（在收入、附加福利、工作自主性、晋升机会方面），但却显示出一种典型的中产阶级社会政治面貌（在投票行为[voting behaviour]*、参加工会[trade union]*的可能性，以及阶级自我同一性方面）。另见工作退化论（degradation-of-work thesis）*；资产阶级化（embourgeoisement）*。

proletariat 无产阶级

马克思（Marx）*所说的资本主义（capitalism）*中的工人阶级（working class）*。过去被赋予革命原动力和通过其形成、支配和最终胜利实现解放的角色，无产阶级今天在规模、政治潜能、和（有时所声称的）内部凝聚力和身份方面都有所改变。在俄国甚至也失去了它的首要地位（master status）*。

马克思早期关于异化（alienation）*的著作中论述道，无产阶级展现出对于人类本质或物种存在之核心特质的创造、丧失和最终再转化，也就是劳动力（labour power）*（参见劳动价值论[labour theory of value]*）。劳动力既包含了驱动历史前进的那些需要实现的需求，也包含了实现和生产这些需求的力量和潜能，劳动力是人类创造的手段。劳动力被认为破除了人性（human nature）*和自然的界限，并使后者服从于前者的驱策。对劳动力的奴役（以在资本主义体系中产生剩余价值[surplus value]*的生产型工人为形式），以及经过各必经之历史阶段对劳动力的最终解放，是历史过程的核心。正是劳动力发展的持续动力刺激了生产力的提升，正是劳动力经由历史的传递赋予历史以内在一致性。如果历史是阶级斗争的历史,那么它是一种解放劳动力也就是无产阶级的斗争,它使对劳动力的奴役成为一种典型,而对劳动力的解放则会是一种普遍解放。这是马克思的历史唯物主义(historical materialism)*的基础。

这种对无产阶级的人文主义(humanism)*概念化与马克思著作中的伦理冲动是一致的,并且巩固了随后从《资本论》(*Capital*)中展现出来的更加结构化更严谨的定义。对于马克思来说,这意味着,阶级是一个成为的过程,从无产阶级发展成为成熟,从人性发展成为通过历史过程铸造出对更为高级能力的控制。它并不是(如同它随后在所谓边界论争[boundary debate]*中所成为的,参见矛盾的阶级位置[contradictory class location]*)对与生产资料(means of production)*的关系,生产性(对剩余价值)与非生产性劳动之间的划分,或者监管与管理阶层的控制或自主性的严格公式或标准的机械应用。这些运用仅仅在确认一个事实上不断减少但在马克思理论中本应在规模、范围和强度上都不断扩大的范畴时才是成功的。

因此,根据马克思的观点,存在一些推动无产阶级承担起历史使命的历史因素。资本的结合为工人大众创造了一个共同境遇和公共利益(public interests)*。商品拜物教(commodity fetishism)*曾阻碍了个体真正掌控其自身的"社会关联性",现在通过阶级斗争的剧烈化、阶级意识(class consciousness)*的浮现、意识向阶级行动的转化等多维度伴生的过程被克服。当无产阶级乘着无产阶级专政(dictatorship of the proletariat)*迎来它的胜利,它不仅重新获得了对国家的政治控制,同时也获得了对经济最终是对生产性生命过程的道德控制。

property 财产

财产以及财产权是资本主义社会的核心。也许因为在这个语境中很大程度上被习以为常，它们比较少受到社会学家关心。形成对比的是，政治哲学家和经济学家一直在连篇累牍地辩论财产的本质，激烈争论其起源（参见斯奈尔［F. Snare］的《财产的概念》The Concept of Property，载于《美国哲学季刊》American Philosophical Quarterly，1972；弗鲁伯顿［E. G. Furubotn］、佩约维奇［S. Pejovitch］的《财产权与经济理论》Property Rights and Economic Theory，载于《经济学文献杂志》Journal of Economic Literature，1972）。

也许对于私有财产的最有影响力的现代解释是洛克关于自然权利的理论，他认为财产所有权建基于个体使用自然环境中一切的自然权利之上，这对于满足需求是必要的，也建基于个体拥有任何他曾施予劳动的物品的权利之上（供给的而非浪费的）。洛克（Locke）*的理论因此为财产的自然正当分配提供了三个标准：需求（或者也可能是欲望）、劳动力成本（这也包括创造性的经营），和使用（这一点也被一些人解释成为剥削和积累［accumulation］*）。

因为洛克的理论认为财产与一个人的劳动相混合，它就对早期现代的现状提出了潜在的挑战（尽管，洛克自己已经为此做了辩护），因为它暗示着社会中的少数特权者享有大多数人劳动创造的剩余既不是自然的也不是正当的。功利主义（utilitarianism）*满足了这个挑战，私有产权和它的法则除了功利（utility）*之外并没有起源和正当理由：这就是说，财产的规则是从这样一种传统中产生的，在这种传统中经验被证明能够最有力推动人类快乐。例如，休谟认为建立财产所有权的核心原则关乎对当前所有物的占有、首次占有、长期占有、新增、继承,他认为这些规则的正当性根植于社会经验的历史性。现存体系是"正确"的体系,因为它是作为对人类需求的回应而演化出来的。因为这种路径不仅提供了一种解释而且也为既存的财产分配提供了正当性说明,它因此成为19世纪经典自由主义哲学的核心。

对这种财产哲学的保守反应则利用传统、经验和管家工作来反对功利原则。保守主义者认为财产是代际之间的合作,集中体现在土地财产的延续性上,土地所有者是服务于(而不是拥有)财产的管家,服从忠于现状的义务,因此也捍卫着稳定的社会秩序(social order)*。

苏格兰政治经学家——约翰·米勒(John Millar)*、亚当·弗格森(Adam Ferguson)*和亚当·斯密(Adam Smith)*——将扩展了的所有权关系的分析纳入阶级形成的分析中。这一点,反过来又促使马克思提出了第一个对于所有权重要性的系统性社会学分析,他的理论强调财产所有权、政治支配和意识形态表征之间的关系。在马克思的论述中,所有权是权力,所有权的不同形式定义了"物质的社会条件",在其上又产生了国家(state)*、市民社会(civil society)*和意识形态(ideology)*等上层建筑(superstructure)*。稍晚时期,马克斯·韦伯(Max Weber)*同样提出"财产和缺少财产是……所有阶级处境的基本特征",尽管韦伯认同有产阶级在他们所持有的财产类型和他们赋予财产的意义是高度分化的。

上述最后一个观察则开启了一个主导现代社会学中所有权讨论的议题。它们从思考所有权的意识形态转向了有产阶层的社会群体(social group)*,并将注意力集中在了财产的消费(consumption)*之上,尤其是对于多样化的特定财产所有权在(例如住房、汽车和服装)塑造社会关系和社会意义,以及在社会身份建构中所发挥的重要角色。

大多数社会学家都关心私有产权。但是，非资本主义形式的财产所有权（包括对象征性财产的占有）已经被人类学家广泛研究，社会学家最近则将分析扩展至国有或集体所有权和财产继承。对此议题最好最精练的介绍是安德鲁·里夫（Andrew Reeve）的《财产》（*Property*, 1986）。对财产的物质和象征意义的社会学案例研究可参彼得·桑德斯（Peter Saunders）的《业主之国》（*A Nation of Home Owners*, 1989）。另见资产阶级（bourgeoisie）*；集体消费（collective consumption）*；消费社会学（consumption, sociology of）*；消费分化（consumption sectors）*；所有权和控制权（ownership and control）*；私有化（privatization）*；公共物品（public good）*。

prostitution, sociological studies of 对卖淫的社会学研究

为了金钱回报而提供性服务的行为可能在每个货币社会里都曾经被制度化（institutionalization）*。这几乎总是涉及女性向男性卖淫。尽管也有男性卖淫，特别是向男性卖淫，但并不常见。

金斯利·戴维斯（Kingsley Davis）提出了一个功能理论，将卖淫视为帮助维持婚姻的安全阀。在性道德严格的维多利亚时期，卖淫行为却达到某种程度的繁荣。不过女性主义者指出卖淫并不能给女性提供任何安全阀，反而在实际上社会通过给不贞洁女性贴上娼妓的标签来控制她们。维多利亚时代的卖淫行为与一系列道德标准相关联，这些标准对男性却比对女性要宽容得多。对于卖淫的社会学研究发现卖淫的动机主要是经济层面的，而且似乎当其他女性可及的职业机会减少时娼妓数量就会增加。娼妓几乎总是从贫穷国家向富裕国家流动。很少有对嫖客一方的研究。一项挪威研究发现嫖客中的大部

分都是"平凡先生",也有一些与女性建立关系有困难的单身男人会非常频繁地去找性工作者。

在英国卖淫本身是合法的,但是在公众场合站街招嫖、路边性交易、开妓院、诱使他人卖淫,以及依赖性工作者的"不道德收入"维生都是非法的。在英国,最常见的卖淫方式是站街以派发传单的方式招嫖,或者与诸如酒吧女招待、社交陪伴或按摩师等其他明显合法的工作联系在一起。在一些国家,卖淫行为受到国家管控,性工作者被要求注册(常常也被要求定期进行医学检查),或是被限制在划定的红灯区或注册妓院从事服务。参见泰勒(Allegra Taylor)的《卖淫》(*Prostitution*,1991)和戴维森(Julia O'Connell Davidson)的《卖淫、权力和自由》(*Prostitution, Power and Freedom*,1998)。

protestant ethic (protestant ethic thesis) 新教伦理

早期新教所体现的一整套价值观念与现代资本主义发展之间的关联,历来颇有争议。就此,马克斯·韦伯(Max Weber)*在《新教伦理与资本主义精神》(*The Protestant Ethic and the Spirit of Capitalism*,1905)一书中所做的经典论述,最为世人所称道。

初看起来,二者似乎水火不容,因为新教信仰并未接受这样一种观念,即经济上的获益有其自为之目的。不过,显而易见的是,这种观念是资本主义的一个基本(和新颖的)组成部分。韦伯的论点是,尽管资本主义的初级形式在其他地方也存在,但是它们并没有发展到现代欧洲所见的规模。它之所以在欧洲出现,是因为人们比较广泛地认可资本积累(capital accumulation)*是一种义务或即目的自身。只是,这本身就是一种不理性的态度:没有任何理性的理由告诉我们应当选择工作而非休闲或者消费。对韦伯而言，要理解日常生活的这一独特的现代取向，宗教（religion）*是关键，因为宗教关涉终极价值的选择，这些价值不能被理性的理由所证明。然而，一旦选择了这样的价值，我们就可以通过理性的方式去追求它：讨论实现终极价值的理性和非理性的方式是有意义的。（例如，如果我选择共产主义[communism]*作为终极价值，那么加入一个保守的政党[political parties]*将是不可思议的。）韦伯论证的是，16世纪和17世纪欧洲特有的禁欲主义（asceticism）*的新教对终极价值的理性追求，引导人们自律地工作；将工作视为天职，并以纪律的和理性的方式组织起来，是现代资本主义的显著特征——它独一无二的民情（mores）*或者精神。

资本主义与新教至关重要的联系，源自后者的天职观念，即信徒要在日常生活中有条不紊地履行对上帝的义务。这一主题是新教改革中加尔文宗和新加尔文派教会的共同信条。预定论也是重要的信仰，由于人类无从得知谁是被拯救（拣选）的，谁又是堕入地狱的，因此在信徒的内心深处，孤独盘踞。为了获得救赎的确证——它本身也是被拣选的可靠标志（明证），他们被谆谆教诲要勤勤恳恳地履行天职（兢兢业业地工作，井井有条地利用时间，面对世间的享乐和财货时恪守严格的禁欲态度），此即所谓的入世禁欲主义。总的来说，新教对资本主义最大的贡献是它所鼓励的理性化（rationalization）*精神，韦伯认为两者之间存在选择性亲和（elective affinity）*关系。

韦伯对西方资本主义起源的解释，可谓一石激起千层浪，时至今日，余波未平。它的本意也并非如有人所说的那般，是为了替代马克思主义（Marxism）*的判断，后者立足于经济基础。韦伯反对给资本主义社会的兴起做任何简单的、片面的、还原论（reductionism）*的解释。新教并没有直接引发现代资本主义，却是其出现的一个必要前提。戈登·马歇尔（Gordon Marshall）在《寻找资本主义精神》（In Search of the Spirit of Capitalism, 1982）一书中，对海量二手文献做了回顾。尽管有一些经验和理论上的反对意见，特别指出韦伯的论证并不是那么一清二楚，但《新教伦理与资本主义精神》之影响，经久不衰，已存在多个英译本。1930年，帕森斯（Parsons）*将韦伯略作修订的版本（1920）译为英文，继而由斯蒂芬·卡尔伯格（Stephen Kalberg）于2002年重新翻译。1904—1905年的德文初版，也由彼得·贝尔（Peter Baehr）和戈登·韦尔斯（Gordon Wells）在2002年译为英文。遗憾的是，所有这些译本采用了相同的书名。韦伯对其主要批评者的各种回应，由戴维·查尔克拉夫特（David Chalcraft）、奥斯汀·哈林顿（Austin Harrington）编纂，以《新教伦理之争》（The Protestant Ethic Debate）为名结集出版。

Proudhon, Pierre-Joseph 皮埃尔-约瑟夫·蒲鲁东（1809—1865）

蒲鲁东的父亲是一个酿酒师，他通过自学成才，法国早期社会主义（socialism）*思想家、激进分子，曾经宣扬"上帝是邪恶的"和"所有权就是盗窃"等惊世骇俗的言论。他被普遍认为是政治上无政府主义（anarchism）*的奠基人，尽管其追随者用"互助主义"一词称呼他们的信仰，旨在强调正义是结束社会冲突（social conflict）*的手段。蒲鲁东提倡合作（cooperation）*生产和无息信贷作为社会重组的基础，学说介于极端个人无政府主义和无政府共产主义之间。他提倡注意个人狂热的激情，以及为了家庭而遏制激情。所著《经济矛盾的体系,或贫困的哲学》(Economic Contradictions, or the Philosophy of Poverty, 1846)一书,受到马克思(Karl Marx)*的强力反驳。

psephology 选举学

选举学研究的是选举、投票模式和选举人行为,并对选举结果进行预测。随着对投票意向定期的民意测验、大选后的访谈调查、小区域的人口普查统计,以及复杂的数据分析和建模软件包的普及,它俨然成为政治社会学(political sociology)*的一个专门领域。

psyche 心理

参见精神分析(psychoanalysis)*。

psychiatry 精神病学

精神病学是一门医学专业,其边界一直颇有争议,它致力精神障碍的关照与治疗。19世纪上半叶,它发展成为专业团体:1808年,该术语在德意志地区传布开来;19世纪40年代之后,它在欧美获得了更广泛的应用。医学上对精神错乱(psychosis)*的关注和专门研究,并不鲜见。然而,从18世纪中叶起,精神病院和疯人院(先是自发的,后来是公立的)陆续建立,为精神病学作为一个专业而出现,打下了坚实的基础。精神病院为观察、治疗、培训等提供了崭新的机会,并且拥有从业资格认证权,促进了职业化(professionalization)*的发展。英国于1841年、美国于1844年、法国则在1847年,先后成立了精神病院医生协会;上述三国分别在1854年、1844年、1843年出版了它们第一份专业期刊,德意志地区要稍早一些。

从19世纪的20年代到40年代，医学界对治疗精神错乱，兴致高昂且信心十足。从业者往往不拘一格，很多人支持道德性的治疗，强调一个有序的环境在治疗方面的独特价值，它有助于精神病院中被收容者提升自制和自尊能力。然而，精神病院的工作，很快就让一些地位较高的从业者望而却步，一方面是因为大型机构的住院实习要求，限制了个人执业机会；另一方面是由于机构被贫民病人所占据。更重要的是，随着精神病院的壮大，一些疾病缠身的住院者充塞其间，医疗的首要角色是照管，而不再是治疗。医学上越来越倚重自然科学，这很大程度上表现为通过尸检来确定脑部病理。

20世纪上半叶发生了两个重大变化。首先，院外精神疾病诊疗工作迅猛发展，其中大部分是为较为富裕的病人提供私人服务，他们中的很多人患有西格蒙德·弗洛伊德（Sigmund Freud）*所说的神经官能症。弗洛伊德对精神病诊所的发展影响甚巨，特别是在美国，私人执业盛行。其次，人们付出巨大努力将精神病院改造为真正的医院。20世纪30年代，物理治疗不断推陈出新，如电休克疗法（ECT）以及精神外科手术（随后，20世纪50年代涌现出新的药物治疗方法），一路高歌猛进。

下述两种发展推动了社区护理（community care）*政策在20世纪50年代落地生根，起初它是作为机构治疗的补充，进而成为一种替代性的选择：一种代表了照护场所的多样性，精神病学可以在更广阔的天地中，大有作为。另一种则与陈旧的机构倾向的、纯照看式的护理模式分道扬镳，英国在1930年引进自主入院的做法，从而降低了强制监禁的比例，前后相较，大为改观。

精神病院随后的衰落及向社区工作的转变，对精神病学的影响，尚不能完全评估。精神病医院旧帝国的毁灭,毫无疑问削弱了精神科医生的权力,在一定程度上也促进了多学科团队的发展。现在精神科医生的权力主要表现为处方权及自然科学方面的专长。不过,生物精神病学和神经科学的进展,可能进一步蚕食所谓精神疾病(mental illness)*的领地,突显神经科医生的优势,而不利于精神病学。另见反精神病学(anti-psychiatry)*。

psychoanalysis 精神分析

精神分析是一种心理学(psychology)*理论和治疗心理障碍的方法,由西格蒙德·弗洛伊德(Sigmund Freud)*创立,其后的精神分析学家各显神通,并发扬光大。詹姆斯·A. C. 布朗(James A. C. Brown)所著的《弗洛伊德与后弗洛伊德主义者》(*Freud and the Post-Freudians*, 1964)仍是一部了解各流派的入门佳作。

精神分析的基石是无意识理论及心理结构模型,它由三个内在相关联的系统所组成,即本我、自我和超我。无意识包括那些不被接受的观念和情感,它们或者被体验到是个体存在的内在威胁,或者被经验到会危及社会。这些观念可能源于性(弗洛伊德),带有攻击性和破坏性(梅兰妮·克莱因[Melanie Klein]*),或者与早期恐惧和无助经验有关(D. W. 温尼科特[D. W. Winnicott]*)。本我被视为需求即刻得到满足的驱动力的来源,超我是内化的父母或者社会权威,自我则居中调和本我与超我的冲突(conflict)*。

弗洛伊德的释梦,详尽地分析了无意识的(unconscious)*运作。他首先指出,所有的梦都是愿望的达成:它们为被压抑在无意识中的欲望提供了一种幻想的满足。无意识本身是永恒的且不成熟的,就此而言，我们终生都保持幼稚的状态，寻求当下的满足。它也不甘受逻辑规律的制约，同时渴望自相矛盾的事物，当同一个人爱恨交织的情愫显露出来的时候，人类生活的这一特征也就有目共睹了。当我们入睡之后，对无意识中欲望的压制会随之放松。不过，它们并不会直接出现在我们的梦境。在梦的工作过程中，它们会受到审查，共有四种类型：凝缩作用，或者几种想法合并成一个梦的象征（例如，警察可以代表生活中一系列权威角色）；移置作用，欲望会以某种方式移置到一个与原型碰巧或者相似的对象上（因此，一个老生常谈的例子是，性交在梦中变幻成一列火车正穿过隧道）；象征作用，把抽象的内容转化为具体的图像（例如，梦见摆放桌子，但摆上桌面的刀叉却没有手柄，这可能意味着对自己的处境失去了掌控感）；最后是润饰作用，我们对梦进行理性的粉饰，使之成为一个可以被处理的故事，记在心间。弗洛伊德认为梦的解析应当关注的是象征表现，而不是故事内容，后者只是一种伪装。

对梦的解析引出了精神分析的核心特征——自由联想（free association）*。病人被要求谈论任何在他或者她头脑中涌现的与象征有关的东西，由此，一种意义的模式就浮现出来，据说它能将我们带回原初的无意识的思维中（参见弗洛伊德的《梦的解析》The Interpretation of Dreams，1900）。

近些年来，这些观点尤其被结构主义（Structuralism）*和后结构主义（post-structuralism）*思想家所接纳，他们来自不同的学科。例如，当一个文本被解读为梦的时候，文学批评理论、意义生产理论，以及所谓的去中心主体理论等，都有对应的理解。马克思主义哲学家路易·阿尔都塞（Louis Althusser）*将"症候阅读"纳入他的认识论(epistemology)*中,作为辨识理论基本结构(或问题域[problematic]*)的一种方式。

弗洛伊德的性心理发展理论,可能是精神分析学说中最广为人知的一个方面。儿童成长最初经历口欲期、肛欲期和性器期,力比多在身体与外界接触的不同点——口腔、肛门、性器上得到表现和满足。个体可能会固着或者退行到其中的任何一个阶段。不过,通过这些经历,两性心理会取得同样的进展。弗洛伊德论点的一个核心要素是,我们生命之初,如果不是多相变态,在心理上也是双性恋的;异性恋的确立常常是不牢靠的,需要抑制同性恋(homosexuality)*或者其他欲望(如压抑或者升华)。通过俄狄浦斯情结(Oedipus complex)*阶段的发展,这一转换大都能够完成,但不完全是无意识的。两性都会把母亲作为爱的第一对象,如果是小男孩,他对母亲的性感受禁止通过身体来获得,并且体验到对父亲的一种挑战。因为父亲有力量和权力上的优势,这会将他推入危险的境地,这种危险就是切身感受到的阉割恐惧。面对阉割恐惧,再加上步入青春期后与心仪女孩的海誓山盟,男孩放弃了对母亲的欲望。小女孩则不得不做出更戏剧性的改变,爱的首要对象由母亲转为父亲。根据弗洛伊德的观点,女孩感到自己已经被阉割,这引向她对母亲的早期认同(参见《性学三论》 Three Essays on the Theory of Sexuality, 1905)。

该理论在现代女性主义(feminism)*发展中扮演了至关重要的角色。对很多人来说,它确证了弗洛伊德坚定不移地拥护父权制(patriarchy)*;在另外的人看来,它奠定了分析父权制的理论基础。英国女性主义者、马克思主义者及精神分析学家朱丽叶·米切尔(Juliet Mitchell),是第一位为西格蒙德·弗洛伊德辩护的现代女性主义者,她认为精神分析提供了对父权制的描述和分析，而不是为男性统治开的妙方（参见《精神分析与女性主义》*Psychoanalysis and Feminism*，1976）。

性对象的选择是发展变化的，弗洛伊德对此所做的分析，涉及对这一过程的理解，即婴幼儿首先通过自己的身体获得满足（原始自恋），然后通过对母亲的认同和向内投射作为自己心理的一部分。弗洛伊德及经典精神分析学家专注于俄狄浦斯阶段（Oedipus stage）*，梅兰妮·克莱因的工作及英国精神分析学说对精神分析的推进，普遍关注极早期与母亲的关系，因此一些女性主义者从母亲与年幼的儿子和女儿之间的独特关系，来解释性别差异（gender discrimination）*的形成。

精神分析理论并不是铁板一块，而是在不同的国家百花齐放，这些学派以不同的方式与社会理论发生关联。英国精神分析与社会理论的联系主要借助女性主义对母亲育儿的描述。法国精神分析通过拉康（Lacan）*，与一般的后结构主义，特别是后结构主义的女性主义联合起来。美国的自我心理学，则被塔尔科特·帕森斯（Talcott Parsons）*吸收进一般社会化（socialization）*理论。总体性的回顾，可以在伊恩·克雷布（Ian Craib）的《精神分析：批判导论》（*Psychoanalysis: A Critical Introduction*, 2001）中找到。另见约翰·E. 鲍尔比（Bowlby, John E.）；批判理论（critical theory）*；卡尔·吉斯塔夫·荣格（Jung, Carl Gustav）*。

psychohistory 心理史学

心理史学是对历史人物以及特定历史时期的世界观（weltanschauung）*所做的精神分析（psychoanalytic）*研究，试图将西格蒙德·弗洛伊德(Sigmund Freud)*的心理发展理论与通行的社会条件和制度(institution)*联系起来,并以此为立论的根基;或者面对特定个体的时候,与重大生活事件(life event)*结合起来。一位著名的实践者是美国精神分析学家埃里克·埃里克森(Erik Erikson),其所著的《童年与社会》(*Childhood and Society*, 1950)、《生命历史与历史时刻》(*Life History and the Historical Moment*, 1975)均是这种类型的代表作。另外,可参见埃里克森的《青年路德》(*Young Man Luther*, 1958),早期著作有维克托·维拉西斯·布兰福德(Victor Branford)*的《圣科伦巴》(*St Columba*, 1912)。阿图尔·米茨曼(Arthur Mitzman)在《铁笼》(*The Iron Cage*, 1969)一书中对马克斯·韦伯(Max Weber)*生平和著作的分析,也是这一路数。

psychology 心理学

心理学是广义上的行为科学和心理科学,19世纪下半叶,依赖威廉·冯特(Wilhelm Wundt, 1832—1920)等研究人员的工作,心理学作为一门独立的学科而出现,冯特在莱比锡创办了第一所心理学实验室。起初该学科的焦点是确定知觉(perception)*、学习(learning)*、动机(motive)*和记忆过程中的一般机制,尽管它对个体差异,特别是智力(intelligence)*、人格(personality)*方面的不同给予了一定的关注。

学院心理学往往具有强烈的实证主义(positivism)*倾向,实验方法(experimental method)*被广泛使用,这些特点反映在对行为主义(behaviourism)*的鼎力支持上,从20世纪初到60年代,行为主义在英美心理学界大行其道。行为主义主要聚焦于学习,其方法强调环境的关键作用,排斥先天因素在人类行为发展中的重要性。20世纪60年代之后,心理学转向认知主义,并认可某些先天能力,对处理和加工信息的方式给予了相当关注。人们对神经心理学重新燃起兴趣。实验的、实证主义的取向依然存在,正如对精神分析(psychoanalysis)*和其他精神动力心理学经年累月的敌视一样,尽管一些心理学家和院系采取了更为折中的态度。当然,现在人文主义和女性主义心理学在学院心理学的地盘上,一般也能找到一席之地。

同其他学科一样,随着时间的推移,心理学研究领域的划分也多有变动。旧有的异常心理学和精神病理学的领地,已经转交到健康心理学手里并有所扩大。20世纪头十年发展起来的一个举足轻重且延续至今的领域是社会心理学(social psychology)*,威廉·麦独孤(William McDougall)*于1908年出版了《社会心理学导论》(*Introduction to Social Psychology*),尽管他的研究议题还有些含混不清。在心理学的框架下,通过成千上万的小群体实验,社会心理学尤其注重研究面对面的社会互动(social interaction)*。不过,还有一种更加社会学化的社会心理学,特别受符号互动论(symbolic interactionism)*的影响,采用诸如参与式观察(participant observation)*的研究方法(research methods)*。

介绍社会心理学的文本,数量繁多,选择的余地很大。莱纳德·伯科威茨(Leonard Berkowitz)的《社会心理学概论》(*A Survey of Social Psychology*,第三版,1986)、路易斯·A. 彭纳(Louis A. Penner)的《社会心理学》(*Social Psychology*,1986),均能面面俱到。詹姆斯·舍伦伯格(James Schellenberg)的《社会心理学巨擘》(*Masters of Social Psychology*,1979)对理论学习之门径做了有益的盘点。基于符号互动论的立场,经典文本有A. R. 林德史密斯(A. R. Lindesmith)、A. L. 施特劳斯(A. L. Strauss)和N. 邓津(N. Denzin)合著的《社会心理学》(Social Psychology,第八版,1999)。另见进化心理学(evolutionary psychology)*;社会生物学(sociobiology)*。

psychometrics 心理测量学

心理测量学主要运用数学、统计学及计算机运算,对心理学变量进行测量、表示和分析。与社会学特别相关的有智力测验、心理物理学(物理变量及其主观对应物之间的量化和相互关系)、量表法、人工智能模型等议题。心理测量现在广泛运用到择业过程和面试选拔中,尽管它们确定最佳候选人及最匹配特征的有效性受到严重质疑。

psychopath 精神病患者

给个体的精神病学(psychiatry)*的标签,常见的是年轻男性,他们的行为具有破坏性和反社会性,很少表现出内疚感或者强烈的情感纽带。为了解释这一行为,精神分析学家指出他们是因为超我(superego)*发展失败,学习理论者认为他们无法从经验中学习。精神变态是否为一种精神障碍,议论纷纷,莫衷一是。芭芭拉·伍顿(Barbara Wootton)*断言不能将这种行为刻画的状况与不良行为(delinquency)*截然区分开来。

psychosis 精神错乱

精神错乱是一种严重的精神疾病(mental illness)*,经常与神经官能症(neurosis)*相对。精神错乱的典型特征是思想、感情、知觉紊乱，如妄想或者幻觉，人们相信他们失去了现实感。器质性的精神错乱有躯体原因，功能性的精神错乱则没有，尽管人们经常假定它们是由身体原因引起的。两种主要的精神错乱是精神分裂症（schizophrenia）*以及躁狂抑郁症。

psychosomatic illness 心身病态

受精神动力学思想的影响，"心身的"一词从20世纪30年代以后开始流行，最初强调心身互动是治疗疾病的一般途径。心身病态通常意味着身体方面的某些疾病，如溃疡，带有推定的心理方面的成因。然而，对整个疾病谱的心理社会压力源的关注表明，要在心身疾病和身体疾病之间做出严格的区分，困难重重。另见自发性（autonomy）*；应激（stress）*。

psychotherapy 心理治疗

心理治疗是一个不太精确的术语，它包括各式各样的、团体的或者个体的心理学（psychology）*治疗方法，由专业治疗师提供服务以解决心理或者行为问题（通常没有出现精神错乱[psychosis]*）。心理治疗包括运用暗示（如催眠）的指导性疗法，以及非指导性的、行为主义的和心理动力学的疗法。从狭义上讲，它指的是精神分析疗法，而不考虑完整的精神分析（psychoanalysis）*。

psy-complex 心理复合体

心理复合体指的是与心理有关的专业集合，包括心理学（psychology）*、精神病学（psychiatry）*、精神分析（psychoanalysis）*、心理治疗（psychotherapy）*、精神病护理、精神病社会工作。这一术语源自米歇尔·福柯（Michel Foucault）*及法国后结构主义者雅克·东泽洛（Jacques Donzelot）、罗贝尔·卡斯特尔（Robert Castel），他们分析了社会和"心理"专业在调节家庭生活、性、思维和理性方面的作用。尼古拉斯·罗斯（Nikolas Rose）在《创造我们的自我》（Inventing Our Selves，1998）一书中的讨论，令人受益匪浅。

public administration 公共行政管理

公共行政管理指的是为政府服务、执行其政策的官僚系统和程序。因此，它也是重要的研究领域，以描述和分析政策制定和执行过程。

public good（collective good）公共物品（集体物品）

公共物品这一概念，最初是保罗·萨缪尔森（Paul Samuelson）在《公共支出的纯粹理论》（The Pure Theory of Public Expenditure，载于《经济与统计评论》Review of Economics and Statistics，1954）中给出了定义，即甲对该物品的消费不会影响乙的消费。埃兹拉·J. 米闪（Ezra J. Mishan）(《规范经济学导论》Introduction to Normative Economics，1981）更倾向于用"集体物品"来表述同样的现象。

这两个术语均指市场无法提供或者特指政府选择从公共资金中提供集体资助的服务。一些商品和服务无法准确定价，因此不能靠私人企业来有效供给。"非排他性"指的是不能拒绝向任何人提供的服务，即便他们不同意支付费用，比如路灯照明。"不可拒绝"意味着人们不能放弃消费，尽管他们想这样做，例如战争和国防提供的"保护"，即使是和平主义者也概莫能外。"消费的非竞争性"意思是提供给某个人的一项服务会自动提供给其他人,而不会产生额外的费用,一个很好的例证是广播电台,它的传输成本不取决于听众的人数。关于集体供应的观点经常会扩展到其他服务上,如教育,这些服务由个人消费,并有利于整个经济和社会。

在自然资源异常丰富且由国家来开发的社会,如盛产石油的国家,公共物品的资金来自国营企业的收益及等价收入。在大多数国家,公共物品的资金由直接和间接税收来保障,对于如何根据使用或受益程度来分配资金负担、哪些服务应当作为公共物品来出资、哪些应在市场上私人购买,都有或多或少的争论。国防、公共安全、教育、健康服务、消防及其他应急服务,电信网络,公路、铁路、航空网络和运输服务,国家文物古迹的保护,供水,国家广播和电视服务等,经常被视作公共物品,通常是非排他性的。赞同这类公共服务的理由包括:规模经济、国民利益、工人参与企业的机会、私人生产者经常忽视的间接社会利益(外部性)。反对的理由包括:缺乏竞争(competition)*而导致的低效,以及对消费的服务没有任何出价而产生的无限需求。许多公共产品不易估价,例如无法对它们的供给进行成本效益分析(cost-benefit analysis)*。

自萨缪尔森提出以来,公共物品的概念已大为扩展,一些与之匹敌的表述类型也应运而生。例如,一些作者倾向于区别公共物品和福利物品,后者指的是那些由公共机构免费或者以低于生产成本的价格提供给消费者(公众)的物品。提供福利物品的目的是重新分配,以提升社会的总体福利。

同样,理查德·科恩斯(Richard Cornes)和托德·桑德勒(Todd Sandler)在《外部性理论、公共物品和俱乐部物品》(*The Theory of*

Externalities, Public Goods and Club Goods，1986）一书中，根据消费者是排他的（特定的人不能从物品中获得收益）或者非排他的（特定的人不能被排除在外），以及在消费中是否存在竞争关系（收益是可分割的或者不可分割的），对公共物品和私人物品做了区分。通过对产权的两个维度进行交叉分类，我们就可以区别开私人物品（在消费中是排他的、竞争的，如同大部分可以在市场上获得的消费品）；公共物品（在消费中是非排他的、非竞争性的，例如，美国的核武器保护了所有美国人，而不管他们是否为此支付了费用）；俱乐部物品或者不纯粹的公共物品，它们是排他的，但在消费中仅部分地（最初）是非竞争的（例如，在一家专属的高尔夫俱乐部，排他的标准就像泾渭分明的界线一样，一旦你加入了这所俱乐部，那么它提供的资源就类似纯粹的公共物品，除非会员人数超过了承载能力，拥挤［crowding］*导致了物品品质的退化以及为了获得该物品而加剧的竞争）；最后是定位性物品或者不纯粹的私人物品，消费者之间至少是非排他的，在获取收益时存在竞争关系（物品最初是纯粹的私人物品，但在消费过程中，一些变动碰巧改变了它们的性质，例如消费者的"从众效应"甚至导致那些原本不打算消费这件物品的人，通过惹人注目的消费或哗众取宠的浪费，分享它的收益或者损失）。

这类辨析对经济理论产生了重大影响，是博弈论（game theory）*及理性行动理论的核心；然而，总体上看，社会学家探索它们意义的步伐却相当迟缓（例如，集体行动［collective action］*理论）。另见外部性（externality）*；搭便车（free rider）*；地位商品（positional goods）*。

public interest 公共利益

公共利益指的是在评论者眼中，一个社区（community）*或社会（society）*不可分割的集体利益。人们认为公共物品的供给是符合公共利益的，尽管实践中可能有千变万化。另见公共物品（public good）*。

public opinion 公共舆论

公共舆论是一个界定不清的概念，使用起来也是五花八门，但也许最一般的是指一个社会的特定部分所表达的、对公众可观察到的立场和行为的赞同或反对，并且（通常）通过民意调查（opinion polls）*来衡量。因此，它通常被视为"民意测验报告"的代名词——关于道德、受青睐的消费品牌、政见，或者其他任何方面。在这个标签下，有两类群体经常被作为调查对象：一是适龄劳动人口（16 岁、18 岁、20 岁至 60 岁或 65 岁，界定不一）中的成年人；二是义务教育年龄以上的成年人（典型的是 16 岁或 18 岁以上的人口），包括老年人和退休人员。

public sociology 公共社会学

公共社会学描述的理念是，社会学应当与公众携手同行，合力解决与后者相关的问题。它旨在树立一种风格别样的社会学，与单纯的"专业社会学"截然不同，其通常的说法是，社会学学科不应画地为牢，在知识和兴趣上，专业从业人员不能抱残守缺，敝帚自珍。因此，在正式的表述中，公共社会学要同时挑战社会学的主题和关注点，它有意鼓励这门学科抛出公众关注的议题，并且身体力行，与受到震动的选区居民和团体打成一片。大多数拥护者使用这个词语以呼吁社会学家在不公正、不公平、不平等问题上加大政治参与力度，这些问题使得那些无依无靠、一无所有、无权无势的人游离于市民社会（civil society）*的团体和社区之外。迈克尔·布若威（Michael Buraway）在2004年美国社会学协会的主席演讲中普及了公共社会学这一术语。随后，他在担任国际社会学协会主席一职期间，不遗余力地将这个概念国际化，推动它在全球学界中的使用。社会学应当有公共关怀，这一观念由来已久，公共社会学一词在布若威之前就已存在，在美国社会学者赫伯特·甘斯（Herbert Gans）、本·阿加（Ben Aggar）、以色列社会学者巴鲁赫·基默林（Baruch Kimmerling）的著作中均能找到。在新千年之际，新古典自由主义对大学及整个学科领域经济收益的不满，使得全球学界对自身正当性产生了动摇，而布若威则抓住这一契机，对公共社会学的推广普及出力尤多。

从某种意义上说，所有社会学都是公共的，因为专业社会学家一直借助这门学科介入时代的政治、社会、经济和文化思想。尽管对社会学的历史起源有所争议，但极少有人怀疑它的先驱们直面政治、经济和文化生活中深刻的社会变迁（social change）*问题，力图诊断和改善人类的境况，无论我们将社会学的根基置于何时何地。在整个20世纪，也就是社会学学科日益专业化和专门化的时代，一些社会学家为更广泛的公众参与而发声，最著名的有法国的雷蒙·阿隆（Raymond Aron）*、美国的查尔斯·赖特·米尔斯（Charles Wright Mills）*、英国的彼得·汤森（Peter Townsend）。这三位楷模代表了公共社会学在21世纪流行之前的多样性。米尔斯的著作是社会学家在美国内外政策的驱动下，发出的政治激进主义的呼声，其中，他提出了一个著名的观点，即社会学的想象力（sociological imagination）*应当将人们的私人困扰转化成公共议题。阿隆是一名公共知识分子（intellectuals）*，撰写报纸专栏，把社会学跟法国文化和政治问题连为一体。另一方面，汤森则以实际行动卷入和处理他的研究所揭示出的贫困问题，共同创立了儿童贫困行动组织和残疾人联盟。

在布若威看来，公共社会学被视为一种研究行动，聚焦于他所谓的处于公民社会内部或基础的地方性有机共同体所关注的问题，这些问题是由其社会结构（social structure）*的和阶级（class）*的定位带来的。有机共同体与研究相伴，它们既是社会学研究的共同参与者，从而可以帮助确定和设计社会学研究；同时，共同体也是社会学研究的特别受众，针对它们设计传播方案，使研究能够跟它们的处境对话。公共社会学的批评者很大程度上支持其重塑学科规范价值的意图，但是他们提醒公共社会学有必要成为一种教学策略和公民参与策略，这门学科应当与政府、政策制定者、权力精英（power elite）*发展更为紧密的联系，共同应对影响有机共同体的诸多问题。向上接触是为了精准地跟掌握有机共同体生活资源的实体站在一起。关于公共社会学的争论涉及的是，当社会学改善普通人生活的时候，其规范性目的的核心是什么，以及实现这一目的的最佳方式的性质该当何论。布若威的陈述见于《美国社会学评论》（American Sociological Review, 2005），近期一个很好的讨论是约翰·布鲁尔（John Brewer）的《社会科学的公共价值》（The Public Value of the Social Sciences, 2013）。

public sphere versus private sphere distinction
公共领域与私人领域之别

希腊哲学中公与私的对立，是基于政治的公共世界与家庭和经济关系的私人世界。在现代社会学中，这种区分通常用来指家庭和就业的分离；二者的重叠，则被视为传统的依照性别的劳动分工（division of labour）*的基础。

Public Use Sample（PUS）公共使用样本

特指一种来源于十年一次人口普查的匿名样本数据。美国从 1960 年人口普查开始，将人口普查数据的 1% 和 0.1% 样本数据提供给研究人员。模仿美国的做法，加拿大发布了类似的数据集，从 1991 年开始，英国发布了类似的数据集，即匿名化记录样本（SAR）*。

purdah 深闺习俗

一个乌尔都语的词汇，本意是"窗帘"或"屏幕"，指一种性别角色分化制度，其特征是严格的身体和社会"隔离"。通过将房屋内的物理空间隔离开来，以及使用面纱等衣物，该制度得以维持。它与伊斯兰宗教和文化高度相关，但在伊斯兰民族之间，遵守的形式和程度都有很大差异。

Q

qualitative versus quantitative debate 定性与定量之争论

这是社会学中的一个方法论论争（methodenstreit）*，争论双方的焦点在于，定性研究与定量研究是否有本质区别。这场争论根源于双方在认识论（epistemology）*上的不同。定量方法通常与实证主义认识论（positivist epistemology）*相关，是对数值型数据的搜集与分析。而定性方法通常与解释主义认识论相关，是对特定材料的搜集与分析，这些材料建立在对社会现象的意义理解的基础上。由于反对社会学著作中实证主义方法论所持有的"科学"立场，这场争论在20世纪70年代变得更突出。在这些著作中，通常把定性数据（如果涉及的话）看作是一种"软"技术，只是为了提出假设（hypotheses）*提供一些直觉帮助，而这些假设还需要使用定量或"硬"数据来严格检验。在20世纪70年代，人们对现象学方法越来越感兴趣，这引起了人们对使用自然科学研究模型来研究社会科学（social science）*的质疑。

大家越来越认识到，定性和定量方法是相辅相成的，不同时使用这两种方法，很难获得全面真实的理解。早期的一个例子是诺曼·邓津（Norman Denzin）的三角测量法（triangulation）*，而最近的工作则强调了"混合方法"思想。经验研究人员最近认为，这两类数据之间的区别比理论争论中的差异要模糊得多。还有人指出，不同的研究方法（research methods）*不一定与特定的认识论立场联系在一起，有越来越多的分析技术难以被分类到这两种类型中。然而，也有学者强调，支持不同类型数据的认识论是如此不同，以至于任何组合或混合的尝试都是不可能的。这场持续不断的争论仅仅是宏观社会学（macrosociology）*和微观社会学（microsociology）*之间差异的一部分。一些研究人员的立场是：观察与分析宏观社会结构、制度（institution）*和聚合数据（aggregate data）*的规律和关联，与观察与分析微观个体行动的互动和因果过程，存在实质性差别。前者适用于定量分析，后者更适于解释性理解。

在最近一本重要著作中，加里·金（Gary King）等人（《社会科学中的研究设计》Designing Social Inquiry: Scientific Inference in Qualitative Research, 1994）指出，虽然有各种类型的社会科学研究，但科学推论只有一种逻辑。因此，高质量的定量研究和定性研究的研究设计（research design）*逻辑是一样的。

quality of life 生活质量

（改善）生活质量的观念对于许多社区项目、公共政策、发展计划以及社会立法都是至关重要的。但是，这个概念本身是有争议的。

最常用的测量指标是经济指标（例如人均国民生产总值），但越来越多的经济学家认识到，这些指标是衡量居民生活质量的粗略指标。另一种能力分析方法认为，每个人的生活质量与其必须过一种生活而不是另一种生活的自由相对应。这反映了行动与存在（需求）的结合是有可能的，从基本的需求（如获得适当的营养和健康）到更为复杂的需求（如获得自尊、维护人的尊严、参与更广泛的社区生活）。这种方法表明，对生活质量的衡量必须是多元的，并且幸福的不同组成部分是不可相互简化的。

自 1968 年以来,瑞典政府定期进行生活水平调查,通过多种指标来衡量人们的福利水平。这些指标包括但不限于:健康状况和获得照顾服务的机会(行走 100 米的能力、各种疾病症状)、就业和工作条件(失业情况、工作的身体状态);教育程度和技能(受教育年限、获得的证书)、住房(设施、每间房间居住的人数)、生命和财产安全(暴力、盗窃的风险)、娱乐和文化(休假、休闲设施的获得机会),以及经济资源(收入、财富、财产等)。

关于生活质量的争论与关于贫困(poverty)*和剥夺(deprivation)*的讨论相似;例如,都有文化相对论的问题,以及相似的测量问题。测量应该与个人的需求或资源相关吗?应该使用哪些指标,以及如何归纳这些指标进而给出一副生活质量的全景?(例如,我们如何比较一个患有不治之症、难以享受生活的富有男人和一个身体健康、享受生活的贫穷女人呢?)想了解更多关于这个概念及相关方法论(methodology)*的讨论,参见玛莎·努斯鲍姆(Martha Nussbaum)和阿马蒂亚·森(Amartya Sen)编的《生活质量》(*The Quality of Life*,1993)。

quasi-religion 准宗教

参见平行宗教(para-religion)*。

queer theory 酷儿理论

一种社会理论方法,认为现有的理论被异性恋的深层假设和男女性别二元鸿沟所主导,并开始挑战这些假设。它出现在 20 世纪 80 年代中期至后期的北美,既是对异性恋规范社会学的回应,也是对更有限的同性恋研究（gay study）*的人文/多元文化的回应。将同性恋（homosexuality）*作为一种异常行为的研究被抛弃；相反，人们感兴趣的是"局内人/局外人"和"越界"的逻辑。异性/同性的二元化和生理性别与社会性别的分裂都受到挑战。

在福柯的影响下，酷儿理论的根源通常被认为是伊芙·卡索夫斯基·塞德维克（Eve Kosofsky Sedgwick）的作品，他在《未出柜者的认识论》(*The Epistemology of the Closet*, 1990)中认为，20世纪西方文化中许多主要的思想和知识节点作为一个整体，是被一种始于19世纪末、长期累积、以男性表述定义为同性恋/异性恋的危机所建构，但实际上是碎片化的。如果没有对现代同性恋/异性恋定义进行批判性分析，那么对现代西方文化的任何方面的理解不仅仅是不完整的，还会损害其核心内容。

朱迪斯·巴特勒（Judith Butler）的作品，例如，1990年的《性别危机》(*Gender Trouble*)也被视为酷儿理论。对她来说，没有任何基本的性别，所有性别都是"表演性的"、动态的、不固定的。正如尼克·沙利文（Nicki Sullivan）在其2003年的《酷儿理论批判导论》(*Critical Introduction to Queer Theory*)中指出的那样，如果酷儿理论有一个核心，那么它就是一种关于性和性别的激进立场，这种立场否认任何被灌输的分类，并试图在其研究中颠覆任何正常的倾向。所有的性类别都是开放的、流动的、非固定的（这意味着现代的女同性恋、男同性恋、双性恋和变性人的身份与所有的异性恋一样是断裂的）。

酷儿理论研究最常见的对象是文本分析——电影、视频、小说、诗歌和视觉图像。它最常见的兴趣包括各种性恋物癖、变装国王和变装皇后、性别和性游戏、网络性、多重伴侣关系、施虐受虐,以及所有所谓的激进性边缘的社会世界(social worlds)*。

许多同性恋和女性主义者自己认为,酷儿理论根本没有任何进展。毕竟,这种理论只会"解构"他们以及他们所有的政治成果,使之不复存在。这个词也很有煽动性:一个来自过去的贬义和污名化的词被一个非常污名化的团体重新定义。因此,它具有独特的时代性。年轻学者喜欢它,而老一辈学者则讨厌它。那么,它可以消除过去的研究世界,创造新的分工。

它还带来了一个分类问题:乔什·加姆森(Josh Gamson, 1995)称之为酷儿困境(参见纳迪[Nardi]和施奈德[Schneider]的《同性恋研究中的社会视角》*Social Perspectives in Lesbian and Gay Studies*, 1998)。他认为,需要一个公共的集体身份(围绕着这个身份,激进主义可以被激发),同时也需要打破和模糊界限。正如他所说:"固定的身份类别既是压迫的基础,也是政治权力的基础。"虽然他强调酷儿运动中出现的"无关紧要的、流动性和多重性"的身份形式很重要,但他也看到,女同性恋、男同性恋、双性恋和跨性别者运动(目前被简单称为LGBT)中的许多人拒绝解构男女同性恋身份观念的倾向——因此,刚刚开始的时候就取消进入研究和政治领域。激进的女同性恋女性主义者希拉·杰弗里斯(Sheila Jeffreys)(《拆解酷儿政治》*Unpacking Queer Politics*, 2003)也特别尖锐地指出,整个酷儿运动是对激进女同性恋者在20世纪后期的成果的严重威胁。由于在一种(主要是男权主义的)酷儿解构主义的迷雾中失去了女性身份认同的女性和激进的女同性恋这一范畴,我们就不可能看到女性从属于男性的根源。她还指责这是一种严重的精英主义。它的大多数支持者的语言模仿了男性学术精英的语言,因此失去了早期女性主义者作品所取得的所有成果,他们为社区中的女性写作并与她们对话,而不仅仅是其他学者。

在酷儿理论家的世界之外——在"异性恋社会学"的世界里,它或多或少被忽视了,它的影响微乎其微,而且这种分析方法已经被边缘化(marginalization)*。但对于新一代的性别和性理论家来说,这被视为一种激进的批判。

questionnaire 问卷

一种用于调查(survey)*,包含各种封闭式和开放式问题(open-ended question)*的文档。一般来说,每个调查对象都会使用单独的问卷,这样有足够的空间来记录答案,以便随后对每个问题的答案进行编码(coding)*以用于计算机分析。问卷既包括仅有几道问题需要被访者自己回答的明信片,也有需要由训练有素的访问员填写的长问卷。好的问卷需要付出大量精力和心血,这样才能确保问题简单明了、易于回答,主要问题不会遗漏,有助于被访者回忆过去发生的事情,以及形塑整个访谈过程从而使受访者(respondent)*感到愉快而有趣。目前已经发展出一些特殊技巧用于敏感性的问题,关于生命周期(life cycle)*事件和工作史的访谈,以及关于态度、观念和偏好的问题。问卷必须是结构化的,这样才能保证被访者被正确引导到特定部分,或者跳过某部分。例如,如果有人已经多年没有工作,其就不需要回答有关工作的问题。问卷有助于访谈(interview)*的标准化(standardization)*,增加提问与回答的一致性,但不能完全消除访谈者偏差(interviewer bias)*。

设计问卷时应牢记的许多因素已得到广泛讨论,特别另见霍华德·舒曼（Howard Schuman）和斯坦利·普莱瑟（Stanley Presser）的《态度调查中的问题与答案：关于问题、措辞和内容的实验》（*Questions and Answers in Attitude Surveys: Experiments on Question Form, Wording, and Content*, 1996）。另见封闭式回答（closed response）*；开放式回答（open response）*。

Quetelet, Lambert Adolphe Jacques
朗伯·阿道夫·雅克·凯特勒（1796—1874）

比利时统计学家,著有《论人与人类设施的发展》（*On Man and the Development of Human Facilities*）、《社会物理学研究》（*An Essay on Social Physics*, 1835）,他将概率论应用于社会现象,并展示了统计对社会科学（social science）*的重要性。凯特勒认为,在社会现象中,分布通常遵循一条正态曲线（normal curve）*,这是通过观察一个团中士兵的身高得出的结论。然而,他的著作被社会科学家长期忽视,直到20世纪初,他的作品才被重新发现。

R

race 种族

一些社会学家认为,给"种族"加上引号是一种有用的方式,用来表明这种对个人和群体进行分类的方式并不是根据基于基因差异而形成的任何生物学上的差异。种族分类通常是(虽然不完全是)基于表型差异,即面部特征、肤色等方面的差异。但这些与基因型(genotype)*差异(基因组成的差异)无关。如今的主流科学观点也认为,在这些基础上分类的群体之间,不存在人格(personality)*、智力(intelligence)*等方面的先天差异。种族社会学主要探讨的是,根据所谓的"种族"而对社会群体进行区分这一社会建构的原因和结果,而不论这种区分是否因提及上述任何因素或完全没有提及(例如,在反犹太主义的情况下)变得合法化。

然而,这种将种族定义为一种社会建构的特点是,它在多大程度上决定了人口的某个部分能真正成为一个独立的族群;也就是说,在共同的历史渊源、紧密的社会互动(social interaction)*以及普遍认同感的基础上共享一些特征。20世纪60年代的美国黑人民权运动以及少数族群文化和政治运动(特别是在年轻人中)的发展,刺激了大量关于族群性质和形式的社会学研究。再次强调,这是一个极具争议的研究领域。一些社会学家认为,当这些研究涉及因为种族中心主义而被界定为越轨亚文化(deviant subculture)*的内容时,往往会巩固或强化社会大众的种族主义(racism)*态度和种族歧视(racialism)*。一个相关的危险就是，随意地给一些少数群体（minority group）*贴标签或用刻板印象（stereotyping）*认识少数族群（即具有共同文化和生活方式的群体），而他们实际上并非如此。还有一种趋势是，研究少数族群时将其与周边的社会割裂开来，将他们独特的生活方式（lifestyle）*简单地视为过去历史的遗产，而忽视了他们在目前种族分裂社会中所处的位置对这些生活方式的塑造和改变。一般而言，这些研究夸大了少数族群在族群社会结构中的相对封闭程度，以及与社会大众的隔离程度。

种族群体在更广泛的社会分层（social stratification）*体系中的位置是一个备受争议的问题。这部分反映了社会学学科发展的历史环境：美国奴隶制（slavery）*的遗产，非白人少数群体的持续移民，殖民主义（colonialism）*的历史，以及最近越来越多的从第三世界（Third World）*向欧洲移民的少数群体。关于此，有几种竞争性的研究视角（概述见罗伯特·迈尔斯[R. Miles]的《种族主义》*Racism*, 1989）。

功能主义（functionalism）*理论主要是由罗伯特·帕克（Robert Park）*等人在一战时期的美国发展起来的，该理论假设，少数族群最终将被同化（assimilation）*到移民地社会的主流分层体系中，并恢复因其到来而受到影响的社会均衡（social equilibrium）*。种族偏见和歧视只是在这艰难的调整时期暂时存在。这里强调的是，少数族群需要放弃他们原来的价值和生活方式，接受移民地的主流价值观和生活方式。该理论因其族群中心主义（ethnocentrism）*假设而受到严厉批评，即同化将是（或应该是）本地居民与移民相遇的最终结果；该理论忽视了持续性冲突或某种形式的族群多元化发生的可能性；低估了在经验上观察到的种族偏见和种族歧视的程度和持续性。

约翰·雷克斯（John Rex）*的工作最清楚地阐述了一种建立在韦伯主义基础上的复杂观点。雷克斯所说的族群关系涉及一种特殊类型的群体间冲突，这种冲突最终导致各个族群分布在整个社会分层体系中的不同位置。在英国的经验研究中，雷克斯采用了韦伯主义的阶级概念来分析黑人和白人的生活机遇（life chances）*的差异，他发现，种族和种族歧视导致黑人被排斥在白人阶级结构之外，处于整体阶级结构底部。这种情况在创造特殊的意识和政治行动的同时，也促进了黑人下层阶级的形成。

早期的马克思主义（Marxism）*理论（特别是考克斯[O. C. Cox]*的《阶级、种姓和种族》Class, Caste and Race, 1948）提出了一种比较简单的种族和阶级联系，认为种族主义是在资本主义（capitalism）*下发展起来的统治阶级意识形态，目的是分裂那些有着共同阶级认同的黑人工人和白人工人，进而有助于控制他们。该论点因其与历史不符、而且带有明显的功能主义取向，即种族主义是因为能在资本主义下发挥作用而产生的——而被强烈批评。后来发展出了大量新马克思主义（neo-Marxism）*和后马克思主义的分析路径（这二者之间的争论往往十分激烈）。他们试图对种族、阶级和资本主义之间的关系提供一个较少确定性的描述。例如，罗伯特·迈尔斯（《种族主义和移民劳工》Racism and Migrant Labour, 1982）分析了发达资本主义社会中所谓的"种族阶级框架"的构建。约翰·索洛莫斯（John Solomos）的《种族、族裔和社会理论》（Race, Ethnicity and Social Theory, 2013）对相关理论争论做了最新回顾。

与这些理论争论相比，美国社会学家开展了大量立足经验的社会学调查。这些调查包括对种族信仰体系的研究；种族歧视和劣势的程度和性质;"种族"政治和国家政策对少数族裔的影响;少数群体人口的分布、集中和隔离——特别是在住房和劳动力市场(labour market)*。这里的例子包括李·雷恩沃特斯(Lee Rainwaters)关于联邦住房项目中的黑人家庭的优秀研究(虽然还有争议)(《隔都墙外》Behind Ghetto Walls, 1970);霍华德·舒曼(Howard Schuman)等人的《美国种族态度》(Racial Attitudes in America, 1985)调查和《黑色人种、白人城市》(Black Men, White Cities, 1973);艾拉·卡茨纳尔逊(Ira Katznelson)关于黑人向美国北部城市和英国移民所引起的政治反应的比较研究。大卫·梅森斯(David Masons)的《现代英国的种族与族群》(Race and Ethnicity in Modern Britain,第二版, 2000)对英国的相关研究做了最佳总结。

racialism(racism)种族歧视(种族主义)

种族歧视是指不平等对待一个人口群体,纯粹是因为他们具有某一社会定义的特定种族的身体或其他特征。(参见种族[race]*)种族主义是一种维持种族歧视的决定论的信仰体系,它将这些种族特征与那些被负面评价的社会、心理或身体特征联系起来。关于美国和荷兰种族主义的比较研究,参加菲洛梅娜·埃塞德(Philomena Essed)的《了解日常种族主义》(Understanding Everyday Racism, 1991)。另见制度性种族主义(institutional racism)*。

racialization 种族化

一个人口群体被归类为一个种族的社会过程。

racism, institutional 制度性种族主义

参见制度性歧视(institutionalized discrimination)*。

Radcliffe-Brown, Alfred Reginald
阿尔弗雷德·雷金纳德·拉德克里夫-布朗(1881—1955)

在英格兰、北美、南非和澳大利亚的教书经历让拉德克里夫-布朗成为社会人类学奠基人里最有影响力的一个。比起他的教学,他的田野研究(见《安达曼岛人》*The Andaman Islanders*, 1992)没有那么出名,然而他却是第一个在剑桥大学接受人类学(anthropology)*培训的本科生,也是开普敦大学、悉尼大学、牛津大学和芝加哥大学社会人类学的第一个机构领导。

他的理论路径很大程度上受爱弥尔·涂尔干(Émile Durkheim)*的影响,强调社会结构(social structure)*的重要性,以及"不同制度的功能(function)*"的重要性。他的路径受到了一些批评,被认为过于死板和机械化。不过,他显然是一位优秀的教师,他的影响更多地体现在众多受到他影响的学生上,而非他(相对较少)的出版物上。他倾向于发表被他称作"比较社会学"(comparative sociology)*这样的明确的研究,阐明支配人类社会关系的规则。这些研究中最广为阅读的大概还是《原始社会的结构和功能》(*Structure and Function in Primitive Society*, 1952),这是一部公认的社会人类学经典,里面提出了许多现在在这个学科里被视作理所当然的基本概念。

radical criminology 激进犯罪学

参见批判犯罪学(criminology, critical)*。

range 范围

参见统计变异(variation[statistical])*。

rational choice theory 理性选择理论

一种行为理论，它认为，人们行为的基本动机是个人自我利益，而且所有的社会活动都是经过理性计算和决策所形成的。这种理论至少可以追溯到18世纪的古典政治经济学，最熟悉的例子就是亚当·斯密(Adam Smith)*在《国富论》(The Wealth of Nations, 1776)开篇所提出的劳动分工(division of labour)*理论。在他看来，自由市场(free market)*这一"看不见的手"会引导精明的利己主义者去促进公共福利，尽管他们从来没有这样的想法。从政治经济学(political economy)*发展而来的现代经济学学科将这一理论发展为高度抽象和日益数学化的版本，即通过经济行动者在货币支出上的效用最大化来解释价格和稀缺资源的分配。由于这一复杂但相对统一的理论体系的明显成功，不可避免地会有人建议将同样的方法应用到更广泛的社会科学(social science)*领域。

其中最著名的例子是乔治·霍曼斯(George Homans)和彼得·布劳(Peter Blau)的"交换理论"。霍曼斯认为，人类的一切活动都是基于趋利避害的动机，这里的利益是指所有与人类目标和目的相关的东西，而不仅仅是指金钱。只有当人们有可能获利时，他们才会建立社会关系，霍曼斯将所有稳定的互动关系都视作社会关系，每个参与者都能在其中获得利益。如果一段关系中的一个参与者出现了亏损，那么他或她就将退出这段关系，并将转而投入到其他更有利可图的关系中去。霍曼斯基于这些理性计算的假设推出了一系列的预测，但布劳在他的《社会生活中的交换与权力》(Exchange and Power in Social Life, 1964)中做出了更复杂的发展。布劳超越了霍曼斯的心理还原主义，提出了一个结构主义的交换理论，认为行动者(actor)*之间的外部利益的相互交换有可能是缺失的或不完整的，如在涉及权力关系的时候。布劳阐述了如何使用交换假设来解释工作群体的构成和组织中的科层结构。

加里·贝克尔(Gary Becker, 1930—2014)(参见《人类行为的经济方法》The Economic Approach to Human Behavior, 1976)等经济学家试图将经济学中发展的许多模型应用于家庭内部亲密行为和犯罪活动。理性选择概念在政治学中也得到了热烈的追捧，安东尼·唐斯(Anthony Downs)和曼库尔·奥尔森(Mancur Olson)等学者分析了政治承诺、投票行为、抗议运动，以及自愿和强制的集体组织背后的理性考虑。在社会学中，凯伦·库克发展了这种数学模型和命题演绎的行为分析方法，他将它们与网络分析(network analysis)*和组织理论(organization theory)*联系起来(《社会交换理论》Social Exchange Theory, 1987)，此外还有詹姆斯·科尔曼(James Coleman)*(《社会理论的基础》Foundations of Social Theory, 1990)。罗伯特·阿克塞尔罗德(Robert Axelrod)在《合作的复杂性：以代理人模型为基础的竞争和协作模式》(The Complexity of Cooperation: Agent-Based Models of Competition and Collaboration, 1997)中展示了如何使用符合规则的正式模型进行一般性阐述。

最近，最引人注目的理性选择理论研究路径出人意料地来自马克思主义(Marxism)*内部的分析马克思主义者，如乔恩·埃尔斯特(Jon Elster)、约翰·罗梅特(John Roemet)及其他人。埃尔斯特将理性行动理论定义为首要的规范。它告诉我们,为了尽可能实现我们的目标,我们应该做些什么。在理论上,它没有告诉我们目标应该是什么。从规范的叙述中,我们可以假设人们在规范意义上应该是理性的,由此推导出一个解释理论。它的核心解释是行动。考虑到个人的信念,这些行为应该是使个人需求最优化的最佳方式,而这些需求和信念本身必须是理性的(或至少是内部一致的)。在形成他们的信念时,人们必须收集适当数量的证据,这一决定本身必须服从于理性的准则。换句话说,理性行动(rational action)*包括三个优化操作:在给定的信念和需求下找到最好的行动;在给定的证据下形成最好的信念;在给定需求和之前的信念下,搜集适量证据。(参见《所罗门式审判:关于理性局限性的研究》Solomonic Judgements: Studies in the Limitations of Rationality, 1989;《理解马克思》Making Sense of Marx, 1985)。

约翰·戈德索普(John Goldthorpe)*也提出了类似的主张,他认为,社会学最好的理论版本是将行动视为主观理性,同时具有中观层次的理性需求;他也认识到需要去界定何种行为能够算作理性行为,为此需要特别注意情境的理解,因此这是一种特殊而不是一般的理论。虽然他承认某些行动方式不属于这种理论的范围,但他相信理性行为分析方法比其他分析方法(例如,那些强调文化传统、价值[value]*和社会规范[social norm]*重要性的分析方法)都更有希望实现。

这些认为理性选择解释存在局限性的观点呼应了涂尔干(Durkheim)*的主张,即并非合同中的一切都是契约性的,理性交换本身不能成为既定的、道德规制的社会秩序(social order)*的源泉,而是以此为前提。社会情感必须体现在社会强制性规则和命令的符号（symbol）*（或集体表象[collective representations]*）中，这些规则和命令界定了个人利益的追求范围。因此，可以认为符号互动论（symbolic interactionism）*为社会行动提供了一种更普遍的分析方法，理性选择理论可以在其中找到专门应用的位置。

在这些相当有限的术语中，很难看出任何人会反对埃尔斯特的行动理论（action theory）*。埃尔斯特在解释行动时谨慎地指出理性的限制和不足（例如，行动是以社会规范为基础，而非工具性的）。然而，许多人仍然怀疑理性行动理论在社会学中的应用尝试（特别是其基于交换的形式），这至少有三个原因。首先，经济理论的成功取决于市场交换中存在一种明确的货币，这种货币作为衡量行动与优势关系的一种独立标准，可供个人和理论家应用。幸福感、社会认同、声望和影响力可以等同于货币，但这些个人目标也经常互相竞争，对于社会秩序的解释要求了解这些基本价值是如何被优先考虑的。此外，这种理解必须避免循环。不同的价值顺序不能用它们可能对行动者具有的优势（或价值）来解释。其次，这一理论难以反驳，因为个人的特定行为被理性选择理论家同时视为解释的对象和理论的证明：无论发生什么行为，即使它在这个行动中产生不愉快的后果，从理论上讲，也比没有任何行为更具优势。换句话说，理论趋向于同义反复（tautology）*。最后，社会学中一个古老的传统认为，个人之间的交换是社会秩序的结果而不是原因，因为稳定的交换关系建立在预先存在的最低信任和法治基础上。相关问题的综述，参见 H. C. 布雷德曼尔（H. C. Bredemeier）的《交换理论》（Exchange Theory），载于博托莫尔（T. Bottomore）和尼斯比特（R. Nisbet）编的《社会学分析史》（*A History of Sociological Analysis*, 1979）。

值得注意的是，存在着另一种理性选择和交换理论传统，它与人类学对前现代社会更原始的社会关系研究有关。这种路径的例子包括爱弥尔·涂尔干（Émile Durkeim）*的侄子马塞尔·莫斯（Marcel Mauss）*（《礼物》The Gift, 1925）对礼物交换（gift exchange）*的研究。这是第一次考察部落（tribe）*和古老社会中的送礼仪式，这些仪式体现了后来被称为互惠规范（norm of reciprocity）*的内容。另一个例子是马林诺夫斯基（Bronislaw Malinowski）*对特罗布里恩岛民的库拉圈（kula ring）*的研究，以及弗朗兹·博厄斯（Franz Boas）*对北美土著人的夸富宴研究。在这些情况下，纯粹的功利主义（utilitarianism）*交换相对于整个氏族（clan）*、部落（tribe）*或家庭都必须回馈的（或义务的礼物）都是次要的，后者可能包括礼貌、娱乐、仪式（ritual）*、军事援助、妇女、儿童、舞蹈和宴会等。礼物和付款从来没有与制作和接受礼物的人分开：他们建立的团体和联盟是不可分割的，因此交换包含了一个重要的工具要素。它们象征着对所收到的礼物和援助给予同等或增值回报的义务，并在对方需要时给予。在这种情况下，发展出一种物物交换和经济交换的社会经济（参见彼得·埃克[Peter Ekeh]的《社会交换理论》Social Exchange Theory, 1974）。另见弗里德里希·A. 哈耶克（Hayek, Friedrich A.）*；朝圣山学社（Mont Pelerin Society）*。

rationalism 理性主义

从宽泛的意义来说，理性主义是一种拒绝信仰和宗教（religion）*的观念，严格来说，这是一种相信所有知识都可以用系统的形式来表达，并且一切事物都可以被了解的观念。在社会学中，它有时是马克斯·韦伯(Max Weber)*提出的"经验主义自然科学模式"的替代品。理性主义的升级版本被韦伯、帕森斯(Talcott Parsons)*和阿尔都塞(Louis Altusser)*等不同理论家所论证,即知识(至少在社会科学[social science]*中)仅仅来自理性(而不是感官经验)。最近,理性主义被那些后现代主义者们认为是启蒙运动(Enlightenment, The)*的失败产物;但是,正如尤尔根·哈贝马斯(Jürgen Habermas)*指出的,这种观点本身就是理性的,因此难以成立。任何了解这个社会的尝试往往很难避免一些理性主义假设。另见认识论(epistemology)*;理想类型(ideal type)*。

rationality(rational action)理性(理性行动)

参见行动理论(action theory)*;有限理性(bounded rationality)*;批判理论(critical theory)*;常人方法学(ethnomethodology)*;形式理性(formal rationality)*;解释(interpretation)*;魔法、巫术和诅咒(magic, witchcraft, and sorcery)*;意义(meaning)*;现象学(phenomenology)*;理性选择理论(rational choice theory)*;理性化(rationalization)*;马克斯·韦伯(Weber, Max)*。

rationality, formal 形式理性

参见形式理性(formal rationality)*;功能理性(functional rationality)*。

rationalization 理性化

正如要理解卡尔·马克思(Karl Marx)*的关切,就必须看到劳动权利的核心地位及其对资本的异化(alienation)*;要想把握马克斯·韦伯（Max Weber）*著作中的理论主线，就必须理解他关于日常生活理性化的观点，这被阿尔文·古尔德纳（Alvin Gouldner）*称为"形而上学的悲怆"。这种对世界的逐渐祛魅，对神秘情绪、传统和情感的根除，并通过理性计算来取代它，为他的研究和写作提供了很多启发。理性化的概念在韦伯的跟随者中创造了一个完整的产业，他们继续讨论韦伯是否发展出了一套系统的理性化理论，（如果是的话）在他的哪些著作中能找到这个理论。例如，参见拉什（S. Lash）和威姆斯特（S. Whimster）编的《马克斯·韦伯、理性与现代性》（Max Weber, Rationality and Modernity, 1987）。

韦伯将现代化（modernization）*视为一个影响经济法、行政和宗教（religion）*的理性化过程，它消除了传统观念和习惯做法，进而有利于形式上的理性标准。它是资本主义（capitalism）*、科层制（bureaucracy）*和法治国家出现的基础。理性化的实质是社会行动者（social actor）*越来越倾向于在非人格化关系的背景下利用知识，以期对周围的世界实现更大的控制。然而，理性化并没有增加自由和自治，而是使手段成为目的（一个明显的例子是，在现代官僚机构中盲目地遵守规则），并将个人禁锢在理性机构、组织和活动的牢笼里。

评论家们评论说，在他对现代社会理性化趋势的关注中，韦伯对人类自由的预期比他任何同时代的人都更悲观。马克思至少预见到了一场解放革命，而对于韦伯来说，理性化的唯一解药是卡里斯玛（charisma）*人物的出现。韦伯认为，社会主义（socialism）*将创造一个更加封闭的笼子，因为它将形式理性（formal rationality）*与实质理性（substantive rationality）*相结合。在资本主义社会中，市场抵消了官僚主义国家的权力，但社会主义会看到二者的结合。随着各种各样的祛魅,瓦文萨(波兰)、团结工会、哈维尔(捷克)和公民论坛等卡里斯玛的个人和运动推翻了它的苏联变体,这似乎提供了一些乐观的缓解机会。另见自反性现代化(reflexive modernization)*。

rational state 理性国家

参见专制主义(absolutism)*。

Ratzenhofer, Gustav 古斯塔夫·拉岑霍夫(1842—1904)

参见军事与军国主义(military and militarism)*。

reaction formation 反应形成

一种精神分析(psychoanalytic)*概念,表示一种防御机制(defence mechanism)*。当一种感觉或想法被认为是特别的威胁时,它可以会以相反的形式表现出来。例如,当一个人受到他自己的同性恋(homosexuality)*情感威胁时,他可能会产生攻击性的异性恋行为。

realism 现实主义

在日常使用中,现实主义通常被认为是一个人的审慎、节制的欲望,这与乌托邦主义(utopianism)*相反。这个词也被用来形容文学和视觉艺术中的一类创作方法,其目的在于准确地描述现实。这些用法中的每一种都涉及人类思想或想象与依赖思维的外部现实之间的对比。现实对于我们的思维具有认知(cognition)*或规范作用这样一种观念普遍存在。在哲学中,现实主义意味着现实是一个独立于我们思想与观念的明确存在。争论的焦点在于:普遍性(例如,发红或柔软等属性)是否真的存在,或者它们是否是我们语言应用的结果(唯名论)等问题上。

现实主义作为一种形而上学(metaphysics)*的学说,受到一系列怀疑论的挑战。无论是在古典希腊哲学中,还是在现代早期,怀疑论的观点通常都是从那些对我们具有较大吸引力的梦境、幻想、幻觉等现象开始,这些现象会误导我们的感知。这种情况肯定时有发生,我们怎么知道它不总是这样?我们怎样才能确定,在任何特定的场合,我们所观察到的并不是虚幻的?最近,这些观点得到了其他一些挑战的支持,即我们在使用语言时,是否有能力可靠地参考外部现实。由于我们不借助思想或语言就无法理解这个世界,那么如何才能对我们所想或所说的真实性进行独立检查呢?

这些怀疑论的观点不一定否定了独立于思想的现实。可能存在这样一种现实,但我们不知道它的实质(或者我们不知道我们知道)。更常见的是,这种认识论的怀疑主义(epistemological scepticism)*演变为现象学(phenomenology)*、唯我主义或其他否认独立于思维、思想或语言的现实的形式。

在科学哲学中,"经验主义者"往往怀疑科学理论假定的实体(其中许多是不可观察的)是否存在。根据这种观点,这些实体的概念(concepts)*只是对实际或可能观察的方便概述,或预测的理由。另一方面,科学现实主义者认为,有关理论应该被理解为他们假设存在这些实体(如亚原子粒子、逆转录病毒或其他)。当然,这些假设可能正确也可能错误。许多社会学反对者认为,科学现实主义者致力于不加批判地接受科学的知识主张。情况并非如此。相反,他们致力于将这些主张解释为关于现实性质的主张,这种现实是指存在与行动可以独立于我们的认识或信念。现实主义者可能同其他人一样怀疑这些主张是否真实。对反现实主义者来说,问题是要搞清楚科学是关于什么的,特别是在科学知识的主张可能是错误的情况下。

在20世纪末期,英国在哲学和社会科学中复兴现实主义元理论的主要人物是罗伊·巴斯卡尔(Roy Bhaskar)。他和他的同事们最近发展了一种科学现实主义的形式(或者被称为"超验性"或"批判性"现实主义),作为科学哲学中经验主义和传统主义(conventionalism)*的综合替代。(提到批判性是为了表明对知识的追求是或应该是解放的。)除非假设世界独立于我们的信念,否则科学实验和应用科学知识等活动是无法被理解的。还必须把科学寻求知识的真正因果力量和机制与这些机制活动所引发的实际事件流区分开来,而实际事件又必须与经验事件区分开来,即某人观察到的小事件集合。巴斯卡尔声称,这种科学观点既适用于人类,也适用于自然科学,能够充分考虑到其对象性质的根本差异。他的著作主要有《科学的现实主义理论》(*A Realist Theory of Science*,第二版,1978)、《自然主义的可能性》(*The Possibility of Naturalism*,1979)、《科学现实主义与人类解放》(*Scientific Realism and Human Emancipation*,1986)和《重申现实》(*Reclaiming Reality*,1989)。

realist criminology 现实主义犯罪学

参见现实主义犯罪学(criminology, realist)*。

real socialism 现实社会主义

鉴于苏联社会主义的现实与马克思列宁主义经典著作中所阐释的理想类型(ideal type)*不一样,社会主义(socialism)*和共产主义

（communism）*这些词也就不适用，因此需要另一个术语来形容该现实。实际存在的社会主义、发达的社会主义和国家社会主义（national socialism）*是支持者和反对者所建议的一些概念。现实社会主义，作为一个受欢迎的术语，意味着苏联集团的经济政治和社会构成实际上是一种独特的生产方式（mode of production）*，有其自身的内在趋势，既不能参照西方社会科学（social science）*的概念，也不能用官方主义式意识形态的工具来把握。

这种社会主义的决定性特征是政治与经济相互交织，但政治高于经济。虽然资本主义（capitalism）*的特征（如独特的产权以及商品、资本[capital]*和劳动力[labour power]*的市场[market]*）不存在，但这并不意味着社会主义的存在。后者需要按照集体的方式组织经济，通过计划来实现经济协作，该计划阐明了直接生产者的利益（interests）*，并通过表达（而不是强加）需求的逻辑，将消费、生产和投资联系在一起。生产资料（means of production）*的国家所有实际上导致了财产真空。产权的缺乏助长了腐败，削弱了激励，扭曲了管理优先事项，并将国家精力转移到控制而不是规划和指导职能上。游说力量取代了社会利益的形成和表达。要职人员制度的首要地位破坏了绩效的专业标准，削弱了问责机制，并使权力掌握在这一单中心的统治群体手中，其目的是在一个不可控制的经济上实现权力最大化。粗放的经济增长（economic growth）*耗尽了各国的自然资源和人力资源，这与一切满足军事工业综合体的需求而又缺乏经济逻辑是密切相关的。软预算、劳动纪律差、工作场所政治化、在没有失业的情况下利用工厂福利制度实施劳动纪律，这些都成为再分配体制的属性。这种再分配机制扭曲了以经济理性为基础的经济收益。按等级划分的职业和等级特权将大多数人口纳入了一组人为的依赖关系中。

就其本身而言,社会实际上是没有阶级的,尽管社会封闭(social closure)*的形式存在——特别是在党派统治和知识分子(intellectuals)*内部。社会原子化和非定形结构与新兴的第二社会并列,在这个社会中,出现了满足琐碎但真实的需求的社会自组织。这些社会关系弥补了市民社会(civil society)*和中观层面的缺失,将个人和家庭与国家赞助的组织和机构联系起来,并试图打破那种允许统治者操纵社会各阶层以使他们相互对立的分割主义和不透明性。

鲁道夫·巴赫罗(Rudolf Bahro)的《东欧的另一种选择》(The Alternative in Eastern Europe, 1977)对现实社会主义提供了一个内部人士的看法。

在现阶段,不可能对现实社会主义作出令人满意的描述,因为只有在这个阶段过后,人们才能清楚地看到它的经济和政治轴心原则、主要的制度轮廓和社会残余。

rebellion(revolution)反叛(革命)

反叛(革命)是指历史上相对罕见但非常重要的事件,在这些事件中,通过使用暴力手段,推翻整个社会和政治秩序,并在新领导人和新原则的基础上重建秩序。"革命"这个词已经被宽泛地应用于任何剧烈的社会变迁(social change)*,如工业革命(industrial revolution, the)*、计算机革命、风格革命,等等。但其核心意义仍然是政治性的。很难在政治革命和反叛之间作出明确区分,有些人认为,"革命"是指新的统治精英试图对革命后的社会结构(social structure)*做出根本改变的情况,而叛乱则是更有限的政治动荡，只涉及统治集团的更替。根据这一标准，叛乱显然会转变为革命，这取决于夺取政权后社会变迁的范围和强度。

所有现代革命的原型都是1776年的美国独立革命和1789年的法国大革命。二者都有明确的政治议程，都导致了权力关系的彻底转变。在20世纪，1917年俄罗斯的十月革命和1948年的中国革命也有类似的结果。并非最近的所有革命都是社会主义（socialism）*或平等主义（egalitarianism）*的，甚至是现代化（modernization）*的：许多革命都是反民主或右翼的。最明显的是，伊斯兰原教旨主义（fundamentalism）*席卷了中东，并导致伊朗国王1979年在伊斯兰革命中垮台。

社会学中最有影响力的革命理论或许就是卡尔·马克思（Karl Marx）*和弗里德里希·恩格斯（Friedrich Engels）*的历史唯物主义（historical materialism）*。然而，需要注意到，马克思主义（Marxism）*已经演变出几种革命理论，例如列宁（Lenin）*提出的无产阶级专政（dictatorship of the proletariat）*理论和毛泽东主义（Maoism）*的农民革命理论。随后的许多关于革命的社会学研究都对马克思主义历史观特别是对革命理论进行了评论。

大多数关于叛乱和革命的研究都是历史性的，并且聚焦于原因和过程。那种强调社会不平衡、不断上升的期望和相对剥夺（relative deprivation）*的理论有一定道理，但未被证明具有很强的解释力和预测力。在最近的研究中，斯考切波（Theda Skocpol）提出了一种强调机构无法应付正常的危机革命理论（《国家与社会革命》States and Social Revolutions, 1979）；查尔斯·蒂利（Charles Tilly）和路易斯·蒂利（Louis Tilly）提出了一个历史模型，在这个模型中，叛乱是在权力和资源的不断变化的平衡中偶然产生的(《叛乱的世纪:1830—1930》 *The Rebellious Century, 1830-1930*, 1975)。斯考切波的理论尤其有争议。她提出了一个宏观层面的结构性分析,对政治革命(领导更替)和社会革命(改变整个社会)进行了明显区分。她反对社会革命的单因素解释(例如,不断上升的期望、阶级冲突[class conflict]*),并提出了一个复杂的变动模型,该模型强调国家(state)*之间的差异、国际经济竞争等外部因素的作用以及不同社会阶级(social class)*申诉渠道的可获得性。(在后来的研究中,她继续关注革命性社会变迁的复杂性,体现在她主编或合编的《历史社会学的视野与方法》*Vision and Method in Historical Sociology*, 1984;《找回国家》*Bringing the State Back In*, 1985)。

一个社会的革命性变化从来都不是完全的,其结果也是高度可变的。就像在1789年后的法国和1917年后的俄罗斯,旧秩序的组成部分依然存在,从而混淆了发动革命的理想主义意图。

recency effect 近因效应

近因效应是指个人最容易受到他们最后看到或听到的东西的影响,因为人们倾向于保留与最近事件相关的完整知识。然而,在某些情况下,首因效应(primacy effect)*更强,有时是第一个而不是最后一个事件是最有影响力的。

recidivist(recidivism)惯犯(累犯)

指被认定多次犯罪(crime)*的人员及再犯人员。惯犯行为通常根据最近一次定罪或最近一次犯罪的类型来衡量,体现为一年、两年、五年或十年内再次犯罪或再次被定罪的可能性。

reciprocity 互惠

参见教亲制（compadrazgo）*；理性选择理论（rational choice theory）*；礼物关系（gift relationship）*；库拉圈（kula ring）*。

redemptive movement 救赎运动

参见社会运动（social movements）*。

Redfield, Robert 罗伯特·雷德菲尔德（1897—1958）

美国人类学家，于1930年发表了研究《特波兹特兰：墨西哥乡村的生活》(*Tepoztlan: Life in a Mexican Village*)，概述了乡土社会（folk society）*的理想类型（ideal type）*的构建。而后他提出，以城市为基础的文明的传播改变了乡村社会。根据其社会和文化特征，可以将独个的聚居地置于进化中的城乡连续统（folk-urban continuum）*之中。

雷德菲尔德认为，乡土社会小而孤立、蒙昧且具有社会同质性。它们具有很强的社群团结性和亲缘性，崇尚植根于传统和宗教（religion）*的共同文化，其行为常为自发的个人行为，不受客观外力和法律约束，并且几乎没有知性的生活。而城市社会的特征则恰好相反：不孤立、异质性、社会混杂性、世俗化（secularization）*和个体化。

雷德菲尔德的理想类型融合了其他学者（如斐迪南·滕尼斯[Ferdinand Tönnies]*和爱弥尔·涂尔干[Émile Durkheim]*）较早推崇的工业化-城市社会与前工业化社会的差别。他的发现极大地影响了农村社会学（rural sociology）*和社区研究（community studies）*。

然而，奥斯卡·刘易斯（Oscar Lewis）*于 1951 年出版了有关特波兹特兰的再研究（restudy）*（《墨西哥村庄的生活：重返特波兹特兰》*Life in a Mexican Village: Tepoztlan Restudied*）），探讨了乡村生活的诸多方面，尤其是被雷德菲尔德所忽略的经济、人口统计学和政治学等议题。他的研究打破了雷德菲尔德对乡村社会的描绘，后者倾向于掩盖冲突（conflict）*、贫困（poverty）*和无组织化状态，呈现出一种对原始社会（primitive society）*的理想化描述。刘易斯还推翻了雷德菲尔德的研究方法（research methods）*所隐含的对单个聚居地的过分简化和不合时宜的类型学（typology）*。后来有关城市社区的研究发现，这种理想类型以及城乡连续统的概念也同样存在不足。

reductionism 还原论

在惯常用法中，还原论这一术语表示将具有显著多样化的现象简化为某种主要或基本解释原则的知识性策略。例如，当唯物主义（materialism）*应用于自然科学时，其还原主义形式企图用化学的概念和定理来解释生物的独特属性和力量。社会学家通常批评那些试图以遗传或生理差异去解释男女两性的智力差异和社会差异模式，认为这些都是误导性的生物还原论（biological reductionism）*的例子。马克思主义（Marxism）*的某些流派认为社会和政治生活完全由经济关系所决定，这通常也被批评为经济还原主义。以下对几种还原论的区分可能有助于读者进一步理解还原的概念：逻辑还原的目的是将相对表面化的科学定律简化为更基本的定律；在语义还原中，一种科学的语言由其他科学来定义；解释性还原旨在表明，一种科学现象可以由另一科学所决定的机制来解释。

reference group 参照群体

参照群体是赫伯特·海曼(Herbert Hyman)在《心理学档案》(*Archives of Psychology*, 1942)中提出的,适用于个体用来评估他或她自身处境或行为的比较群组。海曼区分了人们实际归属的认同群体(membership group)*和作为比对基础的参照群体。参照群体可以是或可以不是一个认同群体。西奥多·纽科姆(Theodore Newcomb)(《人格与社会变迁》*Personality and Social Change*, 1943)利用参照群体来解释位于本林顿的某自由女子大学学生不断变动的价值(value)*和态度(attituade)*。许多来自政治保守背景的女性在大学生涯中逐渐形成自由主义(liberalism)*的态度,因为她们开始更多地选择大学教员,而不是她们的原生家庭和家乡社区作为参照。根据纽科姆的说法,变化最大的女孩是那些"具有独立于父母,对社会关系的个体适应感以及为实现目标而改变习惯的人"。在这里,这所大学被视作一个积极的参照群体,但他们的父母可能会被叛逆的后代当做消极的参照群体。

在早期的应用中,参照群体的定义并不明确,也并未与社会心理学和社会学理论有任何明确的关联。通常的一个区别存在于功能主义和符号互动论(symbolic interactionism)*之间,前者强调了参照群体在提供规范标准抑或比较参照点方面的功能,而后者则将参照群体作为共同的世界观,从而为自身提供参考。

罗伯特·默顿(Robert Merton)*和爱丽丝·基特(Alice Kitt)在其经典的《对参照群体行为理论的贡献》(Contribution to the Theory of Reference Group Behaviour, 载于默顿和拉扎斯菲尔德[P. F. Lazarsfeld]*主编的《社会研究的连续性:"美国大兵"的视域与方法研究》*Continuities in Social Research: Studies in the Scope and Method of*

"The American Soldier",1950）中,对该概念进行了系统的功能主义阐述。他们的研究受到萨缪尔·斯托弗(Samuel Stouffer)*的《美国士兵》(The American Soldier, 1949)的启发,该报告指出,士兵的"被剥夺"感与其所实际经历的苦难程度的相关度,要弱于和他们自身进行比较的群体生活水平的相关度。默顿和基特指出,相对剥夺(relative deprivation)*是比较参照群体行为的特例。默顿后来区分了参考群体和互动群体（《社会理论与社会结构》Social Theory and Social Structure, 1957)。后者是个体社会环境中更一般化的部分,但既未被设定为个人的规范标准,也没有被作为比较标准。他还详细说明了在何种情况下个体将选择某个成员或非认同群体作为规范性参考,并指明在高度流动的社会中人们很可能会选择非认同群体。因此,有抱负的个体可能效仿当地精英(elite)*的生活方式和态度,以期提升自身地位。朗西曼(W. G. Runciman)在一篇《相对剥夺和社会正义》(Relative Deprivation and Social Justice, 1966)的高引文献中指出,对不平等的态度(包括人们的相对剥夺感)是受限参照群体的一种功能。当然,该论点很明显已经受到诸多批评,因为朗西曼提供了因果关系同样可以朝另一方向发展的证据。

参照群体中的互动主义概念源自乔治·赫伯特·米德(George Herbert Mead)的概化他人(generalized other)*思想。根据米德的论述,在获得自我(self)*的过程中,人们会在自我发展的表演和游戏阶段经历非常具化的角色扮演（例如,扮演父母和朋辈的角色);但是在后来的阶段（称为概化他人阶段）中,他们能够预设整个共同体对自我的态度。因此,概化他人既是更宽泛的社会世界(social worlds)*的主要支撑,又是社会控制(social control)*的机制。人们通过那些共享其广袤社区世界的视角来看待整个世界。以此作为起点,涩谷保(Tamotsu Shibutani)提出了这样的观点,即参照群体实际上是一种视角:"参照群体成了任何一个集合体,无论是真实的还是想象出来的,被羡慕的抑或被鄙视的,该视角都被行为主体采纳。"换言之,它是"一个被行动者建构其感知域的参照框架的群体"(《作为视角的参照群体》Reference Groups as Perspectives,载于《美国社会学杂志》American Journal of Sociology,1954)。近来,该思想在安塞姆·斯特劳斯(Anselm Strauss)和他的同事们的"社会世界视角"中得到了拓展(《符号互动论研究》Studies in Symbolic Interactionism,1978),伴随着对超越特定群体(例如"医学世界"或"同性恋世界")的"话语世界"进行刻画的尝试。

参照群体概念的效用问题仍然悬而未决。一些批评家声称,它提出了比解决方案更多的问题。一个基本问题就是我们不知道个体将选择何种群体或何时选择的致因。事实上,个体似乎可能会在不同的时点针对不同的情境选取不尽相同的参照群体。而另一个问题则涉及参照群体的特殊性或一般性程度。既有研究可能表明,某人的政治取向受其大学朋辈群体的影响,但并不清楚同一参照群体是否也有可能影响该人对性道德或宗教(religion)*的观念。然而,尽管参照群体的概念可能缺乏严密性和精准性,但它的确为社会行为提供了有效的见解,并继续被广泛地用于诸如对讨价还价模式和宗教信仰模式等的解释中。

referent power 参照型权力

在众多对权力(power)*的有效分类中,J. R. P. 弗伦齐(J. R. P. French)和B. 雷文(B. Raven)(《社会权力的基础》The Bases of

Social Power，载于 D. 卡特莱特［D. Cartwright］编的《社会权力研究》 *Studies in Social Power*, 1959）根据其来源区分了五种权力类型。除了无需过多解释的"回报型权力"和"强制型权力"，"合法型权力"源于掌握公认的职务并得以指挥他人的决策权（换句话说就是权威［authority］*）；"专家型权力"源于掌握有门槛的技能和能力，或对稀缺知识拥有获取权限；以及"参照型权力"或个人影响他人的能力，其来源于他人的认可。和其他对权力的类型化（typification）*相似，很难说这种分类方法已经穷其所有，因为它忽略了由于控制战略性沟通渠道而产生的权力。

reflexive modernization 自反性现代化

由德国社会理论家乌尔里希·贝克（Ulrich Beck）提出的概念，指的是高度的现代性（modernity）* "成为自己主题"的一种方式，即对技术的开发和引入问题（在自然、社会和人格领域的）正在被政治和经济层面的对实际或潜在被使用的技术的风险"管理"问题所掩饰——这些管理问题涉及发现、管理、确认、规避或隐藏有关被特殊定义的相关视域的危险（参见《风险社会：迈向新的现代性》*Risk Society: Towards a New Modernity*, 1986，英译本 1992）。

在贝克的社会变迁（social change）*周期理论中，简单的现代性是工业社会（industrial society）*发展的代名词，而新的自反性现代性则是所谓的风险社会（risk society）*的代名词。在风险社会中，知识的广泛增长在四处造成了"人为制造的不确定性"（例如生态灾难的风险），导致人们越来越依赖科学专业知识来减轻科学早期应用的影响。工业社会主要关注产品的生产和分配，而风险社会则围绕对"不良事务"或危险的管理和分配进行建构。这些危险不仅指那些可见的在应用技术的过程中产生的风险，而且指风险管理行为本身以及社会关系产生的后果。自反性现代性被认为是一个显而易见的连续性与非连续性的混合体，其在对绿色运动催生的科学发展的批评中可见一斑。同时，自反性现代性消解了"工业社会中社会及政治组织赖以运转的良性集体的各种形态（比如阶级文化和家庭角色）"。

贝克认为，更确切地说，在20世纪50年代，"那种由马克斯·韦伯（Max Weber）*在社会阶层的概念中提出的，由市场调和、由身份所形塑的共同生活体验构成的不稳定统一体"，开始瓦解。它的各种元素（例如，取决于特定市场机遇的物质条件，传统和前资本主义生活方式的有效性，公共纽带意识和流动壁垒以及交往网络）正在逐渐消解。这种"社会不平等（social inequality）*的个体化"意味着"福利国家（welfare state）*中，或多或少由先天决定的阶级历程，开始转变为依赖于行动主体自身决策的反身性（reflexivity）*历程"。因此，每个人必须越来越多地冒险在各种不同的社会身份、生活方式、观点、群体或亚文化之间进行选择。人们会脱离家庭或邻里提供的传统支持网络，对社会阶级（social class）*的归属越来越弱，工作也会失去其作为冲突（conflict）*和身份认同焦点的重要性。由先天决定的族群、性别、年龄和国籍的差异将为取代阶级团结的新生活方式和自我观念提供基础。借用马克思主义（Marxism）*的话说，这是没有阶级的资本主义，但其仍包含众多方兴未艾的分化和不平等形式。

贝克曾与安东尼·吉登斯（Anthony Giddens）*合作发展了他的观点（参见乌尔里希·贝克、安东尼·吉登斯和斯科特·拉什［Scott Lash］的《自反性现代化》*Reflexive Modernization*, 1994）。

reflexive sociology 反身社会学

参见阿尔文·古尔德纳（Gouldner, Alvin）*。

reflexivity 反身性

参见常人方法学（ethnomethodology）*。

reformative movement 改革运动

参见社会运动（social movements）*。

Registrar General's Classification 记录员分层法

这是一种流行于 20 世纪的官方阶级分析方法，当时英国常在调查和人口普查中运用该方法。在社会学领域，绝大多数研究更为经常地使用戈德索普阶级体系（Goldthorpe class scheme）*。目前，新的 NS-SEC 分层法（NS-SEC classification）*已在官方的研究中全面取代记录员分层法，并被逐渐应用于社会学研究。

regression（regression analysis）回归（回归分析）

最初是一种用于描述以下事实的术语：例如，如果测量父母和孩子的体重，相比父母的体重，孩子的体重往往更接近平均水平。通常体重较重父母的孩子的体重可能更轻，而体重较轻父母的孩子的体重可能更重。这种现象被称为"均值回归"。

在统计学中，在最简单的情况下，回归是指对两个变量构成的数据（data）*在图中拟合为一条线，以表示它们之间的趋势。回归假定某个变量（因变量[dependent variable]*）由另一个（自变量

[independent variable]*)决定,并且它们之间的关系是线性的。该直线的斜率值通常被解释为自变量的总效应。在多元回归中,一元回归被扩展到多个自变量。以上内容可具体参见 M. S. 刘易斯-贝克(M. S. Lewis-Beck)于 1990 年所著的《应用回归导论》(*Applied Regression—An Introduction*)。另见离群值(outlier)*。

regulation theory 规制理论

该理论于 20 世纪 70 年代源于法国,属于以实证为导向的政治经济学理论的松散组合,是当时为克服马克思主义经济还原论的局限性而做出努力的表现之一。根据被称为巴黎学派的观点,超越经济还原主义所必需的概念包括:"累积体制",是指对消费和生产的组织调节;"增长模式",是指将累积体制与国际分工(division of labour, international)*联系起来;"规制模式",是指促进特定积累体制和增长模式再生产的国内、国际、制度(institution)*和意识形态(ideology)*框架。规制学派最著名的宣言是,这些概念的引入使人们能够区分出 20 世纪资本主义(capitalism)*历史上两种连续的规制模式——福特主义(fordism)*和后福特主义(post-fordism)*。

英文代表作包括米歇尔·阿格莱塔(Michel Aglietta)的《资本主义规制理论:美国经验》(*A Theory of Capitalist Regulation: The U. S. Experience*, 1976、1979)、麦克·戴维斯(Mike Davis)的《美国梦的因徒》(*Prisoners of the American Dream*, 1986)、大卫·M. 戈登(David M. Gordon)、理查德·爱德华兹(Richard Edwards)和迈克尔·赖希(Michael Reich)的《区隔与疏离:美国劳动力的历史转变》

(*The Historical Transformation of Labour in the United States*, 1982), 以及埃莱因·里皮茨 (Alain Lipietz) 的《幻想与奇迹》(*Mirages and Miracles*, 1987)。还有一部重要的批判性著作是鲍勃·杰索普 (Bob Jessop) 和岑艾玲 (Ngai-Ling Sum) 的《超越规制：让资本主义经济就位》(*Beyond the Regulation Approach: Putting Capitalist Economies in their Place*, 2006)。

Reich, Wilhelm 威廉·赖希 (1897—1957)

一个富有争议的马克思主义新弗洛伊德主义者，其研究强调了肉体的重要性，尤其是性高潮的功能。他认为威权主义 (authoritarianism)* 家庭中的压迫机制催生出性格"盔甲"和一种僵化服从的人格类型；同时，他认为社会承担了将这种服从构建成某种冲动性的道德角色。(参见《法西斯主义的大众心理学》*The Mass Psychology of Fascism*, 1942;《性革命》*The Sexual Revolution*, 1936)。他是法兰克福学派 (Frankfurt School)* 诸多有关大众社会 (mass society)* 理论的先导 (参见批判理论 [critical theory]*)，也是"自由之爱"反文化运动的专家，不过在美国常被视作一个异类，直至他去世。

reification 物化

是指将抽象事物视为物理性事物，并赋予其因果解释 (causal explanation)* 的错误。换句话说，这是一种错位的具体化所导致的谬误。一个例子就是将模型 (model)* 或理想类型 (ideal type)* 视为对真实个体或社会的描述。在马克思主义 (Marxism)* 理论中，物化指人们从工作中异化 (alienation)*，并且被当作操控的对象而非人来对待。这一概念由格奥尔格·卢卡奇（György Lukács）*提出，但被不同的马克思主义流派赋予了不同意涵。

reinforcement 强化

参见条件反射（conditioning）*。

relations of production 生产关系

自从卡尔·马克思（karl Marx）*总结认为——工人在资本主义（capitalism）*中出卖的不是他们的劳动，而是他们的劳动力（labour power）*（参见劳动价值论[labour theory of value]*），一个新的分析视角从此诞生。他也借此摆脱了对用来概念化生产的劳动分工（division of labour）*这一概念的依赖。取而代之的是，他创造了"生产关系"一词来指代特定的生产方式（mode of production）*所特有的社会关系，同时保留了"劳动分工"（现今称为"劳动技术分工"）一词来指代生产关系的具体结构和组织。

在《资本论》（Capital）第一卷第七章中，马克思指出资本主义特有的生产关系具有双重性。第一种生产关系也即控制性生产关系，可以被描述为：劳动者在占有其劳动的资本家（capitalist）*的控制下工作；资本家十分注重确保工作以恰当的方式合理地运用生产工具完成，这样就不会造成对原材料不必要的浪费，也不会造成超出工作必需的对生产设备的磨损。第二种生产关系也即所有权关系，其定义更为笼统：劳动是一个作用于资本家购买物质资料和转变为资产之间的过程。因此，这个过程的产物也属于资本家，就好比他的酒是其地窖里的原料发酵之后的结果。

生产关系的总和构成了马克思所说的(在某种程度上是有问题的)资本主义社会的"经济结构"抑或其"真正的基础",也解释了社会阶级(social class)*的划分("社会劳动分工")。然而,这同样也或多或少存在问题,因为自从马克思时代以来,控制权和所有权的性质已经发生了巨大变化。尽管马克思本人并没有非常清晰地阐释这些生产关系,但他明确指明,不同的生产方式中可以总结出不同的生产关系,后来的学者也在一定程度上回应了该问题(例如,参见 B. 亨德斯[B. Hindess]和 P. 赫斯特[P. Hirst]所著的《前资本主义生产方式》 Pre-capitalist Modes of Production, 1975)。另见基础(base)*。

relative autonomy 相对自主性

路易·阿尔都塞(Louis Althusser)*及其同僚于 1960 年代提出了对马克思主义(Maxism)*理论的复兴,其目的之一是将马克思主义从对经济主义(economism)*(或经济决定论[economic determinism]*)的诟病中解救出来。阿尔都塞认为,社会整体包括经济、政治、意识形态和理论四种截然不同的实践,这四种实践复杂性相互结合在一起,任一种实践不可简化为其他类型。相反,每一种实践在其于整体中所处位置决定的限制内,具有自己的"相对自主性"。批评者认为,在没有明确说明这些限制是什么的情况下,该概念是缺乏解释性内涵的。尼科斯·普兰查斯(Nicos Poulantzas)*的研究中进行了将这一概念应用于实质性分析的一次最持久的尝试。

relative deprivation 相对剥夺

参见剥夺(deprivation)*;参照群体(reference group)*。

relative mobility 相对流动

参见社会流动（mobility, social）*。

relative poverty 相对贫困

参见贫困（poverty）*。

relativism 相对主义

相对主义一词被广泛地用来描述拒绝绝对或普遍性标准的知识分子（intellectuals）*立场。因此，认识论（epistemology）*的相对主义，就是主张知识或真理不存在普遍标准的观点。真正被作为真实的则是一系列内在标准的综合作用的结果，这些标准与当地的文化、历史阶段或者社会政治利益（科学界、统治阶级[ruling class]*、革命无产阶级等等）相关。在20世纪六七十年代，颇具影响力的实证主义（positivism）*批判经常（错误地）主张相对主义的某种形式是唯一的选择。米歇尔·福柯（Michel Foucault）*随后的研究将"真理政权"与权力关系联系在一起，为社会学和相关学科的相对主义观点增添了新的内涵。同样地，道德层面的相对论认为不存在客观的道德标准。这种观点就像认识论的相对论一样，通过福柯等人对德国哲学家尼采（Nietzsche）*著作的广泛传播而变得颇具影响力。尽管这些相对主义观点经常被社会学家以包容的心态和对跨文化差异的尊重而接纳，但人们常常忘记了这些观点与政治无理性主义，尤其是欧洲纳粹主义有着密切的历史关联。值得被记住的是，从彻底的道德相对主义的角度来看，尊重和宽容的价值本身没有普遍的有效性，而仅仅是特殊的本土化的道德传统，例如自由主义（liberalism）*。

彻底的相对主义最有力的阐释之一，可以在保罗·费耶阿本德（Paul Feyerabend）的著作中找寻到。在一系列针对科学客观性、方法和理性的争论中，费耶阿本德称自己为"轻浮的达达主义者"。在《对抗方法》（Against Method, 1975）中，他利用对科学变革的历史研究（像托马斯·库恩[Thomas Kuhn]*所做的那样）表明，对于每一个已确立的科学方法论原理，采用相反的观点都可以产出一个至少同样出色的论断。这一论点的目的是削弱人们对方法本身的执着。费耶阿本德唯一乐于支持的原则就是那句很有名的"一切都行"。在后来的著作中，例如1978年的《自由社会中的科学》（Science in a Free Society）和1987年的《告别理性》（Farewell to Reason），费耶阿本德更加清楚地阐述了他的相对论的道德和情感基础。他认为，世界日益被西方的工业-科学化的生活方式所控制，这种生活方式消除了文化多样性，破坏了自然环境，并使人们的生活变得贫瘠。导致这种境遇的罪魁祸首就是科学及其对客观性（objecfivity）*和理性的要求。它们由于融入全球单调化而被腐化，因此它们应该被抛弃，并被一种自由放任状态取代。在这种自由放任中，法术、巫术、传统医学和其他替代品都能平等地获得权力和资源。

反对费耶阿本德的观点认为，强大的利益关联体对科学的滥用，并不是放弃所有脱离这些相关体所产生的潜在或实际利益的充分理由。换句话说，历史上放弃理性和滥用理性一样具有破坏性。另见文化相对主义（cultural relativism）*；方法论多元主义（methodological pluralism）*；范式（paradigm）*；后现代主义（postmodernism）*。

relativism, cultural 文化相对主义

参见文化相对主义（cultural relativism）*。

reliability 信度

当社会学家探讨数据（data）*或测量（measurement）*的信度时，他们是在质疑如果重复该研究是否还会产生相同的结果。信度包括两种主要形式：时间信度（在不同时间点重复进行测量时能否会得到相似结果）和比较信度（采取两种不同形式的测试，由不同研究人员执行同一测试，或对从同一总体中抽取的两个不同样本采用同一测试时，能否获得相似的结果）。然而，信度也给社会学家带来了许多技术难题。例如，当已经访谈过某人后，再次访谈可能会受到之前被访经历的干扰。

信度往往与效度（validity）*相对应，后者被用于评判某一测量是否实际测量到了研究者所希望测量的对象。然而，两者并非完全独立。测量的信度高却无效：譬如，我们可以通过将被试放在体重仪上并读取数字来测量智商，尽管这两个步骤都具有极高的信度；但是体重很难被当作智商的一个有效指标（indicator）*。另外，一个信度很低的测量，也不一定就具有很高的效度。另见变量（variable）*。

religion 宗教

宗教是一系列信仰、符号（symbol）*和实践（例如仪式[rituals]*）的集合，基于神圣的（sacred）*这一概念，将信徒团结为一个社会宗教共同体。由于"神圣"包含敬畏的含义，其与"亵渎"形成对比。为使社会比较成为可能，社会学家通过对神圣的参照来定义宗教，而非通过参照对一神或多神的信仰。例如，佛教（Buddhism）*的一些变体并不包含对某个神的信仰。亦有观点认为，共产主义（communism）*等政治意识形态（ideology）*也可成为公民宗教（civil religion）*的基础。宗教也与魔法（magic）*形成反差，因为法术被认为是个人主义（individualism)*和工具性的。另见无形宗教(invisible religion)*；新宗教(new religions)*；世俗化(secularization)*；宗教社会学(sociology of religion)*。

religion, sociology of 宗教社会学

对宗教制度、信仰和实践的科学研究源于马克思主义(Marxism)*和新黑格式宗教批判，但它主要与19世纪末爱弥尔·涂尔干(Émile Durkheim)*、格奥尔格·齐美尔(Georg Simmel)*、威廉·罗伯逊·史密斯(William Robertson Smith)、恩斯特·特勒尔奇(Ernst Troeltsch)*以及马克斯·韦伯(Max Weber)*对宗教现象的研究有关。西格蒙德·弗洛伊德(Sigmund Freud)*也发展了一种宗教行为的心理分析理论(《文明及其不满》*Civilization and its Discontents*, 1930)。宗教社会学应和宗教的社会学区分开来，但它与宗教的现象学(phenomenology)*和人类学(anthropology)*都密切关联。其中，罗马天主教会一直利用宗教社会学来提升其传教活动在工业社会(industrial society)*中的有效性。宗教社会学应被视为对19世纪实证主义(positivism)*理论的批判，这些理论旨在根据理性主义(rationalism)*和个人主义(individualism)*的假定来解释宗教的起源。这种实证主义传统将宗教视为个体荒谬的信念，并认为当科学思想在社会中得到广泛确立时，这些信念最终将消失。例如，达尔文主义(Darwinism)*被认为会削弱有关造物主的宗教信仰，宗教被其视为是非理性的。

相比之下，宗教社会学关注的是非理性的、集体化的和象征性的宗教。它对原始社会(primitive society)*中宗教的历史渊源并无兴趣，认为宗教并非基于错误的信念，而是回应了人类对意义的需求。

宗教不是个人主义的，而是社会的和集体的；它关于符号（symbol）*和仪式（ritual）*，而非信念和知识。因此，科学知识的增长与宗教的社会功能无关。

爱弥尔·涂尔干的《宗教生活的基本形式》（The Elementary Forms of the Religious Life, 1912）是基于这种社会学观点的经典论著。他将宗教定义为"有关神圣事物（即被区分和禁止的事物）的统一的信仰和实践体系，这些信仰和实践将所有信众团结成一个单一的被称为教会的道德共同体（moral community）*"。涂尔干的"基本形式"是指宗教活动的基本结构。他拒绝任何针对宗教原始起源的不科学的质询（interpellation）*，将注意力集中在宗教实践的社会功能上。他还通过重点关注与神圣事物有关的实践，驳斥了理性主义者对信仰的批评。他的方法一直是对宗教进行社会学理解的基础。

因此，宗教社会学与界定宗教并区分宗教与魔法（magic）*的议题密切相关，它在很大程度上放弃了"宗教是对上帝信仰的集合"的观点。相反，宗教社会学关注的重点是与神圣事物有关的实践。另一种观点则将宗教定义为全人类必须解决的终极问题。而后，许多社会学家将宗教与社会联系在一起。

宗教社会学中主要有两种传统，分别由涂尔干和韦伯确立。涂尔干的兴趣点在于宗教与社会整合（social integration）*有关的社会功能；而马克斯·韦伯则主要关注于神学（theology）*问题（任何对有关死亡、痛苦和邪恶的基本道德问题的解释）和对救赎驱动的比较研究。韦伯在其《宗教社会学》（The Sociology of Religion, 1922）中指出了两种主要的宗教世界观：神秘主义和禁欲主义（asceticism）*，他对宗教对于经济和色情的态度尤其感兴趣。韦伯认为，内心世界的禁欲主义

(或处世伦理)是对世界施加理性规制的最根本的努力。他在《新教伦理与资本主义精神》(The Protestant Ethic and the Spirit of Capitalism, 1905)中探讨了该议题。

一些社会学家指出,在现代社会中,城市化(urbanization)*、文化多元主义(cultural pluralism)*和对世界科学化理解的传播加速了世俗化(secularization)*(或宗教信仰衰退)的进程;另一些社会学家则对该观点提出了挑战,他们认为宗教在经历转型而不是受到削弱。

宗教社会学最初是整个社会学的理论内核,因为它致力于理解理性行为的特征、符号的重要性以及社会的本质。然而,有观点认为,当代宗教社会学已经失去了这种有分析力的重要性,因为它集中在了诸如基督教会招募方式等狭隘的经验议题上。对韦伯看来至关重要的关于世界宗教的比较研究反而被忽视了。

艾伦·阿尔德里奇(Alan Aldridge)的《当代世界的宗教》(Religion in the Contemporary World, 2002)和史蒂夫·布鲁斯(Steve Bruce)的《现代世界的宗教:从教堂到邪教》(Religion in the Modern World: From Cathedrals to Cults, 1996)都很好地介绍了本词条中提到的大多数主题以及整个领域。另见公民宗教(civil religion)*;无形宗教(invisible religion)*;私人宗教(private religion)*;新教伦理(protestant ethic)*;宗教(religion)*;宗教复兴(religious revival)*;教派(sect)*。

religiosity 宗教性

格哈德·伦斯基(Gerhard Lenski)在《宗教的元素》(The Religious Factor, 1961)中分析了影响经济和政治问题取向变化的要素,通过对"宗教性"的维度进行有关影响作用的类型化(typification)*,

着重强调了犹太教（Judaism）*、新教和天主教之间的差异。伦斯基将宗教性划分为信奉或信仰、结社（或参加宗教活动）、奉献（祝祷等行为）和团结性（宗教团体的隔离程度）。

religious innovation 宗教变革

任何发生在宗教实践、宗教组织或宗教信仰上的变化都属于宗教变革。目前，世界上的主流宗教，例如伊斯兰教（Islam）*和基督教（Christianity）*，皆已发展出包含信仰、习俗和实践在内的正统体系，并被认为是神圣传统的一部分。由此，宗教变革被视作是对正统体系的背离，因其对传统构成了威胁。同时，由于宗教变革本身是不可避免的，在正统性的稳态本质与宗教组织的实际社会变化之间始终存在着某种张力。另见分裂（schism）*。

religious nationalism 宗教民族主义

参见民族主义（nationalism）*。

religious revival 宗教复兴

用于描述基于强烈宗教热忱的群众运动的术语。为寻求对群体承诺和依恋的恢复，周期性的宗教复兴是宗教传统的常规性社会学特征。18世纪的福音复兴包括摩拉维亚人和卫理公会教徒。复兴主义在美国是一种普遍现象。另见福音派（evangelical）*；教派（sect）*。

Renner, Karl 卡尔·伦纳（1870—1950）

他和希法亭（Hilferding）*同为澳大利亚马克思主义（Marxism）*

的领军人物。他代表社会主义者参加了奥地利议会，并于1918—1920年担任财政大臣和财政部部长，在1930—1933年担任议会主席。1945年，他再次成为新奥地利共和国的总理。他出版了关于民族国家政治冲突的著作，但以《私法制度及其社会功能》(The Institutions of Private Law and Their Social Function, 1904)一书闻名。该书认为，法律机构是在物质关系背景下运作，这种物质关系赋予了一种独特的社会功能，这种功能可能与它们的正式条文并非一一对应。因此，大公司可能以私有财产为基础，但事实上却维持着金融资本家的集中控制。他过世后出版的作品阐述了管理和专业"服务阶级"的规模增长和意义，这一思想已经被约翰·戈德索普(John Goldthorpe)*等学者所采纳。

repertory grid 凯利方格技术

参见个体建构理论(personal construct theory)*。

replication 复制

以完全相同的格式重复一项研究，以检验是否再次或之后获得了相同的结果(通常由不同研究人员执行)。某种变体是同项研究中同时复制，或者在同个情境下复制，或者根据关键变量的已知变异而在精心选择的某种情境中复制。也可以通过对主要数据集的二次分析(secondary analysis)*进行复制，以重新测试假设，并评估原始分析中使用的特定程序或软件的影响。

可以说，由于各种原因，本学科没有足够的资源用于复制结果：进行社会调查(social survey)*所需的努力、成本和时间通常会妨碍系统性复制；资助机构不太可能为那些只想确认早期调查结果的调查买单；再生产现有的研究成果，对研究人员来说没有什么荣誉可言（而且有人怀疑，这样做不会获得多少职业发展）。（相比之下，居于心理学领域主导地位的实验方法[experimental method]*有利于复制研究的广泛应用）。然而，虽然整个调查很少被复制，但个别和系列问题会经常被重复使用——特别是当这些问题被组合成量表（scale）*时。例如态度（attitudes）*或人格（personality）*的测量（measurement）*。

严格的复制逐渐成为"再研究"（re-study）*的概念。再研究从某种意义上说也是重复性的，但通常有时间间隔，这就合理地将观察到的与早期发现的差异归因于研究对象或过程的实际变化，而不是因为初始研究中的偶然因素或测量误差（measurement error）*。知名且信息丰富的再研究包括了玛格丽特·史黛西（Margaret Stacey）与其同事于1948—1951年和1966—1968年对英国班伯里镇进行的两项社区研究（community studies）*（《传统与变革》*Tradition and Change*，1960）；《权力、坚持与变革》*Power, Persistence and Change*，1975），以及罗伯特·雷德菲尔德（Robert Redfield）*和奥斯卡·刘易斯（Oscar Lewis）*对墨西哥特波兹特兰村的研究（分别在1926年和1943年）。雷德菲尔德把这个社区描绘成一个乡土社会（folk society）*的理想类型（ideal type）*（运转顺畅、整合良好、自我满足、擅于适应调整），而刘易斯则描绘了一幅由个人主义（individualism）*、恐惧、缺乏合作、嫉妒、分裂和不信任主导的图景。双方都指责对方在方法上存在失误（例如向错误的报道人[informant]*提出错误的问题）。进一步的调查显示，在这两项调查的几年里，由于人口压力增长和一项激进的土地再分配计划，社会很可能发生了巨大的变化（科伊[P. Coy]的《墨西哥乡村历史的分水岭》A Watershed in Mexican Rural History, 载于《拉丁美洲研究》Journal of Latin American Studies, 1971)。两种说法间著名的脱节问题最终得到了解决。另见信度（reliability）*。

representation 表象

是指图像和文本以不反映它们所代表的原始来源的重构方式。因此,一幅关于一棵树的绘画、照片或文字从来就不是一棵真正的树。而是表达它的人来说,它似乎是或意味着什么的重构。如果它是一棵树,那么它就不可能是照片、绘画或文字。

表象是符号学（semiology）*、语言学（linguistics）*、马克思主义（Marxism）*和*女性主义（feminism）*中的重要概念,指出了意义（meaning）*建构的一个方面。因此,它可以被理解为对社会进程的重要贡献。女性主义者认为,表象是对刻板化的性别身份的不断创造、再创造和背书。所有媒体图像——例如广告或电影中的图像——都是考虑到特定的受众,由某些人为了特定目的而构建的,尽管它们通常被呈现为"现实的一部分"。为了试图理解它们的含义以及如何构建意义的,重要的是要检视图像或文本背后隐藏着什么:谁构建了图像或文本、何时何地、出于什么目的,以及为了得到哪些特定受众的关注。由于观察者很少能接触到这个过程,图像尤其倾向于将复杂的思想划分成明显简单的意义;因此,他们否认矛盾和模糊性,尽管被认为是"真实的"——表象就变成了神话（myth）*。色情文学的女性主义批评家们利用表象的概念来发展关于色情文学如何在社会中发挥作用的理论以及色情文学在阶级（class）*、种族（race）*和性别方面是如何表现的理论（参见 S. 卡普勒［S. Kappeler］的《表象的色情文学》*The Pornography of Representation*, 1986；E. 查普林［E. Chaplin］的《社会学与视觉表现》*Sociology and Visual Representation*, 1994）。

representationalism 表象主义

参见费尔迪南·德·索绪尔（Saussure, Ferdinand de）*。

representativeness 代表性

指合理准确地描述研究对象的特征和已知多样性的能力。当应用于调查（survey）*样本或个案研究（case study）*样本时，根据样本（sample）*的关键特征与从中抽取样本的人口（population）*特征相同的程度进行判断。对于单个个案，标准是所选个案的典型性。该术语也适用于研究报告，例如，评估逐字引用、详细描述的事件或其他选择性报告的结果是否反映了所获得结果的全部种类和权重。另见抽样误差（sampling error）*。

repression 压抑

参见精神分析（psychoanalysis）*。

repressive state apparatus 压制性国家机器

参见意识形态国家机器（ideological state apparatus）*。

reproductive labour 再生产劳动

参见家庭劳动（domestic labour）*。

reproductive technologies 生殖技术

女性主义者用来指称调节生物繁殖的技术。这些技术包括避孕和流产（如避孕药和宫内节育器）、分娩（胎儿监测）和不孕（如广为宣传的体外受精）。这个词含蓄地将科技与自然进行了对比，通常意味着过度干涉科学的应用，以及从个人（通常是女性）手中夺走权利。

research design 研究设计

研究项目或研究计划的战略规划，列出要进行的工作的大致纲要和主要特点，包括数据采集和分析方法，并说明战略如何实现研究的具体目标和目的，以及研究问题是理论性的还是政策性的。因此，制定这样一份文件的过程，包括了不同研究类型和相对规模的选择、是否采用三角测量法（triangulation）*以及根据现有资源和时间表调整计划。另见定性与定量争论（qualitative versus quantitative debate）*。

research ethics 研究伦理

收集、分析、报告和公布有关研究对象信息的道德规则和专业行为准则的操作程序，特别是积极受试者的隐私权、保密权和知情同意权。直到最近，社会学家（和一般的社会科学家）时常傲慢地对待研究对象，且通过寻找真相来证明这种行为是正当的。这种趋势现在正在得到纠正，特别是在工业社会（industrial society）*，制定了正式的行为守则，并更加重视伦理研究程序。伦理问题在个案研究（case study）*和关注少量案例的其他研究设计（research design）*（有可能在报告中被识别出的风险）中最为突出。尽管在大规模数据收集中匿名性得到了有效保证，但公众舆论现在抵制出于真正研究目的和寻求公众关注的大众媒体报道而侵犯隐私的行为,定期增加的调查无应答(non-response)*现象证明了这一点。

　　研究伦理存在三个关键问题。在访谈调查中,研究对象拒绝与研究合作的权利是明确的,但在案例研究中并非总是被观察到,特别是在采用隐秘观察(covert observation)*的情况下。研究对象有匿名地提供给研究人员信息的权利,而且在更广泛的意义上是很少有争议地需要保密的。但在实践中可能很难看到,特别是当研究结果的分析揭示了超出预期的情况。研究完成后,如有必要,给予或拒绝给予知情同意的权利,可确保研究结果在未经受试者知情同意的情况下不被公布。这些及其他议题在马丁·布鲁默(Martin Bulmer)编的《社会研究伦理》(*Social Research Ethics*, 1982)和雷·李(Ray Lee)的《研究敏感话题》(*Doing Research on Sensitive Topics*, 1993)中都有论及。另见伦理学(ethics)*。

research methods 研究方法

　　参见态度(attitude)*;个案史(case history)*;个案研究(case study)*;内容分析(content analysis)*;文献研究(documentary research)*;访谈(interview)*;生命史(life history)*;多层模型(multi-level models)*;官方统计数据(official statistics)*;面板研究(panel study)*;参与式观察(participant observation)*;个人文档(personal documents)*;定量与定性争论(qualitative versus quantitative debate)*;研究设计(research design)*;研究伦理(research ethics)*;二次分析(secondary analysis)*;调查(survey)*;三角测量法(triangulation)*。

reserve army of labour 劳动力后备军

参见产业后备军（industrial reserve army）*。

residues 剩余物

参见精英（精英理论）（elite[elite theory]）*。

residues, methods of 剩余法

参见密尔（Mill）*。

resocialization 再社会化

那些自愿或非自愿离开某种体制的人（如因犯重新进入社会或从国外返回的侨民）在返回该体制时重新学习文化规范和惩罚制度，以便再次得到充分接受。例如一个有趣的案例研究——得出了一些令人惊讶和有争议的结论，参见罗杰·古德曼（Roger Goodman）的《日本的"国际青年"》（Japan's "International Youth", 1990）。

resource mobilization 资源动员

资源动员是指强调物质资源所起的关键作用来理解社会运动（social movements）*的独特角度。早期社会运动研究倾向于将其视为基于高度挫败感的自发或歇斯底里的反应。而资源动员强调社会运动的理性，以及充足的资金、领导和组织的重要性。

respondent 受访者

向研究者提供信息的人，例如在回答一份问卷（questionnaire）*

时或在一次访谈(interview)*过程中。报道人(informant)*一词常用于使用非正式研究技术(如非结构化访谈[unstructured interview]*)的情况。另见个案(case)*。

response rate 应答率

同意参加面访式调查的合格的随机样本(sample)*的百分比。配额抽样中没有应答率。另见无应答(non-response)*。

restrictive practice 限制竞争行为

限制自由竞争的工商业协议或安排,即便这种自由竞争是在法律允许的范围内。这一术语起源于政治和管理上的用法,但在劳动关系(labour relations)*研究中已使用得相当普遍。例如限制性做法可能是固定货物、服务或劳动力的价格、供应量或供应条件的协议。关于限制性用工制度,很大程度上的判断和惯例决定了规则或程序是否被视为对客户和广大公众的适当保障,或被视为不合理和应受谴责的限制。一个典型的例子是某些类型工作仅提供于具有特定资格和经验的人,或那些属于排外性雇佣制工厂(closed shop)*的人。另见劳资冲突(industrial conflict)*。

re-study (re-studies) 再研究

参见复制(replication)*。

retirement centre 退休中心

基于气候温和、税收制度或休闲设施优越的条件,许多人退休后迁往的城镇、沿海地区、岛屿或其他地理区域。随着老年人所占人口比例越来越大，西方工业社会（industrial society）*，例如美国，在退休中心为老年人建造了完整的城镇和住房开发区。

retreatism 撤退主义

参见失范（anomie）*。

retributive justice 报复性正义

参见社会正义（justice, social）*

retrograde amnesia 逆行性遗忘

丧失对疾病、事故、伤害或创伤经历（如强奸或袭击）之前发生的事件和经历的记忆。失忆可能涵盖较长或仅短暂的事件。通常情况下，它会随着时间的推移而衰退，早期的记忆会先恢复。

reverse discrimination 逆向歧视

参见积极差别待遇（positive discrimination）*。

revitalization movement 复兴运动

参见弥赛亚运动（messianic movement）*；新宗教（new religions）*。

revolution 革命

参见叛乱（rebellion）*。

revolutionary science 革命科学

参见范式（paradigm）*。

Rex, John Arderne 约翰·阿德尔纳·雷克斯（1925—2011）

出生于南非，但职业生涯（occupational career）*主要在英国度过，曾分别在利兹大学、伯明翰大学、达勒姆大学、阿斯顿大学和沃里克大学工作。他利用马克斯·韦伯（Max Weber）*来发展一种替代主流结构功能主义（structural functionalism）*方法的社会学。他在《社会学理论的关键问题》（Key Problems of Sociological Theory, 1961）一书中将共识理论（consensus theory）*与冲突论（conflict theory）*进行了对比，与他同时代的拉尔夫·达伦多夫（Ralf Dahrendorf）、刘易斯·科塞（Lewis Coser）和大卫·洛克伍德（David Lockwood）*也是如此。雷克斯的冲突论建立在韦伯的阶级社会学基础上，以此来重构马克思主义（Marxism）*关于阶级统治的观点。雷克斯的主要兴趣在于族群关系，他认为这种冲突论为理解各种形式的社会冲突（social conflict）*提供了更为普遍的框架。他与罗伯特·摩尔（Robert Moore）一起，对伯明翰的一个地区进行了一项有影响的研究，探索了基于族群划分的劳动力市场（labour market）*（《族群、社区和冲突》Race, Community, and Conflict, 1967）中形成的"住房阶级"。后来他在与萨利·汤姆林森（Sally Tomlinson,《英国城市中的殖民移民》Colonial Immigrants in a British City, 1979）合作的一个项目中对此进行了扩展。他对种族（race）*和殖民主义（colonialism）*的理论思考，参见《殖民主义与城市》（Colonialism and the City, 1973）和社会学论点更为广泛的《社会学与现代世界的非神秘化》（Sociology and the Demystification of the

Modern World, 1974）。他继续发展了族群关系和多元文化的比较社会学（comparative sociology）*，出版了《少数族群与现代国家》（*Ethnic Minorities and the Modern State*, 1996）。

rhizome 根茎

植物学术语，指地下茎，如鳞茎、块茎和草皮植物，具有多重、侧面和圆形的分枝系统，不同于通过二元分裂生长的根和胚根。法国哲学家吉尔·德勒兹（Gilles Deleuze）*和菲利克斯·伽塔利（Félix Guattari）*给了这个词一种哲学上的转变，用其开启了他们有影响力的"资本主义（capitalism）*与精神分裂症（schizophrenia）*"系列的第二卷《千高原》（*A Thousand Plateaus*, 1980）。对于德勒兹和伽塔利，根茎描述了他们所谓的"实质性多重性"——也就是说，多重性不只是假定的统一性的属性（例如，"多重恒等式"）。

德勒兹和伽塔利从反对根茎到根茎树开始，认为西方形而上学（metaphysics）*总是表现出对根和树的基本偏好，而不是根、流和根状茎。树假设以单枢纽主根或地基的概念为先决条件，所有结构都通过二进制分割（或所谓"一生二，二生四，以此类推"的过程）产生。这种思维方式的一个例子是乔姆斯基的生成语法，在他们看来，这种语法将土话、俚语和专用语的根状词根减少到一种规范的普遍结构，从而对所有奇异变体进行审查；另一个例子是精神分析，实际上是将根深蒂固的无意识根植于父母的床或恋母情结的三角关系，从而具有创造性的去域化和联系能力。他们声称，根茎可以帮助我们制定一些原则，描述植物界以外的所有多重性。因此，根茎不是对其他事物（例如社会群体［social group］*的模式）的隐喻，而是旨在为本体论（ontology）*的过程（如动态和变异的集合）提供更根本性理解的概念。

最流行的根茎概念的社会学用法是描述互联网社会技术结构的一种手段——根据一些作者的说法，它提供了几个关键的根茎原理。但是，根茎概念在原则上可以为社会过程的解释学（hermeneutics）*理解提供有用的替代方法（从而避开了寻找"深层含义"的需求）；根茎式方法识别并分离不同层次的自然/社会组织（物理、生物、经济、社会、技术、文化等等），而且该方法总是与各个组织同时运作，或以后结构主义（post-structuralism）*观点将标志性语言模型置于所有社会学理解的核心（根茎概念会反对符号化符号链）。或以观点将符号化语言模型置于所有社会学理解的核心（根茎概念会反对符号化的符号链）。

Rickert, Heinrich 海因里希·李凯尔特（1863—1936）

参见精神科学和自然科学（Geisteswissenschaften and Naturwissenschaften）*。

rights 权利

在整个人类历史上，"权利"主张一直以许多不同方式被倡导。但现代西方的权利概念可以追溯到英国的《大宪章》、美国的《独立和宪法宣言》以及法国的《人权宣言》。

在国际社会对大屠杀表示关注之后，联合国大会于1948年12月10日宣布了《世界人权宣言》，其中的权利包括了"生命、自由和人身安全""任何地方有权被承认在法律前的人格""迁徙自由""享有国籍""思想、心灵和宗教自由""和平集会和结社自由"以及"参政自由"。

社会学通常认为权利是从特定社群发展而来的，那是一种在政治生活里发挥重要且具有争议作用的社会发明。例如,美国的堕胎政治中,一方主张"生命权";另一方主张"选择权"。公民身份(citizenship)*的概念激发了权利以及义务的概念(参见B. S. 特纳[B. S. Turner]的《公民身份与资本主义》Citizenship and Capitalism, 1986)。还有大量关于产权的文献(例如,见S. R. 芒泽[S. R. Munzer]的《产权理论》A Theory of Property Rights, 1990)。一般介绍见莉迪亚·莫里斯(Lydia Morris)的《权利:社会学观点》(Rights: Sociological Perspectives, 2006)。另见公民权利(civil rights)*;集体主义(collectivism)*;自由主义(liberalism)*。

riot 暴乱

突然爆发的集体暴力,通常针对财产,有时针对当权者。这个词在类型学(typology)*上的确切定义存在相当大的争议,而关键点是集体动乱演变成暴乱,而不仅仅是民众骚乱。这不仅是学术性问题,因为集体暴力行为常常引起合法性(legitimacy)*问题(特别是针对国家本身),而且通过被贴上刑事违法的标签而受到针对者质疑。例如G. 鲁德(G. Rudé)的《历史上的群众》(The Crowd in History, 1964)显示了欧洲历史上的革命者是如何被统治阶级(ruling class)*认定为疯狂的犯罪暴徒,而E. P. 汤普森(E. P. Thompson)则通过对18世纪末和19世纪初的英国历史(《英国工人阶级的形成》The Making of the English Working Class, 1964)解读表明了路德教发展过程中也有类似情况。斯坦利·科恩(Stanley Cohen)*对20世纪60年代中期的英国摩斯族和摇滚客研究是一个典型例子,其描述了经常围绕着道德恐慌(moral panic)*的有争议的标签,这些恐慌与流氓行为有关,可以促进公众对暴乱的讨论。

许多媒体和公众对暴乱行为的讨论——通常是在劳工斗争、种族动荡或青年亚文化(subculture)*的背景下——因此,促进了以"疯狂边缘"或"流氓犯罪"理论视角看待这类活动。研究暴乱根本原因的社会学家倾向于将其视为结构性社会紧张的表现。例如对20世纪60年代美国城市暴乱的研究表明,这些暴乱得到了当地广泛的支持和参与,并非由无法无天、毫无代表性的少数犯罪者策划,因此可以更合理地看作是群体对共同不满的广泛反应(例如,参见A. 奥伯萨尔[A. Oberschall]的《1965年8月的洛杉矶骚乱》The Los Angeles Riot of August 1965,载于《社会问题》Social Problems, 1968)。另见集体行为(collective behaviour)*。

risk society 风险社会

随着德国社会学家乌尔里希·贝克(Ulrich Beck)在1986年出版了著作《风险社会:新的现代性之路》(Risk Society: Toward a New Modernity),"风险社会"这一概念就被带到了社会理论的中心。贝克区分了前现代社会的命运概念(这一概念与那些被认为超越人类控制的瘟疫、饥荒和自然灾害相关)和与现代性(modernity)*相伴随发展起来的风险评估思想。风险评估是基于可计算的决策,这些决策包括法律界定,以及为防范工业社会(industrial society)*制造的风险和危险而产生的个体化和社会化形式的保险。福利国家(welfare state)*针对失业(unemployment)*、疾病(illness)*和老龄风险的保险是对风险进行集体防范的一个典型例子。

《风险社会》一书的思考更进一步,大约是从第二次世界大战开始,工业社会就面临难以确定的风险。核与化学时代的危险、食物链的腐化、全球气候变暖的影响、海洋的污染,以及全球金融崩盘的可能性是这些风险中最突出的几个。这些风险在性质上是典型的全球性风险而非国家性风险,并且不会顾及传统的贫富差异以及有权者与无权者的差异。由启蒙激发的现代性的基础正在被质疑,对社会主要制度的信任正在被破坏,因为这些制度看似无法缓解由它们自身制造的大规模危害。贝克和安东尼·吉登斯(Anthony Giddens)*都强调风险与反思现代性过程的关系,在反思现代性过程中社会行动者(social actor)*被迫去面对工业主义(industrialism)*系统产生的非预期的社会和环境后果及其负面效应。对于风险管理的尝试经常(再次)导致不合理的后果。贝克注意到新的"亚政治"的发展拓展了反身性(reflexivity)*问题的范围,使得技术原因本身的支配性受到质疑,导致人们从更具广泛预期的道德和政治层面,对科学专家狭隘的理性和判断霸权提出挑战。另见自反性现代化(reflexive modernization)*。

risky-shift effect 风险转移效应

这是一个社会心理学术语,指观察到人们处在群体中时,相比于他们独处时,倾向于做出更大胆的决定。

rites of passage 过渡仪式

这是与身份变化相关的仪式(ritual)*,例如从青年变为成年,从未婚状态变为已婚状态。在以同样名称命名的经典著作中,阿诺德·范·热内普(Arnold van Gennep)*区分了分离仪式、隔离仪式和整合仪式。与身份变化相关的仪式被认为有这三个阶段,每个阶段之间有清晰的象征性界限。

ritual 仪式

一般而言，仪式是一种经常重复的行为模式，这些行为在一些特定的时间被执行，可能会伴随着象征符号(symbol)*的使用。宗教(religion)*是仪式操演的一个主要社会领域，但是仪式存在的范围也延伸到了世俗和日常生活中。例如，在欧文·戈夫曼(Erving Goffman)*的拟剧论(dramaturgy)*社会学中，广泛地提到"互动仪式"，即日常行为的各种仪式化规范。通过这些仪式化规范，行动者在承认一个共享的现实上相互合作，并且维持着彼此的自我意识(参见戈夫曼的《互动仪式：面对面行为研究论文集》Interaction Ritual: Essays on Face-to-Face Behaviour, 1967)。

涂尔干主义取向(《宗教生活的基本形式》The Elementary Form of the Religious Life, 1912)在神圣和世俗之间做了明确区分，并坚定地将仪式归到前一类别中。对于涂尔干主义者而言，仪式创造了社会团结(social solidarity)*，这是将社会整合在一起所必需的。涂尔干(Durkheim)*将仪式还原为社会结构(social structure)*，因为他坚持认为通过仪式，人们将社会关系模式准确无误地呈现在自己面前。对涂尔干而言，仪式中的关键元素是行动，因为行动产生信仰，而不是相反。因此涂尔干给予仪式一个基础的认识论功能——他坚持认为思想的必要构成元素通过仪式的共享"欢腾"而得到传递。克里斯特尔·莱恩(Christel Lane)的《统治者的仪式：工业社会中的仪式》(The Rites of Rulers: Ritual in Industrial Society, 1981)是对苏联社会主义仪式进行涂尔干式解读的一个相当精彩的当代例子。

关于仪式的马克思主义(Marxism)*取向与涂尔干主义相反，认为仪式只是传递了虚假意识(false consciousness)*。仪式通过歪曲呈现社会中的人际关系模式来迷惑仪式的参与者（可参见莫里斯·布洛赫[Maurice Bloch]的《从祝福到暴力》From Blessing to Violence, 1986）。

关于仪式的一般结构的类型化（typification）*框架是由比利时人类学家阿诺德·范·热内普（Arnold van Gennep）（《过渡仪式》The Rites of Passage, 1909）构建起来的。范·热内普写道一个人不只是生于社会中，而是必须通过过渡仪式（rites of passage）*被重新塑造为一名社会成员，并被社会所接纳。他概括了过渡仪式的三个阶段，这些阶段使过渡者的社会认同发生了转变：分离阶段，将个体从他或她之前的身份中分离出来；阈限阶段，过渡者处在"边缘"区域，虽然已经从旧的身份中分离出来，但又没有附着于新的身份；重新融合阶段，从一种身份到另一种身份的过渡已经象征性地完成了。

对仪式的社会学解释的一个常见批评是分析者只是将他们自己的意义强加到了事件上。吉尔伯特·刘易斯（Gilbert Lewis）（《红日》Day of Shining Red, 1980）认为寻求仪式的意义已经胜过对人们对仪式有何感知（即情感方面）的关心。因此，仪式成了类似于填字游戏——在人类学家和社会学家手中被破译解码。刘易斯指出仪式应该依据参与者自身的意义来理解，如同按照分析者的意义来理解一样。

Rivers, William Halse 威廉·哈尔斯·里弗斯（1864—1922）

受医学训练，早期对精神病学（psychiatry）*感兴趣，后成为剑桥大学的心理学（psychology）*讲师。1898年，他和威廉·独孤（William McDougall）*一起被招募进托雷斯海峡探险项目，并开启了人类学（anthropology）*的职业生涯。他的第一本重要著作是《托达人》（*Todas*, 1906），随后是《亲属关系与社会组织》（*Kinship and Social Organization*, 1914）和《美拉尼西亚社会的历史》（*The History of Melanesian Society*, 1914）。里弗斯的早期研究吸收了进化论（evolutionary theory）*的思想，但在1911年转变到传播论（diffusionism）*。阿尔弗雷德·拉德克里夫-布朗（Alfred Radcliffe-Brown）*是里弗斯在剑桥早期的学生之一，里弗斯向他介绍了涂尔干（Durkheim）*的社会结构（social structure）*的思想。在第一次世界大战期间，里弗斯作为精神病医生在一家军队医院任职，治疗"炮弹休克症"患者，其中最著名的一位患者是小说家西格夫里·萨松（Siegfried Sassoon）。他生命中的这一阶段被编成小说写进帕特·巴克（Pat Barker）的《重生》（*Regeneration*, 1995）。也正是在这一时期，他开始认真地研究弗洛伊德（Freud）*，并在《本能和无意识》（*Instinct and the Unconscious*, 1920）中对自己的相关思想做了总结概括。他在1922年突然去世。里弗斯的一生在理查德·斯洛丁（Richard Slobdin）的《W. H. R. 里弗斯》（*W. H. R. Rivers*, 1997）中得到了记述。

role（social role, role theory）角色（社会角色，角色理论）

角色是社会学理论中的一个关键概念。它强调了与特定社会位置相关的社会期望，并分析这些期望的作用方式。在20世纪中期，角色理论非常流行，但是在经历了持续的批评之后，该理论被认为是有缺陷的，然后就变得不再被广泛使用了。然而如果能合适地理解角色概念，该概念仍旧是进行社会学解释的一个基本工具。

在角色理论中，存在两种相当不同的取向。一种取向发展了拉尔夫·林顿（Ralph Linton）*的社会人类学（social anthropology）*，对于处在社会系统（social system）*不同位置中的角色给予了结构化解释。在这种解释中，角色变成了关于规范性权利和义务的制度化集合体。塔尔科特·帕森斯（Talcott Parsons）*关于病人角色（sick role）*的著名解释是一个很好的例子。另一种替代性取向的要旨更加偏向社会心理学（social psychology）*，集中关注涉及角色形塑、接受和扮演的活动过程。这是符号互动论（symbolic interactionism）*和拟剧论（dramaturgy）*传统的一部分，而拟剧论则是通过戏剧和舞台的比喻来分析社会生活。

关于角色的结构化解释是对社会中的位置进行定位，例如教师的位置，该解释试图描述与这一位置的理想类型（ideal type）*相关的权利和责任的标准集合，这些基于社会的期望构成了角色。任何一个人都拥有若干身份（例如母亲、教师、高尔夫队长），这些身份构成了身份组合，其中每种身份都包含自己的角色。每种角色都伴随着许多不同的角色搭档，而每种角色又都有自己的一套期望，因此，一位老师（举例而言）可能有学生、同事、领导、州长和父母作为其角色搭档，每个角色对于该老师的行为都会有或多或少不同的期望，这些角色搭档的全部期望总和就是角色组合。当这些期望不一致时（这种情况经常发生），社会学家称之为角色冲突和角色紧张。在帕森斯的社会理论体系中，这些角色模式通过所谓的模式变项（pattern variables）*，或者可以相互替代的规范（norm）*配对的选择来界定。该理论是对于通过规范性模式来对社会的组织形态进行描绘而言，是一个有用的探索工具。但是，对该理论的某些使用存在对规范性预期过度简化的倾向，这种简化通过假设社会中存在大量共识（consensus）*，以及将社会系统具体化而导致。对社会冲突（social conflict）*进行合理解释的一个复杂版本是拉尔夫·达伦多夫（Ralf Dahrendorf）的《社会人》（Homo Sociologicus, 1968），这本书曾经一度具有争议，但现在却被无端忽视了。

与之相对的社会心理学视角更加关注作用于角色的动态方面。该视角考察人们在其中扮演角色的社会互动（social interaction）*，而不是描述这些角色在社会结构（social structure）*中的位置。因此，该视角强调的重点是人们承担其他角色（角色承担），建构他们自己的角色（角色建构），预测别人对他们角色的反应（参见他人角色设定[altercasting]*），以及最终扮演自己的特定角色（角色扮演）的方式。在该理论的一些版本中（例如，由欧文·戈夫曼[Erving Goffman]*提出的版本），关注重点在角色被表演的方式：有时候人们可以完全掌控他们的各种角色（角色掌控），并以关注细节的方式呈现出他们角色的细节。在另外一些时候，人们以开玩笑地方式（角色距离）来表演他们的角色——以此表明自己比扮演的简单角色更加富有内涵。或者他们可能自利地扮演角色以管理事情的结果（印象管理[impression management]*）。在所有这些解释中，关注的都是角色运作的动力学，其中，角色不是固定的预期，而是意外的后果。或许关于角色理论这一取向最有帮助性的描述能在戈夫曼的《日常生活中的自我呈现》（The Presentation of Self in Everyday Life, 1959）和《日常接触》（Encounters, 1961）中找到。

role, conjugal 夫妻角色

源于家庭分工的丈夫与妻子之间的特定角色。在其经典研究《家庭和社会网络》（Family and Social Network, 1957）中，伊丽莎白·博特(Elizabeth Bott)观察到夫妻配偶一方通常负责在财务上支持家庭,另一方则负责家务劳动(housework)*,包括家政和儿童照顾。但是关于夫妻角色在多大程度上是分离的,这方面有很大的差异性。虽然博特并不认为夫妻角色是被阶级决定的,但是夫妻之间的联合角色倾向与中产阶级(middle class)*婚姻相关。在《伦敦东部的家庭与亲属关系》的研究中,随后又在其后续著作《对称家庭》(Symmetrical Family, 1973)中,迈克尔·杨(Michael Young)和彼得·威尔莫特(Peter Willmott)认为,即使在工人阶级(working class)*中,也有向夫妻之间的联合角色转移的趋势,与这种转移相伴随着的是"像朋友般友善性"婚姻被认为是理想类型(ideal type)*。然而,当更多近期的经验研究表明传统的劳动分工(division of labour)*在逐渐式微时,不平等(inequality)*依然清晰地存在。时间-预算研究揭示出虽然丈夫在家中事务上可能会更多地提供一些帮忙,但在谁做家务活上,几乎没有什么明显变化。尽管如此,即使妻子从事全职工作,家务活的全面分担仍然是少见的。关于全职妇女嫁给家庭妇男的案例非常罕见,具有新闻价值。目前并没有证据表明夫妻在权力和控制上的差异在消失。关于家庭财务管理的研究表明对妻子的家务津贴支出是很普遍的,很多妻子仍然不知道她们的丈夫挣多少钱。在迈克尔·安德森(Michael Anderson)等编的《家庭的社会与政治经济学》(The Social and Political Economy of the Household, 1994)一书中,所有这些问题——家庭劳动分工、家务时间分配、家庭内部财务分配模式——从改变夫妻角色意义的观点来看,都被给予了严格的经验处理。另见家庭分工(domestic division of labour)*;家庭社会学(family, sociology of)*;家庭分配系统（household allocative system）*；协同夫妻角色（joint conjugal roles）*；分离夫妻角色（segregated conjugal roles）*。

role model 角色榜样

一个重要他人（significant other）*，个体根据该人的行为，将他或她自己的行为模式化在一个特定的社会角色（social role）*中，包括持有大致相似的观点。角色榜样并不需要本人被人们所认识：一些人基于历史人物所提供的真实或传说的例子，仿效特定的角色来形塑自己的行为。角色榜样倾向于只为某一特定角色提供理想模式，而不是提供一种可以被某人生活和自我（self）*中的所有构成角色都能模仿的行为模式。

Rorschach Test 罗夏测试

一种被广泛使用的投射测试（projective test）*，由赫尔曼·罗夏（Hermann Rorschach）开发，并受心理分析思想特别是自由联想（free association）*理论的影响。该测试通过考察被试对于相对非结构化的刺激——十幅对称的墨迹斑点——的反应来解释被试的人格（personality）*特征。通过各种不同的记分系统分析人格定位和内容，使用表格和颜色，并将它们与确定的标准相比较。

Rose, Arnold M. 阿诺德·M. 罗斯（1918—1968）

一位美国社会学家，折中的符号互动论者，在芝加哥学派（Chicago School）*的人文主义（humanism）*取向和爱荷华的曼福德·库恩（Manford Kuhn）*及其追随者的实证主义取向（positivist stance）*之间采取中间立场。罗斯认为互动论（interactionism）*视角与许多研究方法技术都是兼容的——包括参与式观察（participant observation）*和社会问卷调查（survey）*。这种方法与理论的多元主义（pluralism）*在被广泛使用的论文集《人类行为与社会过程》（*Human Behavior and Social Processes*, 1962）中可见一斑，这本论文集是由罗斯编，作者包括（不限于）霍华德·贝克尔（Howard Becker）*、拉尔夫·特纳（Ralph Turner）、赫伯特·布鲁默（Herbert Blumer）*、罗伯特·杜宾（Robert Dubin）、赫伯特·甘斯（Herbert Gans）、曼福德·库恩，这些作者都被认为对社会研究提供了一种共生论（mutualism）*视角。

Rousseau, Jean-Jacques 让-雅克·卢梭（1712—1778）

法国启蒙时期一位有争议的社会哲学家和教育家，他的著作的核心主要是围绕三个理论而展开，即社会契约（social contract）*理论、人性（human nature）*生而自由却被后天束缚的理论，以及关于政府的民主理论。卢梭作为一位早期社会理论家的地位取决于读者对他作品中许多矛盾之处的态度。在不同地方，卢梭一方面争论说应该避免科学研究，因为这会腐蚀公共美德，另一方面他自己却在对社会不平等（social inequality）*进行系统研究；一方面他坚持认为自然和社会处在不可调和的冲突（conflict）*中，另一方面他却提出了一种国家理论，该理论假设个人具有一种调和自身与他人利益的能力，并且能与权力机构所表达的公共意志保持一致。他的主要著作为《社会契约论》（*The Social Contract*, 1762）——虽然在这本书里他提出的合法政体概念在政治哲学中的影响要远大于在社会学中的影响。

routinization of charisma 卡里斯玛常规化

参见卡里斯玛(charisma)*。

Rowntree, Benjamin Seebohm
本杰明·西博姆·朗特里（1871—1954）

一位约克郡的公司经理和朗特里（一家巧克力生产商）的主席（1923—1941）。西博姆·朗特里也是一位社会改革家、慈善家和社会研究者，他对工业管理和劳工管理，以及贫困问题有着浓厚的兴趣。他最为社会学家所知的是其对约克郡贫困的详细经验研究。

他的革新精神主要源于他作为贵格会教徒的身份，以及受其父亲思想的强烈影响。他在18岁时参与家族生意，成为公司的首位劳工经理，并实施了一系列改革：1896年时实行一天八小时工作制，1906年时采用养老金计划，1919年时实行5天（44小时）工作周制度和工作委员会制度，1922年设立心理部门，1923年实施利润分享计划。这些变化都是基于朗特里对工人需求的关心，他相信工人福利的改善也可以促进工业生产率——这种科学管理（scientific management）*哲学在一些书中被阐述出来，例如《劳工的人性需求》（Human Needs of Labour, 1918）。

受查尔斯·布斯（Charles Booth）*对伦敦贫困研究的启发，朗特里决定对约克的贫困程度进行评估，并在1897年至1898年执行了他的首次问卷调查。1901年，《贫困：城镇生活研究》（Poverty: A Study of Town Life）出版。朗特里对贫困采用了一个维持最低生活水平的界定，尝试用维持身体体能所必需的物质资源来测量。他区分了初级贫困（资源不足以维持体能）和次级贫困（收入足够维持，但花费在其他事物上）——但他后来认为这一区分是有问题的。第一次研究显示，约15%的应答者生活在初级贫困中，1936年和1950年的后续研究采用了改进的测量，显示贫困水平有一定程度的下降。

rules of correspondence 对应规则

经验研究者面临的一个主要问题是在理论话语和观测话语之间如何连接的问题。对应规则是一个术语，该术语借助于公用表达式，时常指试图将理论和观测两个层次的话语连接起来的尝试之基础的方法、标准和假设（参见巴里·海因兹[Barry Hindess]的《社会学中官方统计的应用》*The Use of Official Statistics in Sociology*, 1973）。在社会学中，在从观测到概念化然后再从概念返回到观测的路径上，需要仔细检查观测被组织起来和被类型化（typification）*的方式（例如根据统计标准、隐性知识[tacit knowledge]*或者背景期望），同时也需要对用于组织数据的概念的操作化（operationalization）*进行检查。

ruling class 统治阶级

参见精英（精英理论）（elite [elite theory]）*；加塔诺·莫斯卡（Mosca, Gaetano）*。

rural sociology 农村社会学

农村社会学受到反城市主义（anti-urbanism）*的强烈影响，产生了农村社会是稳定与和谐的典型观点。在关于共同体（Gemeinschaft）*与社会（Gesellschaft）*这两类不同社会交往形式的区别的讨论中，斐迪南·滕尼斯（Ferdinand Tönnies）*认为某些社会特征是村庄而不是城镇所特有的。在此之后,罗伯特·雷德菲尔德(Robert Redfield)*和其他学者采用了一个更加简化的观点,认为乡土社会的固有特征包括(例如)传统和紧密交织的家庭社会网络,拥有共识(consensus)*而非冲突(conflict)*,基于先赋地位(status, ascribed)*而非自致地位(achieved status)*。

这些思想为经验主义的农村社会学提供了基础,特别是在美国,经验主义的农村社会学支持了国家政策,这些政策被关于乡村生活的杰弗逊式(Jeffersonian)的概念所合法化。很多农村社会学由社区研究(community studies)*组成,这些研究通过有效的事实收集行动来对社区到底在多大程度上接近呈现出乡村生活方式的理想类型(ideal type)*,以及在现实中哪些因素侵蚀了田园诗般的乡村风光进行评估。1945年后,这一取向扩散到美国之外,尤其是通过对诸如联合国粮食和农业组织等国际组织的影响实现了扩散。然而,这一取向的主要关注仍然是在发达工业化国家中的农村发展问题。对第三世界(Third World)*国家农村变迁分析的主要进展更多地来自发展社会学(development, sociology of)*和农民研究。在社会主义国家,农村社会学也是不折不扣的经验主义。在这些国家,农村社会学为农村转型政策而非农村保护政策服务。

到20世纪60年代,这些关于农村生活方式的观念已经无法持续了。奥斯卡·刘易斯(Oscar Lewis)*、雷·帕尔(Ray Pahl)和其他研究者展现了乡村在社会交往、冲突(conflict)*和团结方面,具有的特征与城市社会差不多。但是,很多主流的农村社会学仍然固执地坚持旧范式,或者具有更多的抽象经验主义(abstracted empiricism)*。

在20世纪70年代,产生了具有潜力的新研究,这些研究关注资本主义农业生产的性质，及其对农村人口和更大范围的社会后果。新农业社会学的出现与城市社会学（urban sociology）*的相似转型伴随发生。这一范式转变打开了许多新的研究领域，例如，研究作为生产要素之一的土地的特殊性，土地所有权的不同模式的作用，以及农村权力结构和社会分层（social stratification）*的研究。然而，许多这类研究工作都是决定论（determinism）*的，仅仅从假定的资本主义农业发展逻辑中读取乡村变迁的社会后果。

后续的研究超越了这些简单化分析，探究农业生产随着历史和地理变化的性质，及其社会后果。将农业构建为一个商品-生产的复杂过程，研究主题包括全球性组织的"食品体制"，农业企业（agribusiness）*的角色（包括它与国家政策的关系，对新技术[new technology]*的使用），以及农业信用体系。源于农民研究和发展社会学的理论也具有影响力，诸如环境问题和非农乡村经济等议题出现于20世纪80年代，使研究议程进一步拓宽。一篇不错的参考文献综述论文是霍华德·纽比（Howard Newby）的《农村社会学》（Rural Sociology，载于《当代社会学》Current Sociology，1980）。

rural-urban continuum 城乡连续统

参见城乡连续统（folk-urban continuum）*。

S

sacred(sacred versus profane distinction)
神圣（神圣与世俗之间的区别）

对于爱弥尔·涂尔干（Émile Durkheim）*和后续的宗教社会学家而言，对神圣和世俗这两个术语之间相互区别的绝对本质的承认曾经是而且现在也是宗教社会学这一分支学科的基础，两者都是社会事实（social fact）*，都是需要被解释的事物。涂尔干对两者区别的经典论述是："神圣之物是宗教禁忌保护与隔离的对象；而世俗之物是这些禁忌所应用的对象，这些对象必须与神圣之物保持距离。"（《宗教生活的基本形式》*The Elementary Form of the Religious Life*, 1912）因此，神圣的现象被认为是非凡的，并与其他所有现象区分开来。

Saint-Simon, Claude-Henri de Rouvoy, Comte de
克劳德–亨利·德·鲁瓦伊·圣西门伯爵（1760—1825）

一位最与众不同的法国贵族，他生活在跌宕起伏的不平凡年代。他对自由主义（liberalism）*和共和主义的深切同情使他在法国大革命时期免于被送上断头台。在波旁王朝复辟之后，他提出了一套关于社会进步（progress）*的系统理论。这一由他所创立的思想被称为"工业主义（industrialism）*的特色意识形态"：所有人都必须工作，并按劳分配，所有进步都基于科学发展，未来社会将是和平、繁荣的，并严格按照科学原则来运行。圣西门召集了一批狂热的追随者，这些人被认为是激进分子甚至是社会主义者——虽然如今看来,他的理论体系中并没有多少内容能被称为社会主义。从1817年到1824年,奥古斯特·孔德(Auguste Comte)*与圣西门发生争论之前,两人一起共事,圣西门对这位年轻人理论思想的影响是非常明显的——正是圣西门首次提出了实证主义(positivism)*作为变革社会的方法。参见罗伯特·卡莱尔(Robert B. Carlisle)的《呈上皇冠》(*The Proffered Crown*,1987)。

salience 突显性

突显性是指某一特定态度(attitude)*、认同(identity)*,或角色(role)*的中心度。突显事件是那些相对重要或成为关注焦点的事件。因此,在选举时期,政客们都希望突显议题是那些最有利于他们所属党派的议题。

sample survey 抽样调查

参见调查(survey)*。

sampling 抽样

一种通过从总体或全集的一部分即样本中收集信息,并开展分析,从而能够对这一更大总体或全集进行推论的方法。人口普查(census)*作为一种监测社会和经济变迁的方式,成本高昂,并且实施间隔较长,通常为十年一次。抽样使得对一个国家或部分地区全部人口的调查(survey)*能够以一种更低廉和更经常的方式被实施。而且与普查收集的浅层信息相比,抽样使得调查资源集中用于改善收集信息的深度和质量。抽样也在其他情境中被使用,例如在制造业(manufacturing)*中用于质量控制。在社会科学(social science)*领域,抽样的使用是抽样方法论和推论统计学的基础,推动了经验研究成本-收益率的巨大提升。

抽样有两种类型。在概率抽样中,总体中的每个单元被抽中的概率是已知的。例如,在一个由一半女性和一半男性组成的总体中,抽中女性的概率为50%。在非概率抽样中,个体在总体中的比例是不为人所知的。使用概率抽样,概率统计可以用来对从不同规模样本中得出错误结论的风险进行定量的测量(measurement)*。从直觉上,我们可能会明显觉得以1:2的概率从总体中随机抽样,被抽中的一半无法对整个群体具有代表性(representativeness)*的风险要比以1:50的概率抽样小很多。从两个中抽取一个相较于从50个中抽取一个,抽样比例越高,提供的信息也越可靠。但是实际的样本规模在决定样本的代表性如何上更加重要。一个大约2500人的样本,不论这个样本是来自10万人的总体,还是来自100万人的总体,其在可靠性和代表性上基本是相同的。事实上,2000至2500是全国性样本最常用的规模,尤其是当被研究的群体特征范围比较狭窄时。

概率抽样有各种抽样设计。随机抽样,或称简单随机抽样,是指每个个体有相等的机会(或相等的概率)被抽中,因此概率统计技术能够被应用于产生结果的信息。随机抽样的一个常见变异是分层随机抽样:被研究的总体首先被分成子群或层,然后再在层内进行随机抽样。例如,随机抽样可以用于一个具有政治代表性总体中的男性和女性群体,但是对规模较大的男性群体采用从20人中抽取1人的抽样比例,对规模相对较小的女性群体采用从2人中抽取1人的抽样比例。随机抽样的另一个常见变异是二阶段或多阶段（也称为复杂）抽样。例如，在一次调查中，首先使用随机抽样选取有限数量的区域，然后，进入随机抽样的第二阶段，在这些随机区域样本中再抽取个人、家庭或公司。如果需要的话，两阶段可以拓展为三阶段或更多阶段，只要最终的样本规模足够大，能够支撑研究分析就可以。所有这些抽样设计在最后的样本选取过程中都使用了随机抽样，从选民登记册产生的选民列表、家户地址列表、公司名称列表或其他案例列表，这些列表构成了最后被发布的样本。所有样本都必须被纳入研究，不允许替换。正因如此，随机抽样调查的访员们需要尽最大努力说服潜在的受访者参与研究。如果无法访问全部样本，会在结果数据中造成无应答（non-response）*偏差。从统计上而言，对于复杂抽样设计中抽样误差（sampling error）*的计算要比简单随机抽样中的抽样误差的计算复杂很多。

一旦抽样比例和样本规模为已知的，概率论为统计推论全过程提供了基础。统计推论是从由总体中抽取样本的观察特征推论到总体特征的过程。SPSS 软件包提供了绝大多数相关的计算和显著性检验（significance test）*。统计学教科书中有这些计算过程的细节。

非概率抽样方法包括滚雪球方法（snowballing technique）*和配额抽样。在配额抽样中，访问员被指示对固定数量（配额）及具有规定特征（年龄、性别、阶级等）的人员进行访问。对被访者的抽样会一直持续，直到达到配额数量为止。

优秀的研究者为对调查结果的有效性和可靠性进行评估提供了大量实质性知识，并为统计测量补充了其他方法，以增加对抽样调查结果效度（validity）*以及对这些结果进行解释的信度（reliability）*。这些方法包括三角测量法（triangulation）*、重复调查（如民意调查[opinion polls]*所示）、产生关于先前复制（replication）*研究信息的文献调查法，以及理论评估法。对可靠性、相关性和显著性的统计测量与对研究结果实质重要性的评估并不一样。社会调查有时被过度设计，例如，我们试图使用社会调查去确认某事的精确发生率到底是31%还是36%，然而在现实中，真正重要的是这件事的发生率是否大约为1/3。

sampling error 抽样误差

任何抽样程序的首要目标是在有限的样本规模之下，获取的样本能够复制出研究总体的特征，特别是对那些研究兴趣所关注的特征，样本要与总体尽可能地接近。在实践中，任何抽样程序都会产生两类误差：第一类是在执行样本选择的过程中可能产生的抽样偏差；第二类是随机抽样误差，此类误差有可能在样本获取时由于被纳入或排除出样本的总体成员之间的机会差异而产生。在用于访谈（interview）*的样本中，全部的抽样误差是由这两类误差共同构成的。这两类误差的关键差别在于随机抽样误差会随着样本规模增大而减小，然而抽样偏差却并不会因此而消除或降低：除非采取提高样本选取质量的措施，抽样偏差将保持不变。抽样偏差的一个重要来源是样本框（研究兴趣所关注的全部总体成员的列表，从该列表中抽取研究用的样本）没有在事实上涵盖所有想要研究的总体。例如，在选民登记册上登记和没有登记的人之间，或者在拥有电话的人和不拥有电话的人之间可能存在系统性差异，因此，这些人的列表并不能完全代表成年人口总体。偏差的另一个来源是随机抽样在事实上不是完全随机的，因为用作抽样框的列表和记录并不是随机归集的，而是以某些系统方式呈现的，但使用它们的研究者并不知道这些系统方式是什么。参见无应答（non-response）*。

sanction（social sanction）制裁（社会制裁）

用以强制性使人遵从社会认可的标准的任何方法。制裁可以是正面的（如奖励符合广泛期待的行为），或是负面的（如惩罚各种越轨行为）；可以是正式的（如法律约束）或非正式的（如言语暴力）。"非正式社会控制"（informal social controls）*有时也指非正式的制裁。显而易见，社会互动（social interaction）*中可能存在的制裁多种多样，制裁的严厉程度也是彼此迥异。制裁不一定需要被执行才能奏效，对奖励或者惩罚的预期常常就足以保证社会上认可的标准得以遵从。例如，C. 赖特·米尔斯（C. Wright Mills）*在他著名的关于"动机分析"（vocabularies of motive）*一文中指出，为行为提出一个社会认可的动机性解释对于促进社会行动（social action）*是至关重要的，且当缺乏这样的解释时，仅仅只是对可能性制裁（从尴尬到监禁［incarcerate］*）的预期就常常足以限制有问题的行为。对制裁及其功能的社会学解释众说纷纭。如马克思主义者和冲突论者往往将制裁这一术语置于一个由"权力"（power）*和"社会控制"（social control）*所主导的概念性语境中，而系统论（system theory）*者和规范性功能主义（normative functionalism）*者则强调社会化（socialization）*和价值共识（consensus）*的保持。

sanskritization 梵化

参见种姓（caste）*。

Sapir-Whorf hypothesis 萨丕尔-沃尔夫假设

这一语言相对论（linguistic relativity thesis）*假说认为，语言"不仅仅是表达观点的再生性工具，它本身也是观点的塑造者，是个人有意义活动的大纲和指引"。简而言之，语言决定或者形塑我们对于现实的感知。一个经典的文学例子就是乔治·奥威尔（George Orwell）在《1984》这本书中极权统治者的"官方言论"。在社会科学（social science）*中被广泛引用的例子可能是来自汉努诺（Hanunoo），他对大米有92种叫法，每一种都表达一种不同的实体。另外还有爱斯基摩人，对于雪，他们有超过一百种的表达，尽管这些夸张的说法被后续的研究质疑，但是这些细微的区别使得不同的文化可以用更为清晰和独特的方式看待他们社会和环境中重要的方面。

这是一个非常重要的理论，"语言形塑现实"这一论点包含广义的事实。但是这一理论不应被夸大并沦为极端的相对主义（relativism）*：好像也存在语言的普遍性，或每一种语言都具有的特点；语言往往被发明以反映而非建构现实中的新现象。

SAR（Sample of Anonymized Records）匿名化记录样本

来自人口和家庭普查的匿名记录样本。对此类匿名化的微数据（microdata）*磁带，在英国将之称为匿名化记录样本，而在美国为"公用样本"，在加拿大为"公用微数据文件"。类似数据库的样本规模大小不一，可用于个人层面，也经常单独用于家户（household）*层面。在一百年的保密规则之下，最新的和19世纪的人口普查（census）*的数据（data）*均可获取，且其全部草稿记录都已公开。

Sartre, Jean-Paul 让-保罗·萨特（1905—1980）

法国存在主义（existentialism）*作家与哲学家，他试图对马克思主义（Marxism）*进行人文主义（humanism）*批判并发展其哲学基础。对于社会科学（social science）*而言，他最受关注的作品是《方法的问题》（The Problem of Method, 1957）、《存在与虚无》（Being and Nothingness, 1943）以及《辩证理性批判》（The Critique of Dialectical Reason, 1960）。

satisficing 满意度

经济学理论中一个用以描述人们如何在备择选项与普遍约束下做出理性选择（rational choices）*的术语。赫伯特·西蒙（Herbert A. Simon）在1957年的《管理行为》（Administrative Behaviour）中指出，决策者很难获取并评估所有有关决策的信息。相反，他们依靠的是有限的和简单的知识做出可接受的妥协性的选择（满意度），而并非追求一个特定目标的完全实现，即"最大化"或"最优化"策略。满意度有时也被称为离散渐进主义的一种策略。

采用行为的满意度模型而非最大化模型被发现适用于公司与企业行为理论。如为了实现利益最大化，公司需要关于收支的完整信息，但实际上这些信息只有在交易完成后方可获取。基于经验法则和妥协，满意度模型取代了对有可能难以实现的最优结果的追求。另见有限理性（bounded rationality）*；组织理论（organization theory）*。

Saussure, Ferdinand de 费尔迪南·德·索绪尔（1857—1913）

瑞士语言学家，通常被当作现代结构语言学的创始人，因此也是结构主义（structuralism）*之父。在其去世三年后，索绪尔作品的革命性在某种程度上才显得格外清晰，他的学生根据课堂笔记出版了一本书，即流传至今的《普通语言学教程》(The Course in General Linguistics)。

根据传统的表征论，语言(language)*是由人为创造并不断修改的符号(symbol)*，这些符号为人们想去探讨的事物和事件命名，这些符号也或多或少可能会被过于复杂地和有争议地认为是人们想去探讨的事物和事件。

索绪尔提出了两组命题(语言和言语、共时和历时)以区分一个完全不同的研究目标，即不是言语(使用中的语言)的历时语言现象(历史变化或动态)，而是语言共时的语言现象(关系系统)或社会性嵌入的、语言的结构性的和有形的方面解释了语言的维续和作为一种交流媒介的能力。言语(parole)最常见的翻译是"口语"(speech)，但是索绪尔也把这一术语应用到书面语。语言(langue)常常被简单翻译为"language"，但严格意义上讲，"tongue"更为确切。

两组命题详细说明和解释了存在争议的内容及解决争议的方式：所指与能指，句段关系与联想关系(联想关系如今常被称为范式关系)。能指是可区分的图形的或声音的形象。所指是可区分的思想的或心智的形象(注：这里的形象不是常被称作"所指物"的事物或者事件)。能指和所指共同产生一种符号，根据索绪尔的观点，这种符号是不可论证的或任意的组合。这种组合是特定语言产生的句段的和范式的关系。由此而论，句段关系联结言语链的元素，然而范畴关系联结记忆序列的子项。因此，在句段(或句子)"I'm cold"中，"cold"与"I'm"存在句段关系，但是与"cool""chilly"和"freezing"之间存在范畴关系。进一步阐释此论点，我们也许会注意到一个符号通过它在话语中所处的线性位置来获取句段上的价值和意义,如被语法所决定;它也能通过本来可以取代它(但实际却没有)的其他符号来获得范畴上的价值,如由特定词汇的性质所决定。

综上,对索绪尔来说,语言不是由个人创造和再创造的表征,而是由超个人结构或差异系统产生的符号,如字母系统、语法和词汇。这种观念,即把个人从对如语言一样显而易见的社会现象的分析的核心进行转移,这一转移开启了所谓的结构主义革命。因此,对这场革命,没有比索绪尔的《普通语言学教程》更好的或更基础的介绍。然而,遗憾的是,多数支持和反对结构主义的社会学家似乎从未读过这本教程,这致使他们的写作模棱两可,特别是关于"所指"的内涵。另见符号学(semiology)*。

scales(scaling)量表

一种基于对假定的共同文化意义或共享的社会解释的观察而发展出的测量技术。对此技术的一个常见的社会学应用就是通过职业量表给社会声望或社会地位(social status)*进行测量(measurement)*,如霍普-戈德索普的职业声望尺度(参见戈德索普[J. H. Goldthorpe]*与霍普[K. Hope]的《职业的社会分级》The Social Grading of Occupations, 1974)。然而,在社会学中,对量表技术最为常见的应用可能是在对态度(attitude)*和人格(personality)*的测量中,在这些领域,大量的专业量表技术被设计出来。参见权威主义人格(authoritarian personality)*;多维标度(multidimensional scaling)*;语义分化法(semantic differential)*。

scapegoat 替罪羊

一个人由于他人的恶行而被指责、惩罚或被污名化（stigmatized）*。在《利未记》（圣经《旧约全书》中的一卷）中的经典赎罪传说之后，两只山羊中其中有一只象征性地带着人们的罪恶被驱逐到荒野之中。在社会科学（social science）*中，替罪羊理论被发展以检视偏见（prejudice）*的基础（如在W. 戈登·奥尔波特［W. Gordon Allport］*的作品中），它也隐含在很多越轨理论中，特别是标签理论（labelling theory）*和涂尔干（Émile Durkheim）*关于越轨行为功能的著作中。托马斯·萨斯（Thomas Szasz）把它用在《制造疯狂》（The Manufacture of Madness, 1970）一书中来解释对精神病人的敌意。

Scheff, Thomas 托马斯·谢夫（1929— ）

美国社会学家，在获得了物理学的第一学位之后，他转向了社会学。在加州伯克利大学求学期间，赫伯特·布鲁默（Herbert George Blumer）*和欧文·戈夫曼（Erving Goffman）*当时也在此任教，谢夫对社会议题采取了符号互动论的视角，并对社会心理学（social psychology）*做出了巨大贡献。他的第一本著作是《罹患精神疾病》（Being Mentally Ill, 1966），此书极具开创新性和影响力，在关于精神疾病和越轨这两个主题上，此书与戈夫曼和贝克尔的相关著作被广泛阅读。与莱恩和萨斯的观点一致，谢夫为患有精神疾病（mental illness）*的一代人背后的家庭和职业动态给出了更为严格有逻辑的社会学解释。他将他的研究发展成为情感社会学（emotion, sociology of）*，将研究焦点集中在战争、暴力和民族主义（nationalism）*中的羞愧、复仇和有集体主义（collectivism）*价值的类似情绪（《微观社会学:情感、话语与结构》*Microsociology: Emotion, Discourse and Social Structure*,1990;《血腥的复仇》*Bloody Revenge*,1994)。最近,他开始研究在流行音乐中情绪的表达,集中探讨有关"爱"的语言的使用,发现与爱相比,大多数歌曲更多与嫉妒、失望和隔阂有关,这些观点被收录在《什么与爱相关?流行音乐中的情感世界》(*What's Love Got to Do With It? The Emotional World of Pop Songs*,2011)一书中。

Scheler, Max 马克斯·舍勒(1874—1928)

1919年起,舍勒任德国科隆大学社会科学研究所所长与哲学教授,舍勒在现象学(phenomenology)*、知识社会学(knowledge sociology of)*和文化社会学(cultural sociology)*的发展史上具有重要的地位。在弗里德里希·尼采(Friedrich Nietzsche)*和埃德蒙德·胡塞尔(Edmund Husserl)*的影响下,舍勒通过在其哲学人类学中采用人性(human nature)*的本质主义(essentialism)*视角,试图避免知识社会学的相对主义(relativism)*,这一实质主义视角也是由他的罗马天主教信仰所塑造的。他认同信仰系统的多元性与相对性,但认为人性是普遍的。他将卡尔·马克思(Karl Marx)*的"基础(base)*/上层建筑(superstructure)*"的隐喻代之以"生命/精神"的二分法。对于现代工业社会,他持悲观主义,认为工业社会是对真正价值的腐蚀。他的主要作品有:《憎恨》(*Ressentiment*,1912)、《同情的本质》(*The Nature of Sympathy*,1913)、《知识社会学的问题》(*Problems of a Sociology of Knowledge*,1926)、《人在宇宙中的地位》(*Man's Place in Nature*,1928)。可惜的是,舍勒对知识社会学的贡献被不合理地忽视了。

schism 分裂

社会群体中的决裂与分化,特别是在教会(church)*或教派(sect)*中。分裂在特别强调遵循正统信仰和行为的福音派基督教运动中广泛存在。在极端政治运动中,分裂是一个常见的组织问题。

schizophrenia 精神分裂症

与英国相比,在美国被广泛定义为精神错乱(psychosis)*,以妄想和幻觉为典型特征,常常是在青春期(adolescence)*后期形成,被当做是疯癫(madness)*的典型特色。这一术语在20世纪早期被引入并应用到19世纪中期发现的早发性痴呆这一症状中。证据表明环境不仅具有遗传易感性,还具有病原性价值。然而,隆纳·连恩(Ronald Laing)*强调产生被诊断为精神分裂症行为的家庭过程。

school(schooling)教育

一种制度(institution)*,也是一种教育方式。它是学习的过程和对社会认可的知识的管理,包括核准的课程(curriculum)*及教育学(pedagogy)*、带薪的专业教育者、学生的强制入学和学校分组(school grouping)*。

school class 学校课堂

学习情境的一种。根据不同的教育学(pedagogy)*原则将学生进行分组,通过这种方式学校发挥其组织作用。在学校课堂的学习包括学生群体和一个或多个职业群体(老师、教员或讲师)之间明确的地位区分。它承担提供教育的职责,即提供合法的课程(curriculum)*。一些关于课堂互动(classroom interaction)*的最重要的观点来自涂尔干(Durkheim)*的理论传统,尤其是巴兹尔·伯恩斯坦(Basil Bernstein)的著作,它强调隐性课程(hidden curriculum)*(相对于显性而言)的认知影响和课堂教学法。受符号互动论(symbolic interactionism)*影响的民族志(ethnography)*研究强调师生的角色和道德生涯(moral career)*。师生双方对课堂动态赋予意义,如学生的遵从是为了交换官方课程要求的放松,或当学生被贴上自我实现(self-actualization)*的标签时,这一标签成了固定行为和成就的来源。来自主流社会学传统的社会学家们试图分析这种微观过程和宏观层面的功能与权力的再生产之间的关系。塔尔科特·帕森斯(Talcott Parsons)*的经典论文强调从小学阶段的特殊主义(一般反映了孩子的家庭背景)到后期的普遍主义(预估其劳动力市场[labour market]*和就业[employment]*的情况)的课堂动态的渐进式转变。最近,基于历史的、统计的和民族志的数据,美国和英国的马克思主义者声称课堂学习对为资本主义工业社会化顺从的劳动力是至关重要的。另见精致语码和局限语码(elaborated and restricted speech codes)*。

school grouping 学校分组

大众教育系统中的一种组织性制约。所谓的校际分组界定学校(school)*的类别和不同类别学校间的关系。校内分组界定学生分配到各个班级。不同的学校教学法往往会导致分组随着年龄、性别、可教育性(educability)*或如宗教和语言等文化因素而变化。

Schreiner, Olive 奥利弗·施赖纳（1855—1920）

19世纪80年代至20世纪20年代期间最负盛名的女性主义理论家和作家。她的著作非常畅销，很快被翻译成多国语言，读者遍布欧洲、北美、俄罗斯、日本、中国和南非。现在最有名气的是她的小说《一个非洲农场的故事》（The Story of An African Farm），施赖纳的作品横跨传统意义上不同的写作体裁（包括小说、短篇小说、寓言、政治评论、辩论文、理论文以及成千上万的书信），她精心打磨其作品以发出旗帜鲜明的、分析性的"声音"。

对于劳动，施赖纳发展出一个基于物质的社会主义（socialism）*和性主义的分析。这使得她围绕经济和社会价值是怎样以及由谁来创造的创新性观点，把社会和经济变迁、社会的劳动分工（division of labour）*、男人与女人、资本主义（capitalism）*与帝国主义（imperialism）*进行理论化。她将这一分析与对人际关系的分析兴趣结合起来。这些人际关系存在于作为字面意义上或政治意义上的姐妹的女人之间、"可敬的"和性边缘化的女人之间、"新女人"和所谓的"新男人"之间以及家庭内部。她关于南非的经济和政治生活的作品批判了英国的帝国主义，对"种族"和资本之间的关系进行了彻底的分析；她反对1899—1902年间的南非战争并强调战争的帝国主义根源；支持南非政府采取联邦制而非联盟制；要求所有人享有政治上的平等并不断提升黑人的政治权利；反对1910年南非联盟成立之后隔离政策的发展；赞赏社会运动（social movements）*在实现更大的社会公正（social justice）方面的重要作用。

施赖纳关于种族和种族主义（racism）*的分析从民主的庇护转到一个更为激进的立场。在《政治局势》（The Political Situation）

一书中，她发展出了"种族寄生"的观点，认为在南非的白人是依靠黑人的劳动，之后，她支持处于萌芽阶段的非洲国会和反抗早期通行证法的黑人女性。在《女性与劳动》(Woman and Labour)一书和相关的随笔中，施赖纳发现了种族与男权压迫的相似之处，认为资本主义与资本主义的劳动分工第一次使得女性在经济方面完全不具有生产力优势并使得女性依附于男性成为可能，她将此界定为"性别寄生"。

她也将社会关怀视为社会生活中价值生产的根基，把从事社会关怀的人（大多数是女性）视为学习更为道德的行为方式。然而，她绝不是一个物质主义的女性主义者，在《文明的曙光》(The Dawn of Civilisation)一书中，她分析了人类的侵略性和暴力与战争的能力在两性之间是相当的，尽管它们通常采取性别化的形式。此外，尽管没有直接用"性别"这一术语，施赖纳是从社会建构主义（constructionism）*角度分析"性别"的。她强烈反对达尔文主义（Darwinism）*的大多数主张中的本质主义（essentialism）*，抵制生理意义上的性别决定任何社会行为的观点，相反，她把社会行为看作是对社会情境几乎全部的回应。

施赖纳并未提出一个有纲领性的或者系统化的女性主义社会理论，相反，她的著作是对特定情境的特别回应且题材多样，这使得很难依照通常的社会学标准来评价她的理论。这确实表明她的作品很有吸引力且具有极强的可读性。其著作在丽兹·斯坦利（Liz Stanley）的《帝国主义、劳动与新女性：施赖纳的社会理论》(Imperialism, Labour and the New Woman: Olive Schreiner's Social Theory, 2002)一书中被探讨。

Schumpeter, Joseph 约瑟夫·熊彼特（1883—1950）

奥地利摩拉维亚出生的历史经济学家，他的跨学科研究集中于社会学家感兴趣的议题。他先后在哈布斯堡帝国、德国和美国任教。熊彼特自己将社会学和经济学视为互补的学科，经常写作一些在今天看来属于社会学范畴的主题，如社会阶级（social class）*和帝国主义（imperialism）*。

跟卡尔·马克思（Karl Marx）*和马克斯·韦伯（Max Weber）*一样，熊彼特对资本主义（capitalism）*体系的起源于发展很感兴趣，并对逐利的和具有冒险精神的、作为新产品和新技术（new technology）*的开拓者的企业家（entrepreneur）*给予同样的关注。这一兴趣与他对经济周期（business cycle）*理论和资本形成的兴趣均属奥地利经济学派的典型特征。因此，熊彼特可以被当作是这一学派的直系传人。他的著作包括《经济发展理论》（Theory of Economic Development, 1912）、《经济周期》（Business Cycles, 1939）以及最为畅销的《资本主义、社会主义与民主》（Capitalism, Socialism and Democracy, 1942）。此外，熊彼特指出需要对企业家被更为保守的行业管理阶层所替代的趋势和以经济计划来促进社会主义（socialism）*的必要性保持警惕。另见帝国主义（imperialism）*。

Schutz, Alfred 阿尔弗雷德·舒茨（1899—1959）

参见解释（interpretation）*；现象学（phenomenology）*。

science, sociology of 科学社会学

起源于美国的一个专门领域，主要研究使得科学得以实现的规范性和制度性安排，正如罗伯特·默顿（Robert Merton）*所言，它是

"知识社会学(knowledge, sociology of)*的一个分支,探讨那种特定知识的社会环境,这种特定知识起源于并回归到对照实验和对照观察"(参见《社会理论和社会结构》Social Theory and Social Structure, 1968 的第四部分《科学社会学研究》Studies in the Sociology of Science)。最负盛名的经典研究当属默顿本人,他探讨了科学发展的现代性(modernity)*后果,包括如禁欲主义(asceticism)*的新教崛起的影响与民主理想的传播。多数类似的研究都被收录在其《科学社会学》(The Sociology of Science, 1973)一书中。在20世纪70年代,将这一著作与欧洲(大部分是英国)主导的"科学知识社会学"(scientific knowledge, sociology of)*(常被简称为"SSK")相区分成为一种惯例,后者与什么是"科学"以及为什么更为直接相关。科学知识的内容在很大程度上被默顿所忽略,他倾向于假定逻辑、理性、物质世界与自然界中的观测点的通用标准;而另一方面,欧洲主导的"科学知识社会学"的支持者们发起了一场相对主义革命,这一革命关注科学知识的社会建构(social construction)*这一人类行为,并声称除此之外,无法获取真实或走进现实。

不足为奇的是,这两大流派常常代表了两种相互竞争甚至相反的观点。早期的美国作家倾向于对如何安排社会以使真理得以彰显感兴趣。这一兴趣(比如在伯纳德·巴伯[B. Barber]1952年所著的《科学与社会秩序》[Science and the Social Order]一书中就表现明显)也许在欧洲的极权主义(totalitarianism)*背景下最易理解。最近来自英国的研究质疑关于物理世界和数学世界的某些结论是如何被认为在某个特定社会的特定时期是正确的,并因此被看作是20世纪70年代社会科学(social science)*领域的一场更为广泛的现象学革命（phenomenological revolution）*的表现，堪比哲学中的"语言学转向"（路德维希·维特根斯坦[Ludwig Josef Johann Wittgenstein]*的著作是这一灵感常见的源头）。这种科学知识社会学中所谓的"强纲领"与大卫·布鲁尔（David Bloor）、巴里·巴恩斯（Barry Barnes）、史蒂夫·夏平（Steve Shapin）和安德鲁·皮克林（Andrew Pickering）密切相关。从这些方面来讲，可以把欧洲的文献看作是对这一主题的传统的规范性方法的批判性回应。然而，这样毫无疑问地会夸大两种研究派别的认识论（epistemology）*上的差异。例如，根据哈里·柯林斯（Harry Collins），这两种研究派别之间的关系属于"认知上的间接相关与学术对抗混合物中的一种"（参见《科学知识社会学》The Sociology of Scientific Knowledge，载于《社会学年鉴》*Annual Review of Sociology*，1983）。当然，在科学哲学与科学历史这两个相关领域的研究者们给予了以上两种研究路径差不多一样的关注。对前者即默顿派而言，科学哲学和科学历史支持科学中的理性过程而反对相对论者的批判；对后者即欧洲派而言，科学哲学和科学历史将历史性的个案研究（case study）*融入到了社会学理论的讨论与发展之中。因此，这种对比很大程度上被视为一种探索性方法。托马斯·库恩（Thomas S. Kuhn）*关于这两种范式的概念的相对含义的研究表明这两者之间的边界绝非泾渭分明的。这两种传统都激发了大量的实证研究并引起了热烈的理论讨论。比如，欧洲研究者探索了科技知识生产过程中的机制，并发现仅仅遵从"正统科学"指导下的准则不能完全解释研究的结果或如何在实践中解决科学争议。此类研究常常需要熟知正被探索的某科学领域的技术细节并熟稔针对特定科学界与科学网络中成员的深度访谈（interview）*，尽管一小部分研究者采用了人类学的参与式观察（participant observation）*（可能通过在实验室内做技术员）。采用第一种技术的研究者们倾向于关注科学解释，尤其是行动者（actor）*对他们的职业行为所赋予的意义，然而人类学的方法鼓励对科学生活与行为进行观察。在这两种情况下，最终的社会学报告本身往往是高度专业化的，因此，对读者来说，需要对正在探讨中的科学领域非常熟悉。另一方面，一些针对科学知识的社会学研究做到了既有趣味性又有启发性，例如对所谓的"边缘科学"（如通灵学）进行的许多探究。

对这种相对小，但有活力且结构清晰的社会学领域的最好的综述，当属安德鲁·皮克林的《作为实践和文化的科学》（*Science as Practice and Culture*, 1992）一书中的导论，这一导论包括了很多当代主要研究者中做出最新贡献的代表性例子。许多具有高度可读性的个案研究在哈里·柯林斯和特雷弗·平奇（Trevor Pinch）合著的《魔像：每个人都应该知道的科学知识》（*The Golem: What Everybody Should Know about Science*, 1993）一书中被概述和讨论。也许，近期在这一领域最令人兴奋的作品当属布鲁诺·拉图尔（Bruno Latour）的《我们从未现代过》（*We Have Never Been Modern*, 1991）和《潘多拉的希望》（*Pandora's Hope*, 1999）。

scientific knowledge, sociology of 科学知识社会学

参见科学社会学（science, sociology of）*。

scientific management 科学管理

基于弗雷德里克·威廉·泰勒（Frederick William Taylor, 1856—1915）的极具影响力同时也备受争议的作品所提出的技术主义

（technicism）*和工作行为理论的一个典型例子。泰勒主义（Taylorism）*力求根除由于企业规模扩大和管理革命（managerial revolution）*而导致的工业效率低下和领导力的缺失问题。泰勒主义通过将管理置于科学（时间—动作研究）的权威之下，以寻求一种新的管理的合法性（legitimacy）*和纪律。这就导致了一场意料中的心智革命，在这场革命中工人与管理阶层的矛盾将被以下四种方式所化解：一是对监督和工作组织的科学化的重新设计，包括著名的职能工长制这一概念以及对工作表现进行研究的智库部门；二是深入研究和个人任务的碎片化，以找出所有工人通用的最优化方式；三是工人的筛选和激励，以对工作和能力进行系统化匹配；四是激励性报酬制度，即通过这一科学的（绝对的无可争辩的）方法来实现"做好一天的工作，就能得到一天应得的薪资"。这样一来，个人的经济回报完全直接与任务完成度挂钩，因此任务完成度是唯一能够强迫工人去劳动的诱因。这里暗含的假定是，与管理人员不同，工人的智力有限、天生懒散，并被及时享乐的需求所支配。

科学管理是工业中系统化工作研究的开端，不仅受实业家（尤其是亨利·福特[Henry Ford]），而且受其他领域的领导人物包括列宁（Lenin）*的青睐。然而，由于科学管理对个人工作与生活的严格控制，它受到了来自基层的工人、工会会员甚至管理人员的强烈抵制。泰勒将工人视作犹如或应该是工业机械的延伸。工业组织和组织社会学的"人际关系"学派批评科学管理（或泰勒主义）忽视了工作作为一个社会过程的特性，并对工人持有非人性化的观点，且用粗鲁的工具化措辞来对待工作激励。最近关于劳动过程（labor process）*的社会学研究中，围绕泰勒主义是不是独特的，或其是否描述了资本主义将脑力劳动与体力劳动进行区分的趋势而展开了激烈的讨论。另见体力与非体力劳动的区分（manual versus non-manual distinction）*。

scientific method 科学方法

参见精神科学和自然科学（Geisteswissenschaften and Naturwissenschaften）*；方法论（methodology）*；研究方法（research methods）*；社会科学（social science）*。

scientific revolutions 科学革命

参见范式（paradigm）*。

Scottish Enlightenment 苏格兰启蒙运动

这是从18世纪晚期至19世纪早期，部分苏格兰社会与文化精英所致力于的一系列思想事业与智力活动。这场运动体现在方方面面，包括绘画（艾伦·拉姆齐[Allan Ramsay]、亨利·雷伯恩[Henry Raeburn]等）、建筑（罗伯特·亚当[Robert Adam]以及他的兄弟约翰[John]和威廉[William]等）、文学（罗伯特·彭斯[Robert Burns]、沃尔特·斯科特[Walter Scott]等）与工程学（[詹姆斯·瓦特[James Watt]、托马斯·特尔福德[Thomas Telford]、约翰·伦尼[John Rennie]，以及其他蒸汽机师、运河与桥梁建筑师）。其中，一个重要的思想流派是将人作为社会性和社会性存在来研究，这是大卫·休谟（David Hume）*、亚当·斯密（Adam Smith）*、威廉·罗伯逊（William Robertson）、亚当·弗格森（Adam Ferguson）*和约翰·米勒（John Millar）*等苏格兰启蒙运动思想家最感兴趣的议题。他们是18世纪苏格兰社会哲学学派的五名领军人物,而这一学派也成了社会学思想的重要来源(参见查尔斯·卡米克[Charles Camic]的《经验与启蒙:18世纪苏格兰文化变革的社会化》*Experience and Enlightenment: Socialization for Cultural Change in Eighteenth-Century Scotland*, 1983)。

苏格兰启蒙运动学者的一个共同特征是反对霍布斯的假说(Hobbesian premise)*,即个人为了从互相之间自私的情绪中保护自己而设立了社会契约(social contract)*,而社会正是由此而生。相反,他们认为,人天生就具有社会性,人的能力脱离了社会环境就毫无意义,社会是人性(human nature)*的自然形态,这些是不证自明的。这一观点的基础是一种进化论(evolutionary theory)*——人类是从"原始"发展到"精致"的状态的,但对此,学者们也提出了(相当复杂的)见解,认为这种短暂的推移并不一定意味着进步。苏格兰学派的第三个特点是坚持对社会的研究应该是整体性的、是为了处理"人们在社会中所做的一切"——从持有私人财产到练习音乐。而各个名家之间的分歧在于,他们试图找出人们可以用来整理和系统化历史的几个普遍原则。

人们普遍认为,苏格兰启蒙运动思想家对19世纪的经济思想、马克思主义(Marxism)*的政治经济学(political economy)*,以及资产阶级(bourgeoisie)*概念与它在资本主义(capitalism)*秩序中地位的发展做出了重要而独立的贡献。弗格森无疑是现代冲突论(conflict theory)*的一位先驱。

screening instruments 筛查量表

在流行病学(epidemiology)*研究与社会调查里,为了筛查社区(非患者)样本中的疾病(illness)*而使用的量表,旨在确认未经治疗的疾病，即未经临床医师接手的疾病。许多筛查量表采用非常简短的症状清单，它通常只提供健康或非健康的大致标准，而并不测量（measurement）*具体的病症。尽管存在不足，类似于一般健康问卷（GHQ）的量表仍在社会研究中得到了广泛应用。

seasonal unemployment 季节性失业

参见失业（unemployment）*。

Second Industrial Revolution 第二次工业革命

参见工业革命（industrial revolution）*。

Second World 第二世界

参见第三世界（Third World）*。

secondary analysis 二次分析

指任何对现存数据集的进一步分析。与数据收集及其结果的第一手报告相比，二次分析提供的解释、结论以及知识在它的基础上或有所补充、或与之不同。经济学和人口统计学等一些学科几乎完全依赖于他人收集的数据（data）*，尤其是官方统计数据（official statistics）*。随着从政府的重大调查（survey）*中获取微观数据（microdata）*变得愈发便利，社会学家也开始对这些数据进行二次分析，以完善或取代对新数据集的一次分析（参见C.哈基姆[C. Hakim]的《社会研究中的二次分析》Secondary Analysis in Social Research，1982）。

secondary groups 次级群体

参见查尔斯·霍顿·库利(Cooley, Charles Horton)*。

second-order constructs 二阶类型化

参见现象学(phenomenology)*。

sect(sectarianism)教派(教派主义)

宗教社会学(religion, sociology of)*发展了一种宗教组织的模型,被称为"教会-教派类型学"。正如马克斯·韦伯(Max Weber)*(《宗教社会学》The Sociology of Religion, 1922)和恩斯特·特勒尔奇(Ernst Troeltsch)*(《基督教会的社会教义》The Social Teaching of the Christian Churches, 1912)先前所阐述,教会型宗教试图在普世主义的基础上接纳社会的所有成员。因此,教会是一个大型的官僚组织,其中设有牧师或神父的职务。它发展出了一套正统信仰和仪式性的礼拜模式,并通过社会化(socialization)*而非福音皈依来招募成员。在政治方面,教会顺应国家;在社会方面,教会的教义和社会地位(social status)*通常是保守的。与此相比,教派则是小型的福音团体,通过皈依来招募成员,并对国家与社会采取激进的立场。中世纪的罗马天主教会是普世教会的首要范例,教派则包括浸信会、贵格会和卫理公会。

当代社会学家对这一类型学(typology)*做出了改进,认为宗派(denomination)*是介于教派与教会之间的一种组织,并对教派的各种亚型进行了定义。根据教派如何拒绝社会价值或如何对世俗社会漠不关心,布莱恩·威尔逊(Bryan Wilson)(《教派发展分析》An Analysis of Sect Development, 载于《美国社会评论》American Sociological Review, 1959）定义了四种不同的亚型，分别为皈依型教派（例如救世军）、复临型或革命型教派（例如耶和华见证会）、内省型或虔信型教派（例如贵格会）以及诺斯替型教派（例如基督教科学派和新思想派）。这些亚型教派的教义、招募方式以及对世界的态度均有所差别，因此，在其中发生的社会变迁（social change）*过程十分不同。威尔逊对教派的记述也是近来最优秀的（《教派主义的社会维度》The Social Dimensions of Sectarianism, 1992）。许多社会学家还将异教（cult）*加入了这一宗教组织的类型学中。

sectoral cleavages 部门分化

参见消费分化（consumption sectors）*。

secularization（secularization thesis）世俗化（世俗化理论）

世俗化是指宗教信仰、宗教实践和宗教机构逐渐失去社会意义的过程，尤见于现代工业社会。宗教（religion）*的衰落可以从下列方面衡量：宗教活动出席率；对正统教义的虔诚；对有组织的宗教的支持，体现为支付钱款、成为成员和表示尊敬；例如节日等的宗教活动在社会生活中的重要性。根据这些标准，人们认为20世纪的现代社会经历了世俗化的过程。

世俗化理论认为，世俗化是工业社会（industrial society）*兴起和文化现代化的必然特征：现代科学降低了传统信仰的可信度；生活世界（lifeworld）*的多元化打破了宗教符号的垄断；社会的城市化（urbanization）*建立了一个个体主义的、失范（anomic）*的世界；家庭生活的衰落使宗教机构的重要性下降；以及，因为科技使人们对环境的控制力增强，全能的上帝的说法变得不那么重要或可信了。在这个意义上，世俗化可以用来衡量马克斯·韦伯（Max Weber）*所说的社会的理性化（rationalization）*。

世俗化理论的批评者提出，该理论夸大了前现代社会中对有组织的宗教的虔诚程度；默认世俗化等同于基督教（Christianity）*的衰落，而这两个议题应当分别讨论；低估了新兴宗教运动（new religious movements）*在所谓的世俗社会中的重要性；不能顺利解释不同的工业社会中世俗化性质和进度的差异；没有考虑宗教在民族主义文化中的作用，比如在波兰和爱尔兰；并忽略了宗教的世俗替代品（如人文主义[humanism]*）可发挥宗教的作用而不涉及宗教信仰（例如，见马丁[D. Martin]的《宗教和世俗》*The Religious and the Secular*, 1969；《一般世俗化理论》*A General Theory of Secularization*, 1978）。

彼得·L. 伯格（《宗教的社会现实》*The Social Reality of Religion*, 1969）曾提出，人类需要一个"神圣的帷幕"以理解世界，因为无意义威胁着我们对有序宇宙的需要。托马斯·卢克曼（Thomas Luckmann）（《无形的宗教》*The Invisible Religion*, 1963）认为，现代社会中存在一种无形宗教（invisible religion）*。布莱恩·威尔逊（Bryan Wilson，参见其《社会学视角下的宗教》*Religion in Sociological Perspective*, 1963）等世俗化理论的支持者则坚称，新兴宗教运动、青年文化（youth culture）*和反主流文化的多样性、多元性与片段性，实际上是教会失去社会权威的证明。在美国等地，宗教虽然似乎蓬勃发展，但主要是作为民族主义情绪传播的渠道。可见，当社会学家考察意识形态（ideology）*、民族主义（nafionalism）*和宗教变迁之间复杂的关系时,世俗化显然以许多不同的模式存在。另见公民宗教(civil religion)*。

segmentary societies 分支社会

参见无领袖的(acephalous)*。

segmented labour market 分割的劳动力市场

参见劳动力市场分割(labour-market segmentation)*。

segregated conjugal roles 分离夫妻角色

分离夫妻角色指丈夫与妻子有明确的任务分工,并且各自拥有众多独立的兴趣与活动。如果两人的社会关系与义务也各不相同,那么婚姻(marriage)*的持久度就会降低。

segregation 隔离

这是一种导致特定个人或社会群体相互分离、彼此间几乎或完全没有互动的社会过程。例如,男女分隔的公共厕所就实现了一种极为普遍的隔离。相同文化(culture)*、国籍、种族(race)*、语言(language)*、职业、宗教(religion)*、收入水平或拥有其他共同利益的人们倾向于在社会或地理空间中聚集,在私人住所、商业街区、教育机构、俱乐部、业余休闲以及其他活动中自然、自发地产生了事实上的隔离。

即使隔离的现象看似是自然发生的,国家政策依然可能为了社会整合(social integration)*以及相关利益而设法将其摧毁。例如,美国尝试用校车将儿童送到居住地区之外的学校上学,以此在学校中实现不同种族混合(miscegenation)*。平等机会与反歧视政策则试图减少目前因种族或性别而造成的工作隔离。

国家政策在其他情况中可能主动实行法律上的隔离,即一种由国家施加、法律支持的隔离,强制将个人或社会群体严格分开。一些伊斯兰国家在公共场所甚至私人住所强制实施男女隔离。南非于1948年至1991年间实行种族隔离(apartheid)*政策,强制白人与非白人在婚姻、居住场所、就业场所以及公共和私人服务上进行隔离。另见《科尔曼报告》(Coleman Report)*。

selection effects 选择效应

参见样本选择偏见(sample selection bias)*。

selective versus universal benefits 选择性与普遍性津贴

这是关于福利体制系统的一大争议,其待解决的问题是:应该将福利(welfare)*选择性地提供给有困难的人,还是因为每个人将彼此视为一个社区的成员,而将福利作为普遍性的权利?前一种策略的支持者认为,选择性益处的目标是那些最有需要(need)*的人,因此最能减轻痛苦。后一种方法的优势据称在于回避了经济情况调查的需要:否则,只有在进行官方(暗含贬义)调查与收入财富评估以证明需要(通常以无力支付的形式体现)之后,福利才会被提供。此外,社群主义者(communitarian)*提出,与选择性权利的个人主义(individualism)*情绪不同,普遍性的做法可以促进社会团结(social solidarity)*。然而,普遍地提供某些福利物品和服务可能会造成意外后果,比如:有时,对房产租金设置上限只会阻止房东出租房屋;公共住房的租住权保障和租金补贴反而鼓励了人们住在这些房产中,无论有无需求。另见集体主义(collectivism)*。

self(the self)自我

在社会学中,自我的概念作为符号互动论(symbolic interactionism)*的基础,最常被认为源自威廉·詹姆斯(William James)*、查尔斯·库利(Charles Cooley)*以及乔治·米德(George Mead)*的学说。该概念强调人类具有反思性与反身性(reflexivity)*的能力,能将自身作为自己思考的对象。对米德而言,"正是自我使人类独特的社会成为可能"(参见《心灵、自我和社会》Mind, Self and Society, 1934)。在该著作中,自我主要被区分为两个方面:自发的、内省的、创造性的、主观的"主我";以及更具社会性的、被决定的"客我",指他人有组织的态度,与更广泛的社会相关联。"客我"更适于研究,并常被称为自我概念——人们从他人的眼光中认识的自己。当儿童逐步掌握如何扮演他人的角色时,其自我也在传播(communication)*与符号(symbol)*中渐渐形成。米德的论述强调,儿童的成长经历了"玩耍""游戏"和"概化他人"(generalized other)*这几个阶段。概化他人指整个共同体的有组织的态度,使人们在形成自我的概念时,能将共同体首要的价值观念融入其中。

在关于自我的新近著述中,莫里斯·罗森伯格(Morris Rosenberg)的作品尤其有趣,特别是其关于青年文化(youth culture)*的研究(例如,参见其合著的《黑人与白人儿童的自尊》Black and White Self-Esteem, 1972)。在《构思自我》(Conceiving the Self, 1979)中,罗森伯格区分了"自我概念"的内容、结构、维度以及边界,将其定义为"作为客体的个人的思想和感情的总和"。自我概念的内容包含"社会认同"（个人在社会中被认定所属的群体或身份，例如黑人、女性等）和"性情"（个人对自己所拥有的身份，如黑人、女性等，做出反应的倾向）。不同的社会认同与性情之间的关系形成了自我的结构。一个人对其自我的态度与感受体现在一系列维度上（包括显著性、一致性和稳定性）。此外，罗森伯格还区分了现有自我（我们设想中的自己）、期望自我（我们希望成为的自己）与表现自我（我们在特定情境中所表现的自己）。最后，自我概念的边界指的是以自我概念为基础的所谓的"自我外延"，比如因自己出身低微而羞愧，或因自己衣着时尚而骄傲。

在治疗、咨询与心理学中，自我的概念也以略有不同的方式得到应用，强调作为内在需要和潜能的自我。社会心理学家常使用一系列相关和衍生概念来武装自己，包括自我觉察（向内关注一个人的自我）、自我观念（一个人对自己"真实的"自我的看法）、自我表露（将一个人"真正的"自我向其他人显露）、自我意象（关于自我的暂时概念，随情境不同而改变）以及自我知觉（个人得以开始思考并了解自己的过程）。另见欧文·戈夫曼（Goffman, Erving）*；认同（identity）；亚伯拉罕·马斯洛（Maslow, Abraham H.）*；自我实现（self-actualization）*。

self-actualization 自我实现

这是一种与亚伯拉罕·马斯洛（Abraham H. Maslow）*紧密相关的理论。他通过对机能良好的人的研究，认为人类的需求（need）*存在层次，而一个人要充分发挥自己的潜能，就必须先满足每个层次的需求。这些需求从下往上分别为生理的需求、安全的需求、爱和归属的需求、尊重和身份的需求，最后是"自我实现"的需求，即渴望成为一个人所能成为的一切，或者如马斯洛所述，"一个人必须成为他或她所能成为的人"。另见需求的层次（needs, hierarchy of）*。

self-fulfilling prophecy 自我实现预言

由罗伯特·默顿（Robert Merton）*（参见其《社会理论和社会结构》*Social Theory and Social Structure*, 1957）引入社会学的一个概念，与早前威廉·艾萨克·托马斯（William Isaac Thomas）*的著名定理相关联——"当人们将情境定义为真实时，其结果就是真实的"。默顿提出，在社会中，自我实现预言是一个重要且基本的过程，并认为"一开始时错误的情境定义（definition of the situation）*引发了新的行为，正是这种行为使本来错误的概念成了真实。这让错误经久不衰"。

自我实现预言在逻辑上的逆命题是自我毁灭预言，即这样一种情境，其中一项预测（可以指社会学的归纳）正是由于其本身被广泛地熟知而遭到破坏。例如，预测体育赛事上会发生球迷骚乱，可能恰恰预防了这次骚乱，因为潜在的闹事者能预见赛场上将出现大量警力，并由此远离赛场。但值得注意的是，这样的预测也同样可能成为自我实现预言，因为那些可能被卷入观众暴乱的人也会被赛事宣传所吸引。社会学界（以及警方）投入了大量精力以试图确定在特定情况下，哪种结果更可能出现。另见意外或非预期后果（unintended or unanticipated consequences）*。

self-image 自我形象

参见自我（self）*。

self-management 自主管理

一种工业生产体系,试图通过工人委员会、工厂委员会或同行督导,将部分或全部的管理职能交给员工自己。另见工业民主(industrial democracy)*。

self-perception 自我知觉

参见自我(self)*。

self-psychology 自体心理学

美国精神分析学的一大发展,由H. 科胡特(H. Kohut)(《自我的分析》*The Analysis of the Self*, 1971)开创,将分析的重点从自我转向自体——主要指一个人的整体性与归属感。在实践中,这一发展意味着鼓励自恋夸大,认为自恋夸大会随着与外界的接触而自我改善。对于病人,治疗师则应采取一种共情而非分析的态度。围绕着这些主张,发展心理学家丹尼尔·斯特恩(Daniel Stern)构想出了一套儿童发展理论,强调看护者理解婴儿并与之沟通的能力(《婴儿的人际世界》*The Interpersonal World of the Infant*, 1985)。

self-service economy 自助服务经济

指这样一种经济,其中家庭支出的大部分用于耐用品(例如工具和机械),且占比持续增高。这些耐用品允许消费者为自己提供服务(而非像在服务经济中一样购买服务)。据称,在一些高度发达的资本主义社会中,两个进程正促进这一趋势的发展:使资本机械更廉价且简明的科技创新,以及不断上升的劳动力成本(参见格尔舒尼[J.

Gershuny]的《工业社会之后?》*After Industrial Society?*, 1978)。另见工业部门(industrial sector)*;服务业(service industries)*。

semantic differential 语义分化法

由 C. E. 奥斯古德(C. E. Osgood)与他的同事们设计的一种方法,旨在研究文化对象的内涵意义(connotative meaning)*。此方法使用一组双极评定量表(例如,酸/甜,好/坏)来得出数据(data)*(参见奥斯古德[C. Osgood]、苏西[G. Suci]和坦南鲍姆[P. Tannenbaum]的《意义的度量》*The Measurement of Meaning*, 1957)。当量表被相互关联和因子分析(factor analysis)*时,评价、效能和行动这三个普遍成分反复出现,既可针对不同的对象,又具有跨文化的意义。该技术可用于比较个人或群体对不同对象、经历、概念等的反应,现已在市场调研与治疗等多种场合得到广泛应用。

semantic reduction 语义弱化

参见还原论(reductionism)*。

semantics 语义学

语义学是符号(symbol)*研究的一个分支,主要研究词义的发展。有时被看作语言学(linguistics)*的一个分支或"姊妹学科"。语义学试图研究:词汇语义的分配,以及这些意义如何结合从而产生复杂的话语含义;意义(meaning)*的本质;当意义被混淆或扭曲时人们会经历怎样的困难。作为背景,语义学影响了常人方法学(ethnomethodology)*和后结构主义(post-structuralism)*等领域。另见乔治·赫伯特·米德(Mead, George Herbert)*;让·皮亚杰(Piaget, Jean)*。

semi-colonialism 半殖民主义

半殖民主义是列宁（Lenin）*和毛泽东（参见毛泽东主义[Maoism]*）使用的一个术语，用于描述19世纪末20世纪初期间受到帝国主义（imperialism）*的资本（capital）*、贸易和政治的渗透，却保留了司法独立的国家，例如波斯、中国、泰国、阿富汗、也门和埃塞俄比亚。通常认为让这些国家得以保持独立的因素包括：本土政府具备一定实力、地理位置偏远、缺乏有价资源、文化和军事方面的抵抗，以及（最重要的）大国之间的博弈。半殖民地地位通常意味着该国无法获得主要的资本主义（capitalism）*发展。这个词有时会被误用于日本。另见殖民主义（colonialism）*；新殖民主义（neo-colonialism）*。

semiology（semiotics）符号学（符号论）

符号学是研究符号和符号系统的学问。查尔斯·皮尔斯（Charles Peirce）*提出了"符号论"这一概念，而弗迪南·德·索绪尔（Ferdinand de Saussure）*主张使用符号学（semiology）*。然而索绪尔的思想更有影响力，以至于皮尔斯的提法被用以描述索绪尔的观点。符号学在很大程度上借鉴了索绪尔的结构语言学，在20世纪70年代结构主义（structuralism）*热潮中得到发展。事实证明，它对于那些喜欢分析意识形态（ideology）*的社会学家具有很大吸引力——尤其是那些具有马克思主义（Marxism）*或女性主义（feminism）*背景的人。

符号（sign）*的概念取自索绪尔1916年出版的《普通语言学教程》（Course in General Linguistics）。它被看作是能指（signifier）*（物质元素、声音或纸上的标记）和所指（能指所反映的概念）的组合，这两者就像一张纸的两面一样紧密相连。索绪尔强调了符号的既定属性，即符号与所指物之间本身没有必然的联系；这种联系是约定俗成的。我们可以把手叫做"水仙花"，把花叫做"手"，世界也不会因此发生什么改变；只不过是因为我们一般认为水仙花是"花"，我们手臂末端的东西是"手"。任何符号的意义都是由它与系统中其他符号的关系来定义的。例如，我们理解"上"是相对于"下"而言的，因而不能割裂两者的关系去理解任何一个。索绪尔对speech和tongue的区分也很重要：speech指的是个体的言语行为（speech-act）；language是指形成言语行为的符号结构。

法国结构主义文学评论家罗兰·巴尔特（Roland Barthes）是符号学最为知名的支持者之一。从社会学角度看，他最重要的著作是1957年出版的《神话学》（*Mythologies*）。在书中，他将法国流行文化（popular culture）*中看似无关内容（例如，摔跤和牛排薯条）置于一起，通过符号学的分析揭示其思想内涵。例如，食物可能被视为一种语言或代码。每一种食物都是一种符号，并且有社会公认的规则来规范这些符号的组合方式。例如，在一些文化中，甜和咸是无法契合的。巴尔特发展了符号的概念来分析他所认为的现代神话。当一个完整的符号成为其他事物的能指，神话就出现了。以一张鹰的图片为例，它在一个层面上是一张鹰的图片——一个简单的符号。然而在另一个层面上，它可以代表美利坚民族的决心和坚韧。同样，不同形式的食物所承载的意义也不只是营养：鱼子酱和汉堡不仅仅是能够简单相互替换的食物。总的来说这种类型的分析是规范的：它向我们展示了符号系统是如何运作的，但也需要借鉴其他社会学思想将这些研究与更广泛的社会进程（social process）*联系起来。另见语言（language）*。

semi-periphery 半边缘地区

世界体系理论家最初将全球的权力关系概念化为核心资本主义国家(宗主国),以及较弱的、欠发达(underdevelopment)*、从属的边缘国家。当认识到原有二元框架("宗主国-从属国"框架)的不足时,"半边缘"的概念便被设计出来。它指的是那些既不是核心也不是边缘,而是介于两者之间的民族国家。这些社会(对宗主国)保持依赖,且在一定程度上欠发达,却达到了显著的工业化水平。

semi-proletariat 半无产阶级

一种不完全依赖于经济补贴的雇佣劳动力。通常会出现在工薪工人仍经营土地,自己或其家庭成员在土地上劳作的地方。这个术语也包括季节性工人,其部分时间用于农耕、部分用于工作以获得薪资。

sensorimotor stage 感知运动阶段

参见让·皮亚杰(Piaget, Jean)*。

serfdom 农奴制

这是一种不自由的形式,类似于奴隶制(slavery)*,但与封建制(feudalism)*相关联,主要存在于中世纪欧洲。这种劳役体制是一种威权体制,也是一种经济适应。特定的佃农及子嗣为了生活而效忠于地主。

serial monogamy 连续的一夫一妻制

参见一夫一妻制(monogamy)*。

service class 服务阶层

澳大利亚马克思主义者卡尔·伦纳（Karl Renner）*最先用这一术语来描述在政府（公务员）、私人经济服务（商业管理者、经理、技术专家）及社会服务（福利的分配机构）工作的雇员。随后，英国社会学家约翰·H. 戈德索普（John H. Goldthorpe）*将其用于描述雇佣关系建立在服务的法规而非劳动合同之上的人，因而牵涉到信任是必然产生自主权的一个关键要素。在所谓的戈德索普阶层体系（Goldthorpe class scheme）*中，服务阶层（他的阶层 I）主要指专业的、高级行政管理、高级管理类人员，对这些人员来说，自主权和决策权是工作情景的一个必要部分。因为"服务"的指称，有时可能是误导性的（服务业 [service industries]*的成员并非全部被雇于服务部门或服务企业），有些作者更偏向于将伦纳的概念翻译为"工薪阶层"。

service industries 服务业

以金融、销售、供应（运输、零售、批发）、过量的以多种形式提供个人护理的商业和行业为中心的密集经济活动的松散定义群体。工业化（industrialization）*的乐观主义理论认为，未来服务（或服务主导的）经济正在兴起。更乐观的解释把大量服务部门看作去工业化或金融高于工业资本的征兆。另见工业部门（industrial sector）*。

service sector 服务行业

参见工业部门（industrial sector）*；服务业（service industries）*。

sex discrimination 性别歧视

参见性别歧视(sexism)*。

sexism 性别歧视

基于性别的歧视。它的散布公然得到隐蔽：例如，当一位象征性的女性被任命，以使雇主看起来致力于平等机会的政策时。性别歧视发生在从个人到制度化(institutionalization)*的不同层面，但所有的形式都是为了维护不平等(inequality)*。通常情况下，性别歧视是针对女性而有利于男性的（例如，在获得特权职位的情况中），然而，相反的情况也不是完全没有。

sexism, institutionalized 制度性性别歧视

参见制度性歧视(institutionalized discrimination)*。

sex ratio 性别比例

一般定义为在一个社会人口中，每1000名女性对应的男性人数。每年出生的男婴比女婴多，但是出生时男婴超出女婴的数量会因更高的男性死亡率(death rate)*而减少，直到一个年龄点才会出现女性数量超过男性数量。在大多数国家，总性别比是低于1000的，即女性数量超过男性。然而，从二战开始，性别比在许多西方工业社会(industrial society)*开始上升，以至于超出比例的女性现在主要集中在年纪更大的群体中。例如，在英国，女性超过男性数量的年龄点，在1901—1910年间是25岁，在1930—1932年间是47岁，在1980—1982年间是57岁。由于医疗水平的提高、战争的（相对）缺乏，在许

多国家，男性在其一生中的大部分时间里，从数量上超过女性。其他影响性别比例的因素，包括性别选择的移民模式，以及在女性被认为低劣的国家中实行的杀女婴行为。

性别比例是一项重要的社会指标（social indicators）*。它影响结婚率、女性在劳动市场的参与率（participation rate）*，以及（受争议的）社会角色（social role）*。

sex roles 性别角色

直到 20 世纪 70 年代，社会学把女性与男性之间的差别和联系概念化、看作是社会化（socialization）*而非生物学的产物，才成为主流的方式。一般来说，这种方式也同样受到了一般角色理论的批评，因为它掩盖了性别之间的权力与不平等（inequality）*。

社会角色（social role）*规定了男性和女性的行为方式以及被期望承担的不同任务。在发达的工业社会（industrial society）*，大多数妇女居家或从事服务行业（service sector）*，换言之，从事"妇女的工作"。男人投身于家庭之外的不同职业，他们的工作相比妇女来说收入更高、地位更高。为何性别角色差异会出现？有几种相互竞争的理论。生物学和心理学的视角，强调内在的差异。这种差异，从遗传选择到生物倾向，使女性更具利于抚养的特征，男性更具有攻击性、工具性。在功能主义者看来，性别角色是互补的，男性与女性的劳动分工，增加了家庭的稳定性。这种观点受到了女性主义（feminism）*作者们的批评，她们强调传统性别角色的权力方面。女性主义者主张，性别角色本质上是维持妇女服从于男性的方式，是男性通过维持现状来保持自身利益的父权社会的结果。传统女性有时怀疑女性主义。然而，在主要方面，男性和女性的态度正在转向更有利于平等的社会角色。但证据表明，性别行为的改变更受抵制。另见家庭分工（domestic division of labour）*；女性气质（femininity）*；劳动力市场（labour market）*；男性气质（masculinity）*；夫妻角色（role, conjugal）*；劳动的性别分工（sexual division of labour）*。

sex, sociology of 性社会学

对性的社会学研究，直到 20 世纪末才成为一个主要领域。尽管格奥尔格·齐美尔（Georg Simmel）*写了一些重要文章，但社会学中没有一个知名学者将该主题作为研究或分析的领域而予以重视。相反，一些社会学之外的学科使性研究成为一个特定的焦点，社会学家们仅从那里借用了相关的材料。

在这个背景下，三个传统特别重要。第一个是生物医学传统，终结于马斯特斯（Masters）和约翰逊（Johnson）的性实验室的实验传统。第二个传统是心理分析，特别是在思考性驱动、压抑和社会秩序（social order）*的关联时，其中一些作品已涉及一种社会学维度。在威廉·赖希（Wilhelm Reich）*、赫伯特·马尔库塞（Herbert Marcuse）*、诺曼·布朗（Norman O. Brown）的著作中——大体上的"弗洛伊德左派"——性已被看作社会秩序的一个主要基础。第三个传统是与金赛（Kinsey）*著作相关的社会调查（social survey）*。这些社会调查对人们的性行为，或者"谁与谁于何时，在哪里发生了性行为"进行了广泛调查。这个特定的传统对社会学非常重要：运用调查技术，预估到多种性行为的频率；审查了阶层、地域、年龄与性别的关联；揭示了整个 20 世纪后期性本身的转变模式。这三种"性学"

传统已经在保罗·罗宾逊（Paul Robinsin）的《性的现代化》（*The Modernization of Sex*, 1976）和詹妮丝·M. 欧文（Janice M. Irvine）的《欲望的失序》（*Disorders of Desire*, 1990）中得到了巧妙的讨论和分析。

社会学以这三种外部传统为准备，直到20世纪60年代，才开始发展自己的传统。约翰·甘农（John Gagnon）和威廉·西蒙（William Simon）（《性举止》*Sexual Conduct*, 1973）的作品做出了重大贡献。在促进提出关于性本身的新视角的相似研究中，可能提及的一个视角是建构主义（constructionism）*的性本身。甘农和西蒙，从20世纪50年代中期到60年代中期，都在金赛研究所工作，但是在调查传统（主要关于性侵犯和同性行为）中组织工作，他们逐渐对主导性学的行为主义、生物学、无神论的性本身解释感到失望，开始建构社会学的性本身理论元素。他们认为，在性领域，生物学并不比其他更重要，强的性驱动观念可能是个神话（myth）*，人类的性本身受大范围的社会文化变化影响。他们提倡由生物学隐喻支配的语言向把性本身看作是象征性和嵌入性（embeddedness）*的语言的转向。

在近期关于性本身的著作中，米歇尔·福柯（Michel Foucault）*的女性主义（feminism）*和社会建构主义（social constructionism）*的影响显著。他的每一部作品都对"性是自然的"观念进行批评，强调了性本身和性别被社会组织的方式。参见杰费里·维克斯（Jeffery Weeks）的《性及其不满：意义、神话及现代的性》（*Sexuality and its Discontents: Meanings, Myths and Modern Sexualities*, 1985），载于杰费里·维克斯等人编的《性与社会读本》（*Sexualities and Society: A*

Reader, 2003）。另见异性恋主义（heterosexism）*；同性恋（homosexuality）*。

sex-typed 性别-类型

如果一定的特征或诉求仅适于一种性别，那么这些特征和诉求，就是性别-类型。例如，计算机科学，逐渐成为性别-类型，极少数女性进入这个行业。一般而言，性别-类型行为正变得不那么僵硬，例如，哭泣不再被认为是没有男子汉气概。

sexual division of labour 性别分工

关于特定性别角色的术语：男人挣钱，女人做家务；或用塔尔科特·帕森斯（Talcott Parsons）*（《家庭、社会化及互动过程》*Family, Socialisation and Interaction Process*，1956）的讲法，"工具的"和"表达的"角色。性别的特定劳动分工，通常与工作场所和家的分离相关联，这种分离随着西方的工业化（industrialization）*而出现。人类学研究表明，大多数前工业社会，也将"男人的工作"与"女人的工作"区分，尽管性别分工并不对应上述的西方类型。例如，在某些社会，种植农作物和织网是女人的任务，而打猎和制作陶器是男人的责任。另见劳动分工（division of labour）*；家庭劳动分工（domestic division of labor）*；性别角色（sex roles）*。

shamanism 萨满教

一个来自伯利亚的术语，用于描述众多技术简单的社会中的多种宗教活动。萨满是一个兼职的、非制度化的、卡里斯玛（charisma）*宗教专家，其感知力（通常通过麻醉品来增强）可以与外界的灵异力量交流，这些能力可以为他们所处社会的技术、政治、社会问题提供解决方案。

shanty towns 棚户区

临时搭建的住房，一般但不仅仅与第三世界（Third World）*的城市相关。与第三世界的城市共同的特征包括：非法占领土地（擅自占有）；聚集在低经济价值的土地（例如河岸或垃圾场）；自行搭建的房屋；过度拥挤；缺乏公共设施和社会服务；低收入家庭。个体和邻里可能会随着时间变化而改善他们的境况，在棚户区内部及不同棚户区之间引入适度的改变。

share cropping 分成

基于各种安排，地主从他们允许在其土地上劳作的人那里获得收成的一部分（作物分成）。一个典型的案例是在美国内战后形成的。解放的黑奴，要求"40公顷和一头驴"，到1868年，分成制是在南部农业中占主导地位的经济安排。

关于分成制的出现，有多种解释。有一种解释强调有利的经济前提，例如一个大的地主阶层，加上劳动力的短缺以及缺乏机械化的动力。新古典经济学家认为，分成制是有利于双方的理性市场反应。但有另一种解释则认为，这种安排明显没有满足任何一方的偏好，是在一种"可能性的限制"中产生的，并仅当其他选择都失败时。例如，在美国南部，黑人想获得完全的经济独立，而白人种植园主寻求奴隶劳动以替代。

对此，可以在爱德华·罗伊斯（Edward Royce）的《南部分成制的起源》(*The Origins of Southern Sharecropping*, 1993)中看到很好的案例研究。另见农民(peasants)*。

Shaw, Clifford 克利福德·肖(1896—1957)

一个芝加哥社会学家和生活史(life history)*方法的开创者,在青少年研究所工作期间,他收集了超过200名不良少年(hooligan)*的生活史料,最著名的书是《杰克·罗勒:一个少年犯的故事》(*The Jack-Roller: A Delinquent Boy's Own Story*, 1930),随后被约翰·桑德格拉斯(John Sondgrass)在《七十岁的杰克·罗勒》(*The Jack-Roller at Seventy*, 1982)中进行了再研究(re-study)*。

sib 氏族

一些美国文化人类学(cultural anthropology)*文本中的术语,指任何单系继嗣(unilineal descent)*群体——在人类学的其他领域被称作氏族(clan)*。

sick role 病人角色

这是由帕森斯(Talcott Parsons)*普及的一个概念。他在《社会系统》(*The Social System*, 1951)中指出,疾病(illness)*涉及的是身体功能失常,病人角色——被认定和接受为病者——是由社会期望所支配的角色(role)*,他列举了四条:第一,免除正常社会角色(social role)*的责任,这种免除必须得到某个权威(authority)*通常是医务人员的认可;第二,从患病中免除责任,意味着病人角色必须得到照顾;第三,既然生病被认为是不受欢迎的,病人角色就不得不想变健康；第四，在努力变得健康方面，寻求技术上胜任的帮助和合作。

这个概念引发了对疾病的社会管理的注意：从机制上，保障患病者服从，帮助他们恢复健康，确保只有真实的病患才能免除正常的责任。它也提供了一种分析疾病的驱动因素的工具。的确，帕森斯认为，因为这些驱动要素（他在这里受到了弗洛伊德［Fread］*理论的影响），患病可能被认为是越轨的一种特殊形式在社会系统（social system）*发挥作用，导向越轨群体形成、团结及合法性（legitimacy）*的成功诉求。

批评者质疑帕森斯对管理病人角色期望的规定、患病被驱动的程度、模型与长期病患的相关性、对患病的社会功能的关注是否具有普遍性。然而，"病人角色"已经成为社会学思考健康和患病问题的核心概念，其重要性不会被高估。

sign（signs）符号

参见后结构主义（post-structuralism）*；费尔迪南·德·索绪尔（Saussure, Ferdinand de）*；符号学（semiology）*。

significance tests 显著性检验

为了确定样本变量之间的关系是否可以扩展到样本（sample）*从其中抽取的总体（population）*，经验的社会研究运用了众多数据技术。这些技术评估所获得结果的稀缺性、变异性或非预期性。显著性检验是一种分析技术：通过这种技术，分析关于一个样本中两个或更多变量之间的关系的数据推论是否可以在一个群体中一般化。

研究者运用显著性检验的目的是，探究研究结果中的有趣差异是否归因于样本误差，而非群体中的真实差别。如果一个显著性检验数据是处在一个偶然发生的很小概率范围之内,那么,可以假定经验发现是真实的或重要的。

显著性检验提供了多层级的显著或置信区间:一个特定结果偶然发生的概率低于 0.001,低于 0.01,低于 0.05。取决于研究者要求的确定性程度,这三个层级范围内的结果都可能被接受为是显著的,但是"低于 0.001"的层级被认为是研究结果极少出现偶然性的最安全保证,因而结果能如实反映真实的世界。

存在大量的显著性检验和相关参数,包括 Z 值检验、T 检验,曼-惠特尼 U 检验、卡方检验、斯皮尔曼等级相关系数。这些检验都有着不同的目的,SPSS 和 SAS 包提供了社会学家使用的检验,但应该在运用时参考教材以便确定检验是否适合所选择的那组数据(data)*。

统计上的显著与一个研究发现的实质重要性并不相同,后者是由理论、政策视角和其他考虑因素决定的。事实上,一个研究发现可能是微小的且与不重要的主题相关,但是仍获得统计上的显著性。一些批评者指出,统计显著性检验的运用往往是不加思考和错误的,在研究报告中占了不应得的分量。

significant others 重要他人

这个概念,起源于米德(George Herbert Mead)*理论的自我(self)*,强调行动者(actor)*承担他人角色的能力。有许多他人的角色可承担,从陌生人的他人到整个社区的他人。重要他人,是在另一个人的行为形成方面有重要影响或发挥重要作用的人。自米德以来,这个概念已经被一般性甚至广泛地运用了,正如在阿米斯特德·莫平(Armistead Maupin)的小说《重要的他者》(*Significant Others*)中。

在大众讨论中，它经常被误用为一个（有点滑稽地）描述一个人的丈夫、妻子或合伙人的术语。

signifier 能指

参见后结构主义（post-structuralism）*；弗尔迪南·德·索绪尔（Saussure, Ferdinand de）*；符号学（semiology）*。

Simmel, Georg 格奥尔格·齐美尔（1858—1918）

齐美尔一般被认为是现代社会学创造者中最容易被忽视的（尽管在英国的受忽视程度甚于在美国）。他在一生中发表了25卷本、超过300篇论文。生为犹太人，但后来受洗成为基督徒，他在柏林度过了他的大多数时光，仅在逝世前的四年才在斯特拉斯堡谋得了全职教授。如此高产的学者晚期才受到认可，显示了他的与众不同——也显示了他部分同行的反犹太主义倾向。他是一位富有天赋的艺术家、学者、知识分子（intellectuals）*，经常参加马克斯·韦伯（Max Weber）*在海德堡的家庭聚会。

我们很难对齐美尔的作品进行归纳或系统化，他本人也反对这种努力。在很多方面，他是一位惊诧于社会学之可能性的社会学家。他的风格和研究方法（research methods）*因其碎片性而不同于其他经典社会学家。齐美尔所写的有关社会生活的短文，对微观秩序的细节的刻画极为丰富，但总体上缺少系统性，也常常是未完成的。他的探索范围十分广阔和多样：从有关康德与歌德的书（从艺术和文化研究[culture studies]*的角度），到关于宗教（religion）*、货币、资本主义（capitalism）*、性别、群体、城市化（urbanization）*和道德准则的重要分析。甚至爱，也是他的众多主题之一。细节，而非抽象的概括，在齐美尔的著作中是首要的：他指出，在无法于自身之中理解整体或总体的同时，任何一个研究的片断都可能引向对整体的把握。因此，在《货币哲学》(The Philosophy of Money, 1900) 中，他宣称"在生命的每一个细节中找到关乎其总体的意义……的可能性"。他认为，这部独特的作品为历史唯物主义（historical materialism）*奠定了更牢固的基石。他也对马克思主义哲学家格奥尔格·卢卡奇（György Lukács）*的作品产生了重要影响。

对齐美尔来说，有三种社会学。一般社会学是一种方法程序——"就其形成的社会性而论的全部历史生活"。形式社会学（formal sociology）*研究"社会形式自身"——"社交形式"。最后是哲学社会学，他定义为"社会科学认识论"。形式社会学是他思考的最核心部分，也是他写作篇幅最多的。"社会形式"即我们产生互动的形式（参见沃尔夫[K. Wolff]编译的《格奥尔格·齐美尔的社会学》[The Sociology of Georg Simmel, 1950]中对其关键作品的部分翻译）。他最著名的短文——《陌生人》(The Stranger)、《大都市与精神生活》(The Metropolis and Mental Life)，以及关于社会冲突（social conflict）*的文章（参见莱文[D. N. Levine]编译的《格奥尔格·齐美尔的个体与社会形式》Georg Simmel on Individuality and Social Forms, 1971）——是他形式社会学的部分，也是在美国最有影响力的社会学。

齐美尔的作品在早期北美社会学的发展过程中有极大的影响力。他是罗伯特·帕克（Robert Park）*和其他芝加哥学派（Chicago School）*成员的重要导师。齐美尔的一些理念也会出现于罗伯特·默顿（Robert Merton）*（尤其是他的参照群体[reference group]*理论和角色[role]*理论)和刘易斯·科塞(Lewis Coser)(特别是他的社会冲突论)的功能主义(functionalism)*中。

齐美尔认为社会形式作为一种异化(alienation)*形式,支配着生命过程。他发展自己非常独特的方法(和短文形式本身)也是为了予之以抵制。在这方面,他被比作艺术世界的印象派画家——持续不断地创造新的形式,这些形式更接近于我们生命之流的经验。他被视为后现代主义(postmodernism)*的先驱也不足为怪。

大卫·弗里斯比(David Frisby)有关齐美尔的大量出版物中几乎任一本都较好呈现了他的社会学重要性以及相关的忽视(例如,弗里斯比的《格奥尔格·齐美尔》*Georg Simmel*, 1984)。另见形式主义(formalism)*;城市社会学(urban sociology)*。

simple commodity production 简单商品生产

这是一个演绎性的马克思主义(Marxism)*概念,描述了没有剩余价值(surplus value)*的商品生产,即没有劳动工资和资本利润。即使不是同义,简单商品生产概念本身与小商品生产(petty commodity production)*也相似,尽管一些马克思主义者指出,与小商品生产不同,简单商品生产是个逻辑的、而非历史或经验的范畴。弗里德里希·恩格斯(Friedrich Engels)*比卡尔·马克思(Karl Marx)*本人更经常使用这个术语。

situs 社会位置

不同于角色(role)*或地位(status)*,社会位置与优越性和等级评价无关。氏族(clan)*身份可以是社会位置的区分,队列(cohort)*

也可以进行社会位置区分,甚至是具有同等声望和价值的职业部门也可以用来区分社会位置。

skewness 偏度

偏度是用来描述非对称频数分布的一个指标(indicator)*,它是指分布中的极值集中落在多数案例一尾的偏离程度。负偏是指极值落在多数案例分布的左尾,正偏是指极值落在多数案例分布的右尾。了解分布的形状(偏度)对准确选取用于描述分布的统计指标是非常重要的,比如集中趋势(测度)(central tendency [measures of])*。

skill 技能

在日常用语中,技能是指相对精确的一套体力或脑力技术,尽管这些技术可能需要一定的天赋,但主要是通过教育或训练学习的。尽管并不否认技能的日常定义,但社会学家首要关心的是技能的管理;也就是说,技能是如何被界定的、如何被建构的,以及如何被认可的。自 20 世纪 70 年代哈里·布雷弗曼(Harry Braverman)的著作发表以来,诸多学术研究致力于检验卡尔·马克思(Karl Marx)*关于资本主义劳动过程需要不断对昂贵的工人进行去技能化(de-skilling)*的"价值增值"的宣称。去技能化意味着或者将手工技能分解或机械化,或者对工人已获得或需要新学习的能力不给予充分的认可,这点在女性雇佣活动中很常见。许多马克思主义(Marxism)*或非马克思主义学者都认为去技能化是可以避免的。无论是工人个体或是通过行业联盟都可以抵制机械化,或坚持对通过训练获得的技能停止去技能化过程，从而凭其不可替代的技能继续享受工资上的优势。同样，基于识别和保留可靠而有经验的工人，控制或抑制劳工骚乱，或是因为技术的发展在淘汰旧技术的过程中同时创造了新的技能（这不同于马克思的判断）等原因，雇主都有可能对工人进行技能升级。无论在哪种情况下，工作的去技能化并不必然会导致工人个体或者劳工联盟的去技能化。相关经验研究请参考罗杰·佩恩（Roger Penn）等于1994年编的《技能和职业变迁》（Skills and Occupational Change, 1994）。另见能力（ability）*。

slavery 奴隶制

奴隶制包含一系列与不自由相关的变种形式，比如农奴制（serfdom）*和受限制的劳工（bonded labour）*。但奴隶制通常是指财产奴隶制，在这种制度下，奴隶是可以买卖的物件，没有人格地位。财产奴隶制与其他奴隶制不同的地方就在于财产维度，尽管在某些情况下，奴隶可以控制金钱或经济交易活动，但奴隶不会因为他们的劳动或服务而获得报酬，故而可被视作是生产机器。

无论历史上还是近代，都有将战争中俘获的人们变成奴隶的例子。在现代资本主义（capitalism）*早期阶段，财产奴隶制被用作是一种有效的（更精确地说是廉价的）劳工系统，15世纪到19世纪期间，美国南方的种植资本家和奴隶主就是通过奴隶贸易来保障劳工供应的。

种植园奴隶制是通过一系列的法律体系和制度来保障其施行的。这些现代奴隶系统也存在于矿产企业和工业生产中。在种植园奴隶制下，奴隶是主人的私有财产，而通过征服获得的奴隶则是全社会的财产。二者不同的地方在于,种植园奴隶制是国家创建的,而征服奴隶制则是存在于前国家社会中。

关于奴隶制的历史有一系列文献可以参考,例如,福克斯-吉诺维斯(E. Fox-Genovese)的《商业资本的果实》(*Fruits of Merchant Capital*,1983),以及罗宾·布莱克本(Robin Blackburn)的系列著作:《新世界奴隶制的建立》(*The Making of New World Slavery*,1997)、《殖民地奴隶制度的终结》(*The Overthrow of Colonial Slavery*,1988)、《美国熔炉:奴隶制、解放和人权》(*American Crucible: Slavery, Emancipation and Human Rights*,2011)。关于奴隶制的比较研究,可参考奥兰多·帕特森(Orlando Patterson)的《奴隶制与社会死亡》(*Orlando Patterson, Slavery and Social Death*,1983)。另见教亲制(compadrazgo)*;庇护关系(patron-client relationship)*。

Small, Albion W. 阿尔比恩·W. 斯莫尔(1854—1926)

美国社会学家,与其对社会学的巨大贡献相比,他更广为人知的事迹是他于1892年创建了引领社会学发展多年的芝加哥大学社会学系,于1895年创建了《美国社会学》(*American Sociology*),并为《美国社会学》的发展做出了巨大贡献,斯莫尔与芝加哥及德国的社会学家都有着紧密的关系,曾负责出版齐美尔(Simmel)*及欧洲社会学家的论文和著作的译稿。斯莫尔的主要著作有:《普通社会学》(*General Sociology*,1907)、《亚当·斯密与现代社会学》(*Adam Smith and Modern Sociology*,1907)、《社会科学的意义》(*The Meaning of Social Sciences*,1910)等。

Smith, Adam 亚当·斯密（1723—1790）

杰出的苏格兰哲学家和社会理论家，先后担任格拉斯哥大学逻辑学和道德哲学教授，代表著作主要有：《道德情操论》(*The Theory of Moral Sentiments*，1759）、《国民财富的性质和原因研究》(*An Inquiry into the Nature and Causes of Wealth of Nations*，1776，即《国富论》）、《哲学学科论文集》(*Essays on Philosophical Subjects*，1795）等。

尽管亚当·斯密是作为经济学家闻名于世的，但《国富论》不仅仅是关于经济事务的专题论文。亚当·斯密不是以狭隘的经济学视角来看待社会行动（social action）*的，而是有其关于社会的整体哲学思考。关于这点如下段落便可体现："商业和制造业的发展逐渐建立了秩序和良好的政府，进而在国民中建立了个人自由和安全感，而在这之前，国民则整日生活在不间断的国家战争中，并且严重依赖于他们的领主。"

亚当·斯密关于劳动分工（division of labour）*的阐述（这早于他关于价格、资源和分配的分析）主要试图呈现通过将劳动过程（labor process）*分解为专门化的流程，可促进工业加速发展，使国家财富得以积累。《国富论》前三章将劳动分工的起源归因于人类交换的自然天性，解释了劳动分工如何受制于市场发展程度，并通过制针厂的例子详细地展示了劳动分工对扩大工业生产的作用。10人的小工厂通过把制针过程分成大约18种由专人独立负责的工序，每天可制造出48 000枚针。但如果不进行工序分解，则只能生产出48 000枚针的一点零头。在亚当·斯密看来，劳动分工进一步促进了生产的增长，通过让工人集中负责少部分工序，提高了工人的灵活性；通过让工人专注于自己负责的具体事务，节省了时间；劳动分工也鼓励简化劳动过程设备的创新。

然而，亚当·斯密并没有无视劳动分工带来的负面效应，他接受"将个人限制于1—2道重复性的工序操作中，可能会导致工人变得愚蠢和无知"的观点。故而，亚当·斯密倡导政府可以通过发展教育来对抗劳动分工发展所带来的"原子化"和"异化"（alienation）*等问题。不同于后来的古典经济学家，亚当·斯密也主张政府不仅要负责公正、防御、公共工作等物品的供应，还要积极广泛地参与到社会事务的组织中来。因此，亚当·斯密关于劳动分工的矛盾态度被自由市场经济学家有意地忽略了。例外的文章可参考瓦斯特（E. G. West）的《亚当·斯密关于劳动分工的两种观点》（Adam Smith's Two Views of the Division of Labour，载于《经济学》Economica，1964）。

Smith, Dorothy Edith 多萝西·伊迪丝·史密斯（1926— ）

1926年出生于英格兰，在伦敦政治经济学院学习社会学，后来在加利福尼亚大学伯克利分校获得博士学位，并于1946—1966年留校任教，在那期间她开始参加早期的妇女运动。之后，伊迪丝先后在英属哥伦比亚大学、多伦多大学工作，目前就职于维多利亚大学。多萝西·伊迪丝早期的工作主要是运用女性主义视角研究精神疾病（mental illness）*问题。通过将女性主义（feminism）*、马克思主义（Marxism）*、符号互动论（symbolic interactionism）*等联系起来，她于1987年出版了其代表作《日常生活中的问题》（The Everyday World as Problematic）。在这本著作中，多萝西·伊迪丝·史密斯扩展了知识社会学（knowledge, sociology of）*的研究基础，将研究议题聚焦于比通常使用的阶层关系更具有广泛性的"统治关系"，她认为知识通常是由关系中有权力向特定人群发言的一方建构的。她认为主流知识都是由男性权威人物建构的，男性和女性不同的生活经验使得他们对世界的认知有着不一样的观点，只有破除了支撑这些不同生活经验和观点的权力关系才有可能挑战相应的知识。多萝西·伊迪丝的《权力的概念实践》（The Conceptual Practices of Power, 1990）中充分发展了她的上述主张，并在《制度民族志》（Institutional Ethnography, 2005）一书中扩展了其主张的方法论意涵。

snowballing technique/snowball sample 滚雪球方法/滚雪球样本

滚雪球样本首先将一些已知的核心被调查对象（元素）作为原始样本，然后将这些原始样本提供的新被调查对象（元素）逐渐加入到原样本中来，以此类推，样本就如同雪球滚下斜坡般逐渐增大。滚雪球抽样技术通常用于无法获取总体抽样框的情境中，例如毒品瘾君子。因为滚雪球样本并不是随机抽样，对研究总体也不具有统计上的代表性（representativeness）*，故滚雪球样本不能采取统计推断统计技术进行处理。

social action 社会行动

参见行动理论（action theory）*；能动性（agency）*；解释（interpretation）*；意义（meaning）*；序列分析（sequence analysis）*；社会行为主义（social behaviourism）*。

social administration 社会行政

社会行政主要关注那些致力于满足社会需求特别是福利系统的社会安排和社会政策(social policy)*。学术上,社会行政通常采取实践取向的、问题解决导向的、改革取向的路径,经常被批评为经验主义(empiricism)*、规范研究、狭隘取向;因此,理论导向的福利研究变得比较普遍。但是,随着公共福利的提供责任逐渐由政府部门向私人部门转变,公共部门的负责人和管理者也逐渐替代了行政人员,在这种情景下,社会行政听起来有些过时了。布莱恩·阿贝尔-史密斯(Brian Abel-Smith)在社会行政取向的政策研究(policy research)*中非常有代表性,其有影响力的著作包括《护理职业的历史》(*A History of the Nursing Profession*, 1960)、《1880—1948年的医院》(*The Hospitals 1880–1948*, 1964)、《穷人和最穷的人》(*The Poor and the Poorest*, 1965)、《健康服务中的金钱价值》(*Values for Money in the Health Services*, 1976)等。

social anthropology 社会人类学

尽管在学科创立早期,社会人类学倾向于研究非西方落后社会,但社会人类学的研究对象其实包含了世界上所有的文化与社会。社会人类学与社会学有诸多重合,但也有重要的区分。历史上,社会学主要倾向于研究西方社会,并与社会人类学有着巨大的方法和理论差异。更重要的是,西方社会学家在研究自己所处的社会时,在经验研究中经常就社会的某些具体方面提出假设而不重视整体社会背景。而社会人类学家则不同,他们不会想当然地看待一切事情,并且形成了整体论(holism)*的研究方法(research methods)*(参见个人主义［individualism］*），也不会在不可预测的情境下提出不合适的研究假设。

15世纪末以来，探险者、贸易家、传道士等对异文化进行了丰富的描述和介绍，人类学（anthropology）*正是起源于这种对异文化的好奇。人类学正式成为组织化的学术共同体追求则是在19世纪中叶，那时，法国、美国、英国、德国相继成立了人类学学习社团。人类学最早期的理论主要来自进化论学派，英国人类学家爱德华·泰勒（Edward Tylor）*提出了社会进化论，他认为社会经历了泛灵论（animism）*（参见图腾制度［totemism］*）、多神论（polytheism）*、一神论（monotheism）*三个阶段。19世纪的其他进化理论声称落后社会是人类漫长进化层级过程的残余，那些看似无法理解的习俗（customs）*则被描述为进化的"残存物"。到19世纪末期，社会进化论以及其备受争议的关于人类群体的层级划分被传播论（diffusion）*所取代，文化间的相似与差异性被解释为文化传播或人口流动的影响。文化传播论者鼓励学者持续不断地收集各个文化的风俗，以便用于统一比较，但是这种跨文化比较被公认为是非常困难的，因为人们对跨文化现象的界定很少有共识。20世纪早期，马林诺夫斯基（Bronislaw Malinowski）*认为应该用它们当前的功能（function）*来解释风俗，可是战后的人类学家拒绝了这种粗糙的功能主义（functionalism）*，更倾向于用意义（meaning）*来解释文化实践。以克劳德·列维-斯特劳斯（Claude Lévi-Strauss）*为代表的结构主义者则认为文化之间的相似性主要是因为人类面临的选择有限而造成的，而非是因不同社会的直接接触造成的。

人类学理论的转变与研究方法的变革是相伴发生的。早期基于书本知识的人类学研究传统的主要代表是詹姆斯·弗雷泽（James Frazer）*的作品，他尝试将他人关于世界各地的离散发现整合到一起形成理论猜想。但是，19世纪到20世纪转折期间，专业的人类学家逐渐从依赖外人提供经验资料转变为通过实地考察获取资料。例如，弗朗兹·博厄斯（Franz Boas）*就曾到加拿大爱斯基摩部落实地考察，查尔斯·塞利格曼（Charles Seligman，1873—1940）也曾到访新几内亚岛。除个别例外，这些实地资料都是通过翻译人员应用标准化（standardization）*的访谈（interview）*获取的，这会因翻译问题而损失一些当地人的独特观点。马林诺夫斯基被公认为引发了人类学研究方法转型的学者，到20世纪20年代中期，遵循马林诺夫斯基的做法，人类学家通常会与其所研究社会的成员一起生活一年或数年，并学习当地人的语言。因为所研究的社会通常没有文字记录，人类学家拒绝猜测的历史，强调关注文化与社会结构（social structure）*不同方面之间的相互关联。这些专业的田野工作者引发了人类学从关于某个文化特征的大范围的比较到对文化进行深度整体分析的转变。

在英国，现代社会人类学与专门研究人类生理特征的人类学分离开来。体质人类学已发展成为集中研究古化石、基因（gene）*甚至是灵长类动物的学科。社会人类学中社会和体质维度在19世纪时联系得比较密切，那时人们错误地相信现存的灵长类社会在社会和体质进化上都较为低级。英国社会人类学的主要代表人物有马林诺夫斯基和阿尔弗雷德·拉德克里夫-布朗（Alfred Radcliffe-Brown）*，尽管布朗同样喜欢称自己为比较社会学家。马林诺夫斯基和拉德克里夫-布朗都深受涂尔干（Émile Durkheim）*的影响，尽管他们的功能主义（functionalism）*受到了许多批判，但他们对社会进行整体而系统的研究做法却有着深远的历史影响。英国学派人类学家的著作主要是对某个具体社会的政治、亲属关系(kinship)*、宗教(religion)*、经济等方面进行研究,并没有给某个社会领域以因果优先权。一些马克思主义(Marxism)*的人类学家认为生产方式(mode of production)*具有优先重要性,尽管不否认经济和权力关系,其他人类学者也阐释了仪式(ritual)*和符号(symbol)*的力量。

而在美国,人类学仍是作为统一的学科在大学里讲授。其中,文化人类学(cultural anthropology)*与英国的社会人类学最为接近。主要代表学者有博厄斯、鲁思·本尼迪克特(Ruth Benedict)*、玛格丽特·米德(Margaret Mead)*等。在欧洲其他地方,社会人类学的研究包括地理的、历史的研究,以及民俗传说等方面。

现代社会人类学形成了与任何区域都相关的研究取向,没有西方和非西方的区分。现代社会人类学否定文化中心主义,主张进行跨文化比较,同时对文化可能存在的统一性也保持警觉。长时段的参与式观察(participant observation)*是标准的方法。社会人类学致力于熟悉其他文化,但同时破除对自己文化的想当然的解释,使其变得陌生起来。社会人类学早就从对前文字社会的研究转向了对世界各地文明社会的研究,对农村和城市群体、有权群体和无权群体、各式资本主义社会都进行了系统研究。20世纪60年代末以来,随着被殖民国家的独立、越南战争、自由主义政治的兴起,人类学家对政治的研究变得更加警觉。例如,去经济中心取向的马克思主义影响了对前资本主义社会的研究,新女性主义被引入跨文化性别批判研究中。西方人类学家对社会主义(socialism)*和共产主义(communism)*社会进行了研究,非西方的本土人类学家数量也在增长。对历史记录的大量应用增强了口述传统的可信度。人类学家作为独立观察者的角色已经受到严重质疑，在一些情境中，更强的自我意识开始用于解决这些质疑。种族主义（racism）*和文化中心主义的区分得到了澄清。无论是在内容上和写作方式上都对实验研究敞开了大门。文献传统和人类社会都被跨文化经验所吸引。与此同时，一些学者仍在强调这个学科的科学地位。鉴于多方位的研究路径，可能并不存在统一的人类学，但是这个学科在欧洲和北美获得了持续的繁荣发展。尽管社会学和社会人类学是作为独立的学科创立的，但不应过于强调这两个学科的知识差异，而是应把它们看作是可比较的事业。

social area analysis 社会区域分析

社会区域分析是城市生态学（urban ecology）*的变种，主要代表人物有舍夫基（Eshref Shevky）、贝尔（Wendell Bell）及其同事等。详情可参考舍夫基和威廉姆斯（M. Williams）的《洛杉矶社会区域分析》（*The Social Area Analysis of Los Angeles*，1949）及舍夫基和贝尔的《社会区域分析》（*Social Area Analysis*，1955）。最初的社会区域分析提供了洛杉矶城区居住分化的全方位描述，特别是在社会排序指标、城市化程度、居住隔离等三个社会区域（虽然并没有清晰的划分）。后续关于旧金山的分析中，社会区域分析理论重点强调了社会的规模，即人们之间关系的数量及关系的强度。规模增加所导致的后果与路易斯·沃思（Louis Wirth）*提出的城市化（urbanization）*是一种生活方式的主张是一致的。在舍夫基和贝尔的模型中，不断增加的社会规模与工业化城市社会的出现是等同的，其首要推动因素是技术革新带来的经济变迁。在后续的模型修正中，丹尼斯·C.迈克拉斯（Dennis C.

McElrath)抛弃了经济决定论(economic determinism)*,将社会规模的变化一方面归因于工业组织及技术分布的变化;另一方面归因于有利于城市发展的人口聚集和资源分布。详情可参考格里尔(S. Greer)的《社会规模与社会分化》(Societal Scale and Social Differentiation,载于《新城市化》The New Urbanization)。20世纪50年代到60年代之间,在美国进行了大量的社会区域分析研究,但大部分学者并不重视社会区域分析基本框架的效度。读者可能会注意到,尽管社会区域分析的文献经常会用到复杂的量化分析,但是对核心概念和因果关系却鲜有界定,这点在当时也常被批评。关于城市化过程中社会趋势(social trend)*的讨论并没有解释为什么会产生社会分化(social differentiation)*,以及社会分化是如何产生的。最后,社会区域分析模型并没有将现代化(modernization)*的影响与居住分化联系起来,要想超越单纯的描述,社会区域分析必须将居住分化与其他理论联系起来。目前来看,最好的理论通用解释来自邓肯·蒂姆斯(Duncan Timms)的《城市马赛克》(The Urban Mosaic, 1971),但这本书目前也只剩下历史价值了。

social behaviourism 社会行为主义

社会行为主义有时主要用于乔治·赫伯特·米德(George Herbert Mead)*的社会理论中。米德试图将他对社会行动(social action)*的兴趣(人类可观测的活动)与约翰·华生(John B. Watson)为代表的现代心理学家的行为主义(behaviourism)*区分开来。心理学行为主义在解释人类行为时试图排除一切与精神和主观经验有关的活动(比如目标[goal]*、认知[cognition]*等)。对华生等行为主义者而言,主观经验是人类行为的副产品,对科学的预测行为毫无必要。不同的是,米德则对沟通在解释社会事实(social fact)*中的作用非常感兴趣。在米德的行为主义理论中,人类与动物的主要区别在于人类有能力站在对方的角度进行想象,并对他人的回应有所预期。语言(language)*、姿势(gesture)*、传播(communication)*、角色(role)*扮演等对符号互动都很重要,通过符号互动,自我(self)*得以建构,进而形成了社会生活的基础。

social capital 社会资本

社会资本最初是由詹姆斯·科尔曼(James Coleman)*提出的概念,主要用于描述家庭和社区(community)*中个人间社会关系的类型,这些社会关系对个人教育获得具有重要的影响。详情参见科尔曼与霍福尔(Thomas Hoffer)的《公立与私立高中:社区的影响》(*Public and Private High Schools: The Impact of Communities*, 1987)。社会资本是与经济学中的身体资本和人力资本相并列的概念。科尔曼和霍福尔认为社会资本的欠缺(如单亲家庭、较少的家庭活动和亲子参与、成人间较低水平的互动,特别是与本社区其他父母的互动等)不利于青春期(adolescence)*的发展。

科尔曼认为影响青少年发展的社会资本存在于功能良好的社区、父母之间的社会关系中,以及这些结构关系构成的闭合、父母与社区机构之间的关系等。这套发展于闭合社区中的规范可以被视为社会资本的一部分。闭合式社会网络使得社区能够发挥良好功能,培养孩子对学校规范的服从性、对学业的兴趣,以及避免不良行为等。若父母与子女间、父母与其他成人之间缺乏互动,则会形成开放式社会网络,社区内部缺乏沟通,缺乏家庭控制和规范落实的强度,这些都会降低人力资本培养的概率(probability)*,并增加不良行为发生的机会。

社会资本概念的提出表明科尔曼关于学业社会化的研究发生了重大转变。在1961年出版的经典著作《青少年社会》(*The Adolescent Society*, 1961)中,科尔曼强调青年文化(youth culture)*对青少年发展和教育成就的重要影响,而社会资本这一概念却强调校外的家庭及社区中家庭间互动的影响。但是,我们也可以看到两者结合的可能性,社会资本(比如缺乏父母的监管、选择居住于特定的社区、与社区内某些类型的父母和机构建立联系等)会间接影响孩子的同辈群体(peer group)*选择;也就是说,社会资本是决定青少年在社区与学校中卷入何种群体亚文化(subculture)*的间接因素。

近年来,在其著作《独自打保龄》(*Bowling Alone*, 2000)中,罗伯特·帕特南(Robert Putnam)运用社会资本这一概念来描述人们在志愿协会中的会员关系及对非正式活动的参与。普特南将强调排他性互动及同质性(亲缘关系、地缘关系)的黏合性社会资本与把不同类型的人连接在一起(如志愿协会、政治活动、宗教参与)连接性社会资本区分开来。黏合性社会资本是机械团结(mechanical solidarity)*的基础,而连接性社会资本可以促进社会团结(social solidarity)*。沿着阿里克西·德·托克维尔(Alexis de Tocqueville)*的主题,普特南认为,当前美国的总体社会资本在下降,人们经常作为个体独自活动,不再有之前用于维持信任感与制度忠诚的社会关系。

作为布尔迪厄(Bourdieu)*的文化资本(cultural capital)*理论的补充,社会资本这一概念被广泛用于经验研究中。详情可参考约翰·菲尔德（John Field）的《社会资本》（*Social Capital*, 2003）。另见文化资本（cultural capital）*；人力资本理论（human-capital theory）*。

social change 社会变迁

参见变迁（change）*。

social class 社会阶级

参见阶级（class）*。

social constructionism 社会建构论

社会建构论有时会广泛用于那些强调社会生活的本质是由社会创造的理论中。当然，在某种程度上，几乎所有的社会学家都认同这一点，所以社会建构论很容易变得空洞。但更具体来说，对社会建构论的重视至少可以追溯到威廉·艾萨克·托马斯（William Isaac Thomas）*、芝加哥社会学派、现象社会学家和哲学家阿尔弗雷德·舒茨（Alfred Schutz）*等人的作品。社会建构论强调社会是由人们主动地、创造性地生产的。它将世界描述为是由人们制造或创造的，现实世界不是既定的或理所当然的，而是个人和群体编织的解释网络。

彼得·伯格（Peter Berger）和托马斯·卢克曼（Thomas Luckmann）的《现实的社会建构》（*The Social Construction of Reality*, 1966）中，首次将社会建构论引入到社会学词汇。伯格和卢克曼试图将涂尔干和米德的观点创造性地整合起来，他们认为社会秩序（social order）*的基本特征可以体现在以下几个原则中，即"社会是人类的产品；社会是客观事实；人类是社会的产品"。伯格和卢克曼关于社会建构论的案例研究主要是宗教（religion）*领域，详情可参考伯格《宗教的社会事实》（*The Social Reality of Religion*, 1969）。但在此期间，用于解释越轨行为的标签理论（labelling theory）*获得了发展和流行，以另一种并行的风格表明越轨行为是由社会建构的。类似地，教育社会学（education, sociology of）*的研究者也采用了源自玛丽·道格拉斯（Mary Douglas）和巴兹尔·伯恩斯坦（Basil Bernstein）的观点，认为教育知识也是由社会建构的。大量不同来源的观点使得建构论这个广义用语出现了，因此，社会建构论失去了其原有的独特意涵，比如萨特斯（G. Suttles）的《社区的社会建构》（*The Social Construction of Community*, 1972）。

在心理学中，让·皮亚杰（Jean Piaget）*提出的建构主义（constructionism）*认为，认知结构会通过个人与环境的互动进而影响我们的世界知识。

社会建构论常与本质主义（essentialism）*放在一起做比较，因为建构论抛弃了人们那些想当然的观点，并对现象的社会根源和历史根源提出质疑。另见情感社会学（emotion, sociology of）*。

social contract 社会契约

社会契约是关于社会秩序（social order）*的理论，尽管可以追溯到柏拉图的思想，但主要流行于17世纪和18世纪。社会契约是公民与国家之间关于权利和责任的不成文的约定。托马斯·霍布斯（Thomas Hobbes）*、约翰·洛克（John Locke）*、让-雅克·卢梭（Jean-Jacques Rousseau）*分别提出了三个最著名的契约理论，描绘了理想的而非现实世界的权力分配方案。霍布斯主张只有当所有公民通过契约将个人权力交给君主,由此换来君主对个人生命和财产的保护,才能实现社会秩序和安全。洛克提出了一个几乎与霍布斯相反的策略,他主张建立最小规模的、可废止的政府,社会契约的基础是自然法(natural law)*和个人利益(这个观点几乎毫无改变地被美国政府系统采纳)。卢梭主张社会契约的订立需要建立在个人意志自由表达的基础上,需要完全的平等与民主参与。由于其空想特征,社会契约论并没有得到现代社会科学家的响应,但是社会契约论也提出了关于政府的本质和目标、理想社会特征等许多有趣的问题。

social control 社会控制

在社会学中,社会控制主要是指对个人和群体行为进行管控的社会过程。所有社会都有管控行为的规范(norm)*与规则(社会中如果没有这样的规范会很不方便),与之相应地,所有社会也都有保障遵守规范和处理越轨行为的机制。因此,社会控制是社会的普遍特征,不仅仅是越轨社会学家,许多社会学都对社会控制感兴趣,并提出了不同的理论观点。社会学的主要议题不是社会控制存在本身,而是关注特定社会背景下的社会控制的精确性及控制机制。谁来执行社会控制?使用什么样的控制技术?个人和群体在多大程度上可以抵制控制过程?以谁的利益出发实行控制?对这些问题的回答差异很大。规范功能主义(normative functionalism)*认为,社会控制是维持社会秩序(social order)*的必需,因此社会控制符合社会的整体价值;而其他学派则指出社会控制是为部门利益服务的,强调关注规范共识的缺失、卷入部门的权力差异,以及权力与控制的密切关系等议题。

关于社会控制主要形式的分析存在差异。常用的划分是将社会控制分为压制性或强制性控制,也叫硬技术控制,包括直接的身体约束;以及通过塑造观点、价值、态度的软性意识形态控制。强制性控制技术主要体现为警察和军队等机构,软性控制技术机构主要体现为大众媒体(mass media)*。关于社会控制议题的讨论可以参考以下书籍:斯坦利·科恩(Stanley Cohen)*的《社会控制愿景》(*Visions of Social Control*, 1988)、杰克·吉布斯(Jack P. Gibbs)的《控制:社会学的核心概念》(*Control: Sociology's Central Notion*, 1989)。另见犯罪学(criminology)*;女性主义(feminism)*;米歇尔·福柯(Foucault, Michel)*;制裁(sanction)*;信任与不信任(trust and distrust)*。

Social Darwinism 社会达尔文主义

参见达尔文主义(Darwinism)*。

social demography 社会人口学

社会人口学主要研究社会与文化因素是如何与人口特征相关联的。其关注的焦点是社会和文化因素对婚姻模式和育儿模式、人口年龄结构、人口预期寿命等人口特征的影响。此外,社会人口学也非常强调研究人口变化的社会后果。既然社会或社会群体的人口特征本身就是重要的社会现象,是与出生和死亡直接相关的社会(生理)事件,所以在某种意义上来说,关于任何群体的人口学研究都是某种形式的社会人口学。但是,人口学(demography)*研究本身主要是确定和测量人口特征以及人口变量之间的关系,而社会人口学家则试图理解和解释人口学模式,所以他们同时借鉴了人口学和社会学的专业知识。

支撑人口变动的三大主要变量是生育、死亡、迁移，它们本身就和结婚年龄、结婚比例、避孕措施、发病水平和类型、城乡迁移等因素存在密切联系。在理解这些人口过程时，诸如收入分配（income distribution）*、教育水平、女性地位、宗教（religion）*、经济发展（economic development）*等一系列标准化（standardization）*的社会因素都受到了社会人口学家的关注。社会人口学家主要通过社会调查（social survey）*和相关（correlation）*分析技术来探索些变量之间可能存在的各种联系。遗憾的是，社会人口学研究受限于样本模型的检验，相对缺乏对意义（meaning）*的关注，其理论化水平相对落后。除了个别重要文献，对文化（culture）*如何影响个人的观念和信仰的关注依然不多。社会人口学很少利用民族志（ethnography）*研究技术，狭隘的研究取向导致了社会人口学与人口学本身一样，仍是相对脱离于主流社会学研究。

social differentiation 社会分化

参见结构性分化（structural differentiation）*。

social distance 社会距离

社会距离主要是指在量表（scale）*测量中社会变量之间在尺度上的相似性与紧密性，比如关于职业流动（occupational mobility）*的一些研究，或者是博加德（Bogardus）的社会距离量表。博加德的社会距离量表主要是通过与不同族群的亲密意愿来测量社会距离，例如，"你是否接受沙特阿拉伯人作为你所参加的高尔夫俱乐部的成员？……成为你女儿的丈夫"？多维标度分析法通常用来测量这样的社会空间（space）*或社会距离。社会距离也用于网络分析（network analysis）*中，此时，社会距离是指用来表明网络中两个单独的个人（或群体）之间的连接总数。

social dynamics and social statics 社会动力学与社会静力学

参见奥古斯特·孔德（Comte, Auguste）*。

social ecology 社会生态学

参见人类生态学（human ecology）*。

social engineering 社会工程学

社会工程学假定可以通过社会指标（social indicators）*和社会趋势（social trend）*报告获取关于非计划趋势的充足信息，这样，政府可以像管理经济一样，管理和影响社会的一些关键特征，进而对社会变迁（social change）*与社会发展进行规划。例如，女性雇佣水平部分的是由那些促进或阻碍女性就业的政策决定的。另见渐进社会工程（piecemeal social engineering）*。

social evolution 社会进化

参见进化论（evolutionary theory）*。

social exchange 社会交换

参见理性选择理论（rational choice theory）*。

social fact 社会事实

对个体而言外在而具有约束性的、通常覆盖整个社会群体的思考、感知和行动方式。这个术语由爱弥尔·涂尔干（Émile Durkheim）*所创设，用以指向社会学所分析的、与心理学或生物学所研究的事实区别开来的对象。社会事实包括角色（role）*、制度（institution）*、货币体系、语言（language）*和一些像犯罪（crime）*、自杀（suicide）*和贫困（poverty）*这样的行为的可测量比率。涂尔干特别强调了他所谓的集体意识（collective conscience）*和集体表象（collective representations）*。各种社会事实来自由集体阐述并因此具有权威性的规则、准则和实践，不管是宗教的还是世俗的。它构成了群体所集体开展的实践，从而施加影响于自身，并且为个体所内化。因为它们是被集体阐述的，它们是道德的并因此约束个人的行为。对社会学家来说，有趣的问题涉及理想化的表征同物质化的社会群体（social group）*和它们的成员行为之间的鸿沟，例如，在社会所同意的规范和真正的实践之间。社会事实的特性已在玛格丽特·吉尔伯特（Margaret Gilbert）的《论社会事实》（*On Social Facts*, 1989）中得到了有趣的探索。

social fluidity 社会流动性

参见费瑟曼-琼斯-豪泽假设（Featherman-Jones-Hauser hypothesis）*；社会流动（mobility, social）*；几率比（odds ratio）*。

social forecasting 社会预测

一种试图概括一系列历史趋势机率的社会理论路径。经典例子有丹尼尔·贝尔（Daniel Bell）的《后工业社会的来临》（*The Coming* of Post-Industrial Society, 1973），该书副标题为《对社会预测的一次探险》。贝尔将其工作区别于早期那些针对特定社会环境形成预测准则的（不足为信的）尝试。相反，他认为社会预测只尝试概括几率，并且，只有当"现象存在规律和反复"，或者，当趋势的方向"可以在统计的时间序列中计划或系统阐述为历史趋势"时、当"人们可以假设那些影响重大事件的人具有高度理性"时，社会预测才是可能的。正如贝尔所承认的，事实上这些条件极难满足，社会预测者通常局限于只分析使特定政策决定变得有效的约束条件，而不是预测特定政策决定的结果。

social formation 社会形态

一个马克思主义（Marxism）*的概念，与"社会"几近同义，是指提供生产方式（mode of production）*存在条件的制度脉络。这一术语由结构主义马克思主义者路易·阿尔都塞（Louis Althusser）*创设以替代"社会"，因为他认为后者带着过于强烈的"社会生活"印记，而这种"社会生活"被其视为一种（从根本上说的）个体性人类的产物，属于马克思主义之前的人文主义（humanism）*的概念。因此，它在一个文本中的存在通常意味着作者秉持一种结构主义（structuralism）*的社会生活概念，而据此概念，社会关系本身——而不是它们的承载者——决定了社会内所发生的事物。值得关注的是，卡尔·马克思（Karl Marx）*本人很少使用这一术语。对阿尔都塞而言，一个社会形态是具体的经济、政治和意识形态（ideology）*关系的混合体，它们被捆绑在一起并赋予像资本主义的、封建的这样的特定特征，或者，用他的话说，那些特征是由经济关系是"最终决定物"这一事实所决定的。在那些继续使用这个术语的人当中,有许多现在拒绝这一剩余的还原论(reductionism)*。

social geography 社会地理学

参见人文地理学(human geography)*。

social group 社会群体

参见对群体(dyad)*;群体(group)*;三人团体(triad)*。

social history 社会史

任何强调主要关注"社会"的历史研究。由于许多近代社会史研究的是非常晚近的过往,这和社会学家们的实际关注内容有相当多的重叠。

作为一个易于识别的专业,社会史兴起于20世纪60年代到70年代间,是对政治和经济史中精英主义式既定惯例的一种自觉反应。对许多实践者来说,新社会史意味着"发出平常人的声音",这可以从对普通的男人和女人的价值(value)*、生活方式(lifestyle)*和日常经验快速扩展的兴趣中得到反映。广泛的方法和技术(例如,其中包括口述史[oral history]*)及明确的理论关注在这个新的重要领域中得到探索。不断繁衍的新杂志(例如,《社会史》[*Social History*]、《历史研讨杂志》[*History Workshop Journal*]、《社会史杂志》[*Journal of Social History*]、《跨学科历史杂志》[*Journal of Interdisciplinary History*])一跃而成为以此种方式揭示的新材料面世的途径。在彼得·伯克(Peter Burke)的著作中,可以找到对社会史的重要概括性陈述,其中最为有名的是《历史与社会理论》(*History and Social Theory*, 1992)。

极少数社会史家表达了对他们的专业性被一些来自相近学科(尤其是社会学)概念、理论和方法的无差别引进迅速稀释的程度的关注。例如,在各种抱怨中,有一种声音认为:当代社会史过于强调经验主义(empiricism)*,毫无思想含量的数据堆积于一个广受关注的主题之上,而这仅仅是因为这些数据存在,而不是因为对有趣的历史难题或问题的追问;沉迷建模导致对那些来自功能主义(functionalism)*、现代化(modernization)*理论、结构主义(structuralism)*等流派的有问题的概念和论点不加分析地运用(别的方面也是如此);政治和经济因素的重要性迷失;存在一种广为传播的倾向,对某个(经常是界定不清的)受关注时代中大众的"心态"或"集体思想"进行缺少根据(通常是老一套)的概括。简言之,至少在某些批评看来,当代社会史已经变成一种回溯性的文化人类学(cultural anthropology)*,乐于奖赏那些奇异来源和浮夸的(经常不可检验的)概括(关于这些方面的没有好气而引发争议的批评文字,可参见朱特[T. Judt]的《一个身着帝王紫袍的小丑:社会史和历史学家》A Clown in Regal Purple: Social History and the Historians, 载于《历史研讨杂志》*History Workshop Journal*, 1979)。

然而,如此描绘的画面当然过于消极,毫无疑问,这个与社会学有一些重叠和相当大关联性的跨学科领域,处于成长之中且充满动力。阿瑟·斯汀康比(Arthur Stinchcombe)的《社会史的理论方法》(*Theoretical Methods in Social History*, 1978)则描绘了一幅远为积极的关于社会史方法的画面。与社会学直接相关联的是大量关于工人阶级文化（可参见休厄尔［W. H. Sewell］的《法国的工作与革命》Work and Revolution in France, 1980；坎布勒［J. Cumbler］的《工业化美国的工人阶级社区》Working Class Community in Industrial America, 1979；道利［A. Dawley］的《阶级与社区：林恩的工业革命》Class and Community: The Industrial Revolution in Lynn, 1979）、政治与阶级形成（阿明扎德［R. Aminzade］的《阶级、政治与早期工业资本主义》Class, Politics and Early Industrial Capitalism, 1981；蒙哥马利［D. Montgomery］的《美国的工人控制》Worker's Control in America, 1979；斯考特［J. W. Scott］的《卡尔莫的玻璃工人》The Glassworkers of Carmaux, 1974年）、民族-国家的形成（基尔南［V. G. Kiernan］的《西欧的国家和民族》State and Nation in Western Europe, 载于《过去和现在》Past and Present, 1965；路德克［A. Ludke］的《向资本主义转型时期中国家暴力的角色》The Role of State Violence in the Period of Transition to Capitalism, 载于《社会史》Social History, 1979；罗森博格［H. Rosenberg］的《科层制、贵族制和专制制度》Bureaucracy, Aristocracy and Autocracy, 1958）及社会变迁（social change）*和家庭（哈瑞文［T. K. Haraven］的《现代化和家庭历史》Modernization and Family History, 载于《符号》Signs, 1976；莱文［D. Levine］的《新生资本主义时代的家庭形成》Family Formation in an Age of Nascent Capitalism, 1976；斯考特［J. Scott］和蒂利［L. Tilly］的《妇女、工作和家庭》Women, Work and Family, 1978）的优秀社会史研究。女性主义的社会史学家格外具有影响力，她们已成功地把女性历史纳入了研究议程。出色研究的例子可参见罗斯（S. O. Rose）的《受限的生计》（Limited Livelihoods, 1992）及大卫杜夫（L. Davidoff）和霍尔（C. Hall）

的《家庭命运》(Family Fortunes, 1987)。当然,在所有这一切中,社会史终止而社会学——尤其是历史社会学(historical sociology)*——开始于何处仍属争议未决的问题。

social indicators 社会指标

一个社会的通过测量(measurement)*而容易识别的特征,因时间而变,并用以揭示社会现实某些潜藏的方面。例如,零售价格指数用来测量通货膨胀(inflation)*,进而被作为衡量经济绩效的关键指标。一般而言,最经常使用的指标来自官方统计数据(official statistics)*,包括失业(unemployment)*状况、健康和死亡率(mortality)*数据和犯罪率(crime rate)*。社会指标被十分频繁地用于评估社会进步的程度。类似地,它们也可用于预测未来。因此,社会指标是政策相关研究的重要方面,并被政府广泛地运用。这是一个界定清晰的研究领域,有一本致力于编制和讨论令人满意的社会指标的专业科学杂志。另见指数(index)*。

social inequality 社会不平等

参见不平等(inequality)*。

social institution 社会制度

参见制度(institution)*。

social insurance 社会保险

一种由国家管理、基于缴费的、覆盖失业(unemployment)*、疾病

(illness)*和退休或者偶尔也包括其他事件在内的收入维持系统。系统在地方和全国层面之间多有变化：一些是通过一般赋税和缴费来获取所需资金；收入维持支付经常具有固定期间而不是没有期限；在缴费记录之外，多数系统具有资格要求，用以排除许多女性和年轻人。

social integration 社会整合

参见系统整合与社会整合（system integration and social integration）*。

social interaction 社会互动

参见行动理论（action theory）*；拟剧论（dramaturgy）*；形式主义（formalism）*；协商秩序（negotiated order）*；序列分析（sequence analysis）*；社会整合与系统整合（social integration and system integration）*；符号互动论（symbolic interactionism）*。

social media 社交媒体

以个人沟通来整合公众的网络化数据库平台。2004 年，在加利福尼亚一个商业会议上这一术语作为一种营销工具首次被使用。因此，尽管研究者们回溯性地尝试将一句标语重塑为一个能够解释新兴的和快速发展的沟通实践的学术概念，它在学术文献中的使用仍然存在争议，并且经常是不精确的。有如相关的术语 Web2.0，社交媒体这个术语是在尝试描述新兴的基于万维网的媒体和技术平台及它们的商业模式的共同特征，而现在它一般用于指代诸如 Facebook、LinkedIn 和 Twitter 的基于个人资料的平台。然而，这一术语也关注日常沟通实践中更为广阔的转变和在媒体环境中的展望。社交媒体模糊了发向不特定对象的公共信息广播模式同诸如电话、电子邮件、信件和短信这样的特定个体间的间接人际沟通之间的差别。社交媒体允许人们说出或造出事物，将其与他人分享，并使这些分享对其他人是可见的。当更多形式为人们熟悉的媒体内容成为对他人可见的个人间沟通的焦点，个人用户的关系和经历因此具有了公共品质。

　　这一术语最初强调用户间以及那些用户与基于万维网的平台之间的连接性。社交媒体工具允许用户参与到沟通网络中，建立他们自己能够通过这些服务互动的关系、连接、朋友或同事网络。沟通可以在多重的人际组合中作多方向中流动，然而这可能使人误用"多对多沟通"这一词语，因为在一个既定的沟通事件中涉及的人数可能是相当少的。围绕社交媒体的一个关键张力来自最大的此类平台所使用的那种网络拓扑结构。互联网（Internet）*本身是一个分布式的端到端网络，有如道路系统或者电力网络。由于任何具备必要技巧和资源的人都能够无需与某个中心权威协商或者重造整个网络基础结构而加入到网络中，这一直是创新和改进的一个重要驱动力量。但是，最大的和最有影响的社交媒体平台是在那个更大的端对端网络上运行的中心化网络。例如，在Facebook两个用户间的所有沟通都必须经由Facebook这样一个封闭的和中心化的专有网络进行，一些批评者——包括万维网的发明人蒂姆·伯纳斯-李（Tim Berners-Lee）声称这样的网络是将其自身建造成为一个更为开放的端对端网络的替代物。

　　分享行为是社交媒体的核心，而不是产出，正如创意是创意产业的投入。社交媒体平台是基于一个数据库的具体概念建立的。其商业模型是将它们的用户的个人信息和数据的使用卖给其他企业，以及让用户使用这些服务来建立数据库：每一次一个用户发布一个视频、点赞一张照片、搜索一个产品或者给一个朋友发送一条信息，这一互动就成为那个数据库的一个新部分，就为这家公司增加了价值。社交媒体公司是企业对企业（B to B）式企业，其用户不是消费者而是产品。数据库越大，则其价值越大，所以用户被激励做更多分享——影像和想法，情绪和观点——这让平台更有价值。平台用户被社交媒体服务定位以让其数据和信息供更多的通道分享，其方式有时让大量的那些用户感到困惑和吃惊，这已经导致了关于隐私和可见性的一系列争议。

社交媒体公司是自身并不生产媒体内容的媒体公司，它们提供一个平台给其他人来做这些。在某些情况下，其基本服务表现为基于照片的社交媒体工具允许其用户上传照片。在其他情况下，社交媒体围绕一个应用程序接口（API）提供一套更大、更复杂的产品和服务，该接口允许第三方软件开发商生产像游戏这样的附加服务在社交媒体公司所提供的平台上运行。

social mobility 社会流动

参见社会流动（mobility, social）*。

social movements 社会运动

一种由一大群人参与，为了改变社会的某个或某些主要方面（或抵制这些改变）的组织化努力。这个术语是圣西门（Saint-Simon）*在18世纪初首先使用的，用于刻画爆发于当地而后蔓延至他处的社会抗议运动，指向反对现状的新政治势力。时下，它的使用最经常与政治体制主流之外的群体和组织相关。这些运动，如今经常简称为NSMs

（新社会运动），在20世纪的最后几十年成为政治变迁日益重要的来源。社会学家们通常注重研究此类运动的起源、它们的招募来源、组织动力和对社会的影响。

社会运动是集体行为（collective behaviour）*的有目的和有组织的形式。社会运动的例子包括那些支持公民权利（civil rights）*、同性恋权利、工会主义、环保主义和女性主义（feminism）*的运动。集体行为的例子则包括骚乱、时尚和狂热、恐慌、异教（cult）*、谣言和大众妄想。社会运动是一个活着的民主的基本要素之一，并且可能是威权社会中民主和改变的促进因素。

社会运动自身并非正式组织（formal organization）*或政党（political parties）*，而是可能包括一些此类组织在内的个体和群体组成的较为松散的网络（参见马里奥·迪亚尼[Mario Diani]的《社会运动的概念》The Concept of Social Movement，载于《社会学评论》*Sociological Review*, 1992）。因此，一个劳工运动（labour movement）*可能包括各种工会（trade union）*、合作社（cooperative）*、社会主义政党和工人俱乐部，而不是还原至其中的任何一个。组成一个社会运动的个体、群体和组织通过其共同目标和关注及他们对共同行动的参与而联合起来。它们在社会的常规政治渠道之外运作，但作为利益集团（interest groups）*，可能相当深入地渗透进政治权力圈中。它们的目标可能窄如大麻合法化，亦可能宽如摧毁资本主义世界体系的霸权（hegemony）*；它们可能是革命的或改良的；但它们一致地拥有一群市民组成的活跃组织，以某种方式改变现状。在一个社会运动的宽泛旗帜下（比如"和平运动"），许多单个的社会运动组织（SMOs）可能以相对独立的方式运作，这有时在运动内部产生困惑和冲突。

一个由大卫·阿伯利（David F. Aberle）提出的对社会运动的早期分类《纳瓦霍部落中的佩尤特教》（*The Peyote Religion among the Navaho*），根据两个维度来区分社会运动：寻求改变的点位（社会或个人），寻求改变的数量（部分或全部）。从这一分类中产生的四个范畴是转型的、改良的、救赎的和替代的。这些分别是瞄准完全重构社会（比如千禧年运动）的运动，试图改革现存秩序有限的某些方面的运动，寻求带领成员走出腐败的生活方式（比如许多宗教的教派团体）及只改变个体成员的某些特定品质的运动（比如匿名戒酒者协会）。这些运动的前两类，其目标是改变（整体或部分）社会，后面则只改变个体成员的行为。

社会运动引人注目的可见性和它们对主流社会的挑战已令它们成为社会学极为感兴趣的目标。许多研究聚焦于它们的表达和非理性的品质，强调社会运动的病理性元素，例子可见于埃瑞克·霍弗（Eric Hoffer）的《真正的信仰者》（*True Believer*, 1951）和西奥多·阿多诺（Theodor Adorno）*等人的《权威主义人格》（*The Authoritarian Personality*, 1950）。20世纪60年代和20世纪70年代间主要属于中产阶级（middle class）*的非暴力社会运动浪潮则产生了更为积极的研究和分析作品。社会运动行动的客观和主观条件吸引了巨大的注意力：许多像西摩·马丁·李普塞特（Seymour Martin Lipset）这样的理论家将其归咎于大众社会（mass society）*的异化（alienation）*的状况。马克思主义者和新马克思主义者指出阶级分化和阶级冲突的新形式是基础性的原因。其他人则探讨相对剥夺（relative deprivation）*和上升的期待对于市民动员的效应。其他研究还分析了从对怨恨的初始认识到充分发展的运动组织的社会运动发展阶段：尼尔·斯梅尔瑟

(Neil Smelser)的加值理论是这一类型的经典(参见《集体行为的理论》Theory of Collective Behaviour, 1963)。他的解释确定了六种具有时序的发展决定因素,每一个因素都在加剧可能结果范围的缩小。这些决定因素包括:结构促进条件(运动出现所必需的广阔社会条件);结构压力(不公正感和不安);普遍信念的增长与传播(比如可为人们的问题提供答案的一种意识形态[ideology]*);诱发因素(激发行动的事件);行动参与的动员(例如通过转换);最后,是社会控制(social control)*的运作。在20世纪70年代,还有更多社会运动动力学的详细证据来自多变量的分析(格尔[T. Gurr]的《为什么人们反叛》Why Men Rebel, 1970)。

社会运动的资源动员(resource mobilization)*理论在北美特别有影响,而认同取向的理论则在西欧更为寻常。梅耶·N. 扎尔德(Mayer N. Zald)和约翰·D. 麦卡锡(John D. McCarthy)的著作《社会运动的动力》(The Dynamics of Social Movements, 1979)是前者的典范,它讨论了作为组织的运动,特别聚焦于此类组织动员资源的需要。这些理论考察必须由群体动员的资源范围,检验此类资源配置的方式,考虑政权可能尝试限制此类资源的行动。在这种视野里,资源一词有着宽泛的含义,包括经济资源、意识形态、修辞和符号。诸如领导力、沟通网络、可支配时间、金钱和业务或政治联系等因素被认为是解释社会运动的增长和成功或失败的关键。相反,认同取向的理论视社会运动为处于现代社会和社会变迁(social change)*中心的社会冲突(social conflict)*的一种特别类型。因此在法国社会学家阿兰·图海纳(Alain Touraine)*看来,"社会运动的概念(应该处在)社会学的中心"(《行动者归来》The Return of the Actor, 1988)。这一视角视社会运动为新社会政治和重组中的核心群体(例如,妇女运动[women's movement]*和环境运动)和新政治认同的根源。的确,图海纳的干预方法不仅仅将社会行动(social action)*作为公民行动最根本的一种形式来对待,还要求社会学家们不仅为了研究还为了激励运动而参与到行动中。很少有英国或美国的社会学家追随图海纳进入这一微妙的领域,大多数社会运动的社会学研究属于组织和政治过程的客观分析(objective analysis)*。

social network 社会网络

参见网络(network)*;分析(analysis)*

social order 社会秩序

对社会秩序,或者说社会如何及为何联结的解释,是社会学的核心关注内容。例如,那些直接面对工业化(industrialization)*和城市化(urbanization)*的明显后果的古典社会学家们专注于"霍布斯式的秩序问题":社区的消亡、初级社会关系的崩塌、传统社会控制主体的权威丧失和与19世纪快速社会变迁相联系的普遍不稳定。

从根本上说,有两种关于社会秩序的解释,其中一种与爱弥尔·涂尔干(Émile Durkheim)*相联系,另外一种则与卡尔·马克思(Karl Marx)*相联系。前者亦与塔尔科特·帕森斯(Talcott Parsons)*和功能主义(functionalism)*思想流派有关,聚焦于共享规范(norm)*和价值(value)*在维持社会凝聚中的角色。对于涂尔干,这种强调源于他对功利主义(utilitarian)*的社会思想的批评。这在诸如英国的斯宾塞(Herbert Spencer)*这样的社会和政治理论家当中尤受欢迎,他们专注于在日益复杂的工业社会(industrial society)*中作为社会秩序基础的共同私利和契约。相比之下,对于涂尔干,道德问题是解释社会整合(social integration)*的中心问题。在他看来,前工业社会的机械团结(mechanical solidarity)*以共享的信仰和价值为基础,主要存在于集体意识中。然而,随着工业社会的到来,社会化(socialization)*和分化导致相互依赖,以此为基础产生了新的有机团结(organic solidarity)*形式(参见结构分化[structural differentiation]*)。对自我的道德约束从联合中产生,形成了社会凝聚的基础。尽管涂尔干并不否认冲突(conflict)*和权力(power)*使用的存在,尤其是在社会快速变迁的时期,帕森斯还是强调了优先的道德共识作为社会秩序必要的前置条件的重要性。他视有机团结为一种集体意识的修正形式,并主张通过内化规范来接纳价值是现代社会中的整合(integration)*和社会秩序的基础。因为帕森斯坚持一个规范和价值的共享体的重要性,持续的批评称其社会学分析过分强调共识而忽略了冲突和变迁。

第二种关于社会秩序的解释源自这个学科中的马克思主义(Marxism)*的传统,它提供了一个关于唯物主义(materialism)*而非文化的解释。马克思强调物质财富和政治权力在资本主义社会中的不平等。物质和政治资源的分配是那些对资源的所欲多于所有的不同群体——社会阶级(social class)*——之间冲突的根源。冲突意味着不存在道德共识,社会秩序总是被脆弱地维持。它是相互竞争的群体之间权力平衡的产物,也即,有力量者约束弱势群体,通过经济压制、政治和法律强制(coercion)*和科层制(bureaucracy)*的常规化得以维持。当许多马克思主义学者越来越多地采纳社会秩序的文化解释——比如,通过主流意识形态解释工人阶级的社会融合(incorporation)*,

其他人强调经济和政治强制被证实为稳定的十分有效的来源,特别是在权力被正当化为权威之处。尽管如此,持续的冲突意味着张力和变化,而不是持久的稳定。

在社会秩序理论争辩方面的最新著作中,大卫·洛克伍德(David Lockwood)*(《团结与分裂》Solidarity and Schism,1992)论证道,不管是马克思的理论还是涂尔干的理论都没有令人满意地解决问题,因为每一种路径都不得不使用那些被证明是另一个路径核心分析元素的剩余范畴。在涂尔干的著作中,道德分类的概念是社会结构(social structure)*的关键,而对马克思来说,那就是生产关系(relations of production)*。也就是说,一种理论强调地位(status)*的社会性整合结构;另一种理论则强调阶级(class)*的社会性分裂结构。然而,如果不在其模式中引入权力和物质利益的概念,涂尔干无法解释失范(anomie)*的去类化(失序)如何发生或者结构的(分裂的),反过来,除非马克思诉诸于意识形态(ideology)*的一般化范畴,后者呈现了共识的本质和多变性的(未被分析的)概念问题,否则他就无法解释资本主义社会的持久存在。

社会秩序的解释倾向于宏观理论,专注于以社会为分析单位,尽管家庭义务、犯罪(crime)*和休闲(leisure)*(仅引用一些例子)方面的研究从微观层面提出了社会秩序议题。关于社会秩序如何在面对面互动(face-to-face interaction)*过程中再生产,非常不同的解释可在符号互动论者的著作、拟剧论(dramaturgy)*和常人方法学(ethnomethodology)*和交换理论(exchang theory)*中发现(所有这些都会在这本词典的其他地方分别讨论)。对各种理论及由其所提出的议题的最一般解释属丹尼斯·朗(Dennis Wrong)的《秩序问题:什么联合和分割了社会》(*The Problem of Order: What Unites and Divides*

Society, 1994)。另见宿命论(fatalism)*;托马斯·霍布斯(Hobbes, Thomas)*;社会契约(social contract)*;社会整合与系统整合(social integration and system integration)*。

social organization 社会组织

参见正式结构(formal structure)*;组织理论(organization theory)*;帕森斯(Parsons)*;系统理论(system theory)*。

social pathology 社会病理学

越轨理论的早期形式,已不再被广泛使用。运用有机体隐喻以表示社会的各部分有如身体的各部分,可能遭受崩溃或疾病(illness)*。另见病理学(pathology)*。

social policy 社会政策

准确地说,何为社会政策是有争议的,两个词都存在问题。政策这个术语通常指一套或多或少被清楚地表述的、关于在一个特定的领域中该做些什么的思想,它经常以书面形式出现,并总是为相关的决策机关正式采用。它与计划不同,因为计划会详细地说明哪些目标将被达成,而一项政策通常在一个更为一般的层面上表述,只指明了目标和有意改变的方向。然而,在学术脉络中,政策一词总是未被严格地限定于被正式采用的政策,这是由于缺少行动和现状的持续(即使没被正式同意)本身也构成一项政策。

"社会"一词的问题更大。最常见的观点是社会政策就是指向满足人口的社会需要(社会需要通常被阐释为福利需要)的政府政策(中央和地方的），其清单包括有关社会保障（social security）*的政策——健康、住房、教育，有时也包括法律和秩序。然而，这样一个社会政策观点可以说过于狭隘，因为它将注意力引向明确处于福利（welfare）*领域常见清单里的那些政策。它忽略了那些对福利也具有深远影响的关键政策领域，特别是那些通常被视为经济政策的领域，例如，财政政策和有关通货膨胀（inflation）*和经济增长（economic growth）*的政策。尽管这些政策通常被标示为"经济政策"，它们仍是"社会政策"，——或者主要具有福利内涵的政策，不应被排除在社会政策领域之外。同样，有主张称专注于政府政策是错误的，人们还应该将宗教（religion）*和慈善机构以及私营公司（例如，想一想养老金政策）包括在内——随着福利安排私有化，这些主体变得越来越必需。

社会政策分析具有多种路径，然而有许多分析来自外在于社会学框架的社会管理部门。然而，在20世纪50年代和20世纪60年代占据支配地位的所谓社会政策的社会管理路径已因理论缺失被广泛地批评。在20世纪70年代，马克思主义（Marxism）*路径在社会学家当中具有特别的影响力（参见高夫［I. Gough］的《福利国家的政治经济》*The Political Economy of the Welfare State*, 1979）。再晚近一些，马歇尔（T. H. Marshall）*对公民身份（citizenship）*的分析（参见他的《十字路口的社会学》*Sociology at the Crossroads*, 1963）再次形塑了福利与社会政策的讨论。还有一个比较社会政策方面更大的聚焦点（与英国作家偏倾向关注显示衰退迹象的社会政策相比）。女性主义学术的影响相当大，其中有许多对女性在诸如病人与残障者的非正式照顾这样的福利供给中所扮演角色的出色分析，也有不少关注女性作为社会福利接受者的出色研究。另见评估研究（evaluation research）*；政策研究（policy research）*。

social problems 社会问题

一个通用术语,用于指代表现社会解组(dealignment)*的条件范围和异常行为,以通过某些社会工程学(social engineering)*的方式来促进改变。通常,这些问题包括多种形式的越轨行为(诸如犯罪[crime]*、青少年不良行为[juvenile diliquency]*、卖淫、精神疾病[mental illness]*、药物成瘾[drug addiction]*、自杀[suicide]*)和社会冲突(social conflict)*(族群紧张、家庭暴力[domestic violence]*、劳资冲突[industrial conflict]*,等等)。这些话题中的大部分在这部词典的具体条目中有所讨论。在现代工业社会(industrial society)*的复杂社会结构中,个体和群体不同程度地暴露于这些风险当中,占据了不同地位(status)*和角色(role)*的人们倾向于给予社会形势不同的评价,对于哪些构成需要解决的社会问题也存在不同的观点。因此,可能的社会问题范围几乎是难以界定的,有可能包括识字率下降、职业伦理消亡在内的多样化现象。类似地,(至少是部分地)由于各类相关群体具有不同的利益(interests)*和价值(value)*,提出的解决方案也是多种多样的。

social protest 社会抗议

参见公民不服从(civil disobedience)*;消极抵抗(passive resistance)*;叛乱(rebellion)*;社会运动(social movements)*;罢工(strike)*。

social psychology 社会心理学

参见心理学(psychology)*。

social science 社会科学

一个用于社会与人类关系研究的一般标签。在19世纪中,社会科学的发展跟随于自然科学的发展。一个研究领域被认定为社会科学通常意味着它和自然科学的重要性相当。在各种研究人的学科中,心理学(psychology)*通常被认为是自然科学而非社会科学,经济学(economics)*则最常被认为是一门相对不存疑的社会科学。社会学(sociology)*、社会心理学(social psychology)*、政治学(political science)*和地理学(geography)*处于相对更为存疑的地位,而历史学则可能最少被认定为一门科学。另见方法论(methodology)*。

social security 社会保障

由国家管理、家计调查式的收入维持系统,用以防止人们陷入或停留于贫困(poverty)*之中。有的是面向公民的,有的则是面向居民的。另见福利国家(welfare state)*。

social solidarity 社会团结

爱弥尔·涂尔干(Émile Durkheim)*作品中的一个主要议题,关注的是社会中道德秩序乃至社会秩序(social order)*的来源。特别地,涂尔干属意于阐述在一个个人主义(individualism)*、社会紊乱和道德多元化日益增长的时代里个体和社会之间的联系。在他的名著《社会分工论》(*The Division of Labour in Society*, 1893)中,他将基于相似性的团结、隔离的特性、机械团结(mechanical solidarity)*盛行的不透明社会与在基于职业互相依存的团结、由有机团结(organic solidarity)*塑造的道德密集的社会并置。从一种社会向另一种社会的转型既不是明显的,也不是不可避免的——因为他是第一个在后来的作品中承认劳动分工(division of labour)*的非正常形式的。在后续作品中,涂尔干寻求对当代社会中道德规章和社会整合(social integration)*问题提出制度(institution)*上的解决方案。特别地,他提出"职业社团"(一种中世纪行会的现代等价物)作为个体与社会中介的重要性。在《宗教生活的基本形式》(*Elementary Forms of Religious Life*, 1912)中,社会团结——社会——被发现正好是集体崇拜的对象。

social stability 社会稳定

参见变迁(change)*;进步(progress)*;社会控制(social control)*;社会秩序(social order)*;社会团结(social solidarity)*。

social statics and social dynamics 社会静力学和社会动力学

参见奥古斯特·孔德(Comte, Auguste)*。

social statistics 社会统计

包括人口普查(census)*和人口学(demography)*数据在内的有关社会群体的量化信息,用于描述性政策分析与推论分析。作为统计理论的一种应用,对影响和测量模型以及多变量分析(multivariate analysis)*模型的关注日渐增加。

social status 社会地位

参见地位(status)*。

social stratification 社会分层

参见分层(stratification)*。

social structure 社会结构

参见结构(structure)*。

social survey 社会调查

参见调查(survey)*。

social system 社会系统

系统的概念遍布于社会和自然科学,并催生了一批关于系统的文献(一般系统理论[system theory]*)。一个系统是任何数量的要素之间的每一个结构化或模式化关系,在此当中这个系统形成一个整体或者统一体。通常假定,一个系统有其环境,正因此,存在一种边界维持(boundary maintenance)*的要求。一个系统和它的环境之间存在交换。更进一步的假定是各种系统将趋于一种均衡状态或者稳态。社会系统的思想深受劳伦斯·亨德森(Lawrence J. Henderson)社会哲学的型塑,而亨德森则为帕累托(Pareto)*(参见亨德森的《帕累托的普通社会学》*Pareto's General Sociology*,1935)和生物学家沃尔特·卡农(Walter B. Cannon)(参见《身体的智慧》*The Wisdom of the Body*,1932)所启发。塔尔科特·帕森斯(Talcott Parsons)*在哈佛大学时受到亨德森阐述帕累托的影响,他通过发展结构功能主义(structural functionalism)*理论而与系统理论的精致化最普遍地联系在一起。

在社会学界，塔尔科特·帕森斯的功能主义（functionalism）*是系统理论最有影响力的应用（尤其见1951年的《社会系统》The Social System）。在帕森斯的术语中，社会系统可以指两个行动者（actor）*之间的稳定关系、作为一个整体的社会、诸社会系统，或者事实上可以是它们之间的任何层次。所有这些主要是运用控制论方面的话语来分析，也即，被视作信息交换和控制的系统。其中，平衡通过与其他系统的跨边界符号交往得以保持。例如，在经济系统中，交换并非总是直接进行的，而是以货币为中介。权力是政治系统中的交换中介。帕森斯的思想在杰弗里·亚历山大（Jeffrey Alexander）的新功能主义和尼克拉斯·卢曼（Niklas Luhmann）*的系统理论中得到了扩展。（参见《社会系统》Social Systems, 1984）

安东尼·吉登斯（Anthony Giddens）*（《社会理论的中心问题》Central Problems in Social Theory, 1979）和其他人强调系统的性质为结构化和日常的社会实践所生产和再生产。社会系统的系统性由此根植于社会行动（social action）*的本质之中。沃尔特·巴克利（Walter Buckley）的《社会学和现代系统理论》（Sociology and Modern Systems Theory, 1967）对整个领域做了有用的概览。

social systems, plural 多元社会体系

参见多元社会体系（plural social systems）*。

social trend 社会趋势

一个由社会指标（social indicators）*或指数（index）*显示的显著的变化模型。该术语也更为宽泛地用于指那些表现不变分布和显示时间序列数据（time-series data）*的全国社会报告。

social work 社会工作

一个通用术语，用以指代各种通过预防和缓解苦难来提升人类福祉的组织化手段。在 19 世纪晚期，社会工作大多是志愿性的（尤其是中产阶级女性的慈善活动），首要目标是减少物质性贫困（poverty）*。第二次世界大战以来，社会工作实践日益走向专业化，如今其职责范围更为宽泛，不仅包括经济方面的福祉，还包括情感与精神方面的福祉。

当代社会工作由于与构成现代福利国家（welfare state）*的其他各种社会服务无法明确区分而受到困扰。例如，在英国，社会工作者没有法律义务（和实践资源）去处理那些像失业（unemployment）*、住房和贫困这样的属于其他社会服务责任的事务。一般而言，他们被期待处理的是那些与收养、儿童与老年人照护、婚姻咨商、性与身体虐待、人际关系相联系的、降低内在生活品质的问题和危机。

社会工作实践有多种模式。"问题解决"模式要求社会工作者增进案主的情感和组织资源以应对他或她的困难。各种心理治疗（psychotherapy）*强调以预先的心理-社会诊断作为心理-社会处遇的前提。一定程度上作为对这些行动的决定论（determinism）*和机械观点的反应，"功能派"强调社会工作者在帮助（而非治疗）案主方面的角色，这表现为与他或她维持一种恰当的支持关系。其他模式包括行为修正、危机干预和短期任务中心等。在现实中，实践总是表现出折中的实用主义（pragmatism）*，而不是固执于某一特定的方法。近期有重大影响的流派包括女性主义理论和反压迫实践。近来，马尔科姆·派恩（Malcolm Payne）的《现代社会工作理论》（*Modern Social Work Theory*, 1991）和赫弗南（J. Heffernan）等人的《社会工作与社会福利》（*Social Work and Social Welfare*, 第二版, 1992）分别对英国和美国的社会工作做出了优秀的概述。

并不奇怪的是,许多外部观察者对心理治疗周期性地接管社会工作表达了关注;类似地,在将社会工作主要视为一种政治工具的人那里,出于其内在的道德特性,社会工作实践总是反复陷入关于其自身是促进还是阻碍了社会正义(social justice)*的争议之中。

social world perspective 社会世界视角

参见参照群体(reference group)*。

social worlds 社会世界

这个术语通常被用来指涉通过共同的符号、组织和活动而产生的"话语体系"。它们涉及那些不需要物理边界的文化区域。典型的例子比如网络、护理、政治或科学的"社会世界"。同性恋社区是一个具有自我意识的社会世界。这个概念在符号互动论(symbolic interactionism)*当中有一个由来已久但模糊不清的历史,安塞姆·施特劳斯(Anselm Strauss)对其作出了最清晰的讨论(在诺曼·邓津[Norman Denzin]1978年编的《符号互动研究》[Studies in Symbolic Interaction]这本书里)。

socialism 社会主义

建立在对生产资料(means of production)*和分配手段的集体或国家所有制基础上的一种经济政治制度——尽管像资本主义(capitalism)*一样,这种制度(institution)*有诸多不同的形式。

社会主义思想经过差不多两百年之后,马列主义对于这个概念之起源的支持被苏联共产主义（communism）*的解体打破了。尽管如此，不论拥护还是回避这项事业的人对于这个问题的关注仍然存在。自由和平等、个人和集体的权利的截然对立，甚至其历史进程（以其唯意志论的和决定论［determinism］*的意涵）的性质都仍然非常引人关注。在某种程度上，这些问题现在又被重新激活了，虽则那些被称之为现实社会主义（real socialism）*或现实社会主义的制度曾经倾向于把解决这些问题的过程冻结起来。资本主义在东欧的复兴再一次提出了个人权利的限度、公共利益（public interest）*的性质以及自由主义（liberalism）*与社群主义（communitarianism）*（参见集体主义［collectivism］*）这些问题。族群和少数族裔在他们的分歧和仇恨被历史性地长期封存之后，已经尖锐地提出了集体权利的问题，这一情况已经看似不可避免了。

社会主义作为一种学说，或者有人会说是一种乌托邦（utopia）*，普遍被认为是作为对资本主义的一种反动而出现的。涂尔干主义的视角根植于让国家（state）*靠近经济、让社会靠近个体生活领域以及让社会的有知觉的角色彼此靠近的单纯愿望：以这种方式，资本主义的病态（包括失范［anomie］*）将会减轻乃至于最终消解。社会主义是痛苦的呐喊，它并不要求状态平等，只是要求真正的机会平等（equality of opportunity）*。涂尔干认为，对于前者的强行要求恰恰会破坏社会的健康状态，所以社会为了生存不能要求那些违背其自身利益的东西。

马克斯·韦伯（Max Weber）*则在社会主义里面看到了起始于资本主义的理性化（rationalization）*过程的强化。他嘲笑那些想在社会主义国家里结合形式理性（formal rationality）*和实质理性（substantive rationality）*的知识分子（intellectuals）*，正如他所说的"国家和经济中的科层制（bureaucracy）*"，它只会导致"束缚未来的牢笼"。

英国所谓伦理社会主义的传统主张强有力的政府对市场（market）*的干预、国家对于劳动条件的控制、集体主义的社会政策（social policy）*以及强大的福利国家（welfare state）*，就像费边主义（fabianism）*所代表的非革命和务实的渐进主义那样。这种取向的社会主义强调自由、博爱（特别是作为对抗社会阶级[social class]*不平等的公民身份[citizenship]*的重要性）、平等的价值，这在A. H. 哈尔西（A. H. Halsey）和诺曼·丹尼斯（Norman Dennis）所写的《英国伦理社会主义》（English Ethical Socialism, 1988）当中有非常清晰的表述。它反对历史主义（historicism）*，把道德动机置于人类行为和社会群体（social group）*的中心。它同样反对马克思列宁主义。T. H. 马歇尔（T. H. Marshall）*和R. H. 托尼（R. H. Tawney）*的著作是这个传统中的典型。

这种特殊的社会主义哲学对英国的经验社会学产生了巨大的影响，最明显的例子就是教育社会学（education, sociology of）*的"政治算术"方法，它被用来比较不同社会背景下的儿童接受连续性教育的机会。哈尔西本人的著作就是其代表。他早期有关教育机会和教育程度不平等的研究为20世纪60年代和20世纪70年代英国的教育社会学设定了诸多研究议题，并且影响了综合教育和补偿教育（compensatory education）*的社会政策制定。而他后期的著作则持续关注了学校（而不是学术能力）作为教育成就的决定因素的重要性（参见《社会阶级与教育机会》Social Class and Educational Opportunity, 1961；《起点和目的地》Origins and Destinations, 1980）。

然而，卡尔·马克思（Karl Marx）*关于社会主义的未来和共产主义的到来的观点对社会主义的文字（如果不是精神的话）定义产生的影响是最具有普遍性的。对于马克思来说，社会主义意味着取消市场、资本和作为商品的劳动。而事实上，次要经济、黑市以及其他形式的私人活动即使在斯大林时期也没有在国家社会主义（national socialism）*的社会中被根除。很快，市场社会主义（market socialism）*拯救了计划经济（planned economy）*和指令经济（command economy）*在分配和生产上的弊病。事实上，组织外的劳动受到工会（trade union）*的管理，自我管理只在非常时期或以管理的形式出现，比如在波兰和南斯拉夫。物资短缺引起购买食物大排长队和物价大幅变动。重工业部门的积累仍在继续，而科层制国家也在用包括引进国外技术在内的方法维持对社会部门的主导权。创造社会正义（social justice）*以及从劳动本位向需求本位的过渡正是社会主义的题中应有之义。事实上，东欧社会主义国家甚至没有创造出一个劳动精英阶层，而只是一个干部政治阶级，它使工人也拥有了得到政治和白领地位的机会。参见无政府主义（anarchism）*；爱德华·伯恩斯坦（Bernstein, Eduard）*；多元主义（pluralism）*；圣西门（Saint-Simon）*；乔治·索雷尔（Sorel, Georges）*。

socialism, democratic 民主社会主义

参见国家资本主义（state capitalism）*。

socialism, real 现实社会主义

参见现实社会主义（real socialism）*。

socialization 社会化

社会化是我们学习成为社会成员的过程，既要内化社会的规范（norm）*和价值（value）*，又要学会扮演自己的社会角色（social role）*（例如工人、朋友、公民，等等）。

关于先天与后天（或遗传[heredity]*与环境[evironment]*）在人类发展中的相对重要性，目前仍存在争议。当前的思想倾向于承认两者的相互依赖性，而不是任何一方的单独重要性。一个相关的争论涉及人类过度社会化的程度。人类是否被社会礼仪和角色扮演技巧所支配，以至于到了人类的本能（instinct）*也被消除的程度？这一争论从西格蒙德·弗洛伊德（Sigmund Freud）*的心理学视角来看，认为社会化是与我们的自然倾向和驱动相违背的，而功能主义（functionalism）*的观点则认为社会化对于社会整合（social integration）*来说是必不可少的。最近的研究集中在社会化过程中的社会阶级（social class）*差异上，有一些研究与语言有关（参见B.伯恩斯坦[B. Bernstein]的《阶级、语码和控制》Class, Codes and Control, 1971），另一些则更加关注价值取向的差异（参见M.库恩[M. Kohn]的《阶级和遵从》Class and Conformity, 1969）。

社会化不再被视为童年（childhood）*的专属阶段，这个阶段的主要影响因素是家庭和学校。现在人们认识到，社会化在整个生命历程（life course）*中都在继续。这通常是通过区分初级和次级社会化来进行研究的。人们还认识到，社会化不只是一个单向的过程，在这个过程中个体学会了如何融入社会，因为人们也可能重新定义他们的社会角色和责任。所以，任何对于社会化的理解都必须考虑到这个过程与社会变迁（social change）*的关联。在这个意义上，一些社会学理论的流派表明了一种所谓的"社会中的人的过度社会化（over-socialized conception of man）*概念"，他们夸大了价值的内化和行为的规范取向的程度——例如，通常对于规范的功能主义的指控（参见 D. 朗［D. Wrong］的《人的过度社会化概念》The Oversocialized Conception of Man，载于《美国社会学评论》American Sociological Review，1961）。

societal reaction 社会反应

在有关于越轨的标签理论（labelling theory）*中，社会反应指的是社会控制（social control）*的一系列正式和非正式机构——包括法律、媒体（media）*、警察和家庭——通过对越轨者的反应，它们极大地影响了越轨的结果。对于埃德温·莱默特（Edwin Lemert）（《社会病理学》Social Pathology，1951）来说，它非但无法控制必须减少的越轨行为，而且可能在实际上产生、建构或放大越轨行为。另见越轨放大（deviance amplification）*；初级和次级越轨行为（primary and secondary deviation）*。

society 社会

通常是指这样一个群体，他们享有共同的文化（culture）*、占据特定的地理区域并且感觉到他们自己构成了一个统一而独特的整体——但是也有许多别的社会学概念用来表述这样的群体（参见 D. 弗里斯比［D. Frisby］和 D. 塞耶［D. Sayer］的《社会》Society，1986）。更宽泛地说，它指的是人们一般性的交往和互动，例如短语"他的朋友的社会"所表述的那样。

在日常生活中，"社会"一词被确定不疑地用来指代存在于个体

"之外"或者超越于个体的事物：我们说"法国社会""资本主义社会"以及基于一些观察到的社会现象之上的"社会"。然而，稍加反省，就会发现这种用法显然是有问题的：比如，英国社会是一个明确的整体吗？还是我们也可以说威尔士、苏格兰或者北爱尔兰社会？而且，即使在英国内部，难道就没有南方和北方之间的巨大文化差异吗？资本主义社会是一个还是多个？再者，社会和民族国家也不是一回事，前南斯拉夫显然包括了若干个社会：克罗地亚、斯洛文尼亚、塞尔维亚等。

虽然许多社会学家用一种常识性的方式来使用这个概念，但也有人质疑这种用法。例如，一些符号互动论者就认为，社会这种东西是不存在的：它只不过是我们用来表述不知道或不能确切理解的事物的一种有用的概括用语（参见 P. 洛克[P. Rock]的《制造符号互动》*The Making of Symbolic Interactionism*, 1979）。其他人，例如爱弥尔·涂尔干（Émile Durkheim）*，则把社会本身看做是一种事实（参见《社会学方法的准则》*The Rules of Sociological Method*, 1895）。

一些社会学家试图发明更为明确的概念来取代社会一词。例如马克思主义理论家路易·阿尔都塞（Louis Althusser）*提出了社会形态（social formation）*这个概念：它是（经济、意识形态[ideology]*和政治）三个层次的关系的组合，并且它们彼此之间也有各种关联（参见《保卫马克思》*For Marx*, 1969）。安东尼·吉登斯（Anthony Giddens）*，反对把社会等同于民族国家，他更喜欢谈论社会系统（social system）*和制度（institution）*，它们可能受到或者并不受到国家边界的限制（参见他的《历史唯物主义的当代批判》*A Contemporary Critique of Historical Materialism*, 1981）。最近关于民族国家和国民经济的争论提出了这样一个问题，即全球化（globalization）*是否也在削弱地方社会的自主性。我们也许正在经历国家社会的解体,因此需要一种超越于社会的社会学(约翰·厄里[John Urry]的 *Sociology Beyond Society*, 2000)。另见形式主义(formalism)*;功能(function)*;欧文·戈夫曼(Goffman, Erving)*。

society for the study of social problems(SSSP)社会问题研究学会

一个北美社会学家的组织,成立于1951年,对于越轨现象和社会问题(social problems)*存在比美国社会学会更加激进的、更具批判性的取向。在其早期,它由标签理论(labelling theory)*所主导,例如霍华德·S. 贝克尔(Howard S. Becker)编的《另一面》(*The Other Side*)这本书所体现的。英国全国越轨行为会议(National Deviance Conference)*曾经受到这个组织的启发,现在已经是美国社会学的重要组成部分。在其成立25周年之际发表在《社会问题》(*Social Problems*, 1976)上的回顾性文章,提供了对其活动的一个很好的概述。

sociobiology 社会生物学

这是一门最近发展起来的学科,在美国特别流行,它基于这样一个信条,即所有动物和人类的行为最终都取决于在进化历史中通过选择过程而形成的基因编码。这个包罗万象的主题,由于涉及有关人性(human nature)*的许多常识性论断,引起大量媒体(media)*关注。在聚光灯下,最为著名的宣传家是爱德华·O. 威尔逊,他在《社会生物学:新的综合》(*Sociobiology: The New Synthesis*, 1975)中创造了这个概念。此外,还有理查德·道金斯(Rihard Dawkins),《自私的基因》(*The Selfish Gene*)的作者。威尔逊是美国的一位生物学家,是蚂蚁行为研究的权威,他首次定义了这门新的学科,即"对所有社会行为的生物学基础的系统研究"。

20世纪70年代中期,社会生物学把先前有关于动物和人类行为之间关系的观点进行了一个看似连贯的理论综合,其中包括康拉德·洛伦兹(Konrad Lorenz)、罗伯特·阿德雷(Robert Ardrey)*和德斯蒙德·莫里斯(Desmond Morris)等人的著作。至少在威尔逊看来,所有社会科学(social science)*和生物科学最终都将仅仅被看作是社会生物学的分支。不足为奇,许多社会学家和人类学家对这种包罗万象的综合的终极宣言深表怀疑,并提请注意人类社会广泛的文化多样性——这种多样性对许多社会生物学作品中经常出现的男性中心主义和族群中心主义(ethnocentricism)*的预设提出了挑战。例如,马歇尔·萨林斯(Marshall Sahlins)*就对社会生物学的理论充分性及其声称自再是一门值得尊敬的学科提出了严肃的质疑(《生物学的使用与滥用》*The Use and Abuse of Biology*, 1976)。许多社会科学家也质疑其对于科学证据的使用(例如,可参见P.基切尔[P. Kitcher]的《雄心壮志》*Vaulting Ambition*, 1985)。另一些人则把社会生物学在美国的兴起与保守主义(conservatism)*对20世纪60年代激进主义的强烈反对联系着一起(参见S.罗斯[S. Rose]的《不是我们的基因》*Not in Our Genes*, 1984)。

社会生物学家对这些批评的普遍回应是,逐渐在他们的分析框架中承认更多的环境因素,但同时仍然坚持生物学的最终决定作用,至少就其在进化意义上的任何方面的行为而言。例如,威尔逊最近还提出了"基因长久地牵引着文化"这样的观点。当另外一些学术分析变得相对精密和复杂的时候,许多社会生物学论点的表述水平(尤其是在更为流行的版本中)却仍然停留在令人担忧的还原论(reductionism)*上。

社会生物学的事业现在已经建立起来了,得到了大量学术期刊(包括《动物行为学和社会生物学》[Ethology and Sociobiology]、《人性》[Human Nature]以及《进化人类学》[Evolutionary Anthropology]等)以及两个跨学科协会(人类行为与进化学会、欧洲社会生物学学会)的支持。弗朗索瓦·尼尔森(François Nielsen)对此深有同感地指出,社会生物学和进化的思想将越来越多地影响到社会学研究的领域,包括(例如)性与性别角色、集体行动(collective action)*和利他主义(altruism)*的研究(参见《社会生物学和社会学》Sociobiology and Sociology,载于《社会学年度评论》Annual Review of Sociology, 1994)。然而,必须指出的是,社会生物学家和进化心理学家对社会学进行了辛辣的讽刺,但是在这种批评中,他们依赖于重复引用一份糟糕的研究报告(约翰·图比[John Tooby]和莱达·科斯米德[Leda Cosmides],载于巴科[Barkow]、科斯米德和图比编的《适应的思维》The Adapted Mind, 1992),而很少引用实际的社会学观点来支撑他们的批评。对于一些关键概念的批评可以在彼得·狄更斯(Peter Dickens)的《社会达尔文主义》(Social Darwinism, 2000)中找到。

socio-economic status 社会经济地位

根据职业、收入和教育等指标(indicators)*,试图对个人、家庭或住户进行分类的任何一种测量。社会经济地位方法的首次重要运用是1911年由英国户政总署进行的社会阶级测量。另见地位获得(status attainment)*。

sociogram 社会计量图

参见网络分析（network analysis）*；社会测量（sociometry）*。

sociolinguistics 社会语言学

参见会话分析（conversation analysis）*；常人方法学（ethnomethodology）*；语言（language）*。

sociological imagination 社会学的想象力

参见查尔斯·赖特·米尔斯（Mills, Charles Wright）*。

sociological intervention 社会学干预

法国社会学家阿兰·图海纳（Alain Touraine）*使用的一种方法，倡导社会学家在形塑他或她的主体的社会运动（social movements）*中进行积极的干预，从而揭露隐藏在"被认可的和组织化的实践"背后的"实际社会关系"。

他对于后工业社会（post-industrial society）*的分析侧重于在信息技术（information technology）*的使用中内在的超常控制权。这种权力赋予了人类创造历史（历史质）的真正能力，但是公民们一般很少能够触及。基于这个原因，图海纳赋予了社会运动以首要的政治重要性，在社会运动中，公民团体可以组织起来挑战占主导地位的知识形态并且提出替代方案。社会学家试图创造一种研究环境，在里面社会运动可以充分展现出它身处其中的斗争性质。因此，图海纳倡导四种研究实践：通过将激进分子组织成团体，与社会运动建立关系；鼓励这些团体的战斗性；向参与活动的人解释运动发生的历史背景；通过阐释社会学干预过程中发生的事情,参与到对激进团体处境的自我分析当中。

与他在巴黎的社会科学高等研究院的合作者一起,图海纳从20世纪60年代开始进行了一系列戏剧性的"社会学干预"。研究者参加了法国的学生运动、反核运动、奥克西坦地方运动和波兰的团结工会运动。除了参与式观察(participant observation)*之外,他们还积极融入这些团体的政治思想和行动,以便对其更为了解。在理论上,这种方法被称为行动主义(actionalism)*。这种将积极的马克思主义(Marxism)*实践的社会学田野调查(fieldwork)*和更具主体性的社会行动理论(social action theory)*结合起来的做法是极有争议的。它最大的成功大概就是对1968年法国学生和工人运动的研究。

对于这种方法及其理论根据的最全面的解释,是在图海纳的《声音与眼睛》(The Voice and the Eye, 1978)这本书里。与社会学家作为中立的或客观的观察者以及对事实的记录者的传统看法相去甚远,图海纳表明了这样一种观点:"对学生运动进行干预的至关重要的时刻,是被激进分子和研究领导之间的长时间讨论所控制的,研究者怀着巨大的热情向这些团体介绍了一些知识主题及其社会利用,在研究者看来,这是能够将学生斗争提升到社会运动水平上的孤注一掷的手段。"

sociological jurisprudence 社会学法学

美国法学家罗斯科·庞德(Roscoe Pound, 1870—1964)发明的一个概念,用来描述他对法律的理解方法。这个概念的核心是一个非常有启发性的观点,即在现代社会中,法律代表着一种可以把不同的利益(interests)*相互联系起来的主要手段。不幸的是,也许因为他是一个法学家而不是社会学家,所以他没有将这个深具洞察的概念和进一步的问题结合起来,即这些利益是如何形成的,以及在法律体系中为什么有些利益会比其他利益更具有优先权。艾伦·亨特(Alan Hunt)的《法学中的社会学运动》(The Sociological Movement in Law, 1978)从社会学的角度对庞德的工作进行了说明,将其置于法律社会学(law, sociology of)*的历史发展背景中进行理解。

Sociologie du Travail 劳动社会学

一种有关于工作的社会学,与20世纪50年代和20世纪60年代某些法国社会学家的著作相关,在当时对主流(主要是盎格鲁-撒克逊)工业社会学(industrial sociology)*的工厂本位视角提出了一种崭新的批评。这些文献重新建立了马克思(Karl Marx)*曾经试图塑造的关联:一方面是工作组织、技术和生产的变化;另一方面是个体异化(alienation)*、阶级(class)*和社会政治关系。其主要人物是乔治·弗里德曼(Georges Friedmann)*、米歇尔·克罗泽(Michel Crozier)、皮埃尔·纳维尔(Pierre Naville)、阿兰·图海纳(Alain Touraine)*和谢尔盖·马莱特(Serge Mallet),他们的许多作品已经被翻译成英文了。马莱特的研究引起了一场关于新工人阶级(new working class)*的存在的重要辩论,但是就像大多数劳动社会学研究那样,他对于传统的反抗也受限于技术主义(technicism)*和技术决定论(technological determinism)*。它在英语世界里对左派研究和思想的影响,现在已经被关于技能(skill)*和去技能化(de-skilling)*、劳动过程(labour process)*、后福特主义(post-fordism)*和弹性就业

(flexible employment)*的最新讨论掩盖了。迈克尔·罗斯（Michael Rose）的《后工业权力的仆人？》（*Servants of Post-Industrial Power?*, 1979）是一本回顾这场运动的理论和研究并对其进行分析的出色的英文著作。

sociology 社会学

人们认为"社会学"这个词的最初来源是拉丁语 *socius*（同伴）和希腊语 *ology*（学科），这就表明它本质上是一门混合学科，永远都不可能具有一门社会科学（social science）*或者一个知识体系的地位。作为英语世界的大学里最新建立的一门社会科学，这门学科本身就有一个矛盾的谱系和一段有争议的历史。例如，在英国，直到20世纪60年代这门学科才普遍建立，当时的社会学系常常被指控煽动了学生骚乱。定义这门学科的困难之处就在于它最简单的形式：因为在名义上，这个条目和字典里的其他条目是交叉的，它包括从哲学到经济学的很多理论和概念。在所有的社会科学中，社会学是对更广泛的社会中的变迁（change）*和冲突（conflict）*最为密切关注的。这门学科的范围，及其引起争论的观点的重要性，仍然让它是那门最令人兴奋的社会科学。

历史上，社会学这个词最早是被奥古斯特·孔德（Auguste Comte）*所使用的，虽然在西方思想史上人们一直关注社会的性质问题。然而，直到19世纪，在工业革命（industrial revolution, the）*和随之而来的政治动荡发生之后，人们才把社会（society）*当做一个直接的研究对象。在孔德的著作里，社会学被看作是科学的最高成就，它所创造的有关于社会世界（social worlds）*法则的知识和自然世界法则的知识是等同的。我们可以据此一劳永逸地决定什么样的社会变革是可能的，从而缓解法国大革命之后的政治动乱。人们通常认为，社会学是对启蒙运动的自由派乐观主义的一种彻底的保守主义（conservatism）*式的反动，即反对个人自由和无限社会进步（progress）*的观念，它主张共同体的重要性，并且认为社会变迁（social change）*的可能性是相对受限的。就像罗伯特·尼斯比特（Robert Nisbet）在《社会学的传统》(*The Sociological Tradition*, 1967) 里说的那样，许多古典社会学反映的是对于当时工业革命和政治革命的普遍敌意。马克思主义者还认为，随着社会学在19世纪的发展，它显然已经成为一门资产阶级（bourgeoisie）*的社会科学——是对历史唯物主义（historical materialism）*不断增强的政治和知识影响力的一种回应和替代。然而与此同时，社会学也常常被社会改革者所接受，甚至孔德的实证主义（positivism）*在19世纪晚期的改革运动（reformative movement）*发展中也是非常重要。对于社会学史的另一种解读可能在塔尔科特·帕森斯（Talcott Parsons）*的著作里（参见《社会行动的结构》*The Structure of Social Action*, 1937）表现得最为明显。帕森斯认为在19世纪末和20世纪初，社会学摆脱了早期的意识形态（ideology）*束缚，已经确立了自身的科学地位，特别是通过马克斯·韦伯（Max Weber）*和爱弥尔·涂尔干（Émile Durkheim）*的著作。正如安东尼·吉登斯（Anthony Giddens）*最近的著作所指出的那样，这些历史都不够充分，虽然大多数社会学课程仍然认为这门现代学科的理论基础是由马克思（Karl Marx）*、韦伯和涂尔干（在美国，还有乔治·赫伯特·米德 [George Herbert Mead]*）奠定的。

从目前来看，关于社会科学应该包括什么，以及社会学特定的适当的研究主题可能是什么，在社会学内部也有一系列不同的观点。对于后一个问题的思考也许是理解这门学科的关键。社会学感兴趣的对象有三个大的方面——尽管它们并不是互斥的。这三个方面都可以说是对社会学研究的一种定义，但是社会的含义在每一种情况下都是截然不同的。

第一种观点认为，社会学合适的研究对象是社会结构（social structure）*，在关系模式独立存在的意义上，它超越了在任何特定时间占据着社会结构位置的个人或群体：例如，核心家庭（nuclear family）*中的位置（母亲、父亲、孩子）可能代代相传、处处不变，与是否填补这些位置的特定个体毫不相关。这种观点有两个主要版本：马克思主义（Marxism）*，它将生产方式（mode of production）*的结构进行了概念化；以及帕森斯的结构功能主义（structural functionalism）*，它定义了系统、子系统和角色结构。

第二种观点认为，社会学合适的研究对象在于涂尔干所谓的集体表象（collective representations）*：认知性地组织世界的意义和方法，始终凌驾于社会化（socialization）*的个体之上。语言（language）*本身就是一个范例：它存在于我们出生之前，在我们死后也继续存在，我们作为个体几乎甚至完全不可能改变它。许多现代的结构主义（structuralism）*和后结构主义（post-structuralism）*作品（尤其是话语分析［discourse analysis］*）可以被看作是这个传统的一部分。

最后，还有一些人认为社会学关注的研究对象是有意义的社会行动，这是韦伯所设想的。这种观点背后所隐含或显露的假设是，没有所谓的社会这么一个东西：只不过是个体和群体彼此之间建立的社会关系。对于这种互动的研究有很多不同的方式，包括韦伯自己对理性行动(rational action)*以及信念和行动之间关系的研究；符号互动论者关于面对面互动(face-to-face interaction)*中意义(meaning)*的生产、维持和转变的研究；常人方法学(ethnomethodology)*通过语言实践对于社会现实结构的研究。

稍加思考就会发现，这三个社会学研究可能的候选对象几乎穷尽了一个人在社会关系过程中会遇到的东西。所以毫不意外，社会学有时候会被(至少是社会学家)看做是社会科学的女王，因为它汇集并扩展了其他所有(概念上更为受限的)相邻学科的知识和洞见。比起社会学迅速扩张的时期，这种说法现在可能不那么正确了，但是尽管这门学科经历着不可避免的专业化过程，从业者们却仍然具有一种强烈的总体化倾向，就像阅读安东尼·吉登斯或杰弗里·亚历山大(Jeffrey Alexander)的著作所感受到的那样。的确，吉登斯本人就认为，社会学的出现就是为了理解传统社会(traditional society)*和现代社会之间深刻的社会变迁(social change)*，而随着这种变迁的继续和加速，社会学对此的理解也变得越加重要了。

因此，社会学现在是并将继续是一门引人入胜的、内部分裂的学科，并且是一门广受批评的学科，这种批评尤其来自那些最为抗拒社会变革的人，不管其理由是什么。另见文化研究(cultural studies)*；理性选择理论(rational choice theory)*；社会行动(social action)*；社会秩序(social order)*；系统整合与社会整合(system integration and social integration)*。

另见有关于老龄社会学(aging, sociology of)*；身体社会学(body, sociology of)*；消费社会学(consumption, sociology of)*；发展社会学

(development, sociology of)*；教育社会学(education, sociology of)*；情感社会学(emotion, sociology of)*；家庭社会学(family, sociology of)*；食物社会学(food, sociology of)*；健康与疾病社会学(health and illness, sociology of)*；知识社会学(knowledge, sociology of)*；法律社会学(law, sociology of)*；有闲社会学(leisure, sociology of)*；医学社会学(medicine, sociology of)*；种族社会学(race, sociology of)*；宗教(religion, sociology of)*；科学社会学(science, sociology of)*的个别条目，以及越轨社会学(deviance, sociology of)*；经济社会学(economic sociology)*、环境社会学(environment, sociology of)*；性别社会学(gender, sociology of)*；军事与军国主义(military and militarism)*；组织理论(organization theory)*；政治社会学(political sociology)*；大众社会学(pop sociology)*；农村社会学(rural sociology)*；城市社会学(urban sociology)*；福利(welfare)*。

sociometry 社会测量

J. L. 莫雷诺(J. L. Moreno)在 1934 年所写的《谁将幸存？》(*Who Shall Survive?*)这本书中创造的概念，它被当做社会戏剧理解社会结构(social structure)*的方法的一部分。社会测量根据特定的基础或为了给定的目的，对群体(group)*中的个体信息进行系统化，它关注的是谁更愿意和谁交往(或者常常是谁与谁交往的行动一致性)。它在莫雷诺那里的早期用途是重新安排宿舍里的睡眠时间，以减少存在于少管所里青少年之间的冲突。所以最初对于社会测量实验(例如，列举朋友的名字)的运用有着直接的现实后果，不过现在已经不那么普遍了。社会测量的选项数量可以是固定的("列举三个最好的朋友"），也可以不固定（"写出你愿意提供的尽可能多的名字"）；可以按照列举顺序排序，也可以按照联系强度排序。最开始，社会测量数据的分析集中在接收到和给出去的选择数量以及由此产生的点状特性上，就好比明星人物会有更多选择而被隔离者却没有选择。这些信息以点和线的形态被绘制在一张叫做社会计量图（sociogram）*的图表上，在这个图表当中，接收最多选择的个体被定位在中心，而孤立的人则在边缘。社会测量被广泛地运用于教育领域以及其他小团体的研究当中，用以理解其中的派系结构。它还有一本自己的期刊《社会计量》（*Sociometry*）。它在很大程度上已经被纳入到了社会网络分析当中。

socio-technical system 社会技术系统

为了避免诸多主流组织理论（organization theory）*过于简单的技术决定论（technological determinism）*而发明的概念。这个概念是由英国的塔维斯托克（Tavistock）人际关系研究所创造出来的，在组织选择理论的方面用于指引他们的应用性研究项目。

尽管他们接受工业社会学（industrial sociology）*和人际关系运动（Human Relations Movement）的传统观点，即工厂内部的技术因素影响了工作中的社会关系的性质，塔维斯托克的研究者们仍然认为技术仅仅限制了人们的行动，而不是对行为的结果有着绝对的决定性影响。事实上，对于任何生产上的问题，通常都会有一系列在技术上等效的解决方案，但是却会对人际关系产生不同的影响。

通过强调选择的因素以及技术和工作场所的社会系统（social system）*的相互影响，塔维斯托克的研究者们试图从技术决定论中走出来，转向更多地接受管理过程中的咨询、创新和灵活性需求，以及对工艺流程的设计保持一种更为开放的心态。20 世纪 40 年代和 20 世纪 50 年代，研究者在英国和印度的煤炭和纺织工业中开展了有关于咨询和行动研究（action research）*的工作，形塑了一套社会技术系统，结果表明实施了灵活的任务和工作分配的团队，似乎比严格分工、缺乏弹性、任务隔离的团队，具有更高的生产率、更低的缺勤率以及更少的事故发生。

塔维斯托克的研究被批评为低估了在经济、技术和社会效率之间进行协调的难度。尽管如此，社会技术系统这个想法（虽然不是这个概念本身）已经成为了思考工作组织、灵活性问题以及技术变迁的影响等研究议题的一种约定俗成的方式。

solidarism 连带主义

这个词指的是对于共同目标和共同利益的一种信念。连带被视为力量和抵抗的源泉，并可以被解释为一个目标一致的整体。连带本身就是目的，而不是达成目的的手段，这样一个信念被认为形塑了传统工人阶级的职业社区。在这种环境下，工作和社区生活的共同经历被认为产生和维系着感觉强烈的兄弟情谊，以及彼此互助和共同参与的价值。这种归属感也被认为是工人阶级集体主义（collectivism）*的根源，尽管很少有经验材料可以支撑这个论点，而且这种连带主义是否像它声称的那样连续和统一也是让人怀疑的。格雷厄姆·克劳（Graham Crow）在《社会团结》（Social Solidarities, 2002）这本书里对最新的研究进展进行了评述。另见社会图景（images of society）*；工作的主观经验（subjective experience of）*。

solidaristic orientation to work 连带主义导向的工作

参见工作的主观经验(work, subjective experience of)*。

sorcery 诅咒

参见魔法、巫术和诅咒(magic, witchcraft, and sorcery)*。

Sorel, Georges 乔治·索雷尔(1847—1922)

在法国做了很长一段时间的工程师之后，索雷尔辞职成为一名独立学者，在去世之前的35年里，他出版了大量有关于社会理论、马克思主义(Marxism)*和社会科学(social science)*的哲学思想的书籍和文章(最有名的是同为1908年出版的《暴力论》*Reflections on Violence* 和《进步的幻象》*The Illusions of Progress*)。作为《社会化》(*Le Devenir social*)这本杂志的编辑，他把理论马克思主义引入了法国，并且和爱德华·伯恩斯坦(Eduard Bernstein)*一起反对马克思主义所标榜的科学性。然而，他并没有在舍弃革命活动之后转向改良主义，而是主张一种极端形式的无政府的工联主义(syndicalism)*。他在社会学上的重要性体现在神话(myth)*和暴力研究当中。他对于神话在社会中的功能的分析补充了卡尔·曼海姆(Karl Mannheim)*后期著作中关于乌托邦(utopia)*的观点。事实上，在他的著作中有一个成熟的(虽然绝大多数情况下未被认可)意识形态(ideology)*理论。索雷尔认为，马克思主义的许多核心理念本身就是神话，目的在于并且确实能够动员工人阶级进行反抗资本主义的大规模行动(最明显的例子就是"总罢工的神话")。他认为暴力对抗可以是高尚的和文明的，未来是不可知的，而且没有任何证据表明文明化的男人和女人将会以完全放弃暴力的方式来推动崇高的事业,这种观点打破了爱德华时代对于进步终将导致以和平的方式解决所有争端的信念,并且总的来说,这种观点仍然是对某些理论家乐观的历史主义(historicism)*倾向的有力反对。

Sorokin, Pitirim Alexandrovich
皮特林·亚历山德罗维奇·索罗金(1889—1968)

索罗金出生在俄国,家境卑微,曾被投入监狱并受到死亡威胁,1922年被流放,踏上了去往美国之路,最终成为哈佛大学的社会学教授。在职业生涯中,他出版了超过30本著作,涉及的主题极为广泛,包括《革命社会学》(The Sociology of Revolution, 1925)、《社会流动》(Social Mobility, 1927)、《农村社会学》(Rural Sociology, 1930)和《社会与文化的动力》(Social and Cultural Dynamics, 四卷, 1937—1941)。上述最后一部著作创造了一个社会变迁的周期理论,认为社会在三种不同的"思维方式"之间摆动,即感官的(强调感觉在理解现实中的作用)、观念的(宗教的思维方式)和唯心主义(idealism)*的(上述两者的过渡形态)。索罗金是一位著述颇丰且极为反传统的社会学家(例如,他在1956年出版的《现代社会学及其相关学科的时尚与怪癖》Fads and Foibles in Modern Sociology and Related Sciences),他的著作一向被认为是具有挑战性和[在许多方面具有]开拓性的,然而,后来的几代人却显然没有受到他的影响(除了他对社会流动[social mobility]*的分析之外)。

space 空间

空间有时候被理解为物体之外的虚空,然而我们最好把空间理解为是由物体的排列和重置而被制造出来的。物体是有大小和形状的，它们构成了空间中的广延。所有这些物体在一个结构或流形中的排列就被称为空间。所以，空间本身也是有形状和大小的。

有关于空间的物理学观点认为，粒子和更大的物体都处于一种不断运动的状态，它们的运动产生了引力和其他的力，通过这些力，物质被吸引和排斥，从而形成了复杂的空间排列。阿尔伯特·爱因斯坦（Albert Einstein）对于空间的看法是把它和时间结合起来从而形成一种时空，他认为空间在形状上是"弯曲的"、在范围上是有限的（虽然极其巨大），这是在构成物质世界的无数物理实体之间建立起来的因果关系的结果。

关于空间的社会学观点认为，人们的互动虽然发生在物理时空当中，但构成了一个独特的社会空间。人作为物质实体，其运动使其与物质环境以及特定的物体建立了关系。而人因为运动而形成的社会关系则是一种具有一定的形态和范围的社会结构（social structure）*，所以任何一种社会结构都包含着一个社会空间。所以，那些认识到社会变迁（social change）*的中心地位和研究时间过程的必要性的社会学家，已经指出所谓的社会结构其实就是一种社会时空的现象。

对涂尔干（Durkheim）*来说，空间和时间是形成集体表象（collective representations）*的基本范畴，是人类组织和理解其世界经验的方式的核心特征。涂尔干对空间的研究强调了社会形态学的重要性，这是莫里斯·哈布瓦赫（Maurice Halbwachs）*特别提出的观点，他认为社会关系在将自身嵌入自然的同时也被投射到空间中，因此产生了一种特殊的聚落、路线和边界的模式。社会形态学的重要社会学研究包括恩格斯在《英国工人阶级状况》（*The Condition of the*

Working Class in England, 1845）中对曼彻斯特的描述，查尔斯·布斯（Charles Booth）*对伦敦贫困的研究，以及芝加哥社会学家的作品《城市》（The City）（罗伯特·帕克［Robert Park］*和伯吉斯［Burgess］*，1925）。这项工作影响了城市社会学（urban sociology）*的发展，例如曼努埃尔·卡斯特斯（Manuel Castells）的《城市问题》（The Urban Question, 1972）中的著作，而亨利·列斐伏尔（Henri Lefebvre）*在《空间的生产》（The Production of Space, 1974）中对这种方法进行了有力的扩展。

社会空间与物理空间并不一致，而且特定的行动领域或空间可能超出特定的物理区域，或者可能连接许多不同的物理地点。因此，文化场景、艺术世界和音乐亚文化是由音乐家、艺术家、观众、制作人、媒体专家和其他有共同兴趣的人的活动所共同构成的文化空间，但他们很少甚至从未在一个地方聚集。所有社会结构或多或少都以这种方式与物理地点分离，尽管它们永远不可能与它们的物质环境和背景完全脱节。另见芝加哥社会学（Chicago sociology）*；时间（time）*。

Spencer, Herbert 赫伯特·斯宾塞（1820—1903）

英国维多利亚时期百科全书式的思想家。斯宾塞在生前享有国际性声誉，在美国尤其受到推崇。他的许多观点成为西方文化中的传统认知，或者至少说是传统偏见，然而，现今很少有人再阅读他的著作或者铭记他的大名。

斯宾塞出生在英格兰中部的一个不服从国教者家庭，长大后从事过铁路工程师和制图员的工作，不久后又投身新闻业。在新闻从业期间，斯宾塞开始写作一连串作品，从而在社会科学（social science）*

领域荣获声誉。他的作品全集令人望而生畏，包括1851年出版的《社会静力学》(Social Statics)、1862年出版的《第一原理》(First Principles)、1873年出版的《社会学研究》(The Study of Sociology)，以及在19世纪70年代至90年代分为各部分陆续出版的《社会学第一原理》(First Principles of Sociology)和《描述社会学》(Descriptive Sociology)。更为全面的介绍，可以参见皮尔(J. D. Y. Peel)的《赫伯特·斯宾塞》(Herbert Spencer, 1971)。皮尔在此书中也把斯宾塞放回到当时的社会背景中进行讨论。)

斯宾塞是维多利亚盛期的社会学先知。不像马克思(Karl Marx)*，他在工业革命(industrial revolution, the)*中仅仅看到进步(progress)*的一面。斯宾塞把社会解释成一个生存着的、生长着的有机体。随着愈发复杂化，这个有机体必有自我意识来理解和控制各种机制，以保证自身的成功运转。这些机制中最为重要的一种就是为获得资源而进行的激烈竞争，斯宾塞把此种机制称为"最适者生存"，这也预示几年后达尔文"自然选择"学说的出现。斯宾塞相信这条原则不受限制的应用最终会带来可能的最好社会。他的观点在美国得到热情采纳，威廉·格雷厄姆·萨姆纳(William Graham Sumner)*就是他的拥趸。在今天，他的学说也是自由意志主义(libertarianism)*和放任主义经济学(laissez-faire economics)*这些社会和经济理论的基础。

Spengler, Oswald 奥斯瓦尔德·斯宾格勒(1880—1936)

斯宾格勒成年后的职业是中学老师，虽然他继承的遗产不多，但足以使得他过上独立且自足的生活。他最著名的作品是出版于1919年的《西方的衰落》(Decline of the West)。这本书很大程度上归功于俄罗斯文化理论家尼古拉·丹尼列夫斯基（Nikolai Danilevsky）早先的论证。斯宾格勒认为所有文明都会经历一个相同的生命周期（life cycle）*，从诞生到成熟，最终衰亡。因此，人类历史展现出一个各种文化相互接续的序列，一种文化的自然生命到达终结之时，就会被另一终文化所取代。斯宾格勒认为自己生活在一个西方文明正走向衰落的时代，这个时代最终会在2000年终结。他也出版了一些别的作品，然而没有任何一本像他的第一本书（也即《西方的衰落》）这般成功。尽管这本书里有许多事实性错误，但是斯宾格勒的方法还是激励了许多其他思想家去探索文明的冲突和承继问题。

spiralism 螺旋上升模式

一种中产阶级（middle class）*的职业生涯（occupational career）*模式，通过快速的地域流动来寻求职业升迁。许多现代组织希望职员在职业升迁过程中有这种地域流动。

sponsored mobility 赞助性流动

参见竞争性流动和赞助性流动（contest and sponsored mobility）*。

Statistical Package for the Social Science（SSPS）社会科学统计软件

通常简称为SPSS。SPSS是学术界社会学研究者最广泛使用的软件包之一。该软件包由美国社会科学家打造，为研究提供了一系列便利，包括绘制可视化表格、进行多变量分析（multivariate analysis）*和为抽样调查（sample survey）*数据恰当地提供几乎所有统计显著性检验（significance tests）*。起先，SPSS用于大型计算机，但很快就在私人计算机上普及。那些需要输出定性报告的市场研究者，以及那些从事由政府牵头的大型统计调查和普查（census）*的研究者，有时候会使用效果更高、功能更强的软件与编程语言。然而，社会学家不太愿意放弃SPSS，而选用功能更强大也更容易上手的软件包。

spurious correlation 虚假相关

两个变量之间有相关关系，但没有因果关系，即为虚假相关。文献经常举的知名例子是：火灾中消防车的数量与火灾造成的损失总数之间的关系。一旦我们控制火灾规模这个变量，原来隐含的关系也不复存在，此时，大规模火灾造成更多的损失，因此需要更多的消防车来扑灭。我们也应该注意到，此处不是相关关系是虚假的，而是未显的因果关系是虚假的。火灾时，更多的消防车确实与较大损失有关联，然而并非消防车造成了这种损失。

stagflation 停滞性通货膨胀或滞涨

指经济停滞和通货膨胀（inflation）*的两相结合。20世纪60年代后期，滞涨现象开始出现在英国和其他经济体。滞涨时，加速的通货膨胀会影响价格预期和工资需求。

Stalinism 斯大林主义

此术语通常用于形容苏联1929年后的经济、政治与社会特征，直到1956年在赫鲁晓夫治下，苏联才有首次去斯大林主义的尝试。强制工业化（industrialization）*和头两个五年计划施加了严苛的劳动纪律，同时，国家投入到战争工业和重工业上，这些都是社会主义（socialism）*建设的成就。凡此种种都受到指令经济（command economy）*体制的监督。

意识形态（ideology）*上，辩证唯物主义（dialectical materialism）*最机械化的形态支撑起了该体系，该形态的根基是马恩列斯（MELS），也即马克思（Marx）*、恩格斯（Engels）*、列宁（Lenin）*和斯大林（Stalin）的著作。

斯大林主义并非只是斯大林的个人构建，1918年，因为选举结果的不理想，布尔什维克解散了立宪会议。战时共产主义所采取的措施、1921年3月的第十次党代会，以及对从左派（莱昂·托洛茨基[Leon Trotsky]*）到右派（尼古拉·布哈林[Nikolai Bukharin]*）的反对者的胜利，都预兆了后来的斯大林主义，也都为斯大林的后续政策提供了蓝图构想和实践手段。1953年斯大林去世后，在克格勃治下，苏联社会相互猜忌、腐败丛生、极为低效和极度浪费。然而，苏联是世界上主要的有核霸权，威慑了周边国家。斯大林之后的苏联体制依然对这种超级大国地位有所感知、有所继承，直至1991年。另见集体主义（collectivism）*；马克思主义（Marxism）*。

standard deviation 标准变量

参见变量（variable）*。

standardization 标准化

为了便于对不同组别进行比较，数据（data）*会基于相同的基数而得到标准化。最简单的方法就是把频数转换为频率，此时，进行比较的相同基数是总数,不过频率可以以100%为单位写成百分比,也可以以1为单位写成小数。如果已知算术均值(参见集中趋势[测度][central tendency][measures of]*)和标准差(参见变异[variation]*),数值可根据标准差进行划分,此时,可把算术均值作为数据中轴,每个具体数值以均值加减标准差来衡量,重复该步骤,直到每个数组都可以得到标准化比较。根据分析数据所用的方法,我们也可以选用其他步骤进行标准化。另见指数(index)*。

standardized mortality ratios 标准化死亡率

参见死亡率(mortality rate)*。

state 国家

一系列独特的有权威制定法规以管理社会(society)*的机构(institutions)*。正如马克斯·韦伯(Max Weber)*所言,国家肯定了在固定疆域内"自身对武力之正当使用的垄断权力"。因此,国家包含如下机构:武装力量、行政机构或国家科层制(bureaucracy)*、司法部门、由民选代表组成的地方或国家议会(诸如国会)。就此,国家也不是一个统一的实体。相反,国家是一系列机构,这些机构为政治冲突提供了舞台并限定了范围,使得不同利益团体得以在此争夺可用资源和指导公共政策。通常,针对政策和资源,在民选政治家和非民选的公务员之间或者在国家不同部分的政治家之间,存在冲突。从而我们很难对国家的整体利益有所定位,毕竟国家的不同机构存在着相互有别的利益(interests)*,也表现出相互冲突的偏好。

我们也很难划定国家的界限。旧有的行政管理视角把国家视为一系列明确的享有官方权力的机构。其他学说,比如安东尼奥·葛兰西(Antonio Gramsci)*和路易·阿尔都塞(Louis Althusser)*等马克思主义理论家,则质疑国家与市民社会(civil society)*之间的区别,认为国家已经渗入市民社会的许多地方。比如,阿尔都塞坚持认为像教会、学校和商业协会等市民组织不过是国家意识形态机器的一部分。划定国家界限确实愈发困难。市民社会的诸多部分已经为国家机构留下通路,同时也在制定公众政策时承担角色。同样,国家也为社会中的一些团体提供资金,这些团体虽然在原则上自主运作,但是受制于国家支持。此外,国家的界限一直在变化,比如私有化(privatization)*把责任从行政机构转移到私人承包商那里,而且国家还可以建立新的管制机构。这些半自主运作的组织,在本质上含糊不清,难以清晰断定它们是属于国家还是属于市民社会。

针对国家,进一步的重要问题是国家权力(power)*的本质。作为一系列机构的国家是无法行动的。这导致一个这些年多有争论的重要问题出现,也就是国家自主性。多元主义者通常把国家视为在社会中为各个团体利益而行动。因此,国家行动来自团体的压力。对于某些多元利益论者来说,国家是个竞技场,在此各个压力集团(pressure groups)*冲突竞争,而国家政策取决于冲突的结果。而对于另一些人来说,国家实际上被压力集团绑架,同时,也有第三种看法认为通过对各个利益团体的诉求进行仲裁,国家可以决定什么是国家利益。

然而,对马克思主义理论家来说,现代国家的角色由其在资本主义社会中的位置决定。比如,根据尼科斯·普兰查斯(Nicos Poulantzas)*1968年在《政治权力与社会阶级》(*Political Power and Social Classes*)一书中的说法,资本主义国家为资本长期的政治利益而统治。这也引发一个问题,这里假设的资本利益如何转变为国家行动。所谓的工具主义者,诸如R. 米利班德(R. Miliband)在1969年出版的《资本主义社会中的国家》(*The State in Capitalist Society*)中,国家精英成员出自相同的社会背景,也即资产阶级(bourgeoisie)*,所以他们作为资本的所有者分享相同的利益,而且他们也在盘根错节的社会与政治互动中与之纠缠不清。因此,国家或多或少以资产阶级代言人的身份在行动。相反,普兰查斯则坚持谁是国家统治者,这个问题无关宏旨。资本主义国家为资产阶级利益而行动,这不是因为国家官员有意识地如此作为,而是因为国家机器的不同部分就是以此方式构造起来,以致资本(capital)*的长期利益总是头等目标和主导因素。

无论是马克思主义者还是多元主义者,他们对国家的认识可以说都是社会中心论。也即,他们把国家视为团体在社会中活动的反应物,无论这些团体是阶级或是压力集团。然而,其他对国家的论述,比如埃里克·诺德林格(Eric Nordlinger)和西达·斯考切波(Theda Skocpol)的论述,则主张国家是有重要自主性的能动者。换言之,国家全体人员有其自身利益,他们能够独立追求并且确实在独立追求自身利益,而且这种利益有时就与社会中不同团体的利益相冲突。因为现代国家控制了暴力手段,同时,市民社会中的不同团体也依赖于国家来实现它们所支持的任何政策,所以国家与市民社会的关系并不对等,在某种程度上,国家全体能够把自身偏好施加在公民总体之上。

在有关社会权力来源的论述中,迈克尔·曼(Michael Mann)描绘了两种国家自主性。第一种是专制型权力(authoritative power)*,国家的权力源于暴力,因此这种权力也局限在统治者所能施加恐惧的疆域之内。然而,在现代社会,国家权力更可能是基础性权力,此时,国家通过与社会中不同团体协商出行政管理关系而提高自身权力,以提升其对政策的特定领域作出干预的能力。基础性权力的概念说明用国家中心论对标社会中心论,这种对立过于简单。国家中的能动者确实有自我利益,但这些利益的发展与社会团体相关。此外,为了发展干涉的手段,国家中的能动者依赖于社会中的同盟。国家权力的手段不能仅仅是暴力,因此,国家中的能动者必然不得不有所让步。

任何有关国家的定义都认识到国家的复杂性。国家的界限并不清楚分明且总是变化。国家的内部冲突不仅发生在组织之间,更是发生在组织内部。国家并没有单一的国家利益,相反,国家的不同部分有不同利益。这些利益既非简单地以国家为中心,或者完全以社会为中心,而是在社会中的不同团体与国家中的不同能动者的相互协商中发展而来。当我们讨论相关问题时,克里斯托弗·皮尔森(Christopher Pierson)1996年出版的《现代国家》(The Modern State)是很好的起点。

就国家形成问题,同样有海量文献。此处的问题之一是确定国家兴起的过程。我们能否将国家的形成主要归因于社会阶级(social class)*的利益(interests)*与冲突,还是说需要考虑其他非阶级因素?我们观察国家的形成的最佳视角是内部视角还是要引入外部因素?前者观察给定国家的内部动态和冲突,后者则引入国际战争冲突和经济支配。资本主义国家的兴起能否有可供识别的历史模式?在西方,民族国家的形成是否与资本主义有关?贾恩波兰科·波齐1978年出版的《现代国家的发展》(The Development of the Modern State)和查尔斯·蒂利(Charles Tilly)1975年出版的《西欧民族国家的形成》(The Formation of National States in Western Europe)两书讨论了相关问题。另见军事与军国主义(millitary and militarism)*;军工业复合体(military-industrial complex)*;权力精英(power elite)*。

state capitalism 国家资本主义

这个词至少可以用于形容三种不同形态的经济组织。

一是在资本主义社会内部,主要的经济部分掌握在国家手中,这被称为国家主义或者有时也被称为民主社会主义(democratic socialism)*;二是在社会内部保持必要的资本主义部门,以便过渡到社会主义(socialism)*,例如20世纪20年代,列宁(Lenin)*所采取的措施;三是如下观点,认为苏联不是社会主义社会,而不过是资本主义(capitalism)*的一种变体,因为以国有的名义,科层制(bureaucracy)*控制了整个生产体系。20世纪30年代以后,马克思主义者发展出这种观点来批评苏联。另见共产主义(communism)*。

stateless societies 无国家的社会

这个通用术语经常用于形容无领袖社会(acephalous society)*或分裂社会(segmented society)*,这种社会缺少中央集权式的国家权威。但是有时,这个术语也被错误地推广使用,用来形容那些有政治体系的社会,也即那些只有公认的首领和传统的统治者,而缺乏明确国家机器的社会。

statistical control 统计控制

在数据分析中,用以排除特定变量(variable)*影响的统计技术。例如,在抽样调查(sample survey)*得到的数据(data)*里,失业

(unemployment)*与临床抑郁展现出强相关,那么可以考虑控制社会阶级(social class)*这个变量产生的影响。把数据按照阶级进行分类(比如分为中产阶级[middle class]*和劳工阶级),有助于检验失业与抑郁的相关关系是否在所有阶级中都显著。同样地,在阶级和临床抑郁之间观察到的相关性可能会消失,一旦我们对失业这个变量有所控制。因为劳工阶级可能并不比中产阶级更容易受到抑郁的困扰,但是他们更可能失业,而失业人群比工作人群更容易抑郁。

state monopoly capitalism 国家垄断资本主义

参见共产主义(communism)*。

state socialism 国家社会主义

参见共产主义(communism)*;现实社会主义(real socialism)*。

statistical inference 统计推断

将抽样结果更为广泛地推广到总体(population)*上的过程。更具体地来说,如何推断出总体取决于对总体的样本选取。推断统计一般与描述统计(descriptive statistics)*相区别,构成了统计分析的不同分支。描述统计描述变量、变量间的关系,但是不进行统计概括。通过对来自总体的抽样进行观察,从而推断总体,这种推断的准确性取决于所使用的抽样(sampling)*方法。科学抽样的重要性在于其有助于我们进行统计概括和推断。例如,如果我们对英国大学生进行简单的随机抽样调查(sample survey)*,并记录他们的平均身高,那么我们就能推断出英国所有大学生的平均身高可能落在的区间范围。而其他抽样方式，比如配额抽样，就不允许我们做出如是推断。就此，假设我们的抽样准确，那么根据此抽样来估计总体的均值，其准确性将取决于一下两件事情：一是抽样规模；二是总体中身高的变异性。这两个因素都反映在标准误中，标准误越大，用抽样均值来估计总体均值的准确性就越低。

因此，严格地说，推断统计是归纳推理的一种形式，用从总体中抽样出的数据来估计总体特征。然而，人们在运用统计推断的方法时，会追求预测、解释和假设检验（hypothesis testing）*这些更具野心的目标。

statistical interaction 统计上的交互作用

该术语用以形容两个或两个以上的变量在统计上的关系。在此关系中，一个变量数值上的变化会系统性引发另一个变量数值上的变化。当我们进行某种类型的多变量分析（multivariate analysis）*，并且假设自变量之间彼此独立（正交）的时候，两个或两个以上自变量（independent variable）*间在统计上的交互作用会使得情况变得极度复杂。

status（social status）地位（社会地位）

在社会学中，"身份"有两种含义。在最弱的意义上，地位指的是一个人在社会结构（social structure）*中占据的位置，比如教师或者牧师。地位通常与社会角色（social role）*这个概念结合在一起，从而有"地位-角色"这个新概念。人们更喜欢把这种弱意义上的身份称为定位（position），以避免与下面那种更为具体的含义相混淆。

在更强和更具体的意义上，地位一词指代社会分层（social stratification）*，在社会分层中，借助法律、政治和文化标准，社会职位被安排成和组织化为身份团体。比如,法律理论家亨利·梅因爵士（Sir Henry Maine）*认为我们可以把西方社会的历史用从身份到契约的转变来概念化,也就是说,人们的关系从一个根据等级分层而组织起来的封建（feudal）*关系,过渡到一个个体间基于契约而结合成的市场（market）*关系。马克斯·韦伯（Max Weber）*在他有关权力（power）*的论述中,采用了相同的历史视野来考察阶级间和身份团体间的关系。在1920年的《经济与社会》（Economy and Society）中,韦伯把地位定义为"对社会尊严的有效宣称"。这些地位所带来的特权既有限定面向,也有肯定面向。地位基于一种特殊的生活方式（lifestyle）*和正规训练。地位通过一些排他性实践来表现和维持,比如婚姻（marriage）*、习惯、习俗（customs）*和通常的生活安排。一群具有共同地位的人聚在一起,就会形成身份团体,此身份团体享有共同的特权,同时,特定地位垄断了该团体的资源。不同的身份团体间存在竞争,因为他们寻求对自身垄断性特权的保护,以排除他们的对手享有这些资源。最终,基于社会分层的主要模式,韦伯区分了身份社会和阶级社会。

批评者,尤其是来自美国社会学的批评者,认为地位这个概念作为社会学的核心概念,其重要性在日渐缩小,因为这个概念只不过意味着个人就自身地位在等级制中所做的主观评价,也即声望（prestige）*。身份团体关系中的冲突性和竞争性也被转化成个体所追求的理想身份,也就是"声望角色""声望排名"等等。对于许多美国社会学家来说,阶级和身份这两个概念可以相互替代,因为两者都用于描绘社会分层系统中对职位的主观评价。

许多人也在努力重释地位这个概念,他们主张地位一词包含客观的组织化的权利与特权。在许多情况下,这些权利与特权由法律与国家授予，而非简单地只是对个体尊严的主观意识。布莱恩·特纳（Bryan S. Turner）的《身份》（Status, 1998）一书是有关身份这个概念简短但极佳的导论；约翰·斯科特（John Scott）的《分层与权力》（Stratification and Power, 1996）一书则对此有更广泛的讨论。另见公民身份（citizenship）*；封闭（closure）*；等级（estate）*。

status, achieved 自致地位

个体通过与他人的公开的正规竞争或者市场竞争，而取得的个人成就，达到的社会职位。例如大学教授、医生或者汽车技工，为获得这些职位，人们通常需要经过竞争性考试才能成功进入就业市场。自致地位一般与先赋地位（ascribed status）*做比照。后者指的是个人根据出生或者家庭背景而被分派的社会职位，这些职位的安排虽不说是全部，但至少很大一部分不可能依据个人成就而有所改变。比如那些依据种族（race）*、族群和性别先天赋予的职位。

成就（achievement）*和先赋（ascription）*之间的区分是启发式的，而不是绝对的。比如，我们可以论证，个体的社会阶级地位是自致地位还是先赋地位，这取决于研究者是用职业成就还是家庭背景来定义阶级。同样地，一些明显基于自致成就的结果，包括考试表现和职业获得，至少也部分地反映了先赋机制，比如性别歧视（sexism）*和种族偏见。另见优绩主义（meritocracy）*；地位（status）*。

status, ascribed 先赋地位

参见先赋（ascription）；自致地位（status, achieved）。

status attainment（status-attainment theory）
地位获得（地位获得理论）

就个人的教育成就或者其他技能（skill）*和能力（ability）*指标（indicators）*如何转变为职业地位，如何转变为按照社会经济地位（socio-economic status）*或者声望（prestige）*进行排序的职业地位，而进行的广泛研究。这方面的经典研究是彼得·布劳（Peter M. Blau）和奥蒂斯·邓肯（Otis Dubley Duncan）的《美国的职业结构》（*The American Occupational Structure*, 1967）一书，以及大卫·费瑟曼（David Featherman）和罗伯特·豪泽（Robert Hauser）的《机会与改变》（*Opportunity and Change*, 1978）一书。

地位获得理论试图通过确定那些促进个体流入理想职业的属性，来解释社会流动模型。在何种程度上，职业结果由原生家庭而非个体属性（比如教育成就）形塑？这种研究方法（research methods）*依赖于如下预设，也即个体被分配到的各种职位，是一个具有连续性的单向度的层级秩序。在一些研究中，这种社会层级被狭隘地概念化为一种职业声望（occupational prestige）*，也即在最通常的情况下人们如何对不同职业所相对的"一般地位"分级。在其他研究中，社会层级扩展到包含社会经济地位的其他方面，比如收入和受教育年限。对此专题下的主要问题，可以参看这篇有用的综述：D. J. 特莱曼（D. J. Treiman）和H. B. G. 甘泽布姆（H. B. G. Ganzeboom）的《跨国家比较的地位获得研究》（Cross-National Comparative Status-Attainment Research），载于《社会分层与流动性研究》（*Research in Social Stratification and Mobility*, 1990）。

在布劳–邓肯模型中，1962年的美国子辈现职和父辈职业的整体相关性为0.405。这个数值可以分解为通过教育产生的间接影响和除去教育的直接影响，前者为0.227，解释了57%；后者是直接作用或者通过子辈初职产生的作用，为0.178，解释了43%。在此研究中，教育对现职的作用与父辈职业对现职的直接作用相比，两者之比达到2.9∶1，此发现使得布劳和邓肯做出论断，认为在20世纪中叶的美国，个体成就(achievement)*相比于先赋因素，在决定职业地位时影响更大。

后来威廉·休厄尔(William H. Sewell)和他的助手发展了所谓的威斯康星模型(Wisconsin Model)*，这个模型延续了布劳-邓肯的模式，通过中介能力和教育获得，把学生的家庭背景和先赋因素与其职业地位关联起来。诸多威斯康辛学派的研究表明家庭背景借助对子辈父母及子辈同侪的影响，并形塑了教育渴望，从而作用于子辈的教育与职业。学术能力被发现同样对教育获得有重大作用，而且该因素独立于社会背景。学术能力还可以通过对教育与职业渴望的影响而作用于职业获得。换言之，无论是学校背景还是家庭背景对地位获得的作用，都主要借助社会心理过程来传递。

这些研究发现隐含着的机会平等(equality of opportunity)*与优绩主义(meritocracy)*之间的争论，很快就成为人们争论的焦点。一些观察者，比如罗伯特·豪泽，就认为这些发现意味着在美国地位获得主要是一个英才教育的过程，因为家庭背景的影响(明显)被学校教育的贡献所削弱。其他人，包括克里斯托弗·詹克斯(Christopher Jencks)认为这些结果削减地位获得过程中英才教育的解释，因为先赋因素和成就依然对流动结果有重要影响。此外，詹克斯和他的同事主张，在威斯康辛模型中，家庭背景的重要性被低估，而才能与渴望被高估，因为在初始研究中有测量误差（measurement error）*。（可参见豪泽、詹克斯和其他人 1983 年在《教育社会学》[Sociology of Education]上的讨论。）

这种研究社会不平等（social inequality）*的进路依然众说纷纭。社会经济地位（socio-economic status）*这个社会概念通常被视为因变量（dependent variable）*；在地位获得研究中，人们所使用的这个社会经济地位变量有复杂的历史讨论和相关所指。衡量社会经济地位用得最多的指标是邓肯提出的，也即职业的社会经济地位由从业者的平均收入和受教育年限联合加权决定，尽管这背后的推理过程从未被解释过。这些权重其实是那些特定职业类型中从业者对职业声望（occupational prestige）*所持有的认知的最佳反映。具体细节可以参看邓肯 1961 年的经典文章《全部职业的社会经济指数》（A Socioeconomic Index for All Occupations），载于 A. 赖斯（A. Reiss）编的《职业与社会地位》（Occupations and Social Status）。然而，这是对职业声望或者职业的社会经济资源的有效测量吗？

其他版本的理论则把职业声望当成一个因变量。这些研究建立在如下前提上，也即个体所处的位置依照单向的社会地位（social status）*排序，人们就此排序也对普遍的社会荣誉和特定的职位荣誉达成了社会性共识。对于此前提是否成立，人们存在大量争论。因为该前提似乎意味着，社会秩序（social order）*奠基在价值共识之上，而声望等级起到的作用就是使得道德评价得到广泛趋同。这种研究方式被批评者视为功能理论在分层问题上的拓展应用，尽管该理论的实践者极力拒斥这种指控。

20 世纪 80 年代，为了回应来自新结构主义支持者的批评，研究者检视了地位获得理论的解释框架,尝试把结构性限制和社会化(socialization)*过程纳入自身解释中。他们从讨论原生家庭和教育获得对职业的影响这个问题中挣脱出来,转向分析劳动力市场(labor market)*的结构和过程中的变量对职业结果的影响。这种关注点的转变是为了试图克服地位获得研究的已然失败,之前研究只考虑结构因素对教育和职业获得的影响。新成果混合了地位获得理论和阶级分析传统,新研究的例子可参见拉里·格里芬(Larry Griffin)和阿恩·卡雷伯格(Arne Kalleberg)的《美国的社会分层和优绩主义统治:阶级与职业招聘模式》(Stratification and Meritocracy in the United States: Class and Occupational Recruitment Patterns),载于《英国社会学期刊》(British Journal of Sociology, 1981)。对此新研究的文献综述可参看卡雷伯格《工作结构和不平等的比较视角》(Comparative Perspectives on Work Structures and Inequality),载于《社会学年鉴》(Annual Review of Sociology, 1988)。

status consistency 地位一致性

参见地位固化(status crystallization)*。

status crystallization 地位固化

这个术语由美国社会学家格尔哈特·伦斯基(Gerhard Lenski)发明。参见《地位固化:地位的非垂直维度》(Status Crystallization: A Non-Vertical Dimension of Status),载于《美国社会学评论》(American Sociological Review, 1954)。伦斯基认为各地位属性上的不一致会导致地位的含糊性,从而反过来造成社会张力。然而,这个概念本身并没有表明态度和预期，而只是指明了地位不一致感。这使得后来的研究者，比如乔治·霍曼斯（George Homans）*，把地位固化和地位整合这些概念与相对剥夺（relative deprivation）*和参照群体（reference groups）*结合起来，以此使得这个问题和有关社会正义（social justice）*的更大争论联系起来。

后来，在东欧社会学家的著作中，比如1966年乌劳德奇米尔茨·韦索洛夫斯基（Wlodzimierz Wesolowski）出版的《阶级、分层和权力》(*Classes, Strata and Power*)中，地位固化成为社会分层（social stratification）*主流学派的基础。这些作者测量地位指标，比如职业声望（occupational prestige）*、族群性（ethnicity）*、教育和收入，并且力求测量固化程度，也即地位一致性（status consistency）*或相合性。也就是说，个体、角色（role）*或者群体（group）*在一系列地位标准中是否排位一致，高声望职业享有高工资，等等。固化会对角色冲突、心智健康、社会张力造成影响，尤其是人们意识到了这种地位不一致时。

20世纪60年代至70年代，共产主义社会的社会学家采用了这种研究方法（research methods）*。他们力图引进这种方法来研究现实社会主义（real socialism）*的真实运行中，社会的不平等程度，并且无需触及社会阶级（social class）*这种禁忌问题。他们得出的普遍结论是，在后革命社会中，马克思主义（Marxism）*意义上的社会阶级已经失去了决定性力量，不再制约人们的生活机遇（life chance）*；然而，由地位指标体现出的地位固化，尽管已经被分解或者去固化，却依然可能在地位一致性出现时再度浮现。这将会导致系统化和结构化的社会分层的再次出现，最终导致社会封闭（social closure）*。

status degradation ceremony 地位降黜仪式

参见降黜仪式(degradation ceremony)*。

status frustration 地位挫败

1956年,阿尔伯特·科恩(Albert Cohen)在其《少年犯》(*Delinquent Boys*)一书中发展出来的概念,用于解释劳工阶级男性的不良行为(delinquency)*,将之解释为对学校中的中产阶级(middle class)*成功价值的反应形成(reaction formation)*。犯罪男孩经历了地位挫败,从而扭转了学校中的中产阶级价值,创造出了一种犯罪亚文化(subculture)*。柯恩的研究构成了犯罪学(criminology)*的失范(anomie)*和紧张传统,也影响了亚文化分析。

status group 地位群体

参见地位(status)*;分层(stratification)*。

status, master 首要地位

参见首要地位(master status)*。

status set 身份组

这一术语指一个人所拥有的一系列社会位置(situs)*(例如,工厂工人、母亲、基督教徒),它是罗伯特·默顿(Robert Merton)*在《社会理论和社会结构》(*Social Theory and Social Structure*,第二版,1957)中提出的。此处采用了通用的、但现在已经过时的描述身份(status)*的用法。

status situation 地位处境

参见阶级地位（class position）*。

stem family 主干家庭

参见主干家庭（family, stem）*。

stereotype（stereotyping）刻板印象（刻板化）

它源自希腊语（stereo 指坚固，typos 指标记），并在 18 世纪后期被用作一种技术术语，指印刷型纸面复制品的铸件。北美记者沃尔特·李普曼（Walter Lippman）在《公共舆论》（Public Opinion, 1992）一书中进一步阐明其概念，用它指代一种固定、有限、不会轻易改变的"脑海图景"。与社会学类型化（typification）*的过程相反，它通常带有贬义。此概念在关于犯罪（crime）*与越轨的研究中被广泛采用，在这里，对特定社会群体成员的性格和可能行为的假设已被证实会使他们更可能或更不可能成为逮捕、定罪和监禁（incarcerate）*的对象，这是标签理论（labelling theory）*的核心思想。另见越轨放大（deviance amplification）*；性别刻板印象（gender stereotypes）*；偏见（prejudice）*。

stigma 污名

尽管本词历史悠久（在古典希腊时期，它指的是被放逐者身上所刻的烙印），但它主要是通过欧文·戈夫曼（Erving Goffman）*的著作（《污名》Stigma, 1960）才被引入社会学的。作为一个形式概念，它将社会价值的降低视作一种关系，而非一种固定属性。戈夫曼将污名分为三个类型：身体的、道德的和族群的，并且分析了它们和对它们的社会反应（societal reaction）*是如何影响人际互动的。

stimulus discrimination 刺激辨别

这是在行为主义学习理论中被定义的一个现象，即个体为了做出反应，学会区分相似的刺激。

stimulus generalization 刺激泛化

在行为主义学习理论中，这个概念指的是这样一种方式，即最初以某一特定刺激为条件的反应，也会被与原始刺激有某种相似之处的其他刺激所诱发。

Stouffer, Samuel A. 塞缪尔·A. 斯托弗（1900—1960）

斯托弗是美国社会学家和定量方法学家，在第二次世界大战期间指导美国战争部（国防部前身）的社会研究。他在战争部的研究成果集中于代表作《美国士兵》（The American Soldier, 1949）之中，该书对社会心理学（social psychology）*与社会调查（social survey）*方法贡献良多，并引入了相对剥夺（relative deprivation）*的概念。另见参照群体（reference group）*。

strain theories of delinquency 不良行为的紧张理论

参见失范（anomie）*。

stratification 分层

社会学中的分层一词常被用于研究结构性社会不平等（social

inequality)*，即研究群体间所有的系统性不平等，这些不平等是社会过程和关系的意外后果。当我们询问为何存在贫穷(poverty)*，为何美国的黑人或女性相较于白人和男性显得更为弱势，或者工人阶级(working class)*家庭的子女有多少机会取得中产阶级(middle class)*地位时，我们就是在提出关于社会分层(social stratification)*的问题。

因此，社会分层是宏观社会学(macrosociology)*的核心——从比较的角度研究社会整体，试图了解社会稳定(social stability)*和变迁(change)*的过程。对社会分层的研究始于韦伯(Max Weber)*对两类极限情形的论述：一类是更传统的基于地位的社会(例如基于归属类别[ascriptive category]*的社会，其中存在等级[estate]*、种姓[caste]*制度或奴隶制[slavery]*，以便在法律上认可不平等)；另一类是虽然两极分化但是流动性更强的阶级社会(现代西方社会是一种典型)，在这种社会中，能取得更多的成就(achievement)*、经济差异最为重要，而不平等则更加客观。因此，地位形成和阶级形成代表着社会整合(social integration)*的两极，即社会成员互相联系的两种不同方式。

对社会分层的研究有三个目标。其一是确定阶级或地位体系在社会层面上的主导程度，使之成为社会行为模式的组成部分。因此，要宣称英国是一个阶级社会，就需要证明阶级关系是构成社会行动(social action)*主要模式，也是社会整合的基础。其二是分析阶级、地位结构，以及形成阶级和地位的决定因素。提出一些问题，比如为何美国没有社会主义(socialism)*，或者为何英国工人阶级未曾发动共产主义革命，其实就是在对阶级形成的程度提出疑问，许多社会学和历史学的研究曾试图阐明这种阶级形成程度的变化。最后，社会分层展现了关于条件、机会和结果的不平等，以及群体保持阶级或地位边界的方式。换言之，它提出了社会封闭（social closure）*的问题，并探究了群体保持特权和其他群体获取特权的排他性策略。阶级和地位经常以有趣的方式相互作用，例如，强势阶级会试图发展地位群体（status group）*的特征，使其常规化、合理化，从而维持其特权，全世界的新富阶层都是这一丑恶策略的支持者。同样，阶级（class）*、种族（race）*、年龄与性别差异（gender differences）*的复杂表达也越来越引起研究人员的兴趣，他们对现代社会中各种各样的社会分层过程进行了考察，琼·胡贝尔（Joan Huber）的著作就很好地体现出这一发展趋势（参见《性的分层》Sex Stratification，1983）。

因此，在最普遍的层面上，社会分层以不同方式关注阶级和地位群体形成的问题，是理解社会整合的关键。换言之，就是社会关系的凝聚力或分裂性程度，以及它对社会秩序（social order）*带来的影响。对这一话题的有用概述包括约翰·斯科特（John Scott）的《分层与权力》（Stratification and Power，1996）和罗丝玛丽·克朗普顿（Rosemary Crompton）的《阶级与分层：当前争论的导论》（Class and Stratification: An Introduction to Current Debates，第三版，2008）。

stress 应激

应激是一个不确切的概念，在日常话语中通常指任意一种焦虑感或压力感。然而，在严格的学术应用中，它有着确切的含义。这一概念指外部情境应激（应激源）或者对其的回应（应激反应），而回应通常被认为具有生理和心理的成分，例如升高的脉搏、肾上腺素水平，以及焦虑和不适感。在这两种用法中，应激通常作为关键因素来解释身体和精神疾病（mental illness）*、各种形式的不良表现和越轨行为。它对社会科学学者的吸引力在于,能够将个人当前或近期的社会情境特征与某些特定结果相联系。

许多学界争论聚焦于识别并测量应激的范围。一些研究者认为只有诸如离婚(divorce)*或失业(unemplogment)*这样的消极情况会造成应激,其他研究者则认为任何涉及显著变化的情况(例如结婚、升职或乔迁新居)都会造成应激;一些人认为应激只涉及生活事件(life event)*,另一些人则将持续的困难也包含在内;一些人采用了标准化(standardization)*的测量(例如社会再适应评价量表),另一些人则评估主观意义,认为个体的应激源并不一定相同。然而,针对应激体验的主观评价是有问题的,因为它们可能会被这种体验所产生的感觉所干扰,例如在抑郁症(depression)*患者的案例里,他们回顾性地将特定生活事件确定为应激,其目的在于配合治疗或促进他们对病症的自我理解(否则会难以理解)。在乔治·布朗(George Brown)和蒂里尔·哈里斯(Tirril Harris)的著名作品《抑郁症的社会起源》(*Social Origins of Depression*, 1978)中,意义并非通过直接的主观评价来确定,而是通过有关价值、目标和环境的情境证据来衡量。

在该领域日渐得到关注的是一些因素的确定,例如社会支持,这些因素在应激情境和对其的反应之间起调节作用。布朗和哈里斯称之为"脆弱性",或者相反,称之为"适应性"因素,从而研究由情境引发的、而非生物学意义上的弱点。

strike 罢工

这是一种涉及停工(lockout)*的劳工行动(industrial action)*,

例如暂时拒绝遵守雇佣合同。罢工的有效性取决于能否阻止使用替代劳动力（labour power）*，一般通过对工作场所进行纠察，从而导致部分或全部停产，直到争端顺利解决。罢工是工会（trade union）*特有的制裁（sanction）*方式，通常被定性为官方手段，而非官方或非正规的罢工是自发性的，它们甚至是无组织的行动，由不受工会认可的草根领袖发起。罢工还被用作社会性或政治性的抗议手段，旨在通过停工和停止行业协作影响政府或国家政策，因此就有了"政治罢工"，也就是全体或大部分人参与的"总罢工"。另见劳资冲突（industrial conflict）*；克尔-西格尔假说（Kerr-Siegel hypothesis）*。

strike-proneness 罢工倾向

参见劳资冲突（industrial conflict）*。

structural adjustment 结构性调整

国际货币基金组织和世界银行提出的向第三世界（Third World）*国家提供贷款的一揽子政策。它包含三个要素：稳定化（凭借预算赤字对货币供给的增长率进行限制，从而控制通货膨胀[inflation]*）；自由化（减少政府对生产和要素市场[market]*的干预，使国内价格与世界市场价格更加一致）；公共部门的私有化（privatization）*，以提高生产的技术效率。由于高价和居高不下的失业率，结构性调整在短期产生了负面的分配效应，而长期效应则是可变的。

structural differentiation 结构分化

这一概念与历史进化论和结构功能主义（structural functionalism）*

有关。社会被视为通过一个基于结构分化的社会变迁（social change）*过程，从简单走向复杂。表达这一过程的最简单形式是将其视作一只不断分化、再分化的变形虫。所谓的简单社会是部落社会，一切都发生在亲属关系系统内或通过该系统来实现。在现代复杂的社会中，有独立的教育、工作（work）*、政府、宗教（religion）*等机构，而家庭目前扮演着更具体、更有限的角色（role）*，比如早期的社会化（socialization）*。分化涉及社会中不同子系统和部门的日益专业化。

以色列比较和历史社会学家S. N. 艾森斯塔特（Shlomo N. Eisenstadt）的著作中有一个经典的论断（尤其参见《社会变迁、分化与进化》Social Change, Differentiation and Evolution，载于《美国社会学评论》American Sociological Review, 1964），该论断在今天已经过时，因为它与20世纪60年代的现代化（modernization）*理论有关。这种忽视可能并不合理，因为艾森斯塔特提出了一种精妙的变迁理论，远远超越了传统的进化论（evolutionary theory）*，就运用结构分化概念进行实证分析而言，这是迄今为止最为系统性的尝试（如《现代化、反抗与变迁》Modernization, Protest and Change, 1967；《革命与社会转变》Revolution and the Transformation of Societies, 1978）。

塔尔科特·帕森斯（Talcott Parsons）*认为这个过程包括三个阶段：分化过程、适应和重新整合的过程，最后，建立一个更普遍的价值体系，以维系更复杂的社会的过程。分化的动力来源于一个社会适应其物质和社会环境的需要。最初的进化论思想可追溯至赫伯特·斯宾塞（Herbet Spencer）*，尼尔·斯梅尔瑟（Neil Smelser）将其发展并应用到特定实例之中（《工业革命中的社会变迁》Social Change *in the Industrial Revolution*, 1959），之后由帕森斯本人在最一般的层面上予以阐明（《社会：进化观和比较观》*Societies: Evolutionary and Comparative Perspectives*, 1966）。

在过去20年里，这种进化理论一直受到社会学家的批评。例如，安东尼·吉登斯（Anthony Giddens）*在《社会的构成》（*The Constitution of Society*, 1984）一书中认为，简单社会实际上根本不简单，适应机制过于模糊和笼统，以至于无法解释社会变迁。

structural functionalism 结构功能主义

参见功能（function）*；分层的功能理论（functional theory of stratification）*；马林诺夫斯基（Malinowski, Bronislaw kaspar）*；塔尔科特·帕森斯（Parsons, Talcott）*；拉德克里夫-布朗（Radcliffe-Brown）*。

structuralism 结构主义

在最一般层面上，社会学中的结构（structure）*一词笼统地指代任何认为社会结构（social structure）*（无论是否明显）先于社会行动（social action）*的方法。

然而，更具体地说，它指的是一种特定的理论视角，这种视角在20世纪60年代末和70年代初开始流行，并在社会人类学（social anthropology）*、语言学（linguistics）*、文学批评、精神分析（psychoanalysis）*和社会学（sociology）*等学科中广泛传播。它对社会学的影响来自以下几个方面：克劳德·列维-斯特劳斯（Claude Lévi-Strauss）*的结构人类学和对一般文化现象的符号学（semiology）*分析，米歇尔·福柯（Michel Foucault）*关于思想史的著作，雅克·拉康（Jacques Lacan）*的精神分析，以及路易·阿尔都塞（Louis Althusser）*的结构主义（structuralism）*的马克思主义（Marxism）*。

这个方法的基本思想是，我们可以辨别社会现实经常波动和变化表象（representation）*背后的根本性结构。该模型来自索绪尔（Saussure）*的结构语言学，以及一门语言可被描述为一套基本规则的观点，这些规则控制着声音的组合来产生意义。对于列维-斯特劳斯和更广义的符号学（semiology）*来说，这些基本的结构就是思维的范畴，我们用它来规划周围的世界。对于列维-施特劳斯，但并不一定对于其他学者而言，这类范畴总是可以被视为二元对立（例如，上/下、热/冷）。结构主义的马克思主义用生产方式（mode of production）*中的位置（如劳动者与非劳动者）取代了这些心理范畴，用生产资料（means of production）*的关系代替了管理意义生产的规则。

这一基本原则也许在列维-斯特劳斯的著作中体现得最为明显。他认为有三方面的影响：地质学、精神分析和马克思主义。它们都揭示了表象之下隐藏的（无意识的［unconscious］*）规律或结构，而他钻研的是后两者在多大程度上具有潜在含义。与布罗尼斯拉夫·马林诺夫斯基（Bronislaw Malinowski）*所启发的传统不同，列维-斯特劳斯对特定社会的详细的、整体的研究兴趣较少，他更有志于研究思维的潜在普遍性和共同结构。他考察了一系列异域分类制度和神话（myth）*，在《神话学》（*Mythologies*，四卷，1964—1971）中论证它们能被简化为二元对立，同时展示了不同民族想象力的复杂性和丰富性。他在《图腾制度》（*Totemism*，1962）和《野性的思维》（*The Savage Mind*，1962）揭示了隐藏的逻辑和引人入胜的转变，它们原本可能被视为纯粹的迷信而被摒弃：所谓的原始人类也有一门具体的科学。同样，在鸿篇巨作《亲属关系的基本结构》(The Elementary Structures of Kinship, 1949)中，他旨在表明，亲属制度的多样性能被简化为两种类型，即一般性交换和限定性交换。

然而，无论结构主义的形式如何，关于世界本质的某些含义都必然暗含其中。首先，结构的基本要素保持（相对）恒定，正是它们之间的不同关系产生了不同的语言、思想体系和社会类型。因此，重点从关注不同的实体移到关注它们之间的关系上——在某种程度上，人们认为的那些像是离散性实体的事物实际上是关系的人工产物。这种对关系的强调在后结构主义（post-structuralism）*中得到了更进一步的体现。

其二，这意味着，在我们看来是实在的、正常的或自然的事物，实际上是某种根本性结构的生产过程的最终结果。这也许是文学批评中最令人吃惊的地方，即使是现实主义小说也被认为是艺术创作的产物，就像那些最前卫的作品一样，它不仅仅是对现实中"存在"的事物的复制。这个观点现在已经非常普及，例如，在性别社会学（gender, sociology of）*中，男性气质（masculinity）*、女性气质（femininity）*、同性恋（homosexuality）*等通常被认为是社会建构的结果。同样，人们常认为科学知识不是关于真实的外部世界的知识，而是特定社会过程和我们称之为科学的思维方式的产物。

其三，结构主义改变了我们对个体的常识性观念：他们也被视为关系的产物，而非社会现实的创造者。结构主义用一个关于自我的去中心化概念取代了在本体论（ontology）*上享有特权的人类主体。结构主义的马克思主义将个体仅仅视为社会关系（生产资料的所有权和非所有权）的承载者，而其他学说则将个体概念化为话语（discourse）*

以及话语间关系的产物。这种观念的转变常常发生在我们对世界的理解的稳步进展之中——这是一个被称作去中心化的过程。因此，由于哥白尼（Mikołaj Kopernik），人们意识到地球不是宇宙中心；由于达尔文（Darwin），人们意识到人类不是上帝的创造物，而是进化的结果；由于马克思（Karl Marx）*，人们意识到人类不是生产者，而是社会关系的产物；而由于弗洛伊德（Sigmund Freud）*，人们意识到个体不是选择的有意识的施动者，而是无意识的欲望的产物。事实上，在结构主义盛行的时期，人们常常谈论主体的死亡——个人行为和自愿选择的观念的消亡。一些人将施动者的角色赋予根本性结构本身，并提出"话说人""书读人"等概念，此类更激进的观点随着后结构主义的发展而有所缓和。

最后，结构主义预示了一种历史观的转变，从相对平稳的渐进式发展，也即从一种社会形态（social formation）*走向另一种社会形态的观点，转向一种不连续的、以根本性变化为特征的历史观。这种视角变化的根源在于历时性与共时性的区分。前者是指我们能立刻觉察到的变化，以语言（language）*为例，当新单词和习语开始通用，而另外一些消失时，一门语言就能被视作在较短或较长时间内有了变化。然而，可以说，它的结构始终未曾改变，因为变化是由已经提供或包含在基本规则中的新组合产生的，这种恒常性发生在共时层面上。同样，就社会而言，人们可能认为资本主义的基本结构保持不变，并决定了显性的社会变迁（social change）*的历史，这就是我们实际经历的变迁。而社会自身形态的变迁会涉及更为戏剧性的根本性结构的转变。

结构主义（至少是它的激进形式）已经不再像以往那样流行，尽管上述的一些思想已经对结构主义学派以外的人产生了影响。它的社会学意义在C. R. 巴德科克（C. R. Badcock）的《列维-斯特劳斯的结构主义和社会学理论》（*Lévi-Strauss, Structuralism and Sociological Theory*, 1975）中得到了充分讨论。

structural unemployment 结构性失业

参见失业（unemployment）*。

structuration 结构化

结构化是英国社会理论学家安东尼·吉登斯（Anthony Giddens）*提出的概念，它是其社会学理论的核心。结构化理论是一种社会本体论（ontology）*，它定义了世界上存在着什么样的事物，而不是提出发展规律或对实际发生的事情作出明确的假设（hypotheses）*。它告诉我们，当我们研究社会时，我们在看什么，而不是一个特定的社会实际上如何运作。吉登斯将功能主义（functionalism）*和进化论（evolutionary theory）*等学说视作封闭体系，并对它们进行了批判和否定，他强调社会现象和社会事件总是偶然的和开放的。他试图通过关注"社会实践"来超越社会学中行动（action）*和结构（structure）*之间的传统区分，这种社会实践与结构互为生产者和结果。对吉登斯而言，结构并非外在于社会行动者（social actor）*，而是行动者在实践中生产和再生产出的规则和资源。他还强调时间（time）*和空间（space）*对于社会理论和社会分析的重要性：他的历史社会学（historical sociology）*随后探讨了社会将时空联系在一起的不同方式。

结构化理论没有明确的单一表述方式。吉登斯的专题研究始于对社会学经典学说的修订(《资本主义和当代社会理论》*Capitalism and Modern Social Theory*, 1971), 这启发了他对结构化的主要形式的阐述(《社会理论的中心问题》*Central Problems in Social Theory*, 1979;《社会的构成》*The Constitution of Society*, 1984), 之后又在历史社会学的主要领域中被进一步发展(《历史唯物主义的当代批评》*A Contemporary Critique of Historical Materialism*, 1981;《民族国家与暴力》*The Nation-State and Violence*, 1985;《现代性的后果》*The Consequences of Modernity*, 1990)。目前, 已经有相当数量的二次文献(例如 I. J. 科恩 [I. J. Cohen] 的《结构化理论》*Structuration Theory*, 1989)。一些较为严厉的批评指责吉登斯在无谓地重复前人的理论, 包括社会学的行动、结构和变迁理论, 特别是蒙昧主义和经验主义(empiricism)*空虚的结构化理论(与塔尔科特·帕森斯 [Talcott Parsons]* 的理论工作相比), 可参见乔恩·克拉克(Jon Clark)等人的编的《安东尼·吉登斯: 共识与争论》(*Anthony Giddens: Consensus and Controversy*, 1990)。对吉登斯著作的全面回顾参见斯蒂芬·洛亚尔(Steven Loyal)的《安东尼·吉登斯》(*Anthony Giddens*, 2003)。玛格丽特·阿切尔(Margaret Archer)在《现实主义社会理论》(*Realist Social Theory*, 1995)中采用了一种高度复杂方法来研究结构化, 即结构"形态发生"的形式。另见安东尼·吉登斯(Giddens, Anthony)*。

structure (social structure) 结构 (社会结构)

指任何反复出现的社会行为模式的术语, 或者更确切地说, 指社会系统(social system)*或社会(society)*的不同成分间有序的相互关系。结构通常被认为是社会科学(social science)*中最重要, 但也是最难以捉摸的概念之一（参见 W. H. 休厄尔 [W. H. Sewell] 的《结构理论》A Theory of Structure, 载于《美国社会学杂志》*American Journal of Sociology*, 1992）。它有时被笼统地用于指代社会活动中任何可观察到的"模式"，例如，实证研究者曾认为职业和就业的统计分布（distribution）*揭示了一个社会的社会结构，而更有代表性的看法是，它指个体和群体在那些被涂尔干（Durkheim）*视为社会事实（social fact）*的更大实体中的实际安排。这个术语主要起源于对生物学思想的应用，在生物学中，有机体的结构是其各种器官的解剖结构。社会系统曾被认为是围绕着个人的"制度性"安排来组织的，这种安排定义了他们彼此之间的实际关系。结构功能主义（structural functionalism）*最清楚地阐明，社会的制度是规范与意义的集群，它们取自文化（culture）*，定义了人们对彼此行为的预期。正是通过这些预期，具体的角色（role）*和相互的角色关系才得以明确。然而，社会结构不只包含上述的制度性联系，人们按照制度化（institutionalization）*的角色预期行事，从而形成明确且反复的相互关系。虽然制度化的预期和实际的社会关系很少完美契合，但是社会结构一词指明了这种制度和关系的关键组合是构成一个社会的"骨架"。因此，社会结构同时包括"制度性结构"和"关系结构"。

与建筑物或有机体的结构不同，社会结构并不直接可见。它表现在个人可观察到的动作和行动中，但不能被简化为这些。核心的制度性规范和意义是文化现象，它们只作为共同的思想和表现形式存在于个人的脑海中。因此，融入文化的社会化（socialization）*是维持社会结构的核心。研究结构化（structuration）*的学者强调，社会结构是被承载的，并且有其影响，因为它通过个人的社会化体现在个人身上，使他们具有特定的性格和倾向,并以结构化的特定方式行事。因此,最近一次探讨强调了社会结构的概念必须建立在这种"具体结构"之上(杰西·洛佩兹[José Lòpez]和约翰·斯科特[John Scott]的《社会结构》*Social Structure*, 2000)。

一些结构理论强调了社会结构相对于人类能动性(agency)*的决定性能力。例如,塔尔科特·帕森斯(Talcott Parsons)*曾被批评为过度强调共同文化系统中的社会化,从而将人类行动者描述为毫无自由或自主性。他们被看作是被动地扮演他们已经社会化的角色。然而,这不是结构主义方法所特有的。针对这种情况,马克思主义(Marxism)*认识到了社会结构成分间的冲突和矛盾,而人类能动性则是解决这些矛盾的关键。另见形式主义(formalism)*;功能(function)*;社会秩序(social order)*;结构主义(structuralism)*。

structure, formal 正式结构

参见正式结构(formal structure)*。

subculture 亚文化

这一术语广泛地用于指代嵌入在更宏观的文化中的地方文化或分众文化。这个术语常在亚文化理论中指将特定意义或价值的形成作为应对问题的集体方案或对策。当社会成员的愿望受到阻塞,或他们在更广泛社会中的地位模棱两可时,问题就会出现。因此,亚文化与更宏观的文化(culture)*是不同的,却借用(且经常曲解、夸大或颠倒)其符号、价值和信念。这个概念被广泛应用于越轨的社会学研究,尤其是青年文化(youth culture)*的研究之中。

在美国学界的传统中，罗伯特·默顿（Robert Merton）*对爱弥尔·涂尔干（Émile Durkheim）*的失范（anomie）*概念的重塑影响重大，而芝加哥学派（Chicago School）*的影响也同样非常重要。阿尔伯特·K. 科恩（Albert K. Cohen）(《少年犯》*Delinquent Boys*, 1955）认为，犯罪亚文化是围绕着青少年地位的问题发展起来的。他描述了工人阶级青年男性在地位（status）*上的挫败，他们在学校被灌输了中产阶级（middle class）*的价值，但事实上仍受制于有限的、工人阶级（working）的机会结构（opportunity structure）*。在缺乏合法机会的情况下，他们只能在对立的、表达性的、享乐主义的和拥有非功利主义价值的亚文化中取得社会地位（social status）*。沃尔特·米勒（Walter Miller）(《作为青少年帮派犯罪温床的工人阶级文化？》Lower-Class Culture as a Generating Milieu of Gang Delinquency，载于《社会问题杂志》*Journal of Social Issues*, 1958）认为，犯罪亚文化根植于工人阶级文化的方方面面，它不只是一种对中产阶级社会的反应，更是对其父辈文化中"焦点论题"的表达与强调。理查德·A. 克劳沃德（Richard A. Cloward）和劳埃德·B. 奥林（Lloyd B. Ohlin）(《不良行为与机会》*Delinquency and Opportunity*, 1960）将失范的研究方法（research methods）*要素与埃德温·萨瑟兰（Edwin Sutherland）的差别接触（differential association）*理论结合，认为"压力"是实现内在化传统（或中产阶级）目标的合法手段受到阻碍的结果。一些年轻人通过转向当地工人阶级社区的非法机会结构来解决这一压力，除了合法机会，这些结构还提供了走向成功的犯罪（crime）*或冲突（conflict）*的手段。而逃避者的行径（例如吸毒和酗酒）象征着在合法和非法领域的双重失败。

英国的亚文化研究大量借鉴了美国的传统，但也经常提供新的视角：例如，青年体验英国工人阶级文化的形式（戴维·唐斯［D. Downes］的《少年犯对策》*The Delinquent Solution*, 1966），中产阶级青年亚文化中的享乐主义（J. 杨［J. Young］的《吸毒者》*The Drugtakers*, 1971），亚文化作为"通过仪式进行文化抵抗"的场所的观点（斯图亚特·霍尔［S. Hall］和托尼·杰斐逊［T. Jefferson］主编的《通过仪式抵抗》*Resistance through Rituals*, 1976），以及对亚文化中风格的意义的"解读"（迪克·赫伯迪格［R. Hebdige］的《亚文化：风格的意义》*Subculture: The Meaning of Style*, 1979）。

至少有些学者认为，亚文化能以象征性抵抗的形式出现在社会机构的内部，反映出更广泛社会中社会组织的方方面面，包括学校（戴维·哈格里夫斯［D. Hargreaves］的《中学里的社会关系》*Social Relations in a Secondary School*, 1967）和监狱（格雷沙姆·赛克斯［G. Sykes］的《囚犯社会》*The Society of Captives*, 1958），或者能为那些想要维护自己体会到的差异感的人们提供更广泛的社交圈，例如同性恋（homosexuality）*（参见肯·普卢默［K. Plummer］的《性向污名》*Sexual Stigma*, 1975）。女性主义学者通过女性的"卧室亚文化"探讨了街头青年文化中女孩的缺席（参见拉·默克罗比［A. McRobbie］和詹妮·嘉柏［J. Garber］的《女孩和亚文化群体》*Girls and Subcultures*, 载于斯图亚特·霍尔和托尼·杰斐逊［T. Jefferson］主编的《通过仪式抵抗》*Resistance through Rituals*, 1976）。

可以从几个方面批判亚文化理论。这些理论可能夸大了以社会阶级（social class）*或年龄划分的群体间的差异（并相应地过分强调了这些群体的内部同质性），例如，对女性和有色人种的忽视一直是亚文化研究的弱点。

亚文化的概念暗含着与主导的上位主体文化之间的差异，然而，可以认为，现代或后现代文化的多元性和碎片化侵蚀了前一概念的重要性。斯坦利·科恩（Stanley Cohen）*对英国亚文化学说中"通过仪式抵抗"的传统做了相当尖刻的批判，他认为对存在问题的亚文化风格（朋克、光头党或是其他）进行解码和破译的行为在政治上是党派性的，而且最终无法令人信服，因为研究者并不知道研究对象本身的明确意图（参见《民间魔鬼与道德恐慌》*Folk Devils and Moral Panics*，第二版）。另见詹姆斯·S.科尔曼（Coleman, James S.）*。

subemployment 半就业

参见不充分就业（underemployment）*。

subject（the subject）主体

在结构主义（structuralism）*的传统中，比起"行动者（actor）*"和"个体"等替代性术语，学者们更倾向于使用这一概念。对它的使用表明了这类学者对替代性术语所含有的人文主义（humanism）*假定的拒绝。更确切地说，它的使用至少表达了对个人是社会关系唯一发起者的观点的拒绝。至于它的存在是否也表明，主体只是社会关系的承担者，抑或是社会性的唯一实体，学者们对此的看法各不相同。另见路易·阿尔都塞（Althusser, Louis）*。

subjectivity 主观性

人或主体（subject）*基于自我意识的视角。它通常与客观性

(objectivity)*形成对比,并被实证主义社会科学家贬义地使用。与之相反,它在解释社会学(sociology of interpretation)*中的地位至关重要。结构主义(structionalism)*、马克思主义(Marxism)*和精神分析(psychoanalysis)*理论都论述了主体是如何被构建的。另见解释(interpretation)*;意义(meaning)*。

sublimation 升华

这是一个由精神分析学家使用的术语,指的是性冲动偏离的无意识过程,从而能使自己展现出某种与性无关且被社会接纳的行为。例如,儿童会非常想玩粪便,但若是父母不允许,则会改为去玩馅饼或是捏泥偶。(参见查尔斯·布伦纳[C. Brenner]*的《精神分析入门》*An Elementary Textbook of Psychoanalysis*, 1974)

subordinate value system 从属价值体系

参加双重意识(dual consciousness)*。

subsistence economy 自给自足型经济

一种农业经济,其生产的目的是消耗而非交换。这种经济的特点是生产力低下,产出的盈余只能勉强满足基本的生活需求。它通常被发展援助机构视为第三世界(Third World)*贫困的主要组成分,也是导致不发达的原因。

substantive rationality 实质理性

参见形式理性(formal rationality)*。

suburbanism 郊区主义

该词是指一些社会学家所认为的郊区居民所具有的典型社会和文化特征。尽管对郊区主义的具体论述有所不同,但通常是指年轻的、中产阶级(middle class)*的、以家庭为主导的工作和社会生活;更基于友谊(friendship)*而非亲属网络的社交活动;具有相当一致,甚至整齐划一的生活方式。一系列研究(尤其是美国社会学家赫伯特·甘斯[Herbert Gans]和本内特·伯格[Bennett Berger]的研究)在很大程度上驳斥了上述论断,发现郊区居民在阶级、年龄构成、社交方式上存在较大差异,因此郊区生活方式和社会关系不能仅凭居民所处的地理位置决定。与"民间的"和"城市的"理想型类似,郊区的理想型很大程度上只是人们脑海中建构的结果。对这类文献最好的通识性介绍是大卫·C. 索恩斯(David C. Thorns)的《郊区》(*Suburbia*, 1972)。对于郊区社会控制(social control)*过程的有趣的个案研究(case study)*,参见鲍姆加特纳(M. P. Baumgartner)的《郊区的道德秩序》(*The Moral Order of a Suburb*, 1988)。另见组织人(organization man)*;郊区化(suburbanization)*。

suburbanization 郊区化

郊区化是指城市向边缘扩张的过程,最初是人口和经济活动从密集的城市中心外迁到不太密集的相邻地区。交通技术的发展(如铁路、电车、不断改善的公路等)加速了郊区化的发展。

对于这一过程存在几种竞争性的解释。经济学家和地理学家强调两个因素在其中起到的重要作用:一是城市土地市场竞争,土地竞价使无力支付中心区域昂贵地价的活动外迁;二是造成郊区商业位置更有吸引力的市场发展。社会学研究表明，个体为了提高他们的生活质量（quality of life）*，更倾向于搬迁到郊区。马克思主义（Marxism）*的研究者和其他学者分析了郊区化和资本积累（capital accumulation）*之间的关系。上述每种论述都有助于我们深化对这种复杂的社会和地理现象的理解。另见集体消费（collective consumption）*；同心圆理论（concentric zone theory）*；郊区主义（suburbanism）*；城市社会学（urban sociology）*。

suicide 自杀

"自杀"通常被定义为对自己故意的杀害行为。自杀研究经常与涂尔干（Émile Durkheim）*的研究联系起来，是19世纪社会学的重要研究领域。重量级的研究包括埃米里奥·莫尔塞利（Emilio Morselli）的《自杀：对比较道德统计的研究论文》（*Suicide: An Essay on Comparative Moral Statistics*, 1879）和托马斯·马萨利克（Thomas Masaryck）的《自杀和文明的意义》（*Suicide and the Meaning of Civilisation*, 1881）。在他的经典著作《自杀论》（*Suicide*）中，涂尔干将自杀定义为"受害者了解行为后果、由自身执行的积极的或消极的、直接或间接导致其死亡的行为"。有争议的是，他认为意向是很难确定的，所以没有要求死亡必须是故意的。因此他延伸了这个定义，例如包括了英雄式的军队死亡案例，在这些案例中没有存活的可能性，但人们也没有明确的要杀死自己的意向。

涂尔干选择对自杀进行研究是因为自杀现象看起来完美地诠释了社会学解释的必要性和价值：自杀是明显的私人行为，但受制于社会力量，因此需要对其进行社会学的解释。他声称自杀倾向不仅取决于个体心理或周围物理环境特征,还取决于个人和社会关系的性质。作为个人行为,自杀体现了社会团结(social solidarity)*的失败,也指向了社会连接的失效。根据原因不同,涂尔干区分了四种主要的自杀类型。利他主义自杀(altruistic suicide)*和利己主义自杀(egoistic suicide)*取决于个体与社会群体的整合或相互依赖水平。利他主义自杀中,个体与社会整合水平极高,社区鼓励甚至要求个体牺牲个人生命(如丈夫去世时,妻子也被认为应当自杀)。相反,利己主义自杀中,个人融入社会程度不够,因此不会受制于能够阻止自杀的集体力量,而是往往体会到导致自杀的孤立和疏离。失范型自杀(anomic suicide)*和宿命型自杀反映了个体受到共享规范影响的程度。失范型自杀是社会无序的结果,个体的激情、憧憬和欲望较高,以至于无法得到满足。另一方面,在人们极端服从群体规范时容易发生宿命型自杀。

涂尔干的分析受到基于不同方面的批评:包括对自杀的定义,以及该定义与他用以作为论据的自杀数据所展示现象之间的不匹配;以原因(被称为溯源分类法)划分自杀类型,而这些原因刚好符合他试图建构的因果链条;对社会和心理解释的两极化(polarization)*(二者更有可能是互补的);使用聚合数据(aggregate data)*推断个体行为(即区群谬误[ecological fallacy]*)。

后续的社会学讨论主要关注自杀官方统计数据(official statistics)*的问题。受到互动论者和常人方法学家的影响,杰克·D.道格拉斯(Jack D. Douglas)在《自杀的社会意义》(Social Meanings of Suicide, 1967)中认为,不同文化对自杀的定义不同,因此对自杀率的跨文化和历史比较存在问题,甚至不同验尸官报告的自杀数据都有所差异。人们必须要分析社会和文化因素在建构自杀数据和自杀倾向上的影响。尤为重要的是,涂尔干所发展的研究传统得以持续,大量研究已经为他的思想和社会因素(如失业[unemployment]*)对自杀水平的影响提供了实证支持。

该领域的一个重要发展是对自杀未遂现象的关注。自杀未遂经常被认为是与成功实施自杀非常不同的现象,反映了未遂者对帮助的渴求。但是,一些研究者认为未遂与成功自杀的区别是条件和概率上的差别,在分析中排除自杀未遂是错误的。

惠特尼·波普(Whitney Pope)的《涂尔干的自杀论》(*Durkheim's Suicide*, 1976)充分挖掘了涂尔干研究的理论基础和经验研究上的适当性。

Sumner, William Graham(1840—1910)威廉·格雷厄姆·萨姆纳

美国早期社会学家,著名自由主义社会达尔文主义者。受到赫伯特·斯宾塞(Herbert Spencer)*作品的影响,他认为与物理世界类似,社会生活受自然规律管制。这些自然规律中,最基本的法则是进化竞争和适者(即最勤勉和最节俭的行动者)生存。他接受社会应当允许弱者存活的做法(如通过福利项目),但认为这引发了社会衰退。这些信念遭到其他形式的经济决定论(economic determinism)*的一般性批评。在《民风论》(*Folkways*, 1906)中,他提出文化相对主义(cultural relativism)*立场,认为每个人类群体都有自己相应的社会民俗(folkways)*、民情(mores)*和制度(institution)*,通过不断试错的过程,这些不同的群体习惯能够适应当时的特定环境。但与此同时,支持自由放任主义经济(laissez-faire economy)*的社会习俗往往

被认为具有普遍的优越性。萨姆纳的作品中没有提及上述两种说法之间可能存在的矛盾。他还提出了现在广泛使用的内群体、外群体（out-group）*和族群中心主义（ethnocentrism）*的概念。在他生命的最后两年中，他担任了美国社会学会主席的职务。

superego 超我

参见精神分析（psychoanalysis）*。

superstructure 上层建筑

马克思（Karl Marx）*在《〈政治经济学批判〉序言》（*Preface to a Contribution to a Critique of Political Economy*, 1859）中提到，生产是"真正的基础，在此基础上才能产生法律和政治的上层建筑，并与社会意识的绝对形式相一致"。与"物质基础"的概念类似，正是基于上述权威论断，上层建筑的概念才被引入马克思话语体系中。因此，在传统意义上，社会中的上层建筑包含其政治和文化（或意识形态领域）。在马克思谈到意识形态（ideology）*和商品拜物教（fetishism）*时，他讨论了上层建筑如何与物质基础相关联、上层建筑的构成及其内部动力本质等问题。自马克思以来，人们通过霸权（hegemony）*和话语体系等概念理解这些问题。这造成的直接后果是，当前更多将物质基础和上层建筑的关系理解为经济和社会其他领域之间的关系，传统上依赖于建筑学比喻的区分方式已经不再能适当地描述这种复杂关系。正如 G. A. 科恩（G. A. Cohen）等评论者所观察到的那样，马克思本人并不倾向于这种对单维的、单向度的因果关系的粗略描述。另见生产方式（mode of production）*；社会形态（social formation）*。

surplus value 剩余价值

参见资本主义(capitalism)*；剥削(exploitation)*；劳动价值论(labour theory of value)*。

surveillance 监视

现在该术语与米歇尔·福柯(Michel Foucault)*紧密地联系在一起，被视为社会用于控制和管理民众的规训权力的一个面向。福柯最著名的讨论出现在《规训与惩罚》(*Discipline and Punish*, 1975)中，他讨论了"全景式"监狱的理论模型，在其中每个犯人都受到来自中心监测点的无休止的监视。许多探讨当代社会中日益兴起的电子和其他形式的监视手段的研究者都采用了这种分析范式(paradigm)*。例如，大卫·里昂(David Lyon)的《监视社会》(*Surveillance Society*, 2001)。

survey (social survey) 调查 (社会调查)

调查起初是指对特定社会群体情况的系统性搜集过程，现在该术语仍在这个意义上被使用。考虑到调查可能使用其他数据搜集方法(如行为观察等)，"调查"并不一定完全等同于"问卷调查"。但实际操作中，大多社会学调查是基于文字问卷(questionnaire)*的。更准确地说，该术语通常是指使用访谈(interview)*和抽样(sampling)*方法的、产生可使用电脑分析的定量数据的数据搜集过程。抽样和访谈方法也被用于很多其他研究设计(research design)*中。两个方法共同使用产生了社会调查或抽样调查(sample survey)*方法，这也成为社会研究最重要的方法，在社会科学(social science)*、市场研究(market research)*和民意调查(opinion polls)*中得到广泛应用。

调查可以被用于提供国家、地区或地方性人口的描述性统计数据；检验社会现象的集群特征；为后续更细致的个案研究（case study）*识别子群体的社会地位（social status）*和特点；分析因果过程和检验理论解释。近年来，社会学调查分析开始纳入经济计量学（econometrics）*中常用的复杂多元模型技术。对于政策研究（policy research）*和理论研究来说，抽样调查的一个重要吸引力在于它的透明性和明晰性：不同于那些严重依赖研究者个人经验的研究设计，调查研究方法和过程对其他人可见并可以获得。调查的主要劣势是，由于通常使用结构式问卷，这会在田野工作初期限制研究内容的展开。其他对调查的批评包括，数字形式的变量可能无法对社会学概念提供适当的操作化（operationalization）*；研究者和被访者之间高度不对称的权力关系会对搜集上来的数据质量造成伤害；调查造成了客观性（objectivity）*的虚假光环，使结果在面对政治操纵时更加脆弱。上述的很多批评可以通过良好的调查设计和实施得以避免。

调查可以针对个体（individual）*、角色（role）*、社会网络（social network）*、家户（household）*或家庭等社会群体，学校、工作场所或公司等组织搜集信息。大多数情况下信息是由个人提供的，但搜集到的信息可以是针对任何规模的社会机构的；为了避免个体信息提供者的局限或偏见，研究更大的更复杂的社会机构时要求有更多的受访者（respondent）*。调查被用于研究贫困（poverty）*、社会分层（social stratification）*、社会流动（social mobility）*、政治倾向和政治参与、工作和就业等社会学家和其他社会科学的研究者等感兴趣的各种研究议题。

调查可以通过面对面、邮寄、电话访谈等方式进行。因为大多数家庭都有电话,同时,在进行全国代表性抽样时,国家面积较大使得面对面调查极为昂贵(参见 P. J. 拉夫拉卡斯[P. J. Lavrakas]的《电话调查方法》*Telephone Survey Methods*,1987),因此,电话调查在美国尤为普遍。重要的调查,尤其是全国调查,均由专门的田野调查机构或国家研究机构实施。这些机构在问卷设计、样本设计、从已有的登记者或其他抽样框中选取样本、对已完成问卷的编码(coding)*、稳定性检验、数据编辑等方面都拥有必备的资源。这些机构经常成为抽样、调查技术和设计的方法研究中心。

计算机辅助个人访谈(CAPI)*和电脑辅助电话访谈(CATI)*技术的使用日益广泛。访谈员在调查时使用台式或移动电脑直接将被访者的回答记录到数据文件中。这可以在整体调查过程节省时间和金钱,但为了确保最终访谈计划中没有过滤性或其他错误,所以一开始就必须特别注意问卷设计的问题。

大多数学术研究由专项调查构成,这些调查是一次性的,用以解决特定的理论问题或其他问题。专项调查一般采取能够保证代表性(representativeness)*的最小样本,在全国调查中通常涵盖 2000 个被访者,通过统计推断(statistical inference)*使结果能够推广到目标总体(population)*。全国民意调查通常定期进行,但也是使用能够保证代表性的最小样本,这使得统计显著性检验(significance tests)*成为必要程序。随着官方统计数据(official statistics)*基础的重点逐渐从管理记录和登记向调查转型,国家政府开始实施各种各样的定期调查。与典型的专项调查相比,这些调查涉及不同数量的样本量,每年的国家数据的样本量在 5000 人到 25 000 人。与普查数据类似,除非是分析子数据,对这种大样本没有必要进行显著性检验。实际上,现在的调查种类如此之多,以至于不再能作为社会研究中一个同质的子类对待。定期调查可能涉及在确定的时间间隔内(如每年春季)重复进行的横截面调查,或是在连续的全年访谈的基础上进行,以消除涵盖活动的季节性变化。美国当前人口调查(CPS)和某些等效的劳动力调查(LFS)采用已旋抽样设计,这些设计具有面板研究(panel study)*的许多优点,可用于衡量研究现象随时间的变化。

调查对被访者提出了一定要求,需要他们的积极配合。调查需要问题回答者采取被访者立场,即公民的立场,并对他们自己及周围人的生活做出评价。西方工业社会(industrial society)*中,被访者角色已经在近几十年间发展起来,但人们越来越意识到这一角色在其他文化中并没有被普遍理解或接受。例如一些文化中,对访谈员预设观点表示公开的不赞同被认为是不礼貌的表现,因此违背了被访者应表达自己观点的本意。在一些识字率较低或个人记录不常见的社会中,调查提出的信息需求很难被满足,以至于甚至出生日期都很难被精确地回忆起来。在第三世界国家和某些不同文化和传统的社会中,新的数据搜集技术正在逐步发展起来。

现在已经有大量关于设计和实施调查的教科书。凯瑟琳·马什(Catherine Marsh)的《调查方法》(*The Survey Method*, 1982)很好地驳斥了那些认为调查是肤浅的和描述性的批评意见。

sustainable development 可持续发展

在 1987 年世界环境与发展委员会发布的报告《我们共同的未来》(*Our Common Future*)(即《布伦特兰报告》Brundtland Report)将可

持续发展定义为"既能满足当代人的需要,又不对后代人满足其需要的能力构成危害的发展"。这份报告并没有预测在资源日益减少的世界中,环境恶化和困难会加剧,反而预见了"基于维持和扩大自然环境资源基础的政策,可能会出现一个经济发展的新时代"。

经济增长(economic growth)*和现代化(modernization)*历来被民族国家积极追求,二者不仅是满足基本物质需求的手段,而且还为改善大众生活质量(quality of life)*提供必要资源(如获得医疗保健和教育资源)。但是,大多数经济增长形式都依赖于自然环境,既要利用(有时有限的)自然资源,又会产生废弃物或污染。这会危及后代的成长。可持续发展的理念试图通过坚持在全社会各级做出的决定应适当考虑其可能的环境后果的原则来解决上述困境。这样就带来了基于生物多样性、控制环境破坏活动和补充森林等可再生资源的正确的经济增长方式,这有助于保护甚至改善自然环境。因此,当今的经济发展被认为是可以与未来环境资源投资共存的。

虽然很难找到反对可持续发展理念的政府(事实上,几乎所有的政府及其机构都广泛地赞扬这一理念),但政府(他们需要在诸如五年等短期任期对选民负责)往往难以接受推进可持续发展的政治后果,如基于"污染者付费"原则对城市中汽车的使用征收通行费或罚款。此外,环境是共享的,在很大程度上属于公共物品(public good)*,所以在相当程度上环境保护需要集体行动(collective action)*。因此在实践中,由于常见的搭便车(free rider)*问题,环境保护往往很难实施。

symbol 符号

在最一般的意义上,符号是指任何代表其他东西的行为或事物。更具体地说,符号是仪式(ritual)*、梦境或神话(myth)*的语义领域中最小意义单位。在精神分析(psychoanalysis)*中,符号代表被压抑的无意识欲望的行为或物体。符号通常指代很多事物;用维克托·特纳(Victor Turner)*的术语(《象征之林》*The Forest of Symbols*, 1967)来说,符号是多义的。和标记类似,符号和参照物之间的关系并不总是任意的,而可能是属性联系的结果(如皇冠被作为君主制的符号)。

很多对象征主义的研究是由社会人类学家而不是社会学家完成的。例如,在《洁净与危险》(*Purity and Danger*, 1966)中,英国人类学家玛丽·道格拉斯(Mary Douglas)使用跨文化的例子,包括印度教(Hinduism)*、旧约和西方的卫生观念,来论证污垢用于指代社会分类系统中没有明确分类的事物。美国文化人类学家、著名象征人类学研究者克利福德·格尔茨(Clifford Geertz)*认为人类行为从根本上充满象征意义,对于社会行动者(social actor)*来说,它充满了意义(meaning)*。民族志学者的首要任务是理解人们交织而成的"重要网络"。因此,对于格尔茨来说,人类学(也包括社会学)不是寻求普遍规律的实验科学,而是寻求意义的解释学。《深层游戏:关于巴厘岛斗鸡的记述》(*Deep Play: Notes on the Balinese Cockfight*, 1972)是格尔茨符号分析的经典例子。另见费尔迪南·德·索绪尔(Saussure, Ferdinand de)*;符号学(semiology)*;符号互动论(symbolic interactionism)*。

symbolic interactionism 符号互动论

符号互动论是重要的美国理论,关注通过互动产生意义(meaning)*的方式。它最关心的是通过密切的观察和分析日常生活中的意义,从中发展出对人类互动潜在形式的理解。在实用主义(pragmatism)*、芝加哥学派(Chicago School)*和米德(George Herbert Mead)*的深刻影响下,赫伯特·布鲁默(Herbert Blumer)*在1937年提出了这一术语。

这个理论有四个要点。一是强调了人类是独一无二的受到符号(symbol)*影响的动物。与其他所有动物不同,人类能够通过符号产生文化(culture)*,并传递复杂的历史。互动论者总是关心人们如何赋予他们身体、感觉、自身、传记、处境,以及外在于他们生命的更广阔的社会以意义。参与式观察(participant observation)*等研究策略被研究者用于获得这些符号和意义,如霍华德·贝克尔(Howard S. Becker)*的《艺术世界》(*Art Worlds*, 1982)和阿莉·霍赫希尔德(Arlie Hochschild)的《心灵的整饬》(*The Managed Heart*, 1983)。这与符号学(semiology)*有着广泛的相似性,但不同于部分符号学追求语言结构的立场,互动论者更关心的是意义是如何总是出现、流动、模糊并受到情境限制的。佩林巴纳亚伽姆(R. S. Perinbanayagam)在他的《符号化行动》(*Signifying Acts*, 1985)中提供了互动论中关于意义的重要说明。

这引出了第二个主题:过程和出现。对于互动论者来说,社会世界(social worlds)*是一张动态的、辩证的网格,情境总会与不稳定的结果不期而遇,生命和它们的记录总是在转换和变化的过程中,永远不会固定不变。注意力并不像很多社会学的其他版本一样,取决于刚性结构，而是取决于行动流及其调整和结果。职业生涯（career）*、协商秩序（negotiated order）*、成为、遭遇和印象管理（impression management）*等概念是这种方式的核心。

互动论的第三个要点强调了社会世界正是互动的。从这个角度看，不存在孤立的个体，人们总是与"他人"联系在一起。互动主义者分析的最基本单元是自我（self）*，强调人们能够（实际上是必须）将自己视为对象，并通过角色扮演设定他人的角色（role）*。这一想法在查尔斯·霍顿·库利（Charles Horton Cooley）*的镜中我（looking-glass self）*的概念和米德更一般性的"自我"概念中得到澄清。

第四个主题是格奥尔格·齐美尔（Georg Simmel）*提出的，即互动主义关注这些符号、过程和互动之下决定社会生活的潜在模式或形式。互动论者追求"一般性的社会过程"。因此，尽管他们可能研究医生、舞蹈乐队音乐家、吸毒者和垂死者的生活经验，但他们可以发现所有这些看似不同的群体中实际发生作用的一般过程。一个很好的例子是巴尼·格拉泽（Barney Glaser）和安塞姆·施特劳斯（Anselm Strauss）的《状态通道》（*Status Passage*, 1967），这本书提供了一个关于地位变化的正式的、互动主义的理论。

符号互动论在20世纪上半叶在芝加哥大学发展起来，并在芝加哥学派占据美国早期社会学界主导地位时首次崭露头角。但是，作为对塔尔科特·帕森斯（Talcott Parsons）*的宏大理论（grand theory）*（在功能主义[functionalism]*鼎盛时期，有时被称为"忠诚的反对派"）主导地位的挑战，符号互动论在20世纪60年代时再次变得极具影响力。它也深刻地影响了越轨标签理论、职业研究（参见埃弗雷特·休斯[Everett Hughes]的研究）、医学社会学（参见安塞姆·施特劳斯的研究）、课堂互动（classroom interaction）*研究的发展。施特劳斯在一些互动理论研究中取得开创性成果。从他早期对身份的研究（《镜像和面具》*Mirrors and Masks*, 1969），到谈判秩序的形成，他的研究体现了定性研究（对于他来说，通常是医疗环境中）的主要方法论（methodology）*关怀，做类似研究（即所谓的扎根理论[grounded theory]*方法）时适当发展研究策略，以及建立超越自身、能够进入更正式社会学的个案研究（case study）*理论。他（和巴尼·格拉泽）对垂死病人的研究是这些方法的示范性研究（例如，《死亡的觉悟》*Awareness of Dying*, 1967；《死亡时刻》*Time for Dying*, 1968；《极度痛苦》*Anguish*, 1977）。

20世纪70年代，互动主义因忽视了社会结构（social structure）*、权力（power）*和历史遭到很大批评。近来互动主义著作表明这种批评是有误的，并在这个过程中重新振兴了这一理论。例如，谢尔顿·斯特赖克（Sheldon Stryker）试图阐明一种新的符号互动论，该理论通过对角色理论（role theory）*的富有想象力的重新阐述，将传统的微观视角与社会宏观层次的分析联系起来。特别要注意的是，斯特赖克关注"角色创造"的概念，即主动创造角色而非消极地"承担"角色，一些社会结构（social structure）*比其他结构更鼓励这种创造性（例如，参见《符号互动论：一个社会结构的版本》*Symbolic Interactionism: A Social Structural Version*, 1980）。

20世纪90年代，互动主义提供了对一系列新现象的分析，在与后现代主义（postmodernism）*（参见诺曼·邓津[Norman Denzin]的作品）、女性主义（feminism）*、符号学和文化理论（cultural theory）*

创建联系的过程中变得更加复杂（有人可能将此称为是兼收并蓄的）。互动主义著作中最佳合集，同时也很好阐释了该理论传统优缺点的作品是肯·普卢莫（Ken Plummer）的《符号互动论》（*Symbolic Interactionism*，第二卷，1990）。另见形式主义（formalism）*；欧文·戈夫曼（Goffman, Erving）*；曼福德·库恩（Kuhn, Manford）*。

symmetrical family 对称家庭

参见对称家庭（family, symmetrical）*。

synchrony 共时

参见费尔迪南·德·索绪尔（Saussure, Ferdinand de）*；结构主义（structuralism）*。

syncretism 融合主义

在宗教（religion）*语境中，融合主义是指使用一个神的形式或传统崇拜另一个神。例如，希伯来先知不断谴责使用与当地"巴利姆"或神灵的方式崇拜耶和华的倾向。

syndicalism 工联主义

工联主义是以工作场所为媒介推动工人控制的政治运动或意识形态（ideology）*。它在19世纪末20世纪初的法国、意大利、西班牙尤为兴盛，在20世纪30年代式微。

syndicated crime 联合犯罪

参见组织化犯罪（organized crime）*。

syntagmatic and paradigmatic 聚合与组合

参见索绪尔（Saussure, Ferdinand de）*。

synthesis 综合

该词是指两个或多个矛盾现象的综合，以产生某种新的事物。该术语经常与一些马克思主义者所运用的辩证逻辑有关。例如，资本主义（capitalism）*的经济矛盾及其引发的阶级冲突，共同产生了社会主义（socialism）*。

system integration and social integration 系统整合与社会整合

这些术语最初由英国社会学家大卫·洛克伍德（David Lockwood）*提出，用于表明他发现的20世纪50年代时规范功能主义（normative functionalism）*理论和拉尔夫·达伦多夫（Ralf Dahrendorf）和约翰·雷克斯（John Rex）*等学者的用以批评功能主义的冲突论（conflict theories）*中的根本性问题。

社会整合是指个体（individual）*或行动者（actor）*在社会中相互联系的原则；系统整合是指社会或社会系统（social system）*中各部分的关系。尽管使用了"整合"一词，但并没有预设上述关系是和谐的。社会整合和系统整合这两个词既包括秩序和冲突，也包括和谐和矛盾。

社会学家在先进资本主义国家所认定的社会整合主要源自阶级制度。在封建社会（feudal society）*中，等级制度起到了类似的角色，印度的种姓（caste）*制度也是如此。一般来说（也是遵循马克斯·韦伯［Max Weber］*对社会分层［social stratification］*的分析），基于地位的社会更容易形成社会整合的和谐,阶级社会则会导致社会整合的冲突。另一方面,系统整合是指社会系统各部分(其制度)相关联系的方式。任何适当的关于变迁(change)*的宏观社会学理论都需要将社会整合与系统整合联系起来。但是,在洛克伍德讨论社会整合和系统整合的原始论文中,他注意到冲突论学者的强调行动者(actor)*群体之间的冲突是社会变迁(social change)*的基本动力,但规范功能主义者则弱化行动者的角色,并强调社会制度(social institution)*之间的(功能性或非功能性的)关系。对于洛克伍德来说,上述两种范式(paradigm)*都是不恰当的,因为每种范式都只涉及行动者和结构(structure)*的一个方面。社会学理论的任务就是要克服这种二重性(dualism)*。

除此之外,洛克伍德的区分指向了任何社会变迁理论中都需要研究的关键特征。为了阐明这一点,他注意到卡尔·马克思(Karl Marx)*的资本主义社会理论是如何说明日益严重的阶级对立(社会整合)与生产力(forces of production)*和生产关系(relations of production)*(系统整合)之间矛盾的关系。也就是说,对于马克思来说,系统对立与寻求改变或维护现有社会来回应矛盾的的群体行动有关。正是这种系统层面的矛盾导致了社会(阶级)冲突:系统整合与社会整合发生了联系。最近,安东尼·吉登斯(Anthony Giddens)*也试图使用这种区分。起初他使用了与洛克伍德相似的方法,但他近来的研究试图用这种区别取代微观和宏观之间的区别(也取代了行动者和结构的问题)。社会整合开始用于指代行动者物理上"共同存在"的情境,而系统整合则是指行动者没有"共同存在"的情境。这种区分并不令人满意,因为面对面互动(face-to-face interaction)*(共同存在）并不局限于微观过程（例如，英国就业国务秘书与工会代表大会总书记讨论劳资关系法的会议）。

总之，像洛克伍德最初打算的那样，区分开社会整合和系统整合对于任何试图将微观和宏观相结合的理论都至关重要。尤尔根·哈贝马斯（Jürgen Habermas）*的著作包含了生活世界（lifeworld）*和"（社会）系统"之间的类似区别。另见批判理论（critical theory）*；宏观社会学（macrosociology）*。

system problems 系统问题

参见塔尔科特·帕森斯（Parsons, Talcott）*；系统理论（system theory）*。

system theory (systems analysis) 系统理论（系统分析）

是将社会视作社会系统（social system）*的理论。对社会系统理论最重要的表述是塔尔科特·帕森斯（Talcott Parsons）*的研究，他认为行动系统的社会学理论最基础的分析单位是单元行动，包含了行动者（actor）*、结果，由条件和手段构成的情境，以及用以挑选目标和手段的规范与价值（《社会行动的结构》*The Structure of Social Action*, 1937）。行动系统是单元行动的结构化集合。然后，帕森斯将社会系统定义为"与多个行动者互动模式的持久性或有序变化过程相关联的行动要素的组织形式"（《社会系统》*The Social System*, 1951）。帕森斯认为，社会系统面临两大问题。一是稀缺资源生产和分配的（外部）问题，二是实现社会秩序（social order）*和整合（integration）*的（内部）问题。这催生了帕森斯著名的四个子系统概念的发展，这些子系统回应了外部和内部的"行动系统的功能先决条件(functional prerequisites)*",即适应A(经济)、目标实现G(政治)、整合I(社区)和潜在模式维系L(社会化[socialization]*)。这就是社会系统的AGIL模型。这些子系统通过投入和产出的流动相连接,帕森斯将此称为"交换媒介"(《经济与社会》*Economy and Society*, 1956)。这些媒介包括金钱(A)、权力(G)、影响(I)和承诺(L)。社会系统的平衡取决于各个子系统之间的复杂交换。

社会系统理论受到很多批评,主要是因为它过于强调社会秩序,忽视了社会冲突(social conflict)*,并不能为社会变迁(social change)*提供一个令人满意的解释(因为它只是描述了分化过程)。尽管这些批评被广泛接受,但20世纪80年代,试图克服这些缺点的研究者开始重新对系统理论感兴趣。美国新功能主义者(参见J. C. 亚历山大[J. C. Alexander]的《新功能主义》*Neo-functionalism*, 1985)认为,可以将帕森斯的理论进行发展,用于解释社会变迁和冲突。德国的社会系统方法也开始得到重大发展。例如,尼克拉斯·卢曼(Niklas Luhmann)*驳斥了人类个体是社会系统的组成部分的观点,他将社会系统定义为交际行为系统。卢曼认为,系统的作用是减少意义的复杂性。因此,他对符号代码基础上成功交流的系统问题(system problems)*很感兴趣。对于他来说,交流的主要媒介是真实、爱、金钱和权力(参见《社会分化》*The Differentiation of Society*, 1982;《社会系统》*Social Systems*, 1984)。另见有机类比(organic analogy)*;塔尔科特·帕森斯(Parsons, Talcott)*;社会系统(social system)*。

T

taboo 禁忌

禁忌一词源于汤加语"tabu",意为"神圣的"(sacred)*或"不可侵犯的"。但是,当代语境下对该词的使用更为广泛,一般是指针对某些特定事物、人或行为的社会性的、往往是神圣的禁律,认为这些是不可碰触或不可提及的。最著名的禁忌是近乎普遍的乱伦禁忌,禁止特定类别亲属之间的性关系或婚姻(marriage)*关系。西格蒙德·弗洛伊德(Sigmund Freud)*(《图腾和禁忌》*Totem and Taboo*,1938)和克劳德·列维-斯特劳斯(Claude Lévi-Strauss)*(《亲属关系的基本结构》*The Elementary Structures of Kinship*,1969)认为,社会本身就起源于乱伦禁忌。其他研究者强调禁忌在社会中发挥的功能。雷蒙德·弗斯(Raymond Firth)(《公共和私人符号》*Public and Private Symbols*,1973)将禁忌解释为一种社会控制(social control)*机制。在《洁净与危险》(*Purity and Danger*,1966)中,玛丽·道格拉斯(Mary Douglas)注意到禁忌作为社会标记的方式,认为它创造并维持了社会分类。

tabula rasa 白板状态

也被称为白板或白纸理论,也用于指代极端经验主义(empiricism)*的观点对激发心理学所谓的"联想主义"的心灵和知识的观点。根据约翰·洛克(John Locke)*的说法,心灵就像白纸一样,上面的内容是由经验来书写的。这种观点与现代行为主义者的理论类似,后者试图将心理过程解释为外在刺激和行为反应的共同结果。斯蒂芬·平克(Steven Pinker)(《白板》*The Blank Slate*, 2002)是近来进化心理学家和社会学家中崭露头角的研究者,这派学者声称社会学已经采取了"标准社会科学模型(SSSM)",根据该模型,人类心灵是只受到社会建构(social construction)*过程影响的白板。事实上,社会学关于这一点的论证更加错综复杂,批评者用于支撑他们关于SSSM观点的唯一著作是大多数社会学家所反对的行为主义(behaviourism)*。

tabular presentation 列表展示

定量社会科学研究的结果通常以分析表格的方式展示出来。表格应当满足两个标准:它们应易于阅读,应支持分析者的结论。所有的表格都应有清晰的不言自明的标题,提供统计数据所依据的个案数量,应包含与表格所阐明观点相关的关键信息。

分析表格最基本的类型是百分比表。最简单的百分比表是单变量表,用于展示单个问题答案的分布。二维(或双变量)表展示了因变量(dependent variable)*和自变量(independent variable)*之间的关系。例如,表格中,假设对问题"一般来说,你有多喜欢社会学"的回答按性别分为两类。这些假设数据表明男生比女生更喜欢社会学。为了确定差值不仅仅是由于抽样误差(sampling error)*导致的,还需要加上相关的显著性检验(significance test)*。但是,没有一个表格可以显示差值是否具有实质上的重要性,科学家必须在文本中说明结果为什么重要。另见列联表(contingency table)*。

	男(%)	女(%)
非常喜欢	48	38
比较喜欢	40	42
不喜欢	10	18
不知道	2	2
	100	100
样本量	(301)	(389)

表格展示：男生和女生对社会学的态度

tacit knowledge(tacit understanding)隐性知识（隐性理解）

参见常识知识(commonsense knowledge)*。

Taeuber, Irene B. 艾琳·托伊伯(1906—1974)

美国统计学家和人口学家。在20世纪三四十年代，在社会学(sociology)*中发展出人口学(demography)*研究，是《人口指标》(*Population Index*)的主编。作为一名女性主义者和人文主义者，她仍致力于追求科学客观性(objectivity)*的理想。托伊伯以她重要的国际人口研究闻名于世，尤以她在东亚和东南亚的人口工作知名。代表作是《日本人口》(*The Population of Japan*, 1958)，调查了有文字记载开始到1955年期间日本的人口状况。

Taft, Jessie 杰西·塔夫特(1882—1961)

杰西·塔夫特是芝加哥学派(Chicago School)*早期的一位社会学家，她博士学位论文题为《基于社会意识角度的妇女运动》(The Women's Movement from the Standpoint of Social Consciousness, 1913)，由乔治·赫伯特·米德(George Herbert Mead)*担任她的博士

答辩主席。在她随后发表的众多刊物中,最具影响力的是对社会工作(social work)*问题的探究(参见罗宾逊[V. Robinson]所著的《塔夫特·杰西:一位治疗专家和社会工作教育者》*Jessie Taft: Therapist and Social Work Educator*, 1962)。

take-off 起飞

这一概念出自美国经济历史学家沃尔特·罗斯托(Walt W. Rostow)的著作《经济增长阶段》(*Stages of Economic Growth*, 1953)。罗斯托划分了五个连续的阶段:传统社会(traditional society)*、起飞前夜、从起飞向成熟、趋近成熟和达到成熟。基于这种划分方式,他声称在一个国家的历史上存在一个可识别的阶段,该阶段历时20至30年,期间诸多用以支持持续快速的经济增长(economic growth)*条件将得以巩固,而在此阶段后经济增长获得了保障。该理论假设资本投资水平对于经济增长的启动至关重要。罗斯托将这种模式应用于当时发展中国家面临的问题,并(间接地)影响和支持了美国对第三世界(Third World)*的外交和海外援助政策。

尽管从起飞到独立的经济增长这一概念具有相当的影响力,但罗斯托的观点却遭受了随后社会学领域持依附论(dependency theory)*的学者们的持续批判。其中最为著名且被广泛转载的文章是安德烈·贡德·弗兰克(Andre Gunder Frank)所著的《发展社会学与落后的社会学》(*Sociology of Development and Under-development of Sociology*, 1967),文中谴责罗斯托(及其他人)无视帝国主义(imperialism)*和新殖民主义(neo-colonialism)*的历史阶段。该理论当前被广泛置疑,但经济增长存在一个起飞点的概念仍保留于经济发展(economic development)*议题的话语中。

Tarde, Gabriel 盖博瑞尔·塔尔德（1843—1904）

是一位关注犯罪学（criminology）*概念的律师。他的第一批作品对意大利犯罪学家龙勃罗梭（Lombroso）*等人对环境的关注提出了批判。他之后担任法国司法部的刑事统计主任。塔尔德采用心理学方法，从19世纪80年代开始更为广泛地撰写关于"模仿"过程的论述。他认为社会由一小部分创新创造者以及大量仅仅模仿周围人行动的追随者组成。因而，模仿成为文化传播的一条基础途径（《模仿的法则》*The Laws of Imitation*, 1890）。他观察到创新沿着模仿链条在整个社会传播，并向扩散网络中辐射开来。他的工作在创新传播领域产生了广泛的影响。在被提名为法兰西学院教授后，他撰写了关于意见和群体行为的著作。他的个人主义（individualism）*观念致使他与涂尔干（Durkheim）*发生过争论。鲜为人知的是，他还撰写了一部关于全球气候变化后果的科幻小说（《地底人类》*Underground Man*, 1896）。

task-orientation versus time-orientation distinction
任务导向与时间导向的区别

工业社会学（industrial sociology）*领域采用的一种区别方式，用以表示工作和劳工纪律形式的相异取向。狭义而言，任务导向的工人将时间度量与自然现象及其周期相挂钩，例如"日出和日落之间的时间"、一年中的季节或者（非常简单的）"完成手头工作所需要的时间"。其要点在于对人工时间单位（分钟、小时及工作日）的彻底忽视。人类学和历史证据表明，这种对待工作的态度——在此情况下，劳动以完成特定任务为导向，其间工作（work）*与休闲(leisure)*的界限非常小——在传统的部落社会和西方的前工业社会中非常普遍。钟表的发明及被雇主用作衡量劳动力投入的手段——在有资料记录最初遭到工人抵制之后——促生了一种以时间为标准通货的劳工纪律。现在,劳动力(labour power)*被按小时进行买卖。时间被"花费"而非"流逝";而且"时间与劳动力的竞价"可以如同其他商品一样进行预算。汤普森(E. P. Thompson)在其文章《时间、工作纪律和产业资本主义》(Time, Work-Discipline, and Industrial Capitalism, 载于《过去和现在》Past and Present, 1967)提供了一项对劳动纪律随着任务导向到时间导向的转换而变化的经典分析。

在现代用法中,这些概念已获得了更为广泛的应用,任务导向和时间导向通常被分别视为"团结"和"工具"导向的同义词。另见工作的主观经验(work, subjective experience of)*。

tautology 同义反复

指使用单词重复表达(非必要的)相同陈述或含义。例如"英国是一个被水包围的岛屿"的说法同义反复,因为岛屿本身即是如此定义的。同义反复的解释是相同或循环的,因而就定义而言是不可证伪的。在社会学解释中,用社会制度(social institution)*的作用解释其起源的做法是同义反复的。例如一些早期功能主义人类学家(包括马林诺夫斯基[Bronislaw Malinowski]*在内)倾向于声称由于特定(外来的)社会习俗(如巫术)的存在,意味着它们必然存在特定社会功能;另一方面又推定这些社会功能因实践本身的存在而存在。

Tawney, Richard H. 理查德·亨利·托尼（1880—1962）

一位英国经济和社会历史学家、社会改革家、平等主义社会哲学家。他以同时身为历史学家和社会主义（socialism）*拥护者而闻名，在这两个角色中，他都对1945年之后的英国早期社会学产生了重大影响。他的经典著作《平等》（*Equality*, 1920）和《贪婪的社会》（*The Acquisitive Society*, 1931）体现了费边主义（fabianism）*和道德社会主义的英国传统。他最为著名的历史学著作当数《宗教和资本主义的崛起》（*Religion and the Rise of Capitalism*, 1926）、《中国的土地与劳动力》（*Land and Labour in China*, 1932）及《詹姆斯一世时代的商业与政治》（*Business and Politics under James I*, 1962）。他同时有多种版本的文集流通（如《美国劳工运动和其他文章》*The American Labour Movement and Other Essays*, 1979）。托尼是一位坚定的基督教徒，这为他批判资本主义剥削要素提供了依据。他认为公民身份（citizenship）*、机会均等、集体主义（collectivism）*和法人团体（corporate society）*对于摧毁与社会阶级（social class）*、财富继承密切关联的不公正是必要的。社会平等（social equality）*却要在工作场所遵循自由、平等和博爱的准则。他同时对资本主义威胁下的过度个人主义（individualism）*和自由市场（free market）*的低效（例如贫困[poverty]*的产生）提出了原创性的批评。

taxonomy 分类学

分类学（或类型学[typology]*）指特定分类体系。对社会现象的分类不同于解释。例如，宗教社会学家通常采用包含教会（church）*、教派（denomination）*、宗派（sect）*和异教（cult）*特征的宗教组织分类法。从而根据其组织结构（例如官僚体系或非正式的）、对主流秩序的调整性（拒绝世界、适应世界等）及主要招募方式（先天赋予资格或后天获得资格）划分宗教团体。以上特定的分类方法并不能解释为什么某些人信奉宗教而另一些人则不；也不能提供解释宗教组织如何产生或发展的理论。但在实践中，许多社会学分类法隐含着成因论（因果关系）。一个著名的例子是涂尔干（Durkheim）*对自杀（suicide）*类型的分类：自我主义型、利他主义型、失范型和宿命型。这种分类法中嵌入着关于人们为何选择杀死自己的理论。

Taylor, Frederick William 弗雷德里克·威廉·泰勒（1856—1915）

科学管理（scientific management）*理论的创始人。他在19世纪末充满冲突（conflict）*的美国钢铁产业中发展了极具争议性的半工半学和工业效率理论。泰勒的成就举国闻名，但他对工会（trade union）*带有敌意的严厉管控和指向金融利益的技术主义（technicism）*激起了政治和工业领域的反对。

Taylorism 泰勒主义

参见科学管理（scientific management）*；泰勒（Taylor）*。

technicism 技术主义

对技术官僚（technocracy）*值得推崇或无可避免的概述。也指一项广泛的，尤其在20世纪初期的美国产生巨大影响力的社会运动（social movements）*（技术统治运动）。该运动倡导通过科学或工程原理消除有利于工业政府和社会的价格体系。另见技术官僚（technocracy）*。

techniques of neutralization 中和技术

参见动机分析（vocabularies motive）*。

technocracy 技术官僚

由技术专家组建或构成的革命或统治精英。另见资产阶级（bourgeoisie）*。

technological determinism 技术决定论

一种进化论进步或发展的社会变迁（social change）*理论，其中生产技术遵循自身的逻辑或轨迹，并在发展中充当制度和社会关系的主要决定因素。由于字面意义的技术决定论显然与实际不符，因而大多数此类理论会强调从引入技术到充分发挥影响的过程存在文化滞后（cultural lag）*。同时不应将其与历史唯物主义（historical materialism）*相混淆或等同。另见文化唯物主义（cultural materialism）*。

technological society 技术社会

在一些作者看来，存在一种通常涌现于各种形式的工业主义（industrialism）*的社会类型，其中技术（technology）*和技术官僚（technocracy）*会越来越多地决定制度和变革的性质。乐观的版本包括被20世纪50年代到60年代初许多美国功能主义者倡导的技术主义（technicism）*和所谓的趋同论（convergence thesis）*（参见工业社会 [industrial society]*）。而早期一种更为悲观的解读则由雅克·埃卢尔（Jacques Ellul）在《技术社会》（The Technological Society）中给出。在劳动社会学（Sociologie du Travail）*传统中，技术被视为一种被人造物支配的异化(alienation)*形式。当前对于替代技术(alternative technology)*、生态学(ecology)*和环境社会学(environment, sociology of)*的关注的提升,可被视为对20世纪后期工业主义的一种类似诠释所产生的反应。

technology 技术

在社会学中使用情境相当宽松的一则术语,意指机器、设备及可能与之相关的生产技术;或由技术组织和机械化工作所决定的一种社会关系。参见杰克·古迪(Jack Goody)的《生产与再生产》(*Production and Reproduction*, 1975)中对技术在人类社会中的历史和文化重要性所作的一则有趣对比。

technology, new 新技术

参见新技术(technology, new)*。

technostructure 技术结构

参见资产阶级(bourgeoisie)*。

telecommuting 远程办公

指允许员工在自己的家中或附近的劳务中心工作,并使用直接或经由电信网络与雇主计算机相连的终端与雇主进行通信的白领职业。尽管这种模式作为家庭手工业复兴和劳动力市场(labour-market)*灵活性的例证而受到广泛讨论,但直到20世纪90年代初在欧洲仍几乎不存在这类模式的真实案例。大多数在家中使用台式计算机的人员仍使用常规的通信方式,如邮政服务或与雇主和客户

的面对面会议。但是,存在一些远程工作者为处在另一个国家或洲的公司工作的情况。

远程办公被夸大的发生率和增长状况来源于以家庭为基础的就业形式的重现和复兴,其中绝大部分并未涉及计算机或电信网络。另见互联网(Internet)*。

teleology 目的论

一种目的论的解释或是根据所指向的最终状态来解释一个过程,或则根据所承担的功能解释某一事物的存在。在社会学中,前者倾向于局限在有目的的人类行为理论,而后者则作为一项功能主义(functionalism)*特征。学界普遍认为,目的论的解释仅适用于个人和群体,因为他们本身即具有明确的目的或目标。相反,社会则并不具备这样的目标。进化论(evolutionary theory)*和系统理论(system theory)*及暗示历史具有逻辑或必然性的理论(如历史唯物主义[historical materialism]*)通常被批判为是不可接受的目的论。尽管一些有争议的尝试认为即使是这些解释也能被转换为传统的因果解释(causal explanation)*。

terrorism 恐怖主义

一项有争议的概念,通常适用于与政治目的相关的实际或计划的暴力行为。众所周知,由于"恐怖主义"可能被贴上相对的、情绪化的,带有贬义或被意识形态(ideology)*驱动的标签,因此很难被定义。"恐怖主义"标签的主观因素往往通过恐怖主义者与自由斗士的格言来传达。尽管这一概念阐述了道德相对主义的危机,但对于恐怖主义目标行为的混淆削弱了它的概念价值。进一步的争议存在于缺乏关注的国家及其代理人的活动中。近年来,这些争论促成了"批判恐怖主义研究"的出现。即根据更广泛领域的关键安全研究、法兰克福学派(Frankfurt School)*的研究,以及寻求区分于更"正统"的研究(如以自上而下持有异议者为重点的恐怖主义定义为特点所开展的研究)。批判恐怖主义研究对国家作为不安全与暴力的仲裁者的角色给予了明显增强的关注(参见由杰克逊[Jackson]、岗宁[Gunning]和布林·史密斯[Breen Smyth]汇编的《批判恐怖主义研究:一项新的研究议程》*Critical Terrorism Studies: A New Research Agenda*, 2009)。

自 2001 年 9 月 11 日纽约、华盛顿和宾夕法尼亚州遭受袭击("9·11"事件)以来,对该术语的使用开始特别强调指向暴力的圣战极端主义。但是,对恐怖主义所指涵义变迁略做反思即可发现其广度、复杂性和变异性要远为巨大。在法国大革命(1789—1799)时期,恐怖主义与反君主制暴力相关联,并从而保障了民主的实现。纵贯 20 世纪下半叶,该术语被广泛用于描述反殖民斗争、极端左派团体、右翼极端主义者、民族主义者、犯罪帮派和对异议者的国家赞助。而在 21 世纪,许多国家扩大了对恐怖主义构成的法律定义。例如,目前在英国因恐怖主义相关罪行被监禁的大多数人都因非暴力活动而遭受起诉,包括鼓励恐怖主义、加入被禁止的组织或隐瞒信息妨碍调查。由于此类广泛的争议及在国际环境中不具有达成定义性共识(consensus)*的可能性,使得联合国在 2004 年之前一直避免提供关于恐怖主义的可靠定义,而是仅对诸如绑架之类的特定活动进行界定,或指导成员国完善适用于本国的涵义。联合国对恐怖主义的现有定义(联合国安理会第 1566 号决议)聚焦于使用、威胁或暗示采取暴力来实现政治变革,但该定义由于否认"正当理由"而引起争议。批评者指出，联合国明确声称此类活动"在任何情况下均不合理"将使得针对压迫统治的任何反抗行动都被轻易标注为恐怖主义并招致更多的压迫性回应。

学界对恐怖主义的关注在"9·11"之后迅速增长，但仍集中在政治科学，尤其是国际关系领域。但是，这一时期其他社会科学（social science）*领域，尤其是社会心理学（social psychology）*对此的贡献明显增长。斯蒂芬·维特根斯（Stephen Vertigans）所著的《恐怖主义社会学：人群、地方和过程》（*Sociology of Terrorism: People, Places and Processes*，2011）是社会学领域为数不多的研究之一，这一话题在本领域的代表性（representativeness）*仍然相对不足。现存研究主要是对个人与环境的交互作用、小群体动态、社会失范（anomie）*、亚文化（subculture）*理论及犯罪（crime）*的内在吸引力的分析。基于社会学角度对反恐的分析更常见于采用社会法律研究、政治社会学（political sociology）*和人文地理学（human geography）*要素对相关社会控制（social control）*实践的检验。

tertiary sector 第三产业

参见工业部门（industrial sector）*。

theism 一神论

宗教学术语，指相信超世俗的神圣，尤其是拥有人格（personality）*且开创宇宙的单一上帝的存在。一神论包含着神示的观点，因而与倡导对神性的理性信仰与对已揭示事实的信服无关的自然神论（deism）*相反。另见一神论（monotheism）*；宗教（religion）*。

theodicy 自然神学

基于形而上学(metaphysics)*的观点,世界由上帝创造的表现意味着世界必须存在某些与常识性经验相矛盾的特征。因此,从上帝的仁慈和全能中可以推断,尽管存在邪恶与苦难,但被创造出的世界本身必然是美好的。伏尔泰(Voltaire)在其《老实人》(Candide)中对莱布尼茨(Leibniz)及其追随者的哲学乐观主义(在最为理想的世界中一切都被最为理想的设定)对进行了辛辣的讽刺。马克斯·韦伯(Max Weber)*等宗教社会学者注意到自然神学充当着和谐保守的意识形态(ideology)*的角色,但同时也可能具有关键性的影响。

theodicy, problem of 自然神学问题

参见宗教社会学(religion, sociology of)*。

theology 神学

对宗教信仰和上帝(或众神)思想体系的系统性研究,通常基于特定的传统框架,如犹太教(Judaism)*或天主教。当将宗教意义和经验主义(empiricism)*表现作为首要考虑时,神学与宗教哲学和宗教社会学(religion, sociology of)*之间就相差甚小。

theories of the middle range 中层理论

参见中层理论(middle-range theory)*。

theory 理论

理论是对世界的描述,它超越了我们所能看到和测量(measurement）*的范围。它包含一组相互关联的定义和关系，即以一种系统的方式组织起我们对经验世界的概念和理解。例如，我们可以建立贫困（poverty）*与犯罪（crime）*之间的统计关系，但为了解释这种关系，我们就需要使用一些理论：关于人们的动机、与贫困和犯罪有关的社会意义，以及使部分人口处于贫困状态的结构性限制等。

一般来说，社会学有三种不同的理论概念。有些人认为理论是关于社会世界（social worlds）*的概括和分类。概括的范围从对某一特定维度、现象的理论化到对整个社会和历史的更抽象和更一般的理论。另一些人认为，理论陈述应该转化为经验的、可测量的或可观察的命题，并进行系统的检验。因此，在上面的例子中，我们应该检验关于动机、社会意义等的假设。这种方法通常被描述为实证主义（positivism）*。最后，还有一些人认为，理论应该用来解释现象，确定因果机制和过程，尽管这些机制和过程不能被直接观察到，但可以从其效果中证实。例如，马克思主义者可能会利用生产力（forces of production）*和生产关系（relations of production）*之间的矛盾（不可观察的）来解释阶级斗争程度和发展的变动（可观察的）。现实主义（realism）*有时会提及这个观点。另见公理（axiom）*；理性选择理论（rational choice theory）*；假设（hypothesis）*；哲学（philosophy）*。

theory-laden statement 理论陈述

理论是对世界的一种解释，它超越了我们能看到和测量的范围。而许多科学哲学家（例如托马斯·萨缪尔·库恩[T. S. Kuhn]*的《科学革命的结构》*The Structure of Scientific Revolutions*, 1962）认为，所有的观察在某种意义上都是具有理论的。

therapeutic community 治疗性社区

心理动力学的空间单元,起初为战时康复引入,此后为那些患有神经和行为障碍的人开发。目的是创造一个治疗环境,使病人可以积极参与治疗,治疗师和病人之间的层次结构被打破,并在定期的小组会议上分析人际互动。

thick description 深描

从观察中对社会生活进行透彻的、小规模的、精密的描述,通过这些描述可以做出更广泛的文化解释和概括。这一术语在吉尔伯特·莱尔(Gilbert Ryle)的哲学著作中被首次引入,并由克利福德·格尔茨(Clifford Geertz)*在人类学(anthropology)*中发展起来,特别是在他著名的巴厘斗鸡研究中有大量陈述(参见克利福德·格尔茨的《文化的解释》*The Interpretation of Cultures*, 1973;《地方知识》*Local Knowledge*, 1983)。

Third World 第三世界

类比于法国大革命中的第三产业(tertiary sector)*,指独立于冷战两大阵营的一组国家。最初这个词在20世纪40年代末是用来表示欧洲潜在的中立集团,但从20世纪60年代初起,它开始用来指代发展中国家,不同于"第一"(发达)资本主义世界和"第二"(共产主义)世界。

Third World entrepôt 第三世界贸易中心

该词条有三个不同(尽管相似)的含义:指殖民国家用来存放最

终运往其他地方销售的货物的港口；有时指接收来自欠发达国家（less developed countries）*移民的城市；有时指某些城市或地区——通常在较贫穷的国家——主要出口腹地初级产品的大型商业部门。

Thomas, Dorothy Swaine 多萝西·斯温·托马斯（1899—1977）

美国社会学家，从事人口及人口统计学研究。她发表的作品还包括一项关于第二次世界大战期间日美撤离和重新安置的研究（《救助》 The Salvage，1952；《掠夺》The Spoilage，1969）。她于1935年嫁给了威廉·艾萨克·托马斯（William Isaac Thomas）*，并于1952年成为美国社会学会的第一位女会长。

Thomas Theorem 托马斯定理

出自威廉·艾萨克·托马斯（W. I. Thomas）*提出的名言，"当人们把情境界定为真实时，那么它们在结果上也就是真实的"。另见自我实现预言（self-fulfilling prophecy）*。

Thomas, William Isaac 威廉·艾萨克·托马斯（1863—1947）

芝加哥大学学生、讲师，最终成为一名有影响力的教授，他与弗洛里安·兹纳涅茨基（Florian Znaniecki）*合作写就了《身处欧美的波兰农民》（The Polish Peasant in Europe and America，1918），开创了个人文档（personal documents）*和生活史（life history）*的方法。他的"情境定义"（definition of the situation）*理论认为，"当人们把情境界定为真实时，那么它们在结果上也就是真实的"。1927年，他担任美国社会学协会会长。

time-and-motion studies 时间和运动研究

参见科学管理（scientific management）*。

time-budget studies 时间预算研究

要求参与者记录时间使用情况的日记，报告活动占据每天每小时的固定时间的调查和其他研究，如一周或一个月。概念回顾和示例可参见乔纳森·格尔舒尼（Jonathan I. Gershuny）和格雷厄姆·托马斯（Graham S. Thomas）的《变化的时代》（*Changing Times*，1984）。

time orientation 时间取向

参见任务取向与时间取向的区别（task-orientation versus time-orientation distinction）*。

time-series data 时间序列数据

关于一个或多个社会现象并以时间为序列的数据（data）*。在社会学中，尽管民意调查（opinionpolls）*和一些行政记录为时间序列研究提供了机遇，但最常见的时间序列数据形式还是来自人口普查（census）*或面板研究（panel study）*的数据。有时，两个或更多不相关的特项调查（survey）*询问了相似群体的一系列相似问题，这些调查的汇总数据也被允许做近似时间序列分析。英国中央统计局设有一个时间序列数据库，其中包含大约 2000 个变量的信息。

time, sociological study of 时间社会学研究

时间是对持续性的度量，取决于赋予它意义的特定文化思想。西

方科学文化产生了使用时钟和日历来确定时间的精确思想，可以用分钟、天、年等来衡量自然和社会对象的持续性。然而，还有一些其他的时间概念，用以标记社会事件的持续和发生，并围绕这些概念组织和定义人类活动及其后果。比如包括与特定世代（generation）*相关的"世纪"和"纪元"，与饮食和身体新陈代谢过程相关的时期，以及日常活动节律。社会生活是通过不同的时间表和生活阶段的传记叙述、地位流动（status passage）*和职业生涯（career）*来组织的。

在社会学理论中，对于时段的理解有时可能不同。如有人认为它是人经历的不可阻挡的流逝，有人认为是长期的历史变迁（即与人类环境相关的更广泛的、几乎永恒的人类历史）。前者产生了如威廉·詹姆斯（William James）*所描述的时间社会心理学（social psychology）*；后者引发费尔南·布罗代尔（Fernand Braudel）*等人对历史时间结构的关注。"长时段理论"形成了一个庞大的、关键的整体社会生活框架，通常由一种特定的组织模式主导，如宗教（religion）*（基督教时代）或政治（例如，现代世界和资本主义）。（参考伊维塔·泽鲁巴维尔［E. Zerubavel］的《隐藏的韵律：社会生活中的时刻表与日历》*Hidden Rhythms: Schedules and Calendars in Social Life*, 1981；芭芭拉·亚当［B. Adam］的《时间与社会理论》*Time and Social Theory*, 1990）。另见变迁（change）*；进化论（evolutionary theory）*；生命周期（life cycle）*；生活史（life history）*；进步（progress）*；序列分析（sequence analysis）*；任务导向与时间导向（task-orientation versus time-orientation）*。

Titmuss, Richard Morris 理查德·莫里斯·蒂特马斯（1907—1973）

战后时期研究社会政策（social policy）*和社会行政（social administration）*的关键人物。蒂特马斯是一位在福利国家（welfare state）*不断扩大之际，为研究社会需求（need）*和福利做出重大贡献的英国学者（英国该领域其他著名学者还包括布莱恩·阿贝尔-史密斯（Brian Abel-Smith）和彼得·汤森（Peter Townsend）。在没有正式的学术训练的情况下，蒂特马斯对社会政策的兴趣始于20世纪30年代，在一家保险公司工作时培养起来。之后，他开始撰写书籍，如《贫困和人口》（Poverty and Population，1938）和《我们的食物问题》（Our Food Problem，1939）。这使得他在1942年被任命为战时内阁官方历史学家。他在任时书写了《社会政策问题》（The Problems of Social Policy），于1950年出版。同年，他被任命为伦敦政治经济学院社会管理系教授和主任，在那里他拥有了强大的组织基础，建立了一支强大的研究团队，主要工作是革新社会政策的社会管理方法。他还积极参与政治和更广泛的公共活动，在各政府委员会任职，并担任工党顾问。随后的出版物包括《福利国家笔谈》（Essays on the Welfare State，1958）、《收入分配和社会变迁》（Income Distribution and Social Change，1962）和《礼物关系》（The Gift Relationship，1970）。最后一项著名的比较研究是对利用市场（market）*为医院提供足够的血液供应的观点提出了令人信服的批评，并对利他主义（altruism）*进行了有力的分析。

作为财产审查性收益的反对者（参见选择性福利和普遍性津贴[selective versus universal benefits]*），蒂特马斯不认为福利服务可以解决社会不平等（social inequality）*问题，但可以帮助改善这些问题。

Tocqueville, Alexis de 阿里克西·德·托克维尔（1805—1859）

一位早期的法国社会学家，1831年至1832年前往美国研究民主问题。他的经典著作《论美国的民主》（Democracy in America，1835—

1840）指出，民主国家内部存在着不易调和的平等与自由之间的紧张关系。由于民主往往会破坏等级制度，它不鼓励在个人和社会之间形成中间群体，因此会助长个人主义（individualism）*和集权的倾向，如果不加以制止，将导致专制国家（absolutist state）*。通过对法国和美国的系统比较证实了这一观点。前国家革命后的历史揭示了试图在没有首先建立自治自由政府的情况下强加平等的危险：行政中心主义助长了革命专制。就美国而言，根深蒂固的联邦主义（federalism）*宪法原则促使了多种中间自愿组织的成立，以及一种权力下放的政府模式使得公众可以随时进入并参与其中。然而，在这两种情况下，托克维尔警告说，"大多数人的暴政"使每个被所有其他人同化的公民都迷失在人群中。因此，他的作品是许多关于大众社会（mass society）*本质的辩论的起点（例如，包括大卫·里斯曼 [D. Riesman] 的《孤独的人群》*The Lonely Crowd*, 1950；罗伯特·贝拉 [R. Bellah] 的《心灵的习性》*Habits of the Heart*, 1985）。

Tönnies, Ferdinand 斐迪南·滕尼斯（1855—1936）

德国社会学家，德国社会学协会创始成员。他最著名的成就是区分了共同体和社会。主要区别是小规模和大规模社会的不同类型的关系组织模式。在很大程度上前者的人口是不流动的，地位（status）*是先赋的（ascribed）*，而且家庭和教会在维持一套明确界定的信仰、情感和共同运作的关系中发挥重要作用。因此，村庄和小社区的特点是共同体关系。然而，随着劳动分工（division of labour）*变得更加复杂，这些关系溶解成契约和非人格关系，因此大型组织和城市变为了需要通过社交表达而组织的社会形式。滕尼斯哀叹共同体

（community）*的丧失，同时，他认为竞争（competition）*和个人主义（individualism）*在现代城市社会中日益占主导地位。在这方面，他是功利主义（utilitarianism）*的批评者、悲观主义者，以及保守主义者。社区和社会之间的区别，与爱弥尔·涂尔干（Émile Durkheim）*的机械团结（mechanical solidarity）*和有机团结（organic solidarity）*之间的区别，有许多相同点。

total institution 全控机构

由欧文·戈夫曼（Erving Goffman）*在《精神病院》（Asylums，1961）中引入的一个术语，用于分析一系列机构。在这些机构中，人们被整块地官僚化管制，在与正常活动进行物理隔离的同时，要求他们在同一机构的限制范围内进行睡眠、工作和娱乐。监狱和精神病院是戈夫曼的主要例子，但他指出其他还包括集中营、寄宿学校、军营和修道院等地方。戈夫曼在他的书中分析了这类机构中囚犯和监管人的生活，并强调出于管理人员利益而不可避免的官僚化和居民管控。他还指出了在这类机构中的非正式囚犯文化（或"底层-生活"）中的抵抗趋势。在20世纪60年代，作为对先进工业社会中社会控制（social control）*的机制和制度的更广泛批评中的一部分，这一术语变得非常流行。另见非监禁化（decarceration）*。

totalitarian（totalitarianism）极权（极权主义）

这个术语似乎出自墨索里尼（Mussolini）统治下的意大利法西斯主义者和哲学家乔瓦尼·詹蒂尔（Giovanni Gentile）。这个标签的意思是"全面，包罗万象，无所不在，总体状态"，它适用于各种帝国统治和统治秩序，通常适用于右翼政权；也就是说，在冷战时期，它重新盛行。

通常，极权主义结合了可以客观评估的属性表现和不易调查的大量情感内涵，例如在将其等同于"邪恶帝国"这类术语时。政治学家卡尔·弗里德里希（Carl Friedrich）和兹比格涅夫·布热津斯基提出六个决定性要素，由它们相互支持构成有机整体，包括以下方面：一套详尽的，全面的意识形态（ideology）*，做出千禧年主义（millenarianism）*的主张，并承诺实现乌托邦式的未来；一个单一民众政党，通常由一个人领导；身体或精神上的恐怖统治体系；垄断通讯手段；武器垄断；通过科层制（bureaucracy）*的协调对经济进行中央指导和控制（参见《极权专政和专制》Totalitarian Dictatorship and Autocracy，1963）。

这种主张激起了反对，那些反对者声称苏联制度在政治上以及作为社会实体，实际上更适合从利益集团（interest groups）*、竞争精英（elite）*或者准阶级的角度进行理解（运用nomenklatura这一概念作为理解新阶级的工具）。

该术语的使用与冷战的立场密切相关，并且在社会科学（social science）*中，这一概念的解释力受到了质疑，尤其是因其反历史和普遍化的性质。尽管在有关苏维埃体制改革能力的辩论中出现了"后极权主义"的概念，极权主义在20世纪70年代被废弃了。后来随着苏联体制的崩溃，这一概念的反对者声称，在戈尔巴乔夫（Gorbachev）领导下的苏联转型证明了苏联体制不是极权主义的。支持者则争辩说，现在可以更清楚地确认苏维埃人这一身份认同，并且在任何情况下，导致其崩溃的因素都是外在的。毫无疑问，现实社会主义（real socialism）*确实产生了一种一党统治的形式，这种形式具有特定目的论（teleology）*的意识形态、审查和国家主义经济以及暴力的垄断。

在其他类型的社会中,即便是最具压制性的类型也难以与之匹敌。对极权主义遗产的考察将随着受其影响的社会寻求基于公民权建立民主制度和创立市场(market)*的进展而成为可能。

total war 全面战争

一种战争形式,是现代工业社会(industrial society)*的特征,涉及为武装冲突而最大程度地动员一个国家的社会和经济资源,通常使普通民众和经济遭受敌人的攻击。亚瑟·马威克(Arthur Marwick)在其著作中特别探索了这一观念(《二十世纪的战争与社会变迁》*War and Social Change in the Twentieth Century*, 1977;《全面战争与社会变迁》*Total War and Social Change*, 1988)。作为一种战争形式,它不同于区域或局部战争,也不同于核冲突(参见肖[M. Shaw]的《战争辩证法:全面战争与和平的社会理论》*Dialectics of War: An Essay in the Social Theory of Total War and Peace*, 1988)。

totemism 图腾制度

人类群体或个人与特定动物或植物之间的联系,需要仪式化的遵守,有时还涉及饮食禁忌。朗(J. Long)在《航行与旅行》(*Voyages and Travels*, 1791)中首次提出这一术语并引起西方人的关注,该词源于美洲印第安人阿冈昆语。随后的论辩堪称一部人类学理论史。

麦克伦南(J. F. McLennan)追溯图腾制度的起源,声称它是泛灵论(animism)*的残余(这种信仰认为,无论是有生命还是无生命的自然现象都具有精神或灵魂,并造成社会后果)。威廉·罗伯逊·史密斯(William Robertson Smith)辩称,人们之所以拥有图腾,是因为他们期望从中受益。詹姆斯·弗雷泽（James Frazer）*认为，图腾制度存在于不知道男性在生育中作用的"野蛮人"之中。爱弥尔·涂尔干（Émile Durkheim）*将图腾制度视为宗教生活的最基本形式，并提出这是族群对自身的崇拜。布罗尼斯拉夫·马林诺夫斯基（Bronislaw Malinowski）*提出了一个实际的解释，即为了生存，人们必须对动植物，尤其是不可缺少的物种有详尽的了解和控制。埃文斯-普里查德（E. E. Evans-Pritchard）*质疑将功能实用性作为解释。最无用的动物也可能成为仪式的对象。人与动物之间的关系可以看作是隐喻的。福蒂斯（Meyer Fortes）*将人与动物之间的感知联系和人类与祖先之间的关系联系在一起。克劳德·列维-斯特劳斯（Claude Lévi-Strauss）*总结道，动植物之间的差异被人类用来确认自身彼此间的差异。动物可以很好地"用于思考"，并仅仅是人类分类需求的一个例子。他的论点激发了非西方和西方社会中对动物象征主义的进一步研究。

Touraine, Z. Alain Z. 阿兰·图海纳（1925—2023）

法国社会学家，最初研究历史和哲学，随后于1952年在哈佛大学跟随塔尔科特·帕森斯（Talcott Parsons）*学习社会学。回到法国后，他开始了对法国工业和工人组织的一系列研究，尤其关注技术变革。他的工作结合了对马克思主义（Marxism）*的理论中提出问题的强烈认识以及对当代社会学理论思想的坚定而明确的认同。他在《后工业社会——明天的社会历史：程序化社会中的阶级、冲突和文化》（*The Post-Industrial Society—Tomorrow's Social History: Classes, Conflicts and Culture in the Programmed Society*, 1969）中做出了对后工业主义的经典而有影响力的论述。图海纳的研究重点一直放在社会运动（social movements）*的观念上，这种观念是根据历史上有根据的行动理论（action theory）*进行的，该理论侧重于集体行动（collective action）*问题。图海纳活跃于1968年的学生起义，于1979年在巴黎成立了社会运动研究中心。他对学生运动的研究发表在《五月运动：叛乱与改革》(May Movement: Revolt and Reform, 1968)中，他通过反核抗议，即《法国对核能的反对》(Anti-nuclear Protest: The Opposition to Nuclear Energy in France, 1980)等研究发展了他的社会运动方法。他的更大的理论框架已经在许多主要研究中得到发展。他的基本著作《社会行为学》(Sociologie de l'action, 1965)尚未被翻译成英文，但其被翻译的作品包括《社会的自我生产》(The Self-Production of Society, 1973)、《声音和眼睛》(The Voice and the Eye, 1978)和《行动者归来》(Return of the Actor, 1984)。最近出版的著作有《现代性批判》(Critique of Modernity, 1992)、《我们可以一起生活吗？》(Can We Live Together?, 2000)、《妇女的世界》(Le monde des femmes, 2006)和《危机后》(Après la crise, 2010)。

Toynbee, Arnold John 阿诺德·约翰·汤因比（1889—1975）

汤因比的父亲是一名社会工作者，舅舅是一名经济史学家（也名阿诺德［Arnold］，是工业革命［industrial revolution, the］*一词的发明者）。汤因比接受过历史学家的培训，并在查塔姆之家从事国际事务调查。他以文明的比较社会学的形式开启了一个关于世界史的主要研究。他的工作受到斯宾格勒（Spengler）*的启发，但汤因比的方法强调了群体冲突（conflict）*作为社会和文化发展的原动力。他认为，领导社会的精英们面临着其环境状况所带来的挑战，如果他们的社会要生存，就必须针对这些挑战制定适当而有效的应对措施。1933 年至 1961 年之间，汤因比的著作一共出版了 12 卷。

tracking streaming 分班（分流）

美国小学和中学系统中的一种普遍做法，试图根据一系列标准（包括学生在标准化能力测验中的表现、课堂表现、可感知个人能力和抱负、社会阶级[social class]*和种族）将同质化的学生分到相同的班级进行管理的方法。不同的班级通常会提供不同的课程，学生与教师的关系类型以及教育资源。研究发现，教育水平越高的学生，对智力（intelligence）*的要求更高，拥有更好的资源，对教师期望更加认同。已有研究强调了分班的意义，因为分班对那些处于较低地位的学生产生了负面的心理影响，加剧了种族和社会阶层的隔离，并使社会中的不平等现象长期存在。在所谓的分流系统中，实践、问题和辩论在英国具有等同性。

trade circle 商业周期

商业活动水平在定期短期内波动的有据可查的趋势，其高峰和低谷出现在长期的向上增长趋势附近。经济中的短期和长期周期性波动都是失业（unemployment）*的主要因素，并且是经济学中激烈争论的主题。另见经济周期（business cycle）*。

trade union 工会

为了用集体谈判代替或试图用集体谈判（collective bargaining）*代替劳动力市场（labour market）*上的个人谈判而建立的任何雇员组

织。尽管许多工会也有更广泛的社会和政治目标，但工会通常为了确保收入和条件受到一致适用的会员规则的约束。有些也是专业协会。

通常根据工会的招募对象将工会分为以下几种类型：工艺类（精湛的工人除外）；职业类（所有职业的工人，不分行业）；工业类（一个行业的所有工人，不分职业）；一般类（职业和工业组织合并）以及企业类（单个公司或工厂中的所有工人）。但是，在实践中，上述类型学（typology）*上的工会面对实际中工会主义的复杂性会崩溃。围绕工会存在许多争议。从长远来看，工会能否面对市场力量提高劳动者的收入份额？工会针对旨在追求整个劳工运动（labour movement）*利益的共同的阶级意识（class consciousness）*的有限的工会意识的表达能走多远？领导者以及成员的特定目标、传统和政治文化（political culture）*如何影响工会？他们是否解决了其民主或民粹主义（populism）*血统与有效领导所必需的寡头政治（oligarchy）*之间的内在矛盾？关于这些问题有大量的社会学文献。另见法人团体（corporate society）*；列宁（Lenin）*；罗伯特·米歇尔斯（Michels, Roberto）*；职业（professions）*；工会性（unionateness）*。

trade-union consciousness 工会意识

参见列宁（Lenin）*。

tradition（traditions）传统

旨在庆祝和灌输某些规范（norm）*和价值（value）*，暗示与真实或想象的过去的连续性，并通常与被广泛接受的仪式（ritual）*或其他形式的象征性行为有关的一组社会实践。研究发现，许多被普遍认为具有悠久历史的传统实际上是相对较新的发明。例如,包括苏格兰独特的高地文化苏格兰短裙、格子呢和风笛,是18世纪末和19世纪初的创作;日本的终身雇佣制度是经济现代化(modernization)*的一种战略,于20世纪20年代创建;许多非洲社会所谓的土著政治和经济传统,实际上是殖民当局为了在地方和帝国政治、社会和法律系统之间建立必要的联系而发明的)。埃里克·霍布斯鲍姆(Eric Hobsbawm)和特伦斯·兰格(Terence Ranger)所编的《传统的发明》(The Invention of Tradition, 1983)中报道了一些类似的案例。

traditional society 传统社会

"传统社会"这一术语通常与工业、城市化(urbanization)*、资本主义现代社会形成鲜明对比。它错误地将广泛的非现代社会归为一类,类如当代的狩猎和采集社会,或是中世纪的欧洲国家。它是一个判断性术语,尽管有时它与神话黄金时代的亲密家庭价值和社区联系在一起,但其通常暗示与落后、原始、非科学和情感的这类负面特征相关。另见共同体与社会(Gemeinschaft and Gesellschaft)*。

training, sociology of 培训社会学

培训意味着要为特定任务做准备,或者通过有秩序的指导为角色(role)*做准备。学术社会学家经常将培训与教育进行对比。但是,从社会学的角度来看,培训应该是在概念上反对学校教育的,而将任何一种教育优点的讨论留给了其他人。培训是为就业准备的,在就业期间或家务劳动(housework)*中进行的。尽管在大型工业企业中,通常在单独的培训班中将其正规化,并在学校中被越来越多地使用。但

从原则上讲,只要课程(curriculum)*的数量和质量取决于商业和劳动力市场的标准,而不是由学校知识管理(management of knowledge)*的更广泛的教学法所决定,这种指导应被视为培训。学校教育与培训之间的关系在整个工业社会(industrial society)*中千差万别,并且是有趣的比较研究的主题,例如表明这是经济增长(economic growth)*和人力资本有效使用的重要因素。培训对于主流社会学问题也具有重要意义。这些包括有关技能(skill)*、劳动过程(labor process)*和劳动力市场(labor market)*、工作的主观经验(work, subjective experience of)与阶级意识(class consciousness)*(或缺乏阶级意识)之间的关系、工会(trade union)*和工会意识的辩论(所有这些都将在本词典中的其他标题下单独讨论)。大卫·李(David Lee)等人所著的《针对年轻人的计划》(*Scheming for Youth*, 1990)讨论了有关培训的理论性辩论以及有见地的案例研究。另见教育社会学(education, sociology of)*;职业主义(vocationalism)*。

trait 个性

参见人格(personality)*。

transcarceration 转移监禁

参见非监禁化(decarceration)*。

transcendentalism 超验主义

上帝外在于并且独立于他所创造的宇宙的信念。通常,超验主义与内在性(immanence)*的概念形成鲜明对比,内在性是上帝住在世界上的信念。内在性教义在泛神论（pantheism）*中很普遍，其中人与自然被认为是包罗万象的神性的一部分。一神教通常是一神论（monotheism）*的。另见宗教（religion）*；有神论（Theism）*。

transformative movement 变革运动

参见社会运动（social movements）*。

transhumance 畜牧季移/移牧

随着牧场经常在高地和低地间转移，畜群动物的季节性移动以及畜群数量在区域之间的变化。诸如北极斯堪的纳维亚半岛的萨米族和苏丹南部的努尔人等移牧民族与游牧民族的不同之处在于，他们的迁徙是定期的、年度的和季节性的，而不是迁徙性的。

transinstitutionalizaion 转制/跨机构化

个人可能由于社区护理（community care）*政策的去机构化，实际上却进入了不同的机构，而不是他们自己家的一个过程。例如，从精神病院出院或不再住院的精神病患者（psychopath）*经常被转移到监狱、寄宿房、疗养院和敬老院中。

transmitted deprivation 代际传递剥夺

参见剥夺循环（cycle of deprivation）*；剥夺（deprivation）*。

transsexual 变性者

想要改变其出生性别的个体，需要进行性手术来改变性器官，并经过充分的训练以了解该性别的性别角色(gender roles)*。对于许多变性者来说,理想的方法是完全地且不知不觉地将他们变成其他性别。变性(异装癖)在20世纪中叶被视为一种临床现象,但它在性别和偏差研究中具有极大的社会学意义。另见异装癖(transvestism)*。

transvestism 异装癖

异性装扮或穿着适合异性的衣服的习惯。通常适用于男扮女装(临时打扮成女人)的男人——不要与变性者(transsexual)*或同性恋(homosexuality)*相混淆。异性装扮在不同文化中具有多种形式。在19世纪后期的西方,它被诊断为一种疾病(illness)*。异装癖是性别表现研究中的重要课题,因为它经常涉及男性装扮(伪装)成妇女,且通常是服饰社会学中的重要因素。例如,参见D. 费恩布鲁姆(D. Feinbloom)的《异装癖者和变性者》(*Transvestites and Transsexuals*, 1975)。

trend, social 社会趋势

参见社会趋势(social trend)*。

triad 三人团体

三人团体通常是最不稳定的小团体,因为三人团体倾向于分离为一个对群体(dyad)*和一个孤立人。两个实力较弱的成员可能会与实力较强的第三个成员结成联盟,或者实力最弱的成员可以通过分离其他两个成员来获得权力。

triangulation 三角测量法

对一个问题或主题至少使用两种理论观点、研究方法(research methods)*或数据集进行研究,并用它们相互补充和验证,获得可靠的研究结果。比如,微观和宏观研究以及定性(qualitative)*和定量方法的结合使用。诺曼·邓津(Norman K. Denzin)对该方法的阐述最为详尽。

tribe(tribalism)部落(部落主义)

该术语通常表示由亲属和职责联系在一起并与特定领土相关联的社会群体。部落成员享有与家庭相关的社会凝聚力,以及一种国家的政治自治感。在《古代法》(Ancient Law, 1861)中,亨利·梅因爵士(Sir Henry Maine)*将部落主义定义为人类社会文明产生前的阶段,并且贬义地使用该术语来指代情感的、近代科学产生以前的、非理性的行为,但不幸的是,这种观念仍然存在于现代中。

trickle-down effect 涓滴效应

新古典经济学(neo-classical economics)*中的术语,指的是在不平等社会中所谓的使整个人口受益的经济增长(economic growth)*趋势,即最终通过财富向下渗透到最低阶层。这一论点通常反对为消除贫困所必需的国家干预的观点。另见社会正义(justice, social)*。

Troeltsch, Ernst 恩斯特·特勒尔奇(1865—1923)

德国哲学家和神学家,与马克斯·韦伯(Max Weber)*同时代且是密友,他对宗教社会学(religion, sociology of)*也做出了重大贡献(参见《基督教教会的社会教义》The Social Teaching of the Christian

Churches，1911；《新教与进步》Protestantism and Progress，1912）。像韦伯一样（他对韦伯影响很大），特勒尔奇对社会生活中的物质和理想元素之间的相互关系很感兴趣。同样跟韦伯一样，在对卡尔·马克思（Karl Marx）*的批评中，他坚持认为宗教信仰可以作为影响物质因素发展的自变量（independent variable）*。随后证实，他的"教派类型学"在表述宗教运动特点方面影响深远。另见教派（sect）*。

Trotsky, Leon（Leon Lev Davidovich Bronstein Trotsky）
莱昂·托洛茨基（1879—1940）

布尔什维克革命领袖、外交大臣和1917年十月革命后的战争委员会委员，1927年被斯大林罢免，1929年被流放，并于1940年在墨西哥被谋杀。1938年，他成立了第四国际，以反对斯大林。他主要是作为提出"不断革命"论的理论家，并以苏联成了"堕落的工人"的国家的主张而著称，他认为在苏联，科层制（bureaucracy）*作为一个新的统治阶级（ruling class）*而运行。另见精英（elite）*。

trust 信任

社会学的一个重要传统认为，一种稳定的集体生活的基础必须超越自我利益的算计，即使是在商业情境下，信任这一要素也是必需的。涂尔干（Émile Durkheim）*对此做出了最精当的描述："在一份协议中，并非所有内容都是协议性的。"

一个晚近最具影响力的讨论来自吉登斯（A. Giddens）*（《现代性的后果》The Consequences of Modernity，1990）。他将"信任"定义为，"对于一个人或一个系统的稳定性的信心"；他对基于信任概念所展开的重要议题做出了总结。无论讨论哪一种类型的社会,吉登斯主要考察的都是信任的一些基本特征。人的境况本质上是不稳定的、受到威胁的,但为了日常生活的目的,大多数社会成员所受的教育与培养都使得相互间有"基本信任",并且将生活视为"理所当然",这就能保护他们不至于遭受过度焦虑。心理学和精神分析学中的一些传统将异常的、好斗的和不安的行为,归因于父母未能将基本信任感传递给子女,其结果是内部自我和外部环境都被视为不可靠和敌对的。

现代性(modernity)*的出现,从根本上改变了古典和近代著作所提出的基本信任的来源和对象。这项工作的广泛共识(consensus)*是,现代性破坏了亲属关系的显著性,打破了本地社区的控制,对宗教(religion)*的权威(authority)*和对传统的诉求都提出了挑战。吉登斯将这些影响归因于各种"分离机制",这些机制将社会关系从本地环境中分离出来,并"在无限的时间和空间范围内重组它们"。这类机制有两类,它们都需要一种比在前现代环境下更抽象的信任形式,即符号标记(最主要的例子是金钱)和专家系统(将信任置于一个自反性知识体系中)。然而,社会关系在时间和空间上的疏远,需要一种学术意义上的能力来维持信任,并容忍信任的缺失。因此,现代性是一把双刃剑。一方面,它威胁到我们的"本体安全",即我们对个人身份的连续性以及对社会和物质环境的信心;另一方面,它还增加了风险和焦虑的可能性,以及对抽象系统信任的需求。

可以说,尽管有明显的迹象表明人们对信任的兴趣已被唤醒(例如参见芭芭拉·米斯塔尔[Barbara Misztal]的《现代社会的信任》*Trust in Modern Societies*, 1996),但在社会学分析中,信任依然是一个被忽视且未被完全阐明的概念。在比较晚近的文献中,信任问题往往与更广泛的理性行为理论(参见理性选择理论[rational choice theory]*)和博弈论(game theory)*的讨论相联系。然而,到目前为止,这一概念在实质性研究背景下主要应用于劳动关系和管理的比较社会学(comparative sociology)*中。例如,阿兰·福克斯(Alan Fox)的《超越契约》(Beyond Contract, 1974)提出区分低信任度和高信任度的"动态"劳动管理体系(控制的精神和方法),并认为其可适用于个人组织和国家谈判结构的差异。与工人有关的是报酬和工作条件、工作保障、监督方式、集体谈判(collective bargaining)*政策等。英国和美国的管理风格在历史上往往反映出低信任度,而德国和日本则是高信任度工业文化的典范。然而,值得注意的是,工业管理部门出于计量原因可能会采用高信任度的方法,而且从长远来看,可能会被员工视为操纵或试图制造共识。

福克斯的二分法被后来的几位作者重构(并重新命名)。例如,安德鲁·弗里德曼(Andrew Friedman)在《工业和劳工》(Industry and Labour, 1977)中,将"直接控制"(密切监督、最低限度的工人责任、采取胁迫性威胁)和"负责任的自治"(通过授予工人权力、地位和责任,鼓励他们认同企业的目标,并自我监督)的管理战略进行了对比。然而,不管用什么术语来表达这种对比,都容易遭到质疑,因为现实世界中的管理控制模式更为复杂,不能归结为任何二元论观念。有关信任的通论,参见尼克拉斯·卢曼(Niklas Luhmann)*的《信任与权力》(Trust and Power, 1968)和芭芭拉·米斯塔尔(Barbara Misztal)的《现代社会的信任》(Trust in Modern Societies, 1996)。

Turner, Victor 维克托·特纳(1920—1983)

一位研究仪式(ritual)*和象征主义的英国人类学家。他的主要田野工作是在非洲的恩丹布。在那里,他对颜色符号、过渡仪式(rites of of passage)*、治疗仪式,以及村落政治进行微观研究。(参见《非洲社会的分裂与延续》Schism and Continuity in an African Society,1957;《象征之林》The Forest of Symbols,1967))特纳进一步发展了阿诺德·范·热内普(Arnold van Gennep)*的"阈限"或"门槛"概念,从而在《仪式过程》(The Ritual Process)一书中拓展了朝圣和西方世界的阈限理念。

Tylor, Sir Edward Burnett 爱德华·伯内特·泰勒爵士(1832—1917)

英国维多利亚时代人类学家,1884年首次在牛津大学开设社会人类学课程。他最为人所知的是,将文化定义为"一个包括知识、信仰、艺术、道德、法律、习俗,以及人类作为社会成员所获得的任何其他能力和习惯的复杂整体"。

在《原始文化》(Primitive Culture,1871)一书中,泰勒为比较宗教方法的发展做出了贡献,尤其是他的泛灵论(animism)*(参见图腾制度[totemism]*),他认为泛灵论是原始宗教的一种原初形态。泰勒是进化论(evolutionary theory)*的支持者,他认为文化的某些方面来自过去的无功能的续存,并将其他方面视为生存策略。他在这个问题上的一个著名论断是,在社会进化史上,许多人面临的选择是"要么结婚,要么死亡"。通过这种方式,通过异族通婚(connubium)*建立联盟,潜在的威胁集团就能被联合。

泰勒开创性地使用了社会统计(social statistics)*——通过他称为"波动能"(fluctions)、如今被称为相关(correlation)*分析的方法,运用统计学进行社会分析。利用这些方法,他令人信服地证明,女儿或儿子对姻亲的回避是基于对婚姻住所的选择。如果入赘女方居所,男方会被期望避开他的姻亲,但如果居住在男方居所,女方更可能这么做。根据这一证据,泰勒接着解释了其他习俗(customs)*,包括某些亲属称谓的存在。这种分析方式综合了不同的文化实践,促进了功能主义(functionalism)*的发展,后来成为现代英国社会人类学的第一个主要范式(paradigm)*。

typification 类型化

参见理想类型(ideal type)*;现象学(phenomenology)*。

typology 类型学

参见分类学(taxonomy)*。

U

unconscious 无意识

参见精神分析（psychoanalysis）*。

underclass 社会底层

有关社会底层的广泛而尖锐的社会学辩论大部分源自美国文献，这些文献论述了两个被认为彼此关联的现象，即青年失业率高，单亲家庭比例增加。对单亲家庭的关注源于这样一个事实，即对抚养子女家庭的援助（AFDC）构成了福利依赖中的一大部分。黑人人口尤其突出地受到失业（unemployment）*和单亲家庭的影响。

这个词本意指在某种意义上不属于社会主流的群体，但是对于他们被排斥的性质和来源，理论上却有很多分歧。查尔斯·默里（Charles Murray）（《败北：美国社会政策》*Losing Ground: American Social Policy*, 1984）提出的一个最有力的解释是，福利依赖刺激了核心家庭（nuclear family）*的解体，并使社会化（socialization）*转变成一种贬低工作、鼓励依赖和犯罪（crime）*的反文化（counter culture）*。威廉·朱利乌斯·威尔逊（William Julius Wilson）等人则提出另一种结构性观点，这种观点强调：经济未能提供满足需求的安全就业，从而导致男性维持生计角色的不稳定性。前者认为被排斥的根源在于下层民众的态度和行为；后者则把被排斥的根源定位于结构性的不平等，从而导致社会中的特定群体处于不利地位。

这种结构性劣势的确切性质本身，就是一个争论已久的问题。一个主要的分歧在于，弱势黑人的问题到底是由于他们的肤色，还是由于他们的阶级地位。威尔逊在其早期著作中提到"有一个庞大的黑人无产阶级的社会底层，这个阶级处于社会阶层最底层，受教育水平低、工作收入低、工作不稳定的困扰"（《种族的重要性下降》*The Declining Significance of Race*, 1978）。这一概念将社会底层界定为一个黑人群体现象，其定义的根基在于劳动力市场（labour market）*的脆弱性，而不涉及任何行为或道德因素。然而，在他后来的一项研究（《真正的弱势群体》*The Truly Disadvantaged*, 1987）中，威尔逊又将其定义为"缺乏培训和技能、长期失业，或者欠缺劳动力（labour power）*的人、从事街头犯罪和其他违法行为的个人，以及长期遭受贫困和/或福利依赖的家庭"。此处重点略有变化：他没有明确提到种族（race）*；不稳定的就业状态变成失业状态；后一定义扩大到包括犯罪和福利依赖（从而将文化维度纳入威尔逊的基本结构进路）。

虽然美国学界对社会底层的性质和程度的讨论最为充分，但有关社会底层的思想在英国绝非陌生，它不仅涌现于20世纪80年代关注（福利）"依赖文化"的热潮中，而且可以追溯到20世纪60年代和70年代的研究——或许最值得注意的是关于剥夺循环（cycles of deprivation）*的文献。20世纪70年代的其他研究集中在英国城市内部黑人的劣势上，例如约翰·雷克斯（John Rex）*和萨莉·汤姆林森（Sally Tomlinson）认为，就业和住房方面的系统性劣势导致了一种社区运动，这是集体阶级意识（class awareness）*的表现，因此"我们发现这么一种趋势：黑人社区在英国社会中作为一个单独的阶级或社会底层运作（《英国城市中的殖民移民》*Colonial Immigrants in a British City*, 1979）。

在将社会底层的概念重新纳入政治学（political science）*和社会学讨论方面，查尔斯·默里发挥了很大作用，但他所采取的方式也极具争议。在最近的研究中，他指出"美国和英国的区别在于，美国是先到达未来的"。他用"瘟疫"和"疾病"（illness）*的比喻，暗示一个非婚生、暴力犯罪和失业的社会底层正在增长，而且还将继续增长，因为有整整一代的孩子正被培养成同样的生活方式（《新兴的英国社会底层》The Emerging British Under Class, 1990）。这一结论后来遭到有关"剥夺循环"的研究所驳斥。

失业问题一直是基于职业排名的社会分层（social stratification）*研究的难题。一些阶级分析研究者为了解决这一难题，采用了社会底层的概念。W. G. 让希曼（W. G. Runciman）（《在当代英国社会有多少阶级？》How Many Classes are There in Contemporary British Society?, 载于《社会学》Sociology, 1991）认为，在熟练和非熟练体力劳动者的工人阶级（working classes）*之下，存在着明显的社会底层，这一术语"不是指在劳动力市场中处于不利地位的一组或一类工人，而是指英国社会中的这么一部分成员——他们的角色或多或少地使他们处于一个特定经济水平上，亦即国家向这些根本无法参与劳动力市场的人支付福利……他们通常长期失业"。然而，这一定义存在一定的问题，因为严格地说，这一定义不适用于失业者，他们至少在名义上仍然处于劳动力市场（尽管未能成功），而是适用于那些更明确的劳动力市场之外的人，亦即老年人、长期患病者和严重残疾者。

另一位英国社会学家安东尼·吉登斯（Anthony Giddens）*（《发达社会的阶级结构》The Class Structure of the Advanced Societies, 1973）将社会底层定义为集中在最低收入职业、半就业（subemployment）*或

长期失业的人,"而这是主流文化(dominant culture)*理念下的市场能力'不合格'的后果"。邓肯·加利(Duncan Gallie)探讨了文化凝聚力和集体自我意识作为社会底层特征的可能性,并得出如下结论:20世纪80年代的非标准就业模式和长期失业可能为特殊的社会底层提供了结构性基础,但并没有提供文化上的基础(《就业、失业和社会分层》Employment, Unemployment and Social Stratification,载于《英国就业》Employment in Britain, 1988)。1996 年的一期《英国社会学杂志》(British Journal of Sociology),刊发了一场有关支持和反对"社会底层"概念独立存在的辩论,人们广泛讨论了美国和英国最近的大多数文献。

因此,关于这一概念的最后一段介绍或许应该留给赫伯特·甘斯(Herbert Gans)(《解构下层社会》Deconstructing the Underclass, 载于《美国规划协会杂志》Journal of the American Planning Association, 1990),他得出的结论是,"下层社会是一个相当独特的综合术语,它将各种高度多样化的人汇聚在一起"。它作为一个政治修辞,可能比作为一个有意义的社会学概念更有价值。

underconsumption, theories of 消费不足理论

消费不足的概念认为,对消费品需求的持续短缺造成了资本主义经济(capitalist economy)*中生产过剩和停滞的趋势。这是资本家(capitalist)*抑制实际工资上升趋势的欲望与通过销售商品实现剩余价值(surplus value)*的需要之间的冲突(conflict)*造成的。该术语与帝国主义(imperialism)*和欠发达(underdevelopment)*的理论有关,因为第三世界(Third World)*的市场(market)*有时被用来吸收第一世界(First World)*生产的多余商品。

underdevelopment 欠发达

该术语与依附论（dependency theory）*有关，用以描述第三世界（Third World）*国家的贫困与经济停滞状况。它意味着，这些社会不仅缺乏发展，而且若是没有遭到发达资本主义国家的剥削（exploitation）*，本应达到预期发展水平。

underemployment 不充分就业

劳动力（labour power）*的次优利用，也称"次就业"。显性的不充分就业是劳动时间短于劳动者的正常劳动时间或愿意劳动的时间。隐性的不充分就业是指个人所从事的劳动低于其通常的劳动等级，该劳动者的技能、资格或经验未能得到充分利用，也指技能不匹配，并可能导致较低的生产率和劳动收入。相比全职工作，大多数兼职工作是自愿的，因此不构成显性的不充分就业，但是往往涉及隐性的不充分就业。例如，女性不再需要抚养子女之后，重返劳动力市场（labour market）*，总是从事技能水平较低的工作。

understanding 理解

参见行动理论（action theory）*；意义（meaning）*；新康德主义（neo-Kantianism）*。

unemployment 失业

自愿在劳动力市场（labour market）*上出售劳动力（labour power）*却无法实现的一种状态。实际上，失业是难以确定和衡量的，因为对服务有着什么样的需求、什么范围的需求，相当程度上影响了就业意愿。因此，官方职业中介机构所推行的定义一方面受到有关不愿或不能就业之原因的政治理论的影响；另一方面，根据规则进行失业登记，并有资格享受可能提供的福利（welfare）*。

C. 赖特·米尔斯（C. Wright Mills）*用失业问题生动地说明了私人问题和公共问题的区别，这个区别在他看来就是社会学的基础。失业者研究一再表明，失业很难简单地解释为个人的动机和才能不足。相反，这是一个由市场（market）*过程失败导致的公共问题。

经济学家研究了失业的各种成因，其中最主要的两项是某一国家或地区的结构性产业衰退，以及经济活动的周期性变化。前者造成了致使某些劳动技能过时的职业结构（occupational structure）*变化，例如技术革新、商品和服务市场的变化或公司决定终止或变更业务。后者带来经济衰退期间的公司裁员（也可能只是暂时的）。其他形式的失业包括怠惰性失业（由于工人自愿换工作造成）和季节性失业（seasonal unemployment）*（季节变化减少了对特定类型工人的需求，例如农业或休闲娱乐业）。

失业是造成贫困（poverty）*的一个主要因素，尤其是当失业的经历意味着无业与"次就业"交替出现的时候。所谓"次就业"是指薪水低、不合意的工作，而且工作任期不稳定。失业者还必须忍受污名——无法遵守西方社会普遍存在的工作伦理（work ethic）*——尽管他们通常都有强烈的工作意愿。

社会学对失业过程及其社会和个人后果的研究汗牛充栋。玛丽·贾霍达（Marie Jahoda）的《就业与失业》（*Employment and Unemployment*, 1982）是个很好的起点。邓肯·加利（Duncan Gallie）等人编的《社会变迁与失业经验》（*Social Change and the Experience of*

Unemployment, 1993）收录了一系列优秀的实证研究，涉及失业（unemployment）*与工作态度、家庭分工策略、心理健康（mental health）*、婚姻关系破裂、福利（welfare）*、剥夺（deprivation）*和社会网络（social network）*等其他问题的关系。另见不充分就业（underemployment）*。

uneven development 不均衡发展

后期马克思主义（Marxism）*理论的一个术语，指资本主义（capitalism）*以不同的手段改造了整个世界的过程，它在某些领域发展了生产力（forces of production）*和社会力量，但（在同一过程的另一部分）在其他领域却限制或扭曲了增长。这就与早期马克思主义的一个认识形成了对比：资本主义按照自身形象创造了一个统一的世界。

unilineal descent 单系继嗣

参见血缘群体（descent groups）*。

unintended or unanticipated consequences 意外或非预期后果

常言道："人生不如意者，十之七八。"因此不难理解，行动的意外后果成为社会科学（social science）*的研究主题有着悠久的历史。许多社会学研究者已经指出：在社会行动（social action）*的既定目的或意图与它们没能认识到却是目标功能的后果之间存在区别。威廉·艾萨克·托马斯（William Isaac Thomas）*认为，波兰农民的合作机构不仅服务于他们的具体目标，还发挥了凝聚作用。近来，刘易斯·科塞（Lewis Coser）提出，冲突（conflict）*并不总是破坏组织，也可以通过其适应性或安全阀功能，在维持组织稳定方面发挥作用（参见《社会冲突的功能》*The Functions of Social Conflict*, 1965)。

马克斯·韦伯(Max Weber)*对新教伦理(protestant ethic)*与现代资本主义精神(capitalism, spirit of)*之关系的论述为意外后果提供了一个经典的社会学案例。加尔文主义的宿命论(fatalism)*与世俗禁欲主义(asceticism)*产生了出人意料的后果：鼓励资本积累(capital accumulation)*作为一种自身责任或目的，创造了一种适合资本主义发展的氛围。乔恩·埃尔斯特(Jon Elster)在《社会科学的具体细节》(*Nuts and Bolts for the Social Sciences*, 1989)一书中给出了更晚近的例证，其中之一有关民意调查(opinion polls)*对选举结果的影响。公布选举前的民意调查，实际上可能改变选举的结果：人们改变立场转而支持领先的候选人，或是基于同情而投票给处于明显劣势的候选人。当每个人都选择弱者的时候，就会产生一个奇怪的结果，导致不那么受欢迎的候选人胜出。霍桑研究为意外结果提供的例子与此类似，研究人员的出现无意中改变了他们所研究的工人的行为。这一现象后来被称为"霍桑效应"。

在罗伯特·默顿(Robert Merton)*(《社会理论和社会结构》*Social Theory and Social Structure*, 1949)看来，行为的意外后果有三种类型：对指定系统起作用，并因而包含潜在的正功能(eufunction)*；对指定系统起负作用的潜在的反功能(dysfunctional)*；不对指定系统产生功能后果因而与之无关的非功能。然而，将这些类型应用于特定情境却会产生某些困难，例如"反功能是对谁而言的""施加潜功能(function, latent)*是为了什么"都会成为显著的问题。此外，用意外后果解释功能没有任何意义，因为行为发生时并不知道会产生什么后果。但是，意外后果可能会影响未来的行动。一个孩子为了得到冰淇淋而大发脾气,由此产生了吸引成年人注意力的意外后果,那么他以后再发脾气就是为了引人注意而非为了冰淇淋。

意外后果在微观层次上具有重要意义,因为社会行动者(social actor)*在阐释行动情境时总会出现错误,并通过行动带来意外结果。自我实现预言(self-fulfilling prophecy)*是这方面的一个特殊的例子。在这类预言中,对一个错误信念的宣示唤起了(显然)证明该信念正确的行为,从而使预言成为现实。越轨的标签理论(labelling theory)*提出的正是这种机制。因此,引用弗兰克·坦南鲍姆(Frank Tannenbaum)在《犯罪与共同体》(Crime and the Community, 1938)一书中的见解:"制造犯罪者的过程就是标记、定义、识别、分离、描述、强调、制造意识和自我意识的过程;它成为刺激、暗示、强调那些被控诉对象之特质的一种方式。"在宏观层次上,意外后果也很重要,因为很多事件都是发生在无意之中。正如亚当·弗格森(Adam Ferguson)*所观察到的,"历史是人类行为的结果,而不是人类设计的结果。"另见行动理论(action theory)*;功能(function)*。

unionateness 工会性

指工会斗争的性质和水平,以及利用罢工(strike)*或其他形式的劳资冲突(industrial conflict)*来追求劳工利益的意愿;也指相对于从潜在选民中招募人员在数量上的完整性(或所谓"密度"),工会在质量上所具有的力量或软肋。

unit act 单位行动

参见系统理论(system theory)*。

unit of analysis 分析单元

参见调查单元（unit of enquiry）*。

unit of enquiry 调查单元

在一个研究项目中需要获取相关信息的单元，例如个人、家庭、公司等等。研究者经常混淆调查单元（有时也称为分析单元[unit of analysis]*）与抽样（sampling）*单元。就特定研究而言，二者未必相同。因而，可以对住户进行抽样，然后（从一个或多个成员处）收集关于所有居民的信息。在这里，抽样单位是住户，调查单位是住户成员。

univariate analysis 单变量分析

参见多变量分析（multivariate analysis）*。

universal benefits 普遍性津贴

参见选择性与普遍性津贴（selective versus universal benefits）*。

unobtrusive measures 非介入性研究

在被调查者不知情的情况下收集数据（data）*的技术，大致包括隐蔽的和间接的这两种类型。前者如隐秘观察（covert observation）*、秘密记录、使用单向透视镜等。后者涉及使用可以排除研究者与研究对象之间的互动需求从而对变量进行间接测量的个人文档（personal documents）*或其他文档记录。（例如，评估学生对新教育实践的满意度[satisficing]*，可以检查出勤记录和课程调换率，而不是直接访谈或问卷调查。）采用这种方法的理由是，如果受访者（respondent）*不知道自己作为研究对象的身份，活动就不会受到研究情境本身所包含的某些潜在偏见的影响，例如取悦调查者的愿望。尽管这些技术（特别是秘密观察）如今会引起社会学专业团体的道德质疑，但是为实现新颖的研究目的，对现存档案资料进行想象性的使用偶尔会非常有效，即便由于数据并不是为了研究中具体体现出来的目的而收集的，从而与研究工作往往"背道而驰"。另见访谈偏差（interview bias）*；研究伦理（research ethics）*。

unstructured interview 非结构化访谈

参见访谈（interview）*。

upper class 上层阶级

英国社会分层（social stratification）*研究中一个具体的描述性术语。上层阶级在社会阶级（social class）*中占主导地位，很大程度上有赖于和"贵族"的密切身份关系。后者是贵族阶层（通常是世袭的），由贵族（中世纪英国有公、侯、伯、子、男五等爵）和地主大亨（或绅士）组成。尽管贵族是上层阶级的一个重要象征元素，但并不是如今上层阶级的全部内容。作为占主导地位的阶级，它由布尔乔亚（bourgeoisie）*即资产阶级构成。上层阶级是有产阶级，他们的收入来自对财产——如土地、资本、大企业或股份——的所有权、控制和利用，阶级成员享有优越的、传统上基于地位的特权。因此，从比例上看，这几乎是最小的阶级，可能只占人口的1%。财产所有权所赋予的权力（power）*与主导阶级的规模不成比例。很多阶级成员通过他们在组织中的职位，或是更微妙地通过在金融部门的关键职位，对大公司实施着有效控制。其中一些人还在政治及其他公共和文化生活领域中处于领导地位。通过参与政治，主导阶级成为统治阶级（ruling class）*。

在英国上层阶级内部，"传统贵族"与"新贵阶层"之间存在着重要的地位差异。最高的阶级地位往往被授予拥有土地的上层阶级。这是真正的贵族，以威斯敏斯特公爵（英国仅次于女王的最富有的人）为代表。他们总是使用排斥性策略来对付新贵阶层，例如限制贵族俱乐部的会员数量。"新贵阶层"的地位虽低，但权力却分毫不少。因此，暴发户购买地产、与贵族通婚（connubium）*、让子女就读精英学校，在对贵族地位的长期追求中，这些排斥性策略的使用就绝非偶然了。

上层阶级的流行观念更多地与"传统贵族"有关。1984年，戈登·马歇尔（Gordon Marshall）和同事们调查了英国社会阶层（《现代英国的社会阶层》Social Class in Modern Britain），有三分之二的人提到了地位、头衔等上层阶级因素，五分之二提及收入，三分之一提及职业。只有四分之一的人认为财产所有权是上层阶级的特征，尽管这在社会学角度上是最关键的特征。

所有资本主义社会都存在着类似阶级，尽管他们并不总是形成一个以社会地位（social status）*来界定的上层阶级。有关英国上层阶级的重要社会学著作，可以参看约翰·斯科特（John Scott）的大量著作（如《上流社会》The Upper Class, 1982；《谁统治英国？》Who Rules Britain?, 1991）。比较研究参见汤姆·巴托莫尔（Tom Bottomore）与罗伯特·布兰（Robert Brym）合编的《资本家阶级》（Capitalist Class, 1989）。另见封闭（closure）*；精英（elite）*；所有权和控制权（ownership and control）*。

urban agglomeration 城市聚落

参见集合城市(conurbation)*。

urban ecology 城市生态学

芝加哥学派(Chicago School)*于20世纪20年代开创的城市生态学在人类生态学(human ecology)*中占据了核心位置。事实上，这两个术语经常互换使用。

城市生态学运用生物学原理解释城市人口的空间分布。据说，这是因为在由社会基础所构造的(如共同的阶级地位或种族[race]*)各个人类群体之间也存在着对领地优势的"生物"竞争。每个群体都占据着自己的自然区域(natural area)*或社区(neighbourhoods)*。欧内斯特·伯吉斯(Ernest Burgess)*提出的同心圆模型(concentric zone)*正是在这个意义上对城市系统进行了生态学(ecology)*表达。入侵、统治、演替等生态学概念描述了由于竞争压力而导致的群体迁移所发生的各变化阶段。然而，生物竞争(biotic competition)*若是缺乏约束则无法形成社会秩序(social order)*，因此社会组织的第二层次(文化)覆盖并限制了领地竞争。这涉及沟通、共识(consensus)*与合作，在社会同质群体占据的自然领域和整个城市的整合机制中都有体现，如大众文化(mass culture)*、媒体(media)*、城市政治。

现在很少有社会学家会接受城市生态学借自生物学的基本假设。不过，城市生态学家对芝加哥的研究就像是一次实验，大大促进了以经验研究为基础的社会学及其研究方法(research methods)*的发展，直接影响了城市社会学(urban sociology)*、社区研究(community studies)*、文化社会学、越轨和疾病(illness)*研究、社会和宗教运动、家庭和族群关系、农村社会学(rural sociology)*等学科的发展。海伦·麦克吉尔·休斯(Helen MacGill Hughes)对自己接受芝加哥学术训练的回忆录为城市生态学(偶显幼稚的)方法论提供了有趣的启示(参见《成为一个社会学家》On Becoming a Sociologist, 载于《社会学史》Journal of The History of Sociology, 1980)。

urbanism 都市主义

都市主义是指城市人口典型的社会生活思想模式。其中包括高度专业化的劳动分工(division of labour)*、工具主义(instrumentalism)*(参见工作的主观体验[work, subjective experience of]*)在社会关系中的增长、亲属关系的弱化、自愿社团(voluntary associations)*的发展、规范多元主义、世俗化(secularization)*、社会冲突(conflict)*的增加,以及大众传媒(mass)日益提高的地位。路易斯·沃思(Louis Wirth)*在1938年发表了一篇重要论文(《作为一种生活方式的城市主义》Urbanism as a Way of Life, 载于《美国社会学杂志》American Journal of Sociology),文章试图将这些模式追溯到城市的三个普遍特征——规模、密度和社会异质性。然而,后来的研究表明,试图在社会特征和文化特征与物理空间之间找到一种决定论(determinism)*的联系,这种想法是错误的。另见城市社会学(urban sociology)*。

urbanization 城市化

狭义的城市化是指城市的形成。最早的城市可以追溯到公元前4000年左右。在中世纪,长途贸易和商业资本主义(mercantile capitalism)*的扩张刺激了欧洲主要城市的发展。如何认识城市化、封建制度（feudal）*衰落和资本主义（capitalism）*发展之间的关系，在相关问题上存在着很大争议。

多数社会学研究聚焦于伴随工业化（industrialization）*和现代社会出现的大规模城市化。虽然经济发展（economic development）*水平和城市化之间的关系变动不居，但"城市化不足"总是用来描述（前）国家社会主义（state socialism）*国家的状况——产业聚集的增长无法为劳动力（labour power）*匹配足够的住房及基础设施。同样，过度城市化（over-urbanization）*一词也适用于第三世界（Third World）*国家的城市——大量的城市人口无法融入正规经济。随着工业化带来的社会变迁（social change）*在一国范围内扩散，城市化的社会学意义也在减弱。在这样的城市化社会中，这个词可能有着更加广泛的含义，意味着拥有先进的产业经济和现代化（modernization）*的社会结构（social structure）*。另见城市主义（urbanism）*。

urban managerialism 城市管理主义

R. E. 帕尔（R. E. Pahl）等人基于韦伯学说提出的城市过程理论。城市管理者（如地方政府官员和财政官员）控制着获取住房、教育等稀缺资源的渠道，从而很大程度上决定了人口的社会空间分布。该理论将权力（power）*、冲突（conflict）*、市场作用和国家制度等问题置于城市社会学（urban sociology）*的核心。

urban social movements 城市社会运动

居民为抗议或要求改变城市环境和城市服务而结成的组织。这个术语最初由曼努埃尔·卡斯特斯（Manuel Castells）在狭义上用于那些推动了更广泛的革命性社会变化的城市运动。另见社会运动(social movements)*。

urban sociology 城市社会学

社会学对于城市化(urbanization)*的关心肇始于社会学本身。在19世纪快速增长的工业城市中,最早出现了那些激发了社会学这一新兴学科之探索兴趣的社会关系和社会结构(social structure)*。和大量维多利亚时代的思想作品一样,大多数早期社会学家都怀有一种"反城市"的偏见,进而对乡村生活抱持一种浪漫化的想象。其中,最关键的忧虑是传统共同体的明显解体,和城市化带来的社会控制(social control)*问题。

格奥尔格·齐美尔(Georg Simmel)*(《大都市与精神生活》The Metropolis and Mental Life, 1903)凭直觉对城市生活和个人人格进行了精彩的讨论,其中就涉及大量这方面的忧虑。他认为,典型的城市地区的社会组织和文化,是大规模人口集聚产生的结果,因此很自然的将城市的物理特征和城市居民的社会特征联系起来。齐美尔这种起源于达尔文主义(Darwinian)*的生态学(ecology)*的分析和观点,形塑了城市社会学中的芝加哥学派(Chicago School)*,它在1920—20世纪50年代是一个主导性的研究范式(paradigm)*。在一篇著名的纲领性论文中(《作为一种生活方式的城市性》Urbanism as a Way of Life,载于《美国社会学杂志》American Journal of Sociology, 1938),路易斯·沃思(Louis Wirth)*根据城市所具有的三个显著的一般性特点:规模、高密度和社会异质性,阐述了芝加哥学派关于城市生活的典型性的社会特征(参见城市主义[urbanism]*)。

芝加哥学派的城市社会学引发了大量重要的经验研究。然而，到20世纪60年代，这种研究范式却解体了，城市社会学这一分支学科也陷入了停滞。在经验研究方面，一些学者（例如美国的赫伯特·甘斯［Herbert Gans］和英国的帕尔［R. E. Pahl］）反对在城市区位（沃思阐述的城市的一般特征）和特定生活方式（lifestyle）*之间建立任何可能的关联。在理论方面，这种研究路径内含一种自然主义（naturalism）*的思想，将城市的物理特征具体化，错误地把这些特征当成了社会变化的原因而非结果，并进而错误地认为，在城市中出现的社会模式是由城市造成的。

这表明，如果根据所谓城市的一般物理或人口特征，来阐述城市社会生活的典型或独特模式，这不仅会在经验上，还会在认识论（epistemology）*上犯错误。尽管如此，近年来，学界还是多了一些新近尝试，他们试图为城市社会学提供一个新的统一研究范式，这具体包括：（1）新韦伯主义的住房阶级（housing classes）*理论；（2）城市管理主义（urban managerialism）*理论；（3）所谓聚焦于消费部门差别（consumption-sector cleavages）*的"非空间"的城市社会学；（4）以集体消费（collective consumption）*为中心的新马克思主义（neo-Marxism）*的理论路径。

新马克思主义的路径定义了20世纪70年代的新城市社会学。其中最重要的文本是曼努埃尔·卡斯特斯（Manuel Castells）1977年出版的《城市问题》（*The Urban Question*）一书。借助于路易·阿尔都塞（Louis Althusser）*和尼科斯·普兰查斯（Nicos Poulantzas）*的结构主义马克思主义的观点，卡斯特斯发展出了一套对所谓资本主义城市化的结构与实践的详细阐释。他认为，为了劳动力（labour power)*的有效再生产,现代资本主义(垄断资本主义[monopoly capitalism]*)变得越来越依赖于国家提供的城市商品和服务(或者说是"集体消费")。这激化了国家(state)*和城市社会运动(urban social movements)*之间的矛盾,后者又与职场斗争相联合,这可能会给整个资本主义社会带来革命性的变迁。

《城市问题》一书为资本主义城市化提供了一个看似有力的分析,它也确实激发了许多关于城市社会理论的新的研究工作。然而,这正好表明,卡斯特斯的理论构想的一些关键方面在理论和经验上均尚需进一步论证,这尤其体现在:他将城市定义为"集体消费空间",赋予城市社会运动以极大的重要性,以及结构马克思主义下的相对自主性的国家概念。随后,在1983年出版的《城市与基层》(The City and the Grassroots)一书中,卡斯特斯的确放弃了马克思主义理论,对城市社会运动的潜在影响也不再秉持那种过于"脸谱化"的主张。在此后的研究中(1989年出版的《信息化的城市》[The Informational City],尤其是1996—1998年出版的《信息时代》[The Information Age]三部曲),卡斯特斯认为,信息技术(information technology)*的革命标志着资本主义生产进入了一个新阶段,城市与区域发展的模式也将随之变化。

虽然新马克思主义仍然发挥很大影响,但是,在这些新近的理论路径中,没有任何一种达到了芝加哥学派曾经在该领域产生的笼罩性影响的高度。然而,这些理论路径仍然引发了学者们对多种多样的主题的广泛探索(这些研究常常具有跨学科的性质),具体包括:城市和区域发展的政治经济学(political economy)*、城市政治学、社会运动(social movements)*、空间和社会结构的关系,等等(参见D. T. 赫伯特[D. T. Herbert]、D. M. 斯密斯[D. M. Smith]的《社会问题和城市》

Social Problems and the City, 1989）。这其中的许多文献向我们展示了更一般性的社会学的问题：例如，社会分层（social stratification）*、集体行动（collective action）*、权力（power）*分配，等等。尽管寻求从理论上系统叙述的城市社会学并未成功，但城市社会研究确实给社会学和其他社会科学（social science）*做出了重要贡献。另见商业改良区（Business Improvement Districts）*；社区研究（community studies）*；罗伯特·帕克（Park, Robert）*；郊区主义（suburbanism）*；城市生态学（urban ecology）*。

Urwick, Edward Johns 爱德华·约翰斯·厄威克（1867—1945）

自由主义派理论家托马斯·希尔·格林（T. H. Green）的学生。他曾与伯纳德（Bernard）和海伦·鲍桑葵（Helen Bosanquet）*一道，为坐落于伦敦东区汤因比的慈善组织协会工作。1897 年，慈善协会改革成了一个社会工作者的培训机构，并以"伦理学与社会哲学学院"命名，此后又更名为"社会学院"。厄威克担任了学院第一任院长。1912 年，学院由于遭遇财务困难被伦敦政治经济学院合并，成为伦敦政治经济学院的"社会科学与管理系"，厄威克与霍布豪斯（Hobhouse）*一起担任系主任。1924 年，受罗伯特·麦基弗（Robert MacIver）*的邀请，厄威克离开了伦敦政治经济学院，前往多伦多的政治科学系教授社会政策（social policy）*。1928 年，厄威克在这里创立了社会服务系，并一直担任系主任直到 1937 年退休。离开伦敦不久，厄威克就出版了《社会福祉》（*The Social Good*, 1927），该书由他早期对青年群体、青少年不良行为（juvenile delinquency）*和财产问题的研究工作组成，他在其中提出了一个关于道德变迁和公民身份

(citizenship)*的演化理论。厄威克提出了一种唯心主义的社会观,由此认为社会是一个道德表征的体系。

use value 使用价值

参见商品化(commodification)*。

utilitarianism 功利主义

功利主义最早是由约翰·斯图尔特·密尔(John Stuart Mill)*命名的,它指在政治哲学、道德哲学和社会理论中占主导地位的经济自由主义传统。边沁(Jeremy Bentham)*的名句——最大多数人的最大幸福,是对功利主义政治哲学和道德哲学的最典型表述。对功利主义的最细致精微的阐述来自哲学家大卫·休谟(David Hume)*的作品,休谟在论述中将善与效用直接等同了起来,不过,亚当·斯密(Adam Smith)*在论述道德的著述中却不赞同休谟的这一主张;尽管在现代社会学的文献中,斯密经常被误读为一个功利主义者。

18世纪末19世纪初,功利主义在英国蓬勃发展,欧洲大陆和美国学者也提出了相近的理念。边沁及其支持者认为,每个人各自的幸福是可以相加的(即所谓快乐和痛苦的功利主义式计算),在此基础上,评价个体(individual)*和社会行动(social action)*正当性的标准,就是看其是否有利于个体效用之总和的最大化。

功利主义者经常错误地论证其道德学说和自由放任(laissez-faire)*的政治主张,他们主要通过援用尚处于萌芽期的社会理性选择理论(rational choice theory)*来阐述其观点,这一理论路径最早至少可以追溯到托马斯·霍布斯(Thomas Hobbes)*的作品:它有时候也被称为自我享乐主义。这一理论宣称，个体行动是追求快乐、避免痛苦的产物（这毫无疑问是自私的，或以自我为参照的）。后来的功利主义者还包括赫伯特·斯宾塞（Herbert Spencer）*和约翰·密尔本人，密尔的父亲詹姆斯·密尔（James Mill）也曾是功利主义学派鼎盛时期的代表人物。约翰·密尔曾经试图扭转由功利主义的伦理和社会理论所引导的模糊之处和陈词滥调，加上他的著述同时包括方法论（methodology）*和实质问题，因此他有时候也被当作早期的社会学家之一。然而，大部分公认的社会学奠基者都对自由主义（liberalism）*的政治经济学（political economy）*传统持批判态度，功利主义正是从中诞生，并在其中得以发展壮大。结果，功利主义者的标签经常被不加区别地应用到经济学方法论和社会科学（social science）*的理论之中（比如，一个典型的例子就是帕森斯[Talcott Parsons]*的《社会行动的结构》The Structure of Social Action）。

utility 效用

在经济学（economics）*的理论中，效用是指在消费一种商品的过程中获得的利益（interests）*或满足。在18世纪的道德哲学中，效用意味着"最大幸福原则"：一切有助于增进幸福的行动都是正当的。早期的社会学家，例如爱弥尔·涂尔干（Émile Durkheim）*就对这种效用原则持批评态度，因为它无法对社会秩序（social order）*做出确切的解释。

utopia（utopianism）乌托邦（乌托邦主义）

乌托邦是对完美社会或理想城邦的一种设想。乌托邦这一概念最早由托马斯·莫尔爵士（Sir Thomas More）在《乌托邦》（Utopia，

1516)一书中提出,用于表达不切实际的意思,经常带有贬义。从威廉·莫里斯(William Morris)的《乌有乡消息》(News from Nowhere),到乔治·奥威尔(George Orwell)的《1984》、阿道司·赫胥黎(Aldous Huxley)的《美丽新世界》(Brave New World),再到玛格丽特·阿特伍德(Margaret Atwood)的《使女的故事》(The Handmaid's Tale),有大量的文学作品探讨了乌托邦或反乌托邦的社会。奥古斯特·孔德(Auguste Comte)*认为,社会重建就是在科学的指引下,向乌托邦方向迈进的社会变迁(social change)*。格迪斯(Geddes)*、布兰福德(Branford)*和芒福德(Mumford)*继续发展了这一主张,芒福德进而提出了"优托邦"的概念:它指一个可以积极实现的理想社会,而不是一个任意的、不切实际的目标(参见芒福德的《乌托邦的故事》The Story of Utopias, 1922)。一些小型的乌托邦社会经常以朴素的无政府主义(anarchism)*、共产主义(communism)*理念为基础,它们的建立是为社会组织引入新原理的尝试。

在社会学中,乌托邦的概念经常在卡尔·曼海姆(Karl Mannheim)*的知识社会学(knowledge, sociology of)*中出现。在《意识形态与乌托邦》(Ideology and Utopia, 1929)一书中,曼海姆提出,处于从属地位的群体和阶级容易被乌托邦的理念所吸引,因为它凸显了变化和转型的机会,统治阶级(ruling class)*的意识形态通常则会聚焦于稳定性和连续性。曼海姆认为,再洗礼派的激进观点就是乌托邦主义的典型例子。同时,曼海姆对乌托邦主义的关注也有哲学和宗教(religion)*的维度:正是乌托邦主义的能力,即对另类未来的想象能力,在根本上确定了人性(human nature)*。

曼海姆关于乌托邦主义和人类本体论(ontology)*之间关系的洞

见,也受到了马克思主义社会哲学家恩斯特·布洛赫(Ernst Bloch)的支持。在《希望的原理》(The Principle of Hope)一书中,布洛赫考察了梦想、童话、乌托邦哲学和幻想在人类社会中的重要角色。对布洛赫来说,乌托邦主义是一种无处不在的期望的意识。他认为,乌托邦有着客观和主观两个层面,他把这两个层面表达为"尚未形成的东西"和"尚未被意识到的东西"。布洛赫的观点是对计划性的共产主义在东欧遭遇失败的一种抗议。

卡尔·马克思(Karl Marx)*的共产主义理论中的乌托邦观点,即使在新近的最修正主义的新马克思主义(neo-Marxism)*理论中也得到了保留。安德烈·高兹(Andre Gorz)著作就是其中的典型代表。高兹出生于奥地利,是法国新左派(New Left)*最杰出的社会政治理论家之一,曾在《现代时代》(Les Temps modernes)杂志做过一段时间的编辑工作。他撰写过许多受欢迎的短文以及一系列颇具影响力的著作,具体包括:《作为政治学的生态学》(Ecology as Politics,1980)、《向工人阶级告别》(Farewell to the Working Class,1982)、《通往天堂之路》(Paths to Paradise,1985)、《经济理性批判》(Critique of Economic Reason,1989),等等。尽管深受马克思主义的影响,尤其是萨特(Jean-Paul Sartre)*的影响,他一直尝试去修正这些思想遗产,以融入他对现代社会变迁的敏锐分析,并对一个可能的乌托邦的未来提出自我的独特看法。高兹早年的著作提出了一个劳工运动(labour movement)*的新战略,即通过正在衰落的传统工人阶级和正在兴起的新工人阶级(new working class)*的结盟来推动劳工运动。在发达资本主义社会中,这些不同工人群体共同面对着工作的无意义与异化(alienation)*的状况。不过,高兹并没有像经典马克思主义那样,赋予工人阶级任何形式的革命角色。在发达资本主义社会中，科技变革正在给社会结构（social structure）*带来基础性的变革："劳动-生产者"的规模正逐渐被一个异质性的群体所超过，这一群体通常从事的是不稳定的、兼职的和临时性的工作，换句话说，他们是一个正在形成过程中的后工业社会（post-industrial society）*的新无产阶级。同时，对经济增长（economic growth）*的痴迷和对职业伦理的义务，给自然和社会中的个人生活带来的破坏性也逐渐增加。诸多新兴社会运动（social movements）*，尤其是生态政治，指出了一条终结阶级与统治的未来道路。人们将会得到一份独立于工作的基本收入。科技的应用将把无意义的劳动要素减少到为满足需求所必要的最低限度，同时，这些必要的劳动将由人们平等地共同承担。结果，通过这些（体制）安排，就会稳步地减少工作时间，进而把人们解放出来，让人们把时间和精力投入到一系列创造性、自主性和愉快的社会活动中去。

在鲍里斯·弗兰克尔（Boris Frankel）《后工业时代的乌托邦》（*The Post-Industrial Utopians*, 1987）一书中，高兹的研究遭到了彻底的批评。若要了解该主题的更多一般性的论述，可参考鲁斯·列维塔斯（Ruth Levitas）的《乌托邦概念》（*The Concept of Utopia*, 1990）。另见公社（commune）*；弥赛亚运动（messianic movement）*。

V

validity 效度

效度是指一种让事物名副其实的性质，即对态度、行为或特征的真实反映。当一次测量（例如一个问题、一组问题或一次测试）被认为测量了它所声称的概念或性质时，它就被认定是有效度的。比如，用人们对工作的满意度的回答来测量现代社会的异化（alienation）*问题；用女性拥有有偿工作的情况来测量其女性主义意识；或者，用离婚率来测量美国社会中的社会压力程度。上述这些测量指标（indicator）*是否有效，都可能存在争议。一个态度量表，或一个从采访中获得的问题的答案是否有效度，最终还得依赖于研究者的判断，然而，研究者自身的观点也有可能缺乏代表性（representativeness）*。如何对其进行修正和弥补，学界已经发展出了一些研究技术。

一些筛选规则已经发展出来，通过它们完全可以排除某些特定类型的测量问题。例如，一般认为，当一个决定或选择已经过去了很久，再去询问当时的原因和态度，这种问题往往是没有意义的，因为此时的观点基本都是事后重新构造出来的。对效度的争议，基本排除了任何代理采访的可能，除了一些最基本的事实性数据，比如某人的职业，甚至这都不行，逻辑上的有效性，即通过理论或常识性概念对"表面效度"加以检验，依然是最重要的工具，若能使尽可能多的人参与到这一检验过程，那一定会更加增强其检验效果。事实上，这种办法还可以拓展应用到专家、法官或陪审团的小组之中，他们是一群对问题所涉及的主题更熟悉的普通人,同时,他们也能判断这些测量问题和答案分类是否涵盖了所有可能的情况,以及它们是否表述得当。另一种方法则是,将已有测量工具发放给特定的不同人群,实际上,学者已经知道不同人群对这些问题有特殊的、不同的观点或经验,我们要看这个测量工具是否能够将这些不同群体的不同观点有效衡量和区别出来。然而,最终的检验,实际上既不是这种研究工具,也不是研究结果,而是需要被其他学者作为有效度的研究予以接纳和认可。事实上,研究者很少将自己的研究结果交给研究对象来审核,虽然这在政策研究(policy research)*中也时有发生。而人口普查(census)*的独特之处在于,每次普查后都会通过事后抽样调查(sample survey)*的方式来检验数据(data)*的有效性和总体质量。

已有的文献已经对有效性进行了多种不同的定义。显然,不同作者会以不同的方式来使用这一术语。部分的问题在于,大多数关于有效性的讨论都是在心理学家之间展开的,他们提供了诸多案例,也确立了不少检验有效性的程序,但是,这些办法是否能够很容易地转移到社会学的研究情景中,依然还有待观察。

学者经常采用的一个有用的区分是在指标效度和结构效度之间做出区别。指标效度指的是一个测量指标(也可以说一个概念)与学者期待它反映的现实事物之间的契合程度。例如,戈德索普(Goldthorpe)*就尝试用阶层体系这一概念,去测量"雇佣中的条件与关系",特别是"服务关系"中与"劳动合同"相对的物质利益和其他利益。然而,在实际操作过程中,两方面的因素和数据影响了这一概念的操作化(operationalization)*:一方面是每个个体的职业头衔(教师、护士或其他);另一方面是相对于他人的雇佣身份(经理、雇员、自雇者或其他）。因此，研究者可以从已经分类的社会阶层中，分别抽取样本，然后从这些受访者（respondent）*中采集与实际情况和雇佣关系相关的独立数据，从而检查戈德索普阶级体系（Goldthorpe class scheme）*这一概念的指标效度。具体数据比如：他们在职业阶梯上的位置和薪金的增量表，享受更多的养老金的权利，以及对工作时间的一定程度的自主权。换句话说，研究者可以通过对这一概念的一些独立指标的调查，来检验阶级体系在多大程度上有效测量了它所宣称的有关雇佣问题的那些方面。

相反，结构效度则需要一项评估，即一个特定的测量工具（一个概念或其他）是否能够与其他某些方面的变量有效关联，而这些变量是能够从这一有待测量的概念背后的理论推测出来的。例如，在戈德索普或任何其他）社会阶层的概念中，如果这种对社会阶层的测量是有效的，那么，研究者将会发现：这一阶层概念能够比较容易在诸如投票行为、教育获得水平以及健康不平等（或者字面意义上的"生活机遇"）等方面被区分出来。从我们对社会阶层理论的理解来看，我们预测这些事情将与个人的阶层位置密切有关。从这个角度讲，结构效度有时也被称为"预测效度"，这有时候也有可能产生误判，如果研究者在此只是简单、机械地寻找相关性，而不是对这些相关性程度的强弱进行确切的预测。此外，"结构效度"有时也会被应用到效度检验的整个过程中，包括前述讨论过的在指标效度范畴内的那些方面。

可见，当研究者提出一个社会学的建构（一种分类、概念或变量）后，他都是通过将其与其他建构（指标）相比较，进而确认这一建构是否确切测量了它所宣称要测量的对象，当然，这一用于作对比的构成（指标），研究者当然希望或假设它是独立于原测量工具之外的。在这个意义上,所有关于效度的定义和概念在某种程度上都是循环的。有关这一棘手的观念所引发的诸多复杂性的讨论,可以参见R. A. 蔡勒(R. A. Zeller)和E. G. 卡明斯(E. G. Carmines)的《社会科学中的测量》(Measurement in the Social Sciences, 1980)。有关上文所提供的案例的详细说明,以及研究实践中该如何进行有效性检验的说明,可参见杰弗里·埃文斯(Geoffrey Evans)和科林·米尔斯(Colin Mills)的《识别阶层结构:指标关联的潜阶层分析与戈德索普阶级体系的结构效度》(Identifying Class Structure: A Latent Class Analysis of the Criterion-Related and Construct Validity of the Goldthorpe Class Scheme, 载于《欧洲社会学评论》European Sociological Review, 1998)。另见信度(reliability)*;变量(variable)*。

value 价值

价值是一个有若干相当不同内涵的概念。比如,从对量化的数据组进行统计学分析的角度讲,价值是一个分数或者数字,即一种在特定案例或特殊环境中观察到的特定变量(variable)*,也就是一种被量化的数。在经济学中,劳动价值论(labour theory of values)*认为,商品的交换是依据于蕴含在其中的劳动量,而不是马克思的剥削(exploitation)*理论所主张的那样,资本家(capitalist)*通过创造一支后备劳动力大军来压低工资,并进而榨取剩余价值(surplus value)*。在有关态度(attitude)*的研究中,价值则指人们秉持的有关行为的道德性或适当性的观念,即对与错、可取与可鄙的看法。在同样的脉络下,哲学家们将价值视为伦理学(ethics)*、美学和政治哲学的一部分。

若将价值视为一种社会数据,则学者经常将价值和态度区分开来。价值是强烈的、半永久的、潜在的,有时模糊不清的倾向,而态度则是浅层的、被微弱秉持的、高度变化的观点和意见。社会通常能容忍高度多样化的态度,但在价值方面,社会却需要人们在一定程度上保持同质性和一致性,从而为塑造社会和政治共识提供一个公共的共享价值。学界通常认为,规范功能主义者(或共识理论[consensus theory]*家),尤其是塔尔科特·帕森斯(Talcott Parsons)*的社会学理论,总体而言过分强调了共享价值在维持社会秩序(social order)*上的重要性。

更普遍地说,所有社会学都关心价值问题,而且很多经典作家——最突出便是爱弥尔·涂尔干(Émile Durkheim)*和马克斯·韦伯(Max Weber)*——都相当详尽地讨论过价值在社会研究中的角色。在这个更偏向哲学层面的问题上,社会学的问题似乎是双重的。首先,由于社会本身有一部分就是由价值构成的,所以社会学研究也有一部分是价值研究;其次,既然社会学家自己也是社会的一员,他们同样拥有各种价值(宗教、政治等),社会学的研究工作也就可能被卷入价值问题,或者甚至是意识形态(ideology)*问题当中(就如马克思主义者可能卷入的那样)。就是因为这个原因,有人已经指出社会学家也许无法做到像科学家那样更为普遍的价值中立。

这种对于价值在社会科学(social science)*中的角色的认识论争辩可以从三个阶段妨碍社会学的研究工作。首先,当决定要研究宗教或同性恋(homosexuality)*等特定主题时,有关价值关联的问题就会凸显出来;其次,在实际的研究实施过程中,有关偏见、价值中立和客观性(objectivity)*的问题就会显现出来;最后,在讨论特定理论或研究对社会的结果和影响时,有关"价值效应"的问题也会呈现出来。

在实践中,大多数社会学家认为像这样绝对清楚的区分是不那么容易做出的,各种价值问题经常是相互重叠的。

哲学上的实证主义(positivism)*最具决定性的一个特征便是,它将科学(包括社会科学)视为价值中立或价值无涉的,进而期待科学家将会(或者至少应该会)在他们研究的任何阶段都排除所有偏见和偏好。因此,对科学的社会学而言,价值中立是必不可少的。与之相应,社会学也被认为具有一种纯粹技术的性质,研究报告中的学术发现对政策或特定的价值追求没有任何逻辑给定上的影响。与之绝对相反,马克思主义者认为,社会学分析的所有阶段都会充斥着政治、道德的假设与结果,于是,社会学本身也就不可避免地成了一种意识形态事业。然而,大多数社会学家的立场都在这两个极端之间,他们认为(举例而言)尽管对研究领域的选择必然触及价值问题,研究的实施过程仍然应该尽可能地不偏不倚,同时,研究的发现也应该被中立地予以呈现,就在这时,研究结果被其他人使用的方式当然将再次触及价值问题。由价值问题导致的认识论困难显然是棘手的问题,一个经常采取的实用主义(pragmatism)*的解决方案是,既然社会学总是与道德、政治和价值紧密相连,不能将它们从社会学中排除,社会学家就应该将潜在的争论尽可能直接予以解释说明。

参与到有关价值问题的经典争论中的重要人物包括:C. 赖特·米尔斯(C. Wright Mills)*、霍华德·S. 贝克尔(Howard S. Becker)*、阿尔文·古尔德纳(Alvin Gouldner)*、乔治·伦德伯格(George Lundberg)*、罗伯特·林德(Robert Lynd),以及冈纳·缪达尔(Gunnar Myrdal)*(他的大多数作品在本词典其他地方都有介绍)。然而,最主要的方法论论述还是马克斯·韦伯在《社会科学的方法论》(The

Methodology of the Social Sciences,1904—1908）一书中的论文,尤其是他讨论"价值关联"作为概念形成的原理之哲学基础的那部分内容。在此,韦伯认为(接受了海因里希·李凯尔特[Heinrich Rickert]*的认识论,参见精神科学和自然科学[Geisteswissenschaften and Naturwissenschaften]*),现实极为复杂,概念是无法全部包含它的;自然科学和社会科学的典型方法,是使用一般化或个别化的模型的概念形成方法。其中,社会科学的研究对象是通过意义和价值赋予的过程得以区分出来的。对韦伯而言,价值关联能够通过澄清所分析的情景或现象的内在价值,来指导社会与历史科学中的事实选择。当然,总是能有若干个可能的,并看似可信的对文化现象内潜在价值的解释,因此,研究者也可以从若干不同的观点来对解释的现象进行概念化(或者说"历史个体")。然而,只要一种历史个体基于特定的探究被建构起来,通过对研究对象进行价值关联性(value-relevance)*的描述探究与前期历史因素之间因果关系的揭示,获得"客观性偏向"的社会科学知识是可能的,因为这些关系是在科学程序的规范下建立起来的。如果一项从特定价值角度对研究对象进行探究所建构的概念,不能对该现象进行有意义的、因果适当的清晰解释,那么在这一现象中便可能有其他内在的价值,允许研究者借此建构一个更令人满意的解释。这一复杂的论辩可见于托马斯·伯格(Thomas Burger)的《马克斯·韦伯的概念形成理论》(*Max Weber's Theory of Concept Formation*,1976)。另见规范理论(normative theory)*。

value-relevance 价值关联性

参见价值(value)*。

van Gennep, Charles Arnold
查尔斯·阿诺德·范·热内普（1873—1957）

一个荷兰与法国裔的民族学家，他的《过渡仪式》(Rites of Passage, 1909)一书是社会人类学仪式研究的经典之作，他提倡用民族志(ethnography)*的方法来研究欧洲民俗。另见过渡仪式(rites of passage)*。

variable 变量

在物理科学中，变量是指实体中那些受自然规律控制的性质，例如物质的热量或体积。在社会科学(social science)*中，变量指的是每个人或其他社会实体的固有属性，但需要通过抽样和在其他集合群体中，从不同层次、不同数量和不同强度上去观察这些属性。通过变量对社会构造（如社会阶层、年龄或住房类型）的某一方面进行测量(measurement)*，进而使其适用于数量分析。因此，变量的核心特征是它能够反映一个群体内的变化，而不是一个常量。

在对社会构造创建变量（操作化[operationalization]*）的过程中会遇到许多困难，其中的核心考虑是效度(validity)*（变量是对社会结构[social structure]*所期望反映目标的真实测量）和信度(reliability)*（变量的测量是可靠的）。

变量可以在不同的层次进行测量，最基本区别在于连续变量（如收入）和分类或离散变量（如阶级）。相对而言，只有极少的社会变量是连续的，可以形成收入或年龄等定距变量；大多数变量是离散(diaspora)*的，进而形成定序和定类变量，比如不同层次的学历、不同的性别，等等。不同的测量层次会对变量可着手进行的分析类型产生影响。另见测量(measurement)*；抽样(sampling)*。

variance 变化

参见因果模型(causal modelling)*；序列分析(sequence analysis)*；统计变异(variation [statistical])*。

variation (statistical) 统计变异

实证研究大部分关注的是群体或社会实体的累积特征，而不是个体案例。也就是说，它关注的是一般的男性或女性，而不是任何特定的男人或女人。一系列的统计关联测量方法被用来表述群体的特征，或不同类型个案的累积趋势。平均数、众数和中位数提供了集中趋势(central tendency)*的度量，它是统计分布(distribution)*中最通常或最典型的值，当变量服从正态分布(normal distribution)*时，集中趋势与平均数一致。离散趋势测量则试图在一个单一变量的总括统计中，去抽取一般模式的信息，其中包括极差、平均偏差、四分位差、十分位差和标准差，标准差是目前最重要的指标(indicator)*。正态分布的一个特性是：所有个案的约68%分布在平均值两侧的一个标准差范围内，约95%的个案分布在平均值两侧的两个标准差范围内，约99.73%的个案分布在平均值两侧的三个标准差范围内。因此，一个统计分布的标准差概括了大量有关总体离散程度(dispersion, measures of)*的信息，即平均值附近的聚集程度或集中程度。另见测量(measurement)*；抽样(sampling)*。

vassalage 分封/封臣

参见封建主义(feudalism)*。

Veblen, Thorstein Bunde 托斯丹·邦德·凡勃伦（1857—1929）

凡勃伦是美国工业主义（industrialism）*时期的重要社会批评家。他的作品对所谓的制度经济学产生了重要启发，并对约翰·肯尼斯·加尔布雷思（John Kenneth Galbraith）和C.赖特·米尔斯（C. Wright Mills）*等人产生过重要影响。凡勃伦是挪威籍移民的后代，曾经在几所大学担任过教职，但他直言不讳的性格、不循规蹈矩的行为毁掉了他的正式职业生涯（occupational career）*。他的作品往往比较古怪，充满了辛辣嘲讽和反唇相讥，显然，这些作品的质量最终受到了他个人不满情绪的影响。

凡勃伦把19世纪晚期商业资本主义的重要思想体系，特别是进化论（evolutionary theory）*和价格理论，放回到了它们兴起的社会中去分析。在《有闲阶级论》（*The Theory of the Leisure Class*, 1899）中，借鉴流行的进化人类学，凡勃伦将经济上的成功阶级的炫耀性消费（conspicuous consumption）*和闲暇（见有闲阶级［leisure class］*）与原始部落社会中初民的展演仪式进行了对比，在这一过程中，他清醒地看到了女性的"初民身份地位"和"文明"社会中的男性对她们的持续性剥削。在《营利企业论》（*The Theory of the Business Enterprise*, 1904）和许多批评新古典价格理论的文章中，他系统地阐述了市场机制如何在现实中产生了浪费和欺诈，如何剥削了产业和工人的创造性。在某种程度上，他的"货币商业利益"的概念，可以与同时代的马克思主义者鲁道夫·希法亭（Rudolf Hilferding）*的金融资本概念相比较。然而，凡勃伦本人拒绝了马克思主义者的乌托邦（utopia）*性质，并一度把他的政治希望寄托在一种形式的技术主义（technicism）*上面。凡勃伦的理论虽然不算时髦，但他的许多观点和概念已经成了社会科学（social science）*中的老生常谈，这证明其仍然非常重要。

verification 证实

经验主义哲学(empiricist philosophy)*认为,知识主张只有在可证实的情况下才被认为是科学的。证实一个主张就是去提供证据,证据通常是经验性或观察性的,以证明它是真实的。在逻辑经验主义(empiricism, logical)*中,一个主张的意义和其证实方法一样被等同对待,只有可验证的陈述才被认为是有意义的。非经验主义的科学哲学和不太极端的经验主义(empiricism)*认为,证据可以为相信一个主张的真实性提供较好的理由,但在不容置疑的证据的意义上,仍然没有得到有效证实。另见维也纳学派(Vienna Circle)*。

verificationism 证实主义

参见维也纳学派(Vienna Circle)*。

verstehen 理解

参见解释(interpretation)*。

vertical integration 纵向整合

参见产业整合(industrial integration)*。

victimless crime 无受害者犯罪

无受害者犯罪是指这样一种行为:根据一国的法律它被认定为犯罪活动,因之可能会被警察或其他公共机构起诉,但似乎又没有受害者,因为没有个体可以根据民法提起民事损害赔偿诉讼。比如说,与盗窃案不同,无受害者犯罪是对整个社会、道德观念和正当行为等方面的损害。无受害者犯罪的典型例子包括：在一些社会中采取的，对饮酒、阅读马克思主义（Marxism）*的文献、同性恋（homosexuality）*等活动的禁止行为。法人犯罪（corporate crime）*有时也被认为是一种无受害者犯罪。我们可以看到，这一损害是对整个商业界的损害，对金融事务中的信任和正直观念的损害，这些观念为整个体系提供了必要基础；或者说，受害者是由股东、消费者和贸易伙伴组成的整个群体，他们各自承担了损害的一小部分。目前，这一概念具有争议，有学者认为某些特定犯罪实际上不应被警方起诉，或者说应让它合法化。

victimology 受害者学

受害者学是指对犯罪被害人的研究，具体包括犯罪模式、事发地、被害人与罪犯的个体特征、被害人与罪犯的社会关系等方面。最近，对受害者的社会调查的利用率越来越高，这些调查提供了关于犯罪的潜在发生率的数据（data）*，这直接促进了受害者研究这一领域的发展。一种常见但同时也备受争议的观点成了这一领域的核心主题，即有些个体可能比其他个体更容易被损害，有些受害者助长或"促成"了他们自身受到的损害。例如由于他们的着装风格或经常出入危险地点；当然，这种观点在女性主义犯罪学（feminist criminology）*中受到了批评。为了争取适当的社会服务和公共政策，针对受害者的援助组织已经发展起来。

Vienna Circle 维也纳学派

在20世纪20年代和20世纪30年代初，维也纳大学的一批哲学家、数学家和科学家（包括一些社会科学家）复兴了经验主义（empiricism）*的科学哲学传统，他们被称为维也纳学派，具体包括摩里兹·石里克（Moritz Schlick）、鲁道夫·卡尔纳普（Rudolph Carnap）、奥图·纽拉特（Otto Neurath）、科特·哥德尔（Kurt Gödel）等。维也纳学派对卡尔·波普尔爵士（Sir Karl Popper）*和路德维希·维特根斯坦（Ludwig Wittgenstein）*产生了重大影响，虽然他们都不是维也纳学派的成员。逻辑经验主义者，或者实证主义（positivism）*哲学学派在英语世界中格外有影响力，这部分是因为 A. J. 艾耶尔（A. J. Ayer）的工作，也由于它和伯特兰·罗素（Bertrand Russell）的研究路径之间的具有很强的亲和性。在很多重要方面，新科学哲学都是对世纪之交的物理科学革命的直接回应。它的目标是要把科学知识主张与所谓毋庸置疑的观察报告密切捆绑起来，以至于所有推测的、形而上学的（metaphysical）*、不可证明的因素都将从科学的特权领域中移除。在最极端的说法中，经验上不可证明的主张甚至被认定为是没有任何意义的话语，这种学说有时也被称为证实主义（verificationism）*。

visual sociology 视觉社会学

虽然现代社会学和摄影在 19 世纪初几乎同时出现，但从它们的发展历程上讲，二者在很大程度上是完全分开的。一些少量的早期作品，比如弗雷德里克·思拉舍（Frederic Thrasher）的《帮派》（*The Gang*, 1927）一书，试图运用照片来论证这项研究，但就主要的社会学家来说，他们往往忽略视觉图片。其他社会科学家则并非如此；例如,许多人类学家对视觉图片和视频进行了卓有成效的研究,玛格丽特·米德(Margaret Mead)*和格雷戈里·贝特森(Gregory Bateson)的《巴厘文化》(*Balinese Culture*, 1942)就是如此;而对于社会历史学家来说,纪录片已被证明是无价的。

然而,最近,一个被称为视觉社会学的分支得以蓬勃发展。视觉社会学通常有两个主要关注点。其中,大部分把摄影(以及越来越多的视频和影片)作为一个研究工具,用以采集研究资料。或者,视觉图像本身也可以用作研究资料,通常是作为文化社会学研究的一部分;这类研究经常借助符号学(semiology)*的视角,对电影和其他艺术品进行考察和分析。美国的互动主义学者霍华德·贝克尔(Howard Becker)*最近的作品介绍了这两种路径的研究进展,开创了摄影在社会学研究中的重要角色的讨论(参见他的《一起做事》*Doing Things Together*, 1986),并论述了艺术作品的性质(他的《艺术世界》*Art Worlds*, 1980)。

vital statistics 人口统计

人口统计是指对一个国家内出生、死亡和婚姻(marriage)*的统计数据,它为人口学(demography)*研究奠定了最基本的基础。其中具体包括:将某些重要项目与总人口相匹配得出的基本比率,以及生育率(fertility rate)*、结婚率和死亡率(death rate)*等更为复杂的统计指标。人口统计(vital statistics)*的质量取决于人口项目登记的准确性。现在,国家登记已经是很日常的事情了(英国从1837年开始),但以前却是由教会登记提供一些人口项目的数据。

vocabularies of motive 动机分析

文学评论家肯尼斯·伯克（Kenneth Burke）提出了动机分析的概念，作为其五个戏剧术语（何人、何事、何时、何地和何因）的概念之一。在社会学中，C. 赖特·米尔斯（C. Wright Mills）*（载于《美国社会学评论》American Sociological Review, 1994）最早将这一概念予以发展，用来捕捉人们对自我动机和行为进行描述时所用的术语。非常重要的一点是，米尔斯的思想并不是植根于动机心理学：米尔斯并不像西格蒙德·弗洛伊德（Sigmund Freud）*一样对其中的需求（need）*、动力或内在的冲动感兴趣；相反，他关心的是人们谈论自己动机的不同方式，尤其是在具体的社会环境中。动机性谈话通常是更广泛的意识形态（ideology）*的一部分，这样，在某些给定的情景中，某些特定的陈述动机会比其他情景中更容易被接受，因此，动机性的陈述是相对性的。例如，不管潜在的心理动机是什么，小偷可能会对他的同龄人、家人、律师、犯罪学家，甚至对他自己提出不同的动机性宣称。具体情景和某些其他的重要因素会改变重要他人（significant other）*动机宣称中的内涵。

社会学家一直关注这样的谈话如何有助于社会互动（social interaction）*的顺畅进行。他们探索了动机陈述的来源，给不同的形式进行了归类，并研究了它们被接受或拒绝的后果。一组相互关联的术语已经形成。格雷沙姆·塞克斯（Gresham Sykes）和大卫·玛特赛（David Matza）发展了一种犯罪理论，在这一理论视角下，犯罪者会运用一些话语来消解统治秩序的正当性。这些"消解技巧"包括抵赖受害者、谴责定罪者、抵赖伤害、拒绝担责、向更高的权威表忠心，等等（载于《美国社会学评论》, 1957）。斯坦福·莱曼（Stanford M. Lyman）

和马文·斯科特（Marvin B. Scott）将这一思想发展成了一种更为普遍的"赊账"理论，作为他们的存在社会学（existential sociology）*的一部分（参见他们的《荒诞社会学》*A Sociology of the Absurd*，第二版，1990）。当一些不妙的事情发生时，人们会要求对此进行解释，在这个过程中人们会提出各种"借口"和"正当理由"，斯坦福·莱曼和马文·斯科特对这些"借口"和"理由"的形成过程和结果进行了研究分析。约翰·休伊特（John P. Hewitt）和兰德尔·斯托克（Randall Stokes）则引入了"免责声明"的概念，用以说明当人们"希望避免他们即将要做或要说的事情的负面影响"时的说法，这种陈述通常会采用以下句式："我没有偏见，但……"（载于《美国社会学评论》，1975）

以这种方式分析动机性谈话已经成为拟剧论（dramaturgy）*社会学、常人方法学（ethnomethodology）*、标签理论（labelling theory）*、符号互动论（symbolic interactionism）*以及知识和语言社会学的一部分（所有这些都在本词典单独进行了讨论）。

vocationalism 职业主义

一种教育哲学或教育学（pedagogy）*，主张课程的内容应以职业或产业实用性，以及作为人力资本的市场适应性为指导准则。另见培训社会学（training, sociology of）*。

voluntarism 唯意志论

（唯）意志论通常与决定论（determinism）*相对应，它的预设是个人主导自身的行动并且对自己所做的事情有一定的控制力。（唯）意志论对于行动的强调与决定论对于结构（structure）*的强调是相对应的。它承认人的不可预测性，这就使得社会学分析变得更加困难，当然也可以说更为有趣。（唯）意志论取向的理论把决定、目的和选择等议题置于社会学分析的核心。在《社会行动的结构》（*The Structure of Social Action*, 1937）一书中，塔尔科特·帕森斯（Talcott Parsons）*提出了一种（唯）意志论的行动理论（action theory）*，该理论包含着规范元素、主观范畴、对手段和目标的选择以及个人的努力，因此得名。

社会科学（social science）*中的（唯）意志论引发了关于自由意志（free will）*的哲学问题，也就是说，它关涉到这样一种信念：可欲的是可求的，因而选择就意味着自由。大多数社会学家（包括那些唯意志论取向的人）都会承认，个人能做什么是受到限制的（比如文化或心理方面的限制）。这就意味着，即便社会行动（social action）*不被还原到物理学和生物学变量的层次，它依然暗含着一种决定论的残余。

voluntaristic theory of action 意志论行动理论

参见塔尔科特·帕森斯（Talcott Parsons）*。

voluntary associations 自愿社团

一个特定社会中那些公共的、正式的非商业组织，它的成员是选择性的。教会、政党（political parties）*、压力集团（pressure groups）*、兴趣爱好者协会或俱乐部、邻里团体都属于这种组织，有时工会（trade union）*和职业协会也被归为其中。某些民主（democracy）*理论比较强调这类组织的重要性，它们认为这类组织有助推进市民社会（civil society）*的参与性，从而进一步发挥了维持社会秩序（social order）*的作用。

von Restorff effect 冯·雷斯托夫效应

一种心理效应，以最早研究它的格式塔心理学家（Gestalt psychologist）*冯·雷斯托夫的名字命名。它指对于那些不寻常的或不一样的事物（比如在一张表单上只有一项是红色打印的、其他全是黑色打印的），人们学习或记忆它的速度要快得多。

voting behaviour 投票行为

投票是自由民主社会中政治参与的主要形式，对于投票行为的研究则是政治学（political science）*研究中一个高度专业化的子领域。哪些因素决定着人们怎样投票以及如何做出选择，这是投票分析一直以来所聚焦的问题。社会学家倾向于观察社会-经济因素对政党（political parties）*支持的影响，他们考察阶级、职业、种族、性别、年龄等因素与投票的关系；政治学家则将注意力集中在政治因素上，如政治问题、政策、竞选以及领导人的口碑等因素对投票行为的影响。不过，社会学和政治学在研究投票时也有很多的交叉领域，而且他们的分析路径也越来越趋向于重叠（参见M. 哈罗普［M. Harrop］、W. L. 米勒［W. L. Miller］的《选举与投票：比较视野》*Elections and Voters: A Comparative Perspective*，1987）。

对于投票行为，在现有研究中还有许多其他的解释路径（当然它们未必完全互斥）。结构性的（或社会学的）路径关心个体（individual）*与社会结构（social structure）*之间的关系，它把投票置于社会情境中，考察社会阶层（social class）*、语言（language）*、民族主义（nationalism）*、宗教（religion）*和城乡差别等变量对投票的影响。生态学（ecology）*的（或聚合统计的）路径则将投票模式与地理区域(如地方选区、国会议员选区、州等)的特征联系起来进行考察;社会心理学(social psychology)*的路径则关注选民的心理特性或态度,考察他或她的党派认同、他或她对候选人的态度等因素与其投票决定之间的关系;而在理性选择的分析路径中,投票行为就成了一系列对"成本-收益"进行工具性计算的后果,在这一过程中,选民基于不同党派和候选人的竞选主张来得出自己的投票偏好。以上这些路径还附带着各自不同的研究技术,它们对于政治行为的驱动力的预设也是不一样的。

在英国,围绕着社会阶层因素对投票行为的影响是否减弱(即所谓的阶级消解[class dealignment]*)以及这一过程是否意味着二战以来主导政治系统的两大政党(保守党和工党)丧失了政治忠诚这两个问题(政党瓦解论),学界展开了持久的争论。持以上两种瓦解论的人们指出(例如,B. 萨维克[B. Sarlvik]、I. 克鲁[I. Crewe]的《瓦解的年代》Decade of Dealignment, 1983),自20世纪60年代后期以来,无论是绝对的阶级投票(根据自己所在阶级的"自然"归属来投票的选民总比例),还是相对的阶级投票(政党在不同阶级中的相对优势)都呈持续下降的趋势,保守党和工党的席位相应也减少了。他们将这种瓦解现象归因于许多潜在的社会变迁(social change)*:职业结构(occupational structure)*的变化、手工业者规模变小、社会流动、跨阶级家庭(cross-class family)*的增多,以上种种都从根基上破坏了阶级的社会-经济黏合。这种阶级解体所带来的后果是,选举时的具体议题对选民的投票产生了越来越重要的影响,考量政党的投票人变成自利的个体,他的集体或阶级基础已然不见了。

同样的,持消费部门分化论(consumption-sector cleavages)*的

人也认为日渐增强的解体降低了社会阶级的政治识别性,在日趋重要的消费的影响下,在商品和服务方面依赖于公共消费和私人消费的两类人的差异,才构成了新政治联盟的来源。对于党派辩论和投票行为来说,部门区隔已经取代了阶级,成为最显著的结构性分化。商品和服务的私人性消费会提升给保守党投票的可能,那些依赖于公共供给的人们则会投给工党。与阶级和党派瓦解论一样,消费部门分化论强调,在塑造个人旨趣方面,媒体(media)*发挥了越来越重要的作用,对于工人阶级对工党的支持来说,这产生了特别有破坏力的影响。

然而,反对上述观点的人(例如A. 希斯[A. Heath]等人的《理解政治变革》Understanding Political Change, 1991)认为,阶级瓦解是党派瓦解的后果而非原因。虽然绝对层次的阶级投票减少了,但相对阶级投票中的"无倾向波动"却显示出,社会阶级依然保留着他们的政治识别。事实上,阶级依然是投票行为的主要影响因素,更进一步来说,消费分化中的住房所有权(它本来就不是什么新事物)等内容只不过是阶级的相关物,它对投票行为并没有重要的独立影响。基于他们所倡导的用互动论(interactionism)*方法来分析社会结构、政党表现与投票之间的关系,希斯和他的同事们指出,工党在20世纪80年代的败选在很大程度上是一种全面的政治失败(而非潜在的社会变迁导致),这种全面失败包括1964—1970年间工党的政策失败、工人阶级选区中第三党(自由党)的崛起、工党未能给出可靠的经济路线以及工党内部的不团结。阶级归属和阶级态度依然影响着人们如何投票,只不过像工党一样的阶级组织没能一直成功地发动这种政治领域的潜能。

近年来,大数据分析技术的发展激化了不同的理论和投票行为模型之间的原有争辩，投票行为研究已然成为方法论（methodology）*的雷区。对此，杰夫·曼扎（Jeff Manza）、迈克尔·亨特（Michael Hunt）和克莱姆·布鲁克斯（Clem Brooks）做出了漂亮和详尽的评述，他们发现，在西欧和北美的自由民主国家中，阶级与投票的关系并没有受到一种普遍的阶级瓦解的影响，在这个问题上，"只有一个结论是肯定的：任何一个自由资本主义国家的大选都不可能完全独立于阶级因素"（参见《二战以来资本主义民主中的阶级投票：瓦解、重组抑或无倾向波动？》Class Voting in Capitalist Democracies since World War Two: Dealignment, Realignment, or Trendless Fluctuation?，载于《美国社会学评论》Annual Review of Sociology, 1995）。有关美国的相关讨论还可以进一步参考理查德·G. 尼米（Richard G. Niemi）与赫伯特·F. 韦斯伯格（Herbert F. Weisberg）的《投票行为中的争议》（Controversies in Voting Behaviour, 1993）。

W

wage-labour 雇佣劳动

一种就业（employment）*形式，通常依据雇主所设定的条款，由员工从雇主那里获得固定的周薪或月薪。雇主还可能会受到来自劳动法、集体协商制和工会（trade union）*的限制。这一概念通常被用来强调劳动者的弱势地位，他们仅有劳动力（labour power）*可以出卖，因而也就可能遭受剥削（exploitation）*。另见工作（work）*。

Wallas, Graham 格雷厄姆·沃拉斯（1858—1932）

费边社的领导人之一，韦伯夫妇（Beatrice and Sydney Webb）*的好友，曾积极活动于伦敦郡议会和伦敦教育局。1895 年他获得伦敦政治经济学院的董事资格，但只选择了一份教职。他在LSE渡过了自己剩余的学术生涯，并在 1914—1923 年间担任政治系主任。他的主要思想形成于自己在牛津的学生时代，在那里他结识了英国唯心主义学者 T. H. 格林（T. H. Green）和伯纳德·鲍桑葵（Bernard Bosanquet）。在《政治中的人性》（Human Nature in Politics, 1908）一书中，他提出生物条件和文化力量要远比功利主义（utilitarianism）*所主张的理性计算重要。他强调文化传统和习俗（customs）*在形塑"社会遗产"时所发挥的重要作用（《我们的社会遗产》Our Social Heritage, 1921）。他还强调，经验性的而非伦理性的方法才是对待政治的重要方法。《伟大的社会》（The Great Society, 1914）一书应是他最著名的作品。

Wallis, Roy 罗伊·沃利斯（1945—1990）

英国宗教社会学家，主要成果包括对社会运动（social movements）*（特别是道德讨伐[moral crusades]*）的著名研究以及对社会学分析中行动者动机所处位置的探究。他的一本早期著作（《通往完全自由之路》The Road to Total Freedom, 1976）研究了山达基教会，在此书中，沃利斯对意识形态集体做出了类型学（typology）*的划分（见下图）。同有规范制约的或高尚的教会和正统宗派（denomination）*相比，异教（cult）*和教派（sect）*从宗教意义上说都是越轨的。与教派相比，异教是"多元正当化"的，即成员认为自己所走的只是多种救赎道路之一，而教派只会为自己的信众给出唯一方案。

在后续关于当代教派主义（sectarianism）*的研究中（《新宗教生活的基本形式》The Elementary Forms of the New Religious Life, 1984），沃利斯将新宗教运动划分为三种类型，它们分别是"拒斥世界型""肯定世界型"和"适应世界型"。

	高尚的	越轨的
唯一正当性	教会	宗派
多元正当性	教派	异教

罗伊·沃利斯：意识形态集体的类型学划分

Ward, Lester Frank 莱斯特·弗兰克·沃德（1841—1913）

美国社会学的先驱之一，心理进化论的开创者，这一理论强调进化对于人类精神的重要作用（与赫伯特·斯宾塞[Herbert Spencer]*形成对照）。沃德自学成才，1863年参军，最终在夜校获得大学文凭。他曾是一位地质学家和古生物学家，在65岁时，他接受了布朗大学社会学系的教职，在那里一直任教到去世。1906年，他当选为美国社会学会第一任主席。孔德（Comte）*和斯宾塞的思想深深影响了沃德，故而他的社会学是围绕着进化论（evolutionary theory）*组织起来的。这一进化过程是分阶段的，初始时是一种"发生"（借助自发不可见的力量来进化），后来则成为一种"导进"（通过人类基于知识和结果预期所做出的目的性行为来进化）。沃德将社会学定义为对社会力量的系统性研究，这些力量是超自然的，通过一个持续的"社会协同"过程，新的结构得以创建。沃德因自己的工作闻名于世，尤其是他对于"导进"的探讨，相较20世纪社会学对文化（culture）*的强调来说，体现出了高度的前瞻性（参见《动态社会学》Dynamic Sociology，1902；《纯理社会学》Pure Sociology，1903；《应用社会学》Applied Sociology，1906）。对于沃德的作品，罗纳德·弗莱彻（Ronald Fletcher）在《社会学的产生》(The Making of Sociology)第一卷中给出过有益介绍。

Warner, William Lloyd 威廉·劳埃德·沃纳（1898—1970）

20世纪30—40年代美国著名社会学家，他最主要和最有影响力的作品是30年代早期在新英格兰地区的纽伯里波特所做的社区研究（community studies）*，以五卷本形式出版（即人们常说的"扬基市"研究），该研究讨论了阶级（class）*、社区（community）*、工厂、种族（race）*、宗教（religion）*以及象征主义等议题。这本著作的第一卷（《一个现代社区的社会生活》The Social Life of a Modern Community，1941）清晰地表述了沃纳社会学思想背后的去历史化的功能主义（functionalism）*立场，这也是他最为人诟病之处。后来沃纳的研究又选择了伊利诺伊州的莫里斯市，这是一个工业化（industrialization）*水平更高的城市（《琼斯维尔的民主》Democracy in Jonesville，1949）。

正如某个评论所说,对沃纳作品的批评实在太多,是时候叫停这些指责了。沃纳值得为人们记住的还有一点,他打破了学术界讨论美国分层(stratification)*问题的禁忌,他把阶级、地位和党派这三个独立的分析性概念吸纳为"阶级"这一垂直维度的概念,用以衡量威望。1963年,扬基市系列的全部研究以精简版的形式出版。

wealth 财富

这一术语常见于对社会不平等(social inequality)*的研究,通常指的是某人的全部财务储备,与"收入"相对应,后者指的是在一个特定时间段中所获得的财务流入。从这个意义上来说,我们就有可能测量全部的"国民财富"并且去看一看它在不同群体中是如何分配的(参见收入分配[income distribution]*)。很多对贫困(poverty)*的研究都会对比人口中最穷的群体和最富的群体在国民财富中所占有的比例,这就为衡量"富人"提供了一种纯统计的硬方法。

财富的第二种意义来自社会学式的"财富"和"富人"概念。汤森(Townsend)发展出一种相对剥夺(relative deprivation)*的贫穷概念,所谓穷人,指的是被剥夺了自己所在社会的正常人所能获得资源的那些人。相对于其他人,他们才被剥夺了。反之,所谓富人,就是相对于社会中的其他正常人来说,在这方面拥有特权和优势的人(参见约翰·斯科特[John Scott]的《贫穷与富有》Poverty and Wealth,1994)。剥夺与特权是相互对应的概念,位于正常生活方式的两侧。从这个意义上讲,剥夺与特权就是生活的两种极化状态。假如在资源分配的"贫穷线"以下就意味着被剥夺和继续变穷,那么"财富线"就可以被理解为,超过这条线会让特权和优势带来资源的非比例上升。拥有财富和成为富人就意味着生活在财富线以上。

Webb, Beatrice（Potter）and Webb, Sidney James
比阿特丽斯（波特）·韦伯（1858—1943）与西德尼·詹姆斯·韦伯（1859—1947）（韦伯夫妇）

举世闻名的《英国工会运动史》（History of British Trade Unionism）的作者，费边社会主义运动中的思想领袖与活动领袖，在英国工党的党史与党性两方面都做出了卓越贡献。他们创办了作为社会科学机构的伦敦政治经济学院并负责介绍社会学的教学。在《社会研究方法》（Methods of Social Study，1932）一书中，他们提供了一套前沿讲解。韦伯夫妇在自己对工会（trade union）*的研究中表露出了对于英国强大的行业工会传统的反感，二人期待着一个由政府来调节最低工资和社会保险（social insurance）*的时代，这样工会就不复存在了。他们的社会主义（socialism）*思想因倡导渐进式地建立民主社会主义制度而闻名，后来他们却成了苏维埃共产主义的热情支持者。1945年之后，英国不同政党（political parties）*在福利（welfare）*问题方面所形成的共识，要大大归功于他们二人。

Weber, Alfred 阿尔弗雷德·韦伯（1868—1958）

德国经济学家，马克斯·韦伯（Max Weber）*的弟弟。他的工业区位论将工业区位解释为最优（成本最小化/利润最大化）区位竞争的后果，以此推动了地理学（geography）*向社会科学（social science）*的转型。不过，阿尔弗雷德·韦伯最为人所知的身份还是社会学家，这源于他所做的文化社会学研究（参见《文化社会学基础》Fundamentals of Culture-Sociology，1920—1921）。在这些研究中，他分析了知识的增长（特别是科学技术）与文明的"文化（或者叫精神）"之间的关系。

Weber, Max 马克斯·韦伯(1864—1920)

与爱弥尔·涂尔干(Émile Durkheim)*齐名,现代社会学的奠基人,把社会学打造为一种独立的社会科学(social science)*。他的作品既复杂又宏大,至今还为我们提供丰富的阐释和启迪。韦伯的生活也同样能激起人们的兴味。1897年,韦伯出现了精神崩溃,在这之后的四年间,他丧失了脑力工作的能力。韦伯的妻子玛丽安妮(Marianne)属于早期的女性主义者,夫妇二人位于20世纪早期德国最负盛名的知识圈的核心,在他们位于海德堡的家中,每周日都有聚会。马克斯·韦伯对社会学的影响是无法估量的,他搭建了社会科学的哲学基础,创立了一套社会学的概念框架,同时在世界宗教、古代社会、经济史、法律社会学(law, sociology of)*、音乐社会学以及其他领域中留下了许多杰作。

涂尔干试图基于其时的科学实证主义思想来搭建社会学的科学基础,但韦伯的知识训练却来源于主导那个年代的,以威廉·文德尔班(Wilhelm Windelband)*和海因里希·李凯尔特(Heinrich Rickert)*(参见精神科学和自然科学[Geisteswissenschaften and Naturwissenschaften]*)为代表的德国新康德主义(neo-Kantianism)*哲学。这种哲学对现象(人们觉察到的外部世界)和本体(人们的觉察意识)做了根本性的区分。在韦伯的社会学中,这一区分导出了自然科学与社会科学的区别,后者关心我们在理解世界时所采取的形式。如此一来,尽管我们可以在自然科学的领域中尝试建立普遍法则,但这却不是社会科学的任务,因为社会科学旨在对特定历史情境中的社会行动进行因果解释(causal explanation)*和理解。此外,人类社会并不是偶然的而是"概率性"的事物,人们在很多时候都依照自己的理性来行动,这就使得社会科学成为可能。

社会科学应以社会行动为研究对象:行动指向重要他人且带有我们的主观意义。社会学试图用一种理想类型(ideal type)*的方法来为此类行动提供解释。韦伯提出了社会行动(social action)*的四种类型:传统行动,做出这种行动是由于以前总是这么做的;情感行动,它由情感驱动;价值理性行动,它导向终极价值;最后是目的理性或者叫工具性行动。仅有后两种行动隶属于理性行动(rational action)*的范畴,当然,韦伯也曾明确指出,无论是出于目的还是出于终极价值,都可能做出非理性的选择。但是,它们却可以多多少少地用理性方法来把握。韦伯将现代社会的发展视为理性化(rationalization)*不断增强、世界被祛魅的过程。大规模现代科层制(bureaucracy)*的增长是这一过程的主要内容,韦伯对社会主义(socialism)*的一个批评也在于他认为后者加速了生活的"祛魅"。

在哲学方面,韦伯的另一个主要贡献是提出了价值中立理论,这一理论较为复杂,常被误解为对客观性(objectivity)*的朴素认可。对韦伯来说,选择科学或社会学都是一种价值选择,不能用工具理性来说明。在选择特定的研究对象时,依然如此。但是,一旦这些选择确定了,一项社会学研究就能够做到价值中立,它的理性一致性必须要接受来自科学共同体的审查。理性要求自己对于历史变迁保持开放态度。从这个意义上讲,社会科学事业是紧缚价值的,不仅包括社会科学家的个人价值,还包括社会科学共同体的价值,而社会整体的文化也在其中。

人们常常将韦伯与卡尔·马克思(Karl Marx)*做比较,认为韦伯开创了另一种社会学,它一方面更为科学,一方面更为资产阶级化(embourgeoisement)*。事实上,韦伯思想的来源非常广泛庞杂。举例来讲,在撰写关于新教伦理(protestant ethic)*的作品时(人们通常认为此书为资本主义（capitalism）*的起源提供了一套不同于马克思的解释），韦伯很清楚地借鉴了维尔纳·桑巴特（Werner Sombart）和格奥尔格·齐美尔（Georg Simmel）*对资本主义和货币的早期阐述。不过，对于阶级和政治，韦伯确实给出了一种不同于马克思的重磅解读。对韦伯来说，阶级并不是用生产关系（relations of production）*来界定的，而是用共同的市场位置所带来的生活机遇（life chances）*来界定。通过这种思路，社会学家就可以讨论如房屋阶级（房主、私人租户等阶级），也可以用拥有的技能或其他市场要素来定义阶级。除此以外，他还提出了"地位群体"这一重要的阶层化元素，这种群体依靠正面或负面的荣誉性标准来划分，拥有着同样的生活方式（life style）*（比如族群[ethnic]*或种姓[castes]*）。韦伯还认为，围绕着权力（power）*的有组织冲突是社会生活的一个重要方面，不应动辄就将它与经济上的阶级冲突联系起来。

对于韦伯既含糊又复杂的政治观（他的许多社会学分析都是这样的），存在着大量的争议。他到底是不是某些人所宣称的先知或法西斯主义者呢？还是听上去更可信一些的看法，韦伯是一位精致的自由主义者？这里的问题在于，同他的其他大部分作品一样，我们没有办法将韦伯有关政治的论述硬塞进社会理论家为其准备的简化范畴中。

韦伯的作品卷帙浩繁，但其中最重要的（全部都有英译本）当属《经济与社会》（Economy and Society, 1920）、《新教伦理与资本主义精神》（The Protestant Ethic and the Spirit of Capitalism, 1904）、《经济通史》（General Economic History, 1919—20）、《中国的宗教》（The Religion of China, 1915）、《印度的宗教》（The Religion of India,

1916)、《古犹太教》(Ancient Judaism, 1917)以及《社会科学方法论》(The Methodology of the Social Sciences, 爱德华·希尔斯[Edward Shils]编, 1949)这一本方法论的译文集。玛丽安妮·韦伯(Marianne Weber)为自己丈夫所做的经典传记(《马克斯·韦伯传》(Max Weber: A Biography, 1926)是一本社会学经典,当然这本书在涉及韦伯的私人和公共生活时,也常常体现出经济学(economics)*的意义。

另见专制主义(absolutism)*；行动理论(action theory)*；卡里斯玛(charisma)*；支配(domination)*；封建主义(feudalism)*；形式理性(formal rationality)*；印度教(Hinduism)*；工业社会(industrial society)*；阐释(interpretation)*；法律社会学(law, sociology of)*；合法性(legitimacy)*；家产制(patrimonialism)*；新教伦理(protestant ethic)*；宗教社会学(religion, sociology of)*。

welfare 福利

指个人或群体的福祉,潜在意义还包括通过提供教育、医疗、住房和社会保险(social insurance)*来确保福利水平的各项措施。如果一个国家负有采取上述措施的责任,这个国家即可称为福利国家(welfare state)*。

最近以来,福利这一概念开始特指一些国家所开展的减少赤贫的家计调查补贴。这种用法在美国很流行,在其他地方也能见到。由于家计调查补贴常带有一定的负面含义,这就带来了某种困扰,一些违背了福利一词本意的表达出现了,比如福利依赖。"福利权"一词也揭示了福利的社会保险特质而非更大范围的救助,尽管它也强调应得权益,也涵盖了非家计调查和家计调查两种补贴。

根据相关定义,"福利体制"不仅指政府提供福利保障的方式,还包括在确保公民或特定群体的福祉时,市场(market)*和家庭所扮演的角色。将关注点从国家这个唯一对象身上移开,对于寻找更多的福利供给途径是相当重要的。在不同国家中,上述福利三角的各部分元素所承担的职责是不一样的(参见G. 埃斯平·安德森[G. Esping-Andersen]的《福利资本主义的三个世界》*The Three Worlds of Welfare Capitalism*, 1990)。女性主义(feminism)*分析还强调要关注不同福利体制中的性别意涵,在同一种福利提供方式下,男人和女人的福利未必得到了平等的对待(如J. 刘易斯[J. Lewis]的《性别与福利体制的发展》Gender and the Development of Welfare Regimes,载于《欧洲社会政策》*Journal of European Social Policy*, 1992)。

国家更为积极地投入个人或群体福利的事务,这种做法的动机受到了马克思主义者的质疑。马克思(Marx)*和恩格斯(Engels)*在《共产党宣言》(*The Communist Manifesto*)中将积极的社会政策(social policy)*描述成资产阶级抵御根本性变革的策略。还有一些人认为,在补贴、医疗等方面的让步,实际只是当权者用来麻痹和转移工人阶级(working class)*注意力的手段。而从另一个方面来讲,有一些人认为,只有具备了一些基本的安全保障,更加激进的运动才有可能得以开展,因此即便承认失业补贴和免费医疗背后的动机是麻痹工人阶级,它们的实际效果还是提高了工人阶级投身于更加彻底、深远的社会变迁(social change)*的可能性。

有关国家对于提升福利的关键作用这一问题,R. M. 蒂特马斯(R. M. Titmuss)*的讨论很有影响力(可以参见他在《福利国家》[*The Welfare State*, 1958]一书中的论文。不过蒂特马斯自己并不喜欢福利国家这个词)。蒂特马斯强调公共福利供给中的普遍主义需求,并提出通过"正向差别待遇"来补贴那些在社会高速发展过程中承担了社会成本的人。他指出,自己的主张建立在社会正义(social justice)*的立场上,它的形成基于自己对国家运作以及对手观点所做的详细的批判性分析。在这里,社会正义就与公民身份(citizenship)*的本质建立起联系,后者是T. H. 马歇尔(T. H. Marshall)*在《公民身份与社会阶级》(Citizenship and Social Class, 1950)一书中提出的。马歇尔认为,公民身份经历了由民事权到政治权再到社会权的发展。国家提供福利并不简简单单关系到个人的好处,它对于创造社会团结(social solidarity)*和形成共同价值非常重要,对国家的认同和团结有着巨大贡献。

有观点指出,面对着自由主义价值的上扬、经济和人口的压力,政府对福利的承诺也遇到压力,甚至也因福利国家的危机恐慌而开始削减福利(I. 弗格森[I. Ferguson]等人的《重新思考福利国家》Rethinking Welfare, 2002)。然而,其他一些学者指出,事实上,福利国家一旦形成就很难再解体,因为保持和延续它的好处实在太多了。那些经费削减都是相对的、有选择性的。

有关福利的不同立场的争论,还可以进一步参考C. 皮尔逊(C. Pierson)和F. G. 卡斯特尔(F. G. Castles)的《福利国家读本》(The Welfare State Reader, 2000);有关哲学和意识形态(ideology)*的争论可以参见V. 乔治(V. George)和P. 威尔丁(P. Wilding)的《意识形态与社会福利》(Ideology and Social Welfare, 1994);G. 埃斯平·安德森(Esping-Andersen)在《为什么我们需要一种新的福利国家》(Why We Need a New Welfare State, 2002)一书中则讨论了福利国家所面对的挑战。

welfare state 福利国家

资本主义(capitalism)*社会的一种形态,由国家负起责任,通过提供儿童教育、医疗照顾和劳动力市场(labour market)*外的经济援助等多种手段,来确保国民的福祉。随着英国在二战后建立起一套公共福利系统(参见"贝弗里奇报告"[Beveridge Report]*),福利国家在40年代后期开始在英国和国际上兴起。不过,在如何提供福利方面,不同福利国家有很大的差别:比如是否强调让带薪工人交保险税并建立转移支付、是否福利供给要以弱势群体为目标并开展家计调查、是否福利要以公民身份(citizenship)*为条件。有越来越多的人开始关心福利国家的多样性问题(以及在不同方向上的发展潜力),人们不再将其视为一个带有清楚含义的普遍性概念。阿兰·科克伦(Allan Cochrane)等人的《比较福利国家》(Comparing Welfare States,第二版,2001)对上述问题做了有益的讨论。

weltanschauung 世界观

德语词汇,指的是社会中不同群体的"世界观"或"生命哲学"。打个比方,有时我们听到这种说法:长期失业的人往往带有宿命的观念,中产阶级(middle class)*看待生活时则出于一种个人主义(individualism)*角度,而工人阶级会带有一些集体主义(collectivism)*的信念和态度。对于这个话题,社会学家提出了许多有趣的问题:特定社会群体真的坚守某种可识别的世界观吗?如果回答是肯定的,那么个人如何能拥有自己对社会的独特认识?群体成员身份与个人的主观表征之间是什么样的关系呢?提问的社会学家们面对的最主要问题是如何定义和描述这个概念本身。什么样的信念和价值可以算作世界观呢？再比如考虑到有这样的例子：对阶级形象（class imagery）*的研究揭示出，人们的态度和价值在大多数时候都是不一致的或模糊的，很少表现为一个统一整体，那么我们如何能期待人们能坚守某种世界观呢？总而言之，使用这一概念时常常会暴露出论证中的不准确之处，对于特定案例，我们有待获得更多的证据。

Westmarck, Edward Alexander
爱德华·亚历山大·韦斯特马克（1862—1939）

芬兰社会学家、人类学家、哲学家，英国社会学学科的创始人之一（其时为伦敦政治经济学院教授）。他最著名的作品是《人类婚姻史》（*The History of Human Marriage*, 1891），该书运用了早期的比较人类学研究方法，驳斥了一种流行的论点，即人类最早的祖先是性乱交的。与弗朗兹·博厄斯（Franz Boas）*一样，韦斯特马克是田野研究的先驱（主要在摩洛哥），他与研究对象直接交流，学习他们的语言，从第一手的层面观察（如果没有参与的话）他们的文化。他对比较方法的去情境化处理（试图跨社会的揭示制度［institution］*之间的相关性，将制度身处的社会系统［social system］*屏蔽）在1920—1930年代被功能主义（functionalism）*方法所取代，后者把地方社区当作一个功能整体来分析，而韦斯特马克今天能被记起的唯有他的历史关怀了。他的其他作品还包括《道德观念的起源与发展》（*The Origin and Development of Moral Ideas*, 1912）和《西方文明中婚姻制度的未来》（*The Future of Marriage in Western Civilization*, 1936）。

white-collar crime 白领犯罪

埃德温·萨瑟兰（Edwin Sutherland）在20世纪40年代提出的概念，用以描述"行业领袖"和商业领域的中产分子所做的违法行为和其他恶行（参见他的《白领罪行》White-Collar Criminality，载于《美国社会学评论》American Sociological Review，1940；《白领犯罪》White-Collar Crime，1949）。这一工作的重要价值在于它修正了犯罪学（criminology）*研究对于工人阶级（working class）*犯罪（crimes）*的偏重与痴迷。这一概念使用得非常广泛，既包括员工针对雇主的行为（贪污、侵吞公产），也包括公司管理者在公司名义下的行为（比如违反反垄断条例或证券交易规则）。严格来说，后面这个例子更接近于所谓的法人犯罪（corporate crime）*。

white-collar work 白领工作

参见体力劳动与非体力劳动的区分（manual versus non-manual distinction）*。

Windelband, Wilhelm 威廉·文德尔班（1848—1915）

德国新康德主义（neo-Kantianism）*运动中的著名人物，因《哲学史》（History of Philosophy，1893，1901）一书而闻名。在该书中，文德尔班对科学做出了律则式和个殊式的经典划分。

Winnicott, Donald Woods 唐纳德·伍兹·温尼科特（1896—1971）

英国儿科医生、精神分析学家。温尼科特所提出的"母婴关系"让精神分析（psychoanalysis）*学界关注到婴儿的环境，以及"足够好"的儿童照料方式。他最有影响的著作是《孩子、家庭和外部世界》(The Child, the Family and the Outside World, 1964)。该书对现代女性主义学者在探讨如何为人父母方面,产生了很大的影响。

Wirth, Louis 路易斯·沃思(1897—1952)

沃思出生于德国,后在美国求学,是20世纪30年代美国芝加哥学派(Chicago School)*的代表人物。他的博士论文出版为《隔都》(The Ghetto)一书。在他极富影响力的学术生涯中,他持续关注城市生活、少数族裔的行为以及大众媒体(mass media)*的影响。他的代表作《作为生活方式的城市主义》(Urbanism as a Way of Life)于1938年发表在《美国社会学评论》(American Socilolgy Review)上。对沃思的著作和完整的生平介绍,参见沃思作品集《论城市与社会生活》(The Origin and Development of Moral Ideas, 1964)。另见城市社会学(urban sociology)*;城市主义(urbanism)*。

Wisconsin Model 威斯康星模型

参见地位获得(status attainment)*。

witchcraft 巫术

参见魔法、巫术和诅咒(magic, witchcraft, and sorcery)*。

Wittgenstein, Ludwig J. J. 路德维希 J. J. 维特根斯坦(1889—1951)

维特根斯坦被视为20世纪最重要的英语哲学家,尽管他出生于维也纳,并一直在奥地利生活到1912年。维特根斯坦的卓越成就在于，在他不长的学术生涯中，他开创了两个影响深远却互不相容的哲学流派。

维特根斯坦早期的哲学思想受到伯特兰·罗素（Bertrand Russell）的《数学原理》（*Principles of Mathematics*）的影响。他这一阶段的代表作《逻辑哲学导论》（*Tractatus Logico-Philosophicus*）于1921年以德语出版，1922年即出英语版。该书的中心主张是他对语言（language）*与意义（meaning）*关系的论述，其基本构想为：语言与世界对应，语言以命题的形式"摹画"整个世界。每一个原子命题都是对某些可能事态的摹画。命题是名称符号的组合，在最终的分析中，这些名称符号必须有明确对应的简单对象。要让对现实、语言和思想之间关系的摹画成为可能，它们必须共享同一套逻辑形式。但是，这一逻辑形式并不存在于世界中，所以它自身不能够被语言所摹画。同理，道德价值以及自我与世界的关联也不是实态，因此也不能用语言来摹画。这些是形而上学（metaphysics）*的本质问题；没有意义的事情就不要说，要对此保持沉默。维特根斯坦的早期思想常常被误认为是支持反形而上学的逻辑经验主义（empiricism, logical）*学派，即维也纳学派（Vienna Circle）*。事实上，维特根斯坦的思想与维也纳学派是不相同的。他承认形而上学问题的深度与严肃性，但否认这些问题可以被回答。

维特根斯坦的晚期哲学是在20世纪30—40年代形成的，初期比较碎片化。他常在笔记本中写下自己的思想片段，也常在剑桥大学的课堂上口述教学。他的后期哲学是对他的早期思想，即语言与意义关系的革命性批判。这些后期的哲学思想在他去世以后于1953年结集出版，书名为《哲学研究》（*Philosophical Investigations*）。

这项著作从对一系列想象的"语言游戏"的描述开始，在这一过程中维特根斯坦竭力拒绝以下有强烈诱惑力观点，即认为在所有语言下面有单一的本质，这个本质存在于对世界描述的关系之中；话语主要地（甚至是排他性地）通过命名来运行。维特根斯坦认为，语言游戏是由规则控制的人类实践。在语言游戏中，话语的意义是由人们在实践场景中所扮演的角色所赋予的。总的说来，一个词语或一个命题的意义来自其在实践中的使用，因此意义可以是多样性的，如同人类实践和目的具有多样性一样。同理，语言的使用规则也并非在定义上或逻辑形式上一成不变，规则自身也是在社会实践中建构的。要理解一个词语的意义，就是要描绘该词语所被使用的实践，考虑到它是如何被习得的，并掌握在什么场景下对该词语的误用可以被纠正。

这一论述构成了维特根斯坦影响最深远但又充满争议的思想基础。如果意义建立在使用的基础上，使用自身是基于人类实践场景的，在实践中又可能会被误用、被发现、被纠正，那么就不存在一种符合逻辑的私人语言。这一论述的重要性在于，我们应该抛弃那种认为使用语言来谈论我们内在、主观生活的一系列普遍的思维方式。实际上，那些被广泛持有的观念，即认为语言是我们内在思想的外在表达，是极具误导性的。维特根斯坦认为，我们用以谈论我们的思想、梦想、幻想和直觉等的语言，如果它们是有意义的，那是因为有公共可及的方法，用以学习如何正确地使用这些语言，并纠正错误的用法等。如维特根斯坦所说，我们需要一个外在的"标准"来确立我们的内在思想进程。

维特根斯坦被广泛地误认为是某种行为主义者。但他并非要否认我们有一个内在、主观的生活世界（lifeworld）*，以及我们还能有意义地来谈论它。相反，他为我们何以能够有意义地谈论内心世界提供了强有力的解释。我们对主观生活实践的谈论能够被确立、能够被孩童习得,这一切的可能性是建立在我们能够自然地表达疼痛、愉悦、厌恶等等一系列情感之上的。而在我们共同的"生活形式"中,这些情感表达能可靠地被交谈双方所识别。在此,对维特根斯坦的解读变得多样化。共享的生活形式是普遍的自然历史吗?就像力量定义并区分了动物的种类一样(维特根斯坦的作品中常常包含一些对狮子或狗的心理能力的有趣参照)。或者这标示着某个民族的特定文化(culture)*,像人类学(anthropology)*的研究那样?后一种解读引导人们从文化相对论来理解语言、意义和理性。前一种解读则与自然主义(naturalism)*路径一致,认为人类的社会文化生活与物种的自然历史进程的某些方面相联系。

维特根斯坦的晚期哲学对整个人文与社会科学产生了深远的影响。他关于意义来自规则控制的社会实践的论述,为我们提供了一个重要的方法,将哲学和社会科学(social science)*带回到与他人的互动交流中去。同时也对社会科学的实证主义方法论提出了强力的挑战。还有另外一点颇有争论的是,他抛弃了本质主义(essentialism)*,代之以描述作为核心概念来思考语言的意义。在他对待人类主观性(subjectivity)*的方式里,维特根斯坦预言了后现代主义(postmodernism)*的某些关键主题。请参见A. C. 葛瑞林(A. C. Grayling)的《维特根斯坦》(*Wittgenstein*, 1988),该书是对维特根斯坦著作简洁而精炼的介绍。

Wollstonecraft, Mary 玛丽·渥斯顿克雷福特(1759—1797)

一名自学成才的作家和社会理论家,做过家庭女教师和学校教师,在法国生活了很长的时间。她起草了早期的法国大革命和人权宣言,以及杰出的、影响深远的作品《妇女权利宣言》(*Vindication of the Rights of Woman*, 1972)。在书中,她反对两性之间存在所谓的自然不平等的观点,认为女性在理性思考方面具有与男性同样的能力。该书成了女性主义(feminism)*思想的先驱作品。从1796年开始,渥斯顿克雷福特和激进的美国作家威廉·戈得温(William Godwin)生活在一起,并在怀孕后与他结婚,但生下孩子不久就去世了。他们的女儿,玛莉·雪莱(Mary Shelley),是著名科幻小说《弗兰肯斯坦》(*Frankenstein*, 1818)的作者。

women's movement 妇女运动

妇女运动指为改变并提升妇女社会地位(social status)*而开展的妇女动员活动。这一术语常常与"妇女解放运动"共用,用以描述从20世纪70年代开始的第二次女性主义运动(第一次女性主义运动始于19世纪末,终于20世纪初,以争取女性投票选举权而迎来高潮)。

Woodward, Joan 琼·伍德沃德(1916—1971)

英国工业社会学教授,在1950年领导了对英国东南部埃塞克斯郡约100家制造企业进行的调查。她的作品包括《码头工人》(*The Dock Worker*, 1955)、《女销售员》(*The Saleswoman*, 1960)(对服务业[service industries]*工人的早期研究,但未得到重视),以及最有影响的《工业组织:理论与实践》(*Industrial Organisation: Theory and Practice*, 1965)。

伍德沃德认为,企业组织和工作行为的差异性(包括组织管理层级、主管人员的控制幅度、专家的职责分工、工作职位和任务的明确、书面沟通的数量,等等),通常可以追溯到直接的工作环境中。在埃塞克斯调查中,生产技术的不同在很大程度上影响了组织结构的不同。根据技术的复杂程度,她提出了有广泛影响的生产系统类型学,分为小批量与单位生产方式、大批量生产方式,以及形式最复杂的流程生产方式。尽管常常被(不公正地)评价为技术决定论(technological determinism)*,伍德沃德的研究有助于组织社会学在经验研究中建立新的标准;同时,针对当时占主导地位的个案研究(case study)*,她展示了系统比较研究的可能性。另见权变理论(contingency theory)*。

Wootton, Barbara 芭芭拉·伍顿(1897—1988)

伍顿教授起初是一名经济学家,在伦敦给申请英国国籍的学生教授经济学,后来去了剑桥大学。她以研究人员的身份为工党工作了一段时间,同时以校外教师的身份在贝德福德大学(伦敦)任教,后在该校任社会研究的准教授,然后是教授,并于1958年被封为终身贵族。芭芭拉·伍顿的主要贡献在社会政策(social policy)*领域。她在许多公共政策委员会任职,其中包括四个皇家委员会;她在福利规划、收入政策、社会工作(social work)*、不平等(inequality)*以及不良行为(delinquency)*等问题上做了广泛的研究。在她的著作《工资政策的社会基础》(The Social Foundations of Wage Policy, 1955)一书中,她从社会学的角度,对通货膨胀(inflation)*的纯经济学解释提出了预见性的批评。《社会科学和社会病理学》(Social Science and Social Pathology)是她最著名的一本书。在书中,伍顿教授遵循英国伦理社会主义传统,将功利主义(utilitarian)*哲学和经验社会学应用于开明的社会管理。作家安·奥克利(Ann Oakley)*将她的生平写成了一本书——《一个重要的女人：20世纪的芭芭拉·伍顿、社会科学与公共政策》(*A Critical Woman: Barbara Wootton, Social Science and Public Policy in the Twentieth*, 2011)。

work 工作

为了个人或他人的消费而付出体力、脑力和情感劳动来生产商品和服务。生产性的工作有三个主要的类别：经济活动或雇佣劳动(employment)*、家庭劳动(domestic labour)*和闲暇活动，以及志愿性社区服务。这三种工作之间的边界是模糊的，在社会调查和政府统计时，一般按照习俗惯例来界定。

雇佣劳动和无酬家务劳动的区分标准是"第三人标准"：该项活动是否可以由他人来承担而不会减少其效用。同理，完成学校作业、学习、参加体育锻炼、烹饪或园艺劳动等娱乐活动，也不能算作雇佣劳动，哪怕某些活动包括繁重的劳动。另外，为家庭消费而提供的物品和服务也被排除在雇佣劳动之外。社区志愿服务涉及为社区提供生产性劳动或者为他人提供服务，但通常没有报酬，因此被界定为不同于雇佣劳动的其他工作类别。另见黑色经济(black economy)*；家庭劳动(homework)*；家务劳动策略(household work strategy)*；非正式经济(informal economy)*。

work ethic 工作伦理

对生产性劳动或工作(work)*的观点和看法，被工作者所珍视，能鼓励他或她们在工作中更多地投入，而非受到社会压力、薪水激励、或是雇主采用的其他手段来从他们的劳动中攫取最大的利益

（interests）*。这个概念是西欧文化中的独特产物；其他文化仰赖不同的社会、宗教（religion）*或政治意识形态（ideology）*来鼓励生产性劳动，并履行社会义务。工作伦理源自新教伦理（protestant ethic）*，因其将工作视为宗教与道德义务。新教伦理这一概念现在被简单化为工作伦理并被广泛地使用，尤其在解释生产率（productivity）*和经济增长（economic growth）*的问题上。迈克尔·罗斯（Michael Rose）在《对工作伦理的再加工》（*Re-working the Work Ethic*, 1985）一书中，对美英两国与工作伦理相关的社会学（sociology）*、心理学（psychology）*、经济学（economics）*和政治学（political science）*领域的研究做了系统性的综述。另见成就动机（achievement motivation）*；企业家（entrepreneur）*；任务导向与时间导向的区别（task-orientation versus time-orientation distinction）*；工作的主观体验（work, subjective experience of）*。

work groups 工作组

在工作场所的正式或者非正式群体，他们为了工作任务而短期或不定期地开展合作。品质攻关小组（品质圈）运动的开展让工作组处于生产系统的中心，承担学习并解决生产问题的责任。

working class 工人阶级

工人阶级的经典定义是：依靠出售自己的劳动力（labour power）*而生存的阶级，大体上是卡尔·马克思（Karl Marx）*所指无产阶级（proletariat）*。如果真有一个有别于社会其他阶级的工人阶级的话，它必定会有独特的工作特征和市场（market）*形势。实际情况确实如此。

首先，就市场形势而言，界定工人阶级是依据他们出卖劳动力以换取计时工资或者计件工资。就工作情景而言，工人阶级由那些级别低下，处于服从地位的人组成；职位低下是其劳动合同的一个关键特征。因此从根本上说工人阶级由体力劳动者和蓝领工人组成。不过，这些特征并不意味着社会上仅有一个形态模糊的工人阶级，还是有不少的方法将这个阶级区分为不同的群体。这其中的方法之一是依据技能来区分。我们有上层工人阶级，或者叫劳动者中的贵族阶层，他或她们是熟练技工，包括装配工、电工等等。这些工人需要学徒制训练，或需要习得一门手艺；他们约占工人阶级中的三分之一左右。第二个群体是那些在主要劳动力市场（labour market）*，而非次级劳动力市场工作的人。这部分工人阶级比其他人有更稳定的工作和更好的报酬。许多熟练工人都隶属于主要劳动力市场。次级劳动力市场中多是女性和少数族群的工人，他或她们收入更低，缺乏保障，缺少标准的劳动合同，没有养老金、病假或带薪假等工作福利。这个群体中失业率和低薪比例都是最高的，工作极不稳定，常常在工作和失业间打转。在发达的资本主义社会中，工人阶级还有一个重要的特征，就是它的数量在减少。主要原因在于科技的发展（尤其是自动化技术），以及主要劳动力市场与制造业（manufacturing）*的萎缩。根据本段给出的定义，现在的就业人口中仅有三分之一属于工人阶级。

英国工人阶级发展的全盛时期是在19世纪90年代至20世纪90年代，彼时各经济部门之间相互配合，并与文化、政治机构及其实践相匹配。这样的经济、政治、文化氛围给工人阶级一种集体认同感，以及围绕"传统"的工人阶级社区而组织起来的社会意识。这些机构包括福利社、工党、工会（trade union）*和工人俱乐部，以及团结取向的劳工行动（industrial action）*和政治行动，包括稳健的工党投票，参见迈克尔·萨维奇（Michael Savage）和安迪·迈尔斯（Andrew Miles）所著《重塑不列颠的工人阶级》（*The Remaking of the British Working Class*, 1994）。从20世纪50年代以来，工人阶级所处环境中的文化、政治因素削弱了；尽管工人阶级依然共享市场和工作环境，人们在主观价值导向和社会身份认同上发生了较多的分化。不过，戈登·马歇尔（Gordon Marshall）等人所著的《现代英国的社会阶级》（*Social Class in Modern Britain*, 1984）一书报告说，49%的被访者认为工人阶级的主要特征是体力劳动者或缺乏技能的劳动者，16%的人则认为工人阶级是低收入阶层。迈克尔·萨维奇在2000年的一本经验研究的书中——《阶级分析与社会变迁》（*Class Analysis and Social Transformation*, 2000）——总结道，工人阶级的社会认同和向往的生活方式已经非常多样化了。有人认为这一点证明了工人阶级已"死"，不过其明显的经济特征依然存在。另见无产阶级（proletariat）*；中产阶级（middle class）*；上层阶级（upper class）*。

working class, new 新工人阶级

参见新工人阶级（new working class）*。

work orientation 工作导向

参见任务导向与时间导向分布（task-orientation versus time-orientation distinction）*；工作的主观感受（work, subjective experience of）*。

work satisfaction 工作满意度

参见工作满意度（job satisfaction）*。

work situation 工作环境

参见阶级地位（class position）*。

work socialization 工作社会化

在就业（employment）*中学习劳动的过程，并在此过程中遵循与此相关的意识形态（ideology）*结构：将工作场所、聘用机构、专业或职业群体的规范（norm）*、价值（value）*与文化（culture）*内化为自己的工作价值；适应工作场所的权力与行政关系；习得次级关系所需要的技能（skill）*；遵从分配给特定个人的工作角色（role）*与职位功能；采用雇主比较乐意的行为方式（比如守时、团队精神和忠诚）。总的说来，工作社会化包括从普遍意义上学会珍视工作的价值，并掌握跟自己工作相关的那些特殊技能，包括体力、灵活性、计算能力、创造能力、分析能力，或者说服力。

work, subjective experience of 工作的主观体验

构建工作伦理（work ethic）*的意识形态（ideology）*是相对稳定的，但社会学也研究工作是如何被个人和群体所体验的。这包括工作导向（orientations to work）*、工作态度、工作动机和工作满意度（job satisfaction）*。尽管工作是性别化的，以家务劳动（housework）*和工业劳动展开。但前者很大程度上是隐形的，最近才被关注到；关于工作的研究基本上仅关注人们在从事有偿劳动时的主观体验。

对工作导向的研究近年来才开始发展，主要是约翰·H.戈德索普（John H. Goldthorpe）*、大卫·洛克伍德（David Lockwood）*和同事、学生们在20世纪六七十年代开展的。不过，从逻辑上说，因为关注工

作者带到工作情景中的价值、目的、期望和情绪,工作导向的研究值得优先考虑。在《富足的工人》(The Affluent Worker, 1968)一书中,戈德索普和洛克伍德区分了工作取向的三种理想类型(ideal type)*。工具导向型的员工将工作视为达成目的的手段(需要工作以取得收入),主要以一种算计的态度来对待聘用机构,不会将工作体验与工作关系带入生活中的其他领域。与此相反,团结导向型工人对工作任务非常投入,将其视为目的本身;他们有很高的工作满意度和对工作团队(不是雇主)的强烈认同,同时会把工作关系和工作忠诚带入到工作场所之外的职业共同体中去。最后一个理想型是科层制(bureaucracy)*导向,这种员工将工作视为组织提供的服务并得到稳定的、逐年递增的收入回报,这也是雇主和员工之间的信任关系的体现。科层制导向型员工还把追求职位晋升作为生活的重心,并将在工作中形成的自我意识和抱负带入工作以外的活动和关系中去。迈克尔·布若威(Michael Burawoy)在《制造同意》(Manufacturing Consent, 1979)一书将工作导向的研究和马克思(Karl Marx)*的劳动过程(labor process)*理论相联系,并进行了有趣而深入的探讨。

过去的工作经历对工作导向的发展很重要。缺乏技能的工人和那些被污名化、被歧视的人,他们很难有机会找到工作。他们的工作导向反映了一种典型的恶性循环:不稳定、低收入、枯燥乏味的工作强化了一个宿命论(fatalism)*前景,有害于与特定的雇主建立长期的紧密关系。当工人有真正的选择余地时,工作导向会影响劳动者选择某些类别的职业。前期研究证实了一个常识性推断,即人们会根据个人的优先事项和自我认知来衡量工作的利与弊。比如有人选择在小企业工作,尽管薪水较低,福利(welfare)*也少,但工作环境比较舒适。历史上照护类职业（比如护士）的收入也是相对较低的，人们对其的选择带有一种奉献精神，因为照护职业能提供一种内在道德满足感，这是工作导向重要性的另一个例证。与此相反，工具导向型的人会特意地选择那些报酬虽高却单调乏味的工作（比如流水线的作业）；尽管工作无趣，但较高经济回报能让个人去休闲和消费。研究者还认为，个人的工作导向会受到劳动力市场（labour market）*内部社会分层（social stratification）*的影响。不过，研究者很难将工作导向从人们对某一工作或职业的主观认知复合体中分离出来，因为这在方法论（methodology）*上很困难。

对工作态度的研究有更长的历史，这主要缘于工业社会学（industrial sociology）*对工厂内部影响因素孜孜不倦的研究。研究发现，职业类别、企业规模、管理模式都对工作态度有影响，当然也有少数例外。这类研究主要依靠态度量表；因为人们对工作的主观感受是很复杂的，研究者想要用标准化（standardization）*的方法来测量这种复杂性下面的普遍维度，然后再用这些量表来对不同工作群体、不同工作环境下人们的工作态度做比较或对照研究。大家较为熟知的一项研究是罗伯特·布劳纳（Robert Blauner）对劳动异化的测量（马克思的定义里异化[alienation]*并不是一种态度）。布劳纳将异化分解为几个组成部分，如孤立感和无意义感，并指出这些组分会随着技术水平的不同而变动。不过这项研究受到了广泛的批评，一方面因其暗指工作是否令人愉快主要在于工作任务自身，而非工作者的主观认知；另一方面又假定，一套正式的量表即可有效地测量那些形塑产业工人们主观工作体验的复杂因素。尽管有种种问题，关于工作导向的研究提供了一个令人耳目一新的态度研究视角，并在工作社会学中倡导了进行工业民族志研究的转向。

工作动机研究的兴起源自人际关系运动（Human Relations Movement），因为管理层非常想弄清工人们脑海里在想什么，以此来保证他们对工作有更大的投入。管理者之前所受的一个主要的刺激在于，工资激励系统并不太起作用。从理论上说，工人们应该努力工作以赚取最多的短时货币收入，但实际上工人们似乎限制了自己的劳动产出，因此显得很不理性。事实上，动机的组成在很多情况下远超短期的工具主义（instrumentalism）*。而且尽管有其他因素，工作动机更多地受到管理层对工人收入的预期反应的影响，而非受激励性定价的平均工资的影响。

工作满意度也是管理层非常关切的问题，以此来保障工人的生产效率和工作投入。满意度（satisficing）*也是一个不易测量的概念，面临严重的方法论的问题。在大多数西方社会中，如果某人对自己的工作不满意的话，就意味着承认这是一种个人失败。在早期的相关研究中，因为研究设计（research design）*的简单化，宣称自己工作满意的工人占比非常高。但后期研究中对工作满意度进行了多维度的测量，研究者发现满意度的评价标准变动很大。人们现在已经明确知道要区分外在的满意度（主要是工资、工作时长和工作环境）和内在的满意度。工作的内在满意度又称作表意性满意度，包括工作的创造性、社交性、晋职机会以及社会流动。

总的说来，专业人士和中产阶级（middle class）*所从事的工作能够给人提供更高的内在满意度，这些工作要求更高的教育和培训，也能提供更好的外在回报。相反，缺乏技能的工人们所能找到的工业部门（industrial sector）*的工作，不仅收入低，也很难提供内在的满意度（satisficing）*。另见家务劳动（housework）*；工业社会学（industry, sociology of)*；任务导向与时间导向的分别（task-orientation versus time-orientation distinction）*。

world-system（world-system theory）世界体系（世界体系理论）

该术语指对资本主义（capitalist）*经济体系发展的历史性描述，从核心地区到边缘地区以及这一扩张对资本主义社会和前资本主义社会相似的影响。这一理论体系主要是伊曼努尔·沃勒斯坦（Immanuel Wallerstein）和他在美国纽约州立大学宾厄姆顿分校费尔南·布罗代尔经济、历史体系与文化研究中心的同事们的研究成果（参见《现代世界体系》The Modern World-System，三卷本，1974、1980、1989）。

因为依附论（dependency theory）*有明显的局限性，20世纪70年代在其基础上产生了两个更为全面的理论：其一是内部殖民主义（internal colonialism）*理论，其二是中心-边缘理论。严格说来，后者并不是一个理论，更像一个具有启发性的描述工具，认为一个社会的社会-经济结构性变迁与空间结构的变迁是相关联的。这实际上是一个观念的大集合，包括地理中心位置理论、经典政治经济学、马克思主义（Marxism）*，以及区域发展理论。概括地说，中心-边缘理论提供了一个关于人口特征类型与地理特征相关的社会地域分析框架，但是高度描述性的。世界体系理论则论证了资本主义在全球的扩张，给中心-边缘学说加上了社会学的理论光泽。世界体系理论的中心论点是，资本主义是从全球范围内来组织管理的，并非在国家范围内；占支配地位的中心区域发展出了发达的工业体系并剥削利用边缘地区的原材料；现代世界根植于同一个国际经济秩序和多样化的政治系统（而前现代帝国展现出相反的模式）。

尽管沃勒斯坦的理论极具启发性和影响力，该理论并没有直接来关注中心和边缘在这种扩张中的关系；它指明了一种整体论（holism）*的分析框架，但自己并不提供分析。不同的世界体系分析家们将中心-边缘的象征性关系与其他理论相结合，用以来分析他们观察到的（世界）关系。（沃勒斯坦自己早期曾依赖于新功能主义的类型学[typology]*，后来又整合了马克思主义[Marxism]*的政治经济学[political economy]*。）该理论的倡导者们也有内部的不一致，比如到底是哪些因素明确地解释了上述中心化的趋势。许多批评者还认为，世界体系理论在总体上忽略了内生性的问题，具体而言忽略了文化在解释社会变迁（social change）*中的影响。除了沃勒斯坦之外，还有一个重要的学者是克里斯托弗·蔡司-邓恩（Christopher Chase-Dunn）及其著作《全球的形成：世界经济的结构》（*Global Formation: Structures of the World Economy*, 1998），托马斯·霍尔（Thomas Hall）与蔡司-邓恩的合著《崛起和衰亡：世界体系比较研究》（*Rise and Demise: Comparing World-Systems*, 1997）。另见中心-边缘模型（centre-periphery model）*；全球化（globalization）*。

World Wide Web 万维网

参见互联网（Internet）*。

Y

youth 青年

这是一个社会学的术语,用以指一种先赋性的地位,或者是社会建构的标签,而非简单的生物学意义的年轻。这一术语有三个用法。第一,普遍意义上,青年时期涵盖了生命周期(life cycle)*的一段特定的时期,包括婴儿期(infancy)*和成年早期;第二,取代不那么令人满意的青春期(adolescence)*一词,指针对青春期孩子及其向成年期转换的理论与研究;第三个用法现在较为少见,特指在城市工业社区中伴随青少年成长而来的一系列情感和社会问题(social problems)*。

youth culture 青年文化

严格说来是一种亚文化(subculture)*(亚文化曾是功能主义作家和批评者之间一场影响深远的论战的主题)。青年文化的影响因素有两类,一类是他们在青春期(adolescence)*的成长经历;另一类则受年轻人消费与娱乐方式的影响,后者又受广告和其他大众传媒的影响。现代社会对家庭、学校和工作的功能性区分让青少年更多地和成人世界分离,他们有更多的自我意识,更易受到同伴而非父母/成人的影响。另外二战之后的几十年里,青少年们(的家庭)都比较富裕,有的人还有工作。年轻人良好的经济状况催生了一个庞大而利润丰厚的市场(market)*,专门为年轻消费者们提供商品和服务。这又推动了青年人独特的时尚服饰、音乐和休闲方式,其中许多都源自美国。

一些学者认为,代际之间的文化冲突已经取代了社会阶级冲突而成为现代工业社会(industrial society)*的主要冲突形式。但阶级本身就形塑了青年文化内容的差异性。美国的研究发现,所谓的大学生文化和街角/街头文化是截然不同的;前者主要为中产阶级(middle class)*年轻人所有,后者则属于工人阶级(working class)*的青年人。中产阶级青少年是以学校生活为中心的,不同于以成功为导向的成人世界。大学生文化被认为是对填平两个世界差异的努力,帮助年轻人遵从成功导向的人生态度。与此相反,街头文化被认为是工人阶级青少年对学业失败的反应;它以街头的帮派而非学校为中心,追求非主流的地位、认同与回报,有时甚至是越轨行为。不过在英国,青少年文化几乎专指对男性工人阶级青少年认同,以及因其作派和攻击性而产生的社会道德恐慌(moral panic)*。新马克思主义(neo-Marxism)*则认为这是一种符号性的抗议,用以对抗传统工人阶级社区的解体,并抗议对足球这类曾经主要是工人阶级娱乐方式的群体性控制。迈克·布雷克(Mike Brake)在他的《青年文化与青年亚文化的社会学研究》(The Sociology of Youth Cultures and Youth Subcultures)一书中,对相关文献做了很好的述评。

在20世纪80年代,因为社会学的发展以及社会自身的发展,人们对青年文化的探讨有了很大的改变。女性主义作家指出,在前期青年文化的主流研究中,看不见女孩的身影,因此开始了对青年文化的性别差异(gender discrimination)*的研究。少数民族青少年的差异性体验也得到了重视。不过,最重要的是,从20世纪70年代中期开始，针对青少年消费和反叛的研究逐渐消失了。研究重点转向了青年劳动力市场和他们对家庭的经济依赖，因为弹性就业（flexible employment）*推高了青年人的失业率，加重了他们的经济脆弱性。另见詹姆斯·S. 科尔曼（Coleman, James S.）*。

Z

zeitgeist 时代精神

指某个历史时期的精神特征。18世纪的哲学家们，比如伏尔泰（Voltaire），对"时代的精神"这一观点很着迷，而是黑格尔（Hegel）*对其作了最充分的阐述。黑格尔认为，哲学与艺术是不能超越时代精神的，因为它们是时代精神的产物。哲学与艺术的表现通常是符号性的，并不完全。人类精神的进步是以它在多大程度上捕捉到绝对精神，就是真理本身，这要超越某个特定时代的局限。不过现在对时代精神一词的使用越来越宽泛，用来指代某一时代的普遍文化特质，比如"六零年代"，或者"浪漫主义时期"，不再像黑格尔哲学所要求的要有严格的历史主义（historicism）*的内涵。

zero-sum game 零和博弈

参见博弈论（game theory）*。

zero tolerance 零容忍

鼓励采取主动行动来减少反社会行为的政策主张。更一般地来讲，意指禁止对此政策的任何抵制、异议或偏离。犯罪（crime）*行为和辱骂都发生在一定的时间和空间之内，但这些行为的累积会导致社区的衰落，并给人以失控的印象。詹姆斯·威尔森（James Wilson）和乔治·科林（George Kelling）在《破窗》（*Broken Windows*, 1982）一书中很有力地指出，街道被蓄意破坏、空置的楼房、企业和有声望家庭搬离社区，这些都显明社区在一步一步地衰败，需要强力而早期的干预。从20世纪90年代中期开始，纽约市警察采取了对轻微犯罪的"零容忍"政策，随后宣称犯罪和街头乞讨等行为有了大幅降低。不过，批评者认为，在其他没有执行"零容忍"政策的城市社区，社会治安也同样好转。对支持者而言，"零容忍"是对犯罪进行科学追踪与防范、提升生命质量的好方法；但对反对者而言，这一方法过于严厉、充满攻击性，是对弱者的迫害。

Znaniecki, Florian 弗洛里安·兹纳涅茨基（1882—1959）

兹纳涅茨基出生于当时被德国占领的波兰。他是波兰最早的社会学家之一，创建了波兰社会学研究所，创办了《波兰社会学评论》(Polish Sociological Review)杂志。兹纳涅茨基于1914年与威廉·I.托马斯（William Isaac Thomas）*合作出版了《身处欧美的波兰农民》(The Polish Peasant in Europe and America)一书。这本书在以下几个方面都是开创性的：首先是新颖的研究方法（research methods）*（研究对象包括日记、生活史[life history]*和信件）；其次是在方法论（methodology）*中提出"人类协同因素"的概念，意指研究中要常常考虑到社会行动（social action）*对参与者的意义；最后是开始从系统论的角度来研究社会。在后期的著作《文化现实》(Cultural Reality, 1919)和《社会关系与社会角色》(Social Relations and Social Roles, 1965)中，兹纳涅茨基进一步发展了他的理论和方法。

zoning 都市区域划分

在北美（市、郡政府）对土地使用的公众限制的一种方法，即根据土地的不同用途，将土地分区规划。区域划分始于1916年的纽约市；现在为了保护商业财产的价值，区域划分常常被用来防止低收入居民搬进中产阶级（middle class）*所住的郊区。另见商业改良区（Business Improvement Districts）*。

zone of (or in) transition 过渡地带

芝加哥城市社会学家欧内斯特·伯吉斯（Ernest Burgess）*所定义的一个城市区域，介于中心商业区（central business district, CBD）*和外环的工人住宅区与中产阶级（middle class）*居住区。过渡区常常是城市贫民区（ghetto）*，住着穷人、少数族裔和社会越轨人群；但会随着中心商业区的扩张而被取代。这一术语和"内城区"一词大体是同义的，后者现在更为常用。另见同心圆理论（concentric zone theory）*。

词目索引

A

ability 能力 13
abolitionism 废除主义 13
absolute deprivation 绝对剥夺 14
absolute mobility 绝对流动 14
absolute poverty 绝对贫困 14
absolutism（absolutist state）专制主义（专制国家） 14
abstracted empiricism 抽象经验主义 16
accommodation 适应 17
accounts 描述 17
acculturation 调适 17
accumulation 涵化 17
acephalous 无头的 17
achieved status 自致地位 17
achievement 成就 17
achievement motivation 成就动机 18
act（action、social act）行动（行动、社会行动） 19
actionalism 行动主义 19
action frame of reference 行动参考框架 20
action research 行动研究 20
action theory（action frame of reference）行动理论（行动参考框架） 21
actor（social actor）行动者（社会行动者） 22
adaptation 适应 22
Addams, Jane 简·亚当斯（1860—1935） 23
addiction 成瘾 24
administrative theory（classical administrative theory）行政理论（古典行政理论） 24
adolescence 青春期 26
Adorno, Theodor Wiesengrund 西奥多·维森格伦德·阿多诺（1903—1969） 27
advocacy research 倡导研究 28
affect（affective、affectivity）情感（易感的、情感性） 29
affective individualism 情感个体主义 29
affine（affinity）姻亲（姻亲关系） 30
affirmative action 平权措施 30
affluence 丰裕 30
affluent worker 富裕工人 31
aging, sociology of 老龄社会学 109
ageism 年龄歧视 32

age sets(age grades)年龄群(年龄级) 33
age stratification 年龄分层 33
agency 能动性 33
aggregate(collectivity)聚集体(集体) 34
aggregate data 聚合数据 35
aggression 侵犯 35
agnate(agnation)同族(宗族关系) 36
agrarian capitalism 农业资本主义 37
agrarianism 唯农论 37
agreement, method of 求同法 37
agribusiness 农业企业 37
agriculture, sociology of 农业社会学 38
AIDS 艾滋病 38
alienation 异化 39
alliance theory 联姻理论 41
Allport, Gordon W. 戈登·W. 奥尔波特 (1897—1967) 42
altercasting 他人角色设定 42
alternative movement 修正运动 42
alternative technology 替代技术 42
Althusser, Louis 路易·阿尔都塞(1918—1990) 43
altruism 利他主义 46
altruistic suicide 利他主义自杀 48
ambivalence 矛盾情感/态度 48
amnesia, retrograde 逆行性遗忘 48
amoral familism 无关道德的家庭主义 49
amplification of deviance 越轨的放大 49
analysis of variance 方差分析 49
analytical Marxism 分析马克思主义 49
analytic induction 分析归纳法 50
anarchism 无政府主义 51

anarchy, epistemological 认识论无序状态 53
ancestry 世系 53
androgyny 双性化 53
animism 泛灵论 54
Annales School 年鉴学派 54
anomic suicide 失范式自杀 55
anomie(anomy)失范 55
anthropology 人类学 57
anthropomorphism 拟人化 57
anticipatory socialization 预期社会化 58
anti-naturalism 反自然主义 58
antinomianism 唯信仰论 58
anti-psychiatry 反精神病学 58
anti-urbanism 反城市主义 59
apartheid 种族隔离 61
applied sociology 应用社会学 61
appropriate technologies 适用技术 61
aptitude 才能 62
Ardrey, Robert 罗伯特·阿德雷(1908—1980) 62
aristocracy 贵族 62
aristocracy of labour 劳动贵族 62
arithmetic mean 算数平均数 62
arms control 军备控制 63
Aron, Raymond 雷蒙·阿隆(1905—1983) 63
artefacts, statistical and methodological 统计学和方法论假象 64
asceticism(this-worldly)禁欲主义(现世) 64
ascribed status 先赋地位 64

ascription 先赋 64
Asiatic mode of production 亚细亚生产方式 65
assimilation 同化 66
associational democracy 会社民主 67
association coefficients 关联系数 67
asymmetrical causal processes 不对称因果过程 67
atomism 原子论 68
attitudes 态度 68
attitudinal consistency 态度一致性 70
attribution theory 归因理论 70
authenticity 原真性 71
authoritarian (authoritarianism) 威权 (威权主义) 71
authoritarian personality 权威主义人格 71
authoritarian populism 威权民粹主义 72
authoritative power 专制型权力 73
authority 权威 74
autobiography 自传 75
autocracy 专制 76
automation 自动化 76
average (averaging) 平均数 (均分) 77
aversion therapy 厌恶疗法 74
avoidance relationships 回避关系 74
awareness context 认知语境 74
axiom 公理 75

B

Bachelard, Gaston 加斯东·巴什拉 (1894—1962) 76

backward-sloping supply curve for labour 后弯劳动供给曲线 76
Balch, Emily Greene 爱米莉·格林·巴尔奇 (1867—1961) 77
banks, data 数据银行 78
banks, development 开发银行 78
bar chart 条形图 78
Barnard, Chester I. 切斯特·I. 巴纳德 (1886—1961) 79
base 基础 80
Bauman, Zygmunt 齐格蒙特·鲍曼 (1925—) 81
behaviour 行为 83
behaviourism 行为主义 83
behaviour therapy 行为治疗 86
Benedict, Ruth Fulton 鲁思·富尔顿·本尼迪克特 (1887—1948) 86
benefits, welfare 津贴，福利 87
Benjamin, Walter 瓦尔特·本雅明 (1892—1940) 87
Bentham, Jeremy 杰里米·边沁 (1748—1832) 87
Bernstein, Eduard 爱德华·伯恩斯坦 (1850—1932) 87
Beveridge Report 贝弗里奇报告 88
bias 偏见 90
bilateral descent 双系继嗣 90
bimodal distribution 双峰分布 90
binomial distribution 二项分布 91
biography 传记 91
biological analogy 生物学类比 91
biological reductionism (biologism) 生物

还原论（生物学主义） 91
bio-medical model 生物医学模式 92
Bion, Wilfred 威尔弗雷德·拜昂（1897—1979） 92
bio-psycho-social model 生物-心理-社会模型 92
biotic competition 生物竞争 92
bipartite（bipartisan）牵涉两党（两党关系） 92
birth cohort 出生队列 93
birth rate 出生率 93
black economy 黑色经济 93
Black Report《布莱克报告》 94
blank-slate or blank-paper hypothesis 白板或白纸假说 96
Bloch, Marc 马克·布洛赫（1886—1944） 96
blockbusting 街区房地产欺诈 97
blue-collar work 蓝领工作 97
Blumer, Herbert 赫伯特·布鲁默（1900—1986） 97
Boas, Franz 弗朗兹·博厄斯（1858—1942） 98
body language 身体语言 99
body, sociology of the 身体社会学 100
bonded labour 受限制的劳工 101
bonding 亲和 155
Booth, Charles 查尔斯·布斯（1840—1916） 101
Bosanquet, Helen 海伦·鲍桑葵（海伦·丹迪，1860—1926） 102
Bouglé, Celestin Charles Alfred 塞莱斯汀·夏尔·阿尔弗雷德·布格莱（1870—1940） 102
boundary debate 边界争论 103
boundary maintenance 边界维持 103
bounded rationality 有限理性 103
Bourdieu, Pierre 皮埃尔·布尔迪厄（1930—2002） 104
bourgeoisie 布尔乔亚/资产阶级 105
bourgeoisie, petite 小资产阶级 106
Bowlby, John E. 约翰·E. 鲍尔比（1907—1990） 106
bracketing 悬置 106
Branford, Victor Verasis 维克多·维拉西斯·布兰福德（1863—1930） 106
Braudel, Fernand 费尔南·布罗代尔（1902—1985） 108
bride-price（bride-wealth）彩礼（财礼） 109
Buddhism 佛教 109
Bukharin, Nikolai 尼古拉·布哈林（1888—1938） 110
bureaucracy 科层制 110
bureaucratic orientation to work 科层制的工作取向 113
bureaucratic socialism 官僚社会主义 113
Burgess, Ernest W. 欧内斯特·W. 伯吉斯（1886—1966） 113
business cycle 经济周期 114
Business Iimprovement Districts（BIDs）商业改良区 114

C

Cambridge scale 剑桥分层量表 116

CAMSIS scale 剑桥社会互动与分层量表 116
CAPI（Computer Assisted Personal Interviewing）计算机辅助个人访谈 117
capital 资本 117
capital accumulation 资本积累 118
capital-intensive production 资本密集型生产 118
capitalism 资本主义 119
capitalism, disorganized 无组织的资本主义 122
capitalism, spirit of 资本主义精神 122
capitalism, state 国家资本主义 122
capitalist（capitalist class）资本家（资本家阶级）122
carceral organization 监狱组织 122
career 职业生涯 123
career mobility 职业流动 124
cargo cult 船货崇拜 124
cartel 卡特尔 124
case 个案 127
case history 个案史 124
case study（case-study methed）个案研究（个案研究方法）125
casework 个案工作 126
case crop（cash-crop production）经济作物（经济作物生产）126
cash nexus 金钱网络 127
caste 种姓 128
caste school of race relations 种族关系的种姓学派 128
category 类别 129

catharsis 宣泄 129
cathexis 投注 130
CATI（Computer Assisted Telephone Interviewing）计算机辅助电话调查 130
causal modelling 因果模型 130
cell（cell entry）单元格（单元格条目）132
cause（causal explanation）原因（因果解释）132
census 普查 135
central business district（CBD）中心商务区 136
central tendency（measures of）集中趋势（测度）136
centre-periphery model 中心-边缘模型 136
change（social change）变迁（社会变迁）138
charisma 卡里斯玛 141
chattel slavery 奴役制 143
Chicago sociology（Chicago School）芝加哥社会学（芝加哥学派）143
child abuse 儿童虐待 145
Childe, Vere Gordon 维尔·戈登·柴尔德（1892—1957）145
childhood 童年 145
Chiliasm 锡利亚主义 149
Christianity 基督教 150
chromosomes 染色体 151
church 教会 151
circulation mobility 循环流动 152
circulation of elites 精英循环 152
citizenship 公民身份 152
city, sociology of the 城市的社会学 154

civic nationalism 公民民族主义 154
cvivil disobedience 公民不服从 154
civilizing process 文明进程 155
civil liberties 公民自由 155
civil religion(civil religion thesis)公民宗教(公民宗教论题) 155
civil rights 公民权利 155
civil society 市民社会 157
clan 氏族 158
class awareness 阶级意识 158
class consciousness 阶级意识 159
class dealignment 阶级消解 161
classical conditioning 经典条件反射 161
classical criminology 古典犯罪学 161
classical economic theory 古典经济理论 161
classification 分类 162
class imagery 阶级形象 162
class interest 阶级利益 163
class situation 阶级处境 164
classroom interaction(classroom behaviour)课堂互动(课堂行为) 164
clergy 神职人员 165
climate change 气候变化 165
clinical sociology 临床社会学 167
closed shop 排外性雇佣制工厂 168
closed society 封闭社会 168
closure 封闭(社会封闭) 168
cluster analysis 聚类分析 169
codes, cultural 文化编码 170
co-determination 共同决策 173
coding 编码 173
coefficient 协同因素 173

coercion 强制 174
coercive power 强制力 174
cognate(cognatic)同族 174
cognition(cognitive)认知 174
cognitive consistency 认知一致性 174
cognitive dissonance 认知失调 175
cognitive psychology 认知心理学 175
cognitive sociology 认知社会学 175
cognitive theory 认知理论 176
cohabitation 同居 176
Cohen, Stanley Hymie 斯坦利·科恩(1942—2013) 176
cohort rates 队列比率 177
Coleman, James S. 詹姆斯·科尔曼(1926—1995) 177
Coleman Report《科尔曼报告》 179
collective action 集体行动 180
Collective and distributive power 集体和分配的权力 182
collective bargaining 集体谈判 182
collective behaviour 集体行为 182
collective conscience 集体意识 185
collective consumption 集体消费 185
collective good 集体利益 186
collective representations 集体表象 186
collectivism 集体主义 187
Collins, Randall 兰德尔·柯林斯(1941—) 189
colonialism 殖民主义 190
command economy 指令经济 191
commodification 商品化 191
commodity chains 商品链 192

commodity fetishism 商品拜物教 192
commonsense knowledge 常识知识 193
commune 公社 194
communication 传播 195
communication, non-verbal 非语言传播 196
communism 共产主义 196
communitarian (communitarianism) 社群主义者 (社群主义) 198
community 社区 199
community care 社区护理 201
community, moral 道德共同体 202
community power 社区权力 203
community safety 社区安全 204
community studies 社区研究 204
compadrazgo 教亲制 206
comparative sociology (comparative method) 比较社会学 (比较方法) 207
compensatory education 补偿教育 209
complementarity hypothesis 互补假说 210
compliance (types of compliance) 服从 (服从的类型) 210
comprador 买办 211
Comte, Auguste 奥古斯特·孔德 (1798—1857) 211
concentric zone theory 同心圆理论 213
concepts 概念 214
concomitant variation, method of 共变法 215
concrete operations stage 具体运算阶段 215
conditioning 条件反射 229
Condorcet, Marie-Jean-Nicolas de Caritat, Marquis de 马利·让-尼古拉·德·卡里塔·孔多塞侯爵 217

confidence intervals (confidence limits) 置信区间 (置信界限) 217
conflict (social conflict) 冲突 (社会冲突) 217
conflict, industrial 劳资冲突 218
conflict theory 冲突论 218
conformity 从众 220
confucianism 儒学 221
conjugal role 夫妻角色 222
conjuncture 情势 222
connotative versus denotative meaning 内涵意义与外延意义 222
connubium 通婚 223
consanguinity 血缘关系 223
consciousness, class 阶级意识 223
consensual union 合意同居 223
consensus 共识 224
consensus theory 共识理论 225
conservatism 保守主义 225
conspicuous consumption 炫耀性消费 226
constant conjunction 恒常结合 226
constructionism (constructivism) 建构主义 226
consumer society 消费社会 226
consumption sectors (consumption cleavages) 消费分化 227
consumption, sociology of 消费社会学 229
contagion 感染 231
content analysis 内容分析 232
contest and sponsored mobility 竞争性流动和赞助性流动 232
contextual models 情景模式 233

contingency table 列联表 233
contingency theory 权变理论 234
contract labour 合同工 235
contractarianism 契约主义 235
contraculture 反文化 236
contradiction 矛盾 236
contradictory class location 矛盾的阶级位置 237
control group 对照组 239
control, social 社会控制 239
conurbation 集合城市 239
conventionalism 传统主义 240
convergence thesis 趋同论 240
conversation analysis 会话分析 240
conversion 皈依 241
Cooley, Charles Horton 查尔斯·霍顿·库利（1864—1929） 242
Coolidge, Mary Elizabeth Burroughs Roberts Smith 玛丽·伊丽莎白·伯勒斯·罗伯茨·史密斯·库利奇（1860—1945） 243
cooperative 合作社 244
co-optation 吸纳 244
core-periphery model 核心-边缘模型 245
corporate crime 法人犯罪 245
corporate groups 法人团体 245
corporate society (corporatism) 法人团体（法团主义） 245
corporation 公司 246
corporatism 法团主义 247
correlation 相关 247
correspondence analysis 对应分析 247
cost-benefit analysis 成本效益分析 248
counter culture 反文化 249

counterfactual 反事实 249
counter-movement 反对运动 250
countervailing power 抗衡势力 251
coup d'etat 政变 251
covert observation 隐秘观察 251
Cox, oliver cromwell 奥利弗·克伦威尔·考克斯（1901—1974） 252
credentialism 文凭主义 252
crime 犯罪 252
crimes of the state 国家罪行 252
crime rate 犯罪率 255
criminal statistics 犯罪统计 255
criminology 犯罪学 256
criminology, classical 古典犯罪学 258
criminology, critical 批判犯罪学 259
criminology, environmental 环境犯罪学 260
criminology, feminist 女性主义犯罪学 260
criminology, positivist 实证主义犯罪学 261
criminology, realist 现实主义犯罪学 262
critical theory 批判理论 263
cross-class family 跨阶级家庭 267
cross cousin 交错表亲 267
cross-sectional analysis (cross-sectional data) 截面分析（截面数据） 267
crowding 拥挤 268
crowds 群众 268
cult 异教 269
cultural anthropology 文化人类学 269
cultural assimilation 文化同化 270
cultural capital 文化资本 270
cultural diffusion 文化传播 270
cultural integration 文化融合 271

cultural lag 文化滞后　271
cultural materialism 文化唯物主义　271
cultural pluralism 文化多元主义　272
cultural relativism 文化相对主义　272
cultural studies 文化研究　273
cultural theory 文化理论　274
cultural transmission theory 文化传播理论　277
culture 文化　277
culture and personality school 文化与人格学派　279
culture area 文化区　281
culture of poverty 贫困文化　281
culture, popular 流行文化　281
culture shock 文化震撼　281
curriculum 课程　281
curvilinear relationship 曲线关系　282
customs 习俗　282
cyber ethnography 网络民族志　282
cybernetic hierarchy 控制层级　284
cybernetics 控制论　284
cybersociety 网络社会　284
cyborg 赛博格　285
cycle of deprivation 剥夺循环　286
cyclical change 周期变化　287
cyclical unemployment 周期型失业　287

D

dangerous classes 危险阶级　288
dark figure of crime 犯罪黑数　288
Darwinism (Social Darwinism) 达尔文主义（社会达尔文主义）　291
data 数据　292
data archive (data bank) 数据档案（数据银行）　292
Davis-Moore thesis 戴维斯-摩尔理论　294
dealignment (dealignment thesis) 解组（解组理论）　294
death rate 死亡率　294
de Beauvoir, Simone 西蒙娜·德·波伏瓦（1908—1986）　294
decarceration 非监禁化　295
decentred self 离心自我　295
decision-making 决策　295
decomposition of capital 资本分解　296
decomposition of labour 劳动分解　296
deduction (deductive) 演绎法（演绎）　296
defence mechanisms 防御机制　297
deference 顺从　297
deferred gratification 延迟满足　298
definition of the situation 情景定义　298
definition, operational 操作定义　299
degradation ceremony 降黜仪式　299
degradation-of-work thesis 工作退化论　299
deindustrialization 非工业化　300
deism 自然神论　300
Deleuze, Gilles 吉尔·德勒兹（1925—1995）　300
delinquency 不良行为　302
Delphy, Christine 克里丝汀·德尔菲（1941—　）　303
demobilization 复员　303
democracy 民主　303

democracy, industrial 工业民主 306
democracy, participatory 参与式民主 306
democratic socialism 民主社会主义 306
demographic transition 人口转变 306
demography 人口学 307
denomination（denominationalization）宗派（宗派化）308
denotative meaning 外延意义 309
density 密度 309
dependence 依附 309
dependency theory 依附论 310
dependent variable 因变量 311
depression（cline depression）抑郁症（临床抑郁症）312
depression, neurotic 神经性抑郁 313
deprivation 剥夺 313
deprivation, maternal 母爱剥夺 315
deprivation-satiation proposition 剥夺-满足命题 315
derivations 衍生 315
Descartes, René 勒内·笛卡尔（1596—1650）315
descent（descent theory）继嗣（继嗣理论）316
descent groups 继嗣群体 316
descent, parallel 平行继嗣 317
deschooling 非学校化 317
descriptive statistics 描述统计 317
desire 性欲 317
de-skilling 去技能化 318
despotism 专制主义 319
determinism 决定论 319

deterrence 威慑 320
development, sociology of 发展社会学 320
development banks 开发银行 321
development, uneven 不均衡发展 322
deviance, sociology of 越轨社会学 323
deviance amplification 越轨放大 325
deviance disavowal 越轨否认 325
deviant career 越轨生涯 326
deviant subculture 越轨亚文化 326
Dewey, John 约翰·杜威（1859—1952）326
diachrony 历时 326
dialectic（dialectical materialism）辩证主义（辩证唯物主义）326
diaspora（diaspora Studies）离散（离散研究）327
diaspora identities 离散族群认同 328
dichotomy 二分法 328
dictatorship of the proletariat 无产阶级专政 328
difference 差异 329
difference principle 差别原则 329
differential association 差别接触 329
differentiation, social or structural 社会或结构分化 330
diffused power 弥散型权力 330
diffusion（diffusionism）传播（传播论）331
Dilthey, Wilhelm 威廉·狄尔泰（1833—1911）331
diploma disease 文凭病 332
direct（causal）effect 直接（因果）效应 332
direct democracy 直接民主 333
disability 残疾 333

disarmament 裁军 333

disasters, sociological aspects of 社会学视角下的灾害 333

discourse(discourse analysis)话语(话语分析) 334

discretionary income 可支配收入 336

discrimination 歧视 337

discrimination, institutionalized 歧视,制度性 338

discrimination, positive 积极差别待遇 338

discursive formation 话语型构 338

disease 疾病 339

disequilibrium 不均衡 339

disorganized capitalism 无组织的资本主义 339

dispersion, measures of 离散程度 340

displacement 移置 340

disposable income 可支配收入 340

dissimilarity, measures of 相异测度 340

dissonance 失调 340

distribution(statistical or frequency)分布(统计或频数) 340

distributive justice 分配正义 341

distributive power 分配权力 341

divination 占卜 341

division of labour 劳动分工 342

division of labour, domestic 家庭分工 345

division of labour, international 国际劳动分工 345

division of labour, sexual 性别分工 346

divorce 离婚 346

divorce rate 离婚率 347

documentary research 文献研究 347

domain assumptions 领域假设 349

domestic colonialism 内部殖民主义 349

domestic division of labour 家庭分工 349

domestic labour 家庭劳动 351

domestic violence 家庭暴力 351

dominant culture 主流文化 352

dominant ideology thesis 主流意识形态论 352

dominant value system 主流价值体系 354

domination 支配 354

doubling-time 倍增时间 355

dramaturgy(dramaturgical perspective)拟剧论(拟剧论视角) 355

dream work 梦的工作 356

drift 偏差 356

drinking and alcoholism 饮酒和酗酒 356

drives, innate and acquired 先天和后天内驱力 357

drugs(drug addiction)毒品(毒品成瘾) 358

dual-career marriage 双职工婚姻 359

dual consciousness 双重意识 359

dual-earner families(dual-earner marriage)双薪家庭(双薪婚姻) 360

dual economy 二元经济 360

dual labour market 二元劳动市场 360

dualism 二元论 360

dualism, economic 经济二元论 361

Du Bois, William Edward Burghardt 威廉·爱德华·伯格哈特·杜波依斯(1868—1963) 361

Durkheim, Émile 爱弥尔·涂尔干(1857—1917) 362
dyad 对群体 365
dynamic density 动态密度 365
dysfunction(dysfunctional)功能失调 365

E

ecological competition 生态竞争 367
ecological fallacy 区群谬误 367
ecological invasion 生态入侵 368
ecological succession 生态演替 368
ecology 生态学 368
ecology, human 人类生态学 370
ecology, urban 城市生态学 370
econometrics 经济计量学 370
economic activity 经济活动 370
economic determinism 经济决定论 370
economic development 经济发展 371
economic dualism 经济二元论 371
economic growth 经济增长 372
economic man 经济人 372
economic sociology 经济社会学 372
economics 经济学 377
economic traditionalism 经济传统主义 377
economism 经济主义 377
economy, black 黑色经济 378
economy, command 计划经济 378
economy, informal 非正式经济 378
economy, mixed 混合经济 378
economy, positional 地位经济 378
economy, subsistence 自给自足型经济 378
ecopopulism 生态民粹主义 378
educability 可教育性 379
education, sociology of 教育社会学 379
effort bargaining 基于努力程度的议价 382
egalitarianism 平等主义 383
ego 自我 384
egocentrism 自我中心主义 384
egoism 利己主义 384
egoistic suicide 利己型自杀 384
elaborated and restricted speech codes 精致语码和局限语码 384
elective affinity 选择性亲和 385
Elias, Norbert 诺伯特·埃里亚斯(1987—1990) 386
elite(elite theory)精英(精英理论) 387
elite, power 权力精英 389
embeddedness 嵌入性 389
embourgeoisement(embourgeoisement thesis)资产阶级化(资产阶级化论题) 390
emergence(emergent properties)突生(突生特性) 393
emergent norms 突生规范 394
emic and etic analysis 主位分析和客位分析 394
emigration 迁移 394
emotional labour 情感劳动 394
emotion, sociology of 情感社会学 395
emotion work 情感工作 396
empathy 同理心 396
empirical 经验主义的 397
empiricism 经验主义 397

empiricism, abstracted 抽象经验主义 399
empiricism, logical 逻辑经验主义 399
employer strategies 雇主策略 399
employment 就业（雇） 399
employment, flexible 弹性就业 400
employment status 就业状况 400
enclave 飞地 401
enculturation 文化濡化 401
end-of-ideology thesis 意识形态终结论 402
endogamy 内婚制 402
Engels, Friedrich 恩格斯·弗里德里希（1820—1895） 403
Enlightenment, The 启蒙运动 405
enterprise society（enterprise culture）企业社会（企业文化） 406
entitlement 权利资格 407
entrepreneur（entrepreneurship）企业家（企业家精神） 408
entrepreneurial capitalism 企业资本主义 408
environment, sociology of 环境社会学 408
environmental criminology 环境犯罪学 410
environmental sociology 环境社会学 410
epidemiology 流行病学 411
epistemological anarchy 认识论无序状态 411
epistemology 认识论 411
equality（social equality）平等（社会平等） 413
equality of opportunity 机会平等 414
equilibrium（social equilibrium）均衡（社会均衡） 414
equity theory 公平理论 414
eschatological 末世论的 414

essentialism 本质主义 415
estate 等级 415
ethical dualism 族群二元论 416
ethics 伦理学 416
ethnicity（ethnic group）族群性（族群） 417
ethnic nationalism 族群民族主义 419
ethnocentricism 族群中心主义 419
ethnography 民族志 420
ethnomedicine 民族医学 420
ethnomethodology 常人方法学 420
ethology 人类行为学 424
eufunction 正功能 425
eugenics 优生学 426
evaluation research 评估研究 427
evangelical 福音派 427
Evans-Pritchard, Sir Edward Evan 爱德华·伊万·埃文斯-普里查德爵士（1902—1973） 427
evolutionary psychology 进化心理学 428
evolutionary universals 进化共相 429
evolutionism（evolutionary theory）进化主义（进化论） 430
exchange 交换 431
exchange mobility 交换流动 431
exchange value 交换价值 431
exclusion（social exclusion）排斥（社会排斥） 431
existentialism 存在主义 432
existential sociology 存在社会学 433
exogamy 外婚制 434
experiment（experimental design, experimental method）实验（实验设计，实验

方法)434
experimenter effects 实验者效应 434
explanation 解释 435
explanatory dualism 解释二元论 435
explanatory reduction 解释还原律 435
explanandum and explanans 被释项与解释项 435
exploitation 剥削 435
exponential growth 指数增长 436
expressive ties and instrumental ties 情感性联系与工具性联系 436
extended family 扩展家庭 436
extensive power 弥散性权力 436
external labour market 扩展劳动力市场 436
externality(externalities)外在性(外部效应)436
externalization 外化 437
extrinsic satisfaction 外在满意度 437
extroversion and introversion 外向与内向 437

F

fabianism 费边主义 439
face-to-face interaction 面对面互动 440
fact 事实 440
factor analysis 因子分析 440
factory system 工厂系统 441
fact, social 社会事实 441
falangism 长枪主义 442
fallacy of composition 合成谬误 442
fallacy of misplaced concreteness 错置具体性的谬误 442

false consciousness 虚假意识 442
falsification(falsificationism)证伪(证伪主义)444
family, conjugal 夫妻家庭 446
family, extented 扩展家庭 447
family, nuclear 核心家庭 447
family, sociology of 家庭社会学 449
family, stem 主干家庭 453
family, symmetrical 对称家庭 453
family therapy 家庭疗法 453
family wage 家庭工资 454
fascism 法西斯主义 454
fatalism 宿命论 457
fatherhood 父亲身份/父权 458
Featherman-jones-hauser hypothesis 费瑟曼-琼斯-豪泽(FJH)假设 458
fecundity 生殖力 460
federalism 联邦主义 460
feedback 反馈 460
feeling rules 情绪规则 460
femininity 女性气质 461
feminism(feminist theory)女性主义(女性主义理论)461
feminist criminology 女性主义犯罪学 467
feminist methodology 女性主义方法论 467
Ferguson, Adam 亚当·弗格森(1724—1816)467
fertility(fertility rate)生育力(生育率)467
fetishism of commodities 商品拜物教 468
feudalism 封建主义 468
field experiment 现场实验 471
field theory 场论 472

fieldwork 田野调查 472
figurational sociology 构型社会学 473
figure-ground contrast 主体-背景反差 473
finance capitalism 金融资本主义 473
first-order constructs 一阶建构 473
First World 第一世界 473
fiscal crisis(of the state)国家财政危机 473
fixed capital 混合资本 474
fixed-choice question 定选问题 474
flexibility, labour-market 劳动力市场的灵活性 474
flexible employment 弹性就业 474
flexible work(flexible production, flexible specialization)弹性工作(弹性生产,弹性专业化) 475
focused interaction 焦点互动 475
focus groups 焦点小组 476
folk devils 民间魔鬼 479
folk society 乡土社会 479
folk-urban continuum 城乡连续统 480
folkways 民俗 480
food, sociological studies of 食物社会学研究 480
forces of production 生产力 482
fordism 福特主义 483
foreign aid 外国援助 484
formalism(formal sociology)形式主义(形式社会学) 484
formal justice 形式正义 486
formal operations stage 形式运算阶段 486
formal organization 正式组织 486
formal rationality 形式理性 486

formal structure(formal organization)正式结构(正式组织) 487
Fortes, Meyer 迈耶·福蒂斯(1906—1983) 487
Foucault, Michel 米歇尔·福柯(1926—1984) 488
frame(framing, frame analysis)框架(构造,框架分析) 489
Frankfurt School(of social theory)法兰克福学派(社会理论的) 490
Frazer, Sir James George 詹姆斯·乔治·弗雷泽爵士(1854—1941) 490
Frazier, Edward Franklin 爱德华·富兰克林·弗雷泽(1894—1962) 491
free association 自由联想 491
free market 自由市场 492
free rider 搭便车 492
free will 自由意志 492
frequency distribution 频数分布 492
frequency polygon 频数多边形图 492
Freud, Sigmund 西格蒙德·弗洛伊德 492
frictional unemployment 摩擦性失业 495
Friedmann, Georges 乔治·弗里德曼(1902—1977) 495
friendship 友谊 496
Fromm, Erich 埃里希·弗洛姆(1900—1980) 496
function(functionalism)功能(功能主义) 497
functional equivalents 功能均衡论 501
functional imperatives(functional prerequisites)功能性迫令(功能性先决条件) 502

functional inequality 功能性不公　502
functional rationality 功能理性　502
functional theory of stratification 分层的功能理论　502
function, latent 潜功能　503
function, manifest 显功能　503
fundamentalism (religious) 原教旨主义（宗教）　503
futurology 未来学　504

G

Galton's problem 高尔登问题　505
game theory 博弈论　506
gangs 帮派　508
gatekeeping 守门　508
gay studies 同性恋研究　509
gaze 凝视　509
Geddes, Sir Patrick 帕特里克·格迪斯爵士（1854—1932）　510
Geiger, Theodore 西奥多·盖格（1891—1952）　511
Geisteswissenschaften and Naturwissenschaften 精神科学和自然科学　511
Gellner, Ernest 厄内斯特·盖尔纳（1925—1995）　513
Gemeinschaft and Gesellschaft 共同体和社会　514
gender discrimination 性别差异　515
gender roles 性别角色　515
gender segregation (in employment) 职业性别隔离　516

gender, sociology of 性别社会学　516
gender stereotypes 性别刻板印象　519
gene (genotype) 基因（基因型）　519
genealogy 谱系　520
generalized other 概化他人　520
generation 世代　520
generic social processes 一般的社会过程　521
genetic modification 基因改造　521
genetics 遗传学　522
genocide 种族灭绝　522
gens 宗族　524
gentrification 中产阶级化　524
gentry 绅士　524
geography 地理学　525
gerontocracy 长老统治　525
gerontology 老年学　525
Gesellschaft 社会　526
gestalt theory 格式塔理论　526
gesture 姿势　526
ghetto 贫民区　527
Giddens, Anthony 安东尼·吉登斯（1938— ）　527
Giddings, Franklin H. 弗兰克林·亨利·H.吉丁斯（1855—1931）　529
gift relationship 礼物关系　529
Gilman, Charlotte Perkins 夏洛特·帕金斯·吉尔曼（1860—1935）　532
Ginsberg, Morris 莫里斯·金斯伯格（1889—1970）　533
Glass, David V. 大卫·V.格拉斯（1911—1978）　533

Glass（Durant），Ruth 露丝·格拉斯（杜兰特）（1912—1990） 534
global commodity chains 全球商品链 534
globalization（globalization theory）全球化（全球化理论） 534
glocalization 全球本土化 537
glossing 注释 537
goal（goals）目标 537
goal attainment 目标实现 538
goal differentiation 目标差异化 538
goal displacement 目标替代 538
goal generalization 目标概化 539
Goffman, Erving 欧文·戈夫曼（1922—1982） 539
Goldmann, Lucien 卢西恩·戈德曼（1913—1970） 542
Goldthorpe class scheme 戈德索普阶级体系 542
Goldthorpe, John H. 约翰·H. 戈德索普（1935— ） 545
goodness of fit 拟合优度 546
Gouldner, Alvin W. 阿尔文·W. 古尔德纳（1920—1981） 546
governmentality 治理术 548
Gramsci, Antonio 安东尼奥·葛兰西（1891—1937） 549
grand theory 宏大理论 550
green revolution 绿色革命 550
Gross National Product（GNP）国民生产总值 550
grounded theory 扎根理论 551
group（social group）群体（社会群体） 551

group dynamics 群体动力学 552
group marriage 群婚 552
group therapy 群体治疗 553
group work 群体工作 553
Guattari, Felix 菲利克斯·伽塔利（1930—1992） 553
guerrilla 游击战 554
guilds（gilds）公会 554
Gumplowicz, Ludwig 路德维格·贡普洛维奇（1838—1909） 555
Gurvitch, Georges 乔治·古尔维奇（1896—1965） 555

H

Habermas, Jürgen 尤尔根·哈贝马斯（1929— ） 557
habitus 惯习 558
Halbwachs, Maurice 莫里斯·哈布瓦赫（1877—1945） 559
Halévy thesis 哈勒维命题 559
halo effect 晕轮效应 560
Haraway, Donna Jeanne 唐娜·珍妮·哈拉维（1944— ） 560
hate crimes 仇恨犯罪 560
Hawthorne studies 霍桑研究 561
Hayek, Friedrich A. 弗里德里希·A. 哈耶克（1900—1992） 562
head of household 户主 563
health and illness, sociology of 健康与疾病社会学 563
health-care system 卫生保健系统 564

health-maintenance organization（HMO）健康维护组织　566
health-related behaviour 健康相关行为　567
Hegel, Georg Wilhelm Friedrich 格奥尔格·威廉·弗里德里希·黑格尔（1770—1831）　567
hegemonic masculinity 霸权男性气质　568
hegemony 霸权　569
Heidegger, Martin 马丁·海德格尔（1889—1976）　571
Heider, Fritz 弗里茨·海德（1896—1988）　571
heredity 遗传　571
hermeneutics 诠释学　572
Herskovitz, Melville-Jean 梅尔维尔-让·赫兹科维茨（1895—1963）　572
heterosexism 异性恋主义　573
heuristic device 启发装置　573
hidden crime 隐秘犯罪　574
hidden curriculum 隐性课程　574
hierarchy of credibility 信用层级　574
Hilferding, Rudolf 鲁道夫·希法亭（1877—1941）　575
Hinduism 印度教　576
histogram 直方图　578
historical demography 历史人口学　578
historical materialism 历史唯物主义　579
historical sociology 历史社会学　580
historicism 历史主义　583
history, social 社会历史学　584
Hobbes, Thomas 托马斯·霍布斯（1588—1679）　584

Hobhouse, Leonard Trelawny 伦纳德·特里劳尼·霍布豪斯（1864—1929）　586
Hobson, John Atkinson 约翰·阿特金森·霍布森（1858—1940）
holism 整体论　471
Homans, George C. 乔治·C. 霍曼斯（1910—1989）　587
homework 家庭劳动　587
homophabia 恐同症　588
homosexuality 同性恋　588
Hooks, Bell 贝尔·胡克斯（1952—2021）　590
hooligan（hooliganism）不良少年（流氓行为）　590
horizontal integration 横向合并　591
Horkheimer, Max 马克斯·霍克海姆（1895—1973）　591
horticulture 园艺学　592
hospice 临终关怀机构　592
household 家户　592
household allocative system 家庭分配系统　592
household dynamics 家庭动力学　593
household, head of 户主　593
household work strategy 家务劳动策略　593
housework 家务劳动　594
housing class 住房阶级　595
housing, sociology studies of 住房社会学　596
human-capital theory 人力资本理论　597
human ecology 人类生态学　598
human genome 人类基因组　599
human geography 人文地理学　600

humanism 人文主义 601
humanistic sociology 人文主义社会学 603
human nature 人性 604
Human relations theory 人际关系理论 604
human rights 人权 607
Hume, David 大卫·休谟（1711—1776） 608
hunter-gatherer（hunting and gathering societies）狩猎采集（狩猎采集社会） 608
Husserl, Edmund Gustav Albert 埃德蒙德·古斯塔夫·阿尔布雷希特·胡塞尔（1859—1938） 609
hybridity 混杂 609
hydraulic hypothesis（hydraulic society）治水假说（治水社会） 610
hypothesis（hypothesis testing）假设（假设检验） 610
hypothetico-deductive method 假说演绎法 611

I

iatrogenesis 医源性疾病 612
idealism 唯心主义 613
ideal speech situation 理想的言语情景 614
ideal type 理想类型 614
identity 认同 615
identity crisis 认同危机 621
idiographic versus nomothetic approaches 特殊规律与一般规律研究法 621
ideological state apparatus 意识形态国家机器 622
ideology 意识形态 622
illness 疾病 626
images of society 社会图景 626
imagined community 想象的共同体 628
immanence 内在性 629
immigration 移民 629
imperialism 帝国主义 629
impression formation 印象形成 630
impression management 印象管理 630
incarcerate 监禁 630
incentive payment 奖励性薪酬 631
incest taboo 乱伦禁忌 631
inclusion 包含 632
income distribution 收入分配 632
incommensurability 不可通约 634
incorporation 社会融合 634
independence 独立性 635
independent variable 自变量 635
index 指数 635
index, crime 犯罪指数 637
indexicality 索引 637
indicator 指标 637
individualism 个人主义 638
induction（inductive）归纳（归纳） 639
industrial action 劳工行动 639
industrial capitalism 工业资本主义 640
industrial conflict 劳资冲突 640
industrial democracy 工业民主 642
industrial integration 产业整合 644
industrialism（industrialization）工业主义（工业化） 644
industrial relations 劳资关系 645

industrial reserve army 产业后备军　645
industrial revolution, the 工业革命　646
industrial sector 工业部门　648
industrial society 工业社会　649
industrial sociology 工业社会学　652
industrial, sociology of 工业社会学　652
inequality（social inequality）不平等（社会不平等）　655
Infancy（infant development）婴儿期（婴儿发展期）　657
infant mortality rate 婴儿死亡率　658
inflation 通货膨胀　658
informal care 非正式护理　659
informal economy 非正式经济　659
informal-sector theories 非正式部门理论　661
informal social controls 非正式社会控制　662
informant 报道人　662
information society 信息社会　662
information technology（IT）信息技术　664
in-group 内群体　664
initiation（initiation rites）成年礼（成人仪式）　664
inner city 城市中心区　665
inner-directedness 内部导向　665
instincts 本能　665
institution 制度（社会制度）　665
institutionalism 制度主义　666
institutionalization 制度化　666
institutionalization of conflict（阶级）冲突的制度化　667
institutionalized discrimination 制度性歧视　667

institutional racism 制度性种族主义　668
institution, total 全控机构　670
instrumental collectivism 工具集体主义　670
instrumentalism 工具主义　671
integration, industrial 产业整合　671
integration（social）整合（社会）　671
intellectuals 知识分子　671
Intelligence（intelligence testing）智力（智力测试）　673
intelligentsia 知识阶层　675
interaction（social）互动（社会）　676
interactionism（interactionist perspective）互动论（互动论视角）　677
interest groups 利益集团　677
interests 利益　678
interlocking directorship 连锁董事　679
intermediate technology 中间技术　680
Internal labour market 国内劳动力市场　680
internal migration 国内迁移　680
internal（or domestic）colonialism 内部（或国内）殖民主义　681
international division of labour 国际分工　681
internet 互联网　682
interpellation 质询　685
interpersonal comparisons 人际效用比较　685
interpretation 解释（解释社会学）　685
intersectionality 交叉性　688
intersubjectivity 主体间性　691
intertextuality 互文性　692
intervening variable 中介变量　692
interview 访谈　692
interview bias 访谈偏差　693

interviewer bias 访谈者偏差 694
intimacy(intimacies)亲密关系(亲密) 694
intragenerational mobility 代内流动 696
intrapreneur 内部企业家 696
introspection 内省 696
introspectionism 内省主义 696
introversion 内向 696
invasion-succession model 侵入-接替模型 696
invisible hand 无形之手 697
invisible religion 无形宗教 697
involvement(types of involvement)介入(介入类型) 697
iron law of oligarchy 寡头铁律 698
Islam 伊斯兰教 698
Islamophobia 伊斯兰恐惧症 699

J

Jacobson, Roman Osipovic 罗曼·奥西波维奇·雅各布森(1896—1982) 702
James, William 威廉·詹姆斯(1842—1910) 702
Janowitz, Morris 莫里斯·简诺威茨(1919—1988) 702
job evaluation 工作评价 702
job satisfaction 工作满意度 704
joint conjugal roles 协同夫妻角色 704
joking relationships 玩笑关系 704
Judaism 犹太教 705
Jung, Carl Gustav 卡尔·古斯塔夫·荣格(1875—1961) 706

justice 正义 706
justice, social 社会正义 707
just-in-time system 即时生产制度 712
juvenile delinquency 青少年不良行为 713

K

Kant, Immanuel 伊曼努尔·康德(1724—1804) 714
Kautsky, Karl 卡尔·考茨基(1854—1938) 715
Kelly, George Aalexande 乔治·亚历山大·凯利(1905—1967) 716
Kerr-Siegel hypothesis 克尔-西格尔假设 716
Keynesian economics 凯恩斯经济学 717
kibbutzim 基布兹 718
kinesics 身势语 718
Kinsey, Alfred 阿尔弗雷德·金赛(1894—1956) 718
kinship 亲属关系 719
Klein, Melanie 梅兰妮·克莱因(1882—1960) 721
Klein, Viola 薇奥拉·克莱因(1908—1973) 722
Kluchkohn, Clyde 克莱德·克拉克洪(1905—1960) 723
knowledge, sociology of 知识社会学 723
Kollontai, Alexandra 亚历山德拉·柯伦泰(1872—1952) 725
Kondratieff cycles 康德拉季耶夫周期 726

Kroeber, Alfred Lewis 阿尔弗雷德·刘易斯·克罗伯(1876—1960) 726
Kuhn, Manford 曼福德·库恩(1911—1963) 726
Kuhn, Thomas Samuel 托马斯·萨缪尔·库恩(1922—1996) 727
kula ring 库拉圈 728

L

labelling(labelling theory) 标签(标签理论) 730
labour 劳动 734
labour aristocracy 工人贵族 734
labour, division of 劳动分工 735
labour-force participation rate 劳动参与率 735
labour market 劳动力市场 736
labour-market flexibility 劳动力市场的灵活性 739
labour-market segmentation 劳动力市场分割 739
labour movement 劳工运动 744
labour power 劳动力 745
labor process 劳动过程 745
labor relations 劳动关系 747
labour theory of value 劳动价值论 748
labour union 工会 750
Jacques Lacan 雅克·拉康(1901—1983) 750
Laing, Ronald D. 隆纳·D.连恩(1927—1989) 752

laissez-faire economics 放任主义经济学 753
language 语言 754
language and parole 语言和言语 756
Lasch, Christopher 克里斯托弗·拉施(1932—1994) 756
late modernity 晚期现代性 757
latent function 潜功能 758
latifundia 大庄园制 758
law, sociology of 法律社会学 758
Paul L. Lazarsfeld 保罗·L.拉扎斯菲尔德(1901—1976) 761
Leach, Edmund R. 埃德蒙德·R.利奇(1910—1989) 762
learning theory 学习理论 762
Lefebvre, Henri 亨利·列斐伏尔(1901—1991) 762
legitimacy 合法性 763
legitimation crisis 合法性危机 765
leisure class 有闲阶级 765
leisure, conspicuous 炫耀性有闲 766
leisure, sociology of Leisure 休闲社会学 766
Lenin(Vladimir Ilgich Vlyanov)列宁(原名弗拉基米尔·伊里奇·乌里扬诺夫)(1870—1924) 767
lesbian and gay study 女同性恋和男同性恋研究 769
less developed countries(LDCs)欠发达国家 769
Lévi-Strauss, Claude 克劳德·列维-斯特劳斯(1908—2009) 769
Lévy-Bruhl, Lucien 路先·列维-布留尔(1857—1939) 770

Lewin, kurt 库尔特·勒温（1890—1947） 770

Lewis, Oscar 奥斯卡·刘易斯（1914—1971） 771

liberalism 自由主义 771

libertarianism 自由意志主义 773

life chances 生活机遇 774

life course 生命历程 774

life cycle 生命周期 775

life event 生命事件 776

life expectancy 预期寿命 777

life history 生活史 777

life stages 生命阶段 778

life style 生活方式 778

lifeworld 生活世界 779

Likert scale 李克特量表 779

liminality 边际性 780

lineage 世系 780

line-and-staff 直线职能制 780

linear growth 线性发展 780

line of best fit 最适线 781

linguistic relativity thesis 语言相对论 781

linguistics 语言学 781

Linton, Ralph 拉尔夫·林顿（1893—1953） 781

Locke, John 约翰·洛克（1632—1702） 781

lockout 停工 783

Lockwood, David 大卫·洛克伍德（1929—2014） 783

logical empiricism 逻辑经验主义 783

logical positivism 逻辑实证主义 784

logical reduction 逻辑归约律 784

logical universals 逻辑共性 784

Lombroso, Cesare 切萨雷·龙勃罗梭（1836—1909） 784

longitudinal study 追踪研究 784

long-wave theory（long-wave cycles）长波理论（长波动周期） 784

looking-glass self 镜中我理论 785

Lowie, Robert H. 罗伯特·H. 罗伊（1883—1957） 785

Luhmann, Niklas 尼克拉斯·卢曼（1927—1998） 785

Lukács, György 卢卡奇·格奥尔格（1885—1971） 786

lumpenproletariat 流氓无产者 787

Lundberg, George A. 乔治·A. 伦德伯格（1895—1966） 788

Luxemburg, Rosa 罗莎·卢森堡（1871—1919） 788

Lynd, Helen Merrell 海伦·林德（1896—1982） 789

M

McDonaldization 麦当劳化 791

Mcdougall, William 威廉·麦独孤（1871—1938） 792

Machiavelli, Niccolò 尼科洛·马基雅维利（1469—1527） 792

machine production 机器生产 793

MacIver, Robert M. 罗伯特·M. 麦基文（1882—1970） 793

macrosociology 宏观社会学 793

madness 疯癫 795

magic, witchcraft, and sorcery 魔法、巫术和诅咒 795

Maine, Sir Henry James Sumner 亨利·詹姆斯·萨姆纳·梅因爵士（1822—1888） 798

male chauvinism 男性沙文主义 799

Malinowski, Bronislaw Kaspar 布罗尼斯拉夫·卡斯帕·马林诺夫斯基（1884—1942） 799

Malthus, thomas robert 托马斯·罗伯特·马尔萨斯（1766—1834） 801

management 管理/管理层 802

management of knowledge 知识管理 803

management science 管理科学 803

managerial revolution 管理革命 803

Mann, Michael John 迈克尔·约翰·曼（1942— ） 804

Mannheim, Karl 卡尔·曼海姆（1893—1947） 805

manual versus non-manual distinction 体力劳动与非体力劳动的区分 806

manufacturing 制造业 807

Maoism 毛泽东主义 807

Marcuse, Herbert 赫伯特·马尔库塞（1898—1979） 808

marginal employment 临界就业 809

marginalist revolution 边际革命 809

marginalization 边缘化 809

marginal totals（marginal）边际总和（边际数） 810

market 市场 810

market research 市场研究 813

market situation 市场状况 813

market socialism 市场社会主义 813

marriage 婚姻 813

Marshall, Alfred 阿尔弗雷德·马歇尔（1842—1924） 817

Marshall, Thomas H. 托马斯·H. 马歇尔（1893—1982） 817

Martineau, Harriet 哈丽雅特·马蒂诺（1802—1876） 818

Marxism 马克思主义 820

Marxist sociology 马克思主义社会学 823

Marx, Karl 卡尔·马克思（1818—1883） 823

Masaryk, Tomáš 托马斯·马萨里克 828

masculinity 男性气质 829

Maslow, Abraham H. 亚伯拉罕·H. 马斯洛（1908—1970） 831

mass communication 大众传播 831

mass culture 大众文化 832

mass hysteria 集体歇斯底里 832

mass media, sociology of 大众传媒社会学 832

Mass-Observation 大众观察 836

mass society 大众社会 837

master status 主要地位 839

material culture 物质文化 839

materialism 唯物主义 840

material justice 物质公平 842

maternal deprivation 母爱剥夺 842

mathematical sociology 数理社会学 843

matriarchy 母权制 843

matrilineal 母系（母系继嗣族群） 844

Mauss, Marcel（1872—1950）马塞尔・莫斯 845
Mayo, Elton 埃尔顿・梅奥（1880—1949）845
Mead, George Herbert 乔治・赫伯特・米德（1863—1931）846
Mead, Margare 玛格丽特・米德（1901—1978）847
mean 平均值 848
meaning（meaningful action）意义（有意义的行动）848
means of production 生产资料 849
means-testing 经济状况调查 849
measurement 测量 849
measurement error 测量误差 850
mechanical management systems 机械管理系统 850
mechanical solidarity 机械团结 851
media 媒体 851
median 中值 851
medicalization 医疗化 851
medical model 医学模型 851
medical sociology 医学社会学 852
medicine, sociology of 医学社会学 852
megalopolis 特大城市/大都市带 854
melting-pot 熔炉 855
membership group 认同群体 855
member's method 成员法 855
meme 模因 855
mental illness 精神疾病 856
mental labour 脑力劳动 858
mercantile capitalism 商业资本主义 859

mercantilism 重商主义 859
merit 价值 859
meritocracy 优绩主义 859
Merleau-Ponty, Maurice 莫里斯・梅洛-庞蒂（1905—1961）860
Merton, Robert King 罗伯特・默顿（1910—2003）861
messianic movement 弥赛亚运动 862
meta-narrative 元叙事 862
metaphysics 形而上学 863
metatheory（metatheoretical beliefs）元理论（后设理论）863
methodenstreit 方法论论争 863
methodological artefact 方法论假象 864
methodological pluralism 方法论多元主义 864
methodology 方法论 865
methodology, feminist 女性主义方法论 865
metonym（metonymy）转喻词（转喻）867
metropolis 大都市 867
metropolis-satellite relationship 大都市-卫星城假说 867
metropolitan area 城镇集聚区 867
Metropolitan Statistical Area 都市统计区 867
Michels, Roberto 罗伯特・米歇尔斯（1876—1936）868
microdata 微观数据 869
microsociology 微观社会学 869
middle class（middle classes）中产阶级 869
middle class, new 新中产阶级 871
middle-range theory 中层理论 871
migration, internal 国内迁移 872

migration 迁移　872
militancy 斗争性　875
military and militarism 军事与军国主义　875
military capitalism 军事资本主义　877
military-industrial complex 军工复合体　878
Millar, John 约翰·米勒（1735—1801）　879
millenarianism 千禧年主义　879
Mill, John Stuart 约翰·斯图尔特·密尔（1806—1873）　881
Mills, Charles Wright 查尔斯·怀特·米尔斯（1916—1962）　883
minority group 少数群体　884
mirror phase（of infant development）镜像阶段（婴儿发展的）　884
miscegenation 种族混合　884
misogyny 厌女　885
mixed economy 混合经济　885
mob 暴民　886
mobility, occupational 职业流动　886
mobility, social 社会流动　886
mobilization（mobilization model）动员（动员模型）　894
mobilization of bias 偏见动员　895
mode 重数　895
model 模型　895
modelling 建模　896
mode of production 生产方式　896
modernism 现代主义　897
modernity 现代性　898
modernization（modernization theory）现代化（现代化理论）　901

moiety 半偶族　902
monetarism 货币主义　903
monism 一元论　903
monoculture 单作　903
monogamy 一夫一妻制　904
monopoly 垄断　904
monopoly capitalism 垄断资本主义　904
monotheism 一神论　904
Montesquieu, Charles Louis de Secondat, Baron de 夏尔·路易·德·色贡达·孟德斯鸠男爵　905
Mont Pelerin Society 朝圣山学社　905
moral career 道德生涯　906
moral community 道德共同体　907
moral crusade 道德讨伐　907
moral enterprise 道德事业　907
moral entrepreneur 道德提倡者　908
moral hazard 道德风险　908
moral panic 道德恐慌　908
moral statistics 道德统计　909
morbidity statistics 发病率统计　909
mores 民情　909
Morgan, Lewis Henry 路易斯·亨利·摩尔根（1818—1881）　910
mortality 死亡率　910
mortification 屈辱　910
Mosca, Gaetano 加塔诺·莫斯卡（1858—1941）　911
motherhood 母职/母亲角色　912
motivation crisis 动机危机　914
motive 动机　914
Moynihan Report《莫伊尼汉报告》　914

multi-cultural society 多元文化社会　915
multidimensional scaling 多维标度　915
multi-level models 多层模型　916
multinational corporation 跨国公司　916
multivariate analysis 多变量分析　916
Mumford, Lewis, 刘易斯·芒福德（1895—1990）　917
mutualism 共生论　917
Myrdal, Alva 阿尔娃·缪达尔（1902—1986）　917
Myrdal, Gunnar 冈纳·缪达尔（1898—1987）　918
myth 神话　919

N

Nadel, Siegfried Frederick 西格弗里德·弗雷德里克·纳德尔（1903—1956）　920
narcissism 自恋　920
narrative 叙事　921
national bourgeoisie 民族资产阶级　923
national character 民族性格　924
National Deviance Conference 全国越轨行为会议（NDC）　924
nationalism 民族主义　924
national socialism 国家社会主义　928
National Statistics Socio-Economic Classification（NS-SEC）国家统计局社会经济分类法　928
nativism 本土主义　930
nativistic movement 本土运动　930
natural area 自然区域　931
natural experiment 自然实验　931
naturalism 自然主义　931
natural law 自然法　933
natural selection 自然选择　934
nature versus nurture debate 先天与后天之争　934
Naturwissenschaften 自然科学　934
need 需求　934
needs, hierarchy of 需求的层次　935
negative correlation 负相关　936
negotiated order 协商秩序　936
Neighbourhood 社区　937
neo-classical economics 新古典经济学　937
neo-colonialism 新殖民主义　938
neo-Darwinism 新达尔文主义　938
neo-imperialism 新帝国主义　939
neo-Kantianism 新康德主义　939
neo-liberalism 新自由主义　940
neo-Marxism 新马克思主义　941
neonatal mortality 新生儿死亡率　941
neo-positivism 新实证主义　941
network analysis 网络分析　942
neurosis 神经官能症　944
neurotic anxiety 神经性焦虑　945
neurotic depression 神经性抑郁　945
neutralization of deviance（neutralization of guilt）越轨消解（罪责消解）　945
new deviance theory 新越轨理论　945
new international division of labour 新国际分工　946
New Left 新左派　946
newly industrializing countries（NICs）新

兴工业国家 946
new middle class 新中产阶级 947
new penology 新刑罚学 947
new religions（new religious movements）
　新宗教（新宗教运动） 948
New Right 新右派 950
new social movements 新社会运动 950
new technology 新技术 950
new working class 新工人阶级 951
Nietzsche, Friedrich 弗里德里希·尼采
　（1844—1900） 953
nominalism, philosophical 哲学唯名论 954
nomothetic 一般规律 954
nomads（nomadism）游牧民族（游牧社会）
　954
non-decision-making 非决策制定 955
non-participant observation 非参与式观察 955
non-response 无应答 956
non-standard worker（non-standard employ-
　ment）非正式工人（非正式雇佣） 956
norm（social norm, normative）规范（社会
　规范, 规范的） 957
normal curve 正态曲线 958
normal distribution 正态分布 958
normalization 正态化 958
normal science 规范科学 959
normative functionalism 规范功能主义 959
normative order 规范秩序 959
normative theory 规范理论 960
norm of reciprocity 互惠规范 961
nuclear family 核心家庭 961
nurture 后天的 961

O

Oakley, Ann 安·奥克利（1944— ） 962
objective（objectivity）客观（客观性） 963
Object Relations Theory 客体关系理论 963
observation 观察 965
observer bias 观察者偏差 965
occupation 职业 965
occupational career 职业生涯 966
occupational classification 职业分类 966
occupational community 职业社区 968
occupational mobility 职业流动 968
occupational prestige 职业声望 969
occupational segregation 职业隔离 970
occupational socialization 职业社会化 972
occupational structure 职业结构 972
Oedipal stage（Oedipus complex）俄狄浦
　斯阶段（俄狄浦斯情结） 973
official statistics 官方统计数据 973
Ogubrn, William Fielding 威廉·费尔丁·奥
　格本（1886—1959） 977
oligarchy 寡头政治 977
oligopoly 寡头垄断 977
ontology 本体论 978
open-ended question 开放式问题 978
open groups 开放群体 978
open societies and closed societies 开放社
　会与封闭社会 978
operant conditioning or learning 操作条件
　反射/学习 979
operational definition/operationalization 操
　作定义/操作化 979
operational model 操作模型 980

opinion polls 民意调查 980
opportunity structure 机会结构 980
oral history 口述史 981
order, social 社会秩序 982
organic analogy 有机类比 982
organic composition of capital 资本有机构成 983
organic solidarity 有机团结 983
organization 组织 983
organizational culture 组织文化 983
Organizational Design Movement 组织设计运动 984
organizational reach 组织范围 985
organization man 组织人 986
organization theory 组织理论 987
organized crime 组织化犯罪 990
oriental despotism 东方专制主义 991
orientations to work 工作导向 992
original income 原始收入 992
Ossowski, Stanislaw 斯坦尼斯拉夫·奥索斯基（1897—1963） 993
other-directedness 他人导向 994
out-group 外群体 994
outlier 离群值 994
outwork（outworking）外包 995
overdetermine 多元决定论 995
over-socialized conception of man 人的过度社会化 995
overt participant observation 公开参与式观察 996
over-urbanization 过度城市化 996
ownership and control 所有权与控制权 996

P

Paine, Thomas 托马斯·潘恩（1737—1809） 999
panel study 面板研究 999
panopticon 全景监狱 1001
pantheism 泛神论 1001
paradigm 范式 1001
paradigmatic and syntagmatic 组合与聚合 1004
paralanguage 副语言 1004
parallel cousin 平表亲 1004
parallel descent 平行继嗣 1004
paranoia 妄想症 1004
para-religion 平行宗教 1005
parasuicide 准自杀 1005
parenthood（parenting）亲职（养育） 1006
Pareto principle 帕累托法则 1006
Pareto, Vilfredo 维尔弗雷多·帕累托（1948—1923） 1006
pariah group 贱民群体 1007
Parkinson's law 帕金森定律 1007
Park, Robert Ezra 罗伯特·以斯拉·帕克（1864—1944） 1008
parliamentary government 议会制政体 1008
parole and langue 言语与语言 1009
parsimony（parismonious）简洁性原则 1009
Parsons, Talcott 塔尔科特·帕森斯（1902—1979） 1009
participant observation 参与式观察 1013
participation rate 参与率 1015
participatory democracy 参与式民主 1015
partisan dealignment 党派分裂 1015

party, political 政党 1015
passive resistance 消极抵抗 1015
passive worker thesis 消极劳工命题 1015
pastoralists (pastoralism) 牧民（畜牧） 1015
paternalism 家长式统治 1015
path analysis 路径分析 1016
pathology 病理学 1018
pathology, social 社会病理学 1018
patriarchy 父权制 1018
patrilineal 父系 1019
patrimonialism 家产制 1019
patron-client relationship 庇护关系 1020
pattern variables 模式变项 1022
peasants (peasantry) 农民 1022
pedagogy 教育学 1023
peer group 同辈群体 1023
Peirce, Charles Sanders 查尔斯·桑德斯·皮尔斯（1839—1914） 1024
penology 刑罚学 1024
perception 知觉 1024
personal construct theory 个人建构理论 1025
personal documents 个人文档 1026
personal income 个人收入 1026
personality 人格 1027
personnel management 人事管理 1029
Peter principle 彼得原理 1030
petite (or petty) bourgeoisie 小资产阶级 1030
petty accumulation 小额积累 1032
petty bourgeoisie 小资产阶级 1032
petty commodity production 小商品生产 1032
phenomenology (phenomenological sociology) 现象学（现象学社会学） 1033
Philips curve 菲利普斯曲线 1034
philosophy 哲学 1035
philosophy of social science 社会科学哲学 1036
phratry 胞族（大氏族群） 1036
Physiocrats (Physiocratic Thought) 重农学派（重农主义思潮） 1037
Piaget, Jean 让·皮亚杰（1896—1980） 1037
piecemeal social engineering 渐进社会工程 1039
pie chart (pie graph) 饼状图 1040
pillarization 支柱化 1041
pilot study 预试研究 1041
Pitt-Rivers, A. Lane-Fox A. 兰恩-福克斯·皮特-里弗斯（1827—1900） 1042
placebo 安慰剂 1042
planned economy 计划经济 1043
plantations 种植园 1043
pluralism 多元主义 1043
pluralism, epistemological 认识论多元主义 1045
plural social systems 多元社会体系 1045
plural societies 多元化社会 1046
Polanyi, Karl 卡尔·波兰尼（1886—1964） 1047
polarization 两极化 1048
policy research 政策研究 1049
political behaviour 政治行为 1050
political crime 政治犯罪 1051
political culture 政治文化 1051
political economy 政治经济学 1052

political parties 政党 1054

political science 政治学 1056

Political socialization 政治社会化 1057

political sociology 政治社会学 1058

poll 调查 1060

polyandry 一妻多夫制 1060

polygamy 多偶婚 1060

polygyny 一夫多妻制 1060

polytheism 多神论 1060

Popper, Sir Karl Raimund 卡尔·雷蒙德·波普尔爵士（1902—1994） 1061

pop sociology 大众社会学 1061

popular culture 流行文化 1062

population 人口/总体 1063

population studies 人口研究 1064

populism 民粹主义 1064

positional good 地位商品 1065

positive discrimination 积极差别待遇 1066

positive reinforcement 正强化 1066

positivism 实证主义 1066

positivist criminology 实证主义犯罪学 1069

post-colonialism 后殖民主义 1069

post-fordism 后福特主义 1070

post-industrial society（post-industrialism）后工业社会（后工业主义） 1070

postmodernism 后现代主义 1070

post-structuralism 后结构主义 1074

potlatch 夸富宴 1078

Poulantzas, Nicos 尼科斯·普兰查斯（1936—1979） 1078

poverty 贫困 1079

poverty line 贫困线 1083

poverty trap 贫困陷阱 1083

power 权力 1083

power dependence 权力依附 1088

power elite 权力精英 1088

power, referent 参照型权力 1088

pragmatism（philosophy of）实用主义（实用主义哲学） 1089

praxis 实践 1089

preference theory 偏好理论 1090

prejudice 偏见 1090

pre-operational stage 前运算阶段 1092

pressure groups 压力集团 1092

prestige 声望 1093

primacy effect 首因效应 1093

primary and secondary deviation 初级和次级偏离 1093

primary group 初级群体 1094

primary sector 第一产业 1094

primitive communism 原始共产主义 1094

primitive society 原始社会 1095

primogeniture 长子继承制 1095

principle of population 人口原理 1095

Prisoner's Dilemma 囚徒困境 1095

private religion 私人宗教 1096

private sphere and public sphere 私人领域与公共领域 1097

privatism 私己主义 1097

privatization 私有化 1097

probability（probability distribution）概率（概率分布） 1098

problematic 问题域 1098

problem family 问题家庭 1099

Problem (or Tragedy) of the Commons 公地悲剧 1099
problem of theodicy 自然神学问题 1099
procedural justice 程序正义 1099
production 生产 1100
productivity 生产率 1100
productivity bargaining 生产率谈判 1100
profane versus sacred distinction 世俗与神圣之间的区别 1101
professions (professionalism, professionalization) 职业 (职业主义, 职业化) 1101
profit 利润 1102
progress 进步 1102
prohibition 禁令 1105
projection 推断/投射 1106
projective tests 投射测验 1106
proletarianization 无产阶级化 1107
proletariat 无产阶级 1109
property 财产 1111
prostitution, sociological studies of 对卖淫的社会学研究 1113
protestant ethic (protestant ethic thesis) 新教伦理 1114
Proudhon, Pierre-Joseph 皮埃尔-约瑟夫·蒲鲁东 (1809—1865) 1116
psephology 选举学 1117
psyche 心理 1117
psychiatry 精神病学 1117
psychoanalysis 精神分析 1119
psychohistory 心理史学 1122
psychology 心理学 1123
psychometrics 心理测量学 1125

psychopath 精神病患者 1125
psychosis 精神错乱 1125
psychosomatic illness 心身病态 1126
psychotherapy 心理治疗 1126
psy-complex 心理复合体 1126
public administration 公共行政管理 1126
public good (collective good) 公共物品 (集体物品) 1127
public interest 公共利益 1130
public opinion 公共舆论 1130
public sociology 公共社会学 1130
public sphere versus private sphere distinction 公共领域与私人领域之别 1133
Public Use Sample (PUS) 公共使用样本 1133
purdah 深闺习俗 1133

Q

qualitative versus quantitative debate 定性与定量之争论 1134
quality of life 生活质量 1135
quasi-religion 准宗教 1136
queer theory 酷儿理论 1136
questionnaire 问卷 1139
Quetelet, Lambert Adolphe Jacques 朗伯·阿道夫·雅克·凯特勒 (1796—1874) 1140

R

race 种族 1141

racialism(racism)种族歧视(种族主义) 1144
racialization 种族化 1144
racism, institutional 制度性种族主义 1145
Radcliffe-Brown, Alfred Reginald 阿尔弗雷德·雷金纳德·拉德克里夫-布朗(1881—1955) 1145
radical criminology 激进犯罪学 1145
range 范围 1146
rational choice theory 理性选择理论 1146
rationalism 理性主义 1150
rationality(rational action)理性(理性行动) 1151
rationality, formal 形式理性 1151
rationalization 理性化 1151
rational state 理性国家 1153
Ratzenhofer, Gustav 古斯塔夫·拉岑霍夫(1842—1904) 1153
reaction formation 反应形成 1153
realism 现实主义 1153
realist criminology 现实主义犯罪学 1155
real socialism 现实社会主义 1155
rebellion(revolution)叛乱(革命) 1157
recency effect 近因效应 1159
recidivist(recidivism)惯犯(累犯) 1159
reciprocity 互惠 1160
redemptive movement 救赎运动 1160
Redfield, Robert 罗伯特·雷德菲尔德(1897—1958) 1160
reductionism 还原论 1161
reference group 参照群体 1162
referent power 参照型权力 1164

reflexive modernization 反身现代化 1165
reflexive sociology 反身社会学 1167
reflexivity 反身性 1167
reformative movement 改革运动 1167
Registrar General's Classification 记录员分层法 1167
regression(regression analysis)回归(回归分析) 1167
regulation theory 规制理论 1168
Reich, Wilhelm 威廉·赖希(1897—1957) 1169
reification 物化 1169
reinforcement 强化 1170
relations of production 生产关系 1170
relative autonomy 相对自主性 1171
relative deprivation 相对剥夺 1171
relative mobility 相对流动 1172
relative poverty 相对贫困 1172
relativism 相对主义 1172
relativism, cultural 文化相对主义 1173
reliability 信度 1174
religion 宗教 1174
religion, sociology of 宗教社会学 1175
religiosity 宗教性 1177
religious innovation 宗教变革 1178
religious nationalism 宗教民族主义 1178
religious revival 宗教复兴 1178
Renner, Karl 卡尔·伦纳(1870—1950) 1178
repertory grid 凯利方格技术 1179
replication 复制 1179
representation 表象 1181
representationalism 表象主义 1182

representativeness 代表性 1182
repression 压抑 1182
repressive state apparatus 压制性国家机器 1182
reproductive labour 再生产劳动 1182
reproductive technologies 生殖技术 1183
research design 研究设计 1183
research ethics 研究伦理 1183
research methods 研究方法 1184
reserve army of labour 劳动力后备军 1185
residues 剩余物 1185
residues, methods of 剩余法 1185
resocialization 再社会化 1185
resource mobilization 资源动员 1185
respondent 受访者 1185
response rate 应答率 1186
restrictive practice 限制竞争行为 1186
re-study(re-studies)再研究 1186
retirement centre 退休中心 1186
retreatism 撤退主义 1187
retributive justice 报复性正义 1187
retrograde amnesia 逆行性遗忘 1187
reverse discrimination 逆向歧视 1187
revitalization movement 复兴运动 1187
revolution 革命 1187
revolutionary science 革命科学 1188
rex, John Arderne 约翰·阿德尔纳·雷克斯(1925—2011) 1188
rhizome 根茎 1189
Rickert, Heinrich 海因里希·李凯尔特(1863—1936) 1190
rights 权利 1190

riot 暴乱 1191
risk society 风险社会 1192
risky-shift effect 风险转移效应 1193
rites of passage 过渡仪式 1193
ritual 仪式 1194
Rivers, William Halse Rivers 威廉·哈尔斯·里弗斯(1864—1922) 1195
role(social role, role theory)角色(社会角色,角色理论) 1196
role, conjugal 夫妻角色 1198
role model 角色榜样 1200
Rorschach Test 罗夏测试 1200
Rose, Arnold M. 阿诺德·罗斯(1918—1968) 1200
Rousseau, Jean-Jacques 让-雅克·卢梭(1712—1778) 1201
routinization of charisma 卡里斯玛常规化 1202
Rowntree, Benjamin Seebohm 本杰明·西博姆·朗特里(1871—1954) 1202
rules of correspondence 对应规则 1203
ruling class 统治阶级 1203
rural sociology 农村社会学 1203
rural-urban continuum 城乡连续统 1205

S

sacred(sacred versus profane distinction)神圣的(神圣的与世俗之间的区别) 1206
Saint-Simon, Claude-Henri de Rouvoy, Comte de 克劳德-亨利·德·鲁瓦伊·圣西门伯爵(1760—1825) 1206

salience 突显性 1207
sample survey 抽样调查 1207
sampling 抽样 1207
sampling error 抽样误差 1210
sanction（social sanction）制裁（社会制裁） 1211
sanskritization 梵化 1211
Sapir-Whorf hypothesis 萨丕尔-沃尔夫假设 1212
SAR（Sample of Anonymized Records）匿名化记录样本 1212
Sartre, Jean-Paul 让-保罗·萨特（1905—1980） 1213
satisficing 满意度 1213
Saussure, Ferdinand de 费尔迪南·德·索绪尔（1857—1913） 1213
scales（scaling）量表 1215
scape-goat 替罪羊 1216
Scheff, Thomas 托马斯·谢夫（1929— ） 1216
Scheler, Max 马克斯·舍勒（1874—1928） 1217
schism 分裂 1218
schizophrenia 精神分裂症 1218
school（schooling）教育 1218
school class 学校课堂 1218
school grouping 学校分组 1219
Schreiner, Olive 奥利弗·施赖纳（1855—1920） 1220
Schumpeter, Joseph 约瑟夫·熊彼特（1883—1950） 1222
Schutz, Alfred 阿尔弗雷德·舒茨（1899—1959） 1222
science, sociology of 科学社会学 1222
scientific knowledge, sociology of 科学知识社会学 1225
scientific management 科学管理 1225
scientific method 科学方法 1227
scientific revolutions 科学革命 1277
Scottish Enlightenment 苏格兰启蒙运动 1227
screening instruments 筛查量表 1228
seasonal unemployment 季节性失业 1229
Second Industrial Revolution 第二次工业革命 1229
Second World 第二世界 1229
secondary analysis 二次分析 1229
secondary groups 次级群体 1230
second-order constructs 二阶类型化 1230
sect（sectarianism）教派（教派主义） 1230
sectoral cleavages 部门分化 1231
secularization（secularization thesis）世俗化（世俗化理论） 1231
segmentary societies 分支社会 1233
segmented labour market 分割的劳动力市场 1233
segregated conjugal roles 分离夫妻角色 1233
segregation 隔离 1233
selection effects 选择效应 1234
selective versus universal benefits 选择性与普遍性津贴 1234
self（the self）自我 1235
self-actualization 自我实现 1236
self-fulfilling prophecy 自我实现预言 1237

self-image 自我形象 1237
self-management 自主管理 1238
self-perception 自我知觉 1238
self-psychology 自体心理学 1238
self-service economy 自助服务经济 1238
semantic differential 语义分化法 1239
semantic reduction 语义弱化 1239
semantics 语义学 1239
semi-colonialism 半殖民主义 1240
semiology（semiotics）符号学（符号论） 1240
semi-periphery 半边缘地区 1242
semi-proletariat 半无产阶级 1242
sensorimotor stage 感知运动阶段 1242
serfdom 农奴制 1242
serial monogamy 连续的一夫一妻制 1242
service class 服务阶层 1243
service industries 服务业 1243
service sector 服务行业 1243
sex discrimination 性别歧视 1244
sexism 性别歧视 1244
sexism, institutionalized 制度性性别歧视 1244
sex ratio 性别比例 1244
sex roles 性别角色 1245
sex, sociology of 性社会学 1246
sex-typed 性别-类型 1248
sexual division of labour 性别分工 1248
shamanism 萨满教 1248
shanty towns 棚户区 1249
share cropping 分成 1249
Shaw, Clifford 克利福德·肖（1896—1957） 1250
sib 氏族 1250
sick role 病人角色 1250
sign（signs）符号 1251
significance tests 显著性检验 1251
significant others 重要他人 1252
signifier 能指 1253
Simmel, Georg 格奥尔格·齐美尔（1858—1918） 1253
simple commodity production 简单商品生产 1255
situs 社会位置 1255
skewness 偏度 1256
skill 技能 1256
slavery 奴隶制 1257
Small, Albion W. 阿尔比恩·W. 斯莫尔（1854—1926） 1258
Smith, Adam 亚当·斯密（1723—1790） 1259
Smith, Dorothy Edith 多萝西·伊迪丝·史密斯（1926— ） 1260
snowballing technique/snowball sample 滚雪球技术/滚雪球样本 1261
social action 社会行动 1261
social administration 社会行政 1262
social anthropology 社会人类学 1262
social area analysis 社会区域分析 1266
social behaviorism 社会行为主义 1267
social capital 社会资本 1268
social change 社会变迁 1270
social class 社会阶级 1270
social constructionism 社会建构论 1270

social contract 社会契约　1271
social control 社会控制　1272
Social Darwinism 社会达尔文主义　1273
social demography 社会人口学　1273
social differentiation 社会分化　1274
social distance 社会距离　1274
social dynamics and social statics 社会动力学与社会静力学　1275
social ecology 社会生态学　1275
social engineering 社会工程学　1275
social evolution 社会进化　1275
social exchange 社会交换　1275
social fact 社会事实　1276
social fluidity 社会流动性　1276
social forecasting 社会预测　1276
social formation 社会形态　1277
social geography 社会地理学　1278
social group 社会群体　1278
social history 社会史　1278
social indicators 社会指标　1281
social inequality 社会不平等　1281
social institution 社会制度　1281
social insurance 社会保险　1281
social integration 社会整合　1282
social interaction 社会互动　1282
social media 社交媒体　1282
social mobility 社会流动　1284
social movements 社会运动　1284
social network 社会网络　1288
social order 社会秩序　1288
social organization 社会组织　1291
social pathology 社会病理学　1291

social policy 社会政策　1291
social problems 社会问题　1293
social protest 社会抗议　1293
social psychology 社会心理学　1293
social science 社会科学　1294
social security 社会保障　1294
social solidarity 社会团结　1294
social stability 社会稳定　1295
social statics and social dynamics 社会静力学和社会动力学　1295
social statistics 社会统计　1295
social status 社会地位　1295
social stratification 社会分层　1296
social structure 社会结构　1296
social survey 社会调查　1296
social system 社会系统　1296
social systems, plural 多元社会体系　1297
social trend 社会趋势　1297
social work 社会工作　1298
social world perspective 社会世界视角　1299
social worlds 社会世界　1299
socialism 社会主义　1299
socialism, democratic 民主社会主义　1302
socialism, real 现实社会主义　1302
socialization 社会化　1303
societal reaction 社会反应　1304
society 社会　1304
society for the study of social problems (SSSP) 社会问题研究学会　1306
sociobiology 社会生物学　1306
socio-economic status 社会经济地位　1308
sociogram 社会计量图　1309

sociolinguistics 社会语言学 1309
sociological imagination 社会学的想象力 1309
sociological intervention 社会学干预 1309
sociological jurisprudence 社会学法学 1310
Sociologie du Travail 劳动社会学 1311
sociology 社会学 1312
sociometry 社会测量 1316
socio-technical system 社会技术系统 1317
solidarism 连带主义 1318
solidaristic orientation to work 连带主义导向的工作 1319
sorcery 巫术 1319
Sorel, Georges 乔治·索雷尔（1847—1922） 1319
Sorokin, Pitirim Alexandrovich 皮特林·亚历山德罗维奇·索罗金（1889—1968） 1320
space 空间 1320
Spencer, Herbert 赫伯特·斯宾塞（1820—1903） 1322
Spengler, Oswald 奥斯瓦尔德·斯宾格勒（1880—1936） 1323
spiralism 螺旋上升模式 1324
sponsored mobility 赞助性流动 1324
Statistical Package for the Social Science（SSPS）社会科学统计软件 1325
spurious correlation 虚假相关 1325
stagflation 停滞性通货膨胀或滞涨 1325
stalinism 斯大林主义 1325
standard deviation 标准变量 1326
standardization 标准化 1326

standardized mortality ratios 标准化死亡率 1327
state 国家 1327
state capitalism 国家资本主义 1331
stateless societies 无国家的社会 1331
statistical control 统计控制 1331
state monopoly capitalism 国家垄断资本主义 1332
state socialism 国家社会主义 1332
statistical inference 统计推断 1332
statistical interaction 统计上的交互作用 1333
status 身份（社会身份） 1333
status, achieved 自致地位 1335
status, ascribed 先赋地位 1335
status attainment（status-attainment theory）地位获得（地位获得理论） 1336
status consistency 地位一致性 1339
status crystallization 地位固化 1339
status degradation ceremony 地位降黜仪式 1341
status frustration 地位挫败 1341
status group 地位群体 1341
status, master 首要地位 1341
status set 身份组 1341
status situation 地位处境 1342
stem family 主干家庭 1342
stereotype（stereotyping）刻板印象 959
stigma 污名 1342
stimulus discrimination 刺激辨别 1343
stimulus generalization 刺激泛化 1343
Stouffer, Samuel A. 塞缪尔·A. 斯托弗 1343

strain theories of delinquency 不良行为的紧张理论 1343
stratification 分层 1343
stress 应激 1345
strike 罢工 1346
strike-proneness 罢工倾向 1347
structural adjustment 结构性调整 1347
structural differentiation 结构分化 1347
structural functionalism 结构功能主义 1349
structuralism 结构主义 1349
structural unemployment 结构性失业 1353
structuration 结构化 1353
structure(social structure) 结构(社会结构) 1354
structure, formal 正式结构 1356
subculture 亚文化 1356
subemployment 半就业 1359
subject(the subject) 主体 1359
subjectivity 主观性 1359
sublimation 升华 1360
subordinate value system 从属价值体系 1360
subsistence economy 自给自足型经济 1360
substantive rationality 实质理性 1360
suburbanism 郊区主义 1361
suburbanization 郊区化 1361
suicide 自杀 1362
Sumner, William Graham 威廉·格雷厄姆·萨姆纳(1840—1910) 1364
superego 超我 1365
superstructure 上层建筑 1365
surplus value 剩余价值 1366
surveillance 监视 1366

survey(social survey) 调查(社会调查) 1366
sustainable development 可持续发展 1369
symbol 符号 1371
symbolic interactionism 符号互动论 1372
symmetrical family 对称家庭 1375
synchrony 共时 1375
syncretism 融合主义 1375
syndicalism 工联主义 1375
syndicated crime 联合犯罪 1375
syntagmatic and paradigmatic 聚合与组合 1376
synthesis 综合 1376
system integration and social integration 系统整合与社会整合 1376
system problems 系统问题 1378
system theory(systems analysis) 系统理论(系统分析) 1378

T

taboo 禁忌 1380
tabula rasa 白板状态 1380
tabular presentation 列表展示 1381
tacit knowledge(tacit understanding) 隐性知识(隐性理解) 1382
Taeuber, Irene 艾琳·B.托伊伯(1906—1974) 1382
Taft, Jessie 杰西·塔夫特(1882—1961) 1382
take-off 起飞 1383
Tarde, Gabriel 盖博瑞尔·塔尔德(1843—

1904）1384
task-orientation versus time-orientation distinction 任务导向与时间导向的区别 1384
tautology 同义反复 1385
Tawney, Richard H. 理查德·H. 托尼（1880—1962）1386
taxonomy 分类学 1386
Taylor, Frederick William 弗雷德里克·威廉·泰勒（1856—1915）1387
Taylorism 泰勒主义 1387
technicism 技术主义 1387
techniques of neutralization 中和技术 1388
technocracy 技术官僚 1388
technological determinism 技术决定论 1388
technological Society 技术社会 1388
technology 技术 1389
technology, new 新技术 1389
technostructure 技术结构 1389
telecommuting 远程办公 1389
teleology 目的论 1390
terrorism 恐怖主义 1390
tertiary sector 第三产业 1392
theism 一神论 1392
theodicy 自然神学 1393
theodicy, problem of 自然神学问题 1393
theology 神学 1393
theories of the middle range 中层理论 1393
theory 理论 1393
theory-laden statement 理论陈述 1394
therapeutic community 治疗性社区 1395
thick description 深描 1395
Third World 第三世界 1395

Third World entrepôt 第三世界贸易中心 1395
Thomas, Dorothy Swaine 多萝西·斯温·托马斯（1899—1977）1396
Thomas Theorem 托马斯定理 1396
Thomas, William Isaac 威廉·艾萨克·托马斯（1863—1947）1396
time-and-motion studies 时间和运动研究 1397
time-budget studies 时间预算研究 1397
time orientation 时间取向 1397
time-series data 时间序列数据 1397
time, sociological study of 时间社会学研究 1397
Titmuss, Richard Morris 理查德·莫里斯·蒂特马斯（1907—1973）1398
Tocqueville, Alexis de 阿里西斯·德·托克维尔（1805—1859）1399
Tönnies, Ferdinand 斐迪南·滕尼斯（1855—1936）1400
total institution 全控机构 1401
totalitarian（totalitarianism）极权（极权主义）1401
total war 全面战争 1403
totemism 图腾制度 1403
Touraine, Z. Alain 阿兰·图海纳（1925—2023）1404
Toynbee, Arnold John 阿诺德·约翰·汤因比（1889—1975）1405
tracking 分班（分流）1406
trade circle 商业周期 1406
trade union 工会 1406
trade-union consciousness 工会意识 1407

tradition(traditions)传统 1407
traditional society 传统社会 1408
training, sociology of 培训社会学 1408
trait 个性 1409
transcarceration 转移监禁 1409
transcendentalism 超验主义 1409
transformative movement 变革运动 1410
transhumance 畜牧季移/移牧 1410
transinstitutionalizaion 转制/跨机构化 1410
transmitted deprivation 代际传递剥夺 1410
transsexual 变性者 1410
transvestism 异装癖 1411
trend, social 社会趋势 1411
triad 三人团体 1411
triangulation 三角测量法 1412
tribe(tribalism)部落(部落主义) 1412
trickle-down effect 涓滴效应 1412
Troeltsch, Ernst(1865—1923)恩斯特·特勒尔奇(1865—1923) 1412
Trotsky, Leon(Leon Lev Davidovich Bronstein Trotsky)莱昂·托洛茨基(1879—1940) 1413
trust 信任 1413
Turner, Victor 维克托·特纳(1920—1983) 1415
Tylor, Sir Edward Burnett 爱德华·伯内特·泰勒爵士(1832—1917) 1416
typification 类型化 1417
typology 类型学 1417

U

unconscious 无意识 1418
underclass 社会底层 1418
underconsumption, theories of 消费不足理论 1421
underdevelopment 欠发达 1422
underemployment 不充分就业 1422
understanding 理解 1422
unemployment 失业 1422
uneven development 不均衡发展 1424
unilineal descent 单系继嗣 1424
unintended or unanticipated consequences 意外或非预期后果 1424
unionateness 工会性 1426
unit act 单位行动 1426
unit of analysis 分析单元 1427
unit of enquiry 调查单元 1427
univariate analysis 单变量分析 1427
universal benefits 普遍性津贴 1427
unobtrusive measures 非介入性研究 1427
unstructured interview 非结构化访谈 1428
upper class 上层阶级 1428
urban agglomeration 城市聚落 1430
urban ecology 城市生态学 1430
urbanism 城市主义 1431
urbanization 城市化 1431
urban managerialism 城市管理主义 1432
urban social movements 城市社会运动 1432
urban sociology 城市社会学 1433
Urwick, Edward Johns 爱德华·约翰斯·厄威克(1867—1945) 1436
use value 使用价值 1437
utilitarianism 功利主义 1437
utility 效用 1438

utopia(utopianism)乌托邦(乌托邦主义) 1438

V

validity 效度 1442
value 价值 1445
value-relevance 价值关联性 1448
van Gennep, Chales Arnold 查尔斯·阿诺德·范·热内普(1873—1957) 1449
variable 变量 1449
variance 变化 1450
variation(statistical)统计变异 1450
vassalage 分封/封臣 1450
Veblen, Thorstein Bunde 托斯丹·邦德·凡勃伦(1857—1929) 1451
verification 证实 1452
verificationism 证实主义 1452
verstehen 理解 1452
vertical integration 纵向整合 1452
victimless crime 无受害者犯罪 1452
victimology 受害者学 1453
Vienna Circle 维也纳学派 1453
visual sociology 视觉社会学 1454
vital statistics 人口统计 1455
vocabularies of motive 动机分析 1456
vocationalism 职业主义 1457
voluntarism 唯意志论 1457
voluntaristic theory of action 意志论行动理论 1458
voluntary associations 自愿社团 1458
von Restorff effect 冯·雷斯托夫效应 1459

voting behaviour 投票行为 1459

W

wage-labour 雇佣劳动 1463
Wallas, Graham 格雷厄姆·沃拉斯(1858—1932) 1463
Wallis, Roy 罗伊·沃利斯(1945—1990) 1464
Ward, Lester Frank 莱斯特·弗兰克·沃德(1841—1913) 1464
Warner, William Lloyd 威廉·劳埃德·沃纳(1898—1970) 1465
wealth 财富 1466
Webb, Beatrice(Potter)and Webb, Sidney James 比阿特丽斯(波特)·韦伯(1858—1943)与悉尼·詹姆斯·韦伯(1859—1947)(韦伯夫妇) 1467
Weber, Alfred 阿尔弗雷德·韦伯(1868—1958) 1467
Weber, Max 马克斯·韦伯(1864—1920) 1468
welfare 福利 1471
welfare state 福利国家 1474
weltanschauung 世界观 1474
Westmarck, Edvard Alexander 爱德华·亚历山大·韦斯特马克(1862—1939) 1476
white-collar crime 白领犯罪 1476
white-collar work 白领工作 1476
Windelband, Wilhelm 威廉·文德尔班(1948—1915) 1476
Winnicott, Donald Woods 唐纳德·伍兹·温

尼科特（1896—1971） 1476
Wirth, Louis 路易斯·沃思（1897—1952） 1477
Wisconsin Model 威斯康星模型 1477
witchcraft 巫术 1477
Wittgenstein, Ludwig J. J. 路德维希 J. J. 维特根斯坦（1889—1951） 1477
Wollstonecraft, Mary 玛丽·渥斯顿克雷福特（1759—1797） 1480
women's movement 妇女运动 1481
Woodward, Joan 琼·伍德沃德（1916—1971） 1481
Wootton, Barbara 芭芭拉·伍顿（1897—1988） 1482
work 工作 1483
work ethic 工作伦理 1483
work groups 工作组 1484
working class 工人阶级 1484
working class, new 新工人阶级 1486
work orientation 工作导向 1486
work satisfaction 工作满意度 1486
work situation 工作环境 1487

work socialization 工作社会化 1487
work, subjective experience of 工作的主观体验 1487
world-system（world-system theory）世界体系（世界体系理论） 1491
World Wide Web 万维网 1492

Y

youth 青年 1493
youth culture 青年文化 1493

Z

zeitgeist 时代精神 1496
zero-sum game 零和博弈 1496
zero tolerance 零容忍 1496
Znaniecki, Florian 弗洛里安·兹纳涅茨基（1882—1959） 1497
zoning 都市区域划分 1497
zone of（or in）transition 过渡地带 1498

主要社会学家姓名索引

Adorno, Theodor Wiesengrund 西奥多·维森格伦德·阿多诺 27, 71, 406, 557, 588, 591, 602, 838, 901, 1005, 1091, 1286
Aron, Raymond 雷蒙·阿隆 63, 365, 905, 1131
Bachelard, Gaston 加斯东·巴什拉 76
Balch, Emily Greene 爱米莉·格林·巴尔奇 23, 77
Barnard, Chester I. 切斯特·I. 巴纳德 79, 987
Barthes, Roland 罗兰·巴尔特 171, 230, 335, 603, 897, 1071, 1241
Baudrillard, Jean 让·鲍德里亚 230, 274, 1071
Bauman, Zygmunt 齐格蒙特·鲍曼 81, 523, 706, 900, 1073, 1091
Benedict, Ruth Fulton 鲁思·富尔顿·本尼迪克特 86
Benjamin, Walter 瓦尔特·本雅明 87
Bentham, Jeremy 杰里米·边沁 87, 771, 881, 1001, 1437
Bernstein, Eduard 爱德华·伯恩斯坦 87, 715, 821, 1302, 1319, 1501, 1542

Bion, Wilfred 威尔弗雷德·拜昂 92
Blauner, Robert 罗伯特·布劳纳 41, 337, 668, 669, 681, 988, 1489
Bloch, Marc 马克·布洛赫 54, 96, 415, 469
Blumer, Herbert 赫伯特·布鲁默 97, 145, 189, 393, 539, 936, 1201, 1216, 1372
Boas, Franz 弗朗兹·博厄斯 98, 572, 785, 940, 1150, 1264, 1475
Booth, Charles 查尔斯·布斯 101, 1080, 1202, 1321
Bosanquet, Helen 海伦·鲍桑葵 102, 1436
Bouglé, Celestin Charles Alfred 塞莱斯汀·夏尔·阿尔弗雷德·布格莱 102
Bourdieu, Pierre 皮埃尔·布尔迪厄 2, 34, 104, 230, 248, 274, 558, 1269
Bowlby, John E. 约翰·E. 鲍尔比 106, 842, 1122
Branford, Victor Verasis 维克多·维拉西斯·布兰福德 106, 511, 1123, 1439
Braudel, Fernand 费尔南·布罗代尔 54, 108, 1398, 1491
Bukharin, Nikolai 尼古拉·布哈林 110, 575, 630, 769, 1326
Burgess, Ernest W. 欧内斯特·W. 伯吉

斯　113, 114, 143, 213, 485, 1008, 1322, 1430, 1498

Coleman, James. S. 詹姆斯·S. 科尔曼　26, 180, 423, 1147, 1268

Condorcet, Marie-Jean-Nicolas de Caritat, Marquis de 马利·让-尼古拉·德·卡里塔·孔多塞侯爵　217, 801

Cooley, Charles Horton 查尔斯·霍顿·库利　242, 551, 785, 1094, 1230, 1235, 1373

Coolidge, Mary Elizabeth Burroughs Roberts Smith 玛丽·伊丽莎白·伯勒斯·罗伯茨·史密斯·柯立芝　243

Dahrendorf, Ralf 拉尔夫·达伦多夫　218, 296, 455, 667, 775, 818, 997, 1188, 1188, 1198, 1376

de Beauvoir, Simone 西蒙娜·德·波伏瓦　294, 461

Deleuze, Gilles 吉尔·德勒兹　300, 553, 558, 1189

Derrida, Jacques 雅克·德里达　172, 301, 558, 603, 1071, 1075, 1076

Descartes, René 勒内·笛卡尔　295, 315, 360, 405, 411, 840, 863

Dewey, John 约翰·杜威　326, 382, 1089

Douglas, Mary 玛丽·道格拉斯　428, 1271, 1371, 1380

Durkheim, Émile 爱弥尔·涂尔干　55, 102, 104, 170, 178, 185, 186, 194, 207, 328, 343, 353, 362, 365, 367, 374, 379, 385, 427, 431, 457, 467, 497, 515, 517, 529, 559, 574, 601, 605, 625, 638, 647, 649, 658, 695, 723, 759, 769, 770, 792, 793, 794, 819, 838, 845, 861, 899, 905, 907, 916, 924, 932, 940, 976, 1029, 1053, 1145, 1148, 1150, 1160, 1175, 1176, 1194, 1206, 1276, 1294, 1305, 1313, 1357, 1401, 1404, 1438, 1446, 1468

Evans-Pritchard, Edward Evan 爱德华·伊万·埃文斯-普里查德　158, 427, 796, 1404

Elias, Norber 诺伯特·埃里亚斯　55, 386, 473, 480

Fortes, Meyer 迈耶·福蒂斯　428, 487, 720

Foucault, Michel 米歇尔·福柯　53, 59, 76, 100, 171, 177, 276, 300, 335, 488, 489, 517, 548, 588, 603, 604, 617, 769, 851, 954, 1001, 1071, 1075, 1078, 1087, 1127, 1172, 1247, 1273, 1349, 1366

Frazer, James George 詹姆斯·乔治·弗雷泽　99, 431, 490, 796, 799, 1264, 1404

Frazier, Edward Franklin 爱德华·富兰克林·弗雷泽　145, 491

Frank, Andre Gunder 安德烈·冈德·弗兰克　18, 310, 1383

Freud, Sigmund 西格蒙德·弗洛伊德　35, 48, 72, 129, 130, 183, 272, 279, 297, 318, 357, 492, 588, 604, 657, 665, 706, 722, 750, 790, 898, 912, 920, 944, 964, 995, 1028, 1118, 1119, 1122, 1123, 1175, 1196, 1303, 1352, 1380, 1456

Friedmann, Georges 乔治·弗里德曼　299, 495, 1311

Fromm, Erich 埃里希·弗洛姆　264, 496

Garfinkel, Harold 哈罗德·加芬克尔　53, 299, 421, 996

Geddes, Patrick 帕特里克·格迪斯　106, 107, 239, 409, 510, 511, 917, 1439

Geiger, Theodore 西奥多·盖格　511

Gellner, Ernest 厄内斯特·盖尔纳　513, 514, 926

Giddens, Anthony 安东尼·吉登斯　2, 34, 167, 194, 206, 220, 267, 421, 424, 476, 500, 527—528, 558, 571, 577, 581, 601, 686, 695, 757, 795, 816, 876, 887, 900, 1035, 1077, 1078, 1166, 1193, 1297, 1305, 1313, 1315, 1349, 1353—1354, 1377, 1413, 1420

Giddings, Franklin H. 弗兰克林·H. 吉丁斯　337, 529, 941

Gilman, Charlotte Perkins 夏洛特·帕金斯·吉尔曼　23, 532, 1514

Ginsberg, Morris 莫里斯·金斯伯格　533

Glass（Durant）, Ruth 露丝·格拉斯（杜兰特）　524, 534

Glass, David V. 大卫·V. 格拉斯　533

Goffman, Erving 欧文·戈夫曼　2, 59, 123, 189, 195, 355, 440, 476, 486, 489, 539, 616, 631, 666, 851, 1194, 1198, 1216, 1236, 1306, 1342, 1375, 1401

Goldmann, Lucien 卢西恩·戈德曼　542

Goldthorpe, John H. 约翰·H. 戈德索普　2, 163, 246, 392, 423, 459, 542—546, 860, 870, 891, 929, 967, 1148, 1179, 1215, 1243, 1443, 1487

Gouldner, Alvin W. 阿尔文·W. 古尔德纳　219, 541, 546—547, 626, 672, 1085, 1152, 1167, 1447

Gramsci, Antonio 安东尼奥·葛兰西　157, 275, 352, 359, 456, 483, 549—550, 570, 625, 822, 1085, 1089, 1328

Guattari, Felix 菲利克斯·伽塔利　301, 553, 1189

Gumplowicz, Ludwig 路德维格·贡普洛维奇　218, 292, 555, 876

Gurvitch, Georges 乔治·古尔维奇　326, 555—556, 760, 762

Halbwachs, Maurice 莫里斯·哈布瓦赫　54, 559, 1321

Hall, Stuart 斯图尔德·霍尔　172, 274, 276, 767, 1358

Haraway, Donna Jeanne 唐娜·珍妮·哈拉维　286, 560

Hegel, Georg Wilhelm Friedrich 格奥尔格·威廉·弗里德里希·黑格尔　39, 157, 236, 263, 272, 326, 567, 579, 613, 715, 724, 786, 808, 821, 825, 979, 1104, 1496

Heidegger, Martin 马丁·海德格尔　432—433, 571, 1075

Heider, Fritz 弗里茨·海德　176, 571

Hilferding, Rudolf 鲁道夫·希法亭　575, 586, 997, 1178, 1451

Hobbes, Thomas 托马斯·霍布斯　35, 132, 405, 584—585, 604, 678, 782, 840, 933, 959, 1271, 1291, 1437

Hobhouse, Leonard Trelawny 伦纳德·特里劳尼·霍布豪斯　107, 533, 586, 772, 817, 1436

Kant, Immanuel 伊曼努尔·康德 300, 315, 405, 412, 445, 714, 786, 863, 939, 1103

Kautsky, Karl 卡尔·考茨基 88, 150, 715, 821

Kelly, George Aalexande 乔治·亚历山大·凯利 176, 716, 1025

Kinsey, Alfred 阿尔弗雷德·金赛 588, 589, 718, 1246

Klein, Melanie 梅兰妮·克莱因 92, 494, 721, 722, 885, 964, 1119, 1122

Kluchkohn, Clyde 克莱德·克拉克洪 723, 797

Kroeber, Alfred Lewis 阿尔弗雷德·刘易斯·克罗伯 158, 726

Kuhn, Manford 曼福德·库恩 726, 1200, 1201, 1375

Kuhn, Thomas Samuel 托马斯·萨缪尔·库恩 76, 446, 727—728, 1001, 1068, 1072, 1173, 1224, 1394

Lacan, Jacques 雅克·拉康 301, 318, 510, 553, 619, 750, 752, 884, 1071, 1075, 1122, 1349

Laing, Ronald D. 隆纳·D. 连恩 59, 450, 752, 856, 1218

Lasch, Christopher 克里斯托弗·拉施 448, 722, 756, 920

Latour, Bruno 布鲁诺·拉图尔 1225

Le Bon, Gustav 古斯塔夫·勒庞 183, 268

Lefebvre, Henri 亨利·列斐伏尔 762—763, 1322

Lockwood, David 大卫·洛克伍德 162, 163, 164, 219, 392, 443, 457, 545, 577,

626, 671, 783, 818, 891, 1086, 1188, 1290, 1376, 1487

Lévi-Strauss, Claude 克劳德·列维-斯特劳斯 41, 230, 267, 481, 702, 721, 769, 845, 903, 919, 1075, 1263, 1349, 1380, 1404

Lévy-Bruhl, Lucien 路先·列维-布留尔 770, 796

Machiavelli, Niccolò 尼科洛·马基雅维利 355, 388, 792

Maine, Sir Henry James Sumner 亨利·詹姆斯·萨姆纳·梅因 798, 1334, 1412

Malinowski, Bronislaw Kaspar 布罗尼斯拉夫·卡斯帕·马林诺夫斯基 438, 510, 514, 529, 728, 796, 799, 920, 1150, 1263, 1349, 1350, 1385, 1404

Malthus, Thomas Robert 托马斯·罗伯特·马尔萨斯 161, 217, 377, 436, 753, 801, 1095

Mannheim, Karl 卡尔·曼海姆 386, 520, 724, 805, 806, 1319, 1439

Marcuse, Herbert 赫伯特·马尔库塞 494, 808, 821, 838, 1246

Marshall, Alfred 阿尔弗雷德·马歇尔 740, 817

Marx, Karl 卡尔·马克思 39, 51, 56, 60, 65, 80, 81, 117, 119, 127, 139, 163, 192, 197, 218, 236, 343, 364, 370, 373, 403, 430, 442, 467, 469, 567, 569, 579, 602, 604, 622, 645, 647, 678, 711, 715, 745, 749, 759, 783, 787, 802, 805, 819, 820, 823—828, 841, 887, 896, 941, 960, 979,

983, 1030, 1034, 1037, 1048, 1053, 1094, 1104, 1107, 1109, 1151, 1158, 1170, 1217, 1222, 1255, 1256, 1277, 1288, 1301, 1352, 1377, 1413, 1440, 1469, 1472, 1484

Mauss, Marcel 马塞尔·莫斯　529, 769, 845, 1150

Mayo, Elton 埃尔顿·梅奥　434, 561, 605, 845

Mcdougall, William 威廉·麦独孤　792, 1124, 1195

Mead, George Herbert 乔治·赫伯特·米德　85, 86, 97, 98, 145, 242, 393, 526, 616, 846—847, 936, 1089, 1163, 1235, 1239, 1252, 1267, 1313, 1372, 1382

Mead, Margare 玛格丽特·米德　279, 280, 402, 829, 847, 1265, 1354

Merton, Robert King 罗伯特·金·默顿　2, 55, 221, 314, 323, 334, 476, 498, 562, 818, 861, 871, 981, 988, 1162, 1222, 1237, 1254, 1341, 1357, 1425

Millar, John 约翰·米勒　879, 1112, 1227

Mills, Charles Wright 查尔斯·赖特·米尔斯　16, 219, 305, 388, 491, 550, 602, 603, 761, 820, 832, 876, 878, 883, 1012, 1088, 1131, 1211, 1309, 1423, 1447, 1451, 1456

Morgan, Lewis Henry 路易斯·亨利·摩尔根　278, 431, 552, 785, 798, 910, 1036

Mumford, Lewis 刘易斯·芒福德　854, 917, 1439

Myrdal, Alva 阿尔娃·缪达尔　722, 917

Myrdal, Gunnar 冈纳·缪达尔　129, 562, 918, 1447

Nadel, Siegfried Frederick 西格弗里德·弗雷德里克·纳德尔　920

Oakley, Ann 安·奥克利　8, 349, 464, 853, 962

Ossowski, Stanislaw 斯坦尼斯拉夫·奥索斯基　993

Paine, Thomas 托马斯·潘恩　999

Park, Robert Ezra 罗伯特·以斯拉·帕克　66, 113, 143, 213, 485, 598, 936, 1254, 1322, 1436

Parsons, Talcott 塔尔科特·帕森斯　17, 19, 21, 23, 64, 139, 154, 155, 178, 182, 224, 265, 279, 284, 352, 414, 429, 431, 447, 494, 497, 502, 537, 538, 552, 564, 666, 671, 723, 760, 778, 783, 784, 785, 790, 794, 817, 829, 853, 855, 862, 864, 871, 900, 902, 913, 935, 957, 959, 988, 995, 1006, 1009, 1013, 1022, 1029, 1085, 1116, 1122, 1197, 1219, 1248, 1250, 1288, 1291, 1296, 1297, 1313, 1348, 1349, 1354, 1356, 1373, 1378, 1379, 1404, 1438, 1446, 1458

Lazarsfeld Paul L. 保罗·L.拉扎斯菲尔德　476, 761

Peirce, Charles Sanders 查尔斯·桑德斯·皮尔斯　554, 637, 702, 1024, 1089, 1240

Polanyi, Karl 卡尔·波兰尼　389, 1047

Popper, Karl Raimund 卡尔·雷蒙德·波普尔　415, 444, 583, 906, 978, 1002, 1039, 1061, 1454

Quetelet, Lambert Adolphe Jacques 朗伯·阿道夫·雅克·凯特勒 1140

Radcliffe-Brown, Alfred Reginald 阿尔弗雷德·雷金纳德·拉德克里夫-布朗 223, 427, 501, 705, 720, 770, 1145, 1196, 1264, 1349

Randall, Collins 兰德尔·柯林斯 8, 189, 219, 253

Redfield, Robert 罗伯特·雷德菲尔德 205, 771, 1095, 1160, 1180, 1203

Reich, Wilhelm 威廉·赖希 1169, 1246, 1531

Rose, Arnold M. 阿诺德·M. 罗斯 1200

Rowntree, Benjamin Seebohm 本杰明·西博姆·朗特里 1080, 1202

Sahlins, Marshall 马歇尔·萨林斯 530, 609, 1307

Saint-Simon, Claude-Henri de Rouvoy, Comte de 克劳德-亨利·德·鲁瓦伊·圣西门 211, 364, 649, 1206, 1284, 1302

Sartre, Jean-Paul 让-保罗·萨特 19, 295, 432, 433, 860, 1213, 1440

Saussure, Ferdinand de 费尔迪南·德·索绪尔 170, 326, 334, 554, 617, 702, 750, 756, 781, 1004, 1009, 1075, 1182, 1213, 1240, 1251, 1253, 1350, 1371, 1375, 1376

Scheff, Thomas 托马斯·谢夫 59, 396, 541, 734, 1216

Scheler, Max 马克斯·舍勒 725, 1217

Schutz, Alfred 阿尔弗雷德·舒茨 193, 433, 686, 779, 1033, 1222, 1270

Shaw, Clifford 克利福德·肖 113, 144, 777, 1026, 1250

Simmel, Georg 格奥尔格·齐美尔 60, 63, 484, 485, 540, 786, 793, 861, 900, 940, 1008, 1087, 1175, 1246, 1253, 1254, 1255, 1256, 1373, 1433, 1470

Small, Albion W. 阿尔比恩·W. 斯莫尔 143, 1258, 1534

Smith, Adam 亚当·斯密 117, 119, 161, 342, 377, 405, 562, 597, 697, 748, 753, 772, 801, 824, 859, 905, 1037, 1052, 1112, 1146, 1227, 1259, 1260, 1437

Smith, Dorothy Edith 多萝西·伊迪丝·史密斯 866, 1260, 1261

Spencer, Herbert 赫伯特·斯宾塞 139, 291, 430, 529, 532, 647, 649, 666, 982, 1104, 1322, 1323, 1348, 1364, 1438, 1464

Stouffer, Samuel A. 塞缪尔·A. 斯托弗 313, 876, 1163, 1343

Taeuber, Irene B. 艾琳·托伊伯 1382

Taft, Jessie 杰西·塔夫特 1382—1383

Thomas, Dorothy Swaine 多萝西·斯温·托马斯 1396

Thomas, William Isaac 威廉·艾萨克·托马斯 77—78, 361, 1026, 1237, 1270, 1396, 1424

Titmuss, Richard Morris 理查德·莫里斯·蒂特马斯 188, 531, 962, 1398, 1472

Tönnies, Derdinand 斐迪南·滕尼斯 60, 63, 200, 328, 416, 514, 838, 899, 910, 1048, 1203, 1400

Tocqueville, Alexix de 阿里克西·德·托克维尔 63, 837, 1269, 1399

Touraine, Alain 阿兰·图海纳 19, 495, 1287, 1309, 1311, 1404

Tarde, Gabriel 盖博瑞尔·塔尔德 183, 268, 429, 855, 954, 1384

Troeltsch, Ernst 恩斯特·特勒尔奇 1175, 1230, 1412

Trotsky, Leon（Leon Lev Davidovich Bronstein Trotsky）莱昂·托洛茨基 1326, 1413

Turner, Victor 维克托·特纳 1371, 1415

Tylor, Edward Burnett 爱德华·伯内特·泰勒 99, 247, 267, 490, 505, 1263, 1416—1417

Veblen, Thorstein Bunde 托斯丹·邦德·凡勃伦 107, 121, 222, 344, 586, 765, 952, 1451

Wallas, Graham 格雷厄姆·沃拉斯 1463

Wallis, Roy 罗伊·沃利斯 949, 1464

Ward, Lester Frank 莱斯特·弗兰克·沃532, 1464

Warner, William Lloyd 威廉·劳埃德·沃纳 128, 539, 606, 846, 1465

Webb, Beatrice and Webb, Sidney James 比阿特丽斯（波特）·韦伯与西德尼·詹姆斯·韦伯（韦伯夫妇）439, 1467

Weber, Alfred 阿尔弗雷德·韦伯 137, 386, 496, 1467

Weber, Max 马克斯·韦伯 2, 15, 19, 55, 63, 76, 110, 119, 128, 141, 142, 151, 164, 168, 181, 208, 218, 222, 227, 297, 316, 355, 361, 374, 376, 379, 385, 386, 396, 416, 433, 469, 486, 512, 513, 515, 547, 557, 570, 577, 604, 613, 614, 615, 621, 625, 647, 649, 686, 699, 706, 723, 759, 763, 774, 778, 791, 794, 805, 819, 838, 849, 900, 940, 954, 1010, 1017, 1019, 1029, 1053, 1084, 1096, 1101, 1112, 1114, 1123, 1150, 1151, 1152, 1166, 1175, 1176, 1188, 1222, 1230, 1232, 1253, 1300, 1313, 1327, 1334, 1344, 1376, 1393, 1412, 1425, 1446, 1447, 1448, 1467, 1468, 1471

Westmarck, Edvard Alexander 爱德华·亚历山大·韦斯特马克 1475

Windelband, Wilhelm 威廉·文德尔班 512, 621, 939, 1468, 1476

Winnicott, Donald Woods 唐纳德·伍兹·温尼科特 964, 1119, 1476

Wirth, Louis 路易斯·沃思 167, 527, 884, 1266, 1431, 1433, 1477

Wittfogel, Karl 卡尔·魏特夫 65, 264, 991

Wollstonecraft, Mary 玛丽·渥斯顿克雷福特 461, 1480—1481

Wootton, Barbara 芭芭拉·伍顿 962, 1125, 1482, 1483

图书在版编目(CIP)数据

社会学词典:第4版/(英)约翰·斯科特,(英)戈登·马歇尔主编;陈云松等译.—北京:商务印书馆,2023
ISBN 978-7-100-22176-4

Ⅰ.①社… Ⅱ.①约… ②戈… ③陈… Ⅲ.①社会学—词典 Ⅳ.① C91-61

中国国家版本馆 CIP 数据核字（2023）第 051655 号

权利保留，侵权必究。

社会学词典
第 4 版

〔英〕 约翰·斯科特　　　　主编
戈登·马歇尔

陈云松　白中林　等译

商 务 印 书 馆 出 版
（北京王府井大街36号　邮政编码100710）
商 务 印 书 馆 发 行
南 京 爱 德 印 刷 有 限 公 司 印 刷
ISBN 978-7-100-22176-4

2023 年 12 月第 1 版　　开本 880×1230 1/32
2023 年 12 月第 1 次印刷　　印张 48⅞

定价：268.00 元